Harald Lemke
Buddha in der Küche

Edition Moderne Postmoderne

Editorial

Die **Edition Moderne Postmoderne** präsentiert die moderne Philosophie in zweierlei Hinsicht: zum einen als philosophiehistorische Epoche, die mit dem Ende des Hegel'schen Systems einsetzt und als Teil des Hegel'schen Erbes den ersten philosophischen Begriff der Moderne mit sich führt; zum anderen als Form des Philosophierens, in dem die Modernität der Zeit selbst immer stärker in den Vordergrund der philosophischen Reflexion in ihren verschiedenen Varianten rückt – bis hin zu ihrer »postmodernen« Überbietung.

Harald Lemke (apl. Prof. Dr. habil.), freischaffender Philosoph, war bis 2019 Direktor des Internationalen Forums Gastrosophie und ist Autor zahlreicher Bücher zu Politik, Ethik, Ästhetik und Anthropologie. Er lehrte an der Paris Lodron Universität Salzburg und der Slow Food Universität in Pollenzo und hatte Gastprofessuren an der Kyoto Universität sowie der East China Normal University Shanghai inne. Außerdem ist er Fellow der Studienstiftung des deutschen Volkes, der Deutschen Bundesstiftung Umwelt und der Alexander von Humboldt-Stiftung. Seine Forschungsschwerpunkte sind Ethik, Politik, Ästhetik, Alltagskultur, Gastrosophie, Utopologie sowie eine kritische Theorie des guten Lebens.

Harald Lemke

Buddha in der Küche

Fernöstliche Esskultur und globale Ethik

[transcript]

Bibliografische Information der Deutschen Nationalbibliothek
Die Deutsche Nationalbibliothek verzeichnet diese Publikation in der Deutschen Nationalbibliografie; detaillierte bibliografische Daten sind im Internet über https://dnb.dnb.de/ abrufbar.

Hermannstraße 26 | D-33602 Bielefeld | live@transcript-verlag.de

Umschlaggestaltung: Kordula Röckenhaus
Druck: Elanders Waiblingen GmbH, Waiblingen
https://doi.org/10.14361/9783839467145
Print-ISBN: 978-3-8376-6714-1
PDF-ISBN: 978-3-8394-6714-5
ePUB-ISBN: 978-3-7328-6714-1
Buchreihen-ISSN: 2702-900X
Buchreihen-eISSN: 2702-9018

Gedruckt auf alterungsbeständigem Papier mit chlorfrei gebleichtem Zellstoff.

Inhalt

Zweiter Teil: Eintopf als Weltspiegel

Endlich ankommen

Kürzlich stieß ich zufällig – war es wirklich Zufall? – auf die holprige Bemerkung: »Kann in der besseren Welt vielleicht nur ankommen, wer die Annahme aufgibt zu wissen, wie diese bessere Welt aussehen wird?« Nun sind Thesen wie diese in gesellschaftskritischen Theorien oder solchen ›Notopien‹ nicht unbekannt. Die zitierte These stammt von dem Autor und unabhängigen Zukunfts- oder besser gesagt Ankunftsforscher Hans-Christian Dany. Sein vor einigen Jahren veröffentlichter Essay *Morgen werde ich ein Idiot. Kybernetik und Kontrollgesellschaft* hatte noch in der »Verweigerung« des Mitmachens und im »idiotischen« Aussteigertum einen Ausweg aus der kybernetischen Kontrollgesellschaft in eine bessere Zukunft gesucht. Wobei Dany diese Idiotie nicht im Sinne einer Beleidigung oder eines selbstmitleidigen Ausdrucks verstand, sondern in der ursprünglichen Bedeutung aus der antiken Philosophie, nämlich als unpolitischen Rückzug ins Private. Damit hatte er einen Schleichweg – eigentlich einen theoretisch erschlichenen Weg der inneren Emigration – vorgezeichnet, um irgendwie und irgendwo ankommen zu können, ohne eine Idee von einer besseren Welt haben zu müssen.

In seiner jüngsten Publikation *Schneller als die Sonne. Aus dem rasenden Stillstand in eine unbekannte Zukunft* hofft der kluge Kopf stattdessen auf die »Wiederbelebung eines Imaginären, das sich auf das Unbekannte einlässt«. Denn wenn wir, so seine paradoxe These, nur deshalb nicht in der besseren Welt ankommen, weil wir wissen wollen, wie sie aussieht, dann scheint es tatsächlich für uns alle besser zu sein, uns nicht vorstellen zu wollen, wie eine bessere Welt aussehen könnte. (Was ungefähr so wäre, wie die Adresse eines erstrebenwerten, aber unbekannten Ortes *nicht kennen zu wollen* und sich stattdessen auf seine angebliche ›utopische‹ Unbekanntheit einzulassen, um ihn überhaupt *finden zu können.*) Vielleicht, so glaubt Dany dann doch zu wissen, »liegt ein Schlüssel zur sozialen Veränderung auch im Zufall und in der Hingabe«. Er selbst findet diesen Schlüssel oder guten Weg jedenfalls in dem, was er die »Euphorie des Lebens« nennt.

Wer sich jedoch, wie ich, ein solch euphorisches Leben nicht zu imaginieren vermag, wer es sich nur schwer als ›ein Ankommen im unbekannten Guten‹ vorstellen kann, wer sich obendrein nur ungern auf Zufall und Hingabe verlässt, der sollte genau in die entgegengesetzte Richtung gehen – aber doch weiter auf dem interessanten und abenteuerlichen ›Weg der Ankunft‹. Denn die Zukunft, ja, sogar die meisten Zukünfte scheinen bereits weitgehend bekannt und all ihre besseren Welten erschreckend vorhersehbar zu sein. Ich gehe jedenfalls davon aus (falls ich da nicht völlig falsch unterwegs bin, was immer wieder einmal passiert), dass es nur eine einzige Zukunft gibt, die uns noch unbekannt ist und deren Gutes wir noch nicht erfasst haben. Und ausgerechnet das ist die imaginäre Zukunft, ›in der besten aller möglichen Welten anzukommen‹. Vielleicht also liegt der Schlüssel zur gesellschaftlichen Veränderung weder im schicksalhaften Zufall noch in der euphorischen (oder resignativen) Selbstaufgabe. Er liegt, so meine Gegenthese, in der Euphorie der philosophischen Vorstellungskraft, die sich auf das ebenso phantasierte und phantastische Unbekannte einlässt: Das ist das offene Geheimnis, um in der besten aller möglichen Welten ankommen zu können. Deshalb dieses Buch – seine vielen Worte, Bilder und Wege aller Art.

Wer alles gekostet hat, was es enthält, oder wer es ohne Bedenken in einem Bissen verschlingt oder auch nur ein wenig davon probiert, der – oder die[1] – mag sich fragen, warum das Ganze, dem Erzählfaden folgend, nicht den je nach Sicht und Weltbild provokanten oder absurden Titel trägt: *Kochkunst als Lebenskunst nach Foucault* oder *Marx bei der Küchenarbeit* (wie am Ende meiner hier vorgestellten Rezeptsammlung unter dem Eindruck des üppigen Nachschlags einer Kraftbrühe à la Marx denkbar gewesen wäre). Von der Grundidee her hätte es auch heißen können: *Sei Du selbst am Herd!*[2]

1 Sowohl um die Lesbarkeit meiner ohnehin schwerfälligen Darstellung zu erleichtern als auch in der Hoffnung, den binären Geschlechterdualismus der deutschen Sprache zumindest im Schriftbild nicht ewig zu reproduzieren, habe ich – zögerlich – auf eine *gendernde Schreibweise verzichtet und das generische Maskulinum verwendet*, um der Emanzipation ›unseres Selbst‹ im Denken Raum zu geben. Es sei jedoch ausdrücklich gesagt, dass die deutsche Sprache geschlechtergerechter werden muss, dass die sprachliche Diskriminierung von Frauen und nicht-binären Identitäten nach wie vor ein Problem darstellt und dass grammatikalische Kategorien, zumal Grundbegriffe des Selbstseins, nicht von unserem Geschlecht abgeleitet werden und an sich frei von Diskriminierung sein sollten. Das generische Maskulinum ist eine umgangssprachliche Gewohnheit, die im Alltagsgebrauch von Deutschsprachigen verwurzelt, aber veränderbar ist. Diese Änderung ist auch gesellschaftspolitisch wichtig, um alle Identitätskonstruktionen sichtbar zu machen und mitzudenken. Das ist aber nicht das Thema, weil dieses Buch schon viele andere Veränderungsvorschläge diskutiert und auch begrifflich flankieren will und sich nicht mit zusätzlichen Sprachproblemen belasten soll. Dennoch: Wer den Text aufmerksam liest, wird feststellen, dass es bei mir – trotz der vielen ›Männer‹, die zu Wort kommen – ohnehin ›Frauen‹ sind, die Geschichte schreiben, wenn es darauf ankommt.

2 Es gab in der Vergangenheit, es gibt in der Gegenwart und es wird – trotz Gegenerzählungen wie der folgenden – wohl auch in Zukunft im Westen wie im Osten nur sehr wenige wegweisende Philosophen (Männer) geben, die zur *Küche* als einem *guten Ort* führen und *das Kulinarische* (lat. *cocina* = Küche bzw. alles, was mit dem Essen zu tun hat) als einen *ethischen Topos* behandeln. Eine solche Ausnahmeerscheinung ist der international renommierte Ethiker

Doch der Titel *Buddha in der Küche* lässt sich leicht begründen. Einer der vielen Gründe, die im Folgenden angeführt werden, hat damit zu tun, dass letztlich der Name Foucault (als Philosoph, insbesondere als Visionär der ethischen Lebenskunst) den meisten Nicht-Philosophen kaum bekannt ist; wiederum ganz im Gegensatz zu Marx, den alle Welt zumindest als Namensgeber einer der einflussreichsten Philosophien überhaupt kennt. Aber für sich genommen, ist und bleibt Marxens Kost zum Teil schwer verdaulich – auch dann, wenn wir ihre Ingredienzen wie gerettete Lebensmittel in einer trendigen Gemeinschaftsküche kreativ verarbeiten würden, statt sie einfach nur »halbgar» (Saito) wieder aufzuwärmen, sondern im Freestyle versuchen, daraus etwas unfassbar Leckeres zu kreieren – und dieses Experiment wird hier unternommen. Hinzu kommt, dass die meisten Produkte seiner »Garküche der Zukunft« (Marx) entsprechend deren handelsüblichen Haltbarkeits- und Verfallszeiten längst unrettbar schlecht geworden sind. Demgegenüber bietet der Buddha eine scheinbar ewig frische Weisheit, die vielen Menschen immer noch schmeckt wie am ersten Tag und die immer mehr von uns heute auch philosophisch zu einer besseren Ernährungs- und Lebensweise motiviert. Er scheint wie kein anderer maßgeblicher Mensch in der Weltgeschichte einen echten und irgendwie edlen Weg in die Küche zu weisen. Oder erfreut sich der Buddhismus, und zwar der Buddhismus der Erleuchtung und der Schonkost, nicht wachsender Beliebtheit?

Immerhin hat sich der späte Foucault in gewissem Sinne selbst zu einem Buddha gemacht, als er zum Erstaunen vieler seiner Fans und zum Entsetzen seiner Gegner – »im Spiel der Wahrheiten« (Foucault) – von der möglichen »Ethik des Selbst« zu sprechen begann. *Foucaults Buddhismus* steckt in seiner Entdeckung der »Kunst« einer »anderen Lebensweise«, die jeder selbst aktivieren müsse; er versteckt sich in seinem Prinzip einer *Selbstgestaltung der Welt*, das gesellschaftliche Veränderung nicht von Gott oder der Politik ›von oben‹ erwartet, sondern ›von unten‹ erhofft: von uns selbst, von jedem jeden Tag.

Es ist sehr wichtig, wenn nicht gar allesentscheidend, zu verstehen, dass Foucault und Buddha dieses im Grunde anarchische (ebenso buddhistische wie nichtbuddhistische) Prinzip der Selbstermächtigung – des Widerstands, der Veränderung, der Erfüllung durchs Welt-Selbst-Gestalten – gemeinsam haben. Beide wussten, dass Weltverbesserung nur in dem Maße möglich ist, wie jeder Einzelne von uns sie durch sein eigenes Verhalten verwirklicht. Und sie wussten, dass wir in einer besseren Welt nur *ankommen können*, wenn wir eine klare Vorstellung von ihr haben. (Im Gegensatz zu Buddha hätte Foucault, wozu es nicht mehr kam, diese Imagination nicht spirituelle Erleuchtung, sondern vielleicht – darin Kant folgend – Einbildungskraft oder – poetischer – philosophische Phantasie genannt.) Beide

---

Peter Singer. Ich habe diesen Vorzeige-Gastrosophen bereits in einem ausführlichen Porträt gewürdigt; siehe Lemke, Politik des Essens. Wovon die Welt von morgen lebt, 275–316.

lehnten eine allzu menschliche Obrigkeitsmentalität und Selbstlosigkeit, eine ethische Selbstverleugnung, ab, die sich in der Illusion täuscht, dass irgendwelche Anderen das tun könnten, was wir letztlich – so oder so – *selbst tun müssen*.

Ein aktuelles Beispiel, während ich diese Zeilen schreibe, liefern die Mitglieder des so genannten Deutschen Ethikrates, wenn sie klimaethisches Verhalten nicht primär von der Bevölkerung erwarten, sondern nur appellativ von der Politik fordern.[3] Zwar stimmt es, dass »eine moralische Kritik an Entscheidungen im Bereich der privaten Lebensführung und des Konsums kein Ersatz für notwendige politische Maßnahmen ist«, wie der Rat in seiner Stellungnahme argumentiert. Auch ist richtig, für unangemessen zu halten, »wenn staatliche Akteure von Individuen emissionsärmeren Konsum erwarten, solange innerhalb der vom selben Staat gewollten und unterstützten Wirtschafts- und Gesellschaftsordnung die Voraussetzungen dafür zu einem guten Teil nicht erfüllt sind oder sogar konterkariert werden, so dass emissionsärmeres [also ethisch richtiges, gutes] Handeln in vielen Feldern immer noch ›moralisches Heldentum‹ verlangt.«

Diese Feststellungen ändern jedoch nichts an der unabdingbaren Notwendigkeit eines solchen individuellen Heldentums, das allein gesellschaftliche Veränderungen von unten durchsetzen kann. (Das moralische Heldentum in Gestalt des lebenskünstlerischen Anarchismus von Foucault und Buddha ist ohnehin eher ein heldenhafter Postheroismus.[4]) Was auch immer der Staat und die Politik tun, grundlegend bleibt, dass es erstens große Unterschiede und globale Ungerechtigkeiten in der individuellen Verursachung klimaschädlichen Verhaltens gibt und dass es zweitens – ganz gleich, ob es sich um Entscheidungen von Individuen, Politikern oder Unternehmern handelt – allein darauf ankommt, dass sich jeder für das ethisch Richtige und für das Gemeinwohl entscheidet – so gut eben es geht und soweit es in seinen eigenen Kräften steht. Daraus ergibt sich, was der Ethikrat die »individuelle moralische Mitwirkungspflicht« nennt. Aber in dieser unschönen Formel fehlt das anarchische Prinzip und seine Poesie der ›gesellschaftlichen Veränderung von unten‹, über deren transformative Bedeutung sich Foucault (und Buddha) im Klaren waren.[5] Denn nur wenn und soweit sich »das persönliche Verhalten, die eigene Lebensweise und das eigene zivilgesellschaftliche Engagement« (ebd.) unabhängig von staatlichen Vorgaben und »im Rahmen der eigenen Möglichkeiten und Zumutbarkeiten« (ebd.) massenhaft ändert und verbessert, werden auch staatliches Regierungshandeln und politische Entscheidungen (insbesondere demokratisch gewählter Politiker) diese gesellschaftlichen Veränderungen flankieren. Mit anderen

---

3 Deutscher Ethikrat, Klimagerechtigkeit Stellungnahme.

4 Böckling, Postheroische Helden.

5 Ausführlicher zur klimaethischen Begründung guter Praxis siehe: Lemke, Klimagerechtigkeit und Esskultur.

Worten: Nur durch eine ethische Praxis von unten, nur durch postheroisches Heldentum kommen wir dem Ziel näher, dem sich auch der Ethikrat verpflichtet fühlt, dass nämlich »heute und in Zukunft die Mindestbedingungen für ein gutes und gelingendes Leben erfüllt sind« (ebd.). Deshalb scheint es mir ratsam, dem (fiktiven) *Ethikprojekt Foucaults* – aber auch dem ungeschriebenen von Marx und zumindest ein wenig auch Buddhas – zu folgen.

Bei dieser Gelegenheit nur ein Wort zu Foucaults kämpferischem Verhältnis zur Politik, über das schon viel geschrieben wurde: Die ehrenvolle Einladung zu einem Mittagessen im Élysée-Palast mit dem damals amtierenden französischen Staatspräsidenten Giscard d'Estaing (der in alter Tradition als absoluter Regent des Landes einige der wichtigsten Intellektuellen treffen wollte) nahm er zwar an. Statt sich jedoch in den Dienst Giscards zu stellen und ihm pflichtbewusst und untertänigst den erbetenen philosophischen (Ethik-)Rat zu erweisen, machte der Starphilosoph seinen Besuch beim Staatsoberhaupt davon abhängig, dass er den Präsidenten nach einem möglicherweise unschuldig zum Tode Verurteilten befragen wollte (dessen Gnadengesuch der Präsident abgelehnt hatte). Mit dem Ergebnis, dass das Staatsbankett nie stattfand – und Foucault damit bewies, dass es eine Illusion, ja ein Irrtum und eine falsch verstandene Utopie ist, zu glauben, namhafte Philosophen oder ein Ethikrat könnten tatsächlich Einfluss auf die obrigkeitliche Politik eines Staates, einer Regierung oder eines Herrschers nehmen. Eine grundlegende Einsicht, die Foucault wiederum mit Buddha verbindet – worauf zurückzukommen sein wird. Der Franzose wusste: Ein wirksamer Weg, als Philosoph gesellschaftlich Einfluss zu nehmen, besteht darin, sich mit Anderen auszutauschen und sich gegenseitig ›die Wahrheit‹ zu sagen – am besten in einem geselligen Tischgespräch – und so, wenn schon keine ethische Erleuchtung der Beteiligten, so doch neue Wahrnehmungen zu wecken und mögliche Veränderungen in den jeweiligen Wirkungskreisen anzustoßen.

Und noch eine kurze Randbemerkung und Vorankündigung: Ich denke, diese vagen Andeutungen später näher ausführen zu können, nicht zuletzt, um zu zeigen, dass die Utopie einer besseren Welt gerade in dieser geselligen Praxis ihren Ursprung hat. Darauf zielte bereits der Renaissance-Humanist Thomas Morus in seinem *Utopia* ab, deren narrativer Rahmen der klassisch-griechischen Form des philosophischen Dialogs entsprach, dem Morus die sokratische Eutopie eines Symposiums bzw. Konviviums zugrunde legte. Nicht nur dieses wichtige Detail seines *Utopia* wurde von den modernen Utopietheorien und Interpreten bisher schlicht ignoriert. Noch weniger bekannt ist, dass Morus' damals weitaus einflussreicherer Freund und humanistischer *Convivia*-Bestsellerautor Erasmus von Rotterdam (der *Utopia* redigierte und ihr den doppeldeutigen Titel gab, der das Wortspiel erlaubte, zwischen *Outopie* und *Eutopie* zu unterscheiden) den geselligen Geist – und die Eutopie – einer konvivialen Tischgesellschaft in zahlreichen Tischgesprächen (*Convivien*) philosophisch eingefangen und damit dem frühneuzeitlichen Epikureismus, der noch bei Kant und Marx herumgeistert, zumindest indirekt Eingang in den modernen Gegendiskurs über die beste aller möglichen Lebensweisen verschafft hat.

Das philosophische Ethos einer ethischen Denkweise

Solche Leuchten wie Foucault (oder Buddha oder auf seine Art Marx), also seltene Erleuchtete, die zeigen, in welche Richtung der Homo sapiens gehen sollte und wohin wir an der kommenden Weggabelung notwendigerweise abbiegen müssten, braucht unsere schwer beschädigte, untergehende Welt, um die immer länger werdenden Schatten und dunklen Zeiten (in einem Abendrot?) zu erhellen. Ich möchte hier nicht missverstanden werden: Wenn Foucault – als kritischer Aufklärer und Antihumanist, der er war[6] – wirklich ein Buddha geworden wäre, dann nur als Nicht-Buddha. So wie er Marxist nur als Nicht-Marxist war. Im Unterschied zum Buddhismus und auch noch in seiner Mahayana-Variante eines Großen Fahrzeugs, in dem das gütige Selbst auch andere Selbste fürsorglich mitnimmt, kann – zumindest nach dem Selbstverständnis meines ›Foucault‹ – das universelle Ziel einer philosophischen Ethik nur die allgemeine, für alle gute, das Gemeinwohl betreffende Weltverbesserung sein. (Was nicht heißt, dass ich davon träume, dass alle Menschen dieses Ziel wählen. Ganz und gar nicht). Und nur weil die Verbesserung unserer Welt keinen anderen Ausgangspunkt, Beweggrund und Zielort als das eigene ›Selbst‹ – ein gemeinsames Wir- und Welt-Selbst – hat, muss die Verbesserung von uns selbst ausgehen: Wir selbst sind, ob wir das wollen oder nicht, »das innerste Herz der Globalkultur«, um die geglückte Wortwahl eines klugen Kopfes zu zitieren.[7] Deshalb ist auch ein Nicht-Buddhist wie Foucault oder jeder andere Mensch, der die Möglichkeit der Weltverbesserung durch Selbstveränderung aktiviert, der um die ›gesellschaftliche Veränderung von unten‹ als die immer schon einzig wirklich wirksame Macht weiß, immer auch ein bisschen buddhistisch, ein Mini-Buddha. Jeder Mensch sollte ein solcher Buddha sein, sollte sich zu einem superhumanen Buddha machen. Aber wir sollten ein solches Buddha-Sein nicht mit dem üblichen Buddhismus und Buddhist-Sein verwechseln. Um dies zu umgehen, ist die Frage aller Fragen zu klären: *Wenn jeder von uns ein Buddha sein kann, wie müssen wir leben, um wahre Buddhas zu werden?* Eine wirklich wegweisende Antwort kommt vom Buddha selbst

---

6 Foucault war ein entschiedener Gegner des männlichen, weißen, imperialen, anthropozentrischen und ideologischen ›Humanismus‹ der Moderne; aber ihm fehlte nicht der aktivistische Glaube an den Menschen – die Menschlichkeit oder Humanität des Widerstands und der Freiheit ebenso wie möglicher ethischer Werte und superguter Lebensfreuden.

7 Schwägerl, Menschenzeit: Zerstören oder gestalten? Die entscheidende Epoche unseres Planeten, 242.

– und eben nicht von Foucault. Der weltweite Einfluss des indischen Weisen ist ungleich größer und mächtiger als das schwache Licht des französischen Meisterdenkers. Nur: Wer weiß wie lange noch?

Aber Buddha ist schon deshalb der größere Buddha im Vergleich zu Foucault, weil er das Essen – anders als Foucault (oder der Nicht-Buddhist Marx) – halbwegs gastrosophisch behandelt hat. Die uralte Philosophie dieses asiatischen Weisheitslehrers scheint auch heute noch sehr vielen Menschen in Ost und West, im globalen Süden wie im globalen Norden, brauchbare Zielmarken auf der Suche nach dem besten Leben zu bieten. Immer mehr von uns suchen in der buddhistischen Philosophie einen Ausweg zur Erlösung – auch als verfügbare (marktgängige und wohlfeile) Alternative zur dystopischen Zukunft etwa der post-trans-humanen Selbstabschaffung des Homo sapiens zugunsten künstlicher Intelligenz und der Weltherrschaft des Robo sapiens. Um aber einem möglichen Missverständnis vorzubeugen: Ich glaube nicht, dass der orthodoxe Buddhismus brauchbare Lösungen für die Probleme unserer Zeit bietet; er ist nicht der Weg, der zu einer besseren, gerechteren, demokratischeren, interessanteren und genussvolleren Gesellschaft führt.

Mit Foucault das Nicht-Essen denken verstehe ich als Hommage an diesen Wahrheitsspieler anlässlich seines 40. Todesjahres. In Gedenken an ihn schreibe ich fiktiv das unvollendete Projekt des ›späten Foucault‹ weiter, dessen Grundgedanken erst kurz vor seinem Tod – zu spät – der Welt präsentiert wurden. Als Leitmotiv verwende ich ein Bild, das ihn dabei zeigt, wie er – nicht – isst. Anstelle der längst vergessenen Aufforderung »Vergesst Foucault!«, die ein provokant gemeinter Text des Foucault-Kritikers Jean Baudrillard in die Welt rief[8], hier mein Weckruf: *Esst Foucault besser: Verdaut seine Wende zur Ethik!*

Ethisches Denken und Fühlen waren von Anfang an die Grundlage seiner Kritik. Dass Foucault als Heranwachsender mit homosexuellem Begehren – also motiviert durch die eigene Leiderfahrung des Nicht-Normalen und den Willen zur Selbstbefreiung aus gesellschaftlich auferlegter Unfreiheit – von Freiheit träumte und Anderssein nicht für unvernünftig hielt, ist in der Rezeptionsgeschichte seines Werkes schlichtweg unter den Tisch gefallen. Seine ersten beiden Werke, die seinen Ruhm begründeten, *Traum und Existenz* (1954) und *Wahnsinn und Gesellschaft. Eine Geschichte im Zeitalter der Vernunft* (1961) legen von dieser gesellschaftskritischen Ethik seines Denkens beredtes Zeugnis ab. Die traurige Wahrheit ist: Seine einige Jahre vor seiner tödlichen AIDS-Erkrankung in Angriff gekommene und in ihrer Programmatik immerhin angedachte neue »Ethik« (Foucault) blieb wegen seines frühen Todes ungeschrieben.

Was wäre gewesen, wenn Foucault noch einige Jahrzehnte seiner einzigartigen Produktivität und Originalität zur Verfügung gestanden hätten, um sein Ethikprojekt zu konkretisieren? Eines seiner diesbezüglichen Projekte wäre, so viel ist sicher,

8 Baudrillard, Oblier Foucault.

eine »Ethik der Freundschaft« gewesen.[9] Wie sähe unsere Welt heute unter dem Einfluss eines ›ethischen Foucaultismus‹ aus – der als Ismus wie eine wirkmächtige Weltformel analog zum Buddhismus oder Marxismus klingen sollte? Würde die unphilosophische Rede von der »Kunst des Lebens«, der es an moraltheoretischer und transkultureller Präzision mangelt, durch einen respektablen Intellektuellen wie Foucault, der bereits mit diesem Begriff spielte, die nötige programmatische Tiefe und Würde erhalten?[10] Würde die philosophische Ethik durch eine Reihe von Schriften über »Heterotopien« – ein weiteres von Foucault in Aussicht gestelltes Projekt, das ich hier aufgreifen werde – an gesellschaftlicher Relevanz gewonnen haben? Nicht unwahrscheinlich, wenn man bedenkt, dass sein nur wenige Jahre jüngerer Kollege und Gegenspieler Jürgen Habermas in den letzten vierzig Jahren unzählige weitere Bücher veröffentlicht und für alle Habermasianer dieser Welt wegweisende Dinge geschrieben hat.

Wie sähe die Welt heute aus, wenn Foucault noch am Leben wäre und in den vergangenen Jahrzehnten viele bedeutende Bestseller und die Welt bewegende Bücher geschrieben hätte? Was wäre, wenn wir seinen bald Hundertsten Geburtstag feiern könnten und darüber hinaus die fiktive, für meinen Geschmack faszinierende Tatsache, dass die Gastrosophie – einem von ihm selbst bekundeten Impuls der diesbezüglichen Neugier folgend – zu einem zentralen Bereich seines Ethikprogramms geworden wäre? Dann lägen von ihm mehrere Werke gastrosophischen Denkens vor, in denen der vielleicht einflussreichste Philosoph unserer Zeit ›das Essen‹ erforscht und beschwört, weil diese unscheinbare Supermacht der menschlichen Existenz die bei weitem wirksamste Macht ist, die Menschen haben und die wir imaginär aktivieren können, um unsere Welt selbst zu verändern und unser Leben auf Erden besser oder schlechter zu gestalten.

Außerdem lässt sich das Essen ›gut denken‹, wie schon sein älterer Kollege Claude Lévi-Strauss wusste. Jedenfalls können Philosophen, die Ethik denken, das Essen nicht nur nutzen, um satt zu werden (dafür ist es immer gut), sondern vor allem um sich im ethischen Denken (des Guten im Sinne des Gemeinwohls) zu üben – als Freiheitspraxis im Selbstdenken. In der Tat ist das Werk, das meine Leser in diesem Moment in ihrer Hand halten, vor allem das langwierige Ergebnis einer solchen unablässigen Praxis des Denkens, einer alltäglichen Praxis, die Foucault als »philosophisches Ethos« bezeichnet und selbst praktiziert hat. Ich begreife es als eine »mutige

---

9 Foucault, Von der Freundschaft als Lebensweise. Die mögliche Umsetzung dieses ethischen Programms habe ich dargestellt in: Lemke, Freundschaft. Ein philosophischer Essay.

10 Den bislang erfolgreichsten Versuch im Anschluss an Foucault, der hier nicht Thema sein wird, unternimmt die Lebenskunstphilosophie von Wilhelm Schmid; siehe, ders., Auf der Suche nach einer neuen Lebenskunst. Die Frage nach dem Grund und die Neubegründung der Ethik bei Foucault.

und wahrsprechende« Reflexion (auch das eine Perspektive des unvollendet gebliebenen Ethikprojekts von Foucault[11]) einer Supermacht der gesellschaftlichen Transformation. Als Ethik gedacht bzw. programmiert, funktioniert eine Philosophie des Essens nicht nur in Form einer »permanenten Kritik unseres historischen Seins«, wie es in seiner Auseinandersetzung mit der Frage »Was ist Aufklärung?« heißt, sondern erst recht in Form einer permanenten Praxis unseres ethischen Seins.

Zu dieser programmatischen Wende von der Kritik zur Ethik eine vorgreifende Bemerkung: Es ist wenig bekannt, dass Foucaults kurz vor seinem plötzlichen Tod thematisierte Interesse an Kants Philosophie, insbesondere an seinem Beitrag zur Aufklärungsbewegung, eine lange Vorgeschichte hat. Zwar stellte Foucault mit den beiden ›späten‹ Aufsätzen *Was ist Kritik?* (1978) und *Was ist Aufklärung?* (1983) die Programmatik seines eigenen Werkes in einen Zusammenhang der Geistesverwandtschaft mit Kants drei Kritiken. Damit erinnerte er wohl auch sich selbst und damit seine weltweite Leserschaft daran, dass er seinem philosophischen Selbstverständnis nach letztlich weder ein nihilistischer Nietzscheaner noch ein antihumanistischer Heideggerianer war (wie seine Skeptiker und Interpreten meinten und wie er selbst oft fälschlich behauptet hatte): Nun verortete er sich explizit in der Nachfolge des kritischen Aufklärers *und* des ethischen Humanisten Kant – was gastrosophisch so viel heißt wie: Als unkonventioneller Kantianer (der dessen konviviales Humanitätsideal kennt) hätte sich Foucault schon früh auf den Weg zum Konvivialismus der Welt- als Tischgesellschaft machen können.

Im Vorgriff auf spätere Ausführungen sei daran erinnert: Nicht erst der späte Foucault, es war der wilde junge Foucault, der als angehender Doktor der Philosophie die erste französische Übersetzung von Kants *Anthropologie in pragmatischer Hinsicht* vorlegte, versehen mit einer umfangreichen Einleitung. Und erst jetzt, mehr als sechzig Jahre später, beginnt die Foucault-Forschung die Bedeutung dieser frühen und intensiven Kant-Rezeption zu erkennen. Nun sollte sie genau hinschauen: Zu dem von Kant angedeuteten Modell einer Weltgesellschaft, deren normatives und narratives Zentrum »die Gemeinschaft des *Conviviums*« sei, notierte Foucault erstaunt: »Die soziale Gruppe, die den Wert des Modells hat, ist weder die Familie noch der Staat: Es ist die Tischgesellschaft«.[12] Anschließend fragte sich der spätere Superstar unter den Meisterdenkern ernsthaft: »Ist das nicht ein merkwürdiges Bild von Universalität?« Dem erst 35-jährigen Doktoranden der Philosophie und eigentlich profunden Kant-Kenner gelang es damals (noch) nicht, die in der Sache gar nicht so merkwürdige Universalität des gastrosophischen Kantianismus zu erfassen. Bis heute ist – auch deshalb – Kants Konvivialismus (und dieser mögliche ethische Foucaultismus) der Welt unbekannt. Diese Bemerkungen geben mir die Gelegenheit, kurz auf den Aufbau dieses Buches einzugehen.

11 Foucault, Das Wahrsprechen des Anderen.

12 Foucault, Einführung in Kants *Anthropologie*, 98.

Archäologische Bemerkungen zum Aufbau des Buches

Archäologisch gesehen stammt der zweite Teil schon aus der Zeit um 2007. Er erschien in der ursprünglichen Fassung unter dem Titel *Weisheit des Essens. Gastrosophische Feldforschungen zur japanischen und chinesischen Esskultur* und liegt hier in vollständig überarbeiteter und erweiterter Form vor. Damals suchte ich nach Hinweisen auf gastrosophisches Denken in nicht-westlichen Kulturen, in der Hoffnung, Belege dafür zu finden, dass andere Gesellschaften und Denksysteme der gesellschaftlichen Bedeutung des Essens eine größere Bedeutung beimessen als die westliche Philosophie. Denn in den Jahren zuvor hatte ich im Rahmen meiner Habilitationsschrift (die damals noch formale Voraussetzung für die Berufung auf eine Universitätsprofessur war) viele Jahre damit verbracht, um herausfinden: ›Das Essen‹, die menschliche Ess-Existenz oder kurz, unsere Essistenz, wurde in der Geschichte der abendländischen Philosophie von Platon bis zur Gesellschaftstheorie von Jürgen Habermas als eine der Philosophie und ihrer Ethik unwürdigen Allerweltsangelegenheit abgetan.[13] Mit der ideologischen Konsequenz einer ebenso erfolgreichen wie folgenreichen Herabwürdigung der alltäglichsten, allgemeinsten, allgegenwärtigsten, weltbewegendsten und wichtigsten Angelegenheit menschlicher Existenz.

Ich sehe das etwas anders und versuche seit vielen Jahren, alle denkbaren Argumente für eine gastrosophische Alternative zusammenzutragen, die der Essenz unseres Selbst als essende Wesen, der Ernährung des Menschen als Homo sapiens, dem einzigen Tier mit eigener Küche und ›weisem Geschmack‹ (*sapientia*) philosophisch gerecht wird. Für den vorliegenden Kontext und mit Blick auf die Möglichkeit eines ganz anderen kulturellen Selbstverständnisses genügt die Feststellung: Um die Verbesserung unserer heutigen Ernährungsverhältnisse zu erreichen, die viele (ökologische, ökonomische, soziale, politische, gesundheitliche, alltagskulturelle etc.) Krisen unseres westlichen Zivilisationsmodells verursacht und unsere ungastrosophische Lebensweise zu einer selbstzerstörerischen Macht macht, kurz: um die notwendige globale Ernährungswende philosophisch zu flankieren, bräuchte die Welt ein anderes Denken und eine andere Einstellung sowohl zum Essen als auch zu sich selbst – eben eine Gastrosophie.

Dafür will der Hauptteil (der erste und zweite Teil) dieses Buches *von Japan lernen* und stellt die theoretischen Möglichkeiten und die genealogischen Vorarbeiten zu einer transkulturellen Gastrosophie zusammen. Denn natürlich kommt einem sofort Japan in den Sinn als einer nicht-westlichen Kultur, die eine besondere Ästhetik

13 Es ist wohl keine Übertreibung, diesen deutschen Philosophen als den bedeutendsten lebenden Philosophen der Welt zu bezeichnen. Der Habermas-Schüler und Nachfolger in Frankfurt Axel Honneth (bei dem ich über die Ethik der Freundschaft promoviert hatte) lehnte es ab, Betreuer meiner Habilitationsschrift zu sein, mit der bemerkenswerten Begründung, das Thema habe mit Philosophie nichts zu tun.

des Essens entwickelt hat. So war es auch bei mir – aber verbunden mit der glücklichen Fügung, dass mich die *Japanese Society for Promotion of Science* in Kooperation mit der Alexander von Humboldt-Stiftung mit einem Forschungsstipendium ausstattete. Diese Förderung ermöglichte mir, meiner Frage nach den philosophischen Grundlagen der japanischen Esskultur nachgehen zu können: Ich wollte herausfinden, ob die kulturelle Entwicklung und konzeptuelle Herausbildung einer ›besseren‹ Ernährungsweise auf den Einfluss einer entsprechenden fernöstlichen Philosophie oder Weisheitslehre zurückgeführt werden können.

Um das Ergebnis vorwegzunehmen und es auf gut deutsch oder eher japanisch, nämlich in einem höflichen *aimai*, auszudrücken: *jein*. Denn einerseits lässt sich mit viel Phantasie eine kulturgeschichtliche Quelle der japanischen Philosophie des Essens freilegen. Dies allerdings nicht in der akademischen Philosophie, sondern im Kontext des ursprünglichen Zen-Buddhismus, weshalb ich mich intensiv mit der Zen-Philosophie von Dôgen Kigen auseinandergesetzt habe. Andererseits trägt dieser historische Hintergrund nicht wirklich den Kult des Essens, den die japanische Gesellschaft als allgemein geschätzte Lebenskunst praktiziert. Japan könnte in dieser seiner kulturellen Eigenart, den alltäglichen Lebensbereich des Essens als etwas an sich Gutes wertzuschätzen, ein globales Vorbild sehen und sich mit dieser Praxis eines ethisch wegweisenden (gastrosophischen) Ziels der weltgesellschaftlicher Entwicklung vergewissern. Doch diese epochale Chance scheint die lernunfähige Mehrheitsgesellschaft Japans nicht zu nutzen. Gerade die ereignisreichen letzten Jahre waren für die Zukunft des Landes alles andere als gut. Wohlmeinende Kenner hoffen nur noch auf einen »Abstieg in Würde« für die noch vor kurzem international als asiatischer Modellaufsteiger gefeierte »Gesellschaft im Wandel«.[14]

Um auf die Hintergründe dieser Einschätzung näher eingehen zu können, habe ich einen Text über die *Klimakatastrophe, Atomkraft, Technikkritik, Umweltfrage oder: Die weltrettende Funktion philosophischer Ethikprogramme* in den hinteren, dritten Teil des Buches aufgenommen. Der Text entstand 2011 als Vortrag, den ich anlässlich der Jubiläumsfeierlichkeiten »150 Jahre Freundschaft zwischen Deutschland und Japan« in Osaka hielt. Denn es dürfte kaum ein Zweifel daran bestehen, dass mehr noch als die klimaethischen Herausforderungen nur ein umweltethisches Umdenken in der globalen Energieversorgung – die ohnehin eine entsprechende Nahrungsmittelproduktion einschließen sollte – eine lebenswerte Zukunft der Menschheit auf diesem Planeten ermöglichen wird. ›Von Japan lernen‹ heißt in diesem Zusammenhang zu

14 In seiner Studie zum gesellschaftlichen Abstieg Japans resümiert Japan-Experte Wieland Wagner: »Japan bewegt sich im qualvoll gemächlichen Tempo einer Teezeremonie, in rituellen Kompromissen, deren Zustandekommen von außen oft nur schwer durchschaubar ist. Insofern kann das Land kein Vorbild sein (…).« Wagner, Abstieg in Würde. Wie ein alterndes Land um seine Zukunft ringt, 245.

erkennen, dass eine Gesellschaft, die eine Katastrophe wie den Super-GAU in Fukushima 2011 nicht zum Anlass für notwendige Veränderungen durch den sofortigen Ausstieg aus der Ära der Atomkraftwerke und die Umstellung auf regenerative Energien nimmt, ihren eigenen dystopischen Untergang riskiert.

Als eine Art philosophische Aufmunterung zu mehr Fantasie, wie ›eine gastrosophische Weltgesellschaft‹ denkbar ist und zu einer großen Erzählung weitergesponnen werden könnte, habe ich einen weiteren Aufsatz eingefügt. Es handelt sich um einen Text, der 2017 anlässlich des Symposiums *Food and Civil Society* entstand, einer Konferenz an der Todai (der Universität Tokio) im Rahmen der Reihe *Practice of Coexistence in Cultural Diversity*. ›Japan‹ war in diesem Fall nicht als Lernort Gegenstand der Betrachtung, sondern als reflektierter Topos vielmehr Ausgangspunkt eines philosophischen Weiterdenkens und Sehr-weit-Denkens. Vielleicht erinnert die Fremdheit dieser Skizze (die deshalb im englischen Original beibehalten wurde) ein wenig an die Fantasiewelt eines japanischen Manga-Comics.

Jedenfalls zeigt die stark japanisch geprägte Comic-Kultur, die in phantastischen Bildergeschichten denkt und träumt, der Philosophie – insbesondere ihren Ethikprogrammen als phantasievollen Utopie-Ideen-Weltbild-Produktionen –, wie popkulturelle Erzählkunst geht. Wenn also Mangas (neben Animes und Computerspielen), die sich global rasant verbreitet haben, ein erfolgreiches kulturelles Exportgut Japans sind, dann will meine Geschichte umgekehrt mit dem ›Ess-Zen‹, wie ich die japanische Kunst des Essens nennen will, ein japanisches Alltagsgut argumentativ globalisieren. Sicherlich wäre es besser gewesen, wenn ich zumindest im (zweiten) Japan-Teil dieses Buches noch konsequenter Bildergeschichten gezeichnet hätte, statt endlose Begriffe aneinander zu reihen.

Womit ich schon bei einem weiteren Thema meiner Fragestellung und dem Grund für den demnächst erscheinenden zweiten Band meiner fernöstlichen Forschungsreise wäre. Denn wie in vielen anderen Lebensbereichen haben die Japaner auch die Wertschätzung des Essens von den Nicht-Japanern abgeschaut; und wie in vielen anderen Lebensbereichen kam der kulturelle Einfluss von den chinesischen Nachbarn. Zu der Zeit, als ich an der Fertigstellung der *Weisheit des Essens* arbeitete, war der postmaoistische Reformprozess, sprich: die kapitalistische Verwestlichung des kommunistischen China zwar bereits in vollem Gange. Dennoch stand das traditionsreichste und damals bevölkerungsreichste Land der Erde noch nicht im Zentrum der zukünftigen Weltgeschichte – wie es seit der Machtübernahme Xi Jinpings der Fall ist.

Im Rückblick betrachtet, war es wohl ein großes Glück, dass ich in der vielleicht freiesten Zeit der chinesischen Geschichte in der Megacity Shanghai an der East China Normal University forschen und – im Nachhinein noch erstaunlicher – sogar eine Veranstaltung zu *Michel Foucault und die Aufklärung* anbieten konnte. Auf jeden Fall hat mir diese einzigartige Phase der Öffnung einen Einblick in die chinesische (Tisch-)Gesellschaft ermöglicht. Vertraut mit den in der westlichen Hemisphäre allgegenwärtigen China-Restaurants, kam das hautnahe Erleben des Essens in einem echten chinesischen Restaurant – vom Flughafen ging es sofort zum Mittagessen mit meinen neuen Kollegen am vollbeladenen *Rundtisch à la chinoise* – einer plötzlichen Erleuchtung aus heiterem Himmel gleich: Die Erfahrung einer solchen hedonistischen Geselligkeit kannte ich aus Japan nicht. Der zeremoniellen Förmlichkeit der japanischen Esskultur fehlt das ungezwungene, ausgelassene, lebendige Vergnügen der typischen chinesischen Tischgesellschaft. Trotz des damaligen Erweckungserlebnisses dauerte es noch viele Jahre des Nachdenkens und Verdauens, bis ich philosophisch in der Lage war, dessen Wahrheit zu erkennen. Der entscheidende Grund für diese anhaltende Verblendung hatte genau mit den Fragen zu tun, deren Klärung mein Forschungsaufenthalt in China gewidmet war: Was haben die chinesischen Philosophen über das Essen gedacht? Liefern Konfuzianismus, Daoismus, Maoismus und nun auch der – immer noch oder wieder verstärkt sino-marxistisch geprägte – ›Xiismus‹ die ideellen und programmatischen Grundlagen für die Zukunft oder Weisheit der chinesischen Tischgesellschaft – das Reich der Mitte als künftiges Zentrum der Weltgesellschaft? Denn die ebenso erhellende wie erschütternde Antwort lautet auch hier: *Sie bieten zu wenig*.

Der philosophische Geist der chinesischen Gesellschaft – paradoxerweise gerade auch unter dem ideologischen Einfluss der kommunistischen Ära des Marxismus-Maoismus – leidet ebenso wie die traditionelle Philosophie der westlichen Gesellschaft unter einem lebensbedrohlichen Mangel an gastrosophischer Weisheit. Doch die ungeheure Last dieser deprimierenden Einsicht in das schon von Marx bedauerte »Elend der Philosophie« könnte sich in einer unvorstellbaren Erleichterung auflösen. Ich denke dabei im Blick auf die neue Weltordnung unter Xi und im Wissen um die philosophische Dimension – und den utopischen Charakter – des Xiismus an die wieder offene Frage ›der Geschichte‹, deren allzu frühes Ende einige voreilige Weltdeuter schon verkündet hatten: Wie entwickelt sich die Welt mit China – mit dem Reich der Mitte, um diesen wichtigen Punkt noch einmal zu betonen, als künftiger Supermacht, mit ›China‹ als mächtiger Erzählung, die sich immerhin als chinesisch geprägte Fortsetzung des Marxismus versteht? Darum auch meine Frage: Wie ›chinesisch‹ wird die Weltgesellschaft als Tischgesellschaft? Und welchen Einfluss hat die Philosophie auf dieses Werden, auf die sinisierte, sinozentrische, sinotopische Zukunft? Nichts ist dabei entscheidender als – das Essen, wenn es stimmt, dass auch die Welt der Menschen (wie die aller irdischen Mitlebewesen) vor allem von dieser Supermacht beherrscht wird. Dass China unter Xi »das Essen größer denken« will, ist inzwischen eine politische Tatsache und (hierzulande noch eher unbekannte) Agenda; nur: Wie groß denkt Xi das Essen und wie groß wird es wirklich durch Chinas Good Food-Bewegung von unten?

Da diese Fragen und Zusammenhänge äußerst komplexe Reflexionen erfordern, zu deren weltphilosophischen Programmatik ich beitragen möchte, habe ich mich entschlossen, dem ›China-Kapitel‹ der ursprünglichen Fassung eine eigenständige Publikation zu widmen. Sie soll meine Vorarbeiten aus der *Weisheit des Essens* auf den aktuellen Stand des eigenen Wissens und erst recht des ungewissen Weltprozesses bringen. Sie will zudem mit dem ›Marxismus‹, als unrettbarer Ruine eines utopischen Meganarrativs, endlich aufräumen, um einer anderen philosophischen Weltgeschichte Platz zu schaffen.[15] Doch das, wie gesagt, wird Thema des zweiten Bandes sein. Zu der Idee, den Sino-Marxismus upzugraden, an dieser Stelle nur so viel: Letztlich kommt es nicht darauf an, wie Xi den Marxismus für seine Weltherrschaft nutzt, sondern ob dieses einflussreiche Denksystem (als utopisches Programm) gastrosophisch und darüber hinaus weltphilosophisch (über seine sinotopische Vereinnahmung hinaus) weitergedacht werden kann. Ich denke, das geht.

Um einen solchen Post- und Nicht-mehr-Marxismus vorzubereiten, ist diesem Buch als letzter Teil und Ausblick ein erster, früher Versuch beigefügt: Dieser gastrosophische Marxismus (eigentlich schon dieser zukünftige Konvivialismus), der Marx als potenziellen Gastrosophen (und Konvivialisten statt Kommunisten) vorstellt, entstand im Zusammenhang mit meiner *Ethik des Essens*. Damals entschied ich mich jedoch, diesen Teil nicht zu veröffentlichen, da das Ganze bereits zu einem dicken Schinken geworden war. Umso konsequenter erscheint es mir, auch im Sinne einer Archäologie meines Wissens, diesen älteren Text in überarbeiteter Form vorzulegen, ohne seine gastrosophischen Potentiale dem aktuellen Stand des (inzwischen bekannteren) Ernährungswende-Diskurses anzupassen. Meine Überlegungen zur *Politik des Essens* und zu den *Szenarien der Ernährungswende* liefern ohnehin einiges davon, was ich hier also voraussetze.

15 Einen Beitrag zu einer solchen neuen Weltgeschichte hat – allerdings ohne China in den Blick zu nehmen oder auch nur den heftig umkämpften ›sinotopischen Diskurs‹ wahrzunehmen – der bereits erwähnte (und viel zu früh verstorbene) Anarchist und Freiheitsdenker David Graeber geleistet. Der, wie manche meinen, bedeutendste Anthropologe unserer Zeit hat gemeinsam mit David Wengrow, einem führenden Archäologen, Ansätze ›von unten‹ skizziert, die die Anfänge unserer Zivilisation mit der Zukunft der Menschheit verbinden und neu denken. In *The Dawn of Everything: A New History of Humanity* (auf Deutsch erschienen als *Anfänge: Eine neue Geschichte der Menschheit*) revidieren die beiden Utopologen unser bisheriges Weltbild und erzählen die Geschichte der Menschheit, wie sie noch nie erzählt wurde. Die utopistische Sehnsucht nach einer solchen ›epochalen Neuorientierung‹ spiegelt sich in einer seit einiger Zeit rasant wachsenden Zahl anthropologischer Erzählungen, die hier nicht diskutiert werden müssen. Um es kurz zu machen, meine Vorstellung: Diese neue Erzählung sollte, als Happy End zu Ende gedacht, von dem Abenteuer handeln, das gastrozentrische Weltbild zu entdecken und den Homo sapiens im ursprünglichen und wahrsten Sinne des Wortes ›sapientia‹ (der philosophische oder ›geistige Sinn‹ für ›guten Geschmack‹) als den Feinschmecker unter den Humanoiden neu zu erfinden. Im erzählerischen Zentrum stehen dann die gesellige Tischgesellschaft und die superhumanen Lebenskünste. Insofern geht es mir auch um eine Alternative zu den transhumanen Geschichten, die Weltbestsellerautoren wie Yuval Harari erzählen und den Menschen schmackhaft machen.

Dennoch wird sich vielen zu Recht die Frage aufdrängen: Wozu überhaupt noch Marx? Zumal sich der orthodoxe Marxismus bekanntlich – zumindest theoretisch – am liebsten nur mit dem KAPITAL, aber nicht mit dem ESSEN beschäftigt. Aber das muss nicht so sein. Wie viel davon tatsächlich im Marxschen Denken steckt und wie fruchtbar (und genüsslich) es ist, den Marxismus mit Hilfe der Gastrosophie und über sie hinaus neu und weiter zu denken, soll mein Rezept für eine Kraftsuppe à la Marx gegen den gemeinen Kapitalismus zeigen. Nicht zuletzt, und auch das wird ausführlich erläutert, geht es mir darum, gegen den gewöhnlichen Zen-Buddhismus auf dem Umweg über Japan und das Ess-Zen eine Art raffinierten Dôgen-Marxismus auszuprobieren (insofern es sich dabei, wie ich zeigen will, um eine Art Euzen-Utopismus und Kaizen-Praxismus handelt), mit dem das ESSEN als revolutionäre Praxis in den Blick kommt, als alltägliche Lebenskunst und wichtigstes Element einer möglichen anderen, besseren Welt als der uns allzu vertrauten, die letzten Endes vom westlichen KAPITAL beherrscht und durch so etwas wie dem buddhistischen ZEN bestenfalls nur verklärt wird.

Das Zen mag bekannt sein: Aber was ist Kaizen?

Zunächst also gilt es, wieder einmal von Japan und seiner kulturellen Praxis zu lernen. Allem voran die *Kaizen-Philosophie* der schrittweisen, allmählichen Verbesserung. Der japanische Begriff Kaizen bedeutet wörtlich gute Veränderung, Veränderung zum Besseren oder einfach Verbesserung. Gemeint ist jedoch die alltägliche Verbesserung in dem Sinne, dass es mit jedem Tag und im All der Tage ständig von Neuem möglich wird, einen besseren Weg zu finden, die Dinge zu tun. Die Kaizen-Philosophie beschreibt demnach ein alltagsweltliches Praxisverständnis, weil permanente Verbesserungen allmählich ›große‹ Verbesserungen bewirken können. Dies ist insbesondere bei komplexen Realitäten der Fall, wenn unscheinbare, für unwichtig oder wirkungslos gehaltene und in diesem (ideologischen) Sinne ›kleine‹ (an sich aber kritische, weil systemrelevante) Veränderungen zu plötzlichen oder auch nur allmählichen Kippmomenten eines ›Systems‹ führen.

Kaizen ist die Weisheit der Veränderung im Kleinen, die Großes bewirkt, das Tun, das getan werden muss, um mit ›dem Weg‹ das Ziel zu erreichen. Von Anderen und aus der Praxis lernen, beispielsweise von Japan, bedeutet, bezogen auf die Kaizen-Philosophie, außeruniversitäre und nicht-akademische Lebensphilosophie aus ihrer ökonomischen Instrumentalisierung zu befreien. Denn, obwohl der Begriff ursprünglich aus der ostasiatischen Weisheit der praktischen Selbstkultivierung stammt, wurde er erst im Zuge des wirtschaftlichen Aufschwungs Japans ab den 1950er Jahren verwendet. Masaaki Imai, der als Begründer des Kaizen gilt, führte das Prinzip schließlich als systematische Managementphilosophie zu weltweitem Erfolg. Den Grundstein dafür legte er mit seinem Buch *Kaizen: Der Schlüs-*

sel zum Erfolg der Japaner im Wettbewerb, das 1992 ins Deutsche übersetzt wurde. Als Erfolgsrezept für wirtschaftliches Wachstum ist es eine Methode des Qualitätsmanagements, die punktuell bestimmte Bereiche in einem Unternehmen verbessert. Dabei werden sowohl das Management als auch die Mitarbeiter in den kontinuierlichen Verbesserungsprozess einbezogen, damit sie erkennen, dass die Summe vieler kleiner Veränderungen zu großen Ergebnissen führen kann. Kaizen gehört heute zu den Grundwerten vieler Unternehmen. Doch statt auf ökonomische Verbesserungsprozesse reduziert zu werden, sollte die Kaizen-Philosophie für ein besseres Leben genutzt werden. Eine Studie des University College in London hat am Beispiel von Ernährungszielen gezeigt, wie mit kleinen täglichen Fortschritten Großes erreicht werden kann: Wer es schafft, winzige, aber stetige Veränderungen im Alltag umzusetzen, hat mehr Erfolg beim Abnehmen als Menschen, die auf radikale (Diät-)Umstellungen setzen. Mit dieser gastroethischen Ausrichtung, die sich auch auf andere Ziele einer besseren Ernährungs- und Lebensweise ausweiten lässt, werde ich die japanische Kaizen-Philosophie auf die gastrosophische Lebenskunst im Besonderen und darüber hinaus auf die alltägliche Lebensgestaltung im Allgemeinen anwenden. Zumindest müssen wir – anders als in der boomenden Ratgeberliteratur zum Kaizen – das japanische Prinzip der allmählichen Verbesserung nicht auf beliebige Veränderungen oder Erfolge in sämtlichen Lebenslagen anwenden.[16] ›Kaizen im Alltag‹ bedeutet (euzenologisch gedacht und im Vorgriff auf spätere Erläuterungen) ›gesellschaftliche Veränderung von unten‹ und bewirkt ethische Transformation durch Selbstkultivierung bzw. Weltveränderung durch Selbstveränderung: die Praxis jener guten Tätigkeiten (nennen wir sie *Eupraxen*), die notwendig sind, um unsere Welt besser zu machen und die Verwirklichung einer gemeinwohlorientierten, allgemeinen, für alle guten Lebensweise (gr. *eu zen*) zu erreichen. Wie wir sehen werden, kann die Kaizen-Lebensphilosophie eine programmatische (konzeptuelle und praxologische) Verbindung zwischen den japanischen Zen-Künsten und den allgemeinen Euzen-Lebenskünsten herstellen.

Vermutlich war es diese Selbstkultivierung, die Foucault (auf der verzweifelten Suche nach philosophischer Lebenskunst) faszinierte. Wäre also alles perfekt gelaufen, hätte sich der Japanreisende nicht an buddhistische Zen-Meister, sondern an irgendwelche Kaizen-Allerweltsmeister gewandt, um von der japanischen Kaizen-Philosophie zu lernen. Deshalb stelle ich mir den Japaner Foucault auch nicht als *Samurai-Krieger* vor – so wie das Bild von ihm als nihilistischem Anti-Humanisten, dem der ›Tod des Menschen‹ egal ist, letztlich nur eine Fehlinterpretation seiner diesbezüglichen anthropologischen Theorie darstellt. Als Weltverbesserer ›kämpfte‹ er nicht, sondern ging gegen das, was er die Mikrophysik der Macht nannte, eher wie ein *Kaizen-Praxist* vor.

---

16 Saito, Kaizen im Alltag; Necharo, Kaizen – die japanische Philosophie für ein erfülltes Leben; Tanaka, Kaizen für Anfänger – Das Praxisbuch.

Vielleicht ist die alltagsweltliche Kaizen-Praxis weit mehr als die buddhistische Zen-Praxis ein wegweisendes Vorbild und Exportgut der japanischen Philosophie für eine Bessere-Welt-Philosophie. Jedenfalls braucht die Welt nichts dringender als einen Kaizen-Praxismus, der uns hilft, endlich zu verstehen und zu ›meistern‹, wie gesellschaftliche Veränderung im Alltag wirklich geht. Nur so scheint es mir möglich und denkbar, dass wir nicht länger dem wenig zielführenden Revolutionsmarxismus mit seinen unzähligen Varianten einer Großen Politik der Großen Taten, der Großen Transformationen etc. anhängen müssen, etwa in Form des in der linken Protestkultur so beliebten Aktivismus oder des sämtliche gesellschaftspolitischen Agenden und Aktionspläne beherrschenden »Top-Down-Politizismus« (Saito Kohei).[17] Doch genug der Vorworte.

17 Eine der wenigen, die in diese Richtung denkt, ist (wenngleich rein historisch und literaturwissenschaftlich): von Redecker, Praxis und Revolution: Eine Sozialtheorie radikalen Wandels.

Erster Teil: Den richtigen Einstieg finden

Nicht den richtigen Einstieg zu finden, ist oft die einfachste Ursache für das Missgeschick, nie anzukommen und das Ziel zu verfehlen, weshalb ›das Ganze keinen guten Ausgang nimmt‹. Vorsichtshalber habe ich deshalb gleich drei Einstiege gewählt. Einen extrem kurzen, sehr schönen, rundum eleganten, vielleicht sogar den ›edelsten Weg‹ – eigentlich eher eine Art Spaziergang oder Lernpfad und Lustwandeln durch traumhafte Landschaften in Begleitung einer zen-buddhistischen Nonne namens Jeongkwan Snim aus Südkorea. Steigen wir am besten also zuerst mit ›schönem Essen‹ ein. Doch zuvor noch eine kurze Vorabbeschreibung des zweiten Einstiegs.

Der zweite Einstieg, für den ich mich entschieden habe, und zugleich der eigentliche Hauptabschnitt des ersten Teils mit meinen *Elf Thesen zu Saito* – ist die ›harte Tour‹; sie gleicht einer strapaziösen Wanderung durch den philosophischen Diskurs (natürlich teils mit spektakulären Aussichten, teils mit atemberaubenden Spekulationen) und verlangt streckenweise schwindelfreie Trittsicherheit auf ungesichertem Gelände (eher Schotterwegen) – in Begleitung eines unbeschwerten Nachwuchswissenschaftlers aus Japan namens Saito Kohei. In seinem internationalen Bestseller fordert der Philosoph, der im Rahmen des ›Jungwissenschaftler-Forschungsprojektes Kritische Betrachtung des Degrowth und Green New Deal im Zeitalter der Umweltkrise‹ der Japan Society for the Promotion of Science an der Neuedition der Marx-Engels-Gesamtausgabe mitarbeitete, einen Postwachstums- oder »Degrowth-Kommunismus«. Kühn ruft sein »Weckruf« zum »Sturz des kapitalistischen Systems« und zur »Weltrevolution« auf: »Das Kapital, das mit seinem Verlangen nach grenzenloser Wertsteigerung die Erde verwüstet«, hören wir ihn sagen, nein, lauthals brüllen, »wird vom Kommunismus besiegt werden. So wird die ganze Erde zum Allgemeingut, das von allen gemeinsam verwaltet wird.«[1] Die mitunter wirren Wegweisungen, wie dieses utopische Programm genau ablaufen soll und was an der entscheidenden »Weggabelung, vor der die Menschheit steht« (ebd., 203), zu tun ist, machen diesen Einstieg wie insgesamt Saitos wagemutige Routen durch das weitgehend unbekannte Zentralmassiv ›Utopiens‹ über weite Strecken zu

1 Saito, Systemsturz. Der Sieg der Natur über den Kapitalismus, 110.

einer beschwerlichen Tour – die, wenn man so will, nur für philosophische Hobby- und Profiwanderer geeignet ist, die Höhenflüge und Abgründe lieben. Doch die Strapazen lohnen sich.

Saito – also ausgerechnet ein japanischer Marxist oder Marxologe[2] – bedient sich für sein marktschreierisches *Wacht endlich auf!* des reichlich abgenutzten Narrativs vom bösen Kapitalismus und des Versprechens der heilen Welt eines künftigen Neokommunismus. Nicht umsonst bezeichnet der französische Philosoph Bruno Latour »die Ersetzung des Kapitalismus durch ein anderes Regime« und die damit verbundene Forderung nach einem »Systemumsturz« (so der deutsche Untertitel von Saitos Bestseller) als »ein monströses und lärmendes Unterfangen«.[3] Doch mit seinem monströsen und lärmenden Unterfangen eines zukünftigen Kommunismus scheint der Japaner den Geschmack der Massen zu treffen! Seine zahlreichen Leser, insbesondere im eigenen Herkunftsland, nahmen die aufgewärmte Vision einer besseren Zukunft in einer kommunistischen Gesellschaft mit Begeisterung auf. Sein Buch *Systemsturz. Der Sieg der Natur über den Kapitalismus* verkaufte sich wie warme Semmeln oder wie die überall beliebten Hamburger von McDonald's. Plötzlich, so scheint es, könnte die weltrettende Weisheit doch noch aus dem Fernen Osten kommen, von dem sich die westliche Welt und vor allem die deutsch-französische Philosophie – von Arthur Schopenhauer über Martin Heidegger bis Michel Foucault und Francois Julien – schon lange einen Ausweg aus der Krise der abendländischen Zivilisation erhofft hatte.

Dieser zweite Einstieg über einen altbackenen und wiederum halbgaren Kommunismus scheint mir aber ein Irrweg zu sein, wie überhaupt Saito (wie wir sehen werden) Marx zum Buddha und den Neomarxismus zu einer Art linkem Buddhismus verklärt. Um das konzeptuelle Ausmaß dieser irritierenden Verklärung zumindest zu erahnen, genügt es, den Satz zu zitieren, den Saito als Einstieg in sein Manifest gewählt hat. So polemisiert das Vorwort gleich zu Beginn gegen den Glauben an einen gesellschaftlichen Wandel von unten: »Der Glaube, dass der Erfolg im Kampf gegen die Erderwärmung davon abhängt, wie viel jeder Einzelne von uns tut, hält

---

2 Saitos Kollegen und philosophischen Gegner halten wenig von einem Marxismus made in Nippon. Sawa Takamitsu, ein führender Wirtschaftswissenschaftler und international renommierter ökonomischer Denker Japans, schreibt: »Es scheint, als gäbe es in Japan viele Menschen, die nicht aufhören können, nach absoluten Werten zu rufen. Vielleicht liegt es daran, dass es keinen alleinigen Gott gibt, oder doch daran, dass man leicht zu Verallgemeinerungen neigt. Selbst in Bezug auf die Gestaltung des sozioökonomischen Systems tendieren die Japaner schnell dazu, eine einzigartige und absolute Utopie zu fordern. Dass der Marxismus [oder] Sozialismus eine ›Utopie‹ bzw. eine ›nur in der Phantasie existierende Idealgesellschaft‹ ist, haben wir durch den Verlauf der Weltgesellschaft in den 1980er Jahren gelernt.« Sawa, Japans ›Strukturreform‹ – was jetzt geändert werden muss, 158.

3 Latour, Das terrestrische Manifest, 112.

uns davon ab, die wirklich wichtigen und mutigen Taten für unsere Zeit zu vollbringen.« Wer so denkt – und das sind viele, die allermeisten sogar –, weiß letztlich wie Saito nicht, was es heißt, für die heutige Zeit wirklich wichtige und mutige Taten zu vollbringen. Das zeigt sich schon daran, dass mit dem Kampf gegen die Klimakrise eine zweifellos gigantische Krise der Menschheit ins Zentrum utopischer Hoffnungen gerückt wird, nicht aber die Krise und die Praxis, die gesellschaftliche Veränderungen (einschließlich eines effektiven Klimaschutzes) am wirksamsten auslösen.

Um dennoch von seiner ostasiatischen Weisheit zu lernen und auf einem ›dritten Weg‹ unser Ziel zu erreichen, wird der dritte Einstieg unternommen. Mein Gedankengang – parallel zu der Frage oder Suchbewegung, ob und inwieweit uns wirklich ein neuer Marxismus als Wegweiser fehlt – wird einige Umwege machen und um voranzukommen, auch, wie die Menschen in China manchmal, rückwärts gehen. Und überhaupt werde ich vieles irgendwie umgekehrt machen müssen – die Dinge umgekehrt sehen, andersherum denken oder ganz umdenken, umkehren und völlig unbekannte, noch unentdeckte, unwegsame Wege wagen –, um möglichst gut voranzukommen und letztlich das Not-Wendige zu tun und einen wirklich guten Ausweg aus der dystopischen Sackgasse zu finden, in der die Welt steckt und die einige besonders alarmierte Zeitgenossen für das Ende der Menschheit auf diesem Planeten halten.

Beim dritten Einstieg also, und damit in dem Hauptabschnitt dieses Buches, dem Einstieg ins Ungewisse – in die Küche – werde ich meiner Leserschaft als ebenso willkommen heißender wie unauffälliger Weg-Weiser zur Seite stehen und sie ortskundig den oft nur scheinbar abwegigen, meist aber gut begehbaren und immer zielführenden Weg weisen. Diese abenteuerliche Route wird die Abbiegung zum Degrowth-Kommunismus links liegen lassen und sich dann auf dem älteren, weitgehend ausgetretenen, aber von mir rundum erneuerten Mittelweg des Zen-Buddhismus (nur mit diversen notwendigen Scheidewegen und dabei gestärkt durch dessen einladende Imbisse mit reichhaltigem Picknick-Proviant) zielstrebig dem nähern, was ich provisorisch Euzen-Konvivialismus nenne und als noch unfertige Alternative sowohl zum Degrowth-Kommunismus als auch zum Zen-Buddhismus vorstelle. Doch bevor es endlich losgeht, noch eine Bemerkung zum Titel.

Wie bereits angedeutet, denke ich bei einem oder einer ›Buddha‹ zunächst an nichts weiter als an einen philosophisch irgendwie erleuchteten oder erwachten Menschen. Tatsächlich bedeutet der Sanskrit-Wort *bodhi* wörtlich *erwachen*. Gemeint ist also, um diesbezüglich möglichst unmissverständlich zu sein: Ein oder eine ›Buddha‹ ist ein solcher Mensch (bzw. jeder Mensch ist ein ›Buddha‹), der eine bestimmte Philosophie lebt – in sich weckt und durch sich zum Leuchten bringt. Das Besondere an dem gleichnamigen Menschen, *dem Buddha*, war nur, dass er eine *eigene Lebensphilosophie erfand*, die er anderen Menschen als die beste aller möglichen vorlebte und eigens als eine *buddhistische* Lebensweise lehrte. Das bedeutet, dass nicht jeder Erleuchtete oder Erwachte ein Buddhist sein oder werden muss, wohl aber ein Mensch, der nach einer bewussten Philosophie (und ihrem ethischen Programm) lebt. Folglich haben viele Buddhas mit dem historischen Buddha, der sich selbst als erster diesen Lebenskünstlernamen gab, wenig zu tun. In diesem Sinne wende ich mich nicht vorrangig an bekennende Buddhistinnen und Buddhisten. Dennoch geht es mir um die ebenso schlichte wie folgenreiche Frage, was ein wahrer Buddhist eigentlich sein könnte (und sein bzw. tun oder lassen sollte)? Oder auch darum, ob Menschen, die keine Buddhas oder Nicht-Buddhisten sind, wirklich automatisch Nicht-Erwachte sind und inwieweit solche, die sich selbst Buddhisten nennen oder dazu von anderen Buddhisten ordiniert wurden, überhaupt wahrhaft Erwachte sein können?

Den Buddhismus so zu behandeln bedeutet, ihn wie den Marxismus zu behandeln, nämlich als in sich abgeschlossene Glaubenssysteme (deren orthodoxen Wahrheiten und Heilsversprechen viele Menschen nur noch nachbeten), um beide philosophisch zu recyclen oder für ein narratives Upcycling zu nutzen. Nur eine unkritische und phantasielose Anhängerschaft kann ›den Buddhismus‹ wie ›den Marxismus‹ zu einer ›Weltreligion‹ machen. Freilich erfreut sich der welthistorisch ohnehin beispiellos erfolgreiche Buddhismus im direkten Vergleich – sozusagen in der freien Konkurrenz auf dem Weltmarkt heilbringender Zukunftsreligionen – einer immer noch oder wieder weit größeren Popularität als der noch jugendliche, aber schon sehr verbrauchte Marxismus. Die grundsätzliche Frage nach der Wahrheit ›des Buddhismus‹ – den ich im Folgenden als eine Art spirituellen Pop-Marxismus ernst nehmen werde – zieht sich ohnehin wie ein roter Faden durch die labyrinthischen Entwicklungen der 2500jährigen Geschichte dieser mächtigen Lebensphilosophie. Als eine der Großen Erzählungen der Menschheitsgeschichte wird die buddhistische Weisheitslehre von dieser rätselhaften und bis heute nicht abschließend geklärten (um blasphemische Zen-Worte aufzugreifen) »weit offen und nicht heiligen« Frage vor sich hergetrieben. Gerade wegen dieser begriffsimmanenten Paradoxie des Buddha-Seins und der auf den ersten Blick nicht leicht einsehbaren Tatsache, dass in Nicht-Buddhisten potenziell mehr Buddha steckt als in bekennenden Buddhisten, werde ich ganz bewusst vom Buddhismus als dem Ein-Wort-Narrativ einer weltbewegenden (nämlich vielen Menschen einleuchtenden) Philosophie sprechen und programmatisch Gebrauch machen. Betrachtet man den Buddhismus vor allem als philosophische Erzählung eines utopischen Humanismus, so lässt er sich seinerseits immerhin als (halber) Marxismus behandeln. Deshalb erscheint mir umgekehrt jeder Marxismus, der Marx zum Buddha verklärt, zum Heilsbringer, an den man glaubt, als eine Art linker Buddhismus (der linken Herzen) zu sein, den es (postmarxistisch) weiterzudenken gilt und dem ich ansonsten weder nachhänge oder anhänge.

Das philosophisch Interessante an der programmatischen Unterbestimmtheit oder begrifflichen Unklarheit des Buddhismus ergibt sich aus dem bemerkenswerten Sachverhalt, dass er für die einzige unter den immer noch gängigen Weltreligionen steht, die eine Lebensweisheit lehrt, an deren Wahrheiten überall auf dem Globus *immer mehr Menschen glauben wollen* – gerade auch in den bevölkerungsreichen Metropolen des globalen Nordens. Im Westen zieht die Lehre Buddhas, insbesondere die Meditationspraxis des populären Zen-Buddhismus, wie ein schwarzes Loch die utopischen Energien, die spirituellen Sinnsehnsüchte und die ideologisch ausgehungerten Geister der Großstädter an. Deshalb werde ich später die Perspektive beschreiben, dass der gegenwärtige Pop-Buddhismus zum zukünftigen Semi-Marxismus eines spürbar heraufziehenden Neuen Mittelalters avancieren könnte. Eines düsteren, dystopischen Weltalters, das in jüngster Zeit nebulös als Anthropozän bezeichnet wird, in dem die Menschen nicht mehr (wie noch der Marxsche Humanismus) an gesellschaftliche Veränderung glauben, auch nicht mehr an sich als ›Menschheit‹ (der Gleichheit aller in einer gemeinsam geteilten Welt), sondern nur noch – bestenfalls, wenn überhaupt – an die innerliche Selbstveränderung oder an die eigene Unverbesserlichkeit.

Immerhin: Ihrem ursprünglichen, letztlich philosophischen (säkularen) Selbstverständnis nach will die buddhistische Weisheitslehre gerade kein philosophisch unaufgeklärtes Glaubenssystem, keine Religion sein; eigentlich ist der Buddha kein Gott. Insofern globalisiert sich mit ihr keine Weltreligion, sondern richtiger eine östliche Lebensphilosophie. Doch durch welche Weisheitslehre könnte der Buddhismus dann zur universalen Ethik einer »neuen Lebenskunst« (Foucault) werden, die wir brauchen, um unsere aufgebrauchte und kaputte Welt zu reparieren und zu recyceln – heil zu machen, wie es so schön heißt? Lässt sich das buddhistische Narrativ kreativ hacken, um den sich weiter globalisierenden westlichen Lebensstil als der Ursache allen Übels weltweit zu transformieren? Ist es möglich, die bemerkenswerte Popularität des Buddha philosophisch umzuschreiben, um die dystopische Katastrophendrift abzuwenden? Kann sein narrativer Algorithmus (in konzeptueller Verbindung mit einem Euzen-Konvivialismus und so etwas wie einem Praxismus) utopologisch durch einen *Pan-Superhumanismus* umprogrammiert werden?[4]

---

4 Um mein Verständnis dieses Super-Begriffs kurz zu erklären: Ich bin mir der ambivalenten und leicht missverständlichen Bedeutung dieses Begriffs bewusst, dennoch bietet sich seine narrative Verwendung an. Er dient als programmatische Anspielung – und normative Bezugnahme – auf die in posthumanistischen Digitalutopien ernsthaft betriebene Verklärung einer sehr starken künstlichen ›Superintelligenz‹, deren kognitive Fähigkeiten die menschliche Denkleistung und imaginative Einbildungskraft auf das Niveau von Affen degradieren könnten. Als neohumanistische Gegenerzählung dazu soll das Adjektiv super die umgangssprachliche Bedeutung von etwas konnotieren, das Begeisterung hervorruft oder weckt, und im narrativen Gebrauch prädikativ für *sehr gut!* verstanden werden. Es geht also gerade nicht um das äußerst erklärungsbedürftige und schrecklich instrumentalisierte Ideal des Übermenschen (Superman), das auf Nietzsches gescheiterten (misanthropischen) Versuch zurückgeht, einer neuen Ethik des Menschseins eine poetisch klingende Zielbestimmung und Formel zu geben. Aber der philanthropische (Post-Neo-)Superhumanismus versteht sich als das philo-

Zumindest als Minimalkriterium und mit einem phantastischen Ausblick auf eine *Minima Utopia*, der ich mich hier weiträumig umkreisend annähern werde, lässt sich sagen: Jeder humanistische Glaube an eine erwachte Menschheit oder Menschlichkeit (Humanität) in der eigenen Person wie in jeder anderen (um an eine Formulierung Kants zu erinnern) verdient es, buddhistisch genannt zu werden. Dieser basale Buddhismus (als minimaler Humanismus) und erst recht der neue und nicht mehr marxistische Marxismus, der Konvivialismus, wie ihn seine Anhänger und Liebhaber, seine Aktivisten, Praxisten und Träumer nennen könnten, ist ein Post-Neohumanismus. Dieser Konvivialismus als programmatischer Gegenbegriff zu den üblichen Ein-Wort-Narrativen wie Kapitalismus und Kommunismus oder neueren wie Post-Transhumanismus, Muskismus (Elon Musks Marsismus), MarXiismus (Xi Jinpings Sino-Marxismus) unterscheidet sich auch vom orthodoxen Buddhismus oder Marxismus in vielen Hinsichten und Absichten, deren Darstellung einen Teil dieses Buches ausmacht.

Trotz der vielen Gemeinsamkeiten mit diesen beiden Buddhismen möchte ich zumindest drei grundlegende Unterschiede zu meinem Konvivialismus bekanntmachen, den ich als ›*Euzen-Konvivialismus*‹ bezeichnen werde (unter anderem um ihn vom gängigen Konzept des Konvivialismus abzuheben[5]). *Erstens*: Eine Selbstbefreiung von allgemeinen Übeln dieser Welt – zumindest von einigem Unguten – ist mehr oder weniger jeden Tag möglich. *Zweitens*: Das Glück eines *für alle guten Lebens* – zumindest einiger wohltuender Dinge und guter Freiheiten, die die menschliche Welt im Sinne des Gemeinwohls wirklich besser machen können – ist nur durch richtig verstandene und tatsächlich *gelebte Praxis* (des allgemeinen Guten) erreichbar.[6] *Drittens*: Das Essen spielt dabei eine ganz entscheidende Rolle, weil es nun ein-

---

sophische Abenteuer, angesichts der bedrohlichen Herausforderung durch das post-transhumanistische Menschen- bzw. Weltbild einen neuen Versuch in dieser Richtung zu wagen.

5 Zu dem (aus meiner Sicht sehr unfertigen) Konzept des Konvivialismus siehe: Manifest des Konvivialismus.

6 Und gleich noch eine Begriffsklärung, um eine Unterscheidung hervorzuheben, die in diesem Buch nicht in gebotener Weise erörtert werden kann, und das trotz ihrer weitreichenden philosophischen Konsequenzen, die konzeptuell in dem Topos kulminieren, den ich provisorisch das ›Euzen‹ nenne. Denn ich sehe einen großen und allesentscheidenden Unterschied zwischen einem (praktisch letztlich unmöglichen) *guten Leben für alle* und einer (wirklich praktikablen) *für alle guten Lebensweise*. Denn eine solche das Gemeinwohl praktizierende Lebensweise ist gut für das eigene Wohl und für das Wohl aller von ihr betroffenen Menschen und Nicht-Menschen, wenn und soweit sie gelebt wird – unabhängig davon, wie viele sie praktizieren (weder müssen noch werden es alle sein). Dieses *erreichbare Gemeinwohl* gilt es zu begreifen, dieses ›für alle Gute‹, das anscheinend ›Unfassbare‹, gilt es zu erfassen. Vielleicht bin ich im Glauben an das Gute zu gut für die Welt, aber wer bin ich anderes als einer dieser Philosophen, die sich dagegen wehren, das viele, *selbstgemachte* (anthropogene, anthropozäne) *Ungute* in der Welt hinzunehmen. Denn zum Glück ist das uns Menschen mögliche Wohlergehen in seinen vielfältigen Ausgestaltungen viel näher, als wir gemein-

mal – und hier kommt die Gastrosophie »ins Spiel der Wahrheit« (Foucault) – die alltäglichste, allgemeinste, allgegenwärtigste, die lustvollste und weltbewegendste und darum eine wirkliche Supermacht menschlicher Lebensgestaltung ist. Und genau an dieser Stelle finden wir den schönsten Einstieg in den Weg, den jeder von uns gehen kann, um zum Buddha einer guten Küche zu werden oder einfach nur, um sich, so gut es eben geht, an der Rettung der Erde und mit ihr an der Verwirklichung des Wohls der Menschheit zu beteiligen.

Eine zen-buddhistische Nonne als weltweit angesehene Küchenphilosophin

Der französische Starkoch Eric Ripert lud eine bis vor Kurzem noch eher unbekannte Küchen-Buddha (warum, noch einmal, sollte ›Buddha‹ nur männlichen Geschlechts sein?) in sein New Yorker Edelrestaurant Le Bernardin ein, damit die kahlgeschorene Südkoreanerin dort die Weisheiten ihrer veganen Kochkunst servierte. Dieses bemerkenswerte Ereignis wurde kürzlich auch hierzulande in einem ausführlichen Artikel für die Wochenendbeilage der *Süddeutschen Zeitung* »als Niederkunft des Buddhismus in der postmodernen Food-Welt« gefeiert.[7] In einem Bericht über diese Niederkunft im *The New New Times Style Magazine* vom 16. Oktober 2015 mit der lautstarken Überschrift »Jeongkwan. The Philosopher Chef« verkündete der Journalist Jeff Gordinier die »lebensverändernde« Wirkung dieses Excellent Food Buddhismus. Und tatsächlich: Wie nicht anders zu erwarten, waren plötzlich weltweit Massen von Journalisten, Restaurantführern, Gastrokritikern, Starköchen, Hobbyköchen, Filmemachern, Foodies und Influencern von der buddhistischen Küchenphilosophie fasziniert.

Nach Jahrtausenden schaffte die ›Tempelküche‹ endlich ihren internationalen Durchbruch: Alle Insider der professionellen Gastro-Welt schauten und staunten, wollten die Nonne kennenlernen und ihre Weisheiten nachahmen. Und natürlich: Zum Weltstar wurde Jeongkwan Snim, als Netflix, durch den erwähnten Artikel von Gordinier auf sie aufmerksam geworden, ihr eine Folge der Kult-Serie *Chef's Table* widmete. Seitdem folgt Jeongkwan Snim Einladungen in viele Metropolen der Welt. Mittlerweile zählt die Meisterin der Zen-Küche zu den renommiertesten Köchinnen der Gegenwart. Sie wurde unter anderem mit dem Icon Award der *Asia's 50 Best Restaurants* ausgezeichnet, obwohl die Buddhistin kein eigenes Restaurant besitzt und die tägliche Küchenarbeit – anders als die meisten ihrer begeisterten Fans

---

hin denken. Einige Erörterungen zu den sehr unterschiedlichen Weisen, dieses allgemeine Gute zu leben und das menschliche Wohl zu denken, finden sich in: Lemke/Haarmann, Die Keimzelle, 203–215.

7 Willi, Die Küche des Lebens, 12.

und Nachmacher – nicht für Geld und Ruhm meistert. Sie kocht für die anderen Tempelbewohner und für die Besucher, die vielen hungrigen Geister von überall, die im Rahmen eines Temple-Stay-Programms auf die Schnelle etwas Erleuchtung und Erlösung suchen, um der grassierenden Sinn- und Lebenskrise durch Kochkurse, Selfie-Sessions und Wildgarten-Erweckungen/Entdeckungen entgegenzuwirken. Beeinflusst durch das, was ich die gastrosophische Mitte des Buddhismus nennen möchte, genießt die Alltagskultur des Essens in Korea – wie in unterschiedlicher Ausprägung auch in Japan und China – einen hohen gesellschaftlichen Stellenwert.

Im abgelegenen Kloster Cheonjinam bei Baekyangsa rund 250 Kilometer südlich von Seoul lebt Jeongkwan Snim inmitten eines üppigen Küchengartens und wahrer Buddha-Natur. Der dortige Zen-Buddhismus gehört genealogisch zur koreanischen Linie (Seon-), die ihrerseits auf den chinesischen Chan-Buddhismus zurückgeht und ihren Ursprung im indischen Mahayana-Buddhismus hat. Aufgewachsen in der alten spirituellen Tradition der Selbstversorgung (Subsistenz) der klösterlichen Lebensgemeinschaft, dreht sich Snims tägliche Praxis in der Klosterküche um das »Universum in der Schale«, das Mahlritual *Baru Gongyang*. Den orthodoxen Lebensweg der Buddha hat die südkoreanische Philosophin und Journalistin Hoo Nam Seelmann in Form einer »kulinarischen Biografie« ausführlich beschrieben.[8] Tatsächlich ist die Weisheit, die die Seon-Buddhistin lebt und kultiviert, alles andere als spektakulär. »Wenn wir essen«, sagt Jeongkwan, »nehmen wir etwas zu uns, das zu einem Teil von uns wird. Unser Körper ist unser Essen. Was man isst, verändert den Charakter des Menschen. Darum hängt alles, was wir sind und tun, mit unserem Essen zusammen.«

Ich denke, wir sollten die unvorstellbar weitreichende Bedeutung dieser unscheinbaren Worte so gut wie möglich verstehen lernen, einfach weil die Welt – die Menschheit, die Menschlichkeit auf diesem Planeten – in diesem Augenblick der Erdgeschichte an einer Weggabelung existentieller Entscheidungen steht, an der es darauf ankommt, solche Sätze richtig zu verstehen und zu beherzigen. Für den Schweizer Jeongkwan-Schüler Andrin Willi, der die wegweisenden Worte der Zen-Meisterin an die Leser der Süddeutschen Zeitung weitergab, sollen ihre fernöstlichen Weisheiten jedenfalls »lebensverändernde« Wirkungen gehabt haben. »Das Essen bei ihr«, lässt der Gastro-Journalist und Zen-Gastrosoph Willi die Welt wissen, »ist mindestens so lebensverändernd wie jedes andere Essen, das mein Leben bisher verändert hat und in Zukunft verändern wird. Klingt buddhistisch. Kulinarisch fühle ich mich erleuchtet.«[9]

Diese Erleuchtung erinnert mich an eine geistesverwandte, aber letztlich ganz andere Begebenheit, deren Schilderung hier eine erste Überleitung zum japanischen Kontext ermöglicht, um den es mir später gehen wird. Bei der International

8 Nam, Jeongkwan Snim: Eine kulinarische Biografie.

9 Willi, Die Küche des Lebens, 20.

Culinary Travel Week, einer regelmäßig in Kyoto stattfindenden Kochkunstausstellung, wurde vor einigen Jahren ein taiwanesisches Werk mit dem poetischen Namen *Jadenest in Phönixbrühe auf weißem Schnee* von einem gewissen Liang Youxiang ausgezeichnet. Liang ist damals kreativer Kopf und Küchenchef des angesagten Wellness-Resorts *Shann Garden*[10], das auf einem grünen Hügel oberhalb von Taipeh liegt und über eine heiße Quelle, ein beliebtes Teehaus und ein besonderes Restaurant verfügt. Liang gilt als Pionier der neuen chinesischen Küche, deren philosophische Prinzipien in seinem 2008 erschienenen Manifest *The Beauty of Chinese Food* beschrieben sind und die durch seine eigene Kochshow im taiwanesischen Fernsehen ein breites Publikum erreicht hat.

Was vor allem die japanische Zen-Küche im Laufe der Zeit perfektioniert hat und heute kulturell zelebriert und was die kommunistische Volksrepublik auf dem Festland (noch) nicht kennt, haben Taiwanesen wie Liang für ihr eigenes Selbstverständnis entdeckt: die Küchenphilosophie des feinen *Kleinen* (chin. *xiao*). Oberstes Prinzip dieser *Xiao*-Ästhetik ist die Konzentration auf die Petitesse, die Liebe zum Detail kleinteiliger Speisen. Die zweite Maxime einer solchen minimalistischen Kochkunst ist die Einfachheit: die Verwendung einfacher, preiswerter (weder billiger noch kostspieliger), alltagstauglicher Zutaten. (Was allerdings nicht ausschließt, dass gelegentlich auch teurere Zutaten verwendet werden.) Beide Prinzipien sind wesentliche Bestandteile des ästhetischen Wertesystems jener gelobten Küche, die wie bereits angesprochen die Herzen der internationalen Gastroszene höherschlagen lässt und mit ein Grund für die Euphorie gegenüber der zen-buddhistischen Klosterküche à la Jeongkwan Snim ist. »Denn die Tempelküche verinnerlicht sämtliche Ernährungstrends und Haltungen, die der moderne Mensch jetzt braucht«, schwärmt Willi in der oben erwähnten Mitteilung: »Achtsamkeit. Garten. Nachhaltigkeit. Natur. Zen. Zeit. Hingebung. Bewusstsein. Liebe. Gesundheit. Veganismus. Bodenbezug. Respekt. Einklang. Konzentration. Keine Verschwendung. Fokus. Leben. Leben lassen. Karma. Kulinarische Meditation.« Im Falle des taiwanesischen Küchenchefs Liang, einem Nicht-Buddhisten und Nicht-Veganer, erhält all dies eine – um die offizielle Formulierung zu wählen – ›chinesische Prägung‹ dadurch, dass sich die kulinarische Ästhetik neben ihrer (nicht strikt eingehaltenen) ethischen Ausrichtung poetischer und lebensfroher ist. Man könnte auch sagen, sie ist weniger dogmatisch, religiös und spirituell betulich als

---

10 Zwischen 1895 und 1945 war das Kaiserreich Japan Kolonialmacht in Taiwan. In den 1920er entdeckte das japanische Militär diesen Ort hoch über Taipei und verwandelte ihn in einen ›Zen-Garten‹, der bei den Besatzern heimatliche Gewohnheiten und nationale Gefühle (heiße Quellen, Garten, Teehaus, Essen) wecken sollte. Später wurde dort Kamikaze-Piloten ihre letzte Nacht gewährt, um ihre Henkersmahlzeit einnehmen und sich noch einmal vergnügen: gut essen, in den heißen Quellen baden und sexuelle Vergnügen leichtgemacht, die kleinen Freuden der Menschheit als letzte Erlebnisse des Daseins.

die Zen-Küche. Denn der im wahrsten Sinne des Wortes künstliche, geschmacksverstärkende Zusatz der *Nouvelle Cuisine Chinoise* ist selbstverständlich die Lust an spielerischer Sprache und phantasievoller Fiktion. Eine kunstvolle Mahlzeit in ein *Jadenest in Phönixbrühe auf weißem Schnee* zu verwandeln, hat wohl gerade die japanischen Juroren fasziniert und dazu bewogen haben, dieses kulinarische Kunstwerk als besonderen Beitrag – als Best Practice Beispiel aus Taiwan – auszuzeichnen.

Manchem mag es so erscheinen, als seien solche Dinge einer zukunftsweisenden, futuristischen Esskunst nicht von großer Relevanz. Eine solche Sichtweise verrät aber eher große Lücken im eigenen Weltbild. Denn Liangs kulinarische Ästhetik ist ein überaus wichtiger Beleg dafür, dass sich inzwischen auch Chinas traditionsreiche Esskultur, die in Taiwan noch heute existiert, japanisiert.[11] Und umgekehrt wird die japanische Zen-Ästhetik des feinen Kleinen ihrerseits durch diese Sinisierung taiwanesischer Prägung transkulturell weiterentwickelt. Sie präsentiert sich poetischer und lebensfroher und nimmt in ihrer esskünstlerischen Ausformung etwas von jenem Hedonismus auf, der die chinesische Tischgesellschaft von dem viel formelleren (zeremoniellen) Stil des japanischen Geschmacks unterscheidet. Diese gegenseitige Ergänzung verbindet das jeweils Bessere der beiden Ästhetiken zu der besten und formvollendeten Lebenskunst des Essens, einer superhumanen Tafelkunst, die zu den entscheidenden Praxen und Humana des künftigen Konvivialismus auf diesem Planeten gehören könnte. Doch für diese beste aller möglichen Zukünfte fehlt es den japanischen Philosophen – nicht anders als der westlichen Philosophie – noch immer an Sinn und Weitsicht. Ein gastrosophisches Manifest wie das von Liang Youxiang über die Schönheit des chinesischen Essens zeigt jedenfalls, dass es auch anders geht.

Obwohl in Japans traditioneller Esskulturhauptstadt Kyoto inzwischen so unvorstellbare Dinge wie ein *Jadenest in Phönixbrühe auf weißem Schnee* prämiert werden (können), steht das Essen nach wie vor nicht im programmatischen und narrativen Zentrum der japanischen Philosophie (weder der allgemeinen Lebensphilosophie noch des akademischen Philosophiebetriebs). Wie folgenreich diese leere Mitte des Weltbildes ist, zeigt sich an dem jungen Philosophen Saito Kohei. Zwar verspricht uns der Japaner, wie oben erwähnt, die »Rettung der Erde« und die bessere Zukunft »eines guten Lebens für alle« – und doch findet sich in seinem Manifest der Weltrevolution kein gastrosophisches Programm. Wie kann das sein, und wohin soll das führen?

Immerhin aber stellt er mit der Rede vom guten Leben in den normativen wie narrativen Mittelpunkt seines Denkens, was zahlreiche Diskurse und neue Theorien zu humanen Gesellschaftsutopien als *ultimatives Ziel* teilen. So forderte der ecuadorianische Wirtschaftswissenschaftler und Politiker Alberto Acosta, der als ehemaliger Energieminister und Präsident der Verfassungsgebenden Versammlung den

11 Hernig, Eine Himmelsreise – China in sechs Gängen.

zivilgesellschaftlichen Bewegungen des globalen Südens eine philosophische Stimme verleiht, mit der Formel *Buen vivir* das universelle *Recht auf ein gutes Leben*.[12] Vieles – ich denke sogar fast alles – hängt davon ab, diese politisch-ethische Forderung in einer möglichst einleuchtenden, erstrebenswerten, phantastischen, ja mitreißenden und abenteuerlichen Geschichte auszumalen. Und der noch junge Philosoph Saito bringt den Mut zu einer solchen großen Erzählung auf: Einem popkulturellen Manga-Zeichner nicht unähnlich entwirft der Japaner zielsicher und mit schwungvollen Strichen ein Schwarz-Weiß-Bild vom guten Leben für alle, das er in direkten Zusammenhang mit dem indigenen »Slogan« steht.[13]

Saito Kohei oder der Sieg über den Kapitalismus

Man muss schon ein hoffnungsfroher und beherzter Utopist sein, um gerade jetzt, in diesen düsteren Zeiten, trotz des katastrophalen Zustands unserer sich selbst zerfleischenden Weltgemeinschaft an eine bessere und gemeinsame Zukunft zu glauben. Letztlich ist ein solcher trotziger Optimismus oder unverbesserlicher Utopismus nur als Standpunkt des Philosophen gerechtfertigt. Nicht wegen der notorischen Weltfremdheit solcher Menschen, sondern weil sie nur so ihre weltgesellschaftliche, globale Verantwortung wahrnehmen und verteidigen können. Ein echter Philosoph spricht also aus dem japanischen Nachwuchshumanisten, wenn er die theoretische Möglichkeit einer (›linken‹) nachhaltigen, gerechten, direktdemokratischen, selbstgenügsamen Postwachstums- und Postarbeitsgesellschaft umkreist und für alle ein philanthropisches Wertesystem aus Freiheit, Gleichheit, Menschenrechten, Bildung, Gesundheitsversorgung, Wohlstand usw. einfordert.

Ein solcher Neohumanismus – wie alle Posthumanisten will auch Saito den westlichen, weißen, männlichen, anthropozentrischen Humanismus überwinden – setzt allerdings die intellektuelle Sensibilität voraus, auch die philosophischen Konsequenzen aus dem offensichtlichen *Faktum menschlicher Unvernunft* zu ziehen, das uns mit *der Allgegenwart von Ungutem und Inhumanem* konfrontiert. Doch zu sehr vom Kapitalismus als vermeintlicher Ursache allen Übels geblendet und zu sehr auf die Klimakrise des Anthropozäns fixiert, umfasst sein allzu optimistisches Weltbild nicht den konzeptionellen Rahmen für die tragische Einsicht in das erneute Erstarken und die ewige Wiederholung dystopischer Zukünfte um uns herum. Spätestens seit einigen Jahren – viele denken schon viel, viel früher und subjektiv gefühlt seit

---

12 Acosta, Buen vivir: Vom Recht auf ein gutes Leben.

13 »Der Slogan verbreitete sich anschließend in ganz Südamerika und wird heute von den Linken weltweit verwendet. Auf dem ganzen Planeten fanden damit mehr als bloß zwei Wörter Verbreitung – es ist eine Neubetrachtung der eigenen Wertvorstellungen.« Saito, Systemsturz. Der Sieg der Natur über den Kapitalismus, 243.

einer Ewigkeit – reihen sich entsprechende Ereignisse aneinander: Angefangen mit dem islamistischen Terroranschlag auf das World Trade Center und dem darauf folgenden Krieg gegen den Terror, kurz darauf die Weltfinanzkrise, ausgelöst durch die 600-Milliarden-Pleite einer Investmentbank, dann die Nuklearkatastrophe im japanischen Atomkraftwerk Fushushima Daiichi, dann der Aufstieg Xi Jinpings zum mächtigsten Menschen des Globus und Donald Trumps zum Präsidenten der Vereinigten Staaten von Amerika, dann der Corona-Lockdown als Folge der pandemischen Ausbreitung eines tödlichen Virus, dann Putins Angriffskrieg gegen die Ukraine, dann Israels Krieg in Gaza, dann das erneute internationale Wettrüsten, dann – ich denke, es reicht. Gleichzeitig heizt sich die Atomsphäre unseres Planeten täglich weiter auf, und eine große Menge an Begeisterten freut sich frenetisch über das als Erfolg bejubelte Scheitern von Weltraumraketen auf dem Weg zu einer neuen Erde...

Philosophisch zu reflektieren ist nicht so sehr die traurige Tatsache, dass sich diese schlimmen ›Entwicklungen‹ ereignet haben und weiter ereignen werden. Vielmehr ist es die tragische Wahrheit, wie wenig Willen zur Besserung all das hausgemachte (anthropogene, anthropozäne) Unglück in unserer Welt auslöst. Nur mit einem aufmerksamen Blick auf solche dystopischen Dynamiken der schlechtesten aller möglichen Welten und nur im vollen Bewusstsein der hohen Wahrscheinlichkeit ihrer zukünftigen Fortsetzung sollte eine bessere Zukunft, die eine neohumane Utopie verspricht, gedacht und beschrieben werden.

Auch wenn der Bestsellerautor Saito in seinem *Systemsturz. Der Sieg der Natur über den Kapitalismus* dies nicht tut, geht sein philosophischer Versuch, einen »Degrowth-Kommunismus« als beste aller möglichen Welten darzustellen, weit über einen bloßen neomarxistischen Utopismus hinaus. Ich sehe darin eher einen vollendeten Foucaultismus, weil die theoretische Systemkritik programmatisch durch eine Agenda neuer Lebenskünste ergänzt wird. Seltsamerweise erwähnt Saito an keiner Stelle Foucault, der – wenn auch nur zeitweise – selbst ein Marxist war.[14] Aber Saitos marxistische Gesellschaftskritik beinhaltet die wegweisende Rückkehr zu einer alltagspraktischen Ethik, die kein anderer vorzubereiten gewagt hat als ›der späte Foucault‹.

Denn das sollte uns die historische Wahrheit aller sozialistischen Gesellschaften gelehrt haben: Ein wesentlicher Grund für ihren, gelinde gesagt, Irrsinn liegt schlicht darin, dass wir in den regalfüllenden Werken von Karl Marx und Friedrich Engels vergeblich nach wirklich alltagstauglichen Anleitungen und Rezepten suchen, was jeder jeden Tag – morgens, mittags, abends, nachts, morgen und übermorgen – für alle Gutes tun könnte (und müsste) und worin die notwendigen gesellschaftlichen Veränderungen bestünden, um mit einem großen oder

14 David Pavón-Cuéllar, Foucault's Marxism. Selbstverständlich kann man aus Foucault sogar einen orthodoxen Marxisten machen, siehe: Bidet, Foucault mit Marx.

kleinen ›Sprung‹ in der versprochenen besseren Zukunft anzukommen. Die beiden Obermarxisten sind bekanntlich gegenüber dem menschlichen Bedürfnis nach handlungsleitender, lebenspraktischer Orientierung bietenden, die Leute für die Sache begeisternden und erwärmenden Vorbildern neuer Lebenskünste und Alltagspraxen kaltherzig geblieben.

Auf diesen »Kältestrom« (Bloch) als folgenreiches Manko des Marxismus gehe ich in diesem Buch ausführlich ein. Aber auch Saito beschäftigt sich mit den theoretischen Defiziten des Marxschen Denkens. Aus der fatalen Utopie-Sackgasse hat er für sich selbst einen bemerkenswerten Ausweg gefunden: Er meint, einen noch ganz unbekannten Marx entdeckt zu haben, »den späten Marx« (Saito), dem wir die bisher unbekannte Vision eines »Degrowth-Kommunismus« verdanken sollen – gleichsam als dessen ungeschriebene Lehre, die in seinen unveröffentlichten Manuskripten verborgen lag. Von seiner eigenen Entdeckung und Frömmigkeit beseelt, frohlockt Saito: »Es braucht den Willen zum Wandel des Gesellschaftssystems. Raus aus dem Kapitalismus und hinein in einen radikalen Überfluss, der mit dem Degrowth erreicht wird – das ist es, was der späte Marx als Alternative anbot.«[15]

Doch die utopische Alternative, die der japanische Nachwuchsphilosoph entwirft und uns im Folgenden intensiv beschäftigen wird, lässt sich beim besten Willen nicht auf das Werk von Marx zurückführen. Es klingt zwar nach orthodoxem Marxismus, wenn Saito schreibt: »Wir brauchen keine halbgaren Problemlösungsansätze, sondern eine Vergesellschaftung großer Ölkonzerne, von Großbanken und digitaler Infrastruktur wie der GAFA. Kurz gesagt: Wir brauchen einen revolutionären Kommunismus.« (Ebd., 267) Freilich, nur weil es im Marxschen Werk und Denksystem nirgendwo so etwas wie verbindliche und programmatische ›Anleitungen zu den allgemeinen Lebenskünsten und Praktiken des revolutionären Kommunismus‹ gibt, wurden immer wieder neue Kommunismen gefordert und konnte es in zahllosen gesellschaftlichen Experimenten willkürliche und unmarxistische Parolen eines revolutionären Kommunismus geben und kann es bis heute zum Beispiel ›Anleitungen zu einem chinesischen Kommunismus‹ geben. Doch Saito bleibt dem revolutionären Geist von Marx gerade dort am treuesten, wo er – ganz unmarxistisch – versucht, utopisch weiter und neu zu denken. Das Revolutionäre an seinem Degrowth-Kommunismus scheint mir daher der *wissenschaftliche Utopismus* zu sein und weniger ein *vermeintlich neu entdeckter Marx*, den Saito im Grunde nur zu einem spirituellen Erlöser und *seinem Buddha* macht.

Ein philosophischer Weckruf zur Weltrevolution sollte jedenfalls in den eher unaufgeregten Kontext der vielen neuen Utopien gestellt werden, die in den letzten Jahren auf den Markt gekommen sind und für eine wissenschaftliche Renaissance

---

15 Saito, Systemsturz. Der Sieg der Natur über den Kapitalismus, 266.

der utopischen Science Fiction gesorgt haben.[16] Zur Erinnerung: Bis in die 1990er Jahre (und verstärkt durch den Zusammenbruch der auf utopischen Fundamenten aufgebauten sozialistischen Hemisphäre) herrschte in der westlichen Welt des konsumkapitalistischen Gegenmodells die (ihrerseits ideologische) Fiktion einer weltanschaulichen Utopielosigkeit. Der ehemalige sozialdemokratische Bundeskanzler Helmut Schmidt brachte diesen antiutopischen Geist auf die sprichwörtliche Formel, wer Visionen habe, solle zum Arzt gehen. Utopie wurde als Ideologie oder Illusion dargestellt und abwertend konnotiert. Bis in das alltägliche Selbstverständnis normaler Menschen hinein bedeutet das Urteil ›Das ist ja völlig utopisch‹: Das ist unerreichbar, oder jemand träumt von einem viel zu optimistischen Ideal. Und eine Sozialutopie wurde automatisch mit der Vorstellung einer fernen, besseren Gesellschaft gleichgesetzt. Innerhalb nur weniger Jahre, geradezu disruptiv und die dramatischen, dystopischen Entwicklungen der Welt widerspiegelnd, hat sich dies grundlegend geändert.

Das inzwischen wieder breite Angebot an utopischen Entwürfen und philosophischen Weltbildern einer neohumanen Zukunftsgesellschaft genauer zu prüfen, steht unbedingt an – kann hier aber nicht geleistet werden. Für den vorliegenden Gedankengang genügt die Feststellung, dass Saitos Manifest des Degrowth-Kommunismus, trotz seiner Fehler und Halbheiten, die mich hier beschäftigen, zu den programmatisch ausgefeiltesten Bilderbüchern eines›guten Lebens für alle gehört. Das erklärt auch die allgemeine Begeisterung, ja Euphorie, mit der sein Buch aufgenommen wurde. Nicht nur in seinem Heimatland hat *Das Kapital im Anthropozän*, so der japanische Originaltitel, eine für solche theoretischen Themen und Topoi vergleichsweise hohe Auflage erreicht; auch international hat das neokommunistische Manifest des weitgehend unbekannten Nachwuchsphilosophen aus Japan die linken Herzen erwärmt und das moralische Gewissen der letzten Menschen bewegt.[17]

Ist Saito der neue Dôgen Japans? Implantiert seine Philosophie den ›Degrowth-Kommunismus‹ in die japanische Gesellschaft, so wie der philosophisch hellwache junge Mönch aus Kyoto, Dôgen Kigen (ich werde ihn im zweiten Teil ausführlich vorstellen) den heute weltberühmten japanischen ›Zen-Buddhismus‹ in sein Heimatland importierte? Ist hier ein wiedererwachter ›neuer Marx‹ am Werk? Ein Weg-

---

16 Zum Beispiel Maresch/Rötzer (Hg.), Renaissance der Utopie. Zukunftsfiguren des 21. Jahrhundert; Precht, Jäger, Hirten, Kritiker. Eine Utopie für die digitale Gesellschaft; Welzer, Alles könnte auch anders sein. Eine Gesellschaftsutopie für freie Menschen; Schneidewind, Die Große Transformation: Eine Einführung in die Kunst gesellschaftlichen Wandels; Bregman, Rutger: Utopien für Realisten; Friedman, Was zu tun ist; Wright, Reale Utopien: Wege aus dem Kapitalismus; Görgen/Wendt et al., Sozial-ökologische Utopien: Diesseits oder jenseits von Wachstum und Kapitalismus?

17 Die Idee eines Degrowth-Kommunismus wurde hierzulande vor allem im linksalternativen Milieu und im bildungsbürgerlichen Feuilleton bzw. in den Kulturredaktionen gefeiert, nicht aber im traditionellen Arbeitermilieu, wie es Saito intendiert hatte.

weiser ins kommende Paradies, dem die Massen wieder wie schon einmal folgen? Oder erweist sich ein halbgarer Neomarxismus nur als philosophischer Slow Food Buddhismus für gläubige Marxisten und Schöngeister? Jedenfalls scheint der schöne und stets süffige Optimismus, dass alles gut wird, wenn der böse Kapitalismus erst einmal besiegt ist, wieder den allgemeinen Geschmack zu treffen. Als Lebensstil und Alltagsküche bleibt Saitos *Degrowth*-Rezept – sollten wir es zur Rettung der Erde nicht besser mit *Regrowth* versuchen? – so ungefähr und unscharf, so vage und fade, dass eine Kostprobe jedem schmecken wird und so etwas schnell zum Bestseller werden muss.

Aus den genannten Gründen lohnt sich eine möglichst intensive Auseinandersetzung mit der Philosophie des japanischen Nachwuchstheoretikers umso mehr als Lernprozess (im Positiven wie im Negativen) und als Übung im Umdenken. So können wir verstehen lernen, was jemand, der vieles richtig sieht, trotzdem nicht wahrnimmt: Meine Leserinnen und Leser können verstehen lernen, was selbst denen fehlt, die ›ihr Herz links tragen‹ (ein menschliches Herz also, das für ein gutes Leben für alle, eine bessere Zukunft, eine humanere Welt, eine gerettete Erde, gerechtere Verhältnisse, allen voran Geschlechtergerechtigkeit, für klimafreundliche Nachhaltigkeit usw. schlägt), was also jemandem wie Saito fehlt, um allein mit seiner Philosophie die Welt, wenn sie denn wollte, in die richtige Richtung zu bewegen. Für diese Lernübung stelle ich im Folgenden einige Thesen zu Saito auf. In der konstruktiven Absicht, zu einem besseren Verständnis des Ganzen beizutragen, sind meine *elf Thesen über Saito* gewissermaßen Kaizen-Exerzitien, also Einübungen in ein wegweisendes Umdenken – in Anspielung auf die berühmten *Thesen über (ad) Feuerbach* von Marx.

Erste These ad Saito

Wer keine Visionen hat, geht einfach in den App Store. Eine smarte *Utopology App* ist ab sofort verfügbar: Utopien verorten leicht gemacht!

Erstens zeugt es von einer klugen Weltsicht, wie Saito zu sehen, dass es nie nur eine Welt gibt. Und weil es gleichzeitig mehrere Welten gibt, wird es auch nicht ›die Zukunft‹ geben, sondern mehrere Zukünfte. Dementsprechend ist es richtig, die Hoffnung auf eine bessere Zukunft so zu diskutieren, wie er es tut. Nämlich zu fragen: Welche Zukünfte sind wahrscheinlich? Wir werden aber zur Kenntnis nehmen und damit umgehen müssen, dass bei ihm etwas Wesentliches fehlt. Und das ist *eine kognitive Weltkarte aller möglichen Utopien*: eine *Utopologie*.

Nur mit ihr können wir die vielen Utopien, die die Welt in die eine oder andere Richtung (fast immer aber in irgendeine utopische Zukunft) bewegen, richtig kartografieren und mögliche Weggabelungen und Entwicklungen in ungute (dystopische), bessere (typisch utopische, manchmal heterotopische) oder gar in die beste (eutopische) Richtung erkennen. Mit anderen Worten: Unsere wirre Welt braucht eine smarte *Utopology App*. Ich hoffe, dass die Zeit für ihre Entwicklung kommen wird, wie dies bei jeder innovativen Zukunftstechnologie der Fall ist: Hier schon mal ihre mediale Ankündigung. Zielführend könnte mit ihr dann jeder User bei Bedarf ›auf dem besten Weg zum Ziel‹ navigieren und sogar ›das höchste Gute einer für alle guten Lebensweise‹ in seinen sämtlichen Spielarten und Ausgestaltungen beschrieben finden.

Trotz der langen Geschichte der Utopien fehlte bislang eine solche utopologische Orientierungshilfe. Sie fehlt, wie gesagt, auch dem Systemsturz-Utopisten Saito Kohei. Doch er sieht immerhin die Möglichkeit (die Szenarien) von vier oder fünf Zukünften und liefert mit ihnen die vielleicht komprimierteste Futurologie, die sich die professionelle Zukunftsforschung (mit ihrer Präferenz für bloße Trends) nicht zu erträumen wagt. Auch wenn wir sehen werden, dass Saitos futuristische Prophezeiungen am Ende wenig taugen, lohnt es sich, in seine phantasieanregende Science Fiction einzutauchen – eine erhellende Bewusstseinserweiterung sozusagen. »Vier Zukünfte« werden imaginiert: Ein »Klimafaschismus«, die »Barbarei«, den »Klima-

Maoismus« und »die X-Zukunft« einer gerechten und nachhaltigen Gesellschaft, die er schließlich als den Degrowth-Kommunismus vorstellt. Bevor Saito mit deren Darstellung beginnt, geht er – weit ausführlicher – auf die vielen kritischen Gründe, Hintergründe und vor allem Abgründe ein, warum die kapitalistische Gesellschaft auch dann keine bessere Zukunft hat, wenn sie ihre Wirtschaft auf eine nachhaltige Entwicklung verpflichtet.

Wir alle kennen die erste und bis auf weiteres wahrscheinlichste Zukunft: die Utopie eines nachhaltigen Kapitalismus. Kritiker wie Saito und viele mit ihm können darin nur eine Dystopie sehen, weil sich diese Zukunft schon jetzt jeden Tag mehr als No Future Szenario entzaubert. Wie dem auch sei, zunächst einmal ist utopologisch festzuhalten: Befürworter und Profiteure eines umweltfreundlichen Kapitalismus versprechen uns eine bessere Welt, in der mit alternativen Supertechnologien neue Wege zur Lösung der zunehmenden Systemkrisen beschritten werden. Und diese Zukunft, so die Utopie einer nachhaltigen Entwicklung, soll möglich sein, ohne dass wir das Modell des gesellschaftlichen Wohlstands (also eigentlich die Idee und den Zustand dessen, was menschliches Wohl ausmacht), das unserem materialistischen Konsumkapitalismus zugrunde liegt, in Frage stellen müssten, ohne dass wir »unsere imperiale Lebensweise ändern bräuchten« – kurz: »ohne dass wir auch nur einen Finger krümmen müssten«. (Ebd. 69) Selbst wenn (oder nur wenn) die Produktionsverhältnisse vollständig nachhaltig würden, ginge alles weiter wie bisher: Solange die Wirtschaft wächst und weiterhin immer mehr produziert werden muss, ändert sich nichts an den ökologischen und sozialpathologischen Kollateralschäden der konsumkapitalistischen Wohlstandsgesellschaft: Dieses ›Gemeinwohl‹ gibt es nur um den Preis weiterer Übel und Verschlechterungen durch fortgesetzte Ausbeutung, Erderwärmung, Bodenverwüstung, Ungleichheit, Flucht, Demokratieabbau, Konzernherrschaft, Politik von oben, Fleischkonsumexzesse für die Einen und Hungerleiden für die Anderen etc.

Mit Blick auf die kollektive Bedrohung durch die Klimakatastrophe konzentriert Saito seine Argumentation auf den »Green New Deal, in den im Westen viel Hoffnungen gesetzt werden«. (Ebd., 44) Der Green New Deal umfasst bekanntlich umfangreiche Konjunkturprogramme und massive staatliche Investitionen zur gezielten Förderung von Technologien zur Produktion erneuerbarer Energien und zur Umstellung auf nachhaltiges Wirtschaftswachstum. Diese neue Politik der ›Wirtschaftswachstumsbeschleunigung‹, wie dieser Post-Neoliberalismus hierzulande genannt wird, nennt Saito (begrifflich nicht weniger verfehlt) »Klima-Keynesianismus«. Was ihn an diesem Keynesianismus interessiert, ist nicht das erneuerte Primat der Politik gegenüber dem neoliberalen »Terror der Ökonomie« (Viviane Forrester), um an einen weiteren Versuch zu erinnern, eine angemessene Sprache für die Kritik der neoliberalen Jahrzehnte zu finden. Statt sich auf diese Weise ein verfügbares Argument für die politische Machbarkeit einer postkapitalistischen Entwicklung zu sichern – etwa durch attraktive Belohnungs- und Beschäftigungsförderungsprogramme im Bereich der regenerativen Landwirtschaft, die zur globalen Ernährungswende beitragen würden –, will Saito lediglich die verbreitete Kritik unterstützen, dass die Welt durch kapitalistische Klimapolitik letztlich keiner besseren Zukunft näherkommt. Er wiederholt die bekannte Erkenntnis, dass es so gut wie unmöglich ist, die CO2-Emissionen in einer ausreichenden Geschwindigkeit zu vermindern, wenn weltweit weiter am Prinzip des Wirtschaftswachstums festgehalten wird. »Wirtschaftswachstum zum Zwecke der Profitsteigerung«, so der bekennende Marxist, »ist das Wesensmerkmal des Kapitalismus. Wenn es also so weitergeht, wird der Kapitalismus die Oberfläche der Erde immer tiefschürfender verändern, bis sie für die Menschheit unbewohnbar geworden ist. Das ist die Endstation des Anthropozäns.« (Ebd. 89) Den Weg, nein, die vollautomatisierte Mega-Rollbahn zu diesem nahenden Ende ebnen angebliche Supertechnologien wie Atomenergie, Geoengineering und Negativemissionstechnologien (NET), die die klimaschädlichen Treibhausgase aus der Atmosphäre holen könnten. »Angenommen, NETs werden massentauglich«, begründet Saito seine Kritik, »dann wäre negative Entkoppelung um ein Vielfaches einfacher zu bewerkstelligen. Auch der vom Weltklimarat IPCC der Vereinten Nationen veröffentliche ›Sonderbericht 1,5 Grad globale Erwärmung‹ aus dem Jahr 2018 bezieht NETs in sein Szenario zur Beschränkung des Temperaturanstiegs auf 1,5 Grad Celsius mit ein. Man sieht, die NETs sind der große Hoffnungsträger des Klima-Keynesianismus.« (Ebd., 69)[1]

1 Dazu wird folgende Erklärung ergänzt: »Jedoch haben Klimaforscher darauf hingewiesen, dass das NET-Szenario der IPCC ziemlich problembehaftet ist. Denn die Durchführbarkeit von NETs ist von vornherein ungewiss. Selbst wenn sie realisiert werden können, wird mit erheblichen Nebenwirkungen gerechnet. Als Paradebeispiel der NETs gilt das BECCS-Verfahren (Bioenergy with Carbon Capture and Storage, Bioenergie mit CO2-Abscheidung und Speicherung), setzen wir uns also ein wenig damit auseinander. Beim BECCS-Verfahren werden durch die Erzeugung von Biomassenenergie (BE) die Emissionen auf null gehalten, gleichzeitig wird das in der Atmosphäre befindliche CO2 eingesammelt und mittels CCS-Technik unter der Erde oder im Meer gelagert. Damit soll versucht werden, die Emissionsmenge in den Minusbereich zu bringen. Doch auch wenn die Umsetzung dieser Technologie gelingen sollte, ganz so einfach sind unsere Probleme nicht zu lösen. Hat man nämlich ein grünes Wirtschaftswachstum im Auge, müssen die BECCS-Anlagen ebenfalls mit der Wirtschaft mitwachsen. Als Erstes wäre da einmal das Problem der Biomasse, für die man riesige Anbauflächen benötigt. Allein schon um das 2 Grad Ziel zu erreichen, bräuchte man ein Fläche, die doppelt so groß wie Indien ist. Wie soll dieses Vorhaben zu bewerkstelligen sein, ohne es Indien oder Brasilien aufzuzwingen und die Bewohner ihres Grundes zu berauben, den sie für die Nahrungsproduktion benötigen? Würde man stattdessen für zusätzliche Anbauflächen den Amazonas-Regenwald abholzen, ginge der erwünschte Effekt der Emissionsreduktion ebenfalls verloren.« (Ebd., 69f.)
Wir werden sehen, dass Saito keine befriedigende Antwort auf diese Fragen und Analysen gibt. Dafür müsste er einen *down to earth Klima-Keynesianismus* befürworten, der auf den alternativen Hoffnungsträger eines nachweislich wirksamen Klimaschutzes setzt: die regenerative Dynamik der Bio-Landwirtschaft, die Klimaneutralität (durch Kohlenstoffspeiche-

Entsprechend behandeln zahlreiche Regierungen den Einsatz dieser Primaklima-Supertechnologien in Kombination mit digital optimierten Atom- und Kohlekraftwerken ohne Bedenken als zukunftsweisende Alternativen oder Ergänzungen zu den erneuerbaren Energiequellen von Sonne, Wind und Wasser. Der junge Japaner weiß, wovon er spricht, wenn er die dringend notwendige und durch »verriegelte Großtechnologien« angeblich ermöglichte »Entkopplung« des Wirtschaftswachstums von gravierenden Belastungen für die Umwelt als ideologischen Irrglauben entlarvt und es für einen »fatalen Fehler« hält, »die Zukunft dem Techno-Optimismus anzuvertrauen«. (Ebd., 69) Statt seine Kritik anhand des dramatischen Super-GAUs des Atomreaktorkomplexes in Fukushima Daishii zu illustrieren (den er hautnah miterlebt haben wird), führt er den »wahren Preis des Elektroautos« als anschaulichen Beweis dafür an, dass mehr technologische Effizienz nicht automatisch besser für die Erde ist und der technische Fortschritt die Umwelt weiterhin zu stark belasten wird: Zwar verbrauchen Elektroautos weniger und klimaneutrale Energie, werden aber gleichzeitig immer größer und konsumieren immer mehr knappe Ressourcen (wie etwa die sogenannten Seltenen Erden oder Lithium und Kobalt). Nach dem gleichen Prinzip werden Bildschirme immer energiesparsamer, aber auch immer größer; unsere Handys werden immer kleiner, ›veralten‹ aber auch immer schneller. So gesehen haben wir jeden Tag das Menetekel einer dystopischen Zukunft in der Hand – und spielen gleichzeitig mit einer ›wunderbaren Supertechnologie‹ des konsumkapitalistischen Wirtschaftswachstumswahnsinns.

Plötzlich stehen uns mehrere Zukünfte zur Wahl

Die Prophezeiung der vier Zukünfte, die Saito aus dem Scheitern des Kapitalismus hervorgehen sieht, wird im Folgenden vollständig zitiert. Den Mangel an programmatischer Stringenz überlasse ich dabei jedem selbst. Das erste Zukunftsszenario der vier ist die Morgendämmerung eines *Klimafaschismus*. »Wenn wir uns weiter so stark nach dem Erhalt des Status quo sehnen und uns am Kapitalismus und Wirtschaftswachstum festklammern, wird der Klimawandel noch weitaus Schlimmeres über uns bringen. In einer nicht allzu fernen Zukunft wird es für viele Menschen unmöglich sein, ein normales Leben zu führen. Auch Klimaflüchtlinge, die ihren Lebensraum verloren haben, werden mehr und mehr. Doch auf einen Teil der Superreichen trifft das alles nicht zu. Für sie ist der Katastrophenkapitalismus nur

---

rung) effektiv mit nachhaltiger Nahrungsproduktion (durch Pflege der Bodenfruchtbarkeit) verbindet. Diesen Lösungsweg, der im wahrsten Sinne des Wortes die Erde rettet, staatlich zu fördern, sollte ganz oben auf der Agenda der Regierungen stehen, um noch vor der »Endstation des Anthropozäns« (Saito) die entscheidende Kurve zu kriegen.

noch eine weitere Möglichkeit der Geschäftemacherei, die ihnen noch mehr Reichtum verschafft. Der Staat versucht, die Interessen dieser privilegierten Schicht zu schützen, und geht daher hart gegen Klimaflüchtlinge und Klimawandelverlierer vor, die eine Bedrohung für die neue Ordnung darstellen. Das wäre das erste Zukunftsszenario, der Klimafaschismus.«[2]

Eine weitere Zukunft, die Saito kommen sieht, wird der Rückfall in die maximale *Barbarei* sein: »Mit dem Fortschreiten des Klimawandels nimmt auch die Zahl der Klimaflüchtlinge zu, hinzu kommen Probleme mit der Nahrungsmittelproduktion, all das führt zu Hunger- und Armutsaufständen. Das Kräftemessen zwischen dem 1 Prozent der Superreichen und den restlichen 99 Prozent geht zugunsten Letzterer aus. Durch die Rebellion der Massen kollabiert die Staatsgewalt, die Welt versinkt im Chaos. Die Menschen verlieren den Glauben an Recht und Gesetz und kämpfen nur noch ums eigene Überleben, es ist ein Krieg aller gegen alle, die Menschheit ohne zivile Gesellschaft fällt in den Naturzustand zurück. Das wäre die Zukunft Nummer zwei, die Barbarei.« (Ebd.) Sie wird nicht die Welt von morgen sein, wenn es zum *Klima-Maoismus* kommen würde: »Um zu verhindern, dass die Gesellschaft in den denkbar schlimmsten Zustand, den der Barbarei, verfällt, wird der Ruf nach einer Regierungsform laut, die die Forderung auch durchsetzen kann. Um also einen armutsbedingten Kampf ›ein Prozent gegen 99 Prozent‹ abzuschwächen, werden Klimaschutzmaßnahmen von oben herab diktiert. Die Prinzipien des freien Marktes und der freien Demokratie werden aufgegeben und eine zentralistische Diktatur errichtet, die möglicherweise ›effektivere‹ und ›egalitärere‹ Klimaschutzmaßnahmen forciert. Nennen wir dieses Szenario Klima-Maoismus.« (Ebd.)

Die Humanisten unter uns Menschen reagieren immer mit einem Reflex auf eine Gesellschaft, die sich in einem denkbar schlechten Zustand befindet – mit der Hoffnung auf eine bessere Zukunft: So auch Saito mit seinem vieren Zukunftsszenario. (Als Randnotiz scheint mir allerdings die Bemerkung angebracht, dass wir über dieses »Prinzip Hoffnung« (Ernst Bloch) einmal gründlich nachdenken sollten und auch darüber, wie wir eigentlich anthropologisch mit der ›freien Radikalität utopischer Energien‹ umgehen, die sich hochreaktiv mit jeder denkbaren Gesellschaft, eben auch der schlimmsten, gerne verbinden? Denn angesichts der dystopischen Normalität der Menschheitsgeschichte, in der ›gute Zeiten‹ oder auch nur Tage alles in allem Seltenheitswert haben, ist es nicht verwunderlich, dass Utopisten in Verruf geraten, nichts weiter als philanthropische Träumer zu sein. Es sei denn, man macht sich klar, dass die meisten Utopien eben Dystopien sind, die die Welt als einen schlechten Ort reflektieren und mit der Hoffnung auf die Zukunft eines guten Lebens für alle – einer humanen Utopie oder Philanthropie – wenig zu tun haben.)

»Aber, es muss doch noch einen Weg geben«, und mit diesem hoffnungsfrohen Utopismus sind wir wieder bei Saito, »der sich einem tyrannischen Etatismus oder

---

2 Saito, Systemsturz. Der Sieg der Natur über den Kapitalismus, 86.

aber der Barbarei entgegenstellt. Einen, der keinen starken Staat braucht – mit einer aktiven Demokratie und gegenseitiger Hilfe, die von den Menschen freiwillig getragen werden – und der die Lösung der Klimakrise in Angriff nimmt. Dies wäre das Zukunftsszenario einer gerechten und nachhaltigen Gesellschaft. Geben wir ihr vorerst einmal den Namen X.« (Ebd., 87) Diese zukünftige X-Gesellschaft ist die, die der junge Philosoph aus Japan anstrebt. Von den vier genannten Alternativen ist sie die einzige, die ein Überleben (und Wohlleben) der Menschheit durch die Weiterentwicklung und volle Erfüllung von Freiheit, Demokratie, Gerechtigkeit und Gemeinwohl ermöglicht. Der größte Teil seines Buches erklärt dann, wie diese *Zukunft X = Degrowth-Kommunismus* sein müsste.

Doch von Anfang an lässt seine futurologische Skizze irreparable Schwächen in der Konstruktion erkennen, die die neo-kommunistische Utopie unreif erscheinen lassen. Meine Kritik beschränkt sich auf einige Hinweise.[3] Eine solide Zukunftsforschung behandelt Zukunftsalternativen nicht in jeder Hinsicht als hermetische Welten und Paralleluniversen: Bei aller radikalen Verschiedenheit werden sie einiges gemeinsam haben. So ist z.B. davon auszugehen, dass nachhaltige Technologien zur Nutzung erneuerbarer Energien aus Sonne, Wind und Wasser in allen (ganz gleich welchen) Zukünften verbreitet sein werden. Diese zivilisatorische Verbesserung wird niemand (auch nicht die Klimaleugner und Atomkraftliebhaber) rückgängig und vergessen machen, wenn ein zukünftiges (nachhaltiges) Überleben des Homo sapiens auf der Erde möglich sein soll. Auch die Wirtschaft (welche auch immer) wird wachsen müssen, wenn die Zahl an Menschen weiter so dramatisch schnell wächst. Jeder weitere Erdenbewohner, der zu den derzeit acht Milliarden hinzukommt, erhöht den Bedarf an allen Ressourcen und ›Lebensmitteln‹.

Die programmatisch fehleranfälligste Schwäche von Saitos Futurologie besteht jedoch darin, die verschiedenen Zukünfte als lineare Abfolge zu begreifen. Um nicht in den fatalen Irrtum der geschichtsphilosophischen, insbesondere der

3 Insgesamt fehlt eine stringente Unterscheidung der Zukünfte: Die Zukunft, die Saito »Klimafaschismus« nennt, ähnelt sehr seinem »Klima-Maoismus«; »Barbarei« könnte auch (und gerade bei rechtsextremen Klimawandelleugnern) durch einen Faschismus möglich werden, dem das Klima ziemlich egal ist; der »Degrowth-Kommunismus« ist und bleibt für immer nur eine von vielen möglichen Zukünften; und ganz sicher ist er nicht, wie Saito glauben macht, die einzige Zukunft, die kommen wird, weil ›wir sie wollen‹ (wer ist dieses wir und wie viele?). Ebenso wenig ist der Degrowth-Kommunismus die bessere Zukunft, die kommen muss, weil ›alle‹ bzw. ›die 99 Prozent‹ die möglichen Alternativen für schlechter oder gar barbarisch hielten (was eindeutig nicht der Fall ist). Wenn die Degrowth-Variante des Kommunismus die globale Klimakrise nicht löst – wofür Saito in der Tat wenig Programmatisches bietet – durch universelle Konjunkturprogramme für eine regenerative Landwirtschaft (als Erdretter-Keynesianismus) und die agrargastrosophische Ethik einer Freizeit-Bäuerlichkeit (als Regrowth-Lebenskunst), dann wird sie ohnehin keine Zukunft haben, weil ihr ganz real die Grundlagen nicht nur für die Zukunft eines guten Lebens für alle, sondern sogar für das existenzielle Überleben fehlen.

marxistischen Eschatologie (der Zukunft als Heilsgeschichte) zu verfallen, von dem sich Saito befreien will, führt kein Weg daran vorbei, die Gleichzeitigkeit der Zukünfte wahrzunehmen: Zu keinem Zeitpunkt gibt es nur eine Zukunft, eine Gegenwart, eine Vergangenheit. Zwar ist es möglich und historisch vielfach belegt, dass eine (dominante) Weltordnung alle anderen möglichen und existierenden Welten marginalisiert oder minorisiert. Es bleibt aber immer die Möglichkeit der gesellschaftlichen Veränderung solcher Machtverhältnisse. Welche Gesellschaft in Zukunft dominiert, ist eine reine Machtfrage, die durch einfache Mehrheiten entschieden wird. Diese revolutionäre Einsicht macht sich Saito zunutze, wenn er von der epochalen »Weggabelung« spricht, vor der wir stehen – nicht nur die Menschheit, sondern jeder von uns als Menschheit und Zukunft.[4]

Vom fiktiven Klima-Maoismus zum zukünftigen Welt-Xiismus

Eine der möglichen Zukünfte scheint mir sehr unterbelichtet. Warum imaginiert Saito die Zukunft eines »Klima-Maoismus«, anstatt den bereits real existierenden *Klima-Xiismus* wahr- und ernst zu nehmen: nicht die Zukunft X, sondern die Zukunft Xi. Insgesamt wirkt das Fehlen des ›chinesischen Kommunismus‹ (als Gegenwart und Zukunft eines Sino-Marxismus) wie ein blinder Fleck in der Weltsicht des Japaners und seiner kommunistischen Utopie. An dieser Stelle muss darauf verzichtet werden, den ›chinesischen Traum‹ utopologisch zu vermessen, mit dem Xi Jinping bei seinem Amtsantritt als neuer Staatspräsident – mit der Übernahme der Führung der bevölkerungsreichsten Gesellschaft der Menschheit als mächtigster Mann der Welt – explizit eine neue Zukunftsvision verkündet hat: Nennen wir die *Zukunftsvision des chinesischen Traums* (der bewusst das vorherrschende Weltideal des amerikanischen Traums ablösen will) fortan *Sinotopie*.

Denn so viel sollte klar sein: In China ist unter Xi eine diktatorische Regierungsform an der Macht, die Zukunftsvisionen (anders als in westlichen Demokratien) auch durchsetzen kann. Zum Wohle des chinesischen Volkes werden Klimaschutzmaßnahmen von oben diktiert. Gerade ohne die Prinzipien des freien Marktes und der freien Demokratie ermöglicht eine zentralistische Diktatur ›effektivere‹ und ›egalitärere‹ Klimaschutzmaßnahmen und kommunistische Wohlfahrtsprogramme. Ohnehin wird ein nachhaltiger Kapitalismus wohl nur durch den Klima-Maoismus des neuen chinesischen Kaisers durchsetzbar sein, denn in China lässt sich nachhaltiges Wirtschaftswachstum politisch effektiver als im Westen durch eine ökologische Diktatur ›von oben‹ durchsetzen.

Und noch etwas ist für weltphilosophische Überlegungen in diesem Zusammenhang von grundlegender Bedeutung: Xi ist wie kaum ein anderer Politiker

---

4 Saito, Systemsturz. Der Sieg der Natur über den Kapitalismus, 203.

philosophisch geprägt; er bekennt sich explizit zum Marxismus, hält buchstäblich staatstragende Marx-Vorlesungen (etwa zu dessen 200. Geburtstag) und lässt sich von einer marxistisch programmierten Utopie einer sozialistischen Gesellschaft leiten. Die Sinotopie seines chinesischen Traums versteht sich als staatspolitisches Marx-Programm der herrschenden Kommunistischen Partei zur volksdiktatorischen Durchsetzung eines Sozialismus des 21. Jahrhunderts. Vielleicht sollte man deshalb künftig von einem Marx-Xiismus sprechen, um deutlich zu machen, dass sich Marxismus (sprich: Philosophie als weltbewegende Macht) und Xiismus (sprich: das Denken von Xi Jinping als Chinas Staatsoberhaupt und mächtigster Politiker der Welt) in einer welthistorisch einmaligen Konstellation verbunden haben. Und genau diese phantastische Konstellation ist der Grund für meine Hoffnung, nein, meine Abenteuerlust, mit den Superkräften der Philosophie auf die Entwicklung des Homo sapiens einzuwirken und dort, wo in Zukunft philosophische Geschichte geschrieben wird[5], in der Volksrepublik China, an der Entstehung einer Weltphilosophie oder »Tianxia-Philosophie« (wie sie meinem chinesischen Kollegen Zhao Tingyang vorschwebt) mitzumischen und »China als Erzählung« (ebd., 13) einen *postxiistischen Himmel* und eine *Neue Erde von unten* aufzutun.[6] Ich bin mir bewusst, dass diese Andeutungen und Anspielungen ohne weitere Erörterung unverständlich sind, die utopologische Reflexion des Marx-Xiismus – als sehr wahrscheinliche Zukunft der Menschheit – und die Darstellung seiner denkbaren Alternative XX können hier nicht durchgeführt werden.

Das ist alles: Diese *Zukunft XX* – inzwischen ist es kein Geheimnis mehr, dass ich sie *Konvivialismus* nenne – steckt in der eutopischen Ankunft, dass es darauf an-

5 Zhao, Alles unter dem Himmel: Vergangenheit und Zukunft der Weltordnung.

6 Zhao ist in China ein ebenso bekannter Philosoph wie Saito in Japan. Seine Kritiker sehen in ihm einen der Chefideologen des ideologischen Xiismus. Tatsache ist, dass seine Philosophie einen gewissen Einfluss auf den politischen Diskurs (und ganz sicher auf die politische Philosophie) in China hat. In einem Videogespräch mit einer amerikanischen Philosophin und einem deutschen Philosophen stellte er die universelle Reichweite seiner Tianxia-Philosophie einer zukünftigen Weltordnung zur Diskussion (siehe: Zhao/Forst, The Meanings of Democracy). Um auf diesen transkulturellen Austausch besser vorbereitet zu sein als es Rainer Forst war, ein institutionell bestens ausgestatteter Experte für normative Ordnungen, brauchen wir ein wenig Phantasie: Ich stelle mir idealerweise ein philosophisches Gespräch bei einem festlichen Abendessen vor, etwa im Rahmen (und wie üblich nur am Rande) eines der Weltsymposien der Philosophie, wie ich es im August dieses Jahres wieder in Rom erleben werde. Unser geselliges Tischgespräch anlässlich dieses Großereignisses würde einerseits natürlich die weltgesellschaftliche Relevanz der Philosophen thematisieren. Andererseits aber auch um den spannenden Topos kreisen, ob die Philosophie mit einer neuen, super erzählten ›Geschichte‹ (einer Großen Erzählung wie der Marxismus) die kommende Entwicklung der Welt weit mehr beeinflussen könnte als Technologie und Politik von oben zusammen, wenn es ihr wieder einmal gelänge, die Massen zu bewegen und für sich zu gewinnen.

kommt, das ethisch Gute oder Gemeinwohl bestmöglich zu leben, und stellt die gastrosophische Tischgesellschaft mit all ihren Lebens- bzw. Tafelkünsten ins normative, vor allem aber ins narrative Zentrum einer konvivialen Gesellschaft. Deshalb scheint es mir vielversprechend, den Himmel des chinesischen Volkes unter dem Motto *min yi shi wei tian* – was eben soviel bedeutet wie: *Das Essen ist der Himmel des chinesischen Volkes* – ins gesellschaftstheoretische Zentrum zu rücken und so letztlich alles auf der Erde im einem gastrozentrischen Weltbild zu spiegeln. Es geht also darum, von ›China‹ als Tischgesellschaft und Reich der geselligen Mitte zu erzählen, das die alltägliche Lebenskunst, den Lebensbereich des Essens, als Quelle der Lebensfreude – der konvivialen Tafelvergnügen – kultiviert. Von hier aus, aus einem konvivialgesellschaftlichen Engagement heraus, gilt es, die superhumane Zukunft der kommunistischen Volksrepublik zu entdecken und so den Marxiismus von innen und von unten durch eine andere (Tianshi-)Philosophie des chinesischen Traums und Himmels zu erden.

Aber ich will die günstige Gelegenheit nutzen, dass Saito auf dem holprigen Weg zu seiner Zukunft X – zu einem Degrowth-Kommunismus – tatsächlich auf eine erwähnenswerte Variante des chinesischen Traums zu sprechen kommt: nämlich auf die interessanter klingende Utopie eines *vollautomatisierten Luxuskommunismus*, die der englische Journalist Aaron Bastani kürzlich entworfen hat.[7] Die fiktive Perspektive, dass eine kommunistische Gesellschaft de luxe unsere Zukunft sein könnte, begründet Bastani mit dem altbekannten Argument, dass die Krisen des Kapitalismus durch eine Reihe technologischer Innovationen gelöst werden können, die einen historischen Wendepunkt in der Menschheitsgeschichte ermöglichen, vergleichbar mit der Erfindung der Landwirtschaft oder der Ausbeutung fossiler Brennstoffe. Im Gegensatz zum New Green Deal-Narrativ des kapitalistischen Techno-Optimismus malt Bastani diese Geschichte bunter aus und verleiht ihr ein utopisches – paradoxerweise kommunistisches – Flair: Die Welt von morgen, die ohne unser Zutun automatisch auf uns zukommt, bietet kostenlose Sonnenenergie im Überfluss, Flatrate-Datenströme sowieso, gentechnische Durchbrüche zur optimierten Behandlung von Krankheiten oder zur Produktionssteigerung von landwirtschaftlich genutzten Pflanzen und Tieren. Der exzessive Fleischkonsum, der zu den kapitalen Glücksgütern unseres nicht nachhaltigen Lebensstils zählt, wird durch Hightech-Fleisch aus dem Labor substituiert, das den enormen Flächenverbrauch für die Futtermittelproduktion und die qualvollen Haltungsmethoden der industriellen Fleischproduktion überflüssig macht. Digitalisierung und KI-gestützte Robotisierung werden uns Menschen von Arbeit befreien, die Vollautomatisierung von Produktionsprozessen wird die Gesamtkosten senken und endlich eine echte Überflusswirtschaft hervorbringen. Am Ende der Geschichte erwartet die Menschen ein wahres Happy End: Die für den Kapitalismus typische

---

7 Aaron, Fully Automated Luxury Communism: A Manifesto.

Knappheit (und Tendenz zu steigenden Preisen) wird nur die Vorgeschichte zum Glück eines rundum erfüllten Lebens in Saus und Braus gewesen sein, staunt Saito: »Dabei handelt es sich um besagten vollautomatisierten Luxus, in dem der Mensch alle Güter kostenlos und nach Belieben benutzen kann, ohne sich über Umweltfragen Gedanken machen zu müssen. Für Bastani ist das die Verwirklichung des Marxschen Kommunismus, in dem ›jeder nach seinen Bedürfnissen die notwendigen Ressourcen erhält‹.«[8]

Letztlich hält der japanische Neomarxist aber nichts von dieser technokapitalistischen Version des Kommunismus aus dem Westen, obwohl seine vorschnelle Ablehnung einer derart optimistischen Prognose nichts daran ändert, dass ein solcher (vielleicht weniger wünschenswerter) Deluxe-Kommunismus die sehr viel wahrscheinlichere Zukunft der Menschheit ist als der von ihm erhoffte Degrowth-Kommunismus. Der Grund dafür ist einfach und wurde bereits genannt: Diese Zukunft hat längst begonnen – allerdings müsste der Bestsellerautor dazu seine eurozentrische Brille ablegen und statt von Japan aus in den Fernen Westen (oder in den Globalen Süden, dazu später mehr) zu blicken, nur einmal um die Ecke schauen, gleich nebenan: Nach China, in die traumhafte Zukunft der kommunistischen Wohlstandsgesellschaft des heutigen China, dorthin, wo unter einem Klima-Maoismus das chinesische Volk (die angepasste Mehrheitsgesellschaft) mit einem sinisierten Luxus-Kommunismus zufrieden gestellt wird, und wo – die Wiederholung dieser Dinge kann für die zeitgemäße Einübung einer sinozentrischen Weltsicht nicht schaden – die neue Weltmacht unser aller Zukunft entsteht: Es ist eine bessere Zukunft – unter dem umweltfreundlicheren Himmel des kommunistischen Reichs der Mitte. Denn der nachhaltige Konsumkapitalismus eines technokratischen Wohlstands für die Mehrheit (›das Volk‹) hat im volksdiktatorischen Kommunismus unter Xi gewiss die beste Zukunft.

Dem ist hinzuzufügen, dass auch Xi – bei aller himmlischen Supermacht – nur ein zentraldemokratisch gewähltes Staatsoberhaupt ist und nicht etwa – trotz lebenslanger Präsidentschaft oder neuem Kaisertum – einen göttlich erwählten Übermenschen verkörpert. Auch dieser allmächtige Mensch ist sterblich, und bei Bedarf kann dieser – sich volksnah gebende – Mann von seinem Volk, dem republikanischen Souverän, wenn es will, jederzeit ›so oder so abgewählt‹ werden – unabhängig davon, wie demokratisch oder undemokratisch politische Wahlen in China tatsächlich sind. (Nach dem Prinzip des demokratischen Zentralismus ist die Kommunistische Partei, die sich aus dem chinesischen Volk rekrutiert und es immerhin zur mitgliederstärksten Volkspartei der Welt gebracht hat, organisiert in Parteitag und Wahl des Zentralkomitees, des Politbüros und des Ständigen Ausschusses des Politbüros, das als engster Führungszirkel die Richtlinien der Politik vorgibt).

8 Saito, Systemsturz. Der Sieg der Natur über den Kapitalismus, 155.

Der Luxus-Kommunismus des Briten Bastani bietet sogar eine westlich-demokratische Neuinterpretation der zentraldemokratischen Organisation der kommunistischen Politik Chinas. Saito beschreibt, was damit gemeint ist: »Bastani tritt für einen »Elektoralismus« (Bastani) ein, in dem ein »linker Populismus« Platz hat, sich zu entwickeln. Konkret soll der Staat mittels politischer Maßnahmen die Führerschaft dabei übernehmen, dass die Entwicklung technologischer Innovationen so schnell wie möglich voranschreitet, damit eine Überflusswirtschaft realisiert werden kann.« Und weiter: »Für die Umsetzung dieser Vorhaben bedürfe es einer Partei, die die Unterstützung der breiten Massen genieße und bei Wahlen Erfolge einfahre.« (Ebd., 158) Was hier als Elektoralismus beschrieben wird, ähnelt unverkennbar dem zentralistischen Politizismus der chinesischen Demokratie, die keine Demokratie des chinesischen Volkes, also keine direktdemokratische Partizipation von unten ist. Solange der ›überragende Führer‹, der kürzlich ernannte und wiedergewählte ›neue Vorsitzende‹, der Supermao Xi Jinping, der noch mächtiger ist als der Große Steuermann Mao, die Unterstützung der Massen genießt und weiterhin Erfolge bei den zentralistisch organisierten Wahlen erzielt, wird der als Sozialismus chinesischer Prägung bezeichnete Luxuskommunismus unter der Herrschaft des Marx-Xiismus – vielleicht sogar hoffentlich – unsere Zukunft sein.

Warum unsere utopischen Hoffnungen, zumindest Saitos utopische Hoffnungen und die seiner begeisterten Anhängerschaft (zumindest einer großen Käuferschaft), auf den »Sieg der Natur über den Kapitalismus« (so der für den deutschen Buchmarkt gewählte Titel) vielleicht am ehesten in der chinesischen Gesellschaft erfüllt werden könnten, hängt mit zwei anderen möglichen Zukünften zusammen, die Saito entweder nicht richtig sieht (Klimafaschismus) oder ganz übersieht (Weltflucht des Transhumanismus). Bevor wir diese Fehler genauer analysieren, stellt sich zunächst die utopologische Frage: Warum verkennt Saito das Problem, dass es keine gute Idee ist, sich die Zukunft einer freien, gerechten, demokratischen, gemeinwohlorientierten und erstrebenswerten Gesellschaft als Kommunismus vorzustellen? Welche philosophischen Konsequenzen und gesellschaftstheoretischen Schlussfolgerungen ergeben sich aus der beunruhigenden Einsicht, dass eine solche in ihren Grundbegriffen phantasiearme und programmatisch schlecht erzählte Utopie zu einem Bestseller wird – mehr aber auch nicht?

Auch so kann's gehen: Klimafaschismus als misotopische Barbarei

In der Zukunft eines »Klimafaschismus« scheint Saito an die Selbstrettung der Superreichen vor einer im Chaos versinkenden Erde zu denken, wie sie der dystopische Science Fiction Film *Elysium* zeigt: In der Zukunft leben die Reichen in einer Raumstation namens Elysium, sicher abgeschirmt vom Elend des völlig ruinierten und unwirtlich gemachten Planeten. Weitaus realistischer ist die Zukunft rechtsextremer Gesellschaften, deren Aufstieg durch die von der Klimakrise ausgelösten sozialen Krisenängste begünstigt wird. Diese düstere Entwicklung sieht auch Saito: »Die Rechtspopulisten benutzen die Umwelt-, Ernährungs- und Energiekrise sowie die Flüchtlingsproblematik für ihre rassistische und nationalistische Hetzpropaganda. So wird die Gesellschaft gespalten, die Demokratiekrise verschärft sich, und es wäre nicht undenkbar, dass ein autoritärer ›Führer‹ an die Macht kommt und wir in einem Regierungssystem landen, das man als Klimafaschismus bezeichnen müssten.«[9] Diese Bezeichnung verfehlt die menschenfeindliche, misanthropische Zukunftsutopie der neofaschistischen Bewegungen – dementsprechend wäre eher von der Dystopie einer Misotopie zu sprechen – in dem wesentlichen Punkt, dass sie gerade den Klimawandel leugnen und die Bedrohung durch eine selbstverschuldete Erderwärmung als Unsinn der dominanten Weltanschauung abtun. Die bewusst geschürten Krisen- und Unsicherheitsgefühle kanalisieren die utopischen Energien der Menschen in die misotopische Perspektive, eine ›bessere Zukunft‹ bestehe in der Selbstrettung der eigenen Identitätsgruppe (die den Ruf nach einer autoritären Regierung, die das Wohl des eigenen Volkes zum Ziel hat, laut werden lässt), die das Wohl des eigenen Volkes zum Primat der Politik erhebt, durch alle möglichen Anfeindungen und Kämpfe gegen den Rest, ›die Anderen‹ – vor allem gegen die wachsende Zahl ›fremder Menschen‹, die aus Verzweiflung und Perspektivlosigkeit, kein lebenswertes Leben vor sich zu haben, aus ihrer Heimat in die Wohlstandsländer des Globalen Nordens fliehen. Feindseligkeit gegenüber Ausländern, Flüchtlingen, Fremden, Schwächeren, programmatische Kampfansage gegen Gleichheit aller (Humanität), Menschenrechte, Demokratie, gegen Vielfalt, Inklusion, Menschenfreundlichkeit, Rechtsstaatlichkeit, gegen Freiheit, liberale Werte, Lebensstile, Identitätskonstruktionen auf der einen Seite eines Schwarz-Weiß- bzw. Freund-Feind-Weltbildes und auf der anderen Seite ideologischer Egoismus, Härte, Kampf als Ideal, soziale und autoritäre Hierarchien, Geschlechterrollen, Familienwerte, patriotische Loyalität und so weiter: Rechtsextreme träumen nicht von einem guten Leben für alle; sie wollen nicht einmal für sich selbst ein gutes Leben, sondern das völkische Heil.[10]

In einer elaborierten Utopologie, die mehr zu bieten hätte als Saitos Idee einer futurologischen Skizze, dürfte über den »ewigen Faschismus« (Umberto Eco) nicht hinweggesehen werden, als handele es sich um eine bloße anthropologische Verirrung und Anomalie. Statt das absolut Böse (sofern es zwischenmenschlich und innerweltlich wütet) nur moralisch zu ächten, wäre es dringend geboten, endlich einmal die Geschichte, Gegenwart und Zukunft seiner misotopischen (und misanthropischen) Metamorphosen zu studieren – um seinen Feind zu kennen. Zum Beispiel, wie es die Ausnahmephilosophin und Faschismusforscherin Hannah Arendt tat, als

9 Saito, Systemsturz. Der Sieg der Natur über den Kapitalismus, 43.
10 Engels, Was tun?

sie von der unglaublichen »Banalität des Bösen« sprach. Gut vorstellbar, dass Michel Foucault im Rahmen seines angekündigten Heterotopologie-Projekts und als Vertiefung seiner Geschichte des Krieges so etwas gewagt hätte.[11]

Wie Putins bösartiger Angriffskrieg gegen die Ukraine und Israels völkerrechtswidriger Rachefeldzug gegen den Hamas-Terror zeigen, müssen militärische Aggression und Tötungsmaschinerien – die neue Normalität kriegerischer Gesellschaften der Zukunft – nicht unmittelbar Klimakriege sein. Sicher ist aber, dass mit gewaltbereiten und in jeder Hinsicht entfesselten Nationalismen und insofern tatsächlich mit dem Rückfall in den Krieg aller gegen alle unsere Welt im Chaos versinken wird – egal, welches Klima. Aber es sind gerade die Klimaleugner-Faschisten, mit denen die Barbarei eine sichere Zukunft hätte. Denn sie tun bewusst nichts gegen die Megakrise, die mit so vielen anderen, sich gegenseitig verstärkenden Krisen zusammenhängt und dann mit voller Wucht über die Menschheit hereinbricht; sie lassen das Leiden der Anderen wie das Sterben an den Grenzen und vor den Toren ihrer ›heilen Welt‹ geschehen.

Warum nur spricht der japanische Bestseller davon (wie oben zitiert) davon, dass der Rückfall in die Barbarei von der Rebellion der Massen ausgehen würde? Von ihr erwartet seine Theorie doch gerade die »Weltrevolution« und den »Ausweg aus dem kapitalistischen Schlamassel«.[12] Die Massen – wir alle – sollen das revolutionäre Subjekt eines Degrowth-Kommunismus sein; daher auch sein hollywoodreifer Weckruf: »Wenn wir Menschen unsere Kräfte Schulter an Schulter und solidarisch bündeln, können wir unsere einzige Heimat, den Planeten Erde, noch retten.« (Ebd., 277) Doch »um diese mögliche Zukunft ein wenig auszuleuchten«, wie Saito das Ziel seines Buches beschreibt, hätte er eine ganz andere mögliche und vielleicht die interessanteste nicht unerwähnt lassen sollen.

Die allerletzte Zukunft: Der transhumane Exodus in den Weltraum

Es scheint immer noch Menschen zu geben, die sich nicht vorstellen können, dass eine mögliche und – wie wir heute sagen müssen – nicht die schlechteste Zukunft darin bestehen könnte, die zerstörte Erde zu verlassen und auf einem anderen Planeten Zuflucht zu suchen. *Das Raumschiff Erde hat keinen Notausgang*, behaupteten sogar einige uneinsichtige Weltdeuter in einer gleichnamigen Publikation, darunter renommierte Naturwissenschaftler wie Paul J. Crutzen (der Mann, der den Begriff Anthropozän erfand), Stephen H. Schneider, ein führender Klimaforscher in den USA, oder der deutsche Philosoph und Seher Peter Sloterdijk. Natürlich hat das Raumschiff Erde einen Notausgang. Man weiß zwar nicht, wo und wohin er führt,

11 Foucault, Vom Licht des Krieges zur Geburt der Geschichte.

12 Saito, Systemsturz. Der Sieg der Natur über den Kapitalismus, 274.

aber seine menschlichen Insassen nutzen ihn seit Jahrtausenden zur Flucht in den ›Weltraum‹, ins ›Jenseits‹, ins ›Himmelreich Gottes‹, in die phantastischen Sphären einer besseren Welt und einer fernen Zukunft. Diese anthropologische Tendenz zum ›Transzendenten‹ (das die Menschen Übersteigenden) – zum Transhumanen – wird von den utopischen Energien der Sehnsucht nach Lebensverbesserung angetrieben und ist als uralter Wunschtraum das Grundmotiv menschlicher Religiosität. Ob erst nach dem eigenen Tod, wie in der christlichen, hinduistischen oder islamischen Theologie, oder noch in diesem irdischen Leben, wie in buddhistischen oder mystischen Glaubenssystemen: Humanoide leben immer schon ›besser‹ mit der und – sogar in einem kaum zu überschätzenden Maße – in der Virtualität einer imaginären Parallelwelt als Notausgang und Fluchtweg aus ›diesem Leben‹, das uns allzu viel Leid, Entbehrung, Ungerechtigkeit und Ungutes auferlegt und übel mitspielt.

Utopologisch besonders interessant an der virtuellen Weltflucht ist, dass die utopischen Energien durch die erfahrene oder empfundene Unverbesserlichkeit der Realität in die resignative Innerlichkeit der individuellen Hoffnung auf eine Erlösung im Jenseits – eine bessere Zukunft – umgeleitet und sublimiert werden. Diese spirituelle, religiöse oder esoterische Sehnsucht, diese Eschatologie oder Esotopie eines transhumanen Glücksversprechens ist auch innerhalb der philosophiegeschichtlichen Entwicklung in unzähligen Variationen rationalisiert worden – zumeist als Metaphysik des Geistes, was uns nicht weiter beschäftigen soll. Viel entscheidender ist die Tatsache, dass der ideologische Transhumanismus diesseits philosophischer Metaphysik und religiöser Glaubensprogramme durch technologische Entwicklungen im Laufe der Jahrhunderte menschlicher Kulturgeschichte immer mehr an Realitätsgehalt gewonnen hat.

Und jetzt, in diesem Moment des Anthropozäns, steht der Homo sapiens vor der Weggabelung eines sehr realen ›Notausgangs in der Mitte‹ (zur groben Orientierung, der alternative Weg ist seitlich): Er verfügt über die notwendige Technik, um das untergehende Raumschiff, die verwüstete und verseuchte Erde, den ausgebeuteten, aufgefressenen, ruinierten Planeten rechtzeitig verlassen zu können. Und die letzten Menschen haben einen Helden, der ihnen den Weg in eine »Raumfahrergesellschaft« weist, einen Erlöser, der ihnen die verheißungsvolle Zukunft und das phantastische Werden einer »multiplanetaren Spezies« prophezeit.[13]

Dieser unerwartete Retter ist kein korrupter Politiker oder abwählbarer Monarch, sondern ein kapitalistisch erfolgreicher Privatmann und nicht zufällig einer der reichsten der Menschheitsgeschichte: Elon Musk verkörpert die Konvergenz der technologischen Machbarkeit der transhumanen Weltflucht mit dem esotopischen Narrativ; seine Marsmission ›megasublimiert‹ den resignativen, aber realistischen Fatalismus der eschatologischen Weltreligionen in einen maximalen, aber manischen Utopismus; sein eigenes Raumfahrtunternehmen SpaceX – im dystopischen

13 Musk, Making Humans a Multiplanetary Species.

Konnex mit seinem neurotechnologischen Forschungslabor Neuralink zur Entwicklung eines sogenannten Brain Computer Interface – überhöht den spirituellen Transhumanismus des Homo sapiens in einen virtuellen Post-Transhumanismus der *Cyborgs*[14] oder den *Robo sapiens*, den sein mächtiges Firmenkonsortium schaffen könnte.[15] Und Musk ist nur der bekannteste Name und die markanteste Personifikation für den von Raumfahrt träumenden Teil der facettenreichen post- und transhumanen Bewegung weltweit.[16]

Nennen wir dieses Zukunftsszenario also den post-transhumanen Muskismus. Verwegen ließe sich sogar von einem astronautischen Muskismus-Xiismus sprechen, insofern der chinesische Traum im Kern ein Weltraumtraum ist, ein Mars-Xiismus. Und es ist darüber hinaus in fiktiver Analogie zu dem passenden Science Fiction Spielfilm *Der Marsianer* durchaus vorstellbar, dass China bei seinen ambitionierten Plänen zur Weltraumfahrt in Zukunft mit dem westlichen, insbesondere dem US-amerikanischen Marsismus kooperieren wird. Eine ähnlich bizarre Komplizenschaft ergibt sich durch die ideelle Kooperation zwischen dem Oberhaupt des tibetanischen Buddhismus, dem Dalai Lama, und dem russischen Oligarchen Dimitri Itskov, dem Gründer der *2045 Initiative* für kybernetische Unsterblichkeit: Beide träumen von der Zukunft eines spirituellen Transhumanismus. Dieses futuristische Szenario wird noch unheimlicher, wenn man weiß, dass transhumanistische Mythologien sogar in rechten Utopien einer technologischen Erlösung durch künstliche Intelligenz herumspuken.[17]

Zum Glück oder doch eher als schwacher Trost wird diese mögliche Zukunft für immer Virtualität im doppelten Sinne des Wortes bleiben. Denn so weit wird es nicht kommen, beim Mars-Muskismus jedenfalls geht es ›nur‹ um den kollektiven Rausch (der Selbstbetäubung). Um den technokratischen Machbarkeitswahn und die ideologische Rechtfertigung – durch fiktionale Überhöhung – einer zutiefst dystopischen Zukunft, in der Wachstums- und Katastrophenkapitalismus, Tianxia-Xiismus und Kriegsfaschismus konvergieren und in einem schwarzen Loch der conditio humana implodieren. Diese unglaubliche Implosion ist nichts anderes als die freiwillige Selbstabschaffung des Menschen, der ideellen und realen Auslöschung des Homo sapiens, weil das Raumschiff Erde natürlich keinen wirklichen Notausgang hat und es nirgendwo anders menschliches Leben gibt.

14 Clynes, Der Cyborg und der Weltraum.

15 Victor, Neuralink Unveiled: Revolutionizing the Future of Human-Technology Interaction. How Elon Musk's Neuralink Will Revolutionize Human Potentials; Dripke, Masterplan: Wie Elon Musk unsere Welt erobert: Tesla, SpaceX, Starlink, Neuralink, Hyperloop, Boring, Twitter, Künstliche Intelligenz.

16 Magnet, Transhumanismus: Krieg gegen die Menschheit; Spreen/Flessner/Hurka/Rüster, Kritik des Transhumanismus: Über eine Ideologie der Optimierungsgesellschaft.

17 Schnetker, Transhumanistische Mythologie. Recht Utopien einer technologischen Erlösung durch künstliche Intelligenz.

Doch die Science Fiction Erzählung vom Notausgang aus dem Raumschiff Erde mit der phantastischen Einstiegsmöglichkeit in ein viel besseres Raumschiff – eine Falcon X-Rakete oder ähnliche ›Megafahrzeuge des Mars-Muskismus‹ – auf einer Abenteuer-, Entdeckungs- und Eroberungsreise in den Himmel, um andere Planeten durch Terraforming-Supertechnologien zu einer Neuen Erde umzugestalten, bietet zweifelsohne eine faszinierende Geschichte. Ihre Faszination ändert freilich nichts daran, dass sie bloße Fiktion und futuristische Phantasmagorie bleibt – im Unterschied zu allen anderen skizzierten Zukünften, die um das Schicksal der Erde und ihr menschliches Leben kreisen. Trotzdem erfüllt die Marsvision ihre ideologische Mission, im Weiter-so-Modus die Zukunft eines nachhaltigen bzw. postnachhaltigen Konsumkapitalismus zu sichern. Denn als betriebs- und volkswirtschaftliches Modell betrachtet, scheint das mit reichlich Risikokapital finanzierte und ansonsten komplett traditionell organisierte Raumfahrtunternehmen von Elon Musk wie das aller seiner Weggefährten oder Konkurrenten bereits jenseits wirtschaftsethischer Bemühungen um zukunftsfähige Nachhaltigkeit zu operieren. Der technoide Post-Transhumanismus veranstaltet eine unbekümmerte Ökonomie der nicht-nachhaltigen Verschwendung, die Raumfahrtindustrie basiert auf fossilen Brennstoffen und nicht-erneuerbaren Ressourcen und feiert selbst noch technisches Scheitern noch als unternehmerischen Erfolg (etwa die wiederholte Explosion von Raketen bei Testflügen).

Das Geschäftsmodell des Mars-Muskismus basiert ja gerade auf der futuristischen Annahme, dass die Natur über den Menschen gesiegt hat, das Anthropozän die Menschheit opfert und es mit dem menschlichen Leben auf der heruntergewirtschafteten Erde zu Ende geht: Deshalb als einziger Notausgang die ultimative Mobilmachung zur Flucht ins Jenseits. Beenden wir diese bizarre Geschichte an dieser Stelle vorzeitig mit der wichtigen Feststellung, dass an ihrer unmöglichen Verwirklichung sehr viele Menschen begeistert mitwirken. Nur die akademische Philosophie verschläft diese kollektive Aufbruchstimmung und beschäftigt sich weiterhin routiniert mit ihren üblichen Themen, zu denen solch aufregende und herausfordernde Topoi der Zukunftsforschung und Astrowissenschaften nicht gehören. Abgesehen von einem so originellen (und ansonsten eher orientierungslos überall herumvagabundierenden) Freidenker wie Peter Sloterdijk, von dem immerhin eine kleine Philosophie der Raumstation vorliegt, haben die Philosophen zum wahrhaft poetischen Konzept des ›Weltalls‹ offenbar nichts zu sagen.[18] (Völlig undenkbar für sie wird die Erkenntnis sein, dass das wahre Weltall der menschliche Alltag ist.)

18 Sloterdijk, Was geschah im 20. Jahrhundert?

Vom Weltall zum Alltag

Ob in China und den USA oder in Europa, Indien, den Vereinigten Arabischen Emiraten und Japan – überall wird fleißig an immer ehrgeizigeren Weltraumprojekten gearbeitet. Euphorie herrscht nicht nur (parteiübergreifend) bei den Politikern dieser Staaten, auch die Zulieferer und die zahlreiche Mitarbeiterschaft der internationalen Raumfahrtindustrie sowie die gut bezahlten Astronauten und Astronautinnen, die inzwischen den Kultstatus von Popstars haben, freuen sich über diese Zukunftsaussichten. Die Medien, insbesondere die Filmbranche und der Science Fiction Buchmarkt tragen ihren Teil zur allgemeinen Begeisterung bei. Die Wissenschaft ist ebenfalls mit an Bord: Neben den Naturwissenschaften wie Physik, Astrophysik, Ingenieurwissenschaft oder Technik und Astronautik wollen sogar die Geistes- und Humanwissenschaften wie die junge Exosoziologie unbedingt dabei sein.[19] Und dann sind da noch die vielen enthusiasmierten Marsianer dieser Erde, die vielleicht alles entscheiden werden, wenn es stimmt, wie Saito glaubt, dass große gesellschaftliche Veränderungen in Gang kommen, sobald nur »3,5 Prozent der Menschen gewaltlos und entschlossen aufbegehren«.[20] Wir werden noch sehen, dass ein solches sozialtechnologisches (geradezu kader-leninistisches) Denken eigentlich nicht gut zu den egalitären Einstellungen und einer partizipativ-demokratischen Weltordnung passt, für die Saito plädiert. Angenommen aber, mit den heute zur Verfügung stehenden Mitteln wäre es einem so kleinen Prozentsatz der Weltbevölkerung dennoch möglich, die Massen für die eigenen Ziele und Zukunftsphantasien zu gewinnen, dann muss man sagen: Die transhumane Mobilisierung ist bereits in vollem Gange und äußerst erfolgreich.

Halten wir an dieser Stelle inne und atmen tief durch: Was in aller Welt kann den skizzierten Dystopien noch als Hindernis, Bollwerk und Alternative in den Weg gestellt werden? Eine ›humane Utopie‹ dürfte wohl kaum ausreichen und erst recht nicht mit dem Ziel einer ›digitalen Gesellschaft‹, wie Deutschlands inzwischen wohl bekanntester Philosoph und Utopietheoretiker meint.[21] Doch so viel ist auch klar: Ohne eine visionäre Programmatik geht es schon mal gar nicht. Insofern wagt der japanische Gesellschaftstheoretiker einen mutigen Schritt in die richtige Richtung

---

19 Schetsche/Anton, Die Gesellschaft der Außerirdischen: Einführung in die Exosoziologie.

20 Saito, Systemsturz. Der Sieg der Natur über den Kapitalismus, 275.

21 Precht, Jäger, Hirten, Kritiker. Eine Utopie für die digitale Gesellschaft. Ich hoffe, bei anderer Gelegenheit auf die Gründe eingehen zu können, warum die ›humane Utopie für die digitale Gesellschaft‹, die der erfolgsverwöhnte Bestsellerautor und medienpräsente Philosoph entworfen hat, ohne Resonanz verpuffen konnte. Im Vergleich zu dieser bemerkenswerten Flaute gelang dem bislang unbekannten japanischen Nachwuchsphilosophen mit seiner Utopie einer kommunistischen Schrumpfungsgesellschaft ein bemerkenswerter Achtungserfolg – zumindest in seinen Kreisen. Grund genug, ihn hier ausführlich zu kommentieren und von ihm lernend vielleicht zu verbessern.

mit seinem philosophischen Unternehmen, die unbekannte Zukunft einer besseren Gesellschaft X als »Degrowth-Kommunismus« klar beim Namen zu nennen. Was seinem Utopie-Bestseller zum entscheidenden Durchbruch fehlt, könnte eine ausgereifte Utopologie sein und mit ihr die universelle Weisheit, dass die Philosophie die Welt – uns selbst, die Menschheit, die Natur und alles auf der Erde – nur noch mit einer super erzählten Gegengeschichte retten kann. Einer, der mit seiner philosophischen Erzählkunst ungewöhnlich viel Erfolg hat, macht immerhin klar: »Was uns noch dringend fehlt für die Realisierung des Utopischen: mehr Sexyness, bessere Geschichten, der coolere Auftritt.« Auch wenn Bestsellerautor Harald Welzer, der es im deutschsprachigen Raum zum Marktführer für gesellschaftstheoretische Meinungsbildung gebracht hat, in seiner *Gesellschaftsutopie für freie Menschen* den eigenen Ansprüche nicht gerecht wird, weiß er genau, worauf es ankommt: »Vor allem muss es interessant sein.« Weil das so ist, sollte es ab jetzt darum gehen, die Zukunft philosophisch so zu erzählen und fantasievoll auszumalen, »dass man zu denen gehören will, die diese Utopie zur Wirklichkeit machen.«[22]

Kein Kapital, nicht einmal alles Kapital des Kapitalozäns zusammengenommen, kein totalitärer Überwachungsapparat, keine manipulative Doktrin, kein Medienimperium, keine Waffengewalt, keine KI-Supertechnologie und noch nicht einmal der zwanglose Zwang des besseren Arguments kommen an das heran, was die revolutionäre Philosophie am besten kann. Maßgebliche Menschen wie Buddha, Konfuzius oder Sokrates, wirkmächtige Philosophen wie Platon, Aristoteles, Kant oder Marx (dessen Philosophemen es als einzige geschafft haben, die Menschheit in zwei Blöcke zu spalten), und erfolgreiche Autoren (in absteigender Reihenfolge) wie Harari, Precht oder Saito, ja selbst kleine Leuchten wie ich – sie alle haben eines gemeinsam: Sie haben nur Worte, um Menschen zu bestimmten Handlungen zu bewegen. In dieser Petitesse versteckt sich eine ebenso allgemein unterschätzte wie menschheitsgeschichtlich unübertroffene Supermacht der Weltverbesserung. Dieses notwendige Weltrettungsprogramm besteht aus der Magie von Ein-Wort-Narrativen (Ideen, Utopien) und phantastischen Bildern – z.B. einer post-neo-pan-super-humanen Zukunft als Ankunft im Alltag einer konvivialen Gesellschaft und als richtiger Einstieg in unser Raumschiff: Und was sonst auf dieser Welt verbindet die Menschen so existenziell und essenziell, so alltäglich und allumfassend mit der Erde wie – ›das Essen‹ als Weltformel und Superkraft einer down to earth Philosophie des humanen Überlebens und des Homo sapiens als zukünftiger Terraner, als intelligenter Gastronaut und konviviales Lebewesen, das es sich in dem von ihm repa-

22 Welzer, Alles könnte anders sein. Eine Gesellschaftsutopie für freie Menschen, 294. Obwohl Welzer einige wichtige Bausteine und Materialien der utopologischen Forschung zusammenträgt und auch »die wirklichkeitsstiftende Kraft des Utopischen« (55) versteht, ist seine Geschichte nicht cool, sexy und mitreißend genug, um Geschichte zu schreiben. Jedenfalls scheint ihre Anziehungskraft zu gering zu sein, um die Massen zu erreichen.

rierten einzigartigen Raumschiff auf seiner endlosen Reise in eine bessere Zukunft so richtig gemütlich zu machen weiß...

Die philosophische Erzählkunst muss nicht nur besser sein als ihre Konkurrenten auf dem Gebiet der ›Welt-Geschichten‹, sie muss umso raffinierter sein, wenn sie die einzige Erzählung bieten will, die die tragische Relativität aller möglichen Welten anerkennt – im Gegensatz zu ihren Mitwettbewerbern, die sich darüber einfach hinwegtäuschen. Saitos Futurologie gewährt insofern einen tiefen Einblick in das Weltall menschlicher Wirklichkeit, wenn er sich selbst gedanklich von einem »progressiven Geschichtsbild« befreit: Statt des religiösen oder revolutionären Heilsversprechens einer ›besseren Zukunft‹ eröffnet sich so für einen Moment die Perspektive eines nichtlinearen Verständnisses ›der Geschichte‹.[23]

Denn die geheimnisvolle Einsicht in die Möglichkeit und Wirklichkeit verschiedener Zukünfte hat weitreichende, letztlich disruptive Folgen für unser Weltbild: Durch ihre unausweichliche Gleichzeitigkeit zerfällt die Totalität der Welt in das rätselhafte Puzzle vieler Wirklichkeiten. Und so wie es immer schon viele Welten zu einem Zeitpunkt gibt, so ist – weltphilosophisch oder utopologisch spannend und ergebnisoffen erzählt – keine Welt eine Totalität ohne Außen und Anderes, nie ohne Widerstände und Auswege eines Seins, das auch anders sein kann. So gesehen wird nie ›alles gut‹, auch dann nicht, wenn wir es selbst (oder gar alle Menschen und für alle Menschen) wollen. Wie schon gesagt, gehört zu einem superben Neohumanismus – zusätzlich zu dem ungewohnten und schwierigen Umgang mit den Endlichkeiten unserer Welt – die intellektuelle Sensibilität, aus der offensichtlichen Tatsache der menschlichen Unvernunft, die jeden von uns mit der Allgegenwart des gewollten Bösen und des ungewollten Inhumanen konfrontiert, die philosophischen Konsequenzen zu ziehen. Die Zukunft einer ethisch guten Lebensweise in der besten aller möglichen Welten muss mit dieser existentiellen Tragik leben, deren Fatalität in unserer Endlichkeit am dramatischsten erfahren wird. Kein Wunder, dass die Sterblichkeit des Menschen als Individuum wie als Gattung von Anfang an die utopische Sehnsucht nach Unsterblichkeit angetrieben hat und – ultimativ – im phantasmagorischen Zentrum des Transhumanismus steht. Statt aber unsterblich sein zu wollen, heißt ›endlich leben‹ *zu können*, angesichts der Endlichkeit so vieler Dinge gut leben und gut sterben zu können. Gutes leben zu können beinhaltet die Weisheit, dass alles endlich (sterblich, zeitweise) ist – auch und gerade das Gemeinwohl, das für alle Gute. Insofern hat die Utopologin Donna Haraway natürlich Recht, wenn sie »das gute Leben und Sterben« nicht voneinander trennt.[24]

---

23 Saito, Systemsturz. Der Sieg der Natur über den Kapitalismus, 116. Die Selbstbefreiung von der geschichtsphilosophischen Denkweise, »dessen typischer Vertreter Marx sein soll, wenn wir uns denn nach dem weltweit verbreiteten Marx-Verständnis orientieren«, versteht sich also als ein erster Schritt auf dem Weg zu einer postmarxistischen Denkweise.

24 Haraway, Unruhig bleiben. Die Verwandtschaft der Arten im Chthuluzän.

Doch gutes Sterben betrifft nicht als erstes den Tod, den wir sterben werden und der an sich (aber nicht nur) ungut ist. Denn, so schon der epikureische Trostgedanke, der Tod als Tod geht uns Sterbliche letztlich nichts an – Menschen müssen einfach irgendwann sterben. Was uns angeht, ist ›das Ende‹, und zwar sämtliche Formen unguter Endlichkeit und notopischer Unverbesserlichkeit des Seins, vor allem als möglicher Grund oder eher als tragischer Abgrund eines Sterben-Könnens. Dieses Sterbenkönnen gelingt bestenfalls darin, *endlich zu leben*. Endliches Leben ist ein ständiges Sterben ›kleiner Tode‹. Dieses Sterben-Überleben gut zu können, gelingt nur mit dem philosophischen Wissen um die *unendliche Endlichkeit der eigenen Existenz*. Nur wegen und mithilfe einer solchen Lebensphilosophie (des Endlichen) macht es Sinn, dass Sokrates die Philosophie als eine Kunst des Sterbens bezeichnet hat. Eine Lebenskunst des guten Sterbens hat nichts mit einem misanthropischen Todestrieb (*thanatos*) zu tun, ein »Sein-zum-Tode« (Heidegger) der allzu leicht in Aggressionen aller Art ausgelebt werden kann. Die Kunst, gut zu sterben, ist vielmehr die schwierigste und zugleich alltäglichstes Lebenskunst überhaupt, die Menschen abverlangt wird, um endlich Gutes leben zu vermögen und Wohltuendes zu erleben. Dann lässt sich sagen: Das Gute am endlichen Leben ist, den menschlichen Verbesserungstrieb (Ludwig Feuerbach sprach etwas irreführend vom Glückseligkeitstrieb, *eudaimon*), oder anders gesagt, unsere utopischen Energien auf die praktischen Möglichkeiten – das *Kaizen* – alltäglicher Verbesserung zu ›lenken‹ oder (in Umkehrung psychoanalytischer Erkenntnisse) besser gesagt zu sublimieren. So wird das Utopische, also unsere urmenschliche Sehnsucht nach einem irgendwie besser erlebten Sein (der sterblichen Menschheit wie der eigenen Sterblichkeit), auf eine superhumane Weise nutzbar gemacht, um die notopische Schattenwelt unserer Existenz besser auszuhalten. Mit Blick auf die ideelle Supermacht der Philosophie, die in der Vergangenheit zu Recht gelegentlich auch für ihre Trostfunktion gepriesen und genutzt wurde, geht es mir (mit Donna Haraway und Ursula Le Guin im Gepäck) aber mehr darum, von der philosophischen Utopologie als ermutigender Kulturtechnik – und handlichem »Kulturbeutel«[25] – Gebrauch zu machen. Und damit bin ich wieder bei Saito, um schließlich meine zweite These auf den Punkt zu bringen.

25 Le Guin, Am Anfang war der Beutel. Warum uns Fortschritts-Utopien an den Rand des Abgrundes führten und wie Denken in Rundungen die Grundlage für gutes Leben schafft, 12.

Zweite These ad Saito

Philosophische Erzählkunst ist eine geheime Supermacht, die uns Menschen retten könnte

Saito sieht richtig: »Eigentlich sollten Krisen Anlass dazu geben, in uns zu gehen, unser bisheriges Verhalten zu reflektieren und uns eine andere Zukunft auszumalen. Die dafür zwingend nötige Fantasie und Vorstellungskraft wird jedoch von der Technologie, dem Monopol der Experten, zunichte gemacht.«[1] Doch lässt er sich davon nicht blenden, sondern durchschaut den irrationalen Glauben, Technologie sei die Lösung für alles, als ideologischen Verblendungszusammenhang einer rein technokratischen Weltsicht. Dem Erleuchteten gelingt eine bahnbrechende Einsicht: »Ja, Technologie als Ideologie ist ein Grund für die Phantasiearmut, die in der heutigen Gesellschaft um sich greift.« (Ebd.) Tatsächlich verschleiern spektakuläre Technologien zur Lösung der Klimakrise (wie Atomstrom, Geoengineering oder NETs) oder – von unserem japanischen Vordenker unerwähnt – zur bemannten Raumfahrt und Besiedlung des Mars (wie wiederverwertbare Riesenraketen oder extraterrestrische Terraforming-Technologien) die Irrationalität des technokratischen Systems.

Dennoch wird uns vorgegaukelt, nur die Erfindung neuer Supertechnologien öffne den Weg in eine nie für möglich gehaltene Welt von morgen. Letztlich, so die Kritik, ist und bleibt der technotopische Futurismus aber nichts anderes als eine grandiose Selbsttäuschung der Menschheit, eine durchsichtige Ablenkungsstrategie des bestehenden Systems: »Reine Zukunftsverheißungen lassen uns woanders hinsehen als dorthin, wo es eigentlich nötig wäre – auf das, was wir hier und jetzt tun könnten und sollten.« (Ebd.) Worum es dabei ginge, wäre eine philosophische Selbstbefreiung vom ökonomischen Wachstumswahn durch einen »ganz anderen Lebensstil«. Nur fehlt dem jungen Nachwuchsphilosophen die Phantasie, um den supertechnologischen Mächten die geheime Superkraft der Philosophie entgegenzusetzen. Dieser Fehler unterläuft ihm aus dem unverzeihlichen Grund, weil er (seinen) Marx zu einem Guru oder Buddha macht, indem er die marxistische Philo-

1 Saito, Systemsturz. Der Sieg der Natur über den Kapitalismus, 170.

sophie zur einzigen Quelle seiner utopischen Imagination erklärt. So heißt es bei ihm: »Um uns eine andere Welt ausmalen zu können, müssen wir uns der Subsumtion unter das Kapital widersetzen und uns unsere Fantasie zurückerobern. Und die Quelle dieser Fantasie ist Marx' Degrowth-Kommunismus.« (Ebd., 171) Das Gegenteil ist der Fall. Statt einen Degrowth-Kommunismus herbeizuphantasieren, wo es ihn nicht gibt (nämlich in der Marxschen Philosophie, die nur den Kommunismus kennt), kommt es darauf an, in der menschlichen Einbildungs- und Vorstellungskraft die Quelle zu entdecken, aus der die superhumanistisch programmierte Utopie der besten aller möglichen Welten entspringen kann – und das geht eben am besten mit Hilfe der Supermacht der philosophischen Erzählkunst. Wie der Glaube an ›die Technik‹ verstellt auch der unverbesserliche Glaube an ›den Kommunismus‹ den Blick auf die weltbewegende Kraft der großen Erzählung, zu der einzig die Philosophie fähig ist – als einer phantastischen *Soft Power von unten* (wie sie in Umkehrung des machtpolitischen Konzeptes des US-amerikanischen Politikwissenschaftlers Joseph Nye bezeichnen werden kann[2]).

Sicherlich hängt das Faszinosum des Marxismus (wie schon im Falle und im unterschiedlichen Ausmaß des Buddhismus, Konfuzianismus, Platonismus, Epikureismus, Kantianismus usw.) genau damit zusammen, dass es einem einzelnen modernen Sozialphilosophen (nämlich Karl Marx) gelungen ist, mit seinem Traum von einer ›kommunistischen Gesellschaft‹ eine solche Geschichte zu erzählen, die den narrativen Stoff lieferte, um viele Menschen zu begeistern (und irrezuführen). Um Marx aber nicht als Gott, Schutzheiligen oder Welterlöser zu behandeln, müssen wir uns sowohl der ideologischen Subsumtion unter das Kapital als auch der Dominanz technokratischer Lösungen widersetzen und gleichzeitig unsere Vorstellungskraft zurückerobern, indem wir die entscheidende Rolle der Philosophie im Spiel der Wahrheiten im Allgemeinen und bei der Gestaltung einer besseren Zukunft im Besonderen verstehen lernen, *ohne dafür weiterhin nur vom Marxismus (Kommunismus, Sozialismus) zu träumen*.

Es ist höchste Zeit, das Beste aus den vielen Experimenten des Geschichtenschreibens, den Stilübungen und originellen Poetologien der philosophischen Erzählkunst zusammenzutragen, um aus dem, »was wir hier und jetzt tun könnten und sollten« (Saito), ein Abenteuer zu machen, das möglichst viele fasziniert und dazu bewegt, wirklich mitzumachen. Eines der Erfolgsgeheimnisse – der Quellcodes – scheint mir das Mind-Hacking mit neu programmierten Begriffen zu sein, Ein-Wort-Narrativen wie -Ismen als neologistische Algorithmen (Philosophemen), die, einmal verstanden, schnell viral gehen, sich pandemisch ausbreiten und sich in den Köpfen, Herzen und Bäuchen ihrer humanoiden Wirtsorganismen festsetzen, wo sie deren utopische Energien aufladen und in die richtigen Richtungen fließen lassen. Ein schönes Beispiel für gegenseitige Ansteckung und diskursive Anstiftung

2 Nye: Soft Power. The Means to Success in World Politics.

zeigt die Dokumentation: *Donna Haraway & Bruno Latour | Discussion of the Film »Storytelling for Earthly Survival«.*[3] Kaum jemand hat so programmatisch wie Haraway dafür plädiert, die utopischen Dimensionen einer ethischen Philosophie – sie spricht vom »Mit-Werden« im »Chthuluzän«[4] – durch Science Fiction Erzählungen populär zu machen.

In dem bereits erwähnten Gespräch mit ihrem Freund und Weggefährten Bruno Latour erläutert die Wissenschaftstheoretikerin, wie sie sich eine »neugierige Praxis der Verweltlichung« vorstellt, die ein artenübergreifendes, *panhumanes Miteinander* auf unserer reparaturbedürftigen Erde ermöglicht. In den letzten vier Jahrzehnten hat sie wegweisende Dinge gesagt, die auf ebenso elliptischen wie erratischen Bahnen die neue Geschichte eines phantastischen Universums mit dem klangvollen Namen Terrapolis umkreisen. In dessen Zentrum steht nicht mehr der Mensch mit seinem falschen Humanismus und Anthropozentrismus, sondern die erdverbundene »campanion species« (Haraway), also konviviale Gesellschaften und Mitesser, »cum panis – diejenigen, die um einen Tisch mit Brot sitzen« (ebd., 21). Die neue Erde einer solchen konvivialistischen Mit-Menschlichkeit oder Panhumanität wird bevölkert sein von gastrozentrisch lebenden Erdbewohnern und Mitgenossen, eben artenübergreifend mitessenden Mit-Menschen oder »Critters« (Haraway). (In früheren Texten sprach die Biologin von solchen posthumanen Zwitterwesen noch als »Cyborgs«, eine Wortschöpfung, die inzwischen vom dystopischen Transhumanismus vereinnahmt wurde.)

Zu diesem Zweck hat die einflussreiche Philosophin – ähnlich wie der Weltbestseller und Science Fiction Autor Harari und doch ganz anders orientiert – eine eigene Erzählkunst entwickelt, die sie »mein eigenes Schreiben im SF-Modus« nennt und von »meinem Mystra« erklären lässt: »Was ich SF-Modus nenne, bietet eine Möglichkeit, sich alternative Welten zu denjenigen vorzustellen und zu gestalten, die (leider) der Fall sind.«[5] Ohne auf die komplexe Poetologie dieses Erzählens näher eingehen zu können, lässt sich festhalten, dass Haraway panhumane Geschichten erzählt, »um Bedingungen zu schaffen, die ein endliches Gedeihen auf der Erde, auf Terra, ermöglichen«. (Ebd., 20) So gelingt es ihr, die Notwendigkeit, den allgemeinen »trouble« – den Schlamassel, in dem wir leben – auszuhalten, in ein poetisches Plädoyer für neue Erzählungen und große wie kleine Geschichten zu überhö-

3 Haraway/Latour, Discussion of the Film »Storytelling for Earthly Survival«.

4 Diese Wortschöpfung und Abwendung des Anthropozäns verbindet zwei griechische Wurzeln miteinander (*khthon*/Erde und *kainos*/Zeit), »die zusammen eine Art Zeitort benennen: einen Zeitort des Lernens, um die Idee eines responsablen gemeinsamen Lebens und Sterbens auf einer beschädigten Erde nicht aufzugeben. Kainos heißt jetzt, eine Zeit des Anfangens, eine Zeit des Weitermachens, eine Zeit der Frische. Nichts in kainos muss gängige Auffassungen von Vergangenheiten, Gegenwarten und Zukünften bestätigen.« Haraway, Unruhig bleiben. Die Verwandtschaft der Arten im Chthuluzän, 9.

5 Haraway, Unruhig bleiben. Die Verwandtschaft der Arten im Chthuluzän, 165.

hen und die fiktive, vielleicht wahr werdende Geschichte einer besseren Zukunft zu schreiben, die auch Haraway nur als Ankunft im Gemeinwohl denken kann. In ihren Worten: »Die Aufgabe besteht darin, sich entlang erfinderischer Verbindungen verwandt zu machen und eine Praxis des Lernens zu entwickeln, die es uns ermöglicht, in einer dichten Gegenwart und miteinander gut zu leben und zu sterben.« (Ebd., 9) Um diese dichte und sinnerfüllte Gegenwart zu nähren, wurzeln gute Geschichten in die historischen Tiefe einer neu zu entdeckenden Vergangenheit, die wiederum die Geschichte für die, die danach kommen, erzählbar macht.

Die Welt, in der wir leben, ist auch deshalb in einem miserablen Zustand, weil wir unsere ›Geschichte‹ (die Vergangenheit, Gegenwart und Zukunft der Erde und ihren Menschen) bisher nicht gut erzählt haben. Diese bedrückende Feststellung hängt damit zusammen, dass sich Geschichten für uns, als narrative Wesen, so materiell anfühlen wie Dinge. Und aus diesem Grund können Narrative auch so mächtig sein, wie sie es sind. Dazu passt, was uns die bereits erwähnten jungen Utopologen Samira El Ouassil und Friedemann Karig in Erinnerung rufen: »Beschrieb der Marxismus im Grunde nicht so etwas wie eine Heldenreise der Arbeiterklasse?« Ihre These jedenfalls stützt meine zweite These über Saito; sie schreiben: »Narrative besitzen, verpackt in mächtige Kulturprodukte, politische Programme oder platte Popsongs, heute die größte transformative Kraft.«[6] *Wenn also nichts so mächtig ist wie eine gute Geschichte, dann sollten wir uns andere Geschichten erzählen.*

Zumindest ist es einen Versuch wert, die narrative (ethische) Programmierung unseres Selbst zu verstehen und theoretisch (philosophisch) auszuprobieren, was die menschliche Welt – uns – bewegt, wenn wir den utopischen Stoff, der sie für uns zusammenhält, besser nutzen. Dieser Versuch kann in der Aufforderung bestehen: »Erfindet Utopien, fantasiert paradiesische Zustände, seid mutig.« (Ebd.) Erfinderischer und zielführender (und etwas weniger Masterplan-mäßig) scheint es mir zu sein, zunächst die Utopologie als neue empirische Wissenschaft zu erfinden, um dann im nächsten Schritt auf der Suche nach der besten aller Gesellschaften mit ihrer Hilfe andere Utopien (Dystopien, Heterotopien, Eutopien, Retrotopien, Neotopien, Technotopien, Sinotopien, Unotopien, Allassotopien, Misotopien, Esotopien, Notopien und dergleichen[7]) zu lernen, also im Guten wie im Schlechten ethisch dazuzulernen – und erst nach diesem Lernprozess eine weitere Utopie, eine Minitopie oder *Minima Utopia* zu entdecken. (Auf dieses Ethikprogramm komme ich daher in meiner letzten, der elften These zurück).

---

6 El Ouassil/Karig, Erzählende Affen: Mythen, Lügen, Utopien. Wie Geschichten unser Leben bestimmen, 477.

7 Die originelle Utopologin Ursula K. Le Guin schlug auch ein *Utopiyin Utopiyang* vor; siehe: Dies., Keine Zeit zu verlieren. Über Alter, Kunst, Kultur und Katzen.

Dritte These ad Saito

Mit der Wahrheit zu spielen, kann bedeuten: Von Anderen lernen, um es besser zu wissen

Saito sieht richtig, dass der Programmierung einer praxisnahen Utopie ein Lernprozess zugrunde liegen sollte. Eine Utopie der Praxis entwirft also keinen unrealistischen Masterplan, der fernab vom wirklichen Leben aus einem theoretischen System am Schreibtisch entsteht, keinen völlig phantastischen Traum, der wie ein unerreichbares Ideal reine Phantasie bleiben muss. Stattdessen will Saito »von Anderen lernen«, denn nur Praxiswissen (Wissen aus der Praxis und für die Praxis) bietet alles, was es zur Verbesserung braucht: Best Practice Beispiele, die sich lebenspraktisch bereits bewährt haben; aber auch Worst Practice Beispiele, die zeigen, was nicht oder nicht wirklich gut geht. Von Anderen lernen kann heißen, das Bessere oder sogar das für alle Gute wahrzunehmen, das anderswo schon da ist – und nicht nirgendwo (ou-topisch) ist oder dessen Verwirklichung irgendwo in weiter Ferne erhofft wird. Gerade im Nachdenken über eine bessere Zukunft ist Lernen die beste Schulung eines philosophischen Denkens, das sich nicht in realitätsfernen Spekulationen verlieren will. Hinzu kommt, dass es kein Fehler ist, wenn wir als Träger einer natürlichen Intelligenz, die uns mit einem außergewöhnlich großen Gehirn, dem menschlichen Geist, ausgestattet hat, uns fit halten, um nicht vom rasanten Lernprozess künstlicher Intelligenz und selbstlernender Programme abgehängt zu werden. Lebenslanges Lernen sollte für niemanden nur eine bildungsbürgerliche Floskel oder eine abwegige Zumutung (›von oben‹) sein, sondern eine Überlebensformel und eine Metapraxis, in der wir uns ständig üben und ein bisschen besser werden.

Der Praxisphilosoph Saito versucht »vom globalen Süden zu lernen«, weil er sich als Teil und Theoretiker der globalen Widerstandsbewegung versteht, »die den Eurozentrismus unter Beschuss nimmt«. Um sich auf die »Stimme des globalen Südens« (ebd., 255) zu beziehen, verweist er beispielsweise auf die zapatistische Bewegung im mexikanischen Bundesstaat Chiapas und bezieht sich auf das weltweite Bündnis von Kleinbauernorganisationen *Via Campesina*, der ›bäuerlicher Weg‹.[1] Neben der Zurückweisung des westlichen Wirtschaftsmodells schaut er diesen Aktivismen die Kritik an der eurozentrischen Geschichtsphilosophie ab, die glauben macht, dass alle Gesellschaften für ihre Höherentwicklung die westliche Entwicklung nachmachen müssten. Ebenso lernt Saito fleißig, was *Ernährungssouveränitätsinitiativen* wollen: »Die Landwirtschaft wieder in die eigenen Hände zurückzubekommen und selbst zu verwalten, um überleben zu können, ist eine selbstverständliche Forderung, die als ›Ernährungssouveränität‹ bezeichnet wird.« (Ebd., 255) Er versteht, dass sich aus dieser agrarischen Gastrosophie automatisch die politische (und letztlich urmarxistische) Forderung nach radikalen Landreformen ergibt, die das Recht eines jeden Erdenbürgers (als universelles Menschenrecht) auf *freien Zugang zu Land* und zu *einem Stück Erde*, das bewirtschaftet werden kann, garantieren. Es handelt sich um ein moralisches Anrecht, dessen historischen Ursprung zu kennen wiederum bedeutet, »vom Wissen der Ureinwohner zu lernen«. (Ebd., 243)

Das *sumak kawsay* der indigenen Völker Lateinamerikas, das in der Sprache der spanischen Eroberer mit *buen vivir* übersetzt wurde, bestand vor der gewaltsamen Kolonisierung durch die Europäer unter anderem in Ernährungssouveränität. Saito lernt außerdem, dass das Recht auf ein solches gutes Leben als weltweites Gesellschaftsmodell, wie zuvor schon in Bolivien, »im Jahr 2008 Eingang in die neu verabschiedete ecuadorianische Verfassung fand, womit sich der Staat verpflichtete, seinen Bürgern fortan ein ›Buen Vivir‹ zu garantieren.«[2] Auf diesem indigenen, kleinbäuerlichen Weg – gewissermaßen auf einem transkulturellen Umweg über Lateinamerika – macht sich der japanische Kulturtheoretiker klar, was für das Überleben und Wohlergehen des Homo sapiens auf der Erde in Gegenwart, Vergangenheit und Zukunft entscheidend ist, war und bleiben wird. Etwas zu beiläufig notiert er angesichts des Schwergewichts seines Fundes zum Buen Vivir als utopischem Ziel, zum guten Leben als universeller Erzählung in einem Wort: »Der Slogan verbreitete sich anschließend in ganz Südamerika und wird heute von der Linken weltweit verwendet. Auf dem ganzen Planeten fanden damit mehr als bloß zwei Wörter Verbreitung. Es geht nicht mehr bloß um das Nacheifern des westlichen Wirtschaftsmodells, sondern darum, vom Wissen der Ureinwohner zu lernen.«

1 Als transkulturelles Pendant zum Via Campesina erwähnt Saito die *Südafrikanische Kampagne für Ernährungssouveränität* und erläutert dazu: »Getragen wird sie von Kleinbauern und Agrararbeitern, NGOs und Aktivisten sozialer Bewegungen, die eine Plattform zur Förderung von Agrarkooperativen auf Graswurzelbasis schufen. Man kann hier von einer Revolte gegen die Fehlschläge des staatlich gelenkten und nach dem Top-down-Prinzip organsierten Agribusiness sprechen.« Saito, Systemsturz. Der Sieg der Natur über den Kapitalismus., 258.

2 Ebd., 243; siehe dazu: Estermann, ›Gut Leben‹ als politische Utopie. Die andine Konzeption des ›Guten Lebens‹ und dessen Umsetzung im demokratischen Sozialismus Boliviens.

Die philosophische Notwendigkeit eines gastrozentrischen Weltbildes hätte Saito als eine wichtige Lektion auch aus dem Science Fiction Spielfilm *Der Marsianer* lernen können. Was er aber ebenso wenig tat wie der aktuell namhafteste Visionär auf diesem Planeten in seinen *21 Lektionen für das 21. Jahrhundert.*[3]

Denn Fakt ist: Selbst der weitsichtige Lehrmeister und Weltgeschichten-Erzähler Yuval Harari lehrt kein gastrosophisches Weltbild. Keine seiner 21 Lektionen für das 21. Jahrhundert handelt von der menschlichen Essistenz als bislang unterschätzte Supermacht der Weltgeschichte. Obwohl immerhin sein Weltbestseller *Eine kurze Geschichte der Menschheit* um die neolithische Revolution als epochale Ernährungswende kreist. Sicher, in dieser Hinsicht bietet der erwähnte Hollywood-Kassenschlager ebenso wenig brauchbaren Lernstoff wie die meisten Erfolgsproduktionen der kommerziellen Kulturindustrie. Aber immerhin ein faszinierendes Detail: Der futuristische Actionfilm vermittelt die Erkenntnis, dass auch die Zukunft auf dem Mars mit Kartoffelanbau, Gartenarbeit, Subsistenzwirtschaft und Selbstversorgung zu tun haben wird. Wie die Besiedlung dieses unwirtlichen, völlig unmenschlichen Himmelskörpers insgesamt auf irgendeine Art Terraforming ausgerichtet sein muss. – Besonders interessant an der Lektion, die die fiktive Geschichte in diesem aufwendigen Werk der Filmindustrie erteilt, ist ihre moralische Pointe: *Es wird schief gehen!*

Was uns das Kinospektakel hingegen nicht lehrt, ist die interessante Frage, was passiert, wenn die Marsmenschen nach dem Zusammenbruch ihrer außerirdischen Zivilisation oder *Neptunation* – ich spiele auf den fiktiven Roman des Sphärenvisionärs und Marx-Mixers Dietmar Dath an, der ähnliche Begegnungen und fiktive Wahrheiten des Weltraumdenkens meisterhaft durchspielt[4] – was also nach dem Scheitern des transhumanen Technotopia auf einem zumindest für Menschen wie uns unbewohnbaren Himmelskörper passieren wird, wenn diese superintelligenten und unmenschlichen Aliens auf die geniale Idee kämen, die ›Rückkehr zur Erde‹ zu beschließen. Dann wird es tatsächlich zu einer realen Begegnung zwischen den Außerirdischen und uns hier gebliebenen (und inzwischen höherentwickelten) *Terranern* kommen.[5] Ein im übrigen sehr wahrscheinliches Szenario. Diese futu-

---

3 Harari, 21 Lektionen für das 21. Jahrhundert.

4 Dath, Neptunation.

5 Mit etwas Phantasie lässt sich diese fiktive Zukunft bereits in der Gegenwart erahnen. Weitsichtige Philosophen wie der Initiator der ›terrestrischen Bewegung‹ sehen sie kommen – Bruno Latour eilt ihnen auf halbem Wege mit den hellsichtigen Worten entgegen: »Es gibt unzählige Initiativen für ein Zurück zum Terrestrischen, die Wendung findet sich überall, in Kunstausstellungen wie Wissenschaftszeitschriften, dann, wenn wieder Gemeineigentum propagiert wird oder verlassene Landstriche wieder besiedelt werden. Auch wenn man sich dessen bei Wahlen oder beim Blick in die diversen Medien mangels eines anderen Koordinatensystems nicht bewusst ist. Es ist alles schon gelaufen – die große Verlagerung hat bereits stattgefunden.« (Latour, Das terrestrische Manifest, 106) Oder sollte

ristische Vision bietet den spannendsten Stoff für eine Science Fiction Geschichte. Tatsächlich wurde diese fiktive Geschichte von SF-Bestsellern schon viele Male durchgespielt. Nur: Haben wir bisher etwas aus der Moral dieser Geschichten gelernt? Wenn dem so wäre, dann wüssten wir wahrscheinlich schon, wie *die Ankunft auf der Erde als Planet der Eupraxie und Heimatstern der Minima Utopia* erzählt werden müsste und wie die abenteuerliche Reise auf unserem Traumraumschiff weitergehen könnte, damit die noch ausstehende Begegnung zwischen den außerirdischen Marsianern und den superhumanen Terranern, den verbliebenen Erdbewohnern, für alle am besten verläuft.

Der Topos vom Krieg der Welten

Die populären Erzählungen dieser absehbaren Zukunft – deren reales Eintreten ich für 1492 Jahre nach dem erfolgreichen Start des ersten bemannten Mars-Raumschiffs prognostiziere – werden jedoch bislang von einem dystopischen Marsismus dominiert. Dieser ›utopische Marsismus‹ (wie man den real existierenden SF-Marsfuturismus als narrative Alternative zum ›utopischen Marxismus‹ bezeichnen könnte) ist ein Musterbeispiel für die literarische Praxis einer intellektuellen oder ideologischen Verweigerung, von Anderen lernen zu wollen. Eine der wohl virulentesten Visionen dieser exosoziologischen Narrationen trägt den programmatischen Titel *Krieg der Welten* und gehört zu den bekanntesten und bedeutendsten Werken des britischen Schriftstellers H. G. Wells. Mit der Invasion der Marsianer im Krieg der Welten prägte Wells wie kaum ein anderer Autor das heute so populäre Science Fiction Genre. Das 1896 erstmals erschienene Buch wurde seither vielfach adaptiert und auch verfilmt, etwa als US-amerikanische Fernsehserie oder in vager Anlehnung in Roland Emmerichs *Independence Day* und ähnlichen Verfilmungen zum Thema ›Marsmenschen greifen Erde und Menschheit an‹. Zu den publikumswirksamsten Neuverfilmungen gehört die Version des Starregisseurs Steven Spielberg, dessen *Krieg der Welten* aus dem Jahr 2005 sich weitgehend an die Vorlage hält.

An dieser Stelle ein kurzer Exkurs, denn Saito vorenthält seinen Lesern einiges Wissenswerte über diese wichtige Geschichte der Zukunft, Vergangenheit und Ge-

es nicht wahr sein, dass sich die meisten Menschen am Scheideweg bereits für den extremen Ausweg durch die Mitte oder nach links und immer weiter nach rechts entschieden haben? Trotzdem oder gerade deswegen braucht es philosophische Wegweiser (vor allem ein utopologisches Navigationssystem) für eine ganz andere Wegbestimmung, für einen dritten Weg jenseits und diesseits der bekannten, aber eben auch keinen mittleren Weg, sondern den besten Weg, damit wir uns auf diesem unerforschten und abenteuerlichen Weg nicht verirren und jeder ›letzte Mensch‹, der sich noch nicht entschieden hat oder sich noch einmal umentscheiden will, weiß, was zu tun ist.

genwart der Menschheit: Es geht darum, dass die Marsianer – Aliens mit außerirdischer Intelligenz und Supertechnologie – bei ihrer Ankunft auf der Erde nicht daran interessiert sind, von den Erdbewohnern zu lernen. Im Gegenteil, sie wollen die Menschheit vernichten und ihre Reichtümer ausbeuten. Diese kriegerische Ausbeutung, die Wells in der Urfassung als fiktionale Kritik am westlichen Kolonialismus verstand (denn natürlich gehören Bilder von Flucht, Vertreibung, Zerstörung und Chaos zu den alltäglichen Schrecken der westlich dominierten Welt, hinter denen nur eine Realität durchscheint, die nicht von Außerirdischen verursacht wurde), wird in einer gewissermaßen antigastrosophischen Metaphorik der Anthropophagie veranschaulicht: Als bestialisches Auffressen inszeniert, wird ein solches kannibalisches ›Gefressenwerden durch Andere‹ in Form eines vampirischen Blutopfers ausgeschlachtet – also in direkter Umkehrung der Machtverhältnisse, die ansonsten den Menschen an das Ende der irdischen Nahrungskette stellen. Mit dem Blut der eingefangenen Menschen werden nach und nach die Felder gedüngt, so dass durch dieses blutrote *Marsforming* – seinerseits ein umgekehrtes *Terraforming* – schließlich eine rote Vegetation die gesamte Umwelt zu überwuchern beginnt. Selbst das finale Scheitern der bösartigen Kolonisierung der Erde, die der üblichen kapitalistischen Ausbeutung unseres Planeten sehr ähnlich ist, steht bei Wells unter dem Vorzeichen und dem Vorbild eines negativen Lernprozesses (Worst Case Szenario). Die Marsianer gehen zugrunde, weil ihre allmächtige Superintelligenz sich nicht gegen die kleinsten Lebensformen auf der Erde zu wehren weiß. Tödliche Mikroben erteilen den außerirdischen Eroberern eine ultimative Lektion für die Zukunft: Nämlich, dass diese Art der Weltbegegnung – Krieg gegen Andere – überall zum Scheitern verurteilt ist.

Letztlich setzt Wells' Erzählung des *dystopischen Marsianismus* die reale Geschichte der westlichen Kolonialisierung z.B. der Neuen Welt Amerikas nur in fiktiver Form fort. Freilich geschieht dies in der doppelten Umkehrung, dass die aggressiven Europäer der ›Alten Welt‹ nicht intelligenter waren als die ›Indianer‹ der ›Neuen Welt‹ und dass diese brutale Geschichte der Vergangenheit bekanntlich auch kein Happy End hatte (weshalb die kitschigen Erlösungsphantasien aller *Krieg der Welten*-Versionen einen unangenehmen Nachgeschmack hinterlassen): Denn in Wahrheit waren es die eingeschleppten Bazillen der Invasoren aus der Alten Welt, die den Genozid an den indigenen Terranern verursachten.

Über die Vergangenheit und die Moral dieser schrecklichen Geschichte könnte Saito etwas Wichtiges vom *wahren* Utopia lernen, um die eurozentrische Sichtweise der Euro-Marsianer – die er zu Recht ablehnt – durch eine gastrozentrische Version der besten aller möglichen Welten zu verbessern. Dazu hätte er nur die konvivialistische Intention der Science-Fiction-Geschichte von Thomas Morus zur Kenntnis nehmen müssen: In dessen Utopia – einem der klassischen philosophischen Dialoge der Renaissance, dessen Titel *Utopia* schließlich weltberühmt wurde – berichtet der Protagonist dieser viel zitierten, aber grotesk unverstanden gebliebenen Erzählung, ein neugieriger Philosoph, der Amerigo Vespucci auf seiner Entdeckungsreise nach Westen begleitet hatte, von einem Ort namens Utopia. In diesem bis dahin unbekannten, aber anderswo real existierenden Weltraum genossen Menschen ein glücklicheres Leben, das sie *sumak kawsay* nannten und in dessen Zentrum eine ernährungssouveräne Alltagskultur stand.[6] (Unnötig zu sagen, dass hier der von Saito angestoßene Prozess des Lernens vom Globalen Süden und von anderen Kulturen anknüpft und sich fortsetzt). Damals hätten also die dort ankommenden Euro-Marsianer – Aliens mit außerirdischer Intelligenz und militärischer Supertechnologie – die welthistorisch einmalige Chance gehabt, wahrhaft eutopisch zu lernen, dass Menschen, wenn sie nur erdverbunden genug denken und fühlen, vor allem durch besseres Essen ein besseres Leben entwickeln können. Dazu kam es bekanntlich nicht. Stattdessen drangen die spanischen Konquistadoren mit exzessiver Gewalt in diese bessere Welt ein, nur um ›die Anderen‹ (vermeintliche Kannibalen, Unzivilisierte, Nicht-Mitmenschen, Indianer) zu bekriegen, auszubeuten und auszurotten – zum eigenen Vorteil und Profit. Dass es auch anders geht, zeigen Best Practice Beispiele interkulturellen Dialogs und transkulturellen Lernens, etwa die Begegnung (und Verbindung) von Ost und West durch die historische Integration des indischen Buddhismus in die chinesische Kultur oder die gesellschaftliche Transformation Chinas durch den europäischen (westlichen) Marxismus. Vielleicht liegt in der Erinnerung daran, dass aggressive Expansion und koloniale Herrschaft etwas sehr Westliches sind, ein wichtiger Hinweis für die weltpolitische und weltphilosophische Zukunft einer sinotopischen Weltordnung. Jedenfalls gehört spätestens jetzt, mit Blick auf die Zukunft, ein solches ›Lernen vom Anderen‹, etwa vom Globalen Süden oder eben vom Fernen Osten (und nun nicht mehr nur von Japan, sondern vor allem von China), zur gesellschaftlichen Verantwortung westlicher Philosophen, also von Kulturtheoretikern, deren interkulturelle Aufgabe und transkulturelles Denken es ist, über den eigenen Tellerrand zu schauen.

Dazu bedarf es nicht viel: Um den Eurozentrismus der eigenen Weltsicht, um die zugleich kritisierte Fixierung des eigenen Denkens auf den Westen zu überwinden, ist es durchaus möglich, die Welt noch einmal aus fernöstlicher Perspektive zu beleuchten. Ein solches *ex oriente lux* war bereits ausschlaggebend für Foucaults philosophische Entscheidung, sich fortan auch in Asien umzusehen, sich nicht mehr ausschließlich mit der Geschichte der westlichen Gesellschaft oder gar nur mit der

6 Erinnern wir uns daran, dass ein so außergewöhnlich kluger Kopf wie Michel Montaigne, immerhin ein Zeitgenosse der damaligen Begegnung der einander fremden Welten, auf die ersten begeisterten Berichte aus dem fernen Amerika über das faszinierende Leben der ›edlen Wilden‹ Indianer mit der Feststellung reagierte, hier sei nun endlich das ›Paradies auf Erden‹ entdeckt worden. Und natürlich hatte der feinsinnige Franzose auch einen Blick für die gastrosophischen Entdeckungen, die die Europäer bei diesen konvivialen Gesellschaften in einem fernen ›Schlaraffenland‹ machten und die wenig später die abendländische Esskultur von Grund auf verändern sollten.

klassischen Epoche der europäischen Moderne zu beschäftigen und nicht mehr nur in den fernen amerikanischen Westen (Kalifornien) zu reisen, um dort zu forschen. Diese Wende und Weitsicht bereits in den 1970er Jahren zeugt von seinem feinen Gespür für die gravierende Verschiebung der Weltgeschichte. Im Jahre 2015 fasst der britische China-Experte Peter Frankopan sein Werk *Licht aus dem Osten* mit den Worten zusammen: »Wir sehen die Anzeichen dafür, dass sich das Gravitationszentrum der Welt verschiebt – zurück in die Region, wo es jahrtausendelang gelegen hat.«[7]

Ein Japaner, der wenig von Japan lernt oder davon wissen will

Wenn Saito von Anderen lernen will, was lernt er dann von anderen Japanern und aus der Geschichte seiner eigenen Heimat? Sollten wir nicht gerade jetzt, mehr denn je, von Japan und den Japanern lernen? Statt zum Beispiel Marx wiederzuentdecken und anderswo in der Welt nach Zeichen gesellschaftlicher Verbesserung zu suchen, könnten wir sicher viel von einem jungen Gesellschaftstheoretiker lernen, der die eigene Gesellschaft – Japan gilt ja als eine Gesellschaft, die von außen schwer zu durchschauen ist – utopologisch analysiert und kartografiert, um ihr neue Wege zu weisen. Wie weit ist die japanische Gesellschaft von einer neuen Utopie für die eigene Entwicklung entfernt hin zu einer Gesellschaft, die auch in Zukunft dem Wohlstand und dem sozialen (fast sozialistischen) Wohlergehen aller dient, die in Frieden lebt, einer Gesellschaft, die einigermaßen demokratisch ist und immer demokratischer wird, die eine Sensibilität im Umgang mit den alltägliche Dingen und eine traditionell naturnahe Erdverbundenheit pflegt, die höflich mit Fremden umgeht und zu der das Älterwerden ebenso gehört wie das Reisessen und die sich im ›täglichen Reisessen‹ als Akteur – oder gar Vorreiter – einer globalen Ernährungswende reflektiert.

Solche theoretischen Reflexionen findet in Japan selbstverständlich statt. Saito selbst erwähnt einige Kollegen, etwa den Wissenschaftstheoretiker Hiro Yoshinori mit seiner wohlfahrtsstaatlichen »Vision eines neuen Überflusses in einer stationären Gesellschaft« oder Saeki Keishis sozialökonomischen »Abschied von der Logik des Wirtschaftswachstums«. Dass diese tendenziell konservativen Utopien, nennen wir sie Nipponotopien, aus Saitos degrowth-kommunistischer Perspektive viel Kritikwürdiges enthalten (sie werden nur kurz zitiert, um dann als unbrauchbar verworfen zu werden), verwundert nicht. Umgekehrt gilt dasselbe: Von dem eingangs zitierten Wirtschaftswissenschaftler Sara Takamitsu, einem international renommierten ökonomischen Denker Japans, stammt eine pauschalisierende Beschreibung – deren ideologische Vorverurteilung auf Saito passt wie ein öffentlicher

7 Frankopan, Licht aus dem Osten. Eine neue Geschichte der Welt, 724.

Steckbrief auf einen gesuchten Verbrecher –, die jeden bekennenden Marxisten disqualifiziert: »Es scheint, als gäbe es in Japan viele Menschen, die nicht aufhören können, nach absoluten Werten zu rufen. [...] Selbst in Bezug auf die Gestaltung des sozioökonomischen Systems tendieren die Japaner schnell dazu, eine einzigartige und absolute Utopie zu fordern. Dass schonmal der Marxismus in Japan großen Zuspruch erfuhr, lässt sich damit begründen, dass eine starke Tendenz bestand, den sozialistischen Staat als ein ›irdisches Paradies‹ zu betrachten. Dass der Sozialismus eine ›Utopie‹ bzw. eine ›nur in der Phantasie existierende Idealgesellschaft‹ ist, haben wir durch den Verlauf der Weltgeschichte in den 1980er Jahren gelernt.«[8]

Sara vertritt hier einen populären Antimarxismus, der historisch ebenso gerechtfertigt wie philosophisch bedenkenswert ist. Das weiß natürlich auch Saito. Aber offenbar hat der junge Nachwuchsphilosoph aus dem Scheitern des Marxismus in Japan und in allen anderen Teilen der Welt nichts wirklich gelernt. Umso merkwürdiger ist es, dass sein theoretisches Programm wenig Erhellendes darüber hergibt, was seine Utopie einer nachhaltigeren, demokratischeren und humaneren Gesellschaft für das heutige Japan bedeutet. Andererseits sieht er Nippon nicht ganz zu Unrecht vor allem als lehrreiches Negativbeispiel einer gesellschaftlichen Notopie: »Aus der schrecklichen Realität der japanischen Gesellschaft können wir etwas Wichtiges lernen«, lautet sein pessimistische Befund: »Wir dürfen Japans lange wirtschaftliche Stagnation und die auf Corona folgende Rezession nicht mit Stabilität oder Degrowth verwechseln.«[9] Es stimmt natürlich, wenn er sich schwer tut, in dem (bis vor kurzem noch glänzenden) Traumschiff Nippon, das inzwischen wie einst die Titanic langsam unterzugehen droht, noch ein positives Modell für eine bessere Zukunft zu sehen.

Auch ich habe in den vielen Jahren, die seit der Veröffentlichung meiner (provisorischen) *Weisheit des Essens* vergangen sind, viel über die japanische Gesellschaft, ihre Gegenwart, Vergangenheit und Zukunft gelernt, vor allem über die utopischen Motive meines eigenen Japanbildes. Inzwischen verstehe ich besser, dass das, was mich an Japan als konstruierter Identität und globaler Erzählung interessiert hat und immer noch interessiert, in erster Linie etwas Utopisches betrifft, das sehr real ist (nämlich eu-topisch). Es geht mir also nicht um fragwürdige Beschreibungen des ›Japanerseins‹ (*nihonjinron*), auch nicht um Wesensaussagen über ›Fernöstliches‹, auch nicht um futuristische Weissagungen einer ›besseren Zukunft‹, die von ›den Japanern‹ ausgeht. Was ich aus kaum vermeidbaren Idealisierungen Japans zu lernen glaube, ist dies: Von Japan zu lernen heißt verstehen zu lernen, dass diejenige bessere Praxis, auf die es ankommt (um diesen Leitgedanken zu wiederholen), bereits irgendwo auf der Welt existiert – und damit nicht völlig utopisch (rein fiktiv und praktisch unerreichbar), nicht nirgendwo ist, sondern bereits im Hier und

8 Sawa, Japans ›Strukturreform‹ – was jetzt geändert werden muss, 158.

9 Saito, Systemsturz. Der Sieg der Natur über den Kapitalismus, 103.

jetzt praktiziert wird, eben eutopisch ist (zum Beispiel in Japan). Mit anderen Worten: Von Japan zu lernen heißt verstehen zu lernen, worin dieses Japan schon jetzt gut ist, was die japanische Gesellschaft noch oder schon wieder tut, was uns einer humaneren Welt näherbringt und uns in der besten Gegenwart ankommen lässt. Deshalb spreche ich davon, dass die ›bessere Zukunft‹ nur durch ein alltägliches Ankommen im Gemeinwohl erreicht werden kann: Durch die Ankunft in der Vergangenheit einer Zukunft, die nicht fern, sondern greifbar nah ist, also dadurch, dass wir immer schon in der Gegenwart die Zukunft machen, die kommen wird. Die menschheitsgeschichtliche Erkenntnis, dass Zukunft in der Gegenwart beginnt und alle Vergangenheit einmal – vielleicht sogar utopische – Zukunft war, scheint mir insofern eigentlich nichts schwer Erlernbares zu sein.

Etwas Gutes, das die Welt von Japan noch lernen kann und insofern die »schreckliche Realität der japanischen Gesellschaft« (Saito) in den Schatten stellt, ist die traditionelle Lernbereitschaft des Landes. Schon die historische Modernisierung des Landes durch die tiefgreifende Reformpolitik unter Kaiser Meiji ab 1868 hat dazu beigetragen, Japan in eine Industrienation nach westlichem Vorbild zu verwandeln. Unabhängig von der Frage, wie dieser gesellschaftliche Aufstieg letztlich zu bewerten ist, war diese kollektive Selbstveränderung nur durch einen schrittweisen – insgesamt aber bemerkenswert schnellen – Lernprozess in der Nachahmung westlicher Entwicklungen möglich. (Während diese japanische Kaizen-Praxis des Lernens vom Anderen den westlichen Nationalismus mitsamt seiner kolonialen Militarisierung und kriegerischen Erbeutung fremder Ressourcen nachholte und einholte, eigneten sich ›nebendran‹ die chinesischen Bauern ausgerechnet den europäischen Marxismus, der seine revolutionären Hoffnungen eigentlich auf das Proletariat gesetzt hatte, mit der Vision an, eine kommunistische Gesellschaft zu errichten). Nach dem Zweiten Weltkrieg und der bedingungslosen Kapitulation Japans nach dem Abwurf der Atombomben auf Hiroshima und Nagasaki durch die amerikanische Militärmacht begann der erneute Aufstieg zur Nummer eins in Asien – wiederum durch die eifrige und vorbehaltlose Nachahmung des westlichen Wirtschaftswachstumsmodells. Japan wurde in kurzer Zeit zum asiatischen Musterschüler des Highgrowth-Kapitalismus. Wenn von ›Asien‹ die Rede war, blickte die Welt fast wie selbstverständlich nach Japan (obschon in den 1980er Jahren immer mehr japanische Firmen begannen, ihre Fernseh-, Computer- und Handyfabriken nach China zu verlagern, und auch die anderen asiatischen Tigerstaaten wie Taiwan, Südkorea und Singapur einen großen Sprung nach vorne machten). Die traditionell konfuzianisch geprägte, hierarchisch strukturierte und männlich dominierte Gesellschaft glich einem großen Familienunternehmen oder der sogenannten Japan AG in Zeiten des Auftragsbooms.

Der Exportriese forderte Europa und Amerika in vielen Branchen mit billigen Massenprodukten heraus: von Mikrochips über Videorekorder bis zu Autos. An der Tokioter Börse kletterten die Aktien- und Immobilienpreise immer höher. Und so ging es weiter, bis die japanische Wirtschafts- und Wohlstandsblase Ende der 1990er Jahre krachend platzte. Bis dahin aber schien das Inselreich der aufgehenden Sonne die reicheren Wohlstandsländer des Globalen Nordens unaufhaltsam zu überholen: Mit den Kultmarken des japanischen Wirtschaftswunders war das Land zur *Vorbildnation* geworden, die den übrigen Asiaten ein Best Practice Beispiel für die industrielle Aufholjagd lieferte. Eine hoch entwickelte Infrastruktur, soziale Stabilität, ein Maß an Demokratie und Rechtsstaatlichkeit, das zwar längst nicht immer westeuropäischen Vorstellungen entsprach, aber im Vergleich zu den meisten asiatischen Staaten eine Errungenschaft darstellte. Und eine Gesellschaft, die trotz ihrer Wirtschaftswachstumspolitik kulturelle Verfeinerung und Lebenskunst bot – nicht zuletzt in der idealisierten und stilisierten Überhöhung der japanischen Zen-Kunst.

Doch diese Glanzzeiten sind inzwischen vorbei, und mit dem für jedermann offensichtlichen ›Abstieg‹ Japans scheint auch die japanische Lernfähigkeit nachzulassen. (Zumal es für alles Weitere nicht fremde Vorbilder kopieren kann, sondern ganz neue Wege finden müsste.) Für landeskundige Experten besteht daran längst kein Zweifel mehr: »Japan ist zum Paradebeispiel einer Volkswirtschaft geworden, die für ökonomische Stagnation steht. Gemeint ist damit eine Art Dauerflaute, in der eine Wirtschaft kaum noch wächst.«[10] Gemessen an den einstigen Erfolgen des Wirtschaftsgiganten schrumpft die 125-Millionen-Nation von Tag zu Tag mehr und zehrt immer mehr von der eigenen Substanz. Verglichen mit der rasanten Entwicklung Chinas und dessen Aufstieg zur neuen Weltmacht ist Saitos distanzierte Haltung gegenüber der, wie er es ausdrückt, »schrecklichen Realität der japanischen Gesellschaft« insgesamt also durchaus berechtigt.

Japan – vorbildlich im Abstieg und Degrowth?

Als ich im Herbst 2004 zum ersten Mal nach Japan reiste, wusste ich von all dem nichts. Während ich – als deutscher Bildungsbürger, für den der ›Ferne Osten‹ bis dahin ein weitgehend unbekannter Erdteil gewesen war – mit großer Begeisterung und der üblichen Japan-Euphorie dorthin auf den Weg machte, hatten besser informierte Zeitgenossen längst begonnen, auf China als das neue Reich der Superlative zu blicken. In den Jahren, in denen ich in Kyoto forschte und mit weiteren Forschungsprojekten in Tokio zu tun hatte, versuchte der nationalistische Premierminister Abe Shinzo zwar noch, mit einer ultralockeren Kreditpolitik und einer Art Beton-Keynesianismus – auch als Abenomics bekannt – den absehbaren Niedergang des Inselreichs abzuwenden. Doch die Abenomics-Politik des Gelddruckens, gepaart mit einem korrupten Neoliberalismus, beschwor letztlich nur eine verklärte

10 Wagner, Japan – Abstieg in Würde, 9.

Vergangenheit einstiger Größe und versäumte es, eine nachhaltigere Entwicklung einzuleiten.

Vielleicht besteht heute ein zeitgemäßer Japonismus in der ernüchternden Erkenntnis, dass der japanische Degrowth-Kapitalismus uns allen eine sehr wahrscheinliche Zukunft weist: Wenn einfach weitergemacht wird, weil die meisten Menschen nicht wollen, dass sich etwas ändert, ändert sich fast alles – zum Nachteil der Allgemeinheit. Menetekel dieser dystopischen Realitätsverweigerung ist und bleibt die konservative (und letztlich destruktive) Beharrungskraft Japans, z.B. trotz technischer Alternativen an Atomkraftwerken zur Energiegewinnung festzuhalten: Bis heute zeigt das ideologisch starrsinnige Festhalten an der Atomenergie, warum Japan auch in anderen Bereichen kaum von seinem überkommenen Wirtschafts- und Gesellschaftsmodell abgewichen ist. Diese kollektive Lernunfähigkeit oder, um es den dramatischen Folgen entsprechend drastisch auszudrücken, diese Schwarmdummheit führt letztlich dazu, dass technokratische Entwicklungen unsinnig weiter vorangetrieben werden, obwohl volkswirtschaftlich nachhaltige und gesellschaftlich notwendige Innovationen, allen voran in der Nahrungsmittelproduktion (als lebenswichtige Primärenergie), ein Höchstmaß an Schwarmintelligenz erfordern und nur durch entsprechend konsequente Transformationskünste erreichbar sind.[11] Mit anderen Worten: Statt weltraumtaugliche Hightech-Salate und andere transhumane Rezepte zu erfinden, sollten die letzten Menschen in Japan (wie überall) agrargastrosophische Reformen für eine verstärkte Regrowth-Subsistenzwirtschaft vorantreiben, um den Grad kleinbäuerlicher Selbstversorgung zu maximieren. So würde – wiederum durch schrittweise Selbstveränderung im Kleinen – eine große und für alle gute Verbesserung der Ernährungs- und Lebensbedingungen gesellschaftlich möglich.

Noch Mitte der 1980er Jahre, als der Rest der Welt bewundernd auf das rasante Wirtschaftswachstum Japans blickte, produzierte die japanische Elektronikindustrie mehr als die Hälfte aller Mikrochips für die digitale Datenspeicherung weltweit. In den 1990er Jahren zählten sechs japanische Halbleiterhersteller, angeführt von NEC und Toshiba, zu den zehn größten Speicherchipherstellern der Welt. Heute liegt der globale Anteil der japanischen Chipproduktion bei weniger als sieben Prozent. An dieser Stelle interessieren nicht die verschiedenen Gründe für den rapiden Niedergang einer mächtigen Industrie, sondern das, was aus ihr geworden ist – nämlich besagtes futuristisches Hightech-Gemüse. Fujitsu, einst einer der erfolgreichsten und bekanntesten Elektronikkonzerne, der schon seit den 1960er Jahren Computerchips herstellte, züchtet heute Salatköpfe in einer stillgelegten Halbleiterfabrik.[12] In den umfunktionierten Reinräumen von damals wachsen nun Blattsala-

11 Schneidewind, Die Große Transformation: Eine Einführung in die Kunst gesellschaftlichen Wandels.

12 Das Folgende stützt sich auf: Wagner, Japan – Abstieg in Würde, 188ff.

te und Spinat auf weißen Plastikpaletten in einer bakterien-, staub- und keimfreien Umgebung, bestrahlt von grünen LED-Leuchten. Nach der Weltwirtschaftskrise 2008 stand die Fabrik in der Stadt Aizu-Wakamatsu, vier Zugstunden nördlich von Tokio, zunächst drei Jahre leer. Statt wie an anderen Standorten Fabriken zu schließen, entschied sich das Fujitsu-Management für die KI-Agrartechnologie zur ultimativen Grünzeugproduktion. Dabei profitierte das Unternehmen von der politischen Unterstützung der japanischen Regierung, die sich für den Ersatz der traditionellen japanischen Landwirtschaft durch marktfähige Hightech einsetzte. Künftig sollte Gemüse nicht mehr von alternden Kleinbauern produziert werden, deren Flächen immer öfter brachliegen, weil niemand die schwere Arbeit machen will, sondern von Ingenieuren. Mit der gleichen Liebe zum Detail und der typischen Präzision, mit der die Japaner in ihrer traditionellen Kultur bis vor kurzem Mikrochips und lange davor viele andere Dinge hergestellt haben, streben sie nun nach dem perfekten 1A-Salatkopf. Der Fujitsu-Konzern suchte nicht nur einen wirtschaftlichen Nutzen für seine leerstehende Fabrikanlage. Es ging auch darum, sich ein Geschäftsmodell für die Zukunft zu sichern. So entstand die Salatproduktion in einer stillgelegten Chipfabrik.

Weil der im Reinraum gewachsene Salat keimfrei ist, lässt es sich mindestens zwei Wochen lagern, ohne zu welken. Er muss also vor dem Verzehr nicht gewaschen werden. Und weil es in der künstlichen Umweltblase der Hightech-Fabrik keine Insekten gibt, ist dieses ›konventionelle‹ Gemüse nicht mit Pestiziden und Agrargiften belastet. Computer steuern die ideale Mischung aus Nährflüssigkeit, Kohlendioxidgehalt, Luftfeuchtigkeit und Luftströmung des Raumklimas. Über Sensoren in der gesamten Halle werden ständig Daten gesammelt, übertragen und ausgewertet. In der Hafenstadt Numazu, südwestlich von Tokio, betreibt Fujitsu auch eine eigene Versuchsfarm. In einem Gewächshaus werden Soft- und Hardware des Konzerns eingesetzt, um ›den Landwirt‹ – den gärtnernden Menschen und die bäuerlichen Tätigkeiten im Allgemeinen – endgültig durch agrartechnische Automaten zu ersetzen. Auch hier senden Sensoren im Gewächshaus oder auf dem Feld ständig Daten über Temperatur und Bodenfeuchtigkeit an einen Cloud-Server. Von dort können sie per Smartphone oder Tablet abgerufen werden. Über die Cloud-Dienste erhalten die Unternehmen, die diese hochentwickelte KI-Agrartechnologie nutzen, aktuelle Informationen darüber, wann sie säen, pflanzen oder ernten sollten, anstatt jedes Mal selbst auf ihren Feldern vorbeischauen zu müssen. Für Fujitsu geht es mit dieser Innovation in vollautomatisierte Deluxe-Gemüseproduktion gleichzeitig darum, Käufer für seine Supercomputer, Serverdienste und Softwareprogramme zu gewinnen: Diese Supertechnologien »im Zeitalter des hochtechnisierten Essens« (um die gastrosophische Kritik von Ogawa Tadashi vorwegzunehmen, auf die ich später noch zurückkommen werde) gehören zu den lukrativsten Feldern eines Degrowth-Kapitalismus und seiner technoiden Zukunft.

Verschiedene japanische Elektronikproduzenten expandieren in das, was früher landwirtschaftlich geprägt und von Bauern betrieben wurde. Panasonic, einst führender Hersteller von Fernsehern, Videogeräten, Waschmaschinen und Kühlschränken, sieht seine einzige Überlebenschance im Einstieg in die Produktion von absatzstarken (und potenziell skalierbaren) Hightech Food. Auf seinen Internet-der-Dinge-Plantagen kann der Konzern viele seiner bisherigen Produkte einsetzen – von der LED-Lampe bis zum smarten Ventilator. Nur: Gewinn macht Panasonic mit seinem Future Food ebenso wenig wie Fujitsu. Über Supermärkte, spezielle Abonnements und Internetportale versuchte der einstige Chipriese, sein futuristisches Gemüse zu vermarkten. Doch die erhoffte und kommerziell notwendige Nachfrage blieb aus. Sogar Passagiere von Kreuzfahrtschiffen wurden mit den transhumanen ›Spezialitäten‹ verköstigt. (Wegen ihrer unnatürlichen Haltbarkeit eignet sie sich hervorragend für lange Seereisen oder Weltraumflüge.) Letztlich aber hängt die Zukunft des japanischen Schrumpfkapitalismus nicht von futuristischen Geschäftsideen ab, sondern davon, ob die großzügigen und unökonomischen Subventionen des Staates weiter fließen, die die Entwicklung der aussterbenden Elektronikindustrie zu KI-Hightech-Grünzeugfabriken erst möglich gemacht haben. Und mehr noch als das viele Geld der japanischen Regierung sind es die Japaner selbst, die tagtäglich über diese gastrosophische Dystopie der Welt von morgen entscheiden: Denn schließlich müssen ihnen dieses Essen und diese Zukunft im Business as usual Modus und alles, was gesellschaftlich damit zusammenhängt, schmecken – oder ihnen schmeckt es nicht.

Um mehr über diesen gesellschaftlichen Geschmack zu erfahren, müsste sie – wie zum Beispiel der junge Nachwuchstheoretiker Saito – den philosophischen Mut und die utopische Phantasie haben. Dieser philosophische Mut und die notwendige Phantasie fehlen den meisten Japanern traditionell und gesellschaftlich bedingt. Sie gehen mit ›Abstieg‹ eher so um, dass sie sich diesem ›Schicksal‹ fügen. Sie erwarten wenig vom Staat und leiden meist still und geduldig für sich selbst. Das ist die Stärke der meisten Japaner, aber auch ihre Schwäche. Ihre Bescheidenheit und Opferbereitschaft war ein wesentlicher Grund für ihren Aufstieg, den die Welt bewunderte, und ist es wohl auch für ihren Niedergang, den die Welt nicht sehen will. Hinzu kommt, was die Analyse *Japan – Abstieg in Würde. Wie ein alterndes Land um seine Zukunft ringt* feststellt: »Eine Gesellschaft, die immer älter wird, vermittelt ihrem Nachwuchs kaum noch Hoffnung.«[13] Deshalb braucht gerade die japanische Gesellschaft ein lebensphilosophisches Umdenken, das Antworten auf die Vergreisung der Bevölkerung, die Entvölkerung ländlicher Regionen, die Überlastung der Sozialsystem und die Erschöpfung der Menschen bietet. Mit brauchbaren Lösungswegen könnte eine japanische Degrowth-Philosophie »der Welt zeigen, wie eine Gesellschaft auch künftig in Wohlstand und Frieden leben kann, obwohl sie älter und

13 Wagner, Japan – Abstieg in Würde, 16.

älter wird und kaum noch wächst.« (Ebd., 15) Dafür allerdings muss sich Japan selbst – als alltagskultureller Akt und Ausdruck eines kollektiven Kaizen-Lernprozesses – »völlig neu erfinden« (wollen). Der Wahljapaner Wagner meint: »Auf welche Weise das geschehen wird, kann niemand vorhersagen, das müssen die Japaner selber herausfinden.« (Ebd., 18) Ich bin da anderer Ansicht; auf jeden Fall ist richtig, dass auch die Japaner über die eigene Gesellschaft nachdenken und aus ihrem Degrowth-Alltag lernen könnten. Die große Resonanz in Japan auf Saitos sogar neomarxistischen (also erwartungsgemäß erfolglosen) Versuch, ein solches Programm zu formulieren, belegt eindrücklich, wie stark das allgemeine Verlangen nach so etwas schon gewachsen ist.

Noch entscheidender aber, nämlich wegweisender, wäre ein Nachdenken und ein ausgereiftes Manifest, das diejenigen Graswurzelbewegungen und transformativen Kräfte von unten innerhalb der japanischen Postwachstumsgesellschaft erfasst und stärkt, die systemrelevante Verbesserungen in Gang setzen. Denn auch die Verwirklichung von Saitos Traum von einem besseren Leben lässt sich nur so vorstellen, dass die Leute, wie er schreibt, »sich in einer Vielzahl von sozialen und öffentlichen Aktivitäten engagieren, die mit Profitstreben nichts zu tun hätten«. (Ebd., 97) Interessant wäre es in diesem Zusammenhang, mehr über das ›blaue Wirtschaftswunder‹ – oder das *Zen and the Art of Blue*[14] – der Zero Emissions Research Initiative (ZERI) zu erfahren, die der international erfolgreiche ›Steve Jobs der Nachhaltigkeit‹ namens Gunter Pauli in Kooperation mit der United Nations University in Tokio, finanziert von der japanischen Regierung, initiierte.[15]

Denn auch die Verwirklichung von Saitos Traum von einem besseren Leben lässt sich nur so vorstellen, dass die Leute, wie er schreibt, »sich in einer Vielzahl von sozialen und öffentlichen Aktivitäten engagieren, die mit Profitstreben nichts zu tun hätten«. (Ebd., 97) Tatsächlich argumentiert der britische Utopietheoretiker Danny Dorling in seinem Buch *Slowdown: The End of the Great Acceleration and Why It's a Good Thing*, dass hinsichtlich systemstürzender Degrowth-Aktivitäten und entschleunigender Slowlife-Lebenskünste allen voran Japan ein Vorbild für neue Formen des postmaterialistischen Wohlstandes und einer zukünftigen Wohlfahrtsgesellschaft

14 Pauli, Zen and the Art of Blue: Die Verbindung der eigenen Lebensqualität mit dem Blauen Planeten Erde.

15 Pauli, Wenn grüne Nachhaltigkeit nachhaltig blau wird; ders., Upcyling. Wirtschaften nach dem Vorbild der Natur für mehr Arbeitsplätze und eine saubere Umwelt. Die sogenannte Blue Economy oder Null-Müll-Ökonomie basiert auf dem einfachen Kreislauf- oder Feedback-Prinzip, wonach der Abfall eines Produktes als Upcycling-Ressource die Produktion eines anderen ›nähert‹. Ähnlich arbeiten die Begründer des Cradle to Cradle Konzepts, das ökonomische Wertschöpfung nur noch als ewigen Stoffwechselprozess zwischen »Nährstoffen« aus »einfach intelligenter« (nachhaltiger) Produktion in »gutem Design« denkt; Braungart/McDonough, Intelligente Verschwendung. The Upcyle: Auf dem Weg in eine neue Überflussgesellschaft.

sein könnte. Beispielsweise bei der Pflege der wachsenden Zahl von älteren Menschen sieht der Japan-Experte Wagner, dass dort aufgrund und inmitten allgemeiner Alterung und Vergreisung ein Gesellschaftsmodell entsteht, »das nicht nur für Japan, sondern auch für die übrige Welt entdeckt« (ebd., 31) werden kann. Damit ist nicht die übliche Tendenz gemeint, den politisch verwalteten Notstand in der Altenpflege durch technologische Automatisierung, etwa durch humanoide Automaten wie Waschroboter und Roboterkuscheltiere, ›lösen‹ zu wollen. Es sind die vielerorts wachsenden Initiativen einer menschenwürdigeren Kultur des Umgangs mit hilfsbedürftigen ›Senioren‹ – uns Menschen als alternden Lebewesen. Dass ein Altern in Würde und auch ein gutes Leben im Alter möglich ist, zeigen in Japan selbstorganisierte und nichtkommerzielle Pilotprojekte der freiwilligen (gegenseitigen) Hilfe: Alternative Seniorentreffen und Pilotprojekte eines altersgerechten Wohnens und Lebens. Durch Nachbarschaftshilfe oder dadurch, dass die Jüngeren sich um die Älteren kümmern, lässt sich mit weniger oder sogar ganz ohne Geld, aber umso glücklicher da sein.

Wie menschlich kann Pflegearbeit sein?

Wenn Saito die eigene Hoffnung auf gesellschaftliche Veränderung vor allem durch das (eigentlich eher anarchistische als kommunistische) *Prinzip der gegenseitigen Hilfe* genährt sieht (ausdrücklich erwähnt er dessen Begründer und Marx-Kritiker Peter Kropotkin[16]), dann ist die mit-menschliche Pflege- oder sogenannte Care-Arbeit, in der weitere entmenschlichende Maschinisierungen wenig hilfreich sind und eher superhumane Solidarität wichtig wird, ein entscheidender Lebensbereich, über den es sich für Sozialphilosophen wie ihn insbesondere von Japan zu lernen lohnt. Obgleich der Japaner, wie gesagt, selbst konkrete Exempel guter Praxis aus seinem eigenen sozialen Umfeld weder erwähnt oder beschreibt, weiß Saito, worum es immerhin geht und auch, dass menschenwürdige Pflegetätigkeiten zu einer besseren Gesellschaft, wie sie ihm vorschwebt, gehören. Insofern bieten seine diesbezüglichen (wenigen) Ausführungen einen ersten tieferen Einblick in seine Utopie, deren Alltag wir noch näher kennenlernen werden. Eine längere Passage, die allerdings bloß die obendrein schlecht bezahlte Arbeit in der kommerzielle Pflegeindustrie in den Blick nimmt, erläutert dazu allgemein: »In diesem Zusammenhang will ich betonen, dass es in Sachen Automatisierung, die in den vergangenen Jahren in den Himmel gelobt wurde, sowie der Weiterentwicklung künstlicher Intelligenz ein ganz klares Limit gibt. Sektoren, in denen Mechanisierung kaum möglich ist und die dadurch menschliche Arbeitskraft benötigen, nennt man ›arbeitsintensive Industrie‹. Ein typisches Beispiel dafür ist die Pflege. Der Degrowth-Kommunismus be-

16 Kropotkin, Gegenseitige Hilfe in der Tier- und Menschenwelt.

deutet einen Wandel hin zu einer Gesellschaft, die arbeitsintensive Industrie wertschätzt. Diese Entwicklung hätte eine Entschleunigung der Wirtschaft zur Folge.« (Ebd., 236) Allerdings schöpft Saito nicht die theoretische Möglichkeit aus, dieser Entwicklung mithilfe der eigenen Philosophie eine kräftige Stimme zu verleihen. Denn Fakt ist, die japanische Gesellschaft hat längst damit begonnen, sich auf diese Weise zu entschleunigen bzw. zu verändern und – statt geduldig und selbstaufopfernd auf die Abschaffung des kapitalistischen Systems zu warten – in zahllosen Initiativen selbstorganisierter Seniorentreffs und alternativer Pflegearbeit ein besseres Miteinander einzuüben.

So gesehen fehlt Saitos Utopie nur der kleine, jedoch wegweisende Schritt, konkrete Exempel aus seinem eigenen sozialen Umfeld als gute Praxis aufzuzeigen und solche eutopischen Praxisten zum Weitermachen zu ermutigen. Dann aber zu sagen, dass »Japan weit davon entfernt ist, ein ›Vorreiter‹ des Degrowth-Kommunismus zu sein« (ebd., 103), schießt über das eigene Ziel hinaus – nämlich ins Leere eines ebenso entmutigenden wie bodenlosen Utopismus.

Wir müssen also herausfinden, was durch eine solche theoretische Fehlsichtigkeit an wichtigen Dingen noch alles nicht wahrgenommen wird. Statt die eigene Gesellschaft nur mit dystopischen Beschreibungen zu konfrontieren, sind insbesondere die alltäglichen, allgemeinsten und transformativsten Aktivitäten philosophisch in den Blick zu nehmen. Dabei denke ich selbstverständlich vor allem an das Essen – an die japanische Lebenskunst des Essens. Denn eine programmatische, eben eine gastrophilosophische Bezugnahme auf Japans Esskultur hilft der Welt, von Japan als dem Ort einer ostasiatischen Weisheitspraxis zu lernen. Es hilft uns, die wegweisende Möglichkeit einer Lebenskunst kennen und verstehen zu lernen, mit der Menschen täglich Gutes praktizieren können, einer Alltagspraxis, die wie kaum etwas anderes unserer Existenz das planetarische Überleben des Homo sapiens in Aussicht stellt, einer konvivialen Gesellschaft, die darüber hinaus ein superhumanes Wohlleben inmitten einer endlichen Welt erreichbar macht. Dazu bedarf es nicht viel und das meiste liegt schon in unserer Macht: Die menschliche Essistenz als den Lebensbereich eines ethischen Tätigseins zu kultivieren, nämlich sich fürs tägliche Essen, zumindest für die Hauptmahlzeit, genügend Zeit nehmen und dieser Lebensweise eine essthetische Form zu geben. Saito hätte die einzigartige Möglichkeit gehabt, von Japans vielleicht bedeutendsten Philosophen zu lernen. Statt in den unveröffentlichten Exzerpten und unleserlichen Vorstudien des »späten Marx«, die »150 Jahre vor sich hingeschlummert haben«, frische Grundideen und leckere Rezepte für eine neue Welt zu entdecken, statt den »halbgaren« Marxismus nur »aufzuwärmen«, statt sich auf ›Das Kapital‹ wie auf eine Bibel zu berufen, um »mit der passenden Strategie die richtige Richtung einzuschlagen« (ebd., 12), könnte der japanische Nachwuchsphilosoph und Degrowth-Kommunist von Dôgens Zen-Buddhismus und dessen Zen-Gastrosophie gelernt haben, dass es nichts Größeres, Weltbewegenderes und Lebensveränderndes im Leben der Menschen gibt als das Essen. Wenn Saito die Gegenwart und Zukunft der japanischen Gesellschaft nicht auch durch die Vergangenheit der Zen-Philosophie Dôgens reflektiert, kann er auch das wegweisende Potential einer raffinierten Weiterentwicklung der buddhistischen Weisheit des Essens nicht wahrnehmen. Ihm fehlt das Verständnis für die bislang einzige Philosophie weltweit, in deren geheimnisvollen Mitte – ›Zen‹ – das Erwachen zu einer neuen Esskultur steht, von der alles abhängt und von der alles weitere ausgeht. Doch Saito ist weder ein Buddha in der Küche, noch hat er das Zeug zu einem Buddha der Ökonomie.

Wie die meisten japanischen Ökonomen und Politiker hat auch der Gesellschaftstheoretiker nichts vom Zen-Buddhismus als einer wirtschaftsphilosophischen Alternative zum Kapitalismus gelernt, einer antikapitalistischen Alternative, die schon lange ganz ohne theoretischen Marxismus und ganz ohne den neu entdeckten Öko-Buddhismus des späten Marx existiert. Anstelle eines halbgaren Degrowth-Kommunismus hätte Saito dann sogar die fein abgeschmeckte Kostprobe einer *konvivialistischen Ökonomie* servieren können. Denn innerhalb der asiatischen Philosophiegeschichte gehört der Buddhismus (neben dem Daoismus) zweifelsohne zu den dezidierten Öko-Sozialismen oder Ur-Religionen, die der Natur als Quelle aller unserer Lebensmittel einen eigenen Wert beimessen und immer schon eine ethische Freundlichkeit gegenüber allen Lebewesen der menschlichen Umwelt (der Allnatur) als normative respektive wirtschaftsethische Maxime im Umgang mit ihnen fordern. Mit anderen Worten: Weil die asiatischen Mitweltethiken den Menschen als einen Teil der Natur begreifen, steht die alltägliche Wertschätzung und die nachhaltige Nutzung der Natur im Mittelpunkt und nicht deren rücksichtslose Ausbeutung. Im Gegensatz dazu muss die westliche Kultur heute unter dem ideologischen Einfluss und den massiven Folgen des globalen Kapitalismus jeden Tag lernen, dass sie unökonomisch oder, wie es neuerdings heißt, nichtnachhaltig wirtschaftet. Wir haben, wie der österreichisch-amerikanische Ökonom Werner Schumacher, der Autor des Bestsellers *Small is beautiful*, schon in den 1970er Jahren schrieb, zu einseitig von »natürlichem Kapital« gelebt. Schumacher machte damals den Vorschlag, *die buddhistische Philosophie als wirtschaftsethische Alternative zur kapitalistischen Ökonomie* in Betracht zu ziehen.

Da der Buddhismus den Eigenwert der Natur schätzt, würde ein buddhistisches Wirtschaftssystem darauf abzielen, den Konsum zu minimieren und mit einem solchen ethischen Konsumverzicht oder Degrowth-Lifestyle zur Schonung der natürlichen Mitwelt beizutragen. Da die buddhistische Lebensweise auch die Bedeutung von möglichst wenig und nur ›guter Arbeit‹ für die Selbst-Verwirklichung anerkennt, strebt ihre antikapitalistische Wirtschaftsweise auch danach, die tägliche Arbeit erfüllender zu machen, statt sie zu entmenschlichen. Ohne weiteres lässt sich die buddhistische Wirtschaftsethik als eine Degrowth-Philosophie deuten: »Es ist daher klar«, schreibt schon Schumacher, »dass sich die buddhistische Ökonomie sehr von der Ökonomie des modernen Materialismus unterscheiden muss, da der

Buddhist das Wesen der Zivilisation nicht in der Vermehrung von Bedürfnissen, sondern in der Vermehrung des menschlichen Selbst sieht. Das Selbst wird dabei vor allem durch die Arbeit [und die Buddha-Praxis] des Menschen geformt.«[17]

Im Vorgriff auf meine Erörterungen, die stärker auf die gastrosophischen (genauer: gastroökonomischen) Zusammenhängen zwischen Nahrungsproduktion und Alltagspraxis eingehen werden, lohnt es sich in diesem Kontext den Grundgedanken einer solchen buddhistischen oder besser gesagt (auch Schumacher verstand sich nicht als orthodoxer Buddhist) einer konvivialistischen Ökonomie anzudeuten. Dies leistet die Gastrosophin Carolyn Steel in *Sitopia. How food can save the world*: »Da Lebensmittel praktisch jeden Aspekt unseres Lebens beeinflussen, hätte die Einführung einer solchen Wirtschaftsweise eine unmittelbare, ja revolutionäre Wirkung. Indem wir die Art und Weise ändern, wie wir Lebensmittel produzieren, transportieren, handeln, kochen, teilen und wertschätzen, könnten wir unsere Landschaften, Städte, Wohnungen, Arbeitsplätze, unser soziales Leben und unseren ökologischen Fußabdruck verändern. Bei der Wertschätzung von Lebensmitteln geht es um weit mehr als den Genuss einer Bio-Möhre oder eines schönen Stücks Käse; es ist unser einziger Weg zum Überleben.« Dem fügt sie noch den wegweisenden Wink hinzu: »Die gute Nachricht ist, dass wir uns durch die Wertschätzung von Lebensmitteln auch gesund und lecker ernähren können, was man als Win-Win-Szenario bezeichnen könnte. Lebensmittel sind nicht nur etwas, das wir jeden Tag zu uns nehmen müssen, sondern auch unsere zuverlässigste Quelle des Vergnügens. Wenn wir Ökonomie und Genuss zusammenbringen, können wir den Stein der Weisen der Gastroökonomie schaffen.«[18] Eine solche gastrosophische Sicht auf die Ökonomie darf durchaus als wirtschaftsphilosophischer Meilenstein verstanden werden.

Der japanische Bauernphilosoph, der die Humus-Revolution auf den Weg brachte

Wohl kein anderer Japaner hat die buddhistische Wirtschaftsethik und die ökologische Lebensmittelproduktion näher zusammengebracht als Fukuoka Masanobu, der 2008 verstorbene Bauernphilosoph und Autor einflussreicher Werke über die

---

17 Schumacher, Small is beautiful, zitiert in: Steel, Sitopia. How we save the world with food, 161. Auch die Begründer der Upcycling-Philosophie berufen sich auf den Buddhismus: »Cradle to Cradle-Designer und -Hersteller wissen, dass sie an etwas arbeiten, das die Buddhisten ›rechte Lebensweise‹ nennen.« Braungart/McDonough Intelligente Verschwendung. The Upcyle: Auf dem Weg in eine neue Überflussgesellschaft, 33.

18 Steel, Sitopia. How food can save the world, 164.

One Straw Revolution und die permakulturelle *Rückkehr zur Natur*. Der Mikrobiologe und Hobbylandwirt gilt mit seinen Anleitungen zum ›Natural Way of Farming‹ als Initiator der Aussaattechnik der ›Samenbomben‹, die inzwischen in der Guerilla Gardening Bewegung weite Verbreitung gefunden hat. Wer sich darüber hinaus mit den agrargastrosophischen Grundprinzipien tiefenökologischer Permakultur vertraut machen will, wer die Erde wirklich von unten retten will, wem es ernst ist mit dem menschlichen Überleben auf diesem Planeten, wer die Zukunftskunst eines panhumanen Zusammenlebens kultivieren will, wer sich mit Regenwürmern anfreunden und sich erden will, um unser heruntergewirtschaftetes Raumschiff zu reparieren, wer Lust auf viele weitere wundersame Abenteuer hat – der kommt um Fukuokas Philosophie des natürlichen Anbaus nicht herum.[19]

So könnte Saito Unfassbares lernen, ohne sich mit dem späten Marx und weiter mit der eurozentrischen Philosophiegeschichte zu beschäftigen oder tief in die japanische Tradition bis zum Zen-Meister Dôgen zurückgehen zu müssen. Imaginieren wir, er hätte den japanischen Bauernphilosophen und Regrowth-Praxisten Fukuoka in dessen Obstgarten besucht. Und nehmen wir weiter an, der Starphilosoph Foucault wäre nach seinem Besuch des Zen-Klosters und seiner Erfahrung mit der Zen-Küche auch dort hingekommen, weil er bei seinem ersten Forschungsaufenthalt im ›Wilden Westen‹, sprich in Kalifornien, nicht nur an der renommierten Universität Berkeley Vorlesungen gehalten, sondern auch das damals kultige Zen-Zentrum Tassajara Mountain besucht hätte, um dort an einem avantgardistischen Brotback-Workshop des Zen-Gastrosophen Edward Espe Brown[20] teilzunehmen, einem inzwischen viel beachteten Buddha der Küche, der sogar in dem Dokumentarfilm *How to cook your life* der deutschen Filmemacherin Doris Dörrie porträtiert wurde.[21] Phantasieren wir also weiter, dass der französische Denker – beeindruckt von der ungewöhnlichen Erfahrung, das Kochen als Zen-Praxis kennengelernt zu haben – im Rahmen seiner Japanreise auf der Suche nach universellen Lebenskünsten auch den ›Zen-Meister‹ Fukuoka und sein Gartenprojekt besuchen wollte...

Die fiktive Geschichte dieser Begegnung stelle ich mir wie einen weiteren Dokumentarfilm vor, der in der Sonderreihe Kulinarisches Kino der Berlinale als *Mit Fukuoka im Obstgarten* seine Weltpremiere feiert. (Tatsächlich boten mir die Vorführung von *Jiros Dream of Sushi*, einem Film über den weltbesten Sushi-Meister, den Japaner Jiro Ono[22], oder die Präsentation von *Slow Food Story*, einem Porträt des Slow Food-

---

19 Fukuoka, Rückkehr zur Natur. Die Philosophie des natürlichen Anbaus.

20 Brown, The Tassajara Bread Book.

21 *How to cook your life?* Ein Dokumentarfilm der deutschen Filmemacherin Doris Dörrie aus dem Jahre 2007.

22 *Jiro Dreams of Sushi*: ein US-amerikanischer Dokumentarfilm von David Gelb aus dem Jahr 2011.

Gründers Carlo Petrini[23], die Gelegenheit, in den anschließenden Podiumsdiskussionen mit Petrini oder dem Sternekoch Hoffmann und dem Urban Gardening Aktivisten Marco Classen von den ehemaligen Berliner Prinzessinnengärten über die globale Ernährungswende und ihre lokalen Akteure ins Gespräch zu kommen.) Wir sitzen also in weichen Kinosesseln und schauen uns diese Bilder aus meinem Kopfkino an:

Im Obstgarten von Fukuoka, auf dem Berg über dem japanischen Binnenmeer, standen mehrere Lehmhütten. In ihnen lebten junge Leute aus der Stadt, manche auch aus anderen Ländern, ein selbstgenügsames Leben, das dem Degrowth-Lifestyle, von dem Saito spricht, sehr nahekommen dürfte. Die beiden Besucher Saito und Foucault staunten, wie sie dort Feldfrüchte anbauten und sich selbst versorgten, ohne Strom und fließendes Wasser. Die Gartenkommunisten ernährten sich hauptsächlich von Naturreis und Gemüse. Die jungen Neuankömmlinge, die sich von der Stadt oder der Region losgesagt hatten, liefen in einfacher Kleidung durch den Garten von Fukuoka. Ihre Suche nach Glück hatte sie auf seine Farm in einer Ecke von Iyo-shi in der Präfektur Ehime geführt, wo sie lernten, ›Bauern auf 1000 Quadratmetern‹ zu werden. Im Obstgarten liefen Hühner frei herum, und zwischen den Obstbäumen wuchs halbwildes Gemüse. Unten in der Dogo-Ebene, wo sich die Reisfelder ausbreiteten, war nichts mehr zu sehen vom ländlichen Grün der Gerste und den Raps- und Kleebüschen früherer Zeiten. Stattdessen lagen verlassene Felder brach, und die verrottenden Strohbündel, die Fukuoka seinem Besucher erklärte, spiegelten »die Verwirrung in den Herzen der Bauern« wider. Nur sein Feld war vom frischen Grün des Wintergetreides bedeckt. Dieses Feld war in den letzten 30 Jahren weder gepflügt noch gewendet, weder mit Kunstdünger oder aufbereitetem Kompost gedüngt noch mit Pestiziden oder anderen Chemikalien besprüht worden. Er betreibe hier eine »Landwirtschaft des Nichtstuns«, erklärte der Halb-Landwirt und Halb-Philosoph seinen Gästen, und ernte trotz oder gerade wegen dieses vermeintlichen Nichtstuns jedes Jahr fast 22 Büschel (1170 Pfund) Wintergetreide und 22 Büschel Reis pro 1000 Quadratmeter. Sein Ziel sei es, die Ernte mit der Zeit auf 33 Büschel zu steigern.

Saito verstand das Konzept schnell und intuitiv: Getreide auf diese Weise anzubauen, war weder schwierig noch kompliziert. Vor der Ernte im Herbst streute man einfach Klee und Wintergetreide über die Köpfe der reifenden Reispflanzen. Später erntete man den Reis, indem man auf die keimenden Samen des Wintergetreides trat. Nachdem der Reis drei Tage lang getrocknet war, wurde er gedroschen und das Stroh wurde über das ganze Feld verteilt. Wenn Hühnermist zur Hand war, streute man ihn auf das Stroh. Dann drehte man Tonkugeln mit Reissamen und streute sie

---

23 *Slow Food Story. Die Geschichte einer Revolution durch Genuss* ein Dokumentarfilm des Italieners Stefano Sardo aus dem Jahr 2013.

vor Neujahr auf das Stroh. Wenn die Reiskörner gesät waren und das Wintergetreide wuchs, gab es nichts mehr zu tun, bis das Wintergetreide geerntet war. Die Arbeit von ein oder zwei Personen reichte aus, um 1000 Quadratmeter Land zu bestellen. Ende Mai, als das Wintergetreide geerntet wurde, sah man, dass der Klee zu seinen Füßen üppig wucherte und aus den Lehmkugeln die aufgegangenen Reissamen sprossen. Nachdem das Wintergetreide geerntet, getrocknet und gedroschen war, wurde das Stroh auf dem Feld verteilt. Anschließend wurde das Feld vier bis fünf Tage lang geflutet, um den Klee zu schwächen und den Reiskeimlingen die Möglichkeit zu geben, die Kleedecke zu durchbrechen. Im Juni und Juli wurde das Feld nicht bewässert, und im August öffnete man einmal wöchentlich oder alle zehn Tage die Gräben, um Wasser einfließen zu lassen. Das war im Wesentlichen alles, was im Laufe eines Jahres bei der ›natürlichen Landwirtschaft‹ zu tun war.

Später im Speisesaal vor dem Gemeinschaftsherd stehend, auf dem ein köstliches Pilzrisotto vor sich hin köchelte, richtete schließlich Foucault, den ›common overall‹ übergezogen, eine Frage an Fukuoka. »Es ist nur eine Frage«, wiegelte er deren theoretisches Schwergewicht lächelnd ab: »Mit welchen Begriffen arbeiten Sie, werter Meister, um die Wahrheit Ihrer Praxis zu kommunizieren?« Der Japaner sah sein blasses Gegenüber durch das schwarze Gestell seiner großen Brille an und antwortete sehr langsam: »Es ist der wahre Weg der Landwirtschaft.« Und fügte hinzu: »Dieser Weg lehrt uns das wahre Verständnis der Natur.«[24] Rechts neben ihm schien Saito darüber nachzudenken, ob dieser Weg nicht auch grüne Philosophie, Agrarökologie, nachhaltiger Landbau, bäuerlicher Weg, Gutes-Wachsen-Lassen oder so ähnlich genannt werden könnte. Doch Fukuoka beschrieb seine agrargastrosophische Praxis aufgrund des kulturellen Einflusses der buddhistischen Philosophie in Japan ohne weiteres Bedenken als »einen buddhistischen Weg des Landbaus, der in der Philosophie des ›Mu‹ bzw. des ›Nichts‹ wurzelt und zu einer Nichtstun-Natur zurückführt.« (Ebd., 21)

Trotz der ausgeprägten Spiritualität seiner Weltsicht verstand er sich selbst nicht als gläubiger Buddhist; entsprechend fiel die Kôan-artige Antwort aus, die Fukuoka schließlich auf Foucaults Frage gab: »Die jungen Menschen, die in meinem Obstgarten leben, tragen die Hoffnung in sich, eines Tages die großen Probleme unserer Welt zu lösen, die weder von der Wissenschaft noch vom Verstand zu lösen sind. Bloße Träume vielleicht, aber in ihnen liegt der Schlüssel zur Zukunft.«[25] Eine

24 Fukuoka, Rückkehr zur Natur. Die Philosophie des natürlichen Anbaus, 35 und 118.

25 Fukuoka, ebd. Es sind weder bloße Träume noch irrationale Spiritualität, sondern tiefenökologische Lernprozesse, die uns einen faszinierenden Weltraum erschließen: »Je mehr Wissenschaftlicher dazulernen, desto mehr stellen fest, wie eindrucksvoll die Komplexität und das Mysterium der Natur sind. Sie entdecken, dass dies eine Welt ist, die voller Wunder endloser unerforschter Rätsel steckt. Was es in jedem einzelnen Gramm Erdboden und in einem einzelnen Partikel zu entdecken, erforschen und zu bestaunen gibt, ist verblüffend. Man bezeichnet den Boden als anorganische Substanz, dabei leben in nur einem einzigen

Zukunft, die seine epikureische Gartenkommune der Welt vorlebte als tagtägliche Ankunft in einer besseren Welt, in der durch landwirtschaftliches Nichtstun das Wachsenlassen der Kräfte der fruchtgebenden Erde kultiviert wurden. »Alles, was der Mensch zu tun hat«, ließ Fukuoka die Fremden wissen, »ist, diese unermesslichen Kräfte dem Wachstum von Obstbäumen zugute kommen zu lassen. Doch statt sie zu nutzen, zerstört er diese Kräfte lieber. Das jahrelange Unkrautvernichten und Pflügen bringt die Erde auf den Feldern um ihre Fruchtbarkeit, führt zu einem Mangel an Spurenelementen, verringert die Vitalität des Bodens, verhärtet seine Oberschicht, tötet Mikroben und verwandelt reiche organische Materie voller Leben in tote, anorganische Mineralsubstanz von gelblich-weißer Farbe, deren einzige Funktion es ist, den Pflanzen Halt zu geben.« (Ebd., 125)

Nachdenklich in Obstgarten von Fukuoka stehend, fragte sich Foucault, ob sich der Teil der Menschheit, der Nahrungsmittel anbaut, ob sich ›Bauern‹ und ›Bäuerinnen‹ überhaupt darum kümmern, was Ackern und Pflügen als kulturelle Praxis bedeutet. Konzentrierten sie ihre Aufmerksamkeit nicht ausschließlich auf die Oberfläche, die dünne Ackerkrume, und machten sich ansonsten wenig Gedanken über das, was darunter lag? Sozial- und kulturanthropologische Fragen also, zu deren Beantwortung Fukuoka jedenfalls Wegweisendes herausgefunden hat – und agrarethische Erkenntnisse, die sich unter erdverbundenen Terranern allmählich herumsprechen und die planetarische Notwendigkeit einer »Humusrevolution« aufzeigen.[26] Wäre Saito in diesen Dingen bewanderter, hätte er in diesem Moment als Quintessenz dieser Phantasiegeschichte erkannt, dass auch die Vordenker der noch nicht gegründeten terrestrischen *Partei der Erdenretter* (allen voran Bruno Latour und Donna Haraway) ihre utopischen Ziele zu wenig in programmatischen Bezug zur landwirtschaftlichen Praxis und zum Freizeitbauernheldentum setzen.

Lassen wir an dieser Stelle die zahlreichen Gedankengänge und Argumente Fukuokas unerwähnt, die noch einmal deutlich machen, dass der Mikrobiologe vor Beginn seines Gartenprojekts keine westliche Philosophie studiert hatte. Ebenso, dass seine Erzählung manchmal unnötige Schwächen aufwies. Etwa wenn der Japaner davon sprach, dass »die Natur eine absolute Leere ist« (67) oder dass »vom Nichts auszugehen und zum Nichts zurückzukehren die natürliche Landwirtschaft« ist. Das klang zwar tiefsinnig (orthodox buddhistisch), passte aber inhaltlich nicht gut zu der faszinierenden Fülle und Vielfalt der Natur, auf der seine Weisheitslehre

Gramm gewöhnlicher Bodenoberschicht hunderte Millionen Bakterien, Hefe- und Schimmelpilze, Diatomeen und andere Mikroben. Im Boden, der alles andere ist als tote, leblose Materie, wimmelt es von Leben. Diese Mikroorganismen existieren nicht ohne Grund. Jeder einzelne von ihnen ist Teil des Ganzen, erfüllt den Zweck, kämpft sich durch, wirkt mit anderen zusammen und hält die Kreisläufe der Natur in Gang.« (Ebd. 120).

26 Scheub, Ute/Schwarzer, Stefan: Die Humusrevolution – Wie wir den Boden heilen, das Klima retten und die Ernährungswende schaffen. Mit Praxistipps zu Humusaufbau.

aufbaute. Auch seine historischen Kenntnisse der asiatischen Ideengeschichte müssen auf Kenner wie Foucault eher oberflächlich gewirkt haben, was erklärt, warum Fukuoka seine Ethik des Nichtstuns nicht auf ihre chinesische Herkunft aus dem *daoistischen Wu-Wei*-Prinzip zurückführte. Zweifellos wäre es für den Einfluss seiner Philosophie (vor allem im Westen) auch von Vorteil gewesen, wenn er, anstatt von Buddhismus und Dharma zu sprechen, sich besser auf die globalen Umweltinitiativen für eine regenerative Landwirtschaft bezogen und sein Regrowth-Rezept mit westlichen Agrarethiken vermischt hätte. Und ganz sicher erschien es Foucault zu romantisch und asketisch, eine superhumane Utopie mit Formulierungen wie diesen zu preisen: »Um zu einer menschlichen Gesellschaft zu gelangen, in der das ›Nichtstun‹ möglich ist, muss der Mensch alles hinter sich lassen, was er getan hat, und sich Schritt für Schritt von den falschen Visionen und Denkweisen befreien, die ihn und seine Gesellschaft erfüllen. Das ist alles, worum es der Nichtstun-Bewegung geht.« (Ebd., 27)

(Zumal die überwiegende Mehrheit immer noch glaubt, dass ökologische Permakultur unproduktiv ist. Industrielle Landwirte und Agrarkonzerne glauben, dass nur die moderne Landwirtschaft die Produktivität verbessern und die notwendigen Ertragssteigerungen garantieren kann. Das ist und bleibt ein Irrglaube, denn in Wirklichkeit ist ihre Ernte geringer als die, die mit der vollen Kraft der panhumanen Kulturnatur erzielt werden kann.) »Hochertragstechnologien« – an dieser Stelle zeigt mein imaginärer Spielfilm *Mit Fukuoka im Obstgarten* den alten Mann mit dem langen weißen Bart in Großaufnahme, wie er lässig in seinem dampfenden Eintopf rührt – »sind nichts anderes als glorifizierte Versuche, den Rückgang der Fruchtbarkeit aufzuhalten«. Saito wusste, was gemeint war, und für einen Augenblick leuchtete ihm der Begriff Degrowth ein. Inzwischen kann jeder sehen, dass sich die gestörten Ökosysteme in der allgemeinen Verödung der Erde widerspiegeln, und es ist allgemein bekannt, dass das massenhafte Aussterben der Bodenmikroben die Folge ist und mit dem allmählichen Sterben der unterirdischen Mitbewohner der erdgebundenen Weltgesellschaft alles irdische Leben in seinem Fortbestand bedroht ist. Fukuoka zeigte mit dem Finger in den Topf, um darauf hinzuweisen, dass ein Pilz hier in seinem Garten, irgendwo in Japan und am Ende der Welt, ein Bioindikator für das Ende der Welt sein kann: Der Verlust eines kleinen Herbstpilzes, des japanischen Matsutake, der in dem Reisrisotto steckte, bedeutete mehr als das Aussterben einer Pilzart. Er kündigte das Ende unserer Welt an, erklärte Fukuoka, während er seinen Gästen das Essen in die Schüsseln füllte, und zwang uns, die Zeitgenossen des Anthropozäns, zu entscheiden, wie es weitergehen sollte.

Es klang, wie eine ironische Anspielung auf den dystopischen Wendepunkt im *Krieg der Welten*, als der Gartenguru seiner Tischgesellschaft in lebhaftem Ton verriet: »Die ersten Vorboten einer globalen Veränderung der meteorologischen Bedingungen werden wahrscheinlich Mikroorganismen sein. Es wäre nicht verwunderlich, wenn die erste Schockwelle einer sich ankündigenden Katastrophe im Boden zu spüren wäre, wo sich alle möglichen Arten von Mikroorganismen konzentrieren, oder wenn sie sich in Symbiosen zwischen höheren Tieren und Pilzen bemerkbar machen würde, wie zum Beispiel die zwischen Kiefer und Matsutake-Pilz, die eine empfindliche biologische Gemeinschaft mit lebhaften Wechselwirkungen bilden.« (Ebd., 134)

Foucault stocherte behutsam mit den Essstäbchen in der dampfenden Schale herum und kommentierte trotz der vorsätzlichen Höflichkeit gegenüber dem Meister dessen Worte kritisch als die typische Haltung eines Zen-Priesters gegenüber einem Weltuntergang, der nie kommen werde. Der entgegnete dem Philosophen aus dem Westen: »Auch wenn das, was ich hier sage, vielleicht so unfassbar und schwer zu verstehen ist wie die Worte eines Zen-Priesters – ich bediene mich nicht philosophischer und buddhistischer Begriffe, um leere Theorien und Prinzipien von mir zu geben, sondern ich spreche aus reiner persönlicher Erfahrung von Dingen, die fest in der Wirklichkeit verwurzelt sind.« (Ebd. 136) Um dies weiter zu erläutern, stellte er einen theoretischen Zusammenhang zwischen der wirtschaftlich-technischen Entwicklung und dem metaphysischen Vergleich von Pflaumen und Raketen her, der dem jungen Japaner Saito zu gefallen schien. Der alte Mann sagte ruhig: »Das technologische Niveau, das erforderlich ist, um einen Pflaumenkeim oder ein Pflaumenblatt zu erzeugen, ist unvergleichlich höher als das, was zum Start einer Rakete in den Weltraum erforderlich ist. Sollte der Mensch sich daran machen, die zahllosen Geheimnisse eines Pflaumenkeims zu enträtseln und zu versuchen, einen einzigen solchen Keim künstlich herzustellen, so würde wahrscheinlich das geballte Wissen und die Mittel aller Wissenschaftler der Welt zusammengenommen nicht ausreichen, um diese Aufgabe zu lösen. Sollte es aber möglich sein, und sollte es sich der Mensch in den Kopf setzen, die jetzige Weltproduktion an Früchten durch solche zu ersetzen, die in chemischen Fabriken allein durch die Anwendung wissenschaftlicher Fähigkeiten hergestellt werden, so wird er sein Ziel sicher verfehlen, selbst wenn er die ganze Erdoberfläche mit diesen Fabriken zubaut. Das ist nicht zum Lachen, denn der Mensch unternimmt laufend die größten Anstrengungen, um solche Wahnsinnstaten zu vollbringen.« (Ebd., 109)

Bei diesem Stichwort kam Saito ins Grübeln und dachte kurz darüber nach, was er von Marx über die wissenschaftliche Erfindung der modernen Landwirtschaft durch den deutschen Chemiker Justus von Liebig gelernt hatte, die er in seinem Buch ausführlich beschrieb. Fukuokas Kritik an Liebig und der westlichen Naturwissenschaft, so sagte er am Ende des Films in die Runde, habe ihn noch viel mehr darüber gelehrt, wie wichtig es sei, den massiven Einsatz von Chemiedünger in der landwirtschaftlichen Nahrungsmittelproduktion zu verbieten und konsequent auf ökologisch nachhaltige Permakultur umzustellen, um die Erdböden zu retten und dem Klimawandel entgegenzuwirken. Ihm sei klar geworden, dass ein Degrowth-Kommunismus nur durch Regrowth wachsen könne. In diesem Sinne würde »die Saat des Kommunismus pflanzen« buchstäblich bedeuten, die landwirtschaftliche

Praxis des Nicht-Tuns zu kultivieren. Wenn diese Saat aufgeht, wächst das Rettende wieder von unten. »Diese Saat trägt das Potential in sich«, resümiert Saito, »zur Umweltrevolution des 21. Jahrhunderts zu erblühen.«[27] Es ist aber eben kein Degrowth-Kommunismus, der da aufgeht, sondern ein Regrowth-Konvivialismus. Seltenes und biodiverses Saatgut zu tauschen und sich um sein Wachsen und Gedeihen zu kümmern, ist der Nährboden für die Umweltrevolution des Terrazän. Urban Gardening oder rurale Bottom-up Initiativen für Ernährungssouveränität sind gute Beispiele dafür.

In einem solchen (fiktiven) Gespräch mit Agrarethikern wie Fukuoka (es hätte auch Dôgen gewesen sein können) hätte Japans Vorzeige-Nachwuchsphilosoph Saito leicht etwas sehr Wichtiges von der vorbildlichen Praxis ›seiner Nachbarn‹ lernen können: etwa ein gastrosophisches Naturverständnis und die grundlegende Einsicht, dass eine ökologisch nachhaltige Bewirtschaftung der Erde durch permakulturelles Nicht-Handeln eine regenerative Nahrungsproduktion ermöglicht – die wir in Zukunft brauchen, um alle ernähren zu können. Er hätte die agrarphilosophische Weisheit beherzigen können, dass Natural Farming, von möglichst vielen Terranern als alltägliche Lebenskunst kultiviert, eine bessere Zukunft für unser Raumschiff bietet, die man zen-buddhistisch, degrowth-kommunistisch oder am besten vielleicht euzen-konvivialistisch nennt. Vor allem hätte er von seiner abenteuerlichen Erfahrung berichten können, dass ein Pilzreis-Risotto mit frischen Zutaten aus dem eigenen Garten am Ende eines Aktionstages in der Gemeinschaftsküche gekocht und in guter Gesellschaft genossen, die Ankunft in einem für alle guten Leben ist.

Das Regrowth Rezept

Saito hätte aber auch einfach von Tokio nach Imabari fahren können, um sich dort einer kleinen Gruppe von Demonstranten anzuschließen, die gegen den Bau einer Privatuniversität protestierten. An der Seite des politischen Aktivisten Kurokawa Atsuhiko hätte er ein anschauliches Praxisbeispiel dafür bekommen, wie ein zukünftiges Japan aussehen könnte. Hintergrund der Protestaktion, die laut Kurokawa »die erste große Demonstration war, die jemals in Imabari stattgefunden hat«, war die Verfügung der Abe-Regierung, die Gemeinde als Wirtschaftsraum in eine ›Sonderzone‹ umzuwandeln, um politische Entscheidungen schneller und unbürokratischer durchsetzen zu können – auch gegen mögliche Widerstände der lokalen Bevölkerung. Grundsätzlich hatte der studierte Ökonom Kurokawa nichts dagegen, zur wirtschaftlichen Belebung eine Universität in seiner Stadt anzusiedeln. Aber eben nicht in der abenomischen Form einer neoliberalen Sonderzone,

27 Saito, Systemsturz. Der Sieg der Natur über den Kapitalismus, 244.

die direkt von der japanischen Zentralregierung genehmigt und ›von oben‹, von Spitzenbeamten in Tokio, nach der Top-down-Methode umgesetzt wird. Damit würden nicht nur bürokratische Hürden umgangen, sondern auch demokratische Mitbestimmung und notwendige Kontrollen zur Verhinderung von Korruption. Stattdessen wurde ein Parteifreund des Regierungschefs mit dem Bau beauftragt. »Wozu diese Art von Zentralismus führt, in welche wirtschaftlichen Abhängigkeiten er die Regionen bringt, haben wir in Fukushima zur Genüge erlebt«, beklagte der mutige Demonstrant.[28]

Für ihn war es selbstverständlich, dass die Menschen in Imabari selbst entscheiden, was bei ihnen gebaut wird und wie sich ihr Lebensraum entwickelt. Kurokawa war nach der Reaktorkatastrophe von Fukushima in seine Heimatstadt zurückgekehrt. Erschüttert von dem Ereignis hatte er erkannt: »Um Japan zu retten, müssen wir zuerst unsere Regionen wiederbeleben.« (Ebd., 236) Diese Rückkehr wollte er selbst wagen und Anderen vorleben. Von Imabari aus betrieb er zeitweilig einen Internethandel mit Früchten und Gemüse aus lokaler Produktion. So konnte eine digitale (›futuristische‹) Vertriebsmethode mit regionaler (›traditioneller‹) Landwirtschaft verbunden werden. »Dabei habe ich im ganzen Land Menschen kennengelernt, die ähnlich denken«, erklärt der Freizeitfarmer, dessen Lebenspraxis sich tatsächlich in einer Philosophie namens *Han-nō Han-x* (halb bäuerliche, halb andere Tätigkeiten) widerspiegelt, die von seinem Weggefährten Naoki Shiomi, Autor des gleichnamigen Buches, geprägt wurde.[29]

Warum also erwähnt der Marxist Saito diese japanische Stimme für mehr Ernährungssouveränität und dezentrale Demokratie an keiner Stelle seines Manifests? Kurokawa jedenfalls, der durch seinen Aktivismus über Imabari hinaus bekannt wurde, wie einige Zeit zuvor Fukuoka, beweist, dass es (wie inzwischen überall auf der Welt) auch in Japan Regrowth-Praxisten, Agrarkommunisten, *Han-nō Han-x* Terraner wie ihn gibt. Und er verkündet lautstark: »Wir müssen eine Volksbewegung gründen, die das ganze Land umfasst.« (Ebd., 237) Selbst überregionale Zeitungen und Fernsehsender hatten Reporter zu der Protestkundgebung geschickt, denn die Privatuniversität war längst keine lokale Angelegenheit mehr. Vielmehr lieferte sie den Stoff für einen politischen Skandal, der monatelang auch das Parlament in Tokio beschäftigte und Abes Popularität in den Umfragen einbrechen ließ. Gerade wenn Kurokawa sagt: »Wir Japaner können nicht alle zur Landwirtschaft zurückkehren, wir sind eine Industrienation« (ebd., 237), wäre es wichtig, dieses Vorbild zum Leuchten zu bringen und damit zum Weitermachen zu ermutigen. Denn auch wenn sicherlich nicht alle zur hauptberuflichen (Vollzeit-)Landwirtschaft zurückkehren werden, so sind die Japaner, wie das Beispiel

28 Kurokawa, zitiert in: Wagner, Japan – Abstieg in Würde, 236.

29 Slow Food Blog, half-farmer-half-x; Hughes, half-farming, half-anything: Japan's rural lifestyle revolution.

Fukuoka zeigt, sehr gut darin, den gesellschaftlichen Wandel von einer Industrienation zu einer Kulturgesellschaft der Ackerbaugemeinden und der globalen Ernährungswende-Kommunen zu meistern.

Vierte These ad Saito

Es ist wahr, die Welt braucht einen neuen Marxismus. Nur kennt ihn noch kaum jemand!

Saito meint, unsere Zeit brauche wieder einen Marx. Stimmt das? Und wenn ja, welchen? Richtig ist, dass heute wieder viele Menschen, die mit den vorherrschenden Verhältnissen – ›dem System‹ – unzufrieden sind, diese Sehnsucht mit Saito teilen. Seit einiger Zeit erleben wir eine regelrechte Marx-Renaissance. Ein einfacher Grund dafür sind die vielerorts stattfindenden Feierlichkeiten zum 200. Geburtstag des einflussreichen Philosophen und zum Erscheinen seines Hauptwerkes vor 150 Jahren. Doch hinter dieser vordergründigen Aktualität wirkt ein tieferer Grund, warum der berühmteste Berufsrevolutionär der Weltgeschichte wieder lebendig – ›unter uns‹ – und als markantes Gesicht, imposante Gestalt und Meisterdenker wieder en vogue ist. Denn der eigentliche Grund für die bemerkenswerte Wiederauferstehung von Marx liegt natürlich in weitaus gewichtigeren Zusammenhängen: Spätestens seit der Finanz- und Wirtschaftskrise 2007/2008 steckt der allmächtige und so siegessichere Kapitalismus in einer tiefen Krise. Der globalisierte Kapitalismus wird als Ursache wachsender Umweltprobleme und krisenhafter Ungleichheit zwischen Arm und Reich wieder lautstark moralisch verurteilt. Die heute allseits beliebte Kapitalismuskritik hat die Erinnerung an den bekanntesten Kritiker aller Kapitalismuskritiker wachgerufen. Auch Nichtmarxisten, insbesondere unter den führenden Ökonomen, finden es nicht abwegig, zur Bibel der Marxisten zu greifen und sich in den wirtschaftsphilosophischen Analysen von Marx einzulesen, um mithilfe seines schwergewichtigen Hauptwerkes den Kapitalismus und seine Auswüchse besser zu verstehen.

Was aber ist mit Marx als Utopietheoretiker, als revolutionärer Humanist einer besseren Zukunft, als Vordenker der besten aller möglichen Gesellschaften? Die marxistische Vision einer kommunistischen Gesellschaft und der Sozialismus als höchstes Ideal bzw. Entwicklungsziel der Menschheit scheinen in der neuen Marx-Begeisterung keine programmatische Bedeutung mehr zu haben. Insofern ist Saitos mutiger Versuch, den utopischen Marxismus wiederzubeleben, ebenso irritierend wie bemerkenswert. Irritierend ist der (neomarxistische) Glaube, ein ideologischer

Marxismus – sprich: die Philosophie von Karl Marx – könne immer noch frische Antworten auf die uns bedrängende Frage geben, wohin die Reise mit dem Titel *Quo vadis, Homo sapiens?* gehen soll. Genau hier setzt Saito an. Er meint, »durch die Brille des späten Marx« (ebd., 245) könne man »die Welt in einem anderen Licht sehen«. Bemerkenswert erscheint mir daran vor allem, dass Saito den (postmarxistischen) Schritt wagt, gerade mit dem Ideal eines erneuerten Kommunismus den schwächsten Teil des marxistischen Denkens in den Blick zu nehmen und weiterdenken zu wollen – nämlich den völlig vernachlässigten »Wärmestrom« eines utopischen Denkens (in der Terminologie des marxistischen Utopieforschers Ernst Bloch). Hilft uns die marxistische Utopie in der Alltagspraxis? Oder ist es notwendig, alle Spielarten des Marxismus ein für alle Mal über Bord zu werfen, um Platz für etwas wirklich Neues zu schaffen – eine neohumane Utopie, die uns eine wirklich innovative Betriebs- und Reparaturanleitung für unser Raumschiff in die Welt von morgen liefert?

Wird sich Saito mit seinem utopischen Programm – mit seinem nur aufgewärmten, halbgaren Degrowth-Kommunismus – als Neomarx, als jener neue Marx erweisen, den heute nicht wenige als Systemumstürzler und Heilsbringer herbeisehnen? Ist der junge Philosoph aus Japan der ersehnte Erlöser, der die Massen mobilisiert und mit seinem Manifest als Reiseführer ein für alle Mal ins Reich der Freiheit führt? Oder entpuppt sich der junge Wilde nur als frommer Marxist oder linker Buddhist, der seinen Meister und dessen ›ewige edle Wahrheiten‹ anbetet? Präsentiert sich der Marxologe am Ende doch nur als orthodoxer Marxist, der in unbekannten Schriften des alten Marx eine unbekannte Große Erzählung zu entdecken glaubt, das noch frische und fertige Superfood, das wir wie industrielle Fertigkost nur noch aufzuwärmen und mit einem Bissen hinunterzuschlucken brauchen, damit alles gut wird? Ich vermute, dass Saitos Kost nicht deshalb ein Bestseller wurde, weil seine Garküche Marx als Messias serviert und seine Leser bzw. Käufer diese Art von Fun Fast Food mögen, sondern einfach deshalb, weil es ihnen schmeckt, dass da jemand etwas Innovatives und wirklich Leckeres im Angebot hat. Oder irre ich mich? Jedenfalls versucht Saito mit Marx über Marx hinauszudenken, wie einer, der sehr weit über den Tellerrand schaut; er dekonstruiert seinen Buddha, um den Marxismus als utopischen Postwachstumskommunismus zu retten. Er verkündet: »Kurzum, der Kommunismus, den Marx in seinen letzten Jahren anstrebte, war eine egalitäre und nachhaltige Degrowth-Wirtschaft.«[1]

Dementsprechend distanziert er sich ausdrücklich von allen Varianten unappetitlicher Marxismen, die die abschreckende Geschichte der kommunistischen Gesellschaften der ehemaligen Sowjetunion und des maoistischen China hervorgebracht hat. Gerade diese Vergangenheit trägt »die Schuld daran, dass der Marxismus im Niedergang begriffen ist«. (Ebd., 265) Doch weder hält Saito das Erbe die-

1 Saito, Systemsturz. Der Sieg der Natur über den Kapitalismus, 145.

ser historischen Widerlegungen davon ab, weiterhin vom Kommunismus zu träumen, noch veranlasst ihn seine eigene Kritik am Konsumismus dazu, seine eigene Philosophie als postmarxistisch zu verstehen. Denn wie wir (zu meiner neunten These) noch sehen werden, eröffnet der programmatische Perspektivenwechsel von einer orthodoxen Kapitalismuskritik (die uns Nicht-Kapitalisten und einfache Menschen zu unschuldigen Opfern des alles verschlingenden Monsters namens Kapitalismus verklärt) hin zu einer moralischen Problematisierung unseres toxischen Konsums (nämlich unserer täglichen Kaufentscheidungen als Profiteure des Kapitalismus) die theoretische Möglichkeit einer zentralen Weiterentwicklung – oder gar endgültigen Überwindung – des Marxismus. Das Kapital muss dann nicht mehr als alleinige Ursache allen Übels herhalten, sondern – was Saito ansatzweise unternimmt – die Verurteilung unseres imperialen Lebensstils kann durchaus unsere Komplizenschaft mit dem System zum ethischen Ausgangspunkt gesellschaftlicher Veränderungen machen.

Als ebenso vielversprechend für die Annäherung an eine postmarxistische Utopie, die nicht einfach den Marxismus wiederbeleben will oder womöglich »veraltete Marx-Interpretationen wiederholt« (ebd., 108), kann Saitos Schritt gelten, nicht einfach eine hoffnungsvolle Theorie aus schönen Träumereien am Schreibtisch zu postulieren, sondern die theoretische Hoffnung auf eine bessere Zukunft durch den reflexiven Bezug auf die bessere Praxis bereits real existierender Initiativen und durch den empirischen Nachweis sozialen Widerstands zu untermauern. Indem der Japaner die Philosophie zur Stärkung transformatorischer Kräfte einsetzt und sich, wie schon Marx, zum Sprachrohr und Lautsprecher globaler sozialer Bewegungen macht (dazu später mehr), macht er sich zwar eine besondere Stärke marxistischer Philosophie zunutze. Doch wird uns die These beschäftigen müssen, dass diese Art von Praxisphilosophie ebenso unverzichtbar wie unzureichend ist.

Ebenso wenig nutzt Saito sein vielversprechendes und innovatives Instrumentarium der oben dargestellten utopologischen Prognosen und Möglichkeiten verschiedener Zukünfte, um die Wiederholung und Fortschreibung des geschichtsphilosophischen Konstruktionsfehlers des Marxismus zu vermeiden. Trotz seiner vehementen Kritik am Marxschen Glauben, die Geschichte folge linear (oder dialektisch) fortschreitenden Entwicklungsgesetzen, evolutionären Entwicklungsstufen zum immer Höheren und Besseren, bleibt sein eigener Utopismus, nach dem alle anderen (nämlich dystopischen) Zukünfte nicht wirklich werden ›dürfen‹, letztlich einer solchen von der jüdisch-christlichen Erlösungsreligion geprägten Heilsgeschichte verhaftet.

Ihm selbst geht es als Postwachstumsmarxist vor allem darum, den theoretischen Fehler der traditionellen orthodoxen linken Marxologie zu korrigieren, in der »Logik des Wachstums gefangen zu sein«. (Ebd., 265) Tatsächlich wurde die herrschende Tradition eines unökologischen, nicht nachhaltigen Kommunismus von der westlichen Linken, den ›Marxisten‹, als Wahrheit eines politisch korrekten Marxismus in alle Teile der Welt exportiert und schließlich zur ideologischen Grundlage aller real existierenden Sozialismen. Um sich von dem Irrtum oder Un-Marxismus zu befreien, der an der gesellschaftlichen Notwendigkeit festhält, dass nur durch die weitere technisch-wissenschaftliche Ausbeutung der Natur das verheißene Paradies auf Erden errichtet werden kann, versucht Saito nachzuweisen, dass Marxismus und Ökologie ursprünglich eine untrennbare Einheit bildeten und dass der sogenannte »Produktionismus« (Saito) letztlich nicht Marx anzulasten ist, sondern einer Fehlinterpretation seiner Lehren.

Die einschlägige Debatte zu diesem Thema, die in der Marxforschung unter dem Topos ›Baconismus‹ in extenso verhandelt wurde, scheint dem jungen japanischen Nachwuchsmarxisten nicht bekannt zu sein. Statt also, wie in meinem Text am Ende des Buches nachzulesen, die prominenteste Polemik des Zukunftsethikers Hans Jonas (Das Prinzip Verantwortung) gegen den marxistischen Utopisten Ernst Bloch (Das Prinzip Hoffnung) und die damit verbundene Debatte zur Kenntnis zu nehmen, beansprucht Saito sehr selbstbewusst, eine völlig neue Marx-Interpretation zu liefern, »die bisher noch niemand vorgelegt hat«. (Ebd., 112) Das ist laut gerufen und sehr mutig, wenn man bedenkt, dass die Bibliotheken mit Sekundärliteratur über die Wahrheit des Marxismus gefüllt sind. Allen Ernstes erhebt Saito den Anspruch, das Werk seines Meisters besser zu kennen als die Masse der Marxforscher vor ihm. Als Grund dafür, ein wahrhaft Eingeweihter zu sein, nennt er seine Mitwirkung an der wissenschaftlichen Edition nachgelassener Manuskripte und Arbeitsauszüge, die er für die ungeschriebene Lehre des späten Marx hält. Seine Archivfunde im Rahmen der (endlosen) Edition der Marx-Engels-Gesamtausgabe (MEGA) hätten Indizien zutage gefördert, dass ›Das Kapital‹ in »neuem Licht« gesehen werden müsse. Der Erlebnisbericht dieser nebulösen Erleuchtung geht so: Der eifrige Schüler (Saito) erkannte durch intensivste Studien, dass sein verehrter Meister (Marx) nach Fertigstellung des ersten Bandes seines Hauptwerkes die geplante Fortsetzung der beiden folgenden Bände jahrelang aufgeschoben hatte, weil er zu völlig neuen, wegweisenden Erkenntnissen über »Ökologie und Kommunen« (ebd., 134) gelangt war, die nun grundlegende Korrekturen an der Systematik des Werkes erforderten. Was schließlich dazu geführt haben soll, dass sechzehn Jahre in der vita contemplativa des berühmten Weisheitslehrers bis zu seinem Tod verstrichen, ohne dass ›das Kapital‹ – und damit vielleicht auch das Kapitalozän insgesamt – zu einem Abschluss gebracht worden wäre. Saito ist der Ansicht, dass die von Friedrich Engels posthum herausgegebenen Bände 2 und 3 die Forschungsergebnisse des späten Marx nicht vollständig enthalten. »In seinem Versuch, den Fokus auf die Systematizität des ›Kapitals‹ zu legen, verheimlichte Engels die unvollendeten Passagen (von Marx). Man könnte also sagen, dass die Textteile, in denen Marx seine Theorie weiterentwickelte, unsichtbar geworden sind.«

Da es sich bei diesen unsichtbaren und bisher angeblich völlig unbekannten Texten um zentrale Teile eines geheimnisvollen Neomarxismus handeln soll, auf dessen letztgültigen Wahrheiten Saito seine eigene Utopie eines Degrowth-Kommunismus aufbaut, lohnt es sich, kurz darauf einzugehen. Dies umso mehr, als ich damit meinen früheren Versuch, einen gastrosophischen Marxismus zu begründen, um einige interessante Fakten ergänzen kann. Die von Engels angeblich verschwiegenen Quellen belegen nämlich, dass Marx die praktische Verwirklichung der besten aller möglichen Gesellschaften von der Notwendigkeit einer nachhaltigen Wirtschaft abhängig machte, die auf eine ökologische Produktionsweise umstellt – insbesondere in der ökologischen bzw. agrarkommunistischen Naturnutzung zur Nahrungsmittelproduktion.

Letztlich seien es nur zwei Studien gewesen, die dazu geführt hätten, »dass der Kommunismus des späten Marx eine Transformation erfuhr« (ebd., 134) und seine gesamte Theorie eines ökologischen Marxismus bzw. seine neue Utopie des Neomarxismus einer nachhaltigen und kommunistischen Postwachstumsgesellschaft unvollendet blieben. Es handelt sich um einige Manuskripte und Exzerpte zu einem Werk über die altgermanischen Markgenossenschaften, die *Geschichte der Dorfverfassung in Deutschland* (1865) des deutschen Rechtshistorikers Georg Ludwig von Maurer, sowie die darauf aufbauende Arbeit über *Klima und Pflanzenwelt in der Zeit. Ein Beitrag zur Geschichte beider* des Agrarwissenschaftlers Carl Fraas. In beiden Werken stehen die regenerative oder, wie Marx es nannte, »rationelle Agrikultur« und ihre Konvivialität bzw. »Kollektivität« im Mittelpunkt. Dies weckte Marxens Interesse an der Nachhaltigkeit vorkapitalistischer Agrargemeinschaften bzw. postkapitalistischer Agrarkooperativen. In diesem Zusammenhang zitiert Saito dessen Vision, dass »die Beseitigung des Kapitalismus« mit der »Rückkehr der modernen Gesellschaft zu einer höheren Form des ›archaischen‹ Typs des kollektiven Eigentums und der genossenschaftlichen Produktion enden« würde.

Marx, der unentdeckte Gastrosoph der Landwirtschaft, lernte bei der Lektüre von Maurer, dass bei den Germanen, deren Gesellschaften allgemein als barbarisch und primitiv angesehen wurden, der Grundbesitz Gemeineigentum war. Die Markgenossenschaft stellte allen Mitgliedern gemeinsames Land zur Verfügung. Die Ackerbaugemeinden der germanischen Gesellschaften waren in der römischen Kaiserzeit von Caesar bis Tacitus weit verbreitet, also in der Zeit, in der sich die als Jäger- und Kriegerkommunen organisierten Stämme zu sesshaften Agrargemeinschaften entwickelten. Auf so genannten Allmenden oder Commons ließen sie beispielsweise ihr Vieh weiden. Wer welches Stück Land bewirtschaften durfte, wurde regelmäßig per Los entschieden, was auch zu einer Rotation der Nutzungsrechte führte. So wurde der zufällige Vorteil eines fruchtbaren Grundstücks nicht nur von einigen wenigen genutzt und der Reichtum der Allmende nicht ungleich verteilt. Auch der Verkauf von Land an Nichtmitglieder der Markgenossenschaft war verboten. Ebenso der Verkauf von Gütern wie Bauholz, Schweinen oder Wein. Damit niemand die Quellen (Grund und Boden) des markgenossenschaftlichen Reichtums für sich allein beanspruchte, wurde geregelt, dass zwischen den Ackerbaugenossen keine Abhängigkeits- oder Herrschaftsverhältnisse entstehen durften.

Gleichzeitig wurde durch das kollektive Eigentum an Grund und Boden auch der willkürliche Missbrauch durch Privateigentümer verhindert. Marx lernte, dass dieser Urkommunismus auf der Basis von selbst wirtschaftenden Kleinbauern, sozialer (kommunaler) Gleichheit und kollektivem Landbesitz eine nachhaltige Landnutzung und Bodenbearbeitung ermöglichte und langfristig sogar die Bodenfruchtbarkeit zu steigern vermochte. Im krassen Gegensatz dazu steht das altrömische Latifundium, ein auf Sklavenarbeit basierendes System des Großgrundbesitzes – und dann die kapitalistische Agrarindustrie der Neuzeit, in der ebenfalls durch ein System privatwirtschaftlicher Ausbeutung dem Boden ständig Nährstoffe entzogen werden, um die Ernte in den Städten profitabel zu verkaufen. Der bereits erwähnte Agrarhistoriker Fraas, der zweite wichtige Informant für die Weisheitslehre des späten Marx, beschrieb in seinem vorausschauenden Werk zum kulturhistorischen Zusammenspiel von Klima und Pflanzenwelt den periodischen Zusammenbruch alter Gesellschaften wie Mesopotamien, Griechenland oder Ägypten, dessen Hauptursache eine durch übermäßige Abholzung verursachte Veränderung des lokalen Klimas war, die in der Folge die Landwirtschaft erschwerte und schließlich zum Zusammenbruch der allgemeinen Nahrungsmittelversorgung führte. Ähnlich hat in jüngerer Zeit der Geograph Jared Diamond den Untergang von Zivilisationen auf selbstverschuldete ökologische Krisen aufgrund langfristiger und gravierender Umweltschäden zurück, insbesondere auf die Abholzung von Wäldern, die daraus resultierende Bodenerosion, die Bodenversalzung durch falsche Bewässerung und den Rückgang der Bodenfruchtbarkeit durch nicht nachhaltige Bewirtschaftungsmethoden.[2] Interessant sind diese kulturgeschichtlichen Erkenntnisse nicht, wie Saito meint, weil sie neu wären, sondern im Gegenteil, weil sie spätestens seit Marx bekannt sind und damit eigentlich auch, welche gesellschaftlichen Veränderungen bzw. welche utopischen Entwicklungen notwendig sind, um die Fruchtbarkeit der Erde und mit ihr eine nachhaltige Ernährung der Menschheit zu gewährleisten. Während dies für Saito die Zukunft einer degrowth-kommunistischen Gesellschaft ist, plädiere ich sozusagen für einen Regrowth-Praxismus.[3] Bevor ich diese (fünfte) These begründe noch ein Wort zum Wendepunkt oder vermutlich zum Ende des Marxismus.

---

2 Diamond, Kollaps. Warum Gesellschaften überleben oder untergehen.

3 Insofern denke ich weiterhin, wie schon vor zwanzig Jahren als meine Rezepte für eine Kraftsuppe gegen das Kapital entstanden, dass es tatsächlich eine neue und allemal wegweisende Einsicht ist, dass (vor allem) Marx' Umgang mit der Agrarfrage (ob die landwirtschaftliche Nahrungsproduktion zur zentralen Grundlage oder zum fatalen Untergangsgrund der künftigen Gesellschaft wird) durchaus zur Entdeckung eines gastrosophischen Marxismus führt.

Die Ackerbaugemeinde als revolutionärer Wendepunkt

Wie grundlegend sich die marxistische Philosophie durch die kulturanthropologische Forschung nach dem Erscheinen des ersten Bandes des ›Kapitals‹ verändert habe, belegt Saito auch anhand der Korrespondenz zwischen Marx und einer russischen Revolutionärin namens Vera Sassulitsch. In einem Brief an sie aus dem Jahr 1881, also zwei Jahre vor seinem Tod, würden die veränderten Ansichten besonders deutlich. »Man kann mit Fug und Recht behaupten«, so Saito, »dass in dem Brief der Kristallisationspunkt der Philosophie des späten Marx versteckt liegt.«[4]

Sassulitsch hatte um eine Antwort auf die Frage gebeten, ob Russland tatsächlich (entsprechend dem eurozentrischen Geschichtsverständnis der frühen Marx-Texte) erst den westlichen Kapitalismus durchmachen müsse, um zum Sozialismus zu gelangen. Hintergrund ihrer Frage war eine Debatte unter russischen Marxisten, ob eine Verbreitung der traditionellen Bauerndörfer des Landes, der sogenannten Mir-Agrarkommunen – also einer gesellschaftlichen Praxis, die den vom späten Marx untersuchten altgermanischen Markgenossenschaften sehr ähnlich war – zum Sturz des Zarismus führen würde und die russische Gesellschaft auch auf diese Weise das utopische Ziel erreichen könnte, aber ohne die kapitalistische Entwicklungsstufe der westlichen Moderne durchlaufen zu haben. Halten wir einen Moment inne, um die programmatische Bedeutung dieser einen Frage wirklich zu erfassen. Denn in dieser letztlich zeitlosen Urfrage nach der revolutionären Wirklichkeit einer guten agrikulturellen Praxis verbirgt sich – vielleicht mehr noch als der Kristallisationspunkt der Philosophie des späten Marx, wie Saito meint – der Kulminationspunkt einer agrargastrosophischen Reflexion. Die russische Narodniki liefert den Denkanstoß, anhand von Best Practice Beispielen »archaischer« (oder urkommunistischer) »Ackerbaugemeinden« (Marx), von kommunalen Landwirtschaftskooperativen, von ernährungssouveräner Alltagskultur in Agrarkollektiven, von vorbildlichen Initiativen des Urban Gardening, des konvivialen Küchengärtnerns oder wie auch immer diese soziale Praxis genannt wird.[5] Kurz: Vera Sassulitsch liefert den Denkanstoß, das revolutionäre Potential einer universellen Lebenskunst zu begreifen, in der sich viel Gutes in Form von agrikultureller

4 Saito, Systemsturz. Der Sieg der Natur über den Kapitalismus, 130. Ihm selbst beweist die transkulturelle Korrespondenz zwischen dem westlichen Gesellschaftstheoretiker und der ›russischen Bäuerin‹ (eines vermeintlich unterentwickelten Landes), dass schon Marx das philosophische Ethos vorlebte (und seinen besten Schülern lehrte), von Anderen zu lernen. Denn wie wir bereits wissen: »Die Haltung des späten Marx, vom globalen Süden zu lernen, gewinnt im 21. Jahrhundert zunehmend an Bedeutung.« (Ebd., 245)

5 Marx identifizierte solche archetypischen Ackerbaugemeinden sogar in seinem persönlichen Umfeld: »Einige verstreute Exemplare dieser Art haben alle Wechselfälle des Mittelalters überlebt und sich bis auf unsere Tage erhalten, z.B. in meiner Heimat, der Gegend von Trier.« Marx, Dritter Entwurf einer Antwort auf den Brief von V. I. Sassulitsch, 402.

Nachhaltigkeit, Gemeineigentum, von freier Vergesellschaftung nach den Prinzipien der Egalität, Selbstbestimmung und demokratischen Gleichberechtigung, von Resilienz (oder Lebensfähigkeit, wie Marx sagte), genossenschaftlichem Reichtum und dem alltäglichen Genuss von Kollektivität oder Konvivialität abspielt. In der Tat gelangte Marx rückblickend zu der Erkenntnis, dass der archaische Typus der vorkapitalistischen bäuerlichen Gemeinschaft, der während des gesamten Mittelalters in Europa existierte, »der einzige Hort der Volksfreiheit und des Volkslebens« (ebd., 403) war.

Fest steht, dass die verschiedenen Entwürfe seines Antwortschreibens in einer Utopie der Ackerbaugemeinde kulminierten, die sich später im Vorwort zur zweiten russischen Ausgabe des ›Kommunistischen Manifests‹ wiederfand. Saito zitiert daraus die Aussage von Marx: »Wird die russische Revolution das Signal einer proletarischen Revolution im Westen, so dass beide einander ergänzen, so kann das jetzige russische Gemeineigentum am Boden zum Ausgangspunkt einer kommunistischen Entwicklung dienen.« (Ebd., 131) In dieser Einschätzung des revolutionären Potentials einer (schon praktizierten) ernährungssouveränen Lebensweise sieht Saito eine fundamentale Neuorientierung des Marxismus, nämlich sowohl die Revision von Marxens früherem »progressiven Geschichtsbild« (Saito), wonach eine bessere Zukunft erst nach dem Kapitalismus möglich sei, als auch die Korrektur seines »eurozentrischen Weltbildes« (Saito), wonach alle Gesellschaften den modernen Entwicklungsprozess des Westens nachahmen müssten.

So gesehen kann sich an der tiefgreifenden Frage der Russin, zu deren theoretischer Durchdringung und Beantwortung Marx mehrere Entwürfe benötigte, durchaus ein bemerkenswerter Lernprozess kristallisiert haben. Das Ergebnis zeigt dann nicht nur »eine grundlegende Transformation der Konzeption des Kommunismus, den der westliche Kapitalismus anstreben sollte«, sondern darüber hinaus auch die postmarxistische Einsicht, »dass es mehrere Wege zum Kommunismus gibt«. (Ebd., 143)

Nehmen wir einmal an, dass Marx tatsächlich erst in seinen letzten Lebensjahren – zu spät also – eine solche Art utopologischer Erleuchtung erfahren hat. Spekulieren wir außerdem, der damals schon weltberühmte Philosoph hätte in jahrelanger Forschungsarbeit an zahlreichen Beispielen anderer Kulturen aus allen Epochen der Weltgeschichte Wesentliches dazugelernt und die von ihm gelehrte Weisheit des guten Lebens wäre noch weltklüger geworden: Plötzlich wusste er um die (ahistorische, disruptive, transkulturelle, eutopische) *Universalität des Guten als Praxis* (eines eupraxischen Tätigseins beispielsweise in der agrikulturellen Praxis). Er begriff, dass ›das gute Leben‹ des Menschen nie im Nirgendwo einer fernen ›besseren Zukunft‹ liegt, sondern immer schon viel näher, als die allermeisten von uns sich das vorstellen können; dass es als ›Praxis‹ (in der Eupraxie) vor uns liegt und unter bestimmten Voraussetzungen und stimmigen Verhältnissen (die weder historisch noch materialistisch sein müssen) jederzeit und überall erreichbar ist – oder eben es bleibt unfassbar und wie so oft in Vergangenheit, Gegenwart und Zukunft unerfüllt. Ihm leuchtete ein, dass es nicht ums ewig vertagte Leben, die himmlische Zukunft am Ende einer utopischen Menschheitsgeschichte geht, sondern es auf die *abenteuerliche Ankunft im Alltag* ankommt – in der wohlerfüllten Gegenwart superhumaner Tätigseinsweisen (Eupraxen). So stelle ich mir einen »ganz anderen Marx« vor, wie Saito sich ihn wünscht.[6]

Wie auch immer; zwar waren die Erkenntnis von der ungeheuren Macht des Ökonomischen auf alle anderen Lebensbereiche sowie die detaillierte Analyse der Zusammenhänge und Abhängigkeiten, die bis dahin fast völlig verkannt worden waren, Marx' Stärke. Aber er ging zu weit in seiner theoretischen Annahme, dass die ökonomischen (kapitalistischen) Kräfte die einzigen und immer die entscheidenden sind, die das Sein und Verhalten der Menschen bestimmen. Seine Gesellschaftstheorie schrumpfte auf einen mechanischen Ökonomismus zurück.[7] *Der Philosoph Marx hat also seinerseits die Welt nur halbwegs interpretiert, es kommt aber darauf an, den marxistischen Ökonomismus zu relativieren und unser modernes materialistisches Weltbild zu dezentrieren.* Dafür sind zwei gesellschaftliche Kräfte fähig: die philosophische Selbstkritik, die ihre reflexiven Selbstheilungskräfte aktiviert, und die daraus resultierende Gastrosophie, weil nur sie es ist, die die menschliche Essistenz als alltäglichste, allgemeinste, allumfassendste und weltbewegendste Praxis unseres erdverbundenen Lebens ins normative und narrative Zentrum eines konvivialistischen Weltbildes rückt.

Zwar wirft Saito neues Licht gerade auf den agrargastrosophischen Marxismus. Aber eine solche neomarxistische Perspektive kann auch ganz einfach so ausge-

---

6 Saito, Systemsturz. Der Sieg der Natur über den Kapitalismus, 129.

7 Die Einsicht (Entdeckung, Erleuchtung, Aufklärung, wie auch immer), dass der Marxismus als Kapitalismuskritik und theoretischer Utopismus immer schon zu einer Art Degrowth-Kommunismus verkümmert ist, blieb bisher nur deshalb ein philosophisches Geheimnis, weil – statt vom *Ökonomismus* – alle Welt vom *Kapitalismus* spricht und damit unbemerkt der marxistischen Ideologie folgt. Doch der Kapitalismus der Marxisten und aller bekennenden Nicht-Marxisten ist mächtiger als die Ökonomie der Kapitalisten. Denn erst mit der Geburt des modernen Kapitalismus wurde die Ökonomie zur beherrschenden Realität und zum Götzen der ›gesellschaftlichen Praxis‹. Und die epochale ideengeschichtliche Leistung von Karl Marx bestand gerade darin, diese gesellschaftliche Realität kritisch zu reflektieren, indem er diese zentrale Bedeutung der kapitalistischen Ökonomie erkannte. Die marxistische Kritik am Kapitalismus ist aber ihrerseits ideologisch, weil sie sich als Weltanschauung – als Praxisphilosophie – nicht vom herrschenden Ökonomismus befreit. Wir werden sehen, dass zu dieser revolutionären Selbstbefreiung des Denkens nicht viel gehört. Zunächst bedarf es einer entsprechenden Interpretation des Marxismus. Um mit ihm als ideologischem Ökonomismus fertig zu werden und den utopischen Kommunismus in all seinen kümmerlichen Schrumpfformen durch etwas Besseres zu ersetzen, lautet meine Hauptthese (verstanden als parrhesiastische Selbstkritik eines Marxisten): *Marx hat den Kapitalismus zum Fetisch verklärt, nun gilt es, seine Philosophie zu entzaubern.*

drückt werden, dass schon Marx – weise vorausschauend – in Agrarkooperativen, in genossenschaftlicher Nahrungsproduktion, im utopischen (urbanen, commonistischen usw.) Gärtnern den Ausgangspunkt einer besseren Gesellschaft sah, die er ›kommunistisch‹ nannte. Auch der von ihm verwendete Begriff ›Gesellschaft‹ meinte nichts weiter als die ganz praktisch verstandene, geglückte Lebenskunst einer gemeinschaftlichen Praxis des gemeinsamen Wohls. Insofern ist hervorzuheben, dass wesentliche Themen, die heute noch oder wieder das utopische Denken linker Herzen bewegen, wie der freie Zugang zu Land für alle oder regenerative, ökologische und solidarische Landwirtschaft, Selbstversorgung, Genossenschaftswesen, Kollektivität usw., ursprünglich marxistisch sind. Doch diese Feststellung ist noch kein neuer Marxismus. Ein neuer Marxismus wäre erst eine postmarxistische Philosophie, die es schafft, wieder eine utopische Geschichte zu erzählen, die die Massen bewegt.

Was die Welt jedenfalls nicht braucht, ist ein Neo-Marxismus, der darüber hinaus den ›späten Marx‹ mit einer ungeschriebenen Lehre seiner geheimen Wahrheiten wieder nur wie einen Guru behandelt und wie einen Heiligen verehrt. Doch Saito macht aus dem neu interpretierten Marx einen solchen Buddha; der von ihm vorgeschlagene Degrowth-Kommunismus verhält sich zum traditionellen Marxismus etwa so systemimmanent wie der Zen-Buddhismus zum Buddhismus. Was aber ansteht, ist, die Marxsche Kost zu verdauen, endlich mit ihr fertig zu werden, und der Rest kann dann – ich sage es vornehm und mit Marx – auf dem Misthaufen der Geschichte landen. Was uns fehlt, ist eine faszinierende Geschichte, eine wie sie Marx zu erzählen wusste, nur sollte sie noch besser und insgesamt anders sein als seine. So viel wissen wir schon von ihr: Kein ›Kommunismus‹ oder ›Sozialismus‹, wenn überhaupt, dann kann höchstens ein Konvivialismus oder so – *you name it* – die Welt retten. Jedenfalls glaube ich, dass die erschöpfte Utopie einer kommunistischen Gesellschaft durch die frische Eutopie einer konvivialistischen Gesellschaft abgelöst werden kann. Was wir dafür unbedingt brauchen, ist ein wohlverstandener Praxismus, der das pulsierende Herz einer konvivialen Gesellschaft wäre – und das Zeug hätte, endlich den marxistisch geprägten Materialismus oder den, nichtmarxistisch ausgedrückt, modernen Ökonomismus zu überwinden, von dem selbst Nicht-Marxisten nicht wissen, dass er nur ein theoretischer Marxismus ist.

Fünfte These ad Saito

Ohne Praxismus und Praxologie gehts nicht; sie sind entscheidende Koordinaten und Vektoren einer superhumanen Weltperspektive

Saito findet erbauliche Worte, um zu zeigen, dass er ein wahrhaft Erwachter ist, einer, der keine halbgaren Sachen macht. »Selbstredend habe ich keinesfalls die Absicht«, erklärt der junge Philosoph, der ebenso routiniert wie konventionell in Marxens Großküche aushilft, »den Marxismus der Vergangenheit einfach aufzuwärmen und aufzuarbeiten. 150 Jahre haben Marx' Anschauungen vor sich hingeschlummert, ich möchte sie neu entdecken und weiterentwickeln.«[1] Nur ist aus diesem erfrischend mutigen Vorsatz nicht viel geworden. Sonst wäre es zu entsprechenden Entdeckungen, zu programmatischen Neuerungen und konzeptionellen Weiterentwicklungen gekommen. Diese Diskrepanz zwischen Anspruch und Umsetzung zeigt sich nicht nur im Rezept (in der Auswahl und Zusammenstellung der Zutaten, Werte und Ziele), sondern grundlegender im philosophischen Handwerk und in der Machart der Grundbegriffe, die er einsetzt. Mit anderen Worten: Dort, wo es nicht um das normative und narrative Navigationssystem einer neomarxistischen Gesellschaftsutopie, sondern um die Notwendigkeit eines postmarxistischen – weltanschaulich neuartigen – Koordinatensystems geht, zeigt sich Saitos mangelnde Koch- und Erzählkunst. Um in einer neuen Welt aufzuwachen, die nicht mehr von marxistischen Anschauungen beherrscht wird, und um zugleich Marx in ein neues Licht zu rücken, wäre es dem jungen japanischen Nachwuchsphilosophen nur möglich gewesen, sich vom Gravitationszentrum des marxistischen Weltbildes wegzubewegen und mithin dessen undifferenzierten Praxisbegriff zu revidieren.

Der Marxismus basiert – wie der Buddhismus und doch in ganz anderer Weise – auf einem Praxismus. Ohne Übertreibung lässt sich sagen, dass der grundlegendste Gedanke der marxistischen Philosophie, der weit unterhalb ihrer Kritik des Kapitalismus und ihrer Utopie des Kommunismus liegt, eine Ontologie der Praxis ist. Das

1 Saito, Systemsturz. Der Sieg der Natur über den Kapitalismus, 12.

Verständnis von Praxis, das sich der junge Marx durch die Schriften Ludwig Feuerbachs aneignete, half ihm, die grundbegriffliche Umkehr des idealistischen Weltbildes zu vollziehen. Um uns diese philosophische Revolution zu vergegenwärtigen, kommen wir an dieser Stelle nicht umhin, einen kurzen und rasanten Exkurs in die Vorgeschichte des neuzeitlichen Selbstverständnisses der bürgerlichen Gesellschaft zu unternehmen. Denn mit der spekulativen Gleichung, dass ›das Sein‹ (alles, was ist) erst durch unser *bewusstes Denken* ›wirklich ist‹, war wenige Jahre zuvor in der Philosophie Hegels der programmatische Höhepunkt des idealistischen Weltbildes erreicht worden, gegen das eine Reihe junger Linkshegelianer (darunter maßgeblich Ludwig Feuerbach) rebellierte. Dieser spekulative Idealismus verstand sich zwar vor allem religionskritisch bzw. bürgerlich-aufklärerisch als philosophische Befreiung von der rein theistischen Weltsicht der vormodernen (mittelalterlichen) Vergangenheit, wonach alles Sein gottgeschaffen ist. Allerdings drückte sich darin seinerseits eine allzu einseitige (eben ›idealistische‹) Perspektive aus, insofern es für uns Menschen natürlich weit mehr und ganz anderes Sein gibt als nur das Bewusstsein. Feuerbach hat dies am Beispiel der menschlichen Essistenz deutlich gemacht: Erst das Ernährtsein, dann das Bewusstsein; ohne Essen kein Denken. Der Geist speist, bevor er geistvoll sein kann, so wie ein hungriger Geist nur ans Essen denkt.

Mit der schlichten Feststellung, dass das Nicht-Ernährtsein das menschliche Bewusstsein bestimmt und daher bessere Lebensverhältnisse in Zukunft auch bessere Ernährungsverhältnisse einschließen müssen, hatte die ›linkshegelianische‹ Philosophie den bürgerlichen Idealismus vom Kopf auf die Füße gestellt: Erst die materielle Sättigung, dann die ideellen Realitäten. Während Feuerbach diese ›materialistische Weltsicht‹ mit der menschlichen Praxis des Essens verband (und damit einen gastrosophischen Materialismus in Aussicht stellte), griff Marx die Feuerbachsche Philosophie auf, indem er sie anthropologisch oder »kritisch«, wie er selbst dies nannte, auf die Arbeit und das ökonomische Herstellen des Seins übertrug – womit die Idee eines marxistischen Materialismus Gestalt annahm. Dieser »neue Materialismus« (Marx) steht im Zentrum seiner berühmten Thesen über Feuerbach und hier führt Marx sein Verständnis von Praxis ein, welches Saito, wie schon alle Marxisten dieser Welt vor ihm, unhinterfragt übernimmt und weiterführt. Aber das müssen wir nicht. Und deshalb möchte ich die Gelegenheit nutzen, es anders zu machen und gleichzeitig meinen früheren Versuch (siehe mein Kraftbrühe-Rezept am Ende dieses Buches) etwas zu verfeinern.

Marx' Feuerbach-Thesen beginnen mit der Einführung des inzwischen allzu selbstverständlich gebrauchten Begriffs der »menschlichen Tätigkeit« als »Praxis« und konstatieren den »Hauptmangel alles bisherigen Materialismus (den Feuerbachschen mit einbegriffen).« Dieser bestehe darin, dass die materialistische Weltsicht zwar den traditionellen Idealismus und dessen Realitätsbegriff überwinde, indem sie ihm die »sinnliche menschliche Tätigkeit, Praxis« gegenüberstelle.

Feuerbach habe aber in der Praxis »die Bedeutung der ›revolutionären‹, der ›praktisch-kritischen Tätigkeit‹ nicht erkannt« – so die erste These.

Gegenüber dem idealistischen Weltbild behauptet Marx dann von der rein praktischen Bewahrheitung seines eigenen (marxistischen) Seinsbegriffs: »In der Praxis muss der Mensch die Wahrheit, i.e. die Wirklichkeit und Macht, die Diesseitigkeit seines Denkens beweisen«. Die assoziativ formulierten Thesen fordern weiter die Notwendigkeit, »diese Praxis zu begreifen« (Achte These). Denn was »Feuerbach nicht sieht« (Siebte These), ist die allgemeine Tat-Sache, dass die geschichtliche »Veränderung der Umstände« durch eine menschliche »Selbstveränderung« möglich ist, die »nur als revolutionäre Praxis aufgefasst und rationell verstanden werden kann« (Dritte These). Erst eine revolutionäre Veränderung und Verbesserung der Welt wird die bürgerliche Gesellschaft der Moderne überwinden und dem Marxismus einer kommunistischen Weltgesellschaft der Zukunft Platz machen. In den Worten der Zehnten Feuerbach-These: »Der Standpunkt des alten Materialismus ist die bürgerliche Gesellschaft; der Standpunkt des neuen ist die menschliche Gesellschaft oder die gesellschaftliche Menschheit.«

Mit diesen vagen, noch suchenden Formulierungen näherte sich Marx dem Ideal einer neuen Gesellschaftsform, gab er seinem Materialismus der »gesellschaftlichen Praxis« eine universalistische Ausrichtung auf ein neues (besseres) Mensch-Sein. Aus dem grundlegenden Zusammenspiel von Praxismus und Humanismus entstand so die marxistische Anthropologie, nach der, wie es in der Kritik der politischen Ökonomie heißt, »nicht das Bewusstsein der Menschen ihr Sein, sondern umgekehrt ihr gesellschaftliches Sein ihr Bewusstsein bestimmt.«[2] Das viral gewordene und weltweit bekannte Philosophem dieses dialektischen Materialismus, in dem laut Wikipedia »die philosophische Weltanschauung des Marxismus« steckt, hat zugleich den (massenhaft beschrittenen) Weg zu einer irreführenden Totalisierung unseres Praxisverständnisses geebnet. Denn mit der *Praxeologie* des Marxismus werden gesellschaftliche Praxis und menschliches Tätigsein und damit letztlich auch unsere Wahrnehmung des wirklichen Menschseins auf die Poiesis des Herstellens und Machens innerhalb der Produktionssphäre reduziert. Damit beraubt sich Marx der theoretischen Möglichkeit einer *Praxologie*, die auch das praktische Tun (und seine seinssphärischen Ausformungen in den verschiedenen Lebensbereichen der alltäglichen Humana) als wirklich revolutionäre Praxis in den Blick nimmt. Erst das praxologische Praxisverständnis ergänzt, relativiert und schärft eine materialistische Weltsicht um die praxistische Perspektive auf die menschliche Wirklichkeit. Weil dem Marxismus dieser Praxismus fehlt, totalisiert sein Materialismus (als Praxeologie oder genauer als Poietologie des gesellschaftlichen Seins) die Produktionssphäre und stellt die Ökonomie als einzige (oder primäre und bestimmende) Grundlage menschlichen Seins und Machens dar.

2 Zitiert auf Wikipedia, Dialektischer Materialismus.

Die von Feuerbach immerhin vorbereitete Alternative wäre gewesen, die Logik des Materialismus aus der Gastrosphäre zu generieren und das Essen als die alltäglichste, allgemeinste und weltbewegendste gesellschaftliche Praxis zur programmatischen Grundlage der neuen philosophischen Weltanschauung des Konvivialismus (als inhaltliches Zentrum der praxistischen Sichtweise) zu erklären. Der Marxismus, und hier stimme ich Saito zu, insbesondere der späte Marx, hat diese Perspektive mit dem wichtigen Hinweis vorbereitet, »wahre Freiheit als Praxis« (Saito) zu begreifen. Um aber, wie wir gleich sehen werden, den Marxismus für den Praxismus und den Kommunismus für den Konvivialismus philosophisch fruchtbar zu machen, müssen wir Marx – so meine These – endlich zu Ende denken. Saito bietet dazu zu wenig und bleibt als Marxist dem Marxismus verhaftet wie der Buddhist dem Buddhismus. Doch selbst orthodoxe Marxisten und erst recht kluge Marxologen sollten ihr einseitig materialistisches Weltbild schon deshalb praxisphilosophisch korrigieren (nämlich ergänzen, relativieren und pointieren), um das idealistische, vielleicht sogar spirituelle, zumindest aber fiktionale Wesen der marxistischen Philosophie kritisch-kreativ aufzuklären. Denn natürlich lebt auch diese Philosophie vom spekulativen Idealismus (eines Hegel), nur mit Ideen, Utopien, phantastischen Erzählungen, humanistisch-ethischen Programmen jedweder Art die Welt verändern zu können. Dazu zähle ich auch meine Idee, den ›Marxismus‹ einer neuen menschlichen Gesellschaft (›der kommunistischen Gesellschaft‹) durch eine neue Philosophie zu aktualisieren, eine, die den ›Praxismus‹ erfindet, um von der ›konvivialistischen Gesellschaft‹ und ihren eupraxischen Lebenskünsten erzählen zu können.

In welchem Maße sich gerade jene Marxisten, die sich wie Saito unbedingt einen neuen Marxismus wünschen, auf den hier dargestellten neuen Praxismus stützen könnten, lässt sich ermessen, sobald wir verstehen lernen, *Freiheit als Praxis* zu begreifen. Wir werden auf diesem wenig begangenen Weg auch das ungeschriebene Ethikprogramm des späten Foucault besser weiterdenken können, welches seinerseits die Idee der »Freiheit als Praxis« (Foucault) verfolgte und wohlmöglich zu einem praxologischen Freiheitsverständnis geführt hätte, wäre es zu Ende gebracht worden. Saito selbst weiß sehr genau, wo der späte Marx einen Einstieg in die gesellschaftliche Möglichkeit täglicher Praxis jenseits des Materialismus zumindest andeutete. Es handelt sich um eine viel zitierte Passage aus dem dritten Band des ›Kapitals‹, die Saito, wie bislang sämtliche Marx-Anhänger, orthodox marxistisch (miss-)versteht oder jedenfalls nicht nutzt, um andere Wege (jenseits des ausgetretenen Marxismus) zu gehen. Wir werden später sehen, wie grandios irreführend sein Vorschlag ist, »gute Freiheit« mit der degrowth-kommunistischen Praxis »freiwilliger Selbstbeschränkung« gleichzusetzen und der »schlechten Freiheit« einer konsumkapitalistischen Lebensweise gegenüberzustellen (siehe die sechste These).

Die wahre Freiheit – jenseits des Arbeitslebens

Zunächst aber lohnt es sich, seinen mutigen Schritt nachzuvollziehen, die fragliche Passage zu zitieren und sogar als mögliches Motto eines praxistischen Superhumanismus zumindest kurz zu würdigen. Denn in der näher zu untersuchenden Passage wird beiläufig eine Programmatik formuliert, die einen *praxologischen Bruch im Marxschen Humanismus* erkennen lässt – wie man in freier Variation des berühmten Diktums des französischen Marx-Interpreten Louis Althusser vom ›epistemologischen Bruch‹ im Marxismus sagen könnte: Menschliche Freiheitspraxis wird nun mit der – immer nur temporären – Realisierung bestimmter »freier Tätigkeiten« in der Freizeit gleichgesetzt und damit tatsächlich das Konzept eines Marxismus als Praxismus – im Sinne einer philosophischen Reflexion alltäglicher Freiheitspraxis – zumindest angedeutet. Der Übergang oder große Sprung von der kapitalistischen Ära der Unfreiheit in die zukünftige Gesellschaft freier Menschen wird nicht mehr geschichtsphilosophisch als soziohistorischer Fortschritt auf eine höhere Entwicklungsstufe verstanden und gleicht nicht mehr dem Systemwechsel etwa vom christlichen Mittelalter einer religiösen Gesellschaft zur bürgerlichen Arbeitsgesellschaft der Neuzeit. Marx führt an dieser Stelle nichts weniger als eine neue Weltformel ein: Die Verwirklichung der besten aller möglichen Lebenswelten muss im Hier und Heute und jeden Tag von neuem beginnen. Es ist dieselbe Formel, die auch schon für meinen früheren Versuch, den Marxismus philosophisch weiterzuentwickeln, grundlegend war [siehe am Ende meine Kraftsuppe à la Marx). Und die für mich darüber hinaus in Theorie und Praxis von wegweisender Bedeutung war, ohne dass ich bisher die Gelegenheit gehabt hätte, diese schöne Weltformel zu beleuchten.

»Das Reich der Freiheit«, lässt Marx die Welt beiläufig wissen, »beginnt in der Tat erst da, wo das Arbeiten, das durch Not und äußere Zweckmäßigkeit bestimmt ist, aufhört; es liegt also der Natur der Sache nach jenseits der Sphäre der eigentlichen materiellen Produktion.« Diese Sichtweise ist deshalb so bemerkenswert, weil sich mit ihr plötzlich das Navigationssystem des marxistischen Utopismus von einem zukünftigen (futuristischen) Horizont in die ankünftige (praxistische) Vertikale der Alltagswelt umkehrt. Hatte der französische Philosoph Jacques Derrida, wie bereits erwähnt, gehofft, dass die von Marx »vorsondierte Perspektive weltweit noch im Horizont der Zukunft liegt«, so eröffnet die hier zitierte Weltformel die weltweite Möglichkeit eines alltäglichen Schrittes (eines vertikalen Fortschritts oder Sprungs) aus dem knechtischen Arbeitsleben in das Reich wahrer Freiheiten. Das freie Leben, die beste aller möglichen Lebensweisen, ist jeden Tag schon mit dem Ende der Arbeitszeit und durch den Beginn der Freizeit erreichbar und so für jeden zugänglich, auch ohne Systemumsturz und ohne endloses Warten darauf, dass jemand den Kapitalismus abschafft und uns endlich das Tor zum irdischen Paradies aufstößt. Das allerdings scheint Saito zu suggerieren, wenn er Marx' Wegweiser für den Übergang vom Reich der Notwendigkeit ins Reich der Freiheit mit dem exaltierten Ausspruch anpreist: »Raus aus dem Kapitalismus und hinein in einen radikalen Überfluss, der mit dem Degrowth erreicht wird – das ist es, was der späte Marx als Antwort anbot.«[3]

Ich denke, er hat einen anderen Weg aufgezeigt, nämlich diesen: Nicht in irgendeiner fernen besseren Zukunft erwartet uns die Freiheit, schon gar nicht in den himmlischen Sphären eines jenseitigen Seins (göttlich-paradiesischen Überflusses oder transhuman-marsianischen Überlebens); weder im Bereich des notwendigen Arbeitslebens noch in der Sphäre der sozialen Reproduktion, sondern in der Praxosphäre, wie ich sie nenne, oder um noch einmal die schönen Worte des bis heute umstrittenen Philosophen zu zitieren: »Jenseits des Reichs der Notwendigkeit beginnt die menschliche Kraftentwicklung, die als Selbstzweck gilt, das wahre Reich der Freiheit.« Und dann folgt eine weitere Erklärung von größter Tragweite, die die praxologische Perspektive präzisiert und universalisiert. Saito zitiert Marx' Klarstellung: »Die Verkürzung des Arbeitstages ist die Grundbedingung.« (Saito, 202) Dieser ebenso unauffällige wie unfassbare Satz hat es in sich; wir sollten ihn wie das laute Löwengebrüll der furchtlosen Lehre vernehmen.

Denn damit, freie Zeit oder Zeitwohlstand als wirklichen Wohlstand, Zeitsouveränität als wahren Reichtum zu begreifen, hat Marx selbst einen Ausweg aus dem eigenen, marxistischen System gefunden. Wenn kritische Aufklärung der Ausgang aus selbstverschuldeter Unmündigkeit ist, die sich im Marxismus in der Unfähigkeit manifestiert, nicht aus dem weltanschaulichen Kapitalismus auszusteigen, dann war diese Erleuchtung ein Akt ideologischer Selbstbefreiung.

Nur wie kurz der Arbeitstag sein soll, wie die gesellschaftlich notwendige Zahl der Arbeitsstunden verkürzt werden kann und wer die Reduzierung der Arbeitszeit durchsetzt, darüber schweigt der Meister merkwürdig. Über die geheimnisvolle Lehre von der Arbeitszeitverkürzung findet sich im Regale füllenden Gesamtwerk von Marx und Engels nichts Nennenswertes. Auf diese grundlegenden und unbedingten Fragen fehlen uns noch immer wegweisende und zielführende Antworten. Auch Saito bietet dazu nichts Brauchbares an, obwohl er die maximal utopische und höchst unrealistische Vision eines glücklichen Lebens ohne Arbeit (ermöglicht durch KI-Roboter-Automation) ins Spiel bringt, deren nahe Zukunft, wie wir gesehen haben, von den Propheten einer faulenzenden kommunistischen Luxusgesellschaft verkündet wird. Die realutopische Forderung nach einer 15-Stunden-Woche, die der Bestsellerautor Rutger Bregman kürzlich in *Utopien für Realisten* aufgestellt hat, wird nicht diskutiert.

Entscheidender ist aber, dass es Marx war, der als erster und als Ergebnis seiner (durchaus auch ansatzweise utopologischen) Auseinandersetzung mit den Phantasien und Utopien anderer Gesellschaftstheoretiker mit der Formel vom ›Reich der

---

3 Saito, Systemsturz. Der Sieg der Natur über den Kapitalismus, 266.

Freiheit‹ eine ebenso einfache wie bahnbrechende (und erst recht leicht misszuverstehende) Bestimmung guter Lebenspraxis gegeben hat. Gut im Sinne eines allgemeinen Wohllebens ist demnach jede »freie Tätigkeit, die nicht wie die Arbeit durch den Zwang eines äußeren Zweckes bestimmt ist«.[4] Das Freiheitskonzept eines vielfältigen Tätigseins in Form alltagspraktischer Tätigkeiten, Verwirklichungen und Aneignungen der »menschlichen Wirklichkeit« seines »allseitigen Wesens«[5] gibt der vagen Idee des guten Lebens ein völlig neues Design. Dazu gäbe es viel zu sagen, hier muss die Bemerkung genügen, dass einer der vielen Gründe für die tragische Entwicklung der realisierten Marxismen darin liegt, dass ihr philosophischer Begründer selbst in dieser Hinsicht nie konkreter geworden ist.

Saitos Rückgriff auf die Marxsche Formel vom Reich der Freiheit ist angesichts des gegenwärtigen Booms humanistischer Gesellschaftsutopien, in denen nicht selten von einem bedingungslosen Grundeinkommen geträumt wird, ebenso geboten wie vielversprechend, weil damit vielleicht eine im Grunde schon erfüllte Grundbedingung für die Praxis der Freiheit ans Licht kommt. Denn die rebellisch klingende Idee, ein bedingungsloses Grundeinkommen zur Grundbedingung eines von Lohnarbeit befreiten Lebens zu machen, ist eine derzeit völlig utopistische Forderung der Theoretiker. Das Problem daran ist weniger die ungeklärte Bedingung, ob sich mit dem ausgezahlten Einkommen – die meisten Zahlenspiele schlagen die geringe Summe zwischen 1000 und 1500 Euro vor[6] – wirklich gut leben lässt und ob die gigantischen Staatsausgaben, die dadurch entstünden, überhaupt finanzierbar sind.[7] Der unlösbare Grundfehler dieses schönen Rezeptes liegt in dem falschen Versprechen, in einer solchen Traumzukunft gäbe es nur noch das Reich der Freiheit, weil mit einem gesicherten Einkommen für alle die allgemeinen Zwänge – das ewige Reich der Notwendigkeit, es sich durch Lohnarbeit verdienen zu müssen – abgeschafft wären.

Wenn dagegen nicht die endgültige Befreiung von gesellschaftlich notwendiger, geteilter und bezahlter Arbeit, sondern ›nur‹ *möglichst wenig Arbeitszeit* die entscheidende Grundvoraussetzung für den alltäglichen Einstieg in das wahre Reich der Freiheit ist, dann stellt sich die ganze Sache ganz anders und vor allem viel realistischer dar. Im deutlichen Unterschied zu den unmenschlich langen Arbeitszeiten des Proletariats in der industriellen Entstehungsphase des Kapitalismus, die Marx bei seiner Forderung vor Augen und im Sinn hatte, wird im Durchschnitt schon

4 Marx, Theorien über den Mehrwert 26.3: 253

5 Marx, Nationalökonomie und Philosophie, 240.

6 Werner/Goehler, 1.000 Euro für jeden: Freiheit. Gleichheit. Grundeinkommen.

7 Meireis/Wustmann (Hg.) Bedingungsloses Grundeinkommen – Utopie, Ideologie, ethisch begründbares Ziel?; Franzmann (Hg.), Bedingungsloses Grundeinkommen: als Antwort auf die Krise der Arbeitsgesellschaft.

lange nicht mehr so wenig gearbeitet wie heute – natürlich auch wegen der erfolgreichen Durchsetzung immer kürzerer Arbeitszeiten. Insofern ist die gegenwärtige gesetzliche Begrenzung der Arbeitszeit auf acht Stunden pro Tag eine gesellschaftliche Momentaufnahme der unvollendeten und – historisch gesehen – graduellen Ausweitung der Freizeit, die umso realistischer weiter zunehmen wird, je mehr wir alles tun, um möglichst wenig zu arbeiten.

Gerade wenn (und weil) das bedingungslose Grundeinkommen, wie es sich seine utopischen Befürworter wünschen, vergleichsweise niedrig angesetzt ist, wird jeder, der auch nur ein bisschen mehr Geld braucht (wofür auch immer), aus dieser Not heraus gegen Lohn arbeiten gehen. (Nur wird diese entsprechend der hohen Nachfrage schlecht bezahlt sein und daher viel ansonsten freie Zeit fressen. Aber wir leben weder im goldenen Zeitalter der glücklichen Arbeitslosigkeit noch in Marx' Zeiten eines durchschnittlichen 12-Stunden-Arbeitstages (mit körperlich sehr anstrengender Maloche). Die Realität sieht anders aus: Heute besteht fast ein Drittel des Tages aus frei gestaltbarer Lebenszeit. Was vor über 150 Jahren wie die phantasievolle Utopie einer fernen besseren Zukunft erschien, ist heute ganz normaler allgemeiner Reichtum, in dem wir leben wie die Made im Speck. Das lässt sich ebenso in schöne Worte fassen: »Wahrer Reichtum«, schrieb Marx, »ist Zeit, die nicht durch unmittelbar produktive Arbeit absorbiert wird, sondern zum Genuss, zur Muße, so dass sie zur freien Tätigkeit und Entwicklung Raum gibt.«[8]

Und sehr viele Arbeitnehmer, denen inzwischen ein beträchtliches (und aus diversen Gründen auch ein problematisches) Ausmaß an materiellen Wohlstands- und Glücksgütern zur freien Verfügung steht, könnten sogar kürzere Arbeitszeiten vereinbaren, wenn sie wollten und gegebenenfalls auch (zugunsten eines Degrowth-Lebensstils) auf etwas Geld verzichten. Nur wollen sie es nicht und nutzen darüber hinaus ihre Freizeit ebenso wenig und selten für jene freien, wahrhaft menschlichen Tätigkeiten, die Marx sich erhoffte, sondern vergnügen sie sich in ihrer Freizeit lieber mit anderen Dingen, nämlich mit dem, was Saito zu Recht »schlechte Freiheiten« nennt. Die philosophische Kritik an einer systemrelevant angepassten »imperialen« und angenehm »konsumistischen Lebensweise« (Saito) bringt uns aber nicht weiter. Wohl aber die philosophische Feststellung und die praktische Ermutigung, dass wir nicht (weitere 150 Jahre oder noch länger) darauf warten müssen, bis die Politik von oben endlich die 20-Stunden-Woche gesamtgesellschaftlich für alle verpflichtend eingeführt hat, damit zu guter Letzt die eigene Freizeit dann doch zum Ankommen ins ›wahre Reich der Freiheit‹ genutzt wird – nämlich zum täglichen Einstieg in die alltäglichen Eupraxen einer Postarbeitsgesellschaft und für alle guten Dework-Lebensweise.

Je mehr von uns schon heute – und gleich morgen wieder und wenn's geht alle Tage unseres Lebens – in ihrer wohlverdienten Freizeit diejenigen Freiheiten selbst

8 Marx, Theorien über den Mehrwert, 252.

verwirklichen, auf die es im lebensweltlichen Alltag ankommt, um das Gemeinwohl in praxi zu leben, desto wahrscheinlicher wird sich kürzere Arbeitszeit gesellschaftlich weiter ausbreiten und in gesetzlichen Arbeitszeitbegrenzungen normalisieren. Diese minimal utopische Perspektive eines praxologischen Freiheitsverständnisses auszuleuchten und auf den Begriff zu bringen, ist die verantwortungsvolle Aufgabe der Philosophen, um die Welt zu verändern. Nichts dergleichen ist geschehen: Von Marx bis Saito fehlen unserer krisengeschüttelten Welt die entscheidenden Rezepte und Konzepte wie Praxismus, Gastrosophie, Utopologie, Konvivialität, Pansuperhumanismus, Philosophie der Alltagswelt, vor allem aber fehlen ganz praktische Anleitungen und Wegweiser, was jeder von uns jeden Tag, morgens, mittags, abends tun könnte und sollte, damit es wirklich ein menschliches Überleben und weit darüber hinaus ein allgemeines Wohlleben – ein für alle gutes Leben und Sterben – auf der Erde gibt.

Wie wäre es mit einem Dework-Kommunismus?

Aber wir sind noch nicht fertig mit Marx, mit einem maßgeblichen Philosophen, der für Abermillionen Menschen weltweit eine ebenso einleuchtende wie mitreißende Geschichte erfunden hat, die vom wahren Weg ins Reich der Freiheit erzählt und von einem praktisch möglichen Alltag schwärmt, der erfüllt ist von selbstbestimmten, guten Tätigkeiten jenseits der notwendigen Arbeit. Doch Marx selbst, der kleinere Buddha und große Weisheitslehrer der westlichen Moderne, hat seine praxistische Freiheitsvision zwar in verheißungsvollen, aber letztlich doch nur farblosen Bildern ausgemalt. Bekannt sind die wenigen vagen und halbherzigen Andeutungen in der Programmatik, neben der notwendigen Lohnarbeit im Laufe des Tages bestimmte selbstbestimmte und selbstzweckhafte Tätigkeiten auszuüben, weil es um den Reichtum eines vielseitigen Tätigseins und um das Selbst einer »allseitigen

Entwicklung des Individuums« geht.[9] Was fehlt, sind wegweisende Anleitungen zu den erstrebenswerten Praxen und universellen Lebenskünsten, die das gute Leben in einer »kommunistischen Gesellschaft« ausmachen. Immerhin erlaubt uns Marxens Dework-Kommunismus – das scheint mir der angemessene Ehrentitel für diese Eutopie einer ankünftigen Postarbeitsgesellschaft zu sein – »heute dies, morgen jenes zu tun, morgens zu jagen, nachmittags zu fischen, abends Viehzucht zu treiben, nach dem Essen zu kritisieren, wie ich gerade Lust habe, ohne je Jäger, Fischer, Hirt oder Kritiker zu werden«.

Fasziniert von dieser in schwungvollen, wenn auch merkwürdig vormodernen (retrotopischen) Zügen gezeichneten Allegorie des erreichbaren Reichs der guten Freiheiten, findet der junge Nachwuchsphilosoph Saito den Mut, endlich anschaulicher zu werden und die postarbeitsgesellschaftliche Freiheitspraxis mit bunten Facetten lebensnah und farbenfroh zu illustrieren – und dem Ganzen sogar eine gastrosophische Tiefe zu verleihen: »In einem Leben, das nicht mehr dem Diktat von Arbeitshetze und Geldsorgen unterliegt, hätte man mehr Zeit für gegenseitige Hilfe und Aktivitäten, die nicht unter dem Stern des Konsumismus stehen: Sport, wandern oder im Park die Natur genießen, Gitarre spielen, Bilder malen oder lesen. Man könnte auch ein schönes Essen für Freunde und Familie zubereiten und dabei nach Herzenslust plaudern. Auch für freiwillige Tätigkeiten oder politischen Aktivismus stünde endlich mehr Spielraum zur Verfügung.«[10]

Mit diesen locker gezeichneten Szenen einer Minima Utopia – wie in einem Asterix-Comic hingekritzelt – nähert sich Saitos mit seiner Bergungs- und Rekonstruktionsarbeit der heißesten Quelle der Marxschen Utopie und kommt den Geheimnissen des besten Gesellschaftsmodells der Welt schon sehr nahe. Zum ersten Mal gelingt es ihm, das gute Leben der Tätigkeitsgesellschaft zu beschreiben. (Was nicht ganz stimmt, denn der französische Praxisphilosoph André Gorz war mit sei-

---

9 So heißt es bei Marx irreführend: »In einer kommunistischen Gesellschaft gibt es keine Maler, sondern höchstens Leute, die unter anderem malen.« (Deutsche Ideologie, 379) Wenn das Reich der Freiheit (gemäß dem praxologischen Bruch) auf irgendeiner Form notwendiger Lohnarbeit beruhen kann oder muss, und wenn die Praxis guter Freiheit nur in der arbeitsfreien Lebenszeit möglich ist und in verschiedenen Formen des Tätigseins verwirklicht werden kann, dann hätte er schreiben müssen: »In einer kommunistischen Gesellschaft gibt es Maler oder Fischer, Kritiker, Kassierer, und trotzdem können diese Menschen nach diesen Arbeiten in freien Tätigkeiten aktiv sein. Jemand, der gern und viel malt, kann trotzdem morgens fischen gehen, nach einem ausgiebigen Frühstück, zu dem er Lust hat, seine sozialen Kontakte pflegen und Sport treiben, nachmittags zur Nachbarschaftsversammlung gehen oder zwischendurch dem Nachbarn helfen, abends mit Freunden den frischen Fisch zu einem Mahl zubereiten und nach dem lebhaften Genuss des gemeinsamen Essens noch am Bildschirm sitzen oder Bücher schreiben.

10 Saito, Systemsturz. Der Sieg der Natur über den Kapitalismus, 199f.

ner Idee einer »Multiaktivitätsgesellschaft« schon etwas weiter.[11] An dieser Interpretation des Ankünftigen scheitern bislang auch die kühnsten Visionäre.[12])

Im Hinblick auf die gesellschaftliche Transformation bzw. Veredelung von materiellem Reichtum und utopischen Energien in den Stoffwechsel eines alltagsweltlichen Gemeinwohllebens führt Saito weiter aus: »Was zurückginge, wäre also die durch fossile Brennstoffe produzierte Energie, zunehmen aber würde soziale und kulturelle Energie. Es wäre ein Leben, das weitaus mehr Wohlstand zu bieten hätte als eines, in dem man sich Tag für Tag im überfüllten Zug zum Arbeitsplatz quält, nur um dort vor dem Bildschirm sitzend hastig ein paar Instantnudeln in sich reinzuschaufeln und abends todmüde heimzukommen. Den Stress bräuchte man dann auch nicht mehr mit Online-Shopping und Alkohol zu bekämpfen. Und hätte man einmal mehr Zeit, selbst zu kochen und Sport zu machen, wäre das auch zweifellos besser für die eigene Gesundheit.« (Ebd., 196)

Das ist ordentlich gebrüllt; da ist einer, der erkennt, dass, für alle Gutes zu tun, gar nicht so schwer ist. Zwar unterlässt Saito die ebenso wünschenswerte wie sachlich gebotene Erörterung des generellen Unterschieds zwischen bloß beliebigen Hobbys und systemrelevanten Freizeitvergnügungen einerseits gegenüber freien Tätigkeiten und eupraxisch aktivierten Humana andererseits, die zu aktivieren für alle super ist, weil sie menschliches Wohl verwirklichen. Insofern bleibt das Superhumane – das vielgestaltige Gute oder Gemeinwohl, das Menschen täglich leben könnten – philosophisch nur angedeutet und rückt nicht ins Zentrum seiner Utopie. Immerhin jedoch wird für bestimmte Praktiken und Lebenskünste eine universelle Selbstzwecklichkeit erkannt, die der Praxis guter Freiheit durch freiwillige Tätigkeiten entspricht und die des Menschen als eines frei und selbsttätig seinkönnenden Wesens würdig ist. So haben wir plötzlich das beinahe klare und in seiner praxologischen Tiefe fast realistische Bild eines für alle guten Lebens vor Augen: »Das Reich der Freiheit steht für Tätigkeiten, die für das Überleben zwar nicht unbedingt notwendig, aber erforderlich sind, um menschenwürdig leben zu können, zum Beispiel Kunst, Kultur, Freundschaft, Liebe oder auch Sport.« (Ebd., 202)

Freilich fehlt in dieser Aufzählung und Erzählung schon wieder die – von Saito selbst erwähnte und weit über Marxens halbherzigen Haltung gegenüber dem Essen hinausgehende – gastrosophische Weisheit, dass es zur Geselligkeit einer menschenwürdigen oder superhumanen Lebenspraxis eben unbedingt gehört, für Freunde und Familie ein feierliches Essen zuzubereiten oder sich die Zeit zu nehmen, gemeinsam zu kochen und beim genüsslichen Essen nach Herzenslust zu

11 Gorz, Kritik der ökonomischen Vernunft. Sinnfragen am Ende der Arbeitsgesellschaft.

12 Ich spiele hier auf Richard D. Precht an, der in seiner *Utopie der digitalen Gesellschaft* in expliziter (wenn auch missverstandener) Anlehnung an die Marxsche Morgen-Mittag-Abend-Formel seinerseits vom guten Leben solcher freien Tätigkeiten träumt.

plaudern. Zwar lehrt Saito uns die einleuchtende Geschichte, dass das universelle Gemeinwohl eines freien Lebens in nicht mehr, aber auch in nicht weniger, als darin besteht, beispielsweise den Morgen mit etwas Gärtnern oder irgendeiner anderen notwendigen Arbeit auszufüllen, zwischendrin bis mittags am Computer zu sitzen, nach dem Mittagsmahl (dessen detaillierte Beschreibung erwähnenswert wäre) irgendeiner politischen Arbeit nachzugehen und danach zum Abreagieren oder einfach aus Lust etwas Sport zu treiben oder abwechslungsweise zu forschen und Kunst zu machen, um dann abends mit Freunden ein geschmackvolles Mahl zu kreieren und beim geselligen Miteinander über alles Mögliche zu philosophieren. Doch er tut dies, wie gesagt, offensichtlich nicht als wahrhaftig Erleuchteter, als einer, der traumwandelnd weiß, wo der gute Weg überall hinführt und wo eben nicht; dem klar ist, was die mutigen und wirklich wichtigen Taten sind, die Menschen dazu befähigen, die Erde zu einem besseren Ort für alle zu machen und sich selbst zu superhumanen Wesen.

Letztlich bleibt Saitos Praxisverständnis unkritisch und fantasielos marxistisch, weil es sowohl auf die Sphäre der Produktion und des Arbeitslebens beschränkt als auch vom Irrglauben an eine revolutionäre Megapraxis beherrscht wird. Wer wie er meint, »dass uns mit einer nur schrittweisen Verbesserung die Zeit davonläuft« (ebd., 44) und wirkliche Transformationen nur durch eine systemumstürzende Revolution herbeigeführt werden können, hat sich mental noch nicht vom modernen »Akzelerationismus« (Saito) befreit. Unter der ideologischen Wucht des rasenden Stillstands in eine unbekannte Zukunft (der sich der eingangs zitierte Hans-Christian Dany mit Euphorie und Phantasie widersetzt) nutzt der junge Nachwuchsphilosoph aus Japan weder die alltagsweltliche Kaizen-Praxis der schrittweisen Verbesserung noch die geistig verwandte buddhistische Zen-Praxis, um uns den transkulturellen Weg zum Selbstmachen einer besseren Welt zu weisen (und damit der japanischen Degrowth-Gesellschaft ein nach Übersee exportierbares Kulturgut zu sichern). Jedenfalls kann eine praxistische Weltsicht die Kaizen-Philosophie so zum Leuchten bringen, dass wir besser verstehen, wie gesellschaftliche Veränderung im Alltag wirklich aussieht. Deshalb habe ich weiter oben argumentiert, dass wir uns nur auf diese Weise von dem wenig zielführenden Marxismus einer revolutionären Megapraxis befreien können – mit seinen unzähligen Varianten einer Großen Politik der Großen Taten und Großen Transformationen oder etwa nur in Form eines »linken Aktivismus« oder des alle gesellschaftspolitischen Agenden und Aktionspläne beherrschenden »Top-Down-Politizismus« (Saito). Um es noch einmal zu wiederholen: Was wir dafür unbedingt brauchen, ist ein wohlverstandener Praxismus, der das pulsierende Herz eines superhumanen Tätigseins und der Schrittmacher einer Multiaktivitätsgesellschaft wäre – und der das Zeug hätte, endlich den marxistisch geprägten Materialismus oder, um es unmarxistisch zu formulieren, den modernen Ökonomismus zu überwinden, von dem selbst Nicht-Marxisten nicht wissen, dass er nichts weiter ist als ein veralteter Algorithmus der Marxschen Philosophie.

Sechste These ad Saito

Wer immer noch glaubt, mit der Verheißung irgendeiner ›kommunistischen Gesellschaft‹, die Massen begeistern zu können, träumt schlecht

Erstaunlicherweise lässt sich Saito vom Prinzip Hoffnung leiten (sogar von jener ohnmächtigen Hoffnung, die bekanntlich zuletzt stirbt), dass das Versprechen einer ›kommunistischen Gesellschaft‹ noch genügend Widerstandseuphorie und Kampfgeist gegen das ›kapitalistische System‹ in genügend Köpfen und Herzen weltweit wecken könnte. Andernfalls hätte sich sein utopisches Manifest unbedingt auf die Suche nach einem anderen Gesellschaftsideal machen müssen. So aber haftet das ganze Konstrukt seines ›Degrowth-Kommunismus‹ an einem stark verrosteten und abgenutzten Haken, der jederzeit seinen Geist endgültig aufzugeben droht. Schon eine direkte Übertragung ins Deutsche würde die schwache Tragkraft, ja das Elend dieser Konstruktion vor Augen führen: ein Schrumpf- oder Welk-Kommunismus als inspirierende Vision. Immerhin wird eingeräumt, dass nicht ohne Grund »die meisten Menschen an die Einparteiendiktaturen wie in der Sowjetunion oder China sowie an die Verstaatlichung der Produktionsmittel« (ebd., 107) denken und nix von Sozialismus welcher Art auch immer wissen wollen. Trotzdem hält Saito an dem Begriff fest und macht es namhaften Sozialphilosophen wie Badiou, Negri, Hardt, Nancy, Zizek, Rancière, Vattimo, Honneth, Piketty – der Crême de la Crême einer unverbesserlich marxistischen Gesellschaftstheorie – nach, die sich an der »Idee des Kommunismus« und der »Zukunft des Sozialismus« festzubeißen wie streunende Hunde an einer einst hübschen, inzwischen zerfetzten Stoffpuppe.[1]

Eine Wundertüte gleicht steckt Saito wie üblich alles erdenklich Gute in das Ein-Wort-Narrativ. Er wünscht sich unter anderem: Eine wundersame Verbreitung von Commons in Form von gemeinsam produzierten, organisierten und genutzten Gütern, von Gemeineigentum und Gemeinbesitz (im Gegensatz zu privatem oder staatlichem Besitz), überhaupt von Genossenschaften und den Wandel

1 Douzinas/Zizek (Hg.), Die Idee des Kommunismus; Honneth, Die Idee des Sozialismus. Versuch einer Aktualisierung; Piketty, Der Sozialismus der Zukunft. Interventionen.

zur Gebrauchswert- und Kreislaufwirtschaft. Er wünscht sich außerdem: Mehr Bürgermitbestimmung, mehr Bildung, mehr E-Autos, Solaranlagen, günstigere Wohnungen und ÖPNV-Gebühren und natürlich ganz allgemein mehr Freiheit, Gleichheit und Glück für alle und jederzeit. Ihm schwebt eine Weltrevolution vor, für deren Verwirklichung er einen zwingenden Ablauf der Geschichte beschwört, die sogar der christlichen Heilsgeschichte nacheifert. »Es ist das Projekt der Dreifaltigkeit, bestehend aus der Überwindung des Kapitalismus, der Neuausrichtung der Demokratie sowie der Dekarbonisierung der Gesellschaft. Die Verstärkung wirtschaftlicher, politischer und ökologischer Synergieeffekte wird eine umfassende Umgestaltung des Gesellschaftssystems erzwingen.« (269)

Aber könnte dieser fromme Wunschzettel eines Degrowth-Kommunisten nicht mehr oder weniger auch von liberalen, sozialdemokratischen, grünen oder blauen Kapitalismusbefürwortern oder -reformatoren stammen? *Das Konvivialistische Manifest* jedenfalls listet vieles davon auf und kann dennoch die Kunst eines neuen Zusammenlebens und das Wertesystem einer post-neoliberalen Welt anschaulich (und eben nicht kommunistisch) beschreiben.[2] Diese Tatsache bietet Anlass zu lautstarkem Gebrüll, zu einem Weckruf, den bislang kaum jemand vernommen hat: *Eine konviviale Wirtschaftsweise ist möglich!* Denn, was der japanische Philosoph unserer heruntergewirtschafteten Welt nicht wissen lässt, nicht einmal in Grundzügen, ist die Alternative eines konvivialistischen Wirtschaftssystems. Deren ökonomische Bewegungsgesetze zu kennen, bedeutet aber, mit denjenigen tranformatorischen Kräften ›rechnen‹ (nämlich im doppelten Sinne des Wortes umgehen und kalkulieren) zu können, die gesellschaftlichen Wandel und Weisheit in der Produktionssphäre gedeihen lassen.[3] Dazu will ich nur so viel andeuten: Statt weiterhin, ohne aus den vielen schlechten Erfahrungen der Geschichte sozialistischer Volkswirtschaften zu lernen, und trotzdem von einer kommunistischen Verstaatlichung der Produktionsmittel zu träumen, funktioniert im Gegensatz dazu eine konvivialistische »Ökonomie des guten Lebens«[4] so, dass sie die Kostenwahrheit zum Grundprinzip ethisch guten Wirtschaftens macht. Sämtliche Kosten eines Wirtschaftsguts (eines hergestellten Produkts oder einer geleisteten Arbeit) akkumulieren sich in dessen Preis als allgemeiner Wertschöpfung und gesamtgesellschaftlicher Wertschätzung. Dementsprechend hat alles, was ökonomisch verwertet wird, ob Rohstoffe aus der Natur, Waren der verarbeitenden Industrie,

---

2 Das konvivialistische Manifest: Für eine neue Kunst des Zusammenlebens; Das zweite konvivialistische Manifest: Für eine post-neoliberale Welt.

3 Felber, Gemeinwohl-Ökonomie. Das alternative Wirtschaftsmodell für Nachhaltigkeit; Jackson, Wohlstand ohne Wachstum – das Update: Grundlagen für eine zukunftsfähige Wirtschaft.

4 Skidelsky/Skidelsky, Wie viel ist genug? Vom Wachstumswahn zu einer Ökonomie des guten Lebens.

handwerkliche und andere Dienstleistungen oder Anfertigungen und Erzeugnisse aus Wissenschaft, Forschung und Künsten, seinen wahren Preis. (Einen Preis, der im kapitalistischen Wirtschaftssystem durch die bekannten und vielfach kritisierten Ausbeutungsmethoden verfälscht wird.) So auch der Preis der Arbeit. Zur ökonomischen Wahrheit der Kosten und Preise innerhalb einer konvivialistischen Gemeinwohlökonomie gehört wesentlich die Bezahlung eines *guten Lohns.*[5] Grundvoraussetzung dafür, dass es für viele Menschen leichter als heute wird, ihre alltäglichen Freiräume zu erweitern, sind (in Ergänzung zu möglichst kurzer Arbeitszeit) höhere Löhne für Arbeitnehmer.

Davon erfahren wir bei Saito kaum etwas. Der Kommunist versucht sich zwar von nur »aufgewärmten«, »halbgaren« Rezepten der Orthodoxie und anderer Humanismen einer alternativen Ökonomie abzugrenzen, doch in seiner eigenen Begriffsküche köchelt letztlich nur das Allerlei eines verwässerten, teils schwammigen, teils faden Kommunismus-Eintopfes vor sich hin, der den schlechten Geschmack von Gleichgesinnten bedient, die nichts anderes kennen. Insofern verwundert auch nicht, wenn seine Philosophie die gesellschaftliche Transformation *primär* (obwohl er selbst es besser weiß) von »einer radikalen Umwälzung der Arbeitssphäre« abhängig macht: »Für eine Korrektur der Lebensweise brauchen wir eine Überwindung der Produktionsweise.«[6] Und um diese, wie wir gleich sehen werden, merkwürdige Verwirrung von Mittel und Zweck in die sakrosankte Ferne einer unhinterfragbaren Lehre und Wahrheit zu entrücken, wird auch hier Marx zum Guru gemacht, denn es gilt: »Wie schon Marx sagte, wächst soziale Veränderung und Weisheit aus der Produktionssphäre.« (Ebd., 280)

Wir müssen an dieser Stelle kurz aufatmen und uns fragen, was da wächst? Wächst da nicht aus Arbeit nur Mehrarbeit – ein Workgrowth-Kommunismus? Verbirgt sich dahinter nicht der Irrtum, gesellschaftlicher Wandel und die Weisheit, die sich auf eine für all gute Lebensweise versteht, entstünden vor allem im Reich der Notwendigkeit? Wer sich entscheidet, die Verwirklichung einer besseren Zukunft orthodox marxistisch an der »Arbeitsfrage« (ebd., 218) auszurichten, bekommt selbstverständlich andere Dinge und Welten zu Gesicht als jemand, der stattdessen die Freiheitsfrage in den Mittelpunkt stellt. Wer sich »eine tiefgreifende Änderung des Zustands der Arbeit« (ebd., 218) zur Grundbedingung für die Ausbreitung guter Freiheit erklärt, will nichts anderes (Unmögliches), als das Reich der Notwendigkeit in ein Reich der Freiheit zu verwandeln, in eine Praxosphäre, die das einzige Medium zur Entwicklung von Humanität und der Selbstverwirklichung der Individuen ist. Nicht die maximale Befreiung von der Arbeit, sondern größtmögliche Freiheit in der Arbeit, lautet die typisch kommunistische Devise. Saito lässt keinen Zweifel daran: »Es handelt sich also nicht nur darum, mehr Zeit abseits der Arbeit

5 Gemmill-Herren/Baker/Daniels (ed.), True Cost Accounting for Food: Balancing the Scale.

6 Saito, Der Sieg der Natur über den Kapitalismus, 222.

zu haben und diese frei gestalten zu können, sondern auch darum, die Qualen und Sinnlosigkeit, die während der Arbeitszeit auftreten, abzuschaffen.« (Ebd., 231)

Natürlich sind neben weiteren Verkürzungen der gesellschaftlich notwendigen Arbeitszeit auch – wer wollte dies bestreiten – dringende Verbesserungen innerhalb der Arbeitswelt wünschenswert. Sie sollten im Sinne degrowth-kommunistischer Entwicklungszielen zu Verhältnisse von nur (total) guter Arbeit führen. Die allgemeinen Bedingungen und Erfordernisse, die erfüllt sein müssten, damit der gesellschaftliche Bereich notwendiger Lohnarbeit in ein zwangloses Reich total guter Arbeit verzaubert werden kann, lassen sich wiederum ohne weiteres aufzählen. Saito spricht von der »Aufhebung uniformer Arbeitsteilung« und der »Wiederherstellung der Kreativität der Arbeit«. Aber wie realistisch ist es, dass all die monotonen, mühsamen, sinnlosen oder sinnvollen, körperlich, seelisch und geistig anstrengenden, zwangsläufig lauten oder dreckigen, stinkenden und stupiden Arbeiten und »Bullshit-Jobs« (David Graeber) zu abwechslungsreichen, kreativen, spaßigen, interessanten Super-Jobs werden können? Demgegenüber beweist die philosophische Einsicht, dass eine gesamtgesellschaftlich notwendige Aufteilung zergliederte Arbeiten erforderlich macht und ebenso unabänderliche Notwendigkeiten zwingend zerteilte Arbeiten erfordern, anthropologische Weitsicht und Reichweite. Mit dem Taschenlampen-Fokus (der das meiste im Dunkeln lässt) nur die Arbeitsfrage zu beleuchten, wird die programmatische Trennung des Bereichs der gesellschaftlich notwendigen Arbeit von den Bereichen möglicher Freiheitspraxen wieder unscharf und der anthropologische Bruch zwischen diesen beiden Paralleluniversen vergessen und so getan, als ob jede Form von Lohnarbeit eine kreative und selbstverwirklichende Tätigkeit sein könnte. Diese konzeptuelle Schrumpfung verliert sowohl die wegweisende Einsicht des Marxschen Dework-Kommunismus aus dem Blick als auch gerade jene postarbeitsgesellschaftlichen Entwicklungen der roboter-technologischen Produktionsprozesse, die uns dem Reich der Freiheit automatisch näherbringen könnten, weil sie es möglich machen, »den Menschen von der Lohnsklaverei zu befreien.« (Ebd., 227)

Gleichwohl ändert die mögliche Ausbreitung technologischer Arbeitslosigkeit nichts daran, dass es auch in Zukunft irgendwelche und nicht wenige Arbeit geben wird, zu deren Erledigung es Menschen braucht. Und die Verwirklichung der besten aller möglichen Welten würde sogar viel mehr Arbeit schaffen – gesellschaftlich notwendige Arbeit die Menschen besser machen als Maschinen. Saito spricht mit der Pflegearbeit für Alte, Kinder und Bedürftige in »der Sphäre der sozialen Reproduktion« einen solchen arbeitsintensiven (humanen) Bereich an, wo »Roboter oder eine künstliche Intelligenz die Arbeit nicht bewältigen« (ebd., 236) können und der Einsatz von humanoiden Maschinen kein ebenbürtiger Ersatz für zwischenmenschliche Fürsorge bietet. Und umgekehrt gibt es schon heute viele, die wie Maschinen nur ihren Job machen, um dann in ihrer Freizeit all die Dinge tun zu können, die ihren Alltag vor allem ausmachen und die ihnen wichtiger sind als die Erwerbsarbeit, die sie leisten müssen.

Die Sphäre der Commons erweitern

Wenn es zu der erhofften wundersamen Verbreitung von Gemeingütern in Form von gemeinschaftlich hergestelltem, organisiertem und genutztem Eigentum käme, wenn es zu einer erneuten kommunistischen Verstaatlichung der Produktionsmittel käme, wenn die Privatunternehmen und Großkonzerne enteignet und durch Arbeitergenossenschaften ersetzt würden, Kooperativen und Selbstverwaltung durch Teamarbeit in flachen Hierarchien ersetzt würden, wenn also die Arbeiter endlich »das Recht hätten, Entscheidungen über die Produktion zu treffen« (ebd., 233), dann könnte man mit Sicherheit sagen, dass gesellschaftliche Veränderung und Weisheit aus der Produktionssphäre erwachsen. Denn dann müsste durch diesen Commonismus der Arbeiter »die Demokratie über das Parlament hinaus auf den Bereich der Produktion ausgedehnt werden, indem die Sphäre der Commons erweitert wird.« (Ebd., 268) Auch wenn Saito die partizipative Mitbestimmung über betriebliche und unternehmerische Entscheidungen als »Demokratisierung des Produktionsprozesses« bezeichnet, wäre dies eine Erweiterung und Neuausrichtung der Demokratie und insofern eben eine gesellschaftliche Erweiterung der politischen Praxis und eben keine Ausdehnung der Produktionssphäre.

Wie wenig durchdacht die Vision ist, dass gesellschaftlicher Wandel und Weisheit ausgerechnet im Reich der Notwendigkeit wachsen sollen, zeigen zwei sozioökonomische Auswüchse des Degrowth-Kommunismus. Zum einen meint Saito, dass sich das globale Wirtschaftsgeschehen durch die Vergesellschaftung und Demokratisierung des Produktionsprozesses von selbst – quasi automatisch – entschleunigen würde. Natürlich ist es nicht die »Verlangsamung der Entscheidungsfindung«, die es braucht, um unterschiedliche Meinungen »ohne Zwang zu koordinieren und zu harmonisieren« und die undemokratischen Diktaturen der Chefetagen und die »Despotie des Kapitals« (ebd., 234) zu zersetzen. Wir haben bereits gesehen, dass das, was die Entschleunigungsprozesse einer ökonomischen Verlangsamung zu einer »guten Sache« (Danny Dorling) macht, zeitintensive Slow Life Lebenskünste aller Art sind – allen voran Slow Food Aktivitäten. Zum anderen imaginiert Saito die vollautomatisierte Zukunft eines Degrowth-Kommunismus unter der realitätsfernen Prämisse, dass eine Verkürzung der gesellschaftlichen Gesamtarbeitszeit im großen Stil allein dadurch zu erreichen wäre, dass weniger »unnütze Dinge« im Allgemeinen und weniger unnötige Konsumgüter im Besonderen produziert würden. So wünschenswert eine solche Konsumdiät auch erscheinen mag, so bedeutet diese gesunde Abmagerung oder Schrumpfung nicht zugleich den Ausstieg der Produzenten aus einem Wirtschaftssystem, das an anderer Stelle weiterhin schädliche und leidvolle Ausbeutung betreibt. Die produktive Beteiligung der Arbeitnehmer an einem »öko-imperialen Wirtschaftssystem« (Saito) kann nur beendet werden, wenn sie nicht jede Arbeit machen, nur weil sie ihnen genug Geld einbringt.

Natürlich hat Saito Recht, wenn er dem prophetischen Nachhaltigkeitsethiker und Ökosozialisten Marx darin folgt, dass »der einzige Weg, den Riss zwischen Natur und Mensch zu kitten, eine radikale Umwälzung der Arbeitssphäre ist, die eine den Naturkreisläufen angepasste Produktion ermöglicht.« (Ebd., 217) Das allein könnte genauso innerhalb der kapitalistischen Wirtschaftsweise gelingen. Nur schafft diese aus sich heraus weder die alltägliche Motivation noch die erstrebenswerte Utopie, die Ausweitung des Reichs des Guten im Alltag zum Ziel und Zweck einer nachhaltigen Entwicklung zu machen. Dazu braucht es mehr Phantasie und Poesie: Wir müssen lernen, uns eine Geschichte vom guten Leben zu erzählen, die nicht länger mit den Algorithmen einer ›Arbeitsgesellschaft‹ und mit Marx' Ismen (wie Kommunismus, Sozialismus, Materialismus) arbeitet. Es könnte eine richtig gute, eine super Erzählung sein, wenn in ihrem narrativen und normativen Zentrum die konviviale Gesellschaft und ihre feierabendlichen Tafelkünste als ihr Herz pulsieren würden. Es wäre eine eutopische Gesellschaftspraxis, welche die für das planetarische Überleben notwendige Sphäre der Produktion und Arbeit natur- und sozialgerechter gestaltet, vor allem aber aus alltagsphilosophischer Weisheit die Arbeitszeit so weit wie möglich verkürzt, damit genügend Lebenszeit für die vielfältigen Aktivitäten des Gemeinwohls bleibt. Worauf es also ankommt, um die Welt zu verändern, ist: Dass sich möglichst viele Menschen an diesem konvivialen Wohlleben – an den Praxen superhumaner, guter Freiheiten – beteiligen, anstatt sich auch weiterhin nach pflichtbewusst getaner Arbeit ›zum Feierabend‹ freiwillig in einem systemrelevanten Konsumleben zu verlieren.

Wie ist es zu erklären, dass ein kommunistisches Manifest immer noch oder wieder zum Bestseller werden kann? Der Grund ist poetisch, wenn man so will. Er hängt mit der Magie der Begriffe zusammen. Der erstaunliche, wenn auch insgesamt sehr relative Erfolg von *Marx in the Anthropocene. Towards the Idea of Degrowth Communism* (so der englische Titel von Saitos Pamphlet) verdankt sich der energetischen Restwärme dieser Utopie: Das vorgeschlagene Ein-Wort-Narrativ vermag anscheinend bei jenen unverbesserlichen Humanisten, die sich einen linken Ausweg aus dem kapitalistischen Schlamassel wünschen, nach wie vor eine tiefsitzende Begeisterung zu wecken. Insofern gehört zu den philosophischen Innovationen, um die sich der japanische Nachwuchsphilosoph verdient gemacht hat, zweifellos die schöne Idee, die Hoffnung auf eine bessere Zukunft und Lebensweise mit dem Versprechen eines neuen »radikalen Überflusses« (ebd., 201) zu verbinden. Dabei gelingt ihm das erzählerische Kunststück, das kapitalistische Glücksversprechen eines angenehmen Lebens in Saus und Braus, eines Wohlstands für alle in einem märchenhaften Schlaraffenland voller ›Supermärkte‹ und ›Freizeitvergnügen‹ durch eine raffinierte Parodie zu kannibalisieren.

Denn eine fantastische Geschichte kann – mit Hilfe einer komischen, fast comicartigen Umkehrung der Verhältnisse und Werte – ›Überfluss‹ jederzeit in ›Mangel‹ oder ›Unersättlichkeit‹ in ›Völlerei‹ verwandeln. Eine solche Begriffs- und Denkwende klingt dann so: »Im Rahmen des Kapitalismus, dessen Essenz die Knappheit ist, ist es unmöglich, dass alle zu Wohlstand kommen, egal wie sehr man es versucht. Stoppen wir ein solches System und ersetzen wir es durch Degrowth. Der Weg dorthin führt über den Degrowth-Kommunismus, der uns radikalen Überfluss bringen wird. Wir wären dann nicht mehr vom Wirtschaftswachstum abhängig, sondern könnten ein Leben mit mehr Wohlstand und mehr Stabilität führen.« (Ebd., 199)

Zugegeben, *die narrative Strategie einer Umwertung aller Werte* ist in der langen Geschichte der philosophischen Erzählkunst nicht sehr originell. Entscheidender ist aber, dass auch Saito – wie etwa die erwähnten Utopisten einer »intelligenten Verschwendung«, die zen-buddhistisch inspirierten Upcycling-Aktivisten Braungart, McDonough und Pauli – den gangbaren »Weg in eine neue Überflussgesellschaft« verkünden will, um uns den gesellschaftlichen Wandel und seinen »Degrowth-Kommunismus« schmackhaft zu machen. Auf diesem interessanten Weg kommt der erfrischende Rückenwind jedoch aus einer ganz anderen Richtung und von weit her, nämlich vom epikureischen Hedonismus. Es war die weise Erkenntnis Epikurs (nicht Buddhas), aus der anthropologischen Einsicht in die Lustnatur (Wohlnatur) des Menschen die Lust auf das Gute zu wecken, die sowohl die Abwendung von Unlust (angesichts von Ungutem, Übeln, Wehleiden aller Art) als auch die weise Unterscheidung zwischen beliebigen Lusterfahrungen und der möglichen Erfüllung guter (Wohl-)Lust – der Lust, menschliches Wohl zu leben – zur normativen Grundlage hat. Im Gegensatz zum lustfeindlichen Platonismus und zur aristotelischen Mäßigungsmoral lehrte seine hedonistische Ethik, dass auch das gute Leben lustvoll (wohlvoll) sein kann. Wer bei dem Ziel einer Überflussgesellschaft nur an den Überfluss an materiellen (erneuerbaren, müllfreien, einfach intelligenten, gut gestalteten) Wohlstandsgütern denkt und sich nur ein Mehr (oder Weniger) an Dingen und Lebensmitteln aller Art vorstellt, verknappt schon durch seine rein materialistische Weltsicht die unfassbare Fülle und den einzigartigen Reichtum eines für alle möglichen (praxistischen) Wohllebens. Sein Zuwachs bzw. ›Mehr an Wohlstand und Lebensqualität‹ ist erfüllt von wahrhaft wohltuenden und lustvollen Erfahrungen des Geglücktseins, des Genussvollen, des Zufriedenmachenden usw. Solche (praxosphärischen) Erfahrungen guter Freiheiten liegen aber außerhalb einer noch so radikal transformierten Produktionssphäre; sie sind aber auch nur jenseits aller bekannten Konsumsphären erreichbar. Damit ist Folgendes gemeint: Trotz des schönen Glücksversprechens eines sorglosen Lebens im Überfluss sorgt Saito höchstpersönlich dafür, dass sein neuer Marxismus jede Erfolgschance verliert, indem er ergänzend, aber wenig glanzvoll, darauf hinweist, dass die praktische Verwirklichung und alltägliche Erfahrung »guter Freiheit« (ebd., 203) – jetzt kommt's – den Verzicht auf »schrankenlosen Konsum« (ebd., 202) erfordert.

Mit anderen Worten: »Selbst, wenn die produzierte Gesamtmenge geringer wird als je zuvor, sollten wir uns ganzheitlich gesehen in freiwilliger Beschränkung üben, um eine glückliche, gerechte und nachhaltige Gesellschaft zu errichten.« (Ebd., 203) Während die Idee, von der Zukunft einer neuen Überflussgesellschaft zu erzählen, dem schwer belasteten Begriff des Kommunismus immerhin einen frischen Anstrich verleiht und als plakative Werbestrategie sicherlich hilft, nun also die ›degrowth-kommunistische Gesellschaft‹ als etwas Erstrebenswertes auszumalen und darüber hinaus sogar dem marxistischen Utopismus den realistischen Horizont eines nachhaltigen (dekorbonisierten) Post-Baconismus zu eröffnen – so weit so gut –, ist die Propagierung des freiwilligen Verzichts auf jenes lustvolle oder zumindest halbwegs vergnügliche Konsumleben, das die Zwänge des Arbeitslebens kompensiert und die eigene Arbeitskraft jeden Tag aufs Neue und trotz allem reproduziert, alles andere als eine zielführende Idee.

Mit der argumentativen Verschiebung von der unrealistischen (orthodox-marxistischen) Hoffnung auf einen revolutionären Wandel der kapitalistischen Produktionsweise hin zur realistischeren (rein moralischen) Forderung nach revolutionären Veränderungen innerhalb der Konsumsphäre vollzieht Saito – »ganzheitlich gesehen«, wie er sagt – immerhin eine wichtige und tiefgreifende Korrektur des Gesamtbildes seiner (neomarxistischen) Gesellschaftstheorie. Die tiefe Perspektive und mehr noch die kollektive Ermutigung zur praktikablen Verbesserung im Kleinen, die sich allein aus dieser begrifflichen Richtigstellung ergibt, ist in der Tat sehr weitreichend: Niemand muss auf unabsehbare Zeit weiter – auch untätig – auf das epochale Ende des Kapitalismus warten, stattdessen ist die Befreiung für jeden jederzeit möglich: durch die mutige Selbstbefreiung aus dem Elend des Konsumismus, eines ebenso grenzen- wie verantwortungslosen Konsumexzesses, der weit mehr als die Despotie des Kapitals den miserablen Zustand unserer Welt verursacht. Die immanente ökonomische Einsicht, dass eine umfassende Verbesserung der Produktionsverhältnisse nicht ohne tiefgreifende Veränderungen unseres Konsumverhaltens zu erreichen ist, hat sich inzwischen eigentlich überall herumgesprochen und zur globalen Verbreitung einer politischen Ethik des guten Konsums in Theorie und Praxis geführt. Sowohl in den Wirtschaftswissenschaften als auch in allen Aktivismen eines fairen Handels und einer solidarischen Ökonomie wird der Tatsache Rechnung getragen, dass unsere alltäglichen Kaufentscheidungen in der Sphäre der Freizeit – der Konsumsphäre – entscheidende Transformationskräfte freisetzen. Insofern erweist sich der japanische Berufsrevolutionär als durchschnittlich aufgeklärt, aber wenig visionär, wenn er verkündet: »Wir müssen uns von der Vorstellung verabschieden, dass der kapitalistische Lebensstil US-amerikanischer Prägung die Verwirklichung von Freiheit ist, da er eine extreme Belastung für die Umwelt darstellt.« (201)

Zweifellos lebt sich im westlich geprägten und globalisierten Konsumkapitalismus nicht nur wegen seiner ökologischen Kollateralschäden eine für alle schlechte Freiheit alltäglich aus. Wo Saito dieses Narrativ jedoch zu einer rigorosen Verzichtsmoral ausbaut, entpuppt sich der Degrowth-Kommunismus als autoritäre Alternative. »Es geht darum«, heißt es dann, »mit dem Konsumismus, wie wir ihn heute kennen, zu brechen. Die Produktion zum Wohle aller auf das Notwendige umzustellen und sich gleichzeitig in Selbstbegrenzung zu üben. Das ist der Kommunismus, den wir im Anthropozän brauchen.« (Ebd., 226) Dem negativen Image von Degrowth als Verzichtsideologie und Asketismus scheint mir dieses Programm, das stark an religiöse Gebote spiritueller Selbstkasteiung (etwa an das christliche oder buddhistische Ideal einer edlen Armut) erinnert, nichts entgegensetzen zu wollen. Gefordert wird eine freiwillige Selbstbeschränkung im alltäglichen Konsum durch das Sparen von Wasser und Strom, den Verzicht auf Fleischkonsum, die Nutzung von Gebrauchtwaren oder das Teilen von Gebrauchsgegenständen. Darüber hinaus wird eine obligatorische Geschwindigkeitsbeschränkung für Autos erwogen. Und: »Wir sollten große Autos, kurze Inlandsflüge und den Individualverkehr in den Städten verbieten.« Außerdem werden Verbote von Monopolen, einschließlich des geistigen Eigentums (ebd., 234) erlassen und so weiter. Vieles würde verboten werden, sollte Saito die Weltrevolution anführen. »Marketing, Werbung, Verpackungen und andere Dinge, die nur unnötig die Begehrlichkeiten der Menschen wecken, wären beispielsweise verboten. Auch Unternehmensberater oder Investmentbanken wären obsolet. Es gibt auch absolut keinen Grund, Supermärkte oder Restaurants die ganze Nacht offen zu halten. Auch Konzepte wie ›ganzjährig geöffnet‹ oder ›Lieferung am nächsten Tag‹ sollten wir besser sein lassen.« (Ebd., 227)

Angesichts solch dystopischer Restriktionen von oben und bedrohlich kruder Präventionen gegen unnötige Begierden reibt man sich die Augen: Sieht so eine postkonsumistische Gesellschaft aus, die das Konsumverhalten und die Nachfragemacht verantwortungsbewusster Zeitgenossen als transformative Kraft für mehr Glück, Gerechtigkeit und Nachhaltigkeit nutzt? Entstehen Verbraucherkooperativen und Konsumgenossenschaften durch innere Selbstenthaltsamkeit oder durch kollektive Selbstverwandlung von passiven und angepassten Konsumenten in engagierte Prosumenten, in ethisch Aktive, die ihre ökonomische Macht als bisher kapitalistisch nur ausgebeutete ›Kaufkraft‹ nutzen, um den globalen Wirtschaftsprozess in eine andere, allerdings keine kommunistische Richtung zu lenken? Jedenfalls dürfte dem japanischen (irgendwie auch von der zen-buddhistischen Philosophie beeinflussten) Philosophen bewusst sein, dass die Beschreibung von »guter Freiheit« als paradoxe Kombination von weitreichender Verbotspolitik bzw. rigoroser Verbotsmoral einerseits und freiwilliger Selbstbeschränkung andererseits aus dem Herzstück eines degrowth-kommunistischen Gesellschaftsideals genau das macht, was ihm selbst (nach eigenem Bekunden) nicht und der Allgemeinheit erst recht nicht schmeckt: nämlich ein »verklärendes Ideal ›edler Armut‹.« (Ebd., 90)

Fassen wir zusammen: Saito Kohei, der sicher gerne der neue Karl Marx wäre, den unsere heruntergewirtschaftete Welt, seiner Meinung nach, dringend braucht, wählt folgende prophetische oder je nach Standpunkt und Geschmack desillusionierende Worte, um eine kommunistische Weltrevolution anzuzetteln: »Entscheidet man sich aus freien Stücken für die Selbstbegrenzung, wird daraus eine ›revolutionäre‹ Tat. Eine Selbstbegrenzung, die dem grenzenlosen Wirtschaftswachstum entsagt und auf Wohlstand für alle und Nachhaltigkeit Wert legt, vergrößert das Reich der Freiheit und schafft eine degrowth-kommunistische Zukunft.« (Ebd., 205)

Siebte These ad Saito

Wem die gastrosophische Perspektive fehlt, sieht zwar trotzdem alles – allerdings nur verschwommen. Deshalb braucht es erst recht der philosophischen Aufklärung und Erleuchtung

In dieser Hinsicht leistet Saito seinem verehrten Lehrer und Meister die treueste Gefolgschaft. Wie bei Marx dreht sich auch bei Japans erfolgreichsten Marxisten alles in großen elliptischen und erratischen Bahnen um das ›Essen‹ oder, in marxistischer Terminologie, um unsere ›Lebensmittel‹ im weitesten Sinne – oder um unsere Essistenz, wie ich das Ganze nenne. Aber auch in einem aktualisierten Marxismus, wie ihn Saito vorschlägt, wird die Wahrheit des Ganzen – das Welt-All des Essens – nicht in seiner ganzen Größe erfasst und bestätigt nur einmal mehr, dass mit diesem Denksystem das universelle Gravitationszentrum der irdischen Existenz des Menschen unentdeckt bleibt, weil es (nicht anders als alle vor-, un- oder antimarxistischen Philosophien, Weltanschauungen und Religionen) das Ganze in seiner unfassbar komplexen Wahrheit trivialisiert, banalisiert, als klein und zu unbedeutend wegdenkt. Und doch ist, wie gesagt, auch Saitos Geschichte voll mit allerlei Häppchen und Zutaten eines gastrosophischen Umdenkens.

Einiges davon kam bereits in meinem fiktiven Dialog mit Saito zur Sprache, erwartungsgemäß vor allem mit Blick auf die landwirtschaftliche Nahrungsmittelproduktion. So wurde deutlich (und meine frühere Rezeptidee einer Kraftbrühe à la Marx bestätigt), dass sich eine Renaissance der Marxschen Philosophie gerade durch eine intensive Auseinandersetzung mit seinen agrar-gastrosophischen Analysen anbietet und durchführen lässt, um sowohl eine empirisch fundierte statt theoretisch dogmatische Kapitalismuskritik zu produzieren als auch die eutopische Alternative einer nachhaltigen Bio-Landwirtschaft durch konviviale »Ackerbaugemeinschaften« (Marx) darstellen zu können. Im Gegensatz zu vielen anderen selbsternannten Berufsrevolutionären sieht der Japaner immerhin die globale Notwendigkeit und lokale Wirksamkeit einer (oben bereits in groben Zügen beschriebenen) Ernährungssouveränität, ebenso nähert er sich der »ökologischen urbanen Landwirtschaft« (220) – und damit den (von ihm allerdings weit unterschätzten) transformativen Superkräften von *Urban Gardening Aktivitäten* als *Keimzellen einer planetarischen Regrowth-Entwicklung*.[1]

Der kryptogastrosophische Degrowth-Kommunist scheut sich auch nicht, die kapitale Weltformel (und Wertform), die jedes einzelne Lebensmittel verkörpert, durchzubuchstabieren. Uns werden mustergültig die grundlegenden Zusammenhänge des weltweiten Agrarkapitalismus vor Augen geführt – etwa anhand von Palmöl aus Indonesien[2] oder Avocados aus Chile[3]. Saito hat den Mut, sich in einem philosophischen Werk über die Zukunft der Menschheit ausführlich mit einer vermeintlich unwichtigen Sache wie der Herstellung von Kunstdünger zu beschäftigen.[4] Obendrein beweist der junge Wilde von der renommierten Todai-Universität in Tokio die seltene Originalität, tiefer in die häusliche Gastrosphäre vorgedrungen zu sein als der in diesen Dingen oberflächliche Theoretiker aus Trier. Wir haben gesehen, dass in den wenigen einschlägigen Formulierungen bei Marx

---

1 Lemke, Utopisches Gärtnern. Das Manifest der Garten-Erde-Bewegung; ausführlicher dazu meine Ausführungen zur: Gastropolis (I): Politisches Gärtnern oder die Keimzelle der gastropolitanen Bewegung; sowie: Gastropolis (II): Zur Gastrosophie der Stadt.

2 »Der Anbau und die Produktion der auch unter dem Namen ›Butter des Waldes‹ bekannten Frucht verschlingen nicht nur große Mengen Wasser, sondern verbrauchen auch die Nährstoffe des Bodens, weshalb es schwierig wird, dort andere Obstsorten anzubauen. Chile opfert also sein eigenes Trinkwasser und seine eigenen Ressourcen der fürs Ausland gedachten Nahrungsmittelproduktion.« (39f.)

3 »Nehmen wir als Beispiel einmal Palmöl her, das ja die unsichtbare Hauptquelle bei unserer Ernährung spielt. Es ist nicht nur preisgünstig, sondern auch oxidationsbeständig, weshalb es unter anderem in industriell verarbeiteten Lebensmitteln, Süßigkeiten oder aber auch Fast Food Anwendungen findet. Geht man in einem Restaurant essen, findet man nur schwer Gerichte, für die kein Palmöl verwendet wird. Hergestellt wird es in Indonesien und Malaysia, als Rohstoff dient es die sogenannte Ölpalme deren Anbaufläche sich seit Anfang dieses Jahrhunderts verdoppelte, weshalb die Zerstörung des tropischen Regenwalds auch rapide voranschreitet. Doch das Ökosystem des Regenwalds ist nicht das einzige, das unter der großflächigen Walderschließung leidet, verheerende Folgen hat sie auch für die Waldbewohner, die auf eine intakte Natur angewiesen sind. Wird ein Regenwald zur Plantage, erodiert der Boden, und Düngemittel sowie Pestizide werden in die umliegenden Flüsse geschwemmt, was zur Verminderung des Fischbestands führt. Damit verschwindet die Proteinquelle der Einheimischen, und sie brauchen von nun an noch mehr Geld, um Proteine zuzukaufen. Um an Geld zu kommen, werden Wildtiere, allen voran vom Aussterben bedrohte Arten wie Orang-Utans und Tiger, bejagt und illegal gehandelt.« (25f.)

4 »Der massive Einsatz chemischer Düngemittel führt zum Beispiel zu Störungen des Bodenökosystems, sein Wasserbindungsvermögen verringert sich, Gemüse und Tiere werden anfällig für Seuchen. Allerdings verlangt der Markt nach Gemüse ohne Insekten und mit einheitlicher Größe und günstigem Preis. In der modernen Agrarindustrie geht es nicht mehr ohne chemische Düngemittel, Pestizide und Antibiotika: alles chemische Substanzen, die natürlich auch wieder ihren Weg in die Natur zurückfinden und Ökosysteme zerstören.« (35f.)

das Essen (»nach dem Essen…«) eher beiläufig erwähnt wird, während Saito der Welt zur Illustration guter Lebenskünste und Eupraxen wirklich wegweisende und zielführende Auskünfte über das Wesentliche erteilt: Nämlich »sich mehr Zeit zu nehmen, um selbst zu kochen« und »für Freunde und Familie ein schönes Essen zuzubereiten und dabei nach Herzenslust zu plaudern«. Andererseits kommt auch er nicht einmal entfernt auf die Idee, die Küchenarbeit als eine gute Praxis menschlichen (superhumanen) Selbstätigseins darzustellen. Saito könnte gerade Marx als Gewährsmann für die Erleuchtung nutzen, dass jeder wahre Buddha in der Küche aktiv ist und ein ›neuer Marxismus‹ sich nur deshalb von einem traditionellen Buddhismus oder einem halbgaren Degrowth-Kommunismus unterscheidet, weil und nur sofern er die konviviale Gesellschaft und ihre Tafelkünste als rituellen und kultischen Höhepunkt eines für alle guten Lebenspraxis lehrt.

Der zerbrochene Welt-Spiegel

Letztlich wird also nicht das einleuchtende Bild einer konvivialen Gesellschaft gezeichnet, die sich in dem alltäglichen Genuss eines in jeder Hinsicht guten Essens spiegelt. Die entworfene Utopie stellt weder der kapitalistischen noch der kommunistischen Arbeitsgesellschaft das Alternativmodell einer hedonistischen Tischgesellschaft als normatives und narratives Zentrum einer konvivialistischen Weltgesellschaft gegenüber; sie erfindet keinen Pansuperhumanismus, der die dystopische Vision entkräftet, dass die posttranshumane Zukunft einer Raumfahrergesellschaft auf der Flucht zum Mars der einzige Ausweg aus den Krisen des Anthropozäns sein könnte. Trotz der erahnten Macht der menschlichen Essistenz setzt Saito das ungastrosophische Selbstverständnis der traditionellen Philosophie Japans fort. Alles, was die komplexe Welt des Essens betrifft, bleibt rätselhaft unzusammenhängend – wie ein zerstückeltes Puzzle oder ein zerbrochenes Spiel. Statt das Ganze zu einer kompakten Gastrosophie, einer ebenso einleuchtenden wie unfassbaren Weltsicht, zusammenzufügen, die ein neues Licht auf uns als *Homo sapiens* wirft und als mögliche Antwort auf die Frage *Quo vadis?* jenen besten aller möglichen Lösungswege aufzeigt, der den marktgängigen Utopien dramatisch fehlt. Und so bleibt es dabei: Auch mitten im Denksystem des jungen Japaners klafft eine gigantische Leere – es ist nicht mehr die Leere des Zen, sondern die Leere der Gastrosophie. Durch leidvolle Selbstverleugnung oder durch selbstverschuldete Verblendung und Unachtsamkeit wird das komplizierte Zusammenspiel der essenziellen Dinge und essenziellen Wahrheiten nicht wahrgenommen – was zu Fehlern führt, aus denen wir aber jederzeit lernen können.

Das Fehlen einer gastrosophischen Weltsicht macht es unter anderem unmöglich, einen gastrosophischen Marxismus oder einen gastrosophischen Buddhismus zu denken. Oder wer weiß um Wahrheit und Irrtum des rätselhaften Zen-Spruchs:

»Ein Mahl ist die nackte Präsenz aller Dinge«. (Um die Klärung dieses Kôan geht es mir im zweiten Teil). Ohne gastroanthropoethisches Krisenmanagement lässt sich das Chaos der Zivilisationskrisen nicht in eine gastrogeopolitische Weltordnung bringen. Mit einer etwas anderen Gewichtung als üblich ordnet sie die Klimakrise, die von Neo-Humanisten wie Saito und Klimaaktivisten aller Couleur zu den sämtlichen Krisen überragenden Megakrise aufgeladen wird, der *Ernährungskrise* als *Metakrise* unter: Aus dem einfachen Grund, weil unmenschliche Ernährungsverhältnisse das größte Elend auf Erden verursachen. Denn das millionenfache Leid, das wir Welthunger nennen und Tag für Tag weiter zulassen (in Form von Nahrungsmittelknappheit, Landflucht, Bauernsterben, Billigpreisen usw.), obwohl wir über alle notwendigen Mittel verfügen, diese Armut der Massen zu beenden, hängt unmittelbar mit der *Erdbodenkrise* zusammen. Diese aber droht mit einer apokalyptischen Zukunft, in der die unfruchtbar gewordene Natur nicht mehr in der Lage sein wird, auch noch den Rest der Menschheit mit Nahrung zu versorgen. Noch bevor uns die fossilen Treibstoffe ausgehen, noch bevor wir eine unwirtliche, bis zur Unbewohnbarkeit aufgeheizte Erde erleben, wird uns das Essen ausgehen. (Dazu muss man wissen, dass nur ein Drittel der Landmasse der Erde landwirtschaftlich nutzbar ist und dass die agrarkapitalistische Nahrungsproduktion einer der Hauptverursacher des Klimawandels und vor allem der Verwüstung der Erde durch die dramatische Erosion ihrer fruchtbaren Böden ist). Wie wir gesehen haben, wendet sich Saito gegen einen »Klima-Keynesianismus«, den er mit staatlichen Investitions- und Beschäftigungsprogrammen wie dem New Green Deal der EU in Verbindung bringt, die auf teure, von Großkapital finanzierte Supertechnologien wie teures, aber nicht unbedingt erfolgreiches Geoengineering oder Negativemissions- und Kohlenstoffspeichertechnologien (CCS) setzen.

Was Saito als Alternative nicht in Betracht zieht, ist ein *down to earth Klima-Keynesianismus*, der umfassende staatliche Unterstützung für regenerative Landwirtschaft und die dafür notwendige Arbeit oder wünschenswerte Aktivitäten vorsieht. Mag sein, dass in ferner Zukunft auch Roboter (Growbots, Precision Farming, Terraforming etc.) diese Bodenarbeit verrichten könnten, viel interessanter scheint mir aber die Feststellung, dass Menschen das schon heute können, und zwar so gut, wie es Maschinen nie können werden. Manche nennen diese panhumane Rückkehr zur Erde Climate Farming, mein Begriff für diese agrargastrosophische *down to earth Praxis* ist, wie gesagt, *Regrowth*. Und die nachhaltige Entwicklung, die auf einen Regrowth-Konvivialismus abzielt, kann – und muss – im großen Stil von oben (durch entsprechende Förderprogramme und Politiken) durch einen down to earth Klima-Keynesianismus vorangebracht werden. Denn die bäuerlich-gärtnerische Erdung ist nur ein kleiner Schritt für jeden Einzelnen, nämlich der Fortschritt, zum Freizeit-Terraner oder zum Klima-Bauern zu werden, aber ein großer Schritt für die Menschheit in Sachen Klimaschutz und Ernährungswende und insofern auch als heroische Erdrettung zu würdigen.

Mit anderen Worten: Es gibt überhaupt keine Zukunft für Menschen, solange nicht alle Klimaschutzmaßnahmen und Klimagerechtigkeiten oder keynesianischen Umsteuerungen auf erneuerbare Energien aller Art dem übergeordneten Entwicklungsziel dienen, die Ernährungskrise auf diesem Planeten zu lösen und durch eine Ernährungswende alle verfügbaren (humifizierbaren) Böden der Erde – die zarte Haut und kritische Zone unseres Raumschiffs, aber auch die unsichere Quelle unserer täglichen Nahrung und unseres Überlebens – in den höchsten Alarmzustand einer zu regenerierenden nachhaltigen Fruchtbarkeit zu versetzen.

Fehlt die gastrozentrische Utopie, setzt sich die allgemeine Entropie des Utopischen ins Dystopische fort. Demgegenüber können sich die utopischen Energien, die sich wie freie Radikale immer und überall mit irgendwie ›heilen Welten‹ verbinden wollen, sogar mit Leichtigkeit (der Leichtigkeit einer alltagsweltlichen Machbarkeit) auf eine künftige Weltgesellschaft in der praktischen Form einer alltäglichen Tischgesellschaft und ihrer Tafelkünste ausrichten. Umso erfreulicher ist es, wenn das Ergebnis der utopologischen Kartografie möglicher Welten die phantastische Entdeckung eines neuen Universums ist. Jedenfalls lässt sich die »heutige Phantasiearmut« (Saito) mit der Philosophie eines Alltagslebens voller Offenheit bereichern. Es ist die phänomenale Offenheit eines, wie es im Zen heißt, »weit offenen, unheiligen« Seins und Alls, in dem sich auf tragikomische Weise das Leben und Sterben eines jeden Menschen abspielt. Fehlt das gastroethische Navigationssystem, spürt niemand die Humanitätsblase, in der alle humanen Gesellschaftsutopien auf einem idealen Nährboden ohne Keimzellen schwimmen. Erst wenn sich die Erkenntnis durchsetzt, dass Humanität am besten aus Konvivialität (Geselligkeit) erwächst, können wir uns mit dem Betriebssystem eines Superhumanismus vertraut machen, der dem menschlichen Leben auf dem Raumschiff Erde die zeitlose Zukunft eines lustvollen Aufenthalts ermöglicht. Und mit der Geselligkeit an Bord kann ein Posthumanismus der Mit-Menschlichkeit entstehen, mit dem erst ein dem Menschen als gutem Erdenbewohner und Raumschiffinsassen würdiges Zusammenleben mit anderen, nicht und mehr als menschlichen Lebewesen und Mitbewohnern möglich wird.

Ist die gastrosophische Leere überwunden, erweist sich ihre Weisheit als edler Umweg, der sich am besten über Japan entdecken lässt und letztlich zur nackten Präsenz aller Dinge führt. Ihre langen und verworrenen Erzählstränge helfen, die »Teleologie des Humanen« (Ernst Bloch), genauer: die Ziele und Entelechie superhumanen Tätigseins zu Ende zu denken. Wer regelmäßig an der rituellen und kultischen Verwirklichung ihres höchsten Gutes teilnimmt, erfährt in einem unendlichen Lern-, Übungs- und Selbstbildungsprozess ein Wohlleben bei Tische, dessen Lebenskunst den Menschen mit dem Gespür und dem Geschmack ausstattet, zwischen Überfluss und Genughaben (Suffizienz), zwischen Völlerei und Seinsfülle, zwischen Unersättlichkeit und Sattsein, zwischen Wohlstandsquantitäten und Lebensqualität unterscheiden zu können. Saitos Degrowth-Kommunismus, der die hohe Kunst dieser feinen Unterschiede lehren sollte, lässt die Chance ungenutzt, mit der Philosophie das utopische Potential der konvivialen Tischgesellschaft zu aktivieren.

Achte These ad Saito

Das Abenteuer lautet: Lasst uns die konviviale Tischgesellschaft und ihre Tafelvergnügen zum normativen und narrativen Zentrum unserer Existenz machen!

Als Gesellschaftsutopist, der in einer vom Zen-Buddhismus geprägten Kultur aufgewachsen ist, könnte der Japaner Saito auch diese Philosophie nutzen. Denn mit dem schon mehrfach erwähnten Topos von der Leere des Zen versteht es diese erfolgreiche Weisheitslehre meisterhaft, ihre Erzählung von der besten aller möglichen Lebensweisen und Welten so zu gestalten, dass die Wahrheit des Ganzen um nichts anderes kreist als um eine tiefe Leere, eine inhaltliche Leere, die wie ein Kôan die Selbstreflexion des Interessierten einfordert. Das narrative Einfühlungsvermögen, das Interesse der Menschen zu wecken (die diese Dinge sonst verschlafen), sollten alle ambitionierten Marxisten und antimarxistischen Humanisten an den Tag legen, wenn es darum geht, eine einleuchtende (d.h. die Menschen wachrüttelnde und bewegende) Geschichte über die erstrebenswerten Ziele eines guten Lebens zu erzählen.

In diesem Sinne hätte der japanische Kollege dazulernen sollen und öffentlich bekannt machen müssen, dass eine wie auch immer geartete kommunistische Gesellschaft *niemals* eine gute Gesellschaft sein kann. Dem marxistischen Kommunismus fehlt dafür ein entsprechender Gesellschaftsbegriff. Der gastrosophische Konvivialismus hingegen ist in der Lage, diese utopische Leerstelle zu füllen und der hohlen Mitte eines revolutionären Humanismus ein starkes, kräftig pulsierendes Herz einzupflanzen. Indem er die konviviale Gesellschaft ins normative und narrative Zentrum stellt, denkt er ›Gesellschaft‹ wirklich zu Ende. Gesellschaften sind ihrem begrifflichen Ursprung nach keine abstrakten und anonymen Bevölkerungseinheiten wie Staaten oder Nationen. Selbst der Begriff der Kulturen spiegelt nicht die ursprüngliche Bedeutung des Wortes Gesellschaft wider, die für ein reales und persönliches Zusammensein von Menschen steht: Wir bilden ›Gesellschaft‹ im ursprünglichen Sinne des Wortes *in Gesellschaft mit konkreten Anderen* – Freunden, Familien, Mitgliedern dieser Gesellschaft und so weiter. ›Gesellschaft‹ entsteht erst und nur durch ein solches In-Gesellschaft-Sein.

Gerade weil Gesellschaften ihrem Wesen nach (›nur‹) die zeitweilige Realität eines persönlichen Zusammenseins sind, handelt es sich gesellschaftstheoretisch um *freiwillige und selbstbestimmte (d.h. selbstzweckliche) Vereinigungen von Gleichen*, um »freie Assoziationen« (Marx). Deshalb verwirklicht sich in einer Gesellschaft, d.h. in jeder solchen zwischenmenschlichen, ›superhumanen‹ Zusammenkunft, eine inhärente Normativität (der Freiheit, Selbstzwecklichkeit und Gleichberechtigung). Dies erklärt auch, warum geglückte Gesellschaften praktisch nur durch wechselseitige (aktive, selbsttätige) Freundlichkeit gelingen und sich nur in der wertvollen Atmosphäre eines freundlichen Miteinanders erhalten. Freundlichkeit in der Begegnung mit personalen Anderen liegt dem alltagsweltlichen Freundsein-Können zugrunde und macht die in praxi gute ›Freundschaft‹ aus, während gekonnte Freundlichkeit im gesellschaftlichen Umgang erst die jeder guten ›Gesellschaft‹ zugrundeliegende Geselligkeit schafft.

Umso bemerkenswerter erscheint mir der Befund, dass die gängigen Gesellschaftstheorien und Sozialutopien weder die grundlegende (praxologische) Normativität von Geselligkeit bedenken, noch (utopologisch weiter gefasst) die *gesellige Mahlpraxis* oder das *Konvivium* als Inbegriff einer *konvivialen Gesellschaft* überhaupt in den Blick nehmen. Die Tischgesellschaft – die Tafel, Abendgesellschaft, Festgesellschaft usw. – ist eine gesellige Zusammenkunft eines gemeinsamen Essens, oft aufwändig, wenn auch nicht zwingend, erweitert durch weitere feierliche Aktivitäten, Festivitäten oder Konvivialitäten.

Die inhärente Normativität der konvivialen Tischgesellschaft ergibt sich auch daraus, dass alle anderen Handlungen, die ihr reales Gelingen – ihre geglückte Praxis – ermöglichen, insofern die erforderlichen Mittel (Zuarbeiten, Zutaten) zu ihrem Zweck sind: Ihr zustande gekommenes Glück ist Selbstzweck. Dies wiederum erklärt, warum eine konvivialistische Gesellschaftstheorie die Entelechie der Tischgesellschaft durchschaut und ihre gesellschaftliche Praxis allen damit verbundenen Dingen, Werten, Arbeiten, Künsten usw. insgesamt ein konviviales Gesellschaftsziel vorgibt. Eine konviviale oder insofern eine insgesamt konvivialistische Gesellschaft unterscheidet sich in dieser Hinsicht radikal von anderen bekannten Gesellschaftstypen wie der bürgerlichen Gesellschaft, der Arbeitsgesellschaft, der Konsumgesellschaft, der kommunistischen Gesellschaft, der kapitalistischen Gesellschaft, der Wohlstandsgesellschaft, der Postwachstumsgesellschaft, der digitalen Gesellschaft oder der Raumfahrergesellschaft, die selbst keinen Endzweck haben und nicht vorgeben, wofür sie gut sind. Die gesellige Tischgesellschaft ist an sich und für alle gut; als »Reich der Freiheit« (Marx) und menschliches Freizeitvergnügen ist sie auch – gesellschaftstheoretisch (konvivialistisch) reflektiert und mit Kants Begriff der Humanität gesprochen – ein »Reich der Zwecke« und deren zentrierender Kulminationskern. (Natürlich besteht diese Tafelgesellschaft nicht nur darin, den ganzen Tag fröhlich zu tafeln, so wie die Arbeitsgesellschaft nicht nur darin besteht, fleißig zu arbeiten.)

Wichtiger noch als die inhärente Normativität der tischgesellschaftlichen Konvivialität gesellschaftstheoretisch zu fassen, ist daher der abenteuerliche Versuch, den Gemeinschaftssinn (den *sensus communis*, den kommunistischen Geist) ihrer Geselligkeit zu erfassen. Auf einen Kommunismus und ein kommunistisches Gesellschaftsideal läuft diese Geschichte nur deshalb nicht hinaus, weil die Philosophie, die das humanistische Narrativ dazu liefert, nicht von Marx, sondern von Kant stammt. Er hat – diese Bemerkung muss hier genügen – wie kein anderer Philosoph den Grundriss eines gastrosophischen Konvivialismus entworfen. Von ihm erfuhr die Welt (die diesen weisen Weckruf verschlafen hat), dass der Genuss eines guten Essens in guter Gesellschaft jener gute Ort auf Erden ist, an dem die Menschen in geselliger Runde daran teilnehmen, sich demokratisch über die Wahrheit und den Wert der Dinge zu verständigen. Die Tafelgesellschaft praktiziert dieses Gesellschaftsspiel der Wahrheit unmittelbar in der gemeinsamen Geschmacksreflexion. Kant sprach vom »subjektiv-allgemeinen Geschmacksurteil« und bezeichnete dessen konvivialen »Gemeinsinn« oder sensus communis als »rein ästhetisch«.

Diese gesellschaftliche Praxis (ich nenne sie auch die essthetische Praxis) so gut wie möglich zu kultivieren, schwebte dem kritischen Aufklärer und Humanisten als wahre Humanität vor. Er hat sie selbst praktiziert und der bürgerlichen Arbeitsgesellschaft als das »höchste Gut« (Kant) vorgelebt – ohne Erfolg, wie gesagt: Zwar war Kants alltägliche Tischgesellschaft als kulturelles Ereignis in der Stadt, in der er lebte, durchaus bekannt (und wohl auch ein wenig bewundert), aber historisch hat sich nicht sein Gesellschaftsmodell zum utopischen Ideal entwickelt, sondern bekanntlich die bürgerliche Gesellschaft – die kapitalistische Arbeits- und Konsumgesellschaft, wie wir sie (einschließlich ihres ungastrosophischen Selbstverständnisses) kennen und leben. Sie schätzt die Tafelgesellschaft nicht als Alltagskultur, sondern bestenfalls als Praxis einer außeralltäglichen Festkultur (Festivität) an seltenen Feiertagen – bis heute.

Halten wir fest: Statt einen neuen Marxismus zu erfinden und einen herzlosen Degrowth-Kommunismus zum Ideal einer besseren Gesellschaft zu erklären, gilt es eher, den geheimnisvollen (gastrosophischen) Kantianismus eines konvivialistischen Gesellschaftsideals zu erfassen und unbedingt weiterzuentwickeln. Die Kants Begriff der Humanität innewohnende Normativität zu entdecken und ihre Konvivialität zu erhellen, birgt zugleich eine einzigartige Narrativität – sie kann zur *Großen Erzählung* einer großartigen Geschichte werden. Ihr *Superhumanismus* erzählt von dem urmenschlichen Erlebnis einer Fülle des Seins, von der Erfüllung des nur uns Menschen möglichen und würdigen hedonistischen Wohllebens, von der transkulturellen Lebenskunst des Feierns in Form von guten Mahlzeiten in guter Gesellschaft. Der lustvolle Selbstgenuss dieses geselligen Hedonismus oder Konvivialismus steht in jeder Kultur im narrativen Zentrum ihrer ›Gesellschaft‹ und ›Geschichte‹.

Neunte These ad Saito

Dass wir es sind, auf die es ankommt, ist klar. Nur wer ist dieses Wir? Und was können und sollten wir tun? Dazu sind präzisere Antworten als üblich nötig – und möglich

Es ist immer verlockend, die Schuld bei anderen zu suchen – als populistischer Gesellschaftskritiker erliegt auch Saito dieser unwiderstehlichen Versuchung. So wird eine populäre Sichtweise aufgegriffen, wenn er argumentiert, dass es »das eine Prozent der Superreichen ist, das die Zügel des Kapitalismus in der Hand hält.«[1] Neben der Macht ihres Kapitals, mit finanziellen Mitteln politische Entscheidungen nach eigenem Gutdünken ›wahllos‹ beeinflussen zu können, kommen die gesellschaftlichen Kosten ihres immer schon vollautomatisierten Luxuskapitalismus hinzu: »Das oberste eine Prozent trägt mit seinen Luxusvillen, Privatjets und Sportwagen zu einer außerordentlichen Umweltbelastung bei.« (Ebd., 62) Von der bequemen Schuldzuweisung, die Kapitalisten seien an allem schuld, ist es dann nur noch ein kleiner Schritt zur pauschalen Verteufelung der »Superreichen, die den Klimawandel verursacht haben.« (Ebd., 253) Sicherlich könnten große Mengen an Umweltschäden und Treibhausgasemissionen vermieden werden, wenn dieses eine Prozent der Weltbevölkerung mit seinem luxuriösen Lebensstil nicht einen viel größeren ökologischen Fußabdruck hinterlassen würde als eine durchschnittliche Europäerin. Bedeutet das aber, dass die Mehrheit der weniger Wohlhabenden so weiterleben kann wie bisher? Wohl kaum. Zutreffender ist die Einschätzung, dass auch bei fortschreitendem Klimawandel »die Superreichen in den Industrieländern ihr ausschweifendes Leben wie bisher fortsetzen können.« (Ebd., 11) Und nicht nur das. Denn auch die folgende Aussage kann mit viel Zustimmung rechnen. »Für sie«, so der Marxist über die Superreichen, »ist der Katastrophenkapitalismus nur eine weitere Möglichkeit, Geschäfte zu machen, die ihnen noch mehr Reichtum einbringen.« (86) Wenn die Interessen dieser privilegierten Schicht auch in Zukunft von den Staaten geschützt werden, indem hart gegen Klimaflüchtlinge und Klimawandelverlierer vorgegangen wird, scheint es durchaus vorstellbar, dass es zu dem erwähnten »Klimafaschis-

1 Saito, Systemsturz. Der Sieg der Natur über den Kapitalismus, 275.

mus« kommen könnte. Insofern hat Saito Recht mit seiner futurologischen Vermutung, dass die Zukunft in die »Barbarei« führt, wenn die Superreichen machen können, was sie wollen. Das eine Prozent könnte den restlichen 99 Prozent – am effektivsten sicherlich mit Hilfe eines diktatorischen Staatsapparates[2] – eine degrowth-asketische Elendsexistenz aufzwingen, um sich weiterhin auf Kosten aller zu vergnügen.[3]

So schlüssig und vertraut diese Geschichte klingt, so schematisch und einseitig ist sie. Statt das Schreckgespenst einer dystopischen Rebellion der unterdrückten Massen an die Wand zu malen, setzt Saitos utopischer Humanismus seine ganze Hoffnung – im Gegenteil – auf die Selbstbesinnung dieser restlichen 99 Prozent. Euphorisch wird der kämpferische Slogan ›Wir sind die 99 Prozent‹ zitiert, der während der Occupy-Wall-Street-Proteste aufkam und von den Demonstranten lauthals skandiert wurde, um der Dekadenz und Arroganz der Macht der Superreichen Paroli zu bieten.[4] Doch paradoxerweise zielt diese pauschale Bejubelung der restlichen 99 Prozent nicht, wie wir gleich sehen werden, auf jenes Wir der Weltrevolution, dem Saitos Weckruf gilt. Wer hinter diesem Wir steckt, gilt es unbedingt zu klären und hat so klar sein wie ein helllichter Tag. Doch auch in der entscheidenden Frage, wer dieses Wir ist, in dessen Namen Saito zu sprechen meint, und auf welchem die von ihm herbeigewünschte Weltrevolution lastet, bleiben seine Ausführungen mehr als unklar, ja sogar widersprüchlich und aporetisch (gerade auch mit Blick zu-

---

2 Sind es nicht in Wahrheit die »von uns Normalbürgern« (Saito) demokratisch gewählten rechtsextremen und inzwischen längst normalrechten Regierungen der reichen Länder, die mit immer menschenrechtswidrigeren und unmenschlicheren Mitteln dabei sind, diese unheilvolle Normalität zu schützen?

3 Während diese Zeilen entstehen, geht eine Protestaktion der ›Letzten Generation‹ durch die Presse. In einem Hamburger Autohaus bewarfen zwei Klimaaktivisten einen ausgestellten Tesla-Cybertrack mit Farbbeutel. Die Botschaft ihres symbolischen Anschlags auf den Straßenpanzer: »Der Truck verbildlicht perfekt, wohin uns die unsoziale Politik der letzten Jahrzehnte geführt hat: Wenige reiche Menschen fahren gut gepanzert in die Katastrophe – und reißen alle mit sich mit.« NDR, Letzte Generation beschmiert Tesla-Cybertrack.

4 »Die Occupy-Wall-Street-Proteste brachten den Slogan ›Wir sind die 99 Prozent‹ hervor und die Zahl der Menschen, die dort abwechselnd an den Sit-Ins und anderen Aktionen teilnahmen, ging wahrscheinlich in die Tausende. Solche mutigen Protestaktionen führen zu großen gesellschaftlichen Veränderungen.« (Saito, Systemsturz. Der Sieg der Natur über den Kapitalismus, 277) Wirklich? Welche das sind, wird nicht gesagt. Sind die Occupy-Wall-Street-Proteste nicht längst wie heiße Luft verpufft und haben sie nicht wie alle anderen Aktionen dieser Art von Protestkultur und ›symbolpolitischem Aktivismus‹ höchstens das soziale Klima weiter aufgeheizt? Oder verändert sich gesellschaftlich durch ihre Praxis doch etwas, dessen transformativen Kräfte aber nur wahrnimmt, wer in ihn den *alltagsweltlichen Praxismus* erkennt? Diese Frage (der Philosophie der politischen Praxis) wird mich gleich zu der zehnten These veranlassen.

rück auf die beiläufigen, aber wegweisenden Erörterungen zum wahren Reich der Freiheit, die in meiner fünften These angesprochen wurden).

Er zeigt sich sogar skeptisch, dass »es natürlich völlig unmöglich ist, 99 Prozent der Menschen für ein so waghalsiges Unternehmen zu mobilisieren.«[5] Man fragt sich verwundert, wer denn für gesellschaftliche Veränderungen aktiv werden soll, wenn nicht *wir alle*. Die Allgemeinheit, die allerdings, da wäre ich meinerseits skeptisch, niemals 99 Prozent der Menschheit umfassen wird. Japans bekanntester Nachwuchsphilosoph bringt zur Erklärung dessen, wer das Wir ist, auf das es ankommt, schließlich »die Zahl der ›3,5 Prozent‹ ins Spiel«. (Ebd., 275) Wie bereits erwähnt, besagt das Theorem, dass es zu großen gesellschaftlichen Umwälzungen kommen könnte, wenn nur ein avantgardistischer Kader von 3,5 Prozent der Menschen gewaltfrei und entschlossen aufbegehrte. Diese seltenen Superhelden müssen wir uns vermutlich als Boddhisattvas vorstellen, also als buddhistische Erleuchtungswesen, die nicht nur an ihrem eigenen Wohl interessiert sind, sondern sich selbstlos auch für das Wohl aller Anderen engagieren. »Diese Menschen werden sich«, so die unplausible Vorstellung, »zunächst mutig und entschlossen für Andere einsetzen, die im Moment aus verschiedenen Gründen nicht selbst handeln können. Ob das in Form einer Arbeiterkooperative, eines Schulstreiks oder ökologischer Landwirtschaft geschieht, ist zweitrangig. Hauptsache, es wird gemacht.« (Ebd., 276)

Bevor die merkwürdige Verwirrung darüber, wer denn nun das Wir revolutionärer Praxis ist und wer nicht, mit größtmöglicher Präzision aufgeklärt wird, lohnt folgende Richtigstellung: Nicht die Superreichen (die Kapitalisten im Besonderen oder die Eliten im Allgemeinen) und auch nicht ein Systemumsturz im Ökonomischen (sei es im allgemeinen Arbeitsleben und in der Produktionssphäre oder durch ein spezifisches Kaufverhalten in der Konsumsphäre) werden als die entscheidenden Instanzen der Transformation angesprochen, sondern ›wir selbst‹ – jeder einzelne bzw. die Massen von ›uns normalen Menschen‹. Letztlich bedient sich Saito also einer ganz unmarxistischen, dafür aber umso aufklärerischeren Quelle sozialen Widerstands, nämlich eines selbstkritischen Schuldeingeständnisses. Diese ebenso unausgesprochene wie undurchdachte Ethik des Selbst geht sogar so weit, den entscheidenden Grund für die herrschenden Verhältnisse und unsere Unfreiheiten auf eine selbstverschuldete Unmündigkeit oder, nochmals kantianisch, auf die eigene Feigheit und Faulheit zurückzuführen: »Wir haben es unserer eigenen Gleichgültigkeit zu verdanken, dass das eine Prozent der Reichen bzw. der Elite bisher die Regeln nach Gutdünken verändern und so gesellschaftliche Strukturen schaffen konnte, die ihren Wertvorstellungen entsprechen.« (Ebd., 277)

In dieser Gleichgültigkeit liegt nur scheinbar eine Passivität oder Nachlässigkeit, deren Untätigkeit man verzeihen könnte. In Wahrheit manifestiert sich darin

---

5 Saito, Systemsturz. Der Sieg der Natur über den Kapitalismus, 277.

jene aktive oder sonst wie selbstverschuldete Mittäterschaft, die den reibungslosen Regelbetrieb dieser gesellschaftlichen Strukturen und ihrer Wertesysteme in Gang hält. Plötzlich hören wir den Weckruf einer furchtlosen Lehre und, ja, da ist – man meint, den eigenen Augen nicht trauen zu können – ein Erleuchteter, ein Buddha der edlen Selbstbefreiung, der spricht: »Letztlich wird jeder Einzelne von uns zum Mittäter« (ebd., 27) – solange »wir selbst als Beteiligte und Verursacher die imperiale Lebensweise nicht radikal ändern«. (Ebd., 63) Denn auch diese Wahrheit wagt der japanische Weise auszusprechen: »Durch unser Alltagsleben reproduzieren wir die imperiale Lebensweise immer wieder aufs Neue.« (Ebd., 26) Mit dieser imperialen Lebensweise ist »unsere Existenz in Saus und Braus« (ebd.) gemeint, die wir, die »Normalbürger« in den Wohlstandsländern des globalen Nordens, mit den Superreichen teilen, weil »fast alle von uns zu den reichsten 10 Prozent der Welt gehören.« (Ebd., 62)

Denn »das Alltagsleben von uns Normalbürgern« (ebd., 11) unterscheidet sich in vielem nicht vom üppigen Lebensstil der obersten ein Prozent. Selbstverständlich weiß Saito: »Autos, Flugzeuge, große Häuser, Fleisch und Wein: Um ein Leben mit all diesen Annehmlichkeiten zu ermöglichen, vergeudet ein Teil der Menschheit gewaltige Mengen an Rohstoffen und Energie.« (Ebd., 19) Mit anderen Worten, in den hellsten Momenten seiner kritischen Theorie hat Saito den Kapitalismus als vermeintliche Wurzel allen Übels bereits abgeschafft und sich selbst vom Marxismus als philosophisch verbrauchter Narration befreit: Denn schuld an der Klimakrise, der globalen Ungerechtigkeit und dem drohenden Weltuntergang ist letztlich die ungute Lebensweise jedes Einzelnen von uns; wir selbst, die Profiteure der Externalisierungsgesellschaft, sind das Problem und der Verursacher der Systemkrise. »Die Externalisierungsgesellschaft oder besser gesagt wir in den Industrienationen haben dem Globalen Süden ökologische Lasten aufgebürdet, haben die Augen vor dieser Ungerechtigkeit verschlossen und unseren kapitalistischen Traum weiter gelebt, ohne auch nur zu versuchen zu verstehen, was auf unserem Planeten vor sich geht. Deshalb ist es umso wichtiger, dass wir uns mit der imperialen Lebensweise und dem Öko-Imperialismus auseinandersetzen, wenn wir wirklich eine nachhaltige und gerechte Gesellschaft haben wollen«. (Ebd., 256) So gesehen hat Saito sicherlich Recht, dass Investitionen in grüne Energien und Elektroautos zwar einige Dinge verbessern werden, dass aber vieles – das meiste von dem, was unsere Gesellschaft nicht nachhaltig und ungerecht und darüber hinaus nicht so gut für alle macht, wie sie sein könnte – nur durch eine Veränderung unserer ›imperialen‹ (nicht-konvivialen) Lebensweise erreicht werden kann.

Aber was bedeutet das konkret? Welches sind die wirklich wichtigen und mutigen Taten, die wir vollbringen müssen, um unsere Mittäterschaft durch ein Handeln zu ersetzen, das für alle gut ist, durch wahre Wohltätigkeit, die unseren Alltag radikal verändert? Kann (um hier die eingangs diskutierte Formel von Hans-Christian Dany aufzugreifen und zu variieren) in dieser verbesserungsbedürftigen Welt vielleicht nur weiterleben, wer an der Annahme festhält, es sei eben unbekannt, wie eine bessere Welt aussehe und wer was tun müsse, um dort anzukommen? Nur eine neohumane Gesellschaftsutopie, die auf diese Allerweltsfragen präzise, nämlich alltagstaugliche Antworten gibt, erzählt eine Geschichte, die phantastisch und einleuchtend genug wäre, um vielleicht nicht 99 Prozent der Menschen, aber auf jeden Fall ›uns alle‹ für ein so wagemutiges Unterfangen wie eine Weltrevolution zu mobilisieren. Saito weicht dieser Frage aus, nein, wir ahnen bereits, dass seine Argumentation sogar in die Irre führt und ein gefährliches Verwirrspiel anzettelt, wenn sein Manifest behauptet: »Der Schlüssel ist, dass die 3,5 Prozent in diesem Moment aufstehen«, und im gleichen Atemzug erklärt: »Die Beteiligung jeder und jedes Einzelnen von uns an den 3,5 Prozent ist nämlich entscheidend.« (Ebd., 276)

Entscheidend ist aber nicht, ob wir selbst zu den (ungezählten) 280 Millionen entschlossenen Menschen weltweit gehören, die durch gewaltfreien zivilen Ungehorsam soziale Revolutionen herbeiführen wollen. Entscheidend ist, dass ›wir‹ möglichst viele mutige Menschen sind, die ihr tägliches Leben in einigen wirklich wichtigen Dingen ändern. Es geht hier nicht um magische Zahlenspiele, sondern darum, dass längst so viele oder noch viel mehr ›von uns‹ unterwegs sind, um sich für eine nachhaltige und gerechte Zukunft zu engagieren, und dass sie dabei sind, aktiver Teil der Lösung zu werden und nicht länger nur Teil des Problems. Denn das Problem ist: Wir sind noch lange nicht die Mehrheit oder zumindest die entscheidende Mehrheit. Und: 3,5 Prozent der Menschheit sind jedenfalls nicht genug.

Ganz abgesehen davon, dass ein solches leninistisches Kaderdenken dem egalitären Geist demokratischer Partizipation widerspricht und an eine düstere Vergangenheit erinnert, in der die kommunistische Partei immer wusste, wo es lang geht, und die restlichen 96,5 Prozent den vorgegebenen Weg zu folgen hatten. Und um nicht nur an die Vergangenheit zu erinnern: Bis heute und wohl auch in Zukunft hat eine kommunistische Kaderpartei das Sagen im bevölkerungsreichsten Land der Erde. Obwohl Saitos Utopie gut daran getan hätte, den Traum vom Degrowth-Kommunismus mit der chinesischen Gesellschaft unter der Führung des neuen Großen Steuermanns in Beziehung zu setzen, sollte kein Zweifel daran bestehen, dass die Zukunft, die er sich für uns alle wünscht, anders aussieht als der marxiistische Alltag der Chinesen. Umso mehr stellt sich die dringlichste aller Fragen: Was tun? Was kann und sollte jeder von uns tun, um das System zu stürzen, das wir unterstützen? »Viele meiner Leserinnen und Leser«, so die berechtigte Befürchtung Saitos am Ende seines Buches, könnten daher »angesichts der großen Aufgabe des Systemwechsels ratlos sein und nicht wissen, was jetzt zu tun ist.« (Ebd., 275)

Vieles, was wir sofort tun könnten

Ich denke, die vermeintliche Ratlosigkeit und Unwissenheit über eine bessere Praxis jeder und jedes Einzelnen von uns ist vor allem die Ratlosigkeit linker Philosophen und die Unwissenheit theoretischer Weltverbesserer. Sicherlich fehlt manchen Menschen – glücklicherweise auch unter meinen Leserinnen und Lesern – ein klares Bild vom richtigen Weg und erst recht die seltene Weisheit, das ethisch Gute in all seinen pan-superhumanen Gestalten zu kennen, und darüber hinaus die Erzählkunst, dies Andere, die dies alles wirklich lernen wollen, lehren zu können. Darum scheint es alle Mühe wert, gerade hier guten Rat zu geben und das allgemeine Wissen zu stärken. Aber: Noch mehr und viel zu viele Menschen haben an all dem kein Interesse; sie wollen eine andere Welt und verfolgen andere Werte.

Wegen dieses Widerstreits der Utopien ist es umso mehr geboten, mit der (hier sozusagen als Beta-Version vorgestellten) Utopologie ein theoretisches Navi wie eine Handy Google Map-App zur Hand zu haben, das mit größtmöglicher Präzision die richtigen Wege und Orte des guten Lebens auffindbar macht – statt mit fehlerhaft programmierten Algorithmen und fehleranfälligen Ismus-Anwendungen (wie etwa einem ›Degrowth-Kommunismus‹ genannten ›Marxismus‹) Ratlosigkeit und Unwissenheit in der Praxis zu nähren. Stellvertretend für zahllose Theoretiker neohumaner Gesellschaftsutopien führt uns der japanische Nachwuchsphilosoph und Theoretiker des besagten Degrowth-Kommunismus vor Augen, dass es uns keinen Schritt weiter und keiner besseren Welt näherbringt, wenn wir nur mit vagen und wirren Vorstellungen von einer wahrhaft revolutionären Praxis hantieren. Dazu gehören auch optimistisch klingende Appelle wie: »Es gibt so vieles, was wir sofort tun könnten und sollten.« (Ebd., 276)

So vieles, ja, aber was genau? Solange dies unbekannt oder verschwommen bleibt, lässt es uns zwangsläufig ratlos vor der großen Aufgabe der Systemtransformation stehen und im Ungewissen darüber, was jetzt zu tun ist. Hinzu kommt, dass diesbezüglich unter den Autoren marktgängiger und medial erfolgreicher Gesellschaftsutopien ein hoffnungsloses Durcheinander herrscht. Um nur ein Beispiel zu nennen, von dem programmatische Klarheit noch am ehesten zu erwarten wäre: Der von mir schon mehrfach zitierte französische Visionär und Anti-Marxist Bruno Latour, immerhin namhafter Verfasser des *terrestrischen Manifests* und sicherlich einer der weitsichtigsten Vordenker in unserer philosophisch phantasiearmen Zeit[6], lässt seine Leserschaft über wesentliche Dinge der Alltagspraxis und des richtigen Weges im Unklaren. Es genügt eben nicht, auf die Frage »Was

6 Wir erinnern uns, dass sich Bruno Latour in zahlreichen Gesprächen mit seiner Weggefährten Donna Haraway, die programmatische Bedeutung der philosophischen Erzählkunst klargemacht hatte.

macht man praktisch?« und »Was muss ich ändern?« (Latour) nur mit einer scheinbar willkürlichen Liste zu antworten. Statt poetisch ergreifende Antworten und praktisch handhabbare (alltagstaugliche) Rezepte zu liefern, reiht er lediglich verschiedene Vorschläge aneinander, um ebenso wahllos wie ergebnislos zu fragen: »Soll ich mich in die Permakultur stürzen? Mich an die Spitze der Demonstration stellen? Das Winterpalais stürmen? Den Lehren des heiligen Franziskus folgen? Hacker werden? Nachbarschaftsfest organisieren? Hexenrituale wieder einführen? In künstliche Fotosynthese investieren? Oder wollen Sie etwa, dass ich die Spur von Wölfen aufnehme?«[7] Natürlich handelt es sich auch bei Latours Manifest, welches der Gründung einer neuen Partei – der terrestrischen Partei der geopolitischen Bewegung der Terraner – dient (und von Saito nicht wahrgenommen wird), letztlich um einen Programmtext, in dem notwendigerweise ›vieles offen‹ bleibt. Solange aber am Ende die Praxisfrage ungeklärt bleibt, bietet sein Utopie-Programm wie das Saitos vor allem eines: die ›kämpferische‹ Ratlosigkeit eines linken Philosophen und die ›ausgeklügelte‹ Unwissenheit des theoretischen Weltverbesserers in alltagspraktischen Dingen.

Jedenfalls behelligt uns der Verfasser des degrowth-kommunistischen Manifests mit entsprechenden Anleitungen und verworrenen Wegweisungen wie der folgenden: »Sie wollen Gemeinderatsmitglied werden? Warum nicht! Für eine Umwelt-NGO aktiv zu sein, ist ebenfalls wichtig. Oder Sie gründen mit Gleichgesinnten ein bürgerverwaltetes Energieunternehmen. Natürlich wäre es auch ein großer Schritt nach vorn, wenn Sie von Ihrem Arbeitsgeber strenge Umweltmaßnahmen fordern. Und wenn Sie für Arbeitszeitverkürzung und die Demokratisierung der Produktion einstehen wollen, sind Sie bei einer Gewerkschaft bestens aufgehoben. Außerdem braucht es auch Menschen, die Unterschriften für die Ausrufung des Klimanotstandes sammeln, ganz zu schweigen von Forderungen nach Mehrbelastungen für die Reichen. Gehen wir es so an, entsteht ein Netzwerk der gegenseitigen Hilfe, reißfest und willensstark.« (Ebd., 276) Sind das also die wichtigen und mutigen Taten, die Saito fordert? Abgesehen vom schwurbeligen Pathos ist sicher vieles an diesen Aktionen richtig und wichtig. Aber niemand sollte bezweifeln, dass sie allein kaum die notwendigen ›radikalen‹ Veränderungen der gesellschaftlichen Verhältnisse und unseres Alltagslebens herbeiführen werden. Mir scheint, dieses Halbgare hat System in der Küche des Japaners: Sie arbeitet mit

---

7 Latour, Das terrestrische Manifest, 105. Auch Latour gelingt es nicht, mit seinem klugen Essay, der mit der weiten Perspektive einer panhumanen Rückkehr zur Erde immerhin ein durchaus zukunftsweisendes Programm formuliert, wie Marx oder Buddha eine neue, die Welt bewegende Geschichte zu erzählen. So bleibt es bei der enttäuschend unerfüllten Erwartung, der er selbst beim besten Willen nichts entgegenzusetzen weiß: »Absicht dieses Essays ist sicher nicht, zu frustrieren, aber man darf von ihm auch nicht verlangen, dass er schneller ist als die sich vollziehende Geschichte.«

Rezepten, denen das Wesentliche fehlt, um ›unser Herz zu stärken‹. (Wir werden später sehen, was es mit dieser Formel auf sich hat).

Gleich beim Einstieg in sein Werk – ich erwähnte bereits, dass es auf den richtigen Einstieg ankommt – beginnt Saito mit dem bei den neuen Humanutopisten beliebten Verwirrspiel, dass wirklich wichtige und mutige Taten keine wirklich wichtigen und mutigen Taten sind. Hören wir sein anfängliches Raunen, das sich bezüglich eines der drängendsten Probleme unserer Welt direkt an seine Leserinnen und Leser richtet: »Was machen Sie eigentlich gegen die Erderwärmung? Benutzen Sie nun auch eine eigene Einkaufstasche, um den Verbrauch von Plastiktüten zu reduzieren? Und anstatt Getränke in PET-Flaschen zu kaufen, tragen Sie Ihre Flasche mit sich herum? Sind Sie auf ein Elektroauto umgestiegen?« (Ebd., 9)

So weit, so gut; denn auch das sind richtige Fragen und wichtige Fragen der richtigen Praxis. Aber im nächsten Moment, mit dem nächsten Satz, nimmt der Gedankengang mit der folgenden Eröffnung plötzlich eine schräge Wendung, die letztlich in die Irre führt. »Ich sage es Ihnen ganz offen: Diese guten Absichten allein sind sinnlos. Im Gegenteil, sie könnten vielleicht sogar schädlich sein. Aber wieso? Der Glaube, dass der Erfolg im Kampf gegen die Erderwärmung davon abhängt, wie viel jeder Einzelne von uns tut, hält uns davon ab, die für die heutige Zeit wirklich wichtigen und mutigen Taten zu vollbringen.« Wie bitte, was? Vielleicht geht es Ihnen bei diesem irritierenden Gedankengang genauso wie mir. Gewiss, nur die eigene Einkaufstasche zu benutzen, um den Verbrauch von Plastiktüten zu reduzieren, nur die Flasche mitzunehmen, um Getränke nicht in PET-Flaschen kaufen zu müssen, nur auf ein Elektroauto umzusteigen – das reicht sicher nicht aus, um alles, die ganze Welt, besser zu machen. Doch wer redet schon so einen Unsinn? Zumal diese irreführende Zurechtweisung, die wie eine bewusste ideologische Entmutigung wirkt, überhaupt nichts daran ändert, dass die Verbesserung unserer Welt ohne die Verwendung von Mehrweg-Einkaufstaschen zur Reduzierung des Plastiktütenverbrauchs und ohne den Umstieg auf Elektromobilität aller Art ein Ding der Unmöglichkeit bliebe. An solchen Praktiken ist wahrlich nichts Schädliches, vor allem dann nicht, wenn es sich nicht um bloß gute Absichten ohne Taten oder nur dahingesagte Absichtserklärungen handelt. Das sind durchaus wichtige und edle, allerdings wenig mutige Taten.

Dagegen erzeugt es den größtmöglichen Schaden, sie philosophisch als schädlich abzuwerten. Das Schädlichste, was über die existenziellen Schäden hinausgeht, die die Welt und unser Leben kaputt machen, ist, wenn Philosophen wie Saito oder andere öffentlich verkünden: ›Wenn Ihr glaubt, dass der Erfolg im Kampf gegen diese Übel davon abhängt, was jeder Einzelne von Euch tut, dann irrt Ihr Euch gewaltig. Es hält Euch sogar davon ab, die wirklich wichtigen und mutigen Taten unserer Zeit zu vollbringen.‹ Wir müssen es Saito ganz offen sagen: Das Gegenteil ist wahr und sollte auch mutig ausgesprochen werden! Der Kampf gegen Ungutes hängt einzig und allein davon ab, was jeder Einzelne von uns dagegen tut. Was wir dagegen tun und wie wir es besser machen können und sollten, hat freilich nichts mit ›Kampf‹ zu tun. Genauso wenig können und müssen Einzelne ›alles tun‹; aber wenn nicht jede und jeder von uns den eigenen Teil tut und sich möglichst viele daran beteiligen, werden wir vergeblich auf gesellschaftliche Verbesserungen warten, und dann wird von Tag zu Tag ganz sicher – diese poetische Übertreibung sei erlaubt – alles nur noch schlimmer.

Zehnte These ad Saito

Soziale Bewegungen und politischer Aktivismus sind schön und gut; aber zu wenig von dem, worauf es ankommt

In ihrem traditionellen Kerngeschäft beschäftigt sich die akademische Philosophie vor allem mit ihrer eigenen Vergangenheit und der damit verbundenen Begriffswelt. Man muss dabei nicht so weit gehen wie der selbstkritische Nietzsche, der in der *Götzendämmerung* unter dem Stichwort ›Die Vernunft in der Philosophie‹ schimpfte, alles, was die anderen Philosophen seit Jahrtausenden gehandhabt hätten, seien Begriffsmumien und hohle Hülsen aus totem Ton gewesen: Nichts Wirkliches sei lebendig aus ihren Händen gekommen. Vielleicht war dies als ein schlagender Beweis dafür gedacht, wie die etwas unbeholfen ›tatkräftige Idee‹ des Freigeistes, ›mit dem Hammer zu philosophieren‹, in die Praxis umgesetzt wird. In der Sache freilich braucht das von Nietzsche kritisierte folgenlose Treiben der Philosophen alle Nicht-Philosophen wenig zu interessieren.

Interessant wird es für sie erst dann, wenn Philosophen beginnen, ›die Welt zu interpretieren‹ oder, genauer, den gegenwärtigen Zustand gesellschaftlicher Praxis mit neuen Begriffen zu reflektieren – und zu verändern. Diese philosophische Intervention in das gesellschaftliche Spiel um Wahrheit oder jenes »Ethos«, um dessen zumeist unterschätzte Veränderungskraft es mir hier geht, hat der bedeutendste Interventionist der zeitgenössischen Philosophie, Michel Foucault, geradezu als ethische Verantwortung der Intellektuellen und Diskursprofis gegenüber ihrer Gesellschaft verstanden. Und Karl Marx war darin, entgegen seiner eigenen Behauptung in der berühmten elften Feuerbach-These (was zu meiner letzten Gegenthese führen wird), zwar nicht der erste seiner Zunft, aber zweifellos einer der erfolgreichsten. Insofern erweist sich Saito als wahrer Marxist im guten Sinne – und hätte sich darüber hinaus sogar als postmarxistischer Foucaultianer oder einfach als universalistischer Ethiker zu erkennen geben können –, wenn sich seine Theorie mit jenen transformativen (und transkulturellen) Kräften zivilgesellschaftlicher Bewegungen verbindet, die soziale Verbesserungen in der Praxis bereits einfordern oder selbst schon bewirken. Umgekehrt bedeutet dies, dass sich niemand für solche Gesellschaftstheorien und Utopien zu interessieren braucht, die weder politischen Aktivismus (womit ich mit Saito nur den demokratischen, humanistischen, ›linken‹ Aktivismus für das Gemeinwohl meine) reflektieren noch eine ›dynamische Einheit von kritischer Theorie und guter Praxis‹ (um eine programmatische Formel Max Horkheimers zu variieren) auf den Weg bringen.

Der japanische Philosoph auf der Suche nach dem besten Weg verweist jedenfalls auf eine ganze Reihe von Initiativen und Aktionsformen politischer Praxis von unten. Neben den bereits erwähnten zivilgesellschaftlichen Bewegungen der Occupy Wall Street Proteste, den Zapatistas, den kleinbäuerlichen Bewegungen der Via Campesina und anderen Aktivisten für Ernährungssouveränität oder dem Netzwerk Essbare Städte (Edible Cities) bezieht er sich auf Friday for Future, Black Lives Matter, Rebellion Extinction, Recht auf Stadt oder die Fearless Cities. Dem globalen Netzwerk der Fearless Cities, dem mittlerweile mehrere Dutzend Städte in Europa, Afrika, Südamerika und Asien angehören, widmet seine Analyse besondere Aufmerksamkeit. »Bei den Fearless Cities handelt es um fortschrittliche Gemeinden, die sich gegen staatlich verordnete neoliberale Maßnahmen auflehnen. Es sind Städte, die in ihrem Kampf für das Wohl der Bewohner weder den Staat noch global agierende Unternehmen fürchten.« (Ebd., 247)

Eines der vorbildlichsten Beispiele ist die Stadtverwaltung von Barcelona, die als erste das Fearless City Banner verwendete. Ihre fortschrittliche Haltung zeigte sich beispielsweise im Januar 2020, als die katalanische Metropole den Klimanotstand ausrief. Saito hebt hervor, dass damals »ein Manifest von mehr als dreißig Seiten« verfasst wurde, das eine Analyse und einen darauf aufbauenden Aktionsplan enthielt und umfassende Reformen vorsah. Vieles darin interpretiert er als »ein Bekenntnis zur Degrowth-Gesellschaft.«[1] So sieht der Aktionsplan unter anderem

1 Es scheint eher umgekehrt, dass Saitos Degrowth-Kommunismus letztlich vor allem eine Paraphrase des Fearless City Manifests der Stadtaktivisten und der lokalen Partei Barcelona comú ist, auf deren linksutopisches Programm seine phantasmagorische Hoffnung auf eine ökosozialistische Weltrevolution gründet. Die folgende Passage legt diese Vermutung nahe. »Und tatsächlich schwappen die Wellen der Bewegung von Barcelona mittlerweile über ganz Spanien. Der 1985 geborene Politiker Alberto Garzón wurde 2016 Bundeskoordinator des Parteienbündnisses Vereinigte Linke (Izquierda Unida) und bekleidet derzeit das Amt des Ministers für Verbraucherschutz im Kabinett Sánchez II. Im Mai 2022 veröffentlichte er einen Kommentar mit dem Titel ›Ökosozialismus oder Barbarei‹, in dem er deutliche Kritik am grünen Wirtschaftswachstum übt und beteuert, dass es ohne einen Sozialismus neuen Typs keine Zukunft für die Demokratie gebe. Ferner klärt er darin über die Notwendigkeit von Degrowth auf. Sie ahnen wohl schon, dass Garzón das gleiche Problembewusstsein hat, das ich in diesem Buch vertrete. Ganz konkret fordert er die Bevölkerung beispielsweise auf, den Konsum von industriell produziertem Fleisch sowie die Anzahl ihrer Flüge zu reduzieren. Bis vor wenigen Jahren wären solche Forderungen aus dem Munde eines Politikers undenkbar gewesen, doch angesichts der Appelle der Generation Z beginnt sich das Blatt zu wenden.« (Ebd., 270f.)

»die Begrünung des öffentlichen Raums, den Konsum von lokal produzierten Lebensmitteln und Energie, den Ausbau des öffentlichen Verkehrs, Einschränkungen für Autos, Flugzeuge und Schiffe, die Beseitigung von Energiearmut, Abfallvermeidung und Recycling« vor. (Ebd., 254)

Die durch diesen neuen ›Munizipalismus‹ bewirkten Verbesserungen in der Stadtgesellschaft werden von Saito als Beleg für seine Theorie angeführt, dass mutige Protestaktionen große gesellschaftliche Veränderungen bewirken würden. Der Erfolg dieser weltweiten Bewegung bestätigt jedoch nicht die quantitativen Angaben seiner Revolutionstheorie. Denn weder haben 99 Prozent der Bürgerinnen und Bürger Barcelonas rebelliert, noch haben nur 3,5 Prozent der Fearless City-Aktivistinnen und -Aktivisten den genannten Aktionsplan auf den Weg gebracht. Dennoch beweist die politische Praxis der Beteiligten, dass transformative Kräfte von unten, hier in Form des zivilgesellschaftlichen Engagements einer kritischen Menge aktiver Bürgerinnen und Bürger, gesellschaftliche Veränderung und Weisheit bewirken. Statt magischer, nur scheinbar exakter Zahlen scheint mir daher der netzwerktheoretische Begriff der ›kritischen Menge‹ hilfreicher zu sein, um den sogenannten Tipping Point oder revolutionären Wendepunkt zu beschreiben. (Hegelianer, allen voran Marx und Engels, sehen im ›Umschlag von Quantität in Qualität‹ als entscheidendem Moment der Veränderung ein Grundgesetz soziohistorischer Dialektik). Darüber hinaus spielt sich die gesellschaftliche Verbesserung in der Praxosphäre einer politischen Öffentlichkeit in Form eines partizipativ-demokratischen Aktivismus oder, in der Terminologie der Stadtsoziologie, einer aktiven Bürgerbeteiligung ab und nicht in der Produktionssphäre, wie es der orthodoxe Marxismus von Saito lehrt. Mit diesen begrifflichen Korrekturen lässt sich die theoretische Hoffnung auf eine bessere Gesellschaft in der Praxis ›von unten‹ durch politischen Aktivismus anhand des Erfolgs des Munzipalismus mit dem Best Practice Beispiel Barcelona durchaus belegen.

Ein paar Worte zur Vorgeschichte: Aufgrund der allgemeinen Verschlechterung der Lebenssituation vieler Spanierinnen und Spanier im Zuge der Finanzkrise und der darauffolgenden Kürzungspolitik formierte sich 2011 das Movimiento 15-M (Bewegung 15. Mai), das von Jugendlichen getragen wurde und mit der Besetzung zentraler städtischer Plätze begann. Einer ihrer Erfolge war die Gründung der lokalen Partei Barcelona en Comú (katalanisch für Barcelona Gemeinsam). Bei den Kommunalwahlen 2015 machte die neue Partei einen großen Sprung nach vorn und ihre Anführerin wurde zur Bürgermeisterin gewählt, was den seltenen Effekt hatte, dass eine ehemalige Aktivistin plötzlich an der Spitze einer Regierung stand. Als Bürgermeisterin und Regierungschefin konnte sie ganz anders agieren und mit der ganzen Maschinerie eines kommunalen Machtapparates vieles bewegen, was vorher außerhalb ihrer persönlichen Macht lag. Es geht hier nicht um die inhaltlichen Details der entsprechenden Gesetze und Maßnahmen, sondern um die wichtige und mutige Tat der Bürgermeisterin (sozusagen ihres ›politischen Selbst als Regierungskünstlerin‹), demokratische Partizipation zu ermöglichen, so dass »die Stimmen von Graswurzelbewegungen ihren Platz in der Stadtpolitik hatten. Das Rathaus wurde für die Bürger geöffnet, und der Stadtrat fungierte fortan als Plattform für die gemeinsame Stimme der Bürger. Wir sehen hier«, so die demokratietheoretische Schlussfolgerung, »wie soziale Bewegungen und Politik in wunderbarer Weise miteinander verbunden sind«. (Ebd., 250)

So wichtig und mutig es ist, dieses wegweisende Wunder gesellschaftlicher Höherentwicklung wahrzusprechen, so verspielt Saito doch im selben Moment die seltene Frucht dieser interventionistischen Interpretation, indem er mit dem Blick von oben beobachtet, was von unten wächst. Diese politizistische Sichtweise folgt der in der politischen Philosophie üblichen Theorie des Politischen und ihrem politologischen Demokratieverständnis. Tatsächlich kritisiert seine Utopie »einen gesellschaftlichen Wandel, der sich bloß auf politische Maßnahmen und Gesetze stützt, als Top-down-Politizismus«. (Ebd., 266) Im grundlegenden Unterschied dazu bedarf es aus praxistischer Perspektive vielmehr einer praktischen Philosophie partizipativ-demokratischer Alltagspraxis, um den politischen Aktivismus von Graswurzelbewegungen als Beweis für bereits wirksame soziale Veränderungen und die Weisheit der Aktivisten deuten zu können. Erst durch diesen Perspektivwechsel wird (wie schon beim Praxisbegriff) auch unser seit langem eingespieltes und wenig hinterfragtes Verhältnis zu dem, was gemeinhin unter ›Politik‹ und ›Demokratie‹ verstanden wird, vom Kopf auf die Füße gestellt. Denn indem wir zivilgesellschaftlichen Aktivismus vor allem als politische Praxis von unten interpretieren, starren wir nicht mehr verwundert auf die geöffnete (meistens aber geschlossene) Tür des Rathauses, um uns darüber hinaus zu wundern, dass auch ein Stadtrat als Plattform für aktive Bürgerbeteiligung funktionieren kann: Vielmehr entdecken wir das konviviale Abenteuer demokratischer Partizipation als alltägliche Lebenskunst oder Eupraxie.

Eine Neuausrichtung der Demokratie

Wer sich wie Saito und viele andere linke Humanisten zu Recht »eine Neuausrichtung der Demokratie« (ebd., 267) wünscht, sollte jede Form zivilen Aktivismus praxisphilosophisch (praxologisch) begleiten und bei »partizipativer Demokratie« von unten unbedingt – aber nicht nur – an Bürgerräte, Bürgerverwaltung, Stadtteilparlamente denken, sondern darüber hinaus bzw. darunter erst recht eine Kultur des Teilens wahrnehmen, die nur dort wächst, wo Menschen entsprechend aktiv sind. Denn es sind nicht oder nur sehr selten mutige Protestaktionen, die zu großen gesellschaftlichen Veränderungen führen, es ist die demokratische Partizipation einer Vielzahl von politischen Aktivisten und Praxisten des konvivialen Mitmachens. Es ist ›unser Engagement als Bürger‹, jedes einzelnen von uns, das sich nur dann zu einer kritischen Menge gesellschaftlichen Wandels summiert, wenn wir auch im Bereich der politischen Freiheitspraxis aktiv werden und selbst tätig sind.

So entstand der erwähnte Aktionsplan der neuen Stadtregierung von Barcelona durch ›Komitees‹, in denen mehr als 300 aktive (partizipative) Bürger aus über 200 Organisationen mitwirkten, um gemeinsam die Erklärung zu erarbeiten. Dieses Best Practice Beispiel partizipativer Demokratie zeigte tatsächlich »einen Weg zur Schaffung eines Stadtentwicklungsmodells, in dem die Bewohner die Richtung vorgeben.« (Ebd., 249) Eine konviviale Stadtgesellschaft entwickelt sich modellhaft in den öffentlichen (frei und für alle zugänglichen) Räumen demokratischer Partizipationspraxis, so wie sich – wie bereits angedeutet – die konviviale Tischgesellschaft modellhaft in den privaten (feierlichen) Räumen der geteilten Mahlzeit versammelt. Beide Praxen alltäglicher Lebenskunst verwirklichen partizipative Demokratie. Und beide verbinden auf wunderbare Weise Konvivialität mit gesellschaftlicher Praxis von unten. Insofern ist der zivilgesellschaftliche Aktivismus im Vergleich zum tafelgesellschaftlichen Konvivialismus nur der öffentlichere Indikator für die soziale Transformation der bestehenden repräsentativen Demokratie in Form einer konvivialistischen Demokratisierung.

Die beste aller möglichen Gesellschaften ist auch deshalb besser als alle anderen uns bekannten Gesellschaftsformen, weil sie demokratischer ist und wirklich von einer partizipatorischen Alltagskultur oder demokratischen Sittlichkeit lebt. Wir brauchen also die Neuausrichtung der Demokratie nicht als »partizipativen Sozialismus« (Saito) zu bezeichnen. Eher vielleicht einen superhumanen Praxismus, der einfach darin besteht, sich in der Freizeit unter anderem solchen Aktivitäten zu widmen, durch die wir uns selbst als Bürger und Genossen aktivieren.

Diese Hinweise auf eine konvivialistische Superdemokratie jenseits der uns bekannten Halbdemokratien können hier nicht vertieft werden, trotz der Dringlichkeit der Lage angesichts antidemokratischer Angriffe und postdemokratischer Gegenprogramme.

Zumal wir dafür den größtmöglichen Umweg auf uns nehmen müssten und ausgerechnet in die kommunistische Demokratie Chinas reisen sollten, um unterhalb des autokratischen MarXiismus die ›himmlische‹ Praxis einer hedonistischen Tischgesellschaft des chinesischen Volkes als den allgegenwärtigen guten Ort einer superdemokratischen Kultur des Teilens philosophisch zu entdecken und darüber hinaus als den gesellschaftlichen Nährboden eines superhumanen Konvivialismus gastrosophisch zu erforschen. Aber das bedarf, wie schon mehrfach eingeräumt, einer eigenen Abhandlung. Abschließend begnüge ich mich daher mit einer kursorischen Gegenüberstellung von repräsentativer und partizipativer Demokratie, um der praxologischen Banalisierung des politischen Aktivismus zu widersprechen, die sowohl im ›links-utopischen‹ Denken der meisten Aktivisten als auch in der diskursbestimmenden Philosophie über demokratische Gesellschaftsmodelle und politische Freiheit verbreitet ist.

Das entscheidende Merkmal der repräsentativen Demokratie ist die politische Stellvertretung. Anstelle selbst politisch aktiv zu werden, überlässt die überwiegende Mehrheit von uns Bürgerinnen und Bürgern eines ›politischen Gemeinwesens‹ (einer Gemeinde/Kommune, einer Stadt bzw. eines Stadtteils, des Staates eines Landes) die damit verbundenen Aufgaben einigen wenigen Anderen. Erst diese allgemeine politische Untätigkeit macht es möglich, dass ›professionelle Politik‹ zu einem bezahlten Beruf und zu einer täglichen Vollzeitbeschäftigung einer sehr kleinen Zahl von ›Politikern‹ wird. Im Unterschied zu diesen ›Berufspolitikern‹ ist das ›politische Aktivisten-Sein‹ eine Freizeitaktivität. Aktivistinnen und Aktivisten praktizieren Politik unbezahlt und meist neben einer ganz anderen beruflichen Tätigkeit. (Durch die Entstehung von Nichtregierungsorganisationen und anderen Formen der professionellen Institutionalisierung zivilgesellschaftlicher Aktivitäten ist Aktivismus inzwischen auch als Beruf möglich, was eher zu einer Angleichung an den Alltag von Berufspolitikern als zu einer vielseitig aktiven Lebensweise führt). Als nebenberufliche Tätigkeit basiert politischer Aktivismus auf einer demokratischen Alltagspraxis, also auf dem, was die bedeutendste Philosophin der politischen Praxis, Hannah Arndt, unter einem *bios praktikos* oder einer *vita activa* verstand.[2]

Dann ist klar: In der politischen Selbsttätigkeit verwirklicht sich die Freiheit des Menschen, das für alle Gute in Form demokratischer Partizipation – aktiver Demokratie von unten – zu leben. Was Arendt mit ihrer Theorie der politischen Praxis als alltäglicher Lebenskunst meinte, bestätigt den praxistischen Freiheitsbegriff für den Bereich des Politischen: Es kommt nicht darauf an, welcher politischen Aktivität das eigene Engagement gewidmet ist; das kann eine Partei sein, eine Bürgerinitiative, eine Genossenschaft, ein Stadtteilbeirat, irgendein gemeindliches Komitee oder Commoning, eine Nichtregierungsorganisation, ein gemeinnütziger Verein oder dergleichen demokratischer Gesellschaften. Entscheidend ist die konviviale Tat-Sache, dass man sich ›politisch‹ an gemeinsamen (›gesellschaftlichen‹) Entscheidungs- bzw. Lebensgestaltungsprozessen beteiligt und so ›demokratisch‹ aktiv ist.

Wer politischen Aktivismus als Alltagspraxis und gute Lebenskunst zu deuten lernt – nämlich das ethisch Gute demokratischer Partizipation zu leben –, missversteht die vielfältigen Aktivitäten und Weisen des Aktivseins nicht als persönlichen Aktionismus, sondern erkennt darin den konvivialen Praxismus des wohltätigen

---

2 Arendt hat Politik nicht primär von oben, wie in der politischen Philosophie üblich, als Staats- oder Regierungsform betrachtet, sondern praxologisch von unten gedacht wie niemand zuvor in der 2500-jährigen Geschichte der abendländischen Philosophie – eben als alltägliches und selbstzweckhaftes Tun, als Praxis der guten Freiheit und als Ethik des Selbst. Zwar blieb ihr Interesse auf die politische Praxis beschränkt, doch schuf ihr Werk den philosophischen Nährboden für einen Praxismus, der in verschiedenen Praxisformen (Eupraxen) und nicht nur in einer (etwa der politischen Praxis) die mögliche Praktikabilität des guten Lebens bzw. der Kunst, das Gute für alle zu leben, aufzeigt.

Selbstseins – nämlich selbst tätig zu sein, um partizipative Demokratie zum ›ehrenamtlichen‹ Teil und zeitweiligen Selbstzweck der eigenen gesellschaftlichen Praxis zu machen. Deswegen ist es wichtig und als philosophische Intervention durchaus mutig, dass sich Saito auf die (kritische Menge der) vielen Bewegungen bezieht, um seine Utopie mit dem zu nähren, was in der Praxis an transformativen Kräften und Keimzellen gesellschaftlicher Veränderung wächst.

Dies erlaubt eine abschließende Bemerkung zu den bewegungstheoretischen Verdiensten des japanischen Nachwuchsphilosophen. So ist seine Argumentation vollkommen einleuchtend, wenn darauf hingewiesen wird, dass das von der Stadt Barcelona ausgerufene Netzwerk der Fearless Cities weltweit den munizipalistischen Nährboden bildet, auf dem die Saat einer demokratischen Revolution wächst. So weit, so gut. Aber das ist nur die halbe Geschichte. Denn wie ich nachgezeichnet habe, beobachtet er darüber hinaus sehr aufmerksam, dass – parallel zur urbanen Bewegung für ein partizipativ-demokratisches Gesellschaftsmodell – auch die vom globalen Süden ausgerufene Bewegung für Ernährungssouveränität an Dynamik gewinnt und deren gastropolitische Stimme, verstärkt durch seine praxisphilosophische Verlautbarung, wie ein Weckruf für die Ernährungswende wirkt. Allerdings fehlt bei ihm der programmatische (gastrosophische) Bezug zu den gastroethischen Graswurzelinitiativen und den allgegenwärtigen Konvivialgesellschaften – zu den zahllosen Aktivismen der Good Food Bewegung insgesamt. Es hätte große Weitsicht und Weisheit bewiesen, in Anknüpfung an die »Ernährungssouveränitätsbewegung« (Saito) etwa die Edible Cities Aktivitäten und die Urban Gardening Initiativen ebenso euphorisch zu bejubeln, wie die Bürgerratskomitees Barcelonas gegen den Klimanotstand oder den Konsum von lokal produziertem Gemüse (statt von Industriefleisch aus dem globalen Supermarktsystem) mitsamt der Begrünung des öffentlichen Raums als wichtige Agenda der Fearless Cities zu betrachten.

Im Bereich der zivilgesellschaftlichen Initiativen und politischen Aktivismen ist es die Urban Gardening Bewegung, in der sich die alltägliche Kunst konvivialgesellschaftlichen Zusammenlebens (des Commoning) am deutlichsten und vollkommensten zeigt. Die nachhaltige Stadtgesellschaft, die sich in der bezaubernden Gestalt dieser epikureischen Gartenkommunen ›erdet‹ (reterritorialisiert) und sich durch selbstgemachte Wohnküchen im öffentlichen Raum manifestiert, ist insofern das panhumane Modell der konvivialen Weltgesellschaft und »stellt einen alternativen Weg zu einem hohen Lebensstandard dar, der auf einer dem Planeten freundlich verbundenen Form der Geselligkeit basiert«, um eine schöne Formulierung des Stadtforschers Mike Davis aufzugreifen.[3] Das Wir, an das der gastrosophische Konvivialismus bevorzugt wende, sind also diese Aktivisten und

3 Davis, Wer wird die Arche bauen?, 86.

Praxisten einer superhumanen Alltagswelt, die den geselligen Genuss eines Picknicks aus selbst kultivierten Früchten der Erde zu feiern wissen, um Energien des So-Weitermachens zu aktivieren und aufzufüllen.

Von all dem ist in der Geschichte, die uns der Degrowth-Kommunist erzählt, nicht die Rede. Anstatt eine dynamische Einheit von Utopie und ›Praxis‹ (der alltäglichsten, allgemeinsten und umfassendsten Lebenspraxis der Menschen) aus gastrosophischer Perspektive über das ›Essen‹ (den menschlichen Essistenzialismus) herzustellen, verpasst seine Philosophie die Möglichkeit, sich mit der weltbewegendsten Bewegung zu verbinden, mit der zivil- und konvivialgesellschaftlichen Super-Macht, mit dem universellen Zentrum und dem zentralen Universum der besten Welt, mit dem unfassbaren Herzen und dem einzigartigen Glück eines panhumanen Wohllebens, das bereits überall auf der Erde tagtäglich millionenfach kultiviert wird und im Kleinen großartige Verbesserungen bewirkt. Insoweit liegt diese Möglichkeit einem japanischen Philosophen viel näher als einem westlichen. Wie dem auch sei: Japan wurde von mir ausgewählt, um einen zentralen Aspekt seiner Kultur als Best Practice Beispiel und weltgesellschaftliches Modell für die Zukunft einer konvivialen Ankunft zu interpretieren. Was für mich ein langer und höchst unsicherer Umweg wurde, hätte für Saito ein Heimspiel werden können, indem er, anstatt die Welt mit einem Degrowth-Kommunismus in die Irre zu führen, wie ich von einem Euzen-Konvivialismus träumte.

Elfte These über Saito

Einige Philosophen haben nur versucht, die Welt zu verändern; es kommt aber darauf an, vorher gründlich darüber nachzudenken, wie das wirklich geht. Dazu müssen wir die Welt erst einmal *so gut wie möglich* interpretieren

Um die faktische Unwahrscheinlichkeit des Guten ermessen zu können, müssen wir zunächst *das unmögliche Gute* begreifen lernen. Denn ist es nicht wahr: Die bekannte Geschichte der Menschheit lehrt uns die überwältigende *Unverbesserlichkeit der (meisten) Menschen* – und bestätigt sie jeden Tag aufs Neue. Nicht Weisheit und Wahrheitsliebe, sondern Dummheit und Fehlbarkeit regieren unsere Welt und ihre Entwicklung. Gewiss, die pessimistische Welterfahrung früherer Zeiten hat es nicht leicht im geistigen Klima des modernen Fortschrittsglaubens und des utopischen Futurismus einer gewiss ›besseren Zukunft‹. Aber Pessimismus ist eine durchaus berechtigte Haltung, wenn wir den Zustand unserer Welt betrachten.[1] Und angesichts bedrohlicher Krisen, die uns von Tag zu Tag hoffnungsloser machen, scheint sich die allgemeine Stimmung und die ohnehin tendenziell depressive Gemütslage der Menschheit nicht ohne Grund weiter zu verdüstern. Nicht nur, dass vieles im menschlichen Leben immer schon Leiden ist und Ungutes aller Art bereithält: Ständig geht etwas schief, läuft es schlechter als gewünscht. Egal wie oft der Homo sapiens erfolgreich nach den Sternen greift, egal wie viele Herausforderungen er meistert, die Katastrophen und die unzähligen Variationen von Fehlleistungen und Irrtümern warten immer gleich um die Ecke.[2]

---

1 Sim, A philosophy of Pessimism.

2 Der fatale Topos des beherrschbaren Restrisikos in der technotopischen Atomdebatte ist dafür ein gutes bzw. schlimmstes Beispiel. Schon beim Reaktorunfall von Tschernobyl hätten die Verantwortlichen lernen können, wie fatal dieser Irrtum ist. Selbst Fukushima wird von vielen Atomkraftbefürwortern heruntergespielt, weil sie die statistisch gut belegte Tatsache nicht wahrhaben wollen, dass einzelne, singuläre Ereignisse in komplexen Systemen nicht vorhersehbar sind. Sie können gar nicht oder vielleicht morgen oder jetzt gleich eintreten. (Ich komme auf dieses Beispiel gesellschaftlicher Unvernunft im Text zur ethischen Verantwortung der Philosophen im technologischen Zeitalter zurück; siehe Seite xxx)

Zweifellos erkennen Menschen Muster in der Welt, sie sind in der Lage, ihre Beobachtungen einander mitzuteilen, und sie haben die geistige Fähigkeit, sich Zukunftsszenarien auszumalen, die noch nicht Realität sind, nach der Logik: Wenn man *dies* ändert, dann könnte *das* passieren, und die Welt wäre vielleicht ein bisschen angenehmer. »Das Problem ist nur«, bemerkt der witzige Notopie-Forscher Tom Phillips in seiner Weltbestseller-Geschichte der »beknacktesten Aktionen der Menschheit« auf den absurdesten Irrwegen ihrer Entwicklung, »na ja, wir sind in all diesen Dingen nicht besonders gut. Jede ehrliche Bewertung der zurückliegenden Leistungen der Menschheit an all ihren Fronten liest sich wie eine ganz besonders schonungslose Jahresbilanz unserer Leistungen, gezogen von einem Chef, der uns abgrundtief hasst. Wir erkennen Muster, die es nicht gibt. Unsere Kommunikationsfertigkeiten sind, gelinde ausgedrückt, manchmal nicht vorhanden. Und wir blicken auf eine außerordentlich armselige Erfolgsbilanz, wenn es darum geht, uns klarzumachen, dass, wenn wir diese eine Sache ändern, dies zu jener anderen Sache und die wiederum zu einer noch viel schlimmeren führt« – und so weiter und so fort in Vergangenheit, Gegenwart und Zukunft.[3]

Wohin wir auch blicken, überall und immer sind wir, oder, um hier zu präzisieren, sind *die Typen des unverbesserlichen Menschen*, die zahllosen Exemplare des *Homo insipiens*, der unfehlbaren Neigung, Dinge nicht zu Ende zu denken, zum Beispiel wenn es darum geht, die Frage zu beantworten: »Hey, was wäre das Schlimmste [oder das Beste], was passieren kann, wenn wir *dies* tun?« (ebd., 16)

Trotzdem kommt es weniger auf das irritierende Eingeständnis an, dass hinter der globalen Misere eine einzigartige, »weltumspannende Riesenblödheit« steckt, wie der unverbesserliche Aufklärer und ›evolutionäre Humanist‹ Schmidt-Salomon in einem (vergeblichen) Weckruf beklagt.[4] Viel wichtiger scheint mir zu sein, das Faktum dieser unmenschlichen, nämlich des Menschen als Homos sapiens im wahrsten Sinne des Wortes unwürdigen Unvernunft zur Kenntnis zu nehmen, um diese anthropologische Faktizität – so bitter sie auch sein mag – zu akzeptieren und darüber hinaus dieses anthropozäne Fatum – für alles weitere – wirklich ernst zu nehmen. Denn aus dem allgemein geheim gehaltenen Wissen um die weltumspannende Riesenblödheit ebenso wie aus dem offenen Geheimnis der ganz normalen Dummheit und schlimmsten Unvernunft der am weitesten verbreiteten Menschengattung ergeben sich zwei weitreichende und kompliziert miteinander verwobene Perspektiven. Einerseits bestätigt sich die bereits angedeutete und, wie sich nun zeigt, fast selbstverständliche Wahrscheinlichkeit einer dystopischen Entwicklung der Menschheit und der goldenen Zukunft superintelligenter Robo sapiens. Andererseits – und eigentlich als maximaler Kontrast zu dieser düsteren Weltsicht

3 Phillips, Echt Jetzt? Die beknacktesten Aktionen der Menschheit, 14.

4 Schmidt-Salomon, Keine Macht den Doofen. Eine Streitschrift.

– erscheint plötzlich in grellem Licht der eigentümliche Optimismus der Philosophen bzw. einiger Philosophen, die offensichtlich dem seltenen Menschentypus der gutwilligen Mutanten angehören. Mit ihrem philosophischen Humanismus kommt ein rationaler Glaube an die Menschheit und das Gute in ihr in die Welt und deren menschliche Wirklichkeit – der Glaube an ihre Vernunft, ihre Humanität, ihre Gerechtigkeit, ihre gegenseitige Hilfsbereitschaft und ihre unerschütterliche Wahrheitsliebe.

Mit der vielleicht bekanntesten und sicherlich (im Guten wie im Schlechten) wirkungsmächtigsten Variante dieses philosophischen Humanismus habe ich mich in diesem ersten Teil des Buches etwas intensiver beschäftigt bzw. beschäftigen müssen, weil einige zeitgenössische Philosophen und unverbesserliche Humanisten wie der japanische Sozialutopist Saito Kohei immer noch oder schon wieder auf diese Variante setzen, in der Hoffnung, unsere kaputte Welt doch noch reparieren und ein gutes Leben für alle auf Erden erreichen zu können. Und genau das ist der revolutionäre Humanismus von niemand anderem als Karl Marx. Er war es, der uns Menschen einen Weg aus diesem Jammertal wies, der eine neue Welt als Reich der Freiheit und als gerechte Gesellschaft der Gleichen ankündigte. *Die mitreißende Erzählung seiner humanen Utopie klang schön*, kein Wunder, dass sie überall massenhaft Anhänger fand, fromme Gläubige, begeisterte Marxisten: Wir Menschen sind nicht auf der Welt, um sie zu betrachten oder zu ertragen; Knechtschaft und Elend sind nicht unser Schicksal; ein *Happy End* wartet auf uns, nicht erst im Jenseits bei Gott, sondern schon bald: im Morgen, in einer Zukunft, in der endlich alles gut wird. Diese philosophische Prophezeiung frohlockte mit einer innerweltlichen Heilsgeschichte, und darüber hinaus schien ihre Begründung phantastisch einleuchtend: Die Menschen machen ihre Geschichte selbst. Die geschichtliche Praxis kann die Welt verändern, indem wir sie selbst verändern. Das Problem war *nur*: Marx machte sich selbst zum Totengräber seiner eigenen Philosophie, als er in seiner elften These über Feuerbach kritisierte, dass die Philosophen die Welt *nur* interpretieren würden, statt sie zu verändern. Damit war einer jener typischen Irrtümer und Dummheiten ausgesprochen, die sich, wie wir wissen, auch in diesem Fall zu einer weltumspannenden Riesenblödheit auswuchsen. Denn Philosophen wie Marx oder Saito oder ich können die Welt nur interpretieren und bestenfalls verschieden interpretieren, aber sie niemals verändern. Das können *nur* Nicht-Philosophen, normale Menschen – die sich zum Beispiel vom (ursprünglich gutartigen) Marxismus-Virus haben anstecken lassen.

Die als radikale Kritik verstandene Behauptung, die Philosophen haben die Welt nur anders interpretiert, trug dazu bei, die Arbeit der Philosophen zu schwächen. Das war keine gute Idee. Denn richtig ist: In der abendländischen Philosophie herrscht seit Jahrtausenden eine allzu menschliche Uneinigkeit darüber, wie das Gemeinwohl – das Gute und dessen humane Wirklichkeiten – in der gesellschaftlichen Alltagspraxis genau und für alle gleich aussieht. Ihre verschiedenen

Interpretationen und Definitionen moralischer Werte haben daher bei der großen Menge der Nicht-Philosophen und sogar bei ihnen selbst den (falschen) Eindruck erweckt, diese universale Moralität oder Normativität des menschlichen Wohlseins sei entweder gar nicht denkbar (weil immer nur relativ) oder erst (bloß utopisch) irgendwann in der Zukunft klar. Aber Marx irrte: Das gravierende Problem ist nicht die philosophische Weltinterpretation bzw. Weltanschauung oder ihre Vielfalt, sondern das (zum Glück nicht allzu kompliziert zu behebende) Missgeschick, die Geschichte des möglichen ethischen Guten schlechter zu erzählen, als sie ist.

Dieser Programmierfehler schwächt den philosophischen Humanismus bis ins Innerste – bis in sein Mark und Herz. Das bringt mich zur nächsten und letzten These und diesem Zusatz: *Es kommt darauf an, nicht nur die normative, sondern vor allem die narrative Kraft der Philosophie zu nutzen und nach Kräften zu stärken, damit die Philosophen (zumindest die Humanisten unter ihnen) eine möglichst überzeugende und fehlerfreie Geschichte von der besten aller menschlichen Welten erzählen können.*

Dazu müssten sie sich allerdings als Künstler und Poeten der großen Erzählung neu erfinden und ihre philosophische Praxis (als Supermacht der narrativen Intelligenz, der urmenschlichen Narrativ- und Kreativkräfte) dadurch unter Beweis stellen, dass sie *die Geschichte* nicht nur, wie Marx, *selbermachen* wollen, sondern sie auch philosophisch *so gut wie möglich erzählen.* Nur so erreichen die philosophischen Ismen und Algorithmen, die Meme, Poeme, Philosopheme einer erzählten Geschichte uns Menschen *wirklich* – uns als den *Homo narrans*, als »erzählende Affen«, als »narrative Gehirne«[5] – jeden von uns als ein *utopisches Wesen*, das in seinem alltäglichen Leben von der ebenso imaginären wie phantastischen Kraft der Ideen und ausgemalten Bilder (Narrationen) motiviert wird.

Wie die Utopologie steht auch die genauere Untersuchung von Menschen- und Weltbildern noch am Anfang. So viel steht aber bereits fest und bestätigt das oben Gesagte: »Weltbilder haben eine wichtige soziale Funktion, die darin besteht, den Mitgliedern einer Gemeinschaft ein Modell anzubieten – gelegentlich auch aufzuzwingen –, durch das sie die Dinge und Ereignisse der Welt betrachten, deuten und sinngebend erklären und verstehen können beziehungsweise sollen.«[6] In diesem Sinne produziert (programmiert) insbesondere jede Art von Utopie ein narratives

5 El Ouassil/Karig, Erzählende Affen: Mythen, Lügen, Utopien. Wie Geschichten unser Leben bestimmen; Breithaupt, Das narrative Gehirn. Was unsere Neuronen erzählen.

6 Chakkarath, Welt- und Menschenbilder. Eine sozialwissenschaftliche Annäherung. Unter dem gebräuchlichen Begriff ›Weltanschauung‹ werden unterschiedlichste Formen von Weltanschauungen bzw. Lebenszielen (Sinn), Verhaltensprogrammen und Wertesystemen subsumiert. Als die historisch langlebigsten und einflussreichsten Weltbilder haben sich die Erzählungen der großen religiösen oder religionsähnlichen Traditionen (Hinduismus, Judaismus, Zarathustrismus, Buddhismus, Jesuitismus, Islamismus) erwiesen. Aber schon die vormonotheistischen Mythen erfinden programmatische Erzählungen, deren Narrative höhere Wahrheit, zeitlose Relevanz und Autorität mitteilten.

Weltbild, das darstellt, warum es sich lohnt, weltanschauliche Ideale, die noch nicht verwirklicht sind, anzustreben und das gesellschaftliche und somit auch das individuelle Denken und Verhalten darauf auszurichten (z.B. die Verwirklichung eines paradiesischen Gottesstaates oder eines klassenlosen Arbeiterstaates, einer reinrassigen Volksgemeinschaft, einer vollständig wissenschaftlich-technisch beherrschten Welt oder die Erlangung spiritueller Erleuchtung). Während utopische Weltbilder also Wert- und Zielvorstellungen imaginieren, deren Verwirklichung als motivierendes Ideal angestrebt wird, werden geltende (›realistische‹) Anschauungen oder (›normale‹) Ideologien nicht mehr von rein utopischen Welt- oder Menschenbildern genährt. So lassen sich politisch-ökonomische Vorstellungen wie Kapitalismus, Neoliberalismus, Imperialismus etc. auf entsprechende Ideologien als allgemein verbindliche Narrative zurückführen; gleiches gilt für rationalwissenschaftliche Weltbilder wie Geozentrismus, Heliozentrismus, Materialismus (entsprechend der marxistischen Ideologie in kommunistischen Ländern). Mit anderen Worten, und um diesen kurzen Exkurs zu einer künftigen Narratologie abzuschließen: Ob es sich um die Narrative diktatorischer Inhumanismen oder philosophischer Humanismen handelt, oder um die unauffälligen aber bedeutungsgeladenen Narrative unseres alltäglichen Erzählens – verpackt in altbackene Weisheiten, platte Popsongs, erfolgreiche Kulturprodukte, politische Programme, Gemeinplätze, Wissensformen oder Alltagsgeschichten ›über Gott und die Welt‹ besitzen Narrative die größte affirmative, aber auch das Gegenteil, eine unterschätzte disruptive und super transformative Kraft.

Die digitale Internet-Utopie: die Wahrheitsspiele einer sich aufklärenden Öffentlichkeit

Noch ein Gedanke in diesem Zusammenhang, eine kurze Ergänzung zur Utopie oder Dystopie der digitalen Weltgesellschaft wird an dieser Stelle erlaubt sein. Der Fortschritt der Computer- und Digitaltechnik hat in atemberaubender Geschwindigkeit innerhalb weniger Jahre das Reich des Internets und seiner grenzenlosen virtuellen Realität nahezu der gesamten Weltbevölkerung zugänglich gemacht. Eine Zeit lang bestand die realistische Hoffnung, dass das Internet als Kommunikations- und Informationsnetzwerk – als ›Weltgeist‹ – die Aufgabe, Wissen der Allgemeinheit zugänglich zu machen und komplexe Sachverhalte aufzuklären, besser gerecht werden könnte: Plötzlich, gleich einer kollektiven Erleuchtung (oder Verblendung, wie sich bald herausstellen sollte), war Wissen dank Digital- und Satellitentechnik weltweit und auch in den entlegensten Gebieten zum Nutzen aller verfügbar. Doch dieser schöne Traum begann sich in kürzester Zeit in einen hässlichen Albtraum zu verwandeln, und kritische Aufklärung und freier Zugang zu allgemeinem Wissen und geistigem Austausch verkehrten sich in ihr dialektisches Gegenteil – in systematische Verblendung und Verklärung, nicht im Sinne einer »Aufklärung als Massenbetrug« (Adorno/Horkheimer), sondern als Selbstbetrug der Massen.

Entsprechend ernüchternd fällt die Diagnose der Kritiker der digitalen Weltgesellschaft aus: »Mit der zunehmenden Kommerzialisierung auch der Informationsinhalte im Internet trat das genaue Gegenteil ein. Heute ist das Internet, wie die meisten Bereiche des öffentlichen Lebens, zu einer Markt-Plattform geworden, die in erster Linie ökonomischen Regeln folgt und damit der Maxime der Maximierung von Gewinn. Wahr ist, was sich verkauft und zur guten Ware wird. Und vieles von dem, was sich auch ideell gut verkauft, wird – ob es wahr ist oder nicht – wahr, weil es bei vielen Usern zirkuliert und akzeptiert wird. Neben echten Informationen verbreiten sich über das Internet wie Informationen *aussehende* Meinungen, Werbung, Falschmeldungen, Propaganda und dreiste Lügen, die durch die Zunahme der Informationen immer schwerer auszumachen sind. Wer sich für die Wahrheit entscheidet, muss zum Teil viel Arbeit und Zeit aufwenden, um sie herauszuarbeiten. Hassmails, ungehemmte Ausbrüche von beleidigenden Gefühlen und ungefilterten Hetzkampagnen: Anstatt aufzuklären, trägt das Internet durch die massive Ausschüttung von Gefühlen und Daten erheblich zur Konfusion und Desinformation bei.«[7]

Und die dystopische Dynamik dieser kollektiven Verwirrung und Desinformation wird durch den Einsatz von Social Bots mit superintelligenten Algorithmen noch verstärkt und wird absehbar die bereits diagnostizierte anthropologische Megaverblödung (›der unkritischen Massen‹) weiter verschärfen. Social Bots – als humantechnologische Vorläufer von Hubots und Robo sapiens – sind nur eine von vielen Spuren, die ins Herz des Problems und tief ins sogenannte postfaktische Zeitalter führen. Die reale Komplexität der Welt soll durch Programme und Modelle ersetzt (virtualisiert) werden, die einfacher zu verstehen und zu bedienen sind als die Welt und uns Menschen letztlich an eine virtuelle, posttranshumane Realität gewöhnen. Uns allen ist längst bewusst: Jeden Tag ein bisschen mehr und tiefer wird dieses behagliche Eintauchen in eine andere, bessere Welt durch immer perfektere Virtual-Reality-Supertechnologien möglich – und notwendig. Und auch über diese Konkurrenz im Krieg der möglichen Welten muss unter diffus ›linken‹ Philosophen und anderen Humanisten der Gegenerzählung (um den Anti-Humanisten und den extrem rechten Philosophen einer misanthropischen Zukunft nicht das Feld zu überlassen) Klarheit herrschen wie an einem heiteren Tag: Gerade Kunst und Kultur werden eine zentrale Rolle bei der Popularisierung oder ›imaginären Bevölkerung‹ der virtuellen Realität als Flucht aus einer kaputten Welt spielen und können sogar zu einer Art Basistechnologie dieser Gegenaufklärung und digitalen Zukunft als Zuflucht in eine fiktive ›schöne neue Welt‹ werden.

7 Scobel, Der fliegende Teppich. Eine Diagnose der Moderne, 338.

Zugleich gewinnt mit der digital-technologischen Machbarkeit einer virtuellen Realität und der technoiden Begeisterung daran eine uralte, im gewissen Sinne mythische Wirklichkeit wieder an Macht, die den poetischen Realismus von Kunst – und Philosophie – aber auch zu einer unerwarteten Superposition des Kontrastprogramms verhilft. So will Gert Scobel aus der hellsichtigen Erkenntnis heraus, dass sich »das, was Realität und unser Leben *ist*, nur in Bildern *zeigen* und *sagen* lässt« (ebd., 19), mithilfe des »fiktionalen Realismus« die »Kraft der Imagination« mobilisieren, nachdem »weder Idealismus noch Materialismus weiterführen«. (Ebd., 348). Damit plädiert der studierte Philosoph und Theologe, bekannt als Fernsehmoderator, für ein *realistischeres* Welt- und Menschenbild als »pragmatische Lösung« der drohenden Verblendungsproblematik durch künstliche Virtualitäten und Intelligenzen. Doch solange dieser weltanschauliche Pragmatismus nicht dazu führt, dass »wir an neuen, besseren Geschichten arbeiten, die sich bewähren«, wie Scobel in seinem Schlusswort fordert, solange schweben philosophische Fiktionen und andere Dichtkünste einer alternativen Welt, wie letztlich auch seine eigene Theorie, wie fliegende Teppiche über dem Boden der Tat-Sachen (der Praxosphäre). Zwar ist der fiktionale oder, wie ich diese wahre Science Fiction nenne, der poetische Realismus für ein realistischeres Welt- und Menschenbild diesseits der Matrix, aber jenseits von Materialismus und Idealismus ebenso grundlegend wie der skizzierte Praxismus. Doch für sich allein genommen, auf eine narrative Ontologie oder Narratologie eines bloß erzählten Mensch-Seins beschränkt, bleibt das »Leben in der Fiktion« (Scobel) bar jeder realen Praxis und darüber hinaus bar jeder Praxologie menschlichen Tätig-Seins. Insofern ist es nicht verwunderlich, dass der poetische Realismus als narrativer Pragmatismus einer rein imaginären, nur erzählten Wirklichkeit keine der gesellschaftlichen Megaprobleme löst – wie etwa die Klimakrise, deren philosophische Lösung sich immerhin Saitos Gesellschaftsutopie eines Degrowth-Kommunismus zur Aufgabe gemacht hat. Letztlich, so die irritierende Botschaft des bekannten TV-Moderators, sollen wir »mit der Wirklichkeit zurechtkommen, so widersprüchlich und komplex diese Wirklichkeit auch sein mag«. Aber mit diesem ideologischen Pragmatismus schlägt der fiktionale Realitätsbegriff in eine Art spirituellen Irrationalismus um. (Und einen solchen ideologischen Pragmatismus, der den Menschen hilft, das Leid der Welt zu ertragen, indem er alles so lässt, wie es ist, bietet – von prominenten Intellektuellen unterschiedlichster Schulen und Bewegungen popularisiert – der transhumane Buddhismus der spirituellen Meditation, der in den Metropolen des neoliberalen Konsumkapitalismus und in anderen ortlosen Enklaven der virtuellen Weltflucht wächst). In einem zen-buddhistisch klingenden Spruch heißt es bei Scobel schließlich kôanmäßig: »Am Ende wird es wie in der Klimafrage darauf ankommen, in der Realität anzukommen: hier und jetzt. Es hilft, sich klarzumachen, dass es einen festen Boden nicht gibt, der Fall aber dennoch vermeidbar ist. Umso wichtiger ist es, lebensbejahende, kooperative Vorstellungen von unserer Welt zu entwickeln.« (Ebd., 353)

Jedenfalls sind sich die neuen Mythologen und Narratologen eines fiktionalen Realismus – ganz im Gegensatz zu den Marxisten und Utopisten eines Degrowth-Kommunismus oder dergleichen Zukunftshumanismen – darin einig, dass nur noch eine *wirklich gute Geschichte* die Welt – uns – retten kann. Aber sie selbst bringen eine solche utopische Geschichte nicht ins Spiel, keine *Super Story*, die es als Große Erzählung mit dem Meganarrativ der ›kommunistischen Gesellschaft‹ aufnehmen könnte und statt Altbackenem, Halbgarem oder Schlechtgewordenem Frisches, Kreatives und Wohlschmeckendes zu bieten hätte – ohne dafür etwa bei den immer populärer werdenden Bildergeschichten und Entstehungsherden eines spirituellen Buddhismus Zuflucht nehmen zu müssen. Wenn aber nichts so mächtig ist wie eine gute Geschichte, dann sollten die begabtesten Poeten, Dichter und Wahrheitsspieler unter uns an einer neuen und weltbesten Sozialutopie arbeiten. Mein Vorschlag wäre die *Minima Utopia einer superhumanen Ankunft*. In der Poetologie einer solchen Erzählkunst und Erzählpraxis sollten wir uns täglich üben, am besten in geselliger Runde, beim Reden über Gott und die Welt, beim Erzählen unter Freunden – angesichts der dramatischen Konkurrenz der vielen dystopischen Geschichten, die irgendeine bessere Zukunft oder Vergangenheit versprechen und diese nach allen Regeln der Kunst und und Betrügerei toll zu erzählen wissen.

Freilich, am Ende bleibt es dabei: Auch die beste Geschichte verändert die Welt nur, wenn Menschen sie sich zu Herzen nehmen. Als Philosoph bleibt mir also nichts anderes übrig, als – immerhin – *die Welt so gut wie möglich zu interpretieren*. Zu meiner eigenen Überraschung lohnt sich dieser Kraftakt immer wieder. So grenzt es fast an ein märchenhaftes Wunder, dass die Menschheit seit einigen Jahren über eine solche Große Erzählung verfügt. Hinter dieser bemerkenswerten Tatsache scheint sich sogar eine List der Vernunft zu verbergen, denn das Supernarrativ, an das ich hier denke, ist nicht von Philosophen oder anderen neohumanistischen Utopisten erfunden und ins Spiel – ins Gesellschaftsspiel der Wahrheiten – gebracht worden. Für die unwahrscheinliche Entstehung dieses Wunderwerks bedurfte es weder einiger »maßgeblicher Menschen« (Jaspers) noch selbsternannter Revolutionstheoretiker oder einzelner Heroen einer übermenschlichen Supervernunft (etwa eines großen Aufklärers und Visionärs wie Kant, der zu Hause am Schreibtisch für einen imaginären Völkerbund das humanistische Programm eines ewigen Weltfriedens entwirft). Es war wohl eher eine Laune des Schicksals und das weltgeschichtliche Dispositiv menschenfreundlicher Machtverhältnisse. So kam es zu einem großartigen Weltgesellschaftsvertrag, wie ihn die Weltgeschichte noch nicht gesehen hatte.

Die Unotopie einer nachhaltigen Weltgesellschaft

Am 25. September 2015 in New York hat die Weltgesellschaft in Gestalt der internationalen Staatengemeinschaft auf der 70. Generalversammlung der Organisation der Vereinten Nationen (UNO) einen wichtigen – und angesichts einer inzwischen wieder zutiefst uneinigen Welt kaum für möglich gehaltenen – Meilenstein beschlossen: Sie hat sich auf globale Ziele für eine nachhaltige Entwicklung der Menschheit geeinigt. Diese Sustainable Development Goals, kurz SDGs, sind sowohl für den globalen Norden als auch für den globalen Süden (für ›Entwicklungsländer‹ wie für ›Industrieländer‹) der universelle Aktionsplan, um bis zum Jahr 2030 und sicher darüber hinaus eine Entwicklungsagenda zu ermöglichen, die sich an der Einhaltung und Erweiterung von Menschenrechten und Menschenpflichten neuer Art orientiert. Die SDGs beschreiben – narrativieren – also eine gemeinsame Vision, um den Hunger in der Welt zu stillen, die Armut zu beenden, den Planeten zu retten und eine friedliche Welt zu schaffen.

Damit hier kein geschichtsphilosophisches Missverständnis entsteht: Die Sustainable Development Goals sind das langwierige Ergebnis schwieriger Konsensprozesse und ihre praktische Umsetzung ist zwar angekündigt, aber völkerrechtlich nicht verbindlich: Es handelt sich um eine klassische Utopie – eine Unotopie, wie wir sie der Einfachheit halber und zur begrifflichen Abgrenzung von anderen Utopien nennen können. Die unotopische Agenda der ›Nachhaltigen Weltgesellschaft‹ liefert die normativen Grundlagen, um die Weltwirtschaft im Einklang mit sozialer Gerechtigkeit und im Rahmen der ökologischen Grenzen der Erde zu gestalten. Sie liefert darüber hinaus die weltpolitischen Leitlinien für nationale Politiken, etwas für die deutsche ›Nachhaltigkeitsstrategie‹ oder auch für die Gesetzgebung der Europäischen Union. Noch einmal: Wegweisend ist dabei nicht die faktische Schwäche des realpolitischen (UNO-)Utopismus, der in der Praxisfrage vor allem ein pragmatischer fiktionaler Realismus bleibt. Wegweisend ist der unglaubliche Mut, erstmals eine globale Ethik der Weltpolitik auf den Weg zu bringen – deren poetologischer Schönheitsfehler allerdings eine narrative Schwäche betrifft. Nämlich die eigene Große Erzählung nicht so groß, faszinierend, abenteuerlich wie möglich und die utopische Geschichte einer nachhaltigen Weltgesellschaft nicht so großartig, grandios, superlativ wie nötig zu erzählen.

Und umgekehrt gedacht: Macht man sich diese weltphilosophischen Zusammenhänge – und potenziellen Transformationskräfte der Weltpolitik – erst einmal klar, wird die schockierende Schwäche der philosophischen Intervention des japanischen Nachwuchsutopisten deutlich. Der Theoretiker der zukünftigen Weltrevolution Saito begeht vielleicht seinen größten Fehler, wenn er das unotopische Narrativ der SDGs schlechter macht, als es ist! Gleich zum Einstieg in die eigene Erzählung wird mit viel Getöse kritisiert: So wenig der Klimawandel mit einem Green New Deal aufzuhalten sei, so nutzlos seien die Zielsetzungen der Vereinten Nationen. Dementsprechend lautet sein ebenso harsches wie unbegründetes Urteil: »Die SDGs sind nämlich nur eine Art Alibihandlung, mit dem einzigen Zweck, die Dringlichkeit der Krise zu verschleiern.« (Ebd., 10) Nicht das angebliche Blendwerk des UN-Aktionsplans sei »der beste Weg« aus der Klimakrise des Anthropozäns und zu einem guten Leben für alle, wie wir inzwischen wissen, sondern der Visionär aus Fernost glaubt allen Ernstes, dass »der Degrowth-Kommunismus die einzige Option ist, um die Krise zu überwinden und eine gerechte und nachhaltige Gesellschaft zu verwirklichen.« (Ebd., 273)

Dabei wäre es für den scharfsinnigen Analytiker ein Kinderspiel, die Organisation der Vereinten Nationen – angesichts ihres vielfach angemahnten tiefgreifenden Reformbedarfs und ihrer chronischen Unterfinanzierung durch die Mitgliedstaaten – als instituierte Alibihandlung zu problematisieren, die die Krise der Zivilisation nicht verschleiert, sondern aufgrund bewusst begrenzter Mittel und Vollmachten schlicht nicht bewältigt. Eine berechtigte Kritik wäre daher, dass die UN bei vielen SDGs nicht auf Kurs sind, um die Agenda 2030 fristgerecht umzusetzen. Das räumt sie in ihrem Überprüfungsbericht 2021 selbst ein. (Tatsächlich würde diese bittere Feststellung auch zutreffen, wenn zuvor die Covid-19-Pandemie nicht eingetreten wäre. Aber die Corona-Krise hat die Lage noch verschlimmert und viele der bereits erzielten Fortschritte zunichte gemacht: Sie hat katastrophale Folgen für die Umsetzung der Agenda 2030, so der Bericht).

Ebenso hätte der Kritiker bemängeln können, dass die Fortschritte bei der Erreichung der SDGs auf UNO-Ebene an derzeit 231 Indikatoren gemessen werden, wobei sowohl die Qualität als auch die Verfügbarkeit der Daten sehr unterschiedlich ist. Statt dieser und möglicher weiterer Kritikpunkte einer sachlich-konstruktiven Auseinandersetzung mit dem ausgereiftesten Konstrukt einer neohumanen Utopie, die keine Schreibtischphantasie philanthropischer Philosophen ist, sondern das zwar vielfach gebrochene, aber doch reale politische Spiegelbild einer nachhaltigerer werdenden Weltgesellschaft (mit ihren Stärken und Schwächen zum jetzigen Zeitpunkt), sieht Saito darin nichts weiter als den Vorschein einer ›No Future Bewegung‹. Mit der Behauptung, die Unotopie sei – frei und falsch nach Marx – »das Opium des Volkes« (ebd., 10), deren religionsartiges Heilsversprechen »die brutalen Auswüchse der kapitalistischen Wirklichkeit nur mildert«, wird seine Start-up-artige »Garküche der Zukunft« (Marx) vollends geschmacklos; sie genügt als Kostprobe, um sein Rezept von vornherein als offensichtlich ungenießbar beiseitezulegen.

Schließlich hätte sich der weitsichtige Weltenretter zugleich als der neue Marx des 21. Jahrhunderts und darüber hinaus als ein wahrer Buddha auf dem besten Weg erweisen können – einfach mit der Feststellung, dass die Unotopie praktisch nur zu verwirklichen ist, wenn es im Bereich der allgemeinsten und weltbewegendsten Lebenspraxis der Menschen zu entsprechenden Transformationen kommt. Sprich: Wenn es im Reich der Freiheit menschlicher Ernährungsverhältnisse zu keiner globalen Ernährungswende kommt. Ein aufrüttelnder Weckruf wäre also gewesen, zu sagen: Ohne eine gastrosophische Revolution bleibt die Utopie einer nachhaltigen Weltgesellschaft eine bloße Fiktion.

Als Philosoph ohne Küche, als halbherziger Gastrosoph, der plötzlich den Mut aufbringt, die ganze Wahrheit zu erzählen, hätte – wie ich im folgenden zweiten Teil dieser Schrift darlegen werde – gerade ein Japaner in die Welt rufen können, der vielleicht letzte Mensch, der in einer geselligen Esskultur lebt und wie kaum ein anderer den universellen Wert dieser alltäglichen Lebenskunst zu schätzen weiß: Lasst uns Nachhaltigkeit durch ethisch perfektes Essen und feine Küche ergänzen – als pan-superhumane Ziele des guten Lebens. Denn der nachhaltige Superhumanismus einer konvivialen Gesellschaft, die die Kunst des Essens als alltägliche Lebenskunst ins Zentrum der gesellschaftlichen Praxis rückt, verspricht das erdverbundene Abenteuer einer erstrebenswerten und dem Homo sapiens würdigen Entwicklung des Menschseins. Stellen wir uns also für einen Augenblick das erreichte Ziel, das genossene Glück und die erlebten Freuden einer nachhaltigen Gesellschaft des guten Lebens vor und verbinden wir diese Vorstellung mit der archaischen, ja mythischen, auf jeden Fall phantastischen Bilderwelt der konvivialen Tafelgesellschaften, der geselligen und fröhlichen Mahlfeiern, wie sie am ikonographischen Ende der Asterix-Comicgeschichten als Urbild des gekonnten menschlichen Wohllebens dargestellt werden. Wir spüren ihren Herzschlag, der das tägliche Leben mit jenen eutopischen Energien und guten Gewohnheiten versorgt, die es braucht, um anzukommen.

Global Good Life Goals – ein uralter Traum ganz neu erzählt

Tatsache ist, dass in der Diskursgemeinschaft der Nachhaltigkeitskommunikation unzählige Versuche unternommen werden, die SDG-Story narrativ aufzubessern und für die Weltbevölkerung interessanter zu machen. Während die von den Vereinten Nationen formulierte Agenda 2030 aus den rohen Bausteinen 17 Ziele und 169 Unterziele besteht und letztlich nur ein abstraktes Regelwerk darstellt, das wenig Sexappeal versprüht und dementsprechend wenig mediale Popularität erfährt (es ist der Weltöffentlichkeit so gut wie unbekannt), sind sich die Experten der professionellen Erzählkunst weitgehend einig, dass Nachhaltigkeitsnarrative (Sustainability Narratives) im globalen Wettbewerb um die coolste Geschichte über eine nachhaltige Zukunft noch Mangelware sind.[8] *Storytelling for Sustainability* bedeutet: Smarte Narrative der Nachhaltigkeitstransformation zu mobilisieren, weil klar ist, dass Nachhaltigkeit als Ethik eine gute Geschichte braucht, um in die Herzen und Hirne

---

8 Remy, Die Macht von Geschichten – Warum brauchen wir neue Narrative für eine nachhaltige Zukunft.

der Menschen vorzudringen – so wie ein Cheeseburger Schmelzkäse braucht, um gut zu schmecken.

Die Vereinten Nationen haben daher selbst erste Schritte unternommen, um ihr Storytelling zu verbessern. Mit Unterstützung der Regierungen Japans und Schwedens, der UNESCO, des UN-Umweltprogramms und des World Business Council for Sustainable Development beauftragte ihre Agenda für nachhaltige Lebensstile und Bildung (10YFP) eine Werbeagentur mit dem schönen Namen Futerra, ein Konzept zu entwickeln. Wie nicht anders zu erwarten, beschränkte sich die von Futerra erarbeitete Antwort auf die Erwartungen ihrer Auftraggeber, die unotopischen SDGs für die Menschen greifbarer zu machen (und nicht etwa philosophisch auszubauen). Im Rahmen dieser kommerziellen Dienstleistung lieferte die Werbeagentur – mit der Selbstbeschreibung: »Futerrans sind Problemlöser und Geschichtenerzähler. Kreative und Nachhaltigkeitsexperten. Produktinnovatoren und Kulturhacker« – einen vergleichsweisen sehr guten Job ab: »Wir hackten die 17 globalen Ziele in ein Bündel von Zielen des guten Lebens«.

Sie verfeinerten das fade Nachhaltigkeitsnarrativ kurzerhand zu einem *Jadenest in Phönixbrühe auf weißem Schnee* – zum Topos eines allseits beliebten Leckerbissens und Sehnsuchtsortes; sie programmierten die globale Ethik der Vereinten Nationen um in die weltbeste Geschichte – in die Erzählung vom guten Leben. Und erklärten ihrerseits: »Die Regierungen der Welt, die Zivilgesellschaft, die Interessengruppen und die Wirtschaft haben ziemlich gute Arbeit geleistet und eine To-Do-Liste für die Menschheit erstellt. Nur ist diese Liste so geschrieben, dass der wichtigste Veränderer von allen ausgeschlossen ist – SIE. Weil Nachhaltigkeit nicht von Institutionen ohne Individuen gelöst werden kann. Weil jeder von uns eingeladen werden muss, sich zu beteiligen. Weil wir alle das Recht, die Verantwortung und die Möglichkeit haben, die Welt zum Besseren zu verändern. – Wir Futerraner wissen, was Millionen von Menschen gemeinsam bewirken können.«[9]

Auf unserem langen Weg bis an diese denkwürdige Stelle – hervorragend geeignet für eine kurze Rast und ein Picknick im Freien – waren wir wiederholt auf diese allesentscheidende »Weggabelung« (Saito) gestoßen, auf die Allerweltsfrage: Was kann jeder tun? Die *Good Life Goals* (GLG) schlagen persönliche Maßnahmen vor, die jeder auf der ganzen Welt ergreifen kann, bei der Verwirklichung der Ziele für nachhaltige Entwicklung mitzumachen. Sie sollen vor allem politischen Entscheidungsträgern, Unternehmen, der Zivilgesellschaft, Kreativen und Pädagogen helfen, den Menschen in ihrem Umfeld die SDGs näher zu bringen und entsprechend zu handeln. Dafür stellen die Nachhaltigkeitsziele des guten Lebens für jedes SDG fünf Anforderungen an die Lebensweise von Einzelpersonen. Obgleich immer noch kaum jemand dieses unotopische Narrativ kennt, ist auf dieses professionelle Storytelling for Sustainability positive Resonanz nicht ausgeblieben. Das Webportal

9 Futerra, Why we need ›new Good Life Goals‹. Personal actions to make the SDGs a reality.

Globales Lernen lobt begeistert: »Die ›Good Life Goals‹ personalisieren und machen die SDGs menschlicher in einer ansprechenden Art und Weise. Sie präsentieren einen Einstiegspunkt für Regierungen, NRO oder Unternehmen aller Industrien, um die SDGs mit dem Leben und den Aktivitäten der Menschen zu verbinden.« Sie täten dies in einer klaren Sprache, die für jeden verständlich sei.[10]

Aber natürlich reicht die Erzählkunst einer einzelnen Werbeagentur (so gut sie in dem, was sie tut, auch sein mag) weder aus, um die realen Schwächen der UNO zu beheben, noch um das philosophische Zusammenspiel der fiktionalen Utopie einer nachhaltigen Gesellschaft mit der alltagspraktischen Konvivialität guter Lebenskunst zu beschreiben. Doch ein Anfang ist gemacht und eine wachsende Schar von Problemlösern und Geschichtenerzählern, Kreativen und Nachhaltigkeitsexperten, Produktinnovatoren und Kulturhackern sorgt dafür, dass Kunst und Kultur auch zu den alternativen Basistechnologien der narrativen Aufklärung gehören und eine wegweisende Rolle bei der Popularisierung einer wirklich guten Geschichte vom guten Leben in einer konvivialistischen Gesellschaft spielen. Gilles Deleuze und Félix Guattari forderten in ihrem Essay *Was ist Philosophie?* von der Philosophie »die Kunst, neue Begriffe zu erfinden«, anstatt diese verantwortungsvolle Aufgabe kommerziellen Werbeagenturen zu überlassen. Ihr Freund Michel Foucault hat diese Aufgabe meisterhaft gelöst und sich als philosophischer Erzählkünstler geübt, als er seine unvollendet gebliebene Ethik mit dem neu interpretierten Begriff der Lebenskunst (und einer Ästhetik der Existenz) programmierte. Mit diesem Konzept imaginierte und mit diesem Rezept initiierte er ein innovatives Denken der Freiheit als Praxis des Selbst. Wer (vor allem als Philosoph) diesem fiktiven Foucaultismus philosophisch folgen will, sollte versuchen, seinem Ethos des Umdenkens gerecht zu werden und sein ungeschriebenes Ethikprogramm in alle möglichen Richtungen bzw. Lebensbereiche zu Ende zu führen.

10 Portal Globales Lernen: Good Life Goals. Um einheitlich zu sein und ein größtmögliches Publikum zu erreichen, ist jedes Ziel für ein gutes Leben ähnlich strukturiert. Es gibt eine sehr einfache Überschrift, gefolgt von fünf Maßnahmen: Die erste Maßnahme ist eine Lern-Aufgabe. Das ist die am meisten zugängliche Maßnahme und sogar relevant für Kinder oder Menschen mit begrenzter Kontrolle über ihre eigene Lebensweise. Die nächsten drei Maßnahmen stellen höhere Herausforderungen an Verhaltensänderungen, in Bezug auf die Lebensweise/Kosten/Gewohnheiten. Mindestens eine Maßnahme ist (sofern möglich) positiv/fröhlich/optimistisch/lustig. Die vorletzte Maßnahme ist für die normalen Menschen am relevantesten. Die letzte Maßnahme zielt darauf ab, Veränderungen von Entscheidern aus Politik, Wirtschaft und Gesellschaft zu fordern.

Sex sells, sexout und was in ist

Nach einigen Jahren und Büchern über *Sexualität* und *Wahrheit* gab Michael Foucault in einem Interview eine unerwartet andere Antwort auf die neugierige Frage, wie es mit seiner Forschung im Bereich Sex weitergehen werde. Entsprechend der vorherigen Ankündigung (in *Der Willen zum Wissen. Sexualität und Wahrheit, Band 1*) von weiteren Bänden zur Geschichte der Sexualität für die nächsten Jahre war die Antwort zu erwarten gewesen: »Na ja, *sex sells* – da mache ich natürlich weiter«. Doch nichts dergleichen; er bekannte sich zum unerwarteten Gegenteil. Eigentlich würde ihn das Thema nicht mehr interessieren: »Sex ist langweilig«.[11]

In einer Zeit, in der der intellektuelle Zeitgeist ausschließlich mit Gesellschaftskritik beschäftigt war und auch Foucaults Interesse an dem Thema primär der Kritik (der Repressionshypothese einer angeblich unterdrückten Sexualität) galt, begann er plötzlich, eine noch frische Idee konzeptionell und programmatisch zu verarbeiten – um philosophisch neu anzufangen.[12] Gemeint ist sein Erwachen zu einer *Ethik des Selbst* (um hier gleich in das Wort- und Wahrheitsspiel zwischen kritischer Aufklärung und kreativer Erleuchtung einzusteigen, das uns im Folgenden weiter begleiten wird), seine Intuition, ethisches Denken und Leben als philosophisches Neuland für sich und für seine (unsere) Zeit zu entdecken. Diese Erleuchtung führte zu einem radikalen Umdenken, zu einer thematischen Neuorientierung, die Foucault erkennbar weg von der Sexualität und ihrer Wahrheit – und über ausschweifende Umwege (letztlich Irrwege durch die antike Ethik des Abendlandes) hin zu einer universalistischen Ethik führte. Wir werden sehen, dass sich diese neohumanistische Wiederentdeckung der philosophischen Ethik möglicherweise als Erweckungserlebnis in Japan – in einem Zen-Kloster bei einem Eintopfgericht – ereignet hat.

Ich will dem nicht vorgreifen, stattdessen hier nur zum Abschluss des ersten Teils anmerken, dass es mir als ›gläubigem Anhänger‹, aber auch als kritisch-kreativem ›Nachfolger‹ Foucaults mit dem Essen ähnlich erging wie dem Meister mit dem Sex. Nach einigen (vielen) Jahren und Büchern über die Wahrheit unserer Esskultur, für die ich den Neologismus ›Gastrosophie‹ verwende (durchaus erkennbar geistesverwandt mit dem Foucaultschen Handwerk, neue Begriffe für neue Sichtweisen und Welten wie Archäologie, Genealogie usw. einzuführen), interessieren mich andere, über die Gastrosophie hinausgehende, weiterführende Themen der praktischen Ethik und der Philosophie des guten Lebens inzwischen weit mehr.

Allerdings erschöpft sich das Interesse am Essen – in Theorie und Praxis – nicht so schnell wie beim Sex, da scheint mir Foucault Recht zu behalten. Deshalb arbeite

---

11 Foucault, Zur Genealogie der Ethik: Ein Überblick über laufende Arbeiten, ein Interview mit Hubert L. Dreyfus und Paul Rabinow, 265.

12 Schmid, Sexout. Und die Kunst, neu anzufangen.

ich auch 25 Jahre nach meinem ›gastrosophischen Erwachen‹ weiter an der Verbreitung ›der Lehre‹. Buddha – als Bodhisattva[13] – hat das zum Beispiel jahrzehntelang getan, bis zu seinem Erlöschen. Nach seinem Erwachen, das höchstwahrscheinlich durch den Genuss einer Milchspeise hervorgerufen wurde (das ist der unermessliche Schatz, den es im Folgenden zu bergen gilt), lehrte er über 40 Jahre lang seine Weisheit, um der Menschheit bekanntlich einen gangbaren Weg aus ihrem leidvollen Dasein zu weisen. Deshalb habe ich mich, wenn man so will, als Bodhisattva des gastrosophischen Heilsweges entschlossen, den folgenden älteren Text noch einmal gründlich zu überarbeiten und sein Programm durch eine fehlerfreiere und konzeptionell optimierte Version ›upzugraden‹, um mit dieser hoffentlich besseren Weiterentwicklung – einem ziemlich dicken Schinken mit fernöstlichen Zusätzen und einer echten Kraftbrühe à la Karl Marx – mehr Menschen zu erreichen und von der Ethik zu überzeugen, die ihren Anfang und ihr Ende in einer globalen Ernährungswende hat und als Herzstück einer Utopie der konvivialen Gesellschaft den abenteuerlichen Weg zu einem Post-Neo-Pan-Superhumanismus weist.

13 Die Entscheidung Buddhas, nicht nur die Erlösung der eigenen Existenz zu erstreben, sondern sich auch für die Erlösung aller anderen Lebewesen einzusetzen, machte ihn zum *Bodhisattva*, zu einem *Erleuchtungswesen*, das mit dem ›großen Fahrzeug‹ des ›Mahayana‹-Buddhismus unterwegs ist im Unterschied zum ›kleinen Fahrzeug‹ des ›Hinayana‹-Buddhismus für die private Erlösung.

Zweiter Teil: Eintopf als Weltspiegel

Beginnen wir mit einer Zen-Übung, einem Denkanstoß (jap. *kôan*): Ein Bild zeigt den Philosophen Michel Foucault in einem japanischen Zen-Kloster. Mit Mönchsrobe und kahlgeschorenem Kopf wirkt er wie ein Schüler unter Zen-Meistern. Doch selbst unter den Buddhisten im fernen Japan gilt der Franzose bereits als berühmter Philosoph aus dem Westen.[1] Ein anwesender Zen-Mönch des Seionji-Klosters im Verwaltungsbezirk Yamanashi, wo diese Begegnung stattfindet, kommentiert den Besuch des prominenten Gastes mit den Worten: »Ich freue mich sehr, in meiner kleinen japanischen Stadt Uenohara einen großen Philosophen wie Sie zu empfangen.«[2]

In diesem ungewöhnlichen Szenario sitzt der Meisterdenker gemeinsam mit den Klosterbrüdern an einem Esstisch; vor ihm ein unfassbar schlichter, um nicht zu sagen stilloser Kochtopf, in der einen Hand die schwarze Essschale, in der anderen einen großen Suppenlöffel, schöpft Foucault im Moment des Fotografierens aus dem mit Blumenmustern verzierten Topf – als wolle er die Weisheit des Zen nicht mit feinen Stäbchen, sondern mit dem Löffel essen und gewissermaßen auf dem kürzesten Weg in sich hineinschaufeln.[3] Es wird oft gesagt, dass die japanische Küche nicht zum Essen, sondern zum Betrachten da ist.[4] Aber in diesem Fall scheint das, was auf dem Tisch steht, eher zum Meditieren, wenn nicht zum schnellen Abräumen, als zum andächtigen Betrachten serviert worden zu sein. Jedenfalls wird

---

1 In einer Art Nachruf fing ein Artikel der Wochenzeitschrift Der Spiegel das Faszinosum Foucault mit treffend funkelnden Worten ein: »Er war die Sphinx der Postmoderne: Seinen Lesern gab er immer neue Rätsel auf. Zugleich schlug er sie mit seiner Intelligenz, seiner enzyklopädischen Bildung und seinem blendenden Stil in Bann. [...] Kahlgeschoren, bebrillt und von einer ironischen Aura umgeben, wurde der Gelehrte, der Philosoph, der Vortragsredner Foucault in der Alten und Neuen Welt wie ein zwitterhaftes Fabelwesen bestaunt: halb Buddha, halb Mephisto.« Der Spiegel, Der Mensch verschwindet.

2 Foucault und das Zen, 780.

3 Ich spiele hier selbstverständlich auf einen bekannten Topos der (kryptogastrosophischen) Weisheitslehre an, siehe: Lemke, Essen als Philosophie: Kann man Weisheit mit Löffeln essen?

4 Tanizaki, Lob des Schattens. Entwurf einer japanischen Ästhetik, 29.

dem klugen Denker in diesem ungewöhnlichen Moment *so etwas* – Zen in Form einer unfassbaren Eintopfmahlzeit – serviert; nicht mehr, nicht weniger und genauso. Etwas, das es nun zu essen, zu schmecken und auszulöffeln gilt, vielleicht sogar, um über dieses Mahl einmal gründlich nachzudenken...

Müssen wir Weisheit mit Löffeln essen?

Was sucht Foucault in einem zen-buddhistischen Kloster? Was will er ausgerechnet von Mönchen? Im Rückblick fasst einer der letzten Texte vor seinem viel zu frühen Tod über *Technologien des Selbst* die Motivation seines gesamten Vorhabens zusammen. Foucault erklärt den Gedankengang seiner Philosophie mit den Worten: »Seit mehr als 25 Jahren verfolge ich das Ziel, eine Geschichte der Wege zu skizzieren, auf denen Menschen in unserer Kultur Wissen über sich selbst erwerben.« Dabei ging es vor allem um die Analyse hochkomplexer »Wahrheitsspiele« auf der Grundlage kultureller Techniken und Praktiken, »die die Menschen benutzen, um sich selbst zu verstehen«.[5] In einem Interview aus der gleichen Zeit äußert er, stets sei es ihm darum gegangen, »dass meine Bücher in einem gewissen Sinne Bruchstücke einer Autobiografie sind. Meine Bücher sind stets meine persönlichen Probleme mit dem Wahnsinn, dem Gefängnis und der Sexualität gewesen.«

Was also waren seine persönlichen Probleme, zu deren philosophischer Lösung er nach Japan gereist war? Um welche kulturellen Techniken und Praktiken, um welche Selbsterkenntnisse, um welche Wege, Umwege, Schleichwege, Scheidewege, Wendepunkte und hochkomplexen Wahrheitsspiele mag es ihm damals gegangen sein, als er sich zu diesem Zweck in ein Zen-Kloster begab, in den Fernen Osten, fernab der abendländischen Kultur? Letztlich hat Foucault auf diese Fragen – und es sind unzählige weitere denkbar – keine weiterführenden, wegweisenden Antworten gegeben.

Bekannt ist nur, dass er sich damals auf der Flucht vor der westlichen Zivilisation und Lebensweise befand, dass er persönliche Distanz zu einer Gesellschaft suchte, die er wie kaum ein anderer Zeitgenosse der philosophischen Kritik unterzog, und dass er nun, sich gerade auch von diesem eigenen und allgegenwärtigen theoretischen Kritizismus lösend und sich praktisch selbst befreiend, ausgehend von der vagen Ahnung möglicher Technologien und Kulturen des Selbst auf der Suche nach einer praktischen Ethik war, von der er wenig später zu sprechen und zu schreiben beginnen sollte. Der autobiographische Hintergrund und seine Motivation, sich auf den Weg nach Japan zu machen, ist also die allmähliche Wende im Denken – die stille Wandlung des ›späten Foucault‹. In diesen Jahren geht er den ungewöhnlichen

5 Foucault, Technologien des Selbst, 26.

Weg von der theoretischen Kritik des Machtwissens zu einer neuen »Ethik der Lebenskunst«, wie er sein Projekt schließlich nennt. Zu diesem mutigen Umdenken war er in den Fernen Osten gereist, denn angesichts der »Krise des abendländischen Denkens« und der Notwendigkeit einer »Philosophie der Zukunft« interessierte ihn vor allem »das ganz andere Leben in einem Zen-Tempel, nämlich die Zen-Praxis, die Übungen und Regeln«.[6]

Unsere Welt sähe heute wohl anders aus, wenn der ebenso neugierige wie weltberühmte Erfinder so innovativer Konzepte wie »Genealogie«, »Diskursanalyse« und »Dispositive«, »Archäologie des Wissens« und »Wahrheitsspiele«, »historische Ontologie unserer selbst«, wenn der mutige Pionier und Avantgardist »ethischer Selbsttechnologien«, einer »Ästhetik der Existenz« oder der »Freiheit als Praxis« durch sein zen-buddhistisches Eintopferlebnis in Japan *ein Schlüsselerlebnis seiner gastrosophischen Selbstbefreiung* gehabt hätte. Denn wenn er ein solches Selbsterwachen erlebt hätte, das in ihm die philosophische Notwendigkeit und die praktische Möglichkeit auch einer Ethik des Essens und damit letztlich die Idee zu einer »Gastrosophie« wachgerufen hätte, dann wäre auch die »Gastroethik« und »Gastropolitik«, die »menschliche Essistenz« oder die »Essthetik« usw. wie alle anderen Themen des Foucaultismus heute in aller Munde.

Zurück zum Kôan des Eintopfmahls. Es ist sehr wahrscheinlich, dass Foucault die geradezu unästhetische Form dessen Präsentation gefiel. Denn diese Darbietung mag in ihm gewisse Zweifel gesät und darüber hinaus eine ›gute Gier‹, eine philosophische Neugier, eine aufmerksame Suche und ein waches Weg-Auge geweckt haben. Normalerweise wird die Kôan-Übung im Zen-Buddhismus als meditative Methode verwendet, um Sinn- und Wegsuchenden einen Hinweis auf den richtigen Weg anzudeuten. Doch diesmal – bei diesem Mahl – steht die Meditationspraxis nicht im Zusammenhang mit Zazen, dem bloßen Stillsitzen mit dem Gesicht zur Wand, um sich in spiritueller Versenkung ohne Gedanken, Gefühle, Vorstellungen zu üben. Ganz im Gegenteil. Das Foto zeigt den französischen Starphilosophen in einer Meditationspraxis des Denkens und Genießens, am Esstisch sitzend und kontemplierend, umgeben von Genossen und Weggefährten. Müssen wir nicht davon ausgehen, dass bei einem kritischen Denker und Wahrheitssucher wie Foucault eine so ungewöhnliche Erfahrung zumindest eine gewisse Verwunderung, wenn nicht gar eine nachhaltige Irritation ausgelöst hat? Und könnte es nicht sein, dass dieses Ereignis die philosophische Frage und die (damals von ihm begonnene) Suche nach der Ethik einer neuen Lebenskunst als alltäglicher Praxis der Freiheit ausgelöst hat? Könnte es nicht sein, dass Foucaults ›späte‹ Wende von der Kritik zur Ethik, die sich damals anbahnt und eine wegweisende Transformation seiner (einflussreichen) Philosophie markiert, von diesem Essen ausgeht – ein Ereignis und

6 Foucault und das Zen, 776.

Erweckungserlebnis, dem die bis heute andauernde Wiederbelebung der philosophischen Ethik im Abendland zu verdanken ist? Und müsste nicht, ausgehend von einer neuen Ethik à la Foucault, ein solches Esserlebnis in jedem Foucaultianer und in jeder Foucaultistin und in der wachsenden Anhängerschaft einer ethischen Lebenspraxis eine Art Erweckungserlebnis wachrufen, das fraglich erscheinen lässt, warum Menschen freiwillig – als mögliche Praxis ihrer Weisheit – *so essen*?

Wenn schon ein so erfolgreicher Philosoph wie Michel Foucault – Autor u.a. mehrerer viel beachteter Bücher über das Verhältnis von »Wahrheit und Sexualität« – die offensichtliche und sogar frisch aufgetischte Wahrheit des alltäglichen Essens gedanklich nicht zu durchdringen vermag und nicht einmal halbwegs zu denken wagt – wer sonst sollte in diese unbekannten und bislang geheim gehaltenen Sphären einer politischen Ethik und einer Ästhetik des Alltags vordringen und sich mutig dorthin (in die Hinter- und Unterwelt des Essens) vorwagen? Wenn eine für ihre unbequemen Wahrheiten, kritischen Einsichten und innovativen Diskurse weltweit anerkannte Philosophie wie die Foucaultsche dem gastrosophischen Diskurs nicht die nötige Aufmerksamkeit schenkt: Wie sonst kann das, was so groß, so mächtig und so weit offen ist wie Himmel und Erde – das Essen – in seiner wahren Größe und Universalität wahrgenommen werden?

Ich kann mir die folgende Fiktion sehr wohl vorstellen, sozusagen als zarten Erzählfaden der imaginären Ethik Foucaults (seines späten und unvollendeten Ethikprojekts): Foucault, vom Sex gelangweilt und ohne Lust, die angekündigten Studien zu seiner Geschichte der Wahrheit über die Sexualität abzuschließen, würde unmittelbar nach seiner Rückkehr aus Japan und in kohärenter Fortsetzung seines programmatischen Vortrags *Was ist Kritik?* (1978) das ungewöhnliche Werk des frühsozialistischen Utopisten Charles Fourier gelesen. Er wäre auf dessen visionäre Idee einer »Gastrosophie« gestoßen und hätte sie in Vorbereitung seiner einige Jahre später veröffentlichten Antwort auf die Frage *Was ist Aufklärung?* (1983) zum Thema seines nächsten (und vielleicht letzten) großen Projekts gemacht: Foucault hätte das Essen zur Weltformel aufgewertet. Er hätte diese einzigartige Supermacht so groß gedacht, wie sie in Wahrheit und Wirklichkeit ist. Mein Science-Fiction-Foucaultismus hätte eine neue Welt, eine neue Erde und eine ganz andere Menschheit entdeckt – den Post-Pan-Superhumanismus einer zukünftigen Mit-Menschlichkeit. Als Gastrosoph hätte er von innen und von unten, aus dem geheimen Zentrum des alltäglichen Lebens heraus, alle logo-, theo-, anthropo-, technozentrischen Weltanschauungen durch eine gastrozentrische Lebensphilosophie und ihre gastrophilosophische Denkweise revolutioniert. Er hätte die Gastrosophie in die westliche und (als Reimport) in die östliche und schließlich in die globale Ethikphilosophie eingeführt.

Wie in einem schönen Traum hätte ich mir gewünscht, dass mein imaginärer Foucault als der Held, der er war – wäre da nicht die unabänderliche Realität, dass ein tödlicher Virus diesem Traum ein brutales Ende bereitet hat –, eine Reihe einschlägiger Bücher über die Ethik, die Politik, die Ästhetik und die Weisheit des Essens veröffentlicht hätte, die er in den 1990er Jahren nach und nach herausgebracht hätte. Diese Foucaultschen Klassiker über die Wahrheit des Essens hätten – neben anderen wichtigen Ideen – vor allem die Gastrosophie mit einem Schlag zu einer folgenreichen Entdeckung gemacht, zu einer hippen Sache, zu einer revolutionär neuen, abenteuerlichen Weltsicht. Dieser fiktive Foucaultismus, der die bereits eingeleitete Wende zu einer neuen Ethik des weltberühmten Philosophen inhaltlich ausgefüllt hätte, würde die gastrosophische Forschung und die politische Ethik der Ernährungswende aus dem Nichts ins Rampenlicht der Weltöffentlichkeit gezaubert haben.

So sehr ich mir wünsche, dass neben Genealogie, Archäologie, Diskursanalyse und (etwas weniger bekannt) Heterotopologie auch die Gastrosophie – als zentraler Teil seiner neuen Ethik – mit seinem weltberühmten Namen verbunden wäre, besteht kein Zweifel: Foucault selbst wäre nie auf diese Idee gekommen. Deshalb macht die Science Fiction Philosophie eines ethischen Foucaultismus eins notwendig: Kein Schüler zu sein und gegenüber Foucault nicht jemand zu werden, der nichts anderes tut, als die Lehre des Meisters nachzubeten. Gastrosophie ist nur möglich ohne Foucaultismus, nur machbar und denkbar ohne Foucault-Buddhismus, ohne Foucault als neuen Buddha.

Fiktiver Ethik-Foucaultismus

Alle wachen Geister, insbesondere die gastrosophisch Erwachten, sollten Foucault (wie jeden anderen Meisterdenker oder dergleichen) hinter sich lassen oder ihn nur als klugen Begleiter und Ratgeber mit sich führen. Insofern bin ich froh, dass er selbst den gastrosophischen Ausweg nicht schon vorausgegangen ist. Er hätte mich genauso wenig als ›seinen Schüler‹ gewollt (als anarchischer Freigeist wäre es ihm nicht in den Sinn gekommen, Schüler-Meister-Hierarchien zu akzeptieren), noch hätte er mit dem von mir imaginierten ›Foucaultismus‹ etwas anzufangen gewusst. Vermutlich (vielleicht aber auch nicht) hätte er die Gastrosophie für etwas Abwegiges gehalten und darüber hinaus mein Denken des Essens ganz sicher als etwas Unmögliches belächelt oder zu Recht in dessen Grenzen verwiesen. Dennoch: Es wäre philosophisch leichter und gesellschaftlich anerkannter gewesen, sich mit so etwas Abwegigem und Unsinnigem wie der Gastrosophie zu beschäftigen, wenn ein ›Foucault‹ bereits den Weg in dieses Neuland (zumindest vorbereitend) geebnet hätte. Als Foucaultianer bräuchte ich dann nur noch in seine Fußstapfen zu treten, so wie alle Schüler oder Gläubigen anderer Denkschulen und Religionsstifter nur den großen Meistern und Denkern folgen – und damit oft sehr erfolgreich sind.

Foucault selbst hatte als frisch gebackener Professor für Denksysteme am renommierten Collège de France in seiner denkwürdigen Antrittsvorlesung über die

Ordnung des Diskurses von dem Wunsch gesprochen, einem bereits etablierten Weg des Denkens nur folgen zu müssen, statt selbst mit etwas Neuem beginnen zu müssen.[7] Doch das war nicht mehr als eine kokette oder auch nur höfliche Rhetorik des jungen Starphilosophen gegenüber namhaften Vorgängern: Als Denker und Initiator neuer Diskurse ging er von Anfang an eigene Wege. Wenn aber die damalige Erfahrung im Zen-Kloster bei jemandem wie dem berühmten Erforscher der Denksysteme kein Erwachen auslösen konnte, kein Löschen aller bisherigen Programme und überholten Denkweisen, wodurch sonst könnte es zu einem epochalen (Um-)Denken und zu jener tiefgreifenden Transformation kommen, die die Menschheit so bitter notwendig hat?

Quo vadis, homo sapiens? Befinden wir uns nicht in einem der seltenen welthistorischen Momente einer Systemkrise? So wie vor fünfhundert Jahren im Übergang vom finsteren Mittelalter zur aufgeklärten Neuzeit oder vor 2500 Jahren, als eine solche Achsenzeit Buddhismus, Konfuzianismus und Platonismus hervorbrachte. Damals entstanden jene ›Weltreligionen‹ – wie wir diese Philosophien inzwischen nennen und mit allzu unhinterfragter Selbstverständlichkeit huldigen –, die seither das Denken und Selbstverständnis des Homo sapiens beeinflussen und weltanschaulich programmieren (aber inzwischen auch in die Irre führen). Eine vergleichbare epochale Welt- und Selbstbildrevolution steht an – diesmal unter gastrophilosophischem Vorzeichen und vor allem mit dem normativen und narrativen Zentrum eines gastrozentrischen Welt- und Selbstbildes, aus unzähligen Gründen, die ich seit vielen Jahren unermüdlich zusammenzutragen versuche. Diese Wahrheit jedenfalls – die Wahrheit des Essens als weltbewegende (aber bislang geheim gehaltene und geheimnisvolle) Supermacht, als alltäglichste, allgemeinste und allgegenwärtigste Gestaltungskraft menschlicher Existenz – ist für jeden von uns jeden Tag greifbar. Diese Wahrheit schwamm damals auch in Foucaults Essschale, in der Gestalt jener Mahlzeit, jener Eintopfsuppe. Aber war es wirklich eine Suppe? War es vielleicht eine feine, mysteriös anmutende Miso-Suppe? Oder war es nur die übliche, nach nichts schmeckende tägliche Portion Reis, die seit Jahrhunderten die sogenannte Buddha-Schale füllt – wie leert?

Diese seither unaufgeklärt gebliebene und insofern fahrlässig verspielte (abgetane) Wahrheit steckte im Erlebnis der besagten Tischgesellschaft und in dem naheliegenden (von Foucault selbst letztlich verschlafenen) Selbst-Erwachen, ›so etwas‹

7 In seiner Foucault-Biografie berichtet Veyne von der Atmosphäre dieser Vorlesungen: »Die Vorlesungen Foucaults im College de France waren eine Massenattraktion. Der Hörsaal war überfüllt, die Leute saßen, standen, mache lagen sogar, sie nutzten sämtliche Sitzgelegenheiten, hockten sogar auf den Treppenstufen. Bekannte Persönlichkeiten fanden sich ein. Während der Vorlesung klapperten die Tonbandgeräte (die Kassetten der Vorlesungen wurden unter der Hand gehandelt).« Veyne, Foucault. Der Philosoph als Samurai, 177.

essen zu sollen. Das Essen aus der Klosterküche wirkte extrem asketisch, frugal, unästhetisch, lustlos, geradezu herzlos. Wurde hier wirklich der wahre Geschmack der zen-buddhistischen Weisheitslehre gekostet? Eine Schale Reis und sonst – Nichts? Die reine, vollkommene, fade Leere. Denkt der weitgereiste Philosoph aus dem Westen über das Sein dieser Leere und über die Lehre dieses wahrlich ganz anderen Geschmacks tatsächlich nicht nach? Warum schweigt der französische Meisterdenker, der – als ehemaliger Kulturattaché Frankreichs – als Repräsentant des Landes der internationalen Meisterküche, der Haute Cuisine als anerkannter Weltkultur unterwegs war, zu diesem Essen und zur Weisheit dieser Zen-Praxis?

Wieder – *Nichts!* Ein einziges Wort über die entscheidendste Sache der Welt. Kein plötzliches Erwachen durch ein ungewohntes Geschmackserlebnis. Keine wegweisende und weltbewegende Erkenntnis, dass in einem Suppeneintopf eine wertvolle Wirklichkeit steckt. Auch in Foucaults Philosophie ist das Essen das schier Undenkbare geblieben: Darüber spricht man nicht; ja, vor allem nicht die Männer und schon gar nicht in der männlich dominierten Philosophie.

Bis heute weiß die Welt nichts darüber, was Foucault damals – oder überhaupt? – über das Essen dachte und welche Auswirkungen es auf ihn und seine Philosophie hatte. Diskursiv bekannt ist nur der Inhalt des Gesprächs, das erst nach dem gemeinsamen Essen stattfand. Das Gespräch, das Foucault mit einem der Mönche des Zen-Klosters führte, wirkte fast erwartungsgemäß inhaltsleer. Immerhin war es im Sinne eines ›Dialogs der Kulturen‹ eine weitere ideelle und transkulturelle Fortsetzung des berühmten »Gesprächs mit einem Japaner«, welches der westliche Philosoph und Weg-Denker Martin Heidegger eine Generation zuvor mit der asiatischen Kultur begonnen hatte. Der umstrittene deutsche Meister hatte einen solchen philosophischen Dialog lediglich als fiktives Gespräch inszeniert, das er selbst erfunden und erdacht hatte. Foucault hingegen suchte die interkulturelle Annäherung durch den realen Austausch.

Von dem Zen-Meister, den er in besagtem Gespräch nach dem Essen anspricht, will aber (auch) dieser westliche Philosoph nicht viel wissen. »Ich möchte Ihnen nur eine Frage stellen«, kündigt Foucault seinem Gegenüber an: »Es handelt sich um die Universalität des Zen. Ist es möglich, die Zen-Praxis von der Gesamtheit der Religion und der Praxis des Buddhismus zu trennen?«[8] Angesichts dieses Essens nur zu fragen, ob die Praxis des Zen unabhängig von einem religiösen Buddhismus eine gute Sache sei, lässt erahnen, wie wenig Foucault vom Buddhismus und seinen verschiedenen Spielarten und Wahrheiten weiß oder letztlich wissen will. Oder wie wenig der kritische Aufklärer aus Frankreich auf diese Begegnung vorbereitet war.

Nur wenig später wird er selbst das »mutige Wahrsprechen«, für das die Kôan-Übung eine wirksame Übungsmethode bietet, als politisch-ethische Praxis (der *parrhesia*) für sich und für uns wiederentdecken – auf einem weitschweifigen Umweg

8 Foucault und das Zen, 776.

über die antike Philosophie der Griechen.[9] Das war wahrlich eine große und wegweisende Wohltat. Denn es gehört schon ein großer Mut und ein wirklich freier Geist dazu, die uralten Wahrheiten, Halbwahrheiten und Unwahrheiten einer Weltreligion wie des Buddhismus, der sich (wie neuerdings auch der Stoizismus) einer weltweit wachsenden Anhängerschaft erfreut, kritisch zu hinterfragen – um die so religiös (spirituell) gebundenen utopischen Energien für ein besseres Leben wieder freizusetzen. Wir brauchen heute in sehr vielen Dingen den Mut, einfache Fragen zu stellen – manchmal auch nur eine Frage; wir sollten bei jeder Gelegenheit im Alltag fragen: Was ist das? Und: Wozu dient das? Also auch: Was ist der richtige Weg? Ist die buddhistische Zen-Praxis dafür wegweisend? Wenn ja, inwiefern? Was nützt uns das Buddha-Sein? Und weiter gefragt: Welchen Sinn hat es, dass Bodhidharma aus dem Westen kommt? Wohin führen der Besuch und das Unterwegssein eines Gastrosophen aus dem Westen? Warum können wir Menschen uns und unsere Welt am besten durch unser Essen vor dem fast sicheren Untergang retten?

Darüber hinaus brauchen wir die parrhesiastische Praxis eines mutigen Wahrsprechens, um die verspielte Wahrheit über Ein-Wort-Narrative aussprechen zu können, über allgegenwärtige Worte wie den Weg, das gute Leben, die Erlösung oder die Erfüllung, das Glück oder die Zukunft einer besseren Welt – und meinetwegen auch die Gastrosophie. All diese Ein-Begriff-Geschichten sind nichts anderes als Leerformeln, die jeder selbst und immer wieder neu mit Sinn und Praxis füllen muss. Das Einfache, das Schlichte, das Eine ist selten einfach, schlicht und einhellig; in den meisten Fällen und Situationen ist es übervoll von Vielem, Vagem und Vermischtem, dessen zusammenhängendes Entstehen und zusammengesetztes Ganzes wir nur begreifen können, wenn wir es wie ein Kôan behandeln. Nicht als eines der unlogischen, irrationalen Gesprächspraxis und auch nicht im Alleingang eines selbstversunkenen Meditierens, sondern in der Selbstverständlichkeit einer dialogischen Denkweise und durch die tägliche Übung eines ethischen Umdenkens.

Wer, welches Selbst ist in der Küche tätig?

Hatte Foucault, als er das Zen-Kloster betrat, nicht beobachten können, dass die Mönche nur (oder hauptsächlich) mit Meditieren und dem Gesang von Sutren beschäftigt waren? Oder meinte er genau das mit der Praxis des Buddhismus, die es auf dem Weg zu einem ethischen Universalismus zu umgehen galt? Müssen wir nicht sogar davon ausgehen, dass ihm (dem kritischen Aufklärer) bereits klar war, dass religiöse Praktiken wie Meditation, Sutrengesang, Mönchsein, Klosterleben, Verneigung vor der Buddha-Statue, Gong-Klänge, Räucherstäbchen, Teetrinken

9 Foucault, Der Mut zur Wahrheit; ders. Diskurs und Wahrheit. Die Problematisierung der Parrhesia.

und so weiter nicht über den Umweg der transkulturellen Philosophie einer wie auch immer wahren Zen-Praxis zu einer globalen Ethik führen können? Hätte sich Foucault dann nicht umso mehr dafür interessieren müssen, wer in der Küche stand, um ihn zu bekochen, und was in dem Topf war, der ihn satt und vielleicht sogar glücklich machen sollte?

Wäre es nicht auch eine der vielen Fragen einer praktischen Ethik gewesen, die anwesenden Herren zu befragen, ob die Menschen, die sich Buddhisten nennen, sich darum sorgen, die notwendigen Zutaten zu beschaffen und, dem Gemeinwohl dienend, über den Speiseplan ihrer Mahlgemeinschaft nachzudenken, um so Zen zu leben? War sich Foucault auch nur ansatzweise darüber im Klaren, dass die Tat-Sache, sich um solche Dinge zu kümmern und auf diese Weise das eigene (ethische) Selbst zu kultivieren, eine wahre Zen-Praxis ist oder zumindest einem ethischen Foucaultismus zufolge sein sollte?

Also noch einmal: Wie sähe die Welt heute aus, wenn Foucault angesichts dieses Essens viele Fragen gestellt und darüber hinaus sogar ein vertieftes Gespräch mit den japanischen Zen-Buddhisten gesucht hätte – vielleicht sogar mit dem heimlichen Ziel, einen Lebenskunst-Buddhismus denkbar zu machen? Fragen und witzige, Kôan-artige Gesprächsangebote wie diese: »Das ist nicht vom Himmel gefallen, schmeckt aber trotzdem göttlich! Kommt es aus Ihrem eigenen Garten?«

Oder: »Oh, ein Topfgericht! Wir in Frankreich lieben Fondue. Stimmt es, dass in Japan das gemeinsame Essen aus einem Topf eine herzliche Verbindung zwischen den Beteiligten stärkt?«

Oder (weil das Bild zeigt, dass weder Gläser noch Flaschen auf dem Tisch stehen): »Dürfte ich wohl etwas trinken? Ich möchte meinen großen Durst löschen, Sie wissen schon!« (Lacht laut und ergänzt:) »Ein Glas Wein vielleicht – oder etwas Nispero-Saft wäre sehr passend. Kultivieren Sie Wollmispelbäume, die hier in Japan wachsen, soweit ich weiß? Und dann möchte ich mit Ihnen auf Ihre unfassbare Gastfreundschaft anstoßen: Zum Wohl!«

Oder: »Wie Sie wissen, bin ich dafür bekannt, gerne mit ›der Wahrheit‹ zu spielen: Sollen wir also der Wahrheit willen annehmen, dass es ein ›Ess-Zen‹ gibt? Das Zen des Essens wird, wie ich vermute, durch den Zen-Buddhismus nicht wahrgesprochen. Seine Bewahrheitung entspringt, wenn ich bei dieser Gelegenheit einen Begriff des französischen Philosophen und Utopisten Charles Fourier bekannt machen darf, einer Gastrosophie unserer Existenz. Jemand könnte kommen und uns auf die Frage ›Was ist das Wesentliche, was ist die Essenz der menschlichen Existenz?‹ diese Antwort geben: ›Unsere Essistenz‹. Das wäre ein wahrer Freund der Weisheit, ein Philosoph, der einen neuen Begriff erfindet, um damit alles Sein zu bezeichnen, aus dem die Welt des Essens als ein den ganzen Erdball umspannender Weltprozess besteht. Gibt es einen solchen Philosophen in Japan?«

Foucault hätte solche wegweisenden Fragen im Sinn haben können, wäre er wie einige seiner Kollegen (etwa Roland Barthes, wie wir sehen werden) zu diesem Zeitpunkt bereits ein gastroethisch Erleuchteter und als einer der wenigen gastrosophischen Aufklärer der Gegenwart unterwegs gewesen. Dass er sich – angesichts und trotz des frugalen Eintopfgerichts, das ihm in einem Zen-Kloster serviert wurde – erst nach dem Essen die einzige Frage stellte, ob die Zen-Praxis auch unabhängig von einem religiösen Buddhismus eine weltbewegende Sache sei, zeigt, wie wenig er von außereuropäischen und nichtwestlichen Denkweisen wusste und wie wenig er insbesondere mit der japanischen Philosophie und dem Buddhismus chinesischer Prägung vertraut war.

Zum Grundwissen eines Archäologen der Denksysteme, wie es niemand mehr war als Foucault selbst, hätte zumindest Folgendes gehört: Als chinesische Gelehrte im ersten Jahrhundert aus dem fernen Indien in ihre Heimat zurückkehrten, brachten sie unzählige Kisten mit buddhistischem Material mit. Sofort wurden ihnen qualifizierte Übersetzer zur Seite gestellt. Dort eingeführt, begann die Lehre des indischen Wanderphilosophen Gautama Buddha durch die ›Chan-Buddhisten‹ den alles beherrschenden Einfluss der einheimischen Philosophie des Konfuzius und der Daoisten zu verdrängen. Diese Verdrängung bzw. Einverleibung konnte stattfinden, weil das große Kaiserreich mit seiner reichen, über Jahrhunderte gereiften philosophischen Tradition alle Voraussetzungen mitbrachte, sich mit einer fremden Weltanschauung wie der des indischen Buddhismus auseinanderzusetzen, sie sich anzueignen, sie sinisierend weiterzuentwickeln und schließlich an andere Kulturen weiterzugeben. Es entstand ein Buddhismus chinesischer Prägung, so wie wir heute von einem Sozialismus chinesischer Prägung und einem sinisierten oder Sino-Marxismus sprechen.

Im 4. Jahrhundert, als der chinesische Buddhismus bereits Staatsreligion war, beauftragte der damalige Kaiser einen dieser Buddhas mit dem bezeichnenden Namen *Paramartha* (Sanskrit für *spirituelle Erkenntnis* bzw. *höchste, vollkommene Wahrheit*), weitere Sanskrit-Texte ins Chinesische zu übersetzen. In den folgenden Jahrhunderten verbrachten viele Chinesen einen Großteil ihres Lebens mit der Übersetzung buddhistischer Texte. Sino- und Chan-Buddhisten (wie der berühmte Gelehrte Xuanzang) forschten in indischen Klöstern und Universitäten, um die Buddhologie zu studieren und in ihre Muttersprache zu übersetzen. Das Bestreben der Chinesen, die unvorstellbare Menge buddhistischer Schriften möglichst weit zu verbreiten, war einer der treibenden Gründe für die Erfindung des Papiers und des Buchdrucks – und damit letztlich auch für die Verbreitung (eines substanziellen Teils) des chinesischen Denkens in der ganzen Welt.

Was bleibt, ist die folgenreiche Feststellung, dass selbst ein so gebildeter Mensch und Denker wie Foucault weder den Buddhismus chinesischer Prägung noch den Zen-Buddhismus des japanischen Meisters Dôgen Kigen, des Begründers der Zen-Praxis, kannte. Gerade dieser originelle Kritiker der orthodoxen Buddha-Lehre bietet philosophische Wege, die Zen-Praxis so zu denken, dass sich Anknüpfungspunkte für die von Foucault gesuchte neue Lebenskunst (einer globalen Ethik) ergeben. Einige Kenntnisse der Philosophie Dôgens, die wir gleich kennenlernen werden, hätten genügt, um eine programmatische Unterscheidung zwischen Zen-Mystik und Zen-Gastrosophie denkbar zu machen und damit auch die Entdeckung, dass das Essen der mächtigste Weltgestalter ist, der unfassbar viel in der menschlichen Existenz bewegt.

Jedenfalls scheint der Professor für Denksysteme auf der Suche nach einem philosophischen Ausweg aus der Krise der westlich globalisierten Weltgesellschaft von diesem ›Dôgen‹ und seinem zen-gastrosophischen ›Buddhismus‹ nichts gewusst zu haben. Wegen dieser Unkenntnis ging von Foucault auch nach seiner Rückkehr aus Japan und in den wenigen ihm noch verbleibenden Lebensjahren kein wirkmächtiger Impuls für eine wirklich neue Ethik der Praxis aus. So musste es kommen, dass sich die Welt diesen neugierigen und scharfsinnigen Meister des Andersdenkens nicht als Zen-Meister auf neuen Wegen vorstellte: Statt Foucault als Buddha in der Küche zu imaginieren, gedenken ihn einige seiner Freunde und Anhänger – leider und bezeichnenderweise – als »Samurai-Krieger«.[10]

Aus den angedeuteten Gründen kann ich mir durchaus vorstellen, dass die bedauerliche Leerstelle der Ethik Foucaults gefüllt werden kann. Es ist möglich und vielleicht ein Akt philosophischer Treue und edler Selbstbefreiung, im Anschluss an Foucault und über Foucault hinaus die ethische Universalität der Zen-Praxis zu denken. Es ist denkbar, im Sinne eines ethischen Foucaultismus mit Hilfe der Philosophie Dôgens (und getrennt von dessen religiöser Lehre) den Buddhisten und Nicht-Buddhisten dieser Welt den fundamentalen Unterschied zwischen Zen-Mystik und Zen-Gastrosophie nahezubringen und zu diesem Zweck die Zen-Praxis einmal einer gründlichen philosophischen Reflexion zu unterziehen, ohne den ausgetretenen und letztlich in der Sache ziellosen Weg des üblichen Buddhismus der spirituellen Meditationspraxis zu gehen.

Mit ein wenig Phantasie erfindet ein ethischer Foucaultismus die fiktive Möglichkeit, der weltweit wahrgenommene Philosoph hätte uns – neben vielen anderen neuen Themen und mutig ausgesprochenen Wahrheiten – auf dem Umweg über Japan die Archäologie, Genealogie und Diskursanalyse eines kritisch aufgeklärten Buddhismus hinterlassen und die angekündigte, aber ungeschriebene Ethik einer Ästhetik der Existenz exemplarisch an einer Ästhetik der Essistenz konkretisiert und deren Essthetik als gastrosophisches Herzstück einer konvivialen Gesellschaft konzipiert. Ich nenne diese Utopie den Euzen-Konvivialismus. Wahrscheinlich hätte Foucault selbst andere Begriffe, Dispositive und Narrative verwendet. Wie dem auch sei.

Wenn jemand wie Foucault von der Welt des Essens als dem Zen des Essens, vom Ess-Zen gesprochen hätte, von der gastroethischen Essenz der Zen-Praxis, von der

10 Veyne, Foucault. Ein Philosoph als Samurai.

Ästhetik der Essistenz etc.; wenn jemand wie er mit neuen, wegweisenden Begriffen, die die alltäglichste, allgemeinste, allumfassendste und weltbewegendste Praxis der menschlichen Existenz als ethische Praxis begreifbar machen, interessante und ungewöhnliche Bücher über eine Ethik der Praxis geschrieben hätte – wenn das alles wahr wäre, dann könnten Foucaultianer wie ich widerlegen, dass Foucault ›auch nur‹ einer der vielen Buddhas der Meditation war (ja, es gibt dieses Foto von seiner Japanreise, das ihn beim Zazen zeigt[11]); dann könnten Foucault-Kritiker und Foucault-Fantasten wie ich eine alternative Geschichte erzählen, um zu zeigen, dass dieser große Meister der Wahrheitsspiele nicht einfach wie zahllose andere Philosophen und Ethiker unterwegs gewesen wäre, die das Wichtigste und Interessanteste eines möglichen guten Lebens und Menschseins gerne verschlafen oder aus ideologischer Verblendung einfach übersehen.

Doch im Gegensatz zu dieser philosophischen Science Fiction hat Foucault, wie wir wissen, während seiner Japanreise niemanden wissen lassen, wie er das scheinbar Undenkbare, das ihm damals im Zen-Kloster serviert wurde, erlebte und was er über die nahezu unfassbare Wirksamkeit seines So-Seins vielleicht doch dachte oder wirklich nicht wusste. So hat er in seinem Gespräch mit dem japanischen Zen-Mönch nicht auf die naheliegende (und auch für eine Ethik der Freundschaft interessante) Tatsache hingewiesen, dass im gesellschaftlichen Selbstverständnis der japanischen Esskultur das gemeinsame Essen aus einem Topf den unausgesprochenen Sinn und den sozial wirkungsvollen Zweck hat, ›herzliche Beziehungen‹ zwischen den Beteiligten zu schaffen und die Freundschaft zueinander, das gemeinsame Freund-Sein und die geteilte Praxis des Freundens, zu ›stärken‹. In dieser sozialen (konvivialen) Hinsicht könnte auch ein einfaches Eintopfessen eine wirkliche Herzensstärkung sein, die – neben oder trotz ihrer kulinarischen Dimension – viel Gutes und alltägliches Wohlleben bewirkt. Um aber zu verstehen, was dieses wohltuende Sein-Können bedingt und bedeutet, müsste Foucault, wie jeder andere Mensch und philosophisch Weg-Suchende, tief in die geheimnisvollen Gastrosphären unserer Welt vordringen und darüber Klarheit und vielleicht Weisheit erlangen.

Gleichwohl steckt in der einen Frage, die Foucault nach dem Essen stellte, einiges unausgesprochenes Weltwissen: In ihr ist, wie in einem Eintopf, ›alles Mögliche‹ enthalten; in ihr verstecken sich allerlei ›Zutaten‹, und in dieser einen Frage mischt sich viel ›Zu-Denkendes‹. Denn der Philosoph aus dem Westen stellt mit seiner scheinbar unauffälligen Frage alles am fernöstlichen Zen-Buddhismus, dessen ganze Weisheit und Küche, radikal in Frage: *Die Frage nach der Universalität der Zen-Praxis*, die Foucault damals bewegte, beinhaltet die ebenso religionskritische wie moralphilosophisch grundsätzliche Ablehnung eines religiösen Buddhismus und aller mit diesem Glauben verbundenen spirituellen Meditationspraktiken und ihrer

11 Pedretti, Foucault's Zen Body: The meeting between Michel Foucault and the Zen master Ōmori Sōgen.

ideellen (spirituellen) Vielleicht-Wahrheiten. Vielleicht verbirgt sich aber in dieser – von ihm nicht weiter begründeten – Gleichsetzung von Buddhismus und Religion eine allzu voreilige, ihrerseits unkritische und leichtgläubige, quasi-religiöse Orthodoxie der westlichen Philosophie? Sollte ein Meister des freien Denkens und des mutigen Wahrsprechens, der selbst großen Gefallen an Wahrheitsspielen hatte, in dieser Frage nicht eher mit ›der Wahrheit‹ spielen, als sie ein für alle Mal (auch ein für alle Mahle) als ausgemacht und als unhinterfragbares Dogma hinzunehmen?

Foucault hätte sich im Rahmen der von ihm (kurz vor seinem Tod) bereits angekündigten »Heterotopologie«, wie er seine neue Wissenschaft der Heterotopien nannte[12], unbedingt mit dem Buddhismus auseinandersetzen müssen, und zwar als einem aktuellen fremden Topos, der weltweit immer mehr utopische Energien absorbiert. Dies wäre – unter Anwendung der eigenen Methoden – ohne weiteres möglich gewesen, um die über Jahrtausende vielschichtig sedimentierte Historizität der utopischen Orte oder Heterotopien und die verworrenen Paradiesvorstellungen des Buddha-Seins freizulegen. Oder ganz anders und neuartig im Hinblick auf eine anthropoethische Lebenskunst, um das in Angriff genommene Ethikprogramm zu konkretisieren; meines Dafürhaltens am besten in Form einer

12 Foucault, Die Heterotopien. Der Grundgedanke dieses unvollendeten Projekts war wohl die utopologische (und letztlich euzenologische) Perspektive, dem verbreiteten Verständnis des ›Utopischen‹ (als etwas, das noch nirgendwo in der realen Welt verortet ist; der Utopie als dem Nichtseienden) durch die Alternative des Schon-Seienden (eutopischer Orte eines anderen Seins) einen Sinn für neue Möglichkeitsräume und ›ethische Raumnahmen‹ zu eröffnen. Tatsächlich bietet der von Thomas Morus und Erasmus von Rotterdam eingeführte Begriff Utopia diese beiden Interpretationsmöglichkeiten: Die *Outopie* eines Nicht-Ortes oder die *Eutopie* guter Orte bzw. des schon verorteten Guten. Foucault stellte zurecht fest, dass jede Gesellschaft die verschiedensten Orte eines anderen Seins kennt, heterotopische Orte, an denen Menschen alternative, bessere Realitäten erleben, im Hier und Heute realisierte Erfahrungsräume des erfüllten Erlebens. Er wies darauf hin, dass es ein ›anderes Leben‹, eine ›ganz andere Wirklichkeit‹ oder (Lebens-)‹Welt‹ *gibt*. Topoi oder Orte des Rückzugs, der Flucht, des Träumens, des Lernens, der Stille, des Friedens, des Glücks, des Heiligen, der Kontemplation wie Gärten, Museen, Friedhöfe, Dachböden, das heimliche Lesen mit der Taschenlampe im Bett, Bibliotheken, sogar Spiegel. Auf diese Weise fundierte Foucault seine Utopieforschung oder »Heterotopologie« (Foucault), die offensichtlich Teil seines ethischen Programms hätte werden können, mit der transkulturellen Allgegenwärtigkeit solcher ›guten Orte‹ (Eutopien). Indem er sich jedoch nur für die Diversität und Heterogenität dieser Orte oder Topoi interessierte, umging er die viel schwierigere Erörterung der normativen (utopischen) Güte dieser Heterotopien. Indem Foucaults Heterotopie-Begriff den philosophischen Fokus auf die reale Verortung eines wie auch immer gearteten (heterogenen, heteronomen) Guten richtete, nährte er trotzdem die Euphorie, dass ›eine andere Welt möglich‹ ist. Allerdings unterläuft sein heterotopischer Relativismus zugleich die universalistische Normativität (Ethik) *echter Utopien* oder *Eutopien*, welche ideale Gesellschaften, bessere Zukünfte oder reale Orte bzw. Praxen eines für alle guten Lebens beschreiben.

Utopologie, die die Popularität des Buddhismus kritisch aufklärt – als die fehlgeleitete, nämlich ins Religiöse und Meditative verkehrte Universalität des Utopismus (eines humanen Glaubens an die Möglichkeit und Praxis eines besseren Lebens auf Erden in Form einer Hier-und-Jetzt-Erlösung). Eine solche Utopologie würde das Kraftzentrum dieser transformatorischen Energien zugunsten der globalen Ethik eines zukünftigen Euzen-Konvivialismus hacken. Mit diesem utopietheoretischen Programm hätte Foucault nicht nur die im Westen – vor allem aber in Frankreich seit dem frühen 19. Jahrhundert – bereits in Gang gekommene Tradition einer wissenschaftlichen (logisch-rationalen) Buddhismusforschung vorantreiben können. Stellen wir uns also für einen Moment, wie in einem Tagtraum und jenseits der Essensthematik, vor, der ethische Foucaultismus hätte sich an einem bestimmten Punkt seiner heterotopologischen Fragestellung in die Genealogie des modernen Buddhismus als Topos der westlichen Denksysteme vertieft.

Genealogie des Euro-Buddhismus

Eine Genealogie des Buddhismus weist auf die bemerkenswerte Tatsache hin, dass seit dem 19. Jahrhundert in Europa – und seit Beginn des 20. Jahrhunderts in Ansätzen auch in Amerika – ein westlicher Buddhismus im Entstehen begriffen ist. Es zeichnet sich ab, dass diese Entwicklung im 21. Jahrhundert ihren globalen Höhepunkt erreichen könnte. Eine wissenschaftliche Buddhismusforschung, die mit der bewährten Methodik des Foucaultschen Wahrheitsspiels von Kritik und Aufklärung vorgeht (und damit das auf die europäische Kulturgeschichte beschränkte Weltbild horizontal bis in den Orient hinein erweitert), kann eine lange intellektuelle Tradition Frankreichs fortsetzen und aktualisieren. Seit der Frühaufklärung und den kolonialen Entdeckungs- und Eroberungsreisen der Europäer waren zahlreiche Franzosen nach Asien, dem Ursprungsraum des Buddhismus, gereist. Jahrhundert, als der portugiesische Seefahrer Ferdinand Magellan den Seeweg nach Asien entdeckte – parallel zur Kolonisierung des von Kolumbus und Amerigo Vespucci entdeckten ›indianischen‹ Amerikas im Fernen Westen.

Zwei solcher Abenteurer aus Frankreich, Jean-Baptiste Tavernier und François Bernier, lieferten die ersten Berichte aus Indien (über die letzten Tage der dortigen Mogulherrschaft), die wiederum von Voltaire, dem französischen Großmeister der Aufklärung, neugierig zur Kenntnis genommen und für seinen *Versuch über die allgemeine Geschichte, die Sitten und den Geist der Nationen* (1756) verwertet wurden. Weitere interkulturelle Erkenntnisse über die Geschichte, die Sitten und den Geist des Herkunftslandes des indischen Gurus der Erleuchtung lieferte Victor Jacquemont, selbst Sohn eines französischen Aufklärers. Er gehörte zu den Gelehrten, die zu Beginn des 19. Jahrhunderts von der Pariser Forschungseinrichtung *Jardin des Planes* in alle Welt entsandt wurden, um Exemplare der Flora und Fauna anderer Länder zu sammeln, die dem Abendland bis dahin unbekannt waren. Dieser französische Alexander von Humboldt erkannte auf seiner Reise nach Indien, zu der er 1828 aufbrach, schnell, dass dieses Land, das unter die Herrschaft der europäischen Kolonialmacht geraten war, einst mit Buddha und Brahma eine Kultur besessen haben musste, die der Kultur Griechenlands und Roms in nichts nachstand.

Nur wenige Jahre später, 1844, veröffentlichte ein gewisser Eugène Bournouf, Gelehrter am Collège de France (jener Eliteuniversität, an der 130 Jahre später auch Foucault lehrte), eine *Introduction à l'histoire du bouddhisme indien*. Der französische Indologe veröffentlichte damit eines der ersten europäischen Bilder des ›Buddha‹, ein Porträt, das die damals im Westen noch wenig bekannten Lehren des Erleuchteten zu erklären versuchte. Bournouf konnte sich dabei auf neu entdeckte buddhistische Manuskripte stützen. Diese Schätze hatte ihm ein junger Beamter der britischen Kolonialverwaltung aus Indien geschickt, der von seiner Arbeit gelangweilt war. In seiner Freizeit sammelte Brian Houghton Hodgson sanskritische und tibetische Schriften und lernte, sie zu übersetzen. Obwohl er ihren Inhalt für endlosen philosophischen Unsinn hielt, schickte er Wagenladungen von Sutren nach Europa, wo sie am Collège de France in Paris ausgewertet wurden und den Grundstein für die wissenschaftliche Forschung bildeten.

Weitere archäologische Entdeckungen aus dieser Zeit trugen dazu bei. So wurde 1820 im zentralindischen Dschungel der große Stupa von Sanchi ausgegraben, ein gewaltiges Bauwerk, dessen kultischer Ursprung zunächst unbekannt war. Jahrhunderts grub der britische Offizier Alexander Cunningham unweit von Benares die Stätte aus, an der Buddha seine erste Lehrrede gehalten hatte. Als 1830 der bereits erwähnte französische Botaniker Jacquemont den buddhistischen Himalaya bereiste, gehörte der nordindische Wanderphilosoph, der sich selbst den Künstlernamen Buddha gab, noch zu den vielen Geheimnissen des indischen Subkontinents. Lange Zeit herrschte Unwissenheit darüber, ob dieser Mann überhaupt indischer Abstammung war. Vieles von der buddhistischen Vergangenheit Indiens war damals noch in den Tiefen des undurchdringlichen Dschungels oder unter der Erde verborgen – etwa die Steinsäulen und Stupas des buddhistischen Kaisers Ashoka, des großen Mäzens und Förderers des Buddhismus. Erst westliche Forscher – Archäologen, Genealogen, Historiker, Indologen und schließlich Buddhologen – brachten diese Zeugnisse ans Licht. Auf dieser Grundlage verfasste Eugène Bournouf sein Werk über die Genealogie des Buddhadharma, das einen wichtigen Beitrag zur westlichen Renaissance des Buddhismus leistete. Seine Einführung in die Geschichte des indischen Buddhismus fand rasch weltweite Verbreitung. Noch im selben Jahr erschien sie in Auszügen in den jungen Vereinigten Staaten von Amerika – in der Zeitschrift *The Dual*, die von Ralph Waldo Emerson und Henry David Thoreau herausgegeben wurde, den beiden einflussreichsten Schriftstellern und Weisheitslehrern des fernen Westens jener Zeit (die das kleine Dorf Concord zum intellektuellen Zentrum Neuenglands und zum Geburtsort der klassischen amerikanischen Literatur machten). Zahlreiche namhafte westliche Intellektuelle und Künstler trugen mit Begeisterung zur ersten Renaissance der indischen Weisen im Westen bei.

Diese neue Sicht der Dinge inspirierte unter anderem die Philosophie Arthur Schopenhauers. Der deutsche Philosoph lobte die buddhistische Weltanschauung und meinte, er und seine Anhänger seien die ersten europäischen Buddhisten.[13] Schopenhauers Verständnis des Buddhismus trug dazu bei, dass Nichts, Leere und Verlöschen oder Erlöschung zu zentralen Begriffen der neu entdeckten ›östlichen Weisheit‹ wurden. Schwer beeindruckt plante der geniale Komponist – und skrupellose Mythologe – Richard Wagner, eine Oper über Buddha zu schreiben. Der junge Wagnerianer und Schopenhauerianer Friedrich Nietzsche griff die christliche Zivilisation des Westens an, indem er ihr das buddhistische Menschenbild gegenüberstellte. Er bewunderte den ›Buddha‹; aber Nietzsche, der sich mit seinem *Zarathustra* zweifellos einen ähnlichen menschheitsgeschichtlichen Erfolg gewünscht hatte, sah im Buddhismus zugleich eine potenzielle Gefahr für die Welt, die seiner Meinung nach durch den Mord an Gott (d.h. die Erosion der traditionellen Moral) mit einem sinnentleerten Leben konfrontiert sei und allzu leichtfertig der Versuchung erliegen könnte, in Buddhas »passivem Nihilismus« (Nietzsche) Zuflucht, Weisheit und Erlösung zu suchen.[14] In diese Richtung weist auch Hermann Hesses Siddharta. Der 1922 erstmals erschienene fiktive Roman, der im historischen Umfeld Buddhas spielt und eine bewegende Mischung aus psychologischem Entwicklungs- und spirituellem Erweckungsroman bietet, hat seither unzählige Weg- und Sinnsucher begeistert.

Wahrscheinlich hatte Foucault Jahrzehnte später, als er den Buddhismus als Religion (pauschal) ablehnte, nicht Hermann Hesse im Sinn, sondern einen älteren Kollegen am Collège de France, Claude Lévi-Strauss. Dessen ›Strukturalismus‹ wurde in den 1960/70er Jahren oft mit Foucaults ›poststrukturalistischer Philosophie‹ (oder der seines Kollegen Roland Barthes) in einen Topf geworfen. In seinem autobiographischen Reisebericht *Traurige Tropen* von 1955 outete er sich als gläubiger Buddhist: »Denn was habe ich anderes gelernt von den Meistern, denen ich

---

13 Bereits die deutschen Romantiker leisteten auf ihre Weise Vorarbeit. August Wilhelm von Schlegel eröffnete Anfang des 19. Jahrhunderts in Bonn eine Sanskrit-Druckerei. Als Begründer der altindischen Philologie hat Schlegel viel für die Verbreitung des Sanskritstudiums in Europa getan. Darin folgte er seinem Bruder Friedrich Schlegel und Novalis, die wie viele andere deutsche Romantiker in Indien die geistige Rettung für ein Europa sahen, das durch die Hinwendung zur bürgerlichen Fortschrittsreligion immer mehr seine Seele zu verlieren drohte. Schlegel erhoffte sich von der wissenschaftlichen Beschäftigung mit dem alten Indien eine neue Renaissance, vergleichbar mit der, die durch die Wiederentdeckung der klassischen Antike weite Teile Westeuropas aus dem Mittelalter geführt hatte.

14 Mistry, Nietzsche and Buddhism. Prolegomenon to a Comparative Study; Salaquarda, Nietzsche und der Buddhismus.

gelauscht, von den Philosophen, die ich gelesen, von den Gesellschaften, die ich besucht habe, und auch von jener Wissenschaft, auf die der Westen so stolz ist – was habe ich anderes als Bruchstücke von Lektionen, die, zusammengesetzt, die Meditation des Weisen am Fuße des Baums ergeben?«[15]

Weltweit bekannt wurde der französische Anthropologe jedoch nicht durch seine buddhistische Religiosität, sondern durch seine ethnologischen Studien über die Mythen und Riten der südamerikanischen Indianer im brasilianischen Regenwald. Dort, am anderen Ende der Welt als in Indien, erforschte er über viele Jahre deren Kultur und Lebensweise – etwa den *Ursprung der Tischsitten* oder die feinen Unterschiede des gesellschaftlichen Geschmacks im Umgang mit Rohem und Gekochtem (gewissermaßen Themen eines gastrosophischen Strukturalismus), um anhand transkultureller Strukturen nachzuweisen, dass das ›wilde Denken‹ angeblich ›primitiver Völker‹ (der so genannten Dritten Welt) nicht weniger entwickelt ist als das »zivilisierte Denken« der Europäer (der so genannten Ersten Welt). Diese strukturalistische Philosophie beinhaltete einen Universalismus, der durchaus mit dem Neo-Humanismus des unvollendeten Ethikprogramms von Foucault konvergiert.

Utopologie des westlichen Buddhismus als neuer Marxismus

Jenseits der historischen Erforschung des westlichen Buddhismus und bezogen auf die Universalität (und die angedeutete Utopologie) einer ethischen Lebenskunst ist an die historische Wahrheit zu erinnern, dass die ursprüngliche Buddhalehre ihrem programmatischen Selbstverständnis nach keine Religion sein will: ›Wahrer Buddhismus‹ ist irreligiös, weil Buddhas und Buddhisten nicht an einen allmächtigen Gott und auch nicht an die Glückseligkeit eines besseren Lebens in irgendeinem himmlischen Paradies glauben (müssen). Die Popularität dieser ›Weltreligion‹, zu der sich immer mehr Menschen in den verschiedensten Arten und Abstufungen bekennen, speist sich gerade daraus, dass mit ihr ein gottloser Glaube möglich erscheint. Mit diesem Glauben oder mit dieser Spiritualität wächst und bewahrheitet sich eine Art Weltethos, das auf dem Weltmarkt der Weisheitslehren angeboten wird. Die Wahrheit dieses Ethos wächst und wird wahr in dem Maße, wie die Anzahl an Menschen wächst, die sie für wahr halten und daran glauben. Insofern ist Buddhismus die Variante eines philosophischen (säkularen, weltlichen) Humanismus und im Grunde auch ›nur‹ eine diesseitige Erlösungssehnsucht nach einer besseren Welt (in einem eutopischen Hier und Heute). Das inzwischen allgegenwärtige Buddha-Antlitz, das vielerorts das Kruzifix abgelöst hat, scheint wie ein Router, ein Sendemast oder besser, wie ein modernes Ladegerät zu wirken, das die weitgehend erschöpften utopischen Kräfte der Menschen wieder mit etwas Sinnerfüllung auflädt

15 Lévi-Strauss, Traurige Tropen, 408.

und die utopischen Energien (vor allem ihre freien Radikale und alltagspraktischen Aktome) wie ein schwarzes Loch in seine eigene ›geheimnisvolle Leere‹ hineinzieht (und damit diese Triebkräfte und Energien zugleich entspannt und entschärft, innerlich selbstverwirklicht und innerweltlich entwirklicht, individualisiert und entpolitisiert).

Utopologisch gesehen avanciert der heutige (Populär-)Buddhismus möglicherweise zum künftigen (Rudimentär-)Marxismus unseres neuen Mittelalters. Der moderne Marxismus bot in der Phase der bürgerlichen Aufklärung den optimistischen und seinerseits gottlosen Glauben an eine gute Menschheit und deren edlen Selbstbefreiung aus dem Elend dieser kapitalistisch-bösen Welt; Marx versprach allen Wohlstand, Glück und ein gutes Leben auf Erden am Ende – und als Happy End – der geschichtlichen Fortschrittsentwicklung. Eine grandiose Heilsgeschichte.

Doch dieser humanistische oder eben ›marxistische Traum‹ hat sich ebenso wie sein liberal-kapitalistisches Zerrbild vom ›amerikanischen Traum‹ bis heute nicht für alle erfüllt und es spricht bedrückend wenig dafür, dass uns die Rezepte des Marxismus auf dem unsicheren, unübersichtlichen und wahrscheinlich unguten Weg durch die nächsten Jahrhunderte weiterhelfen werden. Die wenigen ungläubigen Freigeister, die etwas genauer hinsahen, erkannten schon früh, dass der moderne westliche Marxismus auch nur ein (zeitloser) Buddhismus war, der seinen frommen Anhängern versprach, dass in der Zukunft ganz sicher ›alles gut‹ werden würde. Die Zeichen der jüngsten Geschichte mit ihren grassierenden Krisen, neuen Kriegen und ideologischen Dystopien (die nichts zur Lösung der Weltprobleme beitragen) deuten auf eine dunkle Epoche nach dem modernen Humanismus hin und lassen den wahrscheinlichen Rückfall in ein neues Mittelalter erahnen. Ein neues Zeitalter der virtuell-spirituellen Weltflucht scheint angebrochen. Hier muss der Hinweis genügen, dass sich mit dem globalen (Populär-)Buddhismus ein weltloser, in die Innerlichkeit des Individuums migrierender, meditativ-esoterischer Ego-Spiritualismus auszubreiten beginnt, dessen New Age Mentalität bestens kompatibel ist mit der sich parallel formierenden techno-digital-virtuellen Weltflucht der transhumanen Bewegung, deren erklärtes Ziel bekanntlich die exodusartige, exoplanetare ›Auswanderung‹ in die Traumwelten eines Musk-Marsismus oder, als futuristisches Ziel des neuen *Chinesischen Traums*, in die himmlischen Paradiese eines Marx-Xiismus ist.[16] Aber diese weit ausgreifenden Topoi möglicher (sogar eher wahrscheinlicher) und nicht für alle rosiger Zukünfte brauchen uns hier nicht weiter zu beschäftigen.

16 Mit dieser zugegebenermaßen sehr groben Skizze meiner utopologischen Reflexionen spiele ich auf provisorische Kartierungen zur Minima Utopia an, die an andere Stelle vorgestellt wurden, siehe: Lemke, Utopisches Gärtnern. Das Manifest der Garten-Erde-Bewegung.

Ausgetretene Pfade und Schleichwege, am Wegrand: das Passwort

Zurück zu den erdverbundenen Themen, die uns hier beschäftigen; zurück zu Foucault und seiner Kritik am religiösen Buddhismus, der diese fernöstliche Weisheitslehre letztlich nicht zu Unrecht mit esoterischem Spiritualismus gleichsetzte. Gut möglich, dass Foucault einige Werke des im 20. Jahrhundert wahrscheinlich einflussreichsten Zen-Theoretikers und Zen-Mystikers Suzuki Daisetz Teitaro kannte, pseudowissenschaftliche Werke, die zu seiner Zeit als Bestseller »fernöstlicher Weisheit« in der westlichen Welt auf großes Interesse stießen, darunter Weltbestseller wie *Zen und die Kultur Japans* (1958), *Zen und die Höchste Weisheit* (1970) und *Der westliche und der östliche Weg* (1975). Der japanische Gelehrte, dessen Zen-Philosophie schon Heidegger einen (in die Irre führenden) ›Weg‹ wies und der auch das in Japan und Deutschland kriegsideologisch verwertete *Zen der Samurai* und des *Bushido* propagierte, verbreitete ›den Buddhismus‹ als Ausweg aus der Sackgasse der modernen (westlich geprägten) Weltkrise. Suzuki, dieser wirkmächtige Buddha, der in den 1950er Jahren einige Jahre an einer US-amerikanischen Universität lehrte, stand am Anfang all der anderen postmodernen Buddhisten und Buddhologen, die seit Jahrzehnten unsere Welt mit der über zweieinhalb Jahrtausende alten Weisheit eines Wanderphilosophen aus Nordindien erlösen wollen. Insofern ist es vorstellbar, dass Foucault während einer seiner Aufenthalte im kalifornischen Berkeley von dem zu dieser Zeit populären Buch von Jack Kerouac *Gammler, Zen und hohe Berge* (im Original *The Dharma Bums, 1958*) erfuhr. Dessen Hippie-Roman machte junge Amerikaner mit diffusen quasi-buddhistischen Frohlockungen einer spirituellen Erlösung bekannt. Dieser Buddhismus popularisierte eine Zen-Philosophie, die es jedem möglich machte, sich die Buddhaschaft ganz nach eigenem Geschmack auszudenken.

Der religiös-mystische Buddhismus mit seinen »vier edlen Wahrheiten« und seinen »achtfachen vollkommenen Pfaden«, den Menschen, die sich Buddhisten nennen und als solche einander ordinieren, auf den Weg gebracht haben, führt inzwischen über tausendfach ausgetretene Schleich-, Ab- und Irrwege, über unvorhersehbare Sackgassen oder per *Mahayana*-Buddhismus (*maha* = groß, *yana* = Fahrzeug) über breitspurige und zielführende Gratis-Schnellstraßen mit ausgebauten Wohlfahrts- und Wohlfühlprogrammen. (für alle mit großen Fahrzeugen aller Art). Der globale ›Buddhismus‹ verliert sich in kaum noch erkennbare Richtungen: Theravada- oder Hinyana- (kleines Fahrzeug) Buddhismus, tantrischer Buddhismus, tibetischer Buddhismus, Zen-Buddhismus, Amida-Buddhismus, Neo-Buddhismus, kritischer Buddhismus, westlicher Buddhismus, amerikanischer Buddhismus, Buddhismus der Samurai-Krieger, Laien-Buddhismus, Buddhismus der Mönche und Nonnen, Buddhismus für Anfänger, Buddhismus für Fortgeschrittene, Nicht-Buddhismus für Buddhisten, Buddhismus für Nicht-Buddhisten und so weiter und so fort. Solche Buddhismen sind real – aber den Buddhismus gibt es nicht. Das bedeutet: Jeder ›Buddhismus‹ ist erklärungsbedürftig und nichts, woran man einfach glauben sollte. Wahrer Buddhismus kann nur der sein, der immer wieder neu verstanden werden muss und der sich in einer entsprechenden Praxis bewahrheitet.

Dass die heute im Westen populärste Form buddhistischer Praxis die Meditation ist, mag unter anderem daran liegen, dass Meditation, insbesondere in der Form der Vipassana-Meditation, eine spirituelle Technik ist, die sich ideal in den inzwischen weltweit verbreiteten westlichen Lebensstil einfügt. Als uralte Form mystischer Erfahrung, die schon der Buddha aus älteren (nicht-buddhistischen) Traditionen übernommen hat, bietet diese Spiritualität eine zeitweilige Befreiung vom gestressten, überreizten und mit Informationen überladenen Bewusstsein, das uns die Aufgaben und Pflichten der alltäglichen Arbeits- und Lebenswelt aufzwingt. Gleichzeitig stellt Spiritualität kein Hindernis dar, sich weiterhin am Business as usual, am Weiter-so-Modus dieser Weltordnung zu beteiligen. Geschäftstüchtige Meditationsgurus verdienen nicht schlecht daran, diese Praxis als Ersatz für Psychotherapie anzubieten, was inzwischen manche Manager und hippe IT-Konzerne dazu veranlasst, ihren Mitarbeitern Meditationskurse und Wellness-Retreats zur Selbstoptimierung zu empfehlen.

Der sicherlich prominenteste Selbstoptimierer unserer Zeit, der sich ausdrücklich zum Vipassana-Buddhismus bekennt und nach eigenem Bekunden die nötige Energie für seinen großen beruflichen Erfolg aus täglicher Meditation schöpft, ist der Weltbestseller-Autor Yuval Harari. Der Star der internationalen Diskussionspodien verrät seiner globalen Leserschaft, dass er im Jahr 2000 erstmals einen zehntägigen Vipassana-Rückzug gebucht und danach damit begonnen habe, »jeden Tag zwei Stunden zu meditieren, und jedes Jahr begebe ich mich einen oder zwei Monate lang in ein Meditations-Retreat.« Außerdem lässt Harari die Weltöffentlichkeit wissen: »Ohne die Konzentration und die Klarheit, die mir diese Praxis verschafft, hätte ich *Eine kurze Geschichte der Menschheit* oder *Homo Deus* nicht schreiben können.«[17] Damit stellt der Weltstar zwar allen den schönen Traum in Aussicht, nur durch diszipliniertes Meditieren einmal so berühmt zu werden wie er selbst; doch der belesene Meister der Großen Erzählungen erteilt den Menschen des 21. Jahrhunderts eine viel ernüchterndere Lektion, wenn er im gleichen Atemzug einräumt: »Es besteht wenig Aussicht, dass Weltfrieden und globale Harmonie einkehren, sobald acht Milliarden Menschen regelmäßig meditieren.« In dieser weitreichenden Einsicht steckt eine bemerkenswerte Selbstkritik: Kein einziges der existenziellen Probleme unserer Welt wird durch Meditation, welcher spirituellen Art auch immer, gelöst – und auch nicht durch so kluge Bücher, wie Harari sie schreibt. Dazu bedarf es anderer Lösungswege und Lebenskünste, wirklich transformativer Praktiken.

Jeder nur geglaubte (religiöse) Buddhismus, ob mit oder ohne Meditationspraxis, ist – da hatte der kritische Geist des Diskursanalytikers und Aufklärers Foucault

17 Harari, 21 Lektionen für das 21. Jahrhundert, 410.

recht – weit entfernt von der Universalität einer philosophischen Ethik. Aber für die Wahrheit, die er damals im Zen-Kloster beim Essen oder danach auszusprechen wagte, fehlte ihm wohl das Wissen oder vielleicht auch nur der ›Mut zur Wahrheit‹: Nur geglaubte, nachgebetete, zum Dogma erklärte, subjektiv für wahr gehaltene, gegen Selbstkritik immunisierte, philosophisch und vor allem gastrosophisch unaufgeklärte, ethisch unterbelichtete Buddhismen aller Art verbergen sich in diversen Denksystemen. Gerade Foucault, der herausragende Professor für die Geschichte der Denksysteme, sollte diesbezüglich allgemein klargestellt haben, dass vor allen anderen Denksystemen auch der ›Marxismus‹ nur ein ›Buddhismus‹ ist. Ebenso der ›Konfuzianismus‹, der ›Daoismus‹, der ›Maoismus‹ oder der ›Sozialismus‹, der ›Stoizismus‹, der ›Humanismus‹ und so weiter. Alle diese Ismen sind Buddhismen eigener Art – zu Glaubenssystemen mutierte Philosophien und Philosopheme, ausgedachte Meme, die viele Menschen zu bewegen vermögen. Dies könnte auch für den von mir ins Spiel gebrachten ›Konvivialismus‹ gelten...

Was Anlass zu einer kurzen Bemerkung gibt: Die Konstruktion dieses Begriffs – insbesondere des bislang geheim gehaltenen Passwortes ›Euzen-Konvivialismus‹ – soll ganz offensichtlich dazu dienen, die übliche Begriffs- und Gerüchteküche aus Zen-Buddhismus, Euro-Daoismus, Sino-Marxismus, Neo-Humanismus und ähnlichen Präfix-Ismen aufzumischen. Der Zusatz *Euzen*, den ich weiter unten erläutern werde, soll eine Rekonzeptualisierung des politisch-ethischen Programms markieren, das vor einiger Zeit (wie bereits erwähnt) als *Das konvivialistische Manifest* zur Diskussion gestellt wurde. Das vorliegende Manifest versteht sich seinerseits als philosophische Initiative, als kreatives Narrativ, um Partei zu ergreifen für einen neuen Marxismus als Konvivialismus, dessen Ideen im besten Falle »die Massen ergreifen« (Marx).

Wer den Buddhismus in diesem Sinne richtig verstehen will, sollte in ihm die Ein-Wort-Narrativ erkennen bzw. ihn als griffige Weltformel und gängiges Logo behandeln. Denn wie alle bekannten philosophie-basierten Weltformeln, Logo-Ismen und von Menschen programmierten Algorithmen ist auch der ›Buddhismus‹ nicht mehr als eine bloße Idee. Eine Idee allerdings, die es wie kaum eine andere seit unfassbar langer Zeit geschafft hat, die Massen tatsächlich zu ergreifen. Zum Buddhismus einer Weltreligion wird diese weltbewegende Philosophie (als alltäglich praktizierte Ethik) allerdings erst in dem Maße, wie sich Menschen finden, die an Buddha wie an einen Gott glauben und seiner Lehre wie einem göttlichen Gesetz gehorchen.

Selbst in Foucaults Philosophie steckt ein solcher religiöser Buddhismus – versteckt in einem bloß kritischen Foucaultismus. Zum Beispiel der zu allerlei schulphilosophischen Meditationen und akademischen Repetitionen mutierte (auch missbrauchte) Buddhismus des Guru, der mit der Wahrheit spielte und nur die Kritik kannte. Was den Guru Foucault betrifft, so scheint es mir unbedingt ratsam, wie bei vielen anderen philosophischen Ismen üblich zwei entgegengesetzte Richtungen zu unterscheiden: Zwischen einem orthodoxen *Kritik-Foucaultismus*, der sich allgemeiner Popularität unter den besagten akademischen Foucault-Anhängern und den orthodoxen Foucault-Fans oder fanatischen Foucaultisten erfreut, einerseits und einem weitgehend fiktiven *Ethik-Foucaultismus*, den bislang nur wenige Mutige wählen und wagen, andererseits – ich nenne sie die kreativen oder phantastischen (phantasievollen) Foucaultianer. Für Foucault, der sich selbst – vielleicht ausgehend von seiner Eintopf-Erleuchtung in Japan – von einem ausschließlich kritischen Denksystem (Kritizismus) zu einem epochal neuen ethischen Selbstverständnis (Neo-Humanismus) zu bewegen begann, kam insofern nur eine nichtreligiöse, dafür aber umso kreativere Zen-Philosophie in Frage. Eine Philosophie des Zen als fremdartiger *buddhistisch-unbuddhistischer Leerformel* für eine universalistische Ethik einer ganz anderen Lebensweise und Weltsicht.

Wir wissen nicht, woran Foucault insgesamt dachte, als er begann, sich mit einer ethischen Lebenskunst, zu beschäftigen; als er anfing, mit dem Gedanken (der Wahrheit, der Möglichkeit) einer *Ästhetik der Existenz* als einer alltäglich gestalteten *Praxis der Freiheit* zu spielen, für die *das Zen* als eine *Weisheitspraxis der Übungen und Regeln* eine gewisse Relevanz haben könnte. Nur scheint er sich bereits der programmatischen Tatsache bewusst gewesen zu sein, dass eine solche Philosophie der Zen-Praxis von der Gesamtheit der Religion und der spirituellen, mystischen, meditativen Praxis des Buddhismus zu trennen ist. Nur so wäre eine Universalität des Zen denkbar und für die phantastische Perspektive einer transkulturellen Lebenskunst brauchbar, deren Praxis für alle gut wäre. Über die Ethik dieser Praxis ist allerdings auch in den *Dicts et Écrits*, den Schriften und Lehren des großen Meisterdenkers Michel Foucault nicht viel zu erfahren – vermutlich nicht zuletzt wegen des tragisch frühen Abbruchs seines vielversprechenden Ethikprojekts.[18]

---

18 Kritische Foucaultisten und erst recht dogmatische Foucault-Kritiker machen es sich allzu leicht, wenn sie behaupten, der ethische Foucault sei aufgrund seines anarchistischen (und darin sogar ein wenig buddhistischen) Ethos der möglichen Selbstbefreiung (eines ethischen Individualismus) und des notwendigen Widerstands von unten (einer ethischen Subjektivität) kein Verfechter eines normativen Universalismus gewesen. In diesem Irrglauben meint einer von ihnen: »Die Konzeption einer ›Ästhetik der Existenz‹ ist eine Konsequenz aus Foucaults allgemeiner Strategie anzusehen, eine anarchische Form von Subjektivität zu befördern. Denn damit ist ja vor allem eine Absage an jede Form universalistischer Ethik verbunden.« (Schäfer, Reflektierte Vernunft. Michel Foucaults philosophisches Projekt einer antiautoritären Macht- und Wahrheitskritik, 141.) Ähnlich scheint es einem kritisch-orthodoxen Foucaultisten wie Fabian Heubel undenkbar, dass in Foucaults fragmentarisch gebliebenem Ethikprojekt die vor seinem vorzeitigen Tod noch vollendete Rekonstruktion der antiken Ethik, die den begrifflichen Grundgegensatz von Herrschaft (staatliche Macht von oben) und Kunst (freie Welt-Selbst-Gestaltung von unten) erst herauszuarbeiten begann, nicht das letzte Wort geblieben wäre. Vor allem scheint Heubel eine Kultivierung des essistenziellen Selbst (im Sinne einer gastrosophischen Ethik und Essthetik) unvorstellbar, so dass es bei der perspektivlosen Feststellung bleibt: »Dass Foucault schließlich auf das Verhältnis von Selbstbemeiste-

Auf der Suche nach einer solchen Ethik der Praxis – und nur insofern Foucault folgend – geht es mir nicht um die unbekannt gebliebene (und vermutlich ausweichende) Antwort, mit der die Mönche die alles (nämlich das Wesen des Zen-Buddhismus) in Frage stellende Frage des Philosophen ins Leere laufen gelassen haben werden. Denn mit Sicherheit hätte der (ausgebliebene) philosophische Dialog zwischen den Kulturen das Interesse des Gastes aus dem Westen geweckt, wenn die Buddhisten geistesgegenwärtig genug gewesen wären, den neugierigen Ausweg-Suchenden in das Abenteuer einer fiktiven Zeitreise zu den Ursprüngen des Zen-Denkens zu verwickeln. Dafür hätten sie – auch als Beweis ihres wahrhaften Selbsterwachtseins – von dem berühmten Erfinder ihrer Zen-Philosophie und Zen-Lebensweise, also von Dôgen Zenji, erzählen können, und vielleicht etwas von einem plüschigen Staubwedel angedeutet, mit dem dieser den menschlichen Geist putzen wollte; und sie hätten auf einen blinden, mehrfach gebrochenen Weltspiegel anspielen können, den es zusammenzukleben gelte, um das wahre Bild unseres Selbst zum Leuchten zu bringen. Sie hätte von einer geheimnisvollen Schatzkammer sprechen können, in der unfassbare Wahrheiten verborgen liegen. Zum Beispiel, dass Erwachen und Praxis wie Praxis und Nirvana eins sind oder dass das tägliche Essen die erfüllte Präsenz aller Dinge sein kann.

Aber, wie gesagt, wir wissen nicht, welche Antwort Foucault auf seine Frage bekam, bekommen hat. Darum werde ich versuchen, eine brauchbare und wegweisende Antwort auf Foucaults damalige Frage zu finden, und zwar im Hinblick auf die Möglichkeit einer Gastrosophie des Zen bzw. einer Zen-Philosophie des Essens als Praxisform der alltäglichsten, allgemeinsten und mächtigsten Lebenskunst, die die Welt braucht und entsprechend verbessern könnte. Meine Frage lautet also: Kann man eine Ethik des Selbst (etwa in der Weise einer Ästhetik der Essistenz) mit buddhistischer Zen-Praxis zusammenbringen und im Ess-Zen zusammendenken? Wenn ja, was sind die Übungen und Regeln eines solchen universalistischen Zen des Essens? Wer ist und wie isst ›Buddha‹, wenn sich hinter diesem Namen weder eine religiöse Seinsmystik noch eine irrationale Esoterik (samt Meditationstechnik, ob *Vipassana* oder *Zazen*) verbirgt? Sollte das Buddha-Sein in nichts anderem bestehen können als in der Philosophie einer lebensweltlichen Praxis, die die Weisheit und tägliche Kunst kultiviert, das im Sinne des Gemeinwohls für alle Gute (das *Euzen*) zu leben? Wäre es insofern nicht wichtig und wohltuend, wenn im Mittelpunkt des guten Lebens die alltäglichste, allgemeinste und weltbewegendste Praxis menschlicher Existenz stünde – nämlich das tägliche Essen und seine Künste?

---

rung und Freiheit zurückkommt, um Ästhetik der Existenz als Ethik denken zu können, offenbart in der Tat einen Rückfall in ein Verständnis von Subjektivität als Selbstbeherrschung.« Heubel, Immanente Transzendenz im Spannungsfeld von europäischer Sinologie, kritischer Theorie und zeitgenössischem Konfuzianismus, 102; und Heubel: Foucault auf Chinesisch: Transkulturelle Kritik und Philosophie der Kultivierung.

Westliche Leere und Suche nach der Erfüllung eines sinnvollen und wohltuenden Seins

Schon lange vor Foucault haben sich unzählige westliche Philosophen und andere hungrige Geister (praktisch oder theoretisch) nach Japan aufgemacht, um dort eine angebliche fernöstliche Weisheit zu finden, die einen Rettungsweg aus der Sackgasse – dem *dead end* – der globalisierten westlichen Lebensweise und Zivilisation weisen könnte. Dieser spirituelle Hunger nach dem Zen oder dem Weg (jap. *dô*, chin. *dao*) stellt eine bislang unerkannte, dafür aber umso populärere Verbindung von Geist und Hunger in Form einer lebensphilosophischen Sinnsuche nach der besten Art und Weise her, wie Menschen ihr Leben nähren – um hier eine Formulierung des Daoisten Zhuangzi aufzugreifen, eine Art Vermählung, die für die fernöstliche Weisheit von grundlegender Bedeutung ist und ein gastrosophisches Andersdenken des Zen-Buddhismus dabei hilft, dieses buddhistische Zen auf den altchinesischen Daoismus zurückzuführen.

Schon seit geraumer Zeit und in der traumwandlerischen Gestalt eines postmodernen Orientalismus zieht es den Westen wieder verstärkt in den Orient – in der Orientierungssuche nach einem Sinn des Lebens jenseits der erschöpften und sinnentleerten westlichen Rationalität, in dem geistigen Hunger nach einem erfüllten Leben jenseits einer materialistischen Übersättigung durch einen unersättlichen Konsumismus. Die Orientierung am Orientalen, die der Kulturwissenschaftler Edward Said (beeinflusst von Foucaults kritischem Denken) 1978 in einer einiges Aufsehen erregenden Diskursanalyse als ideologisches Konstrukt des Westens entlarvte[1], zeigt sich heute vor allem in dem unkritischen Verlangen von Sinn-Süchtigen, die zu Tausenden die öffentlichen Auftritte des Dalai Lama oder anderer Gurus und Lehrer östlicher Vielleicht-Weisheiten aufsuchen. In der westlichen Welt wächst seit Jahren der Kult orientalischer Erlösungslehren und geistesverwandter Formen eines populären Buddha-Booms. Dieser Boom sorgt dafür, dass Buddhas und Buddhismen in den beschriebenen Spielarten verschiedensten Erscheinungsformen weiterhin wachsende Verbreitung finden. Buddha-Statuen thronen auf Gartenterrassen oder Wohnzimmertischen; Lebensmittelhersteller ebenso wie

1 Said, Orientalismus.

Reiseveranstalter werben mit dem Erleuchteten; Immobilienmakler und Kosmetikkonzerne nutzen das positive Image des *Tathâgata*, des *So-Gegangenen*, was sich heute in einem kommerziellen *Buddha-geht-immer* verweltlicht. So wenig, wie das Antlitz des Buddha aus dem Bild der internationalen Metropolen wegzudenken ist, so wenig ist die Lehre des Buddha für den Normalsterblichen zu fassen.

Parallel zur theoretischen und medialen Buddhologie bieten zahlreiche buddhistische Erlebnis- und Erleuchtungsbetriebe die entsprechende ›Praxis‹ an. Neben Zen-Zentren und Klöstern für (Sitz-)Meditation floriert der Handel mit Ritualgegenständen, Meditationszubehör oder Freizeitgestaltungen mit buddhistischem Flair. Bildnisse und Skulpturen des Buddha oder Klangschalen und andere Kultgegenstände werden zu erschwinglichen Preisen zu Lifestyle-Objekten. Sie sind positiv konnotiert, mit ihrer Hilfe kann man sich der eigenen positiven Grundhaltung vergewissern und diese zugleich der Umwelt demonstrieren. Zen-Buddhismus und fernöstliche Weisheit (was auch immer darunter verstanden wird) bieten sich heute als unwiderstehliche Rezepte eines ganz anderen Denkens und Lebens an, das die Krise des Westens zu heilen verspricht.

Und darin steckt ja Wahres. Denn das ursprüngliche Ausgangsmotiv von Buddhas edlen Selbstbefreiung ist äußerst aktuell und passt bestens in unsere Zeit. Es ist die Erkenntnis, dass es keinen anderen Weg der gesellschaftlichen Veränderung gibt als den, sich selbst aus dem eigenen Leben der Überfülle (der Völlerei) und der Privilegien (der unersättlichen Gier) befreien zu müssen, konsequent aus der sogenannten Ersten Welt eines überall viel Leid (Krankheit, Tod und andere Übel) verursachenden Wohlstandes auszusteigen und andere Wege eines besseren Lebens zu suchen. Zwar führt es dann in die Irre, zu glauben, den besten aller möglichen Weg in der spirituellen Weltflucht finden zu müssen und finden zu können; doch die kritische Grundentscheidung ist der erste Schritt einer eben notwendigen wie mutigen und tatkräftigen, darin ›edlen‹ Selbstbefreiung: Immer mehr Menschen überall auf der Welt spüren, dass die Zeit der konsumkapitalistischen Verhältnisse, die von Gier, Habsucht und Unersättlichkeit getrieben sind, endgültig vorbei ist. Deshalb hat der populäre Zen-Buddhismus der Gegenwart als einzige wachsende Weltreligion eine wahrhaft edle Programmatik, die den orthodoxen Buddhismus mit seinen vermeintlichen ›vier edlen Wahrheiten‹ wieder vom Kopf auf die Füße stellt.[2]

Doch der spirituelle Hunger – eigentlich nur ein neugieriger Appetit –, der sich in der Euphorie des Buddha-Booms manifestiert, giert seinerseits nach der Fertigküche der schnellen Ganzheiten und der bequemen Sinnesfülle eines spirituellen Heils, dessen Behaglichkeit sich ohne weiteres (d.h. ohne größere Veränderun-

2 Die Formulierung spielt auf die Redewendung und Denkwende an, mit der Marx seinerzeit den hegelianischen Idealismus durch einen historischen Materialismus wieder vom Kopf auf die Füße stellen wollte, damit das Sein das Bewusstsein bestimmt – und nicht umgekehrt.

gen des vorherrschenden Lebensstils) einstellt. Gefragt sind leicht verdauliche Kost, Weisheitslehren und spirituelle Diäten ohne philosophischen Ballast, für die man zudem wenig (und wenig Gutes) tun muss. Der französische Philosoph François Jullien kritisiert die grassierende Sehnsucht nach leichter Spiritualität und orientalischer Weisheitsleere als ein »Subdenken, das sich an den ›Orient‹ klammert und im Schutz seiner begrifflichen Unschärfe wuchert«.[3] Die »theoretische Inkonsistenz« und »ideologische Debilität« dieses postmodernen Orientalismus erfüllt Jullien »mit Entsetzen« (ebd., 63). Uns über philosophische Kritik und Aufklärung zu okzidentaler Rationalität ermahnend, sieht er »die Gefahr, dass das europäische Denken, das faul mit den Idealen bricht, die es geschaffen hat, in einen gesellschaftlich schädlichen Irrationalismus umkippt« (ebd., 27).

Julien spricht von einer *tabula rasa* des moralischen Denkens angesichts unserer Zivilisation, »die aufgehört hat, ihr Streben nach Glück auf ein Jenseits zu beziehen, die auch immer weniger zu Opfern im Namen höherer Dinge (die Revolution, das Vaterland etc.) bereit ist.« (Ebd., 26) Umso mehr erstaunt (oder sollte ich sagen entsetzt) es, dass Jullien selbst, eine Generation nach Foucault und ohne sich in irgendeiner Weise auf seinen bekannteren Kollegen zu beziehen, den einzigen Ausweg aus der Krise der westlichen Lebensweise darin sieht, die alte Tradition östlicher Weisheitslehren zu reanimieren – bei ihm sind es die chinesischen Klassiker und nicht die japanischen Zen-Meister. Im Umweg über die konfuzianische und daoistische Philosophie geht es ihm darum, das im Westen seiner Meinung nach erlahmte Interesse an Moral wieder zu beleben. Wie kein anderer westlicher Philosoph der Gegenwart arbeitet Jullien mit unermüdlichem Eifer an der Wiederbelebung der Ideale des daoistischen und konfuzianischen Denkens – als idealisierte Ausgangspunkte einer »neuen Ethik« (Jullien) für unsere Zukunft.

In zahlreichen Büchern treibt er seinen eigenen sino-mythologischen Orientalismus voran.[4] Etwa in *Der Umweg über China. Ein Ortswechsel des Denkens* (2002) oder *Dialog über die Moral. Menzius und die Philosophie der Aufklärung* (2003) sowie *Sein Leben nähren. Abseits vom Glück* (2006) und zusammenfassend *Existierend leben: Eine neue Ethik (2022)*. Jullien nimmt diese Arbeit auf sich, um die Weisheit aus Fernost als »eine neue Chance zur Wiederbelebung der Philosophie« des Westens zu nut-

3 Jullien, Dialog über die Moral Menzius und die Philosophie der Aufklärung, 27.

4 Aus der Sicht des Schweizer Sinologen Jean François Billeter verhilft Jullien dem Mythos vom ›China‹ als einem ›ganz Anderen‹ zu einer Renaissance und spielt damit all jenen in die Hände, die ihr Desinteresse und ihre Ignoranz gegenüber einem transkulturellen Philosophieren (das China zwecks eines universalistischen Narrativs utopisiert) mit der angeblichen Unmöglichkeit des Verstehens einer solchen ›absoluten Andersartigkeit‹ rechtfertigen und deshalb gar nicht erst den Versuch unternehmen, dieses ihnen Fremde ernsthaft als Alternative (und Ausgangspunkt des wegweisenden, sinotopischen Narrativs) zu durchdenken; Billeter, Gegen François Jullien.

zen.[5] Doch ist nicht zu erkennen, wie das »weise ernährte Leben«, das Jullien mithilfe der alten Schriften von Konfuzius, Menzius und Zhuangzi beschreibt, sich zu einer neuen ethischen Lebenskunst (im Anschluss an Foucault) verhält und wohin eine ethische Existenz führen soll ohne eine wegweisende Philosophie des Essens, ohne gastrosophische Weisheit, die das hungrige Leben am besten zu ernähren und mit kostbarem Sinn zu füllen weiß.

In Julliens Küche (die am Ende sehr viel mehr Ähnlichkeit mit Buddhas Kost als mit der Genussküche der Chinesen hat) wird bloß die übliche Fertigkost aus der exotischen Ferne aufgewärmt und vermischt mit bewährten (hausgemachten) Geschmacksverstärkern für den schnellen und unkomplizierten Konsum. Ein sinnloser Fast Food Konsumismus, der nichts von der typisch philosophischen Warum-ist-das-so-Fragerei wissen will, sondern im Gegenteil wort- und kritiklos alles schluckt, was so geht, ohne feine Unterscheidungen, wie es ist. »Derjenige ist weise, so werden wir schließlich sagen«, findet der Euro-Daoist Jullien in einem seiner vielen Bücher mit dem programmatischen Titel *Der Weise hängt an keiner Idee*, »der sich die Frage nach dem Sinn nicht mehr stellt: Weise ist der, für den Welt und Leben selbstverständlich sind. Der sich damit begnügt, zu sprechen (und der daher gar nicht mehr zu reden braucht): Die Dinge sind so. Nicht ›so sei es‹, wie die Religion in ihrem Wunsch nach Einverständnis sagt; auch nicht ›warum ist das so?‹, wie die Philosophie in einem plötzlichen Erstaunen fragt. Weder Akzeptieren noch Infragestellen – sondern ›so ist es‹. Weise ist, wer zu realisieren vermag, dass es so ist.«[6]

Mit einer solchen resignativen Ethik und ihrem politisch passiven Nihilismus oder ideologischen Pragmatismus, die er sogar die »Weisheit eines moralisch guten Menschen« nennt, meint Jullien eine Antwort auf die Krise des globalisierten westlichen Zivilisationsmodells zu bieten. Eine eingehendere Widerlegung dieses abwegigen Programms ist hier nicht möglich. Doch so viel sei an dieser Stelle gesagt: Die eigenartige Schonkost und Fertigküche dieser Weisheitslehre deckt sich nicht mit esoterischen Alternativen – etwa in Form eines affirmativen Mystizismus oder Pop-Buddhismus à la Tolle[7] – und ist allemal besser für die Menschheit als rechtsextreme

5 Jullien, Sein Leben nähren, 10.

6 Jullien, Der Weise hängt an keiner Idee. Das Andere der Philosophie, 168.

7 Wie kaum ein anderer geschäftstüchtiger Visionär versteht Eckhard Tolle es meisterhaft, für die sinnsuchenden und spirituell ausgehungerten Wegsuchenden dieser Welt eine ideale Mischkost aus westlicher und östlicher Esoterik zuzubereiten. Die neue Spiritualität, die perfekt in die Katastrophendrift unserer Zeit passt, hat in Tolle (einem gebürtigen Deutschen, der in den USA lebt) ihren Messias gefunden – und in seinem Auftreten und Vortragsstil einen ›tollen Buddha‹. Er lehrt, so der Titel seiner in 52 Sprachen übersetzten Weltbestseller, das *Leben im Jetzt. Das Praxisbuch* und *Die neue Erde. Bewusstseinssprung anstelle von Selbstzerstörung* und gilt laut New York Times als der populärste spirituelle Autor Amerikas.

Mobilmachungen und reaktionär-konservative Retrotopien.[8] Die euro-daoistische Weisheitslehre des französischen Meisterdenkers liefert zusammen mit dem geistesverwandten, aber im Westen weitaus populäreren Neu-Stoizismus die dystopische Trostphilosophie einer untergehenden Welt, deren resignative Mentalität (eine innere Emigration in die spirituelle Esoterik) die Tatsache widerspiegelt, dass immer mehr Menschen den Glauben an große Veränderungen aufgegeben haben oder nie hatten.[9]

Die Tatsache, dass in jüngster Zeit die östliche Weisheit, insbesondere der Buddhismus, gerade unter den Bewohnern der westlichen Großstädte, also unter den Angehörigen der bisher mächtigsten und wohlhabendsten Gesellschaften der Menschheitsgeschichte, neue Anhänger findet, bestätigt eine weise Prophezeiung des in diesen Dingen äußerst sensiblen Friedrich Nietzsche. Er sah voraus, dass die westliche Zivilisation den Tod ihres christlichen Gottes durch Buddha und seine gottlose Heilslehre ersetzen würde. Schon Nietzsche kritisierte die (postmoderne) Ersatzreligion des buddhistischen Spiritualismus (als Euro-Daoismus oder Neo-Stoizismus, in dessen Zentrum die Meditationspraxis steht) als »passiven Nihilismus«, der einem den Status quo affirmativen Egoismus huldigt. Er fand klare Worte: »In der Lehre Buddhas wird der Egoismus zur Pflicht; das ›Eins ist not‹, das ›Wie kommst du vom Leiden los‹ reguliert und begrenzt die ganze geistige Diät«. Ein solches Diätprogramm – die globale Ernährungswende hin zum Fast Food Buddhismus einer egoistischen Weltflucht ins Nirvana – scheint in der Tat immer mehr Menschen zu schmecken, vor allem gebildeten Menschen wie Jullien, die sich daran gewöhnt haben, das Fade und Geschmacklose zu lieben. Dazu gleich mehr.

Es darf davon ausgegangen werden, dass Michel Foucault, der große Kritiker und Aufklärer, in dem Sino-Orientalismus seines Landsmann François Jullien nichts weiter als einen marktgängigen Sophisten der unpolitischen Resignation und affirmativer Spiritualität gesehen hätte. Jedenfalls sieht der deutsche Philosoph Peter Sloterdijk im aktuellen Buddha-Boom und der Buddha-für-jeden-Popkultur lediglich die »Einfuhr von holistischem Fast Food aus Fernost«.[10] Zurecht kritisiert er, dass »mit bloßen Asienimporten« dieser Art der »westlich mobilisierten Welt« nicht zu helfen sei. Dafür müssten die notwendigen Gegenmittel aus dem Westen selbst (als der Quelle allen Übels) kommen. Mit dem modischen Fast Food aus Fernost etwa in Gestalt eines faden Euro-Daoismus à la Jullien wird eine asiatische Weisheitslehre nicht einfach nur importiert und als spiritueller Imbiss oder trendige Kost-to-go der schnellen und bequemen Sinnerfüllungen vermarktet. Wie sich zeigt, kann die

8 Engels, Was tun? Leben mit dem Niedergang Europas; Bauman, Retrotopia; Meyer, Konservative Revolution – Anschwellender Bocksgesang.

9 Feldtner, Stoizismus – Tag für Tag; Irvine, Eine Anleitung zum guten Leben: Wie Sie die alte Kunst des Stoizismus für Ihr Leben nutzen; Friedman, Stoizismus to go.

10 Sloterdijk, Eurotaoismus. Kritik der politischen Kinetik, 12.

Popularität des Fast Food Buddhismus auch darauf zurückgeführt werden, dass der gängige Weltreligions-Buddhismus der westlich dominierten Welt und ihrem kulturell hegemonialen Lebensstil einen ideologischen Überbau bietet, eine passende Lebensphilosophie für den Alltag und im wahrsten Sinne des Wortes spirituelle Heilung (siehe Harari oder Han[11]) verspricht, die perfekt zur allseits beliebten Fast Food Praxis und ähnlichen Geschmacksvorlieben passt.

Um andere Ideale zu schaffen und utopische Energien zu nähren, die die globalen Probleme der Menschheit wirklich lösen können, nähert sich Sloterdijk dem Novum seines »Euro-Daoismus« (Sloterdijk). Auch Sloterdijk, der wie kaum ein anderer zeitgenössischer Philosoph ein Virtuose der Neologismen und Begriffsinnovationen ist, will wie Jullien dem Zerfall einer verfehlten und sinnentleerten Existenz Einhalt gebieten. Doch statt Resignation und Verzicht auf Politik und transformative Ethik will er im Gegenteil den »rechten Weg« oder Dao/Tao aus unserer »katastrophalen« Lebensweise weisen. Nämlich, sich nicht damit abfinden, dass die Welt so ist, wie sie ist, und wir nichts daran ändern können, sondern das richtige Leben im falschen suchen. »Am aktuellen Weltprozess, der eine beschleunigte Katastrophendrift aufweist«, so Sloterdijk, »erleben die Menschen als Täter und Opfer der Mobilmachung ihre vorherrschende Lebensform als etwas, das ins Falsche führt«. Folgt man dieser Analyse der Weltlage, so wäre das ›Euro-Dao‹ als philosophischer Gegenbegriff zur Katastrophendrift der vorherrschenden Lebensweise zu verstehen. Es wäre den Menschen als Tätern und Opfern dieser unheilvollen Verhältnisse als ideelle und gewissermaßen anti-spirituelle Gegengabe einer west-östlichen Mischkost veränderter Weltverhältnisse zu verabreichen. Letztlich verlangt dieser Euro-Daoismus von uns allen die praktische Umsetzung eines »absoluten Imperativs«: »Du musst dein Leben ändern!«[12]

Sloterdijk unterzog sich eines entsprechenden Selbstversuchs. Als junger Weg-Suchender probierte der Philosoph eine Zeit lang in Osho Bhagwans Ashram im indischen Pune, den orangefarbenen Umhang der Sanyasin tragend, vom delikaten Leben eines Baghwani. Doch diese extreme und letztlich wenig zielführende Lebensveränderung scheint ihm nicht lange geschmeckt zu haben. Nur so ist zu erklären, dass er den importierten verwestlichten Zen-Buddhismus mit seinen orientalisierenden Zutaten fernöstlicher Weisheiten inzwischen als abgeschmackte Fertigküche empfindet. Sein euro-daoistisches Rezept versteht sich geradezu als Gegenküche und als eine Art Slow Food Überlebenselixier. Darauf muss an dieser Stelle nicht näher eingegangen werden, zumal seine Kritik ohnehin nichts von dem

11 Han, Philosophie des Zen-Buddhismus.

12 Sloterdijk, Du musst dein Leben ändern. Über Anthropotechnik.

Vorschlag hält, »in Zukunft unsere Ideen mit Stäbchen zu essen«.[13] Tatsächlich werde ich im feinen Unterschied zu Sloterdijks Weisheitslehre mit der Möglichkeit eines Zen des Essens experimentieren, dessen Weg-Mobilität nicht ohne Stäbchen funktioniert. Anders als sein Euro-Daoismus unternimmt ein gastrosophischer Zen-Buddhismus den Versuch einer philosophischen Dekonstruktion des üblichen Zen-Buddhismus.

Denn der orthodoxe Zen-Buddhismus verkennt, dass das tägliche Essen – noch vor jeder Meditationspraxis – am historischen und existenziellen Anfang der Buddha-Praxis stand (und wohl ewig stehen wird) und dass die menschliche Ess-Existenz im normativen Zentrum des sogenannten mittleren Weges steht. Eine Zen-Gastrosophie verlangt demgegenüber nicht mehr als die Einsicht, dass ›das Ess-Zen‹ als tägliche Lebenspraxis von der Ethik einer kulinarischen Praxis des Selbstkochens lebt und darüber hinaus immer dann zu einer wahren Zen-Kunst wird, wenn die tägliche Mahlpraxis (zumindest der Hauptmahlzeit) durch eine Weg-Ästhetik der kulturellen Verfeinerung des zubereiteten und genossenen Essens kultiviert wird. Diesem Ess-Zen werde ich im Umweg über Japan durchdenken, wobei, wie bereits angesprochen, die wenig bekannte Gastrosophie des japanischen Zen-Buddhisten Dôgen Kigen im Mittelpunkt (und gleichsam auf dem erhöhten Aussichtsblickpunkt eines durchquerten Labyrinths der Buddhismen) steht. Im anschließenden Teil geht es mir um das Medium dieses Zen des Essens als der Kunst eines Essens mit Stäbchen, das von einem westlichen Philosophen – Foucaults Kollegen Roland Barthes – durchmessen wird. Auf diese Weise soll die universalistische Ethik und Ästhetik einer über den Umweg des Zen-Buddhismus halbwegs gastrosophischen Lebenskunst begründet und bewahrheitet ebenso wie als veritable Praxis einer fernöstlichen Weisheit entdeckt und aufgeklärt werden.

Eine gastrosophische Dekonstruktion des Zen-Buddhismus denkt Zen aus der Perspektive des Euzen, einer Philosophie des guten Lebens (gr. *eu zen*). Die utopische Ethik des guten Lebens ist der Urtopos und Ursprung der westlichen Philosophie, die einst von Sokrates auf den Weg gebracht wurde. Der informative und vor allem transformative Umweg über andere Kulturen des guten Lebens, wie der seinerseits transkulturelle Buddhismus (oder Konfuzianismus oder Daoismus), kann helfen, unsere westlichen Vorstellungen und Denkgewohnheiten vom guten Leben in einem anderen Licht wahrzunehmen und aus philosophischer Neugier vom uns vertrauten Liberalismus oder Humanismus der abendländischen Tradition, insbesondere in seiner maximal utopischen Variante des Marxismus, abzusehen. Als Ergebnis dieses philosophischen Kulturaustauschs werde ich den traditionellen Kanon der okzidentalen Ethiken eines Universalismus des guten Lebens für alle (der

13 »Man müsste Taoist sein, um die Einsicht zu ertragen, dass uns der Taoismus auch nicht mehr hilft«, zitiert Mathias Bröckers in seiner Rezension die Quintessenz des Euro-Taoismus à la Sloterdijk; siehe: Bröcker, Philosophie der Langsamkeit.

in diesem Buch nicht behandelt werden kann) vom Euzen abgrenzen und sein Ideal als konviviales Wohlleben bezeichnen.

Das Euzen oder die globale Ethik eines konvivialen Wohllebens umkreist die Tat-Sache, das *für alle Gute* – das nichtreligiöse, diesseitige Gemeinwohl, das allgemeine Gute, das allen Menschen gemeinsame Wohl, das dem menschlichen Wohl gemäße Gute, das allen Wohltuende – *täglich zu leben*. Die normative und narrative Quintessenz, das Gute so zu leben, ist, es auch *zu essen*, es sogar *wohl essen zu müssen*: Und das für alle Gute zu essen heißt, es in der allgemeinsten, allumfassendsten und weltbewegendsten Praxis menschlicher Existenz zu verwirklichen, nämlich in der alltäglichen Form der gastroethischen Lebenskunst, gute Mahlzeiten in guter Gesellschaft zu genießen. Das Euzen trägt darüber hinaus an das Zen – schon durch seine begriffliche Annäherung – das *euzenologische* Anliegen und die *eutopische* Potentialität eines philosophisch-ethischen, Universalismus heran, die (letztlich vielgestaltige Form einer) *Zen-Praxis* von alltäglichen Übungen, Regeln und Wegen darzustellen, das Gute zu leben.

Im Gegensatz zur philosophischen Tradition des Westens, die sich ›das gute Leben‹ – trotz der aristotelischen und im Gegensatz zur sokratischen Praxologie – substantivisch oder biologisch als ›das Leben‹ (als Gegenpol zum Tod) vorstellt, macht die Zen-Philosophie der Selbst-Kultivierung mit ihrem praxologischen Verständnis von alltäglicher Praxis vertraut – sie lehrt uns ›Leben‹ als Verb im Tu-Wort ›zu leben‹, als alltägliche Tätigkeit oder Lebenskunst. In dieser Praxologie, die Praxis als Tätig-Sein begreift, versteckt sich der wahre Kern fernöstlicher Weisheit. Denn sie hilft, den lebenspraktischen Minimalismus des ethischen Universalismus verstehen zu lernen. Damit meine ich die tiefe Einsicht in den fatalen, aber auch das Glück der Praxis überhaupt erst ermöglichenden Umstand, dass Eupraxie, das Gemeinwohl zu leben, bzw. dass Eupraxie zwar niemals ›das Leben‹ als Ganzes, alles in allem, maximal gut macht und insofern ein gutes Leben immer ein Ding der Unmöglichkeit bleiben wird und nur, wenn überhaupt und soweit es glückt, inmitten des unzähligen und allgegenwärtigen Unguten praktisch verwirklicht und in praxi nur trotz vieler Übel des menschlichen Lebens erfahren werden kann. Wahre Weisheit sieht aber auch, dass wir zumindest viel (vielfältiges und für alle) Gutes im Alltag erleben könnten – wenn wir es denn täten.

Stellen wir uns also das Gemeinwohl oder das ethisch Gute nicht als ein absolutes Gut an sich vor und entrücken wir es nicht in die unerreichbare Ferne einer transzendenten oder himmlischen Idee, von der man seit Platon glaubt, sie sei eine schwer und nur von wenigen zu erreichende Einsicht und der Weg zu ihr sei mühsam, ungewiss und weit. Der Eupraxismus des ethisch Guten meint nichts anderes als das, was für das Gemeinwohl gut und wohltuend ist, weil es für alle mögliches Wohlsein bewirkt und auch von allen als gut erlebt und als wohlvoll geglückte Lebenserfüllung erfahren werden kann.

Das Euzen einer Praxis des universellen Guten in der Kunst, das Gemeinwohl zu leben (gr. *eupraxia*), es vollkommen oder, präziser gesagt, es in praxi vollendet *tun zu können*, ähnelt rein praxologisch der Zen-Praxis. Nicht im Sinne und zum Zweck einer hierarchischen (autoritären, religiös-buddhistischen) Meisterschaft, die den Meister ermächtigt, Andere als seine Schüler zu belehren. Bei der Eupraxie geht es um die jedem Menschen mögliche Könnerschaft in einem praktischen Tun-Können, bei dem es nicht auf Perfektion (Drill, Zeremoniell etc.) ankommt, sondern auf die Virtuosität des Gutseins aufgrund eines beständigen Tätig-Seins. Das eupraxische Tätig-Sein verwirklicht bestenfalls das lebenspraktische Glück (Geglückt-Sein) eines vielgestaltigen ethischen Selbsttätigseins, dessen vielfältige Eupraxen im Unterschied zur Zen-Praxis unabhängig von der buddhistischen Religion und nur getrennt von spirituellen Meditationspraxis möglich sind. Die zentrale Praxis eines solchen Euzen ist das Ess-Zen, um dessen Normativität (Universalität, Humanität, Konvivialität) und dessen Narrativität (Popularität, Begrifflichkeit, Alltagsnähe) die Zen-Gastrosophie kreist.

Die gastrosophische Euzenologie frisst sich durch die narrative Popularität und normative Buddhologie des Zen, um in den Genuss der transkulturellen Lebensweisheit eines für alle guten Welt-Essens zu kommen. Für gewöhnlich nutzen die meisten von uns ›das Essen‹ nur, um sich zu ernähren, sprich: sich den Bauch vollzuschlagen oder einfach satt zu werden und unlustigen Hunger zu befriedigen. Der gastrophilosophischen Denkweise hingegen geht es darum, unsere Essistenz zu nutzen, um fast alles in unserem Dasein anders wahrzunehmen und darüber hinaus eine andere Lebensweise zu entdecken. Im Medium der Gastrosphäre und durch die Matrix eines Gastrozentrismus wird ein transkulturelles Philosophieren möglich, dessen gastrosophischer Universalismus – als Gravitationszentrum eines konvivialen Weltalls – die Foucaultsche Frage nach einer ethischen Praxis im Geiste des Zen jenseits des Glaubens an die Weisheit eines religiösen Buddhismus zu beantworten versucht.

Anstelle einer Weltreligion kann sich die Menschheit über den Weg des Essens mit den Universalien einer alltäglichen Ethik vertraut machen, ohne die weder ein dauerhaftes Überleben des Homo sapiens auf der Erde noch ein praktikables Wohlleben panhumaner Gesellschaften wahrscheinlich ist. Andernfalls bleibt für die Zukunft nur noch die Dystopie einer transhumanen Weltflucht durch eine Irrfahrt zum Mars oder geistesverwandte Weltraummobilmachungen und Himmelfahrtskommandos. Im aktuellen Weltprozess einer beschleunigten Katastrophendrift – um Sloterdijks angemessen alarmierte Selbstbesinnung zu variieren – erleben die Menschen jedenfalls »ihre vorherrschende Lebensform jeden Tag ein bisschen mehr als etwas, das ins Falsche führt«.

Vorgeschmack auf das Ess-Zen – die japanische Esskunst: das *Kaiseki Ryôri*

Die philosophische Aufwertung des Essens zu einer praktikablen Lebenskunst und darüber hinaus zur wichtigsten Angelegenheit des Menschseins legt die programmatische Anknüpfung an die japanische Esskultur nahe. Japan gilt in der Weltöffentlichkeit als das Land eines Kultes des Essens. Die japanische Esskultur wird, in den Worten des Gastrosophen und Buddhisten Tanahashi Toshio, als »reinste und raffinierteste Esskultur und Essphilosophie« geschätzt, die »die Wirklichkeit und die Möglichkeiten des Essens als Kernelement menschlicher Kultur« begreift.[14] Nicht zuletzt aus diesem Grund soll die *japanische Esskunst* als gastroethisches Modell oder Best Practice Beispiel einer universalisierbaren Lebenskunst diskutiert werden – mit dem Schönheitsfehler (um es japanisch höflich auszudrücken), dass sich ihre Ethik auf die Ästhetik des Essens in Form der schönen Tafel (des *kaiseki ryôri*) beschränkt.

Das, was ich die japanische Kunst des Essens nenne, entsteht aus der gesellschaftlichen Wertschätzung des täglichen Essens als eines Lebensbereichs möglicher (kollektiver, konvivialer) Selbstkultivierung und als eines ›an sich guten‹, nämlich um seiner selbst willen praktizierten Lebensinhalts. In jedem Fall bietet Japan mit den allseits bekannten Zen-Künsten einen Bezugspunkt für eine gastrosophische Weisheitslehre. Denn speziell ›die japanischen Zen-Künste‹ stehen für die explizite Anerkennung von Lebenskünsten, die bestimmten Lebensbereichen und Tätigkeiten einen kultischen (zeremoniell zelebrierten) Wert verleihen und das Wertgeschätzte als etwas für alle Gutes alltäglich kultivieren. Umso erstaunlicher ist es, dass zu den offiziellen Zen-Künsten nur der *Teeweg* (jap. *chadô*), der *Weg des Blumensteckens* (*kadô* oder *ikebana*), der *Weg der Kalligrafie* (*shodô*), die *Zen-Kunst des Bogenschießens* (*kyûdô*) oder der *Schwertkampf* (*budô*) zählen. In dieser bekannten Liste japanischer Lebenskünste fehlt jedoch der *Weg des Essens – ryoridô*, wie diese Zen-Kunst auch genannt werden könnte.

Dass die in Japan noch praktizierte, aber vom Aussterben bedrohte Zen-Kunst des Essens keine allgemeine Anerkennung und Würdigung genießt, ist mehr als unverständlich, wenn wir uns vergegenwärtigen, dass die Zen-Künste ganz wesentlich zur kulturellen Identitätskonstruktion der japanischen Gesellschaft (zum Japanisch-Sein) beitragen. Dies gilt umso mehr, als diese Lebenskünste auch weltweit anhaltende Wertschätzung aus touristischem oder populärkulturellem Interesse an besonderen Kulturgütern fremder Lebensweisheit erfahren und Topoi kulturwissenschaftlicher, philosophischer, ästhetischer und künstlerischer Reflexion sind. Mir scheint, dass sich die japanische Gesellschaft der (welt-)gesellschaftlichen Implikationen nicht bewusst ist, die sich aus der paradoxen Situation ergeben, die

---

14 Tanahashi, Persönliche Korrespondenz vom 5. Januar 2024.

eigene Lebenskunst des Essens *nicht* offiziell als *japanische Zen-Kunst* oder eben als *ryôridô* anzuerkennen – obwohl ihr kulturelles Leben maßgeblich durch kunstvolles Essen geprägt ist und sich dadurch weltweit (international, interkulturell) auszeichnet. Ich denke aber, dass die Suche nach einer Lebenskunst für eine bessere Welt zu einer gastrosophischen Würdigung der beispielhaften Kunst des Essens in Japan führen sollte; nur eine transkulturelle Philosophie oder Weisheitslehre kann dazu beitragen, diese alltägliche Praxis zu reflektieren und das weltbewegende Wesen dieser superhumanen Lebensweise zu erfassen.

In diesem Zusammenhang sei daran erinnert, dass die japanische Hauptstadt 2007 zur kulinarischen Welthauptstadt des guten Geschmacks gekürt wurde. Der französische Restaurantführer Guide Michelin hatte die Spitzenküchen Tokios mit fast zweihundert Michelin-Sternen ausgezeichnet, das sind fast doppelt so viele Sterne, wie die Pariser Haute Cuisine international auszeichnet. Es wäre ein wegweisender Schritt, wenn die international ausgezeichnete Esskultur Japans – endlich – auch im eigenen Land mit größter Selbstverständlichkeit gastrosophisch wahrgenommen und bestätigt würde. Dann könnte die Welt vom Weg des Essens als Zen-Kunst ebenso oder noch berechtigter sprechen, wie sie es mit schwächeren Begründungen schon lange von der Zen-Kunst des Teetrinkens tut, von der Zen-Kunst des Blumensteckens, vom Zen-Garten, von der Zen-Architektur, von der Zen-Kunst des Dichtens, vom Zen-Weg der Kalligrafie, von der Zen-Malerei, von der Zen-Kunst des Bogenschießens, von der Zen-Kunst des Motorradfahrens oder etwa von der »Zen-Praxis« als der »Kunst, die Erde zu retten«?[15]

Was aber umfasst das Zen des Essens, was beinhaltet das Ess-Zen als gastrosophische Lebenskunst und was ist für diese Weg-Praxis zu tun? Die meisten Nicht-Buddhisten denken bei japanischem Essen nicht an Klosterküche, und die meisten Menschen stellen sich bei dieser kulinarischen Praxis keinen Zen-Eintopf vor, wie im eingangs beschriebenen Bild mit Foucault. Wahrscheinlich werden ganz andere Bilder wachgerufen: Viele werden zuerst an Sushi denken und vielleicht auch an eine Bento-Box. Doch für die Japanerinnen und Japaner selbst ist das Sushi-Essen nicht der repräsentative Inbegriff ihrer Esskultur. Wenn es nicht ihr »heimliches Nationalgericht« ist in Form des schnellen und billigen Fertiggerichts *Karêraisu*, einer

15 Hanh, Zen and the Art of Saving the Earth.

Schüssel Reis mit Currysoße[16] – dann das *Kaiseki Ryôri*, ein ästhetisch aufwendiges, mehrgängiges Mahl der im doppelten Sinne ›kostspieligen‹ Luxusrestaurantküche.

Die feine Kaiseki-Küche (auf deren ästhetische ›Feinheit‹ ich später ausführlich eingehen werde) zählt unbestritten zu den herausragenden Errungenschaften der japanischen Kultur. Insbesondere die traditionelle Küche der alten Kaiserstadt Kyôto, das *Kyo Kaiseki*, gehört zu den international am meisten geschätzten Stilrichtungen der Kochkunst und gilt als fernöstliches Pendant zur französischen Haute Cuisine. Die japanische Kaiseki-Mahlzeremonie steht für den kulinarischen Genuss in einem edlen Restaurant, für die formvollendete Zubereitung essbarer Kunstwerke ebenso wie für die differenzierte Raffinesse der Zutaten und Präsentationsformen. Die Ästhetik des Kaiseki Ryôri zeichnet sich durch eine über mehrere Stunden andauernde Mahlzeit und eine Art meditativen Atmosphäre des Tafelns aus. (Wobei selbstredend die Ästhetik dieser meditativen Atmosphäre nichts mit zen-buddhistischer Sitzmeditation oder der Vipassana-Einsichtsmeditation zu tun hat[17], sondern sich auf die selbstreflexive Essthetik dieser einzigartigen gastrosphärischen Erfahrung bezieht.) Das Kaiseki-Erlebnis, sagen wir ruhig diese Art gastrosophischer Erleuchtung, steht dem Gesamtkunstwerk-Charakter der rituellen Vollzugspraxis und zeremoniellen Performanz der japanischen Teezeremonie in nichts nach. Das Kaiseki-Mahl kommt dem, was im Zen-Buddhismus *shojin ryôri* genannt wird, am nächsten: Es ist die Manifestation und Präsenz, der erbrachte Beweis für die *tägliche Übung* (shojin) im Streben nach Buddhaschaft durch das *Essen* (ryôri) gute Taten zu vollbringen. Genau hier sehe ich den philosophischen Anknüpfungspunkt zu dem von Tanahashi Toshio formulierten Programm und seiner Hoffnung, dass »die Shojin-Küche und ihre Philosophie das wahre Japan zurückbringen werden. Es ist nicht nur eine japanische Geschichte«, um seine wegweisenden Worte zu zitieren, »es ist der Beitrag Japans zur Welt mit seiner wunderbaren Esskultur und seiner Essphilosophie, die überall auf der Welt verstanden werden kann«.

Der japanische Ästhetiktheoretiker Tanizaki Jun'ichirô fängt die schlichte Eleganz eines dieser Gerichte unübertrefflich ein, wenn er etwa das faszinierende

---

16 Die Botschaft von Japan in Deutschland erklärt dazu auf ihrer Website: »Es heißt, viele Menschen in Japan essen mindestens einmal in der Woche das ›heimliche Nationalgericht‹ Curry-Reis (*Karêraisu*). Dieses exotische Gericht kam vor mehr als 150 Jahren aus Indien nach Japan. Der einfach zuzubereitende Schmaus besteht aus Reis sowie den Zutaten Fleisch und Gemüse, die in einer Currysoße gekocht werden, und bildet eine der Hauptstützen der japanischen Küche. Dieses Gericht wird nicht nur zuhause oder im Restaurant gegessen, sondern hat mittlerweile sogar den Weg ins Weltall gefunden. Die Curry-Kultur kennt anscheinend keine Grenzen, denn die Japaner erfinden immer wieder neue Rezepte; für einige wird sogar die traditionelle Zutat *dashi* (Suppenbrühe) mit Curry kombiniert.« Japans heimliches Nationalgericht.

17 Böhme, Atmosphäre. Essays zur neuen Ästhetik.

Aufblühen einer Miso-Suppe in einer schwarzen Lackschale beschreibt, die sich langsam, wie eine Wolke, in diesem dunklen Meer auflöst. So bietet die Färbung der Bohnenpaste gerade dann einen besonders starken »Anreiz zur Meditation«, weiß Tanizaki, »wenn man sie in eine Lackschale gibt und ihr Oberflächenglanz in der kaum durchschaubaren Dunkelheit der Schale versinkt. Wenn man dann eines dieser kalten, glatten Stücke in den Mund steckt, hat man das Gefühl, die Dunkelheit des Raumes sei gleichsam zu einem süßen Klumpen geronnen, der nun auf der Zungenspitze zergeht.«[18] Sei es eine Miso-Suppe, ein hauchdünnes Tempura vom Steinbutt, Garnelen im Algen-Sesam-Mantel oder Fugu-Sashimi auf einem Eisfloss und so weiter: Jeder einzelne Gang eines Kaiseki-Mahls wird zum Prachtstück einer ornamentalen Tafelkultur, die alles bis in die kleinsten Bestandteile verfeinert, aufwendigsten Herstellungsprozessen unterzieht und mit viel Hingabe zum Detail dekoriert. Gerade die Ästhetik der klassischen Kaiseki-Küche Japans hat seit den 1980er Jahren die internationale Kochkunst stark beeinflusst und war in Europa maßgeblich am Stilwandel von der französischen Haute Cuisine, die über Jahrhunderte den weltweiten Kochstil bestimmte, zur so genannten Nouvelle Cuisine beteiligt.[19] Mit anderen Worten: Im Bereich der professionellen Gastronomie haben wir es in Japan zweifellos mit einer weltweit geschätzten Koch- und Esskunst zu tun, die den transkulturellen Dialog (und nicht nur diesen) auf denkbar genussvolle Weise nährt. Weit mehr als die anderen Zen-Künste trägt die japanische Kaiseki-Kunst (als ryôridô der professionellen Gastronomie und der außeralltäglichen Mahlzeremonie) zu einer echten Japanisierung des Westens und zugleich zur globalen Verbreitung eines universellen Vorbildes einer ästhetischen Lebenskunst bei.

Doch so wie die Kochkunst der japanischen Meister einen starken Einfluss auf die internationale Küche ausübte, so wurde auch umgekehrt die japanische Esskultur im Laufe der Geschichte stark von der westlichen Küche beeinflusst. Daher ist vieles, was gemeinhin als japanische Küche gilt, in Wahrheit nicht primär japanischen Ursprungs und in seinem Wesen keine nationale Besonderheit, sondern eine transkulturelle (›internationale‹) Mischkost. So entstammt beispielsweise Tempura (dünn panierte, mit Mehl umhüllte und frittierte Speisen) der portugiesischen Esskultur, und der häufig verwendete Tofu (Sojaquark) ist chinesischen Ursprungs (chin. *doufu*); die stilprägende Ästhetik einer minimalistischen Zubereitungsart kleiner Speisenteile oder -portionen wiederum teilt Japan mit vielen anderen Küchen Asiens, deren Formprinzip durch die Verwendung von Essstäbchen bestimmt ist. Was genau das Japanische an der japanischen Küche ist, scheint keineswegs eindeutig und klar bestimmbar. Vielmehr erweist es sich bei näherer Betrachtung als ein komplexes multikulturelles Konstrukt.

18 Tanizaki, Lob des Schattens, 31; siehe auch: Ogawa, Essen und Atmosphäre.

19 Tsuji, Japanese Cooking, 18f.

Aus der Tatsache einer solchen transkulturellen Konstruktion der japanischen Küche lässt sich schließen, dass die Kategorie der Nationalküche, in der allzu selbstverständlich von einer ›typisch japanischen‹ (oder ›neuen deutschen‹) Kochkunst gesprochen wird, nicht weit trägt. Wahr ist, dass die japanische Gesellschaft mit der Kaiseki-Küche tatsächlich eine Kunst des Essens kultiviert. Insofern sich diese allgemeine Esskunst aber fast ausschließlich im außeralltäglichen Kult der teuren Spitzengastronomie abspielt, hängt ihre Praxis wesentlich davon ab, dass die Menschen (alle, die diese Kunst leben wollen) über das nötige Geld verfügen, um in den alltagsuntauglichen Genuss dieser hochpreisigen Kunst zu kommen. Sie ist nur den Reichen zugänglich und denjenigen, die in der glücklichen Lage sind, sich zumindest gelegentlich das Gesamtkunstwerk einer professionellen und hochpreisigen Meisterküche leisten zu können. Dieser ungute Sachverhalt hat weitreichende ethische Konsequenzen: Wenn das außeralltägliche (weil kostspielige) Kaiseki-Gesellschaftsmahl der Inbegriff japanischer Esskunst sein soll, dann kann diese Praxis nicht als Zen-Kunst gelten (denn zen-buddhistische Weg-Künste sind nicht kommerziell käuflich). Da die alltagstaugliche Praxis einer ethischen Lebenskunst nicht allein vom Geldhaben abhängt, ist das Kaiseki-Essen lediglich die repräsentative Küche einer gastronomischen Kochkunst, deren ästhetische Güte nur wenige gelegentlich (er-)leben können.

Eine verbreitete Auffassung stellt die Ästhetik der Kaiseki-Zeremonie jedoch in einen direkten Zusammenhang mit einer zen-buddhistischen Praxis, nämlich dem Chadô, der traditionellen Kunst des zeremoniellen Teetrinkens inklusive seinem Cha Kaiseki. Die Autoren einer Studie über das Wesen der japanischen Küche erklären: »Kaiseki Ryôri, das Essen, das während der langwierigen Teezeremonie serviert wird, verdankt seine Existenz und seinen ästhetischen Hintergrund unmittelbar dem Zen«. Ähnlich heißt es in einer anderen einschlägigen Studie zum konstitutiven Junktim von Kaiseki-Essen und Tee-Weg: »Die Speisenkreationen der Tee-Meister wurden auch außerhalb der Tee-Zusammenkünfte schnell populär und hatten besonders in Kyoto eine neue Esskultur entstehen lassen, das bis heute berühmte »Kyôto-Essen«.[20] Klärungsbedürftig bleibt bei diesen Theorien der genaue Stellenwert des geselligen Essens – ein Kaiseki-Mahl ist essenziell ein Gesellschaftsessen, dessen Geselligkeit (Konvivialität) durch die zeremonielle Formalisierung japanisch geprägt ist und nicht etwa durch das eher informelle (fröhlich-ausgelassene) Tafelvergnügen chinesischer Prägung aufweist – und darüber hinaus, welche Bedeutung seiner Praxis im »japanischen Tee-Weg« beigemessen wird. Es scheint, dass das ästhetische Konzept der Kaiseki-Tafelkunst auf die Übungen und Regeln der Teezeremonie zurückgeführt werden kann, insofern das Kaiseki Ryôri, das in seiner rein essthetischen Form ein mehrgängiges Mahl in Gesellschaft ist, historisch als bloßes Beiwerk zum Tee-Zen entstanden ist.

---

20 Ehmcke, Der japanische Tee-Weg, 176.

Imbiss-Zen als Darbietung eines Fast Fast Buddhismus

Worin aber besteht Tee-Zen, dass das zeremoniell praktizierte Teetrinken und – hier zentraler – das begleitende Essen überhaupt als Lebenskunst gelten kann? Theoretisch kann der Tee-Weg auch ohne Essen praktiziert werden – und wird es zumeist auch, was sich auch aus seiner historischen Entstehungsgeschichte ergibt. Das Essen war zwar ursprünglich ein Element der Teezeremonie und erfuhr im Laufe der Zeit eine gewisse ästhetische Stilisierung. Gegenüber der Hauptsache, der rituellen Zubereitung und Verkostung des grünen Tees, blieb es jedoch ein untergeordneter Aspekt, etwas Nebensächliches. Die programmatische Vernachlässigung und Geringschätzung des Essens als Bestandteil der Zen-Kunst des Teetrinkens zeigt sich am deutlichsten in den philosophischen Ursprüngen der japanischen Teezeremonie. Sen no Rikyû, der Begründer des *Chadô*, wünscht ausdrücklich, dass die feierliche (oder heilige) Handlung nur von einem kleinen, frugalen Mahl begleitet wird. Das Zen dieses Mahls (das *Cha Kaiseki*) besteht also nicht im kultivierten Genuss eines kunstvoll zubereiteten und konvivial genossenen Menüs. Es beschränkt sich auf Fast Food – auf eine schnelle und beiläufige Sättigung, damit während des langwierigen und streng formalisierten Zeremoniells der (unweigerlich aufkommende) profane Hunger beiläufig gestillt (verdrängt) wird.

Sen no Rikyû erläutert seine zen-buddhistische Fast Food Philosophie mit den Worten: »Sich am Geschmack erlesener Speisen zu erfreuen, ist eine sehr weltliche Angelegenheit. Uns genügt eine Mahlzeit, die uns nicht verhungern lässt.« Mit anderen Worten, Cha Kaiseki ist seiner ursprünglichen Bedeutung eine Imbiss-Mahlzeit, die parallel (parergonal) zur eigenen Praxis serviert wird. Das Essen als (nebensächlicher) Teil der Zen-Kunst des Teetrinkens ist, kann folglich auch nicht als direkter Vorläufer der später entstandenen Kaiseki-Kulinarik gelten. Dies spiegelt sich auch begrifflich wider: Das Wort ›Kaiseki‹ im Kanji-Zeichen für Cha Kaiseki bedeutet wörtlich ›heißer Stein‹. Seine Bedeutung geht vermutlich darauf zurück, dass Zen-Mönche sich gelegentlich einen erwärmten Stein auf den Bauch (oder die Brust) legten, um das ewige Hungergefühl – den hungrigen Geist ihres Körpers und dessen Leere – zu bannen. Im radikal asketischen Selbstverständnis eines religiösen Zen-Buddhismus bedeutet ›Kaiseki zu sich zu nehmen‹ also nicht, ein mehrgängiges Mahl zu essen, und auch nicht, wie beim Tee-Zen-Meister Sen no Rikyû, eine karge Mahlzeit zu sich zu nehmen, sondern nichts anderes als zu hungern: Nichts zu essen und von absolut nichts zu leben ist durchaus (um diese schmerzliche Einsicht hier im Vorgriff auf die spätere Analyse zu erwähnen) eine mögliche Praxis, das Zen des Kaiseki-Essens als Nicht-Essen und Nicht-Ess-Zen zu kultivieren. Es ist aber die gastrosophisch abwegigste Form einer mönchischen (und, wie wir sehen werden, streng buddhologisch gedachten, sogar vor- und unbuddhistischen) Praxis. Als eine in ihrer religiösen Asketik der spirituellen Selbstverleugnung extreme (antigastrosophische) Zen-Philosophie ist sie eine *Anti-Kunst des Essens*, bestenfalls eine freiwillig lustlose und leidvolle Zen-Kunst als Anti-Lebenskunst des Hungerns, Darbens und Fastens. Eine Art *Überlebenskunst* in der (Nicht- und Un-)Form einer alltäglichen *Hungerkunst*, wie sie etwa Zen-Mönche zu kultivieren scheinen, die einen von weither angereisten und zu seinen Ehren bestens und feierlich zu bewirtenden Gast mit einem ›unmöglichen‹ Eintopfgericht abspeisen – in unserem Beispiel den französischen Philosophen Michel Foucault, der über diese Praxis (nicht nur aus Höflichkeit) kein Wort verliert.

Anders als oft behauptet wird, lässt sich kein ursprünglicher Zusammenhang zwischen dem Kaiseki der mönchischen Askese (einem Zen des Nicht-Essens) und dem Cha Kaiseki der Teezeremonie denken, bei der durchaus eine Kleinigkeit gegessen wird. Darüber hinaus gibt es noch nicht einmal eine direkte Verbindung zwischen der Teezeremonie und der Zen-Praxis: Ursprünglich tranken die Zen-Mönche grünen Tee nur aus gesundheitlichen Gründen und als geistiges Reizmittel und sogar als ein bewusstes (wachmachendes) Genussmittel, um bei ihren ermüdenden Zen-Meditationen nicht einzuschlafen. In diesem spirituell-buddhistischen Geiste ist das Teetrinken als Stimulans gegen Müdigkeit (und auch gegen Hunger) zwar notwendig mit der meditativen Zen-Praxis verbunden, aber dies ganz ohne zeremonielle Stilisierung – ein schneller Weg, an dem nichts vorbeiführt, für alle Buddhisten, die in der Meditation als Hauptzweck ihrer Weisheitspraxis vorankommen wollen.

Versteht man unter Zen wie üblich nur die asketische (antigastrosophische) Philosophie einer Religion und Sekte des Buddhismus, so gibt es letztlich auch keine denkbare Verbindung zwischen einer solchen Zen-Praxis und dem Kaiseki Ryôri der professionellen Gastronomie, die das Essen ästhetisch verfeinert und dem zeremoniell formalisierten (konvivial-geselligen) Mahlritual huldigt – statt in der einen oder anderen Form einer Fast Food Philosophie eine frugale Diätkost oder eine asketische Anti-Küche gutzuheißen. Daher ist es irreführend und gastrosophisch abwegig, die raffinierte Kaiseki-Küche der Spitzengastronomie als den eigentlichen Repräsentanten einer japanischen Zen-Esskunst zu sehen, die ihren Ursprung im Zen der Teezeremonie habe.

Und doch kann mit Blick auf die kulinarische Ästhetik von einer historischen und konzeptuellen Konvergenz zwischen der Cha Kaiseki Imbissküche und der japanischen Esskunst im Sinne des Kaiseki Ryôri gesprochen werden. Denn dadurch, dass das eigens zubereitete Mahl als ein wesentlicher Bestandteil der Tee-Kunst gedacht war und ursprünglich aus ein oder zwei Suppen und drei verschiedenen Kleinstgerichten in der kunstvollen Form eines (Bento-Box prototypischen) Menüs bestand, wurde das Essen zum Kultus einer speziellen kulinarischen Stilisierung. Eben diese, hinsichtlich der Gestaltungspraxis und der feierlich vollzogenen Handlung ästhetische Form des Essens wurde kulturgeschichtlich prägend und bestimmt bis heute, freilich in weit verfeinerter Ausgestaltung, die professionelle Restaurantküche Japans. Das heißt, mit dem inzwischen weltweit für das Kaiseki-

Gesellschaftsmahl und dessen feinen wie vollen Tafel kennzeichnenden Mehr-Gänge-Essen – das nicht-buddhistische Gegenprogramm zur Eintopf-Küche der zen-klösterlichen Mahlgemeinschaft und zugleich dessen anti-buddhistisches Spiegelbild – hat sich jenes kulinarisch-ästhetische Stilprinzip fortentwickelt und perfektioniert, dessen konzeptueller und historischer nicht weniger als dessen normativer und narrativer Hintergrund durchaus auf das bereits lebenskünstlerische Cha Kaiseki zurückgeführt werden kann. Doch, und das ist hier entscheidend, das Essen an sich (als tägliche Lebenspraxis und mögliche zeremonielle Mahlpraxis) blieb ein nebensächlicher Teil der eigentlichen Zen-Kunst (des zeremoniellen Teetrinkens).

Darum erweist sich die verbreitete Vorstellung, dass sich die Praxis und die Ästhetik des Kaiseki-Mahls unmittelbar aus dem Zen der Teezeremonie ableiten ließe, als Irrtum. Denn die Wahrheit des Zen, um dessen Praxis es bei Sen no Rikyû geht, bezieht sich auf das rituell stilisierte Trinken von grünem Tee – also weder auf die kunstvolle Zubereitung noch den kultivierten Genuss von feinen Speisen. So bleibt es dabei: Der Tee-Weg bezweckt nicht die alltägliche Ethik einer Esskultur, kein Ess-Zen, als Inbegriff, Impulsgeber und Herz einer »verfeinerten Lebenskultur«.[21] Obwohl in Japan innerhalb der gastronomischen Hochkultur eine feine Küche in Verbindung mit einer zeremoniellen Tafelkunst in Form des Kaiseki-Mahls existiert, umfassen die japanischen Zen-Künste neben der Zen-Kunst des Teetrinkens, des Blumensteckens, des Schönschreibens, des Dichtens, des Kampfsports oder des Bogenschießens keine kulturell ausgezeichnete – und keine philosophisch reflektierte – Zen-Kunst des Essens.

Shoku seikatsu – Alltagspraxis der kulinarischen Essistenz

Indessen wird in Japan durchaus eine Lebenskunst praktiziert und kultiviert, die dem Essen eine eigenständige Bedeutung und alltägliche Wertschätzung beimisst. Diese alltagsweltliche (und insofern ethische) Kultur des Essens liegt gleichsam unterhalb der hochkulturellen (und kommerziellen) Kaiseki-Küche und auch jenseits der anderen (offiziellen und philosophisch reflektierten) Zen-Künste. Von der Esskultur (jap. shoku bunka) oder dem kulinarischen Leben (jap. shoku seikatsu) zu sprechen, ist eine alltagssprachliche Selbstverständlichkeit und in den japanischen Medien, im Fernsehen und im Alltagsleben weit verbreitet. Die Frage »Mögen Sie japanisches Essen?« gehört zu den häufigsten Fragen, die Japaner ausländischen Besuchern stellen.[22]

---

21 Ehmke, Der japanische Tee-Weg, 7.

22 »Die ersten beiden Fragen, die Japaner einem Ausländer stellen, unterscheiden sich kaum von denen des Rests der Welt: ›Woher kommen Sie?‹, und: ›Wie gefällt Ihnen

Der Herkunft von Speisen und Rezepten, dem Ernten oder Vorbereiten von Zutaten sowie der Sachkunde spezieller Zubereitungstechniken, bevorzugter saisonaler Kompositionen, idealer Beilagen und Kombinationen und so weiter, allen solchen esskünstlerischen Angelegenheiten wird große Aufmerksamkeit geschenkt. »Zappt man sich durch japanische Fernsehkanäle, öffentlich-rechtliche wie private, blättert man in japanischen Zeitungen und Zeitschriften, lauscht man ungewollt Gesprächen in der Bahn oder im Restaurant, so verfestigt sich der Eindruck, dass in Japan nichts so wichtig ist wie Essen und Sport. Doch trotz ausgiebiger Übertragungen von Baseball-, Volleyball-, Golf- oder Sumo-Turnieren beansprucht das Essen in Form von Restaurantberichten, Kochkursen, Quizshows mit kulinarischen Themen, Reportagen aus der Provinz mit Spezialitätenkunde und Besuchen bei Herstellern von Trockenfisch, eingelegtem Gemüse oder Suppenalgen sowie Angelreportagen deutlich mehr Sendezeit als der Sport.«[23] Mit der japanischen Kultsendung *ryôri no tetsujin*, sinngemäß Held des Herdes, entstand das weltweit erfolgreiche Format von Fernsehsendungen, in denen sich alles ums Kochen und den Geschmack erlesener Speisen dreht: Diese Heroisierung von Kochkunst und Küchenarbeit ist ein untrügliches Indiz dafür, dass die Weltöffentlichkeit gerade Japan das tägliche Essen als Kult und eine populäre Alltagskultur des Kulinarischen verdankt. Selbst in den Manga-Heften der japanischen Comic-Popkultur spiegelt sich die alltagsethische Bedeutung einer verfeinerten Esskultur wider: ›*Der kleine Feinschmecker*‹ (jap. *Oishinbo*) vermittelt die Abenteuer einer kulinarischen Alltagskunst im Gourmet-Comic-Format.[24]

Ein weiterer Beleg für die allgemein anerkannte und nachgeahmte japanische Lebensart des Essens ist die bereits erwähnte Popularität der Sushi-Küche im Westen und in vielen anderen Teilen der Welt anzuführen. Mit der Sushiisierung des weltgesellschaftlichen Speiseplans lässt sich – parallel zum nachweislichen Einfluss Japans auf den kulinarischen Stil der internationalen Kochkunst – eine Japanisierung der westlichen Esskultur beobachten. So zeugt etwa das wachsende Wohlgefallen am Sushi-Essen von einem allgemeinen Interesse des Westens an einer neuen kulinarischen Ästhetik (der essthetischen Verfeinerung). Wirtschaftlicher Wohlstand bildet zweifellos den gesellschaftlichen Hintergrund dieser Alltagsästhetik. Das starke Wirtschaftswachstum der 1990er Jahre, die Phase der so genannten *Bubble Economy*, führte in Japan zum *gurume bûmu*, dem *Gourmet-Boom*. Seither – nur wie lange noch? – lassen sich die Japaner als kaufkräftigste

---

unser Land?‹. Die dritte Frage ist schon ein bisschen japantypischer: ›Warum können Sie so gut Japanisch?‹ Aber die vierte Frage taucht wohl so schnell in keinem anderen Land auf: ›Mögen Sie japanisches Essen?‹« Neumann, Darum nerven Japaner, 25.

23 Hijiya-Kirschneit, Was nach Heimat schmeckt.

24 Brau, Oishinbo's Adventures in Eating; Köhn, Gourmet-Comics in Japan.

Konsumenten der Welt alles schmecken, was der Weltmarkt zu bieten hat, vor allem aber das Feinste.

Dieser japanische Gourmetismus wird jedoch nicht von einem gastrosophischen Diskurs begleitet, kritisch beleuchtet und philosophisch reflektiert. Zwischen dem esskulturellen Sein (einer Alltagsästhetik des Essens) und dem gesellschaftlichen Bewusstsein (der Japaner gegenüber dieser Lebenskunst) klafft ein gastrosophischer Nihilismus. Fehlt aber eine sachgerechte Reflexion der eigenen Lebensphilosophie des japanischen Gourmetismus als Ess-Zen – als einer Kunst des Essens, die hier über den Umweg einer transkulturellen Gastrosophie einer möglichen Universalität des Zen-Buddhismus im Anschluss an Foucault zur Sprache kommen soll –, bliebt die alltäglich gelebte Praxis begrifflich unterbestimmt und unfassbar. In dieser begrifflichen Unterbestimmtheit und philosophischen Unbegreiflichkeit wird die ganze Sache anfällig für eine ideologische Vereinnahmung, etwa durch einen nationalistischen Diskurs, der den fehlgeleiteten und irreführenden Gourmet-Diskurs ermöglicht hat. Die verfehlte und abwegige Philosophie einer nationalistischen Idealisierung der japanischen Esskultur muss nicht ausschließlich ein essentialistischer Japonismus sein; sie kann auch von westlichen Hungergeistern konstruiert werden. Eine solche »Philosophie des japanischen Essens« behauptet die Publikation *The Japanese Menu*, wenn es dort heißt: »In Japan feiert man mit dem Genuss von gutem Essen den Segen der Götter.«[25]

Die Rede von Japan als einem von den Göttern auserwählten Volk ist einer der ältesten (shintoistischen) Topoi eines solchen nationalistischen Japonismus, des *nihonjinron*. In der Kulturgeschichte des Landes steht Motoori Norinaga, der prominente Kopf des Nationalismus des 19. Jahrhunderts, für die ideologische Konstruktion einer nationalen Identität und Einzigartigkeit der Japaner über das Essen: Motooris Philosophie des »japanischen Geschmacks« führt die unübertroffene Qualität des japanischen Reises als Beweis dafür an, dass das Reich der aufgehenden Sonne eine von den Göttern auserwählte Nation sei.[26] Der nationalistische Diskurs über die Philosophie des japanischen Essens mündet in das selbstverständliche Bild vom »Reis-Selbst« als dem »wahren Selbst der Japaner«.[27] Es wird sich zeigen, dass die Gastrosophie des japanischen Zen-Begründers Dôgen Zenji, insofern sie sich als bloße Philosophie eines täglichen Reisessens versteht – und darin missversteht –, nolens volens die theoretischen (weltanschaulichen, ideellen) Grundlagen für dieses nationalistisch verfehlte, bis heute kaum kritisch hinterfragte und nicht korrigierte Selbst-Verständnis eines wahren Japanisch-Seins bereitet hat. Das ideengeschichtlich allzu selbstverständliche Leitbild vom Reis-Selbst der Japaner mündet zwangsläufig in dem unguten Sachverhalt, dass im zeitgenössischen Küchen-

25 The Japanese Menu.

26 Ashkenazi/Jacob, The Essence of Japanese Cuisine, 62.

27 Ohnuki-Tierney, Rice as Self.

diskurs des Landes die gesellschaftliche Wertschätzung des Essens über einen japanischen Nationalismus (in Verbindung mit einem entsprechenden Buddhismus) reflektiert wird, ein äußerst destruktiver Nationalismus, der an dunkle Vergangenheiten in der Geschichte dieses Landes erinnert.[28]

Indessen bezeichnet die Japanologin Hijiya-Kirschnereit diesen kulinarischen Nationalstolz als einen »sehr introvertierten und verspielten Nationalismus«.[29] Sicherlich werden auch Gastlichkeit, Harmonie und Ästhetik als Besonderheit der Japaner ausgegeben. Doch Werbekampagnen, etwa für japanischen Whisky oder japanisches Bier und erst recht für Reis aus Japan, appellieren an patriotische Gefühle. »Ein *Super Sports Drink* namens *Samurai* transportiert Assoziationen an Männlichkeit, Kriegertum und Nationalethos, und man nimmt dabei sogar in Kauf, dass die japanbezogenen Fremdklischees im Akt der Selbstexotisierung wieder aufgefrischt werden.« (Ebd.) Vergleichsweise dezent bleiben hingegen die Verzierungen der Bahnhofs-Lunchboxen (Eki-Ben), wenn ihre schöne Hülle beispielsweise die Schriftzeichen für Kabuki, Japans traditionelle Theaterform, trägt. Aber auch für die populärste Form der Bento-Box gilt: »Viele *Eki-Ben* sind nach Ikonen des Japanischen benannt, ihr Einwickelpapier versichert den Esser seiner Verankerung in der National-Geschichte.«[30]

Die verschiedenen Ausprägungen des ideologischen Nationalismus einer ›japanischen Nationalküche‹ und deren offensichtlicher Widerspruch zum transkulturellen Universalismus des ›japanischen Geschmacks‹ sollen hier jedoch nicht analysiert werden. Dies nicht zuletzt, um den Ambivalenzen eines ernährungsphilosophischen Japonismus zu entgehen, der entstünde, wenn man den kulinarischen Nationalismus des »japanischen Gourmetismus« (Askhenazi/Jacob) nur für eine Besonderheit Japans hielte. Denn aus der Sicht einer kulturübergreifenden Philosophie lässt sich ein Gastro-Nationalismus in zahllosen Ländern nachweisen, in denen nationalistische Diskurse und Kräfte wirksam sind, beispielsweise (in unmittelbarer Nachbarschaft) in China.[31] Statt dieser theoretischen (gastro-ideologischen) Verengung zu unterliegen, gilt es vielmehr den nationalistischen Diskurs durch gegenläufige Diskurskonstruktionen und Narrative (wie der Zen-Gastrosophie) zu schwächen, zu widerlegen oder zu überwinden.

Was also, so wäre zu fragen, ist an Japan japanischer als das Nicht-Japanische? Als weitgehend unstrittige Wahrheit kann gelten, dass es in Japan so gut wie nichts genuin und wesentlich Japanisches gibt. Dies gilt nicht nur für die Beispiele typisch japanischer, also nicht-japanischer Speisen (Tofu, Tempura, Nudeln, Teetrinken usw.) und für viele andere Merkmale der zeitgenössischen Esskultur Japans; es

28 Masao/Masao, Japan zwischen den Kriegen.

29 Hijiya-Kirscherneit, Was nach Heimat schmeckt.

30 Neidhart, Heimat in Häppchen.

31 Zufferey, Die Tee-Chauvinisten; Ling, Chinese Tea Culture.

gilt noch grundsätzlicher für den japanischen Inbegriff des Kulinarischen, den Reis. So ist die Manifestation des japanischen Reis-Selbst gleichzeitig eine Manifestation des fremdländischen Imports und die offenkundigste Ikone eines nahezu selbstlosen Eklektizismus Japans. Zudem sind konstitutive Grundbegriffe der japanischen Zen-Philosophie, nämlich das Nichts oder die Leere, nicht rein japanisch.[32] Die Philosophie Japans und deren Grundbegriffe sind wie das japanische Essen auf fremdkulturelle, westliche (indische, chinesische, europäische) Einflüsse zurückzuführen; dasselbe gilt für den japanischen Zen-Buddhismus. Zu Recht wurde betont, »dass das japanische Selbstgefühl nicht gegen den westlichen Einfluss erworben werden musste, sondern in seiner – freiwilligen und selektiven – Aneignung gipfelte.«[33]

Zwar versucht auch die japanische Regierung etwa mit dem 2008 in Kraft getretenen Reglement *Food Action Nippon* und im Rahmen der nationalen Ernährungserziehung *Shokuiku* den Grad der Selbstversorgung durch Kampagnen für traditionelle und regionale Lebensmittel zu stärken.[34] Solche *Food Governance* Programme, die ansatzweise auf einem vagen gastroethischen Universalismus basieren, werden inzwischen in vielen Ländern und nicht nur in Japan proklamiert.[35] Gastropolitische Maßnahmen, die Schulkindern den Reisanbau näher bringen oder Kochkurse für Familien anbieten, müssen nicht (nur) der Abgrenzung von westlichen Ernährungsstilen dienen. Sie können das eigene Bewusstsein für Lebensmittel und Esskultur fördern, regionalen Agrar- und Genussprodukten, die einen besonderen, d.h. an die lokalen Bedingungen angepassten Anbau erfordern oder die verkannt oder in Vergessenheit geraten sind, eine Zukunft geben und sie vor dem Aussterben bewahren.[36] Allerdings kann das Essen aus der eigenen Region, das als ›Gutes aus dem eigenen Land‹ kommuniziert oder glorifiziert wird und von den japanischen Konsumenten mit höherer Qualität und Sicherheit assoziiert wird, ebenso für eine nationalistische Identitätskonstruktion in der Wiederentdeckung des kulinarischen Erbes Japans genutzt werden: Ein beunruhigender Befund, der in seiner Aktualität für viele Länder und internationale Nationalismen gilt, die sich ein konservatives Wiedererstarken vermeintlich eigener Werte und völkischer Besonderheiten wünschen. Insofern soll hier für Japan – als diskursive Konstruktion und ethisches Narrativ einer (neogastro-)kulturellen Identität – gesagt werden: *Wahrer Japonismus ist transkultureller Eklektizismus.* Dementsprechend ist nur deshalb in Japan von einer wahren ›japanischen Zen-Kunst des Essens‹ nicht die Rede, weil die Japaner in

32 Paul, Philosophie in Japan.

33 Muschg, Kunst ohne Kunst.

34 Arévalo, Ernährungserziehung (*shokuiku*) und nationale Identität Japans.

35 McKeon, Global Food Governance.

36 Assmann, Food Action Nippon und Slow Food Japan: Die Rolle zweier Initiativen in der Wiederentdeckung von Japans kulinarischem Erbe.

diesen Dingen zu wenig japanisch sind. Dieses Paradox einer unausgesprochenen Un-Wahrheit – ein Spiel mit der Wahrheit à la Foucault – gilt es im Folgenden wie eine delikate, aber ungewohnte Feinkost aus Fernost auszuprobieren.

Weshalb in Japan viele vorbildliche Esstheten leben

Worauf die Menschen in Japan stolz sein können, ist allemal, dass viele von ihnen vorbildliche Essästheten sind, insofern sie dem Essen als einer zu kultivierenden Lebenskunst überhaupt einen alltagsethischen (essästhetischen) Wert beimessen. Nicht die traditionelle Nation, sondern die transkulturelle Ideation und Narration einer solchen Ästhetik der Essistenz begründet das, was als gastrokosmopolitischer Japonismus anerkannt zu werden verdient. Dieser gastroethische Universalismus des Japanischen hat nichts mit dem erwähnten *nihonjinron* zu tun, der ein spezielles von den Göttern erkorenes Wesen aller Japaner behauptet. Im Gegensatz zum Weg der Götter (jap. shintô) der ethnischen Religion Japans, die himmlisches Essen zum Segen der Götter zelebriert, geht es hier um ein globales ›Japan‹ als einem utopischen (in Wirklichkeit einem eutopischen) Ort des guten Essens. So gesehen wäre nichts schlecht daran und es entspräche der gesuchten Universalität einer guten Praxis, wenn wir alle Menschen, was das angeht, japanischer würden. Es bleibt dann nicht nur den Menschen in Japan vorbehalten, die essistenzielle Alltagspraxis als einen zielführenden Weg des guten Lebens zu kultivieren und so zumindest teilweise (im Bereich der allgemeinsten, alltäglichsten und allumfassendsten Lebenspraxis) ein mögliches Wohlleben zu verwirklichen. ›Von Japan lernen‹ heißt dann, das Essen zu der Sache einer alltäglichen Lebenskunst zu machen, der Könnerschaft, etwas allgemein Gutes täglich (als alltäglich gelebtes Leben) leben zu können, und eine transkulturelle (universelle, gastrokosmopolitische) Selbst-Identität auf dem ethischen Weg einer Essthetik der Existenz oder umgekehrt formuliert einer Ästhetik der Essistenz auszubilden.

»Die japanische Kultur insgesamt bekundet«, so das Urteil von Experten, »ein positives Verständnis der Gaumenfreuden, eine kulinarische Lebensfreude, die epikureisch ist in einem philosophischen Sinne.«[37] Mit Blick auf die Geschichte des gastrosophischen Denkens liegt es zwar nahe, die lebensweltlich praktizierte, implizite Philosophie der japanischen Lebenskunst des Essens mit dem Epikureismus in Verbindung zu bringen. Allerdings ist diese Zuschreibung nicht ganz zutreffend.[38] Denn um die Gaumenfreude der japanischen Kultur philosophisch richtig einzuordnen, ist es notwendig, sie als Ausdruck eines Gourmetismus zu verstehen und

37 Ashkenazi/Jacob, The Essence of Japanese Cuisine, 222.

38 Ausführlicher zu Epikurs Gastrosophie siehe: Lemke, Genealogie des gastrosophischen Hedonismus.

gerade nicht mit dem Hedonismus der Tafelfreuden (der durch Tafelkunst kultivierten kulinarischen Lebensfreude) zu assoziieren. Während die Feinschmeckerei das rein ästhetische Wohlgefallen am kulinarischen Geschmackserlebnis bekundet, ist das Tafelvergnügen die hedonistische Freude am konvivialen (tafelgeselligen) Genuss-Erleben und an der so geglückten wohlvollen (geselligen) Vergesellschaftung. Erst das gastrosophische Verständnis des »japanischen Gourmetismus« (Ashkenazi/Jacob) setzt uns das Weg-Auge ein, das das tägliche Essen als einen möglichen – und in Japan tatsächlich allgemein praktizierten – Weg einer Esskunst in Form einer kultivierten Lebenskunst der Feinschmeckerei wahrnehmbar und begreifbar macht.

Den ästhetischen Gourmetismus in Japan philosophisch als eine so verstandene und gelebte Zen-Kunst zu begreifen heißt, im Anschluss an Foucault und über Foucault hinausgehend ein ganz anderes, eben ein gastrosophisches Verständnis von Zen-Praxis zu entwickeln. Im Gegensatz zum philosophisch viel reflektierten Tee-Zen, das in zeremonieller Formalisierung und vereinsmäßigem Freizeitvertreib zu erstarren droht, gewährleistet das philosophisch zu wenig reflektierte Ess-Zen dafür, dass in Japan eine zen-buddhistische Weg-Kunst jedenfalls in Form einer gastroethischen Lebenskunst – einer Ästhetik der Essistenz – tatsächlich alltäglich praktiziert und in dieser Form eine Ästhetik des gesellschaftlichen Geschmacks – eine Essthetik – kultiviert wird.

In einem Vortrag, den der japanische Philosoph Hisamatsu Shin'ichi im Beisein des deutschen Philosophen Martin Heidegger in Freiburg hält, spricht Hisamatsu davon, dass es angesichts der Krise der technischen Zivilisation und des westlichen Denkens eine unverzichtbare Aufgabe, ja sogar eine »geschichtliche Forderung« sei, den »Geist des Zen« dem abendländischen Kulturkreis und darüber hinaus die »japanische Zen-Kultur« der allgemeinen Weltöffentlichkeit bekannt zu machen. Denn damit, so der Philosoph aus Kyoto, könne »der künftigen Welt ein Dienst erwiesen werden«.[39] Das sind zweifelsohne große Worte gewesen. Große Worte, die seit über hundert Jahren unverändert bis heute den interkulturellen Diskurs über die Andersartigkeit westlicher Philosophie und japanischer Mentalität und den transkulturellen Dialog zwischen ›rationalem Denken‹ (des westlichen Logos) und ›östlicher Weisheit‹ (eines vermeintlich unlogischen, irrationalen Zen-Buddhismus) die weltanschauliche Richtung vorgeben.[40] Viel bescheidener lässt sich aus der Sicht eines gastrosophischen Weltverständnisses für den bisher philosophisch – auch von der hier durch Hisamatsu vertretenen japanischen Philosophie – vernachlässigten Lebensbereich des Essens sagen: Was immer die Welt von der japanischen Zen-Kultur (und der gesellschaftlichen Entwicklung Japans insgesamt) lernen kann, sollte zumindest die in Japan alltäglich praktizierte Kunst des Essens sein. Die dort noch

39 Hisamatsu, Zen-Künste, 236.

40 Ohashi, Zen und Philosophie; Lee, Gelassenheit und Wu-Wei.

und schon gelebte ›Eutopie des guten Essens‹ gilt es in ihrer Zusammensetzung, ihren verschiedenen Zutaten und Geschmacksrichtungen gründlich verstehen zu lernen, um nicht zuletzt aus ihren ethischen Grenzen und ihrer gastrosophischen Unvollständigkeit lernen zu können.

Insofern war der Ort, wo Michel Foucault seine Frage nach der Wahrheit des Zen zur Sprache brachte, ebenso richtig wie völlig falsch gewählt. Aus Gründen, die ich noch darstellen werde, konnte er den Zen-Buddhismus und seine Philosophie wählen, um gleichsam seitwärts (an der akademischen Philosophie seiner japanischen Kollegen und ihrer vollkommen ungastrosophischen Zen-Theorie vorbei) einen passablen Einstieg in eine noch und schon gelebte Zen-Praxis zu finden. Allerdings hätte er sein Interesse an deren ethischer Universalität nicht in einem Kloster gegenüber Zen-Mönchen bekunden und seine wichtige Frage nicht an besonders gläubige Buddhisten und Möchtegern-Buddhas richten sollen, sondern an Kollegen der philosophischen Fakultät beispielsweise der Universität Kyôto, was er, wie wir wissen, nicht tat und auch nicht tun konnte.

Genau das geschah einige Jahre später: Als ich 2004 meinen ersten längeren Forschungsaufenthalt in Japan antrat, traf ich Professor Ogawa Tadashi, der an der größten und renommiertesten Universität Kyôto lehrte und sich als erster akademischer Philosoph Japans mit gastrosophischen Fragen beschäftigte. Kollege Ogawa hatte mich an sein Institut, die *Graduate School of Human and Environmental Studies*, eingeladen, um meine »sehr interessante Forschungsarbeit« (Ogawa) voranzutreiben. Unser erstes persönliches Treffen fand in seinem kleinen, bis unter die Decke mit Büchern und Papierbergen vollgestopften Büro im dritten Stock eines der funktionalen Neubauten auf dem altehrwürdigen Campus der ehemaligen Kaiserlichen Universität statt. Anfang Dezember lief die obligatorische Klimaanlage auf Hochtouren, und in dem engen Raum herrschte ein Raumklima wie in einer beheizten Skihütte. Mit hochrotem Kopf und freudiger Überraschung erfuhr ich von meinem Gastgeber, dass für unsere gemeinsamen ›Feldforschungen‹ ein eigenes großzügiges Budget vorgesehen war – ein Beweis für die vorbildliche Gastfreundschaft des Geldgebers (die Japanese Society for Promotion of Science) und zudem ein erstes Indiz dafür, dass man es in Japan ganz anders als im akademischen Wissenschaftsbetrieb des Westens begrüßte und guthieß, auch professionell über das Essen zu philosophieren.

Jedenfalls eröffnete sich mir dadurch die luxuriöse Möglichkeit, nicht nur die Alltagsästhetik des japanischen Essens, sondern auch die ebenso kultische wie kostspielige Restaurantküche Kyôtos vollumfänglich zu erforschen. Zu den angenehmen Gegenständen und Gegebenheiten unserer gastrosophischen Feldforschung gehören zum Beispiel Besuche von besonders traditionsreichen Küchenhäusern, sogenannten *Kyôto-Ryotei*, wie (um nur einige herausragende Namen aufzulisten) das malerisch am Maruyama-Park gelegene Restaurant *Saami*; das mit drei Michelin-Sternen ausgezeichnete *Hyotei* oder *Haus des Kürbisgartens* in der Nähe des beeindruckenden Nanzenji-Tempels (einer der bedeutendsten Klosterkomplexe Japans, 1293 als ehemaliger Landsitz des Kaisers in ein Zen-Kloster umgewandelt) oder das preisgekrönte *Tee-Haus Shimogamo*, das Restaurant *Saryo* in unmittelbarer Nachbarschaft des Shimogamo-Schreins am Takano-Fluss. Diese leuchtenden Beispiele der japanischen Kaiseki-Kulinarik spielen, wie oben bereits deutlich wurde, auch in meinen Überlegungen eine wichtige Rolle.

Auf eine ausführliche Gourmet-Schwelgerei, zu der sich mein Weggefährte Ogawa in seinen Schriften hinreißen lässt, habe ich allerdings aus den genannten Gründen (und Kritikpunkten) verzichtet. Das Motiv meines gastrosophischen Verzichts hat nicht nur mit dem problematisierten Gourmetismus-Diskurs zu tun, sondern hängt unmittelbar mit dem philosophischen – und in seiner wegweisenden Bedeutung alles entscheidenden – Gegensatz zwischen meinem damaligen ›Lehrer‹ Ogawa sensei und seinem ›Schüler‹, mir als dem jüngeren Denker, zusammen. Denn seine Gastrosophie, auf deren Grundzüge ich gleich zu sprechen kommen werde, stellt die traditionelle Esskultur Japans im Allgemeinen und die Kaiseki-Küche im Besonderen unter rein phänomenologischen und ästhetischen Gesichtspunkten in den Mittelpunkt der Argumentation, woraus sich feine – und darin ganz entscheidende – Geschmacksunterschiede in der gastrosophischen Sicht- und Denkweise ergeben.

Ein philosophisches Großereignis

Dass wir es hier überhaupt mit einem gastrosophisch Erleuchteten zu tun bekommen, ist bemerkenswert und durchaus ein philosophisches Großereignis. Denn wie wir alle – wie auch und durch wessen direkte Übertragung? – hatte auch Ogawa Tadashi keine guten Voraussetzungen, um das Essen in seiner wahren philosophischen Größe zu erfassen. Analog zu den bereits vorgestellten und eine Generation älteren Kollegen der Kyôto-Universität gehört er zu jenen japanischen Philosophen, deren akademischer Werdegang eine intensive Auseinandersetzung mit der Tradition der westlichen und insbesondere auch der deutschen Philosophie beinhaltet. Ogawa verbrachte viele Jahre an deutschen Universitäten, um sich mit dem Werk der großen Phänomenologen wie Edmund Husserl, Martin Heidegger und Hermann Schmitz vertraut zu machen, und studierte darüber hinaus die antiken Klassiker der griechischen Philosophie (vor allem die Ethik und Politik des Aristoteles). So gelang ihm, obwohl geprägt durch das jahrtausendealte antigastrosophische Welt- und Selbstbild der westlichen Ideengeschichte, das schier Undenkbare: die abenteuerliche Entdeckung der anthropologischen Dimension der menschlichen Essistenz oder schlicht die Einsicht in die philosophische Relevanz des Essens. Zu Beginn des dritten Jahrtausends ging in Japan eine gastrosophische Leuchte an: In seinem Essay über *Das Essen im hochtechnisierten Zeitalter. Mit besonderem Augenmerk auf die japanische Situation* hat mein Kollege Ogawa 2001 eine kritische Ontologie des kulinarischen Selbst der Japaner vorgelegt – die erste programmatische Reflexion dieser Art seit Dôgen Kigen vor achthundert Jahren.[41] Mit philosophischer Neugier und phänomenologischer Selbstbefragung der kulinarischen Erfahrung – ihrer Erleuchtungen und Verdunkelungen –, mit gastrosophisch geübten Blick auf die Dinge, philosophiert er über die beste Technik beim Zerlegen eines Sashimi, über die Verweildauer in Fast Food Imbissen, über die Ästhetik der Kaiseki-Küche und über die alltägliche Praxis des Essens als Kunst einer ethisch guten Lebensweise.

Aber eins nach dem anderen. Der Phänomenologe nimmt als Ursache für die humane Selbstabschaffung der Menschen die allgegenwärtige Durchsetzung technologischer Effizienz wahr. Es finde »eine totale Ausrichtung«, eine »Ontologisierung der Weltverhältnisse auf Effizienz« (ebd., 7) statt. Diese technokratische Effizienzlogik sorgt nach Ogawa »für die menschliche Lebensweise des Dahinlebens«, mit deren Sinnlosigkeit sich »die japanische Bevölkerung gegenwärtig« zufriedengibt. Insofern kommt seine Gesellschaftskritik mit Blick auf die negativen Entwicklungstendenzen der gegenwärtigen Lebens- und Ernährungsverhältnisse zu einem entsprechend deprimierenden Befund. »Bei dieser Lebensweise«, stellt Ogawa resigniert fest, »gibt es keine Lust des Essens und des Lebens. Die Japaner von heute sind keine Hedonisten im engeren Sinne«. Die kulinarische Lebensfreude der Japanerinnen und Japaner, von der früher die Rede war und die (fälschlicherweise) mit dem epikureischen Hedonismus in Verbindung gebracht wurde, droht jedenfalls als bislang noch kultivierte Lebensform unter dem Druck der von Ogawa problematisierten »effizienzorientierten Mobilisierung« der japanischen »Gesellschaft als Ganzes« auszusterben. Das Essen als den klarsichtigsten Spiegel der Gesellschaft nutzend analysiert der Gastrosoph die schändliche und unschöne Seite der zeitgenössischen Esskultur seines Landes. Er unterzieht deren sich verdüsternden Realität einer grellen Kritik. Wäre Ogawa ein solcher Eintopf serviert worden, wie es Foucault im Zen-Kloster widerfuhr, hätte der Japaner (wie seinerzeit Dôgen) ordentlich geschimpft und seine Landsleute verflucht.

Was Ogawa damit meint, dass »die Lebensform des Essens heute zum Bestandteil einer weltweiten allgemeinen Tendenz der Technisierung« verkomme, veranschaulicht er an der Technisierung der industriellen Nahrungsproduktion und der sozialökonomischen McDonaldisierung als Inbegriff einer allgemeinen Fastfoodisierung. Ob *McDonald's* und *Kentucky Fried Chicken* oder *Pizza Hut* als Schnellrestaurants à la westlicher Gastronomie oder in Japan die *Kaiten-Sushi-Bar* (Sushi am Fließband), das *Fami-Res* (für Family Restaurant) und die Lunchbox aus dem *Konveni* (Convenience Store) an jeder Straßenecke – Ogawa ordnet diese wesensverwandten Imbiss-Fremdverköstigungen dem vorherrschenden Trend zum »Auswärtsessen« zu.

41 Ogawa, Das Essen im hochtechnisierten Zeitalter. Mit besonderer Berücksichtigung der japanischen Situation.

Als beliebte und ähnlich bequeme, nur noch kostengünstigere Zusatztechnik der Fast Food Effizienz nennt er Naka-shoku, die Fertigmahlzeit zum Mitnehmen (take away) für zu Hause; als repräsentative Küche des japanischen Fast Food erwähnt er *Gyudon*, einen Rindfleisch-Reis-Eintopf, der in den darauf spezialisierten Lokalen (oder sollte man sagen: Tankstellen?) in »durchschnittlich nur sieben Minuten verschlungen« (Ogawa) ist.

Wie überall auf der Welt, so nimmt der japanische Philosoph auch in seinem Umfeld die Subsumtion des täglichen Essens unter das konsumkapitalistische »System des schnell und billigen Auswärtsessens« wahr: »Dieses banale *Gai-shoku* ist heute Teil der alltäglichen Lebensweise.«[42] Noch erkennbar unter dem inzwischen verblassten Eindruck der boomenden Geschäftigkeit der Japan AG in den späten 1990er Jahren niedergeschrieben, kommt Ogawas gastrokritische Wesensschau des japanischen Essens zu dem Schluss: »Die Japaner essen auf diese Weise schnell. Denn das ganze Land ist beschäftigt und hat keine Zeit. Das Schnell-Essen bedeutet, dass man beim Essen gar nichts genießt. Es geht beim Essen nicht darum, das Essen und die Atmosphäre mit Freunden zu genießen, mit anderen Worten: nicht um eine Lust des Essens, sondern darum, dass man schnell den Hunger befriedigt. Ich frage mich jedoch, ob das Stillen des Hungers der Zweck des Essens ist. Ist das Gesättigtsein das Ziel des Essens oder eine Begleiterscheinung der Mahlzeit?« (Ebd., 105)

So gesehen ist die japanische Kultur insgesamt von einer weiteren Welle der Verwestlichung ihres (kulinarischen wie sozialen) Geschmacks betroffen; sie ist gleichsam einem mächtigen Tsunami ausgesetzt, der als Ausläufer der globalen McDonaldisierung eine scheinbar unaufhaltsame Ausbreitung von Fast Food Praktiken aller Art vorantreibt. Nichts symbolisiert den fortschreitenden Niedergang der japanischen Gesellschaft deutlicher als ihr heimliches Nationalgericht. Die gastrosophische Selbstentfremdung totalisiert das japanische Reis-Selbst zur ultimativen Wahrheit eines transkulturellen Curryreis-Selbst von Fast Food Essistenzen weltweit. Angesichts der fortschreitenden McDonaldisierung und des Vormarsches industrieller Fertiggerichte aus dem Nirgendwo spricht vieles dafür, dass die Rede von einer japanischen Lebenskunst des Essens schon bald weder einen empirischen Sinn noch ein nationalistisch idealisierbares Signifikat oder eine gastrosophisch zu

42 Ergänzend zu diesem vorherrschenden Lebensstil erläutert Ogawa das phänomenologische Paradoxon seines typischen Zwitterwesens (der Amphibolie) aus alltäglichem Fast Food und festlichem Slow Food: »In der japanischen Sprache unterscheidet man die Alltäglichkeit ›*Ke*‹ von der Nicht-Alltäglichkeit ›*Hare*‹ (was auf Japanisch Heiterkeit und schönes Wetter bedeutet). Mit ›Hare‹ ist auch eine Festlichkeit gemeint. Die Technisierung der Zubereitung der Speisen bzw. deren Darbietung trägt dazu bei, diese Tendenz des Unterschiedes stärker und definitiver zu machen: Man isst in einem guten und traditionellen Restaurant aus Anlass einer Festlichkeit und an gewöhnlichen Tagen im Schnellimbiss.« (Ebd., 98)

reflektierende Realität haben wird. Der absehbare Zerfall der noch existierenden traditionellen Esskultur Japans kann als Menetekel dafür gedeutet werden, dass das zukünftige Japan der Welt keineswegs ein Best Practice Modell bieten wird – ganz im Gegensatz zum Japan-Hype der vergangenen Jahrzehnte (zu Zeiten des japanischen Wirtschaftswunders und Wohlstandsbooms), als das Land global als Vorreiternation des sozialen Fortschritts Beachtung galt.

Auch wenn Ogawas Philosophie des japanischen Essens nicht (wie mir) die Neuerfindung Japans als zumindest partielles Modell einer künftigen konvivialen Gesellschaft vorschwebt, so ist seine innovative Hinwendung zur alltäglichsten, allgemeinsten, allumfassendsten und weltbewegendsten Sache der menschlichen Existenz doch mit einem alles entscheidenden Motiv ausgestattet – dem ethischen Impuls, der über bloße Kritik hinausgeht. Seine Gastrosophie wird angetrieben von dem Motiv der foucaultianischen Suche nach einer neuen Lebenskunst. (Wobei es letztlich nicht die ethische Philosophie des Franzosen ist, die meinem japanischen Weggefährten als Orientierung dient, sondern die Tradition der deutschen Phänomenologen). Über die Kritik an den global und eben auch in seinem Land vorherrschenden unguten Ernährungsverhältnissen hinaus verfolgt seine Theorie die alltagspraktische Ethik einer Kunst des Essens. Die bereits angesprochenen feinen Unterschiede unseres Geschmacks – die unterschiedliche Perspektive und Vision unseres gemeinsamen gastrosophischen Denkens – betreffen Ogawas programmatische (und, wie ich meine, konservative) Entscheidung, die erwünschte Wiederbelebung (und Verklärung) der ›guten alten Zeit‹ der traditionellen japanischen Küche als ethischen Bezugspunkt zu wählen. Für ihn stellt sich damit die Frage: »Ist die japanische Kultur hinsichtlich des Essens heute so arm, gibt es keine andere Weise des Essens? Tritt die Fast Food Kultur an die Stelle der japanischen traditionellen Küche? Nein«, lautet seine entschiedene Antwort, »man kann heute noch in einem traditionellen Restaurant die japanische Küche genießen.«[43]

So erklärt sich, warum mein gastfreundlicher Kollege der Universität Kyôto das uns zur Verfügung stehende Forschungsbudget vor allem einsetzte, um die Genusstempel dieser hohen Kunst des Essens zu erforschen und über deren einzigartige Gastrosphäre zu philosophieren.[44] Im Gegensatz zu meinem Fokus auf eine alltagstaugliche Ethik, die deshalb eine extra kostspielige (ökonomisch exklusive) und besonders zeitaufwendige (›langsame‹) Restaurant-Gastronomie wie die Kaiseki-Zeremonie nicht zu ihrem ästhetischen Ideal wählt, spielt Geld für rein phänomenologisch (oder rein essthetisch) interessierte Philosophen wie Ogawa keine Rolle. Entsprechend lauten die Prämissen seiner außenalltäglichen Feinschmeckerei: »Weil

43 Ogawa, Das Essen im hochtechnisierten Zeitalter. Mit besonderer Berücksichtigung der japanischen Situation, 109.

44 Ogawa, Essen und Atmosphäre, Zur Atmosphäre der klassischen Kyôto-Gastronomie als Beispiel für *slow food*.

diese Spitzenküche jedoch sehr teuer ist, kann man dort nicht täglich essen. Aber das spielt hier keine Rolle. Denn als Phänomenologe thematisiere ich das Erscheinen der Erscheinenden. Und die Atmosphäre gehört zu diesem Erscheinen.« (Ebd., 207)

Während die ungastliche (ästhetisch unscheinbare) Atmosphäre der üblichen Fast Food Restaurants entstünde, weil sie kein »ästhetisches Bewusstsein für die Art und Weise des Darbietens« leite und es zu ihrem Geschäftsmodell gehöre, dass »der Geschmack immer der gleiche und das Essen immer auf die gleiche Art und Weise serviert« werde, biete die traditionelle Spitzengastronomie Japans (wie überall) eine elaborierte »Lust am Essen«, deren einziger (Selbst-)Zweck »der Geschmack, der Genuss, die Atmosphäre des Essens« sei. In der ganz anderen Welt dieses »schönen Essens« soll nichts möglichst billig und schnell, sondern alles teuer, langsam und atmosphärisch schön sein: »Wenn man ein traditionelles Restaurant in der alten Kaiserstadt Kyôto besucht, dann muss man auch die Atmosphäre genießen, sprich die schön gemachten Essstäbchen, die schönen handbemalten blau-weißen Teller, die Porzellanuntersetzer, die Sakebecher, den Sakekrug, außerdem Tisch, Kissen, Zimmer, Bildrolle und Blumentöpfe. Kurz gesagt: das Haus, der Garten und auch das Restaurant selbst sind Gegenstände der Lust, die es zu genießen gilt.«[45]

Slow Food Philosophie à la Ogawa

Mit seiner Slow Food Gastrosophie, die sich freilich nicht als die Philosophie der Slow Food Bewegung versteht, verleiht Ogawa dem japanischen Gourmetismus eine philosophische Stimme. Sein patriarchaler Traditionalismus scheut nicht die ideelle Nähe zur ebenso klassischen wie abwegigen Figur des Gourmets, der die Kunst des schönen Essens zur einzigen (zu seiner) Lebenskunst totalisiert. Unter diesen Voraussetzungen gilt: »Die typische ›Slow Food‹ Mahl-Zeit ist ein andauernder Genuss in einem schönen Restaurant, beispielsweise in einem klassischen Kyôto-Restaurant. Dort dauert die Mahlzeit in der Regel drei Stunden, um das Essen voll zu genießen. [...] Fast Food und Slow Food verkörpern je eine Lebensweise des Essens.«[46]

Aber anders als die adligen Bonvivants der guten alten Zeit (vorbildlich verkörpert durch den Franzosen Brillat-Savarin zu Beginn des 19. Jahrhunderts) muss sich ein ordentlich angestellter Gourmet unserer Zeit (wie Professor Ogawa von der Universität Kyôto) mit dem selbstwidersprüchlichen Paradox begnügen, dass die eigene Essistenz nicht mehr sein kann als eine unvollkommene Mischung aus werktäglichem Fast Food Nihilismus und gelegentlichem Slow Food Hedonismus. Mit

45 Ogawa, Das Essen im hochtechnisierten Zeitalter, 109.

46 Ogawa, Essen und Atmosphäre, 204.

diesem gelebten Ke-Hare-Zwitterwesen rettet der japanische Gastrosoph »das Essen im hochtechnisierten Zeitalter« in die mögliche Zukunft des Gastrozäns der Zen-Praxis eines Euzen-Konvivialismus. Denn ein wesentlicher und wegweisender Schritt dorthin ist schlicht und einfach, zu verstehen lernen, dass unser Essen der entscheidende Teil der Kunst und Kultur sein sollte, ethisch Gutes zu leben. Insofern erweist Ogawa der Welt einen großen Dienst, wenn seine Philosophie diese Erkenntnis ausspricht: »Das traditionelle Wesen der Kyôto-Kultur sind nicht nur die Tempel, die shintoistischen Schreine, die Museen, die Bildnisse Buddhas und die buddhistischen Skripturen, sondern auch das Essen. Auch das Essen ist ein Teil der Kunst und Kultur – nicht nur Kyôtos.« (Ebd., 210)

Allerdings verspielt er seine beachtlichen Verdienste, wenn ihr konservativer Traditionalismus zusätzlich einem patriarchalischen Denken verhaftet bleibt. Der in die Krise geratenen japanischen Esstradition mit einem gelegentlichen Festmahl in einem guten Restaurant begegnen zu wollen, mag noch angehen, aber das »festliche Familienessen« zu reanimieren, ist sicher nicht der richtige Weg und kein Zukunftsmodell für eine konviviale Gesellschaft. Schließlich weiß Ogawa selbst, dass in Japan (wie in allen verwestlichten posttraditionellen Gesellschaften) »diese Gewohnheit heute fast verschwunden ist. Es ist sehr selten geworden, dass die ganze Familie zusammen isst«. Die allgemeine Individualisierung und die damit einhergehende Liberalisierung (und Erosion) der Familienbeziehungen bringt es zudem mit sich, dass auch Frauen außerhalb der Familie arbeiten und häufig auswärts essen. Die schlechte alte Zeit, in der die Ehefrau – »früher hieß die Frau bei uns ›die verehrte Küche‹ (Midaidokoro oder meist abgekürzt Midai-sama)«[47] – zu Hause für alle kochen musste und mit der täglich selbst zubereiteten Hauptmahlzeit (die dem Familienoberhaupt schmecken musste) für das festliche Familienessen sorgte (das allen anderen Familienmitgliedern alles andere als schmeckte), hat ein Großteil der Menschheit erfolgreich hinter sich gelassen.

Mit dieser historischen Tatsache kehren wir zum Ausgangspunkt von Ogawas gastrosophischer Gesellschaftskritik zurück, den problematisierten Prozessen der totalen Technologisierung und Fastfoodisierung des täglichen Essens; in seinen Worten: »Gegenwärtig wird die traditionelle Familienküche von entsprechenden Unternehmen verdrängt.« (Ebd.) Ein emanzipatorischer Ausweg aus dem unwiederbringlichen Zerfall des täglichen Mahlrituals – dem sittlichen Herzstück der bürgerlichen Gesellschaft der Moderne –, ein universeller Weg, der eine erstrebenswerte Alternative zur konservativen Wiederbelebung und Verklärung des traditionellen Familienessens bietet, ist in der Slow Food Philosophie, die Ogawa der Welt vermittelt, nicht vorgesehen. So hat das heutige Japan mit meinem ehemaligen Gastgeber und zeitweiligen Weggefährten zwar die erste eigene Stimme

47 Ogawa, Das Essen im hochtechnisierten Zeitalter. Mit besonderer Berücksichtigung der japanischen Situation, 103.

einer japanischen Gastrosophie; doch ihr schwaches Licht – inmitten von zu viel Schatten – reicht nicht aus, um deutlich zu machen, dass die Praxis, das tägliche Essen so gut wie möglich selbst zu machen und mit Freunden zu genießen, im Zentrum einer Philosophie der Zukunft stehen sollte und der künftigen Welt einen weitaus wichtigeren Dienst erweisen kann als die bekannten Zen-Künste.

Wenn ich mich in diesem Sinne angesichts der fortschreitenden Dehumanisierung der menschlichen Essistenz, wie schon viele westliche Philosophen und nach weisen Wegen Suchende vor mir, mit dem Blick nach Japan unterwegs bin und trotz der hohen Wahrscheinlichkeit des Niedergangs seiner traditionellen Esskultur über die Gegenwart, die Vergangenheit und die Zukunft des Weges des japanischen Essens nachdenke, dann in dem Versuch, dieses Ryôridô als den Kult oder eben als eine erstrebenswerte Zen-Praxis einer transkulturellen Lebenskunst für eine bessere Zukunft auszuweisen. Auf diesem Weg (eines zen-gastrosophischen Denkens) gilt es, mögliche Idealisierungen zu umgehen und erst recht theoretische Orientalisierungen (mangels philosophischer Orientierung) zu vermeiden – was bei den vielen ausgetretenen, unedlen Pfaden und den oft umherirrenden Schleichwegen, die gerade im Zusammenhang mit den Zen-Künsten einerseits und der Weisheit der japanischen Küche andererseits weit verbreitet und verzweigt sind, nicht leicht ist.[48] Vor diesem Hintergrund kann es schlechterdings sein, dass die Lebenskunst des Essens (wie erwähnt) in Japan durch die aktuelle gesellschaftliche Entwicklung ausstirbt, noch bevor sie im Geiste eines ethischen Foucaultismus entsprechend einer Ästhetik der Essistenz als Ryôridô oder Ess-Zen überhaupt gastrosophisch reflektiert und gewürdigt wurde.[49]

Dennoch praktizieren viele Japanerinnen und Japaner ihr tägliches Essen nach wie vor als Lebenspraxis, die einen wesentlichen Faktor ihrer persönlichen Selbstkonstruktion und der populären Alltagskultur des gesellschaftlichen Geschmacks ausmacht. Insofern verstehe ich (anders als Ogawa) die Ästhetik der Kaiseki-Küche und -Mahlzeremonie als eine lediglich gesteigerte und in ihrem Ressourcen- und Arbeitsaufwand nur außeralltägliche Ausdrucksform (der besonders repräsentativen, kostspieligen, feierlichen Perfektion) einer alltagsweltlichen Lebensweise, die noch – und allmählich wieder – allgemein praktiziert wird. Die Kaiseki-Essthetik ist sozusagen die hochkulturelle Inszenierung und die esskulturelle Stilisierung gesellschaftlicher Werte des guten Geschmacks, die auf einer schon gut gelebten Praxis basiert: Jeder kann diesen in seinem wahren Wesen schlichten Weg einer Alltagskunst des Essens gehen, die von den meisten Menschen in Japan tatsächlich als eine solche – allgemein für gut befundene – Lebensweise geschätzt und kultiviert wird. Selbstverständlich muss diese Lebenskunst von einer entsprechenden Philosophie (Ethik) begleitet und durch konzeptuelle Bewahrheitung (ihres Guten) gestärkt und

48 Cox, The Zen Arts; Härtig, Kaiseki. Die Weisheit der japanischen Küche.

49 Liscutin/Haak, Zwischen Burger und Sushi.

dafür unentwegt (gastrosophisch) genährt werden. Kann die Welt in dieser wichtigen Angelegenheit von *Japan lernen*? Kann die ›westliche‹ (die global dominante) Philosophie von der ›östlichen‹ (der ostasiatischen) Weisheitslehre etwas über das tägliche Essen als Weg und Ziel lernen, das uns dem Verständnis des Glücks eines für alle guten und wohltuenden Lebens näherbringt? Oder herrscht, wie in der akademischen Welt weltweit, auch im Land der aufgehenden Sonne nur dunkle Leere dort, wo täglich das Licht einer zen-gastrosophischen Erleuchtung aufgehen sollte? Sollte sich nicht gerade im aufklärerischen Denken der japanischen Philosophie das vielleicht Schönste, auf jeden Fall aber das Wichtigste und Weltbewegendste der menschlichen Existenz widerspiegeln?

Vom Lehrstuhl zur Leerstelle

Als die wichtigste Tradition der japanischen Philosophie lohnt es sich, die so genannte *Kyôto-Schule* zu konsultieren. Unter Schule ist in diesem Fall keine bestimmte, systematische Lehre zu verstehen, die von ihren Anhängern vertreten wird, sondern ein intellektuelles Umfeld mit der Universität Kyôto als Zentrum (wobei dieser philosophischen Schule nicht alle dort lehrenden bzw. emeritierten Philosophie-Professoren, beispielsweise Ogawa Tadashi, zuzurechnen sind). Die Kyōto-Schule verwendet zwar die Terminologie der abendländischen Tradition, setzt sich jedoch mit vollkommen eigenen Themen gegen die westliche Philosophie ab. Ebenso distanziert sie sich gegen die (eigene) traditionelle Philosophie Japans, obgleich ihre Themen häufig an (vor allem zen-)buddhistische Ideen und Konzepte festhalten, wodurch sie ein eigenständiges asiatisch-japanisches Denksystem vertritt. In ihrem Zentrum steht die Frage nach dem Menschen und der Welt[50] – wie wir uns klarmachen müssen, ist es ein leeres Zentrum, nicht zuletzt auch deshalb, weil es nichts zum Essen bietet.

Die namhaftesten Philosophen der Kyôto-Schule haben sich weder mit der Zen-Praxis des Essens noch mit der Küche (der ›Essschale‹) des Buddha, noch mit der japanischen Ästhetik des kulinarischen Geschmacks auseinandergesetzt. Ihre Philosophie, beispielsweise die von Nishida Kitarô oder die von Nishitani Keiji, geht noch nicht einmal den ersten Schritt des gastrosophischen Wegdenkens, nämlich ›das Essen‹ – die menschliche Essistenz und deren alltägliche Erfüllung als die allgemeinste und allumfassendste Lebenspraxis menschlicher Existenz – überhaupt als etwas

50 In ihrem Bestreben, das »absolute Nichts« philosophisch zu erfassen, greift die Kyōto-Schule auf die im Mahayana-Buddhismus entwickelte Vorstellung »der Leere« oder »Leerheit« (jap. *shunyata*) zurück.

Philosophisches zu begreifen.[51] Zwar stellen sowohl Nishida als auch Nishitani explizit einen Zusammenhang zwischen ihrem Denken und der ethischen (von beiden allerdings religionsphilosophisch verengten und verklärten) Frage, was es heißen könnte, »gut zu leben«.[52] Doch beide beziehen ihre Theorien des guten Lebens nicht auf die Frage des guten Essens, weil sie es für ausgemacht halten, dass wir, wie es bei Nishida heißt, nur »essen, um zu leben«.[53] Und weil das Essen nichts anderes ist als eine »natürliche Aktivität des Lebens«, wie Nishitani meint, ist es klar, dass »kein Mensch einen anderen fragt, warum er isst«. Wir stehen hier vor einem atemberaubenden Irrtum, denn die Wahrheit lautet geradewegs: Weil das Essen des Homo sapiens alles andere als eine natürliche Aktivität seines Lebens ist, entsteht die seit seiner Geburt bis heute unaufgeklärte Frage, wozu wir essen, jeden Tag aufs Neue.

Mit der traditionell zen-buddhistischen oder geradezu ur-platonischen Auffassung, dass vernünftige Menschen sich nicht fragen würden oder dürften, warum sie essen, ist auch schon das Ende – die Sackgasse – des ungastrosophischen Denkweges der Kyôto-Schule erreicht. Daraus ergibt sich zwangsläufig ihre Rede vom »Wesen des Zen« als »Fülle des Nichts« (Hisamatsu) oder vom »Geist des Zen« als »Fülle in der Leere« (Suzuki). Dass die scheinbar nichtige Frage, warum, was, wie und wozu (zu welchem Lebenszweck) der Mensch isst, eine zutiefst philosophische Frage ist, kommt den genannten japanischen Philosophen nicht in den Sinn. Die von der Kyôto-Schule vertretene (Hunger-)Philosophie der Leere, die nichts isst, bietet keine wegweisenden Gedankengänge und zukunftsweisenden Orientierungen, um sich über den Umweg des Essens einer (Glücks-)Philosophie der Fülle und der Weisheit eines gut erfüllten, wohlvollen Seins zu vergewissern. Die philosophische Indifferenz gegenüber einer möglichen Ethik des Essens wird bei ihnen gerade dadurch greifbar, dass die Universitätsphilosophen der alten Kaiserstadt dem religiösen (spirituell buddhistischen) Zen-Geist große Aufmerksamkeit schenkten und die offiziellen Philosopheme der »japanischen Zen-Künste« im Wesentlichen von ihnen stammt.

Nishitani, einer der wichtigsten Denker der japanischen Philosophie des 20. Jahrhunderts, philosophierte über »den Weg des Blumensteckens« als eine »rein japanische Kunst«, deren »Zen-Ästhetik« eine »tiefe Universalität« beinhalte, da das Ikebana nicht nur von »Spezialisten« praktiziert werde, sondern auch »mit dem alltäglichen Leben der normalen Menschen verbunden« sei.[54] Von dem be-

---

51 Auch in dieser Hinsicht lässt sich die ›Kyôto-Schule‹ als entfernte Parallele zur philosophischen Tradition der ›Frankfurter-Schule‹ verstehen; siehe: Ôhashi: Die Philosophie der Kyôto-Schule; zur Frankfurter Schule siehe meine: Zusätze – Ingredienzen einer kritischen Theorie des guten Essens.

52 Nishitani, Was ist Religion?, 41.

53 Nishida, Über das Gute, 142.

54 Nishitani, Ikebana, 320.

reits erwähnten Hisamatsu stammt nicht nur ein viel beachtetes Buch über »Die japanischen Künste«, der Zen-Religionsphilosoph verfasste auch eine große (noch nicht übersetzte) Studie über die »Philosophie des Teetrinkens« im Sinne einer geistig-spirituellen Zen-Praxis und fungierte lange Zeit als religiöser Kopf der renommierten Herz-Tee-Vereinigung.[55] Unzählige weitere japanische und westliche Theoretiker haben diverse Schriften über das Teetrinken als Lebens- oder Weg-Kunst verfasst, die ganze Bücherregale füllen.

Mit anderen Worten: Es gibt eine Unmenge an philosophischer Literatur über die berühmten japanischen Künste, insbesondere über die Zen-Ästhetik des Teetrinkens, aber es zeigt sich, dass es keine ausgearbeiteten Philosophien über die Welt des Essens gibt, keine ästhetischen Theorien über die Kunst des Kochens, die Zeremonie des Essens oder das kulinarische Geschmacksurteil. Selbst Kuki Shûzôs vielbeachtetes und einflussreiches Werk über den »japanischen Geschmack«, seine 1930 erschienene Studie *Die Struktur des Iki*, erwähnt den eigentlichen Geschmack, den Geschmack der Speisen, mit keinem Wort.[56] Der kulinarische Geschmacksbegriff bildet in seiner philosophischen Iki-Ästhetik des japanischen Lebensstils eine irritierende Leerstelle. Dies gilt auch für die westliche Philosophie seit Kants Theorie des ästhetischen Geschmacksurteils (trotz seiner ansatzweise gastrosophischen Geschmackstheorie, die immerhin den grundsätzlichen Zusammenhang zwischen diesem ästhetischen Vernunftvermögen und der kulinarischen Geschmacksreflexion erkennen lässt[57]).

Warum aber sollten japanische Philosophen überhaupt über das Essen – den gesellschaftlichen Geschmack – als eine theoretisch wie praktisch mögliche Zen-Kunst nachdenken, wo doch Zen (nach herkömmlicher Denktradition) nur auf den bekannten Wegen praktiziert werden kann? Dieser naheliegende Einwand setzt freilich voraus, dass es tatsächlich philosophische Gründe gäbe, warum gerade die alltäglichsten und allgemeinsten Angelegenheiten des menschlichen Lebens nicht zu jenen Künsten einer erstrebenswerten (ethisch-ästhetischen) Lebensweise gemacht werden sollten, und warum ausschließlich solche beliebigen und vergleichsweise nebensächlichen Tätigkeiten wie Bogenschießen, Blumenstecken oder Teetrinken und Dasitzen (Meditieren) gewählt werden sollten, um das Zen der Lebensweisheit zu verwirklichen. Nur: Solche guten Gründe werden nicht genannt; und es gibt sie auch nicht.

---

55 Gülberg, Eine philosophische Ästhetik des Tee-Weges.

56 Kuki, Die Struktur von Iki. Eine Einführung in die japanische Ästhetik und Phänomenologie; die englische Übersetzung hält den begrifflichen Bezug zum Geschmack wach: Kuki, Reflections on Japanese Taste: The Structure of Iki.

57 Ausführlich zu Kants Philosophie einer geschmackvollen Küche und seiner (bis heute fast vollständig unbekannten) Gastrosophie siehe: Lemke, Ethik des Essens. Einführung in die Gastrosophie, 227–314.

So drängt sich die ernüchternde Feststellung auf, dass es im Gegensatz zu den Hauptströmungen der westlichen Philosophie auch bei den großen Denkern und Philosophen Japans kein Bewusstsein vom Essen als einer möglichen Lebenskunst gibt, keine Aufklärung oder Erleuchtung, die das Wesen der menschlichen Existenz in ihrer essenziellen Essistenz erkennt. In den verschiedenen Strömungen der östlichen Philosophie, im Buddhismus ebenso wie im Konfuzianismus oder im Daoismus, herrscht ein diätmoralischer Geist vor, der – wenn überhaupt – entweder die undurchdachte Moral einer richtigen Ernährungsweise (Diät) lehrt oder Fragen des guten Essens auf asketische Ideale verpflichten oder der die allgemeine Theorie und die alltägliche Praxis einer gastrosophischen Ethik vermissen lässt. So entsteht der hier beschriebene kulturelle Selbstwiderspruch, dass in Japan das Essen als Bestandteil und Weltausschnitt der Selbstkultivierung zwar gesellschaftlich als etwas in sich Gutes wertgeschätzt wird, seine Praxis aber in der Weisheitslehre einer philosophisch durchdachten und begründeten ›Zen-Kunst des Essens‹ nicht hinreichend reflektiert und gastrosophisch gut genährt wird.

So schien mein Forschungsaufenthalt an der Universität Kyôto auf ein fatales Ergebnis hinauszulaufen, nämlich auf die Erkenntnis und Enttäuschung, dass das Essen in der japanischen Philosophie keine Rolle spielt und nicht Gegenstand der zahllosen Studien und theoretischen Lehren zu den japanischen Zen-Künsten ist – mit der bemerkenswerten Ausnahme meines Kollegen Ogawa und seiner gastrosophischen Wissbegierde gegenüber dieser großen Sache. Doch es kam anders. Ich begegnete einem weiteren japanischen Ausnahme-Gastrosophen. Oder um genauer zu sein: Weil diese Begegnung kein reales Gespräch war und keine direkte Übertragung von Herz zu Herz ermöglichte, war unsere transkulturelle Begegnung für mich geradewegs eine universelle und letztlich auch eine sehr persönliche Entdeckung: Ich begegnete Dôgen Kigen. Denn in der Tradition der japanischen Philosophie lässt sich durchaus ein ungewöhnlich programmatischer Ansatz zu einer veritablen Gastro-Philosophie ausmachen. Ihr kostbarer Schatz ist bis heute unentdeckt geblieben, ihre schwer verständlichen Geheimnisse und einzigartigen Wahrheiten sind über die Jahrhunderte unausgehoben geblieben, obwohl sie von dem vielleicht originellsten, gewiss aber dem weltweit berühmtesten Philosophen Japans stammen.

Das gastrosophische Zen chinesischer Prägung

Dôgen, der vor achthundert Jahren lebte (von 1200 bis 1253), ist kein Geringerer als der historische Begründer des japanischen Zen-Buddhismus. In seinem Hauptwerk *Shôbôgenzô* oder *Die Schatzkammer des wahren Dharma-Auges* spricht er häufig von der notwendigen Zen-Praxis durch das Essen – dem Ess-Zen, wie ich es nenne. Dort ist die Rede von den alltäglichen Aktivitäten der Küche – als der vollen Manifestation des wahren Dharma-Auges, womit Dôgen die aus seiner Sicht »einzig wahre Weisheitslehre des Buddha« (genannt »Dharma«) meinte.[1] Doch kaum jemand kennt diese einzigartige Schatzkammer eines gastrosophischen Denkens. Weitgehend unbekannt ist, dass die zen-philosophischen Anweisungen und Wegweisungen zum Essen als wahrem Weg von dem aus einer japanischen Adelsfamilie stammenden Mönch stammen, der sich den Künstlernamen Dôgen gab.

Eine philosophische Rekonstruktion seiner gastrosophischen Weisheit erfordert einerseits eine kritische Interpretation, ja sogar eine kreative Destruktion oder zumindest (weniger kriegerisch und dafür umdenkend gesagt) eine Umgehung aller religiös-buddhistischen Irrwege, aller unausgewiesener quasi-buddhistischer, un-buddhistischer oder nicht-buddhistischer Abwegigkeiten (Aporien, Paradoxien), eine Vermeidung aller möglichen ins Abseits oder Nirgendwo (z.B. ins Nirvana) führenden Gedankengänge dieses Zen-Großmeisters. Auf der anderen Seite eröffnet sich uns auf dem Schritt für Schritt sehr behutsam geprüften und diskutierten, ebenso buchstäblich hin- und hergegangenen Weg des Umdenkens von Dôgen eine neue und ganz andere Sicht auf eigentlich alles – auf das Zen, das Leben und das Selbst, auf die Welt und die Dinge, die Gesamtheit der Phänomene, der Tatsachen und Wertbegriffe. Es eröffnet sich eine gastrosophische Sichtweise, die es uns ermöglicht, in der ebenso fiktiven wie phantastischen Nachfolge des

1 Der Dharma, wie der Buddha die Welt- und Lebensweisheit nannte, die er erkannte und verkündete, beinhaltet die buddhistische Grundlehre von den vier edlen Wahrheiten. Allerdings ist der Dharma auch ein zentraler Begriff anderer indischer Religionen (insbesondere des Hinduismus und des Jainismus), in denen er religionsabhängig unterschiedliche Bedeutungen annehmen kann: Dharma kann Gesetz, Recht und Sitte sowie spirituelle und religiöse Verpflichtungen und Werte meinen oder Religion und Moral im Allgemeinen sowie konkrete religiöse Rituale und Handlungen bezeichnen.

ethischen Foucaultismus eine Universität des Zen zu erfinden. Eine solche Neuerfindung des Zen (durch das Euzen) kann uns helfen, eine transkulturelle Ethik der Lebenskunst zu denken, in deren normativem und narrativem Zentrum zwei von mir hier ausgesprochene Wahrheiten des Euzen stehen – die kaizen-artige Eupraxie, das allgemeine Gute zu leben, und das kôan-artige Ess-Zen der menschlichen Essistenz.

Meine dekonstruktive Aufklärung der mitunter sehr dunklen Gedankengänge und fast durchgängig undurchsichtigen Schleichwege Dôgens knüpft an eine ähnliche Wahrheit und Methode an, die von dem japanischen Philosophen Tanabe Hajime stammt, dem bedeutendsten Schüler des bereits erwähnten Nishida und Begründer der Kyôto-Schule. »Indem ich darauf hinweise, dass es einen Menschen wie Dôgen unter unseren Vorfahren gegeben hat«, ließ Tanabe seine Landsleute über dessen geniale Weglehre wissen, »möchte ich das allgemeine Selbstvertrauen der Japaner in Bezug auf ihre diskursiven Fähigkeiten stärken und zugleich möglichst viele Menschen wissen lassen, dass der Inhalt des *Shôbôgenzô*, geschrieben in einer vergangenen Epoche, eine gegenwartsbezogene Bedeutung besitzt und dazu beitragen kann, die Aufgaben der Philosophie, die uns heute auferlegt sind, zu lösen.«[2]

Schon Tanabe, der 1925 Nishidas Lehrstuhlnachfolger an der Universität Kyōto wird, grenzt seine philosophische Interpretation von Dôgen ausdrücklich von der traditionellen Vereinnahmung durch den religiösen Buddhismus der Soto-Sekte und ihrer Schulweisheit ab. »Dass ich als Außenstehender ausgehend vom Standpunkt der Philosophie meine eigene Interpretation zum *Shôbôgenzô* vortrage, dem heiligen Text der [Soto-] Schule, mag für manche eine unerlaubte Blasphemie sein. Ich bin jedoch davon überzeugt, wenn ich Dôgen nicht nur als den Begründer der japanischen Soto-Schule des Buddhismus respektiere, sondern ihn als einen einzelnen überragenden metaphysischen Denker und als frühen Präzedenzfall der japanischen Philosophie verstehe, so schade ich Dôgen damit keinesfalls, vielmehr ist dies ein Grund ihn in noch tieferer Weise zu verehren.« (Ebd.)

Wie wir sehen werden, tut es Dôgen Zenji sogar gut und wird dem unbestrittenen Ruhm seines Genies auch in Zukunft Ehre erweisen, wenn seine Philosophie heute noch einmal in einem ganz neuen Licht interpretiert wird, um sie von der gastrosophischen Leere der akademischen Schulphilosophie, wie sie insbesondere die Kyôto-Schule vertrat, zu befreien. In einer solchen Sichtweise und Wiederentdeckung (oder *dôgenialen* Erfindung) steht Dôgen nicht nur für den historischen Namen eines einflussreichen japanischen Philosophen. Diesseits eines metaphysischen Denksystems steht dieser überragende Name auch für eine nicht nur japanischen Philosophen mögliche foucaultistische Erleuchtung, für eine kongeniale Aufklärung des wahren (dôgenialen) Weg-Denkens, für den praktisch-ethischen

2 Tanabe, Persönliche Ansichten zur Philosophie des Shôbôgenzô, 55.

Ursprung jenes Weges, der unter anderem oder vor allem das Interesse an der Erkenntnis weckt, dass die menschliche Essistenz, als Ess-Zen wahrgenommen, das Wichtigste der Welt und unserer selbst (als ethisches Selbst) ist.

Eine gastrosophische Klärung seines Werkes stößt auf zahlreiche Belege, die eine systematische Auseinandersetzung mit dem Zen des Essens als universaler Lebenskunst erkennen lassen. Mit Dôgen, so viel sei an dieser Stelle vorweggenommen, wird ein gastrosophisches Denken und Fühlen, Schmecken, Lachen, Genießen, Kochen, Gärtnern, Pilze sammeln, Tafeln, Verdauen, Fragen, Antworten, Tun und Nicht-Tun usw. erfahrbar, deren Verwirklichung oder direkte Übertragung »außerhalb der Schriften und unabhängig von Worten unmittelbar das Herz des Menschen stärkt, die eigene Natur sein lässt und zum Buddha macht« – um das bekannte Wort des von Legenden umworbenen Bodhidharma zu variieren, der aus Indien kommend in China den Chan-Buddhismus erfand.[3] Weil das so ist, wird es mir darum gehen, mit Dôgen ein gastrosophisches Denken zu aktivieren, dessen Verschriftlichungen, wie die Autorin Silvana Schweitzer in ihrer weitsichtigen Studie über *Zen und die Kunst des Essens* zu Recht bemerkt, »nicht nur bis heute in vielen Zen-Klöstern als Referenzwerke dienen, sondern auch die japanische Küche wesentlich beeinflusst haben«.[4]

Trotz dieses Einflusses auf die japanische Küche und Esskunst, der im Folgenden ausführlich dargestellt wird, ist *Dôgens Zen-Gastrosophie* bis heute unverstanden geblieben. Und trotz seines tiefen (und eigenwilligen) Verständnisses der »Vollkommenheit der Weisheit«, des *Prajnaparamita-* oder *Herz-Sutra*[5], und trotz der philosophischen Originalität des von ihm konzipierten Buddha-Dharma fehlt es in Japan wie überall in der Welt bis heute an einer solchen Zen-Gastrosophie und darüber hinaus erst recht an einer Euzen-Gastrosophie diesseits aller Buddhismen. So kommt es, dass eine aktuelle Publikation des Dôgen-Klosters und Internationalen Zentrums der Sôtô-Zen-Schule Eiheiji bekannt gibt: »Dôgens Zen-Buddhismus hat die japanische Kultur stark beeinflusst – namentlich auf Malerei, Gartenkunst,

3 Dumoulin, Geschichte des Zen-Buddhismus, 83. Das chinesische Wort *Chan* leitet sich vom sanskritischen Begriff *Dhyāna* ab, der die Praxis der meditativen Versenkung bezeichnet. Diese aktive Versenkung in sich selbst war jedoch ursprünglich nicht ausschließlich auf die Sitzmeditation (*Zuo-Chan* oder jap. *Za-Zen*) beschränkt; der Chan-Buddhismus des Bodhidharma umfasste auch die meditative Versenkung in die Kampfkunst – das *Shaolin Kung Fu*, eine grundlegende Transformation des indischen Buddhismus und eine sehr deutliche Manifestation seiner chinesischen Prägung.

4 Schwitzer, Zen und die Kunst des Essens, 35.

5 Der Chinese Xuanzang, ein buddhistischer Pilgermönch der Tangzeit, der in den Jahren 629–645 die Seidenstraße und Indien bereiste und Ethik und Philosophie an der buddhistischen Universität von Nalanda studierte, übersetzte die Texte in 600 Faszikeln ins Chinesische – im Umfang etwa 25-mal die komplette Bibel. Die japanische Übertragung wurde um 712 erstellt.

Kalligrafie, Architektur, Dichtung, Teezeremonie, Schwertkampf und Theater. Seine Lehre und Philosophie haben die Lebensweise der Japaner nicht nur im Bereich der Spiritualität nachhaltig geprägt, sondern auch die alltäglichen Praktiken, die jeden angehen. In diesen künstlerischen und kulturellen Bereichen spielte die Zen-Lehre von Dôgen Zenji eine große Rolle.«[6] Diese abwegige Selbstbeschreibung bestätigt erwartungsgemäß die bisherigen Befunde, dass seine Philosophie auf ihre Bedeutung für die weltanschauliche (nicht-gastrosophische) Begründung der japanischen Zen-Künste reduziert wird: Schon in philosophischen und erst recht in buddhistischen Kreisen wird Dôgen nicht als Gastrosoph wahrgenommen. Zwar erkennt der Dôgen-Kanon an, dass sein Werk viele verschiedene Gesichter hat und es daher nicht den einen, sondern viele und verschiedene Dôgen gibt.[7] Doch das Licht für Dôgen, dem Gastrosophen aus dem Fernen Osten, leuchtet immer noch nicht.

Wegen dieser weit verbreiteten Nicht-Erleuchtung in gastrosophischen Dingen wird sein Name gewöhnlich nur mit dem Dôgen der zen-buddhistischen Mystik und der Meditationspraxis des Zazen in Verbindung gebracht. Außerdem lassen viele, wenn nicht sogar die meisten seiner Aussagen über die Wahrheit des Essens, insbesondere seine *Unterweisungen zum wahren Buddha-Weg* (die von einem Schüler aufgezeichnet wurden), einen diätmoralischen Geist erkennen, der dem üblichen mittelmäßigen Weg eines spirituellen Fast Food Buddhismus folgt. An dieser Denkweise und an einer solchen orthodoxen Dôgen -Interpretation ist philosophisch nichts Interessantes und schon gar nichts, was der Welt den notwendigen Weg weisen könnte. Viel aufregender ist, dass die grundlegenden, durch und durch erhellenden und wegweisenden *Anweisungen für den Koch*, die Dôgen vor achthundert Jahren niedergeschrieben hat, sind in der Weltgeschichte der Philosophie einzigartig und in der Genealogie der gastrosophischen Vordenker eine echte Leuchte sind.

Mit seinen Weg- und Anweisungen für den Küchenmeister (*Tenzo Kyôkun*), geschrieben im Frühjahr 1237 für die Selbstorganisation des von ihm gegründeten Zen-Klosters Kôshô-ji in der Nähe von Kyoto, präsentiert Dôgen der Welt ein ungewöhnliches Schriftstück: ein Kochbuch, das keine Rezepte enthält und doch von nichts anderem handelt als von den Dingen der Küche und der Weisheit des Essens. Die zen-buddhistische Philosophie dieses Gastrosophie-Klassikers denkt den Dharma des Buddha-Seins, die Theorie oder Lehre der vollkommenen Weisheit, die universelle Wirklichkeit und tägliche Praxis des guten Weges aus dem Ess-Zen – dem Essen und dessen Wahrheit. Mit einem solchen gastrosophischen Dharma-Begriff kann man (wie Dôgen es in seinem *Tenzo Kyôkun* tut) das übliche Buddha-Verständnis und den ungastrosophischen Geist seiner Religionsphilosophie in Japan scharf kritisieren. Er spart nicht mit deutlichen Worten: »Es ist viele Jahrhunderte her, seit der Buddhismus in Japan eingeführt wurde. Dennoch

6 Zen Friends, A Guide to the Buddhist Way of Life.

7 Bielefeldt, Dôgen Studies in America.

hat niemand jemals«, wie Dôgen sein mutiges Selbst-Erwachen in die Welt brüllt, »über die Zubereitung und Darbietung des Essens als Ausdruck des Buddha-Dharma geschrieben, noch hat irgendein Lehrer diese Dinge gelehrt.«[8] Dieser alles erschütternden Selbstkritik wird hinzugefügt, es sei ein »schmählicher Zustand«, dass »den Menschen in diesem Land niemals in den Sinn gekommen« sei, über das Essen als eine mögliche Zen-Praxis nachzudenken. Also sprach Dôgen: »Es macht mich wahrlich traurig, so etwas zu sehen. Warum muss das so sein?« (Ebd.)

Weil eine solche schlechte, schmähliche und traurige (ungastrosophische) Lebensweise keineswegs sein muss und eine Weisheit des Essens durchaus denkbar und ebenso notwendig wie praktikabel wäre für alle Menschen, die so und nur auf diesem guten Weg wahre Buddhas werden, Zen leben und die Welt zu einem besseren Ort machen wollen, will ich versuchen, mit Dôgens Zen-Gastrosophie den (Gegen-)Beweis anzutreten. Die Einsicht in diese andere Wahrheit und in die Möglichkeit eines (so gesehen) einzig wahren Buddhismus ist die ebenso große wie kleine Erleuchtung, die Dôgen unter westlichem Einfluss erfährt – auf seiner folgenreichen Forschungsreise ins benachbarte China, von der er kurz zuvor zurückgekehrt war. Jahre zuvor, getrieben von der philosophischen Leere des schon damals in Japan vorherrschenden Buddhismus, dessen Praxis sich in sinnlosem Räucherwerk, Niederwerfungen und Bußübungen oder in militärischen Wehrpflichten verlor, und geplagt von der leidvollen Übersättigung durch unersättliche Sutren-Völlerei, durch die Dôgen als junger Mönch anfangs seinen Wissensdurst stillte und sich seine umfassenden Kenntnisse der scholastischen Buddhologie aneignete, müde von der unentwegten Nenbutsu-Rezitationspraxis der Buddha-Namen, die den Alltag der buddhistischen Schulen (insbesondere des esoterischen Tendai- und des amidistischen Reine-Land-Buddhismus seines Umfeldes) beherrschte, begann der kritische Freigeist die vollkommene Weisheit anderswo zu suchen: Im Jahre 1223 brach er nach China auf, um »das andere Ufer zu erreichen«, um dort erfahrene Chan-Meister aufzusuchen und von ihrer sino-buddhistischen Lebensweise zu lernen. Wie wir sehen werden, vermittelten die chinesischen Buddhisten und das Alltagsleben in den Chan-Klöstern der Song-Zeit dem Reisenden aus dem Osten, dass dort »die Arbeit des Kochs eine Buddha-Praxis (jap. butsugyo) ist«.[9] Nach einem vierjährigen Forschungsaufenthalt kehrt Dôgen 1227 in seine Heimat zurück und bringt den bis dahin unbekannten Chan-Buddhismus nach Japan. Im Zentrum dieses neuen ›japanischen Zen-Buddhismus‹, den der aufgeweckte Philosoph im Mönchsgewand in den folgenden Jahrzehnten bis zu seinem Tod (1253) seinen Landsleuten vermitteln will, steht der Buddha in der Küche.

Die Philosophie dieser Zen-Praxis ist – wie wir feststellen müssen – bis heute unverstanden geblieben und nie wieder aufgegriffen worden. Auch nach Dôgen

8 Dôgen, Anweisungen für den Koch, 9.

9 Dôgen, Anweisungen für den Koch, 11.

und trotz seiner Zen-Gastrosophie schreibt in Japan niemand (oder kaum jemand) über die Zubereitung und Darreichung des täglichen Essens als Ausdruck des Buddha-Dharma einer globalen Ethik, noch wird irgendwo sonst die Wahrheit dieser weltbewegenden und wegweisenden Praxis gelehrt. Eines ist sicher: Die von Dôgen aus China nach Japan importierte Zen-Gastrosophie, die gewissermaßen aus dem Globalen Westen kommt, ist die historisch erste Wegmarke einer kulinarischen Verwestlichung Japans. Im Gegensatz zu dieser (aus den geschilderten Gründen bis heute weitgehend folgenlosen) Erschütterung erlebte das Land im Laufe seiner Geschichte drei große ernährungsphilosophische Flutwellen des ›westlichen Geschmacks‹, deren mächtigem Einfluss das Inselreich unterlag. Die erste Welle der kulinarischen Verwestlichung verbreitete sich durch den kolonialen Kontakt und brachte neue Nahrungsmittel und Zubereitungsarten mit sich. Die zweite Welle, die sich seit dem Ende des 19. Jahrhunderts kontinuierlich ausbreitete, führte den westlichen Fleischkonsum in das bis dahin überwiegend vegetarische Japan ein. Und schließlich bringt der dritte Tsunami des kulinarischen Einflusses durch den okzidentalen Westen den kulturell verheerenden Geist der McDonaldisierung, der (US-amerikanisch geprägten) großindustriellen Außer-Haus-Verpflegung und der gastrotechnologischen Fastfoodisierung.

Aber es muss nicht (um Dôgens Kritik zu wiederholen) bei dieser »beschämenden« und wirklich »traurigen« Entwicklungslogik bleiben: Die japanische Gesellschaft könnte die Logik dieser kulturellen Hegemonie des westlichen Geschmacks durch eine transkulturelle Japanisierung des Essens umkehren, wie es Dôgen seit langem erhofft hat und wie es sein Ess-Zen (über den Umweg der Kaiseki-Küche und besonders leuchtender Zen-Küchen) sogar ein Stück weit auf den Weg gebracht hat. Eine solche kulturelle Transformation oder gastrosophische Revolution könnte eine tiefgreifende Veränderung des westlichen Lebensstils und eine Verbesserung seines Geschmacks bewirken, die noch weiser und wegweisender für die Zukunft der Menschheit wäre als der globale Einfluss der Kaiseki-Ästhetik und der Sushiisierung, mit denen Japan ohnehin schon die Welt japanisiert und zu einer »verfeinerten Menschheit« (in den Worten der kantianischen Gastrosophie) beiträgt. Um uns mit dieser utopischen Entwicklung gedanklich vertrauter zu machen, müssen wir mehr über Dôgens Reise nach China und die chinesische Aneignung des Buddhismus wissen.

Zen oder Chinas klassisches Chan

Das Schiff, mit dem Dôgen anreist, legt im Hafen von Ningbo an, damals ein wichtiges Außenhandelszentrum an der chinesischen Küste. Während er auf die Einreisegenehmigung wartete, so erzählt er, sei ein etwa sechzigjähriger Mönch an Bord gekommen. Dieser habe mit einem der Passagiere, einem japanischen Unternehmer, über den Kauf von Speisepilzen verhandelt, die mit dem Schiff aus Japan angeliefert worden waren. Geistesgegenwärtig und neugierig lädt Dôgen den um seinen Lebensmitteleinkauf besorgten Zen-Meister zum Tee ein. Die beiden kommen ins Gespräch, und Dôgen erkundigt sich nach der Herkunft des alten Mannes. Er erfährt, dass es sich um einen Tenzo handelt, einen Zen-Meister, der für eine Zeit lang das Amt des Klosterkochs und Küchenmeisters erfüllte und einen weiten Weg gegangen war, nur um diese besonders feinen Pilze zu beschaffen. Wahrscheinlich ging es um die in Japan begehrtesten Wildpilze. Der feinaromatische Matsutake war schon damals, wie heute noch, eine bedeutende Zutat der japanischen Küche. Dôgen selbst scheint sich wenig Interesse an diesen Speisepilzen aus dem eigenen Land gehabt zu haben. Ohnehin gibt es nur wenige Menschen, deren Weisheit so vollkommen ist, zu wissen, dass sich in ihnen – in den Matsutake aus Japan – am Ende die ganze Welt verkörpert. Wer in die Welt der Matsutake eintaucht – stellvertretend für all die wildwüchsigen, aufgesammelten, erschnüffelten Delikatessen und kostbaren Dinge der Erde – erfährt auf erhellende Weise, wie »Dinge, die klein erscheinen, sich oft als groß« erweisen.[10]

»Ich stamme aus Shu im Westen Chinas«, gab der Küchenmeister Auskunft, »und lebe nun im Guyun-Tempel auf dem Berg Ayuwang. Ich wollte eine Nudelsuppe machen, aber wir hatten keine Pilze, und so bin ich eigens hierhergekommen, um einige Pilze zu kaufen.« Nachdem Dôgen sich erkundigt hatte, wie weit es bis zum Berg Ayuwang sei, um sich eine Vorstellung von den Mühen des Weges machen zu können, welche der alte Mann auf sich genommen hatte, nur um Pilze für eine Nudelsuppe zu bekommen, schlug er dem Zen-Meister vor, mit ihm zu essen. Seine Worte: »Wir sind uns heute überraschend begegnet. Ist das nicht ein Glück für uns beide? Bitte lass‹ mich dich zum Essen einladen, ehrwürdiger Tenzo.« Doch der Mönch lehnte die Einladung mit der Begründung ab: »Wenn ich nicht bei der Essensvorbereitung für morgen dabei bin, wird das Essen nicht gut werden.« Dôgen schien nicht zu verstehen. »Ihr habt doch gewiss andere im Kloster, die kochen können?«, fragte er zurück und dachte: »Selbst, wenn ein Koch fehlt, wird es dann an etwas mangeln?«

Auf diese übliche Haltung gegenüber dem Essenmachen – eine gleichgültige, indifferente, unwissende Haltung gegenüber kulinarischer Alltagspraxis, die erkennen ließ, dass der Japaner nichts von der Meisterschaft eines Buddhas in der Küche wusste – antwortete der Chan-Buddhist ruhig, aber eindringlich: »Es ist die Erfüllung vieler Jahre der Praxis. Wie könnte ich meine Verantwortung Anderen übertragen?« Solche gastroethischen Reden über ›Praxis‹ sind dem Buddhisten aus Japan völlig neu und widersprechen seinem vertrauten Denkhorizont, also fragt er wissbegierig weiter. »Ehrwürdiger Meister, warum konzentrierst du dich nicht auf die Übung des Zazen und das Studium der Worte der Alten, statt dich mit dem Amt des

10 Tsing, Der Pilz am Ende der Welt. Über das Leben in den Ruinen des Kapitalismus, 153.

Tenzo abzuplagen und nur zu arbeiten? Ist daran irgendetwas Gutes?« Angesichts dieser Frage und der offenkundigen Unkenntnis dessen, was das Gute und das Gute tun ist, lacht der Koch laut auf: »Guter Mann aus dem fremden Land, du verstehst nicht, was Praxis ist, und kennst die Bedeutung der Worte der alten Meister noch nicht.«[11] Wie aus einem zeitlosen Schlaf erwacht, erlebt Dôgen beschämt und erstaunt, wie der Leib und die Seele seines offenkundig unwissenden und abwegigen Lebens als gutgläubiger Buddhist plötzlich von ihm abfallen.

In der späteren Aufzeichnung dieser Begegnung beschreibt Dôgen den tiefen Eindruck und den großen Erkenntnisgewinn, den diese zen-gastrosophische Erleuchtung in ihm auslöste. »Als ich diese Antwort vernahm, war ich plötzlich beschämt und zugleich erstaunt, und so fragte ich ihn: ›Was sind denn die Worte? Und was ist die Praxis des Buddha?‹« Dem jungen Wanderphilosophen aus Japan fehlt in dieser Situation (noch) die Weisheit, wie das Zen und die Praxis des einzig wahren Buddha-Seins mit dem Essen (Ess-Zen) zusammenhängen. Wie Dôgen später in seinem Koch-Buch berichtet, wurde er kurz nach dieser ersten irritierenden Begegnung mit einem Chan-Buddhisten einer weiteren gastrosophischen Erleuchtung zuteil. Erneut trat ihm bei einer Begegnung mit einem anderen chinesischen Buddha der Buddha-Dharma, die wahre Lehre und Wirklichkeit vollkommener Weisheit, in der Gestalt eines Speisepilzes entgegen. Dôgen erinnert sich: »Als ich auf dem Berg Tiantong war, hatte ein Mönch namens Lu aus Qingyuan Fu dort das Amt des Kochs inne. Eines Tages nach dem Mittagsmahl, als ich den ostwärts führenden beschatteten Weg entlang zu einem Nebentempel namens Chaoran-Hütte ging, stand er vor der Buddha-Halle und trocknete Pilze in der Sonne. Er hatte einen Bambusstock in der Hand und keinen Hut auf dem Kopf. Die Sonne war sehr heiß und brannte auf das Pflaster nieder. Lu arbeitete hart und war voller Schweiß. Mir schien die Arbeit zu schwer für ihn. Sein Rücken war gekrümmt wie ein Bogen und seine Augenbrauen waren so weiß wie ein Kranich. Ich ging zu ihm hin und fragte: ›Wie alt bist du?‹ Er antwortete: ›68 Jahre.‹ Ich fragte weiter nach, warum er sich nicht aushelfen ließe. Er antwortete: ›Andere sind nicht ich.‹ ›Das stimmt‹, erwiderte ich. ›Ich kann sehen, dass deine Arbeit eine Aktivität des Buddha-Dharma ist. Warum aber verrichtest du diese harte Arbeit unter glühender Sonne?‹ Er antwortete: ›Jetzt ist die einzige Zeit dafür.‹ Da schwieg ich still. Als ich auf dem beschatteten Weg weiterging, erhellte in mir die Wichtigkeit des Amtes eines Kochs.«[12]

Im theoretischen Diskurs über Dôgen und zum Ursprung des (japanischen) Zen-Buddhismus wird gelegentlich auf *diesen Ursprung* des plötzlichen Erwachens (jap. satori, sanskrit bodhi) hingewiesen, doch ohne diese Wegspur weiter zu ver-

11 Dôgen, Anweisungen für den Koch, 10.

12 Dôgen, Anweisungen für den Koch, 9f.

folgen und sie gastrosophisch nachzuzeichnen.[13] Freilich hat Dôgen selbst diese Spur verwischt, indem er ein ganz anderes Schlüsselerlebnis, das sich viel später während seiner Chinareise ereignete, zur offiziellen Version seines Erleuchtungserlebnisses erklärte. Im Mittelpunkt dieser spirituell-buddhistischen Version steht erwartungsgemäß die Sitzmeditation und das »Fallenlassen von Leib und Herz« beim Zazen. Bei einer nächtlichen Übung soll sein chinesischer Lehrer Meister Rujing oder Nyojô (japanisch) einem Novizen, der vor Erschöpfung eingeschlafen war, die Worte zugerufen haben: »Ohne dich mit der Darbringung von Räucherwerk, Niederwerfungen, Rezitation der Buddha-Namen, Abbitte-Tun oder Sûtra-Lektüre aufzuhalten, sollst du einfach nur richtig sitzen und so Leib und Herz abfallen lassen.« Diese Worte sollen Dôgens Erwachen ausgelöst haben.[14]

Jedenfalls will die gängige Rezeptionsgeschichte das Zazen und nicht das Ess-Zen zur theoretischen und praktischen Grundlage des von Dôgen begründeten Zen gemacht haben. Seine zahlreichen gastrosophischen Bodhi/Satori-Erfahrungen und die Zen-Praxis der Küchenarbeit sind dementsprechend als maßgebliche Weisheit verkannt und unbekannt geblieben: Sie haben das philosophische Selbstverständnis des Zen-Buddhismus, wie es sich historisch entwickelt hat, nicht bestimmt. Es zeigt sich aber, dass diese Entwicklung durchaus auch anders hätte verlaufen können. Der japanische Zen-Buddhismus und schließlich die japanische Zen-Kultur insgesamt hätten einen ganz anderen, einen gastrosophischen Entwicklungsweg einschlagen können. Nur eine kleine Verschiebung hätte genügt, um der neuen Weisheitslehre Dôgens einen ganz anderen, einen gastrosophischen Sinn zu geben und der Welt ein grundlegend anderes Verständnis von Buddhismus – als praktiziertem Gemeinwohl – zu ermöglichen, dessen universale Ethik ohne Religion, Meditationspraxis und die üblichen Praktiken esoterischer Spiritualität auskommt.

Tatsächlich hätte sich Dôgen für die Einsicht, dass das tägliche Essen das Wichtigste der menschlichen Existenz und damit zugleich das Entscheidendste der täglichen Lebenspraxis ist, ebenso gut auf seinen chinesischen Meister berufen können. So erinnert er sich in seinem Hauptwerk an eine Begebenheit, bei der Nyojô eine entsprechend wegweisende Formel fallen ließ. Damals habe sein Meister auf die Frage, was das Wichtigste auf der Welt sei, geantwortet: »›Nichts‹ oder ›Meine Essschale von Jojiji in das hiesige Kloster mitzunehmen und sie zum Reisessen zu benutzen‹«.[15] Auch diese Worte wird Dôgen als metaphorische Anspielungen darauf verstanden haben, dass nichts (auch nicht Zazen) das Zen so sehr ausmacht wie das tägliche Ess-Zen. In der Tat hat er später die wegweisende Formel vom Reisessen

---

13 Dumoulin, Geschichte des Zen-Buddhismus; Nagasawa, Das Ich im Deutschen Idealismus und das Selbst im Zen-Buddhismus; Elberfeldt, Dôgen und sein Werk.

14 Dôgen, Gespräch über die Weg-Suche.

15 Dôgen, Die Bettelschale, 134.

und der Essschale in der tiefsinnigen zen-gastrosophischen Weise gedeutet, dass sich in »Buddhas leerer Essschale« nichts als das Sein einer würdigen Wirklichkeit entleert hat.[16]

Mit anderen Worten: Dôgen hätte auch sein zen-gastrosophisches Erwachen zu seinem offiziellen Erleuchtungserlebnis erklären können. In diesem Fall wäre es ihm auch möglich gewesen, seine vielen anderen Erleuchtungen und Aha-Erlebnisse, die er bei seinen Feldforschungen in den verschiedenen Chan-Klöstern und Klosterküchen hatte und die ihn die Wichtigkeit des Essens erkennen ließen, stärker hervorzuheben. Vielleicht wären dann einige Dinge in seinem Werk, von denen die heutige Welt im Allgemeinen wenig weiß, viel bekannter. Zum Beispiel wüssten wir dann neben den bereits erwähnten entscheidenden Begegnungen mit den beiden Zen-Küchenmeistern auch von jener Geschichte über die Weisheit von Dougshan, die bei Dôgen einen so nachhaltigen Eindruck hinterlassen hat: Dougshan hatte auf die Frage »Was ist Buddha?« geantwortet, indem er wortlos eine Handvoll Sesamkörner in die Hand nahm.[17] Die übliche Übersetzung spricht nicht von einer Handvoll Sesam, sondern von drei Pfund Hanf und stellt damit statt zum Essen einen programmatischen Bezug zur Kleidung (aus Hanffasern) her. Nur liegt eine Handvoll Sesam und damit der gastrosophische Sinn der Szene näher, da Dôgen selbst erwähnt, dass der besagte Zen-Meister zu dieser Zeit im Küchenamt tätig war.

Hätte Dôgen seinen Zen-Buddhismus (als universale Ethik eines guten Lebens auf halbem Wege) aus dem Geist oder dem Geschmack seiner gastrosophischen Erleuchtung entwickelt, wüsste die Welt vielleicht auch von dem denkwürdigen Beispiel des Zen-Meisters Jiashan. Dôgen berichtet, dieser Jiashan hätte höhnisch über den wegen seiner unpraktischen Abstraktionen sinnlosen Buddhismus des Meisters Fu Shangzuo aus Daiyuan gelacht. Dieser vermeintlich große Buddhologe erging sich in einem Vortrag über das *Große Sutra vom Parinirvana* in den üblichen metaphysischen Spekulationen über die Buddha-Natur und schwebte in geistigen Höhenflügen über dem erhabenen Sinn des wahren Seins (Dharmakâya), ohne wirklich, wie Jiashan, der damals Küchenmeister war, wirklich den großen Geist der Sache verstanden zu haben, über den sich der Gelehrte sich so wortreich ausließ. Denn Jiashan meinte genau und auch besser als der Scholastiker Fu Shangzuo zu wissen, was der »Große Geist der Buddhaschaft« sei, weil er in der Küche arbeitete und das Essen machte. Deshalb liegt für Dôgen die Sache auf der Hand: »Hätte der Koch Jiashan nicht die tiefere Bedeutung des Großen Geistes gewusst, wäre er niemals in der Lage gewesen, den Fu Shangzuo aus Daiyuan auf dem Weg der richtigen Praxis des Dharma zu helfen, indem er während seines Vortrags in ein plötzliches Gelächter ausbrach.« (Ebd.)

16 Dôgen, Die reine würdevolle Praxis der Buddhas.

17 Dôgen, Anweisungen für den Koch, 18.

Vom Chan-Meister Guishan wiederum lernte Dôgen, dass Buddhas-Sein nicht nur im hilfreichen (ebenso wohlwollenden wie derb kritischen) Lachen liegt, sondern manchmal auch in der Glut des Brennholzes. Um zu verstehen, warum diese Buddhaschaft spontan einleuchtet, muss niemand Sutren studieren und metaphysische Theorien über das Sein an sich erfinden: Buddha-Wirklichkeit steckt in der Glut des Brennholzes, weil Brennholz und Feuer für den Küchenherd gebraucht werden. Nicht mehr, nicht weniger. Auch dieses Beispiel zeigt, dass Großes im Kleinen steckt – dass Buddha-Sein noch in dem steckt, was man gemeinhin für das Unscheinbarste und Unbedeutendste hält, wie in einem fast verbrannten Stück Holzkohle im Küchenherd zum Kochen.

Die Tatsache, dass Dôgen diese Zen-Lehre in der direkten Begegnung mit Zen-Weisen und Zen-Meistern erfährt, lässt in ihm die Überzeugung wachsen, dass der persönlichen Erfahrung des gelebten Vorbildes der Buddhas und der so genannten Patriarchen in der täglichen Praxis grundlegende Bedeutung beizumessen ist. Solche persönlichen Begegnungen und »reinen Erfahrungen« (Nishida) machen jedenfalls verständlich, warum Dôgen (in der Nachfolge des ersten Patriarchen Bodhidharma) die Weitergabe der Zen-Weisheit vor allem als »direkte Übertragung außerhalb der Schrift« und als wirkliche Übertragung »von Herz zu Herz« erfährt. Der gastrosophische Erfahrungshintergrund dieser Erleuchtung ist jedoch in der langen Geschichte des Zen-Buddhismus nicht wahrgenommen worden.

Aber nicht nur persönliche Begegnungen und praktische Erfahrungen, sondern auch angelesenes Wissen und Dôgens intensives Studium der klassischen Chan-Texte – also die vielen indirekten Übertragungen bzw. Überlieferungen und unverzichtbaren Einflüsse der einschlägigen Schriften – spielten bei der Weitergabe der Essschale und der gastrosophisch wahren Lehre eine wesentliche Rolle. So findet Dôgen in den verschiedenen Quellen und älteren Schriftsammlungen der Chan-Philosophen, die er in den Klosterbibliotheken entdeckt, unzählige weitere Belege dafür, dass die Welt und die Praxis des Essens – seine Beschaffung, seine Zubereitung, seine Darbietung, sein Geschmack und seine alltägliche Erfüllung – eine große Sache ist, darunter das zwischen den Jahren 1111 und 1115 entstandene *Bi-yän-Lu, die Niederschrift der Smaragdenen Felswand* von Yüan-wu aus der Blütezeit des chinesischen Chan-Buddhismus der Song-Dynastie. So ist die sino-buddhistische Zen-Kunst des Essens »eine unvergleichliche Praxis«, und das gastrosophische Ess-Zen verwirklicht eine universelle Weisheit, von der »viele Lehren sprechen, weil sie das Herz des Weges betrifft«.[18]

18 Dôgen, Anweisungen für den Koch, 12.

Der Duft von gekochtem Reis

Aus der Blütezeit der chinesischen Chan-Bewegung ist die Geschichte eines Mannes überliefert, der durch seine Arbeit in der Küche den Chan/Zen erweckte. Als es für den fünften Patriarchen an der Zeit war, einen Nachfolger zu wählen, verkündete er, dass derjenige, der die Essenz der buddhistischen Wahrheit verstehen würde, die Insignien der Buddhas – Robe und Schale – erhalten würde. Einer seiner fleißigsten Schüler schrieb am nächsten Tag einen gleichnishaften Spruch an die Klosterwand. »Der Körper, das ist der Bodhi-Baum,/Der Geist, er gleicht dem klaren Ständer-Spiegel/Wisch ihn immer wieder rein,/lass keinen Staub sich darauf sammeln!« Jeder, der diese rätselhaften Zeilen las, war tief beeindruckt und überzeugt, dass der Verfasser zum sechsten Patriarchen ernannt werden würde. Doch am nächsten Morgen entdeckten alle zu ihrem Erstaunen an der Wand neben dem ersten Vers einen zweiten, der nicht weniger tiefsinnig zu sein schien. Dieses Gedicht verkündete: »Im Grunde gibt es keinen Bodhi-Baum,/noch gibt es Spiegel und Gestell./Da ist ursprünglich kein einziges Ding –,/wo heftete sich Staub denn hin?«[19]

Der Verfasser des zweiten Spruches, Huineng (638–713), war damals ein ungebildeter Küchengehilfe. Aufgrund seines niedrigen Standes reagierten die meisten Mönche negativ auf seine kühne Herausforderung. Der amtierende fünfte Patriarch jedoch erkannte den Buddha-Geist des Reiszerstoßers Huineng, suchte ihn nachts heimlich in der Reismühle auf und überreichte ihm Robe und Almosenschale als Symbole der Dharma-Übertragung. Huineng war fortan der sechste (letzte) Dharma-Ahnherr des Chan/Zen-Buddhismus in der (historisch nicht belegten) Nachfolgelinie seit Bodhidharma und wurde in der Folge zu einer bedeutenden Gestalt in der Geschichte der gesamten Zen-Tradition. Dementsprechend wurde auch Dôgen mit dieser Erzählung vertraut. Ihm leuchtete (erneut) ein, dass die Essensproduktion wegen ihrer zehntausend Richtungen, Verbindungen und Tätigkeiten mit großer Weisheit zu tun haben kann und dass es deshalb zum Buddha-Sein gehört, in der Küche zu stehen und zu arbeiten, unter anderem Reis zu stampfen, weil dadurch – und nur so – die wahre Welt und das wahre Selbst entstehen und genährt werden. »Auch nach dieser Dharma-Übertragung nahm er den Reisstampfer mit auf seine Reisen«, staunt Dôgen über Huineng, »und stampfte noch acht Jahre lang Reis. Selbst als er Meister eines großen Klosters geworden war und das Dharma zur Befreiung anderer lehrte, legte er den Reisstampfer nicht beiseite. Sein Bewahren der reinen Praxis war zu allen Zeiten sehr selten«.[20]

Als einige Zeit später der chinesische Weise Baizhang Huaihai (720–814) gefragt wurde, was Chan/Zen sei, brauchte er nicht in Rätseln zu sprechen oder weise Sprüche aus buddhistischen Lehrreden zu rezitieren. Baizhang hatte eine klare

19 Hui-neng, Das Sutra des Sechsten Patriarchen, 30.

20 Dôgen, Das Bewahren der reinen Praxis, 166.

Antwort. »Wenn du hungrig bist, isst du, wenn du durstig bist, trinkst du, wenn du einen Freund triffst, grüßt du ihn«. In ähnlicher Weise zählte der einflussreiche Chan-Meister Linji Yixuan (jap. Rinzai Gigen, 800–866) das Essen zu den essenziellen Dingen des täglichen Lebens, deren bewusste Betätigung von praktizierter Weisheit zeuge. »Wenn der Hunger kommt«, sagt Linji, »esse ich Reis, wenn der Schlaf kommt, schließe ich die Augen. Die Dummen lachen über mich, aber der Weise versteht«.[21] Die Weisheit dieses lächerlichen Buddhas zu begreifen und die Dummheit zu vermeiden, das wesentliche Sein des Menschen bestünde in ganz anderen Wesenheiten und Wirklichkeiten des ›Buddha-Seins‹ als in den (vielen) Aktivitäten des täglichen Lebens, ist die beste Voraussetzung dafür, den vielzitierten und zweifellos anarchistischsten Satz aus *Das Denken ist ein wilder Affe* nicht in den falschen Hals zu bekommen: »Wenn ihr Buddha trefft, tötet Buddha«, womit keine brachiale Aufforderung zum Mord oder zu menschenverachtenden Gewalttaten gemeint ist, sondern die mutige Selbstbefreiung (Foucault nannte diesen Akt einmal die individuelle Desubjektivierung, die Entunterwerfung unserer selbst) von religiösem Glauben, hin zu einer freien Selbstverwirklichung; entsprechend fügte Linji die Erklärung hinzu, »dann erlangt ihr zum ersten Mal Befreiung, werdet nicht mehr von Dingen gefesselt und durchdringt alles frei.«

Der junge und neugierige Dôgen muss beeindruckt gewesen sein von dieser fremden Freiheit der Existenz (einschließlich der Befreiung von einer gering geschätzten und unterdrückten Essistenz). Und solche Aha-Erlebnisse oder, um die buddhistische Terminologie weiter zu verstoffwechseln, solche Erleuchtungen begleiteten seine gesamte Chinareise. Etwa als er die sehr einflussreichen *Zen-Worte vom Wolkentor-Berg*, eine Schriftsammlung des Chan-Meisters Yunmen Wenyan (864–949), intensiv studiert und auch darin auf zahlreiche Beispiele eines gastrosophischen Geistes und Körpers stößt. So erfährt Dôgen von einem Schüler des Yunmen, der gefragt hatte: »Bitte, Meister, zeigt mir einen Zugang!« Wir ahnen schon seine (gastrosophisch erhellende) Antwort: »Suppe trinken, Reis essen!«[22] Dôgen lernt auch, den guten Geschmack wertzuschätzen, der sich im Wohlgeruch einer Speise verrät. »Der Duft von Reisbrei« lauteten die weisen Worte, die Yumen auf die Frage nach »der Essenz der korrekten Lehre« antwortete. Solche Zen-Worte vom Wolkentor verrieten dem Weg-Suchenden die richtige Lehre, den Buddha-Weg über das tägliche Essen zu gehen und die alltäglichste Praxis des Menschseins zur Aufgabe einer Ethik des Selbst zu machen. Von Yunmen wird Dôgen schließlich die denkbar kürzeste Weltformel der menschlichen Essistenz aufgeschnappt haben, denn dieser hatte bei einer anderen Gelegenheit, als Unwissende von ihm wissen wollten, was die allerdringlichste Aussage sei, die Aussage gewählt: »Iss!« (Ebd., 105)

---

21 Linji, Das Denken ist ein wilder Affe, 160.

22 Yunmen, Zen-Worte vom Wolkentor-Berg, 97.

Dumm und unklug wäre es freilich zu meinen, die Dringlichkeit des täglichen Essens ergebe sich allein daraus, dass erst das Fressen, dann die Moral komme. Mit einem solchen biologischen Materialismus (als wahrhaft dümmstem Diätmoralismus), dem nicht nur unwissende Marxisten und Buddhisten anhängen, hat ein Buddhismus chinesischer (Chan-)Prägung nichts zu tun. Denn neben dem Geschmack, dem Geruch und der gekonnten (meisterhaften) Zubereitung sind das Dringlichste auf dem guten Weg des täglichen Essens alle Tätigkeiten der Vorbereitung (Speiseplan erstellen, Pilze sammeln, Gemüse anbauen, Reis mahlen, Vieh schlachten, Tofu herstellen usw.). Auch die Nachbereitung (Abräumen, Abwaschen, Aufräumen der Essutensilien usw.) wird von den chinesischen Zen-Weisen als wahre Praxis ausgezeichnet.

So bat einmal ein Mönch den Zhaozhou (jap. Jôshû): »Meister, ich bin noch ein Neuling, zeige mir den Weg.« Woraufhin sich Jôshû selbstverständlich zunächst erkundigte: »Hast du schon gegessen?« Als der Novize dies bejahrte, ergänzte der Lehrmeister die wegweisenden Worte: »Dann geh deine Essschale waschen!« Da ging dem Neuling ein Licht auf. Zwar wird nicht verraten, was sich ihm erhellte. Doch die Erkenntnis, um die es dabei gegangen sein wird, scheint sonnenklar: Alle Dinge und Tätigkeiten, die das Essen betreffen, sind nicht nur unerlässliche Grundlage des Lebens, sondern ein wesentliches Praxisfeld, um eine gute Lebensweise täglich und offenkundig zu verwirklichen. Dass die tägliche Essistenz der Menschen weit mehr ist als eine Sache des Lebenserhalts, mehr als ein animalisches Grundbedürfnis des Körpers, davon handelt auch jene Geschichte, die offenbar zum ersten gastrosophischen Erwachen des schon erwähnten Yunmen vom Wolkentor-Berg geführt hatte. Als der noch unerleuchtete Yunmen von dem großen Chan-Meister Caoshan Benji (840–901) wissen wollte, was die Buddha-Praxis ist, antwortete dieser: »Reis von den Klosterfeldern essen.« Yunmen schien nicht zu verstehen und erwiderte: »Und wenn ich das tue?« Woraufhin Caoshan ihn eindringlich fragte: »Kannst du ihn wirklich essen?« Die Antwort fiel ihm leicht: »Klar kann ich das!« Der erfahrene Lehrer Caoshan, zusammen mit seinem Lehrer Donghan, Gründer der Caodong-Schule, die Dôgen schließlich als Soto-Schule in Japan weiterführen sollte, wollte genauer wissen, wie viel Wahrheit in dieser Aussage steckte. Er hakte nach: »Und wie gehst du das an?« Worauf Yunmen mit größter und allzu großer Selbstverständlichkeit entgegnete: »Was soll schon schwierig sein am […] Reisessen?« Natürlich zeigte Yunmen damals mit dieser läppischen und in ihrer Dummheit entlarvenden Auskunft bloß seine Unwissenheit. Indem er so sprach, verriet er die eigene unreflektierte und ›animalische‹ Einstellung zum Essen, was Caoshan mit den Worten kommentierte: »Warum sagst du nicht gleich, dass du ein Fell und Hörner trägst?« Der Schluss dieser Szene beschreibt das plötzliche Erwachen Yunmens, der sich daraufhin niederwarf.[23]

23 Yunmen, Zen-Worte vom Wolkentor-Berg, 242.

Was war geschehen? Yunmen muss jäh eingeleuchtet haben, dass Essen als Praxis kultiviert und als kulturelle Praxis nicht einfach gleichbedeutend ist mit Nahrungsaufnahme; dass sich Zen gemäß zu ernähren nicht heißt, sich irgendwie und irgendwo den Bauch vollzuschlagen. Yunmen könnte klar geworden sein, dass tägliches Zen-Essen nicht dadurch verwirklicht wird, dass man irgendetwas isst, auch nicht irgendeinen und schon gar nicht immer nur Reis. Seine gastrosophische Erleuchtung könnte auch die Erkenntnis beinhaltet haben, dass die Zen-Klöster ihre Nahrung selbst anbauen, um sich nicht ausschließlich von wahllosen Spenden ernähren zu müssen. Er könnte verstanden haben, dass das tägliche Gärtnern und Arbeiten auf dem Feld eine wesentliche Praxis ist. Denn nur dadurch, dass die Chan-Buddhisten Ackerbau und Selbstversorgung betrieben, überstanden sie die Buddhistenverfolgung unter Tang Wuzong, dem 15. Kaiser der chinesischen Tang-Dynastie, leichter als andere Schulen, die stärker auf Almosen angewiesen waren.[24]

Wer den »Reis von den Klosterfeldern« isst und selbst anbaut, kennt die feinen Unterschiede der Reissorten nach Herkunft, Anbau und Güte; der »Reis von den Klosterfeldern« ist ein ganz bestimmter Reis, nämlich genau der, der auf den Feldern wächst, die zum Kloster von Caoshan und Yunmen gehören. Offenbar dachte Meister Caoshan an den von ihrem Kloster selbst angebauten Reis und an das Essen von Reis als lokales Produkt der eigenen landwirtschaftlichen Praxis, die in einem direkten, räumlichen und lebensweltlichen Zusammenhang mit der Chan-Klosterküche und der eigenen Ernährungsweise stand. Die Kunst, »wirklich essen zu können«, hat dann den tieferen gastrosophischen Sinn, die Einheit von Landwirtschaft und Lebensmitteln, von Gartenarbeit und Küche, Agrikultur und Esskultur, Selbstversorgung und Selbstverwirklichung in ihrer essistenziellen Alltäglichkeit zu erfassen und in ihrer ganzen Komplexität gedanklich zu durchdringen.

Zum Wohl! Das Gute des gemeinsamen Mahls

Darüber hinaus könnte Caoshan mit dem Vermögen, Reis von den eigenen Feldern zu essen, auch auf das soziale Umfeld der klösterlichen Mahlgemeinschaft angespielt haben. Das tägliche Reisessen steht dann pars pro toto für die tägliche

24 Wuzong regierte von 840 bis 846, der Nachwelt blieb er vor allem als fanatischer Daoist in Erinnerung, der Andersgläubige (wie Buddhisten) verfolgen ließ. Der Kaiser erließ im Jahre 844 ein strenges Edikt zur staatlichen Enteignung der Besitztümer der buddhistischen Klöster, die zum Teil große Reichtümer angesammelt hatten. Das Mönchtum wurde verboten, etwa 265000 Ordinierte aus ca. 4600 Klöstern, die zerstört wurden, wurden zwangsweise in den Laienstand zurückversetzt. Diese kurze, aber intensive Verfolgung führte zur dauernden Schwächung und schließlich zum Zusammenbruch der meisten Sekten, fast nur Chan-Schulen überstanden die Katastrophe, bis Kaiser Xuanzong (reg. 847–59) das Verbot aufhob und in beschränktem Maße wieder Klöster zuließ.

Praxis des gemeinschaftlichen Essens. Es bedeutet, die täglichen Mahlzeiten nicht für sich allein einzunehmen, sondern sie in guter Gesellschaft – nämlich mit anderen Weggefährten und wahren Genossen – zu kultivieren. Diese miteinander (genossenschaftlich) kultivierte Wirklichkeit verwirklicht und vollendet den gastroethischen Weg. Wirklich essen können ist nichts anderes als dieses konviviale Wohlleben der klösterlichen Tischgesellschaft. Die konviviale Lebenskunst *dieses* täglichen Reisessens ist die Essenz des Zen als einer gastroethisch guten Alltagspraxis. Dann können wir auch besser verstehen, dass tägliches Reisessen als wahre Zen-Praxis nicht notwendig darin bestehen muss, sich Tag für Tag nur von Reis zu ernähren. Was auch immer die Mahlzeiten sein mögen: Zu einem wirklich guten Essen gehört unbedingt die Mahlgemeinschaft, das Konvivium als etwas allgemein Gutes (für alle, die daran beteiligt sind). Die täglichen Reismahlzeiten der klösterlichen Lebensgemeinschaft verkörpert genau in diesem Sinne den Geist-Körper des guten Zen-Lebens der Buddhas (im doppelten Wortsinn des physischen Ernährtseins wie der realen Existenz des Gemeinschaftsgeistes der geteilten Alltagspraxis). Und dazu gehört eben die konviviale Mahlzeremonie als mahlrituelle Ausgestaltung der menschlichen Essistenz und als essenzieller Inhalt der täglichen Lebenskunst von monastischen Buddhisten.

Deswegen lässt sich ›wahres Zen‹ – die konzeptuelle Vermischung von Kaizen und Euzen liegt hier zum Greifen nahe – als die philosophische Selbstreflexion der gemeinsam kultivierten Tat-Sache verstehen, dass Sinn und Zweck des klösterlichen Zusammenlebens vor allem die alltägliche Praxis und die nur aufgrund dieser Praxis erreichte Wirklichkeit ist, dieses gemeinsame Gute, dieses Gemeinwohl leben zu können. Dieses wahre Zen hat Meister Lo-shan in seiner Eröffnungsrede für einen neuen Vortragssaal (wo auch gemeinsame Mahlzeiten stattfinden) in einzigartiger Weise auf eine denkbar einfache und sprichwörtliche Formel gebracht. Er begab sich auf seinen Lehrstuhl und rief der versammelten Gemeinschaft seiner Weggefährten zu: »Lebt wohl!«.

Nach diesem merkwürdigen und an sich völlig unklaren Spruch stand er wieder auf und zog sich in sein Zimmer zurück. Der Aufzeichnung dieses Ereignisses zufolge soll Meister Min-Wang diesen Denkanstoß ausdrücklich als Ausdruck großer Weisheit gelobt haben. »Selbst Buddha kann keine andere Lehre erteilt haben«, so sein höchstes Lob, »als die Eurige heute«. Auf diese eigentlich nicht zu erwartende Anerkennung seines ebenso bedeutungsvollen wie rätselhaften Wahrsprechens des Zen reagierte Lo-shan mit der witzigen Doppeldeutigkeit: »Ich dachte, die Lehre sei euch fremd, jetzt aber entdecke ich, dass euch Zen nicht unbekannt ist.« Natürlich lässt er mit dieser Antwort seine Zweifel an der Erleuchtung des Buddha-Bruders durchscheinen. Wir werden sehen, dass der schmeichelhafte Kommentar des Min-Wang tatsächlich nicht von großem Zen-Geist zeugt und letztlich nur Un-Zen kolportiert. Denn schon der erste Buddha verkündete und praktizierte keineswegs das Zen-Verständnis des Lo-shan; selbst Shakyamuni blieb ein solches Ess-Zen fremd und auch jedem seiner Anhänger. Der historische Buddha lehrte und lebte eine asketische Praxis auf dem von ihm gewählten Mittleren Weg; durch diesen (seinen Fast Food) Buddhismus erfuhr die Welt nichts darüber, dass wahre Buddhas täglich (›nur so‹) essen, um das Gute zu leben. Von diesen sicherlich irritierenden Einsichten – und möglichen Erleuchtungen ganz anderer Art – erfahren wir später mehr.

Doch rückblickend werden So-Erleuchtete für das Beispiel des großen chinesischen Zen-Meisters Yunmen sagen dürfen: Nach seiner Belehrung durch Caoshan mag dem (damals noch) Weg-Suchenden bewusst geworden sein, dass es wirklich eine große Sache ist, mit seinen Klosterfreunden gemeinsam den Reis von den Klosterfeldern *essen zu können*, dass dies wirkliche und wirksame Zen-Praxis ist, nämlich die alltägliche Praxis des Anbauens, Erntens, Verarbeitens, Besorgens, Kochens, Speisens, Reflektierens des gemeinsamen Essens. Gastrosophisch aufgeklärte Zen besteht schlichtweg und ergreifend darin – was auch immer es sonst noch sein mag, zumindest darin – diese Lebensweise täglich möglichst gekonnt und vollendet (geglückt) zu praktizieren. Sie gekonnt (als Lebenskunst) zu leben und sich am verwirklichten (in praxi kultivierten) Sein dieses dem Menschen möglichen und wirklich gelebten Guten (oder Wohllebens) zu erfreuen, ist gewiss eine große Sache. Dieses (schwer fassbare Eu-)Zen spricht Meister Lo-shan schlicht und einfach aus, wenn er vor versammelter Runde sagt: »Lebt wohl!« Damit verabschiedet er sich nicht von seinen Weggefährten (indem er ihnen Lebewohl sagt); vielmehr will er ihnen das Gute, das sie selbst im Hier und Heute der klösterlichen Mahlgemeinschaft und ihrem Gemeinwohl verwirklicht haben, vor Augen (ihr geistiges Weg-Auge) führen und ihnen das erfüllte Sein ihres voll gelebten Buddha-Seins sinnfällig vergegenwärtigen. Noch großartiger und geistesgegenwärtiger wäre es gewesen, wenn der Weisheitslehrer den Anwesenden in feierlichem Tonfall fast lautlos lächelnd gesagt hätte: »Macht weiter so!«

Brechen wir hier ab; weitere Belege und Szenen aus den Ursprüngen der Zen-Bewegung würden die angeführten Beispiele nur ›ein ums andere Mahl‹ bestätigen und begreiflich machen, was der Weg-Suchende aus Japan, der junge Dôgen Kigen, aus der persönlichen und theoretischen Überlieferung der zahllosen Beispiele der alten Chan-Weisen wusste: »Alle großen Lehrer in der Tradition haben die Bedeutung des großen Geistes gelernt, nicht nur indem sie darüber schrieben, sondern in den verschiedenen Situationen und Kontexten ihrer Lebens auch praktizierten. Selbst jetzt können wir noch ihre Stimmen deutlich vernehmen, wie sie die fundamentalsten Wahrheiten und die Auswirkungen dieser Wahrheiten für unser Leben darlegen.«[25] Diesen Weckruf gilt es gründlich zu durchdenken und philosophisch in Beziehung zu setzen zur heute weit verbreiteten Hoffnung auf eine Große Transformation, zu den Transformationsdiskursen eines gesellschaftlichen Wandels und zu

---

25 Dôgen, Anweisungen an den Koch, 19.

der oft orientierungslosen Sucherei nach transformativen Praxen.[26] Einer der ersten großen Philosophen, der diese Suche, diese Diskurse und diese großen Wendepunkte eines anderen Denkens und Lebens weitsichtig vorwegnahm und mit einer Zen-ähnlichen Lebenskunst zu bearbeiten begann, um einen Ausweg aus den globalen Krisen unserer Lebensweise zu finden, war der Philosoph Michel Foucault. Hätte er mit den Wahrheiten Dôgens und der alten (chinesischen) Tradition der großen Lehrer etwas anfangen können? Vielleicht.

Dieser – mein – großer Lehrer hüllt sich diesbezüglich in ewiges Schweigen. Wir müssen selbst Antworten geben und weiter Fragen stellen. Warum auch nicht? Was, so frage ich mich, kann man mit der Tradition der gastrosophischen Universalität des chinesischen Zen-Buddhismus noch oder wieder anfangen? (Und mit Blick und großem Sprung nach vorn wird zu fragen sein, was der chinesische Marxismus – der Sino-Marxismus als utopisches Heilsversprechen der weltbesten Gesellschaft – und erst recht was der Marx-Xiismus für unser aller Zukunft bedeutet?)

Wenn die Antwort lautet, dass die Universalität des Zen in der Darlegung der grundlegendsten Wahrheiten und ihrer Auswirkungen auf unser Leben besteht, dann weist dies in die Richtung, die Dôgen in seiner Nachfolge der Chan-Buddhisten in China eingeschlagen hat: Diese Darlegung erfordert weniger das eifrige Studium des immensen Schrifttums der Buddhologie und schon gar nicht den Glauben an indische Mythologie, hinduistische Metaphysik und brahmanische Traditionen vermischt mit dem, was man für die Lehre des Wanderpredigers hält, der sich Buddha nannte. Denn dort, wo ›Buddhisten‹, genauer gesagt, wo Ess-Zen-Aktivisten eine transmissionäre Praxis gewährleisten und transformative Wirklichkeiten bewahrheiten, indem sie Pilze sammeln oder kaufen, Feldfrüchte anbauen, Knödel kreieren etc.; indem sie dafür sorgen, dass nur Gutes in den Korb, in den Topf, in die Schüssel, auf den Teller etc. kommt; indem sie selbst (gemeinsam) kochen und durch tägliche Übung darin Meister werden und es deshalb ungern (komplett) Anderen überlassen, die das Essen vielleicht weniger gut oder besser, dafür aber viel aufwendiger, unwirtschaftlich oder ungewohnt zubereiten; indem sie für eine wohlgefällige Präsentation der Mahlzeiten und für ein sorgfältiges Abräumen und Abwaschen des Geschirrs etc. eintreten; indem sie mit Weggefährten und Mitgenossen speisen, weil das alltägliche, gewöhnliche Essen gemeinsam zu teilen und herzhafte Mahlzeiten in guter Gesellschaft zu genießen für alle Beteiligten etwas Wohltuendes und Erfreuliches verkörpert.

---

26 Handbuch Transformationsforschung; Schneidewind, Die Große Transformation: Eine Einführung in die Kunst gesellschaftlichen Wandels; Welzer/Sommer, Transformationsdesig n: Wege in eine zukunftsfähige Moderne; Dietz/Faix, Transformative Ethik – Wege zum Leben: Einführung in eine Ethik zum Selberdenken, 2021; Berens, Die große Transformation: Wege zu einer neuen Welt; Haarmann/Lemke, Die Keimzelle. Transformative Praxen einer anderen Stadtgesellschaft.

Wo eine solche gute Praxis gewährleistet und bewahrheitet wird, kann – wie Dôgen auf seiner Entdeckungs- und Erweckungsreise in China erfährt – die bequeme Gewohnheit ›fallengelassen‹ werden, sich Mahlzeiten am liebsten von angehimmelten Instanzen als Fertigkost frei Haus und kostspielig liefern zu lassen. Nur, wer der Religion eines solchen himmlischen Fast Food Paradieses anhängt, muss glauben, die Wahrheit und Weisheit bestünde darin, sich um das Essen keine großen Gedanken machen zu müssen und für diese scheinbar unwichtige Nebensache des eigenen Lebens möglichst keine Arbeit zu haben.

Zur Mystik des Fast Food Buddhismus

Dôgen erwähnt viele Fälle eines solchen mysteriösen Imbiss-Buddhismus auch unter den chinesischen Zen-Meistern. Beispielsweise wird die Geschichte der schlichten Kost eines Bergeinsiedlers erzählt, dem die Mahlzeiten angeblich von himmlischen Wesen serviert wurden. Die spontane Erkenntnis, dass einer solcher spiritueller Buddhismus ein falscher Weg ist, weckt Dôgens großen Geist. Sich darüber klarwerdend, dass in diesen wichtigen Dingen umzulernen bedeutet, das Zen eines wahren Buddhismus zu leben, lautet seine Umdeutung, seine zen-gastrosophische Dekonstruktion dieser Geschichte: »Als der große Meister Kôkaku vom Berg Uno einst in einer Hütte auf dem Berg Sampô lebte, reichten ihm Himmelswesen die Mahlzeiten. Dann begab er sich in Tôzans Orden, wo er zweifellos zur großen Wahrheit erwachte. Danach kehrte er wieder in seine Hütte zurück. Als die Engel kamen, um dem Meister die Mahlzeiten zu reichen, suchten sie drei Tage nach ihm, aber sie konnten ihn nicht finden. Der Meister wartete nicht länger auf die Mahlzeiten des Himmels. Sein zentrales Anliegen war von nun an die große Wahrheit. Versucht, euch seine tiefe Entschlossenheit klarzumachen.« Tief Entschlossene wollen keine fragwürdigen himmlischen Mahlzeiten, die ein freundlicher Lieferservice von irgendwo bringt; so etwas halten nur Menschen für wahr, die alles Gute von oben erwarten und gedankenlos alles schlucken, was sie auf diesem Weg bekommen.

Der Transfer des (insgesamt ungastrosophischen) mystisch-spirituellen Buddhismus aus Indien in die chinesische (Ess-)Kultur und in die Köpfe (und Töpfe) ihrer Philosophen, die schließlich den Chan-Buddhismus erfinden, weckt eine ungewöhnliche Erfahrung, die Einsicht, dass die Wahrheit auch im Essen aktiviert werden kann. So erwacht ein gastrosophisch grundierter Buddhismus, der die Buddha-Praxis über das Ess-Zen mit dem kulinarischen Alltags- und Wohlleben verbindet, das der chinesischen Gesellschaft immer schon als etwas Himmlisches gilt. *Min yi shi wei tian* (民以食為天) – ›Für die Menschen ist das Essen das Himmelreich‹, so lautet die konviviale Weltformel der Chinesen: Dieses Alles-unter-dem-Himmel-des-Essens oder *Tianxia shi* verbindet den erdverbundenen Hedonismus der chinesischen Tischgesellschaft mit dem guten Leben als gastrosophischer Alltagspraxis.

Dôgens Transformation steht also in einem weitreichenden ideengeschichtlichen Zusammenhang, der seinen unmittelbaren Erfahrungshorizont übersteigt. Andererseits erscheint es im Grunde gar nicht so erstaunlich und abwegig, dass durch die Zugabe des Buddha-Dharma zur chinesischen Küche eine transkulturelle Mischkost entsteht: Der indische Buddhismus trifft in China auf ein Land, das zuvor über Jahrhunderte durch Konfuzianismus, Daoismus und Sino-Hedonismus (der Tianxia shi Konvivialität) mit ganz anderen Wahrheiten und Weisheitslehren vom rechten Weg versorgt worden war. Es kam zu einer kulturellen Vermischung, in der eine traditionsreiche Gesellschaft die neuen Ingredienzien, wie Buddhas mittleren Weg, im Umgang mit dem täglichen Essen für die eigene Lebensphilosophie auf eine entsprechend chinesische Weise verarbeitete und verstoffwechselte.

Zwischen dem Buddhismus und der alltäglichen Praxis im Reich der Mitte bestand der denkbar größte Gegensatz hinsichtlich des wahren Weges des Lebens und Essens. Die Weisheitslehre des indischen Wanderpredigers (miss-)versteht sich in ihrer ursprünglichen (spirituellen, mystischen, asketischen) Form als mystische Erlösungsphilosophie, die dem Einzelnen aus dem Kreislauf der leidvollen Wiedergeburten (sanskrit *samsara*) heraushelfen will und damit zur Erlösung – dem Ausweg des Erlöschens (sanskrit *nirvana*) – als einem transzendenten Sein jenseits des irdischen Lebens der Menschen. Auf dem Weg dorthin muss gegessen werden, aber für diese Art des Unterwegsseins kann auch Fast Food gut genug sein. Diese buddhistische Lehre mischt sich mit einer Kultur, in der feste gesellschaftliche Bindungen und konfuzianische Pflichten die Grundpfeiler einer diesseitigen Lebensethik sind, in der Glück (chin. *fu*), Wohlstand (chin. *lu*) und das daoistische Ideal eines langen Lebens (chin. *shou*) die Dreifaltigkeit aller Sehnsüchte – *sanxing* oder die drei Gottheiten eines guten Lebens – bilden und dem spirituell-buddhistischen Ideal einer Erlösung vom Leid des (irdischen) Lebens im (himmlischen) Nirvana geradezu antipodisch gegenüberstehen. Eine Mystik des untoten Verlöschens stößt auf die Philosophie des Ahnenkults, die Erlösung von ewigem Leiden auf erstrebenswerte Lebensfreude, absolute Bindungslosigkeit auf gesellige Familien- und Vergemeinschaftungsideale, asketische Selbstverleugnung auf bedingungslose Lust an Leckerbissen und Tafelfreuden.[27]

Der transkulturelle Vermischungsprozess durch den Import des Buddhismus nach China und die Entstehung des Zen-Buddhismus vollzog sich weniger, wie oft dargestellt, als eine Einpflanzung des Buddhismus in den fruchtbaren Boden chinesischer Lebensart; beides vollzog sich vielmehr als eine sinisierende Verwertung und sino-logische Einverleibung der reichlich gefüllten Körbe mit allerlei

27 Diese gastrosophische Dimension, die ich hier mit den Stichworten Sino-Hedonismus und Tianshi-Konvivialismus markiere, wird im zweiten Band intensiv erforscht, um dem Sino-Marxismus und dem sinotopischen Kommunismus im Umweg über einen Sino-Kantianismus eine utopische Alternative entgegensetzen zu können.

(schmackhaften und unverdaulichen) buddhistischen Weisheiten und Unwahrheiten: Aus den drei Körben (sanskrit *tripitaka*) des buddhistischen Kanons von Sutren, Geboten und Kommentaren haben sich die lebensfrohen Chinesen bezeichnenderweise vor allem das reichhaltige Herz-Sutra herausgepickt. Darin werden neben vielen anderen wundersamen Dingen auch die »Gefilde der Glückseligen« beschrieben, deren Traumlandschaft voller Genussquellen des sinnlichen (leiblich-kulinarischen) und sozialen (geselligen) Wohlergehens ist: Bäume aus reinstem Glas, an denen nach indischer Version klingende Edelsteine als Blätter hängen, und Wiesen, auf denen zerbrechliche Tiere und heilige Kühe weiden, werden in der chinesischen Interpretation zu essbaren Objekten, üppig und kostbar, das reine, genussvolle Lebensglück. Um die Verheißung einer nirvanischen Glückseligkeit auch als »Geschmack von Buttercreme« – eine Formulierung, die auch Dôgen verwendet – erfahren zu können, musste die Philosophie und Praxis des Buddha-Seins in China erst durch ein Chan/Zen-Surrogat philosophisch schmackhaft gemacht, bekömmlich verdaut und gründlich assimiliert – eben sinisiert – werden.

Die gar nicht so frugale Kost eines chinesischen Bergeinsiedlers

Von dem pilzsuchenden Zen-Meister und Weggefährten, dem der junge Japaner Dôgen seine erste plötzliche Erleuchtung oder gastrosophische Erkenntnis verdankt, wird er wohl nichts über Pilze als köstliche Geschmacksquellen gelernt haben. Oder vielleicht doch? Wenn wir für einen Moment über den begrenzten Horizont und die Sichtweise des traditionellen Buddhismus hinausschauen und die Schriften chinesischer Gastrosophen zu Rate ziehen, auf die Dôgen auf seiner Reise durch China stieß, dann erscheinen seine Erfahrungen und Erleuchtungen in einem ganz anderen Licht. Zum Beispiel erschien zu dieser Zeit das *Handbuch der Pilze* (chin. *Junpu*). Das *Junpu* ist eines der ersten Pilzkochbücher Chinas. Der Autor beschreibt elf Arten von Speisepilzen, darunter die beliebten (erschwinglichen) Shiitake und die begehrten (teuren) Matsutake. Das Werk behandelt deren Wachstumsperioden, Erntezeiten, Formen, Farben und Geschmäcker. Wer sich auf den Weg macht, um Speisepilze für eine geschmackvolle Mahlzeit zu suchen, zu sammeln oder zu kaufen, macht diese ebenso unscheinbaren wie erdverbundenen Produkte der Natur zum Gegenstand eines umfassenden Wissens. So wird besser nachvollziehbar, was in Dôgen vorging, als er einem alten Mann begegnete, für den bestimmte Pilze so unermesslich wichtig zu sein schienen – denn der Chan-Meister hatte wohl eine ähnlich tiefe Kenntnis der Sache wie sein Zeitgenosse und Verfasser des erwähnten Pilzbuches. Wenn Dôgen den Kochkünstler vom Bergkloster Ayuwang fragt, was das Gute in seinem Tun und was die Buddha-Praxis sei, dann leuchtet jetzt dieses Zweifache ein: Der klassische Zen-Meister sammelt gastrosophisches Wissen von allem Guten, das aus der Erde wächst, und er bewahrheitet durch seine Praxis die kostbare Welt und die rhizomatische Wirklichkeit des Buddha-Seins, wie es die Pilze bewirken. Weitere Expertisen zur chinesischen Pilzküche, die erklären, was den Zen-Meister bewegt haben mag, den der junge Ankömmling aus Japan zufällig in diesem damals schon hochentwickelten Kulturland traf, finden sich in dem einflussreichen Werk *Zeitweiliger Aufenthalt für Mußegedanken* des Schriftstellers und Kulturkritikers Li Yu.[28]

»Neben den Bambussprossen«, macht sich Li Yu klar, »sind Pilze wohl das Frischeste und Feinste. Diese Pilze haben weder Wurzeln noch Stängel und schießen urplötzlich (aus dem Erdreich). Sie vereinen die Lebensenergie von Bergen und Flüssen, Pflanzen und Bäumen in sich und nehmen so ihre Form an. Sie haben zwar eine Erscheinung, jedoch keinen Körper, denn alle Wesen, die einen Körper haben, bringen Abfälle hervor. Was keine Abfälle hervorbringt, kann also auch keinen Körper haben. Ein Wesen ohne Körper hat sich noch nicht vom Urzustand der Lebensenergie entfernt. Wer ein solches Wesen verspeist, saugt die Lebensenergie von Bergen und Flüssen, Pflanzen und Bäumen ein. Solches ist ohne Frage für den Menschen nützlich.« (Ebd., 115) Was hier in einer buddhistisch-daoistischen Sprache ausgesprochen wird, sind im wahrsten Sinne des Wortes fundamentale Einblicke in das megaphysische Internet des Essens, als ein weltweites (planetares) Lebensnetz, das alles mit allem verbindet, das isst. Wenn der chinesische Gastrosoph die Frische und Feinheit von Pilzen auf die Lebensenergie (chin. *Qi*) von Bergen und Flüssen, Pflanzen und Bäumen zurückführt, die sie verstoffwechseln und in ihrer Gestalt verkörpern, dann nehmen sein Mußegedanken ein Gastrosphärenbewusstsein (das Wissen vom gastrosphärischem Qi einer essistenziellen Wohlnatur) vorweg, das im Begriff ist, das moderne (anthropozentrische) Weltbild abzulösen. Die Frische und Feinheit der Pilze als etwas Wohltuendes zu beschreiben, das für den Menschen rhizomatisch aus der Erde wächst, lässt geheimnisvolle Erkenntnisse von der Buddha-Natur durchscheinen und macht verständlicher, was sich alles in der Tatsache verbirgt, unbedingt eine Nudelsuppe mit Pilzen zubereiten zu wollen.

Auch das Werk eines anderen chinesischen Gastrosophen und genügsamen Einsiedlers, dem Dôgen in der Gegend des Bergklosters Tiantong begegnet sein könnte, lässt gastrosophische Weltweisheit erkennen. In dem Buch *Schlichte Kost des Bergeinsiedlers* (chin. *Shanjia qinggong*) aus dem Jahr 1245 listet ein gewisser Lin Hong Kochrezepte für über hundert Gerichte, Süßspeisen und Getränke auf. Den größten Teil nimmt die Zubereitung vegetarischer Gerichte ein, wobei nicht zuletzt Pilze in Geschmack, Konsistenz, Farbe und Nährwert eine gute Alternative zu Fleisch darstellen. An Fleischgerichten enthält Lin Hongs Kochbuch nur solche aus dem Fleisch von Huhn, Hase, Fisch und Krabbe. Die Zubereitungstechniken zeugen deutlich vom großen Geist kulinarisch-ästhetischer Raffinesse. Auch die theoretischen Erläuterungen des Autors, insbesondere zu den kleinen Zwischenmahlzeiten (Imbissen) und den Desserts, zeugen von Geist und Sachverstand. Als Zutaten für die Gerichte

28 Li Yu, Zeitweiliger Aufenthalt für Mußegedanken.

werden überwiegend Gemüse aus dem eigenen Garten, Wildkräuter, Obst und Bohnenprodukte verwendet. Im Hauptteil werden zur Erläuterung der einzelnen Lebensmittel die Quellen des Gesagten angegeben oder Anekdoten erzählt. Anschließend werden die Zutaten, die Zubereitung und Besonderheiten genannt.

Die schlichte Kost des Bergeinsiedlers ist alles andere als schlicht. Oder genauer: Sie ist schlicht, aber nicht in dem frugalen Sinne, dass sie hauptsächlich (egal wie) satt macht und Fragen des Geschmacks und der kulinarischen Verfeinerung für nebensächlich erachtet würden. Schlicht ist die Küche des Bergeinsiedlers nur insofern, als dass sie bei aller ästhetischen Verfeinerung eine sättigende (und selbstgekochte) Alltagsküche bleibt, die mit dem gewöhnlichen Tagesablauf und den anderen Lebensinhalten kompatibel ist. Zu dieser nicht ganz so schlichten Alltagsküche gehören vielerlei Köstlichkeiten wie ein »Kiefernpollen-Honig-Kuchen« oder Botuo-Knödel, die aus dem Saft einer zerdrückten Wurzel und Weizenmehl in einem dünn ausgezogenen Teig zubereitet werden; ein aus Chrysanthemenblüten und Reis komponierter »Goldreis« usw. Enthalten sind relativ viele Gerichte und Desserts, die einer meisterhaften Gestaltung bedürfen, Kreationen wie »mit Krabbenfleisch gefüllte Orange«, wofür Krabbenfleisch in eine leere Orangeschale gefüllt und dann in einem Reistopf mit Essig und Wasser gedämpft wird; »in Lotussamenkapseln gedämpfte Mandarinfischstücke«, bei dem das Fleisch eines Dorschbarsches, das mit Reiswein, Sojasauce und aromatischen Würzzutaten vermischt wird, in ausgehöhlte Samenkapseln des Lotus gefüllt und gar gedämpft wird; »Weißer-Schnee-und-Rote-Wolken-Suppe«, wofür Bohnenquark und Hibiskusblüten zu einer rot-weißen Komposition gedünstet werden. Ein weiteres Kochkunstwerk, das die Weisheit der song-chinesischen Küche beweist, sind die »Drei knackigen Zutaten des Bergeinsiedlers«, für die junge Bambussprossen und kleine Pilze (Sprösslinge des chinesischen Bocksdorns) kurz mit heißem Wasser abgebrüht, anschließend Würzmittel hinzugegeben und damit vermischt werden.

Hätte der Chan-Meister, den Dôgen im Hafen von Ningho traf, dort keine Pilze für seine Nudelsuppe gefunden, hätte er – sollte er die Rezeptsammlung der schlichten Küche des Bergeinsiedlers gekannt haben – auf eine »Essigpflaumenblüten-Nudelsuppe« umdisponieren können, bei der in einer Eisenform Teigscheiben in die Form von Essigpflaumenblüten gepresst und dann in Hühnerbrühe gekocht werden. In Konzeption, Form und Namensgebung dokumentiert das Kochbuch des Lin Hong (von dessen einzigartigen Innovationen und Superlativen die Welt immer noch kaum etwas weiß) ein hohes Niveau an kulinarischer Weisheit. Das darin erwähnte »Opfer von purpurroten Wolken« ist der früheste Beleg für die *Shuan*-Garmethode, eine Brüh-Fonduetechnik. Für diese Kochtechnik werden spezielle Töpfe aus Ton, aus Eisen oder in der edleren Ausstattung aus Gusseisen verwendet. Ähnlich wie beim »mongolischen Feuertopf« werden bei diesem Eintopfgericht verschiedene Zutaten wie Fleisch, Fisch, Ei, Tofu und Gemüse gemeinsam in einem Topf in kochendem Wasser oder in Brühen aus Gemüse, Fleisch, Sojasauce oder

Miso gegart und durch kurzes Eintauchen und Hin- und Herschwenken gegart. Während des Kochens können weitere Zutaten hinzugefügt werden, um das Ganze zu verfeinern.

In Japan wurde diese Eintopf-Zeremonie unter dem Namen Nabemono bekannt. Insofern ist die vergleichsweise kunstlose und in jeder Hinsicht lieblose Eintopf-Mahlzeit, die die Zen-Mönche damals ihrem berühmten Gast aus dem Westen, dem französischen Philosophen Michel Foucault, servierten, ein repräsentatives Beispiel für die Praxis eines »schlechten und traurigen Buddhismus« (Dôgen), durch die sich Dôgen zu Recht der Notwendigkeit einer zen-gastrosophischen Selbstbefreiung bewusstwurde. Im modernen Japan wird das Nabemono auf dem Esstisch mit einem simplen tragbaren Gaskocher warmgehalten, den die meisten Japaner besitzen. Das Gericht wird am Tisch zubereitet und die Essenden können die Zutaten selbst auswählen, die sie aus dem Topf nehmen möchten – jeder nach dem eigenen Gusto. Das gemeinsame Essen gilt als wichtiger Bestandteil des Nabemono gesehen; viele Japaner sind der Ansicht, dass das geteilte Mahl aus einem Topf herzliche Beziehungen zwischen den Beteiligten schafft und die Freundschaft untereinander stärkt. Dennoch fehlt der japanischen Lebensphilosophie bis heute, wie schon Dôgens Zen-Gastrosophie, das sino-hedonistische Feuertopf-Selbstverständnis, das einer schlichten Eintopf-Zeremonie erst ihren geselligen Geist verleiht. (Was ausführlich im zweiten Band dargestellt wird.)

Für das »Opfer von purpurroten Wolken«, welches der weitgehend unbekannte song-chinesische Zen-Gastrosoph Lin Hong der Welt erbrachte, wird in feine Scheiben geschnittenes Fleisch (vom Hasen, Hammel, Schaf, Schwein) mit Reiswein, Szechuan-Pfeffer und anderen Würzmitteln eingelegt, dann wird es mit Holzstäbchen in den kochenden Eintopf – den Feuertopf – getunkt und schließlich mit etwas Sauce gegessen. Neben den erwähnten Speisebeispielen werden in der gar nicht so *Schlichten Kost des Bergeinsiedlers* auch kochtheoretische Gedanken erörtert. Dabei wird der gastrosophische Grundsatz einer (später von Immanuel Kant begründeten) universellen Ästhetik des guten Geschmacks aufgestellt: »Es gibt keinen festgelegten guten Geschmack: was einem schmeckt, ist gut.« In Abgrenzung zu einem geschmäcklerischen Privatismus oder Subjektivismus, wonach Einem Tofu mit Hibiskusblüten schmeckt, einem Anderen aber weder das eine noch das andere zusagt, deutet diese Formel die Logik einer rein ästhetischen Beurteilung des Geschmacks an. Das ästhetische Urteil, ob etwas gut schmeckt, beruft sich nicht auf kulinarische Traditionen, kulturelle Konventionen oder irgendwelche (modischen) Dogmen eines vermeintlich objektiv wahren ›guten Geschmacks‹, sondern muss das jeweils auszuhandelnde Ergebnis und die intersubjektive Konsens-Wahrheit einer freien (subjektiven), aber gemeinsamen (allgemeinen) Geschmacksreflexion sein. Ob *dieser* Eintopf gut schmeckt oder warum nicht, diese immer offene Frage des guten Geschmacks können nur diejenigen beurteilen, die ihn essen. Dieses Geschmacksurteil gilt aber nur für diesen Eintopf und ist auf diese Urteilsgemeinschaft beschränkt; schon beim nächsten Mahl kann der gleich zubereitete Eintopf (wie jedes andere Gericht auch) von derselben oder einer anders zusammengesetzten Mahlgemeinschaft anders beurteilt werden.

Neben der Beschreibung der schlichten Kost des Bergeinsiedlers Lin Hong existieren weitere Werke des gastrosophischen Diskurses aus der Blütezeit der chinesischen Kultur. Erwähnenswert sind beispielsweise die *Fünf Betrachtungen zum Speisen von Beamtengelehrten* des Dichters und Kalligraphen Huang Tingjian (1045–1105) und die *Aufzeichnungen des Küchenchef* Zhang Wangzhi aus der Song-Zeit. Ebenso repräsentieren die *Vegetarischen Rezepte aus dem Studierzimmer der Herzenslust* von Chen Dasou einen relevanten Text der chinesischen Küche, den Dôgen auf seiner Forschungsreise durch die Bibliotheken der Chan-Klöster gelesen haben könnte. Darin werden vegetarische Gerichte und Zutaten für die Alltagsküche beschrieben, wie Gemüsebrei, Fadennudeln aus Mungobohnenstärke, natürlich Pilze, auch chinesischer Lauch, Yamswurzel, Lotuswurzel, Bambussprossen oder handgezogene Schmetterlings- oder Bandnudeln. Über den Dharma-Rang des darin abgedruckten Rezeptes für süße Klebreisbällchen – gefüllt mit Rohrzucker und gekocht in einer Brühe, die mit dem Markholz des Adlerbaums aromatisiert war – wird noch ausführlich zu reden sein. Doch hatten wir zunächst fest: Schon diese kleine Auswahl an Werken belegt die traditionsreiche Existenz und den allgemeinen Diskurs einer chinesischen Weisheit des Essens zu der Zeit, als Dôgen das große Nachbarland bereiste – einer Gastrosophie, die neben praktischen Fragen einer feinen Alltagsküche ebenso Theoretisches über die Kochkunst wie Poetisches zu einer kultivierten Essistenz beinhaltet.

Der bereits erwähnte Hunang Tingjian, einer der vier song-zeitlichen Meister der chinesischen Kalligrafie, behandelt in seinen *Fünf Betrachtungen zum Speisen von Beamtengelehrten* allgemeine Grundsätze für einen richtigen Weg des Trinkens und Essens. Dafür macht er sich die existenzielle Bedeutung des Essens klar, die viele Arbeit, die »hineingesteckt wurde, angefangen beim Urbarmachen und Kultivieren von Brachland, über das Einbringen der Ernte, das Mahlen der Körner, Aussortieren und Kochen, bis es gegessen werden kann. Ganz zu schweigen vom Schlachten der Tiere für die Gaumenfreuden.«[29] Der zum Laien-Buddhisten bekehrte Beamtengelehrte, der nur »ungefähr nach der buddhistischen Lehre« zu formulieren vermag, beschließt, über die eigene moralische Integrität nachzudenken und »alles Dargebrachte dankbar zu empfangen«. In diesem Geiste sollen die Menschen »Speisen zu sich nehmen, um das Dao zu vollbringen.« Mit diesem *Dao des Essens* sind Gedanken vorformuliert, die einige Zeit später – wie uns jetzt einleuchtet – in den Einsichten des (gastrosophisch unterfütterten) *Zen-Buddhismus Dôgens* fortleben werden.

Als Dôgen das China der Song-Zeit bereiste, herrschte dort unter privilegierten Gelehrten (wie Hunang), Adelskreisen und reichen Kaufleuten eine hoch entwi-

29 Gwinner: Essen und Trinken. Die klassische Kochbuchliteratur Chinas.

ckelte Esskultur. Es wird von Weinhäusern für mehr als tausend Gäste berichtet, in denen sich auch kleine Händler und Handwerker an sautierten Muscheln, gedämpften Nierchen mit Litschi oder doppelt gekochtem purpurnen Fisch aus Suzhou labten. Speisekarten mit mehr als 230 Gerichten waren in den Restaurants und Teehäuser von Kaifeng und Hangzhou, den beiden Hauptstädten der Song-Dynastie (1126–1276) keine Seltenheit. Meng Yuanlao (ca. 1090–1150) berichtet in seinen Pinselnotizen *Der Traum von Hua in der Östlichen Hauptstadt* über das urbane Leben in der damaligen Hauptstadt, die zu diesem Zeitpunkt gerade vom nördlicher gelegenen Kaifeng in das südlich gelegene Hangzhou verlegt wurde. Schon im Vorwort wird die neue Hauptstadt als ein lebensfroher Ort im Reich der Mitte gefeiert, in dem der chinesische Sinn für Feinschmeckerei bereits weit verbreitet ist: »Die Kostbarkeiten und Kuriositäten aus der ganzen Welt sind hier versammelt«, notiert der Autor stolz, »alle werden auf dem Markt verkauft. Die exquisitsten Düfte aus aller Herren Länder waren hier, in der Küche versammelt.«[30] Meng Yuanlao dokumentiert nicht nur das bunte und weltläufige Marktgeschehen der Hauptstadt; er hält auch einiges über den Stand der Kochkunst fest. Sein Werk enthält Notizen zu hundert Gerichten und Snacks, lokalen Spezialitäten (speziell der regionalen Sichuan-Küche) und schildert das geschäftige Leben in den diversen Gaststätten und den ersten großen Restaurantbetrieben (Teigwaren- und Nudellokale) der chinesischen Geschichte, die zu dieser Zeit allgemeine Beliebtheit genießen und den hohen Stellenwert der Esskultur erkennen lassen.

Nachdem Hangzhou 1127 zur neuen Hauptstadt der Süd-Song-Dynastie gewählt worden war, entwickelte sich die Metropole am Westsee in der Nähe des heutigen Shanghai rasch zur damals größten Stadt der Welt mit vermutlich einer Million Einwohnern. Der Westsee inmitten der Stadt liefert zahlreiche Fischarten. In der Region zwischen Ningbo und Nanjing im Westen steht Gemüse ganz oben auf dem Speiseplan. In der Provinz Zhejiang entstanden die bedeutenden buddhistischen Klöster, die von den Dôgen besucht wurden und die vegetarische Küche kultivierten. Die stetig wachsenden und prosperierenden Zentren des Ostens stellten hohe Anforderungen an die Kunst ihrer Köche, die nicht nur die Technik der feinsten Schnitte mit dem chinesischen Hackmesser perfekt beherrschen mussten, sondern auch als Söhne des daoistischen Herdgottes arbeiteten: Die perfekte Anpassung der Herdhitze, profundes Wissen und das Gespür für die optimale Garzeit und Zubereitungsart, die zu jedem Gemüse- oder Fischgericht passen musste, machten die Köche zu wahren Meistern und begründeten die gesellschaftliche Wertschätzung ihrer Kunst. Die südlichen Song-Kaiser zwischen dem 11. und 13. Jahrhundert sorgten zudem dafür, dass China eine landwirtschaftliche Blütezeit erlebte und der Reisanbau enorm zunahm. Kreatives Denken und Erfindungsreichtum in der Agrartechnik führten zu einer Maximierung der Erträge, so dass der

30 Meng Yuanlao, Der Traum von Hua in der Östlichen Hauptstadt.

Osten Chinas zu einer der Reiskammern des Landes wurde – mit weitaus besseren Möglichkeiten, auch die einfache Landbevölkerung zu ernähren. Der Sinologe Jacques Gernet rekonstruiert in seiner Universalgeschichte Chinas den historischen Hintergrund dieser glücklichen Ernährungsverhältnisse. Er zitiert einen Spruch aus jener Zeit, der wie ein Blitz aus heiterem Himmel in die Gastrosphäre eines Chinas fällt, in dessen Reich (Weltreichweite) alles ›unter dem Himmel des Essens‹ steht: »Wenn die Ernte in Su(zhou) und Chang(zhou) reif ist, wird die Welt satt.«[31] Damals erreichte die chinesische Esskultur einen ihrer ersten Höhepunkte.[32]

Die Stadt Hangzhou ist nicht nur das Zentrum der Provinz Zhejiang, sondern seit Jahrhunderten auch das Zentrum einer der wichtigsten regionalen Küchen des Kaiserreichs. Der begeisterte Chinareisende Marco Polo soll Hangzhou als die schönste und großartigste Stadt der Welt bezeichnet haben. Zumal seine Heimatstadt Venedig, die damals eleganteste und kosmopolitischste Metropole der westlichen Welt, mit ihren 140.000 Einwohnern wie ein Provinznest wirkte. Der Mann aus Europa, wo man stolz auf den hohen Stand der eigenen Kultur war, staunte beim Festmahl einer Familienfeier über unzählige Suppen, vierzig Gerichte aus kurz gebratenem, gedünstetem, geschmortem oder gegrilltem Fleisch, Geflügel und Meeresfrüchten, über zwanzig Gemüsegerichte, ein Dutzend verschiedene Reis- und Nudelsorten, dreißig Sorten getrockneten und eingelegten Fisch, dazu vierzig Nachspeisen.[33] Der Italiener zeigt sich schwer beeindruckt von dem reichhaltigen Angebot auf den Tischen und auf dem Fischmarkt von Hangzhou und noch mehr von dem Überraschungsei-Zauberei der kaiserlichen Hofküche. »Des Bettlers Huhn« ist ein ursprünglich aus der Armenküche stammendes Gericht in verfeinerter Form, bei dem ein Huhn mit Gewürzen in Lotusblättern und Lehm eingewickelt stundenlang in einem heißen Erdloch gegart wird. Das kugelförmige Tonei wird am Tisch mit einem Hammer zerschlagen, woraufhin das butterweiche Fleisch, eingehüllt in eine aromatisch duftende Dampfwolke, das Licht der Welt erblickt: Aus einem Ei schlüpft ein gekochtes Huhn. Der Westen sollte noch einen langen Weg und viele kulturelle Fortschritte machen, bevor er sich mit dieser fernöstlichen Zauberkochkunst messen konnte. Zu Marco Polos Zeiten waren die Tische der europäischen Königshöfe überfüllt mit willkürlich zusammengewürfelten Gerichten, die ebenso einfach zubereitet wie unstimmig präsentiert wurden – verkochtes Fleisch, riesige Bratenspieße, vielleicht ein paar Süßigkeiten aus Kuhmilch und, wenn überhaupt, nur einheimisches Obst.

Mit der beschriebenen Entwicklung wächst auch die Bedeutung der nahe gelegenen Stadt Ningbo. Im Hafen von Ningbo, wo das Schiff anlegt, mit dem Dôgen

31 Gernet, Die chinesische Welt.

32 Dazu im Folgenden: Hernig, Eine Himmelsreise. China in sechs Gängen, 36ff.

33 Biswas, Das Tao des Essens.

aus Japan kommt, wird der Außenhandel von Hangzhou abgewickelt. Für vier erlebnisreiche Jahre taucht der Wegsuchende in diese weite Welt ein. – Erleuchtet durch seine zahlreichen gastrosophischen Erweckungserlebnisse vor Ort, will Dôgen nach seiner Rückkehr einiges davon in Japan einführen. So wird er der erste Mensch in seinem Land sein, der von der Verwirklichung der höchsten Lebensweisheit in der Welt, von der Zubereitung, dem Genuss und der Darbietung des Essens weiß und über diese bisher unbekannte Wahrheit des Buddha-Dharma erhellend schreibt; er wird der erste Japaner sein, der zeigt, dass Zen wirklich schmeckt und dass das tägliche Reisessen nicht weniger eine große Sache ist als das Teetrinken; Dôgen wird in Japan nicht nur der erste, sondern bis auf weiteres auch der letzte namhafte Buddhist sein, dessen Schriften davon handeln, dass sich Erleuchtung und Buddha-Sein im Duft einer cremigen Suppe, im Wohlgeschmack einer köstlichen Dickmilch, in einem leckeren Pilzreis-Risotto und in ähnlichen Wundertaten kundtun und verwirklichen lassen. Und wir erleben, dass nach vielen Jahrhunderten der Verwahrung und Verwahrlosung erst in jüngster Zeit immer mehr Fans und Anhänger des Zen-Buddhismus, vor allem im Westen, diese gastrosophische Schatzkammer für sich zu entdecken und zu bewahrheiten beginnen.

Es lohnt sich daher, an dieser Stelle festzuhalten, dass ein aufgeklärter Blick, wie ihn ein gastrosophisches Weg- oder Weltbild eröffnet, im Zen-Buddhismus Dôgens und damit in der japanischen Philosophie aktualisierbare (und universalisierbare) Ansätze zu einer Philosophie des Essens auftun kann: *Die Schatzkammer des wahren Dharma* (jap. *Shôbôgenzô*) spricht an vielen Stellen davon, dass Zen auf dem Weg des Essens gegangen werden müsse und dass diese tägliche Praxis eine volle Manifestation des Zen-Lebens sei. So ist es nicht verwunderlich, dass Dôgen in seiner ausführlichen *Anleitung zum Gebrauch der Essschalen* (jap. *Fushukuhanpo*) auch eine minutiös durchdachte Stilistik der Mahlzeit und des richtigen Gebrauchs des Essgeschirrs entwirft: Wichtige Dinge und Grundfragen der Ethik und Ästhetik einer Lebenskunst, die ihren philosophischen Ursprung in der dôgenialen Zen-Gastrosophie hat.

Gemalte Reisknödel und dergleichen
Rezeptideen à la Dôgen

In einer Rede über die alltägliche Praxis und ihre Anforderungen wird ganz im Sinne der chinesischen Vorbilder und Vorgänger verkündet: »Der Weg der Buddhas ist es, Tee zu trinken und Reis zu essen. [...] Behalte im Sinne, dass die Buddhas ihre wirklichen Selbste in der alltäglichen Lebenspraxis des Teetrinkens und Reisessens realisieren. Diese Aktivitäten machen das eigentliche Leben der Buddhas aus, so wie sie es immer gelehrt haben – es gibt keinen Buddha-Weg außer diesen.«[1] Ein solches Verständnis des Weg-Selbst und des Buddha-Seins, wonach das Essen (wie das Trinken) ein Tätig-Sein in der täglichen Praxis ist, Gutes zu leben, bringt Dôgen, wie bei vielen anderen Gelegenheiten, so auch in einem Vortrag über das richtige Leben der Buddhas zur Sprache. Dort fasst er das Zen seines Buddhismus prägnant mit den Worten zusammen, das richtige Leben bestehe darin, morgens Reis zu essen und mittags die Hauptmahlzeit einzunehmen.[2]

Für diese verstreut vorgetragenen Grundsätze einer gastrosophisch verstandenen Buddha-Lehre verwendet Dôgen wiederholt die Redewendung vom »gemalten Reiskuchen« oder »Reisknödel« – um sein eigenes Ess-Zen als Reisknödel-Philosophie bildlich auszumalen. Auf diese Weise entsteht ein klares Kontrastbild (und Kontrastprogramm) zum traditionellen Buddhismus als einer Fast Food Philosophie. Reiskuchen sind ein beliebtes Nahrungsmittel und wurden im alten China auch am Straßenrand verkauft. Insbesondere in der gleichnamigen Abhandlung *Gemalte Reisknödel* (jap. Gabyô) und in seinem Vortrag über *Das unfassbare Herz* (jap. Shin Fukatoku) wird thematisiert, wie und warum ein vermeintlich asketischer, aber ewig hungriger Zen-Mönch solche Reisklöße reichlich ›in den Mund nimmt‹. Vielleicht aus einem denkbar einfachen Grund: »Wer Hunger hat, malt sich einen Kuchen«, wie der chinesische Volksmund in einem alten Sprichwort sagt; auch der China-Reisende Dôgen wird diese Weisheit gekannt haben. Aber wer malt sich einen Kuchen, wenn er Hunger hat? Und wird, wer wirklich Hunger leidet, nicht

1 Dôgen, Täglich leben, 107.

2 Dôgen, Die 37 günstigen Bedingungen für die Erleuchtung, 85.

lieber einen Kuchen backen und ihn noch frisch und dampfend in den Mund nehmen wollen? Und kann ein gemalter Reisknödel wirklich satt machen und sogar die hungrigen Geister nähren, die keinen wirklichen Hunger haben? Und können einfache Reisbällchen, ob gemalt oder gebacken, den Hunger wirklich großer Geister überhaupt stillen?

Das unfassbare Herz, ein Text, der eine klassische Vorlage der chinesischen Meister variiert, thematisiert das, was ich als die Antinomie zwischen einem fastfoodphilosophischen und einem gastrosophischen Verständnis der Zen-Weisheit bezeichnen würde. Diese Antinomie betrifft die systematische Uneindeutigkeit der Wahrheit, für die buddhologische Grundbegriffe wie Buddha-Sein, Zen, Praxis, Weg, Erleuchtung, Nirvana usw. stehen können. Dôgens Text erzählt die Geschichte eines Buddhisten namens Tokusan und seiner Begegnung mit einer namenlosen Imbissbudenbesitzerin, die eine mobile Garküche betreibt und Reisbällchen verkauft. In gewisser Weise erinnert die Geschichte dieser problematisch gegenderten Begegnung an jenes lehrreiche Zusammentreffen traditioneller Mann-Frau-Identitätskonstruktionen, das am Anfang der abendländischen Philosophie steht. Deshalb sei zunächst an diese Begebenheit im antiken Griechenland erinnert.

Damals soll der Naturforscher Thales von Milet auf der Suche nach der ›himmlischen Wahrheit‹ – in astronomischen Sphären, in einem metaphysischen Jenseits des Geistes – einer namenlosen Bauernmagd begegnet sein, die über die seltsame Lebenseinstellung dieses ersten vorsokratischen Philosophen der westlichen Kulturgeschichte herzlich gelacht haben soll. Sie, die scheinbare Verkörperung erdverbundener Alltagspraxis, lacht ihn aus, weil der scheinbare Naturforscher vor lauter theoretischer Spekulation und transzendenter Weltfremdheit vor ihrer Nase in eine Grube fällt. Die Lächerlichkeit des Philosophen in dieser Geschichte resultiert freilich nicht, wie die Magd irrtümlich meint, aus dem Mangel an philosophischer Theorie und lebensnaher Praxis. Thales beweist die praktische Anwendbarkeit und gewinnbringende Vermarktung seines philosophischen Wissens, indem er seine astronomische Vorhersage einer guten Olivenernte nutzt, um sich ein Monopol auf Ölmühlen zu sichern: Thales wird reich, viel reicher als die wegen ihrer philosophischen Unwissenheit arme Bäuerin. Umgekehrt macht sich die Marktfrau durch ihre unbegründeten Theorievorbehalte lächerlich. Das Lächerliche an der Philosophie, die Thales verkörpert und in die Grube fallen lässt, ist jedoch, dass er meint, die Wahrheit liege nicht in der Alltagspraxis und auch nicht in einer Lebensphilosophie, die mit Olivenöl und – so muss man hier ergänzen – mit Essen überhaupt zu tun hat. Stattdessen entscheidet sich Thales und mit ihm die dominante Traditionslinie der abendländischen Philosophie für die Metaphysik einer praxislosen und ungastrosophischen Philosophie, die jene Selbstverständlichkeiten des Alltags übersieht bzw. missachtet, mit denen sich Bäuerinnen und Menschen, die mit Olivenöl oder ähnlich Kostbarem zu tun haben, den ganzen Tag beschäftigen. Aber Thales – stellvertretend für alle westlichen Philosophen und geistesverwandten Himmelsanbeter –

stolpert über diese alltagspraktischen Dinge: In dieser praxislosen Überheblichkeit macht er sich lächerlich.

In der Geschichte der Begegnung zwischen dem Gelehrten Takusan und der namenlosen Fast Food Verkäuferin werden über das Thema Essen im Allgemeinen und anhand von Reisknödeln im Konkreten die traditionellen Geschlechterrollen – der Mann arbeitet geistig, die Frau macht die Küchenarbeit – bewusst verstärkt: er denkt, sie kocht. So wird die Frage aufgeworfen, welchen philosophischen Rang und Wert das tägliche Essen(-machen) hat. Und wie Reisknödel und verwandte Dinge des täglichen Lebens mit der Weisheitslehre der Buddhas in Verbindung stehen. Dôgen greift auf diese bewusst aus dem gewöhnlichen Alltag gegriffene Geschichte auf, um exemplarisch zu erläutern, was der vorherrschende Buddhismus falsch macht und warum Buddhisten wie Meister Takusan, also die »Sutren- und Schriftgelehrten, Hörend-Erwachten und Durch-Anlässe-Erwachten«, die wahre Lehre Buddhas und des Zen-Buddhismus nicht kennen.

Dieser Takusan ist zunächst, wie der Verlauf der Erzählung zeigt, der »Repräsentant des Nordens«, der an den orthodoxen, religiös-spirituellen, sutrenlastigen und mythisch überladenen Buddhismus glaubt. Diesem vorherrschenden Glauben wird der neue Geist des »Südens« gegenübergestellt. Der südliche Buddhismus steht für die »von Meister zu Meister überlieferte« Lehre des neuen Chan-Buddhismus, verkörpert durch die Imbissküchenmeisterin. Bevor das Streitgespräch um die Frage, was das Buddha-Selbst, der große Geist oder eben das unfassbare Herz sei, im Einzelnen nachgezeichnet wird, sei sein Ergebnis vorweggenommen: Dôgens Ausführungen laufen auf die Pointe zu, dass die namenlose Köchin und Produzentin herzhafter Reisklöße den Repräsentanten des orthodoxen Buddhismus vorführt. Denn es stellt sich heraus, dass der namhafte Buddha-Kenner auf ihre Frage »Welches Herz wollen Sie mit dem Reisknödel stärken und wie?« keine Antwort weiß. Darum geht es in der Konfrontation zwischen ›dem Buddhisten‹ und ›der Köchin‹ um das Ganze des Zen: *Am Reisknödel entzündet sich die richtige Philosophie des Erwachens, der Praxis, des Lebens, der Weisheit, des Selbst,* sofern damit auch die Frage serviert wird, welches Selbst mit dieser Mahlzeit gestärkt wird und wie diese Selbst- oder Herzstärkung richtig erfasst wird? Wenn es dabei um ein gastrosophisch befragtes Buddha-Herz geht, dann entscheidet sich alles beim Essen – über das Wie des Essens und über die Wahrheit, welches Selbst ein kulinarisches Selbst ist und welches Herz in kulinarischen Dingen selbstlos lebt.

Ob Dôgen wirklich wusste, wovon er sprach, lässt sich nicht mehr feststellen. Verkaufte die Imbissköchin wirklich nur Reisbällchen und keine Baozi, raffiniert gefüllte Teigtaschen, die in China damals (und auch heute noch) häufig auf der Straße als Unterwegs-Häppchen angeboten werden? Dim-Sum-Spezialitäten wie Baozi oder Bao, ein zartes, kissenförmiges, gedämpftes Minibrot, das meist mit Hackfleisch und/oder Gemüse gefüllt ist, könnten auch mit verschiedenen süßen Füllungen zu einem Dessert verarbeitet worden sein. Solche gefüllten Teigtaschen sind aus der chinesischen Esskultur nicht mehr wegzudenken und haben inzwischen auch die Herzen und Mägen vieler Feinschmecker auf der ganzen Welt erobert. Wir wissen nicht, ob Dôgen genauso gut herzhaftes Essen kreieren konnte, wie er darüber zu schreiben und uns Spezialitäten der chinesischen Küche (wie Reisknödel) so ausmalen konnte, dass sie unser Herz berühren. (Die wörtliche Übersetzung von *Dim Sum* bedeutet *das Herz berührend.*) Deshalb können wir nicht alles über die Weisheit und Meisterschaft oder die Unwissenheit und das Unbuddhasein dieser Imbissköchin wissen.

Dôgen führt aus, dass der Chan-Meister Tokusan Senkan (chin. Deshan Xuanjian) von sich sagte, er habe das Diamant-Sutra geklärt, das zusammen mit dem Herz-Sutra zu den Schlüsseltexten des Weisheits- oder Prajnaparamita-Sutra zählt. Tokusan rühmte sich damit, dass er Bücher mit einem Gewicht von zwölf Traglasten (ca. 700 Kilogramm) herausgegeben zu haben, weshalb ihm kein anderer Lehrer an Weisheit gleichkommen könne. Doch von dieser angeblichen Weisheit des Tokusan hält ein Selbsterwachter wie Dôgen gar nichts. Sein Urteil über die bloße Gelehrsamkeit und unkritische Gläubigkeit des Buddhisten fällt entsprechend resolut aus: »Obwohl es sich so verhält, ist er doch nur ein Abkömmling der Buchstaben-Mönche.«

So mancher Nachfolger solcher orthodoxen Theoriemönche und Buddhologen rühmte Tokusan später sogar für seine Lehrmethode mit dem Stock. Suzuki Daisetsu T., der für die zu Beginn des 20. Jahrhunderts an Fahrt gewinnende Verbreitung des japanischen Zen-Buddhismus im Westen bekannt wurde, bezog sich in seinem Gespräch mit Martin Heidegger über die »Seinsfrage« lobend auf die große Weisheit des Meisters Tokusan. Suzuki verschweigt die von Dôgen erwähnte (und Tokusan lächerlich machende) Geschichte von der weisen Knödelköchin. Suzuki erzählt eine andere »Geschichte von Tokusan«, die sehr bezeichnend für das Denken aller Beteiligten ist. »Als ich auf diese Frage hin«, womit Suzuki Heideggers Seinsfrage meinte, »von Tokusan erzählte, stimmte mir der Professor, ohne irgendeinen Kommentar hinzuzufügen, schweigend zu. Für diejenigen, die die Geschichte von Tokusan nicht kennen, möchte ich sie hier vorstellen. Tokusan ist ein Zen-Meister der Tang-Zeit. Allgemein bekannt ist das Wort von ›Rinzais Donnerschrei, Tokusans Schlagstock‹. Unter den Zen-Buddhisten ist die Geschichte des Tokusan sorgfältig überliefert worden. Er lebte von 790 bis 865. Einmal sprach er auf dem Predigtpodest folgendermaßen: ›Fragt man, so ist es sogleich ein Fehler, fragt man nicht, so kehrt man der Sache den Rücken.‹ Da trat ein Mönch hervor und begann, vor Tokusan Verbeugungen zu machen. Als er dies tat, schlug ihn Tokusan, ohne ein Wort zu sagen. Der Mönch war äußerst unzufrieden und sagte: ›Ich habe mich jetzt doch nur verbeugt. Warum schlägst du mich?‹ Ohne Umschweife antwortete Tokusan: ›Hätte ich gewartet, bis du deinen Mund aufmachst – überhaupt nichts hätte es getaugt.‹«

Schlagfertig, aber anders als Suzuki und Tokusan und nur in einem kritischen Geist, der sich keiner selbsternannten Autorität unterwirft, fährt Dôgen mit seiner etwas anderen Schilderung der Geschichte fort: Als der Meister Tokusan einmal hörte, dass es im Süden das unübertreffliche Buddha-Dharma gebe, das von Meister zu Meister weitergegeben werde, ertrug er seinen Ärger nicht und überquerte Berge und Flüsse, die Sutrenkommentare mit sich tragend. Auf halbem Weg begegnete er einer alten Frau, die ebenfalls am Wegesrand rastete. Da soll der Lehrmeister der Weisheit Tokusan sie gefragt haben: »Wer bist du?« Sie antwortete: »Ich bin ein altes Weiblein, das Reisknödel verkauft.« Auf diese Selbstauskunft soll Tokusan ohne Zögern und Nachdenken mit der Aufforderung reagiert haben: »So verkaufe mir Reisknödel!« Die Frau, die neben ihren prall gefüllten Körben mit herzhaften Snacks und Imbissen für unterwegs stand, wollte plötzlich wissen: »Wozu kauft der ehrwürdige Mönch denn Reisknödel?« Wie selbstverständlich antwortete dieser: »Als Herzensstärkung (jap. *tenjin*) kaufe ich Reisknödel.« Daraufhin soll die Köchin nachgefragt haben, was das denn für schwere Sachen seien, die der Meister da mit sich herumschleppe? Dieser erwiderte lakonisch: »Hast du nicht von mir gehört? Ich bin Shu, der König des Diamant-Sutra. Im Diamant-Sutra bin ich bewandert, und es gibt keine Stelle darin, die ich nicht durchdrungen hätte. Was ich jetzt bei mir trage, sind die Kommentare zum Diamant-Sutra.«

Als die Meisterin im Reiskloß-Machen dies hörte, soll sie gesagt haben: »Das alte Weib hat eine Frage – erlaubt Ihr sie, ehrwürdiger Mönch?« »Frage du nur nach Herzenslust!« Also fragte sie: »Als ich einst das Diamant-Sutra hörte, hieß es dort: Herz der Vergangenheit unfassbar, Herz der Gegenwart unfassbar, Herz der Zukunft unfassbar. Welches Herz wollen Sie nun auf welche Weise mit Reisknödeln stärken?« Würde der ehrwürdige Mönch ihr dies sagen können, wäre sie – wie Dôgen die wissbegierige Frage der namenlosen Frau kommentierend ergänzte – bereit, ihm ihre Reisküchlein zu verkaufen; falls nicht, würde sie ihn nicht mit ihrem Essen stärken. Darob sei der Gelehrte so fassungslos gewesen, dass er nichts mehr zu antworten wusste. Die alte Frau habe daraufhin mit den Ärmeln geflattert und sei fortgegangen. Letztlich habe sie Tokusan kein Essen verkauft.[3]

Die Schläue der namenlosen Imbiss-Meisterin

Soweit die Erzählung dieser Begebenheit. Doch warum verweigerte die Xiaochi-Meisterin – *Xiaochi* ist das chinesische Wort für *kleines Essen* (Snack, Garküche to go oder Mahlzeit für unterwegs) – dem bekannten Weisheitslehrer die erbetenen Teigtaschen? Was besagt dieses merkwürdige Verhalten, jemanden hungern zu lassen und einen hungrigen Geist zu schwächen? Und wieso weiß der Gelehrte keine fundierten Antworten auf die allgemeinsten Fragen des Buddha-Dharma? Dazu hören wir Dôgen sagen: »Eine Schande, dass der Kommentator von mehreren hundert

3 Dôgen, Das unfassbare Herz, 58.

Sutrenrollen und jahrzehntelange Lehrmeister allein dadurch, dass ein runzeliges Weiblein ihm eine Frage stellt, sofort auf verlorenen Posten steht und nicht mehr zu antworten vermag. Da es ein großer Unterschied ist, dem wahren Meister zu begegnen, dem wahren Meister zu folgen, das wahre Dharma zu hören, oder das wahre Dharma nicht zu hören, dem wahren Meister nicht zu begegnen, konnte Tokusan das passieren.« Für Dôgen steht fest, »Tokusan blieb ein Verspäteter im inständigen Lernen. Er ist nicht der über das Erwachen hinaus zum Erwachen gelangte alte Buddha.«

Um über das Erwachen hinaus zum Erwachen zu gelangen und um den fundamentalen Unterschied zu erkennen, ob man einem wahren Meister begegnet, ob man das wahre Dharma hört oder ob man das wahre Dharma nicht hört und dem wahren Meister nicht begegnet, schlägt Dôgen vor, »anstelle von Tokusan« zu sprechen und »diese Situation inständig zu durchdenken«. Zum Beispiel so: Als die Frau auf die erwähnte Weise fragte, hätte Tokusan »dem Weiblein«, die er nun als Xiaochi-Meisterin erkannt hätte, sagen sollen: »Wenn das so ist, dann verkauf mir keine Reisknödel, du! Wenn Tokusan das gesagt hätte, wäre er ein inständig Lernender mit regem Scharfsinn gewesen.« Nur erklärt Dôgen nicht weiter, warum. Doch braucht es, um richtig verständlich zu sein und über das Erwachen hinaus ein Erwachen zu bewirken, eine einleuchtende Erklärung. Halten wir also einen Moment inne: *Dôgens Reisknödel*, also die raffiniert aufbereitete Geschichte (Theorie) und die komplexe Komposition ihrer Zutaten, die er auswählt und seinem Protagonisten in den Mund legt, um zu klären, welches Herz mit welcher Speise gestärkt wird, sind eine Kostprobe seines Denkens – seines Zen des Essens. Seine philosophische Kochkunst bietet frei ausgemalte Reisknödel, in die er seine Freigeisterei und seine Eigenbrötlerei einarbeitet, selbst am besten zu wissen, wie mit den großen Fragen umzugehen ist, die schon so viele vor ihm beschäftigt haben, darunter große Namen und Autoritäten wie der berühmte Tokusan – anstatt deren Interpretationen und Philosophien einfach nachzukauen und deren fade Machart einfach zu schlucken. Schmeckt uns dieses Rezept aus Dôgens Imbissküche und stimmt alles darin, oder ist er ein Abkömmling der Buchstaben-Mönche geblieben? Sind – so müssen sich alle inständig Lernenden und Weg-Suchenden fragen – die von ihm produzierten Köstlichkeiten wirklich hausgemachte, echte Buddha-Wahrheiten? Wie könnte er der alte und neue, ewige Buddha sein, der über das Erwachen hinaus zum Erwachen gelangt ist, wenn wir nicht wissen, ob er sich selbst in der Küche zu schaffen gemacht hat, um zum Beispiel in Form von Reisbällchen leckeres Fast Food für unterwegs zu kreieren?

Ein aufgeweckter Geist wie der japanische Ästhet Tanizaki Jun'ichiro machte einst die meditative Praxis eines solchen leckeren Reisknödel-Buddhismus vor und legte gegenüber der Welt ein beredtes Zeugnis seiner Weisheit ab, indem er die Zubereitung von Sushi mit Kakiblättern detailliert beschrieb: »Ich kann bei dieser Gelegenheit das Rezept gleich auch hier bekanntgeben. Man kocht Reis, indem man auf 1 Shô Reis (1,8 l) 1 Gô Sake (1,8 dl.) beifügt. Erst wenn der Reis im Kessel zu sieden anfängt, gießt man den Reiswein dazu. Nach dem Kochen bleibt der Reis stehen, bis er vollständig ausgekühlt ist; erst dann bestreut man die Hände mit Salz und formt festgedrehte Reisklöße. Dabei muss jegliche Feuchtigkeit an den Händen vermieden werden. Das Geheimnis liegt darin, die Klöße rein mit Salz zu pressen. Danach scheide man dünne Scheiben von Salzlachs, lege sie auf die Reisklöße und wickle sie in Kakiblätter ein, deren Vorderseite nach innen schaut. Auch von den Kakiblättern und vom Lachs wischt man zuvor mit einem trockenen Tuch gründlich jegliche Feuchtigkeit ab. Wenn es so weit ist, nimmt man einen inwendig ganz ausgetrockneten Sushi-Kübel oder Reisbehälter, füllt die Sushi-Klöße in kleinen Mengen ein, so dass keine Zwischenräume übrigbleiben, legt den Pressdeckel obendrauf und beschert ihn mit dem Gewischt eines Pökelsteins. Der am Abend eingemachte Sushi kann etwa vom nächsten Morgen an gegessen werden; er schmeckt während es ersten Tages am besten, bleibt aber auch am zweiten und dritten Tag noch genießbar. Beim Essen taucht man ein Blatt des bitteren Knöterichs in Essig und besprengt den Sushi damit. Ein Freund fand diese Speise so überaus wohlschmeckend, dass er die Zubereitung lernte und sie mir weitergab.« Tanizaki schließt die sachkundige Beschreibung seiner papierenen Reisknödel dann mit weiteren praktischen Ratschlägen für die Alltagsküche ab, die zeigen, dass es ihm dabei buchstäblich um die selbstgemachte Hausmannskost geht: »Es genügt, Kakiblätter und Salzlachs zur Verfügung zu haben, dann kann man diesen Sushi überall herstellen. Man versuche es nur einmal bei sich zu Hause und vergesse dabei nur nicht, den Reis vollständig auskühlen zu lassen – dann ist dieser Sushi in der Tat köstlich! Der Saft und der Salzgeschmack des Lachses dringen im richtigen Maß in den Reis ein, der Lachs wird zart, als wäre er roh und frisch, und nicht eine Konsistenz an, die einfach unaussprechlich ist.«[4]

Mit der Unaussprechlichkeit stärkt das Herz dieses japanischen Ästhetikers sogar alle Reisklöße der Gastrosophie; ohne den Umweg über den Zen-Buddhismus lernen wir im Detail, auf welch unfassbar geschmackvolle Weise das Herz das Herz zu stärken vermag. (Wie wir sehen werden, hat dieser Tanizaki allerdings auch den unsäglichen Gourmetdiskurs des Japonismus gestärkt.) Gleichwohl steckt schon in der dôgenialen Reisknödel-Philosophie – im Zen à la Dôgen – viel Herzhaftes und unfassbare Wahrheiten, das Appetit auf mehr macht. So unternimmt Dôgen weder die ohnehin vergebliche Mühe, das kolossale Gedankengebäude der buddhistischen Schriften zu widerlegen, noch baut er ein eigenes festgefügtes Denksystem auf, das auf allen Etagen ›Ich weiß alles besser als ihr‹ verkündet. Wie in der Geschichte von Tokusan und dem Reisknödelessen versteht er es auch in vielen anderen Texten, die eigene Philosophie wie schmackhafte Teigtaschen in vielschichtig umhüllte Uneindeutigkeiten und Mehrdeutigkeiten der indirekten Rede zu verpacken. Mit

4 Tanzizaki, Lob des Schattens. Entwurf einer japanischen Ästhetik, 71.

seiner patenten Verpackungstechnik des Selbst-Denkens (das seinerseits immer schon unein- und mehrdeutig verhüllt, dass es sowohl um das normative Zen-Selbst als auch um das faktische Selberdenken geht) entwickelt Dôgen ein gegenüber der klassischen Kôan-Heuristik innovatives Verfahren, das dem ersten Anschein nach mit Unverständlichkeiten, mit willkürlichen Assoziationen, auch mit theoriefeindlichen Sinnfälligkeiten, Sinnhinfälligkeiten, mit schlagfertigem Schweigen – statt mit gewaltsamen Schlägen – und mit bewussten, oft unfassbaren und meist unrettbaren Mystifikationen der Buddha-Wahrheiten arbeitet. Im Gegensatz zu den üblichen Kôan-Meditationstechnik und ihrem programmatischen Irrationalismus verwendet Dôgen eine Methodik, die einer strengen Systematik und einer nachvollziehbaren Stringenz des Gedankengangs folgt.

Diese Vorgehensweise seines Denkens bewegt seine Leser zum Nach-Denken. Gemäß dieser Methode (gr. methodos = Weg), die die dargebotenen Erzählungen und ihre Umwegigkeiten im Weg-Denken nachvollziehbar machen will[5], regt Dôgen zum Philosophieren über den Sinn des Gesagten und Gedachten an. Ein solches philosophisches Weg-Auge durchschaut beispielsweise den Sinn der gemalten Reisknödel. Denn das begriffliche Ausmalen von Reisknödel setzt eine Reflexion darüber in Gang, wie wir über Essen nachdenken: Welches unfassbare Herz oder Selbst stärken wir mit unserem täglichen Essen – ein ethisches oder egoistisches, asketisches, spirituelles, meditatives, hedonistisches, konviviales Selbst, ein buddhistisches, foucaultistisches, gastrosophisches Selbst, ein Zen-Selbst, ein Euzen-Selbst, ein Fastfood-Selbst, ein Xiaochi- oder Sushi-Selbst? Und wie tun wir das – zu welchem Zweck, auf welchem Weg, in welcher Weise?

Keine leichte Frage: Wer bist du?

Obgleich Dôgen nicht erklärt, warum Tokusan ein inständig Lernender mit aufgewecktem Scharfsinn und Feingefühl gewesen wäre, wenn er in der besagten Situation der alten Frau gesagt hätte, er kaufe keine Reisknödel von ihr, leuchtet der Grund doch unmittelbar ein: Tokusan hätte durch seinen Kaufboykott die Verkäuferin mit einer gewissen Brisanz und geistesgegenwärtiger Schlagkraft ohne Schläge an das erinnert, was *ihr selbst* am meisten am Herzen zu liegen schien, nämlich den Verkauf von Fertigkost als die offensichtlichste Wahrheit ihres Tuns. Denn sie selbst war es, die auf die Frage »Wer bist du?« freimütig antwortete: »Ich bin ein altes Weiblein,

5 *Gen* (眼) ist wörtlich nicht das Auge an sich, sondern der Augapfel – das offene Auge, das sich gegenüber einer Sache, die sich zeigt, öffnet – und meint den *Blick für* (beispielsweise) den *Weg* oder *Dô* (道). In diesem Sinne übersteigt das Sehen des wahren *Weg-Auges* oder *Dôgen* (道眼) die normale, philosophisch ungeübte Wahrnehmung der Welt und des Selbst.

das Reisknödel verkauft.« Zu Recht wollte der Buddhist daraufhin nichts weiter von ihr als einen sättigenden Imbiss. Er sprach ihr sozusagen aus dem Herzen, indem er in ihr ein Selbst-Sein wahrnahm, das im Wesentlichen aus keiner anderen erkennbaren Lebenstätigkeit zu bestehen schien, als die Produkte ihrer Garküche auf der Straße feilzubieten, um Geld zu machen.

Sie macht leckeres Street Food und zeigt damit der Welt, dass tägliches Fast Food to go durchaus lecker sein kann (und soll). Die Betreiberin einer solchen Imbissküche ersetzt nicht per se die Möglichkeit anderer Mahlzeiten im Laufe des Tages (etwa feines Essen als Hauptmahlzeit), sondern ist nur gut für die Mahlzeiten zwischendurch, für die notwendige Pause von der eigenen Essistenz: Fast Food der guten Art, mit gutem Geschmack als gutes (feines kleines) Essen für zwischendurch, um im besten Fall das gute Leben im täglichen Essen (gute Hauptmahlzeit, die tägliche Mahlfeier) und in anderen Lebensbereichen mit anderen dafür erforderlichen guten Tätigkeiten und Praxisformen (Eupraxen) zu meistern. Für eine solche Lebensweise könnte man zum Beispiel von jemandem wie dem Buddhisten Tokusan lernen, der nicht nur isst, sondern auch sein geistiges Selbst-Leben kultiviert. Wer nur für gutes Essen lebt, aber sonst nichts anderes Gutes tut, kennt den richtigen Weg auch nur unvollständig. Es könnte also sein, dass die namenlos gebliebene Reisknödelmeisterin trotz ihrer leckeren Küche für unterwegs keinen anderen, ethisch guten, gastrosophischen Fast Food Buddhismus lehrte. Vielleicht wollte sie doch nur eine unbuddhistische Fast Food Philosophie mit ihrer Gastronomie zu Geld machen, statt die mittelmäßige Diät- und Weisheitslehre des gängigen Buddhismus für eine feine Imbiss-Ethik zu stärken.

So gesehen verkörpert die Xiaochi oder Food to go Verkäuferin die durchschnittliche, von den meisten Menschen beherzigte Wertvorstellung einer wenig weisen Lebensweise, bei der es primär ums Geldverdienen geht. Da kann es einen leichtgläubigen Menschen wie den Buddhisten Tokusan aus der Fassung bringen, wenn eine Person, von der er berechtigterweise nichts anderes als eine ökonomische Lebensphilosophie erwarten kann bzw. hätte erwarten können, das Tauschprinzip (nämlich Geld gegen Knödel einzutauschen) und damit zugleich das gesellschaftlich vorherrschende Interaktionsprinzip schlechthin aufhebt und dieses kurzerhand durch eine geldlose Gabenökonomie ersetzt (eben kulinarisch guten Imbiss gegen philosophisch wertvollen Rat zu bekommen), womit letztlich sogar eine ganz andere (nicht kapitalistische) Logik aktiviert. Auf einen Schlag, einem Gedankenanstoß oder Kôan gleich, hätte diese vermeintlich einfältige Person – bewusst stereotyp, aber nicht ohne Hintersinn für eine weibliche Weisheit, in der Figur einer alten Frau personifiziert – den stereotyp männlichen Weisheitslehrer in ein zutiefst philosophisches und darüber hinaus sogar äußerst gastrosophisches Gespräch über das richtige Verständnis des Herzens – des richtigen Lebens und Selbst-Seins – verwickeln können.

Von dem großen Gelehrten hätte man eine weise Reaktion auf diese Situation erwarten können. Zumindest hätte er mit einer entsprechenden Reaktion und Auskunft seine angelesene Theorie durch die Einsicht (sein Erwachen) beweisen können, dass er durchschaut und erfasst, welche philosophische Frage diese Person bewegt, wenn sie sich am alltagsweltlichen Beispiel ihrer Praxis (des Essenmachens) und ihres Selbst (als Selbstkochende) Klarheit darüber verschaffen will, welches Herz (Geld oder Ess-Zen) sie auf welche Weise (Imbiss für andere oder Selbstgenuss im Alltag) mit ihrer Küche stärkt.

Tokusan, der Buddhist und Weisheitslehrer, hätte darauf gefasst sein sollen, in der gewünschten Aufklärung der Frage nach dem unfassbaren Herzen als der Frage nach dem Zen des Essens und ebenso in ihrer lehrreichen Beantwortung ein erwartbares, berechtigtes und ernsthaftes Streben nach Erleuchtung zu sehen. Daher meint Dôgen zurecht: »Wäre Tokusan ein wirklicher Mensch gewesen, hätte er das Weiblein zu durchschauen vermocht.« Doch Dôgen erklärt wieder nicht, warum dies der Fall gewesen wäre. Aber auch diesmal leuchtet der Grund dafür sofort ein: Der Buddhist würde Scharfsinn, Auffassungsvermögen und folglich sich selbst als ein Mensch, der wie ein wirklicher Buddha über das Erwachen hinaus zum Erwachen gelangt ist, unter Beweis stellen können, wenn er sich weigerte, die kostbare Wahrheit (des Zen des Essens) gegen irgendwelche marktgängigen Fertigklöße zu tauschen, deren Qualität, Geschmack und Herkunft er nicht kennt. Ein wahrer Meister und weiser Mensch würde einen Handel zurückweisen, bei dem das kommerzielle Angebot einer Mahlzeit – statt einfach auf Nachfrage käuflich zu sein – nur dadurch erwerben werden kann, dass die eigene kostbare Philosophie und ihre Wissensfrüchte wie billige Ware zu Markte getragen werden und ihr Wert und ihre Alltagstauglichkeit von den Kriterien eines (vermutlich unwissenden und geldverhafteten) Marktmenschen abhängig gemacht werden. Wer so kommerziell denkt und konventionell handelt, kennt keine höheren, philosophischen Werte, sondern bloß Tauschwerte und begreift sich selbst nur als eine ökonomische Existenz, deren tägliches Geschäft es ist, andere Menschen mit billigen und kulinarisch dürftigen Fast Food zu verköstigen.

Wäre es der Xiaochi-Meisterin bei ihrer Frage tatsächlich nur um diesen moralisch geschmacklosen Äquivalententausch gegangen sein – als bloße Nachfrage um einen billigen Rat des belesenen Philosophen als desjenigen, der Weisheit hat wie sie Knödel –, dann wäre Unfassbares durchschaut worden. Die Geschichte hätte erhellt, dass es ihr nicht um das zen-gemäße Anliegen ging, das nötige Wissen zu erwerben, welches ihr vielleicht fehlte, um jederzeit (und alle Mahle) richtig zu leben und um zu gegebener Zeit richtig gute Imbissküche herzustellen. Wirklich weise wäre gewesen, wenn sie auf Tokusans erste Frage, wer sie denn sei, lässig geantwortet und dabei gelacht hätte: »Ich bin eine, die herzhafte Knödel und andere Imbissköstlichkeiten für unterwegs kocht!« Und auf seine erstaunte und hilflose Nachfrage: »Welchen Buddhismus beherzigst du dann überhaupt?« hätte sie die unfassbare Antwort parat gehabt: »Wer so isst, und davon gibt es bei uns viele, himmelt einen volkstümlichen Hedonismus an, den Tianshi-Konvivialismus einer essthetischen Lebenskunst für die Unterwegs-Essistenz.«

Dass es sich bei den Produkten ihrer Garküche um etwas Herzhaftes oder süße Leckereien gehandelt haben wird, etwa um mit weißen Sesamkernen gewürzte Klöße oder ähnliche Teigtaschenkreationen, dass also der Imbiss hier durchaus das Werk einer feinen, kulinarisch geschmackvollen und anspruchsvollen Küche to go ist und nicht bloß irgendein mittelmäßiger Fast Food Buddhismus, geht schon aus einem Kommentar zur Bi-Yän-Lu-Version dieser Geschichte hervor.[6] Allenthalben belegen zeitgenössische Kochbücher die naheliegende Vermutung, dass hier mit Reisknödel nicht nur Reisknödel gemeint sind und dass selbst mit einfachen Reisknödeln (siehe oben die einfache Einsiedlerküche) durchaus äußerst raffiniert zubereitete Reisknödel gemeint sein können. Das Kochbuch *Vegetarische Rezepte aus dem Studierzimmer der Herzenslust* von Chen Dasou ist eines der frühesten Werke zur vegetarischen Küche aus der Song-Zeit, in dem für vegetarisches Essen (*sùshí*) noch derselbe Begriff wie für einfaches Essen (*shûshí*) verwendet wird. In Dasous Kochbuch werden insgesamt zwanzig solcher ›einfachen‹ Gerichte beschrieben, die hauptsächlich aus Gemüse und Früchten zubereitet werden. Darunter befinden sich, gewissermaßen als Inbegriff dieses ursprünglichen Sushi-Essens, ein Rezept für herzhafte Reisbällchen. Dabei werden Teigtaschen aus Klebreis mit Rohrzucker gefüllt und in einer aromatischen Brühe aus zerkleinertem Markholz des Adlerbaumes gegart. Jedem Gericht dieser Rezeptsammlung ist ein kurzes Lobgedicht beigefügt, welches die geschmacklichen Besonderheiten der jeweiligen Speise kurz umreißt. Das Poem über die Reisklöße lautet: »Rundherum Klebreisteig, ein wenig Rohrzucker, in einer Brühe aus dem Markholz des Adlerbaums gebadet, ein reiner, süßer und aromatischer Geschmack«.

Angesichts einer raffinierten Street Food Imbisskultur, die heute nicht nur den Japanern und Chinesen schmeckt, hätte es Tokusan als bewusster Esser und hungriger Geist und nicht weniger als potenzieller Feinschmecker und praktizierender Gastrosoph einleuchten können, dass Essen nicht gleich Essen ist – und Reisknödel nicht gleich Reisknödel, sondern Knödel wie alles Essen unterschiedlich zubereitet werden können, je nachdem welches Herz oder Selbst auf welche Weise sie stärken sollen. Deswegen hätte sich die Imbissköchin als wirklich weiser Mensch (als Praxist) genau dadurch unter Beweis gestellt, dass sie – auch – für Andere geschmackvolles Essen macht, damit die, die unterwegs sind und sich deswegen von Fremden bekochen lassen müssen, zwischendurch wirklich Gutes essen können. Zum Beispiel herzhafte Reisbällchen, die mit weißen Sesamkernen gewürzt sind, oder herzerweichende Teigtaschen, deren ihren alle Sinne weckenden Wohlgeschmack einer Brühe verdanken, die mit zerkleinertem Markholz des Adlerbaums aromatisiert ist,

6 Gundert, Kommentar zu Bi-Yän-Lu. Niederschrift von der Smaragdenen Felswand, 119.

oder irgendein anderer köstlicher Sushi-Imbiss. Wäre die alte Frau eine gastrosophisch Erwachte und So-Tätige gewesen, hätte sie, wie Dôgen richtigstellt, gerade in dem Augenblick, als der vermeintliche Weisheitslehrer wortlos dastand, in einem Akt direkter Übertragung »drei Reisknödel nehmen und Tokusan reichen« müssen.[7]

Dies lässt jedoch die Frage offen, was es bedeuten würde, wenn die Küchenmeisterin unabhängig von der erbetenen und erhaltenen oder nicht erhaltenen Antwort (des teuren Rates eines weisen Menschen) dem Passanten in jedem Fall etwas von ihrem Essen gegeben hätte. Denn es ist denkbar, dass sie dies weder getan hätte, um dem Hungrigen (aus Güte und Mildtätigkeit gegenüber einem bettelnden Mönch) auch ohne Geld zu geben, noch um einen Kunden gegen Geld zu bedienen. Als eine, die die Weisheit des guten Essens beherzigt, hätte sie dem Mann, der nur nach einem schnellen Imbiss fragte und sich – zumindest in dieser Situation – mit anspruchsloser Fertigkost zufrieden zu geben schien, ihre leckeren Baozi als kostenlose Kostprobe anbieten können, die ihm plötzlich – wie eine Erleuchtung – die Erfahrung vermittelt hätte, dass auch eine schnelle Stärkung des Herzens geschmacklich und kulinarisch perfekt sein kann und niemand, nur weil er unterwegs ist, von fadem Fast Food leben muss. Ihre Reisbällchen hätten ihn in diesem Moment wie einen Buddha erleben lassen, der über das Erwachen hinaus zum Erwachen gelangt sei.

Doch die Geschichte erzählt davon, dass die Frau, die keine Buddha ist, einfach weggeht und Tokusan hungrig und darüber unwissend zurücklässt, wie schmackhaft eine ›einfache Imbissküche‹ sein kann, die herzhafte Dinge, wie selbstgemachtes Dum Sim, anbietet. Wegen dieser Tatsache wird Dôgen vermutet haben, dass auch sie nicht wirklich weise war: Sie machte »keinen Spruch«, der sie eindeutig als ein gastrosophisches Buddha-Selbst und ihr (vermutlich vegetarisches) Essen als echte Zen-Praxis ausgewiesen hätte. Im Gegenteil, ihre Reaktion, sich aufgebracht von Tokusan abzuwenden, deutet wahrscheinlich darauf hin, dass ihre kulinarische Praxis ihrem Selbst-Verständnis nach nichts anderes bezweckte als ein Geschäfte-Machen, und dass sie angesichts der Unbeholfenheit des Buddhisten selbst herzlos und weiterhin der Meinung verhaftet blieb, dass es mit dem Herz- und Buddha-Selbst gar nichts – oder eben etwas in jeder Hinsicht und zu allen Zeiten Unerfassbares – auf sich habe.

Letztlich wäre aber ohnehin nicht von der Köchin, sondern vom Anhänger des Buddhismus zu erwarten gewesen, die eigene philosophische Bereitschaft zum inständigen Lernen und den eigenen Scharfsinn auch praktisch unter Beweis zu stellen. Denn es ist der Zen-Meister, der im Unterschied zu den gewöhnlichen Menschen zu wissen beansprucht, was das wahre Selbst, die richtige Praxis und das für alle gute Leben ist. Es hätte genügt, so Dôgen, die Gegenfrage zu stellen. »Tokusan

7 Dôgen, Das unfassbare Herz, 58.

hätte dann das Weiblein gefragt: ›Herz der Vergangenheit unfassbar, Herz der Gegenwart unfassbar, Herz der Zukunft unfassbar‹. Welches Herz wollen Sie nun mit den Reisknödeln stärken?« (Ebd.)

Auf diese Weise hätte er schnell durchschauen können, ob sein Gegenüber nur auf einen gewieften ungleichen Tausch aus war, nämlich billiges Fast Food gegen unschätzbares Wissen einzutauschen. Oder ob sie so weise war, einen inhaltlichen, aber bisher theoretisch (buddhistisch) nicht erfassten Zusammenhang zwischen Weisheit und Essen zu sehen, zwischen dem wahren Herzen und täglicher Reisknödel-Imbissküche für unterwegs, die immerhin schon einiges mehr als tägliches Reisessen verspricht und weit mehr als irgendwelche erbettelten, geretteten Essensreste, die Andere weggeben? Doch solchen philosophischen Weg-Geist und die selbstkritische Bereitschaft zum inständig Lernen – als eigentlich naheliegende Konsequenz aus dieser irritierenden Begegnung von Herz zu Herz – bringt der Buchgelehrte weder in dieser Situation noch danach auf. Wenn Tokusan im Nachhinein von einem Erwachen spricht, dessen Quintessenz nur die Erkenntnis ist, dass gemalte Reisknödel den Hunger nicht zu stillen vermögen, so ist Dôgen damit nicht zufrieden. »Damals meinte Tokusan erstmals: ›Gemalte Reisknödel vermögen den Hunger nicht zu stillen‹. Er gab an, damit das Dharma von Meister Ryûtan zu erben. Wenn ich die verursachenden Anlässe der Begegnung zwischen dem Weiblein und Tokusan nacheinander bedenke, so ist nun offenkundig, dass Tokusan sich damals noch nicht im Klaren war. Selbst nach der Begegnung mit Ryûtan hätte er das Weiblein noch fürchten müssen.«[8]

Aber warum sollte der Gedanke, dass gemalte Reisknödel den Hunger nicht stillen, kein wirkliches (zen-gastrosophisches) Erwachen sein, das über das gewöhnliche (zen-buddhistische) Erwachen hinausgeht? Tokusan könnte im Nachhinein eingesehen haben, dass ein Verstehen dessen, was das Herz zu jeder Zeit ist, theoretisch (wie die Imbissköchin meint) nicht fassbar ist und dass dieses Nicht-Wissen im Grunde auch für die Praxis nichts bedeutet. Damit wäre er (wie sie) zu einem Zen-Buddhisten im gängigen Sinne erwacht, der die Praxis über die Theorie stellt – über die kanonischen Schriften des Buddhismus und die herkömmliche Vorstellung davon, was ein Buddha und was die Weisheit ist. Doch der Zen-Meister, der am Ende erkennt, dass ihm all sein buddhistisches Wissen und seine immense Sutrenkenntnis für das alltägliche Leben – das Stillen des Hungers, die Stärkung des Herzens – nichts nützt, muss Menschen fürchten, die wirklich mit dem Ess-Zen umzugehen wissen, zum Beispiel mit herzhaften Fast Food Kreationen (wie Reisknödel), auch wenn sie nur gemalt (gedacht) sind.

Wie ist das möglich? Wie vermögen sogar gemalte (imaginäre, fiktive, theoretische) Reisknödel Hunger zu stillen? Eine Antwort darauf gibt Dôgen in einer Schrift, die ausdrücklich von *Gemalten Reiskuchen* (jap. *Gabyô*) handelt. Dort wird der Spruch

8 Dôgen, Das unfassbare Herz, 58.

»Gemalte Reiskuchen vermögen den Hunger nicht zu stillen« als eine damals geläufige Metapher für das Theorie-Praxis-Problem verwendet. Dôgens Argumentation lässt erkennen, dass er darüber hinaus eine zweite und grundsätzlichere Problematik der Buddha-Lehre wahrnimmt. Er erläutert dazu: »Einige Leute sagen, dass die theoretische Kenntnis der Sutren und Kommentare nicht der Weg zur Erlangung der Weisheit ist; dies sei, wie den Hunger mit einem gemalten Reiskuchen stillen zu wollen. Andere vertreten die Auffassung, dass die Lehre des kleinen Fahrzeugs oder des großen Fahrzeugs nicht der Weg der Erleuchtung sei, d.h. sie könne nicht den Hunger auf Erleuchtung erfüllen.«[9]

Wie lässt sich der Hunger auf Erleuchtung erfüllen?

Während der Spruch, dass gemaltes Essen den Hunger nicht stillen kann, für den Konflikt zwischen der Schule (Sekte) des indischen oder des nördlichen Buddhismus einerseits und der Schule (Sekte) des südlichen Chan/Zen-Buddhismus andererseits steht, markiert die zweite Problematik die kritische Möglichkeit, dass Buddha-Sein oder Buddha-Werdenwollen, dass überhaupt ›der Buddhismus‹ welcher Sekte und Schule auch immer gar keinen wirklichen Weg zu einem erfüllten Leben bieten kann. Dôgen scheint zu ahnen, dass alles darauf ankommt, die Formel »den Hunger auf Erleuchtung erfüllen« richtig zu verstehen. Nur wenn klar ist, was Hunger hier bedeutet und was seine Wahrheit ist, wird fassbar und bleibt zugleich auch unfassbar, dass gemalte Knödel durchaus den Hunger auf Erleuchtung zu stillen vermögen, so wie unterwegs echte und gut gemachte Imbisse aller Art wirkliche Erleuchtung sein und erfüllen können.

Allerdings teilt Dôgen als maßgeblicher Begründer des Zen-Buddhismus in Japan nicht die damals wie heute verbreitete Auffassung an, dass jede Theorie und sogar jedes Weg-Denken unnötig sei, weil es nur auf die (begriffslose, unfassbare) Praxis ankomme. Gegen die vorherrschende Philosophie eines solchen theoriefeindlichen Zen-Buddhismus wendet sich Dôgen. »Dass jetzt das Heer der Mönche im großen Sung-Reich (China) fälschlich über das Unvermögen Tokusans zu antworten gedankenlos lacht«, kritisiert er, »und den tiefen Scharfsinn des Weibleins lobt, ist sehr unbedacht und dumm.« Noch heute hallt dieses gedankenlose Gelächter nach, wenn westliche Zen-Philosophen ohne richtiges Verständnis behaupten: »Wer wissen will, wie Reis schmeckt, muss Reis essen.«[10] Das stimmt natürlich, wie lustig. Aber wer wirklich wissen will, wie Reis schmeckt, muss weit mehr tun, als bloß Reis zu essen.

9 Dôgen, Gemalte Reisknödel, 86.

10 Wohlfart, Zen und Haiku, 25.

Der Zen-Buddhismus und die Weisheit des Weges, wie Dôgen sie denkt (nach dem hier versuchten Dôgen-Verständnis) konstruieren keinen Gegensatz zwischen Theorie und Praxis, denn um Reis, um ihn zu schmecken, muss man auch denken. Die Praxis braucht Wissen, so wie theoretisches Wissen sich erst durch entsprechendes Handeln in der Praxis bewahrheitet. Um diesen untrennbaren Kreislauf zu veranschaulichen, erinnert Dôgen an Meister Tôzan Gohon vom Berg Tôzan. Dieser hatte gesagt: »Wir erklären, was nicht praktiziert werden kann, und wir praktizieren, was nicht erklärt werden kann«. Ein Ausspruch, der von Dôgen wie folgt kommentiert und philosophisch überboten wird: »Dies sind die Worte unseres großen Vorfahren. Sie bedeuten, dass die Praxis den Weg zum Verständnis der Erklärungen eröffnet, und dass es Wege gibt, die über die Erklärungen zur Praxis führen. Was wir den ganzen Tag erklären, ist das, was wir den ganzen Tag praktizieren. Das heißt, wir praktizieren, was wir unmöglich praktizieren können, und wir erklären, was wir unmöglich erklären können.«[11]

Dem Spruch, dass gemalte Reisknödel den Hunger nicht zu stillen vermögen, kann dann entgegengehalten werden, dass die richtige Praxis nur mit Hilfe einer entsprechenden richtigen Lehre möglich und erklärbar bzw. fassbar ist. Erst ein theoretisch begründeter Begriff der richtigen Praxis und das begrifflich voll ausgemalte Bild des wahren Selbst schaffen die nachvollziehbaren Grundlagen und die notwendigen Einsichten (Wahrheiten, Erleuchtungen), um zwischen richtiger Weg-Praxis und falscher Praxis oder Nicht-Praxis, zwischen Hunger und Nicht-Hunger, zwischen wohltuend erfülltem Ess-Zen und bloßer Sättigung durch Fertigkost-Völlerei unterscheiden zu können. Wer unabhängig und losgelöst von großen und kleinen Fahrzeug-Lehren unterwegs ist, kann sich selbst ausmalen, was das »unfassbare Herz« ist und was nicht, und sollte sich sogar allerlei Theorien, Ideen und Rezepte dazu einfallen lassen, warum dieses Herz trotz oder gerade wegen seiner Unfassbarkeit sogar durch gemalte Reisknödel gestärkt werden kann – und ohne solche Bilder wahrer Erfüllung elendig verhungert.

All dies ist der Fall, wenn das entsprechende (Reisknödel-)Bild den Menschen ein gastrosophisch gedachtes ›Ess-Zen‹ vor Augen führt – die Universalität des Essens als alltäglicher Lebensbereich ethischer Praxis. Ein solches nachdenklich stimmendes Bild kann als (wahrhaft irritierender) Denkanstoß sogar einen ›Eintopf löffelnden Foucault am Esstisch einer Zen-Klostermahlgemeinschaft‹ darstellen. Dann, und vielleicht erst durch eine solche zen-gastrosophische Imagination, leuchtet ein, was Dôgen vor Jahrhunderten im Sinn hatte und was seinem geistigen Weg-Auge vorschwebte, als er sagte: »Nur das Bild von gebackenen Reisknödel kann Hunger stillen. Du kannst dein wahres Selbst nur finden im Reisknödel-Bild, das hungrig macht. Nur durch die Erfahrung eines papierenen Reiskuchens kannst du den Sinn erfassen, was es heißt, Hunger zu stillen, Nicht-Hunger zu stillen, Hunger nicht zu

11 Dôgen, Unentwegte Praxis I, 175.

stillen oder Nicht-Hunger nicht zu stillen.« Angereichert wird dieser Kôan durch weitere eindringliche Gedanken einer Zen-Gastrosophie, die in die existenziellen und essenziellen Tiefen der menschlichen Essistenz vordringen: »Wir sollten den Gedanken, dass unsere Existenz ein Reisknödelbild ist, lernen. Wenn uns dies gelingt, verfügen wir über freie und volle Tugend in unserem Leben.«[12]

Mit diesem gastrosophisch grundierten Welt-Selbst-Bild ließ der japanische Zen-Begründer die Menschheit ein unfassbares Löwengebrüll der furchtlosen Lehre vernehmen, wie es nur »maßgebende Menschen« (Jaspers) vermögen.[13] Aber machen Dôgens Worte wirklich hungrig? Um sein tiefgründiges und weitreichendes Vorbild der freien und vollen Tugend eines für alle guten Lebens zu erfassen, müssen wir erst verstehen lernen, dass unsere Existenz eine Art Reisknödelbild ist. Dieser seit Jahrhunderten unabgeschlossene Lern- und Selbstbildungsprozess liegt Dôgens Kritik am Buddhismus des chinesischen Zen-Meisters Tokusan zugrunde. Demnach ist das unfassbare Herz vor allem das wahre Selbst, das sich mit gemalten Reiskuchen stärkt und dazu schmackhafte Reisknödel isst. Diese Selbst-Erfüllung und die Lehre dieser Erleuchtung wäre die Weg-Praxis des Essens und ein großartiger Zen-Spruch, in dem sich ein Erwachen zu erkennen gibt, das über das gewöhnliche buddhistische Erwachen hinausgeht.

Die Art und Weise, wie sich der Buddhist Takusan der altchinesischen Weisheitslehre »Gemalte Reiskuchen können den Hunger nicht stillen« bedient[14], liefert einen traurigen Beweis für eine Buddha-Lehre, die den gewöhnlichen Menschen keine wahrhaft wegweisenden Antworten auf ihre Lebensfragen bietet. Inständig Lernende und Wege-Suchende werden nur mit leeren, nichtssagenden Worthülsen abgespeist, wie etwa dem abwegigen Glauben, dass Bilder vom ›guten Essen‹ nicht ebenso hungrig machen könnten wie den Hunger nach Erfüllung stillen und stärken. Da Tokusans Lehre des traditionellen Sutren- und Imbiss-Buddhismus keinen originären, gastrophilosophisch fundierten Zen-Buddhismus in allen Farben und Geschmackssensationen bunt ausmalt, machen seine weder gut gemalten noch gut gemachten Nicht-Reisknödel-Bilder auch kaum hungrig auf das Buddha-Dharma mit seinen angeblich ›vollen Körben‹.

---

12 Dôgen, Gemalte Reisknödel, 89.

13 Dôgen wird in den einschlägigen Studien von Karl Jaspers allerdings mit keinem Wort gewürdigt. Als maßgebende Menschen werden von ihm nur »Buddha, Sokrates, Konfuzius und Jesus« angeführt, siehe: Jaspers, Die maßgebenden Menschen. Sokrates, Buddha, Konfuzius, Jesus. Außerdem stammen entsprechend seiner eurozentrischen und rein historischen Sichtweise die Werke »großer Philosophen« fast ausschließlich aus der Vergangenheit der westlichen Tradition, siehe: Jaspers, Die großen Philosophen.

14 Als Urheber des Spruches »Mit einem Kuchen, hingemalt, hat keiner seinen Hunger noch gestillt« führt die Textsammlung *Chinesische Weisheiten. Vom Weg allen Geistes* den Gelehrten Tschen Schou (233–297) an.

So erklärt sich auch, warum Tokusans Erwachen und inständiges Lernen nicht ausreichten, um richtig zu verstehen, was das »unfassbare Herz« ist, und warum ein Bild von Reisklößchen unseren Hunger stillen und uns auf selbst erfüllende und stärkende Weise lehren kann, was freie und volle Tugend in unserem Leben ist. Der Meister sagt nur, dass sein Erwachen ihn gelehrt habe, dass es nicht auf theoretisch durchdachte Wegbestimmungen ankomme, sondern auf die gelebte Praxis, und dass dies allein das Buddha-Leben sei. Diese Haltung macht nur deutlich, dass ihm trotz (oder vielleicht gerade wegen) seiner extremen Gelehrsamkeit die eigentliche Bedeutung des Reisessens und (Ess-)Zen-Denkens verborgen geblieben ist. Letztlich hat seine Unwissenheit aber nichts damit zu tun, dass es ihm als Theoretiker an Praxis mangelt, denn auch der theoretische Mensch kann (wie alle anderen hungrigen Geister) essen und muss sich täglich irgendwie (mehr oder weniger gut) stärken. Seine selbstlose Unwissenheit und seine falsche Buddha-Lehre kommen nur daher, dass es ihm an zen-gastrosophischer Selbst-Erkenntnis mangelt. Deshalb lebt und denkt er zwangsläufig die falsche Praxis. Wer aber ständig sein Herz nicht richtig, nämlich bestmöglich stärkt, so Dôgens vernichtendes Urteil, ein solcher Nicht-Buddha und Zen-Imbiss-Buddhist müsste sogar nach seinem Erwachen noch »das Weiblein fürchten«.

Auf ihre erste Frage »Wozu kauft der ehrwürdige Mönch denn Reisknödel?« hatte Tokusan zunächst durchaus eine schnelle Antwort parat. Doch diese dahingesagte Erwiderung offenbarte seine abwegige Praxis, denn er wählte die Antwort: »Als Herzensstärkung (jap. *tenjin*) kaufe ich Reisknödel.« Demnach beschränkte sich der Zweck seines Essens bloß auf das Antupfen oder Anzünden (jap. *ten*) des Herzens (jap. *jin*) mittels irgendwelcher Speisen, die schnell sättigen. Damit zeichnete Tokusan das im traditionellen Buddhismus selbstverständliche Bild asketischen Essens. Tatsächlich lässt dieses *tenjin ryôri* an die frugale Diät der Mönche und Nonnen denken, die auch heute noch (als *shojin ryôri*) auf dem täglichen Speiseplan der Zen-Klosterküchen steht. Die Wahrheit des Essens, wie sie die damals wie heute übliche Buddhologie lehrt, ist die funktionelle Sättigung, die Diätmoral einer Fast Food Philosophie, deren asketisches (ungastrosophisches) Selbst-Verständnis eines täglichen Reisessens buchstäblich ein Selbst nährt, welches fast jeden Tag nur Reis, Reis und nochmals Reis isst – und nicht einmal kulinarisch geschmackvollere und geistreichere Reisbällchen (in welcher Zubereitungsart auch immer). *Dieses* Reis-Selbst – das Nicht-Selbst eines solchen gastrosophisch selbstlosen Herzens – begnügt sich mit irgendwie gefüllten Essschalen und fade schmeckenden Mahlzeiten aus der täglichen Fertigküche. Vorbildlich scheint dieses Selbst-Bild in jenem eingangs beschriebenen Eintopf-Bild dargestellt zu sein, welches Foucault beim gemeinsamen Essen mit anderen Mönchen zeigt.

Die Geschichte des Buddhismus ist bevölkert von alten und neuen Buddhas und Patriarchen, die jeden Reis essen und sonst nichts. Die, wenn es mal keine Schale

Reis gibt, sich notfalls mit Eicheln oder Pinienkernen begnügen.[15] Man kann ihnen nur wünschen, dass sie wie der Meister Kokaku vom Berg Uno oder der Bergeinsiedler Gichu von Himmelswesen zusätzlich »göttliche Mahlzeiten« (ebd.) zubereitet bekommen. Doch die Geisterhaftigkeit dieser himmlischen Küche, deren aufwendig ausgemalten Herzensstärkungen den Hunger nach appetitlicher Erleuchtung nicht stillen, füllt nur die Leere der Essschale Buddhas. Mit anderen Worten: Die Spiritualität einer angehimmelten Küche serviert die imaginäre Verdopplung eines asketischen Nicht-Essens und einer leidvollen Selbstverleugnung in gastrosophischen Dingen.

So wird Tokusan, als er bei der Frau am Wegesrand Reisknödel kaufen wollte, vor seinem geistigen Auge einen billigen und schnellen Imbiss vor Augen gehabt haben, also Fast Food für Leute, die immer und nur unterwegs sind – und sonst nichts. Er zeigte die übliche Fast Food Mentalität der Buddhisten, die sich in der Weisheit dieser Selbstentsagungsmentalität kaum von anderen Nicht-Erleuchteten unterscheiden. Hätte der Meister Leib und Herz dieser Moral von sich abfallen lassen, hätte er den unfassbaren Leib und das unfassbare Herz eines Menschen erlangt, der wirklich essen kann. Aber der Mönch wusste so wenig wie die meisten Menschen damals, heute und morgen, dass das »unfassbare Herz« auch das schmackhafte und in jeder Hinsicht stärkende Reisknödel-Selbst umfassen kann, denn der wahre Buddha-Geist weiß sich unterwegs wenigstens von einem gut gemachten Imbiss zu ernähren.

Wenn wir »den Gedanken lernen, dass unsere Existenz ein Reisknödelbild ist«, wie es Dôgen auf seinen verschlungenen Wegen durch die chinesische Esskultur lernte, und wenn es uns gelingt, auf diese Weise »über freie und volle Tugend in unserem Leben zu verfügen«, dann bedeutet das, verstanden zu haben, dass wir unbedingt eine gute Fast Food Kultur brauchen, um die Vollständigkeit (der verschiedenen Lebensbereiche) und die volle Freiheit in der (vielgestaltigen und mehr als essistenziellen) Selbst-Verwirklichung unserer »täglichen Praxis« zu erreichen. Auch für diese Einsicht braucht es Ein-Wort-Geschichten und anschauliche Bilder – zum Beispiel fein papierene Reisknödelbilder.

Als orthodoxer Buddhist war Tokusan blind für das leckere Imbissangebot, das die Köchin anbot; ihm leuchtete bei dieser Begegnung nicht ein, dass ihre herzhafte (wohlschmeckende, kochkünstlerische) Reisknödelpraxis die Herzen anderer Menschen stärken konnte. Aber auch sie zeigte sich blind gegenüber der totalen Vereinseitigung ihrer täglichen Lebenspraxis, die sich offenbar darauf beschränkte, den ganzen Tag nichts anderes zu tun, als für Andere (deren Leben noch aus anderen Dingen bestand) am Herd zu stehen. Selbst wenn er ihr mit weisem Tiefsinn entgegnet hätte, dass weder die Herzen der Anderen noch ihr eigenes Herz mit Reisbällchen vollständig gestärkt und erfüllt werden können, so Dôgen, »hätte das Weib-

15 Dôgen, Unentwegte Praxis I, 169.

lein zu Tokusan sagen sollen: ›Der ehrwürdige Mönch weiß nur, dass das Herz mit Reisknödel nicht gestärkt werden kann, er weiß nicht, dass das Herz die Reisknödel stärkt, er weiß nicht, dass das Herz das Herz stärkt‹. Hätte sie so gesprochen, hätte Tokusan sicherlich gezögert.«[16] Wieder bleiben Dôgens Ergänzungen unklar, weil fraglich ist, woher sie wissen sollte, wie das Herz das Herz stärkt, wenn sie noch nicht einmal über das Wissen verfügt, dass ihre Reisknödel ihr Herz wie das Herz aller anderen zu schwächen vermögen.

Wieder bleiben Dôgens Ergänzungen unklar, weil fraglich ist, woher sie wissen kann, wie das Herz das Herz stärkt, wenn sie noch nicht einmal über das Wissen verfügt, dass ihre Reisknödel ihr Herz wie das Herz aller anderen zu schwächen vermögen. Dôgen selbst hätte, um selbst zu beweisen, dass er ein inständig Lernender ist und, anders als Tokusan und all die anderen Buddhas und Patriarchen den wahren Dharma kennt, den folgenden Zusatz ergänzen sollen. So würde ein wirklich Erwachter auf die Frage der Imbissverkäuferin »Wozu kaufst du denn Reisknödel?« nicht antworten: »Um mich zu sättigen.« Sein Spruch würde lauten: »Um auch unterwegs einfach Mahl was Gutes zu essen. Wie deine unglaublich leckeren Baoxi! Als geglückte Praxis auf meinem täglichen Weg, das Gute zu leben.« Und auf die Frage von Street Food Produzenten, die gute Fertiggerichte zum Mitnehmen anbieten, »Welches Herz willst du mit Reisbällchen stärken und wie?«, würde ein wahrer Meister antworten: »Ich stärke mein Imbiss-Herz mit Essen, indem ich so phantastische Reisbällchen wie diese hier esse. Darum verkaufe mir deine guten Werke!«

Das wäre ein Spruch gewesen, der einem gastrosophisch erwachten Menschen entspräche. Es wäre auch ein guter Weg gewesen, schnell die hungrigen Geister zu beschwichtigen und dann weiterzugehen, um all das zu erreichen, wofür dieser Tag noch gut sein könnte. Deshalb hätte auch Dôgen am Ende nicht sagen sollen: »Nach alledem bedeutet ›Das Herz ist unfassbar‹: ein Stück gemalten Reisknödel kaufen und ihn mit einem einzigen Biss zerkauen und hinunterschlucken.« (Ebd., 61) Niemand, der sich ein Herz fasst und unterwegs Fertigkost isst – ohne gleich bereit zu sein, alles zu schlucken, was es so gibt –, kauft sich dafür bloß gemaltes Essen. Solche Reisknödelbilder und nur schön anzusehende, aber wenig geschmackvolle Fast Food Versprechen können den (echten) Hunger nicht (wirklich) stillen. Dôgen selbst weiß sehr genau: »Wenn du versuchst, einen gemalten Reisknödel zu essen [...], wird er dir niemals schmecken«. (Ebd., 87) Der Erleuchtete kennt den feinen Unterschied zwischen echten Reisknödeln und bloß »auf Papier gemalten ›echten Reisknödel‹«. Weder in der Vergangenheit noch in der Gegenwart noch in der Zukunft wird er von Reisknödelbildern leben wollen, denn er weiß, dass sie ungenießbar sind, auch wenn sie hungrige Geister zu stillen vermögen. Ein gastrosophisch gestärkter Mensch isst zwischendurch oder unterwegs nur echte Reisknödel, notfalls auch Fertigkost vom Imbissstand und Fast Food Mahlzeiten, wenn sie aus gu-

16 Dôgen, Gemalte Reisknödel, 58.

ten Zutaten sind, gut gemacht, wohl bekömmlich und vor allem gut schmecken – und wenn der Preis stimmt.

Die ›Kostspieligkeit‹ ihres Preises kann man keineswegs ausblenden, wie Dôgen meint, wenn er sagt: »Lassen wir die Kosten für die Mahlzeiten beiseite«.[17] Was nur für Menschen geht, die genug Geld für einen kostspieligen Lebensstil haben. Die Kosten für unsere täglichen Mahlzeiten zu ignorieren, wäre nur möglich, wenn diese nicht gekauft werden müssten, sondern zum Gutteil selbst produziert würden. Was möglich wäre und was wiederum eine freie und volle Tugend in unserem Leben sein könnte. Doch obwohl manches und Wesentliches auf dem täglichen Weg eines guten Welt-Essens von Geld, Preisen und dem eigenen Geldbeutel abhängt, wird nicht alles von den Kosten bestimmt. Entscheidender als die finanziellen Mittel und die richtigen Kaufentscheidungen ist es, ein richtiges Bild von guter Praxis zu haben und zu verinnerlichen, um bei Bedarf nach gangbaren Alternativen zu suchen. Klar wäre es das denkbar Einfachste, wenn gastrosophische Kost und Weg-Suche im Alltag überall wie echtes Sushi mit einem Biss zu zerkauen und hinunterzuschlucken wäre. Aber wir sollten nicht, wie Dôgen sich selbst zu Recht ermahnt, »keine Reisbällchen aus Papier bewundern«.[18] Denn dann würde die Philosophie wieder über der Praxis gestellt. Beides sind gleich wichtig, unersetzlich und untrennbar. Sie ergänzen sich – kreiselnd.

Aus diesem präzisen Grund leuchtet es ein, wenn wir hören, dass »wir praktizieren, was wir unmöglich praktizieren können«, und dass wir »erklären, was wir unmöglich erklären können«. Deshalb hätte Dôgen, um sich als ein über das übliche Erwachen hinausgelangter Selbst-Erwachter zu erweisen, bekannt machen können, was er im Zusammenhang mit seinem großen Lob der (klösterlichen) Mahlpraxis sagt. Danach sind »ein Reisknödelbild zu essen oder an einer Mahlzeit der Buddhas und Patriarchen teilzunehmen« beides unerlässliche »Bedingungen der Erleuchtung«.[19] Wenn wir begreifen, dass die Vorstellung vom Reisknödel-Selbst eine Grundvoraussetzung ist, um das Essen als Weg zu erfassen, und dass sich dieser Weg als tägliche Praxis im geselligen Mahl vollendet, dann erst verfügen wir über freie und volle Tugend in unserem Leben. Bewundere keine Reisknödel aus Papier heißt also auch: *Verwechsle nicht die Gastrosophie als Weisheitslehre vom guten Imbiss für unterwegs oder zwischendurch mit dem wirklichen Essen-Können in der Alltagspraxis einer gemeinsam genossenen Hauptmahlzeit. Und lerne zu unterscheiden zwischen dem Genuss einer Reisknödelküche oder ähnlichem Guten und der alltäglichen Praxis des meisterhaften Selbermachens solcher Köstlichkeiten.*

Dôgen selbst, wie gesagt, malt nur papierene Reiskuchen. In seinem gastrosophischen Kochbuch bereitet er nur gemalte echte Köstlichkeiten zu. Seine Anwei-

17 Dôgen, Buddha-Natur, 66.

18 Dôgen, Gemalte Reisknödel, 87.

19 Dôgen, Die 37 günstigen Bedingungen für die Erleuchtung, 81.

sungen an den Koch enthalten auch keine Rezepte für Reisknödel. Das ist unfassbar, aber auch gut so. Denn statt Rezepte zum Nachkochen gibt uns Dôgen Dinge mit auf den Weg wie: »Wenn ihr Speisen zubereitet, sollt ihr dies nicht von dem gewöhnlichen Standpunkt tun und über sie nicht nur nach subjektivem Belieben denken. Findet eine Haltung, die versucht aus einfachem Grünzeug große Heiligtümer zu schaffen.«[20] Oder: »Wisst, dass einfaches Grünzeug die Macht hat, zur Praxis des Buddha-Seins zu werden und das Weg-Streben hervorzubringen vermag. Erachtet Nahrungsmittel nicht als gering«. Das ist auch der zen-philosophische Sinn von Sprüchen wie: »Wenn große Meister in der Vergangenheit fähig waren, eine schlichte Suppe aus Grünzeug zu zaubern, das ihnen als Almosen gegeben wurde, müssen wir versuchen, daraus eine feinschmeckende Suppe zu kreieren«. (Ebd., 13)

Würden wir uns ein gastrosophisches Bild von Dôgens Kochkunst und Esspraxis machen, so würden wir uns wohl kaum jene asketische Mahlzeit vorstellen, die jedem westlichen Gast, wie Michel Foucault, in einem japanischen Zen-Kloster serviert wird. Stattdessen würden wir uns eine vielleicht einfache (alltagstaugliche), aber auf jeden Fall raffiniert zubereitete (ästhetisch gestaltete) Mahlzeit ausmalen, die von der kulinarischen Kunstfertigkeit und Weisheit zeugt, aus gewöhnlichem Grünzeug bemerkenswerte Wohltaten zu zaubern. Dass es sich bei der vorangegangenen Dekonstruktion der Philosophie des japanischen Zen-Begründers Dôgen Kigen nicht nur um importierte und neu verpackte Delikatessen aus Fernost handelt, lässt sich nun besser ermessen. Vielmehr findet das, was hier als Zen-Gastrosophie skizziert wird, seit geraumer Zeit in zahlreichen Kochbüchern zur Zen-Küche und den Geheimnissen fernöstlicher Lebenskunst eine populäre Resonanz, deren Auswirkungen sowohl in der westlichen Esskultur als auch in zen-buddhistischen Kreisen innerhalb und außerhalb Japans zu beobachten sind. Auf diese sehr junge Entwicklung und ihre Hintergründe wird noch näher einzugehen sein; aus der Sicht eines transkulturellen Gastro-Philosophierens sei vorweggenommen: Frische Quellen, aus denen etwas zur Weisheit des Essens schöpfen lässt, sprudeln heute mehr im globalen Westen als in Japan, das sich immer weiter vom Zentrum weltweiter Einflüsse entfernt. (Und zwar in dem Maße, wie dort radioaktiv verseuchtes Wasser in die Weltmeere und die allgemeine Umwelt fließt, aber dazu später).

Doch mit Dôgen und seinen Reisknödelbildern aus Papier lässt sich überall jederzeit gastrosophisches Denken und Fühlen, Schmecken, Lachen, Vergnügen, Kochen, Gärtnern, Pilze Sammeln, Tafeln, Verdauen, Fragen, Antworten, Tätigsein und Nicht-Tun der Praxis *üben*. Deren »Übertragung kann außerhalb der Schriften und unabhängig von Worten, unmittelbar des Menschen Herz stärken, die eigene Natur sein-lassen und Buddha bezeugen« – um das seinerseits überall vernommene Löwengebrüll des legendären Bodhidharma zu variieren, der als erster Patriarch aus Indien kommend in China den Chan-Buddhismus initiierte. Lange bevor der

---

20 Dôgen, Anweisungen an den Koch, 7.

viel zitierte Ausspruch »Zen und Tee sind ein einziger Geschmack« (jap. *cha zen ichimi*), von Sen no Rikyû für den sogenannten Tee-Weg geprägt wurde, benennte der Begründer der japanischen Zen-Philosophie mit seiner Formel *ichimi zen* »ein geschmackvolles Zen«. (Als eine Zen-Kunst der klösterlichen Alltagsküche beinhaltet dieses Ess-Zen unter anderem auch das tägliche Trinken von gesundem und stimulierendem Tee). Ausdrücklich grenzt Dôgen die eigene Lehre von den fünf Zen-Arten seiner Zeit, den »fünf Zen-Geschmäckern« (jap. *gomi zen*), ab, die alle gleichermaßen geschmacklos seien, weil sie nicht dazu befähigten, »das Essen der Mönche richtig zuzubereiten.«[21] Bei einem gastrosophischen Zen-Essen (und Zen-Teetrinken) geht es weder um eine gelegentliche Zeremonie noch um ein spirituelles Ritual, sondern um nicht mehr und nicht weniger als die tagtäglich kultivierte Lebensweise, die selbstgemachte Pilz-Nudelsuppen und dergleichen (sowie das Trinken gesunder und stimulierender Getränke) als ein Gutes bewahrheitet.

Dies zu verstehen und gründlich zu studieren, wäre wahrlich ein über das Erwachen hinausgehendes Erwachen, von dem Dôgen spricht. Ein noch darüber hinausgehendes, uneingeschränkt zen-gastrosophisches Verständnis des täglichen Essens macht notwendig, zu durchdenken, was genau gut daran ist; und wie sich tägliches Reisessen vom gelegentlichen Reisknödel- oder Sushi-Essen unterscheidet; oder warum die frugale Stärkung (oder Schwächung) eines fastenden Herzens und die kulinarische Selbstlosigkeit, sich mit irgendeiner gekauften Fertigkost zu sättigen, nichts mit der Kunst der großartigen Lebensweise eines Selbst zu tun hat, das aus einfachem Grünzeug große Heiligtümer zu schaffen weiß. Diese Differenzierungen betreffen viele wegweisende Fragen, die das Zen aus seiner Bindung an einen religiösen Buddhismus lösen und eine Zen-Praxis in einem universalistischen, philosophisch-ethischen Sinne denkbar machen. Die Zeremonien und Riten dieser Praxis sollen – im Rückgriff auf Dôgens Zen-Gastrosophie – anhand der der Kunst des Kochens und der Zubereitung von Essen in der eigenen (Gemeinschafts-)Küche näher beleuchtet werden. Anhand der kulinarischen Praxis lassen sich vielleicht auch die schwer verständlichen Sätze leichter verdauen, mit denen Dôgen das eigene Denken unnötig beschwert; wichtige Sätze wie dieser: »Das Weg-Streben (jap. *bendô*), das ich jetzt lehre, macht die zehntausend Dharmas in der Erfahrung wirklich und vollbringt die Einheit der Wirklichkeit durch den Weg der Befreiung«.[22]

Doch zunächst ist es Zeit für einige zusammenfassende Worte. Einen Zen-Buddhismus, der das Essen als Praxisbereich einer alltäglichen Lebenskunst bestimmt, gab es in Japan nicht, bevor Dôgen diesen dort durch seine Rückkehr einzuführen versucht. Die anderen Schulen des japanischen Buddhismus dieser Zeit lehrten keine solche (Zen-)Praxis. Der Zen-Buddhismus in Japan, der ursprünglich auf das dôgeniale Denken zurückgeht, ist – sollten meine Erörterungen einleuchten

---

21 Dôgen, Anweisungen an den Koch, 12.

22 Dôgen, Gespräch über das Weg-Streben, 27.

– eine unjapanische (transkulturelle) Weisheitslehre. Unjapanisch (transkulturell) deshalb, weil sie, anders als in Japan vorher und nachher üblich, die Kultur des Essens als eine mögliche Praxisform des Buddha-Weges (jap. *butsudô*) begreift und die Ethik sowie die Ästhetik der essistenziellen Selbst-Kultivierung als zenbuddhistisch auszeichnet. Ein solches gastrosophisches Zen haben sich die meisten Japaner auch nach Dôgen und, wie man nun sagen muss, trotz seiner Wegweisung weder bewusst noch zu eigen gemacht. Dennoch ist dieses Zen japanisch in dem Sinne, dass es von einem der größten Philosophen und Zen-Theoretiker Japans stammt. Dies erklärt das oben erwähnte Paradoxon der Existenz und gleichzeitigen Nichtexistenz einer japanischen Esskunst.

Wegen dieser bisher viel zu wenig problematisierten Paradoxie des japanischen Zen-Buddhismus (des Essens) habe ich immer wieder – vielleicht zu oft – mit allem Nachdruck darauf hingewiesen: Eine Zen-Gastrosophie, ein gastrosophischer Zen-Buddhismus, wie er hier im Anschluss an Dôgen (und andeutungsweise an Foucault) versucht wird, hat nichts mit der üblichen Zen-Theorie einer spirituellen Mystik und eines religiösen Buddhismus zu tun, nichts mit Schüler-Meister-Hierarchien und esoterischer Meditationspraxis. Zweifellos dient vieles, vielleicht sogar das meiste, was Dôgen gedacht und geschrieben hat, diesem üblichen (orthodoxen) Zen-Buddhismus.

Mir geht es um die Möglichkeit eines anderen Weg-Auges oder ›Dôgen‹ und um die Wirklichkeit eines anderen Zen als das, was unter diesem Begriff gemeinhin gedacht wird. Dazu gilt es sich kritisch zu vergegenwärtigen, dass die heute verbreitete ›japanische Zen-Philosophie‹ maßgeblich von einem deutschen Philosophen geprägt wurde. Wie überhaupt deutsche Philosophen die Philosophie in Japan nachweislich japanisiert haben – auch wegen und mit Hilfe der intensiven Rezeption deutscher Philosophie durch Japaner. Zu einem nicht unerheblichen Teil haben deutschsprachige Philosophen, als die programmatischeren Japaner im Geiste, die japanische Zen-Philosophie miterfunden – ein Umstand, der die eben thematisierte transkulturelle Konstruktion des Japanischen erneut belegt (und meiner hier unternommenen Dekonstruktion oder philosophischen Neuerfindung des Zen zugrunde liegt).

Vom Bogenschießen zum Knödelmachen

So ist das Buch *Zen in der Kunst des Bogenschießens* von Eugen Herrigel aus dem Jahr 1951 bis heute die weltweit wohl wirkungsmächtigste Zen-Theorie, die in unzählige Sprachen übersetzt wurde. Mehr als ein halbes Jahrhundert nach der Erstveröffentlichung erschien die jüngste Neuauflage im renommierten S. Fischer Taschenbuch

Verlag.[23] Selbstverständlich hätte der nationalsozialistische Hintergrund von Herrigels Person und Philosophie unbedingt eines kritischen Kommentars bedurft.[24] Die kleine Abhandlung von Eugen Herrigel hat wie kaum ein anderes Werk eines westlichen Theoretikers und Meisters aus Deutschland die heute geläufige Vorstellung von ›Zen‹ (Zen-Kunst, Zen-Weg, Zen-Buddhismus, Erleuchtung, Weisheit usw.) philosophisch begründet. Seine Philosophie der japanischen Zen-Kunst entwirft eine spirituelle Zen-Philosophie – eine »Mystik des Zen-Weges« (Herrigel).

Dieses mystische Zen-Denken, das Herrigel in programmatischer Übereinstimmung mit dem international bekannteren Theoretiker einer spirituellen Zen-Lehre Suzuki entwickelt hat, braucht hier nicht weiter dargestellt zu werden. Doch ist allemal bedenkenswert, dass die Grundgedanken dieses weltweit populären Zen-Verständnisses und dieses Glaubens an die »östliche Weisheit« – in der konzeptuellen Form einer Kunst des Bogenschießens – eine untrennbare Nähe und Geistesverwandtschaft zur martialischen Weltanschauung des Weges der Samurai-Krieger, des *bushidô*, unterhalten. In seiner Funktion als Rektor der Universität Erlangen untermauerte Herrigel mit seinem 1944 als Feldpostbrief veröffentlichten Text über das *Ethos des Samurai* seine nationalsozialistische Gesinnung und seinen Stolz, mit der eigenen Zen-Philosophie die Kriegsbereitschaft und mörderische Aggressivität der Deutschen zu befeuern.[25] Und Suzuki schrieb nicht nur eine lobende Einleitung zu dessen Zen-Kunst des Schießens; seine eigenen Abhandlungen zum *Zen und der Samurai* oder zum *Zen und die Schwertmeisterschaft* sind – neben dem *Zen und der Teekult* – zentrale Bestandteile seines einflussreichen Buchs *Zen und die Kultur Japans.*[26]

Der japanische Zen-Ideologe beschritt mit diesen verhängnisvollen Publikationen den Weg eines Gewalt-Buddhismus, der bereits im Japan der 1930er Jahre zu Militarisierung und Kriegsverherrlichung geführt hatte. Damals verbanden fanatische Un-Buddhisten wie Inoue Nissho, Kita Ikki und Tanaka Chigaku die buddhistische Lehre mit Nationalismus, Militarismus und Faschismus. Sie propagierten den Glauben, dass ihre Landsleute ihre eigenen egoistischen Bindungen aufgeben müssten, um absolute Loyalität gegenüber der Nation zu praktizieren und sich vollständig dem Kaiser zu unterwerfen. Als die japanische Militärdiktatur schließlich in den Krieg eintrat, predigten un-buddhistische Zen-Meister und Priester der

23 Herrigel, Zen in der Kunst des Bogenschießens – Der Zen-Weg.

24 Eine solche kritische Kommentierung seiner Philosophie der Zen-Kunst des Bogenschießens bietet: Shôji, The Myth of Zen in the Art of Archery; zur nationalsozialistischen Gesinnung Herrigels sowie zu Suzukis *Bushidô*-Kriegspropaganda (von der sich Suzuki später distanzierte) siehe: Trimondi, Hitler, Buddha, Krishna: 197ff. Zur allgemeinen Problematik des Zusammenhangs zwischen Zen, Kriegergeist und Nationalismus siehe: Victoria, Zen at war; Heisig/Maraldo, Rude Awakenings.

25 Herrigel, Das Ethos des Samurai.

26 Suzuki, Zen und die Kultur Japans, 25–80.

Gewaltideologie selbstlosen Gehorsam gegenüber staatlicher Autorität und forderten, das Volk müsse sich im Krieg selbst opfern. Suzukis Propagandaschriften zum Bushido-Buddhismus, die 1941 ins Deutsche übersetzt wurden, nährten die Kriegsmentalität und das Hassherz von Hitlers Deutschland. Dass seine martialisch-mystische Zen-Philosophie nicht nur auf kleine Nazis wie Herrigel, sondern auch auf echte Nazi-Größen wie Martin Heidegger einen starken und stärkenden Einfluss ausübte, wurde von ihm selbst ausdrücklich eingeräumt und goutiert.[27]

Ein solches martialisches Samurai-Zen ist in Japan bereits zu Dôgens Zeit wirksam und rechtfertigt eine Praxis und Philosophie, die sich je nach Bedarf in jedem historischen Kontext problemlos zur Beschwörung einer kriegerisch-militanten und nationalistischen Gesinnung einsetzen lässt – ein Un-Zen der spirituellen Selbstentsagung, die sich von asketischer Drilldisziplin, unterwürfiger Meisterhörigkeit und heroischer Todesverachtung bis zum absoluten Un-Wesen des gewaltsamen blutigen Selbstopfers (etwa durch Harakiri, Kamikaze oder Samurai-Ethos) radikalisiert – und das nicht nur in der Kultur Japans praktizierte religiöse Opferritual bis zum Menschenopfer dehumanisiert.[28]

Weil das so ist, so war und so bleiben könnte, wird der transkulturellen Tradition dieses alles andere als ethisch-universalistischen Zen, wird diesem allgegenwärtigen Un-Zen hier ein gastrophilosophisches Ess-Zen entgegengesetzt, um den entgegengesetzten Weg und den Zugang zu einer für alle (Menschen und nichtmenschlichen Wesen) und deren Wohl besseren Welt denkbar zu machen. Ich sehe keinen anderen jederzeit möglichen Weg aus der Krise der menschlichen Zivilisation, der nicht auch das Euzen der gastrosophischen Weisheit durchmisst und in der täglichen Praxis bewahrheitet. Als Alternative zur traditionellen Zen-Mystik versteht sich die hier halbwegs freigelegte Zen-Gastrosophie als längst überfällige selbstkritische Revision des deutschen Einflusses auf die Kultur Japans im gastfreundlichen und friedlichen Medium des guten Essens – des Machens, Denkens, Genießens von Knödeln, Eintöpfen, Pilznudelgerichten, Sushi-Imbissen, Gemeinschaftsmahlfeiern oder ähnlichen geschmackvollen wie allgemein wohltuenden und gute Gesellschaft kultivierenden, konvivialen Wohltaten.

Wie bereits erwähnt, hat der japanische Philosoph und Tee-Zen-Theoretiker Hisamatsu mit dem Gedanken gespielt, dass es angesichts der Krise der technischen Zivilisation und des westlichen Lebensstils eine unerlässliche Aufgabe sein sollte, ja sogar eine Herausforderung der Menschheitsgeschichte sein müsse, den Geist des Zen dem abendländischen Kulturkreis und darüber hinaus die japanische Zen-Kultur der allgemeinen Weltöffentlichkeit bekannt zu machen und damit »der künftigen Welt einen Dienst zu erweisen«.[29] Hisamatsu selbst verband diese

---

27 Japan und Heidegger.

28 Scheid, Religiöse Gewalt in Japan. Blutopfer, Selbstopfer, Menschenopfer.

29 Hisamatsu, Zen-Künste, 236.

epochale Aufgabe mit der weltanschaulichen »Reformation« des religiösen Zen-Buddhismus und seiner »Philosophie des Erwachens«: Eine zentrale Rolle sollte dabei dem Tee-Weg zukommen. Um ihn zu reformieren, wollte Hisamatsu »das Zen aus den Tempeln und Klöstern der Zen-Schule in die Häuser des Volkes bringen« und durch diese Verhäuslichung oder Veralltäglichung »das hohe kulturelle Leben des Volkes« gestalten. Die Teezeremonie zu praktizieren, bedeutete also, das Zen im gewöhnlichen Alltag und als Laie zu kultivieren. Denn, so seine Überlegung, »wenn man wirklich Tee macht, kommt im Anziehen der Kleider, im Einnehmen des Essens, im Gehen, Wohnen, Sitzen und Liegen der Buddhismus zum Leben. Das Zen kommt zum Leben.«[30]

Welches Zen auf diesem verworrenen Weg ins Leben kommen könnte, warum das so sein soll und warum ein solches Zen unerreichbar wäre, wird nicht erklärt. Die fraglichen Zusammenhänge, wie sich durchs Trinken von Tee automatisch auch alle anderen Komponenten unserer Lebensweise verändern, bleiben im Dunkeln, und verlieren sich in den typischen Reflexionen eines mystischen Zen-Buddhismus. Um im Anschluss an den französischen Philosophen und kritischen Aufklärer Foucault ein universalistisches Zen zu denken, das von einer buddhistischen Zen-Religion getrennt (gelebt) werden kann, muss ein anderer Weg beschritten werden: der alltäglichste, allgemeinste, allumfassendste und vielleicht auch unfassbarste Weg des Essens. Denn ausgehend von einem gastrosophisch aufgeklärten Zen-Verständnis erscheint zumindest so viel einleuchtend und nachvollziehbar: Wenn Menschen – das Volk, die Allgemeinheit, möglichst viele von uns – wirklich essen können, dann kommt Zen ins Leben beim Einkaufen, beim Zubereiten und Einnehmen der täglichen Mahlzeiten, beim Abräumen und Abwaschen, beim Sitzen am Esstisch und beim (gemeinsamen) Genießen. Eine solche Zen-Lehre macht die in Japan populäre Lebenskunst des Essens als echte Weg-Praxis denkbar. Und so gesehen kann man durchaus von der alltäglichen Verwirklichung und sogar sozialen Realität einer genuin ›japanischen Zen-Kunst‹ sprechen, die von den meisten Japanerinnen und Japanern – noch und schon – gepflegt wird. Dieses transkulturell vorbildliche Ess-Zen ist tatsächlich gelebte und lebendige Volkskultur im Gegensatz zum idealisierten ›japanischen Tee-Weg‹.

Was die kulturphilosophische Nicht-Existenz der japanischen Zen-Esskunst betrifft, so müsste die gastrosophische Weisheitslehre, die deren philosophische ›Leere‹ (das *Shunyata* der Kyôto-Schule) durchdringt und begrifflich füllt, zwar nicht notwendig aus dem Westen kommen. Es macht aber nichts, wenn sie von dort kommt und zur transkulturellen Verständigung und Verwirklichung einer anderen Lebensweise beiträgt. So wie Dôgens Zen aus dem Westen (aus China) kam und Bodhidharma, der erste Chan/Zen-Meister Chinas, aus dem Westen (aus Indien). Und diesmal

30 Hisamatsu, Zehn Tugenden des Tee-Weges, 260.

gibt es gute Gründe, warum diese Weisheit gerade aus dem Westen (aus dem abendländischen Europa) kommen muss und nicht aus dem Fernen Osten Asiens (aus Japan oder China) kommen kann. Denn im europäischen Westen als einem maßgeblichen Ursprungsort der globalen Ernährungskrise ist, buddhologisch gesprochen, das Bewusstsein für das Leiden an gastrosophischer Unwissenheit und die Notwendigkeit eines gastroethischen Selbst-Erwachens inzwischen etwas größer und die alltagsethische Selbst-Befreiung aus der allgemein beklagten Welt der westlichen Esskultur ›alle Mahl‹ noch dringlicher.

Die Universalität des Zen zwischen spirituellem Zazen und gastrosophischem Euzen

In der japanischen Gegenwartsphilosophie wird ausdrücklich, obgleich ohne Rekurs auf den Zen-Begriff, nach einer Universalität des Ethischen gefragt. Insbesondere Ogawa Tadashi hat versucht, aus den verschiedenen Traditionen der westlichen und östlichen Kulturgeschichte (griechische Antike, Christentum, Konfuzianismus und moderne Phänomenologie) mittels einer kulturtheoretischen Komparatistik »das Beste auszuwählen«, um den normativen Universalismus der ethischen Praxis zu explizieren.[31] Die Programmatik einer solchen transkulturellen Weltethik kann freilich nur dann eingelöst werden, wenn solche universalisierbaren (für alle guten, gerechten, allgemein wohltuenden) Lebensweisen oder »Humana« (Ogawa) erfasst werden, die trotz ihrer lebensbereichlichen Allgemeinheit eine Vielfalt ihrer alltagspraktischen (Selbst-)Kultivierung zulassen.[32] Tatsächlich geht Ogawa, wie schon angedeutet, sogar ein Stück weit den Weg des guten Essens als exemplarischer Praxis einer solchen transkulturellen Ethik des guten Lebens. Letztlich bleibt dieser Weg aber auch bei ihm philosophisch über weite Strecken ebenso unerforscht, wie es dem (foucaultistischen) Programm einer »Ethik der Praxis« bislang generell an systematischer Ausarbeitung mangelt.

Als Watsuji Tetsurô in den 1920er Jahren die Schriften Dôgens, die jahrhundertelang unbeachtet in den Regalen der Soto-Schule verstaubt waren, zu neuem Leben erweckte, war er erstaunt über »die Modernität und Universalität dieses Zen-Meisters«.[33] Schon Watsuji ahnte die große Bedeutung und Maßgeblichkeit dieses Menschen und relativierte seine eigene Interpretation seines Denkens mit den Worten: »Ich habe nicht das Selbstvertrauen, Dôgens Wahrheit so zu verstehen, wie sie ist, und ich behaupte nicht, dass meine Erklärung die einzige ist. Aber ich möchte wenigstens den Weg zu einer neuen Erklärung öffnen, durch die Dôgen nicht mehr

---

31 Ogawa, Are there Ethical Universals in the West and the East?

32 Ogawa, Das Essen im hoch technisierten Zeitalter; ders., Essen und Atmosphäre.

33 Watsuji, zitiert in: Dumoulin, Zen im 20. Jahrhundert, 29.

der Dôgen eines Hauses ist, sondern der Dôgen der Menschheit, nicht mehr Dôgen der Patriarch einer Schule, sondern unser Dôgen«. (ebd.) Ähnlich vertrat Deshimaru Taisen, seit den 1960er Jahren einer der einflussreichsten Zen-Meister in Europa und ehemaliger Präsident der Europäischen Zen-Vereinigung, in seinem Vorwort zu Dôgens Hauptwerk die Auffassung, seine Zenologie biete sich als »neue Weltethik« an, mit deren Hilfe die globale Krise der technischen Zivilisation überwunden werden könne. Den zentralen Heilsweg, den er als »Dôgens Weltethik« ausgibt, sieht Deshimaru freilich in der Meditationspraxis des Dasitzens: Zazen sei »der beste Weg für uns, das menschliche Leben zu retten«.[34]

Der abwegige Glaube, dass durch ein solches »spirituelles Leben« eine umfassende Weltverbesserung möglich sei, ist eine populäre Vorstellung innerhalb der sich ausbreitenden neuen »Spiritualität« und Religiosität der »östlichen Weisheit«. So spricht der japanische Zen-Meister Nishijima Gudô Wafu, Mitherausgeber der deutschen Übersetzung der Schriften Dôgens, davon, dass die Menschen durch die Praxis von Zazen »alle Probleme der Welt lösen« könnten.[35] Auch Nakagawa Fumon Shôju, Herausgeber der als *Unterweisungen über den wahren Buddha-Weg* bekannten Schriften eines Dôgen-Schülers, ist der Ansicht, dass das Zen der Sitzmeditation als Allheilmittel für die zukünftige Menschheit empfohlen werden kann. »Die Praxis des Zazen ist nach Dôgens Verständnis«, behauptet Nakagawa stellvertretend für viele Zazen-Buddhisten, »das Wesen des Selbst, die Wirklichkeit des Selbst; sie kann daher wesentliche Praxis auch für uns heutige Menschen sein, denen die Probleme der Gegenwart, von Mensch und Welt, bewusst sind. Dieses Zazen ist eine Konsequenz im Leben, es ist das Erwachen der einzelnen Person zu sich selbst in sich selbst. Dieses Erwachen praktizieren und verwirklichen wir in der Form des Sitzens, im Zazen. Es ist eine Vollendung und gleichzeitig eine völlig neue Orientierung der eigenen Existenz. Wir haben im täglichen Leben viele Probleme, und im Zazen kehren wir in den Ursprung unserer eigenen Existenz zurück. Von diesem Ursprung her können wir uns dann dem Alltag mit seinen Problemen stellen.«[36]

Vor allem lehrt Dôgen, wie Nakagawa ihn versteht, arm und mit geringen Ansprüchen zufrieden zu sein, was uns vom »Konsumgesetz des Immer-mehr-und-besser-Haben-Wollens« befreien und damit das Elend und die Not der globalen Menschheit revolutionieren könne: Das meditative Dasitzen um seiner selbst willen (jap. *shinkan-taza*) soll den Planeten retten. Nakagawa erläutert diesen Gedanken im Sinne der buddhistischen Orthodoxie: Statt sich »nach der Arbeit bei einem Glas Bier zu erholen«, sollte der heutige Mensch erkennen, dass die sozialen und wirtschaftlichen Probleme unserer Zeit in der blinden Gier eines jeden von uns wurzeln«. Zweifellos verursacht die tief verwurzelte Allgegenwart blinder und sogar

34 Deshimaru, Die Lehren des Meisters Dôgen: Der Schatz des Sôtô-Zen.

35 Nishijima, Einführung, 19.

36 Nakagawa, Geleitwort, 13f.

geiler Gier (»Gier ist geil!« lautete vor einigen Jahren hierzulande ein äußerst erfolgreicher Werbeslogan) in Verbindung mit den allseits beliebten Fluchtweg-Ritualen und intensiv ausgelebten Zeremonien des täglichen Biertrinkens – weit mehr als Teezeremonien und zen-buddhistische Askese – soziale und wirtschaftliche Probleme. Ich vermute aber stark, dass die Vorstellung, die sozialen und wirtschaftlichen Probleme unserer Welt ließen sich allein auf blinde Gier und das tägliche Glas Bier zurückführen, bei Dôgen nur schallendes Gelächter hervorgerufen hätte und von ihm mit einer lässigen Handbewegung der Ablehnung quittiert worden wäre.

Dennoch, und auch daran besteht kein Zweifel, wurde *Zen* – ausdrücklich unter Berufung auf Dôgen – im Osten wie im Westen bisher über *Zazen* als die alles entscheidende Heilspraxis gedacht. Und es wird immer noch, vielleicht mehr denn je, als der einzige Weg zum Glück versprochen.[37] Diese extreme Reduktion oder Regression des Zen auf Zazen ist insofern gerechtfertigt, als Dôgen andere Meditationspraktiken, wie z.B. das Rezitieren des Buddha-Namens (jap. *Nembutsu*) im Reine-Land-Buddhismus oder körperliche Bewegungsmeditationen wie das unentwegte Gehen oder Fasten im Shingon-Buddhismus, explizit als sinnloses Tun ablehnte. »Sie tun Dinge«, belustigte sich Dôgen über andere Buddhisten, »wie im Regen umhergehen, bis sie völlig durchnässt sind, und glauben, das sei die Befreiung vom Anhaften (*upadana*) an die Welt.«[38] Diejenigen, die ewig das Nembutsu vor sich hinsprechen, nennt er »Frösche«, weil sie wie diese quaken.[39]

Um sich symbolisch und programmatisch von den Irrwegen anderer Buddhismen seiner Zeit zu distanzieren, räumt Dôgen dem Zazen einen markanten Rang in seiner eigenen Zen-Lehre ein. Mit Sätzen wie »Das Sitzen selbst ist das Tun des Buddha. Das Sitzen selbst ist das Nicht-Tun. Es ist eben die wahre Gestalt des Selbst. Darüber hinaus gibt es nichts, was als Buddha-Dharma zu suchen wäre«[40], gab er dieser Übung jene alles überragende Bedeutung, die schließlich dazu führte, dass Theorie und Praxis des Zen fast gleichbedeutend wurden mit Zazen – mit der Meditation im Sitzen. Es war also Dôgen selbst, genauer gesagt der spirituelle Zen-Theoretiker Dôgen, der diese systematische Gleichsetzung (Vereinfachung, Rückentwicklung) von Zen mit Zazen vornahm. So gesehen sei im Laufe der Zeit einfach »das ›Za‹ verschwunden« und es habe sich eingebürgert, nur noch von »Zen« zu sprechen.[41] Dementsprechend dreht sich seither in dem Zen, das weltweit in buddhistischen Zen-Zentren, Zen-Klöstern, Zen-Kursen etc. und als Zen-Philosophie gelehrt wird, alles um die Praxis des meditativen Dasitzens, und das höchste Gut und die Weisheit des Zen werden ausschließlich auf dem Weg des Zazen gesucht.

---

37 Abt Muho, Zazen oder Der Weg zum Glück.

38 Dôgen, Unterweisungen zum wahren Buddha-Weg, 81.

39 Dôgen, Gespräch über das Wegstreben, 151.

40 Dôgen, Unterweisungen zum wahren Buddha-Weg, 95.

41 Dôgen, Gespräch über das Wegstreben, 153.

Ein anti-spiritueller, religionskritischer Blick hingegen nimmt in Dôgens zenologischer Schatzkammer ein ganz anderes, nicht-esoterisches Verständnis von Zen-Praxis wahr und entdeckt darin die unfassbare Möglichkeit einer ethischen Universalität des Zen. Jedenfalls war für Dôgen, den Philosophen des Zen des Essens, Zazen (abgesehen von seiner Bedeutung als strategisches Markenzeichen der eigenen Schule) nur eine Übungspraktik unter anderen. »Ist nicht, im Schneidersitz hocken, ein sinnloses Tun«, vielleicht sogar, wie er selbstkritisch einräumt, »eine Zeitverschwendung? Warum sollte man in der Form des Zazen sitzen und nicht besser andere Praktiken wie Stehen, Gehen oder Liegen üben, um den Weg zur Erleuchtung zu gehen?« (Ebd., 151) Oder ist es nicht vor allem das Essenmachen (mit all seinen Tätigkeiten) als weltbewegendes Tun und alltäglichste, allgemeinste und umfassendste Praxis des menschlichen Lebens? Für das Nur-Dasitzen als angeblich einzig wahre Zen-Praxis spricht eigentlich nur, dass es »der einfachste Weg« ist, wie sein Begründer bekennt, weil er wegen seiner simplen Form von »jedem« und »zu jeder Zeit« (ebd., 154) praktiziert werden kann.

Diese Worte des Meisters müssen bedacht werden. Inwieweit Zen nicht mit bloßem Zazen identisch ist, sondern in ganz anderen (Euzen-)Praxen der alltäglichen Lebenskunst bestehen kann, z.B. in der Kunst des Essens (im Ess-Zen) lässt sich in Dôgens Werk auf einigen weitgehend unbekannten Umwegen finden. Für dieses Umdenken über das Ess-Zen müssen wir uns, wenn wir wollen und wie hier eingeübt, das entsprechende ›Weg-Auge‹ einsetzen und so ›Dôgen‹ neu und ganz anders wahrnehmen lernen. Einem vorbehaltlosen Blick steht dann ein nicht mehr auf Zazen verengtes Verständnis von Zen gegenüber, das dem philosophischen Anspruch auf Universalität gerecht wird und über den Kaizen-Praxismus die Euzenologie eines für alle guten Lebens vorbereitet. Nur eine dogmatische, religiös-spirituelle, rein buddhistische Vereinnahmung des dôgenialen Zen-Denkens verstellt den Blick auf dessen Potential für eine Ethik und Weisheitslehre neuer Lebenskünste.

Der wahre Geschmack des Zen

Die Anweisungen für den Koch, die Dôgen im Jahre 1237 verfasste, sind ein bis heute viel gelesener kanonischer Text. Die darin entwickelte Zen-Theorie des Essenmachens wird in japanischen Zen-Klöstern und in vielen Zen-Zentren anderswo zur Rate gezogen.[42] Diese programmatischen Anweisungen für Klosterköche und -köchinnen, Meister und Meisterinnen der Küche haben in jüngster Zeit auch und gerade außerhalb zen-buddhistischer Kreise und insbesondere in der westlichen Öffentlichkeit eine gewisse Aktualität erlangt. Diese bemerkenswerte Tatsache verdankt sich solchen Bestseller-Büchern über ›Zen-Küche‹ und ›Zen des Essens‹, die sich

42 Okumura/Warner, Nothing is Hidden; White Wind, Tasting Zen.

direkt auf Dôgen beziehen. Kochbücher wie *Zen für Küche und Leben* von Uchiyama Kosho oder *Das Lächeln der Radieschen. Zen in der Kunst des Kochens* von Edward Espe Brown oder *Zen – Geheimnisse der asiatischen Küche* von Deng Ming-Dao oder *Zen und die Kunst des Essens* von Silvana Schwitzer oder *Anweisungen für den Koch. Lebensentwurf eines Zen-Meisters* von Bernhard Glassman oder *Die Zen-Gebote des Kochens: Meditationen aus der Sterne-Küche* von Frank Oehler und Hinnerk Polenski – um nur einige Titel zu nennen.

Während sich Dôgens Kochbuch jedoch ausschließlich philosophischen Reflexionen über die kulinarische Praxis widmet und seinen Lesern keine konkreten Rezepte anbietet, bestehen die aktuellen Varianten und Adaptionen der Zen-Küche vor allem aus direkten Handlungsempfehlungen und Geschmacksvorgaben in Form von schön bebilderten Kreationen. So malt Ming-Dao echte Reisknödelbilder mit seinem Reisgericht »à la Shiitake-Pilz-Risotto«.[43] Statt philosophischer Prinzipien bieten die aktuellen Bücher zur Zen-Küche hauptsächlich Rezepte zum Nachkochen und damit strikte Anleitungen für ›die Praxis‹, die man befolgen kann und soll, ohne die ganze Sache durchdrungen zu haben. Diese strukturelle Unselbstständigkeit im Selbstdenken ist einer der bedenklichen Gründe, warum diese Literatur einen erheblichen Anteil am profitablen Buddha-Boom und am verbreiteten (unkritischen) Glauben an die ›östliche Weisheit‹ in der westlichen Welt hat.

Die populären Fast Food Buddhismen machen glauben, ›der Buddhismus‹ kenne keine Moral, die uns Menschen dazu verpflichte, unsere tägliche Lebensweise zum Wohle aller zu ändern. So wird der Anschein erweckt, es genüge schon eine bewusste Lebenseinstellung, die aus der Sinnfrage und dem Glücksversprechen ostasiatischer Weisheit resultiert und sich ansonsten ohne weiteres in den gewöhnlichen Alltag integrieren lässt. Sogar in der westlichen Philosophie wird ein solcher affirmativer (religiöser) Buddhismus aufbereitet und der Welt verabreicht. »Lebe bewusst!«, »Lebe in jedem Augenblick!«, »Nehme es hin, wie es ist« und »Sei einfach gelassen und freundlich zu allem!« – so lauten die leicht eingängigen Maxime und Erlösungsformeln einer esoterischen Kunst des guten Lebens und der Weltrettung.[44] Kaum eine Buchhandlung, in der es keine Ecke mit fernöstlicher Lebenskunst, Wegweisern oder der Philosophie einer neuen Spiritualität gibt, die Regale sind voll mit allen Bestsellern des Dalai Lama oder des vietnamesischen Mönchs Thich Nhat Hanh, dem Gründer des Europäischen Instituts für Angewandten Buddhismus und unermüdlichen Prediger einer »Achtsamkeitspraxis«.

Wie nie zuvor in der Geschichte dieser alten Weltreligion finden Buddhas und Buddhismus in ihren unterschiedlichsten Erscheinungsformen und Spielarten

43 Ming-Dao, Zen – Geheimnisse der asiatischen Küche, 91.

44 Beispielsweise Hempel, Im Hier und Jetzt; Fischer, Wu Wei – Die Lebenskunst des Tao; Wohlfart, Zen und Haiku; Han, Philosophie des Zen-Buddhismus.Dazu allgemein: Prohl, Buddhistische Wege zum Glück.

weltweit und zunehmend auch im Westen (in Europa und den USA) große Verbreitung und begeisterte Anhänger.[45] Bei diesem Boom spielen die bereits erwähnten populären ›Zen-Kochbücher‹ – wenn auch unterhalb der allgemeinen (noch nicht gastrosophischen) Wahrnehmungsebene – eine nicht zu unterschätzende Rolle. Sie machen ›den Buddhismus‹ in modischen, marktgängigen Varianten einer irgendwie exotischen (und weitgehend unkritisch akzeptierten) Ersatzreligion – einer Art numinosem gottlosen Wohlfühlhumanismus – für interessierte Kreise buchstäblich schmackhaft und erstrebenswert. Das sympathisch wirkende Bild des zufrieden lächelnden Glücksbuddhas (jap. *Hotei*, chin. *Bùdài*), dessen gemütliche Wohlbeleibtheit eine überbetont positive Haltung zum Essen als Quelle existenzieller Lebensfreude demonstriert, erfreut sich einer bemerkenswerten Verbreitung. (Das im Chinesischen fast gleichlautende *bucai* weist mit seiner Bedeutung ›Essen austeilen‹ auf den gastrosophischen Ursprung dieses hedonistischen Glücksversprechens hin. Dazu passt, dass der fast homophone Ausdruck *budao* ›den Weg der Wahrheit predigen‹ bedeutet.)

Historisches Vorbild für dieses merkwürdige Ideal einer epikureischen Buddhologie ist der wandernde Bettelmönch Qici, eine halblegendäre Gestalt des 10. Jahrhunderts. Der Weise aus dem chinesischen Fenghua in der Provinz Zhejiang galt schon in der klassischen Chan-Bewegung als Inkarnation des künftigen Buddhas (*Maitreya*). Im heutigen China wirbt der *Budai* in Restaurants um Kundschaft und in Japan wird *Hotei* als Gott und Glücksbringer verehrt. Späteren Überlegungen und Spekulationen vorgreifend, sei hier bereits angemerkt, dass sich in der japanischen und chinesischen Volksreligion der lachende Glücksbuddha als Symbol und Inbegriff einer heiteren (lustbejahenden) Lebensphilosophie jedenfalls von einer asketischen Moral (die einen mageren Buddha in Sitzmeditation zeigt) gelöst hat. Die – philosophisch unaufgeklärte – mythogastrosophische Weisheit eines herzhaften Genusslebens wird ebenso versinnbildlicht wie das irdische Glück einer ebenso lustvollen wie übervollen Küche. Ob explizit oder eher implizit: *Dieser* Buddha – je nach Sichtweise ein wohlbeleibter oder übergewichtiger Genussmensch – verkörpert den angebeteten Gott der bildreichen Rezeptbücher und ihrer süffigen Sutren vom reinen Schlaraffenland (als antireligiöses Gegenbild zu den amitabhabuddhistischen Erlösungswegen, die ein ›reines Land‹ köstlicher Genüsse erst im Jenseits eines himmlischen Paradieses verheißen).

Aber so wie der lachende und lustig fettsüchtige Buddha letztlich ein Fast Food Buddha ist und bleibt, so halten auch die erwähnten neo-zenbuddhistischen (Koch-)Bücher einer kritischen Überprüfung – etwa auf die philosophischen Zutaten und Inhaltsstoffe ihrer Zen-Küche – nicht stand, sobald dabei die globalen Zusammenhänge einer profanen Ethik beherzigt werden, die sich – dem ethischen Foucaultismus folgend – von der Religion und der Praxis des Buddhismus

45 Mishra, Unterwegs zum Buddha. Sein Leben, seine Lehre, seine Wirkung,

unterscheidet. Doch diese kritische Auseinandersetzung lohnt sich und ist angesichts des Zustands unserer Welt, die vor allem eine Welt des unguten Essens ist, notwendig. Zu diesem Zweck lässt sich eine brauchbare Weisheitslehre des guten Essens gerade – als hier öffentlich bekundeter Ausdruck meines Staunens und als meditatives Ergebnis meiner Forschungsaufenthalte in Japan, dem Land des vorbildlichen Essens – mit dem philosophisch vielleicht unmöglichsten Kochbuch der Welt, nämlich Dôgens Kochbuch, zusammenstellen. Mit einigen sehr sorgfältig ausgewählten und im wahrsten Sinne des Wortes erlesenen Zutaten seiner Gastrosophie können leckere Pilznudelsuppen, herzhafte Reisknödel und andere kreative Buddha-Verkörperungen geschaffen und sogar genossen werden. Warum nicht auch unfassbar geschmackvolle Gastro-Buddhas und Köstlichkeiten einer himmlischen Küche kreieren, um das Herz mit Gutem zu stärken – um damit eine philosophisch durchdachte und dringend notwendige Lebensweisheit auf den Weg zu bringen, die ein menschliches Überleben auf diesem Planeten durch nichts anderes als ein täglich kultiviertes Wohlleben ermöglichen könnte.

Was ist nun das Geheimnis einer solchen Küche, deren Weisheit wir durch Dôgen, den einzig wahren Buddha, kennen und praktizieren lernen können? Zunächst und grundsätzlich: Es ist völlig abwegig zu glauben, dass seine Zen-Gastrosophie, die ich hier ›hacke‹, etwas aus seinem Werk wiedergibt, was einer ausgearbeiteten Theorie entsprechen würde. Der japanische Zen-Mönch und Klostergründer aus dem 12. Jahrhundert bietet keine solche programmatische Philosophie des guten Essens. Dennoch findet jeder Suchende in seinen Schriften einen zentralen Text, der sich ausschließlich gastrosophischen Dingen widmet. Dieser kostbare Fund ist der besagte kanonische Text Anweisungen für den Koch, den ich als einen ›weit offenen, nicht heiligen‹ Hinweis auf die Existenz eines solchen Denkens bei Dôgen (wahr- und ernst-)nehme; sie enthalten außergewöhnliche Delikatessen, die es als Schatz- und Vorratskammer intensiv zu studieren und als Testament eines Weltkulturerbes gründlich zu verdauen gilt. Dieser transkulturelle Verdauungsprozess verspricht eine mächtige Erleichterung von unangenehmem Ballast: Um uns schließlich selbst – ausgehend von Dôgen wie von jedem alten oder neuen Buddha und erst recht von Patriarchen oder Meistern wie Foucault – zu befreien, müssen wir allerdings allerlei papierene Reisknödeln einverleiben und gastrophilosophisch verstoffwechseln. Gut sein könnten dafür das Ess-Zen und die Zen-Gastrosophie oder ähnliche gastrologischen Wendungen und Kreationen aus der Gastrosphäre einer uns Menschen möglichen Weisheitspraxis gut sein.

Diese gastrosophischen Kostproben oder Degustationen verstehen sich als experimenteller Versuch, jene in Dôgens Schriften gelegentlich servierten Reisknödel, von denen wir schon ein wenig kosten durften, feinfühlig nachzuzeichnen, zu retuschieren und manchmal ganz zu übermalen. Die theoretischen Reiskreationen, die der Zen-Meister leider nicht selbst in praxi zubereitet, sondern der Welt philosophisch schmackhaft macht, und die mehr und anderes sind als die alltägliche Reismahlzeit, gilt es – wie alle Bestandteile eines rätselhaften Kôan – Stück für Stück äußerst bedächtig zerkauend zu probieren.

Dôgens Zen-Küche gastrosophisch zu erfahren, versteht sich als ein Best Practice Beispiel für ein transkulturelles Lernen und Philosophieren, das versucht, einige zentrale Gedankengänge eines Klassikers des japanischen Zen-Buddhismus aus der Sicht der westlichen Philosophie (jener religionskritischen Philosophie der abendländischen Tradition, der es um einen ethischen Universalismus eines guten Lebens der Menschen in dieser Welt geht) nachzuvollziehen. In Deutschland wie im englischsprachigen Raum steht eine solche immanent philosophische Aneignung von Dôgens Denken erst am Anfang. Das aufkeimende Interesse konzentriert sich bislang eher auf erkenntnis- und bewusstseinstheoretische Fragen als auf seine praktische Philosophie und Alltagsethik. So werden vor allem im Anschluss an Heidegger ontologische Fragen zu Dôgens Konzept der Seinszeit (jap. *uji*) oder seinem Verständnis der Buddhanatur (jap. *busshô*) behandelt. Das gastrophilosophische Interesse an Dôgen rückt dagegen ethische Fragen der Lebenspraxis ins Zentrum der Aufmerksamkeit.

Eine gastrosophische Sichtweise auf sein Werk erscheint auch deshalb lohnend, weil auf diesem bisher kaum beschrittenen Weg mystische Irrwege umgangen werden können. Das heißt umgekehrt: Wer sich nicht auf ein gastrosophisches Weg-Auge einlässt und den weitgehend unsichtbaren Dôgen wahrzunehmen vermag, um seine Schatzkammer des wahren Dharma-Auges zu besichtigen und nach philosophischen Inhalten und Geheimnissen zu durchleuchten, für den bleiben seine naturtheoretischen, praxisontologischen und wegethischen Reflexionen hinsichtlich ihres universellen und aktuellen Gehalts entweder rein religiöse bis obskur-abstrakte Tiefsinnigkeiten oder größtenteils spirituelle und metaphysische Spekulationen, an die man wie an mysteriöse Wahrheiten glauben muss. Erst eine andere Denkweise – eine gastro-philosophisch einleuchtende Dôgenialität – kann aufzeigen, worin die universelle Bedeutung der zen-buddhistischen Philosophie dieses mittelalterlichen Mönches für eine Alltagsethik verborgen liegt, die mit Hilfe fernöstlicher Lebensweisheit einen möglichen Ausweg – gleichsam einen kleinen edlen Pfad – aus der Zivilisationskrise der westlichen Lebensweise weist.

Siehe da: Ein Buddha in der Küche!

Es ist hilfreich, sich die größeren historischen Zusammenhänge zu vergegenwärtigen, in denen Dôgens Kochbuch entstanden ist. Die allmähliche Herausbildung des Chan-Buddhismus zu einer eigenständigen Glaubensrichtung und institutionalisierten Schule des Buddhismus in China, die der Japaner nach seiner Rückkehr als Zen-Buddhismus in seinem Heimatland einführte, brachte die Notwendigkeit mit sich, eine eigene Organisationsstruktur für Zen-Klöster als Lebensgemeinschaften zu schaffen. Wie in der christlichen Tradition des Abendlandes bezeichnet der aus dem Lateinischen stammende Begriff Kloster (lat. *claustrum*) einen abgeschlossenen Ort, einen von der sozialen Umwelt abgegrenzten Lebensraum. Dabei geht es nicht primär um die physische Räumlichkeit (die topologische Existenz) solcher Orte; die »Heterotopie« (Foucault) des Klosterlebens ergibt sich aus der sozialutopischen Tat-Sache, dass durch einen solchen Ort eine, zur bestehenden Gesellschaft alternative, bessere Gesellschaft, ein Gegenmodell des Zusammenlebens, in die Welt kommt. Zu der Zeit, als der junge Buddhist in das benachbarte Kaiserreich reist und solche Zen-Klostergemeinschaften zum ersten Mal kennenlernt, sind diese bereits zu mächtigen Institutionen und Klöstern herangewachsen, in denen mitunter mehrere hundert Menschen ihre andere Lebensweise kultivieren, die einen spezifischen Organisationsbedarf mit sich bringt. Bei (klösterlichen) Gemeinschaften dieser Größenordnung entsteht die Eigenlogik einer geschlossenen Anstalt. Gleichwohl ist der Eintritt in die monastische Gegengesellschaft freiwillig und der Austritt jederzeit möglich, weshalb das Tor eines Zen-Klosters torlos ist: *Das torlose Tor* (jap. *Mumonkan*, chin. *Wu-wen kuan*) lautet daher auch der Titel einer berühmten Sammlung von Kôan-Sprüchen aus dem Jahr 1228.

Die Bewegungsabläufe vieler Menschen, die auf engem Raum zusammenleben, müssen logistisch koordiniert und funktional aufeinander abgestimmt werden, damit es z.B. beim gemeinsamen Waschen am Morgen, beim gleichzeitigen Schlafengehen oder bei der Einnahme der Mahlzeiten etc. nicht zu Komplikationen im Zusammenleben kommt. Auch sonst müssen zahlreiche Abläufe des täglichen Zusammenlebens geregelt werden: Die verschiedenen Modalitäten der Ausbildung der Mönche, die Übergabe der Klosterleitung, die Zuständigkeiten für den Ablauf und die Terminierung von Zeremonien und Feiern, die Aufgabenbereiche und Richtlinien bei der Verwaltung des gemeinsamen Besitzes, die Reparaturdienste und die Bewirtschaftung, der Umgang mit Gästen, Arbeitern und Nichtmönchen. Aus diesen praktischen Erfordernissen entsteht die Klosterordnung, die die monastische Gesellschaft nach festgelegten Vorschriften regelt und organisiert.[46]

Die *Chanyuan qinggui* oder *Reinheitsregeln für Zen-Klöster*, die Dôgen in China kennenlernt, bilden schon damals und unverändert bis heute den Kanon einer eigenständigen Sittenlehre für die klösterliche Existenz eines Zen-Buddhisten. Zu diesen Regularien gehören auch Fragen des Essens, der täglichen Essistenz der Insassen. Das tägliche Zusammenleben der Mönche bringt über die Einrichtung einer Klosterküche hinaus die institutionelle Notwendigkeit einer Großküche für die tägliche Gemeinschaftsverpflegung von Dutzenden hungriger Geister mit sich. Auf diesem Weg sind die Buddhas nicht mehr gezwungen, tagtäglich ganze Dörfer in der Umge-

46 Foulk, *Chanyuan qinggui* and other ›Rules of Purity‹ in Chinese Buddhism.

bung bettend heimzusuchen und leer zu essen – eine für das soziale Umfeld durchaus aufdringliche Fast Food Praxis.«[47]

So nimmt das Essen der Buddhas, die in einer klösterlichen Mahlgemeinschaft leben, zwangsläufig die institutionelle Form einer Kantinen- oder Mensa-Mahlzeit an; angesichts der engen räumlichen und zeitlichen Reglementierung und der rituellen Disziplinierung der klösterlichen Mahlpraxis hat ihr Ess-Zen eher noch die Form einer Kasernenessens. Denn Essen bedeutet in dieser kasernenartigen Lebensform, dass die einzelnen Menschen mit ihren individuellen Bedürfnissen, Geschmäckern und Appetitzeiten zu einem Zwangskollektiv hungriger Herzen mutieren, die zu einer für alle verbindlichen Zeit mit einer für alle gleichen Fertigmahlzeit abgespeist werden müssen: *Dieses* Essen bildet den Hintergrund von Dôgens Kochbuch für die Zen-Küche: Seine Anweisungen beziehen sich direkt auf die in den Klosterregeln festgelegten Regeln zur Bemeisterung der Küchenarbeit.

Gleich zu Beginn wird daraus zustimmend zitiert: »In den *Reinheitsregeln für Zen-Klöster* steht geschrieben, dass es ›die Aufgabe des Kochs ist, das Essen für die Mönche zu machen‹.«[48] Dôgens Küche versteht sich also auf den ersten Blick als eine getreue Wiedergabe des traditionellen Regelwerks, dem lediglich einige Erläuterungen und Geschichten hinzugefügt wurden. So gesehen beschreibt der Text lediglich die einzelnen Arbeitsschritte, Aufgabenbereiche und Pflichten, die der Zen-Meister der Küche im Laufe eines Tages zu beachten hat. Es wird mit einiger Eindringlichkeit daran gemahnt, dass dem amtierenden Tenzo die verantwortungsvolle Aufgabe zukommt, für das leibliche Wohl seiner Klosterkameraden zu sorgen. Da von der Ernährung maßgeblich abhängt, ob der Gesellschaftskörper (Sangha) des kollektiven Klosterlebens bei guter Gesundheit bleibt, bildet die Küche die ganz reale Lebensgrundlage und die täglich neu zu verwirklichende Erfüllung des Buddha-Seins als solchem: der Klostergemeinschaft, (und damit) des leiblich-geistigen Da-Seins aller so lebenden Buddhisten, (und damit) der Lehre Buddhas.

Neben der großen Bedeutung für die physische Existenz der zen-buddhistischen Lebensform betont Dôgen in Anknüpfung an die chinesischen Klosterregeln besonders die wirtschaftliche Verantwortung des Küchendienstes. Es wird zu einem haushaltenden und sorgsamen Umgang mit den offenbar knappen Wirtschaftsgütern der Klostergemeinschaft aufgefordert. Es gehört zur pflichtbewussten Sparsamkeit, dass der Koch nicht zu viel Lebensmittel für die Zubereitung der täglichen Mahlzeiten verwendet, sondern gerade so viel, dass alle hungrigen Geister, die sich gerade im Kloster befinden, satt werden. Ebenso wird dem Koch der »großherzige Geist« abverlangt, sich in der magischen Tugend des Nicht-Unterscheidens zu üben, wenn die zur Verfügung stehenden Lebensmittel schlecht oder minderwertig oder die verfügbaren Mengen zu gering sind. »Sobald der Koch die

---

47 Renge, Braising the Mind of the Way.

48 Dôgen, Anweisungen für den Koch, 3.

Lebensmittel vom Wirtschafter erhält«, so fordert der Zen-Klostergründer, »soll er sich niemals über Qualität oder Quantität beschweren, sondern alles mit größter Sorgfalt und Achtung behandeln. Nichts wäre schlimmer, als sich über zu viel, zu wenig oder schlechte Qualität zu beklagen«. (Ebd., 6)

Ein großherziger Geist verwandelt die materielle Not, sich mit den jeweils verfügbaren Nahrungsmitteln begnügen zu müssen, in die (durchaus strategische) Tugend einer notwendigen Selbstgenügsamkeit, d.h. einer kulinarischen Selbstlosigkeit, die alles unterschiedslos als etwas unvergleichlich Kostbares schätzt und sich auch unter den Bedingungen einer begrenzten (und leidlichen) Nahrungsauswahl an nichts fehlen lässt und sich sogar mit einem solchen Nichts zufriedengibt. Dôgens Kochbuch ausschließlich in dieser Weise als pragmatische Sittenlehre einer monastischen Existenz zu verstehen, die sich aus der institutionellen Überlebenskunst der Mönche und Nonnen in ihren ökonomisch meist ärmlichen Klöstern zwangsläufig ergibt (und diese zu rationalisieren versucht), bedeutet, diese einzigartige Schrift in den abgeschlossenen Kanon der chinesischen Chan/Zen-Klostermoral einzuordnen. Sie kann dann nur noch sinnvoll in einen größeren religionsgeschichtlichen Zusammenhang historischer Klostergründungen der westlichen Kulturgeschichte gestellt und z.B. mit den benediktinischen Klosterregeln des mittelalterlichen Christentums verglichen werden. In diesem Fall bestünde die systematische Bedeutung von Dôgens *Anweisungen für den Koch* lediglich darin, eine Zusammenstellung des traditionellen Tugendpflichtenkatalogs für eines der verschiedenen Klosterämter – eben das des Küchendienstes – zu bieten. Das einzig nennenswert Neue an Dôgens Kücheninstruktionen beschränkte sich aus dieser naheliegenden religionsgeschichtlichen Perspektive auf den Sachverhalt, dass die institutionellen Konventionen des Klostergründers mit einigen Kommentaren versehen werden. Der ernährungsphilosophische Gehalt seiner Anleitungen zur Küchenarbeit und damit jeder Zen-Küche erschöpfte sich darin, ein diätmoralisches Regelwerk für die klösterliche Großküche zu entwerfen, das auf eine möglichst optimale Wirtschaftlichkeit und ernährungsphysiologische Funktionalität bei der täglichen Nahrungsproduktion und Massenverpflegung der professionell (total-institutionalisiert) lebenden Zen-Buddhisten abzielte.[49]

Diese Lebensweise übersieht aber sowohl die gastrosophischen Implikationen von Dôgens Ess-Zen als auch dessen gastroethischen Defizite. Damit verfehlt diese religiöse Sichtweise auch die eigentlichen Gründe, warum Dôgen die tägliche Küchenarbeit nicht einfach als eine unverzichtbare Funktion innerhalb der pragmatischen Organisation des sozialen Lebens betrachtet. Sondern er will, wie sich zeigen lässt, die tägliche Praxis des Essens als eine »unvergleichliche Praxis« begreiflich machen, ohne die eine volle Verwirklichung des Buddha-Seins unmöglich wäre.[50]

49 Dôgen's Pure Standards for the Zen Community.

50 Dôgen, Anweisungen für den Koch, 19.

Der Tatsache, dass der Zen-Meister ein wegweisendes Kochbuch schreibt, beruht auf einem gastrosophisches Erwachen, das aus der »fundamentalen Wahrheit« seiner Buddha-Lehre schöpft. Die Vergegenwärtigung dieser Wahrheit erhellt erst den Sinn seine Worte, dass die selbstkochenden Zen-Weisen, die er in China persönlich oder durch Lebenszeugnisse kennenlernte, »Männer waren, deren Auge hellsichtig genug war, zu erkennen, was mit das Wichtigste in der Praxis des richtigen Lebens ist«. (Ebd.) Und weil die Küchenarbeit in Gestalt des alltäglichen Selbst-Kochens mit das Wichtigste in der Praxis des richtigen Lebens ist, hat das Vorbild des erleuchteten Tätig-Seins dieser Männer »uns ermöglicht, Buddha teilhaftig zu sein. Denn deren Lebensweise realisierte den eigenen Zweck des wahren Selbst.« (Ebd.) Erst durch ein solches gastrosophisches Selbst-Verständnis, das es möglich und sinnvoll macht, über das Essenmachen und die Alltagsküche in den höchsten Tönen des einzig wahren Zen-Lebens zu sprechen, erschließt sich der philosophisch-universelle Gehalt dieses einzigartigen Schriftstücks zur geheimnisvollen Wahrheit der täglichen Küchenarbeit von Menschen (auch von Männern und nicht nur von Frauen) in Vergangenheit, Gegenwart und Zukunft.

Kritik jeder Art von Großküche

In einer aufschlussreichen Passage berichtet Dôgen von einigen Erfahrungen, die er nach seiner Rückkehr aus China – nun als erleuchteter Zen-Gastrosoph – in den japanischen Klöstern macht. Dort findet er die Küche und die kulinarische Alltagspraxis in einem äußerst schlechten Zustand vor. »Als ich nach Japan zurückkehrte, blieb ich für ungefähr zwei Jahre im Kloster Kenninji. Sie hatten dort zwar das Amt des Küchenmeisters, aber nur dem Namen nach. Es gab niemanden, der diese Aufgabe wirklich erfüllte. Weil niemand klar erkannt hatte, dass die kulinarische Praxis selbst eine Tätigkeit des Buddha-Seins ist, muss es nicht verwundern, dass keiner fähig war, darin mit Überzeugung tätig zu sein. Es ist fürwahr beklagenswert, dass der amtierende Küchenmeister niemals dem lebendigen Beispiel der kochenden Buddhas begegnet war, so dass er das große Glück, in der Küche tätig sein zu können, nicht realisierte und stattdessen seine Zeit vergeudete, indem er die Praxis dieses Weges verfälschte. Es war ein wahrlich schlimmer Zustand.«[51]

Seinem Erfahrungsbericht werden weitere Details hinzugefügt. Dôgen erwähnt, den Mönch, der das Amt des Tenzo innehatte, genau beobachtet zu haben. Dieser habe nie die Speisen selbst zubereitet, sondern alle Arbeit einem gedankenabwesenden, unaufmerksamen Gehilfen anvertraut, während er selbst nur Befehle erteilte. Durchaus im kritischen Bewusstsein der traditionellen Gleichsetzung von Küchenarbeit mit häuslicher Frauenarbeit, die sich dem männlichen Geschlecht

51 Dôgen, Anweisungen für den Koch, 14.

und seinen angeblich höheren geistigen Betätigungen nicht angemessen ist, stellt Dôgen über die Nicht-Praxis des Tenzo fest: »Es war, als ob er dachte, genau zu beobachten, wie der Reis und das Gemüse zubereitet werden, sei irgendwie schändlich oder ungehörig, wie wenn man in die Privatsphäre einer Frau in einem Raum nebenan lugte. Er verbrachte seine Zeit in seinem Raum, dösend oder mit jemandem quasselnd. Oder er beschäftigte sich mit Lesen oder Sutrengesang. Ich habe ihn niemals gesehen, sich dem Kochtopf zu nähern, geschweige denn irgendeine Bemühung anzustrengen, die notwendigen Zutaten zu besorgen oder gar über den Speiseplan des Klosters nachzudenken. Er wusste nicht, dass, um solche Dinge sich zu kümmern, selber eine buddhistische Praxis ist.« (Ebd.)

Von dieser Unwissenheit und der vorherrschenden Irrmeinung, das Essenmachen und die Küchenarbeit unbedeutende und schändliche Sachen – Frauensachen – seien, die sich in der Privatsphäre und abseits der eigentlichen Praktiken eines Buddhisten abspielen, will die Zen-Philosophie befreien, die Dôgen in Japan einzuführen versucht. Seine gastrosophische Ethik lehrt, dass das tägliche Kochen eine große Sache für jeden ist – auch für jeden Mann. So kann die Konfrontation zwischen der namenlosen Reisknödelverkäuferin und dem gelehrten Zen-Meister Tokusan, von der weiter oben ausführlich die Rede war, auch als Kritik an den traditionellen Geschlechterverhältnissen verstanden werden: Statt, dass sie kocht und er denkt, sollten beide denken – und kochen. Deshalb richtet sich Dôgens Kritik am vorherrschenden patriarchalen Selbstverständnis gegen das mangelnde Pflichtbewusstsein des amtierenden Kochs (und Buddha-Patriarchen) wohl in der Absicht, die Klosterküche wie jede andere Großküche dadurch zu einer wahren Buddha-Küche zu reformieren (zu emanzipieren), dass mit Küchenaufgaben beschäftigte Menschen ihrer Arbeit verantwortungsbewusst nachkommen und ihre Tätigkeit mit Hingabe meistern.

Die Entwicklung zu einer hierarchischen Großküche, die, wie Dôgen mit Sorge feststellt, »jüngst in den Zen-Klöstern zu der Position von Reisköchen und Suppenköchen unter der Leitung eines Küchenmeisters« geführt hat, wird ausdrücklich als Fehlentwicklung verurteilt. Diese Kritik an der Klosterküche als einer Großküche zielt also im Wesentlichen auf den zwangsläufig arbeitsteiligen und hierarchischen Produktionsprozess sowie auf die Institutionalisierung der Position eines Küchenchefs. Denn die Position des Küchen-Meisters ist durch ihre Befehlsstruktur von der Tendenz geprägt, die Arbeit in der Küche (als alltägliche Praxis) an Andere zu delegieren. Entsprechend meint Dôgen: »In früheren Zeiten hatte der Koch die volle Verantwortung ohne jede weitere Assistenz.«[52]

Bedeutet das, dass die wahre Zen-Küche nur den Weg der Abschaffung aller Großküchen gehen kann? Hätte diese kulinarische Selbstbefreiung zur Folge, dass

52 Dôgen, Anweisungen für den Koch, 6.

die Massenverpflegung von Mönchen und Nonnen in Klöstern ebenso unmöglich würde wie jede andere Form der Gemeinschafts- und Restaurantküche, in der nichts ohne die Leitung und das Oberkommando eines Chefkochs und ohne eine Brigade von Subköchen und subalternen Arbeitskräften geht? Lässt sich der krisenhafte und schmerzhafte Zustand einer Kultur, die von der täglichen Selbstbedienung mit schnellem und belanglosem Convenience Food lebt, durch eine verantwortungsvollere und geschmackvollere Kultur des Selbst überwinden?

Jedenfalls löst das einleuchtende Bild eines selbstkochenden Buddhas, das Dôgen vor Augen hatte, jede Form von Fertiggerichten auf, indem es das »Anhaften« oder Festhalten an jeder Form von alltagskulinarischer Selbstlosigkeit zurückweist. Die Idee des Selbst-Kochens als kulinarische Alltagspraxis in voller Eigenverantwortung ohne jegliche hierarchische Assistenz würde in letzter Konsequenz die Klosterküche mitsamt dem Klosterkoch abschaffen: Eine Person allein (›der Koch‹ als Vollzeit ausgeübtes Amt) könnte niemals täglich alle Mahlzeiten für eine ganze Klostergemeinschaft zubereiten, sofern es sich (wie meist) um eine Mahlgemeinschaft einer größeren Anzahl von Menschen handelt.

Wenn jedoch das tägliche Leben nur davon ausgefüllt ist, Andere zu bekochen (weil sie selbst Tag für Tag anderes tun, nur nicht selbst kochen), dann folgt aus Dôgens Dharma: Die Arbeit in einer Klosterküche kann keine Zen-Praxis sein. Das jedenfalls ist der ethische Grund für die Kritik an allen Erscheinungsformen einer ›großen Küche‹, sei es die alltägliche Großküche eines Klosters und ähnlicher Institutionen einer schnellen Massenverpflegung, sei es die außeralltägliche Kaiseki-Küche und die vergleichbare Grande Cuisine der Spitzengastronomie. Umgekehrt bedeutet dies, dass monastische Großküchen zwar so lange existieren können und werden, wie es Klöster und den daraus resultierenden Bedarf an kollektiver Massenverköstigung gibt. Aber der Klosterkoch (als Küchenmeister) und seine Mithelfer können keine wahren Buddhas werden, wenn sie die Speisen zubereiten, die Andere deshalb nicht selbst (mit) zubereiten. Man kann den amtierenden ›Koch‹ eines Klosters wie auch jeder anderen Institution mit einer Großküche wohl eines Mangels an Pflichtgefühl und Verantwortung gegenüber den von ihm Bekochten vorwerfen, wie Dôgen dies in dem erwähnten Fall im Kenninji getan hat. In einem solchen reglementierenden Geiste der Arbeitsdisziplin richten sich die Anweisungen an den Koch korrekterweise an alle, die das Amt des Kochs innehaben.

Nach gastrosophischem Verständnis wird aber jeder Mensch (auch der nicht hauptberufliche Kochende) erst dadurch zum ›Koch‹, dass er seine tägliche Hauptmahlzeit selbst zubereitet: Jeder von uns wird zu einem Buddha, sobald und solange wir uns durch die tägliche kulinarische Praxis unser Essen selbst zubereiten. Es genügt nicht, stattdessen zu meditieren oder Sutren zu zitieren. Wenn vom Kochen und von kulinarischer Praxis als Buddha-Praxis die Rede ist, dann ist damit die Aktivierung des Selbst-Kochens gemeint – die aktive Selbst-Befreiung zum alltäglichen (künstlerischen, rituellen, meditativen, aktivistischen, gastroethischen)

Tun des eigenen kulinarischen Selbst in der Küche. In der Wahrheit dieses Tätig-Seins verwirklicht sich das Sein dieses ›wahren Selbst‹. Koch-Sein bedeutet dann, dieses Selbst-Sein oder Buddha-Sein durch die Praxis zu kultivieren. Sich durch die alltägliche Praxis des Selbst-Kochens zum Buddha in der Küche und sich auf diesen Weg zu machen – in dieser *selbsttätigen Soheit* wird jeder Mensch zum *Tathâgata*, zu einem So-Gegangenen, der sich auf einem vielleicht edlen, auf jeden Fall aber gastrosophisch-weisen Pfad unterwegs ist. Das Selbst-Kochen als vorbildliche Praxis, allgemein Gutes zu tun, also als Best Practice Beispiel zu nehmen und verstehen zu lernen, hilft uns auch besser zu begreifen, warum das kulinarische Tätigsein – die Kochkunst – in einer kulturell hochentwickelten Gesellschaft (und unabhängig von Konfuzianismus oder Marxismus), etwa im vorsozialistischen China, zumindest ideell als Voraussetzung für die politische Praxis – die Regierungskunst – galt.[53]

Diese gastrosophische Beleuchtung des Buddha-Weges und des Buddha-Seins gilt, wie Dôgen richtig sieht, auch für den Klosterkoch bzw. die Arbeit in der Klosterküche. Denn so wie jeder Mensch, der täglich selbst kocht, sich auf den rechten Weg begibt, so kann auch jeder Tenzo, selbst wenn er als Küchen-Meister einer Großküche vorsteht, sein kulinarisches Selbst (zeitweilig) aktivieren, indem er die Küchenarbeit nicht Andere tun lässt, sondern sich selbst darin betätigt und beteiligt. So kann ein buddhistischer Zen-Koch durchaus ein echter Meisterkoch sein, ein klösterlicher Küchen-Meister ein weltlicher Küchenmeister und ein gewöhnlicher Küchenmeister ein echter Zen-Meister. In diesem praxologischen Verständnis des Sein-Könnens eines kulinarisch tätigen Selbst spricht Dôgen von der Tätigkeit des amtierenden Klosterkochs (von der Praxis eines mit diesem Dienst betrauten Mönchs) als einer »wahren und unvergleichlichen Zen-Praxis«. Sie ist, wie gesagt, von der ehrenamtlichen Tätigkeit in einer Großküche ebenso zu unterscheiden wie von jeder Küchenarbeit als Berufspraxis (Lohnarbeit und Dienstleistung). Dies könnte der tiefere Sinn jener gastrosophischen Erleuchtung gewesen sein, die Dôgen angesichts der selbst kochenden Weisen in China erfuhr und die er dann in seinem Kochbuch in Japan bekannt machte; er notiert: »Vor langer Zeit haben Guishan Lingyou, Dongshan Shouchu und andere große Lehrer und Klosterväter in der Küche gearbeitet. Obwohl diese Arbeit nur im Zubereiten von Essen besteht, unterscheidet sie sich doch von der Arbeit eines gewöhnlichen Kochs oder Küchengehilfen grundsätzlich.«[54]

So will der Zen-Lehrer und Klostervater Dôgen mit seiner *Anleitung für den Koch* dem gewöhnlichen Koch keine konkreten Handlungsanweisungen in Form von Rezepten für bestimmte Gerichte zum Nachkochen geben. Verstanden als gastroso-

53 Warum das so ist, wird später zu erörtern sein; darum soll dieser Gedankenblitz – Kochkunst als Regierungskunst, dann Esskunst als Kunst des guten Zusammenlebens – hier nur wie ein kurzes Licht am Himmel des politischen Denkens und Lebens aufleuchten.

54 Dôgen, Anweisungen für den Koch, 3.

phisches Werk (unabhängig von buddhologischer Religiosität), das sich auf die essenzielle Zutat beschränkt, eine Theorie der kulinarischen Alltagspraxis als Weisheitslehre einer guten Praxis anzubieten, artikuliert sein Kochbuch nur die universalistische Idee, das Selbstkochen als ethischen Weg zu begreifen und als alltägliche Lebenskunst gut leben zu lernen. Diese Anleitungen richten sich an alle Menschen, insofern jeder von uns das gastroethische Buddha-Können besitzt, selbst zu kochen und dieses Buddha-Sein in der täglichen Praxis des kulinarischen Tätig-Seins zu aktivieren. Allerdings geht ein gastrosophisches Erwachen, wie Dôgen es im kaiserzeitlichen China erlebt, mit der Einsicht einher, dass nur wenige Menschen (wie zu seiner Zeit und auch heute noch) dieses kulinarische Selbst wirklich täglich und voll ausleben. Meist wird die (einer Erleuchtung gleichkommende) Erkenntnis der allgemeinen Seinsmöglichkeit, das wahre Selbst im kulinarischen Tun zu praktizieren, aus den verschiedensten Gründen, vor allem aber aus Unwissenheit und Untätigkeit, wie in dem von Dôgen erwähnten Fall des Zen-Küchenmeisters im Kenninji, weder probiert noch beherzigt.

Der allererste Schritt zur Kultivierung unseres kulinarischen Selbst als alltäglichem Weisheitsweg, ein allen gemeinsames Gut (das Selbst-Kochen) zu leben, erfordert jedoch die Selbst-Befreiung vom Nicht-Buddha-Sein (der verbreiteten Untätigkeit, das Kochen gern anderen zu überlassen). Erst diese permanente Selbst-Befreiung ermöglicht die Loslösung vom Lebensstil eines kulinarisch desinteressierten Ichs, das sich darauf verlässt, dass andere für einen kochen. Dem gastrosophisch dekonstruierten Zen-Buddhismus liegt die folgenreiche Absage an den damals wie heute verbreiteten Fast Food Buddhismus des Nicht-Selbst-Kochens zugrunde. So gesehen leuchtet die philosophische Aktualität von Dôgens Küche unmittelbar ein: Es wird eine Verweigerung gegenüber einer Existenz denkbar, die einem ewigen Leidenskreislauf des Leidens verhaftet ist, dem Teufelskreis vom Nicht-Selbst-Kochen (-wollen) zur Selbstversorgung qua Fremdverköstigung zum erzwungenen Außer-Haus-Essen (-müssen) zum Nicht-Selbst-Kochen (-können) – das zu weiterem Nicht-Selbst-Kochen (-wollen) führt und so weiter und so fort. Der Widerstand gegenüber diesem mit viel Ungutem behafteten Leidwesen der damals wie heute vorherrschenden Ernährungsverhältnisse verbindet die ethische Entscheidung, sich von einer ebenso bequemen (untätigen) wie abwegigen Essistenz zu befreien, mit der täglichen Praxis, sich als wahrer Buddha zu betätigen.

Dôgens Aufforderung zur Selbst-Befreiung wird missverstanden und es ist ein großer Irrtum im Erwachen, wenn die Loslösung von dieser Welt – der Welt einer kulinarisch selbstlosen Essistenz – als eine Angelegenheit wahrgenommen wird, die ausschließlich buddhistische Mönche und amtierender Klosterköche angeht. Die kulinarische Selbst-Befreiung und das Selbst-Erwachen, um die es hier geht, sind keine religiöse Privatangelegenheiten und keine subjektiven Geschmacksachen, sollen das zen-gastrosophische Buddha-Dharma universell realisierbar sein und die Wirklichkeit einer globalen Ernährungswende verwirklicht werden. Denn diese

Verwirklichung hängt davon ab, ob tägliches Selbst-Kochen als eine essenzielle Lebenskunst einer besseren Esskultur aktiviert wird, wodurch alle So-Tätigen sich (zum eigenen und zum Wohle anderer Wesen) zur geteilten Welt und Lebensweise eines guten Essens transformieren.

Dôgens eigene Erfahrung und Lehre von der Weisheit einer jederzeit möglichen kulinarischen Selbst-Befreiung durch »das Erreichen des anderen Ufers« (buchstäblich von der japanischen Insel zum Festland Chinas) ähneln der Erfahrung und Lehre Siddharta Gautamas vom mittelmäßigen Essen. Deren ernährungsphilosophische Geistesverwandtschaft wird ebenso deutlich wie die unüberbrückbare Differenz zwischen dem diätmoralischen Urbuddhismus des historischen Buddha und dem zen-gastrosophischen Neobuddhismus Dôgens. Jedenfalls hätte sich Dôgen hinsichtlich der Essensthematik nicht in gleichem Maße, wie auf den indischen Tathâgata, auf die alten Weisen der chinesischen Philosophie wie Laozi, Zhuangzi, Konfuzius und Menzius oder Mozi berufen können (im Unterschied zum denkbaren Bezug auf die Esskultur aller anderen Chinesen, deren hedonistische Lebensphilosophie, wie bereits angedeutet, einen kaum zu überschätzenden Einfluss auf die eigenwillige Ausprägung des chinesischen Chan-Buddhismus und damit nicht zuletzt auch auf Dôgens Zen hatte).

Im klassischen Konfuzianismus und Daoismus, das sei vorweggenommen, herrscht ein ernährungsphilosophischer Nihilismus (oder Diätmoralismus) vor. So lehrt beispielsweise der legendäre Daoist Laozi, dass das Essen von den wirklich wichtigen Dingen ablenke und der Weg – das Dao – schlechterdings fade und »ohne Geschmack« sei; Zhuangzi, ein anderer Vordenker des philosophischen Daoismus, spricht von der Weisheit eines »fastenden Herzens« und lobt eine frugale Diät. Vom Konfuzianismus wiederum ist zumindest so viel bekannt, dass Lehrmeister Kong sich den idealen »edlen Menschen« als jemanden vorstellt, der in seinem Streben nach einem moralisch guten Leben das Essen vernachlässigen kann. Im Gegensatz also zu den scheinbar eindeutig gastro-nihilistischen Idealen der beiden Grundströmungen der altchinesischen Philosophie (des Daoismus und Konfuzianismus) kann sich die Zen-Philosophie Dôgens in gastrosophischer Hinsicht als eine echte Spielart des Buddhismus verstanden werden: Denn der erste Buddha hat in seiner »Lehre vom mittleren Weg« der menschlichen Essistenz tatsächlich einen wegweisenden, programmatischen Wert beigemessen. Buddhas Weg beginnt überhaupt erst mit dem Scheideweg einer ernährungsphilosophischen Selbstbefreiung – jedenfalls erhellt diese folgenreiche Erleuchtung eine gastrosophische Aufklärung des Buddhismus.

Weil das so ist, und wir werden die Einzelheiten gleich erfahren, tritt Dôgen eine reale – wiewohl kritische, vom Zen geprägte – wahre Nachfolge Buddhas an. Nur wie steht es mit dieser kritischen Gefolgschaft? Und worin unterscheidet sich der urbuddhistische Weg des Essens von der halbwegs weiterentwickelten zen-buddhistischen Gastrosophie? Um diese grundlegenden Fragen, unaufgeklärten Rätsel und geheimnisvollen Wahrheiten der vollkommenen Weisheit beantworten zu können, ist es unumgänglich, Buddhas Lehre als Ernährungslehre einmal genauer zu erforschen. Was veranlasste den Mann, der sich Buddha nannte, zum Aussteiger zu werden und ganz anders zu leben? Was und wie isst so jemand?

Die buddhistische Diätmoral des mittleren Weges

Die Biografie dieses maßgeblichen Menschen ist bis heute uneindeutig und notwendigerweise geprägt von den jeweiligen (höchst unterschiedlichen) Sichtweisen der Interpreten, Schulen, Sekten, Rezeptionsgeschichten der unendlich vielen Buddhismen, die in den letzten 2500 Jahren entstanden sind. Aus diesem Grund wird der Lebensweg des Buddha zur Abwechslung gastrosophisch beleuchtet. Wie gesagt, jeder wahre Buddhist und erst recht jeder Nicht-Buddhist muss sich den Buddha, an den er glaubt oder nicht glaubt, letztlich selbst erfinden.

Unstrittig ist zumindest, dass der historische Buddha als Kind aus reichem Hause aufwuchs, als Sohn des Königs Shuddhodana Gautama und der Königin Maya, der Herrscher des Königreichs Kosala im heutigen Nepal. Nach neueren Forschungen lebte und wirkte Buddha wahrscheinlich von etwa 450 bis 370 vor weltlicher Zeitrechnung. Die adlige Familie der Krieger- und Beamtenkaste entstammte dem Geschlecht der Shakya, was zu seinem späteren Beinamen Shakyamuni, »der Weise der Shakya«, führte. Sein Eigenname ist Siddhartha, sein Familienname Gautama. Als Angehöriger der gesellschaftlich privilegierten Oberschicht kommt der junge Prinz in den uneingeschränkten Genuss von üppigem Luxus und standesgemäßer Prasserei, die bei den üblichen Abendgesellschaften im Schloss der Shakya in all ihrer Pracht und Verlockung inszeniert werden.[1]

Manche Biografien berichten davon, dass der Heranwachsende sich in zahlreichen adeligen Sportarten, etwa Bogenschießen, besonders ausgezeichnet haben soll. In anderen Versionen heißt es, dass er sich (laut Selbstaussage) einen Harem von 60.000 Frauen gönnte. Sollte das keine maßlose Übertreibung eines (durch und durch Herrschaft repräsentierenden) sexuellen Lustlebens sein, lässt sich die noch weit phantastischere Welt seines kulinarischen Wohllebens ausmalen. Wir dürfen davon ausgehen, dass die damals schon hochentwickelte Esskultur Indiens keinen erdenklichen Wunsch des verwöhnten Siddhartha unerfüllt gelassen haben wird. Er selbst sprach nie über die häusliche Küche (die Großküche des elterlichen Palasts), doch wir erahnen die prahlerische Pracht von Festmählern und die lukullische Schwelgerei, die ihn jeden Tag in voller Üppigkeit umgeben

1 Achaya, Indian food; Mohan, Art of Indian Cuisine.

haben wird, ansatzweise, wenn er später doch einmal seinen Anhängern von seiner Jugend erzählt und erwähnt, dass »in anderen Häusern Sklaven und Tagelöhner dünne Reisbrühe zu essen bekamen, im Hause meines Vaters erhielten Sklaven und Tagelöhner Schüsseln mit Reis und Fleisch.«[2]

Hinzu kommt, dass vor ihm die grenzenlosen Möglichkeiten der auch karnivoren Gaumenfreuden noch nicht durch moralische Verbote eines religiösen (wie nach ihm eines ›buddhistischen‹) Vegetarismus eingeschränkt waren. Darüber hinaus können wir davon ausgehen, dass der mitfühlende Charakter des jungen Siddharta schon früh eine begründete Abneigung gegen die gesellschaftliche Normalität und ihre unethischen Hintergründe eines solchen extremen Gourmetismus entwickelt haben wird, den sich zu jener Zeit nur die hinduistische Oberschicht der indischen Feudalgesellschaft leisten konnte – wie vor ihm bereits eine wachsende Zahl von gesellschaftskritischen Aussteigern und Veganern (die er, wie wir gleich sehen werden, nur wenige Jahre später aufsuchen wird). Doch halten wir zunächst fest, dass der privilegierte Wohlstand, den der junge Buddha vor seinem Erwachen genießt, in mancher Hinsicht – vor allem, was das exklusive Schlaraffenland eines unersättlichen Lustlebens betrifft – aus der Ferne betrachtet dem konsumkapitalistischen Lebensstil nicht ganz unähnlich war, in dessen Genuss viele von uns heute tagtäglich kommen. (Nicht zuletzt auch deshalb, weil damals wie heute Nicht-Buddhisten die Welt beherrschen). Gegen diese als schlecht und leidvoll erkannte Welt und Lebensweise wendet sich bekanntlich der Buddha – und nach ihm jeder Buddhist. Diese große Verweigerung (um hier an eine ermutigende Formulierung des Philosophen der Frankfurter Schule Herbert Marcuse zu erinnern) ist sicherlich eines der häufigsten Motive, sich gerade in unserer Zeit für den Buddhismus als Ersatz- und Weltreligion zu entscheiden. Vor diesem Hintergrund lohnt es sich vielleicht, noch einmal genauer die politisch-ethischen Konsequenzen zu durchdenken, die sich aus dem buddhistischen Systemausstieg ergeben.

Unmittelbar nach Siddhartas Geburt orakelt ein brahmanischer Berater des Königs (andere Versionen führen die Weissagung eines Sehers an), der Prinz werde entweder als Thronfolger seines Vaters ein »Weltenherrscher«, ein *chakravartin*, oder ein »großer Weiser« werden, der die Menschheit von Irrglauben und unnötigem Leid befreie – um Gutes für alle in die Welt zu bringen. Der Vater, Fürst Suddhodana Gautama, wünscht sich seinen Sohn als idealen Nachfolger für sein Reich und lässt ihn entsprechend erziehen. Als Angehöriger der herrschenden Klasse seines Heimatlandes, eines abgelegenen Stadtstaates im Norden des heutigen Indiens, sammelt Siddharta in seiner Jugend einige Erfahrungen in politischen Dingen. (Sie werden ihm später bei der Organisation des Mönchsordens nützlich sein.[3]) Allerdings

---

2 Zitiert in: Mishra, Unterwegs zum Buddha. Sein Leben, seine Lehre, seine Wirkung, 105.

3 Im Gegensatz zu der zeitgleich im westlichen Abendland von Platon und im Fernen Osten von Konfuzius propagierten Idee eines weisen Herrschers bzw. eines monarchisch-

erlaubt der Vater seinem Zögling nur selten, den königlichen Palast zu verlassen, um zu verhindern, dass der wissbegierige Jugendliche bei solchen Ausfahrten die realen Lebensverhältnisse der Menschen, die allgegenwärtigen Übel wie Armut oder Krankheit und das Elend seiner Untertanen sieht und sich vielleicht deshalb gegen das notwendige Leid *dieser Welt* und erst recht *bei sich zu Hause* gegen die dieses Leid verursachende imperiale Lebensweise eines Weltherrschers entscheidet.

Mit anderen Worten, der Fürst tut alles, um seinen aufgeweckten Nachkommen dazu zu bewegen, der Nachfolger in der Regierung seines Reiches zu werden. Doch, wie so oft, wird diese Erziehung genau das Gegenteil bewirken: Der heranwachsende Siddharta macht bei einigen Ausflügen ins wirkliche Dasein und ins alltägliche Leid erschütternde Erfahrungen – wahre Erlebnisse einer urethischen Aufklärung vor der buddhistischen Erleuchtung –, die in der aufgebrachten Seele des jungen Mannes den Entschluss reifen lassen, sich von der unguten Welt seiner Familie und Gesellschaft loszulösen und mit dem üppigen und zugleich trügerischen (in Wahrheit leidvollen) Leben Schluss zu machen. So kommt es: Buddha flieht aus diesem falschen Leben und begibt sich auf die Suche nach einem anderen, dem besten aller möglichen Leben. Obwohl er den Ausstieg aus dieser leidbringenden Lebensweise als wirkliche Erlösung erfährt, lehrt er später eine andere Art der Erlösung, das Nirvana (dessen Heilsversprechen sehr unterschiedlich interpretiert werden kann und bis heute etwas nebulös erscheint).

Halten wir einen Moment inne, um tief durchzuatmen. Alles, was sich dann auf dem Lebensweg des Buddha ereignet, setzt das Ideal einer anderen, einer ›buddhistischen‹ Lebensform in Gang, die sich schließlich im Laufe der Jahrhunderte zu einer ›Weltreligion‹ entwickelt, die auch heute noch und sogar mehr denn je Menschen anspricht und sich im Gegensatz zu den anderen Weltreligionen als einzige Lebensphilosophie und ethische Weltanschauung global weiter ausbreitet. Was

---

patriarchalischen Philosophenkönigs (der mit Hilfe kritischer und beratender Philosophen an seiner Seite sein Volk gut regieren soll) hat der Buddha den bedeutendsten Herrschern und Machthabern seiner Zeit, den Königen von Koshala und Magadha, weder politische Ratschläge erteilt noch das undemokratische Herrschaftssystem und die Großreichspolitik kritisiert. Dafür warb er umso eifriger um ihre Gunst und finanzielle Unterstützung. Zumindest im Vergleich mit dem abendländischen (pseudopolitischen) Platonismus entsprang der unpolitische Buddhismus jedoch einer größeren und tieferen politischen Erfahrung, als sie zumindest Platon vorweisen konnte. Auf seinen Wanderungen durch Nordindien lernte Buddha durchaus mehr Staatsformen – Republiken, Monarchien und dann, kurz vor seinem Tod, ein Großreich – kennen als der Philosoph Platon, der nur die Polis Athen, den griechischen Stadtstaat, kannte und der auf seiner utopischen Reise nach Syrakus, um den dort tyrannisch herrschenden König durch philosophischen Rat in einen weisen Philosophenkönig zu verwandeln, politisch naiv operierte.

nicht minder bedeutsam ist: Die buddhistische Weltreligion, die der vagabundierende Siddharta Gautama in den folgenden Jahrzehnten maßgeblich auf den Weg bringen wird, wird sich in ihren Grundwerten und in vielen Dingen des täglichen Lebens extrem von dem philosophischen Welt- und Selbstbild unterscheiden, das zur gleichen (Achsen-)Zeit an weit voneinander entfernten Orten der Erde zwei andere maßgebliche Menschen formulieren und das die Geschichte der Menschheit epochal prägen wird.

Im Unterschied zum Buddhismus enthalten das sokratische und das konfuzianische Menschenbild eine – sehr verschiedene – Ethik des Selbst, deren Praxis nicht unpolitisch ist und nicht, wie bei Gautama, eine Abkehr vom politischen Leben und von den Idealen eines guten Selbst-Regierens und Selbst-Herrschens bewirkt. Auf jeden Fall entschied sich der Buddha gegen die politische Ethik, die sowohl Konfuzius als auch Sokrates in entgegengesetzter Richtung verfolgten. Um den Buddhismus im Hinblick auf die (wie wir gesehen haben) sehr persönlich motivierte Abwahl des Siddharta Gautama, um die folgenreiche Abkehr des Buddha von der politischen Praxis und dem ebenso möglichen wie naheliegenden Weg des politisch-ethischen Selbst-Regierens in ihrer historischen Tragweite richtig ermessen zu können, scheint mir die folgende Feststellung wichtig zu sein: Der *Chakravartin* – der ideale, gute Herrscher in der ethischen Entsprechung eines politisch korrekten Buddhismus – würde politische Macht in Übereinstimmung mit dem Dharma ausüben; er würde sich in seiner Regierung von Ethik und Güte (mitfühlender Gerechtigkeit) leiten lassen; sein Reich wäre frei von Unterdrückung und jeglicher Klassengesellschaft und würde überhaupt allen Lebewesen und Mitbewohnern der Erde eine gastfreundliche Heimat bieten: Städtern ebenso wie Dorfbewohnern, umherirrenden Wegsuchenden ebenso wie allen Flüchtlingen und den durch die Welt wandernden Buddhas und Arhats, außerdem nicht nur Menschen, sondern auch Kühen und Vögeln und so weiter. Die einzige Rechtfertigung für die Macht eines Buddhas als Herrscher und sein (widerrufliches) Recht, über andere Menschen zu herrschen, wäre die Wohlfahrt aller – durch die Praxis guten Selbstregierens.

Doch die historische Wahrheit ist: Weder wird der Buddha der Menschheit beweisen, dass ein mächtiger Mann, selbst der mächtigste Mann der Welt, wie ein Philosophen-König dem Gemeinwohl gemäß regieren kann.[4] In politischer Hinsicht

4 Um 269 vor der westlichen Zeitrechnung bestieg Ashoka den Kaiser-Thron seines Großvaters, des Großreichgründers Chandragupta, der, nachdem Alexander in den Westen zurückgekehrt war, den nordindischen König von Magadha gestürzt und darüber hinaus Teile von Zentralindien annektiert hatte. Erst Ashoka, seinerseits ein außerordentlich brutaler Kriegsherr, schaffte es, das neue Großreich mit einer nicht nur kriegerischen Vision zu beseelen, die zugleich Eroberung und imperiale Größe beinhaltete. Er war es, der den ersten groß angelegten Versuch unternahm, die Lehre des Buddha auf die Staatskunst zu übertragen und das buddhistische Ideal des *chakravartin* in die Realität umzusetzen: Am Ende seiner blutigen Eroberung Ostindiens trat der indische Kai-

– nämlich in seinem Unpolitischsein, seiner Apolitizität – unterscheidet sich der Buddhismus nicht im Geringsten vom spirituellen Asketismus vieler anderer meditativer Weltflüchtlinge (deren Heilsweg er selbst für falsch hält). Ebenso wenig lehrt uns die buddhistische Philosophie, dass es untrennbar zur vollkommenen Weisheit und zur täglichen Praxis des wahren Weges gehört, sich auch (außerhalb oder unabhängig von der Sangha) an der Selbstorganisation des politischen Gemeinwesens zu beteiligen. Der Buddha sprach nicht über Politik und entwarf keine Utopien eines idealen Staates oder einer idealen Gemeinschaft. Seine vielen Reden hatten den Menschen, die täglich leidvolles Elend erlebten, die sich gegen politische Unterdrückung, soziale und wirtschaftliche Ungerechtigkeit oder Umweltzerstörung wehrten, nichts zu bieten. Aber immerhin: Buddha rebellierte.

Was sich sein Vater nicht vorstellen konnte, trat ein. Sein begabter Sohn lehnte nicht nur das politisch ungerechte und gewalttätige Leben eines Herrschers ab, sondern ebenso radikal das herrschende ›normale‹ Weltbild insgesamt. Die brahmanische Religion (seines Vaters damals – und bis heute) macht die Menschen – in bemerkenswerter Geistesverwandtschaft zum christlichen Gott des Abendlandes – glauben, es existiere eine kosmische Weltseele (*Brahman*), ein allmächtiger Schöpfergott im Himmel, der sich geopfert hat, damit die Welt existiert und alles Seiende von ihm beseelt (*Atman*) ist. Der Brahmanismus behauptet darüber hinaus eine mystische Seelenwanderung durch ständige Wiedergeburt (*Samsara*) und verspricht eine Rückkehr in den Urgrund des Universums nur durch religiöses Verhalten. *Moksha* oder *mukti* bezeichnet die Vorstellung, der Mensch könne sich aus dem als leidvoll erfahrenen Kreislauf der Wiedergeburten lösen und nicht mehr wiedergeboren werden.

Wie aber auskommen ohne einen allwissenden höchsten Gott und ohne eine religiöse Ordnung der Welt? Wenn der ›Buddhismus‹ etwas anderes sein sollte als bloß

---

ser Ashoka zum Buddhismus über und milderte daraufhin die strengen Gesetze seines Großvaters und erklärte in seinen Edikten sein fürsorgliches Mitgefühl mit Sklaven und Dienern und sein Respekt vor Lehrern. Er trat für Eintracht und einen freundschaftlichen Dialog zwischen den verschiedenen Religionsgemeinschaften und Gesellschaftsgruppen ein. Er ließ Bäume pflanzen, Brunnen graben und Rasthäuser für Wanderer bauen. Und er ließ eine Säule mit einem Tiersymbol und einen Steinpfeiler zu Ehren Buddhas errichten an dessen Geburtsort Lumbini. Ashoka stellte den Buddhisten die Ressourcen seines riesigen Reiches zur Verfügung und organisierte ein wichtiges Konzil, auf dem die verbindliche Überlieferung der Weisheitslehre des Buddha, des *dharma*, festgelegt wurde. Er versandte überdies buddhistische Missionare nach Afghanistan und Zentralasien. Ashokas Bekehrung zum Buddhismus gilt als eines der bedeutendsten Ereignisse in der asiatischen Kulturgeschichte. Seine Unterstützung dieser Lebensphilosophie markiert den Beginn der buddhistischen Zivilisation, die ein ganzes Jahrtausend lang blühen und sich dabei über den größten Teil Asiens ausbreiten und viele Kulturen beeinflussen sollte.

irgendeine undurchschaubare Variante des Brahmanismus, dann musste der Aussteiger, der sich einige Jahre später Buddha nannte, eine vollständige Selbstbefreiung von der traditionellen Ideologie des Brahmanismus anstreben. Inwieweit gelang es Buddha, sich von der abgelehnten Hindu-Religion und ihren Mythologien, Symbolen, Praktiken und religionsphilosophischen Heilsversprechen zu lösen? Da er nicht nur den Brahmanismus, sondern auch (worauf ich gleich zurückkommen werde) das Gegenprogramm des Asketismus als falsch ablehnte, da er die normale Lebensweise seiner Gesellschaft für falsch hielt, aber auch die alternative und vermeintlich bessere Lebensweise der Rebellen seiner Zeit – der Asketen – als nicht erstrebenswert, nicht wegweisend, nicht zielführend erlebte, begann er, seinen eigenen Weg zu gehen. Er nannte ihn den »mittleren Weg«. Führt dieser Mittelweg wirklich in die Mitte aller Wege? Oder ist er Mitte, nur weil er zwischen zwei Extremen liegt und sich von diesen nur relativ unterscheidet? Wer hat schon diese wesentliche Mittelmäßigkeit des Buddhismus bemerkt? Merkwürdigerweise unterscheidet sich Buddhas Weg in der Praxis kaum von den beiden anderen falschen Theorien vom richtigen Weg. Buddha lehrt nur eine einzige Art der Praxis (die spirituelle Meditation), die aber schon in der brahmanischen Religion und unter den Asketen selbstverständlich war; nur sie soll zum buddhistischen Heil führen, und auch dieses *Nirvana* bietet nicht viel mehr als das traditionelle brahmanische *Moksha*.

Was uns hier aber im Hinblick auf die (möglicherweise welterlösende) Politik eines ethischen Essens besonders interessiert: Immerhin rebelliert der Buddha gegen die extreme Völlerei und Gier der vorherrschenden Lebenswelt und Lebensweise und deren fehlgeleitete Glücksvorstellungen; er verweigert sich den bestehenden Ernährungsverhältnissen und deren normaler Ernährungsweise; er löst sich von seinem kulinarischen (Un-)Selbst, so wie es ist: Der Buddha flieht auch, wenn nicht sogar vor allem, aus der Welt des moralisch falschen Essens und Ess-Selbst; er macht sich auf den Weg, die beste aller möglichen Essistenzen zu leben.

Mit 29 Jahren verlässt der Prinz das Haus (den Palast) und die Shakya-Republik (das Reich) seiner adligen Eltern wie überhaupt die orthodoxe Welt der brahmanischen Gesellschaft und ihre kulturellen (religiösen, ideologischen, moralischen, rituellen) Selbstverständlichkeiten. In der Literatur wird oft darauf hingewiesen, dass Siddharta bei dieser ersten wirklichen Selbst-Befreiung auch seine Frau mit dem gemeinsamen Kind zurücklässt – dem neugeborenen Sohn gibt er den Namen Rahula, ›die Fessel‹, weil er ihn an das erzwungene Familienleben fesselt –, um den radikalen Bruch mit einem, an kulturellen Traditionen und Geschmackskonventionen orientierten Lebensweg zu verdeutlichen. Aufgrund dieser existentiellen Entscheidung des Siddhartas ist mit dem ›Buddhismus‹ als Ausstieg ursprünglich – und das ist meines Erachtens die entscheidende Weggabelung, der eigentliche radikale Weg des Buddha – zunächst einmal eine familienfeindliche Haus- und Obdachlosigkeit verbunden, die von den meisten Laien-Buddhisten (als für sie allzu buddhistisch) nicht befolgt wird. Während die freiwillige Trennung von Frau und Kind zwar herzlos ist und zusätzliches Leid in der Welt verursacht, aber schnell und einfach vollzogen und beendet werden kann, stellt die Weltflucht aus dem alltäglichen Lebensbereich des Essens – durch die Trennung von der häuslichen bzw. der mütterlichen Küche – ein ungelöstes Problem dar.

Nur am Rande sei angemerkt, dass auch viele andere Details über das Leben des Buddha (im Unterschied zum vor- und noch unbuddhistischen Leben des Siddharta) sowie biographische Angaben über seinen Lebensweg in den buddhistischen Schriften spärlich sind. Sie beschreiben den Mann als sehr groß und gut aussehend, seine Stimme als kultiviert und seine Sprache als elegant und klar, dabei bildhaft und reich an Metaphern. Über sein Leben nach der Erleuchtung und über seine ersten Bekehrungserfolge schweigen sich die Texte weitgehend aus. Nur so viel ist allgemein bekannt: Statt den Privatweg einer egoistischen Solo-Erlösung (Hinyana-Buddhismus) zu gehen, setzt der Buddha – obwohl er selbst schon das Nirvana des höchsten Glücks und Wohlseins erreicht zu haben glaubt – sein Leben als hauptberuflicher Wanderprediger und Vollzeit-Vortragsreisender unverändert fort und wandert dann über 40 Jahre lang durch Nordindien, um als Erwachter (Buddha) und als Weiser bzw. Heiliger (Arhat) möglichst viele Menschen von seiner Weisheit zu überzeugen (Mahayana-Buddhismus), die auch ihnen eine solche Erlösung (noch vor dem Tod) verspricht.

Das unscharfe Bild, das sich daraus ergibt, zeigt den berühmten charismatischen Führer, barfuß im gelb-braunen Gewand mit einem kleinen Gefolge von buddhistischen Mönchen oder *Bhikshus* durch die Gangesebene wandernd; es zeigt einen Mann, der von Königen hofiert und immer wieder um Belehrung und Aufklärung ersucht wird; den man um Trost und Hilfe bei Hungersnöten und persönlichen Schicksalsschlägen bittet. Die Legenden erzählen der Welt, dass dieser ungewöhnliche Typ einst dreieinhalbtausend Wunder vollbrachte – unter anderem soll er durch die Lüfte geflogen sein und auf übernatürliche Weise verhindert haben, dass die Asketen ihre Opferfeuer entzündeten; er schien es zu genießen, einen Diener zu haben, der ihm täglich Wasser holte und seine Almosenschale abwusch; er gab dem Drängen einiger kluger Freunde nach und gründete sogar – ein wahres Wunder – einen, wenn auch untergeordneten, Orden buddhistischer Nonnen oder *Bhikkhuni*.

Asket – Gymnosophist – Shramana

Die ersten Schritte eines Menschen auf dem Weg, ein Buddha zu werden, kann nur gehen, wer nicht (mehr) zu Hause essen mag: In allen Menschen, die täglich außer Haus essen und freiwillig eine kulinarisch selbstlose Außer-Haus-Verköstigung und damit eine küchenlose Essistenz leben (müssen), steckt – versteckt sich – Buddhaschaft. Konsequenterweise entscheidet sich der erste Buddha, der heimatlose Philosoph und junge Wilde in seiner ursprünglichen Rebellion gegen den extremen (und letztlich in Wahrheit durch und durch leidvollen) Wohlstand seines sozialen Umfelds, zunächst für ein Leben der extremen Armut und Entbehrung. Diese existenzielle Transformation und Gegenkultur, als Ausdruck einer allgemeinen Unzufriedenheit mit den gesellschaftlichen Verhältnissen im damaligen Indien, war damals unter den sogenannten »Asketen« oder »Gymnosophisten«, wie diese »nackten Weisheitssucher« damals im Westen genannt wurden, äußerst populär.[5] Diese Aussteiger und Sinnsucher »wanderten durch Nordindien und versammelten sich gelegentlich zu zwanglosen Zusammenkünften in den Hainen und Parks außerhalb der damaligen Großstädte. Hier diskutierten sie miteinander auf eine entspannte, demokratische Weise, die in krassem Kontrast zum sterilen Formalismus eines brahmanischen Rituals gestanden haben muss. Große Scharen von Zuhörern sammelten sich um die *Shramanas*. Der junge Siddharta dürfte sich oft unter die Volksmenge im Park außerhalb von Kapilavastu gemischt haben, um die Ideen zu gehören und begierig aufzunehmen, die er später zu einer neuen Lehre modifizieren sollte.«[6]

Das Ganges-Tal durchwandernd, suchte der so inspirierte und neugierige Siddharta zunächst die damals in Nordindien angesehensten Gurus auf, um von deren Weisheit zu lernen. Als Schüler zweier angesehener brahmanischer Eremiten, Alara Kalama und Uddaka Ramaputta erlernt er die yogische Praxis der Meditation und beginnt, sich körperlich an den täglichen Verzicht auf die »weltlichen Sinnesfreuden« des Essens zu gewöhnen. Die »Meditation« als geistige (spirituelle) Übung ist zu dieser Zeit bereits so weit verbreitet, dass sie – außerhalb des bürgerlichen Lebens, wie er es gewohnt war – von den Shramanas, den Asketen und den Yogis gleichermaßen praktiziert wird. Sie spielt also schon vor der Zeit Buddhas eine zentrale Rolle in den indischen Religionen und alternativen Lebensreformbewegungen. In ihrer Grundform unterscheidet sie sich in den verschiedenen Sekten und Schulen nicht allzu sehr: Immer geht es darum, an einem ruhigen Ort mit gekreuzten Beinen und geradem Rücken zu sitzen – eine Haltung, die eine gewisse innere Wachheit gewährleistet –, sich auf ein Objekt zu konzentrieren (wie ein Bild, eine körperliche Empfindung, ein Geräusch, eine Farbe) oder auf den gegenstandslosen Rhythmus des eigenen Atems zu konzentrieren und dadurch alle anderen Gedanken aus

5 Diogenes von Laertios, der Biograph der antiken Philosophenschulen der griechischen Welt, kommt beiläufig auf die vielen hauslosen Shramanas oder »Asketen« des alten Indien zu sprechen und bezeichnet sie als »nackte Weisheitssucher«, griechisch Gymnosophisten, die erkennbare Gemeinsamkeiten mit der asketischen Lebensweise der antiken Kyniker wie Diogenes von Sinope, dem Weisen in der Tonne, aufweisen. Der griechische Begriff *askesis* bedeutet ursprünglich nichts anderes als »Übung« in der alltäglichen Praxis einer philosophischen Selbstkultivierung und wird erst später zunehmend gleichbedeutend mit geistiger Selbstverleugnung und einem lebens- und lustfeindlichen Askese-Ideal des Verzichts.

6 Mishra, Unterwegs zum Buddha. Sein Leben, seine Lehre, seine Wirkung, 118. Das Folgende stützt sich auf diese detailreiche Biografie.

dem Bewusstsein auszuschließen oder auszulöschen, bis der Meditierende in einen Zustand wohligen Behagens gerät und eine Loslösung von seiner Umgebung und seinen Alltagsgedanken erfährt.

Nach einiger Zeit des Ausprobierens zeigt sich Siddharta jedoch jedes Mal unzufrieden mit den Anweisungen seiner Lehrer; er ist nicht davon überzeugt, dass die Meditation, wie sie von den Asketen praktiziert wird, von denen er eine bessere Lebensweise lernen will, allein zu spiritueller Weisheit führen kann. Auch die Anweisung, die (nicht überzeugenden) Lehren eines Gurus bloß zu glauben oder auswendig zu lernen und ihre (wirkungslosen) Wahrheiten zu akzeptieren oder bedenkenlos zu schlucken, will ihm nicht schmecken; er will die Weisheit selbst entdecken und lebensweltlich verwirklichen, sie durch eigene (selbst gemachte) Erfahrung erleben und wahr werden lassen. Vermutlich lag es an seiner provinziellen Herkunft, dass der Prinz aus Kapilavastu noch nicht das nötige Selbstbewusstsein besaß, sich auch den damals gängigen religiösen Angeboten und Kostproben zu verweigern. Denn sein nächster Schritt wird kaum weniger konventionell sein als die Suche nach Weisheit bei einem Guru.

Wie er später in seiner Rede *Vom edlen Streben* verrät, wandert er von Rajagriha aus in südlicher Richtung und gelangt zu seiner großen (Lebens-)Freude in die Gegend von Uruvela, dem heutigen Bodh Gaya, wo er »einen herrlichen Platz, einen lieblichen Hain, einen klar dahinströmenden Fluss, der gute Badegelegenheit bot und ganz entzückend war«, erblickte.[7] Shakyamuni, der Shramana Gautama, wird über sechs Jahre als Asket in Bodh Gaya leben. Asketen, die in Wäldern und Hainen in der Nähe von Dörfern lebten (vegetierten), waren zu dieser Zeit kein ungewöhnlicher Anblick. Die asketische Weltflucht wurde bereits von vielen religiösen und philosophischen Sekten, insbesondere den Jainas, intensiv praktiziert. Und Buddha wird – nach seinen ersten Meditationserfahrungen – ihren Veganismus als eine neue Form des extremen Hungerfastens erproben und als tägliche (experimentelle) Praxis des Nicht-Essens mit großem Eifer betreiben. Der gleichaltrige Begründer dieses Jainismus heißt Mahavira, der ›große Held‹ (eigentlich Vardhamana) und ist ein Zeitgenosse des Buddha. Wie dieser verlässt Mahavira, auch bekannt unter dem zweiten Ehrentitel Jina oder ›Sieger‹– in jungen Jahren seine Herkunftsfamilie, zudem (wie Buddha) in radikaler Ablehnung der philosophischen Autorität der Brahmanen und des traditionellen vedischen Weltbildes.[8]

---

7 Buddhas Reden, 88.

8 Mahavira war – wie Buddha, wie insgesamt beide Lebenswege fast identisch sind – ein Kshatria, also ein Mitglied der Herrengesellschaft. Wie Mahavira verriet also auch Buddha seine Klasse, als er sich in den Jahren seiner Askese Nicht-Brahmanen anschloss, den Asketen, Sadhus, Munis, die das spirituelle Universum Indiens so zahlreich bevölkern. Sie suchten die Erleuchtung im Selbstversuch, ohne die Vermittlung der streng hierarchisch organisierten Priesterschaft. Damit waren sie der offiziellen brahmanischen Religion ein Dorn im Auge. Buddhas Mittelweg, den er einige Jahre später verkündete,

Als Wanderprediger und Bettler unterwegs fordert er das Nicht-Verletzen (sanskrit *ahimsa*) durch eine radikale Selbstlosigkeit in der extremen Askese. Als Mensch so leben zu sollen, dass durch das eigene Dasein möglichst kein anderes Lebewesen verletzt wird, hat natürlich äußerst weitreichende Konsequenzen für die Ernährung. Die strenge Erlösungsmoral eines extremen Vegetarismus – des Veganismus der Jinisten, auch bekannt als Jainismus der Jainas – lehrt, dass fürs Essen kein Tier leiden oder sterben darf und essbare Pflanzen nur im unvermeidlichen Maß verletzt werden dürfen – gemäß des Glaubens an den ewigen Kreislauf der Wiedergeburt unter den irdischen Lebewesen und das daraus abgeleitete Gebot, keinem Lebewesen unnötiges Leid anzutun, der ohnehin von unendlichem Leid erfüllten Welt kein weiteres hinzuzufügen, um so aus dem samsarischen Leidenskreislauf erlöst zu werden.

Die Askese des veganen Fastens fordert eine körperliche Selbstkasteiung zugunsten einer spirituellen Selbstvergeistigung, da insbesondere durch eine anorektische Nahrungsminimierung eine strikte Einhaltung des Gebotes, das Leid der Welt zu mindern (gemäß der Maxime »Du sollst nicht töten«) und möglichst friedlich zu leben, in der täglichen Praxis erreichbar erscheint. Im Jainismus wird die Ehrfurcht vor dem Leben so konsequent befolgt, dass die Jainas sogar ihr Trinkwasser filtern, um auch den Verzehr von Mikroorganismen auszuschließen. Als Jugendlicher hatte Buddha auf einer seiner Ausfahrten (die ihn über die reale Welt aufklärten) gesehen, wie die Erde zum Anbau von Nahrungsmitteln mit Pflugscharen aufgerissen wurde, wie Pflanzen und Gräser ausgerissen, Insekten und Kleintiere dabei getötet wurden und die Bauern durch die Arbeit in Staub und sengender Hitze alt und krank wurden.

Wer hier genau hinsieht, nimmt wahr, dass der Buddha nicht sieht, was der Buddha sieht, den der Buddha Dôgen bei der bäuerlichen Arbeit (in glühender Hitze und den ganzen Staub der Erde aufwirbelnd) beobachtet: Dass die tägliche Arbeit auf dem Feld, in der Landwirtschaft oder im Garten trotz aller Mühsal und trotz der leidvollen Erfahrungen des Verwelkens und des Insektenbefalls Freude machen kann, zufrieden und satt, glücklich und alle, die darin tätig sind, zu guten Menschen. Denn gerade wir Menschen können in dem ›kultivierenden‹ (pflegenden) Tun und Nicht-Tun der agrikulturellen Praxis, die uns wie keine andere Tätigkeit unseres Lebens mit der Erde verbindet und uns mit ihren mächtigen Kräften und Wandlungsprozessen vertraut macht, wirklich gut sein – und sind es über Jahrtausende tatsächlich gewesen. (Eine im Grunde uralte und in den alltagspraktischen und naturphilosophischen Zusammenhängen der Agrarökologie traumhaft einleuchtende

war daher auch ein mediokrer Scheideweg zwischen brahmanischer Priesterherrschaft und anarchischer Sadhu-Subkultur.

Erkenntnis, die allerdings erst in jüngster Zeit wissenschaftlich angemessen wahrgenommen wird.[9])

Richtig aber ist: Da unsere tägliche Nahrungsaufnahme, woher auch immer sie kommt, untrennbar mit der Tötung anderer, unschuldiger, aber meist wehrloser Lebewesen verbunden ist, scheint das diätmoralische Gebot, möglichst wenig zu essen, geradezu Erlösung zu verheißen. Ein möglicher und konsequenter Höhepunkt der *Ahimsa*-Asketik des Nicht-Verletzens mit ihrer anorektischen Moral des Nicht-Essens ist der rituelle Tod (das menschliche Selbstopfer) durch freiwilliges Verhungern – eine ebenso wirksame wie jederzeit praktikable Auslöschung und Erlangung des ultimativen Nirvana. Nicht wenige Menschen waren im Laufe einer düsteren Heilsgeschichte bereit, diesen weltflüchtigen Erlösungsweg ins Jenseits zu gehen.

Durch extremes Fasten dem Hungertod nahe – und dann die Erleuchtung

Nicht so Shakymuni. Sechs lange Jahre übt er sich in dieser asketischen Verzichtshaltung und nimmt nur das Nötigste an vegetarischer bis frutarischer Nahrung zu sich. Er ernährt sich von winzigen Portionen eines einzigen Lebensmittels – seien es Jujubebeeren, Bohnen, Sesamkörner oder Reis. Und darbt. Sechs harte Jahre lang vegetiert er so dahin, allein im Wald, isst Kuhmist, nascht gelegentlich ein paar Beeren und trinkt Beerensaft, um seinen körperlichen und geistigen Durst zu stillen, isst nur alle sieben Tage und wird (extrem) mager. Später, durch bessere Ernährung erleuchtet und längst ganz anders unterwegs, berichtet er von seiner Fastenzeit: »Wie ein Kamelhuf wurde da mein Gesäß durch diese äußerst geringe Nahrungsaufnahme, wie eine Kugelkette wurde da mein Rückgrat mit den hervortretenden und zurückweichenden Wirbeln, wie sich die Dachsparren eines alten Hauses quer stellen, hoben sich da meine Rippen quer, wie in einem tiefen Brunnen die unten liegenden Wasserspiegel verschwindend klein wurden, so erschienen da in meinen Augenhöhlen die tief liegenden Augensterne, und meine Kopfhaut wurde hohl und schrumpfte... Um nun diesen Körper zu stärken, rieb ich mir mit der Hand die Glieder, und da fielen die wurzelfaulen Körperhaare wegen der äußerst geringen Nahrungsaufnahme aus.«[10] Mit anderen Worten, er nimmt ab bis auf die Knochen, fällt vom Fleisch und macht weiter, kleidet sich in die Lumpen der Toten und meditiert nachts unter wilden Tieren oder auf Friedhöfen.

---

9 Meyer-Abich, Wege zum Frieden mit der Natur: Praktische Naturphilosophie für die Umweltpolitik; ders., Praktische Naturphilosophie. Erinnerungen an einen vergessenen Traum.

10 Buddhas Reden, Majjhima-Nikaya 36, zitiert in: Mensching, Leben und Legende der Religionsstifter, 231f.

Halten wir an dieser Stelle noch einmal inne, um tief durchzuatmen: Vor seiner Erleuchtung versuchte sich Buddha in spiritueller Seelenreinigung, vor allem und am wirksamsten durch die tägliche Praxis einer vegan-frutarischen Diät. Das Ergebnis dieser extremen Schmerzaskese des Hungerfastens und des Nicht-Essens fiel erwartungsgemäß aus: Der Einsiedler magerte bis auf das Skelett ab, war am Ende völlig entkräftet und nicht dem Nirvana, aber dem Tode nahe.

Doch dann kommt die Erleuchtung in Lichtgestalt: Kurz vor seinem Hungertod kommt eine Kuhhirtin des Weges. Sie fühlt Mitleid mit dem gefährlich abgemagerten, extrem hungrigen und durstigen Fremden. Der Mann hat großes Glück. Denn die junge Bäuerin gibt ihm etwas wirklich Gutes und vollbringt eine wahre Wohltat: Sie reicht ihm eine rohe, vollfette Milchspeise. In dem Augenblick, in dem der Hungrige die volle Schale allmählich leert und den erbaulichen Wohlgeschmack dieser Offenbarung – in Gestalt einer Milchspeise – genießt, wohlig erfüllt im Hier und Jetzt dieser Mahlzeit, erweckt Siddharta Gautama im wahrsten Sinne des Wortes zu neuem Leben: Er erwacht zur vollkommenen Erfüllung seines Überlebens und Wohllebens als ›Buddha‹ – was wie gesagt im Sanskrit wörtlich der Erleuchtete, der Erwachte bedeutet.

Nach sechs langen Leidensjahren als meditierender Asket unternimmt der Erleuchtete die ersten Schritte auf seinem neuen Weg, den er den »mittleren Weg« nennt, weil weder eine extrem asketische Lebensweise der Armut und des Lustverzichts noch eine extrem opulente Lebensweise des Reichtums und der Genusssucht zu ihm führen. Körperlich und geistig gestärkt geht Buddha ein Stück am Ufer des Flusses Neranjara bei Gaya (nahe Bodhgaya im heutigen Bihar), nicht weit von seinem Wald, und setzt sich unter einen mächtigen Feigenbaum – vermutlich, um sich in seinem Schatten von seiner ungewöhnlich köstlichen und nährreichen Mahlzeit auszuruhen oder vielleicht, warum nicht, um ein wenig von den süßen und köstlich duftenden Früchten zu naschen, gewissermaßen als kleine Nachspeise. (Wobei der Überlieferung nach der Milchshake der Kuhhirtin Sujata so nahrhaft gewesen sein soll, dass der zum Leben Erwachte 49 Tage lang davon zehren konnte).

In einem solchen wohlvollen Zustand und unter eben diesem Pipal-Feigenbaum, der inzwischen als Bodhi-Baum verehrt wird, mit seinen herzförmigen, dunkelgrün glänzenden Blättern, deren schlanke Spitze sich am Ende aufrollt, die unentwegt selbst bei völliger Windstille zittern, die durch ihr Zittern und Aneinanderreiben einen leisen, beruhigenden Gesang erzeugen, bis der ganze Baum mit seiner flimmernden und funkelnden Blätterkrone wie ein eigenständiges Lebewesen wirkt – in diesem meditativen Moment so dasitzend leuchtet dem Buddha sein Erlebnis erst richtig ein: Vor dem Tod gerettet und zutiefst zufrieden, erlebt er das höchste (nämlich das alltäglichste) Glück, das dem Menschen möglich ist, das gegenwärtig keinem Entstehen, Vergehen und Anderswerden unterworfene Wohlsein – er erlangt das Nirvana.

Trotz dieser Erkenntnis oder, genauer gesagt, weil er sich zu diesem Zeitpunkt noch nicht aller Dinge bewusst ist und weil er sich seines eigenen Erlösungsweges erst allmählich gewahr wird, wird der Buddha in den folgenden 45 Jahren – sein ganzes neues Leben lang bis zu seinem natürlichen Tod – jeden Tag vor allem eines tun: Er wird durch Nordindien wandern, um seine Mitmenschen und Gegenspieler mit erstaunlichem Erfolg davon zu überzeugen, dass das, was er erfahren und gelehrt hat, das Beste für alle ist. Sämtliche Komponenten des Buddhismus und dessen Sichtweise auf die menschliche Existenz verkündete Buddha nach seiner Erleuchtung: Die vier edlen Wahrheiten und der achtfache Pfad der vollkommenen Tugenden; die Weisheit, dass die Welt ein Netz von immanenten Kausalbeziehungen ist; die Lehre von der Leere des Selbst; die Unbeständigkeit aller Dinge; die deprimierende Tatsache, dass die Welt nichts als Leid ist; der ewige Durst nach Gestillt-Sein und der Hunger nach satter Erfüllung; die Sitzmeditation als alleiniger Praxis. Doch um an diesen Punkt zu gelangen und all diese Gedanken zu einem hochkomplexen Denksystem zu vereinen, bedurfte es vieler Jahre des Nachdenkens, einschließlich extremer Erfahrungen und Selbstexperimente, vor allem aber eines einzigen Erlebnisses: Buddhas wahres Erwachen durch den Genuss einer Mehlspeise.

Später, lange nach dieser zweiten und seiner *ursprünglichen Erleuchtung*, wird er behaupten, dass er in jener Nacht unentwegt unter dem schattigen und rauschenden Feigenbaum beim Meditieren die sogenannten »vier edlen Wahrheiten« über die menschliche Existenz erkannt habe. Aber diese Wahrheiten handeln weder von den weltbewegenden Wirkungen wertvoller vollwertiger Milch – einer wahrlich einzigartigen Weißheit und Wertfülle, in der unendlich viel veredelbare Wahrheit des Essens steckt. Noch belehren die sogenannten »vier edlen Wahrheiten« die Menschheit darüber, wie Buddha plötzlich seinen leidigen Durst zu stillen vermochte: Die buddhistische Weisheitslehre verliert kein Wort über den mittleren Weg ihres mittelmäßigen Essens.

Kein weises Wort des Weisen über seine alles in allem keineswegs edle oder feine, sondern diätetisch nur etwas bessere Ernährungsweise. Sie wird den Lebensweg des Tathâgata, des So-Gegangenen – und des So-Ernährten, wie zu ergänzen wäre – nicht ein Mahl halbwegs so gut sein lassen, wie dieses Leben in Wahrheit hätte sein können. Stattdessen wird seine dritte Erlösungserfahrung fortan in seinen Reden zu schwer verdaulichen Wahrheiten verklärt, die nur noch wenig von den leicht verständlichen und alltagsweltlichen Lebenserfahrungen des umherirrenden Weg-Suchenden erkennen lassen. Im *Dhammapada*, einer der volkstümlichsten unter allen kanonischen Sammlungen seiner Lehren, kommt diese typisch buddhologisierende Redensart erstmals zur Anwendung, wenn der Erleuchtete seine Erleuchtung in folgende Worte fasst: »Vergebens musst ich durch viele Leben wandern; den Bauherrn suchte ich; ein Leiden kam zum anderen. Jetzt, Bauherr, sehe ich dich! Das Bauen ist dir verwehrt, die Balken sind dahin, der Dachstuhl ist zerstört, mein Denken ist jetzt frei; der Drang hat aufgehört.«[11]

Viele Menschen scheinen sich von dieser Art mystischer Poesie angesprochen zu fühlen, von religiösen Wundererklärungen aller Art, mit denen die unzähligen Körbe des Wissens der buddhistischen Schriften üppig bis zum Übermaß gefüllt sind. Doch sie schmeckt nicht jedem, beispielsweise nicht – wie eingangs erwähnt – dem seinerseits stilistisch ambitionierten Philosophen Michel Foucault. Er, der bekanntlich wie kaum ein anderer Gelehrter gerne mit Wahrheiten spielte, hätte – stellvertretend für alle scharfen Denker und kritisch-kreativen Aufklärer – solche Reden als religiös-nebulöses Gerede zurückgewiesen. Ohnehin muss an dieser Stelle, an diesem Scheideweg einer gastrosophisch aufzuklärenden Weisheitslehre daran erinnert werden, dass der Buddhismus, neben dem historischen Buddha, nicht nur an den unhistorischen, legendären, früheren Amitabha-Buddha (den Reinen Land Buddhismus mit seinem esoterischen Erlösungsversprechen eines Glücks im Jenseits) glaubt, sondern auch den oben bereits kurz erwähnten lachenden Dickbauch-Buddha kennt.

Wie angesprochen, ist Maitreya-Buddha der kommende Welterlöser, der künftige eutopische Buddha, der nicht nur wie der historische Buddha die Lehre verkünden, sondern gleichzeitig auch die Welt von Ungutem befreien und in einen Ort voller Freude und des Glücks verwandeln wird. Während die Lichtgestalt des Maitreya-Buddha in den frühen indischen Darstellungen mit unergründlichen Augen einer fernen, besseren Zukunft entgegensieht, entwickelt sich das Weg-Auge dieses künftigen Buddhas später unter dem Einfluss der chinesischen Kultur (zu der Zeit, als Dôgen dort den Zen-Buddhismus entdeckt) zu einer halbwegs gastrosophischen Perspektive auf die Welt. Nehmen wir also lächelnd an, dass auch ein solcher Buddhismus denkbar ist, der von der Hoffnung auf eine bessere Zukunft in Form eines erfüllten Wohllebens in der Gegenwart lebt, dann hat der historische Buddha auf seinem mittleren Weg vielleicht wirklich das irdische Glück und das Weltganze erfahren, das mit dem vollen Bauch verbunden ist.

Die Hirtin und ihre Kuh – zur wahren Geschichte der allerersten Buddha

Doch gehen wir noch einmal zurück an den Anfang des Erlösungsweges, der sich dem Buddha plötzlich auftut. Wer war diese Milchbäuerin? Diese Heilung, Labsal, Erfüllung schenkende Frau? Diese Heilige? »Dieses Weiblein« (Dôgen), das sich in den Mysterien eines glücklichen Erfüllt-Seins auskannte? Diese Hirtin – warum ist die Geschichte von der weisen Sujata und ihrer Kuh in der transkulturellen Philosophie nicht so bekannt wie die Geschichte vom Hirten und seinem Ochsen? Diese

11 Dhammapada: Der Pfad der Lehre: Die älteste buddhistische Spruchsammlung, Vers 153f.

Hirtin? War sie in Wahrheit die allererste Buddha überhaupt? War sie die Tantra-Buddha, die die fein gesponnene Verbindung zwischen der Milch von glücklichen Kühen und der Gastrosophie als latentes Kontinuum erdverbundener Weltweisheit herstellte? Waren nicht die Tantriker des alten Indien jene Mahayana-Buddhisten, die viele Tabus brachen und ihre eigene Passivität und soziale Normen fallen ließen? Die stahlen und logen, Alkohol tranken und liebend gerne Fleisch aßen? Die klug genug waren, die buddhistische Askese abzulehnen. Die, statt das Sinnliche zu tabuisieren, wie es in logozentrischen Religionen üblich ist, das Sinnliche umgedreht als Möglichkeit und als etwas Kostbares nutzten, um mit jenen Kräften zu spielen, derer sich die Menschen selbst ermächtigen und die sie sich einverleiben können? Und tut es nicht gut, sich bei all den Männern und allem patriarchalen Gehabe an das ursprüngliche und immer mögliche Geschlecht des Buddha-Seins zu erinnern? In fast allen tantrischen Schulen und Richtungen ist die Verehrung und Huldigung einer weiblichen Gottheit zentral. Eine solche Verehrung gab es bereits in altvedischer Zeit (1750–1200 vor westlicher Zeitrechnung) und führt zurück in das mythische Zentrum vollkommener Weisheit: Denn die wichtigste Göttin des tantrischen Buddhismus *verkörpert* die Prajnaparamita – die Vollkommenheit der Weisheit.

Ohnehin sollten wir nicht vergessen, dass die erste Weisheitslehre der Menschheit von einer Frau stammt und weiblicher Intelligenz entsprang. Sehr viel älter als die ältesten Veden Indiens und mit einem Abstand von fast 2000 Jahren zu den ersten männlichen Weisheiten und Dummheiten – den Philosophien eines Platon, Aristoteles oder Epikur (Sokrates mit seiner geheimnisvollen Beziehung zu Diotima ist hier wieder einmal eine Ausnahmeerscheinung) im Abendland oder den Lehren eines Buddha, Konfuzius oder Zhuangzi in Asien – ist es die ägyptische Weisheitsgöttin Ma'at, die Tochter des Sonnengottes Re, die der Welt die erste globale Ethik schenkt. Ihr Biograph Ptahhotep, selbst höchster Staatsbeamter und Weser unter dem Pharao Asosi, erklärt, dass Ma'at nicht nur der Name der Weisheitsgöttin ist, sondern auch das zentrale Prinzip des guten Zusammenlebens. »Ma'at tun« bedeutet, im täglichen Leben nach Wahrheit, Gerechtigkeit, Rechtschaffenheit und Würde zu streben.[12]

Wer weiß, ob die unbekannten genealogischen Verbindungen, die zwischen allen menschlichen Lebensformen auf der Erde bestehen (müssen), nicht auch etwas von dieser weiblichen Weisheit von Ägypten nach Asien überliefert haben. Doch wie in den allermeisten Dingen des genealogischen Werdens und Verwandelns sind die Wege und Pfade der indischen Weisheitslehren komplex bis verworren, und es scheint keine erkennbare Spur zu Sujata und ihren Superkräften zu führen. Fest steht jedoch, dass das wohltätige Milchmädchen, das Buddha die erste Mahlzeit seines Erwachens servierte, in der Mahayana-Tradition zu hohen Ehren gelangte. Doch um an dieser historisch und existentiell wichtigen Stelle seines Lebensweges

12 Tügel, Wege zur Weisheit, 44.

ganz genau hinzuschauen, muss dieser Satz anders lauten und neu geschrieben werden: Die Hirtin, die einem bis auf die Knochen abgemagerten Philosophen auf Abwegen nach langer Zeit sinnloser Selbstzerfleischung durch eine aufbauende, stärkende, köstliche Speise wieder zu Kräften verhalf, verdient es wahrlich, als Verkörperung der Vollkommenheit gastrosophischer Weisheit verehrt zu werden.

Sie war, als Buddha, in der Küche, noch bevor dem Buddha, einem Wanderer auf der Suche nach dem Sinn des Lebens, ein Licht aufging. Seine Erleuchtung wäre ohne ihren herrlichen Imbiss ausgeblieben – der dahergelaufene Mann wäre schlicht verhungert und im endgültigen Nirwana verschwunden. Sein Buddha-Sein konnte nur sein, weil die weibliche Buddhisattva wohltuend tätig war, indem sie sich um sein Wohl sorgte. Mit ihrem wachmachenden Milchshake ermöglichte sie ihm, zum Buddha zu werden und die Einsicht in den mittleren Weg, dass auch Nichts-Essen absolut Nichts-Gutes ist und zu nichts anderem führt als zu einer Leere des Seins (Shunyata), die bis zuletzt mit unnötigem Leiden erfüllt ist – und darüber hinaus zu einem verfrühten (Pari-)Nirvana. Ihre geheimnisvolle Weisheit scheint sie in der phänomenalen Unsichtbarkeit aller gastrosophischen Wahrheiten gut versteckt zu haben: Ohne ihre Erleuchtung bleiben die essistenziellen Zusammenhänge im Dunkeln und unerkannt; verblendete Menschen, die nicht durch dieses wahre Weg-Auge sehen können, sind blind und unwissend gegenüber allem unter dem Himmel und auf Erden, was die Welt des Essens zu einer großen Sache, zu einer pan-superhumanen Welt macht, die auf dem guten Weg viel Leid und Unwohlsein verhindern und viel Wohl und Erfreuliches bewirken kann.

Bei dieser Gelegenheit: Ist es nicht vorstellbar, dass später einmal – im weltgeschichtlichen Rückblick einer ähnlich langen Zeitspanne, die uns von der indischen Milchbäuerin Sujata trennt – die indische Lichtgestalt und Besser-Welt-Erleuchtete Vandana Shiva eine vergleichbare Bedeutung erlangt haben wird? Die viel beachtete Vorkämpferin für eine globale Ernährungswende hat das Zeug zum Vorbild und erst recht zur neuen Kultfigur. Schon gibt es Anzeichen von Verehrung, Huldigung und Buddha-Werdung. Die Zahl ihrer Anhängerinnen, vor allem im Umfeld der von ihr gegründeten indischen Bewegung *Navdanya* (›Neun Saaten‹) und der internationalen Bewegung *Diverse Women for Diversity* (DWD), wächst stetig.

Und ihr Name? Omen est nomen: Shiva ist der glückverheißende Name einer der bekanntesten und beliebtesten Gottheiten des Hinduismus. Ist die hochgelobte Vandana Shiva (die sich in der Nachfolge Mahatma Gandhis sieht) der nächste Maitreya-Buddha? Wird die agrarökofeministisch orientierte Gastrosophin im Rückblick die lauteste Stimme – das zeitlos nachhallende Löwengebrüll der furchtlosen Lehre – gewesen sein, die der weltweiten Good Food Bewegung und den ernährungssouveränen Aktivismen zu Beginn des dritten Jahrtausends den Weg in eine bessere Zukunft wies? Ihre in unzähligen Schriften kundgetane Weisheitslehre, in der sich verschiedene Einflüsse aus altindischen, indigenen, kapitalismuskritischen und sozialrevolutionären Philosophien vereinen, kennt vor allem einen Helden: die Kleinbäuerinnen und Kleinbauern dieser Erde – wie schon Sujata. Niemand wird bezweifeln, dass die Preisträgerin des weltweit renommierten Right Livelihood Award (der maßgebliche Menschen für »die Gestaltung einer besseren Welt« auszeichnet) mit ihrem jüngsten Manifest *Frieden mit der Erde durch Vielfalt, Gegenseitigkeit, Gewaltlosigkeit und Fürsorge* eine aussichtsreiche Bewerbung geschrieben hat für den vakanten Posten der künftigen Welterlöserin und Retterin von ›Mutter Erde‹ – unser aller Mutter, der fruchtbaren Erde, der wir Menschen unser tägliches Essen verdanken.

Ist es nicht möglich, dass die globale Ernährungswende, um kleine, weltbewegende, alles verändernde Schritte zur Rettung und Erneuerung der Erde zu tun, das Rad des Dharma um seine eigene Achse dreht? Welche Achse der Welt sollte das sonst sein, wenn nicht die mütterliche Küche? Schon einmal in der Geschichte der Menschheit, zur Zeit der sogenannten neolithischen Revolution, ist es dem Homo sapiens gelungen, durch sein Essen – durch eine solche globale Ernährungswende – alles in seinem Leben zu verändern. Und da der Buddhismus auch nur eine menschliche Erfindung ist, die sich aus philosophischen Ideen und Algorithmen (geschriebenen Programmen) zusammensetzt, spricht nichts dagegen, diese populäre Weltreligion – in deren Zentrum unerwarteterweise das Essen steht – für eine bessere Zukunft der Menschheit und der Erde zu kapern.

Ah, köstliche Dickmilch!

Auch Dôgen kennt und erwähnt die gastrosophisch bemerkenswerte Geschichte von der Vorgeschichte der Erleuchtung Buddhas. Wahrscheinlich diente sie ihm als Vorlage für seine (oben ausführlich analysierte) Schilderung der Begegnung des chinesischen Buddhisten Tokusan mit der Reisknödelköchin. Jedenfalls steht auch in dieser Erzählung, wie die Buddhismusforschung gezeigt hat, wieder »die Gabe einer frommen Frau« im Mittelpunkt – was wir nach den dargelegten Erkenntnissen nun besser verstehen: Wieder ist es ›sie‹, die ›ihm‹ die entscheidende Speise reicht. Dieses Mahl ist aber nicht wieder nur ein frugales (veganes) »Reisgericht«, wie Dumoulin in seiner einschlägigen Geschichte des Zen-Buddhismus behauptet. Wenn Dôgen in diesem Zusammenhang lobend von der »köstlichen Dickmilch«[13] spricht, erfahren wir schon etwas mehr über die herzstärkende Wirkung und die erlösende Buddha-Fülle dieser wegweisenden Milchspeise.

Buddha muss diese gesuchte Wahrheit (einer weisen Essistenz) über den feinen Unterschied (zwischen Reisbrei oder saurer Reissuppe und Dickmilch oder süßem Milchshake) wirklich genossen haben, der sich an jenem Tag zwischen der nur

13 Dôgen, Unterweisungen zum wahren Buddha-Weg, 154.

scheinbar heroischen, in Wirklichkeit aber lebensgefährlichen und selbstquälerischen Fast-Nichts-Diät des vegan-frutarischen Jainismus und der wohltuenden Welt seiner neuen ovo-lacto-vegetarischen Milchspeisendiät auftat, nur scheinbar heroischen, in Wirklichkeit aber lebensgefährlichen und selbstquälerischen Fast-Nichts-Diät des frutarisch-veganen Jainismus und der wohltuenden Welt seines neuen ovo-lacto-vegetarischen (Milchspeisen-)Buddhismus oder, wie sich herausstellen wird, doch eher pragmatisch-flexitarischen (Fast Food) Buddhismus. Aus der Begegnung mit dem Milchmädchen und seiner Reaktion auf ihre wohltätige Praxis wird deutlich, dass ihm – dem zu diesem Zeitpunkt immer noch Orientierungslosen und unablässig nach Erlösung Suchenden – jäh eingeleuchtet haben muss, dass eine extrem asketische Moral in der jinistischen Form anorektischer Selbstquälerei und kulinarisch extremer Selbstverleugnung der falsche Weg war; und dass dort, wo es nicht nur Beeren und nicht nur täglichen Reis, sondern auch Milch gibt, auch Joghurt sein kann, und wo es Joghurt gibt, auch Quark sein kann, wo es Quark gibt, und so weiter und so fort – und dass so bedingt aus einer Ernährungs- und Lebensweise (als alltägliche Praxis und weise Kultur) über die vielgliedrige Nahrungskette die beste aller möglichen Welten entsteht – alle Mahle die ganze Welt und Wohlnatur eines für alle guten und wohltuenden Essens, in dem alles mit allem in buddhanatürlicher Verbindung steht.

So wird verständlich, in welchem existentiellen (megaphysischen, naturgastrosophischen) Sinne die Ursache des Erwachens zum Buddha tatsächlich dem Ursprung nach ein Leiden an der Leere und dem von ihr verursachten Durst – und Hunger – ist. Aber diese Leere ist nicht das wahre Sein, von dem dann ausschließlich und bis heute in der orthodoxen Buddhologie (im ›Buddhismus‹) die Rede ist. Die Wahrheit dieses zu neuem Leben erweckten Seins liegt vielmehr in einem im wahrsten Sinne erfüllten Sein; Das wahre *Sein* ist ganz real in der vollendeten Erfüllung einer *wohltuenden Seinsfülle* – so wie wir Menschen diese alltägliche Erfahrung des *Sattwerdens* nach jedem sättigenden, unsere Lebenskräfte revitalisierenden, neue Lebensenergien auffüllenden Essen und nach jedem durstlöschenden Trinken kennen, das uns von unserem täglichen Leiden – von der ewig wiederkehrenden leidvollen Leere des Durstig- und Hungrig-Seins – zeitweise befreit und erneut belebt.

Die Wahrheit jener Leere, die der Hungernde und Durstige am eigenen Leib (als Verlangen, Appetit, Durst) leidlich erfährt, überschattet jene Lehre von einer angeblichen »Fülle der Leere« (Hisamatsu), von der in der buddhistischen Philosophie und Ontologie (vor allem der Kyôto-Schule) gewöhnlich die Rede ist, um kosmisch-metaphysische, erkenntnistheoretische oder mystisch-religiöse Materien des Nichts zu umkreisen. Eine gastrosophische Sichtweise auf die Dinge stellt alles in ein anderes Licht; ihre Denkweise kann als geistige Übung – als Kaizen eines programmatisch ethischen Philosophierens – nicht oft genug wiederholt werden: Die Wahrheit der Leere, die sich in der erlösenden Dharma-Fülle eines freudig gesättigten Buddhas voll verwirklicht, ist die wohlerfüllte Leere, die alles in die beruhigende

Zufriedenheit eines wiederbelebenden, Körper-Herz-Geist reinkarnierenden Seins einstimmt und inmitten des samsarischen Hunger-Durst-Leben-Leiden-Kreislaufs die Wohlbehaglichkeit eines gestillten Hungers und Durstes verwirklicht.

Damals wird dem durch eine Milchspeise zu neuem (anderem, weisem) Leben Erweckten eingeleuchtet haben, dass »der wahre Weg« nur in dem Maße und in dem Sinne wirklich gut sein kann, in dem man dem täglichen Essen (der menschlichen Essistenz) weder zu viel noch zu wenig existenzielle Bedeutung beimisst. Ihm war wohl klar, dass innerweltliche Askese ebenso wenig zu einem guten Leben des Menschen gehören kann wie ein übermäßiges Konsumleben. Ihn durchfuhr, dass die von ihm angestrebte Lebensweise nur praktizierbar ist, wenn durch sie seinem Körper (und seinem Geist) immer wieder, bei jeder Mahlzeit, ausreichend Stärkung zuführt. Er begriff, dass eine durch gelebte Weltweisheit bewirkte Wirklichkeit – der Dharma – ohne die richtige Ernährungsweise nicht realisierbar ist. Buddha spürte, dass das tägliche Essen nicht außerhalb des vollkommenen Denkens, Fühlens und Handelns steht.

Warum also übersieht der Buddhismus, dass wahre Erleuchtung und das Nirvana *der Praxis des Mittleren Weges* untrennbar mit der Ethik einer gemäßigten, *mittelmäßigen Essistenz* verbunden sind? Ein entscheidender Grund dafür ist leicht nachvollziehbar. Obwohl im ursprünglichen Buddhismus ein authentischer Weg des Essens angelegt ist und Buddha-Praxis alle Mahl eine täglich praktizierte Weisheit der menschlichen Essistenz verlangt, bleibt das Ganze eine Diätmoral: Das Gute des moralisch guten Essens ergibt sich nicht daraus, dass die Mahlzeiten (zumindest die Hauptmahlzeit, wenn möglich, aber auch die Zwischenmahlzeiten) gut schmecken sollen; auch nicht aus der alltäglichen Freiheitspraxis und Lebensästhetik (im essthetischen Gestalten) des kulinarischen (kochkünstlerischen) und konvivialen (mahlgemeinschaftlichen) Selbst-Seinkönnens; auch nicht daraus, dass wir uns auf diesem Weg physisch mit der Natur (mit allem irdischen Mitseiendem, das wir essen und zu unserem Leib machen) verbinden: Im Fast Food Buddhismus hingegen ist das Essen nur dafür gut, die Buddhas zu sättigen und ihre körperliche (und geistige) Existenz am Leben zu erhalten – um meditieren zu können.

So könnte der Buddha nach den beiden Extremerfahrungen (und probierten Extremismen) auf seiner Suche nach der besten aller möglichen Lebensweisen erfahren haben: Bloße Mäßigung, nur das Mittelmaß zwischen Fasten und Völlerei, zwischen einem riskanten Leben in freiwilliger Armut und einem sinnentleerten Leben in unersättlichem Wohlstand, zwischen einem entbehrungsreichen Dasein in extremer Askese und einer bewegungsarmen Existenz in extremem Überfluss – nur der sogenannte mittlere Weg scheint körperlich und geistig befriedigend, zielführend, inneren Frieden bringend, tagtäglich den ewigen Durst löschend, zeitlebens den leidigen Hunger stillend und darin einem Nirvana-Zustand gleichend. Und doch: Zu lehren und danach zu leben, dass tägliches Essen den Hunger stillt und maßvolles Trinken (von alkoholfreien Getränken) den Durst löscht, und dass dieses einigermaßen Gute die Menschen von ewig wiederkehrendem Leidwesen befreit und jeden ein essistenzielles Wohlergehen erfahren lässt, scheint doch eine durchweg gutgemeinte, edle Wahrheit zu sein.

Deshalb ist ganz ohne religiösen Glauben und Hintersinn nachvollziehbar, dass die Ursache des Leidens, die Wurzel des Übels, von dem der Buddhismus die Menschheit befreien will, der Durst (sanskrit *trishna*) ist, der jedoch in den üblichen Übersetzungen des Begriffs allzu leichtfertig und irreführend mit Gier übersetzt wird. Die Gier ist wie alle Begierde, wie jedes andere Begehren, Verlangen und ungute Unerfülltsein nur eine Art von Durst; wie ja jeder Hunger als Appetit oder Begierde und jedes unbefriedigende Nicht-Essen eine Art von Durst ist, der gelöscht werden will. Ähnlich verhält es sich mit dem anderen zentralen Begriff der Buddhologie, dem Nirvana. Das Sanskritwort *Nirvana* bedeutet der ursprünglichen Wortbedeutung nach *Löschen*. Der nirvanische Zustand – wenn damit der Zustand eines möglichen Glücks zu irdischen Lebzeiten gemeint sein soll und nicht das dem Menschen für immer sich entziehende Mysterium dessen, was nach dem Tode kommen mag – steht für eine gestillte, gelöste, begehrenslose, wohlig satte Zufriedenheit, für ein ständig und lebenslang wiederkehrendes, zeitweiliges Erlöst-Sein in Form eines gelöschten Durstes, eines gestillten Hungers, für die mögliche Erlösung von allen gleichartigen Unglück und Leid verursachenden Begierden irdischer Lebewesen und Essistenzen.

In einer seiner ersten Reden, die der Buddha zu praktizieren begann, in der Ansprache im Hirschpark von Benares im Beisein von fünf Asketen[14], fasste er seine inzwischen geistig und körperlich längst verdauten und metabolisierten Erfahrungen in erstaunlich klare Worte zusammen: »Da ist einmal die Hingabe an die Lust der Sinnesfreuden, niedrig, gemein, weltlich, unedel, nicht zum Ziel führend. Da ist andererseits die Hingabe an die Selbstpeinigung, leidvoll, unedel, nicht zum Ziel führend. Ohne diesen beiden Extremen zu folgen, hat der Vollendete den mittleren Weg erkannt, der Sehen bewirkt, Wissen bewirkt, zur Beruhigung, zur Einsicht, zur Erleuchtung, zum Nirvana führt.« Wir verstehen nun besser, wodurch all dies in Wahrheit bewirkt wird: Durch nichts anderes als wohltuende, sättigende, maßvolle,

14 Zweifellos war für den Buddha die Unterweisung einzelner Asketen und andersgläubiger Brahmanen in seinen Wahrheiten in vielerlei (vor allem in wirtschaftlicher und politischer) Hinsicht weit weniger erfolgreich als die Bekehrung des Königs von Magadha. Dass Bimbisara zum laienhaften Buddha-Anhänger wurde, muss aus heutiger Sicht als ein entscheidendes Ereignis in der Genealogie des Buddhismus gewertet werden. Der Buddha wusste wohl, was er tat, als er sich um einen möglichst großen Einfluss auf den Herrscher von Magadha bemühte, um seinen eigenen Aktionsradius gegenüber der ideologischen Konkurrenz zu erweitern. Er scheint geahnt zu haben, dass seine Leute auf Dauer nicht auf das Wohlwollen und die Mildtätigkeit ihres sozialen Umfelds, durch dessen Wohnorte sie auf der Suche nach erbetener Nahrung zogen, zählen konnten, ohne zumindest ein Minimum an politischer und finanzieller Unterstützung zu genießen.

stärkende Nahrung, nicht zu viel davon (in der Hingabe an die allesfressende Lust der Sinnesgenüsse), aber auch nicht zu wenig davon (in der veganen Hingabe an das unlustvolle Fasten).

Edle Wahrheiten und deren unedle Spielarten

Obgleich die sogenannten »vier edlen Wahrheiten« seines philosophischen Programms diese edelste Wahrheit verschweigen, werden in Buddhas Lehre vom Weg des »rechten oder vollkommenen achtfachen Pfad« explizit auch ernährungsethische Gebote und Verbote angesprochen. So etwa die strenge Mäßigung, sich nur eine Mahlzeit pro Tag schmecken zu lassen; vor allem aber in dem vegetarischen Verzicht auf Fleisch und ähnliche Genuss- und Rauschmittel. Insofern wird Buddhismus im allgemein nicht ganz unbegründet mit Vegetarismus assoziiert. Allerdings begründet der Buddha in seinen Reden die Tugendpflicht, dem Essen von Fleisch und tierischen Produkten zu entsagen, mit jener pathozentrischen (Mitleids-)Ethik der Leidvermeidung und Leidminderung, die sein Gegenspieler Mahavira und die jinistischen Veganer predigten und praktizierten. An dieser Begründung ist aber eben nichts ›buddhistisch‹. Für eine rein buddhistische Begründung hätte der Erleuchtete eine eigene, neue (etwa eine ›rein tierethische‹, das Wohl der Pflanzen ignorierende und nur das Recht der Tiere respektierende) Ernährungsphilosophie entwickeln müssen. Stattdessen wird er sich – was wir uns gleich genauer ansehen sollten – eine schlecht begründete Argumentation zu eigen machen, nur um seine eigene Praxis im Nachhinein zu rechtfertigen. Er lehrt, dass zum wahren Buddha-Sein gehöre, sich nicht nur nicht strikt vegan ernähren zu müssen, sondern neben dem vegetarischen Genuss von tierischen Molkereiprodukten durchaus gelegentlich (flexibel gegenüber der Gelegenheit) auch etwas Fleisch essen (sich gönnen) zu dürfen. Dieser paradoxe Gedankengang basiert auf der fiktiven Prämisse, dass er »weder gesehen noch gehört hat, noch vermuten muss, dass das Tier seinetwegen getötet werden musste«. So erlaubt der ursprüngliche Buddhismus theoretisch den Verzehr – und den Genuss – von »reinem Fleisch«.

Dieser fundamentale Selbstwiderspruch hat bei kritischen Geistern schon früh Befremden ausgelöst. So wurde Buddha einmal in einer Situation, in der er offensichtlich eine Fleischspeise verzehrte, von einem Jaina oder Jinisten der naheliegende Vorwurf gemacht, er – der Buddhist – esse Fleisch von einem Tier, das nur dafür (für ihn) habe sterben müssen. Da derjenige, der ihm das fragliche Fleischgericht serviert hatte, daraufhin behauptete, dies sei nicht der Fall, bekräftigte der Buddha den buddhistischen Grundsatz, dass »ein Mönch Fleisch essen darf, vorausgesetzt, dass das Tier nicht eigens für ihn getötet wurde«.[15] Ein gelehrter Kommentar zu

---

15 Vinayapitaka I, 237–8.

dieser leicht durchschaubaren Ausrede äußert zwar Skepsis gegenüber einer solchen Argumentation, aber nur, um letztlich deren Absurdität zu wiederholen: So wird erklärt, dass ein Buddhist, der nicht gesehen oder gehört habe, dass der Spender oder derjenige, der eine Fleischspeise offeriere, das dafür verwendete Tier selbst gejagt oder gefischt habe oder von Anderen habe töten lassen, und ernsthafte Zweifel an der moralischen Unbedenklichkeit und Reinheit dieser Fleischspeise bekäme, direkt nach der Herkunft des Fleisches fragen solle. Letztlich könne er die betreffende Speise aber annehmen, wenn ihm gesagt werde, dass das Tier nicht zu seinem Verzehr getötet worden sei.[16]

Als unhinterfragte Rechtfertigung für diesen (sich diätmoralisch durchwurschtelnden) Nicht-Vegetarismus der Buddhas erwähnt der renommierte Buddhologe Peter Harvey in seinen Ausführungen zur buddhistischen Ethik: Wenn den Hungrigen Fleischgerichte angeboten werden und diese in dem beschriebenen Sinne »rein« sind, dann würde ihre An- und Einnahme zu verweigern bedeuten, dass durch den Tauschhandel mit dieser milden Gabe dem Geber der kalkulierte Gewinn an karmischen Früchten (Karmafrüchte gegen Fleischlieferung) entgehen würde. Außerdem, so die bemerkenswerte Erklärung, würden die Mönche oder Nonnen dazu verleitet, nur die Speisen auszuwählen und anzunehmen, die sie wollten und die ihnen am besten schmeckten. Solche feinen Unterschiede in Geschmacksfragen widersprächen jedoch den Sîla-Regeln des orthodoxen Buddhismus. »Hingegen soll Essen bloß als Nahrungsquelle betrachtet werden«. (Ebd., 160)

Und deshalb ist klar geregelt, dass gläubige Buddhisten – darin den meisten Nicht-Buddhisten gleich – wahllos alles essen dürfen und alles schlucken müssen, was gerade ›im Angebot‹ ist, also auch Fleisch und egal woher. Die Buddhologie dieser karnivoren Ideologie (der gesellschaftlichen Normalität) unterschlägt freilich die einfache Möglichkeit, dass alle Buddhas es einfach probieren könnten, zum nächsten Spender oder Ort eines potenziellen Nahrungsangebots zu gehen, in der frommen und sicherlich bangen Hoffnung, dass ihnen dort vielleicht rein vegetarische Kost angeboten wird – um nicht andernfalls (eine weitere konsequente Option) zu verhungern. Der renommierte Philosoph und Bioethiker Peter Singer, dessen eindringliches Plädoyer für *Die Befreiung der Tiere* in den 1970er Jahren weltweit große Beachtung fand[17] – und der (seinerseits im Umgang über Japan) mit seinem bislang von der Weltöffentlichkeit kaum wahrgenommenen Buch *The Way we eat. Why our food choices matter* im Jahre 2006 erstmals einen globalen Versuch unternahm, den gastroethischen Geist zu wecken[18] –, sieht in dieser absurden Einstel-

16 Harvey, Introduction to Buddhist Ethics, 159.

17 Singer, Animal Liberation – Die Befreiung der Tiere.

18 Siehe zur nicht unkomplizierten Einordnung von Singers Gastroethik in den gastrosophischen Diskurs der Gegenwart: Lemke, Politik des Essens. Wovon die Welt von morgen lebt, 275–316.

lung zum Fleischkonsum einen wesentlichen Grund für das moralische Scheitern des Buddhismus. »In sozialer Hinsicht muss die buddhistische Tradition jedoch als Misserfolg angesehen werden. Statt die herrschenden Praktiken in Frage zu stellen, passte sich der Buddhismus an den Status quo an. Nehmen wir zum Beispiel die oft zitierte ›erste Lehre‹ des Buddhismus: Allen fühlenden Wesen keinen Schaden zuzufügen oder sie zu töten. In Japan wird man bei jedem Besuch eines historischen buddhistischen Tempels an dieses Gebot erinnert, es steht auf der Rückseite der Eintrittskarte. Doch als ich vor einigen Jahren nach Japan reiste, um die japanischen Einstellungen gegenüber den Tieren zu untersuchen, musste ich feststellen, dass sehr wenige Buddhisten Vegetarier waren. Nur in einigen der strengeren Sekten verzichteten die Mönche auf Fleisch, und von den Laien wurde es da nicht einmal erwartet. Buddhistische Priester segnen sogar die japanische Walfangflotte, ehe sie zu ihrer tödlichen Mission in die Antarktis aufbricht. Wie Roshi Philip Kapleau, der Verfasser des Klassikers *Drei Pfeiler des Zen*, erzählt, war das Fleischessen während seiner eigenen Ausbildung in Japan weit verbreitet.«[19]

Die Schwierigkeit, mit diesem Widerspruch philosophisch umzugehen, spiegelt sich – von Anfang an – im Zen-Buddhismus Dôgens und seiner Lösung wider. Auf der einen Seite wird die Gültigkeit der ursprünglichen Sîla-Regeln des sittlich vollkommenen Handelns einschließlich der darin enthaltenen diätetischen Tugenden akzeptiert.[20] Ausdrücklich heißt Dôgen dort die vegetarische Askese gut und verteufelt das »Milch- und Blutsaugen« als etwas Geisterhaftes: »Getreide essen und Wildgräser ist eine schätzenswerte Sache, verwandle dich also nicht in ein blutsaugendes Tier, das sich verhält wie die hungrigen Geister, die Blut und Milch saugen.«[21]

Wie den meisten Buddhisten und Nicht-Buddhisten, so ist selbst einem so hell erleuchteten Buddha-Nachfolger wie Dôgen Zenji nicht immer klar gewesen, in welche Richtung der mittlere Weg beim Essen abzielt. Wenn an verschiedenen Stellen seines Werkes, insbesondere in den *Unterweisungen zum wahren Buddha-Weg*, eine strenge Asketik des heiligen Fastens und Hungerns das Wort redet, dann weicht seine zen-buddhistische Orientierung an dieser alles entscheidenden Weggabelung deutlich von der ursprünglichen Wahrheit einer maßhaltenden, aber in Wahrheit praktisch nicht veganen Diät ab. In solchen Passagen und Momenten schlägt er wieder den asketischen (ursprünglich nicht-buddhistischen) Schleichweg weltflüchtiger Lebensideale ein und unterliegt deren Pfadabhängigkeit von einer leidvollen, unedlen, nicht zum Ziel führenden Hingabe an die Selbstquälerei. In zahlreichen Äußerungen ruft Dôgen in sich selbst einen Un-Buddha auf Abwegen,

19 Singer, Wie sollen wir leben?, 214.

20 Dôgen, Unterweisungen zum wahren Buddha-Weg, 81.

21 Dôgen, Unentwegte Praxis, 26.

einen in die Irre geführten Doppelgänger und Befürworter einer zen-buddhistischen Diätmoral wach. Etwa wenn es bei ihm heißt: »Laien essen im Überfluss; Mönche essen einmal am Tag.« Oder wenn fragwürdige Sprüche, die den Hunger zum besten Koch machen, lauthals verkündet werden: »Wer liebte nicht köstlichen Geschmack? Menschen jedoch, die den Weg erlernen wollen, gehen in die Berge, schlafen unter freiem Himmel und ertragen Kälte und Hunger.« Ganz der konventionelle Asket, lehrt der Zen-Diätetiker immer wieder einen rigorosen Moralismus ärmlicher Entsagung: »Bleiben wir rein und arm und praktizieren den Weg, ertragen dabei Entbehrungen, erbetteln unsere Nahrung oder essen wild wachsende Nüsse und Früchte und sind immer hungrig«.[22] Zu der von ihm gelehrten Zen-Diät (die allerdings einer eindeutig frutarisch-veganen, nicht-buddhistischen Moral verpflichtet ist) gehört außerdem das ein ums andere Mahl geforderte Gebot »immer erst Früchte und wildes Gemüse zu essen und dann Reis« oder dass »niemals Fleisch, Ghee, Gewürze oder Öl« genossen werden dürften.[23] Man darf diesen extremen Diät-Moralismus getrost als unwiderlegbaren – halbwahren – Beweis dafür nehmen, dass auch der Buddhist Dôgen viele Gesichter hatte und dass unter dem gleichen Namen sehr Unterschiedliches gedacht werden kann und damit (spielerisch) widersprüchliche Wahrheiten möglich sind. Die bunte und verworrene Geschichte des Buddhismus zeigt, dass es sich schon mit dem Buddha kaum anders verhielt.

Andererseits billigt der geniale Zen-Buddhismus Dôgens wiederholt das ›reine Milchnaschen‹, den ethischen Umweg über gelegentliches ›Blutsaugen‹ (Fleischessen) und eine ›feine‹ (ebenso vegetarische wie kulinarisch meisterhafte und geschmacklich gute) Küche. Immerhin hatte der Buddhist in China selbst die Erfahrung gemacht, dass dort von der Möglichkeit des reinen Fleischgenusses – und mehr noch vom himmlischen Glück leckerer Pilzgerichte oder anderer erhabener Sushi-Köstlichkeiten (wie herzhafter Reisknödel und Teigtaschen) zur Ehre ihrer Köche – häufig Gebrauch gemacht wurde. Anstatt diese abtrünnige Sitte rigoros abzulehnen, zeigt der Zen-Gastrosoph Dôgen eine bemerkenswert zögerliche Haltung, die nicht beurteilen zu können glaubt, »ob wir so etwas gestatten sollen oder nicht«.[24] In dieser unbedingten Zögerlichkeit drückt sich eine Spur des chinesischen Zen-Witzes und Zen-Geistes aus, der aus gastrosophischer Weisheit über Fleisch essende und Wein trinkende Buddhas lacht.[25]

Als lachender Buddha akzeptiert ein Weiser wie Dôgen, dass selbst die Willenskraft ethisch bewanderter Menschen nicht immer ausreicht, um jederzeit strikte

22 Dôgen, Unterweisungen zum wahren Buddha-Weg, 95, 127, 178, 175, 76.

23 Dôgen, Unentwegte Praxis III: 3.

24 Dôgen, Unterweisungen zum wahren Buddha-Weg, 35.

25 Geiger, Das Unbedingte befindet sich immer am Rande der Lächerlichkeit, 156.

Entsagung und Verzicht auf diese Lüste und Sinnesfreuden zu üben. Diesen halkyonischen Geist scheint er auch nach Japan importieren zu wollen, wenn er Buddha-Anhänger, die »gegen die Sîla-Regeln verstoßen, Alkohol trinken und Fleisch essen«, mit dem Argument verteidigt, man dürfe niemals »von der äußeren Erscheinung auf die innere Tugend schließen«. Denn schließlich, so der lächelnd vorgetragene und nicht minder lächerliche Freispruch, könnten Mönche über den äußeren Anschein des Fleischessens und Weintrinkens hinaus »noch schlimmer denken und noch schlimmer handeln«.[26] Diese immerhin halbwegs einleuchtende Wahrheit scheint im Laufe der Geschichte vielen Menschen aus dem (moralisch unfassbaren) Herzen gesprochen zu haben, die sich zum Leidwesen der konsequent veganen Welterlöser gerne ein Mahl Fleisch und Milchprodukten gönnen. Auch wenn es stimmt, dass es moralisch Schlimmeres gibt, als »Blut zu saugen« (Fleisch zu essen): Diese geschmacklose Logik macht die Sache nicht besser – und wirklich lustig ist sie auch nicht.

Das Bemerkenswerte an Dôgens Argumentation ist nicht so sehr ihre geringe Tragfähigkeit, sondern die ›kostspielige‹ Bereitschaft, in Übereinstimmung mit dem großen Vorbild des Buddha den Menschen das – ethisch letztlich unbegründete – Recht einräumen zu wollen, statt täglich nur Reis wenigstens gelegentlich Fleisch zu essen und ebenso zu schmackhaften Reisgerichten einen guten Reiswein zu trinken, zu saftigem Schweinebraten oder guter vegetarischer Küche etwas süffigen Rotwein oder kühles Bier oder, warum nicht, frische Kuh- oder Sojamilch, um auch den ewig wiederkehrenden Durst zu löschen, statt dafür immer nur gesunden grünen Tee oder reines Wasser trinken zu müssen.

Also Halbwahrheiten – warum nicht

Schließlich war es ohnehin, wie gesagt und hier noch einmal bestätigt, die Selbstbefreiung von der veganen Diätmoral der extremen Asketen, die den Buddha glücklich und zum wahren Buddha machte. Wenn also die orthodoxe Buddhologie über das Ideal einer vegetarischen Lebensweise eine programmatische Beziehung zwischen Buddhas Praxis und der alltäglichen Ernährungsweise herstellt, dann verklärt sie eine doppelte Halbwahrheit. Die Rede von einem buddhistischen Vegetarismus ist nur halbwegs richtig, als die damit verbundene Begründung (siehe oben) auf einen moralischen Veganismus hinausläuft, der konsequent jeglichen Konsum von Milch, Butter, Käse, Eiern und anderen tierischer Herkunft verbietet. Es ist daher gastrosophisch nicht verwunderlich und auch nicht ganz falsch, das Fleischverbot, das Buddha lehrt, ohne es konsequent zu praktizieren, als einen (wahrhaft) edlen Weg des Buddhismus (miss-)zu verstehen, so dass und obwohl damit (wieder nur) eine eher

26 Dôgen, Unterweisungen zum wahren Buddha-Weg, 60.

streng asketische (eigentlich nicht vegetarisch-buddhistische, sondern vegan-jinistische) Ernährungspraxis verbunden wird.

So ergibt sich die Halbwahrheit des buddhistischen Vegetarismus nicht zuletzt daraus, dass der Buddha selbst immerhin halbwegs wahrheitsgemäß eine vegetarische Lebensweise predigte. Denn abgesehen von der Selbstwidersprüchlichkeit der (eigentlich eher flexitarischen) Praxis klingt die buddhistische Lehre, sich möglichst vegetarisch zu ernähren, um das Leid in der Welt zu mindern, zweifellos edel. Gerade mit der schlichten Forderung und der gelebten Weisheit, auf den Genuss von Fleisch zu verzichten, geht vom historischen Buddhismus *der einfache Weg einer edlen, ethisch korrekten Diät* aus. Die fleischlose Essistenz ist eine für das soziale Umfeld jederzeit vollkommen ersichtliche Symbolhandlung der täglich demonstrierten Praxis guter Taten.

Dementsprechend wird die vegetarische Küche der zen-buddhistischen Klöster in Japan als *shojin ryôri* bezeichnet: Im Nicht-Fleischessen manifestiert sich der erbrachte Beweis für die tägliche Anstrengung (shojin), im Streben nach dem Buddha-Sein auch durch das Essen (ryôri) gute Taten zu vollbringen. Mit der Philosophie eines ethischen Vegetarismus (und formvollendet im essthetischen Stil einer feinen Shojin-Ryori-Küche als geschmacksästhetische Alternative zur tierethisch unkorrekten Kaiseki-Küche) übt der Buddhismus heute weltweit – mehr als jede andere Weltreligion – einen großen Einfluss auf die täglichen Entscheidungen und die Lebensweise vieler Menschen aus, insbesondere in den buddhafreundlichen Milieus der globalen Metropolen. Zwar verstehen sich nicht alle Vegetarier auch als Buddhisten, ebenso wenig wie bekennende Buddhistinnen automatisch Vegetarierinnen sind. Aber als Lebensphilosophie unterstützt der Buddhismus ein ernährungsethisches Denken, Fühlen und Verhalten, das immer mehr Menschen – ob als Buddhisten oder als Nicht-Buddhisten – zu Vegetariern oder wahren (flexitarischen) Buddhas werden lässt.

Umso erstaunlicher ist es, dass der vegetarischen Diät in den einschlägigen theoretischen Studien zur buddhistischen Philosophie keine nennenswerte Bedeutung beigemessen wird. So wendet der bereits erwähnte Ethiker Peter Harvey in seiner einschlägigen Studie die buddhistische Ethik zwar auf zeitgenössische Themen wie Abtreibung und Verhütung, Krieg und Frieden oder Weltwirtschaft an; sogar eine buddhistische Haltung zu Homosexualität und Geschlechterverhältnis wird entwickelt.[27] Nur eine – der immensen Größe der Sache angemessene – moralphilosophische Durchdringung der alltäglichsten, allgemeinsten und allumfassendsten Lebenspraxis menschlicher Existenz scheint nicht der Rede wert zu sein. Nicht zuletzt wohl auch deshalb, weil je nachdem, wie die komplizierte Konstellation aus Buddhismus – Ethik – Essen gedacht wird, ganz unterschiedliche Wahrheiten entstehen.

27 Harvey, Introduction to Buddhist Ethics.

Buddhas letzte Mahlzeit

So hängt die ungeklärte Todesursache Buddhas auch mit seiner letztlich unklaren Haltung zu reinen Speisen und gutem Essen zusammen. Der Streit darüber, der die buddhistischen Gemüter bis heute erregt, dreht sich um das letzte Mahl Buddhas. Es geht um die ethische Diskussion, ob es sich bei einem Gericht namens *sukaram-addava* um einen *Schweinebraten* oder um ein spezielles *Pilzgericht* gehandelt hat, bei dem nur von Schweinen erschnüffelte Trüffel verwendet wurden. Der so geführte Streit um die allerletzte Mahlzeit des Arhats verfehlt freilich den systematischen Zusammenhang dieser einen Speise mit der buddhistischen Lebensphilosophie des Essens insgesamt. Denn zu deren Lehre von ›reinen Speisen‹ gehört, wie wir gesehen haben, allenthalben der Genuss von Fleisch. Für Buddhas letztes Mittagsmahl und seinen anschließenden Tod ist also weder die moralische Problematik des gelegentlichen Fleischgenusses relevant noch die ohnehin unlösbare Frage, ob der (nicht von jedem gemochte) Weltenretter vergiftet wurde. Viel interessanter und aussagekräftiger erscheint die Vermutung, dass er aller Wahrscheinlichkeit nach an dem für einen Menschen im fortgeschrittenen Alter nicht mehr bekömmlichen Genuss von zu viel Gutem – ›gutem Essen‹ – gestorben ist. Jedenfalls besagt der aktuelle Forschungsstand, »dass der Buddha nicht an vergiftetem Essen starb, sondern an der für seinen ohnehin geschwächten Verdauungsapparat zu großen Menge an Nahrung«.[28]

Hat sich der gesundheitlich nicht makellos Vollendete zu Tode gegessen? Hat der So-Gespeiste durch diesen Tod den Eintritt ins Parinirvana gesucht – durch die ultimativ erlösende Über-Erfüllung, durch genusssüchtige Völlerei? Es ist überliefert, dass der So-Bekochte den vielleicht nicht allerbesten Koch – nämlich den Eisenschmied Cunda, der kein professioneller Koch war, sondern einfach ein Mann, der selbst kochte – gegen mögliche Anschuldigungen, er habe den Tod des Erleuchteten durch sein (wahrscheinlich schlecht zubereitetes und obendrein übermäßig üppiges) Mahl verursacht (und moralisch zu verantworten) mit den Worten verteidigte: »Es ist eine Wohltat, Freund Cunda, es ist ein großes Verdienst, dass der So-Gegangene vollständiges Nirvana erlangte, nachdem er sein letztes Mahl von dir bekam. [...] Eine Tat wurde vollbracht, von Cunda, dem Eisenschmied, vollzogen für ein langes Leben, für Schönheit, Glück, Ruhm, Himmlisches und Erhabenes.«

Verdient nicht jeder gute Freund lobende Worte für die edlen Wohltaten einer guten Küche – sei es für die milde Gabe eines zarten Schweinebratens oder für die volle Hingabe bei der Kreation eines feinen Trüffel-Pilz-Gerichtes? Führen solche großen Verdienste nicht unweigerlich ins Nirwana – wirklich ins all-mähliche und irgendwann endgültige Nirvana einer perfekten Mahlzeit, die darüber hinaus langes Leben, Schönheit, Glück, Ruhm, Himmlisches und Erhabenes (der Erdverbun-

28 Bhikku, Did Buddha die of mesenteric infarction?

denheit) bewirkt? Könnte es nicht sein, dass Shakyamuni kurz vor seinem Tod ein (sein) wegweisendes Genuss-Leben (wieder-)entdeckt und sich – über die Erleuchtung des mittleren Weges hinaus – endlich von seiner bis dahin gastrosophisch nur halbwegs und keineswegs vollständig erleuchteten Essistenz befreit? Rief das letzte Mahl, ein rosa saftiger (innen noch leuchtend blutiger) Schweinebraten oder ein einzigartiges Risotto mit selbst gesammelten Pilzen, kulinarische Erinnerungen an die schöne, fette, süße Milchspeise von damals wach – an deren erhabene, glücksbringende, ruhmreiche Nachwirkung und an jene lange, durchwachte Nacht unter freiem Himmel mit ihren vielen Einfällen? Bemerkenswert sind die letzten Worte des Buddha, die diese Vermutung stützen: »Zwei dargebotene Speisen sind von gleichem Gewinn für den Buddha gewesen; die dargebotene Speise direkt vor seiner großartigen Erleuchtung und das dargebotene Essen direkt vor seinem endgültigen Nirvana, in dem Nirvana, das kein Zurück kennt.« Und so geschah es: *Beim letzten Mahl griff der Buddha zu und genoss über alle Maßen, worauf er aufgrund seiner eigenen Diätmoral ein Leben lang verzichtet hatte.*

Vielleicht. Mein kurzer Exkurs über den ursprünglichen Buddha-Weg des Essens erhebt nicht den Anspruch, endgültige Wahrheiten der Buddhologie zu präsentieren. Ob der Buddha nun vegetarisch korrekt gelebt hat oder nicht, ob sein letztes Mahl ein fleischloses, aber delikates Gericht mit Trüffeln oder ein deftiger Trüffelschweinebraten war, bleibt bis auf weiteres und wahrscheinlich für alle Ewigkeit offen. Für eine gastrosophische Reflexion über fernöstliche Weisheit und ihr Weltrettungspotential angesichts der Krise des westlichen Lebensstils ist ein ganz anderer Aspekt des Buddhismus interessant als die Unklarheit der buddhistischen Diätmoral oder inwieweit Buddhisten wirklich vorbildliche Vegetarier sind und in dieser Hinsicht der Welt ein allgemeines Wohlleben (der menschlichen Essistenz) vorleben. Der weitaus interessantere Aspekt des Buddhismus hängt mit der gastrosophisch bedenkenswerten Vorbildlichkeit seiner ursprünglichen Fast Food Praxis zusammen. Und die diesbezüglichen Wahrheiten sind in der 2500jährigen Entwicklung dieser Weltreligion nie wirklich ans Licht gekommen.

Die Frage nach dem Stellenwert des menschlichen Essens im Wertesystem einer traditionellen Weltreligion oder (im Foucaultschen Modus kritischer Aufklärung gedacht) in den Wahrheitsspielen einer transkulturellen Lebenskunst ist das eine. Dieser Schritt führt uns auf den mittleren Weg des Buddha, der dem Essen immerhin den ethischen Eigenwert zuspricht, wichtig (unumgänglich) zu sein für ein wohlgenährtes, mit genügend (mittelmäßiger) Nahrung erfülltes Leben. Etwas anderes in der Weisheit des Essens hat mit der ästhetischen Form, der alltäglichen Gestaltung und Verwirklungsweise dieser Praxis zu tun: *Nicht, was isst, sondern wie isst ein maßgeblicher Mensch? Nicht von welchen täglichen Speisen, sondern in welcher Form ernährt sich ein Erleuchteter und Welterlöser?*

Soviel sei zu einer solchen Ethik der Ästhetik der menschlichen Essistenz an dieser Stelle den folgenden Aufblendungen vorausgeschickt: Sich selbst befreiend von der kulinarischen Unfreiheit und dem extra leidvollen Unglück einer extremen Askese und unwillig zur häuslichen Repräsentationsküche der gesellschaftlich vorherrschenden Überfülle und ausgeblendeten Erste-Welt-Privilegien eines unglaublichen Wohlstandslebens zurückzukehren, besteht der urbuddhistische Weg des Essens der Form nach (als Lebensweise) schlicht und einfach in dem freien Entschluss, sich in täglicher Praxis auf die lebenszeitlich schnellste, kulinarisch unaufwändigste, kulturell funktionellste, ökonomisch günstigste und gesellschaftlich formloseste Weise satt zu machen. Statt sich von selbst mit meisterhaft gut gemachten, geschmackvollen und gezielt vegetarischen Mahlzeiten zu ernähren, statt aus gastrosophischer Weisheit und ethischer Lebenskunst eine Ästhetik der Essistenz zu kultivieren, verliert sich die transkulturelle Vorbildlichkeit des Fast Food Buddhismus als unausgesprochene Weltreligion der menschlichen Essistenz in der leidvollen Pfadabhängigkeit, eine unvollkommene multiple Nicht-Essthetik des täglichen Essens wortlos zu lehren und vorzuleben. Doch wir sollten diesen unscheinbaren Wahrheiten Schritt für Schritt in der Reihenfolge ihres abhängigen Entstehens nachgehen.

Der zu gestaltenden Form nach – als Kunst des Essens, so täglich gut zu leben – verlangt die praktische Ausübung des urbuddhistischen Mahlrituals nicht mehr, aber auch nicht weniger und nichts anderes als das Erbetteln von Essbarem. Diese Art, wie der Buddha zu essen, wird nur noch von den allerwenigsten Menschen, die sich Buddhisten nennen, befolgt und gutgeheißen (dafür aber von einer umso größeren Masse von Nicht-Buddhisten). Denn sich wie ein echter Buddha zu ernähren, bedeutet in Wahrheit ein schnelles Essen der funktionellen Sättigung und beinhaltet kein tägliches Mehr-Gänge-Mahl als Hauptmahlzeit, sondern schlicht den Einen Bettelgang: »Schweigend und mit gesenktem Haupt geht er von Haus zu Haus, die ihm dargebotene Speise wird in seine Schale gelegt.« Als entscheidendes Merkmal der »vollkommenen Lebenspraxis«, die der Buddha lehrte, wird von Dôgen auch ausdrücklich hervorgehoben, dass er »jeden Tag sein Essen erbettelt und auch kein Geld für zusätzliche Speisen angenommen hat«.[29]

Für die Erörterung des philosophischen Selbstverständnisses der urbuddhistischen Ernährungsweise ist jedoch nicht der Bettelgang an sich von Bedeutung. Gastrosophisch weit bemerkenswerter als das Betteln – als Freiheitspraxis, anders sein zu können – sind die weitreichenden Konsequenzen, die komplexen Zwangsläufigkeiten und Abhängigkeiten des (Ernährt-)Seins, die aus der freiwilligen Entscheidung entstehen, sich sein tägliches Essen nicht selbst zu machen und auch die tägliche Hauptmahlzeit nicht mit Anderen zu teilen. (Ein Umstand, auf den im Zusammenhang mit Dôgens Mahlrituallehre und der allgemeinen Rückkehr zur häuslichen Buddhaschaft mit eigener Küche noch zurückzukommen sein wird.)

Und so geschieht es: Weil Buddha sein Essen erbettelt, ernährt er sich trotzdem (und hält sich so am Leben), ohne dafür arbeiten gehen zu müssen; weil er

29 Dôgen, Unentwegte Praxis, 3.

nicht arbeiten gehen muss, hat er so die tägliche Freiheit und Muße, sich den wirklich wichtigen Dingen eines besseren Lebens nachgehen zu können; weil er so besser (weiser, erleuchteter, befreiter) leben kann, lebt er, der Buddha, anders als die allermeisten Normalos, die Verblendeten, Nicht-Erleuchteten, Nicht-Buddhisten, Nicht-Weisen; weil er sich aus dem normalen Arbeitsleben zum ›Broterwerb‹ (zum Geldverdienen fürs Essen) befreit, muss er fortan von *Bhiksha*, von angebotenem Essen (Almosen, milde Gaben) leben; weil er nicht den Hungertod riskieren will, muss er täglich betteln gehen: Aus diesem vom Buddha eingeschlagenen Lebensweg entsteht das Fast Food Wesen der urbuddhistischen und zugleich gänzlich unbuddhistischen Ernährungspraxis.

Zwar bettelt der So-Gegangene, weil er arm und mittellos ist; aber der eigentliche Zweck dieser Buddha-Praxis ist nicht der Bettelgang an sich – um, wie es orthodox gedacht wird, auch den Nicht-Buddhisten barmherzig eine gewisse Möglichkeit zu guten Taten zu bieten (ohne dass sie ihrerseits ihr tägliches Leben ändern müssen). Der Selbstzweck des täglichen Bettelgangs ist sein tägliches Essen und Satt-Sein als Buddha. Erst und nur so, als Aussteiger auf dem mittleren Weg, hat der wandernde Bettelmönch oder *Bhikshu Buddha*[30] genügend freie Zeit im Alltag, um wichtigeren (edleren) Dingen einer darin besseren (alltagspraktisch freieren und selbstbestimmteren), weil frei selbst gestalteten Lebensweise – Lebenskunst im wahrsten Sinne des Wortes – nachgehen zu können. Weil aber der Buddha diese Freiheit einer Ästhetik der eigenen Existenz nicht so gestaltet, dass er sich die Zeit für die wichtigste Sache in der Welt nimmt und sein tägliches Essen nicht selbst macht (und noch nicht ein Mahl in guter Gesellschaft die tägliche Hauptmahlzeit genießt), entsteht für ihn erst die buchstäbliche Zwangsläufigkeit, sich auf dem Weg nur mit – irgendwelchen – Fertigmahlzeiten begnügen zu müssen, die andere Menschen (Anhänger, Laien, Nicht-Buddhisten) produziert haben und ihm zu schenken willig sind.

Die paradoxe Kunst des Schmarotzens: Zum Lob der Parasitik

Freilich hätte der Buddha seine ursprüngliche Bettelpraxis wirklich zur höchsten Lebenskunst gastrosophischer Weisheit *veredeln* können. Die Praxis des freiwilligen Fast Foods wäre ihm erspart geblieben, wenn sein Buddhismus in umgekehrter Richtung darauf abgezielt hätte, der Welt vorzuleben (ihr darin vorauszugehen), wie

---

30 *Bhikshu*, das Mönchsein, leitet sich sinngemäß von der leeren Essschale (*bhiksha*) ab, der Hauslosigkeit und Außer-Haus-Verköstigung der Buddhisten ab und hat ursprünglich nichts mit einem sich selbst versorgenden Klosterleben zu tun, das dann zur üblichen Lebensform von ›Mönchen‹ wurde.

man als kultivierter Mitesser – durch die elegante Kunst des Schmarotzentums – jeden Tag in einen Feiertag des Festessens verwandeln kann. Mit einem Lächeln kann man sich das satirische Bild vom konvivialen Lebensweg eines müßiggängerischen Bettelphilosophen ausmalen, der den epikureischen Hedonismus ins Maßlose (einer Lebenskunst des täglichen Schmarotzens oder Parasitierens) parodiert. Denn wahrlich, wer wie der Buddha davon lebt, sich sein tägliches Essen zu erbetteln, muss es nicht irgendwo an einem einsamen Ort fernab von Privat- bzw. Wirtshäusern verzehren, sondern kann gezielt nur die guten Orte (einer ritualisierten und täglich kultivierten Gastlichkeit) aufsuchen, wo es das beste Essen gibt.

Ohne an dieser Stelle einen solchen (gesamtgesellschaftlich praktizierten) Parasitismus seinerseits hinsichtlich seiner sozialen Paradoxie richtigzustellen[31], ist dem Satiriker Lukian von Samosata hinsichtlich der Argumentation in seinem fiktiven Dialog über *Den Parasit oder den Beweis, dass Schmarotzen eine Kunst ist* rein theoretisch dahingehend zuzustimmen, dass ein solches alltägliches Mit-Essen die edelste Lebenskunst des besten Essens und Mahlfeierns sein könnte. So läuft seine kritische Auseinandersetzung mit den asketischen Idealen der zahllosen Philosophen der westlichen Antike und ihrer ideologischen Unfähigkeit, »die Parasitik« wenigstens als denkbare »Weisheit« in den Blick zu nehmen, auf den Spruch hinaus: »Philosophen sieht man viele hungern und frieren, aber gewiss keinen Parasiten, oder er wäre keiner, sondern vielmehr ein erbärmlicher Schlucker, eine Art – Philosoph.«[32]

Als wandernden Bettelphilosoph, der nur von Fast Food lebt, ist Buddha ein solcher armer Schlucker. Weil es ihm in seiner täglichen Freiheit nicht darum geht, möglichst gut zu essen, sondern nur darum, sich mit Fertigkost schnell satt zu essen, um vermeintlich wichtigere Dinge tun zu können (wie umherwandern, Vorträge zu halten und Andere zu belehren oder möglichst viel meditativ dazusitzen), muss er Essensreste und alles essbare Fast Food, was sein soziales Umfeld zufällig für ihn übrighat, nehmen – akzeptieren und schlucken. Die Sîla-Regeln schreiben ausdrücklich vor, dass das tägliche Bewahren und Einhalten der Fremdverköstigung es erfordert, keine Einladungen zum gemeinsamen Mahl in die Häuser möglicher Gastgeber (und wohl auch möglicher großzügiger Feinschmecker oder kulinarischer Wohltäter) anzunehmen. Die Regel lautet: »Gegen Mittag, zur Essenszeit, zieht er sich an einen einsamen Ort zurück, nimmt sein Mahl zu sich.« Allerdings ist sich die Forschung nicht ganz einig darüber, »ob es dem Mönch erlaubt war, Einladungen anzunehmen und sein Mahl in den Häusern der Laienanhänger einzunehmen.« (Ebd., 63)

31 Zu einer solchen Willkommenskultur der konvivialen Gastlichkeit als Menschenrecht bin ich in dem Aufsatz *Gastrecht und Willkommenskultur oder »Lasst uns mal was zusammen essen«* eingegangen; siehe: Lemke, Szenarien der Ernährungswende, 133–168.

32 Lukian von Samosata, 163.

Fertigkostgänger, Außer-Haus-Parasiten, hungrige Geister, die, selbst kulinarisch untätig, nach Durstlöschung und Hungerstillung gieren, müssen alles essen – ihnen muss alles schmecken, was ihnen offeriert und serviert wird. Sie erleiden diese bevormundende, fremdbestimmte »Dämonie der Nicht-Praxis« (Dôgen), obwohl sie scheinbar kein unmittelbares Leid erfahren. So ergab es zwangsläufig, dass der Buddha wohl sehr oft nicht ›so gut‹ essen konnte, wie er es sich vermutlich gewünscht hätte, sondern dass die Umstände es bestimmten, womit er sich aus seinem Hungerleiden erlösen konnte. Es kam zum Beispiel vor, dass er und seine Anhänger während einer ganzen Sommerpraxisperiode nur Weizen, der eigentlich als Pferdefutter vorgesehen war, essen mussten. Wenn es sonst nichts anderes gibt, ist Pferdefutter zu essen alle Mahl besser, als ins Gras zu beißen oder Kuhmist zu fressen (wie in den Jahren vor seiner Erleuchtung) und kann in gewissem Sinne – auch als Alternative zum täglichen Reis – durchaus als urbuddhistische Diät praktiziert werden.

Zum Hintergrund dieser Geschichte: Einst lud ein König den Buddha und seine fünfhundert Schüler zu einer 90-tägigen Übungszeit in sein Herrschaftsgebiet ein. Der Buddha und seine Jünger nahmen das vielversprechende Angebot an, doch der König hatte vergessen, Vorsorge für die tägliche Nahrung zu treffen, so dass der Meister und seine Schüler nicht genug zu essen hatten. Ein Mann, der fünfhundert Pferde besaß, bot den Buddhas die Hälfte des Pferdefuttervorrats an. Buddha nahm das Angebot an und konnte mit dem Pferdefutter die Praxistage fortsetzen. Wieso hatte der Gastgeber nicht für die Bewirtung seiner Gäste gesorgt, die seine Einladung (entgegen den Regeln) nicht abgelehnt hatten? Warum sollte der besagte König, ein reicher Gönner, so wenig gastfreundlich sein? Wahrscheinlich war ihm nur zu Ohren gekommen, dass Buddhisten ohnehin fasten würden und sein enthaltsamer Besuch schon irgendwie das Nötige beschaffen würde. So oder so geht aus der Geschichte eine Moral hervor: Von karger Vollkornkost wie Getreidebrei oder täglichem Reis zu leben, ist nicht das kulinarische A und O der Buddhas, aber unter Umständen der Not akzeptabel.

Nur bleibt es dabei: Auf einem Weg der kulinarischen Selbstlosigkeit, des ständigen Unterwegsseins und des Lebens ohne eigene Küche ist die tagtägliche Versorgung mit Fertigkost unumgänglich, eine Praxis und Nicht-Praxis zugleich, die zwangsläufig den servierten Mengen (bzw. Mängeln) anhaftet und wahllos an der notwendigen Abhängigkeit leidet, sich das angebotene – jedes beliebige – Essen einverleiben zu müssen. Auf dem mittleren Weg ist ein buddhistischer Vegetarismus kaum einzuhalten. Egal was – ob Fleisch oder nicht Fleisch, zu viel oder zu wenig, ob besser oder weniger gut schmeckend, ob gekonnt gemacht oder nicht, meist aber irgendetwas Mittelmäßiges – letztlich muss alles unterschiedslos gegessen und geschluckt werden; Hauptsache, es macht satt und führt ins Nirvana eines erfüllten Da-Seins als Buddhist.

Alle Buddhas und Buddhisattvas, die in der Vergangenheit, in der Gegenwart und absehbar auch in der Zukunft allen anderen Menschen eine unfassbare Fast Food Praxis vorleben, müssen, um wie der Ur-Buddha unterwegs zu sein, in ihrer täglichen Ernährungsweise flexibel sein: Wer in einem gesellschaftlichen Umfeld lebt, das – wie zu Zeiten Siddharta Gautamas oder zu Zeiten Dôgens oder wie in unserer Zeit – entweder durchgängig oder mit hoher Wahrscheinlichkeit karnivor ist, hat bei der Verpflegung außer Haus nicht die freie Wahl, auf Fleisch und all die vielen Lebensmittel mit tierischen Zutaten zu verzichten, die zwangsläufig den eigenen Teller und Magen füllen (müssen). In Japan oder China haben es Vegetarier derzeit noch schwerer als im Westen. Die gesellschaftliche Normalität bzw. Pfadabhängigkeit eines solchen ›normalen Karnibalismus‹[33] wirft ein erhellendes Licht auf die unumgängliche Abwegigkeit, warum gerade für Bhikkshus und Bhikkshunis – für Ur-Buddhisten, also Nicht-Asketen oder flexitarische Un-Buddhisten – ein striktes moralisches Verbot des Verzehrs von fleisch- oder fischhaltigen Mahlzeiten praktisch nicht einzuhalten ist und warum eine buddhistisch gebotene *vegetarische* Lebensweise letztlich nur mittels einer *flexitarischen* Pragmatik annähernd erreichbar ist.

Anders als der historische Buddha haben die heutigen Fast Food Buddhisten die freie Wahl zwischen zahllosen und auch immer vielfältigeren Angeboten einer vegetarischen oder gar veganen Fertigküche. Doch auch diese Wahl bleibt auf dem Weg der kulinarischen Selbstlosigkeit und einer in der Alltagsküche nicht selbstbestimmt tätigseienden Essistenz notwendig fremdbestimmt und verblendet (nicht erleuchtet). Dieser notwendigen Fremdbestimmtheit und Blindheit (Nicht-Erleuchtetsein) in der Wahl haftet die selbstbetrügerische Unwissenheit an, nicht zu wissen oder nicht wissen zu wollen, wie unser Essen zubereitet ist, welche Zutaten verwendet werden, welche Wirkungen von ihnen ausgehen und so weiter. So herrscht großes Unwissen über die Qualität, Herkunft und Herstellungsweise all der Substanzen, Ingredienzien und ›Essenzialien‹, die das ausmachen, wovon jeder von uns lebt; so entsteht vollkommenes Nicht-Erleuchtetsein gegenüber der Realität, die die Erde, Pflanzen, Tiere und Menschen dadurch möglicherweise erleiden. Ein solcher Verblendungszusammenhang, um an eine in der Philosophie des Westens weitgehend vergessene Sichtweise der Kritik in Erinnerung zu rufen, nimmt das zahllose unnötige Leiden nicht wahr, das damit zehntausendfach und in alle Richtungen zusammenhängt. Wiewohl das Essen den Essenden eine Freude sein und es ihnen blendend schmecken mag: Die Verblendung (die Unwissenheit und Fremdbestimmung) in Form der täglichen Fast Food Praxis bewirkt, dass dieser von vielen Buddhisten wie Nicht-Buddhisten begangene Irrweg von der

---

33 Diesen Themenkomplex habe ich in Ausführungen *Zum ›karnibalischen‹ Recht auf Fleischessen* behandelt, siehe: Lemke, Szenarien der Ernährungswende, 335–366.

globalen Möglichkeit und der täglichen Freiheitspraxis ablenkt, unnötiges Leiden zu mindern oder gar zu verhindern.

So bestätigt die Fast Food Praxis der kulinarischen Selbstlosigkeit auch in dieser Hinsicht die buddhistische Lehre vom abhängigen Entstehen: Denn abhängig vom Nicht-Selbstkochen entsteht erst die Unfreiheit, sich täglich fremdverköstigen zu müssen; und aus der Dämonie dieser Nicht-Praxis wiederum entsteht großes Leid und Unwohlsein in der Welt, das nicht sein müsste; aus der tagtäglichen Fremdverköstigung und einer kulinarisch untätigen Essistenz wiederum entsteht die tagtägliche Selbstentfremdung vom kulinarischen Ich und seinem Glück und so weiter. So entsteht das eine aus dem anderen außerhalb des Dharma-Ranges, weil das Selbst trotz seiner Freiheit in der Praxis sich nicht in die Lage versetzt und seine äußerst wirksame Macht nicht nutzt, an all den Dingen zu drehen, die als Zutaten und Wesenheiten an der Nahrungskette hängen und voneinander abhängig entstehen und nicht entstehen und sich zum Guten hin in Bewegung setzen ließen. Auf diesem Weg kann das Wohl der Welt des Essens unmöglich bewirkt und erreicht werden.

Letzten Endes – und das ist das soziale Paradox dieser Freiheitspraxis – ist es die Praxis des Bettelns (oder die Kunst des formvollendeten Parasitentums), die für die Anderen die fortdauernde Notwendigkeit schafft, das Essen machen zu müssen und die allgemeine Küchen- und Feldarbeit der Nahrungsproduktion auf sich zu nehmen, damit Buddhisten wie Parasiten – allesamt in der einen oder anderen Form bettelnde Mitesser oder Imbisskommensalen – sich außer Haus ernähren (und überleben) können. Vor allem aber beleuchtet die buddhistische Lehre vom mittleren Weg selten die gastrosophische Wahrheit ihres Fast Food Wesens und Unwesens – jenes Nicht-in-der-Küche-Buddha-Seins, das in der Praxis und Untätigkeit einer kulinarisch selbstlosen Fremdverköstigung besteht und der diätmoralisch gebotenen Tugendpflicht eines alltäglichen Außer-Haus-Essens nachgeht.

Mit anderen Worten und noch einmal als Exerzitium: Unentwegte Buddhaschaft zu erweisen bedeutet, sich mit Leib und Herz von fremder Fertigkost abhängig zu machen und sich mit kulinarischer Selbstlosigkeit zufrieden zu geben. *Den Mittleren Weg erlernen heißt ursprünglich und ewig, sich selbst essistenziell als essthetisches Nicht-Selbst wahrnehmen zu lernen.* Wenn wir, wie Dôgen uns zu bedenken gibt, lernen sollen, dass sich unsere Existenz hinsichtlich der Ästhetik ihrer Essistenz in einem Reisknödelbild reflektieren kann, dann spiegelt sich das ursprüngliche Buddha-Sein im Bild einer leeren Bettelschale. Mit diesem Vorbild verfügen wir über die notgedrungene und selten volle Tugend einer wahrhaft buddhistischen Essistenz. Wir können aber, wie gesagt, auch jeden heute gängigen und allgemein beliebten Fast Food Imbiss nehmen – etwa das ikonische Bild eines Hamburgers von McDonald's – und verfügen damit über die populäre und häufig übererfüllte Tugend einer ebenso ur- wie unbuddhistischen Essistenz. Gleichwohl ist mit Fast Food nicht eine spezielle Fertigkost (Hamburger und artverwandte Imbissspeisen) gemeint, auch nicht Schnellrestaurants wie McDonald's, Burger King, Kentucky Fried Chicken, Pizza Hut etc.

Gemeint ist ein weltweit populärer Lebensstil und ein von vielen Menschen geteiltes Gesellschaftsideal (Mahlritual). Das gastrosophische Unwesen der Fast Food Sitten als alltägliche Praxis der schnellen, billigen und formlosen Fremdverköstigung, der Imbiss-Mahlzeiten als Alltagskultur, setzt sich aus mehreren Zutaten und Untaten zusammen. In der Taktik dieses eher unedlen einfachen Weges lässt sich die fernöstliche Weisheitslehre vom vollkommenen Essen, wie sie Buddha gelehrt und vorgelebt hat, in diese *diätmoralische Maxime* umformulieren: *Ernähre dich von möglichst günstiger Fertigküche, lebe von formlosem Außer-Haus-Essen, praktiziere die schnelle Fremdverkostung!*

Günstig ist Fast Food insofern, als es entweder (im besonders günstigen Fall eines geschenkten oder geretteten Essens) durch die Gunst derer, die es aus- und weggeben, kostenlos ist, aber mit dem hohen Preis bezahlt wird, nur das, was es so gibt, nehmen zu müssen. Oder das Außer-Haus-Essen ist günstig, weil es zwar seinen Preis hat, aber nie kostspielig ist, weil es nicht um kostspielige (außeralltägliche, feiertägliche) Mahlzeiten geht, sondern primär um das schnelle (alltagstaugliche, alltägliche) Mahlritual des Satt-Seins – den leidigen Hunger zu stillen, den Bauch vollzuschlagend, nachzutanken, neue Energie zu schöpfen, seinen Leib und Herz zu stärken oder was auch immer. Die Fast Food Praxis erfordert formal noch nicht einmal die Einhaltung oder Gestaltung einer rituellen oder gar zeremoniellen (formvollendeten) Form; um ihren Zweck zu erfüllen, genügt ein formloses Mahlritual – eine informelle Zwanglosigkeit, die ganz ohne kultivierte Tafelkunst (Konvivialität) auskommt. Ihr unessthetisches Ideal besteht heute in der unedlen Kombination eines Plastiktabletts zur Selbstbedienung mit lose zusammengestellten Fast Food Superangeboten in wegwerfbaren Einwegverpackungen und vollendet sich in der zivilisatorisch informalisierten Lässigkeit, alles nur mit den Fingern essen zu können. Die Fast Food Lebenspraxis ist nicht nur billig und informell, sondern darüber hinaus auch absolut billig: Selbst, wenn sie mit nicht wenig Geld bezahlt werden muss oder, wie bei erbettelten Mahlzeiten, fast erfreulich umsonst daherkommt, wird dabei billigend in Kauf genommen, dass sie zumeist unter schlechten (Menschen, Tiere und Natur ausbeutenden) Bedingungen produziert wurde.

Diesen unfassbaren ›Fast Food Buddhismus‹ als gastroethisch abwegigen Aktivismus und den Buddha als küchenlosen Philosophen der Fertigkost wahrnehmen zu können, bedeutet, einen programmatischen Zugang zum Selbstverständnis aller Buddhisten und Nicht-Buddhas der kulinarischen Selbstlosigkeit in Vergangenheit, Gegenwart und Zukunft zu finden, um ihren unscheinbaren Irrweg der tagtäglichen Fremdverköstigung nicht als weltrettende ›asiatische Weisheit‹, sondern im Gegenteil als eine im Trend liegende Weltreligion eines moralisch perfekt angepassten Essens zu erhellen. Dennoch irrt ein vermeintlicher Eingeweihter wie der Autor und Buddhologe Hans-Peter Hempel gewaltig, wenn er in seinem gleichnamigen Buch lehrt, dass »wir alle Buddhas sind«[34] – angesichts nicht weniger Good Food Aktivisten und anderer Praktiker der globalen Ernährungswende. Doch auf dem Weg zum schnellen Fertigessen wächst die Anhängerschaft dieser »fernöstlichen Lebensphilosophie« (Hempel) tatsächlich auch unter nicht bekennenden und sich ihrer Buddhaschaft nicht bewussten Nicht-Buddhisten: Die allermeisten Menschen heute überall auf der Welt sind Buddhismus unkundige Fast Food Buddhisten – Buddha-Nachfolger, die mit dem Buddha jedenfalls eines gemeinsam haben: nie oder nur sehr selten und am besten gar nicht selbst in der Küche tätig zu sein.

Fassen wir die Eingebungen und Erleuchtungen zu einer urbuddhistischen Praxis des Essens (als einer speziell unter Nicht-Buddhisten populären Weltreligion) wie ein Mantra zusammen: Ob in der Vergangenheit, in der Gegenwart oder in der Zukunft, alle, die kulinarisch selbstlos unterwegs sind, leben mit diesem unfassbar herzlosen (und leblosen) Herzen. Mit der vielleicht ehrenrührigen Anrede und dem rätselhaften Ausspruch *›Du Fast Food Buddhist!‹* wird der historische Buddha, an den so viele Menschen als großes Vorbild und allmächtigen Weisheitslehrer glauben, philosophisch ernst genommen und als ein maßgeblicher Mensch kritisch beleuchtet: Die vielen Menschen, die sich täglich fremdverköstigen lassen, weil sie (zumindest ihre Hauptmahlzeit) nicht selbst zubereiten wollen oder können, sind als Buddhas – ob sie sich dessen bewusst sind oder nicht – echte Patriarchen: Sie folgen dem Beispiel Buddhas und aller traditionellen Patriarchen, die in typisch männlicher Manier und Mentalität der angeblich unedlen weiblichen Küchenarbeit, dem täglichen Essenmachen und den damit zusammenhängenden Dingen nur insoweit Aufmerksamkeit schenken, wie alles möglichst fertig serviert wird und die weit offene, nicht heilige Welt des täglichen Essens lediglich darin besteht, den Hunger schnell, günstig und formlos – dem Nirvana gleich – zu stillen: In der Normalität kulinarischer Selbstlosigkeit, die bei Männern und Frauen gleichermaßen beliebt ist, boomt der Fast Food Aktivismus oder Buddhismus, und in der vollendeten Fast Food Gängerschaft, Anhängerschaft und Pfadabhängigkeit wird Ur-, Nicht- und Un-Buddhaschaft erreicht.

Der gastrosophisch wirklich einzig Wahre Weg, den der Welterlöser nach seiner Erleuchtung hätte lehren können und sollen, führt über die Weisheit einer für alle (ethisch) guten Fast Food Praxis in Form eines täglichen und möglichst politisch korrekten oder ›reinen‹ Konsums echt leckerer und gut gemachter Fertigküche. Zwar bleibt auch dieser abenteuerliche Seitenpfad kulinarisch selbstlos, denn wer täglich so unterwegs ist, kennt und lehrt weder meisterhaftes Selber-Kochen, noch sieht er die Wahrheit, die darin verborgen liegt. Und doch führt diese machbare Praxis (die beim historischen Buddha und seinen Anhängern Nicht-Praxis blieb) zu der Frage, die später – am Ende der Blütezeit des chinesischen Buddhismus, nicht lange nachdem der Japaner Dôgen dort den Chan-Buddhismus für sich entdeckt hatte –

34 Hempel, Wir sind alle Buddha.

die legendäre Reisknödelköchin aufwarf, die irgendwo am Wegesrand oder an einer Straßenecke den hungrigen und den Wahren Weg suchenden Passanten ihre herzhaften Kochkünste anbot (wie es heute noch so viele andere Imbissbudenbetreiber überall auf der Welt tun), um von einem vermeintlichen Nachfolger Buddhas, dem Gelehrten Tokusan, zu erfahren, *welches Herz* und zu *welchem Zweck* dieser mit ihren dargebotenen, unfassbaren Köstlichkeiten stärken wolle.

Wir können jetzt viel besser ermessen, welche weitreichenden Konsequenzen eine Lebensphilosophie hat, die das Essenmachen Anderen überlässt, statt das Selbstkochen zur täglichen Praxis eines guten Lebens zu machen. Wir können nun klarer sehen, dass ein kulinarisch selbstloses Fremdverköstigen – selbst (wie im Fall der undurchsichtigen Reisknödelverkäuferin) bei einem Imbiss, bei dem zufällig geschmacklich gut gemachte Kunstwerke angeboten werden – von einer schmerzhaften Fremdbestimmung beherrscht bleibt. Diese essistenzielle Unfreiheit entsteht daraus, dass eine selbstgemachte feine Küche und eine voll gelebte Essistenz praktisch unmöglich werden, weil kulinarische Wegelagerer, Fertigkostgänger und Imbiss-Buddhisten aller Art nicht selbst wählen oder produzieren können, was sie unterwegs essen; sie einverleiben sich alles und geben sich mit allem zufrieden, womit Andere sie füttern und abspeisen. Die Weg-Praxis, die der Buddha durch seine täglichen Bettelgängen und Ein-Gang-Mahlzeiten lebte, war nicht geeignet, ein wesentliches Ideal der buddhistischen Ethik zu verwirklichen – nämlich das Leiden in der Welt durch eine sehr ausgewählte und von feinen Unterschieden geprägte Ernährungsweise zu verringern.

Der sogenannte mittlere Weg des Essens findet schließlich sein jähes Ende bzw. eine endgültige Weggabelung in dem Moment, in dem diejenigen, die dem Buddha auf diesem Weg blind folgen, nicht mehr nur die *Sangha* – die spirituelle Gemeinschaft umherziehender Bettelmönche – bilden, sondern wieder sesshaft werden und das wilde Aussteigertum der nomadischen Haushaltslosigkeit zugunsten des weitaus zivileren Da-Seins der monastischen Existenz aufgeben. In diesem Moment – der Weg-Wende durch die Einkehr in den Kloster-Buddhismus – ändert sich Wesentliches in der Praxis ihres Alltags. Dazu gehört: Wenn ›Buddhisten‹ wieder ein eigenes Zuhause – einen eigenen Haushalt mit eigener Küche – haben, müssen sie nicht mehr ständig außer Haus essen. Stattdessen sind ihre täglichen Mahlgemeinschaften in ihren selbst betriebenen ›Raststätten‹ mit den notwendigen (Groß-)Küchen ausgestattet. Dort können sie kochen und zubereiten, was sie wollen – und zwar ›so gut‹ und in den Mengen, wie es ihnen am besten schmeckt oder wohl bekommt. Darüber hinaus können sie ihre täglichen Mahlzeiten – ihr gemeinschaftliches Essen und Mahlritual – bewusst zu einer essenziellen Praxis ihres Buddha-Seins machen. Genau diese Weisheit lehrt der ursprüngliche Zen-Buddhismus, den Dôgen in Gang zu setzen versucht hatte; diesen jenseits und fernab des dritten (mittleren) Weges liegenden, seiner Meinung nach wahren Buddha-Weg hatte er mit seinem gastrosophischen Weg-Auge wahrzunehmen vermocht.

In orthodoxen Darstellungen der Geschichte und Wahrheit des Buddhismus wird die historische Entstehung und Verbreitung des buddhistischen Klosterlebens ausschließlich mit der Gründung einer religiösen Parallelgesellschaft in Verbindung gebracht. Bei dieser Sichtweise bietet das Klosterleben die institutionalisierte (die geordnete und vom gesellschaftlichen Umfeld weitgehend akzeptierte) Option einer Flucht aus dieser Welt durch die spirituelle Zuflucht in eine schon mögliche und ganz andere Welt; das monastische Gesellschaftsmodell ermöglicht den Flüchtlingen – Buddhisten als Zufluchtnehmenden und Ankömmlingen – eine zwar immer noch irdische, aber zugleich maximale ideelle Abkehr von der gesellschaftlich vorherrschenden, normalen Lebensweise auf dem Weg eines freiwillig gewählten und selbstbestimmteren, besseren Zusammenlebens – der spirituellen Praxis der eigenen Religion. Dementsprechend wird vor allem das historische Aufblühen des Klosterlebens zu einer gesellschaftlichen Alternative, die immer wieder auch von dem sozialen Umfeld angefeindet wurde, hervorgehoben und die erfolgreiche kulturelle, wirtschaftliche, politische und alltägliche Wirkung des buddhistischen Klosterwesens betont. Wie bereits erwähnt, bereiste Dôgen China zu einer Zeit, als der gesellschaftliche Einfluss der chan-buddhistischen Klöster und Geheimbünde besonders groß war. Diese übliche Sicht der spirituellen Andersartigkeit und Religiosität des Mönchtums ignoriert jedoch das gastrosophisch bemerkenswerte Paradoxon der gleichzeitigen Angleichung des Kloster-Buddhismus an die Lebensweise der Nicht-Buddhisten. Denn die häuslichen Küchen und Speiseräumen von Buddhisten unterscheiden sich in dieser Hinsicht nicht von den Haushalten anderer Menschen, die inzwischen immer häufiger sogar über große repräsentative Wohnküchen verfügen.

Aber gerade in dieser paradoxen Angleichung wird die universale Differenz der monastischen Lebenspraxis gegenüber dem unfassbaren Fast Food Buddhismus aller anderen Buddhisten und Nicht-Buddhisten in Vergangenheit, Gegenwart und Zukunft fassbar. Es entsteht das gastrosophische Modell einer guten Lebenskunst, die sich von der kulinarischen Selbstentfremdung und der Unfreiheit einer unguten Fast Food Essistenz dadurch befreit, dass durch das mit der häuslichen Lebensform ermöglichte ganz andere Buddha-Sein zwei der alltäglichsten, allgemeinsten und weltbewegendsten (Euzen-)Praxen menschlicher Alltagskultur in Bewegung gesetzt werden – eben die Küchenpraxis und die Mahlpraxis in der eutopischen Form der Klosterküche und der monastischen Mahlgemeinschaft.

Statt der alltäglichen Fremdverköstigung können solche Buddha-Praxisten allen Nicht-Buddhisten und erst recht allen Fast Food Buddhisten dieser Welt vorleben, dass häusliches Selbst-Kochen und wirkliches Essen-Können, als alltägliche Freiheitspraxen (ethische und ästhetische Eupraxen) anders und besser zu leben, durchaus möglich sind: Buddhas der gastrosophischen Weisheit machen, wie alle Good Food Aktivisten und Euzen-Konvivialisten, ihre täglichen (Haupt-)Mahlzeiten selbst und teilen sie sogar mit Anderen. Auf diese Weise vollzieht der Kloster-Buddhismus die (nach seiner eigenen Weltfluchtreligion an sich selbstwidersprüchliche) Rückkehr in die irdische Weltlichkeit und kultiviert darüber hinaus die vorbildliche Zuflucht im menschlichen Streben nach einem besseren Leben auf Erden. Ein solches gastroethisches Buddha-Sein wird überall dort aktiviert, wo – und immer dann, wenn – Menschen in eigenen und gemeinschaftlich organisierten Haushalten aktiv sind, um sich zusätzlich zur externen Nahrungsbeschaffung durch eigene Küchen (Gärten, Felder) so gut es geht selbst zu versorgen und sich so auf eine tägliche Verpflegung und Selbst-Erfüllung durch bestmögliche Esskultur verlassen zu können.

Weil das so ist, kommt (um dies noch einmal zu wiederholen) alles darauf an, den Buddhismus dieser gastrosophischen Praxis als universellen Praxismus eines guten Welt-Essens zu bewahrheiten. Solange die Tatsache, dass die klösterliche Alltagspraxis essenziell im täglichen Kochen und im täglichen Mahlritual besteht, nicht eigens reflektiert und nicht philosophisch aufgeklärt ist, bleibt ihre ethische Vorbildlichkeit unerkannt und unverstanden. Erst ein entsprechend gastrosophischer Euzen-Buddhismus – wie vor langer Zeit der Zen-Buddhismus Dôgens – kann diesen Weg des Essens sowohl begreiflich und erfassbar machen als auch kritisch begleiten und über sich (sein allgemein Gutes, das Euzen) aufklären. Entsprechend könnte eine aktuelle Gastrosophie angesichts der globalen Ernährungskrise unserer Zeit und der Notwendigkeit einer transkulturellen »Ethik der Lebenskunst« (Foucault) – etwa in Form einer Ästhetik der Essistenz – die japanische Kunst des Essens in ihrer ethischen und essthetischen Vorbildlichkeit sowohl begreiflich und erfassbar machen als auch kritisch begleiten und über sich selbst aufklären. Aus der gleichen programmatischen Logik heraus konnte der ursprüngliche Buddhismus der Bettelpraxis – ein Buddhismus des mittleren Weges, auf dem alle haus- und küchenlose Fast Food Essistenzen, ob als Buddhisten oder als Nicht-Buddhisten, unterwegs sind – ein solches, auch nur halbwegs gastrosophisches Buddha-Sein, für das die tägliche Praxis notwendigerweise in der häuslichen Küche – sei es in einer Klosterküche oder in jeder anderen Wohnküche – stattfinden muss, gar nicht denken können. Erst eine gastrosophisch reflektierte und aufgeklärte Philosophie der monastischen Lebensweise eröffnet den richtigen Weg zur theoretischen Möglichkeit und praktizierten Wirklichkeit eines konvivialen Buddhismus des täglichen Mahlrituals, das Nicht-Buddhisten kultivieren, indem sie ihre Mahlzeit in Gesellschaft mit Anderen genießen, statt das Gemeinwohl solcher täglichen Gemeinschaftsmahle nicht leben zu können.

Die große kulinarische Selbst-Befreiung

Dôgen, der nach seiner Rückkehr aus China in Japan eigene Zen-Klöster gründet, die bis heute bestehen, stellt der ursprünglichen Buddha-Praxis des kulinarisch selbstlosen Außer-Haus-Essens sein Ideal der glücklich selbst kochenden Buddhas entgegen: Dies ist aus gastrosophischer Sicht der Ausgangspunkt des japanischen Zen-Buddhismus als kreative Weiterentwicklung (oder Dekonstruktion) des üblichen Buddhismus und zugleich die philosophische Transformation des orthodoxen Fast Food Weges. An die Stelle von Buddhas Essschale, der Ikone einer fremdbestimmten Küche und einer Welt der Fertiggerichte, tritt der Kochtopf, der zum Urbild einer zen-gastrosophischen Alltagskultur avanciert. Dôgen macht sich die Weisheit eines Buddha-Seins-in-der-Küche zu eigen, dessen ethisches Programm schließlich in seinen einzigartigen *Anweisungen für den Koch* gelehrt wird – um an dieser Stelle schließlich den so wichtigen Adriane-Faden meiner eigenen Japanreise wieder aufzunehmen.

Ein Grundsatz dieser kongenialen oder dôgenialen Weisheitslehre lautet (für uns inzwischen nicht mehr ganz überraschend): »Überlasse das Reiswaschen und die Vorbereitung des Gemüses nicht Anderen, tue stattdessen selbst die Arbeit mit deinen eigenen Händen. Sei mit voller Geistesgegenwart bei der Arbeit, um zu tun, was erforderlich ist.« Mit dem Selbst-Erwachen, dass jeder, der kocht, das Buddha-Dharma – die allerbeste Wirklichkeit – voll lebt und dass die Küchenarbeit zur Verwirklichung des Buddha-Seins führt, lehnt Dôgen »alle in Japan existierenden Formen des Buddhismus als unecht« ab.[35] Wie meine Interpretation gezeigt hat, gehen seine Erleuchtungserlebnisse, von denen er berichtet, auf persönliche Begegnungen mit chinesischen Weisen zurück, die er während seiner dortigen Forschungsreise hatte. Am Beispiel ihrer Praxis lernte der Japaner, dass das tägliche Essenmachen – also alle Küchenarbeiten, die im weitesten Sinne mit der Herstellung menschlicher Nahrung zu tun haben – ein wahrer Weg ist, auf dem sich die alltägliche Möglichkeit einer wohltuenden Selbstwirksamkeit auftut.

Obwohl Dôgens gastrosophisches Erwachen auf soliden und nachvollziehbaren Gründen beruht, gibt er selbst später ein anderes (unklares und leicht in die Irre führendes) Erlebnis als seine offizielle Erleuchtung an.[36] Umso mehr interessieren uns die Beweggründe und Hintergründe seiner Gastrosophie; sie sind verbunden mit der Erkenntnis der täglich möglichen Selbstbefreiung vom vielfältigen (und oft unnötigen) Leidwesen der Fremdverköstigung und von den unguten Ernährungsverhältnissen, die durch diese Untätigkeit entstehen. Erst das erlebte Vorbild der gastroethisch aktiven, kulinarisch tätigen Weisen stärkt das Herz des Selbst-Seinwollens eines essistenziellen Selbst, das sowohl das tägliche Essen selbst macht (zum Beispiel unfassbar leckere Teigtaschen oder Pilzrisotto-Variationen) als auch eine

35 Abe, A study of Dôgen: his philosophy and religion, 1.

36 Nämlich seine Einsicht in den unklaren Sinn der Rede vom »Leib und Herz abfallen lassen« (jap. *shinjin datsuraku*), die bis heute den Interpreten große Schwierigkeiten bereitet; siehe: Rappe, Mystik und Leiberfahrung bei Dôgen aus kulturvergleichender Sicht.

geschmackvolle Alltagsküche praktiziert (statt sich jeden Tag nur von Reis oder irgendwelcher Fertigkost zu ernähren) und das insgesamt von der ergreifbaren Weisheit eines besseren Welt-Essens lebt. Die Einsicht in das Buddha-Sein des kulinarischen Selbst ist die Wahrheit dieses – so oder so – fassbaren wie unfassbaren Herzens.

In seiner Interpretation des Gesprächs zwischen dem buddhistischen Meister und der Imbissverkäuferin über den Sinn und das Gute des Essens (der Ethik und der Ästhetik der menschlichen Essistenz) hätte Dôgen auch Folgendes vorbringen können: Den wahren Buddha-Weg eines besseren Essens erlernen heißt, zu lernen, ein kulinarisch aktives Selbst zu sein; dieses Selbst-Sein-Können zu erlernen heißt, zu lernen, sich selbst als Fertigkostgänger zu vergessen; sich selbst als Fast Foodie und Wegelagerer der schnellen Sättigung zu vergessen heißt, zu lernen, durch die zehntausend Dharma der Welt des Essens das zen- oder küchenbuddhistische, das Küchen-Buddha-artige, das die tägliche Hauptmahlzeit selbstmachende Selbst wirksam werden zu lassen; durch die zehntausend Dinge der Welt des Essens das so tätige Selbst wirksam werden zu lassen heißt, zu lernen, Leib und Herz des diätmoralischen Selbst eines Fast Food Buddhismus abfallen zu lassen. Und so kommt es: Wenn dieser Leib und dieses Herz ableben und Fast Food Buddhisten beziehungsweise Nicht-Buddhisten zu falschen Buddhas auf den unzähligen Abwegen einer täglichen Diät to go werden, dann kann sich durch den täglichen Gang in die eigene Küche im Kloster oder anderswo zu Hause bei jeder Mahlzeit die vollkommene Wirklichkeit des wahren Buddha-Seins verwirklichen – und so durch Praxis bewahrheiten.

Dôgens Erwachen darüber, dass die kulinarische Praxis, das Essen selbst zu machen, eine »unvergleichliche Praxis« ist, bringt die Spirale der gastroethischen Selbst-Kultivierung in Gang. Um deren unentwegte Bewegung in Gang zu setzen und zu bewahren, hält Dôgen den flüchtigen, längst vergangenen Moment seiner Erleuchtung (jap. *satori*) durch die Begegnung mit selbstkochenden Buddhas fest und malt diese Erfahrungen zu prächtigen Welt-Selbst-Bildern seines Zen-Buddhismus aus: Seine theoretischen Darstellungen der kulinarischen Praxis erhellen die Gründe für die edle Wahrheit des Selbstkochens und weisen diesen weit offenen (für jeden gangbaren) Weg einer täglich möglichen Selbstbefreiung von kulinarischer Fremdbestimmung und machen so – durch nichts anderes als Reisknödelbilder von uns selbst – hungrig auf dieses wahre Selbst. So kann er sagen: »Die Spur des Erwachens kann verschwinden, die verschwundene Spur des Erwachens [soll man] lange, lange hervortreten lassen.«[37]

Nehmen wir Dôgens wachsamen Begriff der Spur hier als eine mit Bedacht verwendete Wortwahl wahr, um aus dem unübersichtlichen Labyrinth der vielen Wege und Pfade herauszufinden, in dem sich das Schrifttum einer jahrhundertealten

---

37 Dôgen, Die Bewahrheitung der vollständigen Wirklichkeit, 39.

Buddhologie sonst zu verlieren pflegt. Dieser Spur soll im Folgenden Schritt für Schritt nachgegangen werden, indem die vom Verschwinden bedrohten Einsichten, die Dôgen der Welt in seinem Kochbuch hinterlassen hat, gründlich durchdacht werden, um ihnen ein Stück weit (nur so weit wie nötig) zu folgen und ihren (spürbar gastrosophischen) Gedankengang deutlicher hervortreten zu lassen. Denn die große zen-gastrosophische Erleuchtung kann zwar »außerhalb der Schrift« und »von Herz zu Herz« geschehen, wie es die Zen-Tradition will; sie kann aber ebenso gut – und in schlechten Zeiten sogar besser – durch intensives Nachdenken und durch kritisch-kreative Reflexion und gastro-philosophische Aufklärung von »Selbst-Erwachten« erreicht werden. Die tägliche Übung in der Verwirklichung eines kulinarischen Selbst können wir mit Dôgen japanisch als *gyô/shugyô* oder griechisch als *Praxis* oder deutsch als *Tätig-Sein* bezeichnen. Nur so weit die freie Tätigkeit des Selbstkochens praktiziert (täglich kultiviert) wird, trägt diese Praxis zur vollen Verwirklichung des »wahren Seins« eines kulinarisch tätigen Selbst bei. Deshalb kann Dôgen über den Menschen, der sich täglich in die eigene Küche stellt oder als Koch in einem Kloster ehrenamtlich oder anderweitig hauptberuflich tätig ist, sagen: »Die Arbeit des Kochs an sich ist das Tätig-Sein, die volle Aktivität eines Buddhas.«[38]

Um die kulinarische Praxis als Buddha-Weg oder ethische Alltagspraxis richtig verstehen zu können, ist es hilfreich, sich mit einem Gedankengang Dôgens vertraut zu machen, der direkt in das Herz seines Philosophierens führt und den mächtigen Leib des gesamten Buddhismus ins Schwanken bringt. Dieses unfassbare Herz pulsiert in der Vollkommenheit seiner Weisheit, das »Einssein von Praxis und Erleuchtung« (jap. *shushô ittô*) erkannt zu haben. Die alles entscheidende Erkenntnis der Einheit von Praxis und Erleuchtung, von Weg und Erfüllung, von Tätigsein und Nirvana (als dem erstrebten Wohlsein) muss erforscht werden, um zu verstehen, dass die praktische Bewahrheitung des Guten nur dadurch erreichbar ist, dass es tatsächlich praktiziert, in praxi gelebt und erfüllt wird. Die Erkenntnis, dass Praxis und Erleuchtung identisch sind, impliziert, dass das alltagsweltliche Tätigsein – anstelle des spirituellen Bewusstseins und seiner essenziellen Leerheit – zum normativen und narrativen Zentrum des Zen-Buddhismus gemacht wird (als eine Art Euzen-Praxismus).

Ich habe bereits darauf hingewiesen, dass Dôgen den frühen, sogenannten nördlichen (Chan-)Buddhismus als falschen Weg ablehnte, weil dessen Möchtegern-Buddhas am Glauben an die allmähliche Erleuchtung (nur durch Meditationspraxis) festhielten. Die südliche Schule des Chan-Buddhismus, die sich schließlich in China (ab dem 7. Jahrhundert) durchsetzte und sich dann, von Dôgen übertragen, in Japan verbreitete, geht auf Meister Huineng zurück, jenen ungebildeten Küchengehilfen und Reiszerstoßer, dem wir oben eine Weile bei der Praxis zugesehen haben. Die Buddhas des Südens, die wahren Zen-Buddhas, halten an der Einheit

38 Dôgen, Anweisungen für den Koch, 14.

von Praxis und plötzlicher Erleuchtung fest. Allerdings ist in all den Jahrhunderten, die seither vergangen sind, unklar geblieben, was es mit dieser Plötzlichkeit genau auf sich hat, während zumindest den gastrosophisch Erleuchteten – den Zen-Buddhisten der kulinarischen Praxis – dämmerte, dass neben der Meditationspraxis auch andere alltägliche Praxen der Erleuchtung den Hunger nach Erleuchtung stillen.

So erfüllt die Kôan-Praxis im Zen-Buddhismus die Funktion einer theoretischen Erleuchtungsmethode, die nicht durch Sutrengesang, Meditation, Textlektüre usw., sondern ohne das ewige Wiederkäuen des traditionellen (indischen) Buddhismuskanons plötzlich ›den Weg‹ zur Erlangung der Weisheit eröffnet. Die Plötzlichkeit der Erleuchtung, die Dôgen durch den chinesischen Chan-Buddhismus erfuhr, war und ist in der Kôan-Praxis immer mit der Vermittlung eines Schocks, eines disruptiven Ereignisses, eines Aufblitzens einer höheren Wahrheit verbunden. (Dazu gehören neben dem Augenzwinkern, der absurden Argumentation, dem scheinbar sinnlosen Lachen des Meisters, den abrupten Wutausbrüchen, wie gesagt, auch die schlagfertigen Schläge). Aber der eigentliche Grund, warum die Kôan-Übung eine typisch zen-buddhistische Erleuchtungserfahrung auslösen kann, liegt nicht in dieser obskuren Plötzlichkeit des Erlebnisses, sondern hat mit dem erwähnten Einssein von Praxis und Nirvana zu tun. Als eine Praxis des Selbst-Denkens ist die Kôan-Übung selbst schon ein Tätig-Sein, wie jede andere ethische (beispielsweise die kulinarische) Praxis, in der Bewahrheitung (im Wahrmachen und als Tätigsein) von etwas Gutem. Dessen plötzliche Verwirklichung – Erleuchtung, Erfüllung, Nirvana – ist nichts Einmaliges; sie ereignet sich in der jeweiligen Seins-Zeit eines praxischen Tuns. Die unentwegte Praxis ist das zeitweilige ›plötzliche‹ Erlebnis dieses Seins, weshalb wir das Nirvana, Gutes zu leben, nur in geglückter Praxis (der Eudämonie der Praxis, der Eupraxie des Euzen) erleben.

Mit der weitreichenden Lehre vom Einssein von Praxis und Erleuchtung geht Dôgen bis an die äußerste Grenze der Selbstaufhebung des Buddhismus. Mit diesem Praxismus fällt am Zen-Buddhismus so viel von seinem ursprünglichen spirituellen Leib und Geist ab wie bei keiner anderen buddhistischen Schule oder Sekte. Die eminente Wirkung, die die Chan-Philosophie dadurch entfalten konnte, hängt damit zusammen, dass sich in ihrem universalen Praxismus die Leerformel eines unbuddhistischen Buddhismus manifestiert. Dieses Praxisdenken ist auch der Grund dafür, warum der Buddha-Weg gerade in China (dem Reich der philosophischen Wege) in unterschiedlichste Richtungen verlief und sich dort (anders als in Japan) weitgehend verlieren konnte. Aber wir brauchen diesen Gedankengang hier nicht weiter zu verfolgen. Festzuhalten bleibt an dieser Stelle, dass Dôgen sich mit seiner Einsicht in das Einssein von Praxis und Erleuchtung – von Tätig-Sein und Buddha-Sein – wie kaum ein anderer Denker vor ihm weder im Osten noch im Westen (auch nicht Aristoteles, noch nach ihm (auch nicht Marx[39]), dem Grundgedanken einer Ontologie der Praxis nahekommt, einer Praxologie, die das hier thematisierte Tätig-Sein philosophisch konzeptualisiert.

Zwar durchtränkt Dôgen als Zen-Buddhist, Kôan-Künstler und Zazen-Lehrer den Begriff größtenteils buddhologisch mit einer religiösen Seinslehre; doch der Gastrosoph in ihm macht mit dem Konzept der Praxis als Einssein von Tätigsein und Erfüllung den entscheidenden Schritt, um das »Buddha-Sein« als die Wirklichkeit des Guten, das getan werden muss zu begreifen. Mit der Zurückweisung der traditionellen Vorstellung der buddhistischen Schulen, wonach die Erleuchtung und die vollständige Verwirklichung des guten Seins in dem Nirvana eines wie auch immer gedachten Jenseits läge, gewinnt der Zen-Buddhismus Dôgens zugleich eine diesseitige, andere (praxologische) Philosophie des nirvanischen Seins. Weil sich das Nirvana nur in der Alltagswelt der Praxis verwirklicht, ist klar: »Es existiert nicht die geringste Trennung zwischen dem erwachten Weg-Geist, der Praxis, der Erleuchtung und dem Nirvana.«[40]

Bezogen auf die kulinarische Selbsttätigkeit heißt das: Die tägliche Praxis des Selbstkochens erweckt den Weg-Geist; wer Essen zubereitet, erfährt durch diese Praxis Erfüllung (und viele andere interessante Dinge); in der Küchenarbeit und in jeder Mahlzeit wird das Nirvana erreicht. Dôgen wird nicht müde, diese grundlegenden Zusammenhänge einer unermesslichen Weltweisheit zu wiederholen und anderslautenden Meinungen oder vermeintlichen Weisheiten entgegenzutreten. »Zu meinen, Praxis und Erleuchtung seien nicht eins, ist eine äußerliche Ansicht. Im Buddha-Dharma sind die Weg-Praxis und die Erleuchtung eins und dasselbe. Weil jetzt im Tun Erleuchtung ist, ist die Zen-Praxis des Anfängers bereits das Ganze der eigentlichen Bewahrheitung. Deshalb wird in der Vorbereitung auf die Praxis gesagt: Erwarte das Buddha-Sein nicht außerhalb des Tätig-Seins, weil die Praxis die volle Erleuchtung unmittelbar zeigen muss. Wenn das verwirklichte Buddha-Sein je in der Praxis ist, hat die Erleuchtung kein Ende; wenn das Tun in der Erleuchtung ist, hat der Weg oder das Tätig-Sein keinen Anfang«. (Ebd.) Mit anderen Worten: Schon der erste Schritt in der Alltagspraxis der Weg-Kunst als Lebenskunst verwirklicht die wahrmachende Wohltätigkeit und verkörpert die volle Erfüllung des ethischen Wohlseins.

---

39 Zweifelsohne ist Marx der moderne Praxisphilosoph par excellence. Was das Praxisdenken betrifft, sind wir alle Marxisten, unabhängig davon, welcher politischen Weltanschauung wir uns zurechnen; und hier liegt das Problem: Die marxistische Philosophie denkt Praxis poietologisch, nicht praxologisch. Im Zentrum des Praxis-Marxismus steht der Materialismus (des ökonomischen Seins) – und leider nicht der Praxismus (des alltäglichen Tuns). Siehe dazu ausführlicher: Lemke, Was ist Praxologie?

40 Dôgen, Unentwegte Praxis, 1.

Was ist wahre Praxis? Zur Praxologie des Tätigseins

Es ließen sich zahlreiche weitere Belege aus dem Werk des Zen-Philosophen heranziehen, die ein praxologisches Weg-Denken dokumentieren. Sein Verständnis von Sein als Praxis, von Buddha-Praxis oder Zen-Praxis als alltäglichem Tun, ist in der langen und wortreichen Geschichte der zen-buddhistischen Lehre nie systematisch erörtert worden. Dies zu verstehen ist dringend notwendig, weil sonst vieles – und das Wesentliche der Buddha-Praxis außerhalb des religiösen Buddhismus – rein philosophisch nicht einleuchtet oder nur in die Irre eines esoterischen Glaubens führt. Erst eine praxisontologische Denkweise und ein praxistischer Weltprozess, erst ein praxologisches Menschenbild erschließt ein völlig unerforschtes Universum, das Welt-All alltagsweltlichen Seins, die Universalität eines menschlichen Tätig-Seins, den Universalismus des praktizierenden Guten, das in der Jahrtausende alten Geschichte sowohl in der westlichen als auch in der östlichen Philosophie bisher unentdeckt geblieben ist.[1]

Beispielsweise setzt die diskursprägende Sichtweise des japanischen Denkers Nishida Kitaro den ursprünglich griechischen Begriff *praxis* (Handeln, Tätigsein) mit *poiesis* (Herstellen, Machen) gleich, trotz seiner Kenntnisse der aristotelischen Philosophie. Tatsächlich war es Aristoteles, der große Systematiker des Abendlandes, der die Begriffe Praxis versus Poiesis – wie auch den Gegensatz von Theorie und Praxis – sowohl in einem handlungstheoretischen als auch in einem ontologischen Sinne unterschied. Bei dem einzigen programmatischen Praxisdenker der abendländischen Ideengeschichte zeichnet sich ein Praxiskonzept, eine Praxologie ab, die unter Praxis nicht pauschal irgendeine praktische (pragmatische) Art des Tuns (Handelns, Verrichtens, Hervorbringens, Werkens, Machens) verstand, sondern ein spezifisches, als Selbstzweck vollzogenes (ausgeübtes, gelebtes, praktiziertes) Tätigsein wie das Musizieren, das Wohnen, das Freundsein, das politische Aktivsein oder die alltägliche Praxis (die vielfältigen Kaizen-Praxen) der ethisch guten Selbstkultivierung (Eupraxie).

1 Mishima, Über den Dô-Begriff und seine kulturhistorische Bedeutung in Japan; Ôhashi, Zum und aus dem japanischen ›Kunstweg‹; Kojima, Phänomenologie der Praxis zwischen Japan und dem Westen.

Der programmatische Grundgedanke der aristotelischen Praxisontologie hätte für Foucaults fragmentarisch gebliebenes Ethikprogramm einer Praxis der Freiheit als Lebenskunst einen alternativen Bezugspunkt seiner Auseinandersetzung mit der antiken Ethik (die sich stattdessen auf Sexualität und ihre Wahrheit beschränkte) bilden können; stattdessen wurde der ethische Foucaultismus dann praxologisch zur Theorie der Performativität der Philosophin Judith Butler weiterentwickelt. Angewandt auf die performative (oder eben praxische bzw. praxologische) Konstruktion etwa von Geschlechteridentitäten – das universelle *Doing Gender* des Mann-Seins oder Frau-Seins – lässt Butler das enorme Potential eines solchen sozialontologischen Praxismus für die praktische Philosophie erahnen.[2] Ihr wegweisender Ansatz eines Praxiskonzepts als Performanz ist jedoch nur ein erster Schritt in Richtung der hier skizzierten Praxologie. Tatsächlich hat sich die Performance-Philosophie in jüngster Zeit in die entgegengesetzte Richtung weiterentwickelt und droht in der kulturwissenschaftlich genutzten Performativitätstheorie, erst recht in den soziologischen Praxistheorien und leider auch in der transkulturellen Ethik unter dem Generalnenner der »Praxeologie« wieder in das traditionelle (letztlich marxistische) Verständnis von Praxis zurückzufallen.[3]

Dadurch, dass schon der japanische Philosoph Nishida die Zen-Praxis nicht praxologisch dachte, sondern sie mit Poiesis gleichsetzte und damit beliebigen anderen Formen eines praktischen Handelns zuordnete, entglitt ihm jede grundbegriffliche Handhabe, in der ›Praxis‹ die Verwirklichung einer eigenständigen Seinsweise zu erkennen. Wegen dieser Unschärfe im Blick auf die Dinge heißt es bei ihm: »Unser Handeln ist eigentlich immer Praxis; Praxis bedeutet immer, die Außenwelt in irgendeinem Sinne zu verändern, im Außen Dinge zu schaffen. Handeln ist immer poietisch. Selbst wenn man ein Haus baut, wie Aristoteles sagt, ist das Eidos – die Idee, die vorgestellte Gestalt – zuerst im Kopf des Zimmermanns und die Handlung ist das Ausdrücken dieses Eidos.«[4]

Praxis so zu denken, verfehlt ihr Wesen völlig: Bauen ist keine Praxis, sondern ein Herstellen (Poiesis), bei dem hinsichtlich des Zwecks des Tuns das Eidos das hergestellte Sein (das gebaute Haus) ist, das zunächst im Bewusstsein des Architekten (der Hausplan in seinem Kopf) und als Fertiggestelltes schließlich im Besitz des Bauherrn ist. Aus dieser idealistischen Sicht auf Seiendes ergibt sich zunächst der Theorie-Praxis-Dualismus, der in der Regel zu kontroversen Diskussionen führt, der aber den praxologischen Seinsbegriff selbst noch nicht tangiert. Denn die Poietologie eines solchen (theoretischen, geistigen, idealistischen) Seins erfasst ledig-

2 Butler, Undoing Gender.

3 Völker, Praxeologie und Praxistheorie: Resonanzen und Debatten in der Geschlechterforschung; Schäfer (Hg.): Praxistheorie. Ein soziologisches Forschungsprogramm; Skirbekk/Seib, Praxeologie der Moderne. Universalität und Kontextualität der diskursiven Vernunft.

4 Nishida, Selbstidentität und Kontinuität der Welt, 77.

lich die Praxis seiner materiellen Verwirklichung durch Bauarbeiten. Das praktische Bauen eines Hauses oder generell das praktische Machen des Seins der Welt wird so (als praktisch Hergestelltseiendes) immer nur poietisch gedacht. Das hängt zweifelsohne damit zusammen, dass schon Aristoteles seine so wichtige und wegweisende Unterscheidung von Poiesis und Praxis nicht klar genug vorgetragen und auch keine eigene »Praxologie« entwickelt hat, die den Logos der praktischen Welt so differenziert dargestellt hätte, dass die inkommensurablen Eigenlogiken des poietischen Handelns und der praxischen Tätigseinsweisen von nun an bekannt gewesen wären.

Er selbst hat diese grundbegriffliche Differenzierung nicht konsequent genutzt, um die Technik beliebigen praktischen (poietischen, pragmatischen) Handelns von der Ethik der (enteleologischen, selbstzwecklichen) Praxis abzusetzen. Zwar liefert seine Ethik mit der Freundschaft, dem guten Freund-Sein als einem ethischen Tätig-Sein (Eupraxis), ein überzeugendes Beispiel für eine praxologisch zu begreifende ethische Selbst-Verwirklichung durch Praxis.[5] Aber Aristoteles (hier leider Platon und nicht Sokrates folgend) hat seine große Entdeckung – immerhin die Entdeckung einer möglichen anderen Welt, des Universums oder Weltalls eines alltagsweltlichen Seinkönnens, der universalen Wirklichkeit humaner Tätigseinsweisen – verspielt; er verspielte die Wahrheit dieses nur uns Menschen als Praxisten zugänglichen Seins, indem er Praxis innerhalb seiner Metaphysik primär ontologisch zur Untermauerung des platonischen Eidos-Weltbildes benutzt hat und deren Ideenlehre übrrnimmt, nach der angeblich alles Seiende von einem ihm Gestalt gebenden Geist-Logos gemacht ist. Erst so, mit der platonisch-aristotelischen und dann der christlichen Verbreitung dieser poietologischen Welt-Haus-Bau-Metaphysik des Seins (letztlich die Herstellung oder Schöpfung alles Seienden durch einen himmlischen Gott als Bauherrn, als Baumeister wie Weltenherrscher), setzte sich auch in der westlichen Philosophiegeschichte die dualistisch-idealistische Weltanschauung durch, die im asiatischen Raum – insbesondere in Indien – menschheitsgeschichtlich weit früher vorherrschte.[6]

---

5 Freilich ist selbst dieser Gedanken etwas Neues in der 2500jährigen Geschichte der Philosophie und der ebenso langen Rezeptionsgeschichte der aristotelischen Ethik; dazu: Lemke, Freundschaft. Ein philosophischer Essay.

6 Philosophiegeschichtliche Expeditionen in die archaischen und immer noch weitgehend unerforschten Vorzeiten des transkulturellen ›Weltgeistes‹ bestätigen diesen ohnehin sehr wahrscheinlichen Einfluss des okzidentalen Denkens durch ältere orientalische Seinslehren; siehe: Burkert, Die Griechen und der Orient.

Sashimi zubereiten als poietisches Handeln

Der deutsche Philosoph Bernhard Waldenfels hat aus einer phänomenologischen Perspektive den Gedanken erwogen, dass eine Philosophie der Praxis vielleicht am Beispiel der Zen-Praxis wesentliche Einsichten in die spezifische Logik des Tätigseins gewinnen könnte.[7] Letztlich folgt er aber der praxeologischen Indifferenz Nishidas in dem Irrtum, beim Verständnis von Praxis könne »die Unterscheidung zwischen Handeln und Herstellen vernachlässigt werden« (ebd. 12). Der bereits erwähnte japanische Phänomenologe und Gastrophilosoph Ogawa Tadashi zeigt eine weitaus tiefgründigere Sicht der Dinge. In Anlehnung an die aristotelische Praxologie nähert sich Ogawa am Beispiel des kulinarischen Tätigseins einer Praxologie des ethisch Guten. So kommt unsere von solchen Beschreibungen wenig verwöhnte Welt in den Genuss einer Philosophie des Sashimi-Machens, einer besonderen Spezialität der japanischen Küche. Allerdings können wir dem Herrn Professor nicht bei seiner kulinarischen Praxis in der heimischen Küche über die Schulter schauen; immerhin werden von ihm stattdessen essenzielle Einsichten und ästhetische Erfahrungen mitgeteilt, die der Küchenpraxis-Theoretiker (der in der Sache selbst untätig bleibt) bei einem Besuch in einem traditionellen Restaurant in Kyôto gemacht hat.

Er beschreibt, wie dort eine frische Dorade zu einem Sugata-Tukuri (jap. *sugata* bedeutet in diesem Zusammenhang ›Form‹, *tukuri* ›das Gemachte‹) verarbeitet wird, indem der Fisch meisterhaft »einfach in dünne Scheiben geschnitten« wird.[8] Ogawa zeichnet die einzelnen Arbeitsschritte detailliert nach, etwa »wie der Koch das Messer zur Hand nimmt«, »die Eingeweide des Fisches entfernt«, »den Fisch abschuppt, abdeckt und den Fisch filetiert« (ebd.). Letztlich driftet aber auch bei ihm die phänomenologische Wesensschau dieser Praxis in die aristotelische Poietologie und ihre Vier-Ursachen-Lehre des (Hergestellt-)Seins ab, was uns hier nicht weiter interessiert. Denn, dass das Herstellen oder das Gestalten von etwas (auch das Machen und Zubereiten einer Speise, die kulinarische Praxis) in gewissem Sinne immer ›Praxis‹ – eben ein Tun, Machen, praktisches Handeln, eine Tätigkeit oder gar ein Tätigsein – ist, deckt sich nicht mit der Praxis eines selbstzwecklichen (eupraxischen) Tätig-Seins.

Interessanter ist, dass es Ogawa trotzdem über das Essen (auf gastrosophischem Wege) gelingt, die aristotelische Praxologie in Reinform darzustellen. So, wenn er feststellt, dass »das glückliche Essen nach Ansicht von Aristoteles vielmehr eine Praxis« ist. Denn obgleich auch das Machen von Essen (Poiesis) glücklich machen kann, so ist es doch nur insofern eine Praxis, als das bereits hergestellte,

7 Waldenfels, Der Logos der praktischen Welt, 28.

8 Ogawa, Das Essen im hochtechnisierten Zeitalter. Mit besonderer Berücksichtigung Japans, 7.

fertige Essen wirklich glücklich macht, weil es Lust erfüllt (sättigt, Hunger stillt) und an sich (als Lebensvollzug) lustvoll ist – und damit Grund und Zweck des Tuns (Essen) ist. Ogawa beruft sich ausdrücklich auf Aristoteles' Praxisphilosophie und nicht auf Epikurs Hedonismus: »Aristoteles versteht die wahre Lust als Handlung, als Praxis.« Dabei wäre gerade das epikureische Gespür für die ethisch wahre Lust (wonach nicht jede Lust – nicht jede beliebige Mahlzeit, nur weil sie sättigt – gut ist, sondern das für alle Gute – nämlich zu essen – auch lustvoll ist) notwendig, um richtig zu verstehen, warum das Glücken des Essens wahre Praxis ist, insofern es der Selbstzweck dieses Tätig-Seins ist, lustvolles Genuss-Leben zu praktizieren und so möglichen Genuss wirklich (voll) zu erleben. Letztlich verfehlen seine weiteren Erklärungen jeweils knapp die ganze Wahrheit der Sache. Spielen wir sie durch wie einen – nur teilweise – fiktiven Dialog zwischen zwei Praxisphilosophen, einem Japaner und einem Deutschen.

Ogawa legt den Kôan vor: »Nach Aristoteles ist Lust als Ganzes eher eine Handlung oder Praxis in ihrem Vollzug.«

Sein Gegenüber erwidert: »Sagen wir es so: Handlungen oder Tätigkeiten können mit Lust verbunden sein, und ihre Praxis kann dann lustvoll sein, erlebte Lust.«

Ogawa trägt vor: »Jeder Augenblick ist in der Wirksamkeit (gr. *energeia*) jeweilig und jederzeit in jeglicher praktischen Lust vollendet. Der jeweilige vollendete Augenblick in der Praxis ist die Lust in der Energeia.«

Sein Gegenüber erwidert: »Jeder Augenblick des Tätig-Seins ist die Wirklichkeit, in der zeitweise jede vollendete, nämlich praktisch geglückte Praxis lustvoll ist. Ja, nennen wir diese Tat-Sache nach Aristoteles Energie (gr. *en-ergon*) und denken dabei an universelle ethische Energie – an das *eu-zen*.«

Ogawa trägt vor: »Energeia nannte Aristoteles den guten Vollzug des menschlichen Lebens. Für ihn ist in der Energeia die Gegenwart (das Präsenz) mit der Vollkommenheit (der Perfektform) verbunden.«

Sein Gegenüber erwidert: »Wir könnten mit Aristoteles das Gute, eben das Eu-zen, das nur von Menschen in den verschiedenen allgemeinen Bereichen des täglichen Lebens durch Eupraxen gelebt wird, auch superhumane Energien nennen. Aber Aristoletes hat nicht richtig verstanden, was mit der Verbindung von Gegenwart (Präsenz) und Vollkommenheit (Perfektform) gemeint ist.«

Ogawa trägt vor: »Wenn ich in einem traditionellen Restaurant in der glücklichen Situation esse und das Leben genieße, den Garten und schöne Teller auf dem Tisch betrachtend, so könnte ich im aristotelischen Sinne sagen: Ich esse das Mahl und habe es gegessen. Ich habe das Ganze des Restaurants sehend bereits gesehen.«

Sein Gegenüber erwidert: »Wenn wir in einem traditionellen Restaurant, an einem Imbissstand oder zu Hause in der eigenen Wohnküche in konvivialer Atmosphäre essen und so zu leben genießen, dieses Essen und diesen Augenblick in seiner Soheit gewahrend, dann kann ich im aristotelischen Sinne sagen: Wir essen dieses gute Mahl, weil wir so etwas Gutes gut leben und es wirklich tun können. Wir haben so das Ganze unseres gastroethischen Tätig-Seins praktizierend verwirklicht und lustvoll gelebt. Dieses Hier und Heute in der perfekten Form *so zu leben* – die vollendete Gegenwart von verwirklichtem Wohlsein –, das ist das erfüllte Glück, das nur Praxis ermöglicht und bewirkt.«

Ogawa trägt vor: »Wenn jemand gut handelt und gut fungiert, ist er in einem glücklichen Zustand.«

Sein Gegenüber erwidert: »Wenn jemand das Gute tut und darin gut ist, ist er in einem glücklichen Zustand, er erlebt geglücktes Tätig-Sein, die Eupraxie des Euzen.«

Ogawa trägt vor: »Die Lust und der glückliche Zustand des Menschen ist in der Energeia, der Wirksamkeit des menschlichen Handelns begründet. Der Mensch spürt sein Glück durch seine guten Taten.«

Sein Gegenüber erwidert: »Das gute und geglücktes Tätig-Sein ist in der wohlvollen Energeia, der dadurch bewirkten Wirklichkeit erfüllter Praxis, der Eupraxia als Eudaimonia.«

Endlich: Zen-Kunst praxologisch verstanden

Wer phänomenale Einsichten in das wahre Wesen der Praxis und ihres Glücks gewinnen will, kann sicherlich die Zen-Praxis verstehen lernen, wie sie der japanische Philosoph und Buddhist Dôgen lehrt. In einem praxologischen Sinne macht Dôgen deutlich, dass »der Pfad des rechten Handelns darin besteht, den Weg zu praktizieren und Satori zu erfüllen«. Nur von Erleuchtung – der Erfahrung des Richtigen oder Satori – zu sprechen oder sich dessen bewusst zu sein (zu wissen), reicht nicht aus; das Richtige zu tun, kann nur durch die Praxis und im Tun erreicht werden. So kommt es zu unerhörtem Löwengebrüll: »Das Gute ist nur Praxis. Wo und wann immer es aktiviert wird, ist es Praxis. Praxis aktiviert all das Gute«.[9]

In den deutschen Übersetzungen seiner Werke werden zumeist die Begriffe Praxis oder Übung verwendet, um das Tätig-Sein zu erfassen. ›Übung‹ betont zwar zu Recht, dass die Verwirklichung des Guten – der Erleuchtung, des Weges, des Nirvana, des Buddha-Seins, des guten Essens, des Wohllebens usw. – eine Sache des Handelns ist. Indessen schwingt in diesem Wort die Vorstellung des Ein- bzw. des Ausübens mit, wonach der Übende (Praktizierende) durch langjähriges und intensives Üben allmählich bis zur Meisterschaft fortschreitet – bis schließlich in diesem Tun die Vollkommenheit erreicht wird. Im Sinne dieser Pragmatik sagen wir (im Deutschen): Übung macht den Meister. Hier ist das Kaizen gemeint, die alltägliche Übung als sicherer Weg allmählicher Verbesserung in einer beliebigen Praxis. Und

9 Dôgen, Die 37 günstigen Bedingungen für die Erleuchtung, 81; ähnlich: Dôgen, Meide alles Schlechte, 174.

in diesem pragmatischen Selbstverständnis kann die Rede von der Zen-Praxis als Kaizen-Praxis oder Lebenskunst sein, insofern es dabei um ein praktisches Können geht, um die technische Könnerschaft einer häufig ein- und ausgeübten Handlung.

Dieser technische Pragmatismus (oder Kaizen-Praxismus) gewinnt erst praxologische und letztlich euzenologische Tiefe, wenn es mit dem ostasiatischen Wegbegriff in Verbindung gebracht wird. Entsprechend der Redewendung ›Der Weg ist das Ziel‹ ist mit Weg-Praxis das Tätig-Sein gemeint. Sein Zweck oder Ziel ist das Tun selbst. Der Zweck oder das Ziel des Weges wird in praxi erreicht und verwirklicht, so dass nur durch solches Tätig-Sein die vollzogene (vollständige, vollkommene, volle, erfüllte, praxisch bewirkte) Wirklichkeit des so tätigen Selbst ist. Diese praxologische Denkweise scheint Dôgens Einsicht in die Einheit von Praxis und Erfüllung, vom Tätigsein des ethischen Selbst und vollendeter Wirklichkeit des Guten zugrunde zu liegen. Praxis als tätig verwirklichtes (performatives) Sein zu verstehen, beinhaltet also nichts Metaphysisches; die ethische Ontologie der Praxis (der Eupraxie) hat auch nichts mit irgendeiner fundamentalontologischen Spekulation über ›das Sein‹ zu tun. (Wie umgekehrt das weltweit rezipierte Seinsdenken Heideggers ganz ohne Praxologie ausweglos umherirrt und zu nichts führt, womit die praktische Philosophie der Welt gute Lösungswege für die alltägliche Lebenspraxis der Menschen weisen könnte.[10]) Eine Praxologie des Seins hingegen reflektiert nichts anderes als die ebenso einfache wie grundlegende Einsicht, dass durch ein bestimmtes Tun (Musizieren, Meditieren, Lernen, Kochen, Genießen, Wohnen, Freunden, politisch Aktivsein, Spielen) ein bestimmtes Sein (Musik, Meditation, Wissen, Selbstgekochtes, Genuss, Häuslichkeit, Freundschaft, demokratische Beteiligung, Spiel) verwirklicht und zur Lebensgewohnheit wird.

Daraus ergeben sich weitere Klärungen für das Verständnis der kulinarischen Praxis: Wer kocht und selbst Essen macht, *ist so tätig*. Selbst-Kochen bedeutet, sich als kulinarisches Selbst zu betätigen und dieses Selbst in der Soheit dieses Tätig-Seins zu verwirklichen (zu erweisen, zu aktivieren, zu kultivieren, zu habitualisieren). Damit das gute Sein dieses so tätigen Selbst wirklich ist, muss es eigens geübt (praktiziert, aktiviert, kultiviert) werden. Nur durch die unentwegte, alltägliche Praxis des Kochens verwirklicht sich das Sein-Können eines kulinarisch tätigen Selbst. Das zen-gastrosophische Verständnis der kulinarischen Praxis, das Dôgen vorschwebt, besagt dann so viel wie Buddha-Sein zu verwirklichen heißt, sich zu entscheiden, zu Hause in der eigenen Küche zu wirken und auf diesem Weg des Selbst-Kochens Erleuchtung zu erlangen. *Nur in der Form der kulinarischen Selbsttätigkeit verwirklicht sich alles Sein dieses Buddha-Selbst, alle Weisheit, alle zehntausend Dharmas oder Zutaten des Guten, die in Abhängigkeit von dieser Praxis – des Buddha-Seins-in-der-Küche – entstehen.* Folglich hängt alles von der profunden Erkenntnis seines Wesens

10 Hongjian Wang, Ontologie der Praxis bei Martin Heidegger.

ab – von der An- oder Abwesenheit dieses Selbst in der Welt. Warum und inwiefern ist das Buddha-Selbst nur als ein Selbst der Praxis?

Wir wissen bisher nicht viel mehr, als dass dieses Selbst aus der Befreiung von der Allgegenwart und dem gastroethischen Unwesen eines kulinarisch selbstlosen und untätigen Ichs hervorgeht, und weiter, dass dieses Selbst nur als gekochtes Selbst ist. Es scheint auch klar zu sein, dass dieses Selbst an sich leer und als Sein unselbständig ist, insofern es als Tätig-Sein nicht das Da-Sein einer dauerhaften Identität ist: Das gastroethische Selbst bewahrheitet das Nicht-Ich (*anatman*). Das Theorem von der Leerheit des Selbst, das Buddha einst gegen die metaphysische Geist- oder Atman-Ontologie des indischen Brahmanismus (der Wahrheit des Seins) ins Spiel gebracht hatte, gewinnt in der Zen-Praxologie des Selbst-Kochens eine nachvollziehbare Erklärungskraft. Dôgen scheint klar gewesen zu sein, dass dem kulinarischen Selbst keine dauerhafte, substanzielle Identität (Selbstgleichheit) zugrunde liegt, der es sein Sein verdankt. Es bezieht seine Selbstheit – seine Anwesenheit und So-Gestalt, seinen Grund und sein Wohlsein – nicht aus der metaphysischen Konstruktion eines Ich (Ich selbst). Vielmehr ist das kulinarische Selbst, wie jedes praxische Selbst-Sein, das, was es seinem Wesen nach ist, nur aufgrund eines Tätig-Seins, eben der Tat-Sache, in dieser oder jener Praxis so tätig zu sein. Diese Tat-Sache lässt sich praxologisch aufklären und zur Grunderkenntnis eines Praxismus machen. Damit wissen wir fortan: Leer, unselbständig, nicht an sich daseiend, ist und bleibt, west und weilt das kulinarische Selbst nur, insofern seine Wirklichkeit so (›rein‹) in seiner tätigen Selbst-Erfüllung beruht und in praxi selbsttätig (›von sich‹) vollendet.

Da sich die vollständige und darin stets unbeständig erfüllte Wirklichkeit der wahren Fülle dieses Selbstseins in der Tätigkeit erweist, hängt auch die Leere seiner wesenhaften Unerfülltheit mit seiner gestalteten Form (seinem Eidos) zusammen, nur Praxis (und nicht das ganze Leben oder alles Sein) zu sein. Aus praxologischer Sicht kann dem ansonsten spekulativen Zen-Spruch »Leere ist Form, Form ist Leere« ein ganz alltagsweltlicher und lebenskünstlerischer Sinn verliehen werden; die Worte des Zen-Meisters Yunmen weisen in diese Richtung, wenn er sagt: »Die wahre Leere vernichtet nicht das, was ist. Wahre Leere ist nicht verschieden von Gestalthaftem.«[11] Wahre Leere ist das zeitweilige Nicht- oder Untätigsein des Selbst der Praxis. Die Leere dieser Wahrheit ist auch der Hunger in der Ungestalt (im Un- und Leidwesen) eines täglichen Nicht-Essens und das Nicht-Essenmachen im Hier und Jetzt einer not-wendigen Mahlzeit.

Wie jedes andere Selbst der Praxis verwirklicht auch das kulinarische Selbstsein seine lebenskünstlerische Wahrheit nicht in dem spirituellen Sinne, dass ein bisher verborgenes inneres Sein (in der formlosen Form eines geistigen Bewusstseins) zum Vorschein käme. Das Buddha-Sein-in-der-Küche hat nichts mit dem »wahren

11 Zitiert in: Han, Philosophie des Zen-Buddhismus, 50.

Selbst« einer mystischen Innerlichkeit zu tun und ist keine Leistung des »wahren Bewusstseins«. Das Selbst ethischer Lebenskunst ist, wenn überhaupt, nur in seiner jeweiligen Praxis, nicht mehr und nicht weniger.

Halten wir also fest: Das kulinarische Selbst wird im wahrsten Sinne des Wortes gekocht, weil es sich beim Kochen (beim Kreieren, beim Gestalten des Essens) selbst mitgestaltet und durch die ästhetische Praxis des Essenmachens kochend ›von selbst‹ ist. Deshalb spricht Dôgen zu Recht von dem »großen Glück« des Menschen, in eine »Existenz hineingeboren« zu sein, die ihm die tägliche Möglichkeit und Freiheit bietet, kulinarisch tätig sein zu können (und auch konvivial tätig sein zu können, um dies im gedanklichen Vorgriff auf die hier noch zu behandelnde Mahlpraxis bereits zu ergänzen). Menschen sind die einzigen Lebewesen mit Küche (und Geselligkeit), die einzigen Erdbewohner mit der natürlichen Gabe einer kulinarischen Intelligenz oder Weisheit (und der humanen Möglichkeit einer konvivialen Vernunft). Weil das so ist, verwirklicht sich in einer alltäglich lebbaren Freiheitspraxis des Selbst-Kochens (und der Tafelkunst) das lustvolle Glück einer alltäglichen Selbst-Gestaltung und nirvanischen Selbst-Erfüllung, einer ethischen Selbst-Kultivierung zum Wohle der Menschheit in Gestalt einer konvivialen Menschlichkeit oder Superhumanität.

Dieses Gemeinwohl ist kein Gut an sich, kein ewiges Leben im Himmel, kein absolutes Glück, das erst in einer fernen besseren Zukunft erreicht wird; jeder von uns kann das große Glück, von dem Dôgen spricht, jeden Tag erfahren. Wir erfahren es immer, wenn wir kochen und das daraus entstehende Wohl der Welt seinlassen. Wir erleben es dadurch, dass wir so essen. Denn, indem wir kochen und uns durch selbstgemachtes Essen als lebenskünstlerisches Selbst betätigen, erwacht unser Buddha-Selbst. Jeder Buddha in der Küche, jeder Mensch, der sein kulinarisches Selbst kultiviert, trägt zur Präsenz all der guten Dinge bei, die so entstehen. Ein solches Buddha-Sein ist weder außerhalb der Alltagspraxis kulinarischen Tätig-Seins noch unabhängig vom Weg des Essens. Dazu passen Dôgens weise Worte: »Auf dem großen Weg der Buddhas findet unentwegte Praxis des Guten statt.«[12]

Von wegen Praxis

Entsprechend muss es zu einem »großen Irren im Erwachen« führen, wenn dieses Gute ausschließlich (oder überhaupt) in der Mystik eines spirituellen oder religiösen Bewusstseins gesucht und seine Praxis ausschließlich (oder überhaupt) als spirituelle Übung gedacht wird. Diese Vorstellung von der Praxis des Gemeinwohls auf dem großen Weg der Buddhas dominiert aber bis heute, nicht zuletzt durch den kaum kritisch hinterfragten Einfluss der Zen-Mystik und der pragmatistischen

12 Dôgen, Unentwegte Praxis, 1.

Weg-Spiritualität eines Eugen Herrigel (auf dessen fragwürdige Geisteshaltung bereits hingewiesen wurde). Ausgehend von dem Glauben, dass es auf gelegentliche und willkürliche Tätigkeiten wie Meditation, Bogenschießen oder zeremonielles Teetrinken, wie Kämpfen, Blumen arrangieren oder ein Motorrad reparieren ankomme, wird Zen-Praxis mit geistiger Übung (auch in Form körperlichen Drills) und spiritueller (hierarchischer) Meister-Schüler-Anhängerschaft gleichgesetzt. Entsprechend soll das Satori durch strenge, asketisch disziplinierte Übung plötzlich ganz automatisch und so selbstverständlich kommen wie der entspannte Feierabend nach getaner Arbeit.

Der vorherrschende Pragmatismus des Zen zeigt sich selbst bei einem profunden Kenner der fernöstlichen Weg-Lehre wie dem französischen Philosophen François Jullien. Zen oder Dao bedeute, heißt es bei ihm, »ein Auf-dem-Weg-bringen« und sei im Wesentlichen ein Unterwegssein, »das eine tägliche, hartnäckige Übung erfordert«. Wie ein Pianist, der jeden Tag seine Tonleitern übt – und dann ist es schwierig, und dann ist es abgehackt, und dann ist es unbefriedigend... Aber an einem Morgen wie jedem anderen, als Sie sich wieder einmal ans Klavier setzen, ›kommt es‹, und ›es‹ spielt (sich) ganz von allein.«[13]

Nach dieser weit verbreiteten Auffassung besteht Zen-Praxis oder der Weg in der Selbstdisziplin eines unermüdlichen, geduldigen und hartnäckigen Fleißes in der mechanischen Übung irgendwelcher Handlungen. Der lange, mühsame und leidvolle Weg des Aufstiegs und Fortschritts vom unbeholfenen, ungeschliffenen, schülerhaften Anfang zur Erlösung der virtuosen Meisterschaft konnte, so die gängige Auffassung, nur unter der strengen, teils autoritären, teils gutväterlichen, immer aber belehrenden und zurechtweisenden Führung eines Patriarchen, eines Zen-Meisters oder Rôshi, der die notwendigen jahrelangen Strapazen bereits überstanden und das angestrebte Ziel erreicht hatte, erfolgreich beschritten werden. Als Gegenprogramm zu diesem mystischen Mechanismus der richtigen Praxis tut der euzenologische Praxismus (darin das fragmentarisch gebliebene Programm einer Praxis der Freiheit des ethischen Foucaultismus vollendend) den alltäglichen Weg eines ›anarchischen‹ (hierarchiefreien, egalitären) Tätigseins auf, das in jedem Moment und zu jeder Zeit seines Vollzugs in seiner ganzen Seinsfülle Wirklichkeit wird. Das Ziel einer solchen Praxis endet weder in einer Meisterschaft noch wird es plötzlich in einer unvorhersehbaren Erleuchtung erreicht. Dieser Weg ist gleichwohl in jedem Akt und noch in dem minimalsten Aktom praxischen Tätigwerdens vollendet: Deshalb verlangt wahre Praxis von den Praktizierenden – auch von wahren Buddhisten als solchen Praxisten – kein jahrelanges Training, um schließlich zur Vollendung zu gelangen; stattdessen reicht das einfache Weg-Geist-Erwecken vollkommen aus, tätig zu werden und ein solches tätiges Selbst zu sein, das sich

13 Jullien, Der Umweg über China, 31.

an der lebenskünstlerischen Erfüllung des allgemeinen Wohlseins betätigt – des Buddha-Seins der Praxis einer für alle guten Lebensweise.

Der Weg wahrer Praxis kennt weder Anfänger noch Meister. Meisterschaft in der Praxis bedeutet nur, wie gesagt, praktische Könnerschaft. Wir sollten bei einem Zen-Meister ebenso wie bei einem Küchenmeister ausschließlich an eine solche Könnerschaft oder Virtuosität denken, als eine Meisterschaft in der geübten Kunst, etwas gut (virtuos, gekonnt, geglückt, vollendet) *tun zu können*. Wahre Zen-Praxis kennt daher auch weder Schüler noch Schülerschaft (Untergebene, Subjekte), sondern nur Lernende – eben Praxis lernende Praktizierende, Übende oder eben, in meiner Terminologie, Praxisten. Ohne dafür Schüler oder Meister sein zu müssen, erfahren Praxisten das Besserwerden und Gutsein ihrer selbst in der ethischen Lebenskunst (den ethischen Lebenskünsten) tatsächlich als etwas, das von selbst entsteht. Deswegen wird die kulinarische Lebenskunst (das Selbst-Kochen) und entsprechend der spezifischen Eigenlogik dieser Praxis (einer Ästhetik der Essistenz) von selbst essthetisch: Ein guter Koch oder, wie der große Weisheitslehrer und Konzeptkünstler Joseph Beuys wusste, ein »Kochkünstler kann jeder Mensch werden«, auch ohne berufsmäßige Ausbildung (Schüler-/Meisterschaft) – jeder, der sich dafür entscheidet, seine täglichen Mahlzeiten oder zumindest die Hauptmahlzeit selbst zuzubereiten, statt diese wirklich wichtige Gestaltungsaufgabe des eigenen Lebensstils anderen Menschen zu überlassen.

Wenn die Praxis des Selbst-Kochens die Befreiung oder ›Loslösung vom Anhaften‹ an fremdes Essen bewirkt, dann ist das kulinarische Selbsttätigsein an sich schon die vollständige Erleuchtung, die das Gute der vollkommenen Verwirklichung des Buddha-Seins in der Küche erlangt. Weil Dôgen (wie kein anderer östlicher oder westlicher Denker vor oder nach ihm) die sozialontologische Bedeutung des Tätig-Seins verstanden hatte, wusste er, wovon er sprach, wenn er lehrte, dass die Praxis »keinen Anfang hat«. Denn es kommt in der Tat nicht darauf an, einmal damit anzufangen, sondern mit dem Tätig-Sein weiterzumachen – es jeden Tag, nämlich immer wieder neu (im All der gelebten Tage), mit alltäglichem Leben auszufüllen. Mit Dôgen können wir besser verstehen, dass tätig zu sein heißt, durch die ständige Wiedergeburt der Praxis die unentwegte Verwirklichung des Tätig-Seins zu ermöglichen: Denn ihr praxologisches Wesen ist die ewige Wiederkehr.

Während die mystische Erlösungsphilosophie des orthodoxen Buddhismus den Ausstieg aus dem ewigen Samsara-Kreislauf leidvoller Wiedergeburten und damit den Ausweg des Erlöschens durch das letztendliche Nirvana eines transzendenten Seins jenseits des irdischen Daseins (durch den Tod) verspricht, dreht sich mit der Praxisphilosophie eines unorthodoxen Praxismus das Rad des Seins um sich selbst: Jeder Mensch kann den Einstieg in den ewigen Eupraxie-Kreislauf lustvoller Wiedergeburten des Gemeinwohls finden und, auf diesem Weg das für alle Gute lebend, das alltägliche Nirvana erreichen. Nirvana wird so zu einer Ein-Wort-Geschichte über die potenzielle Wirklichkeit eines immanenten (temporären Tätig-)Seins zur

Auflösung unzähliger Leiden und Übel im irdischen Leben der Menschen. Da Nirvana und Praxis (wie Praxis und Erleuchtung) eins sind, bewegt sich das Sein der wahren Praxis in einem Kreis, einem Kreis, der dem der symbolischen Zeichnung des Zen ähnelt. Tatsächlich versinnbildlicht das Symbolzeichen des Zen, das so genannte Ensô, worum es hier geht: Ein schwungvoll gemalter Kreis symbolisiert sehr anschaulich, dass das Gute um die unentwegte, ewige Praxis kreist. Dôgen stellt den kreisartigen Zusammenhang zum praxologischen Verständnis wahrer Weg-Praxis her, wenn er lehrt: »Der Weg kreist ständig. Es existiert nicht die kleinste Trennung zwischen dem erweckten Weg-Geist, Praxis, Erleuchtung und Nirvana. Der Weg unentwegter Praxis entsteht kreisend.«[14]

Weil der Weg unentwegter Praxis kreisend entsteht, ist in jedem Akt, in allen Aktivitäten und sämtlichen Alltäglichkeiten von guten Praxen die ganze Welt, die Wirklichkeit und Wirksamkeit des praktizierten Guten (der Eupraxie) enthalten – in dieser Allheit sind alle utopischen, ethischen und eutopischen Energien (Eupraxen) des Tuns aktiviert und aktiv. In jeder einzelnen Aktion und noch im kleinsten Aktom dieses kreisenden Welt-Alls ist das Universum des universellen Guten, ist das superhumane Wohl-Sein oder Euzen, das nur wir Menschen leben können, verdichtet gegenwärtig. Wenn aber, wie Dôgen in seiner Abhandlung über die tägliche Küchenarbeit deutlich macht, sich das Universum mit der Praxis des Guten füllt und sich in jedem diesbezüglichen Tun von (vermeintlichem) Kleinen wirklich Großes ereignet, dann gelten auch seine Worte: »Versäumt keine Gelegenheit, auch wenn es nur ein Tropfen im Meer der guten Taten ist, kultiviert einen Geist, der bestrebt ist, auch das Kleinste dem Berg der Wohltätigkeit hinzuzufügen.«[15]

Wenn in jedem Tropfen und in jeder Kleinigkeit der Praxis des Guten dessen universelles (allumfassendes) Sein ist und ganze Berge oder Meere von Wohl-Tuendem durch Tätig-Sein entstehen, dann ist in jedem Augenblick und in jedem zeitweiligen (unbeständigen) Bestehen dieses erfüllten Seins die vollständige Wirklichkeit des getanen Wohls präsent. In der erfüllten, vollen Gegenwart des Tätig-Seins verwirklicht sich das volle Sein des Guten; das uns Menschen mögliche natürliche Wohl in praxi voll zu leben, verwirklicht sich, sofern es praktiziert und so gelebt wird, in einem Jetzt. Alles Wohl-Tätigsein (Eupraxie) hat seine eigene Zeit. Das Wesen seiner Zeitlichkeit und seine aktive Zeitigung – die guten Zeiten menschlichen Wohllebens – sind das Jetzt in der Vergangenheit, das Jetzt in der Gegenwart und das Jetzt in der Zukunft. Diese Jetztzeit des lebenskünstlerisch tätigen und voll erfüllten Seins verläuft nicht sukzessiv fortschreitend, linear, geschichtlich – von einer zurückliegenden Vergangenheit über die Gegenwart in eine ferne Zukunft. Die Jeweiligkeit tätigen Seins wird jetzt in Form (der Soheit) einer bestimmten Praxis und durch verschiedene Praxen bzw. Tätigseinsweisen gelebt – oder sie bleibt ungelebt,

14 Dôgen, Unentwegte Praxis, 1.

15 Dôgen, Anweisungen für den Koch, 7.

im Unwesen ihres Nicht-Seins, ihres Nicht-Selbst und ihres Nicht-Tuns. *Die voll gelebte Jetztzeit als praxisch vollzogene und erfüllte Gegenwart der Kunst, das Gute zu leben, verweilt und vollendet sich kreisend.*

Es wird Zeit...

Wie aber ereignet sich die Lebenszeit des Tätig-Seins? Wie wird das Jetztige eines bloß vorübergehenden Tuns, dessen Zeitlichkeit Dôgen mit einem eigenen Begriff markiert, als Erlebnis und Erleuchtung erfahren? In der üblichen Rezeption ist dieser neue Zeitbegriff, die »Seinszeit« (jap. *Uji*), ausschließlich mit Blick auf Heideggers fundamentalontologische Phänomenologie von *Sein und Zeit* interpretiert worden, der zu folgen hier vom zielführenden Weg abführen würde. Ein praxologisches Verständnis wirft ein anderes Licht auf die Sache, denn der Begriff der Seinszeit hat den präzisen praxologischen Sinn, darüber aufzuklären (was uns nach den vorangegangenen Erörterungen nun auch einleuchtet), dass das Sein jeder wahren Praxis eben nur zeitweilig ist. Wegen dieser unbeständigen Zeitweiligkeit ist irrtümlich angenommen worden, Zen-Praxis sei nichts anderes als bewusste Lebenspraxis im Hier und Jetzt. Diese weit verbreitete Vorstellung gibt sich mit der Esoterik eines positiven Denkens zufrieden. In ihrer affirmativen Immanenz fehlt die Praxis einer transformativen Verbesserung der vorherrschenden Lebensweise, beispielsweise das Kaizen der globalen Ernährungswende und deren alltäglichen Praxen.

Dem Philosophen Byung-Chul Han zufolge kennzeichnet »diese radikale Wendung in die Immanenz, ins Hier [und Jetzt] gerade den chinesischen bzw. fernöstlichen Charakter des Zen-Buddhismus.«[16] Allerdings lehrt dieser heute immer populär werdende Buddhismus das übliche Zen der spirituellen Praxis, nur das eigene Da-Sein möglichst bewusst (mithin bloß affirmativ und nicht transformativ) zu leben. Gemäß eines solchen Zen-Positivismus des meditativen Bewusst-Seins beschränkt sich dann die Buddha-Praxis darauf, im Augenblick zu leben oder bloß da-sitzend sich in sich selbst zu versenken. Für eine solche religiöse Selbstversenkung in ein leeres Hier und Jetzt gilt dann eine Lebensphilosophie, die alle Probleme der globalen Krise und ihrer transformativen Lösungswege und Eupraxen konsequent auszublenden bereit ist. Han bekennt sich zu diesem affirmativen Zen-Buddhismus: »Es gibt keine spezielle Übung oder Übungsweise, um zum Buddha zu werden. Das Eintauchen in jeden Augenblick und Verschmelzen damit, das *Samadhi* des Augenblicks, ist bereits Buddha.«[17]

Bei diesen geläufigen Interpretationen, die nur in die Irre führen, halten wir besser inne, um auf der Suche nach dem fernöstlichen Wesen des Zen-Buddhis-

---

16 Han, Philosophie des Zen-Buddhismus, 18.

17 Wohlfart, Zen und Haiku, 21.

mus – trotz der zahllosen Fragwürdigkeiten und Ungereimtheiten des Buddhismus – ein wenig voranzukommen. Denn mit Blick auf die kritisch zu beleuchtende Geschichte der Buddhologie und ihre wahrhaft unklare, bis heute nicht geklärte und letztlich auch in Zukunft uneindeutig bleibende Frage, was oder wer Buddha ist und wie man zum Buddha wird, lässt sich feststellen: Als Alternative zum spirituellen Ritual des meditativen Eintauchens in jeden beliebigen Augenblick (wie es zum postmodernen Buddhismus der westlichen Großstädte gehört) oder zur Sutrenfrömmigkeit des traditionellen indischen Buddhismus verbanden die ersten chinesischen Chan/Zen-Weisen tatsächlich eine eigene Buddhaschaft des Hier-und-Jetzt-Bewusstseins mit einer alltäglichen Praxis, die auf die eigene Lebenswelt gerichtet war. Viele Geschichten und historische Überlieferungen zeugen von dieser Erfindung. So heißt es in der Kôan-Sammlung des bereits erwähnten Zen-Meisters Mumen aus dem Jahr 1228: »Den Nan-ch'üan fragte einst Chao-chou: ›Was ist der Weg?‹ Nan-ch'üan sprach: ›Der alltägliche Geist ist der Weg‹. Chao-chou sprach: ›Muss man sich zu ihm hinwenden oder nicht?‹ Nan-ch'üan sprach: ›Wer sich eigens zu ihm hinwendet, wendet sich von ihm ab.‹«[18]

Dieser Kôan kann leicht aufgelöst werden: Die selbstverständliche Hinwendung zur ›Alltagspraxis‹ – und zwar im Hier und Jetzt des faktischen Da-Seins einer zen-buddhistischen Klosterexistenz – erfordert eine radikale Wende (zu der auch eine ziemlich radikale Ernährungswende gehört) weg von der normalen Lebensweise des gesellschaftlichen Umfelds. Im alltäglichen Geist, so anders zu leben, im Bewusstsein der eigenen Alltagspraxis, fordert Linji (jap. Rinzai) seine Klostergenossen wiederholt auf, das Hier und Jetzt dieser zen-buddhistischen Lebensweise zu praktizieren. So ergeben sich in der täglichen Lebensgestaltung einige zu praktizierende richtige Wege, aber auch falsche Orientierungen. »Wenn Hunger kommt«, lautet Linjis Weisheitslehre, »esse ich Reis; wenn Schlaf kommt, schließe ich die Augen. Dummköpfe lachen über mich, aber der Weise versteht.«[19] »Wenn Hunger kommt«, lautet Linjis Weisheitslehre, »esse ich Reis; wenn Schlaf kommt, schließe ich die Augen. Dummköpfe lachen über mich, aber der Weise versteht.«

Was sollte an diesem Spruch lächerlich sein? Jedenfalls bewies Dôgen diese Weisheit, als er sagte, dass das tägliche Leben im Geiste des Zen nichts anderes sei, als »Reis zu essen und Tee zu trinken«, und er hat versucht, der Welt klar zu machen, dass die Buddhas und Patriarchen ihr »wahres Selbst« in solchen »alltäglichen Aktivitäten« und unfassbar naheliegenden Dingen des menschlichen Lebens verwirklichen. Ein nicht unbeträchtlicher Teil seiner Schriften und Vorträge ist der Formulierung von Verhaltensregeln gewidmet, die viele alltägliche Handlungen betreffen, darunter auch Tätigkeiten wie das Waschen und das Reinigen des eigenen Körpers gehören oder eben das Essen – die allgemeinste und allumfassendste,

18 Mumonkan – Die torlose Schranke, 37.

19 Linji, Das Denken ist ein wilder Affe, 64.

die weltbewegendste und wirklich wegweisende Praxis unseres täglichen Lebens. Darum heißt es in seinem gleichnamigen Text: »Das Essen der Mahlzeiten ist alle diese unfassbaren Dinge des Lebens.«[20]

Aber Dôgen wäre einem großen Irrtum des Erwachens erlegen, wenn er nur eine positivistische Buddha-Lehre propagiert hätte, die um das bewusste Hier und Jetzt des Alltagslebens kreist. Wäre Buddha-Sein gleichbedeutend mit der Praxis alltäglicher Dinge und der Übung eines alltäglichen Geistes, dann könnte sie sich in jeder beliebigen Alltäglichkeit und darin genauso gut verwirklichen, wie beispielsweise im alltäglichen Essen und Kochen. Eine Hier-und-Jetzt-Lebensweise kann nicht angeben, warum es ›hier‹ (wo?) für alle gut wäre, dies zu tun oder es besser zu lassen, und ob es überhaupt darauf ankommt, etwas ›jetzt‹ (wann genau und wie lang?) zu tun oder besser später oder vielleicht gar nicht. Einem Hier-und-Jetzt-Buddhismus fehlt jede normative und utopische Orientierung, warum die eine Praxis nur dort – an einem bestimmten Ort (zum Beispiel in der Küche) – wirksam ist, während eine andere Praxis ganz woanders stattzufinden hat.

Wie Dôgen wusste, sind das alltägliche Selberkochen und das gemeinsame Essen unersetzliche Praxen des Euzen, weil sie die Welt in die richtige Richtung bewegen können. Beim Essen gehen die Menschen den guten Weg aber nicht dadurch, dass sie hier und jetzt schnell Mahl was essen, sobald sie Hunger oder Appetit verspüren. Ebenso wenig beweist man gastrosophische Weisheit, indem man »beim Essen nur isst«, wie der Philosoph Günter Wohlfart in seinem witzig gemeinten *Zen und Haiku: Mu in der Kunst, HaiKühe zu hüten, nebst anderen Texten für Nichts und wieder Nichts.*[21] Erst recht deckt sich das Ess-Zen nicht mit einer »zen-buddhistischen Formel der Erleuchtung, die hieße: Man isst.«[22] Die Trivialität, dass man isst und beim Essen nur isst, hat herzlich wenig mit Zen-Praxis zu tun, auch wenn man, wie wir inzwischen wissen, nur über Buddhas Weg des täglichen Essens zur nirvanischen Erfüllung eines gestillten Hungers oder Appetits gelangt.

Nicht auf ein Hier und Jetzt kommt es letztlich an, sondern auf die Alltäglichkeit der Praxis. Mahlzeiten zuzubereiten und zu essen ist wie kaum etwas anderes eine alltägliche Aufgabe menschlicher Existenz: Am Tag sogar mehrere Mahle, darüber hinaus jeden Tag und das ganze Leben lang, tagtäglich oder doch, wenn die Mahlzeiten an einem Tag vielleicht ausfallen, insgesamt im All der Tage der eigenen Essistenz vor die Aufgabe gestellt zu sein, sein Leben zu nähren (nämlich es mit jedem Mahl zu erfüllen) – diese essistenzielle Alltäglichkeit der Praxis ist die Fülle des Seins, die Leere des Seins, das All der gastroethischen Welt und ihr universelles Alles-Nichts. Um die Wirklichkeit dieser alltagsweltlichen Lebensaufgabe zu

20 Dôgen, Täglich leben, 270.

21 Wohlfart, Zen und Haiku, 32.

22 Han, Philosophie des Zen-Buddhismus, 39.

gestalten, müssen sich alle Menschen an jedem Tag ihrer Existenz irgendwie verhalten. Denn es ist dieses in seiner Alltäglichkeit unscheinbare, aber unfassbar weitreichende Irgendwie der freien Lebensgestaltung unserer Essistenz, das entweder die Gastrosophie einer politischen Ethik und Ästhetik anstrebt oder deren Gegenwelten wählt. Entsprechend entscheidet dieses Irgendwie des täglichen Essens (als ethisch relevante und darüber hinaus als alltäglichste, allgemeinste und weltbewegendste Alltagspraxis) auch darüber, was es mit dem Buddha-Sein und Nicht-Buddha-Sein, dem Selbst und der Selbstlosigkeit, dem Wohlleben und dem Leiden in der Welt auf sich hat. Deshalb ist es sinnvoll und wegweisend, mit dem großen Zen-Meister Mumen das Kôan zu rezitieren: »Tag für Tag ein guter Tag«.

Aber natürlich ist nicht jeder Tag ein guter Tag. Und doch steckt Wahrheit in dem Spruch, denn das Gute kann bestenfalls nur Tag für Tag sein. Dazu kann jedes Essen, können alle im All der Tage und Mahlakte praktizierten Mahlzeiten dienen. Und jeder Tag sollte (unter anderem) dafür gut sein, das Essen und insgesamt unsere alltägliche Essistenz möglichst wohlvoll zu leben. Wo dieser alltägliche Geist fehlt, da fehlt auch die Alltäglichkeit des kulinarischen Selbstseins, die tagtägliche Praxis des Selbstkochens (und des konvivialen Tafelvergnügens) als freie und volle Tugend des Guten in unserem Leben.[23] Deswegen verwirklicht sich das tugendhafte Leben der wahren Buddhas nicht im Alltag eines kulinarisch selbstlosen Ichs, das das Essenmachen Anderen überlässt. Im Lichte einer zen-gastrosophischen Lebensweisheit ist das unentwegte Außer-Haus-Essen das Da-Sein der wahren Nicht-Buddhas – die Dämonie der Nicht-Praxis der Fast Food Buddhisten aller Art.

So gewiss fast alles, was Menschen Tag für Tag so tun, Nicht-Praxis ist, so wenig ist alles alltägliche Geschäft im Dharma-Rang eines Buddha-Seins oder Nicht-Buddha-Seins. Deshalb muss auch nicht jedes Essen und erst recht nicht jede Mahlzeit zwischendurch und unterwegs das Buddha-Sein nähren: Dessen vollkommenes, wirklich erfülltes Heute, dessen Jetztzeit alltäglicher Gegenwart, die unbeständige Zeitweiligkeit der Buddha-Praxis lebt wesentlich (zumindest als Minimum) von der Selbsttätigkeit für die tägliche Hauptmahlzeit. Die tägliche Hauptmahlzeit ist der wichtigste Ausgangspunkt für alles Gute, das in ihr wirkt und durch sie bewirkt wird; die tägliche Hauptmahlzeit ist das Mark der Praxis, das unfassbare Herz und der erfüllte Leib der guten Taten; die tägliche Hauptmahlzeit ist das volle

23 Dieser Teil meiner Analyse der gastroethischen Praxis beschränkt sich, wie gesagt, auf die kulinarische Praxis. Die gesellige Praxis des Essens und ihre Ästhetik werden hier also zunächst nicht thematisiert. Sie sind aber der eigentliche Zweck des Kochens, der Kochkunst und des hausgemachten Essens. Diese Eupraxen ergänzen und verstärken sich gegenseitig. Gerade das konviviale Wesen der täglichen Hauptmahlzeit – der Akt des gemeinsamen Genießens – ist als Mahlritual eine wesentliche Zutat einer guten Mahlzeit.

Sein des kulinarischen Selbst; sie ist die vollkommene Wirklichkeit und die alles entscheidende Wirksamkeit dieser Wohl-Tätigkeit.

Deswegen ist das tägliche Selbst-Kochen und das Hauptmahl-Ritual (in seiner konvivialen Form) als eine große Sache eine alltägliche Sache, worin der alltägliche Geist der Erleuchtung/Erfüllung Tag für Tag praktiziert (kultiviert, ritualisiert, habitualisiert, versittlicht, zur guten Gewohnheit) wird; eine praktisch einfache und ganz gewöhnliche Sache, die jeder zu tun vermag und die alle Buddhisten oder Nicht-Buddhisten tun müssten, wenn sie wahre Buddhas oder nur weise Menschen sein wollen. Denn sein tägliches Essen (zumindest die Hauptmahlzeit) selbst zu produzieren, vermag jeder, weil jeder dieses Selbst jederzeit im Hier und Heute (nämlich bei jeder Mahlzeit) leben könnte. Jeder kann das – nur durch Kochen. Doch dieses nur Kochen hat es in sich: Denn Essen zu machen bedeutet, das Dharma oder das Euzen des Essens in alle Richtungen und Kreisläufe zu bewegen. Darum hat uns Dôgen auch nach achthundert Jahre noch etwas zu sagen, wenn seine gastrosophische Weisheit uns lehrt: »Behandle jedes Nahrungsmittel so, dass es die ganze, weltumfassende Seinsfülle des Buddhas zu erweisen vermag. Diese Soheit ermöglicht, dass Buddha-Natur in jedem Nahrungsmittel wirksam sein kann.«[24]

Das Kochen selbst

Zoomen wir also näher an die wissenswerten Details einer fahrlässig trivialisierten, einer sträflich missachteten Welt heran. Beim Reiswaschen lautet die Anweisung des Zen-Gastrosophen: »Lest Linsen, Kleie, Sand und Steine gründlich heraus«. Auch wenn der heute gekaufte Reis im Gegensatz zum damals auf dem Klosterfeld selbst geernteten Reis in dieser Hinsicht sauber sein wird, lohnt es sich nach wie vor und heute mehr denn je, auf die Herkunft und den Umgang mit jedem einzelnen Korn unserer Nahrung zu achten. »Schaut genau mit klaren Augen hin; verschwendet auch nicht ein einziges Korn. Wascht den Reis in der richtigen Weise, schüttet ihn in Töpfe, macht Feuer und kocht ihn.« Im Bemühen, das Wesen der Dinge so klar wie möglich vor Augen zu haben, findet der Philosoph der täglichen Zen-Küche erhellende Worte zur Praxis des Selbst-Tuns: »Das ist die Art und Weise, die Dinge entstehen zu lassen, so dass gleichzeitig die Dinge selbst einen selbst entstehen lassen.« (Ebd., 6) Es wäre also ein Irrtum zu glauben, die kulinarische Alltagspraxis sei eine einseitige Selbstkultivierung, durch die das so tätige Selbst lediglich ›sich selbst verwirklicht‹.

Der Akt der kulinarischen Selbstserwirklichung besteht wesentlich im Kochen (als Projekt), das das kochende Selbst entstehen lässt. Das betätigte Ding (das Gekochte als Objekt) veranlasst das Selbst (das kochende Subjekt) sich entsprechend zu

24 Dôgen, Anweisungen für den Koch, 7.

betätigen. Wir sehen hier mithilfe eines Zen-Meisters plötzlich in die projektartige Einheit und *Unzweiheit von Subjekt und Objekt* ein, die dem tief verwurzelten Dualismus des westlichen Selbstverständnisses völlig fremd ist. Mit der Einsicht in das ›unlogische‹ Wesen eines Ding-Selbst, in die Subjekt-Objekt-Einheit erhellt sich im Kontext einer gastrosophischen Reflexion über die Eigenlogik kulinarischer Praxis ein zentrales Theorem des Zen und der fernöstlicher Weisheit. Der befremdliche Gedanke des Einsseins von Subjekt und Objekt, von Selbst (Mensch, Ich, Wir) und Welt (Natur, Dinge, Gegenstände) statt ihrer absoluten Dualität in einer miteinander unvereinbar gegenüberstehenden Essenzialität, hat die verschiedenen Bemühungen um ein anderes Denken und Umdenken, von Heideggers spätem und wirkmächtigem Ding-Denken über die pathetischen Passivitätsphilosophien der neueren Kulturwissenschaften bis hin zu den aktuellen Designdiskursen des Ding-Animismus (belebter Dinge), maßgeblich beeinflusst.[25]

Trotz erheblicher Unterschiede in der Verarbeitung dieses Grundgedankens der ›östlichen Weisheit‹ lässt sich die gemeinsame Faszination für das Theorem und den Projektcharakter von Subjekt und Objekt darauf zurückführen, dass es den metaphysischen Dualismus des ›westlichen Geistes‹ in Frage stellt und ihm das radikal andere Konzept eines ganzheitlichen, den Menschen als Akteur und Weltmacht dezentrierenden Selbstverständnisses frontal entgegensetzt. Sie konfrontiert die kulturgeschichtlich dominante Entzweiung von Subjekt und Objekt, von Beseeltheit und toter Materie, von Vernunft und Sinnlichkeit usw. mit einem nicht-dualistischen, holistischen Welt-Selbst-Bild; sie überwindet die Entfremdung zwischen Mensch und Natur und die damit verbundene hierarchisierende Gegenüberstellung von Geist versus Körper, von Form (Eidos, Morphe) versus Stoff/Materie (Hyle), von Himmel versus Erde durch eine konviviale Immanenz alles Seienden.

Während sich aber der ›philosophische Dialog zwischen östlichem und westlichem Denken‹, insbesondere im Anschluss an Heideggers fromme Seinsfrage, zumeist in abstrakten und unergiebigen Spekulationen über »das dingende Ding« (Heidegger) verliert, vermag eine Küchenphilosophie, hier im Anschluss an Dôgens Kochbuch, sehr konkrete, ebenso erklärungskräftige wie weitreichende Aufschlüsse darüber zu geben, was es mit der Einheit von Selbst und Dingen im Alltag auf sich haben kann. Auf den ersten Blick ist das Kochen ein passendes Beispiel für ein typisches Subjekt-Objekt-Verhältnis: Bei der Zubereitung von Speisen besteht die Herrschaft des Subjekts über das Objekt dem Anschein nach darin, dass der

25 Heidegger, Die Frage nach dem Ding; Unverzagt, Heidegger und das Sein der Dinge; Dörrenbächer/Plüm (Hg.), Beseelte Dinge. Design aus Perspektive des Animismus; Seel, Sich bestimmen lassen; Busch/Därmann (Hg.), Pathos. Konturen eines kulturwissenschaftlichen Grundbegriffs.

Kochende etwas produziert (in der Formgestaltung der Poiesis). Nach dieser gängigen Auffassung stellt der Macher das Gemachte her, indem er die verwendeten ›Rohstoffe‹ verändert (gestaltet, formt), während er selbst (in seiner Identität als kochendes Selbst) unverändert bleibt und nach dem Herstellungsprozess weiterhin das ist, was er als Ich vor diesem Tun schon war. Das Material (die Zutaten) wird nach einer äußeren Idee (einem Rezept) verändert, indem es in eine bestimmte Form (gefüllte Teigtaschen) gebracht wird. Das hergestellte Ding (die Speise) scheint das Einzige zu sein, was aus diesem Prozess hervorgeht. Es scheint, dass nur das Ding und sein Da-Sein bleibt, während ich, der kocht und so tätig ist, das Ich bleibe, das ich bin.

Dieser subjektphilosophischen Denkweise steht die zen-buddhistische Erkenntnis gegenüber, dass das Hervorbringen der Dinge zugleich das Hervorbringen des tätigen Selbst bedeutet. Wenn ich Reis wasche, wasche ich zwar den Reis, aber indem ich so tätig bin, bin ich zugleich nichts anderes als der Reiswaschende. Um diese Einsicht in die alltäglichen Bedingungen des tätigen Selbst-Seins einleuchtender zu erklären, hätte Dôgen einen Kôan des chinesischen Weisen Yumen zitieren können. »Meister Yumen fragte einen Mönch: ›Woher kommst du?‹ Der Mönch: ›Vom Teepflücken.‹ Der Meister: ›Pflücken die Leute den Tee oder pflückt der Tee die Leute?‹ Der Mönch wusste keine Antwort. Da sagte Meister Yunmen an seiner Stelle: ›Ihr habt's doch schon gesagt, Meister! Was könnte ich da noch hinzufügen‹.«[26] Dem ist eigentlich nichts hinzuzufügen; denn beim Teepflücken pflücken die Leute den Tee und der Tee pflückt die Leute. Beim Pilze Sammeln sammeln Menschen Pilze und sind zugleich nichts anderes als Pilzsammler. Darin besteht die Unzweiheit von Subjekt und Objekt in der Praxis: das bedingte Selbst-Sein eines Tee pflückenden, Reis waschenden, Suppe kochenden, Pilze sammelnden, Geschirr abwaschenden, Schweinebraten abschmeckenden, wirklich essen könnenden Selbst.

Der subjektphilosophische Glaube an eine dauerhafte und unbedingte Ich-Identität (Selbstgleichheit) täuscht darüber hinweg, dass sich das Selbst der Praxis und sein Sein-Können dadurch bewahrheitet, dass es alle damit verbundenen Dinge und Weltbezüge wahr macht. Wenn ein freies Selbst-Sein durch Praxis aktiv wird, entstehen viele Möglichkeiten und Wirklichkeiten des Einsseins von Menschen und ihren Lebensbedingungen. Auf diese bedingte Weise ist das kulinarische Tätig-Sein ein mediales Sein-bei-den-Dingen. Daraus ergibt sich eine praxistische Ich-Identität: Als Praxist bin ich das Schneiden-von-Gemüse oder das Zubereiten-eines-Ratatouille. Wenn uns also ein Gast in der Küche neugierig fragt: »Und wer bist du?«, wäre es ein Leichtes, auf dieses Kôan eine ebenso rätselhafte wie gastrosophisch erhellende Antwort zu geben.

---

26 Yunmen, Zen-Worte vom Wolkentor-Berg, 229.

Dôgen kann vom kulinarischen Selbst der Praxis als einem »unfassbaren Herzen« sprechen, nicht weil es sich dem rationalen Verstehen und der allgemeinen Erkenntnis entzieht. So können wir uns den Zen-Meister vorstellen, wie er, in der Küche stehend, seine Weggefährten in der vollkommenen Weisheit unterweist und dabei grundlegende Gedanken der buddhistischen Weltanschauung wie das Herz-Sutra, die Unbeständigkeit des Selbst usw. anhand der täglichen Küchenarbeit erläutert. Das Herz-Selbst ist unfassbar, weil es zugleich ein Nicht-Selbst ist, insofern es aus »zehntausend Dharmas« (Dôgen) besteht, die in der Fülle und Vielfalt ihrer zahlreichen Seinsgestalten und Wesenheiten nicht nur als Da-Seiende oder als bloße Erscheinungen eines göttlichen Hergestellt-Seins fassbar sind. Jedes, auch das kleinste und entfernteste Dharma, das in Beziehung zu unserem Essen steht und in Abhängigkeit von seiner Zubereitung entsteht, lässt Buddha-Sein sein. Daher leuchtet ein, dass das Kochen mit ganzem Herzen nur eines erfordert: nämlich das Kochen selbst. Mit der unfassbaren Ganzheit des Herzens zu praktizieren kann bedeuten, einfach kulinarisch tätig zu sein und damit das kulinarische Selbst der Unzweiheit von Selbst und Nicht-Selbst tätig werden zu lassen, die volle Wirklichkeit dieses Seins zu aktivieren und diese Seinsweise zum Wohle aller tagtäglich erweisend zu kultivieren. So tätig seiend kann jeder Mensch ein Buddha in der Küche sein; und Buddha-Sein ist nichts anderes, als so und dort unterwegs zu sein. So entsteht aus potenzieller (seinkönnender) Buddhaschaft wirkliches, praxisch bewirktes, erfülltes und als solches bewahrheitetes Buddha-Sein, an dem nichts Religiöses oder Spirituelles ist; so entsteht aus der Leere des Selbst die Fülle des Selbst; so entsteht freie Selbst-Bestimmung in der Praxis des Reiskochens oder Gemüseschälens; so entsteht Selbst-Verwirklichung durch das Abwaschen von Essschalen oder das Abschmecken von Suppe; so kann aus einfachem Grünzeug das unfassbare Heiligtum einer selbst gestalteten und gut zubereiteten Mahlzeit werden.

Der daoistische Philosoph Zhuangzi und der Koch namens Ding

Buddha-Praxis in der Küche beinhaltet mit dem Was des Tuns (der kulinarischen Lebenskunst) zugleich ein bestimmtes Wie des Tuns (der Kochkunst). Die Kunst des Kochens erfordert keine künstlerische Autonomie wie in der freien Kunst, in der die Künstlerin alles gestalten kann, wie sie es will; das in der Küche und so bedingt tätige Selbst ist bei der Sache und wird durch die getane Sache selbst (frei als Selbst mit-)bestimmt. Diese Zusammenhänge wird sich Dôgen vermutlich vor Augen geführt haben, als er in den chinesischen Zen-Klöstern von den amtierenden Küchenmeistern lernte und die daoistischen Klassiker der chinesischen Philosophie studierte.

Bemerkenswert in diesem Kontext– und vielleicht auch der mutmaßliche Grund dafür – ist, dass die lehrreiche Geschichte des Kochs namens Ding in seinem Kochbuch nicht vorkommt. Dennoch lohnt es sich, sie kurz zu erzählen. Die Geschichte vom Koch Ding ist eine der bekanntesten und am häufigsten zitierten Passagen aus dem Werk des Zhuangzi, der neben dem halb legendären Laozi, dem Verfasser des *Buchs vom Weg und von der Tugend*, als der bedeutendste Philosoph des chinesischen Daoismus gilt.[27] Die von Zhuangzi erfundene Erzählung wurde immer wieder herangezogen, um anschaulich zu erklären, was das Dao, der Weg, ist und worin die Kunst der Praxis des Weges besteht. Umso interessanter ist es, dass Zhuangzi die daoistische Philosophie am Beispiel der Küchenarbeit erläutert – am etwas irritierenden Beispiel des Zerlegens eines Ochsen.

In dieser Geschichte beschreibt Zhuangzi eine Szene, in der ein Fürst namens Wen Hui seinem Diener Ding beim Zerlegen eines Rindes zusieht. Mit feinfühligen Handbewegungen, gekonnter Messerführung, gezieltem Krafteinsatz und tänzerischer Beinarbeit trennt Ding das Fleisch vom Knochengerüst des aufgehängten Tierkörpers. »Ach, welch ein Anblick«, lobt der Fürst, »dass Können solche Meisterschaft erreichen kann!« Der Koch legt sein Messer nieder und erwidert darauf: »Euer Diener folgt dem Weg, der ins Können eingeht. [...] Ich folge den natürlichen Fasern und schneide dort, wo schon große Spalten sind, und lasse das Messer seinen Weg durch viele verborgene Spalten finden. Ich nutze das Vorhandene, ohne je an ein Muskelband oder eine Sehne zu geraten.« Der auf diese Weise ›den Weg‹ Suchende setzt fort: »In den Gelenken gibt es Zwischenräume, die groß genug sind, dass eine scharfe Klinge hindurchkommt. Komme ich an eine schwierige Stelle, von der ich sehe, dass sie Probleme bereiten könnte, dann nehme ich mich vorsichtig in Acht, konzentriere mich und arbeite langsam.«[28]

In diesen Erklärungen, die ich hier nur sehr selektiv, gewissermaßen fein tranchiert, wiedergegeben habe, um später auf weitere Details einzugehen, wird die Küchenarbeit als ein Können beschrieben. Einer solchen Könnerschaft, dem »ästhetischen Handeln« einer Meisterschaft[29], ist es eigen, dass sich das tätige Selbst von der Sache bestimmen lässt. Die buchstäbliche Weg-Praxis beinhaltet ein nachvollziehendes Tun-Wissen, dessen Kunst sich nicht darin beweist, dass das Subjekt das Objekt beherrscht oder vorgegebene Verhaltensregeln in praktischer Anwendung umsetzt und durchsetzt. Das Tun in der von Koch Ding beschriebenen Weise ist ein »Nicht-Tun« (chin. *wu wei*), aber keine Untätigkeit, die sich jedem Tätigsein verweigert. Das daoistische Nicht-Tun ist lässig oder gelassen, insofern dieses meisterhaft

---

27 Der Legende nach soll *Laozi*, der ›Meister Lao‹, nachdem er aus China über das Gebirge nach Westen ausgewandert war und unterwegs an der Landesgrenze aufgefordert wurde, seine Weisheitslehre niederzuschreiben – woraus sein *Daodejing* entstand – schließlich im fernen Indien gelandet sein. Dort soll er den Menschen seine daoistische Philosophie vorgetragen haben, und was sie davon halbwegs verstanden haben, sei später als ›Buddhismus‹ bekannt geworden.

28 Zhuangzi, Das wahre Buch vom südlichen Blütenland, 63.

29 Schlieter, Ästhetische Handlungen: Ost und West.

gekonnte Tun sich auf die Eigenart der Sache responsiv einlässt, exakt so, dass sie von selbst (chin. *ziran*) seiend sein-gelassen ist.

Ein Tun, das sich von der Sache selbst bestimmen lässt, ist ein Nicht-Tun, so wie das kulinarische Selbst ein Nicht-Selbst ist: Nicht das tätige Selbst bestimmt, was getan wird, sondern es ist das Tätigsein, das das Selbst so tätig werden und sein lässt. Deshalb ist die Praxis des Weges immer auch ein Tun, das den besten Weg sucht, und nicht einfach gleichbedeutend mit einer Meisterschaft, die das Komplizierte mit souveräner Präzision beherrscht, oder mit einer technischen Virtuosität, die alles Schwierige mit gelassener Leichtigkeit von der Hand gehen lässt. Nicht das geübte Können – beispielsweise die Kochkunst, ein ›Speiseopfer‹ schneiden oder zerlegen zu können – macht hier die Weg-Kunst aus; nicht das Gutsein-im-Tun ist der Weg (auch wenn dies ein wesentlicher Teil davon ist), sondern das tätige Selbst und die durch sein Tun sein-gelassene Soheit der Sache: Der Koch Ding, darin ein wahrer Meister phänomenologischer Praxis, versteht sich auf ›die Sache selbst‹, weil er ihre Eigenart beachtet und seine ästhetische Praxis von ihr, sich auf sie aufmerksam einlassend, als ein wachsames Nicht-Tun sachgerecht bestimmen lässt.

Der Daoist Zhuangzi hätte in seiner Erzählung den Fürsten nicht nur darüber staunen lassen sollen, wie sein Koch bei der Sache ist und damit Achtsamkeit praktiziert; er hätte ihn auch für das begeistern können, was Ding tut: Küchenarbeit. Nicht nur seine Meisterschaft in der Praxis wäre zu bewundern, sondern mehr noch die Tat-Sache, dass er selbst kulinarisch tätig ist – ein Buddha in der Küche. Er praktiziert ein tätiges Selbstsein im Nicht-Tun, das der Fürst seinem Koch freiwillig überlässt, indem er es zu tun unterlässt und darin selbst untätig bleibt. Bezeichnenderweise erwähnt Zhuangzi an anderer Stelle einen Mächtigen, der sich seiner kulinarischen Selbstlosigkeit sogar rühmt: Er wisse »die hohe Kochkunst zu meiden« und überlasse es seinen »Küchenjungen«, ihm »einfache Speisen zu servieren«.[30]

Wer einen solchen Alltagsgeist zeigt, dem muss man genauer auf die Hände schauen, wenn er über den Weg spricht. Deswegen: Der Daoist Zhuangzi hätte in seiner Geschichte den Fürsten nicht nur staunen lassen sollen über die Art und Weise, wie sein Koch bei der Sache ist und so Achtsamkeit praktiziert; er hätte sich auch entsetzt zeigen sollen über das, was Ding da tut: ein Tier schlachten. Er hätte nicht nur dessen Meisterschaft in der Praxis bewundern, sondern mehr noch das Leid und das Unrecht – oder Recht? – problematisieren müssen, dass der Daoist zwar selbst kulinarisch tätig ist, aber nicht um in seiner eigenen Küche aufs Beste vegetarisch kochen zu können. Hätte nicht Zhuangzi, der Meisterdenker der altchinesischen Philosophie, um den wahren Weg mit ähnlich enthusiastischen Worten zu beschreiben, ausführlich darauf eingehen müssen, dass die Kunst des Kochens bei der täglichen Nahrungszubereitung vor allem darin besteht, die Zutaten durch gekonntes Schneiden zu zerkleinern?

---

30 Zhuangzi, Das wahre Buch vom südlichen Blütenland, 70.

Doch so wenig, wie der philosophische Daoismus den buddhistischen Vegetarismus unterfütterte, so wenig lehrte seine Weisheit die Kochkunst in ihrer ästhetischen Wahrheit wesentlicher zu denken: Um das Dao einer täglichen Lebenskunst zu beschreiben, hätte ein gastrosophischer Daoismus die Kunst des Gemüseschneidens gewählt statt das Zerlegen eines Rindes (das zuvor immerhin gut gelebt haben wird, wie wir nach der ethischen Beschreibung des Hirten im Umgang mit seinem Ochsen vermuten dürfen). Das ästhetische Herzstück dieser Praxis ist das Hantieren-Können mit dem Küchenmesser nur zu diesem Zweck – ein daoistisches Handwerk also, das zugegebenermaßen seinerseits eine martialische Kunst (in der Behandlung von Speiseopfern) ist, dies aber in der friedlichen Absicht, auf alternative Kampfkünste zu verzichten. Statt also gastrosophisch veraltete Klassiker und ihre schwere (fleischlastige, tierleidvolle) Kost ein weiteres Mahl aufzuwärmen oder ihre ethisch fragwürdigen Rezepte und Geschmacksgewohnheiten unkritisch nachzukochen, bestünde eine programmatische Weiterentwicklung des philosophischen Daoismus in dieser Sache darin, Meister Xiang Wang zu folgen, um zu zeigen, dass niemand, der wegweisende Lebensweisheit praktizieren will, ein Daoist sein muss: Der heute lebende Kochartist, Buchautor und mehrfache Gewinner verschiedener Schnitzwettbewerbe von Europa bis China ist der Begründer der chinesischen Obst- und Gemüseschnitzkunst in Europa. Ob Anfänger, Fortgeschrittene, Profis oder Neugierige – in den Kursen von Xiang Wang können Interessierte alle Grundtechniken Schritt für Schritt – Schnitt für Schnitt – mit dem Meister selbst ausprobieren. Die Mit-Mach-Küche im Gräfenbrücker Eventhof wirbt für ein »Praxis-Seminar«: »Nur bei ihm lernen Sie dreidimensionale Figuren aus einfachen Materialien herzustellen.«[31]

Weniger die Worte als die Taten seines Kochs hätten Wen Hui das lehren können, was der Philosoph Zhuangzi schließlich als die Moral seiner Geschichte herausstellt, nämlich die ethische Lebenskunstlehre, wie man richtig lebt oder, in den gastrosophisch undurchdachten Worten des Daoisten, wie man »das Leben nährt«.[32] Rhetorisch hält diese quasi-gastrosophische Formel immerhin den Gedanken wach, dass das Zubereiten von Speisen und der dabei ebenso geschickte wie achtsame Umgang mit den Dingen und Zutaten eine wesentliche Praxisform ist, um seine Essistenz insgesamt gut zu leben – um wirklich ein gutes Leben zu nähren. Unter diesem Gesichtspunkt wäre es einleuchtend gewesen, dass ein Leben im Sinne des Weges (des Dao oder Zen) zu nähren im wahrsten Sinne des Wortes bedeutet, ein Meister in der täglichen Küchenarbeit zu werden, um (zumindest) darin das Gute zu erlangen. Durch die Erkenntnis, dass die Kunst des Kochens eine Lebenskunst ist, die das Buddha-Leben – als das tägliche Leben von Gutem – wirklich nährt, hätte Wen

---

31 Food Artistic 2023 mit Meister Xiang Wang.

32 Zhuangzi, Das wahre Buch vom südlichen Blütenland, 64.

Hui in der Begegnung mit einem Koch ein solches gastrosophisches Erwachen erfahren können, wie es viele Jahrhunderte später Dôgen in der Begegnung mit einem Pilzesuchenden Praxisten oder Zen-Buddhisten widerfuhr.

Für eine solche Selbstaufklärung hätte der daoistische Philosoph Zhuangzi seinerseits das entsprechende hellsichtige Weg-Auge haben müssen und dafür den Koch Ding weniger erklären lassen müssen, was ein wahrer Daoist im Einzelnen in der Küche tut – was für konsequente Buddhisten (mit eigener Küche und kulinarisch tätigem Selbst) alle Mahl ein moralisch bedenklicher Weg ist, weil es dabei um die vorsätzliche, bewusste und sogar perfektionierte Verarbeitung von Tieren geht, die zu diesem Zweck getötet werden müssen – oder warum es ihm persönlich (als in der Küche inaktivem Selbst) nicht gelingen kann, in der Praxis dieser Arbeit handwerklich gut zu sein. Er hätte vor allem klären müssen, wieso es allgemein gut ist, für jeden Menschen, die Küchenarbeit als eine ethische Alltagspraxis zu kultivieren, anstatt wie der Fürst und die Allermeisten in den wichtigsten Dingen des Lebens unwissend zu sein – nämlich was zu tun ist, um richtig zu leben und das gute Leben zu nähren. Zhuangzi hätte dann deutlich machen müssen, dass die Praxis des richtigen Lebens weder notwendigerweise durch das Zerlegen eines Schlachttieres bewiesen wird noch gleichbedeutend ist mit der sachkundigen und gekonnten Nachahmung der natürlichen Anatomie eines Rinderkörpers. Schon beim Schneiden von Karotten, beim Kochen einer Suppe, beim Sammeln von Pilzen usw. wird die Praxis des Weges jeweils ganz anders bestimmt.

Dann wäre vielleicht auch der Herrscher Wen Hui zu der differenzierten Einsicht gelangt, dass die Frage, wie man das Leben am besten nährt, auch in Weg-Praxen oder Eupraxen, die nichts mit der Arbeit in der Küche zu tun haben und die sich nicht durch kulinarische Selbsttätigkeit realisieren lassen – etwa in der zwischenmenschlichen Praxis des guten Freundens oder in der politischen Praxis und Lebenskunst des partizipativen Regierens –, auf eine andere Logik ihrer Selbst-Realisierung stößt. Darüber hinaus wäre der Koch Ding vor der unlösbaren Schwierigkeit gestanden, zu beweisen, warum es für die Verwirklichung einer (auch moralisch) reinen Praxis in der Küche gut sein soll, eine Meisterschaft ausgerechnet im Zerlegen von Fleisch zu entwickeln.

Die moralische Unempfindlichkeit und Blindheit des chinesischen Kochs gegenüber seiner Praxis (dem skrupellosen Zerschneiden eines Schlachttieres, zumal Zhuangzi dessen vorausgegangene Tötung nicht in gleicher Ausführlichkeit thematisiert) beruht auf den tabulosen Essgewohnheiten einer Kultur, der die kulinarische Skrupellosigkeit nachgesagt wird, ›alles, was kreucht und fleucht‹, jedes irgendwie essbare Lebewesen zu zerfleischen. Dazu passt Zhuangzis beiläufige Bemerkung, aus Schulterknochen lasse sich gut eine Armbrust schnitzen, und er fügt noch schelmisch hinzu, »damit kann ich mir Enten zum Braten jagen«.[33] Noch treffender und

33 Zhuangzi, Das wahre Buch vom südlichen Blütenland, 6.

drastischer sind wohl die geschmacklichen Vorlieben des Konfuzianers Menzius, der uns verrät: »Fisch ist etwas, was ich gern mag. Bärentatzen sind auch etwas, was ich gern mag. Wenn ich beides nicht zugleich bekommen kann, lasse ich den Fisch und wähle die Bärentatze.«[34]

Die Diskrepanz zwischen dem wortreich beteuerten Ideal einer menschlichen Verbundenheit (Harmonie) mit der Natur einerseits und der geringen Achtung der Natur (des Wohls) des Tieres andererseits zählt zu den auffälligsten Ambivalenzen der traditionellen und bis heute gültigen Philosophie des Essens in China als dem Reich der karnibalischen Extreme inmitten einer omnivoren Weltordnung. Der eben erwähnte Menzius, einer der einflussreichsten und aufklärerischsten Philosophen des Konfuzianismus, sieht sehr wohl (und macht sich diesbezüglich keine Illusionen, ganz im Gegensatz zu Buddhas Mangel an schlechtem Gewissen), dass »es einem guten Menschen mit den Tieren nun einmal so gehe: Wenn er sie lebend gesehen hat, kann er nicht zusehen, wie sie getötet werden; und wenn er sie hat schreien hören, bringt er es nicht über sich, ihr Fleisch zu essen.« Statt aber diese humane Einsicht in die tierethische Entscheidung für eine rein vegetarische Ernährung münden zu lassen, ›humanisiert‹ Menzius den Fleischkonsum kurzerhand ›allzu menschlich‹ zu einem karnibalischen Hedonismus, der über den buddhistischen Flexitarismus beim Außer-Haus-Essen hinaus eine absurde Rechtfertigung aufbietet, nur um die eigene Fleischküche von jedem schlechten Gewissen freizuhalten. Sein Ausweg besteht darin, einfach wegzusehen: »Das ist der Grund, warum der gute Mensch die Schlachterei nicht in die Nähe der Küche baut.« (Ebd., A7) Schon Konfuzius selber zeigt wenig von jener »Menschlichkeit«, die er lehrt, wenn er meint, ihm schmerze bei der Abschaffung des traditionellen Tieropfers eher der Verlust des Rituals als das anderweitige Fortbestehen der Opferung von Tieren.

Halten wir an dieser Stelle (mit einem Seitenblick auf die auch im Buddhismus nur halbherzige Ethik einer ›möglichst‹ vegetarischen Ernährungsweise) fest: Bezüglich der Esssitten lehrt der klassische Konfuzianismus die moralphilosophische Paradoxie, dass »der edle Mensch« das verursachte Leid der zum menschlichen Verzehr getöteten Tiere sehend nicht sehen soll. Mit ähnlich fragwürdiger »Menschlichkeit«, sogar frei von tierethischem Mitgefühl und moralischen Gewissensbissen, erläutert der prominenteste Vertreter des philosophischen Daoismus den Weg ausgerechnet anhand der Arbeit eines Metzgers, der seine martialische Kunst mit den Worten rechtfertigt: »Das, was mich begeistert«, lässt Zhuangzi dazu den Koch Ding am Ende sagen, »ist das Dao, und das geht über jede Technik hinaus. Als ich anfing, Rinder zu zerlegen, konnte ich nicht umhin, das Rind als Ganzes zu sehen. Dann, drei Jahre später, drängte es sich mir nicht mehr als Ganzes auf.«[35]

34 Menzius, Die Lehrgespräche des Meister Meng Ko, A6.

35 Zhuangzi, Das wahre Buch vom südlichen Blütenland, 63.

Im konfuzianischen bzw. daoistischen Geist der chinesischen Esskultur, auf die ich hier wie gesagt nicht weiter eingehen werde, fällt es den allseits anerkannten fernöstlichen Weisheitslehrern erstaunlich leicht, das Offensichtlichste (nämlich das selbst verursachte) Tierleid zu ›vergessen‹, das schlechte Gewissen einfach auszublenden und sich nicht zu fragen, ob der richtige Weg nicht vielleicht über humanere Speiseopferrituale führt. Eine vegetarische Ethik des Essens findet in China bis heute kaum Beachtung; statt über hedonistische Alternativen nachzudenken und voranzukommen, setzt diese (ansonsten äußerst kreative und phantasievolle) Tischgesellschaft sich und alles andere mit einer zunehmenden Fleischküche aufs Spiel. Dort jedoch beginnt die moralische Problematisierung des Tiereschlachtens und Fleischessens ebenso wie die gesellschaftliche Existenz einer vegetarischen Kochkunst nicht erst mit der kulturellen Ausbreitung des Buddhismus. Bereits bei den Konfuzianern und Daoisten gibt es fleischlose Glückliche (Konfuzianer und Daoisten). Tatsächlich sollen chinesische Daoisten die genialen Erfinder des Doufu/Tofu gewesen sein – einer nicht-buddhistischen Fleischersatzküche, die das tierische Speiseopfer durch schmackhafte Pflanzenfleischkreationen abschafft. Weil im Prinzip jeder Mensch eine tierethisch und kulinarisch gute ›Pfleischküche‹ kultivieren könnte, wundert sich etwa der chinesische Gelehrte und Freidenker Li Yu »über Leute, die den Vegetarismus nicht gutheißen, ihn als Irrglauben abtun und ihn ›buddhistisch‹ nennen. Das ist doch Unsinn!«[36]

Man kann diesen Unsinn vermeiden. Obwohl der Daoismus einen starken Einfluss auf die Entstehung der chan-buddhistischen Weg-Lehre in China hatte – bis hin zu einer vollständigen Überlagerung und Vermischung vom Dao und Buddha im Zen[37] –, folgte das japanische Zen, vermittelt durch Dôgen und trotz seines direkten Kontaktes mit der chinesischen Esskultur, dem überwiegend vegetarischen Selbstverständnis des indischen Buddhismus. Dies mag erklären, warum die berühmte und viel zitierte, aber in gewissem Sinne eben auch martialische Weg-Praxis des Kochs Ding keinen Eingang in Dôgens Erläuterungen zur Zen-Kunst eines guten Kochens gefunden hat. Eine kritische Interpretation dieser altchinesischen Geschichte hätte es aber auf jeden Fall verdient, in seiner Philosophie aufgenommen zu werden – um deutlich zu machen, dass kulinarisch tätige Buddhas durch ihre tägliche Praxis in der eigenen klösterlichen (oder sonstigen häuslichen) Küche den Weg eben nicht notwendigerweise (oder nur) im Zubereiten von tierischen Zutaten erfahren. Sie hätte das in der vielzitierten Beschreibung des Zhuangzi dargestellte Weg-Verständnis im Sinne eines buddhistischen und sogar eines philosophisch kreativeren Gastro-Daoismus beschreiben können.

---

36 Li, Zeitweiliger Aufenthalt für Mußegedanken, zitiert in: Gwinner, Essen und Trinken. Die klassische Kochbuchliteratur Chinas, 111.

37 Welch/Seidel, Facets of Taoism.

In der bekannten Version kommt wenig von alledem zur Sprache, was hätte gesagt werden müssen, um den gastrosophischen (und mithin den euzenologischen) Tiefsinn der Geschichte des Kochs Ding klar hervortreten zu lassen. Im Daoismus Zhuangzis schläft der wegweisende Geist, der sich in Dôgens Abhandlung über die Küchenarbeit als mögliche Praxis des Zen-Buddhismus zu regen beginnt. Immerhin wir wissen nun: Lange bevor Dôgen den Weg am Beispiel der Küchenarbeit aufleuchten lässt, wird in der chinesischen Philosophie laut über das kulinarisch tätige Selbst als einer zu kultivierenden Lebenskunst nachgedacht. Schon die Daoisten und die Konfuzianer brachten ›gutes Mensch-Sein‹ mit dem täglichen Essenmachen in Verbindung, um die zentrale ethische Frage zu erörtern, wie wir leben sollen oder wie wir unser Leben gut nähren können. Aber erst Jahrhunderte später wird der japanische Buddhist Dôgen genügend gastrosophisches Selbstverständnis aufbringen, um der Welt zu eröffnen, dass der Weg eines jeden wahren Buddhas so oder so in die Küche führt. Er hätte leicht zeigen können, dass der berühmte sechste Patriarch der chinesischen Chan-Genealogie nur durch das tägliche Kochen zum Buddha wurde.

Das Reismahlen des sechsten Patriarchen Hui-neng

In der einschlägigen Szene dieser Geschichte nähert sich der fünfte Patriarch namens Hung-jen dem Hui-neng, als dieser im Dreschraum damit beschäftigt ist, Reis zu mahlen.[38] Hung-jen, der den Buddha-Dharma lehrt, sieht ihm dabei zu und erkennt in Hui-neng – einen Buddha. Im weiteren Verlauf der Geschichte wird Hung-jen schließlich Hui-neng zu seinem würdigen Nachfolger ernennen und ihm damit die Dharma-Lehre übertragen. In einem weiter oben bereits zitierten Kommentar heißt es zur Bedeutung dieser Begebenheit, das Reismahlen Hui-nengs zeige »einen äußerst wichtigen Punkt in der praktischen Zen-Übung«. Denn die nichtssagende Situation, in der ein Mensch in so etwas Abwegiges wie die Herstellung von Reismehl vertieft sei, beinhalte und bestätige nur, dass es »keine besondere Übung oder Praxis gibt, um ein Buddha zu werden. Das Eintauchen in jeden Augenblick und Verschmelzen damit, der *Samadhi* des Augenblicks, ist bereits Buddha.«[39]

Wir wissen inzwischen, dass der pragmatistische Geist einer solchen Spiritualität, welche die gleichgültige Hier-und-Jetzt-Praxis der Erleuchtung lehrt, die gastroethische Bedeutung der Tätigkeit des Hui-neng komplett verkennt. Denn die einzig wahre Zen-Praxis besteht nicht darin, einer beliebigen Beschäftigung alle Aufmerksamkeit zu schenken oder sich in die formlose Wahrheit von diesem oder jenem zu versenken, um bloß das, was gerade getan wird, ganz bewusst zu tun.

38 Hui-neng, Das Sutra des Sechsten Patriarchen, 42.

39 Wohlfart, Zen und Haiku, 21.

Freilich ist der profane Rat, bei jeder Arbeit aufmerksam und geistesgegenwärtig zu sein, nicht unbedingt falsch. Gerade bei Arbeiten in der Küche, bei Tätigkeiten wie Mehlteigmachen, Reiswaschen oder Fleischschneiden, wird ein bewusstes Tun meistens vorteilhaft und weniger beschwerlich sein oder schief gehen. Doch kann es auch, mit oder ohne programmatische Achtsamkeit, ›von selbst‹ gehen – je nachdem, wie gut (vollkommen) der darin Tätige ist. Manche müssen sich durch Achtsamkeit und Bewusstsein geistig sammeln, sich konzentrieren (sanskrit *samadhi*); anderen geht die gleiche Arbeit leicht von der Hand; dementsprechend kann die individuelle Ausübung und Kunstfertigkeit der Praxis von Mensch zu Mensch sehr unterschiedlich sein.

Tatsächlich scheinen sich auch die beiden Patriarchen über den Weg nicht ganz im Klaren gewesen zu sein. So sagt der fünfte Patriarch, der Hui-neng bei seinem Tun beobachtet hatte: »Jemand, der den Weg sucht, vergisst um der Wahrheit willen den eigenen Körper, genauso wie es Hui-neng hier macht.« Dies ist die Sichtweise des orthodoxen (spirituellen) Weg-Auges, der zufolge der Übende seinen Körper, nämlich das Ich seines weltlichen Daseins, vergessen und aufgeben soll, um sich ganz auf das Hier und Jetzt des Augenblicks (der Lebensweise eines weltflüchtigen Klostermönches) einzulassen. In Wahrheit aber macht Hui-neng genau das Gegenteil: Er setzt die ganze Kraft seines physischen Körpers ein, um sein irdisches (erdverbundenes) Leben mit dem Ertrag der täglichen Küchenarbeit zu nähren. Buddha zu werden, indem man den eigenen Körper vergisst, kann also durchaus bedeuten: Bereit zu sein, bis zur Erschöpfung zu arbeiten, wenn es die Tätigkeit erfordert.

Doch selbst mit ganzem Herzen die Küchenarbeit auszuüben und beispielsweise Reis zu zermahlen oder Mehlteig zu kneten, Nüsse zu knacken oder Salat zu waschen und so weiter, erfordert gewöhnlich und mit viel Übung weder harte Arbeiten bis zum Umfallen oder Abfallen des Körpers noch eine angestrengte Achtsamkeit. Um diese Weisheit tatkräftig zu leben, genügt die einfache Tat-Sache, selbst tätig zu sein und diese Selbst-Sein, wovon eine ganze Welt abhängt und wodurch viele Welten abhängig entstehen, möglichst gut zu praktizieren. Der Glaube, Huinengs Praxis sei keine spezielle Übung und keine beliebige Sache, weil es letztlich nicht um diese Übung – ums Essen – und nicht um die damit verbundenen Dinge – den jeweiligen Zutaten, Handhabungen, Fertigkeiten, Künste – gehe, ist ein »großes Irren im Erwachen«, um Dôgens Klarstellung aufzugreifen. Wenn also der fünfte Patriarch die alltägliche Praxis des Reismahlens seines Dharma-Nachfolgers mit den erwähnten Worten kommentiert, jemand, der den Weg suche, vergesse um der Wahrheit willen seinen eigenen Körper, so wie es Hui-neng tue, dann wiederholt Hung-jen den Irrtum der Philosophie des Zhuangzi, dass es in der Praxis auf die Selbstentsagung des Körpers oder »der Sinne und des Wissens« ankomme.[40] Mit

40 Zhuangzi, Das wahre Buch vom südlichen Blütenland, 63.

einem solcherart blinden und unwissenden Hier-und-Jetzt-Pragmatismus bereitete der sechste Zen-Großmeister den Irrweg des Schwertmeisters Takuan vor.

Dieser einflussreiche Zen-Meister, der bezeichnenderweise in der Abhandlung über das *Zen und die Kunst zu siegen* von Suzuki T. Daisetsu lobend porträtiert wird[41], nährt im Rekurs auf den Schwertkampf bezeichnenderweise die politisch leicht instrumentalisierbare Lehre, dass die Zen-Praxis auch »einen Zustand von Nicht-Geist und Nicht-Denken« erfordere. Nur im Zustand des Nicht-Geistes und Nicht-Denkens könne der Übende im »Samadhi des Augenblicks« zur Erleuchtung finden. Dabei sei es gleichgültig, was er tue, ob er nun Reis mahle, im Sitzen meditiere, mit dem Bogen Pfeile schieße oder sich – am besten und im wahrsten Sinne des Wortes – mit dem Schwert unter Aufgabe von Körper und Geist ins Nirvana kämpfe.[42]

Nur wer sich in das Nicht-Denken und den Nicht-Geist versenkt, verkennt in diesen Dingen das Nicht-Buddha-Sein. Einem solchen in der Vergangenheit, der Gegenwart und der Zukunft allseits präsenten und immer dominanten Buddha-Nihilismus widerspricht der gastrosophisch aufgeklärte Zen-Buddhismus, wie wir ihn in Dôgens Denken und Dôgens Geist mit etwas Feingefühl aufspüren können. Dessen wahres Weg-Auge erkennt: Das Versenken in die Praxis sowie das Erwachen darüber, was zu tun ist und was nicht, ist nur durch unseren Körper zu erreichen, dessen Tatkraft bei Kräften erhalten bleiben und dessen leibliches Wohl genährt werden soll; ist nur durch die Sinne und den Verstand zu erreichen, die das Wissen und Können eines tätigen Selbst-Seins ermöglichen; ist nur durch den alltäglichen Geist und eine weise Denkweise zu aktivieren, ohne die nicht gewusst und nicht wahrgenommen werden kann, was im Pilzsammeln, Reismahlen, Essschale Waschen, Zutaten Zerschneiden, Feinabschmecken und so weiter und so fort an Gutem – an Wohltuendem, an wirklichem Wohlleben – steckt und was alles an Sein – an weit offener, weltweiter Wirklichkeit – geweckt und gewahrt wird, wenn Menschen dies tun. So leuchtet ein, warum Dôgen sagen kann: »Hofft nicht auf das große Erwachen! Das große Erwachen ist nichts anderes als euer täglicher Tee und Reis.«[43]

Schon der sechste Zen-Buddha Hui-neng spielt in seiner Antwort auf die Frage des Hung-jen, ob der Reis fertig sei, auf diesen täglichen Tee-Weg und Reis-Geist an, der von jedem Selbst jeden Tag neu zu wählen sei: »Er ist schon seit langem fertig, aber er ist noch nicht ausgesiebt.« Auch die Bedeutung dieser scheinbar rätselhaften, in Wirklichkeit aber glasklaren Antwort erschließt sich schnell, wenn man be-

41 Suzuki, Zen und die Kunst zu siegen, ohne zu kämpfen, 21ff.

42 Zahllose Adepten des japanischen Zen vor allem im 20. Jahrhundert zogen (beeinflusst von Suzukis Kriegsideologie) auf dem Schwertweg in den Kampf, um sich in der »Kunst des Siegens« zu beweisen. Im Gegensatz dazu ist für Dôgens (kriegskritischen) Buddhismus ein antimilitärisches Zen-Verständnis nachweislich; vgl. Heine, Critical Buddhism and Dôgen's Shôbôgenzô.

43 Dôgen, Unentwegte Praxis I, 172.

denkt, dass sich diese Situation an einem scheinbar entlegenen Ort abspielte: Nämlich in diesem Dreschraum hier, wo jetzt Hui-neng Reis mahlt, während Hung-jen, der nichts dergleichen tut und nur zufällig von außen in diese Zeitweile eines Tätig-Seins und in diesen eutopischen Ort guter Praxis eintritt. Es scheint, dass Hui-neng längst fertig damit ist, zu wissen, was wann und wo für das Buddha-Sein zu tun ist. Deshalb tut er, was getan werden muss – jetzt und hier den Reis mahlen. Um seine Weisheit zu beweisen, hätte er dementsprechend mit einem witzigen Spruch erwidern können: »Nicht gemalter Reis macht satt, sondern gemahlener.« Ebenso stimmig, aber gastrosophisch tiefsinniger wäre gewesen, der Welt darüber hinaus zu verkünden: »Der gemahlene Reis ist schon lange fertig, aber ist er schon gemalt?«

Denn offensichtlich wusste der fünfte Zen-Meister von all dem nichts. Hätte Hui-neng, Dôgen vorwegnehmend, hinzugefügt »Der Reis ist fertig, wenn wir ihn essen«, dann wäre es für Hung-jen ein Leichtes gewesen zu erkennen, dass Hui-neng als Buddha in der Küche den Weg am richtigen Ort und zur richtigen Zeit praktizierte. Aber er sagte nichts dergleichen – und wurde dennoch zum sechsten Patriarchen ernannt. So erklärt sich, dass seine Weg-Lehre, wie sie in die Geschichte des Zen-Buddhismus eingegangen ist und bis heute erzählt wird, sich in nichts von der Unwissenheit seiner Vorgänger und der Irr-Lehre seiner zahllosen Nachfolger unterscheidet. Oder wer außer Dôgen hat innerhalb und außerhalb der Schriften des Zen-Buddhismus von der alltäglichen kulinarischen Praxis als einer guten Lebenspraxis gesprochen und die unvergleichliche Weisheit des Selbst-Kochens gewürdigt? Und sogar noch mit dem wahren Dharma-Auge eines Dôgen braucht es viel philosophische Phantasie, um in seinem Zen ›das Ess-Zen‹ zu erfassen.

Feine Küche – nur welche?

Der Zen-Küchen-Meister, dem Dôgen gleich bei seiner Ankunft in China begegnet, will japanische Speisepilze kaufen, um später eine Nudelsuppe mit Pilzen zu kreieren. Welche Einsicht könnte der Japaner hinsichtlich der ästhetischen Geschmacksfrage, was ein gut gemachtes Essen ist, dabei gewonnen haben? Fakt ist, Dôgen erkennt, dass der Mönch nicht auf den Pilzgeschmack verzichten und sich nicht mit einer wässrigen Suppe zufriedengeben mag, sondern alles dafür tut, eine wohlschmeckende Mahlzeit zuzubereiten. Das Verständnis von Kochkunst, dem sich er in seinem zen-gastrosophischen Klassiker nähert, beinhaltet zunächst eine Abgrenzung gegenüber der damals (wie heute noch) gesellschaftlich dominanten Ästhetik des feinen Geschmacks.

Zweifelsohne hat er diesbezüglich während seiner Reise durch die chinesischen Städte und Hochburgen einer hoch entwickelten Esskultur einiges Neues kennen gelernt. Die repräsentative Ordnung des gesellschaftlichen Geschmacks, wonach nur gewisse Nahrungsmittel und Zubereitungsweisen gemeinhin als gutes Essen gelten, weil sie gewisse Werte wie Luxus, Wohlstand, modischen Lebensstil repräsentieren, stehen im Zentrum seiner Kritik. Einer solchen repräsentativen Ästhetik entsprechend beweist die Auswahl von Speisen und Zutaten den (angeblich) guten Geschmack der Feinschmecker oder Gourmets. Diesem Gourmetismus widerspricht Dôgen an vielen Stellen seiner Abhandlung. Immer wieder heißt es gegen eine angeblich gute Küche gewendet: »Mache dich nicht abhängig von feinen Zutaten, die deine Arbeit für dich übernehmen.« Oder: »Wenn du Essen machst, betrachte die Zutaten nie aus der allgemein üblichen Warte und denke über sie nicht nur mit deinen gewohnten Gefühlen.« Nicht auf den kulturell gewohnten und gesellschaftlich vorherrschenden Geschmack kommt es an; die Weisheit einer Zen-Küche versteht sich stattdessen auf die Raffinesse eigener feiner Unterscheidungen: »Eine reichhaltige Cremesuppe als solche ist nicht besser als eine Brühe aus Wildkräutern.« Wer in der Küche Buddha-Sein bewahrheiten will, weiß sehr genau, »dass selbst Wildkräuter das Vermögen haben, in der Praxis als Buddhas realisiert zu werden und den Willen, den Weg zu leben, nähren. Erachtet sie nicht als gering«, lehrt Dôgen und fügt den gastrosophischen Rat hinzu, »nehmt dies nicht leicht.«[44]

Seine programmatische Um- und Entwertung einer Cremesuppenküche – gleichsam das Reisknödelbild einer konventionellen Feinschmeckerei – läuft auf die Ästhetik einer kreativen Wildkräuterküche hinaus. Deren experimenteller Stil folgt dem Grundsatz: »Als Weg-Weisende [...] macht den besten Gebrauch von allem Grünzeug, das ihr verwenden könnt.« (Ebd.) Doch der Eindruck, seine Kritik an der feinen Küche sei dem traditionellen Moralismus einer faden Küche verpflichtet – einer Antiästhetik der geschmacklosen Fadheit, wie sie die konfuzianische und daoistische Philosophie zu fordern scheint, verkennt den gastrosophischen Geist dieser Zen-Küche. Dôgens Weisheitslehre entwickelt auch in dieser Hinsicht eine eigenständige Position. Sie übersetzt den in der chinesischen Gesellschaft tief verankerten Sino-Hedonismus einer geschmacklich kreativen Alltagsküche in seinen gastrosophisch verfeinerten Zen-Buddhismus. Wie der aus Indien importierte Buddhismus die chinesische Fleischküche mit einem neuen (fremdartigen) Vegetarismus konfrontierte, so lässt sich nun besser verstehen, wie Dôgen mit seiner Zen-Ästhetik der Kochkunst eine völlig neue Philosophie der feinen Alltagsküche in Japan einführen konnte.

Seine Distanzierung von den üblichen Wertvorstellungen und konventionellen Normen des gesellschaftlichen Geschmacks, die vorgeben, was ästhetisch gutes Essen ausmacht – etwa Trüffelcremesuppe, Duftreis mit frischen Matsutake-Pilzen und ähnliche Raffinessen, wie sie in der repräsentativen Kochkunst schon zu Dôgens Zeiten und ob in China, Japan oder anderswo noch heute üblich sind –, verliert keineswegs den wahren Blick für den kulinarischen Wohlgeschmack und das wohltuende Schwelgen. Das geschmacksästhetische Gebot, sich nicht von »feinen Zuta-

44 Dôgen, Anweisungen für den Koch, 13.

ten, die dir die Arbeit abnehmen« abhängig zu machen, bedeutet nicht den asketischen Verzicht auf eine geschmackvolle Alltagsküche. Zumal eine Trüffelcremesuppe oder ein anderes Werk der Haute Cuisine (wie das bereits erwähnte, zu Dôgens Zeiten in China beliebte Geschmacksspektakel *Huhn des Bettlers*) weder per se gut zubereitet noch gut schmeckt. Ebenso wenig ist es gerechtfertigt, einen Gemüseeintopf und ähnliche Geschmackserlebnisse einer vermeintlich einfachen Alltagsküche per se als unfein abzutun. Wer den Hauptstrom des geschmäcklerischen Ästhetizismus gedanklich überquert, gelangt an das andere Ufer einer gastrosophischen Zen-Küche und damit zu einem eigenen Wahrheitssinn – der essthetischen Erleuchtung, dass eine feine Cremesuppe nicht unbedingt besser ist als eine leckere Brühe aus Wildkräutern.

Dôgens Theorie vom wahren Geschmack des Zen richtet ihre Kritik nicht nur gegen das konventionelle Wertesystem eines Gourmetismus. Ebenso werden die asketischen Ideale eines freiwilligen Verzichts auf geschmacklich Gutes hinterfragt. Denn die antiästhetische (den Sinn für die kulinarische Geschmacksethik anästhesierende) Tugendlehre eines faden Essens, das einem *nicht schmecken soll*, lässt jede Ästhetik des guten Geschmacks als moralisch schlecht erscheinen. Allerdings bleibt diese konventionelle Moral (der altchinesischen Philosophen) in ihrem geschmäcklerischen Subjektivismus und Asketismus ihrerseits einer Dogmatik der repräsentativen Küche verhaftet. Das asketische Ich und seine kulinarische Selbstlosigkeit (der das Essen nicht schmecken muss, Hauptsache, es sättigt) hängen an einem dogmatischen Geschmack, der sich in seinen philosophischen Grundsätzen mit Brühe und wässriger Suppe, bloßem Reis und ähnlichen Fadheiten begnügt.

Auch in diesem Fall werden feine Unterschiede gemacht zwischen dem richtigen (faden) Geschmack einer guten (frugalen) Mahlzeit einerseits und der schlechten (maßlosen) Küche einer schwelgerischen (reizvollen) Geschmacksvielfalt andererseits. Die Zurückweisung der dogmatischen Unterscheidung zwischen feinem und fadem Geschmack, zwischen Delikatessen und einfacher Kost ist Teil der kulinarischen Selbst-Befreiung aus einer – so oder so gastrosophisch abgeschmackten – Ästhetik einer konventionellen Geschmacksmoral: Diese Erkenntnis ist Dôgens Erwachen zur Weisheit eines Nicht-Unterscheidens und Nicht-Anhaftens an bloß vorherrschende Werte und Wertgegensätze. Daher die Notiz in seinem Kochbuch: »Es gibt keinen Unterschied zwischen Delikatessen und einfacher Kost, es gibt nur einen Geschmack und das ist das Buddha-Dharma«. (Ebd.) Dies besagt der Lehrsatz gastrosophischer Weisheit: *Legt Wert auf eine geschmackvolle Küche!*

Das Erfreuliche ist: Es braucht nicht viel, um den alltäglichen Geist und Körper dieses wahren Geschmacks zu wecken; es begnügt schon zu wissen oder, ähnlich wie schon Dôgen auf seiner Forschungsreise nach China, zu erkennen, dass es bei der Kunst, aus dem, was verfügbar ist, das Beste – geschmackvolles Essen – zu machen, um keine luxuriöse Lebenskunst geht. Der Dichter und vielleicht berühmteste Gastrosoph der Qing-Dynastie, Yuan Mei (1716–98), gelangte zu der wegweisenden Erkenntnis, dass »gutes Kochen nicht davon abhängt, ob ein Gericht groß oder klein, billig oder teuer ist. Wenn man die Kunst beherrscht, kann man aus einem Stück Sellerie oder einem gesalzenen Kohl eine köstliche Delikatesse bereiten; wenn nicht, nützen alle Leckerbissen und Raritäten des Landes, des Wassers und der Luft nichts«.[45] Zuvor hatte bereits der Schriftsteller Li Yu (1610–1680) das von Natur aus Schmackhafte gelobt; er nannte als Beispiel die Krebse, die frisch und fett, süß und üppig, weiß wie Jade und gelb wie Gold seien und Farbe, Duft und Geschmack in höchstem Maße in sich vereinigten und keiner Verbesserung bedürften. Es sei daher ratsam, sie möglichst pur, nur gekocht, zu essen und sie auch selbst mit der Hand zu knacken und sofort zu verzehren, da sonst der Genuss nicht vollkommen sei.[46] Es spricht auch nichts dagegen, ihr zartes Fleisch in eine Orange zu füllen und dann in einem Reistopf mit Essig und Wasser zu dämpfen, wie es Lin Hong in der *Schlichten Kost des Bergeinsiedlers* vorschlägt. Denn geschmacklich gut kann letztlich alles sein, was in sich geschmackvoll ist oder wohlschmeckend zubereitet wird.

Die ästhetische Feinsinnigkeit der Geschmacksfrage lässt sich am Beispiel des Genusses von vermeintlich geschmacklosem Wasser veranschaulichen, wie der Maler, Dichter und Lebenskünstler Wang Shizhen (1634–1711) zu einer Zeit, als der gastrosophische Diskurs in China seinen Höhepunkt erreichte, schrieb: »Der Genuss von Wasser ist geschmacklos, aber in Wahrheit ist er nicht fade: Er ist der beste Geschmack der Welt, und der Geschmack keiner anderen Speise kommt ihm gleich«. Wenn schon diejenigen, die den Geschmack des Essens zu schätzen wissen, selten sind, so sind diejenigen, die den Geschmack des Wassers zu schätzen wissen, noch seltener. Einen gastrosophischen Sinn beweist demnach, wer selbst den Eigengeschmack des Wassers herausschmecken kann.

Die Weisheit, dass ein erfahrenes und kundiges Urteilsvermögen auch bei bloßem Wasser einen besseren oder schlechteren Geschmack wahrzunehmen vermag, weckt bei Dôgen ein tiefes (naturethisches) Verständnis jener unfassbar erdverbundenen Wirklichkeit, die mit »Buddha-Natur« gemeint sein kann: So ist das Trinken – und zwar nicht das bewusste Trinken von grünem Tee, sondern das wissentliche Genießen von köstlichem Wasser – jenes (betätigte) Sein, in dem »Wasser inbrünstig ergründend Wasser ausdrückt«.[47] Der in praxi gelebte Genuss von wohlschmeckendem Wasser – als dem Grundnahrungsmittel des Menschen schlechthin – drückt inständig ergründend den Geschmack des Geschmackvollen und Genießbaren aus. Dass Wasser gut schmeckt, ist (nur) dort der Fall, wo Wasser als wohltuend frisches Quellwasser sein kann (sein-gelassen ist). Das Wohltuende und wohlvolle Sein-Können von Quellwasser wahrzunehmen, bedeutet für Dôgen, »das Wasser des Buddha-Weges von Grund auf lernen«. (Ebd., 146)

---

45 Yuan, Speisezettel des Sui-Gartens, 146.

46 Gwinner, Essen und Trinken: die klassische Kochbuchliteratur Chinas, 110.

47 Dôgen, Berg-und-Wasser-Sutra, 133.

Wir sind an diesem Punkt, auf diesem Lernweg, an dieser Gabelung auf dem Weg zu einer panhumanen Zen-Praxis, denkbar weit entfernt sowohl vom Wassertrinken der Asketen, die dies tun, weil sie sich jedes andere Getränk verbieten, als auch vom Buddhismus des mittleren Weges, der den Buddha und seine Anhänger dazu nötigt, zum erlösenden Löschen ihres alltäglichen Durstes nur Wasser zu trinken; und selbstverständlich noch weiter entfernt vom bewusstlosen Sich-Betrinken durch ein tägliches Übermaß an Wein und Bier vieler Nicht-Buddhisten. Aber Dôgen geht noch einen entscheidenden Schritt weiter und findet so, wie sich zeigt, seinen Einstieg ins gastrosophische Weg-Denken. Denn der mittlere Weg seines Zen-Buddhismus anerkennt die lebendige Wirklichkeit der Geschmacksfülle (eines geschmackvollen Seins) und die reale Heilwirksamkeit von etwas scheinbar Geschmacklosem wie Wasser, oder in seinen Worten: »Das Wasser erreicht die Mitte des Gedankens, des Denkens und der Urteile und erreicht auch die Mitte der erwachten Weisheit der Buddha-Natur.« (Ebd., 140)

So erweist sich das tägliche – keineswegs ausschließliche – Wassertrinken als Quelle einer rational nachvollziehbaren und durchaus einleuchtenden Weisheit der Buddha-Natur: Frisches Wasser ist das vollkommene und reinste Getränk in der Welt des Essens. Weise trinken Wasser aus Zhongling oder frisches Quellwasser von anderswo oder anderes genießbares Wasser und praktizieren (bewirken) im täglichen Wassertrinken die Wohl-Natur sowie den guten Weg des Wassers und das Durst löschende Selbst-Sein, worin sich das Ganze – die All-Natur allen Wohl-Sein-Könnens – teilhabend reflektiert. Wahre Buddhas verkörpern deshalb kristallklare Spiegel einer für alle Menschen und alle nicht-menschlichen Lebewesen – für alle Essistenzen der Erde – *gute Natur*, wie sie am einfachsten als erfrischendes Quell- und Trinkwasser *sein kann*.

Wenn Dôgen sich fragt, »ob es inmitten des Hauses der buddhistischen Meister [solches] Wasser gibt oder nicht«, dann mag er dabei an das Kloster und die Klosterküche denken; er könnte ebenso an jeden anderen Haushalt oder an jede andere Gelegenheit denken, wo Menschen reines Wasser trinken, ohne dessen Güte und Wohlbekömmlichkeit zu reflektieren. Dass es sich gleichwohl lohnt, diese alltägliche – aber letztlich alles andere als selbstverständliche – Tatsache (zumindest gelegentlich) philosophisch zu reflektieren, sollte einleuchten. Allzu leicht ist es, sich eine Welt und auch eine absehbare Zukunft vorzustellen, in der Menschen alles verfügbare Wasser der Erde verbraucht und ausgetrunken haben, eine Welt, die vor Durst leidet, in der weder die Selbsterfüllung einer Buddha-Natur – etwa, unterschiedliche Wasserqualitäten schmecken und genießen zu können – erreichbar ist, noch überhaupt die Möglichkeit eines natürlichen Wohl-Seins aller Lebewesen existiert. Wir tun alles, damit dieser Zustand des unstillbaren Durstes bald eintritt. Leere Flüsse und Meere, so warnen Vandana Shiva und andere alarmierte Erdgeister, werden zu nicht versiegenden Quellen von Wasserkriegen und erbitterten Kämpfen um das genießbare und brauchbare blaue Gold.[48] Um die drohende Dürre und das Durstleiden dieser Welt abzuwenden, müssten wir den Wasserverbrauch nachhaltig reduzieren und das tägliche Wassertrinken erst lernen, die Gewässer reinigen und wieder in ihrer ursprünglichen Frische und ihrem kostbaren Überfluss fließen lassen. Um diesen Wasser-Weg ringt gegenwärtig die ganze Welt des Essens.[49]

Wie die Weisheit eines gastrosophischen Geschmackssinns inständig ergründend die Buddha-Natur und den Zen-Geschmack von Trinkwasser ausdrückt, so gilt dies auch für die Dinge und alle Wesen, die in ihrer Eigenart und Würde (ihrer Soheit) das Selbst sein können, was sie in ihrer jeweiligen Einzigartigkeit und natürlichen Wohlgeschmacklichkeit sind. Diese Lebenskunst verlangt nichts anderes, als durch tägliche Praxis das kulinarische Unterscheidungsvermögen auszubilden, den Geschmack der alltäglichen Dinge zu verstehen und ein Wissen darüber zu entwickeln, ob Wasser, Milch, Bier, Wein, Reis, Sushi, Teigtaschen, mit Krebsfleisch gefüllte Orangen oder ein Shiitake-Nudelgericht am Rande oder im Zentrum des Geschmacksspektrums liegen. Ein solches ästhetisches Geschmacksurteil kann jeder Homo sapiens (als einziges weises Tier mit eigener Küche) ausbilden. Aber, wie der große Dichter und autodidaktische Kochkünstler Su Shi, der einige Zeit vor Dôgen wirkte, sehr wohl wusste, »diejenigen, die bei ein und demselben Geschmack die Mitte von der Peripherie zu unterscheiden wissen, sind äußerst selten«. Nur wer wirklich einen guten Geschmackssinn entwickelt hat und ein essthetisches Selbst kultiviert, sollte als weise (sapient) gelten.

Der besagte Su Shi, auch als Su Dongpo bekannt, wurde um das Jahr 1080 zur Zeit der Song-Dynastie als in Ungnade gefallener Staatsbeamter vom Kaiser Shenzong nach Huangzhou in der Provinz Hubei verbannt, nachdem der namhafte Gelehrte die Regierung kritisiert hatte. In den Jahren seiner Strafversetzung konzentrierte sich Su auf das himmlische Reich der Mitte: auf das Essen als Mittelpunkt des täglichen Lebens – eine wegweisende Entscheidung, welcher die chinesische Tischgesellschaft ein bis heute populäres *Schweinefleischrezept nach Dongpo-Art* verdankt. Diese kulinarische Allerweltsweisheit soll entstanden sein, als Su bei der Arbeit an einem Gedicht einen Topf mit Schweinefleisch auf dem Herd vergaß. Nach mehreren Stunden hatte es delikate Zartheit erlangt. Dieses Gedicht an Gericht wird im heutigen China aus fettem Schweinebauch zubereitet, der mit Sojasoße, Reiswein, etwas Zucker und Gewürzen stundenlang gekocht und anschließend meist noch gedämpft wird, bis das Fett und die Schwarte eine cremige Konsistenz angenommen haben. Der autodidaktische Kochkünstler Su erklärt den Hintergrund seiner Erfindung mit derben Worten: »In Huangzhou gibt es ein feines Schweinefleisch, preis-

---

48 Shiva, Water Wars; Rahmig, Der Kampf ums Wasser: Im Jahrhundert der Dürre; sowie die mehrfach ausgezeichnete Dokumentation des Filmemachers Sam Bozzo, Blaues Gold – Der Krieg der Zukunft.

49 Gerten, Wasser. Knappheit, Klimawandel, Welternährung.

wert ist es wie Kot und Dreck. Die Reichen wagen es nicht zu essen, den Armen fehlt es an Kochgeschick. Das Feuer klein und stet, ein wenig Wasser nur. Wenn's Feuer recht war und lang genug gekocht, entfaltet's von selbst den feinsten Duft. Jeden Morgen gönne ich mir ein Schälchen, und gut gesättigt habe ich mich selbst versorgt.«[50]

Eine solche Selbstversorgung, die gut sättigt und schmeckt, weil zu ihr das Wissen und Können gehört, aus einfachsten Zutaten etwas Feines zu kreieren, kann als vollendete Form kulinarischer Lebenskunst gelten. Eine Lebensweisheit, die – wie der Volksmund weiß – nicht auch gegessen und genossen werden kann (sei es mit Löffeln oder mit anderen, noch besser geeigneten Esswerkzeugen), fehlte zumindest die Weisheit des Essens und damit das pulsierende Herz jeder Lebensweisheit. Su, der die gastrosophische Lebensweise zu praktizieren wusste, hinterließ der Welt also ein weiteres Rezept à la Dongpo: Weise sein und guten Geschmack haben sind ein und dasselbe.

Obwohl ein Übermaß an kulinarischer Raffinesse (und sicherlich auch Schweinefleisch) mit Dôgens Zen-Gastrosophie nicht vereinbar ist, spricht sie sich letztlich auch für Zubereitungsarten und Gerichte aus, die gemeinhin einer Ästhetik der feinen Küche zugerechnet werden. Das Entscheidende ist ohnehin auch bei ihm, wie wir inzwischen wissen, dass selbst gekocht wird. Denn nur wer selbst kocht, nutzt die unfassbare Supermacht, ›herzhaftes Essen machen, kreieren zu können. Das ist, in Dôgens Worten, »das große Glück« dieser Praxis; dem entsprechend heißt es in seinem Kochbuch: »Ich hoffe inständig, ihr werdet eure Arbeit tun und das Mahl an ebendiesem Tag kochen, in ebendiesem Augenblick, mit all eurem Leben, der Frucht von Myriaden Geburten und Tausenden von Leben, zum Wohle von Myriaden von Wesen. Die Dinge so zu begreifen, ist das freudige Herz.«[51] Dieses freudige Herz hat erkannt und durch Gaumenfreuden ein Erwachen darüber erfahren, dass es gut ist, selbst kulinarisch tätig zu sein (um die Mahlzeiten an diesem Tag zuzubereiten), weil dadurch kostbares Gutes – und in vielerlei Hinsicht Wohltuendes zum Wohle von Myriaden von Wesen – geschaffen werden kann. Insofern ist schon wahr: Indem die Küchenarbeit zur Zubereitung einer erfreulichen Herzensstärkung praktiziert wird, ist für Menschen in der Küche großes Glück erreichbar. Wir dürfen uns dieses Buddha-Sein-Können (von pan-superhumanen Maitreya-Buddhas) als eine lächelnde Buddhaschaft vorstellen, deren Lebensfreude weniger in einer Wohlbeleibtheit als in einem ebenso leiblichen wie geistreichen Wohlleben zum Ausdruck kommt.

50 Su lebte in Huangzhou in einem kleinen Landgut ohne Bezüge. In dieser Zeit hatte er Kontakt mit einem Zen-Mönch und befasste sich neben der täglichen Esskunst – auch – mit Meditation und dem Buddhismus.

51 Dôgen, Anweisungen für den Koch, 17.

Geschmackvolles Essen jenseits der Diätetik einer bloß gesunden Küche

Worin also besteht die Zen-Kunst des Kochens, die »richtige Zubereitung, die wir kultivieren sollten«? (Ebd., 7) Dôgens großartige Antwort lautet schlicht: »Nehmt Grünzeug und baut daraus ein Heiligtum«. Wer Grünzeug in Heiligtümer zu verwandeln vermag, versteht sich auf die wertschöpfende Kunst, das, was an Geschmäckern verfügbar und erschwinglich ist, zu nehmen, um daraus »ein genussvolles Fest« (Dôgen) zu kreieren. Gut kochen können heißt demnach, die Zutaten, Zusammensetzungen und Zubereitungsweisen flexibel einzusetzen wissen, Hauptsache, das so geschaffene Machwerk schmeckt und bereitet Wohlgefallen. Bloßes Nachkochen von Rezepten weckt keinen Weg-Geist; dessen Erwachen geschieht durch die eigene Kreativität in der ästhetisch freien Komposition der Formen, Texturen, Temperaturen, Aromen, Farben und Düfte.

Dieser Autonomie-Grundsatz in der Kunst des Kochens wird in den Ausführungen des Zen-Meisters mit dem abwegigen Theorem unterlaufen, der Koch habe sich primär an der überlieferten Dogmatik der »sechs Geschmäcker und drei Qualitäten« zu orientieren, die in den chinesischen Zen-Klosterregeln kodifiziert sind. Diesbezüglich wieder ganz der religiöse Mönch, erklärt Dôgen: »In den *Regeln der Reinheit für Zen-Klöster* steht geschrieben: ›Wenn der Koch eine Mahlzeit anbietet, die nicht mit den sechs Geschmackskategorien und den drei Qualitäten harmonieren, kann nicht gesagt werden, dass er für die Gemeinschaft sorgt‹.« (Ebd., 7) Dieses Reglement reduziert das Prinzip der guten Küche auf die Herstellung von Gerichten einer schematischen und konventionellen Geschmackswahrheit: Mit bitter, sauer, süß, salzig, mild und scharf sind nur sechs Geschmackskategorien genau definiert. Unter einer solchen rigiden Kategorienlehre, die in verschiedenen Varianten die Geschichte der Kulinarik in Ost und West durchzieht, reduziert sich die kreative Kunst des Kochens auf das technische Handwerk der Zubereitung von Speisen nach einer strikt einzuhaltenden Dogmatik.

Gegen eine derartige Schematisierung und Ideologisierung der Geschmacksfragen wendete sich schon der Kunsttheoretiker und Dichter Sikong Tu (837–908). Der groben Klassifikation von einigen (sechs, fünf, vier) Grundgeschmäckern setzt Sikong die kulturelle Freiheit und das individuell zu kultivierende Vermögen eines guten Geschmacksurteils entgegen, die jedes Essen nach dessen je eigenen Geschmacksfülle zu beurteilen (oder zu komponieren) weiß. Eine solche frei reflektierende Urteilskraft reklamiert Sikong für sich als »echten Chinesen«, der auf die gesellschaftliche Selbstverständlichkeit einer hoch entwickelten Geschmackskultur zurückgreift, während die Konventionalität einiger weniger bloß sinnesphysiologisch prägnanter Grundwahrnehmungen das typische Kennzeichen von individuell oder kollektiv unterentwickelter Essgewohnheiten sei. »Im Süden von Jiangling«, wo Sikong solche primitiven Geschmackskulturen zu verorten glaubt, »begnügt man sich damit, sich der angenehmen Eigenschaften der Nahrungsmittel zu versichern, weiter nichts: Beim Essig, der zweifellos sauer schmeckt, begnügt man sich mit seiner Säure; beim Lachs, der ohne jeden Zweifel salzig schmeckt, begnügt man sich mit eben diesem salzigen Geschmack.« Doch weder ist Essig nur sauer noch ist Lachs nur salzig; statt bloßer geschmacksverstärkender Reize zur Hungerbefriedigung gehe es in einer verfeinerten Esskultur wie der chinesischen, so der Ästhet weiter, um ein ganz anderes Ethos (eine Ästhetik) des Essens: »Die echten Chinesen essen dagegen erst, wenn ihr Hunger gestillt ist: Sie wissen nur zu genau, dass hier eine andere Art der Fülle fehlt, die jenseits des Sauren und Salzen liegt.« Bestürzt über die gastrosophische Unmündigkeit der Anderen weiß sich Sikong einen solchen eklatanten Mangel an Lebenskunst nur durch ungünstige Verhältnisse zu erklären: »Man glaubt es kaum, aber die Leute aus Jiangling sind daran gewöhnt und achten nicht solche feinen Unterschiede.«[52]

Obgleich die hier von dem Tang-zeitlichen Chinesen vorgebrachten feinen Unterschiede des gesellschaftlichen Geschmacks nur auf die Küche der damaligen Hauptstadt eines kleinen Reiches in der chinesischen Provinz Hubei zielten, gilt die Kritik an einer reduktionistischen Geschmacksästhetik sowohl für die auch von Dôgen gelehrten Regeln für die buddhistischen Zen-Klosterküche als auch für die ältesten Grundlagen der chinesischen Esskultur zu – nämlich für Chinas traditionelle Ernährungsmedizin und ihre Ernährungslehre der Fünf-Geschmäcker. Diese klassische Diätetik Ostasiens, die heute weltweit wieder an Einfluss gewinnt, basiert auf einer Klassifikation aller Lebensmittel in nur fünf Geschmäcker, fünf Elemente, fünf Wandlungsphasen und so weiter. Dieser Schematismus spiegelt keine kulinarisch-ästhetischen Reflexionen über die spezifische Geschmacksfülle, Eigenheit oder Komposition von Speisen wider, sondern übersetzt eine letztlich metaphysisch abgeleitete Dogmatik einer gesunden Diät: Die klassische Diätetik der traditionellen chinesischen Ernährungsmedizin (ähnlich wie die traditionelle Humoral- und Viersäftelehre des Westens) reduziert die Ethik einer auch geschmacklich guten Küche auf den Moralismus einer gesunden Diät.[53]

Ob Dôgen auf seiner China-Reise über die sechs Geschmackskategorien der klösterlichen Küchenregeln hinaus auch die Traditionelle Chinesische Medizin mit ihrer viel weiter entwickelten Ernährungslehre der fünf Geschmackselemente

---

52 Sikong Tu, Brief über die Dichtung an Herrn Li, 123.

53 Auf den großen Themenkomplex eines diätetischen Denkens und der systematischen Reduktion des gastrosophisch guten Essens auf bloß gesundes Essen kann hier nicht näher eingegangen werden. Zu den Ursprüngen der klassischen abendländischen Diätetik, der hippokratischen Medizin und Ernährungslehre, an der sich die Probleme der rein diätetischen Vernunft einer Gesundheitsküche paradigmatisch studieren lassen, sowie zur bereits von Immanuel Kant formulierten (gastrosophischen) Kritik an einer rein makrobiotischen Ernährungslehre, wie sie seinerzeit von dem Arzt Christian Hufeland vertreten wurde, vgl. Lemke, Ethik des Essens. Einführung in die Gastrosophie, 237–268 und 375–422.

kennengelernt hat, geht aus seinen Ausführungen nicht hervor. Allerdings erwähnt er, dass er »viele medizinische Schriften« gelesen habe. Mit großer Wahrscheinlichkeit kann davon ausgegangen werden, dass es sich dabei um die weit verbreiteten und einflussreichen Schriften der klassischen chinesischen Ernährungsmedizin handelte. Der große Import chinesischen Gedankenguts nach Japan in dieser Zeit (nicht nur in der Person Dôgens) umfasste nachweislich auch die Heilkunst und die diätetischen Prinzipien einer medizinischen Kochkunst und Gesundheitsküche.[54] Heute berufen sich aktuelle Ernährungsratgeber und Kochbücher der Zen-Küche tatsächlich auf die klassische Ernährungsmedizin Chinas, um das, was nach Dôgens Lehre der sechs Geschmäcker im Anschluss an die buddhistischen Klosterregeln auf die ideologisch korrekte Zubereitung hinausläuft, im Sinne der diätetischen Tradition der »echten Chinesen« zu »korrigieren«.[55]

So entstehen in unserer Zeit Rezeptbücher, die sich zwar auf Dôgen berufen und bis ins kleinste Detail (dogmatisch) regeln, mit welchen Nahrungsmitteln, in welchen Kombinationen, zu welchen Zeiten, mit welchen Zubereitungsarten usw. sich Menschen gesund ernähren und was an Gutem sie sich schmecken lassen sollen. Dabei wird allerdings die bemerkenswerte, wenn auch zu wenig beachtete Tatsache übersehen, dass Dôgen eben nicht die klassische chinesische Ernährungslehre und ihre Fünf-Geschmackslehre lehrt. Fest steht jedenfalls: Ein so umfassendes und in sich geschlossenes Weltbild wie das spekulative, bis heute kaum kritisch hinterfragte, System der Yin-Yang-Kosmologie mit seiner Fünf-Elemente-Metaphysik hat in der zen-buddhistischen Küchenphilosophie ursprünglich keinen Platz. Auch die von Dôgen initiierte japanische Zen-Küche hat keinen erkennbaren Versuch unternommen, eine alternative Diätetik zur chinesischen Ernährungslehre, eine Art Zen-Makrobiotik zu entwickeln, weshalb heute eine makrobiotische Küche lediglich mit dem Namen eines japanischen Philosophen, des Diätetikers Georges Ohsawa, verbunden ist.[56] Hätte Dôgen sein Ess-Zen durchgängig mit einer Gesundheitsküche gleichgesetzt und darauf reduziert, wäre damit eine unüberbrückbare Begrenztheit seines gastrosophischen Denkweges und der unumgängliche Wendepunkt markiert, auf den die – hier von mir vermiedenen – diätmoralischen Pfade seines Buddhismus ohnehin zulaufen.

Doch gerade in jüngster Zeit gewinnt die Zen-Küche unter dem esoterischen Programm einer *Hohen Kunst des makrobiotischen Kochens*, einer *Einführung in die makrobiotische Küche in 10 einfachen Schritten* oder des *makrobiotischen Weges* auf dem lebhaften Markt der so genannten alternativen Ernährungslehren beachtliche Popula-

54 Fujikawa, Geschichte der Medizin in Japan: 23ff; Kajitani, Über Grundideen der Lebenspflege durch Ishimpô.

55 Ming-Dao, Zen – Geheimnis der asiatischen Küche; Schwitzer, Zen und die Kunst des Essens.

56 Ohsawa, Zen-Makrobiotik.

rität.[57] Zweifellos wecken solche Ernährungsweisheiten wie die Makrobiotik oder das komplexe System der klassischen chinesischen Ernährungsmedizin bei vielen Menschen gerade im Westen allgemeines Interesse, weil diese Weisheitsdiäten eine Philosophie des alltäglichen Kochens bieten. Solche transkulturellen Ernährungsphilosophien berücksichtigen zudem – zumindest ansatzweise – geschmacksästhetische Fragen des Kochens und Essens im Gegensatz zur asketischen Ernährungsmoral der maßgeblichen Philosophen, die – wenn überhaupt – nur eine ebenso fade wie karge Diät lehren.

Von beiden Traditionen unterscheidet sich das, was ich hier als Dôgens ›unfassbare Zen-Gastrosophie‹ herauszuarbeiten versuche. Zwar folgt auch sie insofern einem diätetischen Denken, als eine kulinarische Lebenskunst mitunter, aber nicht nur, bedeutet, sich gesund zu ernähren. Im Gegensatz zur klassischen chinesischen Ernährungslehre beschränkt Dôgen die Bedeutung des Essens für die Gesundheit (das körperliche oder leibliche Wohlsein des Selbst) auf die recht basale Erkenntnis, dass »der Geist nur dann gesund ist, wenn auch der Körper – Fleisch und Blut – gut gepflegt wird«.[58] Über dieses Grundwissen einer gastrosophischen Ernährungslehre hinaus finden sich bei ihm keine weiteren Ausführungen zur Gesundheit. So ist neben der selbstverständlichen Verwendung gesunder (vollwertiger, unbelasteter) Lebensmittel lediglich auf eine möglichst abwechslungsreiche Küche zu achten. Entsprechend heißt es in seinem Kochbuch: »Setze bei der Küchenarbeit deinen ganzen Weg-Geist ein, indem du unermüdlich versuchst, eine möglichst abwechslungsreiche Kost zu servieren, die den Bedürfnissen und Gegebenheiten gerecht wird und die allen genügende Kraft gibt, mit ihrem Körper und Geist ohne geringe Einschränkung tätig zu sein.« Die Tatsache, dass die täglichen Mahlzeiten für die geistige und körperliche Gesundheit sorgen, ist ein wesentlicher Grund dafür, warum es gut ist, so zu kochen und sich so zu ernähren (gemäß dem körperlichen und geistigen Wohlbefinden). Denn auf dem Wege einer auch für die Gesundheit guten Küche wird der menschliche Körper (und Geist) gut genährt, wird mit anderen Worten der Körper (und Geist) eines Buddhas genährt – als eines so Wohlernährten. Wenn gesagt wird, »die Buddhaschaft ist nur mit dem Leib zu erlangen«, dann kommt darin einerseits eine Kritik an einem leibfeindlichen Geist-Buddhismus zur Sprache, mit dem sich Dôgen zu Hause vor seiner Reise nach China und seiner Entdeckung des Chan-Buddhismus in der Theorie und Praxis konfrontiert sah. Und spätestens jetzt leuchtet ein: Der »Buddha-Leib« ist ein Nichts, eine leere Worthülle, oder ein konvivialer Leib, dessen vollbrachtes Wohlleben und weiser Geist durch gut gemachte und mit Anderen genossene (Haupt-)Mahlzeiten selbst tätig erwiesen werden.

57 Aihara, Die hohe Kunst des makrobiotischen Kochens; Kushi, Der makrobiotische Weg; Kushi/Kuchi, Einführung in die makrobiotische Küche in 10 leichten Schritten

58 Dôgen, Unterweisungen zum wahren Buddha-Weg, 175.

Dass das Buddha-Sein und die Zen-Praxis nur mit der leiblichen Essistenz zu erlangen sind, birgt neben diesem (leibphilosophischen) Aspekt andererseits den weiten (natur- oder umweltethischen) Sinn, dass alle, die sich so gut ernähren, in Form ihres leiblichen Wohl-Seins (nicht zu verwechseln mit einer notwendig dickbäuchigen Leibesfülle) »den Buddha in allen Wesen« erweisen, die sie in der Gegenwart essen und in Zukunft essen werden und die sie sich in der Vergangenheit schon einverleibt haben, weil diese Wesen abhängig und bedingt von der Welt dieses guten Essens leben. Nichts von dem, was wir essen, verschwindet in uns, im Inneren unseres Bauches wie in einem schwarzen Loch. Nichts von der Materie und Universalität des irdischen Nahrungsgeschehens verschwindet im Verdauungsprozess; vielmehr findet immer ein Stoffwechsel statt, und zwar weit mehr als ein Auswechseln, ein Metabolismus von Stoffen: Das Gegessene wird ein Teil von uns; wir verkörpern es fortan, und in unserem Körper (und Geist) lebt der ›fremde Körper‹ all der Wesen (reinkarniert) weiter, die unser Leben nähren. Dieses abhängige Entstehen der erdverbundenen Essistenzen, welches alle mit allen verbindet, ist weder etwas irreal Metaphysisches noch eine mystisch-spirituelle Einheit; es ist in seiner globalgastrologischen Kausalität ganz real, etwas Megaphysisches und ein empirisches Einsseins, das Internet des Essens, das alles mit allem verbindet, was isst.

Daraus folgt: Ein überwiegend von guten Dingen ernährter und mit gesundem Essen bekochter Leib verkörpert das gesundheitliche Wohlergehen des Leibes aller Buddha-Wesen innerhalb der zehntausend Dharmas oder der unzähligen Glieder der Nahrungskette (die an der Möglichkeit und Selbst-Verwirklichung des leiblichen Wohl-Seins aller davon abhängig entstehenden Lebewesen und Umwelten mitwirken). Die Verkörperung (der Soheit) eines so gesund ernährten Leibes zeigt die verwirklichte Wahrheit eines physischen Wohlergehens dieses Selbst wie das aller anderen Wesen, die es sich einverleibt und deren Leben so (über den Buddha-Weg) seinerseits genährt wird. Bekomme alle Wesen so zu essen, dass sie den sie Essenden gesundheitlich wohltuend ernähren, bewirkt dies, dass sie in ihrem natürlichen Wohlsein-Können sein gelassen sind.

Anhand eines wohlernährten Buddha-Leibes wahrzunehmen, was gesunde, physiologisch wohltuende Kost ist und welche Speisen das leibliche Wohl sich so ernährender Buddhas bewirken – dies am eigenen Leib bewahrheitend wahrzunehmen heißt, in Dôgens Worten, »den Weg mit dem Leib studieren«.[59] So kann die mystisch-metaphysische Vorstellung, dass »die Erscheinung des Leibes die Erklärung der Buddha-Natur« sei, einen empirisch-megaphysischen Sinn erhalten. Weil dies so ist (was hier nur in groben Zügen als *das Internet des Essens* angedeutet werden kann), wird die Praxis einer gesunden Ernährung durch die tägliche Verwendung und Verfügbarkeit von gesunden Lebensmitteln verwirklicht. In der

59 Dôgen, Buddha-Natur.

Einverleibung der äußeren Natur, im tausendfach vermittelten wirklichen Einssein von gegessener Wohlnatur und sich wohlernährendem Menschenleib schließt sich der globale Kreis einer gastrosophischen Naturethik. Diese Zusammenhänge vor Augen, kann Dôgens spekulativen Ausführungen zur »Buddha-Natur« eine philosophisch erklärungskräftige Denkweise abgewonnen werden. So bleibt sein Denken, wie der Titel seines Hauptwerkes behauptet, wahrlich die Schatzkammer eines wahren Dharma-Auges, um dessen philosophischen Wahrheitsgehalt – oder metaphysischen Unsinn – sich viele hungrige, aber bislang ungastrosophische Geister seit langem streiten.[60]

Aber noch etwas anderes macht die geschmacksästhetischen Grenzen der Zen-Gastrosophie à la Dôgen deutlich. Denn, indem er, wie bereits angesprochen, eine gute Zubereitung nach den sechs Geschmackskategorien (süß salzig sauer bitter mild scharf) vorschreibt, bleibt seine Ethik einer kreativen, abwechslungsreichen und geschmackvollen Alltagsküche letztlich ihrerseits einem grundbegrifflichen Dogmatismus verhaftet. Ob man nun sagt, der wahre Geschmack müsse sich aus sechs Geschmackskomponenten zusammensetzen (wie es die alten Regeln der Zen-Klosterküche wollen), oder ob man sagt, der wahre Geschmack bestehe nur aus fünf Geschmackskomponenten (wie es die traditionelle chinesische Ernährungslehre behauptet), oder ob man sagt, der wahre Geschmack sei der fade Geschmack, wie die alten und neuen Daoisten glauben, oder er verlange unbedingt den feinen Geschmack besonders delikater Speisen, wie die Gourmets aller Zeiten meinen – es wird jedes Mahl die Geschmacksfrage von einem begrenzten Standpunkt aus willkürlich festgelegt. Letztlich wird dadurch die möglichst »weit offene, nichts heilige« Vielfalt der Geschmäcker willkürlich eingeschränkt und die Praxis, zu lernen, was gut ist und was nicht, unnötig begrenzt.

Einkaufen auf dem Weg

Einige zeitgenössische Autoren, die Dôgens Philosophie der guten Küche aufgreifen und kritisch weiterentwickeln, versuchen zu Recht, eine kulinarische Ästhetik zu denken, die die Verwendung gesunder Lebensmittel und eine gesunde Ernährungsweise mit der Idee einer größtmöglichen Geschmacksvielfalt zu verbinden weiß. Beispielsweise trägt die amtierende Chefköchin eines amerikanischen Zen-Zentrums in einem Kommentar zu den *Anweisungen an den Koch* die folgende Klärung vor: »Versuche dein Essen so vielgestaltig zu gestalten, wie du kannst. Wenn du immer nur drei Sorten Gemüse isst, lasse es vier werden oder zehn oder dreihundert.«[61] Dann folgt eine lange Liste unterschiedlichster Geschmäcker aus der

60 Hubbard/Swanson, Pruning the Bodhi Tree.

61 Renge, Braising the Mind of the Way, 12.

Welt des Gemüses, der Pilze, der Salate, der Nüsse, der Gewürze. Zeitgenössische Kochbücher zur Zen-Küche wie *Das Lächeln des Radieschens* von Edward Espe Brown oder *Zen – Geheimnisse der asiatischen Küche* von Deng Ming-Dao entwerfen delikate Reisknödelbilder – zen-gastrosophische Darstellungen einer kreativen Kochkunst für den Alltag ohne die kulinarisch-ästhetische Enge der funktionalen Großküche eines buddhistischen Klosters.

Abhängig von der alltäglichen Praxis, mit möglichst abwechslungsreichen und verschiedenen Geschmackskomponenten zu kochen, entsteht eine Welt von unzähligen Gewächsen und diversen Geschmacksquellen. Deswegen muss die Aufforderung »Esse Reis von den Klosterfeldern!«, mit der der chinesische Weise Caoshan einst die Frage, was Praxis sei, beantwortete, nicht einfach die diätmoralische Maxime des orthodoxen Buddhismus ausdrücken. Statt »Halte das Reisessen ein und esse jeden Tag das Gleiche.« können die Worte Caoshans den gastrosophischen Rat beinhalten: *Esse den Reis und alle anderen Feldfrüchte, die es hier in dieser Region gibt, die auf unseren Feldern wachsen, oder esse das, was auf anderen Feldern anderswo gerade frisch geerntet wird!*

Eine Alltagsküche der geschmacklichen Vielfalt und biodiversen Seinsfülle zu verwirklichen heißt, wie Caoshan richtig erkannte, »wirklich essen können«. Auch die Feldarbeit jenes alten Mannes, dem Dôgen sein Erwachen verdankt, tut kund, dass er wusste, was Essen-Können – die Kunst, Gutes zu essen – beinhaltet. Erinnern wir uns: Der so Tätige besorgte frische Speisepilze der Saison (zu einem bestimmten Zeitpunkt), um deren Wertfülle und Eigengeschmacklichkeit kulinarisch voll zu bewahrheiten. Auch der andere chinesische Weise, dem Dôgen persönlich begegnet war, ging zielstrebig den Weg des guten Geschmacks, indem er bereit war, einen gewissen Umweg in Kauf zu nehmen, um sich das zu beschaffen, was es für eine glücklich machende Mahlzeit braucht. Angesichts solcher vorgelebten Beispiele könnte jedem einleuchten, dass so etwas Alltägliches und vermeintlich Selbstverständliches wie das tägliche Einkaufen und Besorgen von Lebensmitteln nichts Abwegiges ist. Im Gegenteil, es ist sogar eine Gelegenheit und bietet den Anlass, Tag für Tag Gutes zu tun. Einkaufen kann, wie Gemüse waschen, klein schneiden, Geschirr spülen und alle anderen Küchenarbeiten, zur Praxis eines ethischen Selbsttätigseins werden.

Als ein Vorgeschmack und ein Kochen vor dem Kochen ist der gute Einkauf sogar ein äußerst wirksames Betätigungsfeld tugendhafter und mitfühlender Selbst-Verwirklichung. Weil jeder Einkaufsakt an allen Orten der Welt aus sich heraus das »Buddha-Dharma« der globalen Zusammenhänge zu erwecken vermag, können Einkaufskörbe wirklich »Körbe voller Weisheit« sein. Warum der alltägliche Weg, der tägliche Ganz zum Markt oder zu anderen Einkaufsorten eine »unvergleichliche Praxis« sein kann, die täglich guten Taten vollbringt, könnte aus der offen gebliebenen Moral von der Geschichte über die Begegnung zwischen der namenlos gebliebenen Reisknödelverkäuferin und ihrer Laufkundschaft in der Gestalt des hungrigen Geistes Tokusan hervorgehen, von der Dôgen erzählt. Damals blieb unklar, dass wirkliches Nachfragen-Können angesichts des marktüblichen Angebots bedeutet, weder irgendwelche feilgebotenen Billiglebensmittel noch das, was unterwegs an Fertigküche und Imbiss-Mahlzeiten im Angebot ist, zu kaufen; die gastrosophische Weisheit in der durch die eigene Kaufkraft bewirkten ökonomischen Nachfrage erweist sich, wenn die damit verbundenen globalen Kräfte der Nahrungskette in die richtige Richtung (einer globalen Ernährungswende durch die Verbesserung des täglichen Essens) umgelenkt werden. Dôgen hätte den ebenso gelehrten wie unwissenden Buddhisten – stellvertretend für alle Fast Food Buddhisten der Welt – ein solches »Reisbällchen aus Papier« kaufen lassen und es ihn »mit einem Bissen zerkauen und hinunterschlucken« lassen sollen. Aber genau das hat der Zen-Meister seinerseits versäumt.

Weswegen? Darauf gibt es eine nahe liegende Antwort. Weil sein Kloster, wie er betont, von »treuen Gebern« lebte, brauchten sich die Mönche um die tägliche Versorgung nicht weiter zu kümmern. Da aber die notwendigen Spenden nicht selten schwankten, musste sich die Buddhas oft mit dem (Wenigen) begnügen, was gerade zur Verfügung stand. Diese von Dôgen ausdrücklich beklagte prekäre bis »schlechte Versorgungslage« ist noch bis heute ein leidiges Problem der Klosterküche.[62] Deswegen konnte sich der Abt auch keine vernünftigen Gedanken über das richtige Einkaufen machen und brauchte er die Einkaufspraxis nicht als ethische Praxis wirksam werden zu lassen. Doch in zeitgenössischen Theorien und Texten, die die Zen-Küche in ethisch-ökonomischer Hinsicht konstruktiv fortentwickeln, findet sein ursprüngliches Verständnis des Einkaufs als Praxis eine wegweisende Klärung. Dabei stehen allerdings eher Stichworte für den konkreten Einkaufszettel im Vordergrund und weniger die philosophischen Begründungen einer weitreichenden Konsumethik: Konkretisiert wird beispielsweise das buddhistische Ideal reiner Speisen von Ming-Dao für den Kauf von »unverarbeiteten, naturbelassenen« Lebensmitteln.[63]

Die Rede von der »Reinheit« naturbelassener Produkte hat nur dann keinen rein buddhistischen (religiösen) Sinn, wenn damit der universalistische (globalethische) Anspruch gemeint ist, dass sie frei von realen Verunreinigungen durch Agrochemikalien und Genmanipulationen sein sollten und ihre Buddha-Natur durch eine naturschonende und sozial gerechte landwirtschaftliche Praxis verwirklichen können. In diesem Sinne macht sich der Zen-Gastrosoph Edward Espe Brown deutlich, dass der Kauf von naturbelassenen Produkten in Gestalt »roher Agrarprodukte« die Buddha-Natur wählt und mit »verarbeiteten Fertigprodukten« Nicht-Buddha-Sein in Kauf nimmt.[64]

62 Muho, Zazen, 192f.

63 Ming-Dao, Zen – Geheimnisse der asiatischen Küche, 16.

64 Brown, Das Lächeln der Radieschen, 34.

Wenn es aber in der Zen-Küchenphilosophie wie beim chinesischen Theoretiker Ming-Dao heißt: »Ein Zen-Koch verwendet keine künstlichen Zutaten und haltbar gemachte Produkte«, dann beinhaltet dieses Dogma, zu feine Unterscheidungen dort vorzunehmen, wo auch ein Geist des Nicht-Unterscheidens möglich ist.[65] Besser müsste es heißen: Ein Zen-Koch und erst recht jeder Mensch des Ess-Weges haftet nicht an künstlichen Zutaten und haltbar gemachten Produkten; stattdessen bevorzugt er frische, vollwertige und ökologisch produzierte Produkte. Ohnehin müsste es heißen: Auch künstliche Zutaten, haltbar gemachte Produkte und Fertigkost können manches Mahl auf dem Weg liegen. Um den Weg-Geist des guten Einkaufs richtig zu erfassen, reicht es nicht aus, wie die Zen-Meisterin Jinmyo Renge zu sagen: »Wenn du in den Supermarkt gehst, praktiziere.« Oder: »Wenn du gut einkaufen gehen willst, musst du deine Sinne zu sehen, zu hören, zu riechen, zu betasten und zu schmecken möglichst offenhalten.«[66] Denn niemand wird beim Einkaufen automatisch zum Buddha, nur weil er es hier und jetzt bewusst mit allen Sinnen tut. Wenn ich dort, wo ich es kann, das Richtige kaufe, greife ich mit all meiner Kauf- und Tatkraft, die täglich, sofern dies so ist, neu in meiner Macht liegt, in die hunderttausend Abläufe und Entscheidungen des Weltmarkts ein und werde als so tätiger Mensch zum Buddha – ob ich will oder nicht und jedenfalls auch ohne dafür Buddhist zu sein oder es jemals werden zu müssen.

Freilich lässt sich sagen, dass bereits im ursprünglichen Buddhismus – in Buddhas Milchspeise-Nirvana und seinem zumindest ovo-lakto-vegetarischen Weg – ein Gedanke angelegt war, den 2500 Jahre später der kalifornische Zen-Meisterkoch Brown in einer einleuchtenden Notiz auf seinem Einkaufszettel ausformuliert: »Alles beginnt mit Eiern von freilaufenden Hühnern mit ihrem tiefgoldenen Eigelb statt der wässrigen Eier mit dem blassgelben Eigelb von Hühnern, die in Käfige eingesperrt sind, sich nicht bewegen können und mit Pillen und Antibiotika vollgestopft werden.«[67] Daran ist bedenkenswert, dass diese Kritik an der Massentierhaltung ihrerseits keinen strikten Vegetarismus bezweckt, wie dies der geläufigen Vorstellung zufolge für eine buddhistische Ethik zu erwarten wäre, gerade weil die monastischen Zen-Meister in Kalifornien (wie überall) im Gegensatz zum damaligen Bettelmönch ihre kulinarische Meisterschaft – und damit ihre vollkommene vegane Buddhaschaft – unter Beweis stellen können, auch ohne Eier von freilaufenden Hühnern unfassbar herzhafte Mahlzeiten kreieren zu können.

Stattdessen wird der Einkauf für eine Welt der artgerechten Tierhaltung – und damit der flexitarischen Buddhaschaft – empfohlen, damit auch »die Tiere den Buddha-Weg lernen« können und die lebendige Aktivität ihrer Buddha-Natur, um

65 Ming-Dao, Zen – Geheimnisse der asiatischen Küche, 16.

66 Renge, Braising the Mind of the Way, 13.

67 Brown, Das Lächeln der Radieschen, 105.

mit Dôgen zu sprechen, »im Dharma-Rang weilt«.[68] Ein solcher (panhumane) Buddhismus für Nicht-Buddhisten und ein solcher Nicht-Buddhismus für Buddhisten, den unterschwellig und aus unterschiedlichen Gründen schon der erste Buddha und Buddha Dôgen praktizierten, und der – als Flexitarismus für alle Menschen – jedem am Herzen liegen sollte, unterbietet zwar die strikte (korrekte, vegane) Enthaltsamkeit vom Essen von Tieren. Aber die Willensschwäche eines ethischen Fleischgenusses, der der asketischen Moral des vollkommenen Verzichts nicht zu entsprechen vermag, will das unnötige und vermeidbare Leid der Massentierhaltung durch bessere Verhältnisse ›wiedergutmachen‹, glücklichere Verhältnisse, die den für die menschliche Speisung geopferten Tieren einstweilen ein möglichst gutes Leben und Wohlergehen ermöglichen – und dafür sorgen, dass auch diese Buddhas Gutes essen können. Die Aktivisten dieser Praxis sind keine rigorosen Asketen, aber eben doch so gut es geht bemüht, Leiden zu mindern und das Glück des gastroethischen Buddha-Weges nicht nur den Tieren, sondern darüber hinaus den Pflanzen, Pilzen und Insekten und allen anderen Mitwesen der Welt des menschlichen Essens zu ermöglichen.

Buddha-Anhänger sollten daher in Zen-Zentren und erst recht anderswo nicht sagen: »Bei uns werden alle Speisen vegetarisch zubereitet, nicht weil es eine bestimmte Regel gäbe, die Fleisch in unserer Ernährung verbietet, sondern weil vegetarische Kost jeder gesundheitlich verträgt«. Sicherlich ist es immer noch besser, aus gesundheitlichen Gründen aufs Fleischessen zu verzichten, als es aus reiner Lust zu tun. Zur Begründung des Fleischverzichts sollte dann aber schlicht das Wohl der Tiere angeführt werden (das zu seiner moralischen Plausibilisierung auch keiner samsarischen Reinkarnationsmystik bedarf). Allein die Gesundheit der Menschen und die mitfühlende Rücksichtnahme auf die individuelle Genusslust als ethische Begründung für einen generellen Verzicht auf Fleischessen anzuführen, ist dagegen nur eine Variation der abwegigen Argumentation, mit der einst der Ur-Buddha selbst seinen eigenen Fleischkonsum rechtfertigen zu können glaubte. Von seiner Scheinheiligkeit (siehe oben) ist es freilich nur noch ein kleiner Schritt, den seine treuesten Anhänger gehen, wenn sie den mittleren Weg heute kurzerhand an die durchweg karnivore Umwelt anpassen: »Natürlich kann die Zen-Küche«, so die Schlussfolgerung solcher Fleischdiät-Moralisten, »auch in einer nicht-vegetarischen Familie praktiziert werden. Außerhalb der Klöster ist es Zen-Mönchen erlaubt, Fleisch zu essen«.[69]

Als möglicher Ausgangspunkt für die heute überall begeistert zelebrierte vegane Tempelküche, wie die der eingangs erwähnten Küchen-Buddha Jeongkwan Snim, und als denkbare Niederkunft des Buddhismus in der postmodernen Food-Welt hätte Dôgens Zen-Küche zumindest mit der Anleitung zu einer Kochkunst,

68 Dôgen, Wasser-und-Berg-Sutra, 128.

69 Ming-Dao, Zen – Geheimnisse der asiatischen Küche, 16.

die tierisches Fleisch durch den raffinierten Einsatz von ›Pfleisch‹ (pflanzlicher Fleischersatzprodukte) essthetisch kompensiert, ein feines Argument für einen tierethisch korrekten Fleischkonsum liefern können. Auf diese Weise ist eine wegweisende Alltagsküche praktikabel, die trotz des Verzichts auf einige Zutaten tierischer Herkunft keineswegs einem Höchstmaß an Geschmacksfülle und Vielfalt menschlicher Genusserfahrungen entsagen muss. Jedenfalls scheint die Weisheitslehre eines gastrosophischen Hedonismus der geschmackvollen Fleischimitation der Position Dôgens eher zu entsprechen als ein orthodox verblendeter Buddhismus, der meint, über alle feinen Unterschiede im Fleischgenuss (etwa von Buddha-Tieren oder -Pflanzenfleisch und anderen Ersatzprodukten aller Art) als wesentliche Zutaten einer für alle guten Praxis weiterhin hinwegsehen zu können.

Als unfassbaren Ausweg aus dem Dilemma einer den Verzicht lehrenden Weisheitspraxis vertreten buddhistische Theoretiker der Zen-Küche – durchaus in Übereinstimmung mit einigen philosophischen Stimmen im aktuellen tierethischen Diskurs – die Auffassung, dass es ungerecht sei, nur Tieren eine Seele und damit einen moralisch relevanten Status zuzusprechen, wenn man nicht auch Pflanzen als gleichwertigen Lebewesen die gleichen Rechte zugestehe. Im Umkehrschluss rechtfertigt ein solcher (moraltheoretisch konsequenter) Antispezieisismus aber die ebenso unterschiedslose wie skrupellose Tötung allen Lebens, von dem wir Menschen uns am Leben erhalten: Wenn alles pflanzliche wie animalische Leben eins ist, können und dürfen Menschen Tiere wie Pflanzen essen und dementsprechend ihr Fleisch (sämtliche Produkte tierischer Herkunft) zu ihrem täglichen Gemüse erklären. Auf einem solchen abgründigen Schleichweg entsteht absehbar eine atemberaubende Zen-Leere, die besagt: »Zen geht davon aus, dass alles lebendig ist, was wir zu uns nehmen: dass Gemüse, genauso wie Fisch, Geflügel und alle übrigen Tiere, etwas Lebendiges ist, bis wir es zum Verzehr gebrauchen.« Wer das Essen von Tieren damit zu rechtfertigen versucht, dass auch die Pflanzen Seelen haben und folglich so oder so kein Leid vermieden oder verhindert werden kann, rechnet das Leid einer Art von Lebewesen (der Pflanzen) gegen das unnötige Leid anderer Lebewesen (der Tiere) auf.[70]

70 Die wirre Ausweglosigkeit eines solchen herzlosen Buddhismus lässt die Autorin von *Wache auf und koche* zu Wort kommen: »Wenn einem zum ersten Mal das so schreckliche Leiden unserer Fleischtiere zu Bewusstsein kommt, ist es erklärlich, dass man Vegetarier wird. Aber sobald man entsprechend sensibilisiert ist, wird er eine oder andere vielleicht wieder zum Fleischverzehr übergehen wollen – aus Mitleid –, um noch mehr schmerzvolle Verantwortung für das Leiden aller Wesen auf sich zu nehmen, um das verwundete Herz und den wissenden Geist zu kultivieren.« Zu diesem irren Herz-Geist heißt es dort weiter: »Es greife dir ans Herz, dass wir so zu leben gezwungen sind. Weine, wann immer du einen wohlgenährten Nordamerikaner siehst. [...] Sprich mit den Tieren in ihren Käfigen. Horch auf ihre Schreie. Ehre sie; sie verdienen es wahrhaftig. Bete mit ihnen um ihr Leben, um dein eigenes Leben. Sie sterben, damit wir leben

Da alle Menschen, selbst Jainas, Veganer und andere extreme Asketen, nicht vermeiden können, der unentwegten Lebenspraxis anderer Lebewesen ein jähes Ende zu bereiten, lässt sich suggerieren: »Damit wir essen können, müssen sie Opfer bringen. Das ist eine Tatsache, die wir achten sollten.« Was aber folgt aus der Tatsache, zu der unsere Speiseopfer uns verpflichten? Müsse die Achtung vor allen Wesen der Buddha-Natur nicht mit einer radikalen Kritik sowohl an der Massenquälerei der Tiere als auch an der Massenquälerei der Pflanzen verbunden sein, an einem völlig unnötigen Leiden, das nur durch eine großindustriell und biotechnologisch forcierte Agrarproduktion entsteht? Im Gegensatz zu einem herzlosen Buddhismus, der das Tieropfer als selbstverständlich hinnimmt, wäre mit Dôgen der tierrechtliche Gerechtigkeitsgedanke und die gastroethische Pflicht gegenüber den Tieren auch auf die artgerechte Haltung der Pflanzen zu erweitern. Daran ist nichts Schwieriges und die notwendige Abhilfe für achtsam Auswege suchende Buddhas leicht zu finden.

Das wäre die Erkenntnis, die Erleuchtung, dass Pflanzen ebenso gut wie Tiere den Buddha-Weg lernen können – indem wir Menschen sie Gutes essen und ihrem Wohl gemäß leben lassen. Die volle Verwirklichung und das tägliche Wohl-Sein-Lassen der ihnen eigenen Selbst-Tätigkeit (ihrer Wohl-Natur) durch entsprechende agrarische und kulinarische Praktiken ist jene vergeltende Tatsache, die für ein dem Gemeinwohl gerecht werdendes Welt-Essen zu beachten und zu beherzigen wäre. Und wie sich zeigt, kann, dies zu tun, für die kulinarische Alltagspraxis spätestens beim vernünftigen Einkauf – als Beihilfe zu einer entsprechenden Landwirtschaftspraxis – beginnen. Dazu passt der undurchsichtige Sinn von Dôgens Worten: »Das Handeln Buddhas ist das mit der ganzen großen Erde gemeinsame Handeln und das mit allen Wesen gemeinsame Handeln.«[71]

Wie schon das Vorbild der alten Buddhas und Patriarchen, so machen auch die zeitgenössischen Buddhas und Meister einer guten Zen-Küche den Einkauf von regionalen und saisonalen Agrarprodukten vor. So bekennt der Zen-Meister Brown: »Beeren, die außerhalb der Saison um die halbe Welt verschifft werden, in Dosen oder tiefgefroren sind, interessieren mich weniger.« Ganz ähnlich lehrt der chinesische Zen-Gastrosoph Ming-Dao: »Ein Zen-Koch verwendet keine von weit her importierten Lebensmittel.« Hätte er aber über das Erwachen hinaus ein Selbst-Erwachen gezeigt, hätte er den weisen Zusatz hinzugefügt, dass es manchmal notwendig ist, Produkte und Geschmäcker zu kaufen, die aus Übersee oder von weit herkommen, weil sie nicht auf den eigenen Feldern oder in der eigenen Region wachsen

können, leiden, damit wir uns freuen können. Was können wir mit unserem Leben tun, um dies zu vergelten? Alle Buddhas werden uns bei der Erforschung dieser schwierigen Lage helfen.« Tonkinson, Wache auf und koche, 169.

71 Dôgen, Nur von Buddha zu Buddha, 17.

können – wie damals, als der weise Zen-Gastrosoph vom Berg Ayuwang sich auf einen weiten Weg gemacht hatte, nur um frische Pilze aus Japan zu kaufen. Die volle Tugend des Einkaufens und der täglichen Besorgungen ist nichts anderes als die kulinarische Selbst-Verwirklichung als Buddha in der freien Auswahl vielfältiger Geschmacksachen von hochwertiger Qualität. Die gastrosophische Weisheit wird in der täglichen Einkaufspraxis kultiviert, indem über den Weg des Weltmarktes gute Lebensmittel pflanzlicher und tierischer Herkunft aus sozial- und umweltverträglicher Produktion gewählt werden, die das mit der ganzen Erde gemeinsame Handeln und das mit allen Wesen gemeinsame Tätigsein (und Wohlleben) entstehen lassen.

Halten wir an dieser Stelle erneut inne, um tief durchzuatmen: Wo stehen wir und wie könnte es weitergehen? Meine ausführliche Erörterung und Durchleuchtung der Gastrosophie eines der berühmtesten Philosophen Japans galt der Suche nach einer Philosophie des Essens als einer neuen Ethik der Lebenskunst, wie sie in der japanischen Kultur beispielhaft praktiziert wird. Ausgangspunkt der dafür unternommenen weitschweifigen und abenteuerlichen Zeitreise in die Vergangenheit und zeitgleich in unsere Gegenwart und in die beste aller möglichen Zukünfte war mein Erstaunen darüber, dass es eine solche Gastrosophie in der akademischen Welt Japans (ähnlich wie in der Tradition der westlichen Philosophie) nicht gibt, und wir erst durch die – hier unternommene – Neuentdeckung von Dôgen Kigen, dem Begründer des japanischen Zen-Buddhismus, auf eine östliche Weisheitslehre stoßen, die zumindest in Ansätzen einen möglichen Beitrag zur Rettung der Welt bietet. So konnten wir erfahren, dass Dôgen häufig vom Essen als einer notwendigen Praxis des Zen sprach und in den Aktivitäten der Küche – der kulinarischen Praxis, des täglichen Essenmachens im weitesten Sinne – die volle Manifestation dessen zu erkennen glaubte, was er für die »einzig richtige Weisheitslehre des Buddha« hielt. Letztlich blieb seine Gastrosophie jedoch auf den Zen-Buddhismus beschränkt: Und so wurde sein Ess-Zen, das heißt die Wahrheit des Essens nur aus dem Geist des Zen reflektiert und die vollumfängliche Ethik der menschlichen Essistenz nur aus der Sicht des »wahren Dharma-Auges« in den Blick genommen.

Unter anderem hatte Dôgen nicht erkannt, dass sich eine gute Alltagsküche wesentlich in der ästhetischen Raffinesse einer unbegrenzten Geschmacksvielfalt erweist (als Theoretiker der Kochkunst beschränkte er sich, wie wir gesehen haben, auf eine kulinarische Dogmatik weniger Geschmackskomponenten). Ebenso wenig hatte der Buddhist hinreichend begriffen, dass es zwar wichtig ist, papierene Reisknödelbilder – theoretische Rezepte und gastrosophische Wahrheiten – zu produzieren, dass es aber noch viel wichtiger ist, die tägliche Praxis mit Leben zu erfüllen, statt nur leere (tatenlose) Theorie zu servieren. Hinzu kommt eine weitere, nicht minder wichtige Erkenntnis, die einem überzeugten Mönch und Klosterinsassen wie ihm zwangsläufig nicht in den Sinn hat kommen konnte: Seinem Selbstverständnis fehlt die Einsicht in das grundlegende, freie Zusammenspiel von kulinarischer (Küchen-)Praxis und konvivialer (Mahl-)Praxis. Mit der Feststellung dieses

Fehlers stoßen wir auf die programmatischen Grenzen des Zen-Buddhismus sowohl was seine gastrosophische Relevanz betrifft als auch hinsichtlich seines Potenzials für eine universelle Ethik des guten Lebens. Denn, um es in Anspielung auf den gastrosophischen Kantianismus und dessen programmatisch formulierte Weltformel kurz und bündig zu sagen: Letztlich fehlt dem (wie auch immer kreativ ausgeleuchteten) *spirituellen Zen-Buddhismus* als solchem der *hedonistische Euzen-Konvivialismus* des täglichen Essens (zumindest der Hauptmahlzeit) von »guten Mahlzeiten in guter Gesellschaft« als dem »höchsten Guten« einer dem Menschen möglichen »Humanität der Lebensart« (Kant). Warum kann die fernöstliche Weisheit des Buddhismus letztendlich und grundsätzlich nicht der richtige Weg sein, um zur Alltagsethik einer gastrosophischen Lebenskunst in Form einer Ästhetik der Essistenz zu gelangen? Diese Frage gilt es noch abschließend zu klären.

Zur transkulturellen Ästhetik der Esskunst

Erwähnenswert erscheint mir an dieser Stelle die Tatsache, dass einige Jahre vor Foucaults flüchtiger Erfahrung mit der Zen-Küche sein Kollege Roland Barthes eine erste etwas tiefer gehende Annäherung einer transkulturellen Philosophie an die japanische Esskunst versuchte hatte. Bereits 1970 unternahm der französische Zeichentheoretiker seinerseits eine Forschungsreise in das damals schon bei westlichen Intellektuellen und Aussteigern beliebte Land der aufgehenden Sonne. Im entscheidenden Unterschied zu Foucault widmete Barthes seinen Aufenthalt jedoch der japanischen Küche. Damit hatte er ein alles andere als zufälliges Thema gewählt, dessen große gesellschaftliche Bedeutung die Analyse dieser fernen und fremden Kultur eigentlich jedem philosophisch unverbildeten und neugierigen Geist nahelegt. Die wissenschaftlichen Ergebnisse seiner Japanreise, dokumentiert in seinem Werk *Das Reich der Zeichen*, sind Reflexionen nicht nur eines hervorragenden Semiologen (er nannte seine Zeichentheorie Semiologie oder Semiotik), sondern auch eines ambitionierten Gastrosophen. Nachdem einige Jahre später (1976) Foucaults Vorschlag, diesen innovativen Forscher ebenfalls an das renommierte Collège de France zu berufen, Erfolg hatte, wäre es also möglich gewesen – und für Foucault ohne weiteres machbar –, seine persönlichen Kontakte zu nutzen, um für seinen eigenen Forschungsaufenthalt in Japan (zumindest durch die Lektüre von Roland Barthes‹ Reisebericht über die japanische Küche) sachkundig vorbereitet zu sein! Doch, wie wir inzwischen wissen, kam es anders.

Der erste Gastrosoph, der aus dem Westen kam

So war es nicht Foucault, sondern allein sein Kollege (und Widersacher), dessen ostasiatische Feldforschung im *Reich der Zeichen* zu einer gut dokumentierten Erleuchtung führte. Wie wir noch erfahren werden, hatte Roland Barthes, der an die typisch französische Saucenküche gewöhnt war, seine Erleuchtung im *Angesicht von Rohkost*. Dieses Aha-Erlebnis der Möglichkeit einer ganz anderen Welt – einer ganz anderen ›feinen Küche‹ – auf dem Umweg über die fernöstliche Weisheit des Essens bestätigt exemplarisch meine Vermutung, dass die intensive Eintopf-Erfahrung im Zen-

Kloster für Foucault durchaus ein gastrosophisches Selbst-Erwachen auf dem Weg zu einer neuen Lebenskunst hätte auslösen können – und müssen!

Seine zeichentheoretische Expertise in der Semiotik des Essens hatte Barthes schon vor seinem Aufenthalt im Reich der Rohkost mehrfach unter Beweis gestellt. Anders als Japans großer Kulturtheoretiker Dôgen, dessen ernährungsphilosophischer Geist erst durch seine Chinareise geweckt wurde, hatte der Franzose bereits zu Hause – im Land der Haute Cuisine – im wahrsten Sinne des Wortes »la gastrosophie« erfahren: Der Geburtsort des Begriffs Gastrosophie ist Frankreich, die große Kulturnation der westlichen Welt; das Land (und die Küche) der Franzosen kann als das Ursprungsland (und die Urküche) des gastrosophischen Diskurses der Moderne gelten – parallel zu zeitgleichen und in der Sache sogar gastrosophischeren Entwicklungen in Deutschland. Dieser bemerkenswerte Befund dürfte wenig bekannt sein und verdient in diesem Zusammenhang eine späte Würdigung.

Ebenso wie die Tatsache, dass es der Philosoph und Sozialutopist Charles Fourier war, der der Sprache seines Landes vor zweihundert Jahren diesen wegweisenden Begriff geschenkt hat.[1] So erscheint es nur konsequent und als ein deutliches Zeichen seines gastrosophischen Gespürs, wenn Barthes bereits 1975, zu einer Zeit, in der kaum ein anderer Gesellschaftstheoretiker einen systematischen Bezug zum Essen herstellt, seinen Landsleuten und schließlich der ganzen Welt den Vorschlag unterbreitete, einen gewissen »Brillat-Savarin zu lesen«, der einige Jahre später in einer umfangreichen Abhandlung über die *Physiologie des Geschmacks* das visionäre Programm seines Schwagers Fourier ausarbeitet (von dessen Verwandtschaft, auch im Geiste, Barthes wusste).[2] Mit diesem programmatischen Plädoyer für eine kulturwissenschaftliche Auseinandersetzung mit dem Text, der sich zum Klassiker der französischen Gastrosophie des frühen 19. Jahrhunderts avancierte, unterfütterte Barthes seine intellektuelle Weitsicht, die Esskultur zu einem seriösen und hochkomplexen Gegenstand philosophischer Reflexion aufzuwerten – in seinem Fall zu einer Gastrosemiotik, wie er hätte sagen können. Seine Grundlagentexte *Brillat-Savarin lesen* und *Das Reich der Zeichen* gehören zweifellos in die Ahnenreihe der gastrosophischen Wegweiser.

Gastrosemiotische Zeichen und kulinarische (gastrokulturelle) Phänomenen ›zu lesen‹ hatte Roland Barthes schon einige Zeit zuvor begonnen; bereits seine 1957 erschienene Studie über die *Mythen des Alltags* setzte sich mit derartigen Dingen auseinander, um die zeitgenössischen »Alltagsmythen« der französischen Kultur des Essens einer theoretischen Kritik zu unterziehen. Er stellte fest, dass sich der »ornamentale Stil« der französischen Haute Cuisine der klassischen Epoche im Nach-

1 Zu dessen Charakterisierung die pointierte Kurzbeschreibung des Marxisten Theodor Adorno lautet: »Unter den Utopisten bietet sich niemand dem Vorwurf des Utopismus schutzloser dar als Charles Fourier.«

2 Barthes, Brillat-Savarin lesen.

kriegsfrankreich auch auf den Tischen der bürgerlichen Mittelschicht auszubreiten begann und dass diese Philosophie der feinen Küche langsam (und bis heute) zur (trans-)kulturell vorherrschenden Ästhetik des gesellschaftlichen Geschmacks des Westens wurde. Barthes reflektiert erstmals den theoretischen Umgang mit den kulinarischen Alltagsdingen und markiert damit seinerseits (semiologisch[3]) einen feinen Unterschied zum allgemeinen (kantianisch geprägten) Diskurs der traditionellen philosophischen Ästhetik, in dem viel von Geschmack und ästhetischen Geschmacksurteilen die Rede ist, ohne dass dabei an den Geschmack des Essens gedacht wird. (Dies ist der systematische Grund, warum es mir notwendig erscheint, Essthetik von Ästhetik begrifflich zu unterscheiden.) So verbindet sich mit dem Namen Roland Barthes der wenig wahrgenommene Versuch in der Mitte des 20. Jahrhunderts, die theoretischen Grenzen und philosophischen Traditionen einer ungastrosophischen Ästhetik zu überwinden, die dem kulinarischen Geschmack und den kulturellen, ethischen, politischen, anthropologischen, utopologischen Alltagsfragen der menschlichen Essistenz – des Essens – stets den Rang einer eigenständigen Disziplin, die Essthetik nennen könnte, verweigerte.

Barthes' Gastrowissenschaft entwirft Theorien der klassen- und geschlechtsspezifischen Essgewohnheiten, der Symbolik von Lebensmitteln, der Semiotik von Speisen und Zubereitungsarten, der normativen Logik von Geschmackspräferenzen sowie der kulturellen Konstruktion von Essenssituationen und -praktiken, wie sie nur wenige Jahre später von Pierre Bourdieus viel beachteten kultursoziologischen Untersuchungen zu den (von ihm systematisch konzipierten) »feinen Unterschieden des gesellschaftlichen Geschmacks« auf den Weg gebracht werden.[4] Um nicht der Versuchung zu erliegen, mit diesem großen und in vielerlei Hinsicht weitsichtigen Soziologen der Gegenwartsgesellschaft einen weiteren möglichen Weggefährten am Collège de France ausführlich zu behandeln, von dem sein Kollege Foucault ohne weiteres einige inspirierende Einsichten in die weite Welt der Gastrosophie hätte übernehmen können, hier nur ein paar Worte zu Bourdieu – dem Buddha oder zumindest dem Guru der zeitgenössischen Soziologie.

Bemerkenswert ist sicherlich, dass sein Konzept der gesellschaftlichen Urteilskraft an Kants Ästhetik des Geschmacks – und an dessen Anthropologie der konvivialen Tischgesellschaft (die wiederum Foucault, immerhin dem französischen Übersetzer von Kants Anthropologie, nicht unbekannt war) – anknüpft und die darin angelegte Transzendentalgastrosophie der intersubjektiven (»subjektiv-allgemeinen«) Wahrheit des guten Geschmacks (»des ästhetischen Wohlgefallens«) weiterentwickelt. So kann Bourdieu Esskultur(en) und Ernährungsgewohnheiten

---

3 Barthes spricht von dem »Gespür, das mit aller Finesse das Gute vom Schlechten zu unterscheiden erlaubt«. (Ebd. 35)

4 Bourdieu, Die feinen Unterschiede. Kritik der gesellschaftlichen Urteilskraft.

als wesentliche Bestandteile eines sozialen »Habitus« oder »Lebensstils« analysieren; mit dem Konzept der »sozialen Distinktion« wiederum verschafft er sich einen soziologischen Differenzbegriff, um gesellschaftliche Machtverhältnisse und Herrschaftsstrukturen im Sinne einer gastrosophisch erweiterten Theorie des Klassenkampfes im Streit um den gesellschaftlichen Geschmack reflektieren zu können. Mit der Erfindung des handlungstheoretisch gedachten Begriffs der »Praxeologie« bereitet Bourdieu Anfang der 1980er Jahre einen ersten (Fort-)Schritt von einer sozialwissenschaftlich verengten Handlungstheorie hin zu einer innovativen Philosophie der Praxis vor. Wie erwähnt, ist es zudem denkbar, dass Bourdieu mit dem von ihm eingeführten Begriff des Lebensstils auch das ethische Programm der Lebenskunst einer Ästhetik der Existenz von Foucault angeregt haben könnte.

Noch vor Bourdieu ist es wiederum Barthes, der die kulturwissenschaftliche Beschäftigung mit dem Essen – über die Semiotik und die Soziologie der Essthetik hinaus – sogar um den bislang kaum wahrgenommenen Ansatz einer Gastroanalyse (in Analogie zur Psychoanalyse) oder, in seiner Wortwahl, einer *Psychosoziologie der zeitgenössischen Essgewohnheiten* erweitert.[5] So oder so: Als Barthes 1966 zum ersten Mal nach Japan reiste, war er der erste Gastrosoph aus dem Westen, der die Wege und Zeichen (als Wegweiser) einer ganz anderen Esskultur erkundete. Und er näherte sich der japanischen Küche mit weitaus fundierteren Vorkenntnissen als Michel Foucault. Barthes wusste, wie seine Beschreibungen zeigen, in Japan anders und besser zu essen als sein akademischer Kollege und theoretischer Widersacher (der damals in Sachen Lebenskunst und Ethik eben noch ein Suchender und Anfänger war).

Hätten wir parallel zu der Schwarz-Weiß-Aufnahme von Foucault, wie er sich in einem Zen-Kloster allzu fraglos und unkritisch über ›diesen Eintopf‹ beugt (als Zeichen einer frugalen, wenn nicht, im Widerspruch zu Dôgens Küchenphilosophie, geradewegs antigastrosophischen Esskultur), Wenn man sich Barthes beim Essen vorstellt, könnte man an ein zeichenhaftes Kaiseki-Mahl oder ein repräsentatives Sukiyaki oder eine elegante Sashimi-Bar denken – aussagekräftige Bilder, die er selbst entwirft und die alle Mahl mehr als bloße Reiskuchenbilder darstellen. Seine große Erleuchtung (zumindest offiziell) hatte er, wie es im Bericht über seine Forschungsreise heißt, bei der »Götzendämmerung der Rohkost«.[6]

Als Franzose an das intensiv Gekochte (reduziert auf dicke Soßen) gewöhnt, entdeckt Barthes sein-gelassenes Rohes – und frisches Gemüse einer sehr feinen Küche! Denkbar, dass dieses kulinarische Erwachen zur Rohkost und der anschließende Reisebericht des berühmten Intellektuellen Anfang der 1970er Jahre in Frankreich

5 Barthes, Towards a Psychosociology of Contemporary Food Consumption; Rath, Der besorgte Esser: Zur Psychoanalyse der Esskultur.

6 Barthes, Das Reich der Zeichen, 34.

wichtige essthetische Impulse für die Revolutionierung beziehungsweise die Japanisierung der klassischen Grande Cuisine durch die Nouvelle Cuisine lieferte, durch die damals das Rohe und Minimale gegenüber dem Gekochten und Repräsentativen eine zentrale Aufwertung erfuhr. Am Ursprung dieser neuen Kunst des Essens, die fortan (bis jüngst zur neuen radikal-regionalen Noma-Philosophie à la Nordic Cuisine) für einige Jahrzehnte den ultimativen Höhepunkt des kulinarischen Nirvanas darstellen sollte, stand nicht die Reise eines japanischen Mönchs nach China und mithin auch nicht der Zen-Buddhismus, sondern ein westlicher Theoretiker und seine Reise nach Japan, die ihn zu einer philosophischen Reflexion der östlichsten Esskultur bewegte. Und auch dieses »Erreichen des anderen Ufers« wird nicht das letzte Mal gewesen sein, sondern sich so lange weiter wiederholen, bis die Weisheit dieses Essens – die Ästhetik des feinen Kleinen der japanischen Küche – in allen Kulturen und Regionen der Welt angekommen ist und täglich beherzigt wird.

Zur Gewaltfrage der Essinstrumente

Der Japanforscher Barthes interessiert sich für die charakteristischste Eigenart der fernöstlichen Küche: für den Gebrauch von Essstäbchen. In diesen kulturspezifischen Küchenutensilien entdeckt er den vielleicht folgenreichsten feinen Unterschied zur westlichen Esskultur mit ihrer grobschlächtigen Messer-und-Gabel-Mentalität. »Das Essstäbchen«, bemerkt der feinsinnige Franzose, »steht im Gegensatz zu unserem Messer (und seinem räuberischen Ersatz, der Gabel). Das Stäbchen ist das Essinstrument, das sich weigert zu schneiden, zu reißen, zu verstümmeln und zu stechen.« Diese Beobachtung wird zu einer weitreichenden These über das Essbesteck als einem speziellen Medium der Mahlpraxis und Tischsitten weitergedacht. Barthes' Zen-Slogan, nein, sein gastrosophisches Löwengebrüll, das die Welt bislang kaum vernommen hat, lautet: »Mit den Stäbchen ist das Essen nicht länger Beute, der man Gewalt antut« (ebd.).

Schon die allererste phänomenologische oder medienästhetische Annäherung an dieses Esswerkzeug, als das *allerkleinste Fahrzeug* einer zen-gastrosophischen Weg-Praxis lässt erkennen, dass mit Messer und Gabel ausgerüstete Kulturen beim tagtäglichen Essen von einer unmerklichen Atmosphäre des Beutemachens beherrscht sind. Im Zerschneiden von bereits Geschnittenem, im Hineinstechen von bereits Erstochenem, im Aufspießen von bereits Geopfertem vollzieht sich eine eigentümliche Verdoppelung und aggressive Verlängerung der Gewalteinwirkung auf das Objekt: Eine Messer-und-Gabel-Kultur ist beherrscht vom Grundzug einer an sich unnötigen Gewalttätigkeit. Freilich entspricht die Charakterisierung der Essutensilien Messer und Gabel als Gewaltinstrumente nicht dem gängigen Verständnis von Gewalt, das an manifeste Aggressivität und willentliche Brutalität (primär gegenüber Menschen) denken lässt. Bevor wir uns der spezifischen Kunst des Essens mit Stäbchen als einem Nicht-Handeln zuwenden, gilt es daher zunächst, mit einem ethnologischen Blick (und Weg-Auge) auf die eigene Esskultur die Eigenart jener gewaltlosen Gewalt vor Augen zu führen, die beim Essen mit Messer und Gabel allzu selbstverständlich am Werk ist, um den Transport der Beute zu erledigen.

Der kulturelle Ursprung des tagtäglichen Beutemachens mit Messer und Gabel bestätigt und relativiert zugleich die These des Soziologen Norbert Elias von der martialischen Esskultur des neuzeitlichen Westens. Anknüpfend an dessen Theorie des »modernen Zivilisationsprozesses« wird allgemein davon ausgegangen, dass es vor der Erfindung des individuellen Einsatzes von Messer und Gabel am abendländischen Esstisch nur ein Messer und eine Gabel bedurfte. Tranchiermesser und -gabel dienten dazu, die aufgetragene Speise (das noch weitgehend unzerteilte Tier) vor den Augen der Mahlteilnehmer zu zerlegen und zu verteilen. In dem Maße jedoch, in dem dieser »Gewaltakt« am gemeinsamen Esstisch jedoch, so Elias, ein »zivilisatorisches Schamgefühl« zu erregen begann, verlagerte sich das Verstümmeln des Speiseopfers »hinter die Kulissen« – in die Küche. Diese allmähliche und visuelle Verdrängung der Gewalt aus der allgemeinen Öffentlichkeit der Tischgesellschaft veränderte die europäischen Tischsitten grundlegend: Durch die Zubereitung und die Zerlegung der Speisen vor dem Servieren und die damit einhergehende Transformation der Kochkunst (die Kunst des Schneidens als zentrale Tätigkeit der kulinarischen Praxis) wurden fortan kleinere Portionen aufgetischt, die kaum noch an das verspeiste Opfer erinnerten.

Elias fasst diesen kulturellen Wandlungsprozess mit den folgenden Worten zusammen: »Von jenem Stand des Empfindens, bei dem der Anblick der erschlagenen Tiere auf der Tafel und ihr Zerlegen unmittelbar als lustvoll, jedenfalls ganz und gar nicht als unangenehm empfunden wird, führt die Entwicklung zu einem anderen Standard, bei dem man die Erinnerung daran, dass das Fleischgericht etwas mit einem getöteten Tier zu tun hat, möglichst vermeidet. Bei einem guten Teil unserer Fleischgerichte ist die tierische Form durch die Kunst der Zubereitung und der Zerlegung so verdeckt und verändert, dass man beim Essen kaum noch an die Herkunft erinnert wird.«[7] In diesen mahlpraxischen und medienessthetischen Transformationen kommen konkrete Erfahrungen zum Tragen, die heute jeder von uns aus dem eigenen Alltag kennt. Befremdlich ist jedoch, dass sich kaum jemand die Frage stellt, warum der selbstverständliche Gebrauch von Gewaltinstrumenten im weiteren Prozess der Zivilisierung der westlichen Esskultur nicht längst von unseren Tischen verschwunden ist? Warum essen wir immer noch mit Messer und Gabel? Statt einer vollständigen Pazifizierung der Tischsitten hat sich im Laufe der kulturellen Entwicklung sogar das (eine) Tranchiermesser und die (eine) Spießgabel in-

7 Elias, Prozess der Zivilisation. Soziogenetische und psychogenetische Untersuchungen, I: 162.

zwischen durch den Gebrauch verschiedener Tischmesser und Tischgabeln diversifiziert.

Der Grund für diese Vervielfachung der Schneid- und Aufspießwerkzeuge und das Motiv für diese unnötige Individualisierung einer gewalttätigen Ästhetik am Tisch ist in einer anderen, ganz anderen Funktion des Essbestecks zu suchen. Von Anfang an erfüllten Messer und Gabeln nämlich die symbolische Aufgabe, als soziale Prestigeobjekte und in der Tischgesellschaft auch als repräsentative Herrschaftsinstrumente zu fungieren. Neben der gewaltsamen Objektbeherrschung dienen sie bis heute unverändert (und unhinterfragt) einer kostspieligen Inszenierung »sozialer Distinktion« (Bourdieu), mit der die herrschende Oberschicht ihre gesamtgesellschaftlichen Ansprüche im Medium der esskulturellen Hegemonie absichert. Diese Herrschaftslogik des nicht ganz so feinen Unterschieds wird in ein materielles Wertesystem übersetzt: In einer Messer- und Gabel-Kultur kann die repräsentativ ›feine Tafel‹ für jede Speise spezielle Geräte vorsehen und als rituelle Norm einfordern – wie Suppenlöffel für Suppen, Fischmesser und Fischgabeln für Fischgerichte, verschiedene Fleischmesser für verschiedene Fleischgerichte, spezielles Besteck für Vorspeisen, für Desserts, für Früchte und so weiter. Zu diesem ausgefeilten Besecksortiment kann noch ein passendes Tafelgeschirr mit dekorativen Anordnungen hinzukommen, so dass dem gesamten Tischgedeck ein Platz zugewiesen wird, der durch die ›Etikette des richtigen Tischdeckens und Anrichtens‹ festgelegt ist. Die gesellschaftliche ›Tischordnung‹ dient einer normierten Ästhetisierung der Essinstrumente und einer symbolischen Zivilisierung ihrer (im wörtlichen wie im übertragenen Sinne) rein instrumentellen Vernunft.

Diese fragwürdige Vernunft in der Geschichte der bürgerlichen Tischsitten ist bislang kaum philosophisch (kritisch-aufklärerisch) beleuchtet worden, ebenso wenig wie die westliche Kultur als eine von der französischen Civilité (und ihrer Haute Cuisine) geprägte Esskultur. Deren primär auf symbolische Repräsentation und Raffinesse fixierte Herrschaftslogik materialisiert sich in Tafelmessern und Tafelgabeln; ihre auf ›Zivilisiertheit‹ codierte Serviersemiotik manifestiert sich am offenkundigsten im Material, das sie für das Essbesteck verwendet: Edelmetall. Historisch gesehen waren die ersten Tafelmesser und -gabeln aus teurem Silber gefertigt; das Silber veranschaulichte nicht nur den Anspruch, etwas Edles zu sein, sondern verriet auch ihr stählernes Wesen.

Das Silberbesteck hat seine einst unersetzliche Funktion als symbolisches Herrschaftsinstrument der (tisch-)gesellschaftlichen Distinktion in der Gegenwart weitgehend verloren, weil Messer und Gabel durch billigere Materialien zu erschwinglichen Allgemeingütern demokratisiert wurden. Längst bedienen sich nicht mehr nur Angehörige der reichen Oberschicht, sondern alle Bürger der westlichen Tischgesellschaft dieser unnötigen Gewaltmittel. So geht mit dem unkritischen Einsatz von Messer und Gabel das alltägliche Gemetzel auf den Tellern westlicher Gesellschaften weiter und setzt sich als globaler Prozess in dem Maße fort, wie traditionell von Stäbchen oder Fingerfood geprägte Kulturen ihrerseits die westliche Zivilisation unkritisch imitieren.

Vielleicht zeichnet sich aber auch – als gegenläufige Entwicklung zur Humanisierung der globalen Tischgesellschaft – mit der allgemein zunehmenden Popularität des Essens mit bloßen Händen ein allmählicher Fortschritt im Prozess der Zivilisation ab: Statt mit dem gewalttätigen Gebrauch von Messer und Gabel wird wieder – wie in vielen nicht-westlichen Zivilisationen (Afrika, Indien, arabische Länder) – mit den feinfühligen Fingern gegessen; Fingerfood-Sinnlichkeit als kulinarisches und erst recht als soziales Medium, das ebenso friedlich wie kostenlos die Relikte der Moderne ersetzt und statt futuristischer Hightech-Gadgets die Rückkehr zu den ›primitiven Anfängen‹ eines analogen Hinlangens feiert. Jedenfalls scheint nicht nur in dieser Hinsicht die historische Zivilisiertheit westlicher Tischsitten wieder zu verwildern. Auch die allgemeine Beliebtheit von Fast Food Restaurants lässt sich mit dieser gastrosoziologisch so genannten Informalisierung der Tischsitten erklären und auf die damit zurückgewonnene Handgreiflichkeit eines sinnlichen Genießens zurückführen. Insofern eignet sich die westliche Esskultur über das Essen mit den Fingern asiatische Traditionen und entsprechende gastrosophische Weisheitslehren an. Eine ähnliche Asiatisierung vollzieht sich in der transkulturellen Verbreitung des japanischen Essstäbchengebrauchs.

Stäbchen: Brücken zwischen Ost und West und Medien reinster Essthetik

Roland Barthes nähert sich in diesem Sinne der fernöstlichen Esskultur als dem Essen mit Stäbchen. Anders als im Westen würde in Japan das Essen durch den Gebrauch dieser fremden Utensilien nicht als Beute behandelt, der man Gewalt antun müsse. Mit dieser Sicht der Dinge ist es leicht zu verstehen, dass zwischen Stäbchen und Messer und Gabel ein feiner, fundamentaler und gastrosophisch entscheidender Unterschied besteht. Werden Essinstrumente nicht, wie üblich, primär über ihre kulturgeschichtliche Herkunft gedacht, lässt sich die je spezifische Logik ihrer Praxis besser erfassen. Diese Praxologie ergibt sich aus ihrer essthetischen Form als mahltechnische Weg-Medien, insofern mit ihrer Hilfe der Transport der Speisen auf dem Weg zwischen Teller und Mund vollzogen wird.

Sowohl die Messer- und Gabelpraxis als auch die Stäbchenpraxis (wie auch der Gebrauch jedes anderen Fahrzeugs der Mahlpraxis) vollziehen einen formalen Übergang von der Küchenarbeit zum Tafelgenuss und stehen damit für das Junktim von Kulinarik und Essthetik, als den beiden gestaltenden (lebenskünstlerischen) Kräften einer gastrosophischen Ästhetik des Geschmacks: der Ästhetik der Kochkunst (der kulinarischen Praxis) einerseits und der Ästhetik der Tafelkunst (der essthetischen Mahlpraxis) andererseits. Worin unterscheidet sich das Essen mit Stäbchen, so ist im Anschluss an Barthes‹ Gastrosemiologie zu fragen, in essthetischer Hinsicht vom

Essen mit Messer und Gabel? Warum bleiben die Instrumente der abendländischen Tischessthetik bloße (Herstellungs-)Werkzeuge, während die Medien der östlichen Esskunst als formvollendete Fahrzeuge einer unfassbaren Lebensweisheit fungieren?

Insofern die Arbeit des Schneidens und der Gebrauch von Schneidewerkzeugen ihrem Wesen nach nur weitere Vorbereitungen sind, um Speisen mundgerecht zu machen, ist der Einsatz von Messer und Gabel seinem formalen Grundzug nach ein Weiterkochen am Esstisch: Dieser fungiert dafür als Arbeitstisch, im wahrsten Sinne des Wortes als jene Schnittstelle, an der sich die Produktion und der Konsum des Essens in entsprechenden Arbeitsschritten und Arbeitsmitteln (der kulinarischen Her- und Fertigstellung) überschneiden. Der permanente Einsatz von Messer und Gabel am Tisch setzt die Zubereitungsvorgänge in der Küche lediglich mahlzeitlich wie erfahrungsräumlich fort. Mit anderen Worten: Die Praxis, mit Messer und Gabel zu essen, ist letztlich ausgelagerte ›harte Küchenarbeit‹ – und zwar deren mechanischster und gröbster Teil.

Ganz anders verhält es sich mit der mahlpraxischen Verwendung von Stäbchen. Ihre Verwendung setzt voraus, dass der kulinarische Produktionsprozess abgeschlossen ist. Um ein weiteres Zerschneiden und Zerteilen der stäbchentauglichen Mahlzeit zu vermeiden, haben die Speisen bereits eine verzehrfertige, mundgerechte Form. Diese essthetische Formvollendung hat für die kulinarische Praxis die weitreichende Konsequenz, dass die Kunst der Zubereitung nicht primär oder notwendigerweise im Kochen, also im Erhitzen besteht, sondern im gekonnten Zerteilen. In der japanischen Küche, wie in der asiatischen Küche insgesamt, kommt daher, wie bereits erwähnt, der Schneidekunst eine große Bedeutung für die kulinarische Ästhetik zu.[8]

Der Weg des Schneidemessers kann nicht nur als lebensweltlicher Ursprung jenes praktizierten Daoismus identifiziert werden, dessen meisterhafte Ausübung der chinesische Philosoph Zhuangzi am Beispiel des Zerlegens eines Tierkörpers beschrieben hat (der sich aber ebenso gut und feinfühliger am Beispiel des gekonnten Schneidens oder Schnitzens von Gemüse erklären lässt). Jedenfalls scheint mir die friedliche und auf ihre Weise auch *meditative Lebenskunst des ›Küchenschwertes‹* die zeitgemäßere und zivilisiertere Alternative zur martialischen Zen-Kunst des Schwertkampfes zu sein, um der Welt zu erklären, was der richtige Weg ist. Und vor allem kann man nur auf diesem Weg das verzehrfertige und mundgerechte – formvollendete – Kochkunstwerk so genießen, dass der Vollzug dieser Praxis keine weitere Zubereitungsarbeit erfordert. Indem das Essen mit Stäbchen notwendigerweise die vollkommene Herstellung (poiesis) voraussetzt, ermöglichen diese Medien eine selbstzweckhafte und (praxologisch verstanden) *reine Genusserfahrung*. Rein essthetisch ist diese Genusserfahrung insofern, als sie nicht durch eine bloß

8 Ishige, The History and Culture of Japanese Food.

ästhetische Einstellung (eines kunstgenießenden, interesselosen Wohlgefallens oder eines intentionalen Aktes aufmerksamen Bewusstseins) zustande kommt; das essthetische Genusserlebnis entsteht ausschließlich auf dem medialen Weg der Stäbchenpraxis und bedingt durch die spezifische Formgebung der aufgetischten Speise; und sie ereignet sich so – von selbst.

Im Gegensatz zur Spieß- und Schaufelfunktion der Gabel, die einen sicheren Abtransport der zerschnittenen Speisebestandteile ermöglicht, ähneln die Stäbchen als Fahrzeuge der Mahlpraxis mit ihrem geringen Hub und ihrer minimalen Greiffläche eher einem Schnabel oder einer Pinzette. Wie die Pinzette oder der Schnabel kann auch das Stäbchenpaar nur kleinste Portionen pro Vollzugsakt oder (um im Bild zu bleiben) pro Anfahrt abtransportieren. Der Abtransport auf diesem bewegten Weg ist also kleinschrittig und erfordert eine viel häufigere Stückgutbefüllung, als dies beim vergleichsweisen großräumigen Einsatz eines die Speiseteile sicher aufspießenden und wegschaufelnden Gabel-Stablers der Fall ist. Über die Kleinteiligkeit hinaus bleibt bei dieser Art des Unterwegs-Seins das Wegbewegen unsicher, weil die Speiseteile hinsichtlich ihrer Transportabilität immer wieder neu vor Ort identifiziert werden müssen und ihr Abtransport von dem Risiko begleitet bleibt, dass das Stückgut auf dem Weg zu seinem Bestimmungsort jederzeit durch Zufall, Ungeschicklichkeit oder Unachtsamkeit herunterfallen kann.

Natürlich ist auch die Gabel nicht absolut sicher, und ihre mediale Unsicherheit beim Transport nimmt zu, je mehr sie als einfache Schaufel (unachtsam) benutzt wird. Dementsprechend gibt es verschiedene Strategien, um mit dem Unfallrisiko auf dem Weg der Essstäbchen umzugehen. So sind – insbesondere in China – sicherheitstechnische Maßnahmen wie die informelle Beseitigung des Problems durch das erzwungene Beugen des Mundes zum Essgefäß oder umgekehrt beliebt. Vielleicht liegt hierin der Grund für die gewissermaßen fahrlässige Form chinesischer Essstäbchen, deren Enden sich – im krassen Gegensatz zur japanischen Form – nicht zu feinen Fühlern verjüngen, sondern stumpf bleiben und damit einen feinfühligen Einsatz der Instrumente unmöglich machen. Wird der spezifische Bewegungs- und Erfahrungsraum, der sich mit dem Gebrauch japanischer Essstäbchen auftut, nicht durch einen irgendwie grob fahrlässigen Essstil eingeschränkt, sondern voll aktiviert, entsteht – auf diesem Weg – im Vollzug des Essens eine eigenständige Wirklichkeit des Genießens als das Tätig-Sein eines rein essthetischen Selbst.

Das Sein, das sich zwischen der Speise und dem Mund auftut, indem das so tätige Selbst mit Stäbchen isst, wird im wahrsten Sinne des Wortes vergegenständlicht: Essstäbchen als Medien des mahlpraxischen Tätig-Seins sind das so aufgetane Zwischen-Sein. Ein solches Zwischen-Sein wird in der japanischen Ästhetik mit dem zentralen Begriff des Ma (jap. 間) bezeichnet.[9] Der Wortbedeutung nach steht Ma

9 Isozaki, MA: Space-Time in Japan; Pilgrim, Intervals – Ma in Space and Time.

als Zwischenraum oder Freiraum zwischen zwei Polen in einem sachlichen Zusammenhang mit dem japanischen Wort für Brücke, Hashi (橋). Das Wort Hashi wiederum bezieht sich ursprünglich nicht nur auf Brücke, sondern, wie der Architekt Arata Isozaki betont, auch auf Essstäbchen, Hashi (箸). Sowohl in ihrem sino-japanischen Schriftzeichen als auch in ihrer materiellen Erscheinung unterscheiden sich Essstäbchen und Brücke deutlich voneinander. Ihre praktische Wesensverwandtschaft als Ma-Phänomene bleibt jedoch in ihrem phonetischen Gleichlaut präsent. In beiden Fällen bezeichnet der Begriff hashi weniger ein spezifischer Gegenstand (die Brücke, die Essstäbchen als gegenständlich Seiendes), als vielmehr ein leeres Dazwischen(-Sein), das Ma. »Alles, was die Verbindung des Ma überkreuzt, füllt oder entstehen lässt«, so Isozaki, »wird hashi genannt«. Jede Art von Hashi ist an der Entstehung eines bestimmten Zeit-Raumes, dem Ereignis des Ma, beteiligt.

Diese Bestimmungen lassen sich auf die Mahlpraxis übertragen. Der Weg der Stäbchen ist die Bewegung im Raum durch die Zeitigung des Hin und Her zwischen Mund und Teller; diese Bewegung überbrückt in der freien Kleinschrittigkeit der einzelnen Mahlakte das Zwischen-Sein von Speise und Mund und macht die Mahl-Zeit (als Seinszeit des mahlpraxischen Tätig-Seins) zu einem eigenen, essthetischen Aktions-Raum. Als Weg des Essens wird das Ma der Mahlzeit durch die Stäbchen-Kunst erfahren: Im Aktivieren dieses Mediums einer rein essthetischen Erfahrung ist das Wegbewegen der Speiseteile vom Teller, von der Schale oder von wo auch immer (rein seiner Form nach) ein echtes Weg-Bewegen – die gekonnte (lebenskünstlerische) Verwirklichung eines rein essthetischen Selbst-Seins.

Die Kunst, mit Stäbchen essen zu können, unterscheidet sich in ihrer formalen Universalität von der Spieß- und Schubtechnik des Gabelgebrauchs nicht nur durch die durchgehende Gewissheit eines sicheren Aufnehmens und risikoarmen Abtransports der Dinge, so dass das Zwischen-Sein zwischen Mund und Teller zu einer Art Autobahn wird, der Fahrbahn des schnell essenden Selbst (gr. *autós*). Der Stäbchen-Weg unterscheidet sich von der Messer-und-Gabel-Mahlpraxis auch dadurch, dass das mit dem Messer ausgerüstete Subjekt in seiner gewalttätigen Auseinandersetzung mit der Speise prinzipiell auf keinen Widerstand des Objekts stößt: Es unterliegt zwangsläufig der formalen Herrschaft des scharfen Schneidewerkzeugs (wie bei der Küchenarbeit). Aufgrund dieser faktischen Übermacht des Subjekts über das Objekt beim Essen mit Messer und Gabel ist dieser Praxis die Tendenz zu einem mechanischen Ablauf inhärent. In einer solchen mechanischen Weise des Essens reduziert sich die Mahl-Zeit (und ihre gastrologische Medialität) auf eine automatische (darin unessthetische) bloße Nahrungsaufnahme, so dass »die Bestandteile eines Gerichtes hinuntergeschlungen werden«, um Barthes' kritischen Vergleich der östlichen Stäbchenküche mit der westlichen Esskultur zu zitieren.[10]

10 Barthes, Das Reich der Zeichen, 30.

Dementsprechend tendiert das Löffeln mahlpraxisch von sich aus am ehesten zu einem essthetisch unachtsamen Vorgang. Dies erklärt sowohl die Tendenz des Löffelns zum Fressen oder Mampfen als auch, warum man nach einer deutschen Binsenweisheit »die Weisheit mit Löffeln essen kann«: Hauptsache und möglichst schnell in sich hineinschaufeln. Die mechanische und stupide Tendenz des unessthetischen Essens im Modus eines selbstvergessenen Automatismus (der Unachtsamkeit) wird bei einem Eintopf und jeder Art von Eintopfküche besonders wirksam, wenn alles vermischt aus einer Schüssel gelöffelt wird. Eine solche tendenziell ungastrosophische Eintopf-Mahlzeit praktizierte Foucault im Speisesaal des Zen-Klosters stellvertretend für alle Meister und Mönche eines falsch verstandenen Buddhismus der Bettelschale. Wo aber weder diese Weisheit gelehrt noch gar die Weisheit mit Löffeln gegessen werden soll, wo es vielmehr um eine gastroethische und mithin essthetische Weisheit des Essens geht, da wird – wenn das Gesagte einleuchtet – wohl am besten mit Stäbchen gegessen.

Der Weg der Essstäbchen ist Inbegriff der Lebenskunst (der Ethik und Ästhetik) eines alltäglichen Genusserlebens und bietet sich von selbst an, als eine tägliche Übung der Achtsamkeit praktiziert zu werden. Was nicht ausschließt, dass auch mit Löffeln oder mit Messer und Gabel ein essthetisches Genießen möglich ist. Die praktische Voraussetzung ist dann allerdings die förmliche Bereitschaft zu einer rein ästhetischen (achtsamen) Einstellung der Essenden gegenüber ihrer Mahlzeit. Alles hängt hier vom guten Willen ab, ob diese innere Haltung zustande kommt und in die Tat umgesetzt wird oder nicht. Hingegen macht die Kunst des Stäbchen-Weges, wie wir gesehen haben, eine essthetische Haltung praktisch erforderlich, die sich in praxi von sich aus einstellt. In diesem Fall ist die Ästhetik der Essistenz keine bloße Sache des guten Willens, sondern eine Tat-Sache der Praxis, so gut zu essen.

Roland Barthes beschreibt sie als eine »intelligente Tätigkeit«, die in der Kunst eines behutsamen Umklammerns (Klemmens, Pickens oder Zergliederns) besteht, die einzelnen Dinge oder Speisebestandteile der Mahlzeit gezielt aufzuheben. Dafür muss sich das Subjekt dieser Mahlpraxis auf das Objekt und seine je spezifische Seinsweise einlassen. Dieses gezielte und behutsame Sicheinlassen auf die Eigentümlichkeit der Dinge (das Sosein der Zutaten) macht ein offenherziges Bei-den-Dingen-Sein erforderlich. Barthes' Vorschlag, dieses essthetische Sich-Einlassen auf das So-Sein der Dinge als »Fühlung« zu bezeichnen, trifft zwar nicht ganz den Punkt, denn die Stäbchen tun mehr, als nur die Speisekörper zu befühlen. Aber es verweist auf den Vorrang des Objekts und auf das Bedingt-Sein des Subjekts, das sich hier ereignet. Das genüssliche So-Sein-Lassen der Dinge entsteht und besteht aus jener bedingten Aufmerksamkeit, die nötig ist, um mit den Stäbchen gezielt und offenherzig die jeweilige Bestandteile zu erfassen: Es bedarf dieses unfassbaren Erfassens, um die Dinge trotz oder gerade wegen ihres stets unsicheren Abtransports genießen zu können; es bedarf dieser achtsamen Offenheit des Selbst, um wählerisch dieses jetzt und danach vielleicht jenes oder vielleicht doch umgekehrt wahrzunehmen, es auf dem Weg einer (heteronomen) Praxis der Freiheit aufzunehmen, zu bewegen und zu bewahrheiten.

Für die westliche Esskultur, unterstützt durch den mechanischen Einsatz von Messer und Gabel, konstatiert der Gastrologe Jürgen Dollase eine geradezu anarchische Esspraxis: »Ich beobachte in Restaurants, dass beim Essen oft die reine Anarchie herrscht. Kaum jemand kümmert sich wirklich um das, was vor ihm auf dem Teller liegt.« Der eine fängt links an, der andere rechts, der eine isst einen Gang nach dem anderen, der andere stopft sich die Gabel voll. Was auch immer sich der Koch bei der Zusammenstellung eines Gerichts gedacht haben mag: Bei dieser unintelligenten Art des »unsystematischen Essens«, so Dollase kritisch, »wird es leider schnell ad absurdum geführt. Es wird durch die bisher gängige Praxis des Aufbaus und der Präsentation von Gerichten und auch von der Art, wie wir sie essen, fast immer noch sichtbar, dass man über diese Zusammenhänge nicht nachdenkt.«[11]

Im Gegensatz und im Widerstand zu dieser verbreiteten Unwissenheit ist die Aktivität eines wählerischen Erfassens und Wahrnehmens in seiner Zielgerichtetheit und Offenheit, wie sie der östliche oder der transkulturelle Stäbchen-Weg verlangt, eine intelligente Tätigkeit und entspricht dem, was in der philosophischen Ästhetik Japans das ›monogokoro‹ genannt wird. *Mono no kokoro* bedeutet wörtlich: *Ding des Herzens*. Ein Herz für die Dinge zeigt derjenige, der darin (nicht-)tätig ist, die Dinge sie selbst sein zu lassen, und sich so ding-gewohnt (jap. *mononareta*) auskennt. In der Kunst des Essens zeigt sich ein solches ding-gewohntes, dingbeherztes Sich-in-Acht-Nehmen im intelligenten Abtransport der einzelnen Speisebestandteile verbunden mit dem selbstverständlichsten (sich ohne nachzudenken abspielenden) Zusammenspiel ihres gewohnheitsmäßigen (geübten, gekonnten, routiniert sich auf sie einlassenden) zielsicher aufsuchenden Auswählens und Kombinierens. Wegen dieser offenherzigen Empfänglichkeit – einer aktiven passionierten Rezeptivität im Erfassen – hat der Eingriff und das Ergriffen-Sein der stäbchenführenden Hand die Grundbewegung einer Affektion, eines pathetischen Antuns im ursprünglich rezeptiven Sinne des griechischen Wortes Pathos.

Im Mahl ereignet sich ein affektives Ereignis (gr. *pathéma*). Barthes spricht vom »affizierenden Ereignis« im Kontext seiner Kritik an der begrifflichen »Pathologie«[12] des philosophischen Denkens, die sich daraus ergibt, dass die abendländische Philosophie Affektion als erlittene Passivität oder bloße Untätigkeit interpretiert und nicht als rezeptiv-aktives, leidenschaftliches (pathetisches) Ergriffensein. Sein Pathos impliziert vielmehr, praxologisch gedacht, dass das Tun durch Anderes (durch Dinge, anderes Nicht-Tun, Nicht-Selbst) hervorgerufen wird und dadurch als so handelndes Selbst sein-gelassen wird. So denkt die Gastrosophie der Praxis des Es-

11 Dollase, Kulinarische Intelligenz, 74.

12 Barthes, Das Neutrum, 134.

sens das Pathéma (im Ma der Mahlzeit), indem sie das Tätigsein im Zwischen-Sein der Kunst, wirklich mit Stäbchen essen zu können, erhellt.

In der Kunst, mit Stäbchen zu essen, werden jene Eigenschaften der Dinge pathetisch wahrgenommen, die sich dem intelligiblen Zugriff anbieten. Was diesen und den pathischen Beweggrund seiner offenherzigen Erwählung antreibt, ist die Ekstase, die an den Dingen bemerkt wird. Ekstasen gibt es nicht nur, wie der Fundamentalontologe Heidegger meinte, im seinsmäßigen Herausragen der menschlichen Existenz als Ek-sistenz (die als Da-Sein alles Sein in seiner Seiendheit reflektiert). Sein Kritiker Emmanuel Levinas wusste es besser; eine knappe Notiz korrigiert: »Ekstatische Existenz – außerhalb seiner sein – aber bedingt durch den Gegenstand.«[13] Es zeigt sich, dass im Kontext der gastrosophischen Existenz als Essistenz gerade solche »Ding-Ekstasen« etwas ganz Alltägliches sind.[14] Ein Leitbegriff der japanischen Ästhetik beschreibt die essthetische Ekstase des Ma der Mahlpraxis beim Essen mit Stäbchen als *mono no aware* – ein augenblickliches (temporäres) Aufgehen des Selbst im Objekt seiner Wahrnehmung.[15]

Der deutsche Japanologe Pörtner erklärt dazu: »Der Ausdruck mono no aware deutet auf den Respons eines wahrnehmenden Bewusstseins, auf die pathoserzeugende Qualität der Dinge.«[16] Sinngemäß beschreibt mono no aware also im wahrsten Sinne des Wortes ein Erwachen, eine Acht (oder Achtsamkeit, Beachtung und Achtung, sich in Acht nehmen) im Umgang mit Dingen und ist sachlich mit dem Ding-Herz des Monogokoro verwandt. Eine wörtliche Übersetzung des mono no aware wäre die Achheit des wahrgenommenen Dings. Ursprünglich meint *aware* eine Interjektion, wie das deutsche *Ach!*, die ein Aufmerken, ein Achtsamsein im sich selbst bewusst werdenden Ach-so!-Gewahrsein ausdrückt. In Anlehnung an den bereits erwähnten Begriff der »reinen Erfahrung« des japanischen Philosophen Nishida[17] oder, genauer, in systematischer Weiterentwicklung desselben ist so gesehen das mono no aware die reine Erfahrung der Ekstasen der Dinge, wie sie sich beim Essen mit Stäbchen ganz selbstverständlich abspielen – ein Seinszustand der unmittelbaren Unzweiheit von Subjekt und Objekt, Selbst und Nicht-Selbst. Dann lässt sich sagen: Die rein essthetische Erfahrung, die die ›östliche‹ Mahlpraxis ermöglicht und die so kultivierte Weisheit des Essens bewahrheitet, ist reines Erwachen.

Fassen wir die gewonnenen Erkenntnisse der gastrosophischen Essthetik der Mahlpraxis zusammen: Das Ma der Mahlzeit ereignet sich am jeweils Aufgesuchten als eine Achheit (oder Wachheit) der Achtung gegenüber den Dingen, in der das rein essthetische Tätigsein als Einheit von Praxis und Erleuchtung wirksam wird.

---

13 Levinas, Die Zeit und der Andere, 36.

14 Böhme, Das Ding und seine Ekstasen.

15 Ônishi, Aware.

16 Pörtner, mono – Über die paradoxe Verträglichkeit der Dinge, 223.

17 Nishida, Über das Gute, 29f.

Das mono no aware eines essthetischen Essens erwacht im Ausspruch eines – um im Japanischen zu bleiben – *oishi!*, einer ebenso pathetischen wie beiläufig-trivialen Ergriffenheit im reinen Geschmackserlebnis: Ein *ach, wie lecker!* begleitet jeden Bissen mit Stäbchen oder anderen Medien, sofern er selbst die entsprechende geschmackliche Güte aufweist. Dieses achtsame Erfahren und Erwachen beim Essen – der ekstatischen Einzelheiten der genossenen Dinge, die Selbstversenkung in die rein essthetische Erfahrung – als eine Weg-Kunst zu praktizieren, macht den Gebrauch von Stäbchen so einzigartig.

Gastrosophische Meditationspraxis

Barthes beschreibt die Aktivität des kreativen Aufsuchens und spontanen Auswählens nicht nur als eine intelligente, sondern darüber hinaus als eine von »Phantasie« und »Muße« bestimmte Tätigkeit; und er könnte die Mahlpraxis darüber hinaus sogar als einen *phantastischen Müßiggang* ausmalen. Die Stäbchen, so Barthes, »wählen für den Augenblick dies und nicht das, und führen keine Ordnung, wohl aber Phantasie und so etwas wie Muße ein.«[18] Der Weg führt hier nicht über eine abstrakte Konzentration auf ein phantasieloses Wegschaffen, sondern verlangt eine phantasievolle und musische Geistesgegenwart in der Hingabe. Hätte Barthes nicht nur Brillat-Savarin gelesen, den ersten Gastrosophen der westlichen Moderne, sondern auch noch den ersten Gastrosophen Japans (Dôgen) intensiv studiert, wäre ihm vielleicht eingefallen, in diesem Zusammenhang an dessen Worte zu erinnern, man müsse »die Buddha-Wahrheit« erforschen, indem man »seinen Mund benutzt«.[19] Denn mit dem Munde forschen heißt, wenn es mundet, über seinen Geist, seine Sinne, seinen Leib, sein Selbst und die Welt zu meditieren; was nichts anderes ist, als Buddhaheit zu bewahrheiten oder essend Weisheit zu praktizieren.[20]

Diese meditative Selbstvergessenheit im Akt des Mundens beschreibt der Ästhetiktheoretiker Tanizaki am Beispiel des Genusses einer Suppe. »Wenn ich die Suppenschale vor mir habe«, sinniert er, »wenn ich die Schale singen höre mit jenem ganz leisen, wie von einem fernen Insekt herstammenden Ton, der gleichsam ins innerste Ohr einsickert, wenn ich meine Sinne auf den Vorgeschmack der Speise richte, die ich gleich kosten werde, dann fühle ich mich immer in einen Zustand der Selbstvergessenheit hineingezogen.«[21] Freilich bedeutet diese gastrosophische Meditationspraxis gerade keine spirituelle Selbstverleugnung, keine mystische Jenseitserfahrung, wie Tanizaki seine Leser im Weiteren weismacht. Die

18 Barthes, Im Reich der Zeichen, 30.
19 Dôgen, Unentwegte Praxis I, 173.
20 Lemke, Die Welt, die in aller Munde ist, oder: das ›Es mundet!'
21 Tanizaki, Lob des Schattens, 29.

Selbstvergessenheit beim Genuss des Essens ist vielmehr, wie sich zeigt, die aktive Selbstverwirklichung eines Weg-Selbst, das sich im Modus eines phantastischen Müßiggangs bei den Dingen ist. Daraus erhellt, was der bereits zitierte Emanuel Levinas so treffend »das Vergessen seiner selbst, die Helligkeit des Genießens« genannt hat.[22]

In diesem Sinne und im Geiste der Gastrosophie Dôgens empfiehlt der kalifornische Zen-Meister Edward Espe Brown den täglichen Selbstgenuss am Esstisch sogar als die beste Meditation. In seiner Reflexion über *das Lächeln der Radieschen* führt Brown aus: »Manchmal erkläre ich Leuten auch, dass sie auf ganz natürliche Weise meditieren, wenn sie ihr Essen genießen. Sie achten dann genau darauf, was sie essen, bemerken Aromen, Konsistenzen und Geschmacksnuancen, denn wenn man etwas genießen will, muss man es voll auskosten.« So kann sich, wie der zen-buddhistische Gastrosoph aus Erfahrung weiß, »der Genuss des Essens als beste Meditation des ganzen Tages erweisen.«[23] Ähnlich betont Tanizaki, dass die japanische Küche, obwohl oft gesagt wird, sie sei weniger zum Essen als zum Anschauen gut, für ihn noch mehr zum Meditieren als zum bloßen Anschauen einlädt.[24] Freilich könnte eine solche meditative (essthetische) Haltung als bloße innere (ästhetische) Einstellung jedes beliebige Tun begleiten. Doch die spezifische meditative Selbstverständlichkeit oder Klarheit (bzw. Wachheit) des Selbstgenusses beim Essen in der alltäglichen Einfachheit und praktischen Selbstvergessenheit mit Stäbchen in der Hand zu erfassen, ist das Schwierige daran und nicht etwa – auch wenn es dem Ungeübten dies so erscheinen mag – der im Westen immer noch ungewohnte und daher schwerfällige Gebrauch dieser östlichen Essinstrumente.

Mit Stäbchen essen kann jeder; ein großer Teil der Menschheit tut es täglich und ganz selbstverständlich. Da kann man es sich leicht verkneifen, von sich zu sagen wie Deutschlands bekanntester Küchentheoretiker Wolfram Siebeck: »Ich weiß nichts über die Küche Japans. Ich war dort, gewiss, und ich habe in meiner bekannten Tollkühnheit ein Paar Stäbchen ergriffen und mich über alles hergemacht, was mir vorgesetzt wurde. Ich habe dort gelernt, wie man mit Stäbchen isst, aber nicht begriffen, warum man es tut.«[25] Damit erging es ihm wie den meisten Japanreisenden und Deutschen, die nicht begreifen (wollen), was sie tun, wenn sie sich mit Messer und Gabel über alles hermachen, was ihnen vorgesetzt wird.

---

22 Levinas, Die Zeit und der Andere, 37.

23 Brown, Das Lächeln der Radieschen, 183.

24 Tanizaki, Lob des Schattens, 29.

25 Siebeck, Was nützt mir die klügste Gastrosophie, wenn die Hollandaise gerinnt?

Das Feine: das Kleine

In seiner Analyse der fernöstlichen Ästhetik des Essens stellt der französische Gastrosemiotiker Barthes die These auf, dass das Kleinschneiden und die kleinteilige Zubereitungsart der japanischen wie der asiatischen Küche insgesamt allein dem Zweck dienen, Gerichte zu kreieren, die mit Stäbchen gegessen werden können.[26] Aber liegt der Grund für das kochkünstlerische Prinzip der »Kleinheit« (Barthes) wirklich in der Logik der Mahlmedien, in der Stilistik der technischen Mittel? Oder beruht diese *Ästhetik der Kleinheit* nicht vielmehr auf dem *Wesen eines rein essthetischen Mahlrituals* als Selbstzweck, der Mahlzeit als Praxis, der letztlich auch die Weg-Kunst des Essens mit Stäbchen entspringt? Diese Frage muss geklärt werden, um die der asiatischen Küche zugrunde liegende Philosophie und Weisheit des Essens mit Stäbchen zu verstehen.

Ginge es nur um den Gebrauch dieser Instrumente, könnten die Zutaten zwar nicht jede Form haben, aber sie könnten größer sein. Denn mit Stäbchen kann man sicherlich auch größere Stücke essen (was auch vorkommt, aber eher im Ausnahmefall). Stäbchen eignen sich sogar besser als Gabeln, um auch größere Stücke zu handhaben, ohne sie zu verletzen oder unpraktisch aufzuspießen. Auch beim Kochen werden manchmal entsprechende Stäbchen, spezielle Kochstäbchen, verwendet. Wenn die Speisen, was ebenfalls vorkommt, nicht ganz mundgerecht zubereitet sind und noch am Tisch (mit Messer und Gabel) geschnitten oder zerkleinert werden müssen, kann dies bis zu einem gewissen Grad auch mit den beiden Stäbchen geschehen, z.B. durch Aufspießen oder Auseinanderdrücken oder einfach durch den Wechsel von mehrmaligem Abbeißen und Zurücklegen. Insofern sind die kleinteiligen Speisen der japanischen Küche nicht originär für den Gebrauch von Stäbchen zubereitet, sondern umgekehrt wird mit diesen speziellen Mahlutensilien gegessen, damit das Zubereitete (in rein essthetischer Form) mundgerecht sein kann. Diese Mundgerechtigkeit und die Leichtigkeit des Mundens sind der formale (rein ästhetische) Grund dafür, dass in der »östlichen Küche«, wie Barthes bemerkt, »die Speisen in kleine Stücke geschnitten werden«.

Diese kleine-feine Kochkunst ermöglicht und bewahrheitet zudem ein spezifisches Darbietungszeremoniell, das die Kleinteiligkeit der kulinarischen Machart und die kleine Portion als essthetisches Konstruktionsprinzip ›aufdeckt‹. Idealtypisch wird diese minimalistische Inszenierung des Gedecks (des Tischdeckens) wie beim japanischen Kaiseki-Menü durch das Arrangement zahlreicher Kleinstgerichte präsentiert. So serviert die von der Kaiseki-Ästhetik inspirierte Nouvelle Cuisine nahezu leere Teller, auf denen sich feine Kleinigkeiten befinden und sonst Nichts. Eine solche konzeptuelle Ästhetik der minimalen Portionen – eine Raffinesse der Miniatur – ist in vielen Gerichten der feinen Küche Japans am Werk, gleichsam als

26 Barthes, Im Reich der Zeichen, 29.

ebenso kunstvolle wie gekünstelte Manifestation einer perfekten Verfeinerung qua Verkleinerung: Bonsai in der Kunst des Mini-Speisebaus.

Die Logik der Kleinteiligkeit ergibt sich aber nicht nur aus dem konzeptionellen (oder kommerziellen) Minimalismus der Portionen; diese kulinarische Ästhetik des Minimums hat universelle Gültigkeit, weil sie in der (oben beschriebenen) Verbindung mit der Weg-Kunst des Essens mit Stäbchen die formale Bedingung der Möglichkeit für das Maximum eines rein essthetischen Genusses schafft: Abhängig von der Kleinteiligkeit, dem Minimalen der einzelnen Bestandteile, kann erst die größtmögliche Vielfalt und Verschiedenheit des Ganzen entstehen. Indem die Speisen und ihre Bauteile in Minimalportionen aufgetischt werden, ist eine maximale Diversität an Gerichten, Geschmäckern, Substanzen, Farben, Formen, Texturen, Konsistenzen usw. möglich.

Ach so also: Die essthetische Mahlzeit manifestiert ihre gastrosophische Weisheit in der Fülle – der Erfüllung – eines möglichst vielfältigen Genusses. Die Kleinheit der Speise muss keineswegs mit einem asketischen Ideal verbunden sein, das die minimale Portion und das Frugale als höchstes Gut lehrt. Vielmehr drückt sich in der Petitesse die Ästhetik eines ethisch guten Geschmacks aus, der in jedem einzelnen Mahl die maximale Seinsfülle zu verwirklichen weiß. Inmitten dieses Seins pulsiert das unfassbare Herz und duftet die vollkommene Wirklichkeit einer wirklich vollen Tafel: das Hier und Heute von viel Gutem, das gut schmeckt und glücklich macht. Nicht nur für die professionelle und teure Küche der Spitzenrestaurants, sondern (zumindest) für die Hauptmahlzeit der häuslichen und haushaltenden Alltagsküche ergibt sich daraus *die transkulturelle Universalität einer kleinen feinen Küche der vollen Tafel*: Ihre essthetische Konvivialität besteht in der maximalen Vielfalt von verschiedenen Kleinigkeiten und feinen Unterschieden und nicht, wie in der Tradition der großen feinen Küchen üblich, in der repräsentativen Völlerei üppiger Portionen und überladener Teller. Entsprechend gehört zur stilistischen Einzigartigkeit und Raffinesse – zur fernöstlichen Weisheit – einer solchen perfekten Tafel die ethisch-ästhetische Freiheit, weder von einem Speisezentrum (dem Hauptgang) noch von einer Hierarchie der Dinge (meist einem mächtigen Stück Fleisch) beherrscht zu werden, wie es im krassen Gegensatz dazu die traditionelle Kulinarik des Westens fordert.

In der herkömmlichen Tafelordnung der westlichen Esskultur hat jedes Tafelgericht ein Zentrum, dem eine stilbildende Funktion (›des guten Geschmacks‹) zukommt. Traditionell bildet das Fleisch – die Sonne, die von Sternen umkreist wird – das große Alpha des Mittelpunktes, um das herum sich rangniedrigere ›Beilagen‹, etwa Grünzeug als ›Zugemüse‹, gruppieren. Als repräsentativsten und identitätsstiftenden Alltagsmythos unserer Esskultur wählte Barthes das *Beefsteak mit Pom-*

mes frites.[27] Im Gegensatz zu diesem kalorischen Schwergewicht eines karnivoren Zentrismus koexistieren in der traditionellen Kaiseki-Ästhetik Japans die Tafelkomponenten gleichberechtigt nebeneinander. Barthes nannte dies die »Dezentrierung der Speisen« in der fernöstlichen Esskultur. Wie der Minimalismus des Kleinen ermöglicht auch die Dezentriertheit der Dinge die Zentrumslosigkeit oder leere Mitte des japanischen Essens. Und so schließt sich der Kreis: In Abhängigkeit von seiner dezentrierten Form entsteht der Weg der Essstäbchen, insofern diese anarchische Formgebung und Formlosigkeit jenes Klein-Sein der Dinge zulässt, das diese spezielle Weg-Praxis überhaupt erst eigens erfahrbar macht. Wenn sich durch eine Vielheit verschiedener Kleinigkeiten eine große Auswahl – und Fülle des Erlebens von Gutem – auftut und das Ma der Mahlzeit währt, ereignet sich der maximale Aktionszeitraum einer essthetischen Praxis. Trotz der philosophischen Klärung dieser in der menschlichen Kulturgeschichte allzu lange unterbelichteten Tatsachen gilt es, sich an den oben formulierten Vorsatz zu erinnern: Bewundere keine papierene Praxis, seien es nun Reisknödelbilder oder solche der Essstäbchenkunst; der Erweis der Weisheit hängt einzig und allein davon ab, ob sie wirklich praktiziert wird!

Die japanische Tafelzeremonie

Roland Barthes' kleines Protokoll der japanischen Esskultur beschäftigt sich in einem ersten Schritt mit der Kunst des Tafelns, die bei dem buddhistischen Mönch und Zen-Gründer Dôgen (wie oben erwähnt) zwangsläufig fehlt. Wenn der französische Kulturtheoretiker von einem »mit Speisen gefüllten Tisch« berichtet, dann hat er dabei typische Gerichte der japanischen Tischgesellschaft vor Augen. So werden bei ihm der Reihe nach Sukiyaki (eine Art Fondue), Sashimi und Tempura ausführlich beschrieben. Mehr noch als schon zu Barthes' Zeiten finden sich heute in den meisten Büchern und Theorien zur japanischen Küche häufig Aufzählungen der beliebtesten Gerichte, zu denen neben den bereits erwähnten Klassikern wie Sushi oder Kaiseki auch Soba-Nudeln (aus Buchweizenmehl) oder Suppen mit Ramen-Nudeln gehören, Okonomiyaki (Pfannkuchen mit Kohl und Oktopus-Stücken) oder Yakitori (gegrillte Hühnchenspieße), der giftige Fugu (Kugelfisch) und das exquisite Kobe-Fleisch (stark marmoriertes Rindfleisch). Die üblichen Beschreibungen dieser typisch japanischen Gerichte gehen jedoch nicht über die Aufzählung der Zutaten, die Beschreibung der Rezepte, der Zubereitung und der Herkunft hinaus.[28] Uns interessiert hier stattdessen die Frage, welche Art von Mahlzeit (welches Essen) das

27 Barthes, Mythen des Alltags, 36–38; Ott, Identität geht durch den Magen: Mythen der Esskultur.

28 Ashkenazi/Jacob, The Essence of Japanese Cuisine, 84 ff; Ishige, The History and Culture of Japanese Food; Iriyama, Kochen wie in Japan.

beschriebene rein essthetische Genusserleben in der konvivialen Form einer Tafelkunst praktikabel macht.

Das allgemein wahrgenommene und wegen seiner formalen Ästhetik geschätzte Beispiel japanischer Tafelkunst ist, wie dargestellt, das klassische mehrgängige Menü, das Kaiseki Ryôri der edlen Restaurantgastronomie. Seine zeremonielle Tafelkunst des Kaiseki-Mahls gilt, wie die japanische Gastrosophie des Philosophen Ogawa reflektiert, als das stilbildendes Ideal des »schönen Essens«.[29] Da es bei dieser ästhetischen Mahlzeremonie allerdings um eine typische und zudem äußerst kostspielige Variante der Außer-Haus-Verköstigung geht, um ein aufwendiges Mahl, das für die alltägliche Mahlpraxis ungeeignet ist, repräsentiert das Kaiseki-Essen eine ästhetizistische Feinschmeckerei und steht insofern für den Gourmetismus der japanischen Gesellschaft. Das mehrgängige Menü ist daher immer eine luxuriöse Form des Tafelns, die vor allem in Kontexten der kommerziellen Gastronomie stattfindet (und nicht der weisen Tafelkunst einer für alle erschwinglichen Mahlpraxis entspricht, die erst das tägliche Essen zu einer ethischen Lebenspraxis machen kann). Die Universalität dieser kommerziellen Mahlpraxis ist, wenn man so will, das luxuriöse Fahrzeug, eine Limousine auf dem (extravaganten) Weg einer (exklusiven) Kunst des (kostspieligen Restaurant-)Essens. Und wie jedes andere Spitzenklasse-Fahrzeug ist auch dieses Vergnügen etwas, das sich nicht alle leisten können und an dessen Besitz wir uns keineswegs haften müssten, um gleichwohl das Nirvana voller Tafelvergnügen zu erlangen. Der Tafelkunst als einer solchen alltagsethischen Lebenskunst werden wir begegnen, sobald wir es mit der chinesischen Esskultur zu tun bekommen. Am Beispiel des japanischen Kaiseki-Mahls lassen sich jedoch wesentliche Prinzipien einer gastrosophischen Tafelkultur – guter Tischsitten – ergründen.

Die Kaiseki-Mahlzeit dehnt den Zeit-Raum des Genießens einer Tafel mit möglichst unterschiedlichen Gerichten auf mehrere Gänge aus, die nacheinander serviert werden. In der Form unterscheidet sich der japanische Kaiseki-Stil nicht vom internationalen Stil eines mehrgängigen Essens. Seinen Ursprung hat es im Westen in der russischen Serviermethode, die sich seit Beginn des 19. Jahrhunderts verbreitete und bei der die Gänge nacheinander an den Tisch gebracht und den Gästen auf den Tellern bereits portionierte und ausgewählte Speisen serviert werden. Diese inzwischen weit verbreitete Mahlzeremonie löste die klassische französische Tafelordnung ab, in der sich die ästhetischen Prinzipien der feudalen Tafelkultur des mittelalterlichen Europas fortgesetzt hatten. Bei der feudalen Tafelkultur wurden pro Gang mehrere Gänge gleichzeitig serviert, aus denen sich die Teilnehmer individuell bedienten, was im Prinzip der chinesischen Selbstbedienung an der gefüllten (und durch neue Gänge immer wieder aufgefüllten) Rundtafel entspricht. Trotz der

29 Ogawa, Essen und Atmosphäre.

grundsätzlichen feinen logistischen Unterschiede haben diese beiden Ordnungsprinzipien eine stilistische Gemeinsamkeit: Sowohl bei der französischen (oder chinesischen) Mahltafel als auch beim international verbreiteten Mehr-Gänge-Essen wie auch beim japanischen Kaiseki-Essen haben die Gänge die wörtliche Bedeutung, dass die Mahlteilnehmer von Anderen (den Servicekräften) bedient werden, die nicht mitessen, sondern die Speisen – mehrfach aus der Küche kommend – auftischen.

Wie jede andere konventionelle mehrgängige Mahlzeit ist auch das Kaiseki Ryori durch eine zeremonielle Form gekennzeichnet, die den gesamten Ablauf strikt festlegt. Insofern spreche ich bei dieser ritualisierten Mahlpraxis in Anlehnung an den stilistischen Formalismus der Teezeremonie von einer Tafelzeremonie. Wenn pro Gang nur ein Gericht serviert wird, nimmt jeder Gang die ganze Aufmerksamkeit in Anspruch. Diese formale Konzentration auf den jeweiligen Gang strukturiert die Wahrnehmung. Gleichzeitig wird der zeitliche Ablauf durch die zeremonielle (wenn nicht funktionale) Mehrgängigkeit des Menüs verlangsamt. Diese zeitliche Verlangsamung der Mahlpraxis ergibt sich aus der rein essthetischen Form analog zur oben beschriebenen Art und Weise des Stäbchenweges; jedes Kaiseki-Essen wie jedes andere mehrgängige Mahl macht daher eine Art Slow Food Konvivialität erfahrbar (der auch unabhängig von einem politisch motivierten Slow Food Aktivismus entsteht) und ist in dieser Hinsicht das Gegenprogramm zu jedem Fast Food Buddhismus oder artverwandten Künsten des schnellen, nebensächlichen, formlosen, unessthetischen Essens.

Die Dominanz der zeremoniellen Form der Tischordnung birgt jedoch strukturelle Ambivalenzen: Der Umstand, dass die zeitliche Abfolge und die räumliche (den Gängen der servierten Speisen folgende) Auswahl der Mahlzeit von Anderen bestimmt (im wahrsten Sinne des Wortes von Vormündern fremdbestimmt) wird, bringt eine zwangsläufige Entmündigung der Bedienten mit sich. Nicht die Essenden selbst bestimmen das Gesamterlebnis des Tafelns, sondern diejenigen, die sie bekochen, bewirten und bedienen. Aus dieser essthetischen Untätigkeit und Unmündigkeit resultiert eine kulinarische Selbst-Entmündigung. Nicht selbst bestimmen und gestalten zu können, welche Zutaten verwendet werden, wie sie zubereitet werden, wie das ganze Mahl praktisch abläuft usw., hat zwangsläufig die formale und nicht selten unangenehme Ambivalenz zur Folge, dass es der Geschmack der (bevormundenden) Anderen ist, den sich die Gäste schmecken lassen (müssen) und der ihnen die gegebenen Portionen, Geschmacksurteile und Mengen aufzwingt, ohne Rücksicht auf ihre individuellen Bedürfnisse und Vorlieben oder Abneigungen.

Diese essthetische Selbstentfremdung wird durch den zeitlichen Ablauf eines langsamen mehrgängigen Essens (wie der Kaiseki-Zeremonie) sogar ins Essistenzielle gesteigert: Denn durch die oft überzogene Verlangsamung der Mehrgängigkeit, durch die zeremoniell künstlich erzeugte Allmählichkeit aller erwarteten Gänge kommt es zwangsläufig (oder zumindest sehr wahrscheinlich) zu einem unfreiwilligen und ungewollten Aufschub der Sättigung. Da jeder Gang jeweils nur ein wenig sättigt, bleibt nach jedem Gang ein Hungergefühl oder entsteht sogar neu, so dass das samsarische Hungerleiden subjektiv gefühlt ewig fortzudauern scheint – statt wie erhofft davon erlöst zu werden. So kann auch am Ende der Mahlzeit eine ebenso essistenzielle wie esthetische Unzufriedenheit vorherrschen wie vor der Mahlzeit. Die Tatsache, dass bei der Kaiseki-Zeremonie am Ende in jedem Fall ›Reis satt‹ serviert wird, ist somit die formale Anzeige der besagten konzeptuellen Ambivalenz. Zwar erfährt der (zahlende Restaurant-)Gast am Ende doch noch die ersehnte Erlösung – ein wohliges Gefühl der Fülle; von vornherein beugt zudem das esskulturelle Wissen um diese finale Zugabe – die Antizipation, dass am Ende wenigstens für eine sichere Sättigung gesorgt ist – der ansonsten absehbaren Unzufriedenheit vor. Gleichwohl macht die konzeptuelle Notwendigkeit eines finalen Sattmachers deutlich, dass die Portionen der vorangegangenen Gänge an sich zu klein sind und erst durch diese stilisierte (Un-)Vollkommenheit des (allzu feinen) Ganzen eine abschließende Abfüllung – eine Schale faden Reis – notwendig wird, und sie zeigt darüber hinaus das Paradox einer Feinschmeckerei, die darin besteht, dass der Gourmetismus einer bloß zeremoniellen Tafelkunst – dass ein schönes Kaiseki-Mahl letztlich auch nur eine Form des frommen Reis-Essens ist. In gewisser Weise – und als eine edle Wahrheit eigener Art – überformt der repräsentativ-kostspielige und alltagsuntaugliche, ›edle‹ Ästhetizismus dieser weltweit paradoxerweise hochgeschätzten Mahlzeremonie, die in Japan wie nirgendwo sonst anders auf der Welt zur Vorzeigekunst einer rein esthetischen Mahlpraxis perfektioniert ist, transformiert nur den diätmoralischen Geist der Buddha-Schale und der Zen-Klosterküche des alltäglichen Reisessens und verklärt deren symbolisches So-gut-wie-nichts-Essen in die rituelle Idealität eines schönen Scheinessens.[30]

In dem Maße, in dem die soziale Etikette der Tischsitten und das Wohlverhalten bei Tisch derart formalisiert ist, kann das gemeinsame Essen nicht die ungeregelte

30 Ebenso birgt die Tafelzeremonie eines mehrgängigen Mahls eine gegenläufige Ambivalenz. Die erwähnte zeremonielle Allmählichkeit der Praxis kann zu einer unverschuldeten Unmündigkeit (des Übermaßes) des formalen Genusses führen. Dies ist der eher seltene Fall beim japanischen Kaiseki-Mahl, wenn die servierten Speisen aus zu großen Portionen bestehen und jeder Gang für sich schon sättigt, so dass mit jedem weiteren Gang der Genuss des Ganzen durch übermäßige Sättigung erschwert wird. Das ungute Gefühl der Übersättigung überlagert schließlich das esthetische Wohlgefallen und lässt den Unmut aufkommen, dass man zu viel gegessen hat und das Ganze in Völlerei endet. Die zeremonielle Mahlpraxis bringt es von selbst mit sich, dass das Essen wegen seiner formalen Verlangsamung durch die Mehrgängigkeit insgesamt zu lange dauern kann. Auch hier verkehrt sich die reine Genusserfahrung in ihr Gegenteil: Statt im Selbstzweck des langsamen und bewussten (achtsamen) Essens das Gute an sich zu erfahren, erstarrt die Kunst des Tafelns in einem zeremoniellen Ästhetizismus, einem l'art pour l'art des Gourmetismus (als Gourmandismus).

Freiheit und lebhafte Ausgelassenheit einer geselligen Konvivialität bewirken, wie es gute Mahlzeiten in guter Gesellschaft vermögen. Wenn die Tischgesellschaft von einer (vielleicht schönen) Moral der Disziplin beherrscht wird, deformiert sich das soziale (mahlrituelle) Miteinander zwangsläufig zur reinen Befolgung von Regeln und vorgegebenen (traditionellen) Abläufen der Praxis. Als solche ist jede in leblosen Schemata erstarrte Zeremonie (von den Essmanieren über das Nachkochen von Rezepten, das bloße Nachdenken und Rezitieren überlieferter Gedanken, unzeitgemäße Höflichkeitsrituale bis hin zu religiösen Riten und Kulten) eine »Dämonie der Praxis« (Dôgen). Das Ganze verkehrt sich in sein Gegenteil und wird zur Eudämonie der Praxis, wenn daraus angewöhnte Rituale und gewohnheitsmäßige Normalitäten des täglichen Lebens entstehen. So gesehen verwirklicht sich in der japanischen Kaiseki-Zeremonie und noch vollkommener in der japanischen Teezeremonie ein streng formalisierter Ritus, in dessen Konfuzianismus – auf den ersten Blick unerwartet – ein mächtiger Einfluss aus China fortlebt, der in der japanischen Gesellschaft tiefer wirksam ist als der Zen-Buddhismus. Wir werden diese kulturelle (ebenso ritualphilosophische wie sozialpolitische) Tiefenschicht auf unserem Weg in die Zukunft der globalen Tischgesellschaft gründlich zu erforschen haben; doch zunächst gilt es, die Genealogie der essthetischen Praxis weiter zu vertiefen.

Anweisungen zum Gebrauch des Essgeschirrs

Um die philosophischen Ursprünge des Kaiseki-Mahles als inoffizielle – und hier erstmals gastrosophisch reflektierte und auf den Begriff gebrachte – Kunst der japanischen Tafel-Zeremonie besser zu verstehen, ist an die eingangs dargestellten Ausführungen zu erinnern, dass in Japan eine ästhetische Stilisierung sowohl der Zubereitung als auch der Utensilien des Essens genealogisch auf die Erfindung der Teezeremonie zurückgeht. Das Cha-Kaiseki, der mehrgängige Imbiss, mit dem der Begründer der Teekunst, Sen no Rikyû, seine Gäste während des langwierigen (eben zeremoniell stilisierten) Teetrinkens zwischendurch bewirtete, entwickelte und perfektionierte sich zur Tafelkunst des mehrgängigen Mahls, das heute als Kaiseki Ryôri bekannt ist. Der explizite Ursprung einer gastrosophischen Grundlegung der Tafelkunst führt aber wiederum zu Dôgen. Japans genialer Zen-Philosoph liefert eine Theorie der Tafelkunst – ein detailliert ausgemaltes Bild einer feinen vollen Tafel – und damit die philosophische Grundlage für eine weitere japanische Zen-Kunst, die es freilich ebenso wenig wie die japanische Esskunst insgesamt in deren offiziellen Olymp geschafft hat.

Es ist bezeichnend, dass auch seine Anweisungen für den *Gebrauch des Essgeschirrs* (jap. *Fushukuhanpo*) ebenso wie seine *Anweisungen für den Koch* nicht in die kanonische Textsammlung seines Hauptwerks aufgenommen wurden. In seinen zengastrosophischen Unterweisungen zum richtigen Benehmen bei Tisch werden detaillierte Vorgaben zur Formalisierung des gesamten Ablaufs der täglichen Mahlzeiten, der einzuhaltenden Sitzordnung sowie der einzelnen Handlungen beim Essen gemacht. Der Text entwirft jene grundlegende – für die spätere Entwicklung der japanischen Zen-Künste prägende – ästhetische Formenlehre, die jede Akt, jedes Tun und Lassen, jede Geste, jede Bewegung, jede Position der Utensilien und deren arrangierte Konstellation bis ins kleinste Detail reglementiert und zu einem zeremoniellen Stil ritualisiert. Die folgenden Handlungsabläufe sind in ihren Einzelheiten aufs Genauste vorgeschrieben: Wie die Mönchshalle zu betreten ist, wie die Mönche auf ihre Plätze zu steigen haben, wie das Essgeschirr vom Haken zu nehmen ist, wie die Schüsseln zu arrangieren sind und welche Tischgesänge zu welchem Anlass zu wählen sind. Indem alles in dieser Situation durch ein hochdifferenziertes Koordinationssystem formvollendeter Feinheiten und minutiöser Nuancen erfasst wird, kommt dem Vollzug dieser Handlung größte Bedeutsamkeit zu. Gelingt es, sich in dieser Tätigkeit und in diesem Zusammenhang richtig zu verhalten, so manifestiert sich im Mahl-Ritual Erleuchtung und Selbstvervollkommnung auf dem Weg des Essens. Durch die Art und Weise, wie Dôgen die gesamte Esssituation zum Gesamtkunstwerk stilisiert und einer totalen Ästhetisierung unterwirft, entsteht die rigide Tendenz zu einer bis zur leblosen Steifheit erstarrten Prozedur, die in der Teezeremonie ihre heute bekannteste Ausprägung gefunden hat.[31]

Im Gegensatz zur Philosophie seiner Zen-Küche mit ihrem Grundgedanken des Selbst-Kochens (als alltäglicher Lebenskunst) bietet Dôgen in seinen Anweisungen zum Gebrauch des Geschirrs (als Praxis einer alltäglichen Tafelkunst) keine Anknüpfungspunkte und Schnittstellen zu einer universellen Gastrosophie und ihrer Weisheitslehre einer für alle guten Mahlpraxis. Wir haben es in diesem nur wenige Seiten umfassenden Benimmbüchlein mit Verhaltensvorschriften zu tun, die auf pragmatische Erfordernisse einer optimalen Reglementierung des klösterlichen Alltags abzielen. Dôgens Anweisungen geben einen abschreckenden Einblick in das strikte Regiment, das die Tafel der monastischen Mahlgemeinschaft diszipliniert und den möglichen Erfahrungsraum essthetischen Genusserlebens durch strenge Ordnung kontrolliert. Die von dem buddhistischen Mönch und Klostervorsteher gelehrte Zen-Kunst des Tafel- und Geschirrgebrauchs ist weit entfernt von der freizügigen Form und Selbstverwirklichung eines konvivialen Tafelvergnügens, wie sie eine gastroethische Lebenskunst in der häuslichen Ästhetik der alltäglichen Mahlpraxis ermöglicht und von der noch die Rede sein wird.

Gleichwohl hat Dôgen mit seiner Mahllehre eine wesentliche (auf die gastrosophische Ästhetik bezogene und beschränkte) Komponente einer Weisheit des Essens in den Blick genommen. Denn die von ihm konzipierte Zen-Mahlpraxis zielt auf den gekonnten Umgang mit einer, aus verschiedenen kleinteiligen Gerichten zusammengesetzten, Mahlzeit und weist damit eine rein essthetische Form auf –

31 Pitelka, Japanese Tea Culture.

ein Tafelservice oder Geschirrset, japanisch Oryôki genannt: *Dôgens Zen-Tafel* besteht im programmatischen Gegensatz zu *Buddhas Essschale* aus einem Tablett mit mindestens drei Schalen, auf denen mindestens drei verschiedene Gerichte serviert werden. Eben dieses Arrangement aus mehreren Speisen bildet das Ausgangsmodell für das Cha Kaiseki, das später von Sen no Rikyû als Bestandteil der Teezeremonie verfeinert wurde. Mit der Kunst der Oryôki-Tafel entwirft Dôgen ein mehrteiliges Ein-Gang-Mahl, das den funktionalen Erfordernissen einer pragmatischen Alltagsküche entspricht – mit einem Gang sind alle Speisen gleichzeitig auf dem Tablett – und zugleich die feine Ästhetik einer vollen Tafel *mit allem* (jap. *o-bentô*) ermöglicht, die viele verschiedene Geschmäcke bietet. Die Zen-Tafel Dôgens gibt sich aus der Ferne als Prototyp der Bento-Box zu erkennen, die sich nicht nur in Japan, sondern auch anderswo wachsender Beliebtheit erfreut, weil ihre auf den engsten Bewegungs- und Erfahrungsraum reduzierte Mahlpraxis die maximale Freiheit essthetischer Selbstbestimmung erlaubt. »Sie können«, fasst Barthes sein Erwachen angesichts dieser japanischen Ästhetik der Tafelkunst zusammen, »einen Schluck Brühe, etwas Reis und ein Stück Gemüse nach Belieben abwechseln. Da die Zubereitung des Essens allein in seiner Zusammenstellung besteht, bereiten Sie, wenn Sie Ihre Bissen zusammenstellen, selbst zu, was Sie essen«.[32]

Die Bento-Box: das Nirvana für die künftigen Gourmets?

Die japanische Bento Box verwirklicht außerhalb der Zen-Welt die nicht-buddhistische Imbisspraxis einer ästhetischen Alltagskunst des Tafelns. Die am weitesten verbreitete Bento-Tafel für unterwegs ist die *Eki-Bento*, die Bahnhofsbox, sowie alle Bento-Boxen, die entweder ein fertiges Mittagessen (Lunchpaket) oder ein beliebiges Ein-Gang-Menü in einer edel verpackten Plastikschachtel anbieten. In einer solchen Box befinden sich verschiedene Mini-Gerichte, die auf mehrere geformten Fächer verteilt oder in separate Schälchen portioniert sind, für deren Verzehr Stäbchen obligatorisch sind. Insofern entspricht die Bento-Box einer gastrosophischen Mahlpraxis, die stilvolles Imbissessen möglich macht. Der deutsche Bento-Forscher Neidhart bringt den Alltagsgeist dieser kulinarischen Eile mit Weile auf den Punkt: »Bento ist auf jeden Fall Fast Food. Zumindest das Eki-Bento und das Supermarkt-Bento. [...] Doch essen soll man sein Bento langsam, jedem Häppchen jenen Respekt zollen, den die edle Präsentation verlangt.«[33]

Im achtsamen Umgang mit dem Bento-Essen werden alle darin Erfahrenen zu glücklichen Buddhas. Während der Bettelgang buddhistischer Mönche bestenfalls dazu führt, dass sich ihre Buddha-Schale mit etwas Essbarem füllt, praktizieren die

32 Im Reich der Zeichen, 25.

33 Neidhart, Heimat in Häppchen.

Bento-Meditationskünstler auch unterwegs ein beglückendes Buddha-Essen, dessen Wahrheit (eine rein essthetische Tafelkunst zu sein) ursprünglich auf den japanischen Gastrosophen Dôgen zurückgeht, der diese echte Zen-Kunst erfunden hat. Aber auch die Mahlpraxis der Bento-Box bleibt das Dharma eines Imbiss-Buddhismus, solange sein Nirwana täglich für kulinarische Selbstlosigkeit sorgt. Alle hungrigen Geister, die durch ihr ständiges Unterwegssein außer Haus und so hauptmahlzeitlich von täglicher Fertigkost leben (müssen), bleiben zwangsläufig der Welt der schön schnellen Fremdverkostung verhaftet. Als eine Art, sein Leben zu nähren und sein essistenzielles Selbst zu leben, ständig unterwegs und insgesamt nicht auf dem richtigen Weg zu sein, ist das Einweg-Bento-Essen der ästhetische Schein einer kommerziellen und konventionellen Großküche, deren industrielle Produktionsprozesse viel Leid verursachen. Die Autorin Kirino Natuso beleuchtet beispielsweise die miserablen Arbeitsbedingungen und Zustände in den Lunchpaketfabriken ihres Landes.[34]

Angesichts der globalen Nahrungsmittelindustrie für Fertigküche und schnelles Essen ist das japanische Lunchpaket dennoch eine äußerst raffinierte Sache – ein feiner Unterschied zur westlichen Fast Food Normalität, die wenig Wert auf schöne Präsentation legt und ebenso wenig kulinarischen Ansprüchen genügt. Im interkulturellen Vergleich gilt: »Ein Aspekt des Bentos, der die japanische Kultur von der westlichen unterscheidet, ist das Ideal der Ästhetik.«[35] So wird die Bento-Box auch zu außeralltäglichen Anlässen in einer wirklich edlen Variante verwendet – ganz anders als die billige Edel-Plastikbox, die als Einwegverpackung nach einer Mahlzeit im Müll landet. (Was mit ein Grund dafür ist, dass Japan zwar nach den USA weltweit pro Kopf am zweitmeisten Plastikmüll produziert, sich aber im Gegensatz zum Plastikmüll-Weltmeister inzwischen zum Mülltrennungs- und Recycling-Weltmeister entwickelt hat.[36])

Die wirklich edlen und geschätzten – und wiederverwendbaren – traditionsreichen Bento-Tafeln, wie das *Shokado-Bento*, werden bei großen Anlässen wie Schulabschlüssen, Verlobungen oder Beerdigungen verwendet. Auch die buddhistische Zen-Tafel des Shojin Ryôri wird in der aufwendigen Form einer Shokado-Bentobox serviert und symbolisiert (in Weiterentwicklung von Dôgens Gastrosophie), dass klösterliches Essen und vegane Küche auch höchsten essthetischen und kulinarischen Künsten genügen können. *So ist es nicht verwunderlich, dass gerade die Bento-Tafelästhetik – in ihrer bisher populärsten und vollkommenen Form der Sushi-Bentobox – derzeit für eine erneute Japanisierung des internationalen Essens sorgt.* Ihre Verbreitung verändert die westliche Esskultur ähnlich grundlegend wie die Globalisierung der japanisch inspirierten Nouvelle Cuisine (seit den 1970er Jahren). Gerade wegen sei-

34 Kirino, Die Umarmung des Todes.

35 Ashkenazi/Jacob, The Essence of Japanese Cuisine, 156.

36 Lill, Im Land der aufgehenden Tonne.

ner essthetischen Gestaltungsprinzipien, die eine mobile Tafelkunst für unterwegs und einen guten Imbiss für zwischendurch praktisch möglich machen, könnte die Bento-Mahlpraxis parallel zur jüngsten Globalisierung der japanischen Sushi-Box und über diese Populärkultur hinaus künftig ein weiteres Mahl eine globale Ernährungswende in der professionellen Gastronomie des Westens herbeiführen und die bislang noch dominante mehrgängige Mahlzeremonie ästhetisch transformieren.

Bereits im Jahre 2004 prophezeite die Homepage des *Magazine for Culinary Insiders* vorausschauend: »In Restaurants entsteht ein neuer Trend eines Essens, bei dem sowohl das Restaurant als auch die Gäste Zeit und Geld sparen – Menüs in der Bento-Box. US-amerikanische Köche haben sich die traditionelle japanische Lunchbox für ihre Zwecke angeeignet, um einen neuen Weg in preisgünstiger Gastronomie zu gehen. Dabei ist die Ökonomie der Bento-Box entscheidend.« Über das ökonomische Motiv hinaus wird die essthetische Erfahrung und das hedonistische Genusserleben betont: »Anstatt drei Gerichte mit drei Gedecken, ganz zu schweigen von drei Gängen seitens des Personals, können Restaurants verschiedene Kleinigkeiten in einer eleganten Box servieren mit separaten Abteilungen für unterschiedliche Geschmacksrichtungen. Nenne es das Menü für den Epikur des 21. Jahrhunderts.«[37] Was dem namhaftesten Hedonisten allerdings nicht gerecht wird. Während der griechische Philosoph vor über zweitausend Jahren mit seinem ethischen Hedonismus als erster Mensch im Abendland gastrosophische Weisheit lehrte[38], wären die Bentobox-Epikureer des 21. Jahrhunderts und auch noch die Aktivisten eines Bentobox-Hedonismus der nächsten zwei Jahrtausende, würden solche Hedonisten Tag für Tag nur mit edlen Imbiss-Menüs unterwegs sein, immer noch Fast Food Buddhisten einer selbstlosen Fremdverköstigung und Überlebenskünstler auf dem neuesten Pfad einer kostengünstigeren Gastronomie.

Halten wir fest: Während die gastrosophische Tafelkunst der japanischen Kaiseki-Mahlpraxis wie jedes andere mehrgängige Mahl der westlichen Esskultur durch die Abfolge buchstäblich mehrerer Gänge mahlzeitlich und aktionsräumlich zu einer formalisierten Zeremonie wird, ist die Bento-Tafel als Box oder Tablett der edle Weg des Nicht-Gehens, auf dem mehrere Gerichte gleichzeitig präsent sind. Die räumliche Verdichtung befreit das Tafeln von der zeitlichen Fremdbestimmtheit seiner Kunst: Das Bento-Selbst kann das Essen so schnell oder so langsam genießen, wie es will; entscheidend ist, dass es dafür mit ganzem Herzen essthetisch tätig sein muss. Sicherlich können äußere Umstände und Restriktionen die Mahl-Zeit beeinflussen. Dennoch ermöglicht die Bento-Tafel von sich – durch ihr essthetisches Wesen und obwohl das Fertigessen einer schnellen Sättigung und Stärkung dient – ein nirvanisches Genusserlebnis. Sowohl die mahlzeitliche Selbstbestimmung dieses Essens als auch sein praktisches Format bewirken die

37 Tarr, Bento Boxing.

38 Zu Epikurs Gastrosophie siehe: Lemke, Genealogie des gastrosophischen Hedonismus.

größtmögliche Freiheit einer kunstvollen und mahlrituellen Aktivität. Und doch bleibt das Fertigtafelmenü eine Unterwegspraxis der Außer-Haus-Verköstigung, für deren Wirklichkeit Andere sorgen (müssen) und bei der sich das kulinarische Selbst wegwirft, so wie am Ende die vermeintlich edle, immerhin aber recycelbare Verpackung in den Müll geworfen wird.

Wabi Sabi Suki Stil

An der visuellen Komposition selbst noch eines so belanglosen Gebrauchsdinges wie der Bento-Box zeigt sich ein wesentliches Merkmal japanischer Ästhetik: die Kunst der Präsentation.[39] Zwar erwähnt Roland Barthes mit der »Kunst des Verpackens« die im Westen wohl bekannteste Erscheinungsform dieser Ästhetik der alltäglichen Dinge. Doch bleibt bei dem Zeichentheoretiker, obwohl die von ihm theoretisch reflektierten Essstäbchen eine formvollendete Art darstellen, das essthetische Tätigsein zu ›verpacken‹, eine eingehendere Auseinandersetzung mit der Kunst der Bento-Verpackung im Besonderen sowie mit der Ästhetik der Essutensilien im Allgemeinen aus. Barthes fragt nicht: Wie decke ich den Tisch? Oder: Wie verpacke ich Eier? Für Japaner wie Oka Hideyuki hingegen stellen sich solche gastrosophischen Fragen zwangsläufig, wenn es darum geht, »mit dem Herzen zu gestalten«.[40]

Gerade die Utensilien des Essens (wie Schalen, Töpfe, Teller und zahllose andere ›Verpackungen‹) sind Alltagsgegenstände einer Zen-Kunst des Schönmachens von Gebrauchsdingen und gebrauchtem Seienden, die das nackte Faktum des Essens gleichsam verkleiden und ihm Stil (Design) verleihen. Die Frage nach dem philosophischen Ursprung dieses Schönheitsbegriffs der Gestaltung, die Frage nach der Form oder dem Herzen der Dinge bzw. der mit Herz gestalteten Dinge stößt auf das für die Zen-Ästhetik Japans grundlegende Konzept des *wabi sabi*.[41] In dieser Hinsicht scheinen die entscheidenden philosophischen Impulse tatsächlich von Sen no Rikyû und nicht von Dôgen ausgegangen zu sein. Im Kontext der Teezeremonie übte Rikyû mit dem Schlagwort Wabi Cha eine fundamentale Kritik an einem damals (wie heute) allgemein gültigen repräsentationssymbolischen Schönheitsideal. Dem dekorativen Prunk luxuriösen Tafelporzellans aus China, mit dem sich die reiche Oberschicht des Landes vom Rest der Gesellschaft abgrenzte, stellte er die schlichte Ästhetik von Essgeschirr aus billigen, einfachen und für jeder erschwinglichen Materialien wie Ton oder Holz gegenüber.

---

39 Barthes, Im Reich der Zeichen, 61ff.

40 Oka, Gestalten mit Herz; Hendry, Wrapping Culture.

41 Teiji/Ikko/Tsune, wabi sabi suki: the essence of Japanese beauty; Kempton, Wabi Sabi: Japanese Wisdom for a Perfectly Imperfect Life.

Diese kritische Haltung gegenüber der dominanten Hochkultur und ihrem prahlerischen Schönheitsideal illustriert eine bekannte Geschichte aus Rikyûs Leben. Ein Tee-Meister aus seiner Heimatstadt, der eine teure »edle Teedose« besaß, soll den »großen Rikyû« zum Tee und zum Bestaunen dieses wertvollen Gegenstandes eingeladen haben. Dieser nahm die Einladung an, verriet aber während des gemeinsamen Teetrinkens nicht, ob ihm die Teedose aufgefallen war. Der Besitzer war verärgert, dass der berühmte Rikyû seine besonders wertvolle Teedose nicht würdigte, und zerschlug sie. Ein anderer Gast sammelte die Scherben auf und klebte sie wieder zusammen. Dann lud auch er Rikyû zum Tee ein. Als dieser die zusammengeklebte Teedose erkannte, fragte der Zeremonienmeister: »Ist das nicht dieselbe Dose, die ich vor kurzem gesehen habe? Mit den Bruchstellen ist sie nun wirklich zu einem Stück mit Wabi geworden.«[42]

Diese Geschichte lässt keinen Zweifel daran, was die Dinge wirklich edel und schön macht: Wabi-Eleganz lebt von der brauchbaren (gebrauchswerten) Schlichtheit ihrer Eigenschaften. Schöne Dinge sind dann solche, die nach wabi-ästhetischen Kriterien (›mit Herz‹) gestaltet wurden und dementsprechend im täglichen Gebrauch wirklich gut (›mit Ding-Herz‹) sind. In programmatischer Abgrenzung zum aufwendig dekorierten und bunt ornamentierten Tafelschmuck erfand Rikyû schlichte Essutensilien, deren natürliche Eigenfarbe er nicht weiter veränderte. So entstanden Gebrauchsgegenstände, deren farbiges Wesen weder vielfarbig noch ganz weiß (farblos), sondern schlichtfarbig (holzbraun) oder lehmfarben war und deren Anmutung sich in einem subtilen Spektrum farbloser (naturfarbener) Grautöne bewegte. Rikyûs Prinzipien der edlen Schlichtheit haben sich im Laufe der Zeit zu einer eigenständigen Philosophie der guten Dinge entwickelt, die heute im Kontext eines nachhaltigen Designs neue Aktualität erfährt.[43]

Eine weitere Kategorie der traditionellen philosophischen Ästhetik Japans, die die schlichte Schönheit von Ess- und Tafelgeschirr figurativ zum Ausdruck bringt, ist das *Sabi*. Wörtlich übersetzt bedeutet sabi *im Gebrauch sein* oder *gebraucht werden*. Im weitesten Sinne beschreibt das Wort den Zustand eines viel benutzten Gegenstandes, der durch den häufigen Gebrauch erkennbare Zeichen von Abnutzung und Verschleiß oder Patina aufweist. Das Sabi-Sein entsteht durch nichts anderes als eine bewährte Nutzung, die die betreffenden Dinge in ihrer Nützlichkeit schön und immer schöner macht. Ihr Wert ist nicht ihr Geldwert, sondern ihre Sabi-Würde. Diese setzt die übliche Hierarchie repräsentativer Werte (die einen möglichst hohen Preis widerspiegeln soll) außer Kraft, indem sie die Schönheit der Dinge über ihren Gebrauchswert für das tägliche Leben beurteilt, beherzigt.

42 Ming-Dao, Zen – Geheimnisse der asiatischen Küche, 17.

43 Koren, Wabi-Sabi. Woher? Wohin? Weiterführende Gedanken für Künstler, Architekten und Designer.

Als ästhetisches Konzept hat der Wabi-Sabi-Stil von Tafelutensilien nichts mit asketischen »Armut« und einer buddhistischen »Gleichgültigkeit gegenüber den Dingen der Welt« zu tun, wie von Suzuki Daisetsu propagiert.[44] Im Gegensatz zu Suzukis Indifferenz betont der Ästhet Tanizaki die tägliche Gebräuchlichkeit »schöner Dinge«. Tanizaki ist sich bewusst, dass »das, was schön genannt wird, gewöhnlich aus der Praxis des täglichen Lebens hervorgeht«. Das Schöne, das aus der Praxis des täglichen Lebens entsteht, hat die (Sabi-)Würde des Gebrauchtseins. Weil im Wabi-Sabi-Stil das entscheidende Kriterium für Schönheit der alltägliche Gebrauchswert der Dinge und die Wertschätzung solcher guten Dinge ist, sind einfache, alltäglich genutzte und nützliche Essutensilien schlicht und einfach schöne Dinge, die nach üblichen Maßstäben beurteilt auch hässlich sein dürfen. Edles Tafelgeschirr ist vor allem das, was Form und Würde aus dem ununterbrochenen Gebrauch empfängt.

Freilich ist nicht jedes Material und nicht jede Verarbeitung gleichermaßen geeignet, diese unschöne Schönheit entstehen zu lassen und den Dingen als ihr gutes, würdevolles Wesen anzuhaften. So sind es eher Dinge aus wenig bearbeitetem und verschleißanfälligem Holz oder Ton (warme und weiche Materialien), die zu echten Wabi-Sabi-Schönheiten werden, im feinen Unterschied zu Porzellan oder Plastik, kalten und harten Dingen aus verschleißarmen Materialien. Schalen, Teller, Behältnisse und ähnliche Gebrauchsgegenstände für die Küche und einer schön schlichten Tafel erlangen den Status von Wabi-Sabi-Eleganz auch dadurch, dass sie als solche geschätzt werden. Sie erlangen dann den Dharma-Rang eines *Sukimono*, einer beherzten, beachteten und gewürdigten Sache des *feinen Geschmacks*. Der japanische Begriff *Suki* für den essthetischen Sinn eines durch ethische Selbstkultivierung verfeinerten Geschmacks einer Person, der hier in Verbindung mit Wabi-Sabi durchaus für eine gastrosophische Tafelästhetik verwendet werden kann, ist ein theoretisch kaum reflektierter Begriff der japanischen Ästhetik – während deren Grundbegriff *Iki* merkwürdigerweise wiederum keinen Bezug zum Essen herstellt.[45]

Mit der sogenannten *Raku-Schale* schuf Rikyû ein schön schlichtes Trinkgefäß, das dem ebenso preiswerten wie materialbewussten Suki-Geschmack entsprach. Mit seiner Raku-Schale schuf er den Prototyp eines mit Herz gestalteten Dings (und das programmatische Gegenstück zu Buddhas diesbezüglich herzloser Essschale). Wie kein anderes von ihm gestaltetes Objekt verkörpert dieses Küchenutensil – eine Trinkschale – die Ethik der von ihm gelebten Essthetik. »Die ersten Wabi-Sabi-Utensilien, die Rikyû entwarf, waren ohne ›Markennamen‹ designt und ohne jede Statussymbolik hergestellt«.[46] In einem dem Wabi-Sabi-Suki-Stil verwandten Zen-Geist schlägt der japanische Meisterkoch Tsuji vor, auch die Esswerkzeuge, vor allem

44 Suzuki, Zen und die Kultur Japans: 14ff.

45 Kuki, Reflections on Japanese Taste: The Structure of Iki.

46 Koren, Wabi-Sabi: Japans Philosophie der Bescheidenheit, 85.

die Stäbchen, im Do-it-yourself-Stil in Handarbeit zu produzieren. »Du kannst Dir sogar eigene Essstäbchen schnitzen. Es wäre nichts dabei, wenn sie krumm gerieten. Denn was sind Essstäbchen anders – als ein Paar Holzstäbchen.«[47] Tsuji spricht hier eine handwerkliche Kunstfertigkeit an, die in vielen Bereichen der japanischen *Monozukuri*-Kultur – des Dinge-Machens – hoch entwickelt ist. Die in praxi verfeinerte Fähigkeit und Kaizen-Handwerkskunst, technische Geräte und Maschinen, aber auch Kunsthandwerk aller Art mit viel Liebe und Hingabe zum (minimalistischen) Detail zu erfinden, zu basteln, zu tüfteln und immer wieder bis zur Perfektion zu verbessern, ist ein entscheidender Grund für die weltweit geschätzte, hervorragende Qualität japanischer Produkte. Dazu gehören, was die allgemeine westliche (wie immer ungastrosophische) Wahrnehmung übersieht, unbedingt auch japanische Esswerkzeuge und Tafelservice.

Umgekehrt würden, stellt die Japan-Expertin Lesley Downer fest, sachkundige Japaner der westlichen Tischästhetik einen »großen Mangel an Kreativität« attestieren, da Teller, Schalen und Gefäße alle in Form (standardisiert), Farbe (›modern‹) und Material (Porzellan) identisch seien.[48] Im Gegensatz dazu würde ein durchschnittlicher (traditioneller) Haushalt in Japan über eine Vielzahl von unterschiedlichen, handwerklich gefertigten Küchenutensilien verfügen, die in einer großen Farbvielfalt, aus unterschiedlichen Materialien und in diversen Designs hergestellt werden, um den Geschmack der Person und das ›beachtliche‹ Aussehen der servierten Speisen zu zeigen, das sich durch ihre Besonderheiten in Form, Farbe, Geschmack und Kombinatorik ergibt.[49]

Eine schöne Tafel, deren ultimatives Ideal in handgemachten Dingen kulminiert, stellt nicht nur einen programmatischen Gegensatz zum repräsentativen (konventionellen, kommerziellen, modischen) Schönheitsideal dar. Darüber hinaus widerspricht der japanische Wabi-Sabi-Geschmack dem idealistischen Schönheitsideal der westlichen Kultur, demgemäß etwas nur dann als schön gilt, wenn es makellos ist und seine Gestaltung die Vollkommenheit absoluter Perfektion verkörpert. Im Gegensatz dazu wird, wie gesagt, etwas zu einem gebrauchten und abgenutzten Wabi-Sabi-Ding, weil sein täglicher Gebrauch die Unvollkommenheit einer unbeständigen, veränderlichen und imperfekten Schönheit entstehen lässt, und diese Un-Schönheit kann nur sein, weil das Wesen solcher Sukimono leer ist.

In der Wesensschau solcher Geschmacksdinge mittels einer gastrosophischen Ästhetik des Geschmacks leuchtet die *Ästhetik der Leere* auf – jene sonst nur mystische Eingebung der zen-buddhistischen Seinslehre. Denn Wabi-Sabi-Suki-Dinge können nur so schön un-schön sein, wie sie sind, weil sich ihr leeres Sein nur im alltäglichen Gebraucht-Sein manifestiert und verdinglicht. Ihre physische Präsenz und

47 Tsuji, Japanese Cooking, 22.

48 Downer, At the Japanese table, 34.

49 Pitelka, Handmade culture. Raku Potters, Patrons, and Tea Practitioners in Japan.

die scheinbare Seinsfülle ihres gegenständlichen Da-Seins (als Ding) macht sie mit sich selbst gleich (identisch), obwohl sie weder beständig noch unverändert sind.[50] Solche schlicht schönen Gebrauchsgegenstände und Alltagsdinge haben keinen Gegenbegriff im Hässlichen; sehr wohl aber eine alltagspraktische Entsprechung in einem – weil ebenso schlicht wie raffiniert gestalteten – wahrhaft schönen Essen.

Gerade am Beispiel der Küchenwelt und der Dinge einer schön schlichten Tafel wird deutlich, dass solche Dinge oder Herzensdinge des Wabi-Sabi-Geschmacks die Wirklichkeit eines ästhetischen Seins verkörpern. Um dies zu verstehen, erinnern wir uns an Dôgens Feststellung, dass es eine Täuschung ist, »dass das Selbst sich selbst und alle Dinge praktiziert und beweist«, dass aber die Erkenntnis, »dass alle Dinge entstehen und das Selbst praktizieren und beweisen«, Erleuchtung ist. Denn es ist nach den vorangegangenen Analysen durchaus einsichtig, dass der gebrauchsästhetische oder alltagspraktische Wert der betreffenden Dinge weder durch ihren ökonomischen Preis (der ihrem ungebrauchten, bloß warenförmigen Da-Sein zugrunde liegt) bestimmt wird, noch aufgrund ihres Zeugcharakters bereits in ihrer handgreiflichen Zuhandenheit gegeben ist. Ihr schlichter Wert sowie ihre wertvolle Schlichtheit entstehen immerfort aus ihrem gewahrten und gewürdigten Gebrauchtwerden in der Alltagspraxis.

Das Dingen der Dinge einmal anders

Nicht direkt anhand von Tafelgeschirr, aber doch am Beispiel eines Trinkgefäßes hat Martin Heidegger in einem Vortrag über *Das Ding* versucht, das metaphysische Seinsdenken der westlichen Philosophie zu überwinden. Dazu machte sich der tiefsinnige Phänomenologe klar, dass erst der praktische Gebrauch eines Krugs – das ist das Ding, das er untersucht, das aber ebenso gut oder vielleicht gerade nicht, wie wir gleich verstehen werden, die Teeschale von Sen no Rikyû gewesen sein könnte – »den Krug« zu dem macht, was er als »dingendes Ding« ist.[51] Das Wesen eines Kruges ungegenständlich zu denken, gelingt, sobald wir – so Heidegger – »das Krughafte des Kruges« aus seiner unfassbaren Leere heraus begreifen. Daraus ergibt sich seine Frage: »Wie fasst die Leere des Kruges? Sie fasst, indem sie, was eingegossen wird, nimmt. Sie fasst, indem sie das Aufgenommene behält.«

Heidegger, der sich zu dieser Zeit (Mitte des 20. Jahrhunderts) bereits mit dem »ganz anderen Denken« des japanischen Zen-Buddhismus beschäftigt und durch den zen-buddhistischen Topos der Leere (als Grund allen Seins) wesentliche Denkanstöße für seine Seinsphilosophie erhält, will (wohl deshalb) die Leere des Kruges nicht als Mangel verstehen. Denn er weiß schon: »Oft genug erscheint die Leere

50 Izutsu, Die Entdinglichung und Wiederverdinglichung der Dinge im Zen-Buddhismus.

51 Heidegger, Das Ding.

als ein Mangel. Die Leere gilt dann als das Fehlen einer Ausfüllung.« Doch für ihn scheint ein leeres Sein (was immer das sein mag, und Hunger scheint Heidegger nicht zu kennen) kein Problem zu sein; auch leere Krüge oder Gläser sollen – angeblich – keinen Mangel darstellen, über den philosophiert werden müsste oder der zumindest durch ein Ausfüllen – Einschenken – oder wohl möglich auch durch ein Nachfüllen – Nachschenken – weggeschafft werden könnte. Stattdessen beschreibt Heidegger »das Leeren von Gläsern« sehr abstrakt und undeutlich »als das Fassende in sein Freigewordenes versammeln«.

Mit dieser auf den ersten Blick abwegigen Erklärung der lebensweltlichen Erfahrung, dass sich im alltäglichen Gebrauch ein Ding wie ein Trinkgefäß und damit Gläser beim Trinken leeren, soll ein sehr weitreichender Gedanke vorbereitet werden. Der Grundgedanke seines Versuchs, das problematisch gewordene abendländische Seinsverständnis zu überwinden, um das Sein von allem zu retten: Es ist die fundamentale Einsicht in die Weltbezogenheit der Dinge, deren leere, allumfassende und alles miteinander verbindende Weltlichkeit Heidegger »das Versammelnde« nennt. Das Dingen der Dinge ist nichts anderes als die Tatsache, dass so etwas wie ein Krug viele Weltverbindungen (seines Gemachtseins und Gebrauchtwerdens) in sich und auf sich versammelt. Wiederum klingt seine Erklärung so, als sei das Wesentliche nicht gesagt, wenn er schreibt: »Das Wesen der fassenden Leere ist in das Schenken versammelt. [...] Wir nennen die Versammlung des zweifachen Fassens in das Ausgießen, die als Zusammen erst das volle Wesen des Schenkens ausmacht: das Geschenk.« Selbstverständlich kann Heidegger das volle Wesen des Schenkens ein Geschenk nennen, doch letztlich wählt er damit nur eine Terminologie, die der formelhaften Kohärenz des eigenen Denksystems aus »Gestell«, »Geviert«, »Geschenk« usw. dient.[52] Trotz dieses Geredes bekommen wir eine Ahnung

52 Allerdings wäre es zu grob gedacht, statt *das Wesen eines Kruges* gedanklich zu durchdringen, derartiges als bloßes Theorie-Dingsbums abzutun und den Krug kurzerhand zu zerschmeißen – um so sein Wesen zu vernichten. Genau das schlägt aber das 40. Kôan des Mumonkan vor. Aber diese Zen-Praxis löst das Problem nicht, im Gegenteil, sie macht die theoriefeindliche Irrationalität zum problematischen Unwesen des Zen: Es wird erzählt, wie der Patriarch Pai-chang einen Wasserkrug nimmt und ihn auf den Boden stellt, um herauszufinden, wer als nächster die Lehre des wahren Zen-Buddhismus für die Gründung eines neuen Klosters übertragen bekommen sollte. Zur Prüfung stellt der Meister die Frage: »Nennt diesen nicht Wasserkrug, wie nennt ihr ihn denn?« Einer der beiden Kandidaten, ein frommer Mönch und Anhänger der Orthodoxie, antwortet: »Man kann ihn nicht Holzschuh nennen.« Damit gibt er zu erkennen, dass er das Wesen des Kruges nur gegenständlich denkt und zugleich die Frage nach dem Wesen der Dinge durch theoretische Begriffsklärungen für lösbar hält. Der andere Kandidat, der Klosterkoch Wei-shan, stößt daraufhin den Wasserkrug mit dem Fuß um und verlässt den Raum. Weil er mit diesem energischen und tatkräftigen Verhalten kundtut, dass er solche philosophischen Wesensfragen für praxisfernen Unsinn hält, lacht Pai-chang und ernennt den Küchenmönch zum Klostervorsteher für den Berg Ta-kuei. – So jemand

und einen Geschmack davon, was das Wesen eines Kruges zu guter Letzt sein könnte.

Und das ist sein Gefülltsein mit Wasser und ebenso sein Fassungsvermögen zum Nachgefülltwerden – zum Beispiel fürs feierliche Nachschenken des Weines, der wie nichts anderes auf der Welt die Menschen mit der nährenden Verbindung von Himmel und Erde beschenkt. Hören wir den Meister selbst: »Im Wasser des Geschenkes weilt die Quelle. In der Quelle weilt das Gestein, in ihm der dunkle Schlummer der Erde, die Regen und Tau des Himmels empfängt. Im Wasser der Quelle weilt die Hochzeit von Himmel und Erde. Sie weilt im Wein, den die Frucht des Rebstocks gibt, in der das Nährende der Erde und die Sonne des Himmels einander getraut sind. Im Geschenk von Wasser, im Geschenk von Wein weilen jeweils Himmel und Erde.« So entstehen interessante, ja dingende Dinge auf ganz andere Weise: Ein Krug füllt sich mit Wasser – doch nur für die Nüchternen unter uns, die ihren Durst löschen wollen, ebenso kann ein geeignetes Trinkgefäß zum Nachfüllen von Wein dienen – für diejenigen unter uns, die sich erst ›unter dem Einfluss‹ einer solchen wässrigen Spirituose ›ein Herz fassen‹, um über ›das wahre Wesen der Dinge‹ nachzudenken – in welchem Zustand sonst könnten Heideggers Texte entstanden sein? (Bekanntlich wird dies jedenfalls über das Zustandekommen des Hegelschen spekulativen Idealismus behauptet.)

Hätte der Denker, der darauf Wert legte, am liebsten im tiefen Schwarzwald ganz in der Nähe von Weinbergen zu wohnen und zu philosophieren[53], die eigene Auseinandersetzung mit dem japanischen Zen-Buddhismus nicht zur hinterwäldlerischen Mystik seiner Geviert- oder Weisheitslehre verklärt, wäre aus seiner Krug-Phänomenologie wahrhaft Erhellendes hervorgegangen: Die Welt hätte dann etwas erfahren über Trinkgefäße als dingende Dinge eines geselligen Beisammenseins von Menschen, die geistige Getränke wie Wein und dazu durchaus auch Wasser dazu trinken, um mit einem heiteren Mahl sich selbst und die innigste und ursprünglichste Vermählung von Erde und Himmel zu feiern. Bei ihrem alltäglichen »Feste feiern« (und nicht beim religiösen »Opfertrunk«, wie Heidegger im weiteren Verlauf seines Textes lehrt) füllt der Wein aus dem vollen Krug die sich leerenden Gläser. Insofern ist an seiner philosophischen Beschreibung dieser Dinge etwas Wahres.

Denn der nachgefüllte und einstweilen erquickende Wein, so lässt der Kenner durchblicken, »labt ihren Durst. Er erquickt ihre Muße. Er erheitert ihre Geselligkeit.« (Ebd.) Wie wir alle wissen, vollendet sich das volle Wesen des Kruges *im Nachschenken*, es geht also nicht darum, wie Heidegger meinte, »das volle Wesen des

---

wird es, zumal in gastrosophischen Fragen, nicht weit bringen, und Meister Wei-shan wird wohl eines der Beispiele für unwissende Buddha-Praxis gewesen sein, die Dôgen zu seiner weitreichenden Kritik am orthodoxen Zen-Buddhismus bewegt haben.

53 Heidegger, Bauen, Wohnen, Denken.

Schenkens als ein Geschenk« verstehen zu lernen. Und doch: In der abwegigen Welt Heideggers (er selbst spricht von seinem Denkweg als Holzweg und ein unbeirrtes Unterwegssein) leuchtet ausgerechnet beim Nachdenken über das Wesen der Dinge plötzlich eine wesentliche Wahrheit sowohl des gastrosophischen Seins als auch des Wohllebens der sterblichen Menschen auf: Dies geschieht – mit weiser Gelassenheit – bei der ausgelassenen Heiterkeit eines geselligen Mahls. Umso abgründiger ist die Feststellung, dass es in der hohlen Mitte seiner Philosophie von Himmel und Erde nirgendwo Essen und auch kein gastfreundliches Miteinander, keine Lebenskunst der Konvivialität gibt. Oder kennt die Welt beispielhafte Bilder, die Heidegger beim Essen – und Trinken – zeigen oder wohl möglich beim Einschenken und Nachfüllen leerer lehrreicher Gläser, beim Feiern eines Festmahls, eines göttlichen Gelages, beim Anstoßen in geselliger Runde auf das Wohl aller, die durch dieses Sein und deswegen versammelt sind?

Deshalb erleben die sterblichen Menschen die täglich neu entstehende Leere in der Tat als einen ganz wesentlichen (und leidvollen) Mangel, weil diese Leere das Fehlen einer Erfüllung ist. Doch der nicht nur in politischen Dingen abgründige Denker Heidegger entschied sich anders und lehrte lieber eine nichtssagende, pseudo zen-buddhistische »Leere«, die sich in einer Art euro-daoistischer Mystik verliert. (Sie ist dem eingangs erwähnten Euro-Daoismus, den der sinnsuchende Welterklärer Peter Sloterdijk verabreicht, als Fertig-Zusatz beigemischt.) Mit dieser Mystik der Leere entdeckt Heidegger im »Wesen des Kruges« schließlich das »versammelnde Geviert der Welt« aus »Erde und Himmel, den Göttlichen und den Sterblichen«. Letztlich fällt sein viergeteiltes Weltbild in eine zeitlose religiöse Hinterwelt zurück, die überall von einem »unbekannt bleibenden Gott« ausgefüllt ist. (Diese letzthinnige Flucht ins Göttliche, die alle Aufklärung endgültig hinter sich lässt, geht selbst einem zen-buddhistischen Theoretiker und Heideggerianer wie Byung-Chul Han zu weit.[54]) So war es nur folgerichtig und vorhersehbar, dass die Welt von Martin Heidegger, der als einer der ersten und einflussreichsten westlichen Philosophen den fernöstlichen »Weg« (Heidegger) als globalen Rettungsweg aufsuchte, am Ende seines kontemplativen Lebensweges nur noch resignativ zu sagen wusste: »Nur noch ein Gott kann uns retten«.[55]

Halten wir hier inne, um tief durchzuatmen und uns die Augen zu reiben: Trotz der bemerkenswerten Annäherung an Alltagsdinge der Küchenwelt und der wegweisenden Einsichten in die Leere und Fülle des menschlichen Seins, trotz der wichtigen Erkenntnis in die Weltbezüge und die himmlische Erdverbundenheit des Essens und erst recht gegen die philosophische Möglichkeit, sich die japanische Ästhetik des Wabi-Sabi-Geschmacks und solcher ›Herzensdinge‹ anzueignen, die die

54 Han, Philosophie des Zen-Buddhismus, 57.

55 Heidegger, Das Spiegel-Interview, 100.

Wirklichkeit eines essthetischen Seins verweltlichen – trotz alledem, ist die sinnentleerte Weisheitslehre eines der bedeutendsten Theoretiker des 20. Jahrhunderts ohne jedes Verständnis für die feierlich mit Speisen gefüllte Tafel geblieben, die so unfassbar viel von unserer Welt um sich – als ihre herzliche Mitte – versammelt.

Dass Heidegger mit seinem späteren Ding-Denken seine frühere Zeug-Theorie der Zuhandenheit (in fundamentalontologischer Abgrenzung von dem vergegenständlicht gedachten Vorhandensein der Dinge) korrigiert, hat sein namhaftesten Schüler und Kritiker Levinas bemerkt. Dem französischen Sozialontologen war aufgefallen, dass seinem Lehrer und umstrittenen Meister aus Deutschland entgangen sein müsse, »dass die Welt, bevor sie ein System von Werkzeugen ist, eine Sammlung von Nahrungsmitteln ist.« – Wenn »Heidegger in diesen Dingen«, wie Levinas angesichts dessen gänzlich ungastrosophischen Weltbildes zu Recht bezweifelte, »überhaupt etwas entgehen konnte«.[56] Letztlich bleiben Heideggers Erkenntnisse herzlos, auch wenn einige seiner treuesten Anhänger trotz aller politischen Verblendung, die sich mit seinem Namen verbindet, immer noch an »Heideggers Herz« zu glauben (oder verzweifelt zu appellieren) scheinen. Denn so viel steht fest: Auch ein Krug, wie jedes Ding des Trinkens und Essens, empfängt sein schön schlichtes Wesen, wie wir inzwischen besser verstehen, aus seinem alltäglichen Gebraucht-Sein: Dieses Sein als ein Sein, das den Menschen am Herzen liegen muss, ist nicht über eine mystische Metaphysik wie die der buddhistischen Leere oder des Heideggerschen Gevierts erdichtet, sondern im dargestellten Sinne gebrauchswerttheorisch als ein gutes Ding-Sein begründet.

Schwarz-Weiß-Denken und jenseits davon

Um die Universität der japanischen Lebenskunst des Essens zu ergründen, ist darauf zu achten, die Ästhetik der schönen Tafel nicht primär über einen gegenständlichen Begriff des Schönen zu denken. Denn einem gegenständlich gedachten Schönheitsverständnis gelten nur ›Dinge‹ als schön. Dies führt zu Tanizakis Auffassung, dass sich die westliche und japanische Tischsitten am markantesten durch den Kontrast zwischen weißem Keramikgeschirr inmitten heller Speiseräume und dunkler Lackware in schattiger Atmosphäre unterscheiden. »Wahrscheinlich dürfte in allen Ländern«, so Tanizaki, »die Färbung der Speisen so gehalten sein, dass sie mit der Farbe des Essgeschirrs und auch der Zimmerwände harmoniert; gewiss ist jedenfalls, dass der Appetit um die Hälfte abnimmt, wenn man japanische Speisen an einem hellen Ort aus weißlichem Geschirr isst.«[57]

56 Levinas, Die Zeit und der Andere, 36.

57 Tanizaki, Lob des Schattens, 31.

Als Beispiel wird der Genuss einer rötlichen Miso-Suppe genannt: Wenn man über ihre Farbe nachdenkt, wird klar, dass sie ihren Ursprung in den halbdunklen Hauswänden früherer Zeiten hat. Tanizaki erklärt, dass er bei einer Cha Kaiseki Mahlzeit während einer Teezeremonie bemerkt habe, wie die Miso-Brühe, die sich durch eine dicke, rötliche Erdfarbe auszeichnet, in einer schwarzen Lackschale unter einem »ungewissen Kerzenschimmer« »dahindämmert«, und dass in der einzigartigen Farbe dieser Suppe eine »abgründige Tiefe« und ein »wahrer Wohlgeschmack« beschlossen liege. Diese Wahrnehmung sei durch die dunkel lackierten Utensilien intensiviert worden. »Unvergleichlich ist bei der Lackschale die kurze Zeitspanne vom Abnehmen des Deckels bis zum Ansetzen der Schale an den Mund, wenn am dunklen, tief hinabführenden Schalengrund die kaum von der Lackfarbe zu unterscheidende, lautlos dahindämmernde Flüssigkeit sich dem Auge darbietet. Man kann nicht erkennen, was das Dunkel der Schale in sich birgt, aber man fühlt auf der Hand das sanfte Schwanken der Brühe, man bemerkt, wie sich am Rand ein feiner Dunst niedergeschlagen hat und von daher der Dampf aufsteigt, man ahnt aus dem Geruch dieses Dampfes andeutungsweise den Geschmack, noch bevor man die Schale an die Lippen setzt.«

Schließlich lobt Tanizaki die Utensilien der japanischen Kaiseki-Tafel, die vom Schatten als ihrem bevorzugten Grundton geprägt seien, der in unauflöslicher Verbindung mit der Dunkelheit stehe. Begründet wird dies mit der für das ästhetische Empfinden wichtigen Kontrastwirkung, durch die die Schönheit heller Dinge erst in einer dunklen Umgebung zur Geltung kommt: Weiße Misosuppe, Doufu, Kamaboko, geriebene Yamswurzel, weißfleischiger Fisch, all diese weiß erscheinenden Dinge würden in heller Umgebung farblich nicht zur Geltung kommen. Vor allem der Reis – die grelle Sonne am japanischen Küchenhimmel – brauche Schatten. Werde Reis in eine glänzende, schwarz lackierte Schale gelegt und diese an einen dunklen Ort gestellt, sei die Speise »nicht nur schön anzusehen, sondern regt auch den Appetit an«. Wer einen frisch gekochten, reinweißen Reis vor sich sieht, wie unter dem rasch gehobenen Deckel warmer Dampf aufsteigt, wie er in der schwarzen Schüssel aufgetürmt liegt und wie jedes einzelne Korn wie eine Perle glänzt, der wird, schreibt der einflussreiche Theoretiker der japanischen Esskultur, »sofern er Japaner ist, die Ehrfurcht vor dem Reis erst recht empfinden«.[58]

Trotz eines solchen national gesinnten Schwarz-Weiß-Denkens wird diese fernöstliche Weisheitslehre aus den 1930er Jahren ohne kritischen Kommentar – dafür aber in bibliophilen Ausgaben – dem westlichen Publikum immer wieder präsentiert. Wie sehr Tanizaki (wie später auch der Nationalist Suzuki) die Ästhetik der japanischen Zen-Tafel mit einer Zen-Mystik und dem Japonismus-Diskurs (*nihonjinron*) vernebelt, wird deutlich, wenn seine philosophischen Ausführungen über die

58 Tanizaki, Lob des Schattens, 31.

japanische Tafelkunst schließlich in der Behauptung gipfeln, es gebe in ihr »eine Art Mystik, einen Hauch von Zen«.

Der Irrtum dieser Zen-Gastrosophie läuft auf die ebenso idealisierende wie polarisierende Behauptung hinaus, gerade an der Ästhetik des Tafelgeschirrs lasse sich die kulturelle Unterlegenheit des Westens gegenüber den Japanern ablesen. Die scheinbar unergründliche Tiefe der mystischen Zen-Weisheit Japans, die sich – in diesem Bild und Geist – im dunklen Grund einer mit Miso gefüllten Suppenschale spiegelt, übertrifft das unästhetische Grelle und Klappernde, die Schwere und Kälte der westlichen Tafel. »Nimmt man Keramikwaren in die Hand«, schreibt Tanizaki, »so wirken sie schwer und kalt; weil sie die Wärme schnell weiterleiten, sind sie für warme Speisen nicht zweckmäßig, und überdies klirren sie unangenehm. Lackwaren dagegen liegen leicht in der Hand, sind weich und erzeugen kaum einen hörbaren Ton.« Möglicherweise spielt diese Formulierung auf den unmerklichen Ton an, nach dem ein berühmter Kôan der Zen-Tradition fragt: »Was ist das Klatschen mit einer Hand?« Das Klatschen mit einer Hand ist wie das Auslöffeln einer Suppe aus einer Lackschale oder wie das Essen mit Stäbchen – beides ist Weg-Kunst, die mit einer Hand praktiziert wird.

Wie hätte zum Beispiel Michel Foucault, der inmitten der in schwarze Kesa gekleideten Mönche am Esstisch saß, in der einen Hand eine schwarze Lackschale, in der anderen einen großen Löffel, um etwas heiße Brühe aus der Klosterküche zu schöpfen, angesichts eines solchen Erleuchtungserlebnisses auf den Denkanstoß reagiert, den ihm Tanizaki gegeben hätte? Denn er hatte die folgende Behauptung aufgestellt: »Welch ein Unterschied in der Empfindung, wenn man an die westliche Art denkt, Suppen in flachen, weißlichen Tellern zu servieren!« (Ebd., 28)

Auf jeden Fall beweist derjenige einen klaren Verstand und eine gastrosophische Weisheit, der es versteht, die Denkweise eines konservativen und kulturrelativistischen Nationalismus zu kritisieren, der den Manieren der ›westlichen Weißheit‹, die angeblich auf einer strahlenden Rationalität und oberflächlichen Tischsitten beruhen, eine ›dunkle Mystik des Ostens‹ gegenüberstellt, die angeblich von einer weisen Irrationalität und einer sanften Leichtigkeit des Lebensstils zeugt. Letztlich braucht es nicht viel, um zu widerlegen, dass der ›weiße Westen‹ keine Kultur der reinen Weißheit ist: Schon ein kleiner Schritt zurück in die lange und vielfältige Geschichte der westlichen Esskultur und ihrer Tischsitten macht deutlich, dass die Ästhetik eines einfarbig weißen Tafelgeschirrs (mit weißer Tischdecke) in Europa ein recht junges Phänomen ist. Es tauchte erstmals mit dem Aufkommen des modernen Industriedesigns und des funktionalen Bauhaus-Stils in den 1920er Jahren auf. Rein weißes Geschirr wurde von den Bauhaus-Künstlern in Deutschland, wie einst die Raku-Schale in Japan, erfunden, um schlichte Dinge zu schaffen.

Lange vor der Schlichtheit dieser industriell gefertigten Gebrauchsdinge für den Alltagsbedarf der Massen herrschte in den stilbildenden Haushalten des gehobenen Bürgertums eine bunte Repräsentationsornamentik vor, die sich in prächtig mit Blumenmustern geschmücktem, farbig bebildertem und mit dekorativen Formen verziertem Essgeschirr manifestierte. Auch spätere Versuche, die funktionale Modernität eines weißen Keramikservice durch bunte Farben, ornamentale Formen und andere Materialien (wie Glas) auf den Esstisch zu bringen, konnten sich lange nicht durchsetzen. Erst mit der Nouvelle Cuisine ab den 1980er Jahren wurde das schlichte weiße Keramikgeschirr zum vorherrschenden Stil und Ideal der westlichen und verwestlichten Tischkultur. In dieser puristischen Ästhetik drückt sich die Philosophie einer Kunstauffassung aus, die sich in der internationalen Ausstellungspraxis von Museen und Galerien schon lange – und zumeist noch immer – als White Cube Prinzip durchgesetzt hat: Das ›neutrale‹ Weiß aller Elemente in Verbindung mit einem großen, möglichst kahlen Präsentationsraum soll das Exponat in seiner lichten Helligkeit und nihilistischen Leere voll zur Geltung bringen, so dass der ›äußere Rahmen‹ die ganze Aufmerksamkeit des Betrachters und seinen ›Kunstgenuss‹ (weniger ein vergnüglicher Genuss als eine klinische Phänomenologie) auf ›die Sache selbst‹ lenkt.

Die Ästhetik des weißen Raumes zwingt von sich aus zu einer nuancierteren und feineren Wahrnehmung der Farb- und Formenvielfalt der so präsentierten Werke – auch der kulinarischen Kunst. Einer Aisthetik der grellen Beleuchtung folgend (statt dunkler Erleuchtung) und von einer bloß räumlich und oberflächlich inszenierten Weißheitsleere bewegt, ermöglicht die kunstvolle Tafel »westlicher Manier« (Tanizaki) voll weißer und sogar möglichst leerer Teller die rein ästhetische Präsentation der einzelnen Bestandteile des Mahls (etwa einer vielschichtigen Miso-Suppe) auf einen Blick. Ganz im Gegensatz zu dem Arrangement dunkler Schatten und undeutlicher Halbdinge oder Halbwahrheiten, das dem japanischen Traditionalisten Tanizaki als Zen-Mystik der Tafelzeremonie vorschwebte und das traditionsbewussten Gastrosophen und Gourmets wie Ogawa bis heute schmeckt.

Worauf es aber so oder so vor allem ankommt, ist, dass sich die Tafelkunst im Osten wie im Westen als Kundgabe einer kultivierten Mahlpraxis in allen als ›fein‹ zu bezeichnenden Geschmacksdingen bewahrheitet, die das unfassbare Herz der Welt des Essens pulsieren lassen und so das Essen – die alltäglichste, allgemeinste und weltbewegendste Praxis unserer Existenz – für die ethische Lebenskunst einer Ästhetik der menschlichen Essistenz nutzbar machen. Über die bereits dargestellte Essthetik hinaus, die mit allem (Dinghaften), was auf den Tisch kommt, konstitutiv verbunden ist, gehört zur Vollkommenheit dieser Praxis vor allem *die feine Kunst des Tafelns als eigentlicher Zweck des Ganzen*.

Free lunch for all: der wahre Grund, Buddhist werden zu wollen

Um diese alles entscheidende Dimension der gastrosophischen Weisheitslehre näher zu beleuchten, ist noch einmal auf den buddhistischen Einfluss der japanischen

Esskunst zurückzukommen. Denn gerade die tägliche Praxis geteilter Mahlzeiten – die gute Mahlpraxis – macht das klösterliche Zusammenleben zu einer ethisch besseren Gesellschaft wahrhaft praktizierender Buddhisten (als solche Menschen, die – auch dafür – in einer ethisch motivierten Lebensgemeinschaft leben). Sie verwirklichen und erreichen durch das Ritual gemeinsamen Essens ihr leibliches, kulinarisches und soziales Wohlleben. Insofern lohnt es sich schon, einmal festzustellen, dass wahrhaft praktizierende Buddhisten in ihrer Kunst des guten Zusammen-Lebens auch universelle Konvivialisten sind – wie überhaupt alle Buddhas und Sangha-Existenzen sich als vorbildliche Praxisten erweisen, indem sie täglich in guter Gesellschaft essen.

So isst eine Gesellschaft, in der alle gleich sind und miteinander alles teilen: *Omnia sunt communia*. In der Verwirklichung dieses Sozialismus des Konviviums verwirklicht die soziale Gleichheit der buddhistischen Kommune eine klassenlose Gesellschaft. Der Buddha hat mit der Gründung der Sangha lange Zeit vor der Entstehung ‹kommunistischer Gesellschaften› das utopische Glücksversprechen des Marxismus eingelöst. Oder umgekehrt gesagt: So gesehen ist jede sozialistische Lebensgemeinschaft und selbst gestaltete Form des konvivialen Zusammenseins, wenn sie den Ritus geteilter Mahlzeiten als gute Lebenspraxis und Alltagskultur ihrer Geselligkeit kultivieren, ein bisschen buddhistisch.

Die tägliche Mahlpraxis, die die monastische Gesellschaft nährt, verleihen den dôgenialen Worten, dass »das Essen der Weg der Buddhas ist« und dass »die Buddhas ihr wirkliches Selbst in der täglichen Praxis des Essens voll leben«, ihre tiefe Weisheit. Allerdings macht die ethische Vollkommenheit dieser Lebensweise keineswegs das monastische Extrem erforderlich, maximal alle täglichen Mahlzeiten mit immer denselben Menschen teilen zu müssen. Für die alltägliche Konvivialität des Mahlrituals reicht es völlig aus, zumindest die Hauptmahlzeit als das voll gelebte und das durch seine zahlreichen Weltverbindungen vielfach wohltuende Gute des gemeinschaftlichen Essens zu ritualisieren, gerne auch mit wechselnder Beteiligung. So gesehen leuchtet ein, was jenseits eines religiösen Buddhismus (wie ihn Foucaults Ethik zu Recht fordert) mit dem Zen-Spruch Dôgens gemeint sein kann: »Das sind reine Mahlzeiten an klarer Wesensschau der Buddhaheit.«[59]

Diese Wahrheit zu verstehen und den Zen-Buddhismus in diesem gastrosophischen Lichte zu einem Euzen-Konvivialismus weiterzuentwickeln, ist gleichbedeutend mit der Erlösung von allem unnötigen Leiden und Hungerkünsten in sämtlichen Formen der mystischen Zen-Praxis und der religiösen Wegweisungen orthodoxer Buddhismen. Denn wie sich zeigt, könnte sich der Buddhismus ohne weiteres weiterentwickeln und verbessern lassen. Sein Wesen, sein ethisches Programm ließe sich durch geringe Korrekturen umschreiben. Er könnte konvivialistischer werden, indem die Mahlpraxis ein hedonistisches Wesen bekäme und ins normative

---

59 Dôgen, Buddha-Natur, 67.

sowie narrative Zentrum der gesamtgesellschaftlichen Praxis rückt. An die Stelle eines spirituellen Sozialismus, der das gemeinsame Essen letztlich doch nur als eine beiläufige und untergeordnete Angelegenheit der menschlichen Existenz behandelt, müsste das kunstvolle Tafelvergnügen treten – der Hedonismus des konvivialen Wohllebens als euzenologischer Selbstzweck und *summum bonum*.

Was die Frage aufwirft, ob das Leben in buddhistischen Klöstern auch dem Konvivialismus glücklicher Buddhas ohne dicke – oder hagere – Bäuche entsprechen könnte? Jedenfalls hätte der Klostergründer Dôgen eine entsprechende Konvivialität der täglichen Mahlpraxis lehren müssen, um klarzustellen und zum Leuchten zu bringen, dass der Beweggrund für das Klosterleben nicht bloß mit der beruhigenden Aussicht auf eine alle Mahle täglich sichergestellte schnelle Fremdfertigversorgung zu tun hat. Er hätte allen Menschen erklären müssen, dass Buddha-Sein etwas wesentlich anderes ist als bloßes Sattsein und leibliches Wohlbefinden, motiviert durch den frommen Glauben an das alltägliche Nirvana oder – wie der Klostergründer sehr wohl wusste – durch die angenehme Gewissheit der »freien Verköstigung durch die Sangha«.[60]

Mit dieser Gewissheit zusammenhängend herrscht in der Mahlgemeinschaft buddhistischer Klosterkommunen die von Dôgen beklagte und kritisierte Ungleichheit im Selbstverständnis der amtierenden Köche einerseits und der bekochten Mönche andererseits. Denn die einen bestimmen, wie die Anderen sich ernähren; diese wiederum lassen sich mit Fertigmahlzeiten bewirten (obwohl sie in der eigenen Küche selbst kulinarisch tätig sein könnten), nur deshalb, weil sie andere Tätigkeiten (allem voran das Meditieren) für wichtiger halten. Der berühmte Zen-Spruch »Ein Tag ohne Arbeit ist ein Tag ohne Essen« kann folglich auch so verstanden werden: Wer sich als Buddhist sein tägliches Essen nicht von Anderen erbettelt, um durch diese Praxis in glücklicher Arbeitslosigkeit wichtigeren Dingen eines spirituellen Da-Seins nachgehen zu können, der muss mit anpacken und zusammen mit den Weggefährten im gemeinsamen Haushalt irgendeine Arbeit übernehmen, um sich an der kollektiven Produktion des täglichen Essens zu beteiligen. In diesem Sinne gilt der Satz »Ein Tag ohne Arbeit ist ein Tag ohne Essen« bis heute als strenge Regel des Klosterlebens und mithin des Überlebens von Mönchen und Nonnen. Allerdings enthält dieser Spruch auch eine gastrosophische Wahrheit, die für jeden Nicht-Buddhisten gilt: Ein Tag ohne eigene Küchenarbeit wäre zwangsläufig ein Tag ohne Essen, erfüllt von großem Hungerleid und wesentlicher Seinsleere – wenn nicht Andere diese Arbeit für einen übernehmen würden (vertraute und unbezahlte Andere im eigenen Haushalt oder fremde und bezahlte Andere außerhäuslicher Gastrodienstleistungen).

Ohnehin sind die täglichen Mahlzeiten der klösterlichen Zen-Küche durch streng festgelegte Mahl-Zeiten mit einheitlichen rituellen und funktionalen Ab-

60 Dôgen, Unentwegte Praxis, 4.

läufen durch die traditionellen Regeln fremdbestimmt; ebenso lassen die Orte der täglichen Mahlpraxis (Speiseräume, Tischordnung) keine freie und informelle (wirklich gesellige) Vergemeinschaftung zu. Als erfolgreicher und wirkmächtiger Klostergründer ist Dôgen nicht zuletzt auch der geniale Erfinder und moralische Gesetzgeber einer eigenartigen *Zen-Essthetik*, von der wir gleich mehr erfahren.

Das Mahlritual ohne Wirt und Gast

Indem das Klosterleben sämtliche Praktiken des Mahlrituals bis ins kleinste Detail reglementiert, diszipliniert sich die zen-buddhistische Tischgesellschaft zumindest ideell zum kollektiven Leib und Geist eines täglichen Reisessens. Genährt wird so gesehen eine Essistenz, deren Essthetik nicht das alltägliche Glück eines konvivialen Genusslebens ins normative wie narrative Zentrum des gemeinsamen Wohllebens stellt. Gegessen wird für eine Lebensweise, die die klösterliche Küche erneut dem asketischen Ideal einer schnellen selbstlosen Sättigung unterwirft – und die damit paradoxerweise dem orthodoxen (küchenlosen und esskulturell verwahrlosten) Fast Food Buddhismus angleicht und zuletzt die halbwegs begriffenen Wahrheiten eines gastrosophischen Zen-Buddhismus verspielt. Diesen frugalen Geist angeblich dickbäuchiger Buddhas (die im Gegenteil aber gar keine opulenten Maitreya-Buddhas, sondern meistens eher hagere Mönche und Nonnen verkörpern) bringen die folgende Zen-Worte zum Ausdruck: »Wenn du den Reis der Buddhas und Patriarchen nicht isst, wirst weder du satt noch werden sie damit zufrieden sein.« Deshalb glaubte Dôgen, der Mönch und strenge Klostervorsteher, fest an einen Buddhismus in der Mönchsrobe und im Reis-Selbst. »Es existiert kein Unterschied zwischen jemandem«, heißt es in seiner Anleitung zum täglichen Leben unmissverständlich-missverständlich, »der ein Mönchsgewand trägt und Reis isst und dem erhabenen Bild Buddhas. Kesa tragen und Reis essen ist der einzige buddhistische Weg«.[61]

Mit dieser schlicht unedlen Weg-Dogmatik markiert der große Zen-Meister des eher halbwahren Dharma-Auges *das Ende und die absolute Grenze der Gastrosophie seines Zen-Buddhismus*. Denn eine zen-buddhistische Gastrosophie lehrt eine Lebensweisheit, die sich mit einer global weit verbreiteten und keineswegs auf die buddhistische Religionsgemeinschaft beschränkten Lebensweise begnügt, die den täglichen Hunger nur durch eine zwangsläufige Massenverpflegung stillt und ohne Bedenken den faden Beigeschmack einer ungastrosophischen Alltagsküche (sei es als feine Zen-Küche oder als unfeine Fertigküche aller Art) bedenkenlos mit einem Bissen zerkaut und einfach hinunterschluckt. Gerade die Zen-Küche buddhistischer Mönche oder Nonnen kann die vollkommene Weisheit des Essens nicht verwirklichen,

61 Dôgen, Täglich leben, 108f.

weil ihr Ess-Zen in der einen oder anderen Form immer nur die tägliche Reismahlzeit serviert. *Dass Dôgens Gastrosophie den Buddhismus des täglichen Reisessens als Essenz des Zen lehrte, zeigt letztlich, dass auch er nicht der über das Erwachen hinaus zum Erwachen gelangte Buddha war* – um hier noch einmal seine eigenen Maßstäbe buddhistischer Selbstkritik heranzuziehen. So wie es schon der Buddhologe Tokusan und all die anderen alten und neuen Zen-Meister waren oder sind – in der Begegnung oder im Vergleich mit Menschen (und Nicht-Buddhisten), die es besser zu wissen scheinen, etwa wie die Milchbäuerin Sujata oder die namenlose Reisknödelmeisterin und all die anderen alten und neuen Gastrosophen und Konvivialisten der weltweiten Good Food Bewegung.

Die Lebenskunst des Essens wurde von dem einflussreichsten Philosophen, den Japan bis heute hervorgebracht hat, als Zen-Kunst auf die klösterliche Mahlgemeinschaft bezogen und begrenzt. Für das ›gute Leben‹ von Buddhisten bedeutet ›wirklich essen können‹ bis heute nichts anderes als für Nicht-Buddhisten: Im Wesentlichen nur zu essen, um sich vom ewigen Leiden des Hungers zu erlösen. Zwar gehört zu diesem Buddha- oder Sattsein, wie dargestellt, auch die konviviale Mahlzeremonie als mahlrituelle Gestaltung der menschlichen Essistenz; doch das wenig erhabene Bild dieses Reis- oder Fertigkost-Selbst übermalt alle anderen Vorstellungen und Ideale eines wirklich guten Essens – sämtliche zen- oder quasi-gastrosophischen Selbst-Bilder und Reisknödelgleichnisse. Zen-Praxis, also Lebenskunst als Weg-Kunst, ist letztlich ebenso wenig von einer religiösen Gesellschaft zu trennen wie von einer letztlich weltflüchtigen Erlösungsspiritualität. Und das heißt, wie Foucault wohl geahnt hat: So wird die Lebenskunst des Essens als mögliches Best Practice Beispiel eines ethisch guten Lebens nicht gelehrt.

So bleibt es dabei: Auch Dôgens Zen des Essens hat sich weder von allen Formen des Fast Food Buddhismus gelöst noch ist seine Suche nach dem wahren Weg bis zur Möglichkeit einer nicht-buddhistischen Alltagspraxis der konvivialen Ästhetik einer ethischen Esskultur – als Verwirklichung wahrer Buddhaschaft – vorgedrungen. Diese gastrosophische Weisheit hätte erforderlich gemacht, den Leib der zen-buddhistischen Religion und das Herz der klösterlichen Mahlgemeinschaft fallen lassen zu müssen. Denn erst ein ›Abfallenlassen von Leib und Herz‹ kann die wahre Selbst-Befreiung bewirken, die allerdings Dôgen – dem meditativen Mönch und Zen-Klostergründer, der das gute Leben letztlich auf das spirituelle Heil reduziert – nicht gelingen konnte. Um ein universalistisches Ess-Zen im Sinne einer philosophischen Ethik denkbar zu machen, hätte er noch den letzten Schritt auf seinem Rundweg zu einem echten gastrosophischen Zen-Buddhismus, einem Euzen-Konvivialismus, gehen müssen. Deswegen ist es ratsam, seine Worte wie etwa »Ein Mahl ist die nackte Präsenz aller Dinge«[62] nicht einfach so stehen zu lassen oder sie bedenkenlos mit einem einzigen Bissen zu zerkauen und hinunterzuschlucken.

62 Dôgen, Anweisung zum Gebrauch des Essgeschirrs.

Vielmehr sollten wir sie so gründlich wie möglich studieren, sie in ihrer verspielten Wahrheit erfassen (wozu gehört, die Nacktheit als vollkommene Erfülltheit, als ein Sein, dem nichts fehlt, zu verstehen) und dann vollständig verdauen, um beispielsweise mit den folgenden Worte zu antworten: *Jedes gastrosophisch weise Mahl ist die wohltuend vollkommene Präsenz aller Dinge einer gut gegessenen Welt.*

Dementsprechend sollte sein rätselhafter und kôanartiger Spruch »Essen ist Soheit!« durch noch weisere Weckrufe und lauter als einsames Löwengebrüll in die Wüste des Essens gerufen werden: *Im täglich geteilten Genuss einer hausgemachten Mahlzeit mit Produkten aus sein-gelassener Wohlnatur, wie zum Beispiel einem leckeren und duftenden Shiitake-Risotto, – so zeigt sich wahre Lebensweisheit im Essen.* Und darüber hinaus klingt der weltweit vernehmbare Spruch der Gastrosophie, als universelle Zen-Weisheit gelehrt, etwa so: *Essen ist eine große Sache. Wem die wahren Größen des menschlichen Lebens, ja des irdischen Lebens überhaupt, wichtig sind, wer allem Leben auf diesem Planeten die gebührende Wertschätzung entgegenbringen will, der kann die menschlichen Essistenz nicht länger verkennen und solle sie benennen. Wer in großen Bahnen denkt, in den planetarischen Bahnen der Gastrosphäre, dringt tief in den Alltag des menschlichen Universums ein. In diesem unermesslichen Weltraum öffnet sich eine neue Erde mit einer neuen erdverbundenen Menschheit. Wer das Essen als große und weltbewegende Sache – als Supersache – ignoriert und dennoch meint, über wesentliche Dinge zu sprechen, weiß so gut wie – nichts. Lerne diese einfache Wahrheit in jeder Mahlzeit herauszuschmecken.*

Außerhalb des traditionellen Kloster-Buddhismus kann die alltägliche Einheit von Praxis und Bewahrheitung in Form einer selbstzwecklichen Mahlpraxis durchaus zu Hause, in der Lebenswelt von Nicht-Buddhisten oder genauso gut in ähnlich geeigneten Räumen geselliger Zusammenkünfte stattfinden. Mahlgemeinschaften, die auf diese Weise gutes Essen kultivieren, praktizieren die Ethik ästhetischer Essistenzen so, dass diese sich in gemeinsamer kulinarischer wie konvivialer Betätigung einander gastlich bewirten. Deshalb gilt das Zen-Worte »Weder Wirt noch Gast. Wirt und Gast offenkundig« für die Gastfreundschaft oder Wirtlichkeit solcher alltäglichen Gastmähler, die schon zu zweit entstehen, wenn die Beteiligten einander bekochen und gastlich bewirten. Dann können wir mit Dôgen und über seine Zen-Gastrosophie hinaus sagen: *Der Duft von hausgemachten Co-Kreationen aller Art sowie die Wohltaten herrschaftsfreier (genderloser) Küchenkünste und zenloser, unbuddhistischer Tafelkünste verbreiten »die wahre Bedeutung des Reisessens« und das Gewahrwerden einer »Weisheit, die durch die Nase genossen wird«.*[63] Dafür können alle Menschen, die den Weg des Essens erfahren wollen und in Japan unterwegs sind, die einzigartige Möglichkeit nutzen, sich beispielsweise ein Kaiseki-Mahl schmecken zu lassen. Alternativ können sie diesen weiten Umweg in die Ferne auch abkürzen und ihre Hauptmahlzeit in der feinen Form einer vollen Tafel einfach zu Hause zelebrieren.

63 Dôgen, Die 37 günstigen Bedingungen für die Erleuchtung, 77.

Happy End: Feierliche Abendgesellschaft mit dem Lebenskünstler Foucault

Zu guter Letzt will ich für diese beiden Optionen und Abenteuer ein letztes Mahl Michel Foucault als vages Vorbild (und Spiegelbild) anführen. Denn bis hierher war immer wieder von jenem eingangs dargestellten Bild die Rede, das ihn bei einem gemeinsamen Mahl mit Mönchen eines Zen-Klosters zeigt. Im denkbar intensivsten Kontrast zu dieser Aufnahme lassen die wenigen Zeugnisse seiner Reise nach Japan auf der Suche nach wegweisenden Lebenskünsten den Mann aus dem Westen auch noch in einer ganz anderen Welt erscheinen – nämlich glücklich inmitten einer feierlichen Tischgesellschaft von Kollegen.

Die unscharfe Schwarz-Weiß-Fotografie, um deren Imagination es dabei geht, fängt den Moment ein, in dem Foucault, etwas unbeholfen, mit den Essstäbchen in der Rechten, dabei ist, scheinbar wie immer wissbegierig, sich neue Erkenntnisse anzueignen, die ihm eine mit raffinierten Esskenntnissen und gastrosophischen Wahrheiten übervolle Tafel reichlich bietet. Auch zum Trinken, um den ›ewigen Durst‹ zu löschen, fehlt es bei diesem Gastmahl der Philosophen an nichts. Im programmatischen Unterschied zum Mahlritual der Buddhisten stehen auf dem Tisch mehrere leere und volle Flaschen japanischen Bieres. Angesichts der erfüllten Präsenz eines solchen feierlichen Essens, unter dem Eindruck dieser guten Gesellschaft und in der direkten Übertragung dieser konvivialen Atmosphäre wird der Philosoph ein Mahl mehr eine selbstverständliche – und allzu selbstverständliche – gastrosophische Erleuchtung erfahren haben.

Ein weiteres Zeugnis dieser Art, das Foucault in der Praxis einer konvivialistischen Lebenskunst zeigt, führt uns zu ihm selbst, zu sich nach Hause. Sein guter Freund Paul Veyne berichtet, dass der zu der Zeit etwas über 50jährige Hausherr »in seiner äußerst gepflegten Wohnung in der rue de Vaugirard« ein Konvivium ins Leben gerufen hatte; Foucaults Biograph erinnert sich: »In diesem egalitären, kultivierten und unkonventionellen Salon genoss man in aller Ruhe die Freiheit, man selbst zu sein. Ich ging bei ihm ein und aus.« Wer auch immer zu den Mitgenossen dieser illustren »Abendgesellschaften« gehörte, wurde mit »der großzügigen Gastfreundlichkeit« und den »gewaltigen humorvollen Lachausbrüchen« des Gastgebers beschenkt.[64] Ausgehend von diesen konvivialistischen Gewohnheiten und verstanden als gastro-philosophische Fiktion oder Vision eines ethischen Foucaultismus kann ich mir durchaus vorstellen, dass Foucault, wären ihm weitere Jahre philosophischen Schaffens vergönnt gewesen, seine Ethik einer Ästhetik der Existenz zur Aufklärung über die universale Humanität der von ihm zumindest zeitweise selbst praktizierten Tafelkunst genutzt hätte. Denn bei seiner intensiven Beschäftigung mit der kantianischen Weisheitslehre sind ihm gastrosophisch wegweisen-

64 Paul Veyne, Foucault. Der Philosoph als Samurai.

de Einsichten keineswegs entgangen. Nur gelang es ihm (wie ich eingangs erwähnte) als damals noch jungem Nachwuchsphilosophen nicht, deren anthropologische Tragweite und Weltreichweite richtig einzuordnen. Denn Kant, der »Königsberger Chinese«, wie ihn Nietzsche aus leicht missverständlichen, aber vielleicht auch ahnungsvoll tiefsinnigen Motiven nannte, hatte der Welt abseits seiner weltberühmten drei Kritiken auch einige Allerweltsweisheiten mitzuteilen: In deren normativen und narrativen Zentrum pulsiert, um an diese wegweisende Erleuchtung erneut zu erinnern, »die wahre Humanität« (Kant) einer konvivialen Tafelrunde als dem anthropoethischen Modell der besten uns Menschen möglichen Gesellschaft.

Zu diesem unbekannten Kantianismus oder Konvivialismus gehört die anthropologische Erkenntnis, dass der Genuss »guter Mahlzeiten in guter Gesellschaft« das »höchste (physisch-moralische) Gute« ist, zu dessen praktischen Verwirklichung der Homo sapiens fähig ist; dass wir Menschen, indem wir dieses Gemeinwohl in praxi leben, »gesittete Glückseligkeit« erfahren können; dass ein solches zur guten Gewohnheit und Tischsitte gemachtes »geselliges Wohlleben« die beste aller möglichen Lebensweisen verwirklicht; dass mit anderen Worten »die Tischgesellschaft« eine vorbildlich »gute Gesellschaft« verwirklicht; dass in der (typisch chinesischen, letztlich aber transkulturellen, universellen) Lebenskunst des geselligen Genusses »wahre Humanität« (Kant) erreicht wird; dass diese allumfassende und weltbewegende Mit-Menschlichkeit oder Konvivialität zu kultivieren, uns mit dem Vergnügen und den alltäglichen Freuden einer »moralischen Kultur« belohnt. – So viel an dieser Stelle von Kants Löwengebrüll als unerhörter Gastrosoph und weiser Lebenskünstler.[65]

Es ist merkwürdig, dass die anthropoethische Dimension der Tischgesellschaft dem jungen Foucault verborgen blieb. Erstaunt notierte er zu dem in Kants *Anthropologie* angedeuteten Modell einer Weltgesellschaft, deren Herz »die Gemeinschaft des *Conviviums*« sein soll, die Feststellung: »Die soziale Gruppe, die den Wert des Modells hat, ist weder die Familie noch der Staat: Es ist die Tischgesellschaft«. Anschließend fragte sich der spätere Superstar unter den Meisterdenkern ernsthaft: »Ist das nicht ein merkwürdiges Bild von Universalität?« Die im Grunde gar nicht so merkwürdige Universalität des gastrosophischen Kantianismus konnte der damals 35-jährige Doktor der Philosophie und eigentlich profunde Kant-Kenner, wie gesagt, nicht erfassen. Bis heute ist – auch deshalb – Kants Konvivialismus (und dieser mögliche ethische Foucaultismus) der Welt unbekannt. Seine geheimnisvolle Wahrheit ans Tageslicht zu befördern und seine einzigartige Supermacht zum Leben zu erwecken, verspricht meines Erachtens den besten Ausweg aus den meisten Problemen und Krisen unseres Zeitalters.

---

65 Hier sei noch einmal der Hinweis auf meine Darstellung des gastrosophischen Kantianismus erlaubt, siehe: Lemke, Ethik des Essens. Einführung in die Gastrosophie, insbesondere 292–308.

Inwieweit sich diese – bereits überall und jeden Tag massenhaft praktizierte – Utopie der konvivialen Gesellschaft weltgesellschaftlich ausbreiten wird, hängt maßgeblich davon ab, ob die chinesische Tischgesellschaft ihren Sino-Marxismus durch einen Sino-Kantianismus oder, weit besser, durch einen Euzen-Konvivialismus zu ersetzen lernen wird. Insofern brauchen wir – weiterhin mit Blick und Aussicht auf die fernöstliche Weisheit als potentiellem Lösungsweg – eine für uns alle möglichst gute Antwort auf die noch offene Frage, was die politische Philosophie des xiistischen Programms, diktiert vom mächtigsten Mann, den die Welt je gesehen hat, in Zukunft vorantreiben wird: Ein explosives Treibstoffgemisch aus ideologischem Marxismus, diktatorischem Sozialismus und technokratischem Sinotopismus *oder* ein noch zu schreibendes und zu sinisierendes Weltraumprogramm des superhumanen Konvivialismus? Dies wird das Thema meines zweiten Bandes über fernöstliche Esskultur und globale Ethik sein.

Dritter Teil: Ohnmacht oder Supermacht der Philosophie

Klimakatastrophe, Atomkraft, Technikkritik, Umweltfrage oder: Die weltrettende Funktion philosophischer Ethikprogramme

Meine Damen und Herren, zunächst möchte ich mich für die Einladung bedanken, im Jubiläumsjahr *150 Jahre Freundschaft Deutschland – Japan* zum vorgegebenen Thema »Die Umweltfrage und die Aufgabe der Philosophen« sprechen zu dürfen. [1] Denn unsere Umwelt ist wahrlich in einem äußerst alarmierenden Sinne frag-würdig geworden. Denn wir fragen nach ihr nicht, wie es in früheren Zeiten in der Philosophie üblich war, aus dem bloßen Erkenntnisinteresse heraus, die Welt und die Natur verstehen zu wollen, die uns umgibt. Wir fragen danach, weil unser planetarisches Überleben im Allgemeinen und das Japans im Besonderen existenziell in Frage gestellt ist – und unsere Zukunft unter dem Stichwort *Klimakrise* so intensiv wie nie zuvor diskutiert – und moralisch reflektiert – wird. Es scheint, als ob der ›Klimawandel‹ sogar den weltgesellschaftlichen Diskurs (begrifflich und sprachlich) allmählich vom programmatischen Bezugspunkt der ›Umweltfrage‹ immer weiter verschiebt.

Dabei ist die Klimaproblematik weltanschaulich noch längst nicht so bearbeitet wie der Umweltgedanke. Denn was die Umweltkrise betrifft, so kann ich als Philosoph und Moraltheoretiker durchaus mit einer gewissen Selbstzufriedenheit sagen, dass gerade die Philosophie als gesellschaftliche Instanz und Philosophen als professionelle Ethikprogrammierer in der Vergangenheit (mindestens und spätestens seit der Mitte des 19. Jahrhunderts) wesentlich dazu beigetragen haben, jenes neue ökologische Bewusstsein und planetarische Verantwortungsgefühl vorzubereiten, jene heute fast schon fraglos gewordene ›Umweltfreundlichkeit‹, die sich in der ethischen Alltagspraxis einschließlich politischer Agenda und wirtschaftlicher Produktionsmethoden der Nachhaltigkeit und des schonenden Umgangs mit der Natur niederschlägt: Durch den erfolgreichen, aber kaum wahrgenommenen und

1 Der hier erstmals in voller Länge publizierte und an einigen Stellen aktualisierte Vortrag stammt aus dem Herbst des Jahres 2011. Wie mein Vortrag ist auch der des Phänomenologen Herrmann Schmitz bislang unveröffentlicht geblieben; zugänglich sind lediglich die Vorträge, die in der Deutsch-Japanischen Gesellschaft in Bonn gehalten wurde; siehe: Dierck Stuckenschmidt (Hg.), 150 Jahre Freundschaft Deutschland-Japan.

gewürdigten Einfluss von Moraltheoretikern ist der Schutz unserer Umwelt zu einem gesellschaftlichen Leitwert geworden. Ich beginne daher meinen Vortrag mit der feierlichen Feststellung, dass es vor allem Philosophen waren, die eine ebenso grundlegende wie wegweisende Antwort auf die Umweltfrage gegeben haben – nämlich die *Umweltethik* und ihre weltrettende Wirkung. (Wobei ich für unsere Rettung hoffe, dass sich langfristig der Begriff *Mitwelt* gegenüber dem Begriff *Umwelt* durchsetzen wird, einfach weil es inhaltlich stimmiger ist, die Menschenwelt in das planetarische Ganze, die Erde, mit einzubeziehen und wenn wir lernen, *mit der Natur* zu leben).

Jedenfalls hat sich innerhalb der akademischen Philosophie die ökologische Ethik inzwischen als zentraler Diskurs profiliert. So stellte schon in den 1970er Jahren der deutsch-jüdische Philosoph Hans Jonas in seinem viel beachteten Hauptwerk *Das Prinzip Verantwortung* den Schutz der Natur in den Mittelpunkt. Als Mitinitiator der zeitgenössischen Umweltbewegung argumentierte Jonas, es sei an der Zeit zu fragen, »ob der Zustand der außermenschlichen Natur, der Biosphäre, [...] nicht nur um unseretwillen, sondern auch um ihrer selbst willen und aus eigenem Recht so etwas wie einen moralischen Anspruch an uns hat«. Als verantwortungsbewusster Denker bewies er eine ethische Sensibilität für den »stummen Appell um Schonung der Integrität der Biosphäre.«[2] Zur gleichen Zeit definierte sein Philosophenkollege Robert Spaemann das aktuelle Problem einer politischen Ethik mit den damals noch unerhörten und heute selbstverständlichen Worten: »Die ökologische Situation stellt uns vor moralische Fragen, die ohne Beispiel sind.«[3]

Die Verantwortung der Philosophen

Indem die Philosophen ein umweltethisches Denken ins Leben gerufen haben, haben sie zugleich ihre gesellschaftliche und politische Relevanz unter Beweis gestellt. Der verbreitete und oft berechtigte Vorbehalt, Philosophie sei weltfremd und verfolge nutzlose Denkübungen, wurde nicht zuletzt durch die theoretische Begründung und Programmatik einer Umweltethik erfreulich widerlegt. Gerade die staatlich finanzierte (sprich: von der Allgemeinheit alimentierte) Universitätsphilosophie sollte ihrer verantwortungsvollen Arbeit (ihres Dienstes für den Staat und das Gemeinwohl) gerecht werden. Denn die Philosophie – als Weisheitslehre, wie man früher sagte – ist diejenige ›innerweltliche Instanz‹, die allein in der Lage ist, allgemeingültige ethische Werte und vernunftgeleitete rationale Wahrheiten zu begrün-

2 Jonas, Das Prinzip Verantwortung. Versuch einer Ethik für die technologische Zivilisation, 191.

3 Spaemann, Technische Eingriffe in die Natur als Problem einer politischen Ethik.

den – ohne sich für einen solchen argumentativen Universalismus auf irgendeinen Gott, auf weltanschauliche Glaubenssysteme und metaphysische Letztbegründungsinstanzen oder auf irgendwelche (moralische, religiöse, ökonomische) Partikularismen stützen zu müssen. Indem die säkularen, ›aufgeklärten‹ Philosophen die notwendigen Begründungen für jene universellen Werte und Wahrheiten erarbeiten, die die Menschen davon überzeugen sollen, dass die Natur schützenswert ist und ein nachhaltiger Umgang mit der Erde ethisch ›für alle‹ gut ist (für Menschen und für alle anderen Mitlebewesen auf dem Planeten) und ihrem potenziellen Wohl dient, erfüllen sie eine unverzichtbare und durch nichts zu ersetzende Aufgabe des gesellschaftlichen Wandels für eine bessere Zukunft.

Die Umweltethik ist keine der Philosophie in die Wiege gelegte Erkenntnis und Wertung, sie hat vielmehr ein epochales Umdenken erfordert. Zwar mag uns der Gedanke der Umweltfreundlichkeit und der nachhaltigen Nutzung der Natur als planetarischer Grundlage der menschlichen Existenz heute fast selbstverständlich erscheinen. Das darf aber nicht darüber hinwegtäuschen, dass die Umweltethik das bemerkenswerte Ergebnis einer radikalen Selbstkritik der traditionellen Philosophie und ihrer kulturgeschichtlich dominanten und gesellschaftlich lange Zeit unhinterfragten Wahrheiten ist: Das metaphysische Wertesystem des platonisch-christlichen Weltbildes sorgte über Jahrhunderte für die philosophische Überhöhung des Menschen als Herrscher über die Erde und alles Seiende. Ebenso rechtfertigte diese philosophische Tradition die ideelle (ideologische) Herabwürdigung der Umwelt als wertlose Materie und Ressource.

Es ist daher wichtig zu wissen, dass am Anfang des umweltethischen Denkens die mutig verwegene Infragestellung einer schon zweieinhalb Jahrtausende währenden, maßgeblich von der westlichen Philosophie propagierten Weltbildes der menschlichen Geringschätzung und Beherrschung der Natur stand. Mit anderen Worten: Wie so oft begann auch in der Ökologie und Nachhaltigkeitsethik alles mit einigen wenigen selbstkritischen und verantwortungsvollen (dem Gemeinwohl verpflichteten) Denkern – mit mahnenden, zunächst belächelten oder sogar verachteten Freigeistern, mit einsamen Rufern in der Wüste – und zwar im wahrsten Sinne des Wortes, nämlich mit der moralischen (weltanschaulichen, wertebasierten) Abkehr von einer die Natur zur Wüste machenden, die Umwelt zerstörenden, die Erde ruinierenden, den Menschen dehumanisierenden Denk- und Lebensweise.

Unter den weltbekannten Philosophen ragt ein viel beachteter Denker heraus, der lange vor den genannten Vordenkern der 1980er Jahre als ein früher und entscheidender Wegbereiter der heutigen Umweltethik anzusehen ist: Es ist Martin Heidegger. Dass wir die Umweltfrage auf dem Denkweg dieses deutschen Theoretikers behandeln können, ja, mit Blick auf ihren systematischen Ursprung behandeln müssen, hat darüber hinaus eine tiefere Bedeutung für den Anlass dieser Tagung.

Denn wenn hier anlässlich des 150. Jahrestages des Freundschaftsvertrages zwischen Japan und Deutschland deutsche und japanische Philosophen zu einem philosophischen Gespräch zusammenkommen, dann setzt sich in dieser persönlichen Begegnung jene friedliche und denkerische Annäherung zwischen diesen geographisch weit voneinander entfernten Kulturen fort, die auch mit Martin Heidegger und seiner engen Freundschaft zu Graf Kuki, Tanabe Hajime, Nishida Kitarô, Tjsujimura Kôichi, Hisamatsu Shinichi, Nishitani Keiji, Suzuki Daisetsu T. und anderen begonnen hat. Solche philosophischen Freundschaftsbeziehungen zwischen Deutschen und Japanern, die auch heute noch bestehen und auch unter den hier Anwesenden vielfältig sind, sind angesichts allzu vieler Feindseligkeiten in der Welt wahrlich ein Grund zum Feiern.[4]

Deshalb soll dieses Gedenken nicht dazu dienen, auch an die historisch bedenklichen Seiten unserer gemeinsamen Geschichte zu erinnern. Gerade die politische Freundschaft zwischen unseren beiden Nationen und ihren Regierungen (bzw. militärischen Führungen) war in der Vergangenheit bekanntlich alles andere als von Freundlichkeit, Frieden und Völkerverständigung geprägt. Aber ich will hier nicht verschweigen, dass die kriegerische und gewalttätige Allianz und die Feindschaft gegenüber anderen Nationen eine Zeit lang der unselige Beweggrund der deutsch-japanischen Beziehungen war. Erschwerend kommt hinzu, dass auch im Hinblick auf die rassistische Weltpolitik Deutschlands unter Hitler und eine profaschistische Philosophie Heidegger eine unheilvolle Rolle gespielt hat – und uns gerade angesichts der gemeinsamen Vergangenheit und der möglichen Zukunft unseres Miteinanders an die ethische Verantwortung und universelle Freundlichkeit der (ethischen) Philosophie erinnert.

Aber, wie gesagt, die deutsch-japanischen Freundschaftsbeziehungen sind auch mit dem Namen Heidegger verbunden. Im Hinblick auf das Thema unserer Gedenkfeier und erst recht im Hinblick auf die vielen Heideggerianer unter den (auch hier anwesenden) Japanern bedarf es einer gewissen Klarstellung, wenn man ihn, wie ich es hier tue, als Umweltethiker behandelt. Bekanntlich hat er sich selbst nie so bezeichnet und den Begriff der Umweltethik an keiner Stelle seines wortreichen Werkes verwendet: Heidegger gilt als Phänomenologe, nicht als Ethiker. Zudem hat er seine Philosophie als Fundamentalontologie oder Seinsdenken charakterisiert, nie aber als Ökologie oder Umweltdenken. Zwar wird der Begriff Umwelt in seinem Frühwerk *Sein und Zeit* (1927) verwendet, um das »In-der-Welt-Sein« im Hinblick auf seine alltägliche »Umweltlichkeit« zu charakterisieren.[5] Aber weder Wort noch Sache haben im Kontext seiner Philosophie des menschlichen

4 An dieser Stelle möchte ich mich noch einmal herzlich bei meinem Kollegen und zeitweiligen Weggefährten Ogawa Tadashi von der Philosophischen Fakultät der Universität Kyoto für die Gastfreundschaft bedanken. Außerdem danke ich meinem jüngeren Wegsuchenden und Freund Eguchi Takeru für das Korrekturlesen und die gemeinsamen Gespräche.

5 Heidegger, Sein und Zeit, 67.

»Daseins« und auch nicht nach seiner naturphilosophischen Bekehrung im Zuge der späteren »Kehre« zur (euro-daoistischen) »Seinslehre« eine systematische ethische Bedeutung gewonnen. An keiner Stelle nennt Heidegger seine Philosophie eine Ethik und sein Naturdenken eine Ökologie. (Und das zu einer Zeit, als die wirtschaftliche Entwicklung nach dem Ende des Zweiten Weltkrieges die damit verbundenen Umweltbelastungen immer greifbarer werden ließ.)

Tatsächlich hätte der nur wenig später allgemein gebräuchliche Begriff ›Ökologie‹ durchaus in Heideggers Sprache und Denken eine zentrale Rolle spielen können. Denn bereits 1866 (zu Marx' Zeiten) hatte der Zoologe Ernst Haeckel den Begriff in die deutsche Sprache eingeführt, um darunter zunächst ganz allgemein »die Beziehungen eines Organismus zu seiner umgebenden Außenwelt« zu verstehen. Der griechische Ursprung des Begriffs *oikos* bedeutet ›Haus‹ oder ›Haushalt‹ und *oikeo* bedeutet ›wohnen‹. Es wäre also nicht abwegig gewesen, wenn Heidegger selbst den ökologischen Grundgedanken seiner Spätphilosophie, nämlich die Nachhaltigkeit eines »schonenden Wohnens« der Menschen auf der Erde, als ökologische Ethik bezeichnet hätte.[6]

Dazu ist es bekanntlich nicht gekommen. Dennoch war Martin Heidegger ein zentraler Impulsgeber für die moderne westliche Umweltethik: Einige Jahrzehnte vor Hans Jonas' Grundprinzip der Verantwortung bereitete Heideggers »Seinsdenken« den Weg für ein ökologisches Naturdenken. Mit seiner eindringlichen »Frage nach der Technik« gab der Philosoph wegweisende Antworten auf die weitaus komplexere »Umweltfrage«, die jenes epochale Umdenken ermöglichte, das die Welt vor der »Herrschaft der Technik« und der »Verwüstung der Erde« »retten« sollte.[7]

Es mag verwundern, dass das globale Umweltbewusstsein – heute eine Selbstverständlichkeit – auch auf diesen weltberühmten Vordenker und diesen nicht minder berühmten Vordenker aus Deutschland zurückgeht. Allerdings möchte ich – auch zur allgemeinen weltanschaulichen Erleichterung vieler politisch motivierter Menschen (mich eingeschlossen) – in einem nächsten Schritt an eine ganz andere Entstehungsgeschichte dieser Welt-Ethik erinnern, die uns zugleich in die 150 Jahre zurückliegende Gründungszeit der deutsch-japanischen Freundschaft führt. Jahrhunderts, wie oben beschrieben, Martin Heideggers Antworten auf die Technikfrage und seine damit verbundene Zivilisationskritik »des technischen Zeitalters« und seiner »größten Gefahr« einer »Vernichtung« von Mensch und Natur den programmatischen Gedanken einer ethischen Neubesinnung des menschlichen Naturverhältnisses vertieft haben, so fand das ökologische Bewusstsein bereits ein Jahrhundert zuvor, in der Mitte des 19. Jahrhunderts, in einem nicht minder berühmten deutschen Philosophen einen kämpferischen Vordenker: Karl Marx.

6 Padrutt, Heideggers Denken und die Ökologie.

7 Heidegger, Die Frage nach der Technik.

Marx als verkannter Vordenker der Nachhaltigkeit

Die übliche schematische Rezeptionsgeschichte des Marxismus, die sich allein auf die ›soziale Frage‹ konzentriert, hat leider dazu geführt, dass der umweltethische Geist der Marxschen Philosophie (ähnlich wie bei Heidegger) ausgeblendet wurde. Doch dieses folgenreiche Missverständnis wird der Wahrheit nicht gerecht: Wer *Das Kapital* ohne ideologische Scheuklappen liest, begegnet darin einer frühen und der philosophischen Aufklärungsbewegung verpflichteten Technik- und Zivilisationskritik, die ihre sozialethische Intention programmatisch mit einer umweltethischen Perspektive verbindet.

In den 1870er Jahren notierte Marx für den dritten Band seines Hauptwerks: »Selbst eine ganze Gesellschaft, ja alle gleichzeitigen Gesellschaften zusammengenommen, sind nicht Eigentümer der Erde. Sie sind nur ihre Besitzer, ihre Nutznießer, und haben sie als *boni patres familias* den nachfolgenden Generationen verbessert zu hinterlassen.«[8] Zweifellos liegt der philosophische Grundgedanke der Umweltethik in dieser bodenständigen Utopie einer zukunftsethischen Gerechtigkeit und sozialökologischen Nachhaltigkeit. Insofern sind die (allen anderen Visionen vorangestellten) globalen Ziele einer nachhaltigen Entwicklung, auf die sich die Weltgemeinschaft geeinigt hat, letztlich marxistisch. Freilich ist dieser Einfluss und die mögliche Kenntnis der marxistischen Philosophie schon von Heidegger, wie ich eben ausgeführt habe, als wegweisender Grund für ein (auch sein eigenes) ökologisches Seinsdenken nicht angegeben worden.

Für den Anlass dieses Symposiums ist nun interessant, dass es gerade Heidegger war, der bei der philosophischen Suche nach einem Ausweg aus der Zivilisationskrise der modernen Welt (statt etwa über einen Öko-Marxismus) auf eine ganz andere, nicht westliche Quelle des Umweltbewusstseins verwies – nämlich auf das »ostasiatische Denken« (Heidegger), weil dessen daoistisch-buddhistische Tradition eine programmatische Naturverbundenheit beinhaltet. Und er entschied sich für diesen Umweg über die östliche Weisheit, obwohl er seiner eigenen Überzeugung nur gerecht geworden wäre, wenn er mit der kapitalismuskritischen Naturethik von Marx eine naheliegendere Quelle innerhalb der eigenen, europäisch-abendländischen Denktradition hätte aufsuchen können. »Meine Überzeugung ist«, hatte Heidegger nämlich erklärt, »dass nur von demselben Weltort aus, an dem die moderne technische Welt entstanden ist, auch eine Umkehr sich vorbereiten kann, dass sie nicht durch Übernahme von Zen-Buddhismus oder anderen östlichen Welterfahrungen geschehen kann. Es bedarf zum Umdenken der Hilfe der europäischen Überlieferung und ihrer Neuaneignung.«[9]

8 Marx, Das Kapital. Der Gesamtprozess der kapitalistischen Produktion, 784.

9 Heidegger, Spiegel-Interview, 107.

Heidegger wollte gewiss nicht als Marxist gelten und vermutlich ebenso wenig als Befürworter eines ökologischen Marxismus; jedenfalls entschied er sich bewusst gegen den europäischen Humanismus und damit auch gegen den marxistischen Utopismus – und für die fernöstliche Welterfahrung und ihren quasi-religiösen Spiritualismus, die er seit den 1920er Jahren durch viele japanische Kollegen und Freunde kennen gelernt hatte. Dieser jahrzehntelange, kontinuierliche Gedankenaustausch half ihm zweifellos bei seinem philosophischen Versuch, die eigene Denktradition und ihr abwertendes Naturverständnis zu überwinden. Da die Metaphysik des Westens – Heidegger sprach zeitweilig vom »europäischen Nihilismus« – durch den hierarchischen Dualismus eines strikten Subjekt-Objekt-Denkens den Menschen zum allmächtigen »Herrscher des Seins« und zum »Herrn der Erde« erklärt, machte er sich in dem »unausweichlichen Gespräch mit der ostasiatischen Welt« mit einer »ganz anderen Denkweise« vertraut.[10] Er lernte ein ethisches *Weg-Denken* kennen, das die Menschheit in ihrem anthropozentrischen und technokratischen Verhältnis zu ihrer Umwelt, zum »Sein als solchem« (Heidegger), fundamental dezentriert. Denn nur ein solches Umdenken könnte »mithelfen an der Bemühung, das Wesen des Menschen vor der Bedrohung durch ein extrem technisches Berechnen und Manipulieren des menschlichen Daseins zu retten.« (Ebd.)

Der Daoismus und der Zen-Buddhismus, die sich Heidegger über seine japanischen Kollegen anzueignen begann, weckten in ihm die Einsicht in den Lösungsweg, dass der Mensch auch zum Bewahrer oder »Hirten des Seins« werden kann, der die Erde »hütet«, zum »Platzhalter des Nichts«, dessen weise »Gelassenheit« die Natur schonend »sein« (lassen) kann – und auf diesem so bewirkten »Weg« der gefährdeten Erde und ihrer Menschheit eine bessere Zukunft eröffnet. Heideggers Euro-Daoismus verstand sich, wie es in der Aufzeichnung *Zur Frage nach der Bestimmung der Sache des Denkens* heißt, als »das gewandelte europäische Denken«, das aus einer »fruchtbaren Auseinandersetzung mit dem ostasiatischen Denken« hervorgegangen ist.

Diese exotische Orientierung – dieses *ex oriente lux* – wurde nach seiner »Kehre« (wie er sie nannte) in der Nachkriegszeit der 1950er Jahre in vielen seiner Abhandlungen »zur Sprache gebracht«.[11] In seiner dichterischen Wahrsagerei, etwa der poetischen Weissagung vom geheiligten »Viereck von Erde, Himmel, Sterblichem und Göttlichem«, verbirgt sich – und verheißt sich – nicht nur, wie vielfach kritisch angemerkt wurde, ein eigentlich vermeidbarer Neo-Orientalismus. Letztlich gibt der quasireligiöse Dao-Spiritualismus, der in dem berühmt gewordenen Vermächtnis-Interview, das der Philosoph nur wenige Jahre vor seinem Tod der Wo-

10 Heidegger, Wissenschaft und Besinnung, 47. Siehe: Pöggeler, West-östliches Gespräch.

11 Heidegger, Unterwegs zur Sprache; May, Ex Oriente Lux – Heideggers Werk unter ostasiatischem Einfluss; Parkes, Heidegger and Asian Thought.

chenzeitschrift Der Spiegel gab, die resignative Losung aus, dass »uns nur noch ein Gott retten kann«.[12]

Altasiatische Lebensweisheit oder der alles bewegende Weg

Aus der intensiven Auseinandersetzung mit dem *Buch vom Weg und von der Tugend*, dem Daodejing des chinesischen Philosophen Laozi[13], gewann Heidegger die Erkenntnis vom »Weg« (chin. Dao oder Tao), auf dem der Mensch »vom Sein« (als der ihn umgebenden und durchdringenden Welt) gebraucht wird.[14] Bereits in den späten 1920er Jahren hatte Heidegger begonnen, den Klassiker des Daoismus zu übersetzen, und er erfand eine Weise, den Daoismus in die deutsche und die eigene philosophische Sprache zu übertragen.[15] »Das Leitwort im dichtenden Denken des Laotse lautet Tao«, erklärt Heidegger in einer zentralen Passage aus Unterwegs zur Sprache, »und bedeutet eigentlich Weg. Weil man jedoch den Weg leicht nur äußerlich vorstellt als die Verbindungsstrecke zwischen zwei Orten, hat man in der Übereilung unser Wort ›Weg‹ für ungeeignet befunden, das zu nennen, was Tao sagt. Man übersetzt Tao deshalb durch Vernunft, Geist, Raison, Sinn, Logos. Indes könnte der Tao der alles bewegende Weg sein, dasjenige, woraus wir erst zu denken vermögen, was Vernunft, Geist, Sinn, Logos eigentlich, d.h. aus ihrem eigenen Wesen her sagen möchten. Vielleicht verbirgt sich im Wort ›Weg‹, Tao, das Geheimnis aller Geheimnisse des denkenden Sagens, falls wir diese Namen in ihr Ungesprochenes zurückkehren lassen und dieses Lassen vermögen. [...] Alles ist Weg.«[16]

Mit diesem epochalen Umdenken – des eigenen Denkweges durch ein anderes Weg-Denken – knüpfte er an eine lange, auf den Universalgelehrten Leibniz im 17.

---

12 Heidegger, Das Spiegel-Interview, 100.

13 Das Werk wurde um das 5. Jahrhundert vor westlicher Zeitrechnung verfasst. Als Autor wird ein älterer Gelehrter vermutet. Dieser ›alte Meister‹ (chin. *Laozi*) hatte zuvor als Archivar in der Bibliothek des Königs von Chou in Nordchina gearbeitet. Als er den Niedergang des Reiches (und den Verlust politischer Einflussnahme) kommen sah, verließ er seine Heimat und machte sich auf den Weg hinter die Berge. (Tuschezeichnungen zeigen einen kräftigen und gemächlichen Wasserbüffel als seinen Begleiter und Gepäckträger). Der Mann mit dem Ochsen pilgerte nach Westen. Unterwegs trafen sie auf einen Passwächter, der den alten Archivar in ein Gespräch über seine Einsichten verwickelte. Auf Drängen des Wissgierigen schrieb Laozi schließlich mit 5000 chinesischen Schriftzeichen auf, was ihm wesentlich erschien, bevor er für immer in den Bergen verschwand: Das *Daodejing* war entstanden, eines der meistübersetzten Bücher der Welt.

14 Wei-Hsun Fu, Creative Hermeneutics: Taoist Metaphysics and Heidegger; Cho, Heidegger und die Rückkehr in den Ursprung.

15 Zu den Hintergründen der gemeinsamen Übersetzung des Daodejing von Heidegger und Hsiao siehe: Hsiao, Wir trafen uns am Holzmarktplatz.

16 Heidegger, Unterwegs zur Sprache, 187.

Jahrhundert zurückgehende und konfuzianisch geprägte Tradition westlicher Rezeption – und orientalisierender Bewunderung – fernöstlicher (chinesischer) Philosophie an. Bis heute ist eine transkulturelle Überwindung des eurozentristischen Weltbildes innerhalb der akademischen Philosophie keineswegs selbstverständlich. Heidegger entdeckte, wie bereits angedeutet, die »ostasiatische Weisheitslehre« als letzten (einzigen) Ausweg, um die Welt vor der globalen »Europäisierung« zu bewahren.

Der japanische Philosoph der Kyôto-Schule Tsujimura Kôichi deutete in seiner Festrede anlässlich des 80. Geburtstages an, welcher glorreiche Umweg Heidegger zu seiner Kehre (einer ökologischen Lebensweisheit) geführt haben soll. »Wir Japaner«, so Tsujimura, »sind von alters her Naturmenschen in einem bestimmten Sinn. Das heißt: Wir haben in uns keinen Willen, die Natur zu beherrschen, sondern wir möchten möglichst in einer naturgemäßen Weise leben (und sterben).« Als Kulturessenzialist scheute sich Tsujimura nicht bei dieser Gelegenheit, den chinesischen Daoismus des Laozi über den Zen-Buddhismus vermittelt zu einer (wesenhaft) japanischen Weisheitslehre zu verklären: »Hier ist schon, recht gesehen, ein schroffer Gegensatz zwischen altjapanischer geistiger Tradition und europäischer geistiger Tradition und einem von europäischer Wissenschaft und Technik bestimmten Leben zu spüren. Kurz, wie Natur zu leben (und zu sterben), das war gleichsam ein Ideal der altjapanischen Lebensweisheit.«[17] Die Faszination dieser idealisierten Naturverbundenheit motivierte nicht zuletzt Heideggers Interesse an der Dichtkunst des altjapanischen Dichters und Haiku-Meisters Bashô. Eines seiner Gedichte, welches er besonders schätzte, soll laut Heidegger-Kenner Ogawa Tadashi dieses Gedicht gewesen sein:

> *»Näher betrachtet*
> *Blühen die Hirtentäschchen*
> *Im Gitter des Zauns.«*[18]

Halten wir fest: Dass Europa über den Umweg Japan die Herausbildung einer neuen Umweltethik und schließlich einer politischen Umweltbewegung verdankt, geht – über transkulturelle Umwege – auch auf die traditionelle ›altjapanische Lebensweisheit‹ zurück, deren (zen-buddhistische, letztlich sino-daoistische) Philosophie ein deutscher Denker über japanische Kollegen – dank wertvoller philosophischer Freundschaftsbeziehungen – kennen lernte. Es war nicht so, dass nur japanische Philosophen nach Deutschland kamen, um sich die ›abendländische Philosophie‹ (die Philosophie Heideggers) anzueignen, um zu lernen, wie es in Japan weiter und

---

17 Kôichi, Martin Heideggers Denken und die japanische Philosophie, 160.

18 [503]Ogawa, Grund und Grenze des Bewusstseins, 164.

besser gehen könnte. Wenn wir über die Umweltfrage nachdenken und über die Aufgabe der Philosophen sprechen, dann können wir auch von Japan lernen, was die westliche Philosophie zu einem ökologischen Denken (zu Heidegger) geführt hat.

Fukushima und Japans Niedergang

Lassen Sie mich daher abschließend und in einer weiteren Umkehr im Voneinander-Lernen angesichts der tragischen Ereignisse in Japan im März dieses Jahres (2011) durch die katastrophale Zerstörung des Atomkraftwerks Fukushima Daichii – den größten Atomunfall seit den Reaktorunglücken von Three Mile Island 1979 in den USA und Tschernobyl 1986 in der damaligen Sowjetunion – auf jenen Anstoß zu einem wegweisenden Umweltbewusstsein zu sprechen kommen, der auch im Zentrum dieser aktuellen Ereignisse steht: Denn es war niemand anderes als Heidegger, der sich als einer der ersten Philosophen der westlichen Hemisphäre sehr früh und eindringlich gegen die Atomtechnik ausgesprochen hat.

In einem Vortrag aus dem Jahr 1955 bezeichnete er das von ihm vehement kritisierte »technische Zeitalter« synonym als »Atomzeitalter« und sah darin »eine unheimliche Veränderung der Welt«.[19] Um die ganze Brisanz seiner Äußerungen zu verstehen, müssen wir uns vergegenwärtigen, dass zu diesem Zeitpunkt der Abwurf der ersten Atombomben in der Geschichte der Menschheit auf die japanischen Städte Hiroshima und Nakasaki durch die US-Streitkräfte erst wenige Jahre zurücklag. Nach dem Schockerlebnis dieses Vernichtungswerkes und der damit verbundenen absolut neuen und unwiderruflichen, wahrhaft unheimlichen Dimension planetarischer Zerstörungskraft findet Heidegger folgende Worte, die sich leider bewahrheiten sollten: »Man nennt das jetzt beginnende Zeitalter neuerdings das Atomzeitalter. Sein aufdringlichstes Kennzeichen ist die Atombombe. Aber dieses Zeichen ist nur ein vordergründiges. Denn man erkannte sogleich, dass die Atomenergie sich auch für friedliche Zwecke nutzbar machen lässt. Darum sind heute die Atomphysik und deren Techniker überall dabei, die friedliche Nutzung der Atomenergie in weit ausgreifenden Planungen zu verwirklichen.« (Ebd.)

Zum zeitgeschichtlichen Hintergrund muss man wissen, dass Heidegger mit dem damals führenden Atomphysiker und Nobelpreisträger Werner Heisenberg in Kontakt stand und insofern aus erster Hand von diesen Planungen wusste. Heisenberg war während des Zweiten Weltkriegs maßgeblich an dem von Hitler forcierten Bau einer deutschen Atombombe beteiligt. (Sein bis heute nicht vollständig bekanntes Gespräch mit Niels Bohr, dem dänischen Nobelpreisträger für Physik, im deutsch besetzten Kopenhagen 1941 soll die Umsetzung des amerikanischen Atomwaffenprojekts beeinflusst haben, das schließlich zum Abwurf der ersten

---

19 Heidegger, Gelassenheit, 20.

Atombomben über Japan führte). In der Nachkriegszeit sprach sich Heisenberg gegen eine weitere militärische Nutzung der Kernenergie aus und setzte sich verstärkt für die friedliche Kernforschung und den Bau von Kernreaktoren ein. Heidegger äußerte sich wiederholt kritisch zum technisch-naturwissenschaftlichen Weltbild des Nobelpreisträgers, in dem sich die große Gefahr eines alles beherrschenden »rechnenden Denkens« verabsolutiere.[20]

Anders als der renommierte Atomphysiker sah der Metaphysik- und Atomkritiker Heidegger in der friedlichen Nutzung der Kernenergie genau das, was sie in Wahrheit von Anfang an war: das gefährliche und unverantwortliche Geschäft einer Industrie, für die nur der größtmögliche Profit zählt. Der Phänomenologe hatte diese politisch-ökonomischen Hintergründe durchschaut; Heidegger schrieb damals: »Die großen Industriekonzerne der maßgebenden Länder haben schon ausgerechnet, dass die Atomenergie ein riesenhaftes Geschäft werden kann. Man erblickt im Atomgeschäft das neue Glück«.

Atomkraft – Nein danke! und der Weg vor uns

Es geschah das absehbare Unglück. Am 11. März 2011 wurde in Japan nicht nur der Mythos der eigenen technologischen Überlegenheit zerstört. Zerstört wurde auch der Irrglaube an die Sicherheit der Kernkraftwerke. Wie konnte ausgerechnet das Land von Hiroshima und Nagasaki so hemmungslos in die Atomkraft einsteigen? Und warum weigert es sich auch nach Fukushima, aus dieser unheilvollen Technologie auszusteigen? Dringender denn je stellt sich die Frage, warum Japan am nuklearen Fortschritts- und Wohlstandsglauben festhält. Bis heute drängt sich der Verdacht auf, dass das Land trotz allem an der Atomenergie festhält, weil es sich die Option auf eigene Nuklearwaffen offenhalten will. (Das Leid, die Zerstörung und die vielen Toten, die der Atombombenabwurf auf die beiden japanischen Städte verursacht hat, haben bei vielen Japanern und Überlebenden von damals die Vorstellung entstehen lassen, ihr Land sei eher Opfer des Zweiten Weltkrieges als Mitverursacher gewesen.[21])

›Fukushima‹ steht dafür, wie eine Gesellschaft, die bis vor kurzem weltweit als Vorbild eines allgemeinen Fortschritts galt, selbst die drastischste Option zu wirtschaftlichen, sozialen und kulturellen Reformen verpasst. Weder ein gesamtgesellschaftlicher Ausstieg aus der Atomtechnologie, wie ihn Deutschland schließlich als

20 Heidegger bezieht sich ausdrücklich (Die Frage nach der Technik, 23) auf Heisenbergs *Das Naturbild in der heutigen Physik*.

21 Dem UN-Vertrag zum Verbot von Atomwaffen, der im September 2017 von über 120 Staaten unterzeichnet wurde, trat Japan nicht bei.

Reaktion auf Fukushima eingeleitet hat, noch eine entsprechende regenerative Umwelt- und Energiewende scheinen Japans Zukunft zu sein. Dabei könnte das Inselreich theoretisch allein durch die Nutzung von Strömungen und Gezeiten etwa so viel Strom erzeugen wie rund 230 Atomreaktoren, wenn alternative Technologien mit dem gleichen politischen Willen vorangetrieben würden wie der dystopische Neustart der Atomkraft.

Mit den schrecklichen Ereignissen um das implodierte Kernkraftwerk Fukushima Daiichi scheint das Atomgeschäft nach viel zu langen und umweltpolitisch umkämpften Jahrzehnten des unheilvollen ›Glücks‹ endgültig erschüttert. Obwohl Martin Heidegger die »unheimliche Gefahr« dieser riskanten Technik weit vorausschauend erahnte, ging von ihm (erneut) keine politisch-ethische Initiative aus. Eine solche – der Verantwortung des Philosophen entsprechende – Initiative ging von dem deutsch-jüdischen Philosophen und Freidenker Günther Anders aus (der seinerseits von 1927 bis 1937 mit der Philosophin des politischen Aktivismus, Hanna Arendt, Heideggers zeitweiliger Geliebter in diesen Jahren, verheiratet war). Mit radikalen Überlegungen und Büchern wie *Die atomare Drohung*[22] und *Die Antiquiertheit des Menschen*[23] oder mit Analysen wie die *Gebote des Atomzeitalters*[24] wurde Anders zum Mitbegründer und führenden Kopf der deutschen Anti-Atomkraft-Bewegung und der philosophischen Kritik der Technokratie.[25]

Nimmt man schließlich die kürzlich erschienene Publikation des eingangs bereits erwähnten (politisch konservativen) Philosophen Robert Spaemann mit dem Titel *Nach uns die Kernschmelze: Hybris im atomaren Zeitalter* hinzu, so dürfte über die folgende Feststellung kein Dissens bestehen: Seit Heidegger und bis in die Gegenwart hinein herrscht unter verantwortungsbewussten Philosophen (über weltanschauliche Differenzen hinweg) ausnahmslos Einigkeit darüber, dass die nukleare Energiewirtschaft und Risikotechnologie in keiner Weise ethisch vertretbar ist.

Die Aktualität der Umweltfrage und der philosophischen Kritik an der Atomtechnik zeigt aber nicht nur die Aktualität des Heideggerschen Denkens. Sie zeigt auch systematische Schwächen und Grenzen dieses Denkens auf, die zu überwinden eine heute zu lösende Aufgabe der Philosophie ist. Im Kern geht es um die praktische Frage: Wer rettet die Welt vor der Herrschaft der Technik und der atomaren Gefahr? Hören wir dazu noch einmal Heidegger selbst. »Die entscheidende Frage lautet jetzt: Auf welche Weise können wir die unvorstellbar großen Atomenergien

22 Anders, Die atomare Drohung. Radikale Überlegungen.

23 Anders, Die Antiquiertheit des Menschen. Über die Seele im Zeitalter der zweiten industriellen Revolution.

24 Anders, Gebote des Atomzeitalters.

25 Lütkehaus, Philosophieren nach Hiroshima: Über Günther Anders. Aufsehen erregte auch sein Briefwechsel mit dem Hiroshima-Piloten Claude Eatherly, siehe: Anders, Der Mann auf der Brücke. Tagebuch aus Hiroshima und Nagasaki; Robert Jungk (Hg.): Off Limits für das Gewissen. Briefwechsel zwischen Günther Anders und Claude Eatherly.

bändigen und steuern und so die Menschheit dagegen sichern, dass diese Riesenenergien nicht plötzlich – auch ohne kriegerische Handlungen – an irgendeiner Stelle ausbrechen, ›durchgehen‹ und alles vernichten?«[26]

Stellen wir uns für einen Augenblick vor, Heidegger wäre noch unter uns und hätte die völlig zerstörten Atomreaktoren von Fukushima gesehen, so würden seine Worte wohl auch heute noch die gleichen sein, wie damals als er sagte: »Kein einzelner Mensch, keine Menschengruppe, keine Kommission noch so bedeutender Staatsmänner, Forscher und Techniker, keine Konferenz von führenden Leuten der Wirtschaft und Industrie vermag den geschichtlichen Verlauf des Atomzeitalters zu bremsen oder zu lenken. Keine nur menschliche Organisation ist imstande, sich der Herrschaft über das Zeitalter zu bemächtigen. So wäre denn der Mensch des Atomzeitalters der unaufhaltsamen Übermacht der Technik wehrlos und ratlos ausgeliefert.« (Ebd.) Zu dieser resignativen Haltung gegenüber dem Atomzeitalter – das inzwischen euphemistisch als Anthropozän bezeichnet wird, statt es beim Namen zu nennen – passt Heideggers Glaube, dass am Ende nur noch »ein Gott uns retten kann«. Es ist hier nicht der Ort, auf den komplizierten und raffinierten Sinn seiner Rede von »Gott« und »den Göttlichen« einzugehen. Es muss der Hinweis genügen, dass eine Philosophie, der es um die umweltethische Überwindung der existierenden Atomtechnik im Besonderen und unseres rein technokratischen Zeitalters im Allgemeinen geht, keines göttlichen Beistandes bedarf. Zumal nur wir Menschen uns selbst retten müssen, weil sonst niemand da ist.

In einem Interview zum Reaktorunglück in Fukushima unter dem Titel *Wo war Gott in Japan?* wunderte sich Spaemann erstaunt über die »stoische Ruhe und Gelassenheit« der Japaner und führte diese Haltung auf den »nicht-personalen Gott-Glauben« der japanischen Kultur zurück. Tatsächlich hatte der Heidegger-Schüler Nishitani »den bereitwilligeren Umgang mit den anonymen Prozessen der Technik« in seinem Land auf diese nicht-personale Gläubigkeit zurückgeführt.[27] Ähnlich vertrat der (in diesem Punkt) orthodoxe Heideggerianer Rainer Marten in Bezug auf die Reaktorkatastrophe in Japan die Auffassung, es sei das Beste, dass die Japaner und wir alle »das Geschehene akzeptieren«.[28] Als gläubiger Christ plädierte Spaemann wiederum dafür, dass das »christliche Vertrauen« in den einen rettenden Gott sei eine »zukunftsweisendere« Haltung gegenüber solchen fatalen Ereignissen »der Theodizee« sei.[29]

Statt die nicht gottgegebene, sondern nur menschengemachte Technikkatastrophe, um die es hier geht, auf diese fatale Weise theologisch zu verklären, wäre es viel zukunftsweisender und philosophisch viel wegweisender, den Japanern und allen

26 Heidegger, Gelassenheit, 19.

27 Pöggeler, Hermeneutik der technischen Welt.

28 Marten, Zur Katastrophe in Japan.

29 Spaemann, Wo war Gott in Japan?

anderen den Glauben an die göttliche Atomenergie zu nehmen. Denn noch sagen viel zu viele: ›Was sollen wir tun? Wir haben doch keine Bodenschätze und Energiequellen! Aber das stimmt nicht. Gerade Japan hat viele Alternativen zur atomaren Katastrophe. Das südlich gelegene Land der aufgehenden Sonne bekommt intensive Sonneneinstrahlung gratis und hat vielerorts ganzjährig Sonnenschein – ideale Bedingungen für Solarenergie. Es ist eine Insel, umgeben vom Meer: Man könnte Gezeitenkraftwerke bauen. Die Städte sind voller Wolkenkratzer: Hier könnte man die Thermik für Windenergie nutzen, die um die Wolkenkratzer herum ohnehin ständig entsteht und an den Küsten reichlich vorhanden ist. Es gibt starken Vulkanismus und viele heiße Quellen: Diese Bodenwärme könnte genutzt werden und so weiter. Wenn es gelänge, diese und andere Energiequellen mit umweltfreundlichen Technologien zu nutzen, könnte Japan wahrscheinlich eines der Länder mit den reichsten erneuerbaren Energiereserven werden.

Im grundsätzlichen Unterschied zu Heidegger und seiner Generation weiß die Menschheit heute in der umweltphilosophischen Frage der Technik – und insbesondere der alternativen Umwelt- und Energietechnologien – viel besser, ja sehr genau, dass eine sichere regenerative Energieversorgung durch einen schonenden Umgang mit den erneuerbaren Kräften der Natur machbar ist. Die aktuelle Aufgabe einer politischen Ethik, mit der sich die Philosophen – allen voran die japanischen – zu Wort melden könnten und sollten, um die Welt vor der selbstgeschaffenen Gefahr der Verwüstung durch radioaktive Verstrahlung und Vermüllung zu retten und sich als Homo sapiens vor der eigenen Entmenschlichung durch technoide Selbstvernichtung zu bewahren, erschöpft sich längst nicht mehr darin, wie noch Heidegger meinte, »im Denken und Dichten eine Bereitschaft für das Erscheinen Gottes oder für die Abwesenheit Gottes im Untergang vorzubereiten«. Wir wissen, dass ein endgültiger Ausstieg aus der Atomenergie und ein konsequenter Übergang in ein ökologisches Zeitalter sowie unsere tägliche Bereitschaft zu einem umweltfreundlichen Lebensstil ein zukünftiges Überleben und vielleicht sogar ein menschenwürdiges Wohlleben auf diesem einzigartigen Planeten ermöglichen können. Dieser mögliche Weg liegt vor uns, wir müssten ihn nur – gemeinsam – gehen.

Food Citizenship: Civilizing Future Humanity

As a species, we face an epochal choice.[1] Either we take the step to a new level of human self-understanding so that we learn to function according to a good life for all or we risk extinction in a dystopian future. Everyone knows that we must reinvent human civilization before it is too late. This, of course, is an unprecedented civilizational challenge. That is why we are living in the most critical, but also the most important and perhaps even the best moment in human history. I will be experimenting with some key ingredients for an effective remedy that can be termed *gastroethics*, something experts also refer to as *food citizenship*. It certainly doesn't solve all of our world's problems, but it addresses the point and appetite for social change that is still not taken seriously enough in the general discourse and thinking about transformation. More and more people are recognizing the need for a global food revolution. »If you are one of these people«, says the website of one initiative, »you are part of the good food movement.«[2]

The recipe for *becoming a good food citizen* that I propose consists of just three ingredients. First (1) we should learn about the social reasons and philosophical horizons why the world can heal the crisis caused by our fast food civilization. As we will see, better than the artificial superintelligence of a transhumanist future, humans can rely on their unique ability to make sustainable, healthy, delicious, and fair food choices to save human life on this planet. This can succeed, but only (2) if global civil society focuses its political agenda on the global food crisis and on fostering a societal shift from consumerism to food citizenship. Finally, (3) a new civilization that chooses utopian conviviality as its »true humanity« (Immanuel Kant) would be based on the civilizing superpower of living anthropoethically well on the common good of good meals in good company. Adopting this way of thinking and developing a gas-

1 Der folgende Text entstand 2017 anlässlich des Symposiums *Food and Civil Society* an der Todai Universität. Die überarbeitete Fassung erschien erstmals in: International Conference »Food and Civil Society«, Series *Praxis of Coexistence in Cultural Diversity*, Volume 2, The University of Tokio, 2017, p. 1–20.

2 Sustain Ontario, Became a Good Food Citizen; https://sustainontario.com/initiatives/ontarios-good-food-ideas/become-a-good-food-citizen/.

trosophical »taste for civilization« (Flammang 2009) accesses the cultural repertoire of ethical eating (Johnston et al. 2011, Lemke 2016).

The civilizing power of food citizenship has been outside the purview of most political studies (in part because women have traditionally been in charge of everything food-related, which means it is usually neglected in favor of more male-centric activities). It also seems to lie outside the boundaries of so-called real politics (professional, official governance, nation-building, decision-making, and voting). It is commonly assumed that food is private, not public – and marginal to civic life. My argument here, however, is that food is constitutive of democratic politics, and even more so for the future of humanity. In his first book, *The Structural Transformation of the Public Sphere* (1989), the renowned German philosopher Jürgen Habermas emphasized the centrality of conversation to civic life in the early modern period, and he praised bourgeois coffeehouses for functioning as public spheres because of the free communication they fostered. He explained a theory of »civil society« that is not yet convivial (food-based), but at least civil (conversation-centered). My argument aims to reformulate this approach by focusing on food citizenship (at the same time, my contribution to this volume is meant to serve as a follow-up to a related piece I prepared earlier; Lemke 2016).

Explosion of superintelligence

Whether ecological, climatic, social, or demographic, the world is facing multiple symptoms of catastrophe and dystopia, and we are heading toward the general collapse of Western civilization. However, there is always – many times a day for almost every human being – the possibility to take a marvelous means and remedy like food and use it as a terrestrial medium that connects us to a possible good life beyond consumer capitalism and its mindless *fast food society* (Schlosser 2002, Lemke 2014, Smith 2016). In the face of both, this crisis and these practical alternatives, I believe that the new *convivial* ethics of a *good food civilization* are among the most powerful forces of social transformation, as they activate civil society and (as I will show) gastrosophically civilize humanity. We need the new narrative of a › convivial society‹ and a ›gastrosophic humanity‹ to counter the dystopian future of highly virulent posthumanism with a superhumanist alternative. According to posthumanists such as bestselling philosopher Nick Bostrom, »the essential problem of our time« is that machine brains may surpass human brains in general intelligence. Faced with the looming prospect of such an »explosion of artificial intelligence« the fate of our species and the future of posthumanity will depend on whether we can solve the »superintelligence control problem«.[3]

My concern is not to analyze posthumanism or to reject it out of hand as an extravagant but surely disastrous futurism. Rather, by critically observing this fashionable and much-discussed prophetic narrative, I choose a very different – neohumanist – way of solving the essential problems of our time and exploring a manageable (and desirable) future for us humans as beings living on planet Earth. In fact, what evokes the fundamental confrontation between posthumanist philosophy and neohumanist thinking (and superhumanist »civilizing«, as we will see shortly) is the absolutely antagonistic programming of both sides and their mind hacking of »our problem« – i.e., the civilizational trajectory that must be adopted in order to solve the problem. In contrast to the philosophers of artificial intelligence, for example, who focus single-mindedly on the ethical control of machine intelligence and its superpowers, superhumanist philosophers using gastrosophical methods identify the global food crisis as one of the most decisive threats to the future of human existence and anthropoethical survival and consider finding a solution to be one of the most essential tasks of the human race.

In my view, *the global food crisis is humanity's greatest challenge*: its solution should be considered the most important issue philosophical ethics has ever faced. At the same time, the conceptual invention and practical adventure of a »good food society« or convivial civilization is both the first and (if it fails) possibly the last task of superhumanist anthropoethics. Only if homines sapiens rigorously strive to embrace this common ethical enterprise will they have a chance to survive on planet Earth and forget about a foolish, certainly impossible, transhumanist exodus to Mars or some other virtual future involving an extraterrestrial cosmic civilization based on non-human (or posthuman) intelligence.

An anthropoethical problematization of our consumer capitalist civilization must focus intensively and with all available rigor on the destructive effects of a hu-

---

3 »Inside your cranium is the thing that does the reading. This thing, the human brain, has some capabilities that the brains of other animals lack. It is to these capabilities that we owe our dominant position on the planet. Other animals have stronger muscles and sharper claws, but we have cleverer brains. Our modest advantage in general intelligence has led us to develop language, technology, and complex social organization. The advantage has compounded over time, as each generation has built on the achievements of its predecessors. If some day we build machine brains that surpass human brains in general intelligence, then this new superintelligence could become very powerful. And, as the fate of the gorillas now depends more on us humans than on the gorillas themselves, so the fate of our species would depend on the actions of the machine intelligence. We do have one advantage: we get to build the stuff. In principle, we could build a kind of superintelligence that would protect human values.« (Bostrom 2014)

man-like hyperimprudence explosion. What is exploding here and what the world is experiencing – a world of hunger and obesity, of refined taste and taste illiteracy, of culinary pleasure and misery, a world of marvelous meals and junk food – has repeatedly been described by critics and humanists of all kinds as a problem related to the current global food system. A system whose unsustainability destroys nature, whose brutality tortures animals, whose injustices exploit workers and humiliate human dignity, a system whose tastelessness degrades the wisdom of Homo sapiens, and whose unhealthiness causes suffering and death. You must agree that it is unnecessary to continue listing these depressing problematic dimensions, effects, and hyper-imprudent trajectories of the current fast-food civilization (Singer and Mason 2006).

More importantly, while posthumanist philosophy successfully and – because its story will not have a happy end – wastefully wanders in the computational maze of potential control technologies that might be able to install human values and a perfect ethical algorithm into a seed AI, superhumanist gastrosophy already publishes functioning mems and practices of new food ethics (Pollan 2010, Lemke 2016). Without knowing what gastrosophical wisdom and good food for all mean or cause, posthumans – whether machines or anthropotechnical replicas of our species – will lack a true understanding of human values and ethical ideals. Instead of getting lost in the (ultimately flawed) creation of an artificial superintelligence and a transhuman future in which cyborgs control what we humans are and what we will think and do, an anthropoethical *humanitas* can easily acquire almost all superpowers and all technological, especially culinary, intelligence to solve the crisis of civilization, simply through sustainable, healthy, delicious, and fair food choices. From a gastrosophical perspective, the recently discovered existence and nutritional efficacy of ›superfoods‹ is simply further scientific proof of the superpowers that certain foods – foodways, food forms, food cultures – provide to humans (Wolfe, 2009).

When someone as intelligent as the neurophilosopher Nick Bostrom poetically fantasizes that »the bouillon cubes of discrete human-like intelligences will eventually merge into an algorithmic soup« (Bostrom 2014, p. 211), let us enhance our fading taste consciousness and transcend the day-to-day fast food civilization of humanity and its dystopia. As more thousands of millions of human beings – human brains and human-like intelligences – wish to happily dwell on planet Earth in the coming decades, let us hold on to true humanity and nurture this very real and down-to-earth intelligence explosion simply by civilizing our society accordingly. A global revolution in human consciousness and civility (which can also be called sociality or conviviality) will change for the better. With this possible future in mind, it wouldn't be wrong to say: we must apply all of our human ingenuity to this solution.

Civil society and the global good food movement

Who are the heroes of the urgent revolution and evolutionary transition of human food? To answer this question, at least in a rough sense, I limit myself to focusing on two superpowers of the culinary intelligence explosion.[4] The first, the bouillon cube of the discrete, human-like food citizen, is embodied in every activity of daily ethical eating. Food citizenship is linked to the concept of »earth democracy« (Shiva 2006, Renting 2012) and the cosmopolitan agenda of »food sovereignty« (Whitman 2010, Choplin 2011). Before we consider this do-it-yourself superfood, I want to focus on the second superpower: the civilizing societies of the bottom-up, self-organizing nongovernmental initiatives, groups, or institutions of civil society that merge into the soup of the planetary food movement (Lemke 2012).

In recent decades, the destructive workings of advanced global capitalism, as well as the crisis of legitimacy of the representative democratic oligarchy, have nurtured new social movements in various countries. The rhizomatic movements driven by this planetary alliance of citizens are also known as »global civil society« (Salamon 2004). The term civil society usually refers to the activities of voluntary, nonprofit, and nonpartisan organizations or initiatives that manifest the interests and will of citizens for the common good. Its actors operate at the meso level of social policy, which is most often associated with the macro level (state, government, business, economy) or the micro level (the individual behavior and habitual customs of each citizen as a human being). At the end of the last millennium, something remarkable happened. On November 30, 1999, some 70,000 protesters, union members, environmentalists, indigenous peoples, peace and human rights activists, feminists, farmers, and others took to the streets of Seattle to fight for the rights of the disenfranchised and to rebuild local economies, demanding the restoration of democracy, an end to corporate »cannibalism« (Ziegler 2015), and respect for the needs of all people and other living things. The process of building a new politics and a new cosmopolitan consciousness of an »emphatic civilization« was set in motion (Rifkin 2010). This symbolic demonstration expressed a united opposition to the World Trade Organization (WTO) and its oligarchic neoliberal war against the »99 percent movement« (Holt-Giménez and Patel 2009, Gould-Wartofsky 2015). Some called this powerful uprising »the protest of the century« or simply the »battle of Seattle«.

The massive uprising was instrumental in bringing the WTO negotiations to a standstill. This planetary citizen alliance also focused world attention on an epic struggle between two divergent social forces over the future course of humanity.

4 My intention here is obviously to hack current neuro-rhetorics and AI philosophies like those of Nick Bostrom's *Superintelligence* and transhuman futurists alike in order to reprogram the normative kernel and the social design of its ideology.

Millions of socially intelligent human beings began to awaken, and more and more of them began to »occupy« consumer capitalism, expanding and merging their enclaves of civility (van Gelder 2011, Hoffmann 2012). For example, David Kortens, author of the international bestsellers *When Corporations Rule the World and The Post-Corporate World: Life After Capitalism* and books such as *The Great Turning: From Empire to Earth Community and Globalizing Civil Society*, rejoiced: »It is a powerful testimony to the reality and power of humanity's spiritual nature that millions of people around the world are awakening from the cultural trance into which they have been lulled by capitalism's relentless siren song of material indulgence.« (Kortens 2000, p. 17)

Everywhere, civic engagement is working for social transformation and the bottom-up creation of a planetary civilization composed of strong and vital growing civilizing societies. Global civil society interacts cooperatively with all autonomous living systems and seeks to maximize the opportunity for each individual to fully and freely develop his or her human potential in service to the common good: thus, civil society differs in every dimension from consumer capitalist society, whose inhuman indulgences are collapsing. In fact, many cosmopolitan groups are gathering around food issues. The growing public concern about food and the increasing awareness that food practices need to change profoundly are the result, at least in part and in a piecemeal fashion, of civil society pressure (Wilkins, 2005). Questions of food ethics are central to cosmopolitan gatherings such as the World Social Forum, where tens of thousands of people from diverse global civil societies share their experiences and intelligence. *This new gastrosophical self-understanding has succeeded in creating a new discourse on good food by blending the diverse civic flavors and ethical ingredients of related social movements (animal rights, environment, climate, seeds, land ownership, water, workers‹ rights, gender, education, food industry etc.) into a commonality that creates an unsatisfied appetite for change.*

The savvy density of this burgeoning food movement is evidenced by its intense involvement in almost all of the civilizational problems and anthropocenic trajectories the world suffers from (Holt-Giménez 2011): The environmental movement (Greenpeace), the animal rights movement (PETA), the human rights movement (Food First), the Third World development movement (Bread for the World), the peace and social justice movement (Food not Bombs), the small farmers‹ and peasants‹ organizations (La Via Campesina), the food climate movement, the consumer rights and citizens‹ movement (Slow Food), the right-to-city movement (Transition Town), and the world's leading chefs‹ movement (MAD) – to name just a few of the most prominent activities. The millionfold forces of global civil society are involved in all food-related issues and offer alternatives that transcend a hyper imprudent system.

The young and rumbling, yet vaguely visible, global »food movement« (Pollan 2010) is initiating forms of opposition, protest, and publicizing a possible »other world«. This is the case when growing dissatisfaction with legal institutions provokes resistance such as land occupations (»Re-Claim the Fields«) or political protest campaigns such as »Fed-up with Big Agribusiness«.[5] Some groups aim to raise awareness about consumerism and its destructive consequences, focusing on the large amounts of food waste inherent in modern food retailing and consumption patterns (Stuart 2009). Radical critics of the scattered, throwaway society have begun to recycle the »waste« of supermarkets, and activities such as »dumpster diving« and movements such as »freeganism« are expressions of this creative intelligence (Barnard 2016). Freeganism combines concepts of free and shared food with animal rights and literally super-panhuman, compassionate veganism.[6] Freegan civil society activities use food as a public political statement to denounce inequitable or unequal access to common goods and potential sources of human well-being. For example, »Food Not Bombs«, an international movement that provides free vegan or vegetarian food in over 1,000 cities around the world to protest war, poverty, and environmental degradation, has expressed its commitment to the fact that adequate food is not a privilege but a human right. Other groups, such as the German movement »Tafeln«, donate products removed from supermarket shelves before their expiration date to marginalized people (a conventional humanitarian action that is often considered ambivalent, as it may promote social exclusion rather than combat it).

Return to earth under the heaven of the de-growth and re-growth society lifestyle

In recent years, new forms of co-producer or consumer-producer cooperation in food networks have emerged, in which citizens play a participatory role in the operations, and which clearly go beyond conventional (passive convenience) supermarket consumerism. Examples include consumer cooperatives and solidarity groups that purchase local and organic food from community-supported agriculture, which

5 www.wir-haben-es-satt.de/start/home/

6 A radical, enhanced version of »full-fleshed« freeganism is advocated by veganarchism (Brian 1997). Schematically, »vegan humanism« (Taureck 2015) would be classified as the opposite extreme of posthumanism. Although veganism wisely places food at the normative center of its conception of humanism, it resembles a counterpart. This is not only because it claims to be a transhuman extension of anthropoethics (by including nonhuman animals rather than machines, of course), but because it turns out to be inhuman by reducing humanist ethics to total indifference about what we eat and do – with the single exception that we should not eat and use products of animal nature. A gastrosophically based superhumanism, on the other hand, preserves our humanity in the way that it wants us to use – or rebuild – human intelligence for the sake of maximum diversity and ethical pleasure in food citizenship.

originated in the »Seikatsu Club Consumer's Cooperative« of Japanese housewives in 1965 that made short food supply chains and local food systems a reality (Evanoff 1998). These »civic food networks« (Renting et al. 2012), which build on the diversity of initiatives, prove that the role of civil society as a governance mechanism for an alternative world has become more important than capitalist market-driven agribusiness and state regulation.

Moreover, food citizenship reshapes the relationship between everyday purchasing decisions and the market, as well as public institutions, through a moralization or civilization of the food economy and society. The contemporary left relies on the state and the market to organize its ethical codes, but what it really needs is civil society-friendship networks, voluntary associations, spontaneous groups, mutual aid, solidarity bonds, and bottom-up initiatives-not to replace the state or the market, but to transform them. Citizens' actions around food should be understood as expressions of agency shaped by everyday activism, such as civic prosumer engagements that represent shared goals at the community level and embody a gradual shift from passive private consumption to economic models based on mutuality and community. The reintroduction of ethical trajectories into the economy would result in an »ethical foodscape« of which emerging food citizenship is a part (Goodman et al. 2010). For a growing urban population (80 % by 2050), food is a mediator of relationships within the social web and a facilitator of connectivity; it is not simply a ready-made commodity or a mere material nutrient. *Thus, how we produce and share food has important implications for the anthropoethical future of citizenship and convivial humanity.* The growing trend toward civic engagement around food has taken the form of a grassroots movement (literally), exemplified by the grow-it-yourself initiative known as urban agriculture. In countless cities and metropolises in the global North and South, urbanites are beginning to change their lifestyles by becoming part-time farmers and local food enthusiasts. Some farmers appear to be interested primarily in inner fulfillment, emotional reconnection with nature, and meeting other like-minded people.

Nevertheless, their actions, like drops in the ocean of improvement, contribute to changing the overall food system. Many individual and collective experiences appear to be opportunities for untrained citizens to regain knowledge about food growing and civilizational change. From the perspective of societal change, they represent the civilizing enhancement of unique capacities. In the United States, for example, civic engagement through urban agriculture is mushrooming in inner-city food deserts (Ladner 2011, Cockrall-King 2012). Here, community gardens in the form of beautiful, futuristic foodscapes are important for ensuring a supply of valuable food that represents local resilience, a role that also applies to many initiatives in countries of the Global South (Zeeuw and Drechsel 2015).

However, empowerment through citizen engagement in food production and local land management is not always linked to gradual self-sufficiency. In most European cases of urban gardening, subsistence remains a secondary motivation. Similarly, in Japan, the »Tanada« system of collective rice terrace cultivation seems to be more of a socio-cultural activity than a source of staple food (Moreno-Peñaranda 2011). In various cities, community gardens have become popular sites for the social integration of different groups, for example, in the context of neighborhood gardens, intergenerational gardens, or intercultural gardens. Social integration or cooperation is a strong motivation, but autonomous community gardens also assert political power by reclaiming public space and the right to the city«.

Similarly, several initiatives aim to provide access to land for those who want to grow food and do not own land (especially urban dwellers). Examples include »Selbsternte« in Germany and Austria, »Landshare« in the UK, »Terre de liens« in France, and »Toma la Tierra« in Spain. Some offer their services for free or as a community service (like Landshare), while others are more business-oriented and closer to direct marketing or consumer-event systems (like Selbsternte). Others see themselves as political movements (like Terre de liens and Toma la Tierra) and have a clear agenda linked to futuristic debates about de-growth and re-growth or reclaiming the commons (Helfrich 2012).

It could be argued that gardening within the utopian tradition focuses on the importance of the garden as a place of refuge and even political resignation, i.e. it is escapist or compensatory. Obviously, if we are to rely on contemporary community garden movements, we should reevaluate this trope in line with an alternative understanding of the grow-your-own movement and gardens as sites of collective action related to resistance and resurrection (see Anke Haarmann and my reflections on our urban gardening project »Die Keimzelle« in Hamburg, St. Pauli). If we learn to see and explore this new universe – and »pluriverse« (Escobar) – of human agency that food's agentic potential offers for the superhuman intelligence explosion, *we might realize that the food citizenship movement could become the most powerful civil (and convivial) society movement of our time.* If humans change their culinary existence, economic and social change will occur on a massive scale. This means that no other civilizational activity can match the global impact of Good Food. No other social movement has the same superpower to heal the many wounds caused by our fast food civilization. *But the proof of the pudding is in the eating. It is not enough to demonstrate and fight for social justice, a world without hunger, a globe full of food sovereignty and community gardens. We must act accordingly, i.e. eat and live gastrosophically. Global civil society must revive and properly nourish our wrecked civilization from below.*

Food civility as humanity worth striving for

A best practice example of moving from consumer to food citizen, of becoming an ethically enhanced superhumanist, takes us all the way back to the philosophical heart-and the gastrosophical heart-of the 18th-century Enlightenment movement. This origin of cosmopolitan citizenship is not usually mentioned in studies of civil society, because most scholars, like ordinary people, are ignorant of food and gastrosophical superintelligence (McKinley 2015, Smith 2016). Here, at the dawn of modern civil society, a super brain and a super palate have awakened a posteriori to practical reason; it is Immanuel Kant, one of the brightest minds in human history, who asserted: »The good life, which still seems to harmonize best with virtue, is a good meal in good company (and, if possible, with changing companions).« He added the following: »There is no situation in which sensibility (sensibility) and understanding (understanding), united in enjoyment (enjoyment), can be so long continued and so often repeated with satisfaction as a good meal in good company.

For Kant, the dining society, die Tischgesellschaft, is part of the »highest ethico-physical good« and is indeed the »ultimate experience« for us as humanly endowed beings (Melville 2004, Cohn 2008, Lemke 2016, pp. 292–311). This is simply because by sharing good food with a few friends or like-minded citizens (in contrast to the views of most communitarians, who see middle-class families as the foundation of society), or »people of good taste« (Kant), we practice the anthropoethical art of living together in community or conviviality, and thereby attain the highest good. The famous thinker taught his fellow human beings: »The way of thinking that unites well-being with virtue in socializing defines humanity« (Kant 1974, p. 143). In addition to the other potential activities involved in ethically good living, when we live in such a way day in and day out,[7] we fully activate the civilizing superpowers of a genuine or »true humanity« which Kant conceptualized as the naturally given practical wisdom of our species. Only we humans are capable of cultivating this specific cosmic endowment simply by enjoying good food in good company, at least as far as our culinary existence and our gastrosophical intelligence are concerned.

The human habit (Greek: *ethos*, Latin: *mores*, German: *Sitte*) of sitting together peacefully and joyfully over tasty food is an extraordinary phenomenon that occurs all over the world. This practical *wisdom* (*sophia*, *sapientia*, *Weisheit*) does not rely on mere brain volume or cognitive or computational abilities. Instead of the mind or mere self-consciousness, it requires the civic or sociable intelligence and thoughtfulness that marks the specific difference between our species and other creatures. The peculiar and in itself artificial ability (*techne*) to produce, share, and enjoy perfectly made humane food with others has a civilizing effect on our social evolution and cultural life. *We must include the practice or absence of eating together (as an essential part of our daily lives) in our understanding of »civil society« because it plays an important role in building a society that is either civil or lacking in civility.* As Kant recognized, the eating society is at the heart of civil society rather than separate from it. This *conditio*

7 Implying that – contradictory to the moral design of a categorical imperative – not every single action and act of eating must be in accordance with this ethical praxis.

humana is revealed by contemporary concerns about the crisis, decline, and disintegration of the daily conviviality that could function as the highest good of civilized moral life.

When people come together to eat and drink, they share experiences in the manner of civil society, because this requires consideration so that everyone receives his or her fair share, as well as consideration for the achievement of the common good of all (or at least of all who participate). Companions become better able to show courtesy to other people: The words civility and politics both come from the Greek word for city (*polis*) and the interaction of citizens (*polites*). The ethical importance in politics of using polite interaction in deliberative conversation and civil speech was most famously noted by the Greek philosopher Aristotle (Rhetoric). The dynamics of civilized behavior in cities are the same as those of shared meals: polishing otherness, sociality, teaching, learning codes and rituals (talking, enjoying) that are acceptable to others.

Next time you share a meal with friends or family, remember that at that moment your humaneness or *Menschlichkeit* is participating in a superhuman ritual unknown to any other natural animal or any artificial superintelligence. The biological and cultural evolution of humanization is only possible by gathering around a hearth to prepare (cook, craft, create, flavor), share, and taste humane food. *A vita activa of truly good taste, i.e. homo sapiens* as opposed to homo economicus or robo sapiens, includes the democratic habits of sharing, reciprocity, free speech, communal thinking, and the satisfaction of hunger to cultivate true humanity. Only human beings are capable of creating this civilizing (humanizing) praxis – which we do every day with joy and indulgence, trying to make our world as good as it can be. By becoming an essential activity of everyday good living and practical wisdom, the civility associated with a good meal in good company also normalizes civilizing behavior in all related human affairs and interactions.

If we – as individual citizens and as a world community – really want to solve the crisis caused by the fast food civilization and save planet Earth as the home of an anthropoethically good life for all, good meals in good company will function as the ethical program of society, programming our social intelligence and ability to cooperate, share, and shape the common good. Since it is beneficial to know the meaning of true humanity and the anthropoethic blueprint of human virtuousness, to experience the ethical good and to enjoy wellbeing on a daily basis – *from now on, consider this: whatever is important and constitutive of a utopia, a daily good meal in good company should be a part and the center of it. Its civilizing energy acts as the beating heart and nourishing hearth of almost all human goodness. Why? Because its powers provide us with real human experiences and human values that can save the Earth and its terrestrial humanity.*

Kantian convivial society as utopian cosmopolitanism

Using food to experience true humanity in terms of convivial civility reinforces the original meaning of the concept. *Civility* comes from the word *civilis*, which means *citizen* in Latin. However, civility used to mean much more than simply being a citizen who participates in the political activities of democratic life (protesting, voting, governing), which is the common definition of *civic engagement*. The origin of civility, however, lies in the sociality or conviviality of dining. There is nothing more democratic and polis-like than preparing and sharing meals with others. The eminent German sociologist Norbert Elias traced the modern »civilizing process« to table activities, which he claimed were the habitual basis and matrix of Western society.[8] Philosophically supported by Erasmus's humanism of »civilized table manners« the outstanding merit of Elias's work is that it demonstrated the extent to which modern civilizations depend on the historical transformation of human beings (from their former status as feudal peasants) into city dwellers and national citizens, and the power of their civilizing food habits.

Of course, in reconstructing this (still ongoing) process, Elias did not refer to the gastrosophical dimension of Kantian anthropology. While Kant's ethics of civility places conviviality at its anthropoethical center, his dominant (culturally hegemonic) civilized table manners and food choices prepared a social foundation for modern capitalism and its fast food lifestyle (Flammang 2009). Nevertheless, the alternative food citizenship and gastroethical counterculture that Kant theoretically taught and personally practiced became known to his fellow citizens as the »Kantian convivial society«. Today, his ethos of enjoying good food in good company – genuine humaneness or true humanity – is mushrooming in many cities around the world. However, we should be critical of Kant and his individual approach to realizing true humanity: his food activism remained rather basic – no gardening, no cooking, no dishwashing, no participation in the various affairs of the food movement of his day. While eighteenth-century civil society contemporaries, notably Jean-Jacques Rousseau and William Godwin, were already fighting for social justice and good food for all, for animal rights and the human right to culinary pleasure, or for gender issues in home cooking, Kant strictly limited his food ethics to the »civilized happiness« of enjoying common meals.

Kant's opportunities to socialize and dine with »changing companions« (which, as we have seen, he considered essential to true humanity) were minimal because of

8 It has been argued (Post 2010) that Barack Obama, in his capacity as (former) President of the United States of America, demonstrates perfect and exemplary civility. Unfortunately, the world has not seen Obama practice model food citizenship, as Kant did via his daily good meals that he shared with good friends, which enlightened his fellow man about the virtues that »true humanity« (Kant) demands.

the limited scope of his social encounters in early liberal society. This has changed; internet-based social media – thanks to computer technologies and machine algorithms – make it easy to arrange gatherings of varying conviviality. Initiatives such as »Cookasa« and like-minded civil societies, whose hospitality is open to changing companions of all kinds, have turned the traditional privacy of eating habits into an almost public event of civilizational counterculture.

It may seem that the convivial activities organized by Slow Food communities are at the heart of the matter, but if you look closely, all over the world you can now find homo sapiens meeting without even knowing each other and simply forming cooking and eating clubs (which should remind us of the historical coffeehouse societies of the Enlightenment movement theorized by Jürgen Habermas). Now, all kinds of convivial clubs are being formed: recipe exchange, adventurous eating, neighborhood cooking, and, most cosmopolitan of all, refugee cooking.[9] This is not to ignore arts-based participatory activities that support the performance of food citizens in various forms (Lemke 2008, Buser 2016).

At such events, one can already see the beginnings of alternatives and a utopian world – a better world that includes the ultimate experience of living for the common good – that can solve some of the greatest problems of contemporary society. Such events anticipate a future that can spread the civilizing intelligence of a super humanity. These civilizing life experiences support people's sense of Earth-oriented superhumanism in a world where private life and leisure are traditionally limited to capitalist consumerism and fast food civilization.

Civil society groups and initiatives are often conspicuously absent from policy discussions and strategic planning related to good food habits and the superpowers of civilizing society. Policies ignore food citizenship and civil society's good food philosophy – its purposes, how it operates, and its contributions to the development of sustainability, justice, health, wisdom, delicacy, conviviality, and humanity. This

9 The Berlin-based civil society group *Über den Tellerrand kochen* has recently published documentation concerning its refugee cooking club. The editors of *Recipes For a Better Us/ Rezepte für ein besseres Wir* (2015) explain: »This book is more than an ordinary recipe book. It's a colorful mix of original, international recipes. It´s more than a collection of experiences of people who are looking for a home in Germany. It is more than the story of people who welcomed their fellow man. It is more than encounters between people from different cultures. It´s the documentation of a society that is growing together. Made possible by you, the book grew from a call that brought people from different cultures together to cook – and it was further supported by all those who wish to consider the issue of asylum from another angle. The experiences of more than 30 cooking encounters, the recipes from all over the world, and the personal stories of the refugees are all summarized in this book. We hope to inspire more people to approach each other, and to cook beyond your horizons.«

needs to be addressed, for example, by creating incentives and spaces for the exchange of ideas and practices between civil societies and policy makers. Local food policy councils are certainly one of the most promising good food governance measures in recent years (Moragues-Faus/Morgan 2015). Participation in these activities generates superpowers that shape a new economy and civilizational trajectories according to the »principle of the common good.«[10] *Let us hope that the anthropoethics of convivial humanity that the great humanist Kant pursued two centuries ago in trying to connect food with civil society is an ideal that has finally reached its moment of fruition. It is already a vision shared by millions of people who enjoy our human eat-istance in unusual ways; not simply as new ethical consumers, but above all as cosmopolitan citizens of good food.*

References

Acosta, A., 2015. *Buen vivir: Vom Recht auf ein gutes Leben.* München: Oekom Verlag.

Barnard, A. V., 2016. *Freegans: Diving Into the Wealth of Food Waste in America.* Minneapolis: University of Minnesota Press.

Choplin, G./Strickner, A./Trouvé, A., 2011. *Ernährungssouveränität. Für eine andere Agrar- und Lebensmittelpolitik in Europa.* Wien: Mandelbaum Verlag.

Cockrall-King, J., 2012. *Food and the City: Urban Agriculture and the New Food Revolution.* New York: Prometheus Books.

Cohen, A. A., 2008. *The Ultimate Kantian Experience: Kant on Dinner Parties. History of Philosophy Quarterly*, 25(4), p. 315–336.

Dominick, B., 1997. *Animal Liberation and Social Revolution: A vegan perspective on anarchism or an anarchist perspective on veganism.* 3rd ed. Chicago: Firestarter Press.

Evanoff, R., 1998. *A Look inside Japan's Seikatsu Club Consumers‹ Cooperative. In: Social Anarchism*, No. 26.

Flammang, J. A., 2009. *The Taste for Civilization: Food, Politics, and Civil Society.* University of Illinois Press.

Gelder, S. V., ed., 2011. *This Changes Everything: Occupy Wall Street and the 99 % Movement.* San Francisco: Berrett-Koehler Publishers.

Goodman, M. K., Damian M., and Lewis H., 2010. Ethical Foodscapes?: Premises, Promises, and Possibilities. *Environment and Planning A*, 42, 1782–1796.

Gould-Wartofsky, M. A., 2015. *The Occupiers: The Making of the 99 Percent Movement.* Oxford University Press.

10 I am ascribing an alternative, superhuman meaning to the *principle of the common good*, "Superintelligence should only be developed for the benefit of humanity as a whole and in the service of widely shared ethical ideals" , as defined by transhumanist Nick Bostrom (2014, p. 213).

Guillen, D., 2009. *Cooking Club: Great Ideas and Delicious Recipes for Fabulous Get-Togethers.* Seattle: Sasquatch Books.

Guptill, A. E., Copelton, D.A. and Lucal, B., 2013. *Food and Society: Principles and Paradoxes.* Cambridge: Polity.

Hoffmann, F. J., 2012. *Occupy Economics: Ideen für Revolutionen (und Piraten).* München: FinanzBuch Verlag.

Holt-Giménez, E. and Patel, R., 2009. *Food rebellions: Crisis and the hunger for justice.* Oakland: Food First Books.

Holt-Giménez, E., ed., 2011. *Food Movements Unite! – Strategies to Transform Our Food Systems.* Oakland: Food First Books.

Johnston, J., Szabo, M., and Rodney, A., 2011. Good food, good people: Understanding the cultural repertoire of ethical eating. *Journal of Consumer Culture*, 11(3), 293–318.

Kant, I. 1974. *Anthropology in Pragmatic Perspective.* The Hague: Martinus Nijhoff.

Kortens, D. C., 2000. *Civilizing societies*, Dublin. Available from: https://ratical.org/co-globalize/DKcivilizing.pdf.

Kortens, D. C., 1998. *Globalizing Civil Society: Reclaiming Our Right to Power. New York:* Seven Stories Press.

Kortens, D. C., 2006. *The Great Turning: From Empire to Earth Community.* Oakland: Berrett-Koehler Publishers.

Ladner, P., 2001. *The Urban Food Revolution: Changing the Way We Feed Cities.* Gabriola Island: New Society Publishers.

Lemke, H., 2012. *Politik des Essens. Wovon die Welt von morgen lebt.* Bielefeld: transcript Verlag.

Lemke, H., 2014. *Über das Essen. Philosophische Erkundungen.* München: Wilhelm Fink Verlag.

Lemke, H., 2015. *Politik des Essens: Zu Tisch bei Hannah Arendt, In: Horster, Detlef/ Martinsen, Franziska, Tischgesellschaft der Zukunft. Über eine Ethik der Ernährung.* Hannah-Arendt-Lectures und die 17. *Hannah-Arendt-Tage 2014, p. 93–106.*

Lemke, H., 2016. *Ethik des Essens. Einführung in die Gastrosophie.* Bielefeld: transcript Verlag.

Lester M. S., et al., ed., 2004. *Global Civil Society, Volume Two: Dimensions of the Non-profit Sector.* Boulder: Kumarian Press.

McKinley, M. A., 2015. *Conviviality, Cosmopolitan Citizenship, and Hospitality.* Available *from: http://legalleft.org/wp-content/uploads/2015/09/3-conviviality.pdf*

Moragues-Faus, A. and Morgan, K., 2015. *Reframing the foodscape: the emergent world of urban food policy. Environment and Planning, A, 47, 1558–1573.*

Moreno-Peñaranda, R., 2011. *Japan's Urban Agriculture: Cultivating sustainability and wellbeing. Available from:* http://unu.edu/publications/articles/japan-s-urban-agriculture-what-does-the-future-hold.html

Morgan, K., 2010. *Local and Green, Global and Fair: The Ethical Foodscape and the Politics* of Care. *Environment and Planning*, A, 42(8), 1852–1867.

Petrini, C., 2012. *Terra Madre: Forging a New Global Network of Sustainable Food Communities.* Vermont: Chelsea Green Publishing.

Post, A., 2010. *Mr. Manners, Lessons from Obama on Civility.* New York: Andrews McMeel Publishing.

Recipes For a Better Us/Rezepte für ein besseres Wir, 2015. Available from: *https:/ueberdentellerrandkochen.de/en/projects/read/f5vk2u1fpv/*

Renting, H., Schermer, M., and Rossi, A., 2012. *Building Food Democracy: Exploring Civic Food Networks and Newly Emerging Forms of Food Citizenship. International Journal of Sociology of Agriculture & Food*, 19(3), 289–307.

Rifkin, J., 2010. *The Emphathic Civilization: The Race to Global Consciousness in a World in Crisis.* New York: TarcherPerigee.

Roe, E. and Buser, M., 2016. *Becoming ecological citizens: connecting people through* performance art, food matter and practices. *Cultural Geografies*, January 14.

Rubin, C. T., 2014. *Eclipse of Man: Human Extinction and the Meaning of Progress.* New York: Encounter Books.

Singer, P. and Mason, J., 2006. *The Ethics of what we eat.* Emmaus: Rodale.

Smith, A. F., 2016. *Fast Food: The Good, the Bad and the Hungry.* London: Reaction Books. Schlosser, E., 2002. *Fast Food Nation. What the All-American Meal is doing to the World.* London: Penguin.

Taureck, B., 2015. *Manifest des veganen Humanismus.* München: Wilhelm Fink Verlag.

Tristram, S., 2009. *Waste: Uncovering the Global Food Scandal.* New York: W. Norton & Company.

Wilke, S., 2013. *Anthropocenic Poetics: Ethics and Aesthetics in a New Geological Age. In:* Trischler, H., ed., *Anthropocene: Exploring the Future of the Age of Humans*, RCC *Perspectives, No. 3, 67–74.*

Wilkins, J. L., 2005. *Eating Right Here: Moving from Consumer to Food Citizen. In: Agriculture and Human Values, 22(3), 269–273.*

Wittman, H. K., Desmarais, A. A., and Wiebe, N, eds., 2010. *Food Sovereignty: Reconnecting Food, Nature and Community.* Oakland: Food First Books.

Wolfe, D., 2009. *Superfoods: The Food and Medicine of the Future.* Berkeley: North Atlantic Books.

Zeeuw, H. D. and Drechsel, P., eds., 2015. *Cities and Agriculture: Developing Resilient Urban Food Systems*, New York: Routledge.

Ziegler, J., 2015. *Ändere die Welt. Warum wir die kannibalische Weltordnung stürzen müssen*, München: C. Bertelsmann Verlag.

Zu guter Letzt eine Kraftsuppe à la Marx: Rezepte für einen gastrosophischen Postmarxismus

Über die »Nahrungstätigkeit« (Marx) des Menschen verliert Karl Marx nur wenige Worte. Aber was heißt das schon. Der heute vielleicht bekannteste Philosoph der westlichen Welt, der sich über Jahrzehnte hinweg an einer so trockenen Materie wie dem Wesen der Ware abarbeitete, ja festbiss, und auf Tausenden von Seiten »die Produktion von Lebensmitteln« (Marx) analysierte, hatte Eines ganz unzweifelhaft im Sinn: Die revolutionäre Hoffnung, dass es den Menschen morgen besser geht – und zur Wirklichkeit eines besseren Lebens, so viel wird man zumindest sagen können, gehört eben auch die Welt eines möglichst guten Essens.[1]

Zwar ist bekannt, insbesondere durch die berühmten Feuerbach-Thesen von Marx, dass sich die Herausbildung der marxistischen Philosophie in ihrer Abkehr von dem seit von Platon bis Hegel dominanten Idealismus ganz wesentlich einer intensiven Auseinandersetzung mit der materialistischen Philosophie von Ludwig Feuerbach verdankt. Einer bahnbrechend neuen Philosophie, deren gastrosophische Weisheit immerhin das anthropologische Prinzip lehrt, dass »der Mensch ist, was er isst« (Feuerbach).

Marx selbst hätte in seiner thesenartigen Auseinandersetzung mit der Philosophie Feuerbachs alle theoretischen Möglichkeiten und Anlässe gehabt, statt Arbeit und Kapital das Essen in den Mittelpunkt zu stellen. Doch es ist dabei geblieben: In seinen Thesen zu Feuerbach fehlen eine Reihe von Thesen zur programmatischen Notwendigkeit einer gastrosophischen Gesellschaftstheorie.[2] Mit ihnen, ins-

1 Ursprünglich entstand die gastrosophische Interpretation der marxschen Philosophie als Darstellung einer weiteren Reflexionsstufe innerhalb der Genealogie des gastrosophischen Vordenkertums und insbesondere des gastrosophischen Diskurses der Moderne, die ich in meiner 2007 erstmals erschienenen Einführung in die Gastrosophie vorgelegt habe. Aus verschiedenen Gründen wurde der Text damals nicht in die Endfassung aufgenommen, so dass er erst jetzt – überarbeitet und etwas aktualisiert – erstmals veröffentlicht wird.

2 Einige Thesen vorzustellen, die in dieser Hinsicht denkbar sind, gab mir der erste Teil dieses Buchs die passende Gelegenheit; mit einer zeitlichen Verzögerung von zwanzig Jahren und über den Umweg einer intensiven Auseinandersetzung mit der Darstellung

besondere im Anschluss an die siebte These, hätte Marx dem gastrosophischen Diskurs der Moderne zu seinem sich damals anbahnenden Höhepunkt verhelfen können. Dieser köchelte schon seit den Anfängen des Renaissance-Humanismus bei Erasmus von Rotterdam (in zahlreichen Texten über Konvivien) und in der Utopie von Thomas Morus (als Eutopie des philosophischen Konviviums), bei Montaigne und Sacchi (als neogastrosophischer Epikureismus) auf kleiner Flamme; dann schon brodelnd in der allgemeinen Geschmacksdebatte des 18. Jahrhunderts, die, vorbereitet durch Rousseaus Kritik einer vernunftwidrigen Esskultur, in Kants Anthropologie der Tischgesellschaft erhellende erste, wenn auch letztlich nur beiläufige Artikulationen erfuhr; schließlich waren es die gastrosophischen Vordenker des frühen 19. Jahrhunderts wie Charles Fourier (la gastrosophie), Brillat-Savarin (Gastrokritik), Friedrich von Rumohr (Kochkunst), Antonius Anthus (Esskunst) und Eugen von Vaerst (Gastrosophie), die dem gastro-philosophischen Diskurs ein erkennbares Profil gaben. Statt sich diesen modernen Vorläufern anzuschließen und programmatisch an Feuerbachs fragmentarische Philosophie des Essens (er selbst nannte sie »Gastrologie«) anzuknüpfen, statt sein philosophisches Genie und seine überragende Schaffenskraft in den Dienst der gemeinsamen Sache zu stellen (und schließlich seinem späteren Antipoden Friedrich Nietzsche das notwendige programmatische Material für eine stilistische Verfeinerung zu liefern), lässt Marx diese machtvollen Triebe vertrocknen – um seine ganze Energie in einen ebenso opulenten wie schwer verdaulichen ›Marxismus‹ und obendrein in eine unvollendet gebliebene Kritik des Kapitalismus zu investieren.

(Insofern erinnert die Erfindung bzw. das stark verzögerte Bekanntwerden der Gastrosophie zu Beginn des 21. Jahrhunderts wissenschaftshistorisch an die Genese der erfolgreichen Einführung der Psychologie Ende des 19. Jahrhunderts. Beiden ist gemeinsam, dass sie versuchen, das vorherrschende Selbstbild des Menschen zu ergänzen, indem sie verdrängte Wesenseigenschaften der menschlichen Natur erhellen, und damit grundlegend zu verändern. Im Gegensatz zur Psychologie, die – wie wiederum Freud in Abgrenzung zur damals aufkommenden marxistischen Weltanschauung argumentierte – nicht das Zeug zu einer zentralen Wissenschaft vom Menschen habe, weil sie eben keine Weltanschauung biete, verspricht eine ausgereifte Gastrosophie als Wegbereiterin eines Konvivialismus dieses Potential. Insofern kommt sie eher der Erfindung des Marxismus gleich. Wie Marx die ökonomische bzw. wirtschaftsphilosophische Herleitung eines materialistischen Weltbildes leistete, so kann die Gastrosophie die Geburt einer konvivialistischen Weltanschauung als Hebamme begleiten. Dies auch deshalb, weil der weltanschauliche, der praktisch-gesellschaftspolitische im Gegensatz zum kapitalismustheoretischen Marxismus erst jetzt, nach seinem langen Siechtum, voll beerbt werden

---

eines »ganz anderen Marx« (Saito) sind es nun die oben dargestellten *Elf Thesen zu Saito* geworden.

kann. Denn ein eingebauter Grundirrtum des marxistischen Programms, als Resultat seines Ökonomismus, bestand darin, den gesellschaftlichen Übergang zum »wahren Reich der Freiheit« (Marx) – zum möglichen Glück einer guten Lebenspraxis für alle – *zu früh* zu wollen und zu erzwingen. Erst unsere kapitalistisch hochentwickelte Wohlstandsgesellschaft, die bis zur Fäulnis ausgereift ist, verfügt über die allgemeinen Voraussetzungen und Entwicklungstendenzen, die für eine konvivialistische Gesellschaft notwendig sind. Und so viele Menschen wie nie zuvor – weit mehr als das ohnehin desorientierte Proletariat zu Marxens Lebzeiten – *eint heute* die täglich dringlicher werdende Notwendigkeit, die eigene Lebensweise ändern zu müssen, wenn es ein menschliches Weiterleben und darüber hinaus ein pansuperhumanes Wohlleben auf Erden geben soll.)

Der marxistische Materialismus setzt jenes »Sein«, welches »das Bewusstsein bestimmt« (Marx), nicht gleich mit dem Ernährtsein des Menschen. Marx hat den Feuerbachschen *Materialismus der menschlichen Essistenz*[3] in einen Ökonomismus verkehrt: Diese Verkehrung und Verklärung ist der genetische Makel der Marxismus. Dennoch bleibt das Essen als fundamentales Urprinzip allen erdverbundenen Lebens auch im marxistischen Bewusstsein präsent: Wenn Marx an zentralen Stellen seiner Kritik der kapitalistischen Ökonomie – und zugleich in einer ersten, noch negativ-dialektischen Annäherung an das, was ich den gastrosophischen Marxismus nenne – vom »Aussaugen fremder Arbeit« oder von der »Einverleibung der Arbeitskraft« oder von der »Gier nach Mehrarbeit« spricht, so tut er dies in der programmatischen Absicht, das Aufzehrende und das bedrohliche Prinzip des Gefressenwerdens, kurz: die üble, unmittelbar tödliche Realität der kapitalistischen Menschenfresserei und ihres anthropophagen Unwesens zu verdeutlichen: Wenn der kapitalistische Ausbeutungsprozess gastrorhetorisch als eine Art Kannibalismus beschrieben wird – Jean Ziegler, der sicherlich prominenteste marxistische Gastrosoph unserer Zeit, zugleich seines Zeichens immerhin ehemaliger UN-Sonderbe-

3 Wir sollten Feuerbachs materialistischen Grundgedanken, dass die Existenz oder das Sein des Menschen essenziell das Ernährtsein ist, vom marxistisch bzw. ökonomistisch geprägten ›Materialismus‹ unterscheiden, und Feuerbachs revolutionäre Erkenntnis des gastrosophischen Materialismus einen ›Essistenzialismus‹ nennen. In seiner grundlegenden Schrift *Die Naturwissenschaft und die Revolution* erklärte Feuerbach dieses ›gastrosophische Prinzip‹ so: »Damit muss man anfangen zu denken, womit man anfängt zu existieren. Das *principium essendi* ist auch das *principium cognoscendi*. Der Anfang der Existenz ist aber die Ernährung, die Nahrung also der Anfang der Weisheit. Die erste Bedingung, dass du etwas in dein Herz und deinen Kopf bringst, ist, dass du etwas in deinen Magen bringst. ›*A Jove principium*‹ [von Jupiter der Anfang], hieß es sonst, aber jetzt heißt es: ›*A ventre principium*‹ [vom Bauch der Anfang].« Feuerbachs revolutionäre Gastrosophie (gr. Gaster = Bauch), die nichts weniger als das philosophische Fundament für ein völlig neues Welt- und Selbstbild des Menschen legte, habe ich dargestellt in: Lemke, Einführung in die Gastrosophie, 475–506.

auftragter für das Menschenrecht auf Nahrung, spricht davon, dass wir »die kannibalische Weltordnung stürzen müssen«[4] – und die ökonomische Profitmaximierung als einen »Vampirismus« (Marx) verurteilt wird, dann ist in Marxens Sprache der Geist oder zumindest das Gespenst eines *gastrosophischen Materialismus* allgegenwärtig spürbar.

Nicht nur als existenzielle Grundlage des menschlichen Lebens ist die komplexe (und darin unsichtbare) Welt des Essens bei Marx omnipräsent, sondern auch und weit darüber hinaus in der philosophischen Programmatik seines Denkens zentraler als der orthodoxe Marxismus – ein ungastrosophischer Vulgärmarxismus – annimmt. Und dies, wie ich zeigen will, nicht bloß in dem Sinne, dass der Kommunismus als *summum bonum* nur eine Umschreibung für eine erstrebenswerte und für alle gute Lebensweise ist, bei der die Menschen neben anderen schönen Dingen einer wahrhaft freien, selbstbestimmten, kooperativen, rundum geglückten, humanen Alltagspraxis vor allem auch wissen, besseres Essen zu produzieren und gesellschaftlich zu genießen. Jedenfalls führt Marx, der potenzielle Gastrosoph, seine umfassende Analyse der kapitalistischen Gesellschaft mitunter am Beispiel von »Esswaren« durch; die Rede ist von Weizen, Fleisch, Zucker, Kaffee, Artischocken, Spargel und anderen »Lebensmitteln«, insbesondere »landwirtschaftlichen Produkten«, die schon damals die Einkaufsliste der Arbeiterhaushalte zunehmend länger werden ließen und ihre ärmliche Existenz versüßten.

Um meinen Gedankengang gleich vorwegzunehmen: Ausgehend von den Lebensmitteln und der Alltagsküche der Menschen – ausgehend von der komplexen Welt unseres Essens – ist der Marxismus in seinem Ziel, die beste aller möglichen Lebenspraxen theoretisch zu beschreiben und imaginativ vorwegzunehmen, nicht mutig genug gewesen: Im Vorwort zu seinem Hauptwerk, das wie kaum ein anderes philosophisches Werk die Welt bewegen sollte, wehrte Marx ohne weiteres Nachdenken – ja geradezu fahrlässig – die an ihn gerichtete Kritik ab, er beschränke sich »auf eine bloße kritische Zergliederung des Gegebenen, statt Rezepte für die Garküche der Zukunft zu verschreiben.« Wie wir jedoch sehen werden, sind originelle Rezepte einer solchen Alltagsküche und entsprechende philosophische Rezepte (der globalen Ernährungswende oder der gastrosophischen Revolution) zur Verwirklichung der humanen Utopie einer besseren Gesellschaft auch im Marxschen Sinne theoretisch ebenso möglich wie praktisch notwendig.

Das Kapital spricht zwar überwiegend von Eisen, Röcken oder Leinen und erweckt mit dieser Begrifflichkeit den Eindruck, als stünden nicht die alltäglichen Lebensmittel und die menschlichen Ernährungsverhältnisse nicht im Mittelpunkt, sondern nur andere (Non-Food) Güter und Bereiche der Wirtschaft. Dass dieser Schein trügt und Marx durchaus zu den gastrosophischen Denkern zu zählen ist,

---

4 Ziegler, Ändere die Welt! Warum wir die kannibalische Weltordnung stürzen müssen.

soll hier gezeigt werden. Dennoch ist zu bedenken, dass ein gastrosophisch interpretierter Marxismus nur durch eine konsequente Umkehrung der Perspektive denkbar wird. Etwa so, wie der junge Marx den idealistischen Hegelianismus vom Kopf auf die Füße zu stellen versuchte, um ein Philosophieren von unten wieder möglich zu machen. In diesem Sinne ist auch die wichtige Erkenntnis von Engels zu verstehen, die er in seiner euphorischen Rezension des gerade erschienenen Hauptwerks seines klugen Freundes zu Papier brachte. Bei dieser Gelegenheit teilte der in vieler Hinsicht klarste Marxist und Marxologe der Welt mit, was er aus der Lektüre des Buches gelernt hatte: »Die Ökonomie ist nicht bloß eine nährende Kuh, die uns mit Butter versorgt, sondern eine Wissenschaft, die einen ernsten und eifrigen Kultus verlangt.« Wenn man diesen Satz umdreht, begreift man sofort, wie sehr ›das Kapital‹ und ›das Essen‹ zusammenhängen: Die Wirtschaft verlangt einen ernsthaften und eifrigen Gottesdienst, aber vor allem ist sie die nährende Kuh, die uns die Butter und das tägliche Brot liefert, für das wir arbeiten, um – essen zu können. *A ventre principium.*

Kritik der kapitalistischen Landwirtschaft

Einer der vielen gewichtigen Gründe, den Marxismus gastrosophisch neu zu entdecken und ihn aus dieser Perspektive philosophisch (postmarxistisch) weiter zu denken, hat selbstverständlich mit der *enormen ökonomischen Dimension der menschlichen Ernährungsverhältnisse* zu tun. Wie kein anderer namhafter Theoretiker in der langen Geschichte der Philosophie stellt der Begründer des Marxismus programmatische Verbindungen zwischen der philosophischen Reflexion und der Produktion von Lebensmitteln her. Zwar weiß heute jeder, dass ein Großteil seines Werkes sich mit einer detaillierten Kritik des kapitalistischen Wirtschaftssystems beschäftigt; weit weniger bekannt ist die Tatsache, dass dabei – eigentlich zwangsläufig – die Analyse der kapitalistischen Landwirtschaft und damit die Produktion sowie des Konsums des Essens viel Raum einnimmt. Obwohl das so ist oder sein sollte, ist gleich vorab hervorzuheben, dass schon von Marx selbst der ökonomische Stellenwert der landwirtschaftlichen (und erst recht der kulinarischen) Nahrungsproduktion als wesentliche »Kraftanstrengung« der menschlichen Lebenspraxis in ihrem quantitativen Ausmaß – verglichen mit anderen Produktionszweigen – *nicht angemessen bedacht* wurde. Ihn trotzdem als einen potenziellen Gastrosophen zu rekonstruieren – und indirekt in die Konstellation des gastrosophischen Diskurses der Moderne zu kontextualisieren – wird mit Sicherheit für ein befremdliches, wenn nicht gar unmögliches Unternehmen gehalten werden. Insofern werde ich auf philosophisch vergleichsweise abgesicherten Terrain (im deutlichen Unterschied zur Frage des Kochens oder gar der tischgesellschaftlichen Konvivialität) die Sache zunächst aus der Perspektive ›der Agrarfrage‹ angehen und Karl Marx – in Anknüpfung an die immerhin auf Sokrates zurückgehende Tradition und in Anspielung auf die Redewendung von den vorsokratischen Naturphilosophen[5] – als eher undeutlich erkennbaren und streckenweise auch deutlich unterbelichteten Agrartheoretiker oder *Gastrosophen* der *Agrikultur* zum Leuchten zu bringen versuchen.

In der zeitgenössischen Philosophie ist zwar erneut eine Marx-Renaissance zu beobachten, doch fällt auf, dass der retromarxistische Diskurs die neuen Ansätze der marxistisch inspirierten *Food Studies* bislang kaum wahrgenommen hat.[6] Dabei kann gerade diese theoretische Perspektive die Aktualität marxistischer Kritik am globalen Agrarkapitalismus aufzeigen.[7] Tatsächlich waren es gerade die in den 1960er Jahren entstandenen *Agro-Food Studies*, die die Wiederbelebung von Marx – des späten Marx – zu einem »epistemologischen Durchbruch« nutzten, in dem gewissermaßen die durchgehende Brüchigkeit des marxistischen Werkes und Denkens durchschimmert (die der damals einflussreiche französische Marxologe Alois Alhusser in seinen einflussreichen Lektüren erkannt hatte[8]). In der wegweisenden Studie *Globalising Food: Agrarian Questions and Global Restructuring* erklärten die britischen Agrarmarxisten Goodman und Watts: »The epistemological break had its origins in the revival of academic interest in Marxism in the 1960s as a new generation of scholars reconsidered the ›agrarian question‹; that is, the politics and political economy of agrarian transitions to capitalism.«[9]

Diese Anfänge einer wissenschaftlichen Reflexion der Agrarfrage zeigen heute eine »new found vitality of agro-food studies, reinvigorated by the infusion of theoretical approaches and controversies of such widely dispersed fields as industrial geography, economic sociology, development studies, neoinstitutional economics, cultural studies, and the sociology of scientific knowledge. This engagement is drawing agro-food studies into the mainstream of critical social science, marking a final and definitive rupture with the disciplinary traditions of land-grant university rural sociology and rural geography.« (Ebd., 5) Zwar sprechen Watts und Goodman

5 Zu dieser wenig beleuchteten Dimension der sokratischen Philosophie siehe ausführlich: Lemke, Die philosophischen Anfangsgründe der Agrarethik.

6 Tatsächlich glauben orthodoxe Marxisten sich der theoretischen Mühe enthoben, die politisch-ökonomischen Zusammenhänge des globalen Agrarkapitalismus verstehen zu müssen: Beispielsweise sucht man vergebens danach in dem 900 Seiten umfassenden *Schwarzbuch Kapitalismus*, dem Standardwerk des namhaften Marxologen Robert Kurz; ders., Schwarzbuch Kapitalismus. Ein Abgesang auf die Marktwirtschaft.

7 Kimbrell (ed.), Fatal Harvest: The Tragedy of Industrial Agriculture; Fine, The Political Economy of Diet, Health and Food Policy; Germov/Williams (ed.), A Sociology of Food and Nutrition: The Social Appetite.

8 Alhusser, Das Kapital lesen; Althusser, Für Marx.

9 Goodman/Watts (ed.), Globalising Food: Agrarian Questions and Global Restructuring, 5.

einen über den rein agrarwissenschaftlichen Ansatz hinausgehenden philosophischen Ursprung dieser wissenschaftstheoretischen Ausrichtung an, allerdings ohne darauf näher oder überhaupt auf seinen tatsächlichen Ursprung im Marxschen Hauptwerk einzugehen. Sie vertreten die Auffassung: »Agriculture and food has been propelled into the heart of debates over capitalist dynamics, discourse and regimes of truth, innovation, and institutional change, and the complex hybridities linking nature and culture. The critical interrogation and reformulation of political economy perspectives certainly are implicated in this transformation. If this new intellectual tide is still on the rise, it is marked by a growing engagement with poststructuralist critiques of totalising modernist epistemologies, and a critical attentiveness to the workings of cultural power and discourse.« (Ebd., 7)

Zur geringen Beachtung dieser *postmarxistischen*, den Marxismus nicht wiederkäuenden, sondern weiterdenkenden Ansätze einer politischen Ökonomie gesellschaftlicher Ernährungsverhältnisse trägt sicherlich auch bei, dass in den noch jungen Ernährungswissenschaften, die sich (neben der Ernährungsphysiologie) ohnehin nur auf den Aspekt der landwirtschaftlichen Nahrungsproduktion beschränken und insofern die Komplexität des Themas erkenntnistheoretisch verengen, bislang keine kritisch-konstruktive Lektüre von *Das Kapital* unternommen wurde und damit eine naheliegende Auseinandersetzung mit dessen philosophischen Perspektive fehlt. Statt also die bereits vorliegenden marxistischen Agrarsstudien zu referieren, soll hier das angesprochene Versäumnis einer diesbezüglichen Aufarbeitung von Marx nachgeholt werden – und das letztlich, wie gesagt, nur mit der programmatischen Absicht, den Marxismus konzeptuell ›weiterzuspinnen‹ und ihm eine neue (gastrosophische) Perspektive zu eröffnen.

Denn über die Realität eines »gespenstischen Marx«, um eine gelungene Anspielung des Philosophen Jacques Derrida auf das von Marx beschriebene gespenstische Wesen des Kommunismus zu variieren[10], scheint immerhin doch so viel Einigkeit zu bestehen: »Erst jetzt, nachdem das Scheitern der sozial-ökonomischen Großexperimente im Osten eingestanden und ein Reorganisationsprozess eingeleitet ist, wird klar, dass die von Marx vorsondierte Perspektive weltweit noch im Horizont der Zukunft liegt: Marx ist daher als sozialhistorischer Analytiker und Utopiker auch durch die gegenwärtige Entwicklung nicht überholt: Im Gegenteil, der letzte Horizont seiner Prognosen und Zukunftsprojektionen reicht über unsere gegenwärtige Situation noch weit hinaus!«[11]

Erst recht im Schatten des Triumphs des neoliberal entfesselten Kapitals muss daher der utopisch heimatlose Marxismus sein Erklärungspotential reaktivieren und erneut konkret unter Beweis stellen. Dazu erklären die Herausgeber einer

---

10 Derrida, Marx‹ Gespenster: Der verschuldete Staat, die Trauerarbeit und die neue Internationale.

11 Müller, Marx in Zukunft.

Studie mit dem ambitionierten Titel *Mit Marx ins 21. Jahrhundert. Zur Aktualität der Kritik der Politischen Ökonomie*: »Die Notwendigkeit einer gehaltvollen und kritischen Kapitalismusanalyse und die Notwendigkeit der Erarbeitung einer adäquaten sozialistischen Strategie für das 21. Jahrhundert, die der Linken die Rückgewinnung politischer Interventionsmöglichkeiten ermöglicht, erfordert geradezu eine Klärung der Frage, was an Marx nach wie vor aktuell oder zumindest aktualisierbar ist.«[12]

Eine gastrosophische Dekonstruktion des Marxismus versucht diese Frage zu beantworten. Dazu müssen im Folgenden Dinge in Erinnerung gerufen werden, die in den zahllosen Diskursen des theoretischen Marxismus bzw. in den Debatten der marxologischen Stammtische zwar weitgehend bekannt sind. Die aber bisher nicht explizit in aktualisierender Weise und nicht, wie hier, unter dem programmatischen Gesichtspunkt der gastrosophischen Reflexion des Essens – als utopietheoretisch wegweisender »Zukunftsprojektion« (Derrida) – beleuchtet wurden. Damit sollen drei Ziele erreicht werden: Erstens soll sich die Gastrosophie ihres marxistischen Geistes vergewissern; zweitens will ich Karl Marx als Utopisten retten – als einen der wenigen einflussreichen Philosophen und Visionären; und drittens ist ein neuer Marxismus, der unbedingt einen eigenen Namen haben sollte – unerlässlich, um die Welt an eine Geschichte (der Humanität) zu erinnern, in der die Philosophie mächtiger ist als das Kapital. Beginnen wir also mit der Ausarbeitung eines gastrosophischen Marxismus, der uns vor Augen führt, wie aktuell Marx als Denker ist und wie unumgänglich auch heute eine philosophisch-ökonomische Kritik der Verhältnisse ist, in deren Zentrum unsere ›Lebensmittel‹ (aller Art) stehen.

Was Marx an der epochalen Transformation vom Feudalismus zum Kapitalismus philosophisch interessierte, waren die vielfältigen Auswirkungen, die die Auflösung der traditionellen Agrargesellschaft mit sich brachte.[13] Vor der traditionellen (nichtkapitalistischen) Produktion war das individuelle (und genossenschaftliche) Eigentum der Arbeiter an ihren Produktionsmitteln die Grundlage der Landwirtschaft. Der Ackerbau der kleinen, freien oder ›hörigen‹ Bauern war eine notwendige Voraussetzung für die Entwicklung der gesellschaftlichen Produktion. Die positive Seite dieser bäuerlichen Agrikultur bestand darin, dass sie »individuelle Lebendigkeit, Freiheit und Unabhängigkeit« (ebd., 529) gewährte. Das heißt, gesellschaftliche Produktion und individuelle Subsistenz gedeihen nur dort, »wo der Arbeiter freier Privateigentümer seiner von ihm selbst gehandhabten Arbeitsbedingungen ist, Bauer des Ackers, den er bestellt« (ebd., 789). Ein weiteres Wesensmerkmal der vor- und nichtkapitalistischen Landwirtschaft ist die Kleinräumigkeit des Bodens und der übrigen Produktionsmittel.

---

12 Gerlach/Kalmring/Nowak (Hg.), Mit Marx ins 21. Jahrhundert. Zur Aktualität der Kritik der politischen Ökonomie, 11.

13 Siehe insbesondere: Marx, Das Kapital I, 331–530.

Gerade weil die Arbeitsmittel – Land, Ackergeräte, Kleinmaschinen – in der Regel den Produzenten selbst gehören, bleibt der Produktionsprozess notwendig begrenzt (kleinräumig) und kleinbetrieblich. Wie wir sehen werden, ist die Einschätzung dieser ›Naturwüchsigkeit‹ einer ›kleinbäuerlichen‹ Ökonomie als Grundlage der landwirtschaftlichen Produktion bei Marx (und mehr noch bei Engels) nicht frei von problematischen Ambivalenzen. Zunächst aber bleibt in Übereinstimmung mit Marx als entscheidender negativer Aspekt der traditionellen (feudalen) Agrargesellschaft hervorzuheben, dass »diese Produktionsweise auch innerhalb der Sklaverei, Leibeigenschaft und anderer Abhängigkeitsverhältnisse« (ebd., 789) existieren kann, die dem Bauern mitunter existenzbedrohende und freiheitsbeschränkende Zwangsabgaben auferlegen. Das heißt, nur unter der Voraussetzung, dass diese feudalen Herrschaftsstrukturen nicht bestehen, wäre eine ›Aufhebung‹ der traditionellen Agrarwirtschaft in eine neue (›höhere‹) und wirklich freie (›kommunistische‹) Form der landwirtschaftlichen Produktion denkbar.

Der erste, negative (antithetische) Schritt dieser Aufhebung setzt mit der agrarkapitalistischen Industrialisierung ein: Sie führt zur Beseitigung der feudalen Herrschaftsstrukturen – durch die Installation neuer, produktiverer Ausbeutungsmechanismen. Gleichzeitig verschlechtert die kapitalistische Agrarrevolution durch die stetige Konzentration der Pachtverhältnisse, die Umwandlung von Acker- in Weideland, die Optimierung der Maschinerie usw., also durch das paradoxe Gesetz ihres revolutionären Triumphes, die Existenzbedingungen der von der Landarbeit lebenden Bevölkerung: Sie untergräbt die Subsistenzwirtschaft, deren historischer Niedergang zum Massensterben der Bauern führt. »In der Sphäre der Agrikultur«, stellt Marx fest, »wirkt die große Industrie insofern am revolutionärsten, als sie das Bollwerk der alten Gesellschaft vernichtet, den ›Bauer‹.« (Ebd., 528) Die Kleinbauern, die mit ihren eigenen Produktionsmitteln arbeiten, verlieren eben diese Arbeitsmittel, so dass ehemals selbständige Produzenten und Subsistenzwirtschaften überflüssig werden und sich zugleich in Lohnarbeiter verwandeln: »Das ist die Tendenz in der Gesellschaftsform, worin die kapitalistische Produktionsweise vorherrscht.«[14]

Um in diesem zentralen Punkt jede Zweideutigkeit zu vermeiden, von der auch die Ausführungen von Marx nicht frei sind, muss betont werden: Die ökonomische Besonderheit des Agrarkapitalismus besteht *nicht* darin, dass er das Recht auf Privateigentum durchsetzt, das es dann im Zuge der kommunistischen Revolution zu enteignen und zu verstaatlichen (in Gemeineigentum oder Commons wieder umzuwandeln) gilt. Vielmehr verhält es sich mit der Eigentumsfrage genau umgekehrt: Der Kapitalismus stellt die bis dahin bestehenden und potenziell auch zu erhaltenden Eigentumsverhältnisse auf die Grundlage einer *extremen* Ungleichheit,

14 Marx, Theorien über den Mehrwert, 384.

die eher dazu tendiert, das Privateigentum zu verdrängen und abzuschaffen.[15] Bei Marx heißt es lapidar: »Kapitalistische Produktions- und Akkumulationsweise, also auch kapitalistisches Privateigentum, bedingen die Vernichtung des auf eigner Arbeit beruhenden Privateigentums, d.h. die Expropriation des Arbeiters.«[16] Erst durch die systematische Verwandlung der bäuerlichen Produktionsmittel in Kapital ist der enteignete Bauer extrem ungleichen, kapitalistischen Eigentumsverhältnissen und damit der *absoluten Ausbeutung* ausgeliefert. »Das selbsterarbeitete, sozusagen auf Verwachsung des einzelnen, unabhängigen Arbeitsindividuums mit seinen Arbeitsbedingungen beruhende Privateigentum wird verdrängt durch das kapitalistische Privateigentum, welches auf *Ausbeutung* fremder, aber formell freier Arbeit beruht.« (Ebd., 789)

Am Ende des ersten Bandes seines Hauptwerkes setzt sich Marx ausdrücklich von der entsprechenden kategorialen Konfusion ab. Er betont die Notwendigkeit, innerhalb der ungenauen Kategorie des Privateigentums zwischen zwei gegensätzlichen Formen desselben zu unterscheiden. »Die politische Ökonomie verwechselt prinzipiell«, so argumentiert er gegen das bürgerliche Eigentumsverständnis gerichtet, »zwei sehr verschiedene Sorten Privateigentum, wovon das eine auf eigner Arbeit des Produzenten beruht, das andre auf der Ausbeutung fremder Arbeit. Sie vergisst, dass das letzte nicht nur den direkten Gegensatz des ersteren bildet, sondern auch bloß auf seinem Grab wächst.« (Ebd., 792) Freilich verwischt Marx seinerseits diese grundlegende Differenzierung, wenn er schließlich die revolutionäre Überwindung der kapitalistischen Eigentumsverhältnisse mit einer *vollständigen* Aufhebung des Privateigentums gleichsetzt.

Der Ursprung der permanenten Akkumulation: die moderne Agrikulturrevolution

Ein großer Teil von Marx' Kapital widmet sich einer detaillierten Darstellung dieser Expropriation. Der Abschnitt über die »ursprüngliche Akkumulation« analysiert den historischen Prozess am Beispiel Englands. Die Verwandlung der individuellen und zersplitterten Produktionsmittel des bäuerlichen Eigentums vieler in das massenhafte und gesellschaftlich konzentrierte, kapitalistische Eigentum weniger,

---

15 Im *Manifest der kommunistischen Partei* heißt es: »Ihr entsetzt euch darüber, dass wir das Privateigentum aufheben wollen. Aber in eurer bestehenden Gesellschaft ist das Privateigentum für neun Zehntel ihrer Mitglieder aufgehoben, es existiert gerade dadurch, dass es für neun Zehntel nicht existiert. Ihr werft uns also vor, dass wir ein Eigentum aufheben wollen, welches die Eigentumslosigkeit der ungeheuren Mehrzahl der Gesellschaft als notwendige Bedingung voraussetzt.« Marx/Engels, Manifest der kommunistischen Partei, 477.

16 Marx, Das Kapital I, 802.

also »die *Enteignung* der großen Volksmasse von Grund und Boden und Lebensmitteln und Arbeitsinstrumenten, diese furchtbare und schwierige *Enteignung* der Volksmasse bildet die Vorgeschichte des Kapitals.« (Ebd., 789) Zum kritischen Verständnis dieser ursprünglichen Akkumulation führt Marx zahllose Beispiele an, die hier nicht weiter vertieft werden können. Jedenfalls lässt sich genauestens nachzeichnen, wie »das von Grund und Boden gewaltsam expropriierte, verjagte und zum Vagabunden gemachte Landvolk durch grotesk-terroristische Gesetze in eine dem System der Lohnarbeit notwendige Disziplin hineingepeitscht, -gebrandmarkt, -gefoltert« (ebd., 765) wurde.

Entscheidend ist, dass die historischen Grundlagen für die erfolgreiche Entstehung der kapitalistischen Produktionsverhältnisse sich durch eine »ganze Reihe von Raubtaten, Gräueln und Volksdrangsalen, welche die gewaltsame Volksexpropriation vom letzten Drittel des 15. bis zum Ende des 18. Jahrhunderts begleiten« (ebd., 756), vollzieht. So Marx fasst diesen brutalen Enteignungsprozess mit folgenden Worten zusammen: »Der Raub der Kirchengüter, die fraudulente Veräußerung der Staatsdomäne, der Diebstahl des Gemeindeeigentums, die usurpatorische und mit rücksichtslosem Terrorismus vollzogene Verwandlung von feudalem und Clan-Eigentum in modernes Privateigentum – waren ebenso viele idyllische Methoden der ursprünglichen Akkumulation. Sie eroberten das Feld für die kapitalistische Agrikultur, einverleibten den Grund und Boden dem Kapital und schufen der städtischen Industrie die nötige Zufuhr von vogelfreiem Proletariat.« (Ebd., 761)

Der Wohlstand der Nationen basiert, wie Marx in Anspielung auf das Heilsversprechen von Adam Smiths Wirtschaftsliberalismus feststellt, in Wahrheit auf »Kapitalbildung und rücksichtslose Exploitation und Verarmung der Volksmasse als ultima Thule aller Staatsweisheit« (ebd., 746). Dieses Zusammenspiel von Staatsräson und Kapitalkonzentration bildet erst jene ›politische Ökonomie‹, die durch Gesetzgebungen und eine systematische Übervorteilung der neuen Besitzer der Produktionsmittel – ›der Kapitalisten‹ – neue Produktionsverhältnisse in Form einer kapitalistischen Landwirtschaft durchsetzt. Aber es bleibt dabei, die Grundlage dieser ganzen Entwicklung ist die Enteignung der Ackerbauern – »die Expropriation des ländlichen Produzenten« (ebd., 744). Zwar stellt Marx an dem geschichtlichen Verlauf der englischen Industrialisierung die Momente dar, worin große Menschenmassen plötzlich und gewaltsam von ihren Subsistenzmitteln losgerissen und als vogelfreie Proletarier »auf den Arbeitsmarkt geschleudert werden.« Es handelt sich jedoch um eine paradigmatische Entwicklung, deren Geschichte in den verschiedenen Ländern unterschiedliche Färbungen annimmt und die verschiedenen Phasen in unterschiedlicher Reihenfolge und in unterschiedlichen historischen Epochen durchläuft.

Während in Westeuropa die Vorgeschichte des Kapitals abgeschlossen und die industrielle Agrarrevolution zu Marx' Zeiten bereits in vollem Gange ist, beginnt außerhalb der westlichen Weltteile erst »die Verschlingung aller Völker in das Netz des

Weltmarkts und damit der internationale Charakter des kapitalistischen Regimes« (ebd., 790). In diesem Zusammenhang ist im Hinblick auf die heute viel diskutierte Globalisierung daran zu erinnern, dass bereits Marx den expansiven Zug eines sich global ausbreitenden Kapitalismus erkannt hat. Er sieht, dass »das kapitalistische Regime« von einer »systematischen Kolonisation« der noch nicht so entwickelten Länder lebt, indem es auch dort eine freie Subsistenzwirtschaft bekämpft bzw. die Masse der selbstwirtschaftenden Kleinbauern enteignet, um sie unter die Herrschaft von Großgrundbesitzern und Kapitaleignern und damit in eine ausbeuterische Lohnarbeiterexistenz zu zwingen.

Neben der politisch-rechtlichen Enteignung der Arbeitsmittel des selbst wirtschaftenden Bauern vollzieht sich die reale Zerstörung seiner Lebensweise vor allem durch die mechanisch-technische Intensivierung der Agrarproduktion. Diese »rein ökonomischen Triebkräfte der Agrikulturrevolution« und ihre »großindustrielle Maschinerie« sind Marx natürlich bekannt. Als scharfsinniger Beobachter berichtet er bereits in den 1860er Jahren von den neuesten technischen Innovationen, deren schrittweise Perfektionierung seither den globalen Siegeszug der intensiven Agrarindustrie prägt. Marx notiert dazu: »Neues System der Stallfütterung und des Anbaus der künstlichen Futterkräuter, Einführung mechanischer Düngerapparate, neue Behandlung der Tonerde, gesteigerter Gebrauch mineralischer Düngemittel, Anwendung der Dampfmaschine und aller Art neuer Arbeitsmaschinerie usw., intensivere Kultur überhaupt charakterisieren diese Epoche.« (Ebd., 705)

Unter den neuen Produktionstechniken bildet vor allem der großindustrielle Einsatz von Maschinen »die konstante Grundlage der kapitalistischen Agrikultur«, die für »die progressive Vernichtung der Bauernschaft« (ebd., 776) sorgt. Dem Dialektiker Marx ist nicht entgangen, dass die Großindustrie in der Landwirtschaft auch zu einer quantitativen Steigerung der Produktivität führt. Großbritannien erreicht eine »Steigerung des Bodenprodukts ohne Parallele in der Geschichte der englischen Agronomie«. Trotz real sinkender Zahl ländlicher Lohnarbeiter wird also gleich viel oder mehr Produkt erzeugt. Gerade aus diesen welthistorisch beispiellosen Entwicklungen leitet sich aus der Erkenntnis der technisch-maschinellen Rationalisierung insbesondere der landwirtschaftlichen Nahrungsmittelproduktion jene – auch für das Marxsche Ideal des Kommunismus zentrale – sozialutopische Vorstellung ab, dass die Menschen in absehbarer Zukunft bei wachsendem materiellem Wohlstand immer weniger arbeiten müssen. Doch die Befreiung aus dem Reich der Notwendigkeit hat ihren Preis: Mit dem »Gebrauch der Maschinerie im Ackerbau« setzt der Prozess einer unaufhörlichen »›Überzähligmachung‹ der Arbeiter« (ebd., 527) ein; die technisch-maschinelle Rationalisierung macht die arbeitenden Massen arbeitslos.

Marx analysiert diesen fortschreitenden Pauperismus der Bevölkerung an zwei exemplarischen Existenzformen. Am Schicksal der Menschen, die auf dem Land bleiben, und am Schicksal der »armen Flüchtlinge«, die vom Land in die

Stadt ziehen. Für die (geldabhängigen) Bauern bedeutet die Transformation der traditionellen Subsistenzwirtschaft in die kapitalistische Agrarindustrie eine extreme Verschlechterung ihrer Existenzbedingungen. »Der Landarbeiter«, resümiert Marx, »wird auf das Minimum des Salär herabgedrückt und steht immer mit einem Fuß im Sumpf des Pauperismus.« (Ebd., 672) Seine schlechte Entlohnung bei hoher Arbeitsbelastung wird durch die entsprechende Ernährungs- und Wohnsituation der Landbevölkerung verdeutlicht. Marx zitiert statistische Erhebungen, aus denen hervorgeht, dass der Hungerlohn die Landarbeiter in elende Verhältnisse treibt. Hören wir also den Kritiker der Ernährungsverhältnisse seiner Zeit: »Ein Bissen gesalzenes Fleisch, getrocknet zur Härte von Mahagoni und kaum wert, den schwierigen Prozess der Verdauung zu durchlaufen, oder Speck, um eine große Menge Brühe, Mehl und Lauch oder Haferbrei zu würzen, und das ist Tag für Tag das Mittagsmahl des Landarbeiters.« (Ebd., 710) Entsprechend entsetzt wie wissbegierig liest Marx den Bericht der Untersuchung einer Medizinalkommission von 1863 über den Zustand der schlecht ernährten Volksklassen, dass »die Diät eines großen Teiles der Landarbeiterfamilien unter dem Mindestmaß zur Abwehr von Hungerkrankheiten liegt.« (Ebd., 708)

Aus der wachsenden Masse der arbeits- und mittellosen Landbevölkerung – und als letzte Chance, dem Hungerelend und dem Sumpf dieser Pauperisierung zu entkommen – wandern viele »Überzählige« ab. »Ein Teil der Landbevölkerung befindet sich daher fortwährend auf dem Sprung, in städtisches Proletariat überzugehen. [...] Diese Quelle der relativen Übervölkerung fließt also ständig.« (Ebd., 671) Als Wirtschaftsflüchtlinge speisen sie, macht sich der Philosoph klar, die »industrielle Reservearmee«, die wiederum das Massenelend der städtischen Armen bevölkert. Aus diesen Analysen zieht Marx schließlich sozialkritische Schlüsse, die Geschichte machen werden; er notiert: »Je größer aber diese Reservearmee im Verhältnis zur aktiven Arbeiterarmee, desto massenhafter die konsolidierte Übervölkerung, deren Elend im umgekehrten Verhältnis zu ihrer Arbeitsqual steht. Je größer endlich [...] die industrielle Reservearmee, desto größer der offizielle Pauperismus. *Dies ist das absolute, allgemeine Gesetz der kapitalistischen Akkumulation.*« (Ebd., 673) Nichts macht den von Marx herausgearbeiteten antagonistischen Charakter der weltgesellschaftlichen Verhältnisse deutlicher als der skandalöse Gegensatz zwischen der wachsenden Produktivität des sich monopolisierenden Kapitals einerseits und der wachsenden Entmenschlichung der ausgebeuteten Massen andererseits, die entweder auf dem Land (wo die Nahrung an sich herkommt) verhungern oder sich in den großen Zentren unter menschenunwürdigen Wohn- und Überlebensbedingungen zusammendrängen.

Marx als Befürworter der Globalisierung

Hier wird noch einmal deutlich, dass Marx bereits den kapitalistischen Globalisierungsprozess beschrieben hat, der heute in aller Munde ist. In dieser Hinsicht bestätigt sich die Wahrheit seiner Wirtschaftsphilosophie. Das *Manifest der Kommunistischen Partei* führt zur Entstehung des Weltmarkts aus: »Das Bedürfnis nach einem stets ausgedehnteren Absatz für ihre Produkte jagt die Bourgeoisie über die ganze Erdkugel. Überall muss sie sich einnisten, überall anbauen, überall Verbindungen herstellen. Die Bourgeoisie hat durch ihre Exploitation des Weltmarkts die Produktion und Konsumption aller Länder kosmopolitisch gestaltet.« Diese globale Freiheit des Handels vernetzt alle Nationalökonomien und sorgt für einen weltweiten Warentausch wie Güterkonsum. »Die uralten nationalen Industrien sind vernichtet worden und werden noch täglich vernichtet. Sie werden verdrängt durch neue Industrien, deren Einführung eine Lebensfrage für alle zivilisierten Nationen wird, durch Industrien, die nicht mehr einheimische Rohstoffe, sondern den entlegensten Zonen angehörige Rohstoffe verarbeiten und deren Fabrikate nicht nur im Lande selbst, sondern in allen Weltteilen zugleich verbraucht werden. An die Stelle der alten, durch Landeserzeugnisse befriedigten Bedürfnisse treten neue, welche die Produkte der entferntesten Länder und Klimate zu ihrer Befriedigung erheischen. An die Stelle der alten lokalen und nationalen Selbstgenügsamkeit und Abgeschlossenheit tritt ein allseitiger Verkehr, eine allseitige Abhängigkeit der Nationen voneinander.« (Ebd.)

Anlässlich der Abschaffung des Getreideschutzzolls durch das englische Korngesetz von 1847 äußert sich Marx ausdrücklich zur Frage des weltweiten Freihandels. Seine *Rede über die Freiheit des Handels*, die er für einen Freihandelskongress in Brüssel verfasste[17], klingt wie von gestern. Wohl wissend, dass dieser Kongress eine Lobbyveranstaltung der damaligen Freihandelskampagne der englischen Fabrikanten war, hatte sich der Vordenker der Kommunistischen Partei in die Rednerliste eintragen lassen. Natürlich wurde ihm die Teilnahme verweigert.[18] Statt die Kapitalisten mit der Wahrheit zu konfrontieren, blieb ihm nichts anderes übrig, als seinen Vortrag bei der Demokratischen Gesellschaft in Brüssel zu halten, einer (machtlosen) internationalen Vereinigung, deren Vizepräsident er selbst war.

Besonders bemerkenswert an seiner Rede über die Freiheit eines Weltmarkts ist, dass er sich keineswegs – wie man vermuten könnte – als Globalisierungsgegner

---

17 Marx, Rede über die Frage des Freihandels; dazu: Engels, Schutzzoll und Freihandel. Vorwort zur amerikanischen Ausgabe von Karl Marx‹ Rede über die Frage des Freihandels.

18 Mit der gleichen Wahrscheinlichkeit würde der globalisierungskritische Philosoph Noam Chomsky heute ein Rederecht auf dem Weltwirtschaftskongress in Davos bekommen.

äußert. Im Gegenteil: Marx befürwortet den Freihandel und die grenzenlose Ausbreitung des kapitalistischen Systems. Es lohnt sich jedoch zu verstehen, warum der Kapitalismuskritiker für einen liberalisierten Weltmarkt durch die Abschaffung von Schutzzöllen und Nationalökonomien plädierte. Durch den Import von billigerem Getreide, so Marx, würde auch das Brot billiger, so dass der freie Welthandel den Arbeitern und Geringverdienern zugutekäme. Diese könnten sich über eine höhere Kaufkraft freuen. Denn: »Kein Zweifel, wenn der Preis aller Waren fällt, und dies ist die notwendige Konsequenz des Freihandels, so kann ich mir für einen Franc weit mehr Dinge als vorher verschaffen. Und der Franc des Arbeiters gilt ebenso viel wie jeder andere. Somit wird der Freihandel dem Arbeiter sehr vorteilhaft sein.«[19]

Nur weiß der Philosoph, dass dieser erfreuliche Schein trügt, da am Ende dieser kapitalistischen Üppigkeit dem Arbeiter eine schmerzhafte Rechnung präsentiert wird. Denn die Liberalisierung der Märkte hätte zwei Folgen, die sich negativ auf die Arbeiterklasse auswirken würden: Zum einen würde die heimische Agrarproduktion unter der billigeren Konkurrenz leiden. Zum anderen werden die Unternehmen den allgemeinen Zugang zu billigeren Lebensmitteln nutzen, um die Löhne ihrer Beschäftigten zu senken. Diese Lohneinbußen und Schwächung der Kaufkraft führen zu realer Verarmung. »Solange der Getreidepreis noch höher war und der Lohn gleichfalls«, lautet das Ergebnis von Marx' Blick in die Küche der Leute, »genügte eine kleine Ersparnis am Brotverbrauch, um ihm andere Genüsse zu verschaffen. Sobald aber das Brot und folglich der Lohn sehr niedrig steht, wird er am Brot fast nichts absparen können für den Ankauf anderer Dinge.« (Ebd., 449) Und es kommt zu Entlassungen, was schließlich zu einer massiven und unwiderruflichen Verschlechterung der allgemeinen Lebensbedingungen führt. Das nüchterne Fazit von Marx: »Die Arbeiter werden unter diesem Freihandel von der ganzen Härte der ökonomischen Gesetze getroffen.« (Ebd., 455) Dies ist letztlich auch der Grund für seine Überzeugung, dass die Kampagne der marktliberalen Globalisierungsbefürworter trotz aufwendigster Lobbyarbeit[20] letztlich nicht dazu führt, »den Arbeitern das billige Brot schmackhaft zu machen«. (Ebd., 447) *Entscheiden sich die Arbeitnehmer bei ihrem täglichen Einkauf aber für die billigsten Lebensmittel, tun sie ihrerseits alles, um am Ende sich selbst der Verwertungslogik des Kapitals zu opfern.* – Ein dramatischer Punkt, auf den noch zurückzukommen sein wird. Denn die schöne Annahme, dass die Ausgebeuteten sich der fatalen Logik einer solchen Billigökonomie verweigern

19 Marx, Rede über die Frage des Freihandels, 450.

20 Die Globalisierungsbefürworter, konstatiert Marx, »entsenden eine ganze Armee von Missionaren nach allen Punkten Englands, um die Religion des Freihandels zu predigen. Sie lassen Tausende von Broschüren drucken und unentgeltlich verteilen, um den Arbeiter über seine eigenen Interessen aufzuklären. Sie geben enorme Summen aus, um die Presse für ihre Sache günstig zu stimmen. Sie organisieren einen großartigen Verwaltungsapparat, um die freihändlerische Bewegung zu leiten, und entfalten alle Gaben ihrer Beredsamkeit in öffentlichen Meetings.« (Ebd.)

und aus wohlverstandenem revolutionärem Eigeninteresse nicht immer das Billigste kaufen, was ›der Markt bietet‹, hat sich bisher als Trugschluss erwiesen...

Entgegen den schönen Versprechungen wirkt sich die internationale Liberalisierung des Handels negativ auf die Lage der Arbeiterklasse aus. »Was ist also unter dem heutigen Gesellschaftszustand der Freihandel? Die Freiheit des Kapitals. Habt ihr die paar nationalen Schranken, die noch die freie Entwicklung des Kapitals einengen, eingerissen, so habt ihr lediglich seine Tätigkeit völlig entfesselt.« (Ebd.) Der voll entfesselte Kapitalismus zwingt dem grenzenlosen Welthandel ein inhumanes Gesetz auf: »Die Konkurrenz reduziert den Preis jeder Ware auf das Minimum ihrer Produktionskosten. Somit ist das Lohnminimum der natürliche Preis der Arbeit.« (Ebd., 452) Dabei nimmt die Konkurrenz unter den Arbeitenden und der Reservearmee der Arbeitssuchenden ständig zu. Demgegenüber sinkt der Arbeitslohn für alle und steigt die Arbeitsbelastung für einige. Der quantitative ›Fortschritt‹ der industriellen Produktion liefert dem Anschein nach zwar billigere, aber für alle insgesamt schlechtere Lebensmittel: »So hat der Schnaps das Bier, die Baumwolle Wolle und Leinen, die Kartoffel das Brot ersetzt.« Auch von solchen Dingen des täglichen Konsums erfahren aufmerksame Leser des philosophischen Hauptwerkes von Karl Marx.

Und so setzt sich die allmähliche Verelendung der sozialen Verhältnisse – des Haushalts und der Alltagsküche – im Allgemeinen und die sukzessive Ausbeutung der Kaufkraft im Besonderen permanent fort. Weil durch diese ›Schnäppchenwirtschaft‹ immer Mittel zur Verfügung stehen, um die Massen mit schöneren und erbärmlicheren Gütern zu ernähren, sinkt der Mindestlohn ständig. Gleichzeitig lässt das Gesetz der Akkumulation das Produktivkapital wachsen. Und je mehr dieses wächst, so der einflussreiche Ökonom Marx, »desto mehr ist es gezwungen, für einen Markt zu produzieren, dessen Bedürfnisse es nicht kennt. Um so mehr geht die Produktion dem Bedarf voraus, um so mehr sucht das Angebot die Nachfrage zu erzwingen und nehmen daher die Krisen an Intensität und Plötzlichkeit zu. Aber jede Krisis ihrerseits beschleunigt die Zentralisation der Kapitalien und vermehrt das Proletariat.« (Ebd., 451) Und dennoch oder – dialektisch gedacht – gerade deshalb plädiert der bekannteste Kapitalismuskritiker für die Freiheit des Welthandels. Die Begründung ist so einfach, wie dramatisch: Weil sie den allgemeinen Krisenzustand der kapitalistischen Welt noch verschärft: »Mit einem Wort, das System der Handelsfreiheit beschleunigt die soziale Revolution. Und nur in diesem revolutionären Sinne stimme ich für den Freihandel.« (Ebd., 458)

Das Für und Wider der Freihandelspolitik, mit der die WTO die weitere Kapitalisierung des Weltmarktes vorantreibt, entzündet sich auch heute am Welthandel mit Agrarprodukten. Anfang 1995 wurde die WTO als oberster Herrscher über die Weltwirtschaft installiert und begleitet seither den globalen Neoliberalismus. Nicht zu Unrecht wurde sie als »wichtigste Förderin« der Globalisierung bezeichnet und kritisiert.[21] *Das Agreement on Agriculture* (AoA) forciert die Liberalisierung des Handels, erlaubt aber weiterhin die massive Unterstützung der Landwirtschaft in den Industrieländern. Seit dem *Battle of Seattle*[22] wächst jedoch der massive Widerstand der Globalisierungskritiker. Bemerkenswert an diesem Konflikt sind die vertauschten Rollen der beteiligten Parteien: Während die Entwicklungsländer, die von der kapitalistischen Ökonomie ausgebeutet wurden und werden, für mehr, aber fairen Welthandel und insofern für die Freiheit des kapitalistischen Marktes eintreten, treten die westlichen Industrieländer, die die Liberalisierung der Weltmärkte für Dienstleistungen und Industriegüter zu ihrem eigenen Vorteil propagieren, als Globalisierungsgegner auf, indem sie unnachgiebig an ihrem Agrarprotektionismus und ihren Subventionsgesetzen festhalten, mit denen sie ihre eigene (nationale) Landwirtschaft künstlich am Leben erhalten. Hier findet ein denkwürdiges Schauspiel statt: Die kapitalistische Logik eines entfesselten Weltmarktes wendet sich gegen ihren einstigen Hauptakteur.

Die Freude über diese Machtverschiebung und das Erstarken des Globalen Südens wird freilich getrübt, sobald man die Argumentation von Marx zu Rate zieht. Denn die Produktion für den Weltmarkt basiert sowohl auf einer exportorientierten Landwirtschaft als auch auf dem System einer unökologischen Agrarindustrie. Wenn es nicht zu einer ökologisch und sozial gerechten Transformation der Weltwirtschaft, zu einem Agrarkommunismus kommt, wird die kapitalistische Modernisierung der Länder der Dritten Welt die Verschlechterung der Arbeits- und Lebensbedingungen ihrer Bevölkerung und die weitere Zerstörung ihrer natürlichen Lebensgrundlagen nur globalisieren.

Deshalb fordern neo- und ökomarxistische Ökonomen und andere neue Kommunisten oder Aktivisten zivilgesellschaftlicher Organisationen die Einführung des Subsidiaritätsprinzips als Element der Weltwirtschaftsordnung: Lokale und regionale Gemeinwirtschaften und Konsumgenossenschaften sollen nicht-globale (deglobalisierte) Wirtschaftskreisläufe für die alltägliche Lebensmittelversorgung garantieren, kurz: Der ernährungssouveräne Bauernmarkt muss Vorrang vor dem grenzenlosen Weltmarkt haben, wenn alle Menschen in Zukunft besser essen und

21 Fian (Hg.), Food First. Mit Menschenrechten gegen den Hunger, 82.

22 Lange ist es her: Im November 1999 tagte die Welthandelsorganisation in Seattle, um weitere Liberalisierungs- und Deregulierungsmaßnahmen der Weltökonomie durchzusetzen. Massive Demonstrationen von Globalisierungskritikern (darunter zahlreiche Bauern) aus aller Welt konnten die Tagung erfolgreich sabotieren. So legten Zehntausende von Demonstranten das Stadtzentrum von Seattle lahm. Straßenblockaden verhinderten die Eröffnung der Globalisierungskonferenz der Welthandelsorganisation, die unter dem Druck der Ereignisse kein weiteres Abkommen zwischen den Weltmarktregenten zustande brachte. Zu den Hintergründen der erfolgreichen Protestaktion in Seattle, die für einen Moment lang die Landwirtschaft als den entscheidenden Hebel für eine bessere Welt erkennbar machte, siehe: Lemke, Politik des Essens, 104ff.

leben sollen. Doch die vorherrschenden Machtverhältnisse machen dieses Ideal zunichte: Fordern die Entwicklungsländer, ihre eigene Landwirtschaft zur Grundversorgung ihrer Bevölkerung und als Einkommensquelle für die Bauern stärker vor den subventionierten Dumpingexporten der reichen Länder schützen zu dürfen, wird dies als Verstoß gegen die Welthandelsregeln abgetan.

Im Kern dieses Konflikts steht die Marxsche Eigentumsfrage und seine Forderung nach der Expropriation der Expropriateure. Denn Landreformen und Demokratie (politische Entscheidungsprozesse von unten) sind in den meisten Entwicklungsländern notwendig, um Hunger und Armut zu überwinden. Dass in den ungerechten Landbesitz- und Landnutzungsverhältnissen ein Kernproblem der globalen Armut liegt, hat inzwischen auch die Weltgemeinschaft erkannt (erstmals auf der Welternährungskonferenz 1996 in Rom). Sie empfahl zur Bekämpfung des Hungers Landreformen, die den gleichberechtigten Zugang der Armen (Männer und vor allem Frauen) zu Ackerland als wichtige Aufgabe hervorheben. In zahlreichen Erklärungen und Beschlüssen haben die Vereinten Nationen die Notwendigkeit solcher ›Agrarreformen‹ unterstrichen.

Eine internationale Konferenz zu Landzugang und Armutsbekämpfung im Jahr 2001, die in Bonn stattfand, forderte in diesem Zusammenhang die internationale Gemeinschaft und die nationalen Regierungen auf, zu berücksichtigen, dass der Markt in Ländern mit großer sozialer Ungleichheit zwar Zugang zu Land schaffen kann, nicht aber die Armut auf diesem Wege reduzieren kann. Das von der Weltbank forcierte neoliberale Agrarreformprogramm *Market Led Agrarian Reform* (MLAR) ist in dieser Hinsicht unzureichend und nicht zielführend. In Ländern wie Brasilien, Südafrika oder Kolumbien hat die Bereitstellung erheblicher Weltbankmittel für Zuschüsse und Kredite an Kleinbauern, die an dem Landkaufprogramm teilnehmen, bereits verabschiedete Landreformgesetze, die von sozialen Bewegungen unter großen Opfern erkämpft wurden, aufgeweicht. Statt politisch schwierige Enteignungen durchzusetzen, verweist die Politik auf die Verfügbarkeit von Krediten für den Landkauf. Doch Staaten, die Land aus Großgrundbesitz an Landlose und Landarme verteilen wollen, werden auch in Zukunft nicht ohne die Marxsche Forderung der Enteignung auf gesetzlicher Grundlage auskommen. Der Streit darüber, ob die Industrieländer ihre ungerechten und teuren Privilegien weiterhin gegenüber dem Elend, dem Hunger, den freien und fairen Welthandel und universelle Menschenrechte verletzenden Lebensbedingungen der Entwicklungsländer aufrechterhalten, meint der indische Handels- und Agrarexperte Devinder Sharma, werde zum »eigentlichen Kampf der Zivilisationen.«

Für andere zeigen sich die Grenzen des Kapitalismus und seine Selbstzerstörung heute in ›der Agrarfrage‹.[23] Die Umweltkrise, die Gesundheitsschäden, die so-

23 Goodman/Watts (ed.), Globalising Food: Agrarian Questions and Global Restructuring, 22.

ziale Ungerechtigkeit des Weltmarkts und die Zerstörung kleinbäuerlicher Subsistenz machen den immanenten Nihilismus dieser Wirtschaftsweise für alle sichtbar. Mit den Worten eines Nichtmarxisten: »Der Agrarkapitalismus frisst seine Kinder.«[24] Bestätigt sich in dieser Anthropophagie Marxens These, dass der Kapitalismus letztlich sein eigener Totengräber sein wird? Dämmert der Morgen eines anderen Wirtschaftssystems in Form eines Agrarkommunismus, der die Menschheit endlich vom Joch dieses Ungeheuers befreit, indem er eine ökonomisch rentable und ökologisch nachhaltige Wertschöpfung zum Wohle aller ermöglicht? Oder setzt sich eine weitere technokratische Revolutionierung der Produktionsmittel durch, die den Fortbestand des kapitalistischen Regimes durch weiter steigende Profite für wenige verspricht?

Beraubung und Zerstörung der Erde

Dass Marx die kapitalistische Modernisierung dialektisch denkt, indem er die Liberalisierung des Weltmarkts als Vehikel ihrer revolutionären Aufhebung propagiert, ist der Marxismuskritik von Hans Jonas in seinem Werk *Das Prinzip Verantwortung* völlig entgangen. Ich werde daher im Folgenden zu zeigen versuchen, dass die Auffassung, die marxistische Utopie beruhe auf einem technokratischen Fortschrittsglauben, auf einem Auge blind ist und deshalb letztlich der Vorwurf, sie sei der Vollstrecker des »Baconschen Projekts«[25], dessen katastrophale Folgen der totalen Naturausbeutung die Zukunft der Menschheit und des Planeten gefährden, nicht gerechtfertigt. Denn Marx begreift den zivilisatorischen Fortschritt durch die globale Herrschaft der kapitalistischen Gesellschaftsform als ebenso notwendige Voraussetzung für die Zukunft einer besseren Welt wie den freien Welthandel: *Ihr zivilisatorischer Fortschritt ist nicht das Ende der Geschichte, sondern nur das Ende der Vorgeschichte einer unvollendeten Entwicklung der Menschheit.* Marx skizziert insbesondere am praktischen Naturverhältnis und am anthropomorphen Stoffwechsel, d.h. an Landwirtschaft und Ernährung, den Gedanken, dass die zukünftige kommunistische Agrikultur radikal mit dem Baconismus einer technokratischen Naturbeherrschung bricht, wie ihn die kapitalistische Agrarindustrie umsetzt.

Dennoch sieht er die welthistorische Leistung der kapitalistischen Industrialisierung darin, die traditionellen Agrargesellschaften sozial, technisch, kulinarisch, kulturell etc. ›modernisiert‹ zu haben. »Die Bourgeoisie«, so der Autor des kommunistischen Manifests, »hat in ihrer kaum hundertjährigen Klassenherrschaft massenhaftere und kolossalere Produktionskräfte geschaffen als alle vergangenen

24 Alt, Agrarwende jetzt: Gesunde Lebensmittel für alle, 47.
25 Schäfer, Das Bacon-Projekt: Von der Erkenntnis, Nutzung und Schonung der Natur.

Generationen zusammen. Unterjochung der Naturkräfte, Maschinerie, Anwendung der Chemie auf Industrie und Ackerbau, Dampfschifffahrt, Eisenbahnen, elektrische Telegraphen, Urbarmachung ganzer Weltteile, Schiffbarmachung der Flüsse, ganze aus dem Boden hervorgestampfte Bevölkerungen – welches frühere Jahrhundert ahnte, dass solche Produktionskräfte im Schoß der gesellschaftlichen Arbeit schlummerten.«[26] Dementsprechend wertet Marx die Überwindung eines von patriarchalischer Herrschaft, materieller Knappheit und kultureller Unbedarftheit geprägten Daseins als positive Seite der kapitalistischen Agrarrevolution. Erst diese befreie die bäuerliche Existenz von »kindlich unentwickelten« Produktionsmitteln und bringe »die Zerstörung der bloß naturwüchsig entstandenen Umstände jenes Stoffwechsels«.[27]

Diese zersplitterten und beschränkten Produktionsmittel zu konzentrieren und zu globalisieren, sie in die mächtigen Produktivkräfte der Gegenwart zu verwandeln, ist die geschichtliche Aufgabe der kapitalistischen Produktionsweise und ihrer Trägerin, der Bourgeoisie. Anders als Rousseau gibt sich Marx keiner romantischen Verklärung des idyllischen Landlebens hin; für ihn gehört der vormoderne »Idiotismus des Landlebens« auf den »Misthaufen der Geschichte«. In diesem Sinne finden sich bei ihm zahlreiche Formulierungen, die den Geist einer wissenschaftlich-technischen Fortschrittsutopie erkennen lassen, die in merkwürdigem Kontrast zu seiner Darstellung der generellen Vorzüge der traditionellen Subsistenzwirtschaft steht. So beschreibt Marx den Übergang von der traditionellen Landwirtschaft zum intensiven Agrarkapitalismus mit folgenden Worten: »An die Stelle des gewohnheitsfaulsten und unrationellsten Betriebs tritt bewusste, technologische Anwendung der Wissenschaft.« (Ebd. 528) Auch die Rede von der notwendigen »Unterjochung der Naturkräfte« und der »planmäßigen Ausbeutung der Erde« (ebd., 791) erweckt den Eindruck, hier spreche ein unökologischer Technokrat, der die kommunistische Utopie eines besseren Lebens durch die rücksichtslose Fortsetzung der Ausbeutung der Erde verwirklichen wolle. Auch Herbert Marcuse störte sich an solchen Anzeichen eines extrem anthropozentrischen Denkens und kritisierte, dass die Marxsche Vorstellung »von der menschlichen Aneignung der Natur« noch etwas »von der Hybris der Herrschaft« enthalte.[28]

Allerdings trifft der Vorwurf, »der Marxismus sei eine Frucht des Baconismus«, den Hans Jonas mit seinem umweltethischen *Prinzip Verantwortung* prominent vortrug[29], am ehesten auf den »wachstumsoptimistischen Vulgärmarxismus« zu, wie der Marxologe Irving Fetscher die Philosophie Ernst Blochs bezeichnet. Tatsächlich

---

26 Marx, Rede über die Frage des Freihandels, 467.

27 Marx, Das Kapital I, 528.

28 Marcuse, Konterrevolution und Revolte, 83.

29 Jonas, Das Prinzip Verantwortung. Versuch einer Ethik für die technologische Zivilisation, 275.

lassen sich in Blochs Werk zahlreiche Passagen finden, die einem für Marxisten typischen Fortschrittsoptimismus huldigen. So erwartet Bloch im Hinblick auf den utopischen Fortschritt der modernen »Nahrungsmittelindustrie«, dass bei voller technologischer Entfesselung »die Nahrungsmittelproduktion üppig gedeihen« könnte.[30] Ähnlich futuristisch träumt der Utopietheoretiker vom zivilisatorischen Segen der Atomkraft und schwärmt von einer Anti-Demeter-Bewegung, einer »Morgenröte der synthetischen Chemie« und ihren »Früchten«. Sein linker Akzelerationismus jubelt: »Künstliche Düngemittel, künstliche Bestrahlungen sind unterwegs [...], die den Boden zu tausendfältigen Früchten ermuntern, in einer Hybris und ›Anti-Demeter-Bewegung‹ ohnegleichen, mit dem synthetischen Grenzbegriff eines Kornfeldes, das auf der flachen Hand wächst. Kurz, die Technik an sich wäre dazu fähig«, so Bloch, »sich von der langsamen und regional begrenzten Arbeit der Natur an Rohstoffen unabhängig zu machen.« Und weiter: »Eine neue Übernatur der gegebenen Natur wäre fällig, wenn auch mit den bekannten Gefahren [...] einer abstrakt gesteigerten technischen Künstlichkeit.« (Ebd., 1055)

Mir geht es nicht darum, Bloch oder Marx von allen Ambivalenzen und möglichen Defiziten ihres ›wissenschaftlichen Utopismus‹ freizusprechen. Gleichwohl will ich in gastrosophischer Absicht darauf hinweisen, dass von Marx und übrigens auch von Bloch wesentliche Impulse für eine ökologische Landwirtschaft ausgegangen sind, die in der Tat am konsequentesten und heute auch am bekanntesten von der Demeter-Bewegung umgesetzt wird.

In der marxistischen Orthodoxie und in der Realgeschichte der ehemals sozialistischen Länder wurde die kapitalistische Ausbeutung fast ausschließlich mit dem menschlichen Schicksal (der Arbeiter) in Verbindung gebracht und in diesem Rahmen ihre revolutionäre Überwindung angestrebt. Die ökologische Entfremdung des Menschen von der Natur galt stets als nachgeordnetes Problem, als ›Nebenwiderspruch‹. Für Marx selbst gilt das keineswegs. Derselbe Marx, der die Entfesselung der Produktivkräfte durch technische Beherrschung der Natur als historischen Fortschritt begrüßt, ist sich zugleich der damit verbundenen Entwürdigung der Natur durch menschliche Ausbeutung voll bewusst. So taucht bei ihm ein Grundgedanke der sokratischen Agrogastrosophie wieder auf: nämlich die ungewöhnliche Einsicht, dass so etwas Geistloses und Vernunftwidriges wie Bodenfruchtbarkeit und Ackerboden normative Kriterien für die philosophische Bestimmung eines guten Naturverhältnisses der Menschen in sich birgt.

Der Agrarwissenschaftler Marx hat die Unvernunft und die soziale wie ökologische Nichtnachhaltigkeit der herrschenden Landwirtschaft mit deutlichen Worten angeprangert: »Jeder Fortschritt der kapitalistischen Agrikultur ist nicht nur ein Fortschritt in der Kunst, den Arbeiter, sondern zugleich in der Kunst, den Boden zu berauben, jeder Fortschritt in der Steigerung seiner Fruchtbarkeit für eine gegebene

30 Bloch, Das Prinzip Hoffnung, 1054.

Zeit ist zugleich ein Fortschritt im Ruin der dauernden Quellen dieser Fruchtbarkeit. Die kapitalistische Produktion entwickelt daher nur die Technik und Kombination des gesellschaftlichen Produktionsprozesses, indem sie zugleich die Springquellen alles Reichtums untergräbt: die Erde und den Arbeiter.«[31]

Wie das Gesetz der kapitalistischen Akkumulation die Lebenskräfte der arbeitenden Menschen ausbeutet und den in Armut und Elend getriebenen Menschen seiner Würde beraubt, so läuft das Gesetz der kapitalistischen Agrarindustrie auf die ruinöse Ausbeutung der Naturkräfte hinaus. »Je mehr ein Land ... von der großen Industrie als dem Hintergrund seiner Entwicklung ausgeht, desto rascher vollzieht sich dieser Zerstörungsprozess.« (Ebd.) Entscheidend aber ist, dass Marx als erster die heute so selbstverständliche Tatsache erkennt, dass der zerstörerische Raubbau an den natürlichen Lebensgrundlagen früher oder später die Quellen der kapitalistischen Produktionsweise untergräbt, weil sie den vernünftigen »Stoffwechsel zwischen Mensch und Erde, d.h. die Rückkehr der vom Menschen in Form von Nahrungs- und Kleidungsmitteln vernutzten Bodenbestandteile zum Boden, also die ewige Naturbedingung dauernder Bodenfruchtbarkeit« (ebd., 528) negiert.

Es wurde schon gesagt, auch Marx beschäftigt sich, wie Sokrates, mit der Qualität des Bodens als einer sonst wenig beachteten Grundlage für ein besseres oder schlechteres Leben der Menschheit. Solche naturphilosophischen oder genauer agrargastrosophischen Fragen führen nicht in den Bereich einer spekulativen Erörterung des Guten an sich (in einem himmlischen Jenseits), sondern eben – ganz down to earth – auf das Terrain der landwirtschaftlichen Produktion von guter Erde. In einem Brief an seinen Freund und Weggefährten Engels empfahl Marx diesem wärmstens die Lektüre von Karl Nikolaus Fraas' *Klima und Pflanzenwelt in der Zeit. Ein Beitrag zur Geschichte beider* (Landshut 1847). Denn aus dessen weit vorausschauenden Klimastudie hatte er die umweltwissenschaftliche Erkenntnis gewonnen, »dass mit der Kultur – je nach ihrem Grade – die von den Bauern so geliebte ›Feuchtigkeit‹ verloren geht und schließlich die Steppenbildung eintritt«. Fazit: »Kultur, wenn sie naturwüchsig fortschreitet und nicht bewusst gelenkt wird«, so der einsame Ruf schon vor hundertfünfzig Jahren, »hinterlässt Wüsten.« (Ebd., 52f.)

Die Abhandlung über die *Dialektik der Natur*, die Engels einige Zeit später verfasst, bestätigt die weitsichtige Prophezeiung. »Schmeicheln wir uns indes nicht zu sehr mit unseren menschlichen Siegen über die Natur«, führt Engels klug aus. »Für jeden solchen Sieg rächt sie sich an uns. Jeder hat in erster Linie zwar die Folgen, auf die wir gerechnet haben, aber in zweiter und dritter hat er ganz andre unvorhergesehene Wirkungen, die nur zu oft jene ersten Folgen wieder aufheben.«[32] Die

---

31 Marx, Das Kapital I, 530.

32 Engels, Dialektik der Natur, 453.

kapitalistische Wirtschaftsweise jedenfalls blendet die »entfernteren gesellschaftlichen Wirkungen« aus; der Produzent kümmert »sich nur um den unmittelbaren Nutzeffekt seiner Handlungen« (ebd.). So macht sich Engels bei seiner Lektüre von Fraas‹ Klimastudie einen ökologischen – damals noch ›physiologisch‹ genannten – Begriff von den dauerhaften Problemen der Waldzerstörung und Bodenerosion durch kurzsichtiges Gewinnstreben.[33] »Die Leute, die in Mesopotamien, Griechenland, Kleinasien und anderswo die Wälder ausrotteten, um urbares Land zu gewinnen, träumten nicht, dass sie damit den Grund zur jetzigen Verödung jener Ländern legten, indem sie ihnen mit den Wäldern die Ansammlungszentren und Behälter der Feuchtigkeit entzogen.« (Ebd.) Auch Marx spricht solche ökologischen Vernichtungen von Wäldern, ihre Umwandlung in Weideflächen und die zukunftsethisch unzureichenden Wiederaufforstungsmaßnahmen an.[34]

Die weltweite Bodenerosion und Vernichtung der Artenvielfalt, in der sich für kritische Geister schon vor 150 Jahren die Verwüstung (Desertifikation) des Planeten als zerstörerische Folge der industriellen Landwirtschaft abzuzeichnen begann, bildet auch den Hintergrund für Marx' Interesse am Studium der *Chemie in ihrer Anwendung auf den Ackerbau und die Physiologie* eines gewissen Justus von Liebig. Jedenfalls weckte Liebigs Einführung in die Naturgesetze des Ackerbaus die Aufmerksamkeit des Amateuragronomen Marx. Nicht ohne eine (wie wir noch sehen werden) scharfsinnige Zweideutigkeit in den Formulierungen kommentiert er: »Die Entwicklung der negativen Seite der modernen Agrikultur vom naturwissenschaftlichen Standpunkt aus ist eines der unsterblichen Verdienste Liebigs«.[35] Mit diesem ambivalenten Lob stoßen wir auf eine recht brisante Konstellation, die auf den ersten Blick das erwähnte (falsche) Bild von Marx als umweltignoranten Technokraten bestätigt. Denn Liebig gilt als Erfinder der modernen Agrochemie und ist insofern der historische Ausgangspunkt der Anti-Demeter-Bewegung, von der die (von Bloch erträumte) Morgenröte des Chemiedüngers ausgeht.

Unproblematisch wäre es gewesen, hätte sich Marxens Lob auf Liebigs Erfindung des Vollkornbrotes bezogen (von der heute kaum noch jemand weiß). Dazu nur so viel: Seit der Antike dominiert in der Brotkultur das Auszugsmehl, also das Weißbrot, dessen Herstellung auf einer wertmindernden Verfeinerung beruht, bei der die trophisch wertvollen Bestandteile des Getreides herausgefiltert werden. Im Gegensatz zur üblichen Weißbrotkultur plädierte Liebig dafür, das ganze Korn zu

33 Der Begriff »Ökologie«, den der Zoologe Ernst Haeckel zeitgleich erstmals zu verwenden begann, war noch zu jung, um in der marxistischen Terminologie bereits Widerhall zu finden. An sich ist »ökologischer Marxismus« eine begriffliche Tautologie.

34 Marx, Das Kapital, II, 246f.

35 Marx, Das Kapital, I, 529. Liebig schreibt: »Unter den deutschen Landwirten hält sich derjenige für den erfahrensten Mann, welchem es gelingt, die größten Massen Korn und Fleisch auf den Markt zu bringen, ohne allen Zukauf von Düngemitteln.« Liebig, Die Chemie in ihrer Anwendung auf Agrikultur und Physiologie, 112.

zermahlen und zu backen. Mit anderen Worten: Es gehört zu den unsterblichen – und unproblematischen – Verdiensten dieses Agrarwissenschaftlers ein Wegbereiter des Vollkornbrotes gewesen zu sein, das zweifellos zum Wohle der Menschheit beiträgt. (Allerdings sollte hier einschränkend die ideologische Instrumentalisierung des ›deutschen Vollkornbrotes‹ durch das Nazi-Regime nicht unerwähnt bleiben). Es wäre auch noch einigermaßen erträglich gewesen, wenn Marx das Backpulver gemeint hätte, mit dem Liebig – eine weitere seiner Erfindungen – unbedenkliche Chemie in die Alltagsküche einführte.

Doch der eigentliche Grund, warum er dem modernen Naturwissenschaftler unsterbliche Verdienste zuschrieb, bezieht sich auf die erwähnte Chemie in ihrer Anwendung auf Landwirtschaft und Physiologie. Denn Liebig leitete mit seinen neuen biochemischen Erkenntnissen die Grüne Revolution ein, die über mehrere Stufen ihrer wissenschaftlich-technischen Vervollkommnung bis heute die intensive (kapitalistische) Landwirtschaft weltweit prägt und von der manche sagen, sie habe Marx' Hoffnung auf eine Rote Revolution (die proletarische Weltrevolution) verhindert. Oder um es mit den treffenden Worten der indisch-amerikanischen Literaturwissenschaftlerin Spivak zu sagen: »Es ist ja ein Gemeinplatz der Entwicklungslobby, dass die sogenannte ›Grüne Revolution‹ eine ›Rote Revolution‹ verhindern half.«[36]

Auf jeden Fall war Liebig der erste, der mit chemischen Kunstdüngern als Wachstumsförderer experimentierte. Und das zur rechten Zeit: Nach den Missernten der Jahre 1816 bis 1818 befürchteten manche Zeitgenossen, dass die wachsende Zahl der Weltbevölkerung bald nicht mehr ernährt werden könnte. Als sich in den 1940er Jahren die Missernten häuften, breitete sich eine Hungersnot katastrophalen Ausmaßes aus. In dieser Situation machten sich Wissenschaftler wie Liebig, Maleschott oder Malthus Gedanken über die Zukunft der Ernährung und ihre praktische Verbesserung. Der Nationalökonom Thomas Robert Malthus vertrat in seinem *Essay on the Principle of Population* die Theorie, dass die Bevölkerung geometrisch wachse, während die Nahrungsmittelproduktion im gleichen Zeitraum nur arithmetisch zunehme. Diese Diskrepanz erkläre, warum es in Zukunft zu massenhaftem Hungerelend kommen müsse.

Nach dieser Auffassung, die unter den »Malthusianern«, wie sie schon Marx nannte[37], bis heute einen starken Einfluss auf den technokratischen Welthunger-

---

36 Spivak, Imperative zur Neuerfindung des Planeten, 43. Tatsächlich hat die sogenannte Grüne Revolution in der landwirtschaftlichen Nahrungsproduktion für genügend, wenn auch ökologisch, sozial und gesundheitlich schlechte Nahrungsmittel gesorgt. Aufgrund der quantitativen Produktivitätssteigerung gibt es also genug Nahrung für so viele Menschen wie nie zuvor, nur nehmen die negativen Seiten dieser Produktionsform eben krisenhaft zu und sind in einem dramatischen Sinn nicht nachhaltig – nicht zukunftsfähig.

37 Marx, Das Kapital I, 731.

diskurs ausübt[38], ist der Mangel an Nahrungsmitteln die eigentliche Ursache des Hungerelends in der Welt und eine rigorose Geburtenkontrolle die Lösung – Marx strafte Malthus mit wenigen Worten ab und verwarf »das große malthusianische Allheilmittel, die Entvölkerung«.[39] Liebigs Forschung hingegen war, ganz im materialistischen Sinne von Marx, genuin ökonomisch auf die wissenschaftlich-technische Verbesserung der Nahrungsmittelproduktion ausgerichtet. In der Landwirtschaft galt seine Forschung dem physiologischen Verständnis der Bodenfruchtbarkeit und des Pflanzenwachstums. Liebig widersprach der traditionellen Auffassung, dass Pflanzen alle lebensnotwendigen Stoffe in sich tragen: Der Biologe wies nach, dass Pflanzen von ihrer Umwelt leben und sich auch von anorganischen Stoffen, von Mineralien im Boden ernähren. Fehlen diese und nimmt die ›Fettigkeit‹ des Bodens durch ständige Bewirtschaftung oder intensiven Raubbau ab, verkümmern die Nutzpflanzen und es kommt zu Missernten. Liebig erkannte den natürlichen Stoffkreislauf: Der von außen eingespeiste Dünger führt dem Boden die lebensnotwendigen Mineralien wieder zu und macht ihn durch die Zufuhr dieser Nährstoffe wieder fruchtbar und ertragreich. Die »negative Seite der (vor-)modernen Agrikultur«, lernte der Agrikulturtheoretiker Marx, besteht also »naturwissenschaftlich gesehen« darin, dass der Landwirt, der überhaupt nicht düngt, Raubbau am Boden betreibt, dem nun die kapitalistische Produktionsweise nun durch künstliche Düngung entgegenwirkt.

Ein entscheidender Punkt ist dann, dass Marx etwas Wesentliches an dieser Agrarchemie nicht richtig einzuschätzen wusste, was ihn von seinem Lob abgehalten hätte: Denn Liebig lehnte die nachhaltigen Methoden der traditionellen Landbewirtschaftung (wie Dreifelderwirtschaft oder Fruchtwechsel), die ohne den Einsatz chemischer Düngemittel dafür sorgten, dass der Boden wieder mit allen für die Bodenfruchtbarkeit und das Gedeihen der Pflanzen notwendigen Stoffen angereichert wurde, als vermeintlich nutzlos ab. Auch in der altbewährten Düngung mit organischen (tierischen und menschlichen) Exkrementen, deren möglichst effektive und minimale Anwendung Liebig durchaus befürwortete, sollte – wegen des Geruchs – nicht die Zukunft der agrikolen Produktivitätssteigerung liegen. Anstelle dieser biologischen Alternativen ging Liebigs Naturwissenschaft von den technologischen Prämissen der modernen Chemie aus, indem sie industriell nutzbare Einzelsubstanzen wie Kalium, Kalk, Phosphor, Magnesium und Stickstoff identifizierte, die sich positiv auf das quantitative Pflanzenwachstum auswirkten.

38 Mitchell/Ingco, Waiting for Malthus. So werden in den Hungerberichten der UNO Kriege, Korruption, Vernachlässigung der Landwirtschaft, Missernten und hohes Bevölkerungswachstum als Hauptursachen für Hunger genannt – und nicht das kapitalistische Weltwirtschaftssystem und die von ihm verursachten elenden Lebensbedingungen und gravierende Bodenverarmung.

39 Marx, Das Kapital, I, 736.

Damit ist aber auch etwas impliziert, was die moderne Naturwissenschaft ignoriert: Nicht alle Wirkstoffe, Stoffwechselvorgänge und komplexen Bodenökologien, die für gutes Pflanzenwachstum sorgen, sind verstanden, sondern nur die Wirkmechanismen, die den Biochemikern zu diesem wissenschaftshistorischen Zeitpunkt bekannt waren. Mit anderen Worten: Die Agrikulturchemie bewegt sich in einer erkenntnistheoretisch verkürzten Wahrnehmung der Wirklichkeit.[40]

Auf der naturwissenschaftlich unterkomplexen und tendenziell reduktionistischen Grundlage dieses Baconismus entwickelte Liebig schließlich seine synthetischen Düngemittel. Der seit den 1840er Jahren in England hergestellte *Liebigsche Patentdünger*, der nur Kalium und Kalk enthielt, zeigte zunächst keine Wirkung – diese Mineralien allein reichten nicht aus, um das Pflanzenwachstum chemisch zu fördern. Erst nach vielen Versuchen erkannte Liebig, dass dem Boden Phosphor, Magnesium und vor allem Stickstoff zugeführt werden müssen. Ab 1860 stieg die Nachfrage nach Liebigs Patentdünger: Chemische Fabriken wurden gegründet und entwickelten sich rasant. Gleichzeitig stiegen die Ernteerträge, die Zeit der großen Hungersnöte ging zu Ende. Mit diesem Erfolg – und dem Heilsversprechen für die Zukunft – verbreitete sich der Segen der modernen Agrarchemie über den Globus. Zig Millionen Tonnen Stickstoff, Phosphat und Kali sorgen seither Jahr für Jahr dafür, dass Getreide auch dann noch wächst, wenn der ausgelaugte Boden von sich aus keine Frucht mehr hergibt. Das ist sicher ein Verdienst: Durch den Einsatz von Mineraldüngern in den letzten 150 Jahren, vor allem durch den großflächigen industriellen Einsatz von Stickstoff und Schädlingsbekämpfungsmitteln (Pestiziden), sind die Erträge der Nutzpflanzen enorm gestiegen, so dass immer mehr Menschen auf der Erde satt werden. Folgt man den Malthusianern, liegt es nahe, zu meinen, dass die Zukunft der Nahrungsmittelversorgung für eine wachsende Weltbevölkerung nur durch Agrochemie (und entsprechende biotechnologische Weiterentwicklungen) denkbar ist. Die vielen negativen Seiten und Nebenwirkungen der kapitalistischen Landwirtschaft konnte auch Marx noch nicht voraussehen; sein Urteil über Liebigs historische Leistung wäre sicher anders ausgefallen.

Das Phosphat, das Liebig zur chemischen Düngung ausgelaugter und an humosen Bodenleben verarmter Erdböden empfahl, ist ein leicht verfügbarer fossiler (also endlicher) Rohstoff. Wenig später machte die deutsche Kolonialmacht eine weitere große Entdeckung: Auf der Südseeinsel Nauru, die unter ihrem Protektorat

40 Auf den hier angesprochenen Aspekt einer marxistischen Kritik am reduktionistischen Charakter natur- und wirtschaftswissenschaftlicher Theoriebildung kann nur hingewiesen werden. Marx leitet aus seiner gastrosophischen Anthropologie die Notwendigkeit und Unhintergehbarkeit eines heuristischen Anthropozentrismus ab: »Der Mensch ist der unmittelbare Gegenstand der Naturwissenschaft«, schrieb der junge Marx und fügte hinzu: »Die gesellschaftliche Wirklichkeit der Natur und die menschliche Naturwissenschaft oder die natürliche Wissenschaft vom Menschen sind identische Ausdrücke.« Marx, Frühschriften, 245f.

stand, lagerte reinstes Phosphat, was die Verdrängung der nauruischen Ureinwohner zur Folge hatte. Vor dem Ersten Weltkrieg bezogen die Deutschen ihren Stickstoff aus Chile. Diese Quelle versiegte gleich zu Beginn des Krieges durch eine Blockade der Alliierten. So war Deutschland gezwungen, auch den für die Sprengstoffproduktion benötigten Stickstoff aus der Luft zu gewinnen. Das entsprechende Haber-Bosch-Verfahren war zwar schon bekannt, aber noch nicht kommerziell genutzt worden. Auf diese Weise bauten die Deutschen enorme Produktionskapazitäten auf und hielten vier Jahre lang durch. Als der Krieg zu Ende war, gab es zwar große Vorräte und eine entsprechende Industrie, aber keinen Markt mehr für Sprengstoffe. »Die Industrie entschloss sich daraufhin, der Landwirtschaft Stickstoffdünger aufzuzwingen.«[41] Mit gigantischem Erfolg: Seit dem Zweiten Weltkrieg ist die Produktion von Kunstdünger geradezu explodiert.

Der agrarkapitalistische Komplex entwickelte eine ganze Palette von wasserlöslichen Düngemitteln, darunter Phosphor, Kali, Kalzium, Spurenelemente, auch in Form komplexer Salze, die in granulierter Form und teilweise aus der Luft ausgebracht wurden (und werden). Seit den 1950er Jahren hatte die chemische Industrie das »NPK+G-Paradigma« – Stickstoff (N), Phosphor (P) und Kalium (K) und Gift (Biozide) – durchgesetzt. Stickstoffdünger in Form fast reiner Salze, die konzentrierten Nitrat- und Ammoniakdünger, sind mit Suchtmitteln vergleichbar. Je mehr davon vorhanden ist, desto mehr verlangt der Organismus nach einer höheren Dosis. Für die Düngemittelindustrie war und ist dieser Drogendeal ein lukratives Geschäft: Die Stickstoffmengen, die für die weltweite Nahrungsmittelproduktion benötigt werden, steigen von Jahr zu Jahr. Allein die Herstellung von Stickstoffdünger für ein Maisfeld von einem Hektar Größe verschlingt die Energie von 250 Litern Erdöl. So lebt der Glaube an die Effizienz der kapitalistischen Landwirtschaft als alleinige Grundlage – der allmählich sterbende Nährboden – einer rasant wachsenden Weltbevölkerung von einer bizarren Abstraktion: Der scheinbare (billige) Zugewinn an Nahrungsenergie wird mit einem nicht nachhaltigen (teuren) Mehraufwand an Primärenergie aus fossilen Ressourcen erkauft – obwohl eine ökonomisch nachhaltige, in Marx' Worten, »rationelle« Nahrungsmittelproduktion auf rein regenerativer Energiegewinnung basieren könnte.

Auch die andere große Gruppe der Agrochemikalien, die Pestizide, verdanken ihren massiven Einsatz einem kriegerischen Kontext. Der Zweite Weltkrieg ist hier die entscheidende Ursache. Die Firma Bayer forschte an Giftgasen (das Gift, das in den Konzentrationslagern der Nazis zum Völkermord an den europäischen Juden eingesetzt wurde, musste zuvor industriell hergestellt werden) und entwickelte Phosphorsäureester. Nach dem Krieg verfügte die Industrie über große Produktionskapazitäten und Lagerbestände. Die tödliche Substanz wurde neu gemischt und

41 Lutzenberger/Gottwald, Global denken, lokal essen, 18.

als Insektizid vermarktet. Der Schweizer Chemiker Müller von der Firma Geigy entdeckte, dass DDT zwar Insekten, nicht aber Menschen tötet. Daraufhin wurde es bei den an Malaria erkrankten amerikanischen Truppen im Kampf gegen die Japaner im Pazifik eingesetzt. Da man von seiner gesundheitlichen Unbedenklichkeit ausging, wurde es großflächig versprüht (auch in Häusern und unter der Kleidung). »Kurz vor dem Ende des Krieges im Pazifik war ein amerikanischer Frachter auf dem Weg nach Manila, mit einer Ladung hochwirksamer Pflanzenvernichtungsmittel der 2,4-D und 2,4,5-T-Gruppe. Die Absicht war, die Japaner auszuhungern, indem man ihre Ernte durch das Versprühen von Pflanzengift aus der Luft zerstörte. Doch dazu kam es nicht mehr. Das Schiff wurde zurückbeordert, bevor es ankam – ein noch tödlicheres Massenvernichtungsmittel, der Atombombenabwurf auf Hiroshima und Nagasaki zwang die Japaner zur Kapitulation. Auch hier bot sich wieder das gleiche Bild: riesige Produktionskapazitäten, enorme Lagerbestände, aber kein Käufer. So formulierten die Forschungslabors der Industrie das Produkt auf Herbizid um und beglückte damit die Bauern. Später in Vietnam versprühten die Amerikaner gewissenlos über Millionen von Hektar tropischen Regenwaldes ein Stoff, den sie ›Agent Orange‹ nannten. Es sollte nur ein ›Entlaubungsmittel‹ sein, um die feindlichen Truppen sichtbar zu machen. Tatsächlich enthielt dieses Mittel eine hohe Konzentration von 2,4,5-T das den Wald völlig zerstörte.«[42]

Ohne an dieser Stelle auf Details und Zahlen eingehen zu wollen, nur ein paar Details: Als Klimakiller befindet sich die Landwirtschaft in bester Gesellschaft mit Kraftwerken, Großindustrie und Verkehr. Beim Treibhausgas Methan oder Lachgas, das rund 265-mal so klimaschädlich ist wie Kohlendioxid, trägt die deutsche Landwirtschaft mit zehntausenden Tonnen maßgeblich zum weltweiten Gesamtausstoß bei. Besonders viel Lachgas entsteht zum Beispiel auf stark gedüngten Kartoffeläckern: Kippt der Landwirt dort 150 Kilo Dünger auf einen Hektar, entweichen davon 25 Kilo Lachgas in die Luft. Das macht zwar insgesamt nur einen kleinen Teil der Milliarden Tonnen klimaschädlicher Treibhausgase aus. Aber Lachgas ist in der Atmosphäre besonders langlebig: 120 Jahre. Auch materiell verursachen deutsche Landwirte durch den Einsatz von Pflanzenschutzmitteln erhebliche Schäden. Weltweit werden mit der Herstellung und dem Transport von Pestiziden und Insektiziden Milliarden umgesetzt. Hunderttausende Tonnen davon lagern als bedrohlicher Giftmüll rund um den Globus, vor allem in landwirtschaftlich geprägten Entwicklungsländern. Viele tausend Tonnen Gifte, die jährlich gegen Unkräuter, Pilze und Schädlinge versprüht werden, verursachen Folgeschäden in Millionenhöhe, z.B. durch Verunreinigung des Trinkwassers.

42 Lutzenberger/Gottwald, Global denken, lokal essen, 20.

Lebensmittelindustrie und Fleischmythos

Marx hat bei seiner erklärungsbedürftigen Würdigung der historischen Verdienste des Agrikulturchemikers Justus von Liebig eine andere industrielle Innovation unterschlagen, die sich mit seinem Namen verbindet und die zugleich den Blick von der agrarischen auf die kulinarische Produktion der täglichen Nahrung lenkt. Die Rede ist von Liebigs Erfindung des *Fleischextrakts* und damit des Prototyps der industriellen Fertignahrung, die der konsumkapitalistischen Ernährungsindustrie und ihrem »Proteinmythos« (Fiddes) zu einem Erfolg verhalf, der für die menschliche Entwicklung ähnlich verhängnisvoll war wie die Kunstdüngung.[43] Die ›Fleischfrage‹, die inzwischen aus vielerlei drängenden Gründen zu einem der zentralen Zukunftsprobleme geworden ist, ist ein Aspekt des Gastrokapitalismus, der hier nicht vertieft werden kann. Einige Stichworte müssen genügen, um deutlich zu machen, worin die Aktualität des Liebig-Lesers Marx heute liegen könnte, wenn der einflussreichste Kapitalismuskritiker mehr Sinn für die alltägliche Küchenarbeit und das Kochen gehabt hätte. Immerhin ist ihm das, wie er es nennt, »philosophische Kochbuch« des Grafen Rumford nicht entgangen.[44] Ein Faktum, das hier unbedingt Erwähnung verdient und meiner folgenden Darstellung des fragwürdigen Umgangs der Marxisten mit der kapitalistischen Fleischindustrie vorangestellt sei.

Denn Tatsache ist: Dasjenige philosophische Werk, das so viel Geschichte geschrieben hat wie kaum ein anderes Buch eines westlichen Philosophen, enthält neben anderen wichtigen Dingen auch ein Kochrezept. Marx hielt es sogar für ein »besonders gelungenes Rezept«, allein schon wegen des günstigen Herstellungspreises seines Produktes: die »Rumfordsche Bettelsuppe«, wie er sie nannte, die ›Kraftsuppe‹, wie sie mit bürgerlichem Namen heißt. Wer das Kapital liest, sollte also auch diesen scheinbar beiläufigen Küchenzettel zur Kenntnis nehmen: »›Fünf Pfund Gerste, fünf Pfund Mais, für 3 d. Heringe, 1 d. Salz, 1 d. Essig, 2 d. Pfeffer und Kräuter – Summa von 203/4 d. gibt eine Suppe für 64 Personen, ja bei den Durchschnittspreisen von Korn kann die Kost auf 1/4 d. per Kopf (noch nicht 3 Pfennige) herabgedrückt werden.‹« (Ebd.)

Rumfords massentaugliches Ideal einer Billigküche fürs Volk wolle, so der sarkastische Kommentar des Gastrokritikers Marx zu dieser Art von »Philanthropie«, bloß raffinierte »Surrogate an die Stelle der teuren Normalpreise des Arbeiters setzen«. Mit dieser ebenso weisen wie ungewollten Vorausschau prophezeite Marx den Siegeszug der konsumkapitalistischen Surrogat-Volksküche und eine entsprechend fortschreitende »Warenverfälschung« (ebd.) durch die industrielle Lebensmittelproduktion (und -konsumtion). Er gab dafür »ein Beispiel. In London existieren zweierlei Sorten von Bäckern, die ›full priced‹, die das Brot zu seinem

43 Fiddes, Die Macht des Fleisches.

44 Marx, Das Kapital, 23, 628.

vollen Wert verkaufen, und die ›undersellers‹, die es unter diesem Werte verkaufen. Letztere bildet über 3/4 der Gesamtzahl der Bäcker. Diese undersellers verkaufen, fast ausnahmslos, Brot, das verfälscht ist durch Beimischung von Alaun, Seife, Perlasche, Kalk, Derbyshire-Steinmehl und ähnlichen angenehmen, nahrhaften und gesunden Ingredienzien.« (Ebd., 189) Der Fetischcharakter solcher Esswaren ist ihr schön verpackter Schein, der die tendenzielle Wertlosigkeit ihrer Zusammensetzung, ihrer innovativen ›Kreation‹ und die Wahrheit ihrer unwürdigen Produktion verschleiert, um umso profitabler zu sein. Die Philosophie der Rumfordschen Kraft- oder Bettelsuppe wurde später ästhetisch popularisiert durch die Pop-Art-Darstellungen serieller Dosensuppen und supermarktkompatibler Lebensmittelkonserven des amerikanischen Künstlers Andy Warhol zur Ikonografie der konsumkapitalistischen Industrieküche.

Auch der bereits erwähnte Fleischextrakt, den der Chemiker Liebig der fleischlüsternen Menschheit anbot, sollte die Menschen mit populären Mitteln satt und ›künstlich‹ glücklich oder genauer: arbeitsfähiger machen. Diese paradigmatische Erfindung des Gastrokapitalismus ist also weniger einer politisch-ethischen Gesinnung oder dem hedonistischen Motiv geschuldet, die kulinarisch-ästhetischen Gelüste des Volkes (nach Fleischgenuss) zu befriedigen, als vielmehr der physiologisch unterentwickelten Ernährung in einem Teil der Welt und dem ökonomischen Überfluss in anderen Teilen. Eine verkehrte Weltordnung der globalen Tischgesellschaft: Denn während sich in Europa in der Phase des frühindustriellen Kapitalismus die Ernährungslage allgemein verschlechterte, herrschte in lateinamerikanischen Ländern wie Uruguay, Argentinien, Mexiko und anderen Regionen mit ausgedehnten Weideflächen eine Überproduktion an Fleisch. Fleisch war zu dieser Zeit für die lokale Bevölkerung (noch) in großen Mengen und damit zu niedrigen Preisen verfügbar. Tiere wurden teilweise nur wegen ihres Fells geschlachtet. In Europa dagegen – dem damaligen Erdteil, der (noch) von kulinarischen Entwicklungsländern bevölkert war – ernährte sich die (weitgehend fleischlose) Arbeiterschaft von Kartoffeln als Hauptnahrungsmittel oder von billigen Kraftsuppen à la Rumford. Oder eben mit Fleischextraktküche nach Liebigs Rezept.

Seine chemischen Experimente zu einer naturwissenschaftlichen Molekularküche folgten dem ökonomischen Kalkül, fein zerkleinertes Fleisch in Wasser zu kochen, die so gewonnene Fleischbrühe zu filtrieren und anschließend einzudicken. Das so gewonnene Produkt, die extrahierte Fleischessenz, benötigte wenig Raum und war lange haltbar – ein idealer Rohstoff. Eine kleine Dose von Liebigs Fleischextrakt enthielt die konzentrierte ›Lebenskraft‹ von mehreren Kilogramm Fleisch. Und: In kürzester Zeit war eine würzige Kraftbrühe gekocht und gebrauchsfertig. In der theoretischen Auseinandersetzung mit diesem Fleischmythos fällt auf, dass sich Marx (wie auch der Marxist Engels) nicht speziell zur kapitalistischen Tierhaltung und Fleischfrage geäußert hat. Diese ernährungsethische (bzw. tierethische) Ignoranz ist keineswegs bedeutungslos. Denn schon damals war die Fleischfrage in

Theorie und Praxis Gegenstand heftiger ideologischer Kontroversen. Der moderne Vegetarismus hatte in der zeitgenössischen Philosophie schon seit Rousseau und erst recht mit der Mitleidsethik Schopenhauers neue Impulse erhalten.[45] Und die vegetarische Lebensreformbewegung, die sich in den 1860er Jahren zu formieren begann und radikale gesellschaftliche Veränderungen forderte, motivierte immerhin jemanden wie Nietzsche, seinen eigenen Fleischgeschmack zu hinterfragen und sich – zumindest zeitweise – fleischlos glücklich zu ernähren. Bei Marx bzw. im Marxismus tauchen rein ökonomische oder ökologische Überlegungen zur Fleischfrage gar nicht erst auf. Mehr noch als die negativen Seiten der Agrochemie hätte die marxistische Ethik und Utopie die Destruktivität eines entfesselten Gastrokapitalismus an der Grausamkeit der großindustriellen und zunehmend technisierten Fleischproduktion aufzeigen können. Immerhin ein weiteres, gesellschaftlich gewichtiges Indiz, das Marx' Forderung nach einer radikalen Veränderung des kapitalistischen Naturverhältnisses bestätigt.

Der Fleischextrakt, der wie der Kunstdünger der Logik einer künstlichen Ernährung entspricht, verbindet drei zentrale Elemente der westlichen Esskultur und ihrer politischen Ökonomie: erstens möglichst billige, zweitens schnell zubereitete Fertigprodukte, die drittens ganz wesentlich aus Fleisch bestehen. Die karnivore Konzeptküche basiert auf dem Mythos, dass menschliche Arbeitskraft nur durch den Verzehr tierischer Lebenskraft entstehen kann, weshalb tierische Proteine nach diesem gesellschaftlichen Geschmack die einzig relevante Kraftquelle darstellen (die rein pflanzlichen, vegetabilen Nahrungsmitteln angeblich fehlt). Liebigs Fleischextrakt ist daher vor allem in ökonomischer (und wirtschaftsethischer) Hinsicht ein zweischneidiges Verdienst: Seine Produktinnovation verhalf der kapitalistischen Industrie für Fertigkost zum Durchbruch.

Zwar wurden bereits seit den 1820er Jahren vorgefertigte Lebensmittel in Blechdosen konserviert, doch blieben diese Produkte auf Großabnehmer wie Handelsschiffe und Armeen beschränkt. (Napoleons erfolgreiche Kriegsführung wird unter anderem auf den erstmaligen Einsatz von Fertignahrung in Konservendosen zurückgeführt: Ohne Mampf, kein Kampf.) Aber erst Liebigs Fleischextrakt weckte die zivile Nachfrage. Da dessen Massenproduktion in Amerika erfolgte, entstand durch die dortige Esskulturindustrie – die Marx als gastrosophisch unterbelichteter Gesellschaftstheoretiker nicht richtig im Blick hatte – auch der transkontinentale Handel mit industriell hergestellten Esswaren (parallel zum Welthandel mit Agrarprodukten wie Getreide, Zucker usw.).

---

45 Später stellte der ›Chefkoch‹ der Kritischen Theorie Max Horkheimer eine entsprechende Verbindung von Marxismus und Mitleidsmoral als Tierethik her (Kritik der instrumentellen Vernunft, 102). Auch der marxistische Philosoph Herbert Marcuse stellte sich der bis heute fortbestehenden Problematik der ›Fleischfrage‹; Marcuse, Konterrevolution und Revolte.

Halten wir also fest: Marx erkannte den zutiefst antagonistischen Charakter der kapitalistischen Weltgesellschaft, indem er die progressiven Aspekte ihres Modernisierungspotentials akzeptierte. Zugleich aber kritisierte er, im Widerspruch zum affirmativen Geist seiner bürgerlichen Umgebung (insbesondere der Wissenschaftler), die destruktiven Aspekte ihrer ökonomischen Strukturen. So brachte der Gastrosoph am Beispiel der kapitalistischen Agrarrevolution einen realen gesellschaftlichen Widerspruch auf den Begriff: Neben den sozialen Folgen der globalen Vernichtung bäuerlicher Existenzen und Subsistenzen sowie der Ausbeutung der Arbeiter, der Verelendung der überflüssig gemachten Menschen und der Niedriglöhne in den Fabriken der städtischen Industrie sind es gerade die ökologischen Zerstörungen, die diese Dynamik sichtbar machen. Dieser Zerstörungsprozess bringt zugleich die unhintergehbare Abhängigkeit des Menschen von der Natur, seine Naturhaftigkeit, ins Bewusstsein. »So werden wir bei jedem Schritt daran erinnert«, argumentierte auch Engels, »dass wir keineswegs die Natur beherrschen, wie ein Eroberer ein fremdes Volk beherrscht, wie jemand, der außer der Natur steht, sondern, dass wir mit Fleisch und Blut und Hirn ihr angehören und mitten in ihr stehen.«

Engels formuliert damit in aller Deutlichkeit den Grundgedanken einer gastrosophischen Anthropologie und ihrer mega-physischen Naturethik einer erdgebundenen Essistenz. Ähnlich greift Marx die gastroanthropologischen »Entdeckungen Feuerbachs« auf, die er begeistert als »theoretische Revolution« feiert, indem er in seiner materialistischen Kritik an Hegels Idealismus den Gegensatz von bloßer Natur und menschlicher Kultur, von Geist und Körper zurückweist. Dem anthropozentrischen Idealismus wird ein naturalistisches Menschenbild gegenübergestellt, um eine andere Geschichte vom Menschsein und von seinem wahren (erdverbundenen, ökologischen) Wesen zu erzählen: »Der Mensch lebt von der Natur, heißt: Die Natur ist sein Leib, mit dem er in beständigem Prozess bleiben muss, um nicht zu sterben. Dass das physische und geistige Leben des Menschen mit der Natur zusammenhängt, hat keinen anderen Sinn, als dass die Natur mit sich selbst zusammenhängt, denn der Mensch ist ein Teil der Natur.«[46]

Während aber der Hegelkritiker Feuerbach seine Anthropologie ins Praktische wendete, indem er die Ernährungsfrage und mit seiner wegweisenden These, dass der Mensch ist, was er isst, die essistenzielle Lebenspraxis des Menschen in den Mittelpunkt stellte und den sozialphilosophischen Gedanken einer gesellschaftlichen Verbesserung in eine gastrosophisch fundierten Ethik und Revolution münden ließ[47], wählten die Marxisten, allen voran Marx und Engels, einen anderen Weg. Sie

46 Marx, Philosophisch-Ökonomische Manuskripte, 516.

47 Im Kontext seines revolutionstheoretischen, auf alltagspraktische Gesellschaftsveränderung hinwirkenden Programms entsteht auch sein sicherlich berühmtester Satz: »Wollt ihr das Volk bessern, so gebt ihm statt Deklamationen gegen die Sünde bessere Speisen. Der Mensch ist, was er isst.« (Feuerbach, Die Naturwissenschaft und die Revolution,

verbanden die Einsicht in die physiologische bzw. ökologische Naturhaftigkeit des Menschen und in die Tatsache, dass die Kulturgeschichte Teil der Naturgeschichte ist, mit der Idee einer radikalen Verbesserung der agrarischen Naturpraxis, deren nichtkapitalistischen Produktionsweise dieser ökologischen Einsicht entsprechen soll. In diesem Sinne führte Engels seinen oben zitierten Gedanken weiter: »So werden wir bei jedem Schritt daran erinnert […], dass unsre ganze Herrschaft über die Natur darin besteht, im Vorzug zu allen anderen Geschöpfen ihre Gesetze erkennen und richtig anwenden zu können.«[48] Mit diesen weitreichenden Einsichten wird das Programm einer »kommunistischen« Naturnutzung notwendig, in dessen Zentrum der gastrosophische Begriff einer naturgerechten oder eben kommunistischen Agrikultur steht. Mit ihr wird, wie Marx an einer Stelle andeutet, jene »neue, höhere Synthese, der Vereinigung von Agrikultur und Industrie, auf Grundlage ihrer gegensätzlich ausgearbeiteten Gestalten« erreicht, der die kapitalistische Agrarindustrie als unterentwickelte Vorgeschichte historisch vorausgeht.[49]

Idee eines Regrowth-Kommunismus

Eine kommunistische Agrikultur als bessere Form der landwirtschaftlichen Praxis basiert auf der *Idee einer geschonten Erde*. Marx hatte sie in die seither oft zitierten Worte gefasst, die die kommunistische Utopie beschreibt: »Selbst eine ganze Gesellschaft, ja alle gleichzeitigen Gesellschaften zusammengenommen, sind nicht Eigentümer der Erde. Sie sind nur ihre Besitzer, ihre Nutznießer, und haben sie als *boni patres familias* den nachfolgenden Generationen verbessert zu hinterlassen.«[50] Mit diesem intragenerativ begründeten und die Erdverbundenheit des Menschen reflektierenden Gerechtigkeitsbegriff nahm er als erster die ökologische Ethik eines nachhaltigen Naturverhältnisses in den Blick.[51] Marx ist, postmarxistisch verstanden und hier aus gastrosophischer Perspektive neu entdeckt, eben nicht der Vollstrecker des Baconismus, sondern dessen dialektischer Transformator und erster Theoretiker einer weltgesellschaftlichen Alternative. So gesehen, baut das Prinzip Verantwortung von Jonas, das sich als eine antimarxistische Grundmaxime (miss-)versteht, sogar auf dem verantwortungsethischen Umweltgedanken des

229). Ausführlich dargestellt habe ich Feuerbachs revolutionäre Gastrosophie in: Lemke, Einführung in die Gastrosophie, 475–506.

48 Engels, Dialektik der Natur, 453.

49 Marx, Das Kapital I, 528.

50 Marx, Das Kapital, III, 784.

51 Burkett, Marx and Nature. A Red and Green Perspektive; Mehte, Ökologie und Marxismus. Ein Neuansatz zur Rekonstruktion der politischen Ökonomie unter ökologischen Krisenbedingungen.

Marxismus auf. Die Einsicht verantwortungsbewusster Philosophen in die gesellschaftliche Notwendigkeit einer ökologischen Transformation des vorherrschenden (kapitalistischen) Wirtschaftssystems ist inzwischen eine weltanschauliche Selbstverständlichkeit. Sie wird zwar ›unterschiedlich interpretiert‹ – ökonomisch und utopisch verwässert.[52] Das ändert aber nichts daran, dass hier ein gutes Stück Marxismus zum Tragen kommt, das auf den historischen Einfluss dieser Philosophie zurückgeht – ein agrargastrosophischer Marxismus. Wichtig ist dabei, dass Marx selbst ein notwendig praktisches, über das menschliche Ernährungsgeschehen vermitteltes, eben ein agrikulturelles, die agrarische Nahrungsproduktion reflektierendes Naturverhältnis hatte.

Insofern die Menschen als sich ernährende Naturwesen gar keine andere Wahl haben, als in einem anthropozentrischen, d.h. die Natur bearbeitenden und sich anverwandelnden Verhältnis zur Erde zu leben, betrifft ein verbesserter »Stoffwechsel« (Marx) zwischen ihnen und ihrer Umwelt vor allem die Agrarfrage einer radikal veränderten Form der landwirtschaftlichen Nahrungsproduktion. Eine dafür zentrale, aber wegen ihrer Formelhaftigkeit unbedingt erklärungsbedürftige Notiz des jungen Marx lautet: »Der Kommunismus ist als vollendeter Naturalismus = Humanismus, als vollendeter Humanismus = Naturalismus, er ist die wahrhafte Auflösung des Widerstreits des Menschen mit der Natur und mit dem Menschen«.[53] Erst der *agrarethische Begriff einer gut kultivierten Natur* oder *Wohlnatur* und die entsprechende Praxis, die dem Wohl aller vom menschlichen Stoffwechsel betroffenen Mitlebewesen gerecht wird, gibt dieser oft zitierten, romantisch klingenden Formel ihre ökonomisch-gesellschaftliche Bedeutung einer besseren oder eben ›kommunistischen‹ Agrikultur. Wenige Seiten später wird zum ökomarxistischen Ideal des künftigen Miteinanders ergänzt: »Also die *Gesellschaft* ist die vollendete Wesenseinheit des Menschen mit der Natur, die wahre Resurrektion der Natur, der durchgeführte Naturalismus des Menschen und der durchgeführte Humanismus der Natur.«

Halten wir fest: Ein gastrosophisches Verständnis des wahren (post-neo-)marxistischen Naturverständnisses hebt dessen praktischen (bewirtschaftenden) Sinn hervor und geht damit entscheidend über ein rein moraltheoretisches Naturdenken (des Schützens) hinaus. Indem die philosophische Naturethik in ihrer romantischen, physiozentrischen oder ästhetischen Variante nur ein gesinnungsethisches Naturverhältnis denkt, abstrahiert sie von der entscheidenden möglichen Gesellschaftlichkeit (dem Miteinander, dem Kommunismus) einer agrikulturellen Praxis.

---

52 Ein typisches Beispiel für die umweltethische Optimierung der bestehenden Gesellschaft, die mit dem Prinzip Weiter-so den trügerischen Anschein erweckt, dass sich unsere Lebensweise nicht wesentlich zu ändern braucht, bietet der renommierte Unternehmensberater und Publizist Paul Hawken, siehe: ders., Öko-Kapitalismus: Die industrielle Revolution des 21. Jahrhunderts.

53 Marx, Philosophisch-Ökonomische Manuskripte, 389.

Zu Recht ist darauf hingewiesen worden, dass bereits der Dichter der Naturromantik, Novalis, eine praktische Fundierung des Naturbegriffs im Sinn hatte. »Novalis fügt nämlich hinzu, dass das ›wahre Naturverständnis‹ am ehesten dort entstehe, ›wo die Menschen in vielfältigen Umgang und Streit mit der Natur sind‹, wobei er Ackerbau, Schifffahrt und Bergbau erwähnt.«[54] Was im Umkehrschluss eben auch impliziert: Nur durch eine falsche Abstraktion von der agrargesellschaftlichen Naturpraxis als dem wesentlichen Naturverhältnis des Menschen sind moraltheoretische Umweltethiken mit der bestehenden kapitalistischen Naturzerstörung kompatibel. Ökologische Probleme werden dann praktisch nur noch durch die (vielleicht etwas) effizientere Entwicklung einer kapitalistischen Umwelttechnologie bewältigt, deren systematische Halbherzigkeit durch die Einrichtung von Naturschutzgebieten oder Wildparks als Ausgleich oder Kompensation, wie es heißt, als ›naturästhetische Wiedergutmachung‹ beschönigt wird. Für solche wohlmeinenden Naturästhetiken und ihren trügerischen Ruf nach ›unberührter Natur‹ hatte schon der große Kritiker der modernen Industrialisierung nichts übrig: Eine Natur, die der menschlichen Geschichte vorausging, gibt es »heutzutage, ausgenommen etwa auf einzelnen australischen Koralleninseln neueren Ursprungs, nirgends mehr«.[55]

Dem Philosophen Marx gelang es, diesen für eine bürgerlich-affirmative Denkweise typischen Fehler zu widersprechen, indem er das menschliche Naturverhältnis über eine kritische Analyse der ökonomischen Struktur der global vorherrschenden Produktionstechniken reflektierte. Aus seiner Analyse lassen sich immer noch konkrete Erkenntnisse darüber gewinnen, was ein ungutes, die Erde und die Arbeiter ausbeutendes Naturverhältnis ausmacht und was im Gegensatz dazu einen künftigen Agrarkommunismus erfordern würde. »Die Moral von der Geschichte, die man durch Betrachtung der Agrikultur gewinnen kann, ist die«, so fasste Marx seine Kritik der kapitalistischen Landwirtschaft in Verbindung mit seiner Idee einer kommunistischen Agrargesellschaft zusammen, »dass das kapitalistische System einer rationellen Agrikultur widerstrebt oder die rationelle Agrikultur unverträglich ist mit dem kapitalistischen System (obgleich dies ihre technische Entwicklung befördert) und entweder der Hand des selbst arbeitenden Kleinbauern oder der Kontrolle der assoziierten Produzenten bedarf.«[56]

Über die inhaltliche Bestimmung einer ökologischen, mithin genossenschaftlich organisierten kleinbäuerlichen Landwirtschaft machte sich Marx einer neuen Freiheitsbegriff klar: »Die Freiheit in diesem Gebiet kann nur darin bestehen, dass

54 Jamme, ›Entwilderung der Natur‹. Zu den Begründungsformen einer Kulturgeschichte der Natur bei Schiller, Hölderlin und Novalis, 597). Siehe auch: Becker, Ökonomie und Natur in der Romantik: das Denken von Novalis, Wordsworth und Thoreau als Grundlegung der ökologischen Ökonomik.

55 Marx, Deutsche Ideologie I, Feuerbach, 44.

56 Marx, Das Kapital III, 131.

der vergesellschaftete Mensch, die assoziierten Produzenten, diesen ihren Stoffwechsel [...] mit dem geringsten Kraftaufwand und unter den ihrer menschlichen Natur würdigsten und adäquatesten Bedingungen vollziehen.« (Ebd., 828) *Bäuerliche Arbeit als notwendige, aber darüber hinaus menschenwürdige Tätigkeit – das war wahrlich utopisch gedacht.*

Der ökologische Naturbezug eines praktizierten Humanismus wird so mit einer ökonomischen Humanität verbunden. Der Anbau wertvoller (geldwerter) Produkte (von Nahrungsmitteln) muss weder entwürdigende Plackerei noch fremdbestimmte Lohnarbeit sein. Denn der Kommunismus einer freien und guten Agrikultur berücksichtigt neben der umweltverträglichen Produktionsweise gerade auch das Wesen der Arbeit (ihre sozialverträgliche Menschlichkeit). Wenn die Menschen lernen, ihren Stoffwechsel mit dem geringsten Kraftaufwand und in der ihrer menschlichen Natur würdigsten und adäquatesten Form zu vollziehen, entstehen eben auch ganz neue Arbeitsverhältnisse und Existenzen (Essistenzen, Subsistenzen). Wenn heute sozialökologische Bauernbewegungen und umweltethische Aktivisten der globalen Ernährungswende argumentieren, eine naturgerechte Landwirtschaft schaffe massenhaft sinnvolle Arbeit, dann wollen sie dasselbe wie die agrarkommunistische Utopie, um die der Panhumanist Marx in schwer erkennbar gebliebenen Bahnen kreiste. Insofern ist dem zuzustimmen: »Man kann die ökologischen Fragen im Rahmen eines marxistischen Denkens aufgreifen, ohne die Zukunftsorientierung und den Utopiebegriff über Bord zu werfen.«[57]

Exkurs zur Women's Charter of Food Right

Vor einigen Jahren musste die indische Regierung feststellen, dass der Verzehr bestimmter einheimischer Senföle in Delhi zum Tod zahlreicher Menschen geführt hatte. Um die Tragik dieses Ereignisses zu verstehen, muss man wissen, dass die Verwendung von lokal produzierten Speiseölen aus Senf, Leinsamen, Kokosnuss oder Sesam in der indischen Küche weit verbreitet ist. Die Vielfalt selbst hergestellter Öle ist eine wesentliche Voraussetzung für die abwechslungsreiche Esskultur dieser traditionsreichen Gesellschaft. Als unmittelbare Reaktion auf die Lebensmittelvergiftungen hat die Regierung die Verwendung von Senföl verboten und stattdessen alle Beschränkungen für den freien Import ausländischer Sojabohnen aufgehoben. Da achtzig Prozent der in Indien verwendeten Speiseöle durch Kaltpressung gewonnen werden, hatte diese politische Entscheidung zur Folge, dass nur noch industriell verarbeitete und abgepackte Speiseöle verkauft werden durften und die Verbraucher nicht mehr die gewohnten und zudem billigeren einheimischen Öle zur Auswahl hatten. Diese globalisierungsfreundliche Agrarpolitik kam

57 Schäfer, Das Bacon-Projekt. Von der Erkenntnis, Nutzung und Schonung der Natur, 134.

dem amerikanischen Branchenverband American Soybean Association sehr gelegen. Denn die Absatzchancen für ihre Varianten von *dals* (auf Basis gentechnisch veränderter Sojaöle) stiegen sprunghaft an.

In Delhi kam es daraufhin zu Protesten, vor allem von Frauen, gegen die Einschränkung der lokalen Vielfalt der betroffenen Hülsenfrüchte und gegen die zunehmende Dominanz internationaler Großkonzerne in der Sojaproduktion. Der spontane Protest der indischen Frauen war jedoch nicht Ausdruck eines bloß punktuellen Volksunmuts – ebenso wenig wie die demonstrative Aktion französischer Bauern, die zur gleichen Zeit symbolisch eine McDonald's-Filiale in ihrer Stadt demontierten. Während die symbolische Demonstration dieser Widerstandskämpfer gegen das globale *mal bouffe* (französisch für ›schlechtes Essen‹) – aufständische Käseproduzenten und Good Food Gallier – den Bauernhelden und Ernährungswende-Asterix José Bové hervorbrachte[58], wurde aus dem Aufstand der Inderin eine gastrosophische Ikone der weltweiten Antiglobalisierungsaktivismen: Vandana Shiva. Als weltberühmte Theoretikerin der Good Food Bewegung brachte sie den damaligen Protest auf den Punkt: »Die ärmsten Frauen aus den Elendsvierteln Delhis führen die Bewegung an. Sie schlossen sich unverzüglich zusammen, um für die Wiederzulassung von Senföl sowie ein Verbot von gentechnisch verändertem Soja zu kämpfen.«[59]

Ziel ihres Handelns war der Erhalt der biologischen Vielfalt von Nahrungsmitteln und damit die Verteidigung der Ernährungssouveränität – und damit eine Kampfansage an die globalen agrarkapitalistischen und kulinarischen Strukturen von Monokulturen, industriell erzeugten und gentechnisch veränderten Lebensmitteln. Wie José Bové in Frankreich für guten Käse kämpft Shiva in Indien neben der lokalen Vielfalt landwirtschaftlicher Produkte unter anderem für die umwelt- und sozialverträgliche Produktion von Garnelen. Diese werden an Zehntausenden von Kilometern der indischen Küste in Massentierhaltung vor allem für den Export gezüchtet, damit die indischen Aquafarmer das nötige Geld für (wiederum importierte) Grundnahrungsmittel verdienen können. Doch angesichts der hohen ökologischen und sozialen Schäden, die die aquaindustrielle Garnelenproduktion verursacht[60], wuchs der Widerstand der Fischer und der betroffenen Bevölkerung.

Dieser Protest führte zur Gründung der indischen Umwelt- und Menschenrechtsorganisation Navdanya. Die Organisation setzt sich seither für den Schutz der Biodiversität, den Aufbau von Saatgut-Gemeinschaftsläden, die Förderung des ökologischen Landbaus und den Vertrieb von Bio-Lebensmitteln ein. Shiva, die zu ihrer Sprecherin wurde, verschaffte der Bewegung weltweit Gehör. Ihre

58 Bové/Dufour, Die Welt ist keine Ware. Bauern gegen Agromultis.

59 Shiva, Geraubte Ernte: Biodiversität und Ernährungspolitik. 201, 207

60 Angres/Hutter/Ribbe, Futter fürs Volk. Was die Lebensmittelindustrie uns auftischt, 214ff.

›marxistische‹ Kritik an den globalen Ernährungsverhältnissen stellt die gastrosophischen Zusammenhänge her: »Es ist ein ziemlicher Unsinn, zu glauben, der Export von Luxusgütern ermöglichte die Einfuhr von Grundnahrungsmitteln. Drei Gründe: Erstens, die Menschen setzen auf Vielfalt. Sie bauen an und verzehren unterschiedliche Arten von Nahrungsmitteln, während die globalen Märkte nur mit einigen wenigen Waren handeln wollen. Zweitens, obwohl es sich bei den zu exportierenden Agrarprodukten um Luxusgüter handelt, die zunächst viel Gewinn versprechen, fallen zwangsläufig die Preise, wenn viele Länder auf die Idee kommen, beispielsweise Garnelen und Blumen zu züchten. Und in der Zwischenzeit hat die Erosion der Nahrungsmittelproduktion und die damit einhergehende Nahrungsmittelknappheit im Land zur Folge, dass die Preise für Grundnahrungsmittel in die Höhe schnellen – ein Phänomen, das durch den Wertverfall von Währungen, wie man dies aus Südostasien kennt, verschärft wird. Ein solches Land gerät in die Lage, dass die Ausfuhren nicht ausreichen, um die Nahrungsmittelimporte zu finanzieren, und der Verschuldung und Nahrungsmittelknappheit zuschnappt. Tatsache ist, dass die Einnahmen aus Exporten in den globalen Handel fließen, während die Armen den Preis der Nahrungsunsicherheit zu bezahlen haben. Drittens, die intensive industriemäßige Produktion zum Beispiel von Garnelen und Blumen für den Export führt zu einem Prozess massiver ökologischer Zerstörung, was die Nahrungs- und Ernährungssicherheit weiter unterminiert. So zerstört die Garnelenzucht vier bis sechs Dollar an Nahrung und Naturressourcen gegenüber jedem Dollar an Exporteinnahmen, den sie abwirft. Eine ein Hektar große Garnelenwirtschaft zerstört mithin 200 Hektar produktive Ökosysteme.«[61]

Das Fazit dieser Analyse ist inzwischen zum politischen Grundsound antikapitalistischer Bewegungen für Ernährungssouveränität geworden: »Der Export von Luxusagrargütern kann nicht die Mittel ins Land bringen, die erforderlich wären, um den Import von Grundnahrungsmitteln zu bezahlen. Hinzu kommt, dass Nahrungssicherheit sich nur durch eine nachhaltige Produktionsweise erzielen lässt, die die Biodiversität und die kulturelle Vielfalt der Ernährung bewahrt und dabei zugleich der Bevölkerung eine Lebens- und Beschäftigungsperspektive bietet. Die Dritte Welt ist nicht dazu da, von den Überbleibseln und Abfällen des globalen Handelssystems zu leben, sie sollte in den globalen Handel vielmehr nur das einspeisen, was übrigbleibt, wenn alle Menschen vor Ort ernährt worden sind.« (Ebd.)

Shivas Organisation Navdanya ist nur eine Bewegung unter vielen. Allein in Asien sind überall Initiativen und Alternativen entstanden, die sich zum Ziel gesetzt haben, eine nachhaltige Landwirtschaft zu fördern, die Vielfalt in der Nahrungsmittelproduktion zu schützen und die Esskultur, die Ernährungssicherheit und die Ernährungsrechte der Menschen zu verteidigen. Gemeinsam mit der Research Foundation for Science, Technology and Ecology führt Navdanya auch eine Kampagne

61 Shiva, Geraubte Ernte: Biodiversität und Ernährungspolitik, 208f.

gegen gentechnisch veränderte Agrarprodukte. In Sri Lanka hat sich die Organisation Gami Seva Samiti an die Spitze einer Bewegung gesetzt, die sich für die Verbreitung des ökologischen Landbaus einsetzt. In Malaysia führt das Pesticide Action Network for the Asia Pacific Region breit angelegte Kampagnen für Ernährungssicherheit und nachhaltige Landwirtschaft durch. Auf den Philippinen setzt sich die Masipag Seed Movement für eine zukunftsfähige alternative Landwirtschaft ein, die die Belange der lokalen Kulturen und die besonderen Bedürfnisse der indigenen Bevölkerung berücksichtigt. Ihr Programm folgt dem Motto: *Menschen vor Profit.* In Japan hat sich schon früh ein großes Netzwerk von Hausfrauen im Seikatsu Club organisiert, um sich gegen den politisch (durch männliche Politik) ermöglichten Import von gentechnisch veränderten Lebensmitteln zu wehren und genossenschaftliche Strukturen zu schaffen, die den täglichen Einkauf und die landwirtschaftliche Produktion von regional erzeugten Bio-Lebensmitteln fördern.

Die Women's Charter of Food Rights, die von mehr als 27 indischen Frauenorganisationen gegründet wurde, vertritt in ihrem Dossier on the Women's Food Rights Campaign von 1998 folgende Position: »Wir fordern die Regierung auf, Ausfuhren von Grundnahrungsmitteln so lange zu beschränken und zu verbieten, bis für alle Menschen eine hinreichende Ernährung gesichert ist. Wir fordern, dass der Nahrungsbedarf der Frauen und Kinder dieses Landes erste Priorität haben muss und erst dann die Überschüsse für die Exportwirtschaft zur Verwendung kommen sollen. Anstatt, dass die Frauen zuletzt essen müssen und am wenigsten zu essen bekommen – und dabei für ihre Ernährung auf das angewiesen sind, was vom Tisch übrigbleibt –, fordern wir, dass sich der globale Handel mit den Überbleibseln abfinden sollte, und zwar erst dann, wenn den Ernährungsrechten des Landes Genüge getan worden ist. Die Regierung muss auch weiterhin die Produktion, den Verbrauch und den Nahrungsmittelbedarf aller Menschen sorgfältig im Auge behalten.« Und genau diese Forderung betrifft eine fundamentale Ungerechtigkeit des globalen Agrarkapitalismus. Denn seine patriarchale Weltordnung verweigert dem besseren – dem weiblichen – Teil der Menschheit das Menschenrecht, sich Land anzueignen, Land zu besitzen oder zu erben und sogar Kredite zu erhalten (siehe oben). Im Zentrum der Forderung nach Ernährungssouveränität und besseren Ernährungsverhältnissen steht also auch die Geschlechtergerechtigkeit – die Emanzipation der Frauen als unsere immer noch mehrheitlichen Nahrungsproduzentinnen und Arbeitskräfte in der Alltagsküche – eben als der bessere Teil der Menschheit.[62]

62 Mies/Shiva, Ökofeminismus: Beiträge zur Theorie und Praxis.

Subsistenzwirtschaft und Küchengärten in der Stadt

Hier endlich ergibt sich der Kontext, an die viel zitierte und oft missverstandene Beschreibung zu erinnern, die Marx und Engels in ihrem umfangreichen Werk über die alltäglichen Lebenskünste der zukünftigen Gesellschaft geben. Marx spricht in diesem Zusammenhang davon (und ich werde später noch ausführlich darauf zurückkommen), dass die Menschen »morgens jagen«, »nachmittags fischen« und »abends Vieh züchten« werden: Mit anderen Worten, sie werden agrikulturelle Tätigkeiten praktizieren. Die kleinbäuerliche genossenschaftliche Subsistenzwirtschaft wird ein wesentlicher Bestandteil des kommunistischen Alltags sein. Die revolutionäre Selbstveränderung, die die Welt verändert, wird ganz konkret darin bestehen, dass die Menschen ihre Lebensmittel wieder selbst produzieren, aber auf eine für alle bessere Art und Weise, nämlich genossenschaftlich, kooperativ, hobbymäßig (als freizeitliche Tätigkeit). An die Stelle des kapitalistischen Systems und des Zwangs, das zum Leben notwendige Geld durch Lohnarbeit verdienen zu müssen, tritt die teilweise geldlose, aber dennoch wertschöpfende (geldwerte) Eigenarbeit. »Der Lohnarbeiter von heute wird morgen unabhängiger, selbstwirtschaftender Bauer oder Handwerker.«[63]

Mit dem Ideal der Selbstversorgung und der Do-it-yourself-Kultur tauchen bei Marx utopische Perspektiven auf, die sich wie ein roter Faden durch die Geschichte des gastrosophischen Vordenkens ziehen. Ob Epikurs Garten, die gärtnerischen Ambitionen eines Sokrates, Nietzsches Traum vom eigenen Gemüsegarten oder Rousseaus Schwärmerei von der Landkommune: Ernährungssouveränität verbindet sich letztlich auch bei Marx mit der ankünftigen Lebenskunst, einen Teil des Tages zu nutzen, um direkten (»durchsichtig einfachen«) Einfluss auf die bestmögliche Produktion der eigenen Lebensmittel nehmen zu können. Verglichen mit ihren Vorläufern ist die marxistische Utopie einer existentiellen Transformation des ›Proletariers‹ in den ›Neoagrarier‹ einer Freizeitsubsistenz – also in einen Menschen, der unter anderem auch gärtnert und sein Essen selbst produziert – jedoch die konkreteste Antizipation einer besseren Zukunft.

Schließlich ist es Marx, der in dieser Hinsicht die Anregungen früherer ›Sozialisten‹ aufgreifend eine gesellschaftliche Entwicklung fordert, die die übliche Teilung von geistiger und körperlicher Arbeit sowie die unglückliche Trennung von ländlichem und städtischem Alltag aufhebt. Vor allem aber begreift Marx die alltägliche landwirtschaftliche Praxis als »gesellschaftliche Tätigkeit«, als gemeinsame Sache. Die kommunistische landwirtschaftliche Genossenschaft wird als »Vereinigung freier Menschen« beschrieben, »die mit gemeinschaftlichen Produktionsmitteln arbeiten und ihre vielen individuellen Arbeitskräfte selbstbewusst als eine

63 Marx, Das Kapital I, 797.

gesellschaftliche Arbeitskraft verausgaben«. Dementsprechend ist das Gesamtprodukt der Kooperation ein genossenschaftliches Produkt, das gerecht geteilt wird. »Ein Teil dieses Produkts«, so der Avant Gardening Utopist weiter, »dient wieder als Produktionsmittel (Saatgut, durch Verkauf erworbene Geräte). Er bleibt gesellschaftlich. Aber ein anderer Teil wird als Lebensmittel von den Vereinsgliedern verzehrt. Er muss daher unter sie verteilt werden.« Statt irgendwo in der Fremde produzierte Waren zu kaufen, bleiben in der kommunistischen Ökonomie von Agrar- und Konsumgenossenschaften »die gesellschaftliche Beziehungen der Menschen zu ihren Arbeiten und ihren Arbeitsprodukten durchsichtig einfach in der Produktion sowohl als in der Distribution.« (Ebd., 94) Die eigenhändige Produktion von Lebensmitteln einschließlich einer solchen durchsichtig einfachen Zirkulation des Produzierten schafft Verhältnisse, in denen sich Produzenten und Konsumenten persönlich kennen.[64]

Kritiker des Marxismus haben gegen solche überschaubaren Verhältnisse eingewandt, dass die Mikroökonomie von fischenden, Obst züchtenden, Gebrauchsgeschirr töpfernden oder sonst wie handwerklich bastelnden Kleinstproduzenten und Konsumgenossenschaften letztlich keine gesamtgesellschaftliche Bedeutung habe oder erlangen könne. Sie würden lediglich für vorindustrielle oder rückständige Idyllen sorgen und letztlich die »Herabwürdigung des Muße-Ideals zur Beschäftigungstherapie« (Hans Jonas) darstellen, ohne jedoch insgesamt die Fortsetzung des technokratischen Agrarkapitalismus zu verhindern.[65] Eine ähnliche Argumentation behauptet neuerdings, es gäbe keine funktionierende Alternative zu einer gentechnisch optimierten Landwirtschaft, weil bei einer weltweiten Umstellung auf ökologischen Landbau nicht genügend Nahrungsmittel für die wachsende Weltbevölkerung produziert werden könnten.[66] Diese unhaltbare Polemik verkennt sowohl die nachweisbaren Potenziale einer naturgerechten und kleinbäuerlichen Mit-Produktivität als auch die politische Dimension der globalen Ernährungsverhältnisse.[67]

---

64 Marx, Inauguraladresse, 11.

65 Jonas, Das Prinzip Verantwortung. Versuch einer Ethik für die technologische Zivilisation, 355f.

66 Pence, The Ethics of Food. A Reader for the Twenty-First Century.

67 Es gehört zu den Mythen des ›Welthungers‹, dass die weltweite Nahrungsmittelproduktion nicht ausreicht und dass noch zu ineffiziente Industrien durch mehr Einsatz von noch besserer Technologie behoben werden könnten. Tatsache ist, dass noch nie so viel Nahrungsmittel produziert wurden wie heute, und dass der Großteil der hungernden Weltbevölkerung in Ländern lebt, die Nahrungsmittelüberschüsse exportieren. Mehrheitlich sind ›die Hungernden‹, wie bereits erwähnt, landlose oder entrechtete und verarmte Bäuerinnen. Viele wurden durch Billigimporte agrarkapitalistischer Produkte von ihren eigenen Märkten verdrängt. Der Einsatz von Gentechnik und Agrar-Hightech zwingt Kleinbauern in die Abhängigkeit teurer und umweltschädlicher Produktionstechnologien und reproduziert nur neue Armut. Hauptursache ist – von Marx bis heute –

Deshalb ist keine gentechnische Revolution notwendig, sondern eine globale Agrarwende (als wesentlicher ökonomischer Teil der gastrosophischen Revolution). Der Agrarkommunismus, von dem Marx träumte, würde die agrarkapitalistischen Produktionsverhältnisse durch eine verbesserte Landwirtschaft überwinden, die auf ökologisch-naturwissenschaftlich fundierten Erkenntnissen und entsprechenden »Allianztechniken« (Bloch) beruht und »mit dem geringsten Aufwand«, wie Marx immer wieder betonte, hohe Erträge ermöglicht. Denn: »Die Freiheit auf diesem Gebiet kann nur darin bestehen, dass die assoziierten Produzenten ihren Stoffwechsel mit der Natur rationell regeln«, indem sie ihn »unter den ihrer menschlichen Natur würdigsten und adäquatesten Bedingungen vollziehen«. (Ebd.) Insofern verspricht die agrarkommunistische Zukunft nicht die Rückkehr zur harten, den Menschen entwürdigenden Landarbeit, sondern die allmähliche Verbreitung vernünftiger, ›rationellerer‹ Arbeits- und Bewirtschaftungsmethoden, die uns – uns selbst humanisierend – als intelligenten Mitproduzenten und guten Gärtnern der Erde würdig und angemessen sind und uns obendrein genügend Zeit für andere freie Tätigkeiten lassen.

Zum Wertbegriff der Natur

Eine gastrosophische Rekonstruktion und Weiterentwicklung der Marxschen Kritik der kapitalistischen Produktions- und Lebensverhältnisse hat auch konzeptionelle Konsequenzen für seine sogenannte Werttheorie, indem sie deren umweltethisches Defizit aufzeigt. Denn indem der Marxismus den Irrglauben verbreitete, die menschliche Arbeit sei die einzige Quelle der Wertschöpfung, verdeckte er seine ursprüngliche Einsicht in den ökologischen Eigenwert der Natur. Damit wurde dem kapitalistischen Wertschöpfungs- und Stoffwechselprozess ›die Umwelt‹ als wertloses Material und bloßes Mittel gegenübergestellt. So entstand überhaupt erst die kritisierte Nähe zum ›Baconismus‹ einer totalen Naturausbeutung. Bei Marx klingt das so: »Die Erde (worunter ökonomisch auch das Wasser einbegriffen), wie sie den Menschen ursprünglich mit Proviant, fertigen Lebensmitteln ausrüstet, findet sich ohne sein Zutun als der allgemeine Gegenstand der menschlichen Arbeit vor.«[68] So gesehen fehlt seiner Werttheorie das grundbegriffliche Instrumentarium, um auszuschließen, Natur nicht bloß als Rohstoff, Mittel und Gegenstand menschlicher Arbeit, sondern erst recht wertanalytisch als Quelle einer nachhaltigen Wertschöpfung wahrzunehmen oder die Umwelt (wie neuerdings) als wertvolle Ökosystemdienstleisterin auch ökonomisch beziffern zu können. Zwar wird verstanden, dass die »Er-

die ungerechte oder gänzlich fehlende Verfügung über produktive Landressourcen und vor allem die ressourcenfressende Ernährungsweise der überkonsumierenden Massen.

68 Marx, Das Kapital I, 194.

de als Arbeitsmittel« (Marx) den naturreligiösen oder holistischen Gedanken einer unberührten Natur ausschließt, zugleich aber zu ihrem Zweck als »Arbeitsmittel in der Agrikultur wieder eine ganze Reihe andrer Arbeitsmittel und eine schon relativ hohe Entwicklung der Arbeitskraft« (ebd.) voraussetzt. Dass es sich bei der agrikulturellen Bewirtschaftung von Natur um eine Wertschöpfung (Wertaneignung statt Wertausbeutung) handelt, bleibt dabei in einem werttheoretisch relevanten Sinne unberücksichtigt.

Demgegenüber würde eine werttheoretische Naturkritik des Kapitals und darauf aufbauend eine agrarkommunistische Gebrauchswerttheorie dazu führen, eine würdevolle Entwicklung der gesellschaftlichen Produktivität von der (nachhaltigen) Qualität der Natur ebenso wie von der adäquaten (naturgerechten) Arbeitsform ihrer vollen Wertschöpfung abhängig zu machen. Die Natur selbst – oder genauer: ihr Wohlsein in Form des Wohlgedeihens der genutzten Pflanzen, Tiere, Böden, Gewässer, Arbeitskräfte usw. – wird aus gastrosophischer Sicht zum Subjekt der gesellschaftlichen Wertschöpfung: Gute Natur ist eine mitproduzierende Natur. Die Erkenntnis einer Koproduktivität der ›wohltätigen‹ (das Wohl des Lebendigen produzierenden) Natur hätte Marx damals schon dem naturtheoretischen Werk seines jüngeren Philosophenkollegen Friedrich Schelling entnehmen können, das diesen alten (sokratischen) Gedanken aktuell vertrat. Denn Schelling unterschied zwischen »natura naturans« (produzierender Natur), die aus sich selbst heraus ist (gr. *physis*), und »natura naturata« (Natur als Produkt, verdinglichte Materie, wertloses Objekt und Mittel menschlicher Arbeit).[69]

Mit dieser spekulativ aufgestellten Naturphilosophie hätte sich Marx als Agrargastrosoph die ideengeschichtliche Abstraktion der kapitalistischen Landwirtschaft klarmachen können. Jedenfalls gilt für eine kommunistische Naturwissenschaft, zu begreifen, erstens dass die produktive Tätigkeit des Menschen immer Teil der Produktivität der Natur ist und bleibt; zweitens dass die Kulturgeschichte als agrarische Weltgestaltung durch den Menschen für die Naturgeschichte gut sein kann, indem ›die Natur‹ (sprich: die planetarische Lebensgemeinschaft aller Erdbewohner) durch den Menschen, als Teil davon, zu einem nachhaltigen, produktiven Verhältnis zu ›sich selbst kommt‹. Die gastrosophische Dialektik der Natur des Marxismus macht deutlich, dass Natur nicht nur das ist, was aller menschlichen Arbeit vorausgeht und ihr äußerlich ist, sondern auch alles das, was – kultiviert durch menschliche Arbeit und menschlich (panhuman) anverwandelt – besser fortwirkt und in seiner eigenen Art wohllebt.

So führt der Agrarkommunismus einer naturethisch guten, ökologischen Landwirtschaft dazu, dass sich die Menschen in einem dialektischen Verhältnis zu der durch sie selbst wirksamen Produktivität der Natur bewegen, die aber nicht in rein

69 Schelling, Erster Entwurf eines Systems der Naturphilosophie, 21.

kapitalistischen Wertbegriffen zu bestimmen ist. Damit wird – ganz ohne romantisches, religiöses, pantheistisches, physiozentrisches, ästhetisches Naturdenken – eine philosophische Naturethik in der Produktionsform eines gesellschaftlichen, praktisch agrarischen Ökomarxismus denkbar. In den Worten des Marxologen Schmied-Kowarzik: »So führt das Bewusstwerden der Menschen, dass sie es sind, die durch gesellschaftliche Praxis Geschichte machen, zuletzt zur Einsicht, dass sie dies nur können im Einklang mit der durch sie selbst wirksamen Produktivität der Natur.«[70] Die werttheoretische Anerkennung der wohltätigen (auch heilwirksamen) Produktivkraft der Natur verändert den Blick auf die industriell-ökonomische Praxis und ihr Verständnis von Produktion und Wertschöpfung, von gesellschaftlichem Fortschritt und wirtschaftlichem Wachstum. Insofern ist den eingangs erwähnten Autoren der Studie *Globalising Food* zuzustimmen: »Die Nachhaltigkeit dieser grundlegenden Stoffwechselbeziehungen, die den Agrarökosystemen und den Mustern des Lebensmittelkonsums zugrunde liegen, wird wahrscheinlich die wichtigste Formulierung der ›Agrarfrage‹ im neuen Jahrtausend sein.«[71]

Auch andere Food Studies Theoretiker stellen einen programmatischen Bezug zwischen Marx und Nachhaltigkeitsethik her. Vor diesem Hintergrund kann selbst noch der technologiefreundliche Utopismus eines Ernst Bloch von dem Vorwurf entlastet werden, er leiste dem technokratischen Futurismus Vorschub. Denn dessen Philosophie, in die auch Kenntnisse der Schellings Schriften einflossen, stützt den werttheoretischen Naturbegriff, dessen Marxismus ich hier vorstelle. Bloch (seinen technokratischen Baconismus revidierend) rekrutierte diesbezüglich auf die pantheistisch-materialistische Naturphilosophie des Mittelalters, namentlich des Naturheilmediziners Paracelsus. »Mitproduktivität der Natur«, so Bloch in seinem eigenwilligen Duktus, »ist vorausgesetzt, jene, die eben Paracelsus im Sinn hat, wenn ihm seine Natur bereits wie eine befreundete oder utopisch befreundbare erschien, ›inwendig voll Heilmittel‹, voller Rezepte und eine einzige Apotheke‹, ein Kosmos, in dem sich der Mensch aufschließt, so wie der Mikrokosmos Mensch die Welt zu sich kommen lässt.«[72]

Der marxistische Dialektiker geht noch einen – gastrosophisch bemerkenswerten – Schritt weiter, wenn er die wohlvolle Mitproduktivität der Natur schließlich auf eine technische Bestimmung der kommunistischen Agrikultur bezieht, die eine megaphysische Brücke zur Küche schlägt. Denn, indem Paracelsus »den Zugang zum Herd sucht, auf dem die äußeren Dinge gekocht worden sind und auf dem sie, im Bündnis mit dem Natursubjekt, der Naturtendenz, weitergekocht werden sollten«, wird eine naturgerechte Landwirtschaft, eine agrarische und kulinarische

70 Schmied-Kowarzik, Das dialektische Verhältnis des Menschen zur Natur, 11.

71 Goodman/Watts (ed.), Globalising Food: Agrarian Questions and Global Restructuring, 23.

72 Bloch, Das Prinzip Hoffnung, 807.

Nahrungsproduktion greifbar, die Boch als »Allianztechnik« bezeichnet. Eine solche ökologische Allianztechnik hätte sich darin zu bewähren, die Mitproduktivität der Natur technisch – als mit Menschlichkeit alliiert – zu begleiten, die die menschliche Mitwelt nur nutzt und verwertet, »um sie mit dem latent Besten in ihr zu unserem Besten zu vermitteln.« (Ebd., 810) Eine kommunistische oder eben allianztechnische Landwirtschaft und Kochkunst verhält sich zur gesellschaftlichen Möglichkeit des Subjektseins der Natur (in Form ihres bewahrten Eigenwerts und Wohlseins) und weiß gleichsam »auf dem Produktionsherd der Naturwelt« Gutes herzustellen (ebd., 813). Für dieses Verständnis der agrogastrokulturellen Wertschöpfung treffen die Worte zu: »Naturströmung als Freund, Technik als Entbindung und Vermittlung der im Schoß der Natur schlummernden Schöpfungen, das gehört zum Konkretesten an konkreter Utopie.« (Ebd.)

Bloch machte sich also keineswegs zum Fürsprecher einer Anti-Demeter-Bewegung. Ansatzweise unterstützt seine Philosophie eines umweltfreundlichen Produktionsherds in konkret-utopischer Hoffnung auf eine bessere Welt den Demeter-Anthroposophen Rudolf Steiner und seine biologisch-dynamische Landbaulehre,[73] die heute mit hochwertigen Demeter-Produkten und vergleichbaren Bioprodukte aus fairem Handel immer mehr Menschen ernährt und die ökologische Bewegung zu einer wachsenden ökonomischen Kraft macht. Und doch scheint der Vorwurf des Kulturtheoretikers Hartmut Böhme angebracht, wenn er einwendet: »Demeter ist nicht mehr der Name der Mutter des Korns, sondern das Signet von Naturkost-Produkten, die anspruchsvolle Konsumenten der reichen Großstädte verlangen« – dem er hinzufügt – »ohne jede Ahnung von Lebensmittelherstellung, Boden, Klima, Anbaukulturen, Jahreszeiten, Göttern und Göttinnen der Luft, des Wassers, der Erde und der ihnen zugehörigen ›Kulturen‹. Auch die umweltbewusste Minderheit versteht nichts von Wachsen und Werden, von Hege und Pflege, sondern ›weiß‹ nur etwas von Produkt-Qualitäten«.[74]

Aus Sicht eines gastrosophischen Marxismus aber reicht dieses Halbwissen um eine sozial- und umweltgerechte (wie gesundheitsverträgliche) Produktqualität aus, um – würde es die Massen ergreifen – ökonomische Kräfte spielen zu lassen, die die gesellschaftliche Entwicklung in die richtige Richtung bewegen würden. So gesehen kommt hier eine Utopie jener revolutionären Bewegungskraft in den Blick, welche das kapitalistische Regime mit seinen eigenen Mitteln bekämpft und untergräbt: die kaufkräftige Masse, die sich ihrer weiteren Ausbeutung verweigert, also eine linke Demeter-Bewegung, die dem Widerstand und dem Markt agrarkommunistischer Produzenten – den Neoagrariern – die nötige Nachfrage verschaffen kann und verschaffen muss, damit in Zukunft zu Hause nur mit dem Besten aus der Natur gekocht werden kann. Um sich mit dieser nicht fremdartigen Perspektive anfreunden

73 Steiner, Geisteswissenschaftliche Grundlagen zum Gedeihen der Landwirtschaft.

74 Böhme/Böhme, Elemente – Feuer Wasser Erde Luft, 19.

zu können und sich für die gastrosophische Idee (als *summum bonum*) bzw. das geschichtliche Entwicklungsziel einer konvivialen Gesellschaft zu erwärmen, braucht es nichts weniger als eine Revolutionierung der utopischen Denkweise.

»Mehr als neun Zehntel« der Marxschen Philosophie, räumt Bloch in seinen Hauptwerk *Das Prinzip Hoffnung* entmutigt ein, beschäftigten sich mit dem »Kältestrom«[75] der modernen Gesellschaft: der Kritik der Ökonomie und der kapitalistischen Herrschaftsverhältnisse. Das heißt, nur der kleinste Bruchteil des Marxismus speiste den »Wärmestrom« eines utopischen Denkens, das Bilder des ersehnten besseren Lebens liefert. Aus dem Blick geriet dadurch die in praktischer Hinsicht auf gesellschaftliche Veränderung wichtige Aufgabe einer »Durchdenkung von humaner Teleologie«.[76] Die philosophische Bestimmung der höchsten Güter, die Frage nach der richtigen (humansten, mit-menschlichsten) Lebensweise und der konkreten Gestalt einer besseren Welt blieben marginal. Dieser schwache Wärmestrom des marxistischen Utopismus, dessen Herz sich nicht für eine konkrete (alltagstaugliche) Darstellung der kommunistischen Lebensweise erwärmen konnte, kühlte im weiteren Verlauf des westlichen Marxismus weiter ab – bis zu seinem philosophischen Nullpunkt bei dessen zeitweise prominentesten Stimmen, bei den selbsternannten Kritischen Theoretikern der Frankfurter Schule Theodor W. Adorno und Max Horkheimer. (Eine wichtige Ausnahme entstand durch die in den 1960er Jahren populären Schriften von Herbert Marcuse, der die aktuellen Einflüsse des utopischen Marxismus eine Zeit lang wieder mit etwas mehr Wärme versorgte.)

Unter dem Eindruck der abschreckenden Entwicklungen in den kommunistischen Ländern der damaligen Sowjetunion (sowie im maoistischen China und erst recht nach den Grausamkeiten des Nationalsozialismus) hatten sich Horkheimer und Adorno den Standpunkt zu eigen gemacht, die theoretische Gesellschaftskritik könne und dürfe das praktisch Richtige und das revolutionär Gute, zu deren Verwirklichung die bestehenden Lebensverhältnisse doch eigentlich verändert werden sollten, inhaltlich nicht konkretisieren. Das Undenkbare »besserer Praxis« (Adorno) bekundete sein gleichgesinnter Freund Horkheimer explizit in einem Text aus den frühen 1970er Jahren, in welchem er das ursprüngliche Selbstverständnis der Kritischen Theorie aus ihrer Gründungszeit in den 1920er Jahren unverändert erneuerte. Im Rückblick auf diese Anfänge erklärte er: »Wir waren uns klar, und das ist ein entscheidendes Moment in der Kritischen Theorie von damals und von heute: wir waren uns klar, dass man die richtige Gesellschaft nicht im vor hinein bestimmen kann. Man konnte sagen, was an der gegenwärtigen Gesellschaft das Schlechte ist,

75 Bloch, Das Prinzip Hoffnung, 724.

76 Bloch, Geist der Utopie, 203.

aber man konnte nicht sagen, was das Gute sein wird, sondern nur daran arbeiten, dass das Schlechte schließlich verschwinden würde.«[77]

Horkheimer begründete die Utopie-Askese der marxistischen Theoretiker unverblümt religionsphilosophisch. Im Rekurs auf das jüdische Bilderverbot des Alten Testaments, das fordert ›Du sollst dir kein Bild machen von Gott‹, lautete seine Erklärung: »Darunter verstehen wir: ›Du kannst nicht sagen, was das absolut Gute ist, du kannst es nicht darstellen‹.« Und weiter, ins Kritizistische gewendet: »Wir können die Übel bezeichnen, aber nicht das absolut Richtige. Menschen, die in diesem Bewusstsein leben, sind mit der Kritischen Theorie verwandt.« (Ebd., 168) Am bekanntesten geworden ist die programmatische Weigerung der marxistischen Gesellschaftskritiker, das für alle Gute und Richtige darzustellen und möglichst anschaulich auszumalen, durch Adornos Diktum aus seiner *Minima Moralia*: »Es gibt kein richtiges Leben im falschen.«

Die strikte Anti-Utopik will über die wortreiche ›kalte Kritik‹ des Schlechten und Falschen hinaus keinen positiven Begriff des Richtigen entwickeln, keine das Herz erwärmenden, das gute Gewissen stärkenden, alltäglich erstrebenswerten, von der Masse einfach ergreifbaren Vorstellungen vom Guten versuchen und unterlässt es, den theoretischen Kritizismus mit einem revolutionären Praxismus zu verbinden. Das schulbildende Frankfurter Utopie-Verbot, das Notopische, das seither (in der dritten Generation) auf dem intellektuellen Erbe des westlichen Marxismus in Deutschland lastet, hat durchaus Widerspruch hervorgerufen und die empirische Wahrhaftigkeit marxistischer Gesellschaftskritik unter den Begründungsdruck eines permanenten performativen Selbstwiderspruchs gestellt. An der Utopielosigkeit und der affirmativen (mindestens aber resignativen) Behauptung, dass »die utopischen Energien erschöpft« (Habermas) seien, leidet der (kaum noch linke) Diskurs bis in die Gegenwart hinein.[78] »Der theoretische und praktische Mangel

---

77 Horkheimer, Kritische Theorie gestern und heute (1970), 164.

78 Habermas, Die Krise des Wohlfahrtsstaates und die Erschöpfung utopischer Energien. Diese Behauptung ist natürlich irritierend und als programmatische Resignation umso erklärungsbedürftiger, wenn der weltweit sicherlich bekannteste deutschsprachige Philosoph der Gegenwart im gleichen Atemzug findet: »Es liegt so viel Nebel, überall. Ich gebe die Hoffnung nicht auf, dass sich dieser Nebel lichten könnte. Schön wär's, wenn ich dazu noch etwas beitragen könnte.« Habermas' Hoffnung – ausgesprochen als Schlusswort eines Interviews mit dem passenden Titel *Dialektik der Rationalisierung* aus dem Erscheinungsjahr seines gesellschaftstheoretischen Hauptwerkes einer umfangreichen Theorie des kommunikativen Handelns – ist, wie ich finde, nebulös geblieben. Auch der Habermas-Schüler und -Nachfolger Axel Honneth wagt es in seinem (immerhin) programmatischen *Versuch, die Idee des Sozialismus zu aktualisieren*, nicht, den ideologischen Nebel am Himmel der marxistischen Theoretiker zu lichten. Ganz zu schweigen von seinem noch eine Generation jüngeren Schüler, dem Rechtfertigungsexperten Rainer Forst, der die Frankfurter Schule – utopologisch gesehen – trotz idealer Rahmen-

an konkreten Alternativen machen die Schwierigkeiten der aktuellen Diskussion aus«, stellte bereits der Praxistheoretiker und Marx-Blochianer Horst Müller vor einer gefühlten Ewigkeit fest.[79] Trotz einiger philosophischer Versuche, sich der programmatischen Notwendigkeit einer inhaltlichen Bestimmung konkreter Alternativen und Praxisformen eines besseren Lebens zu stellen und trotz der bedrückenden Redundanz an verfügbaren Kapitalismuskritiken hat sich eine fatale Resignation ausgebreitet.

Die intellektuelle Hoffnungslosigkeit des theoretischen Marxismus im Besonderen und die allgemeine Orientierungslosigkeit des linken Kapitalismus-Kritizismus im Allgemeinen bringt der britische Soziologe John Holloway – der sich selbst zu den »letzten hoffnungsvollen Marxisten« zählt[80] – selbstkritisch zur Sprache. »Nicht die Blindheit der Menschen gegenüber der Grauenhaftigkeit des Kapitalismus führt zum Verlust der Hoffnung auf eine menschlichere Gesellschaft«, heißt es in seinem Aufruf *Die Welt verändern, ohne die Macht zu übernehmen*, »vielmehr scheint es einfach nichts anderes zu geben, an dem man sich orientieren könnte, kein Anderssein zu dem man sich hinwenden könnte.« (Ebd., 19) Ähnlich beklagt der Soziologe und bekennende Marxist Jean Ziegler, wie eine bessere Welt »aussehen wird, vermag niemand zu sagen. Die Kombattanten der Hoffnung wissen mit Gewissheit, was sie nicht wollen – aber damit endet die Gewissheit auch schon.«[81] Wenn sich der theoretischen Mangel an konkreten Alternativen und Utopien einer besseren Welt auf die Kälte des marxistischen Kritizismus zurückführen lässt, dann sollte die inhaltliche Bestimmung täglich ergreifbarer, für jeden machbarer und gesellschaftlich besonders wirksamer ›revolutionärer Praxis‹ ein zentrales Anliegen der philosophischen Arbeit werden. Doch sofort drängt sich die Frage auf, an wen man sich dann diesbezüglich am besten wendet?

Eine sicherlich unerwartete Antwort, die hier vorgeschlagen wird, lautet: Wir können uns an einen der einflussreichsten Philosophen aller Zeiten wenden – den potenziellen Gastrosophen Karl Marx. Die bisherigen Ausführungen haben hoffentlich genug Stoff geliefert, um ihn – in einer ersten Annäherung[82] – als expliziten Agrargastrosophen neu zu entdecken und als utopischen Vordenker eines ökologischen Agrarkommunismus zu aktualisieren: Auf die agrarische Nahrungsmittelproduktion bezogen lässt sich mit ihm eine nachhaltige und kooperative Landwirt-

bedingungen in der schockgefrorenen Gestalt eines Forschungszentrums für ›normative Ordnungen‹ in eine finale Eiszeit versetzt hat.

79 Müller, Marx in Zukunft, 9.

80 Holloway, Die Welt verändern, ohne die Macht zu übernehmen, 94.

81 Ziegler, Die neuen Herrscher der Welt und ihre globalen Widersacher, 286.

82 Natürlich wäre es in einem weiteren Schritt notwendig, die Lebensmittelwirtschaft (Lebensmittelhandel, Lebensmittelgiganten, Gastronomie etc.) in ähnlicher Ausführlichkeit zu behandeln. Dies soll im Folgenden nur sehr eingeschränkt und bezogen auf die »Konsumtionssphäre« (Marx) geschehen.

schaft als konkrete und für alle bessere Alternative zum bestehenden Agrarkapitalismus benennen – nicht orthodox-marxistisch, sondern postmarxistisch und insofern auch für Nicht-Marxisten.

Theorie des notwendig richtigen Konsums

Ein weiterer Aspekt der Marxschen Philosophie ist von gastrosophischer Relevanz, nämlich die Tatsache, dass seine Kapitalismuskritik eine Kritik des »Konsumismus« (Bauman) impliziert. Dadurch, dass sich Marx auf die *Produktion* beschränkt hat (durch die einseitige Fixierung auf Kapital, Arbeit, Arbeiter, Kapitalisten usw.) und nicht in gleichem Maße die *Konsumtion*, wie er sagt, behandelt hat, ist dieser zentrale Aspekt des ökonomischen Geschehens nie wirklich ein eigenständiger Bestandteil des Marxismus geworden. Für ein transformatorisches Verständnis der kapitalistischen Gesellschaft ist jedoch entscheidend, dass der Kapitalismus nicht nur von der Ausbeutung der Arbeitskraft der Menschen lebt, sondern auch von der *Ausbeutung ihrer Kaufkraft*.

Ausgangspunkt dafür ist die Beobachtung der globalen Expansion der zirkulierenden Waren und mit ihr der allgemeinen Verfügbarkeit von erschwinglichen Konsumgütern. »Die Verfeinerung und Vermannigfachung der Produkte«, so Marx, »entspringt ebenso aus den neuen weltmarktlichen Beziehungen, welche die große Industrie schafft. Es werden nicht nur mehr ausländische Genussmittel gegen das heimische Produkt ausgetauscht, sondern es geht auch eine größere Masse fremder Rohstoffe, Ingredienzien, Halbfabrikate usw. als Produktionsmittel in die heimische Industrie ein.«[83] Dieses Zitat zeigt, wie scharfsinnig und hellsichtig seine philosophische Gegenwartsanalyse die allgemeinen Gesetzmäßigkeiten der kapitalistischen Wirtschaftsform mit ihrem Zwang zur Globalisierung und grenzenlosen Zirkulation herausarbeitet. Es geht mir hier aber nicht um eine weitere Analyse dieser sich allmählich erschöpfenden Globalisierung. Was mich interessiert, ist die Tatsache, dass sich durch den globalen Zirkulationsprozess der Produkte tiefgreifende Veränderungen der Konsumwelt vollziehen. Denn mit der Verfeinerung und Vervielfachung verfügbarer und allgemein erschwinglicher Waren wird auch eine den Menschen zugängliche »Welt von Genüssen« (ebd., 620) geschaffen.

Zu Marx' Zeiten war die Welt eines verfeinerten und vielfältigen Konsumlebens nur wenigen zugänglich. Die Grundsituation des Konsums war, anders als heute, geprägt von einer extremen Ungleichheit zwischen dem Weltgenuss der wenigen Reichen und der extremen Armut der arbeitenden Massen. Dennoch nahm Marx bereits die Verbesserung der wirtschaftlichen Lage der Arbeiterhaushalte und die Tendenz zur Demokratisierung der ›verfeinerten‹ Konsumbedürfnisse vorweg. In

83 Marx, Das Kapital I, 469.

dem Maße, in dem es der arbeitenden Bevölkerung gelingt, am gesellschaftlichen Wohlstand zu partizipieren und über eine entsprechende Kaufkraft zu verfügen – was inzwischen der gesellschaftlichen Entwicklung entspricht –, entwickelt auch sie ein kapitalistisches Genussleben. Das heißt, »der Anteil des Arbeiters an den höheren, auch geistigen Genüssen« wie »Zeitungen lesen, Vorlesungen hören, Kinder erziehen, Geschmack entwickeln usw.« wächst und der »Kreis seiner Genüsse« erweitert sich in dem Maße, wie »Sparen bis zu einem gewissen Grad möglich« ist.[84] Unter den historischen und individuellen Bedingungen eines solchen relativen Wohlstands verwandelt das Proletariat seinen Geschmack der Notwendigkeit in die Freiheit eines verfeinerten Geschmacks.

Mit diesem Blick auf den Alltag eines entfesselten Genusslebens wendet sich Marx dem Konsumtionsprozess zu und macht die kapitalistische Einverleibung der gesellschaftlichen Kaufkraft und der (wunderbar ausbeutbaren) Bedürfnisnatur des Menschen, insbesondere seines raffinierten Genusswesens, zum Gegenstand einer philosophischen Kritik. Eine Grunderkenntnis der Marxschen Kritik des Konsumismus, die allerdings von der orthodoxen Marxologie viel zu wenig rezipiert wurde und der programmatischen Verengung des Marxismus auf die Sphäre der Produktion und das Reich der notwendigen Arbeit zum Opfer fiel, lautet schlicht: Der Konsumismus ist »die allgemeine Ausbeutung des menschlichen Wesens« (Marx). Mit der Feststellung der kapitalistischen Ausbeutung der menschlichen Kaufkraft wird eine noch fundamentalere Wahrheit ausgesprochen als mit der Feststellung der Ausbeutung der menschlichen Arbeitskraft.[85]

Der stete Fortschritt der Produktivität und des Wirtschaftswachstums schafft eine Welt der geistigen Genüsse, doch gerade nicht mit dem Ziel eines humanen Genusslebens, welches den Produkten, die durch die tägliche Lohnarbeit – zu welchem Zweck und mit welchem Ziel? – erwirtschaftet werden, allererst ihren humanen, am Wohlleben orientierten ethischen Sinn verleiht. Für eine solche humane, kommunistische Bedürfnisbefriedigung würde der gesellschaftliche Produktionsprozess die dafür erforderlichen Güter und guten Lebensmittel gezielt bereitstellen, so dass der alltägliche Konsum die reale Erfüllung der entsprechenden Genüsse ist. Die kapitalistische Produktion dreht diese humane Ziel- oder Zweckbestimmung von Mitteln und Zwecken um: Ihr ›sinnloser‹ Ökonomismus besteht eben darin, Konsumprodukte lediglich herzustellen, um mit ihnen Profite zu machen. Die kapitalistische Ökonomie erwirtschaftet Güter und Wohlstand nicht um des guten Lebens willen, sondern umgekehrt, um ihrer selbst willen – für nichts anderes als das weitere Wachstum ›der Wirtschaft‹ für einen ziellosen Wohlstand.

---

84 Marx, Grundrisse der Kritik der politischen Ökonomie, 197f.; siehe auch: Finkelstein, Dining out: The Hyperreality of Appetite, 211.

85 Bauman, Consuming Life.

Indem der Konsum vor allem dem geistlosen Genuss des Produzierten dient, schafft es der Kapitalismus, seine eigenen Konsumenten zu produzieren. Die Macht des Kapitals totalisiert sich über die Ausbeutung der Arbeitskraft hinaus zu einem Heißhunger nach mehr Konsumismus, der sich gierig jedes Quäntchen Kaufkraft und Geld der Menschen einverleibt. Marx porträtiert die *kannibalische Monstrosität*, die *Anthropophagie* des Kapitalismus mit vehementen und illusionslosen Worten: Jeder Kapitalist »spekuliert darauf, dem Anderen ein neues Bedürfnis zu schaffen, um ihn zu einem neuen Opfer zu zwingen, um ihn in eine neue Abhängigkeit zu versetzen und ihn zu einer neuen Weise des Genusses und damit des ökonomischen Ruins zu verleiten.« Die kapitalistische Industrie erzeugt erst diejenigen Bedürfnisse, die sie profitabel bedient. Marx durchschaut den Fetisch der neuen schönen Warenwelt, der darin besteht, dass »jedes neue Produkt eine neue *Potenz* des wechselseitigen Betrugs und der wechselseitigen Ausplünderung ist.«[86]

Diese frühe Konsumkritik von Marx wurde einige Jahrzehnte später von den schon erwähnten Kulturtheoretikern Adorno und Horkheimer aufgegriffen. Die subtilen Mechanismen der kapitalistischen Kulturindustrie, die sie unter dem Eindruck der amerikanischen Konsumgesellschaft erlebten, wurden klar erkannt. »Je fester die Positionen der Kulturindustrie«, schreiben die beiden Neomarxisten in ihrer *Dialektik der Aufklärung*, »um so summarischer kann sie mit dem Bedürfnis der Konsumenten verfahren, es produzieren, steuern, disziplinieren, selbst das Amüsement einziehen: dem kulturellen Fortschritt sind da keine Schranken gesetzt.«[87] Die latente Verweigerung der Konsumenten, ihr Überdruss am eigenen ebenso ziellosen wie unersättlichen Appetit und Hunger nach mehr, manipuliert das Kapital allerdings nur mit erheblichem Aufwand. Damit die eigenen Bedürfnisse überhaupt zu »erfinderischen Sklaven unmenschlicher, raffinierter, unnatürlicher und eingebildeter Gelüste« mutieren können, müssen die Konzerne und Kapitalisten ihre Produkte aufwendig bewerben. Erst dem raffinierten »Idealismus« der kapitalistischen Werbeindustrie, wie Marx diesen geistigen Überbau einer geistlosen Produktion nennt, gelingt es, mit »infamen Mitteln« die tendenziell »abgestumpfte Genussfähigkeit« der Konsumenten zu stimulieren, um »krankhafte Gelüste« zu erregen und »jede Schwachheit« auszunutzen, »um dann das Handgeld für diesen Liebesdienst zu verlangen.«[88]

---

86 Marx, Nationalökonomie und Philosophie, 254f.

87 Adorno/Horkheimer, Dialektik der Aufklärung, 129. Diese Kritik wurde von der Gastrosoziologin Finkelstein auf die Esskultur und die Außer-Haus-Verköstigung angewendet, siehe: Finkelstein, Dining out: The Hyperreality of Appetite, 206f.

88 Marx, Nationalökonomie und Philosophie, 255. Adorno und Horkheimer finden noch drastischere Worte: »Zu gewiss könnte man ohne die ganze Konsumindustrie leben, zu viel Übersättigung und Apathie muss sie unter den Konsumenten erzeugen. Reklame ist ihr Lebenselixier. Da aber ihr Produkt unablässig den Genuss, den es als Ware verheißt, auf die bloße Verheißung reduziert, so fällt es selber schließlich mit der Reklame zusam-

Damit stoßen wir schließlich auf das Grundgesetz der Verwandlung des Bedürfnisses nach Mehr in die existentielle Notwendigkeit, Geld zu brauchen (und dieses wiederum durch Lohnarbeit verdienen zu müssen): »Das Bedürfnis des Geldes ist daher das wahre, von der Nationalökonomie produzierte Bedürfnis und das einzige Bedürfnis, das sie produziert.« Die Selbstentfremdung der menschlichen Kaufkraft, des Menschen als Konsumenten, besteht darin, dass »der Mensch als Mensch um so ärmer wird«, je kauflustiger und maßloser er als Konsument wird, je mehr Geld er braucht, um sich des feindlichen Wesens zu bemächtigen, das ihm in der schmeichelnd lustvollen (aber rein kommerziell kalkulierten) Form immer neuer Genussgüter entgegentritt. Dabei nimmt die Macht seines kleinen Geldes gerade im umgekehrten Verhältnis zur Masse der Produktion ab, d.h. seine Bedürftigkeit und Abhängigkeit wächst in dem Maße, wie die Macht des großen Geldes zunimmt. Und doch »ahnen die Konsumenten«, denen kein Sonderangebot zu teuer ist, wie Adorno und Horkheimer erkannt haben, »dass ihnen umso weniger geschenkt wird, je weniger es kostet.«[89]

Marx' Analyse des kapitalistisch notwendigen Konsums zeigt, wie das moderne Wirtschaftssystem des Westens die traditionelle Moral der Mäßigung untergräbt. Die Kapitalisten setzen ihre Produktionsmittel ein, um ihre Kunden zu mästen: Je mehr diese konsumieren, desto mehr Profit springt für sie selbst heraus. Mit verführerischen (möglichst billigen) Lebensmitteln und immer neuen Produkten der Konsumindustrie werden deren Geldbeutel schmaler und ihre eigenen Gewinne fetter. Indem die Konsumenten schlucken, was ihre kapitalistischen Vormünder ihnen vorsetzen, opfern sie sich (nicht zuletzt körperlich), um das Kapital noch mächtiger zu machen, als es ohnehin schon ist. Indem sie einen profitablen Appetit auf jeden neu erfundenen Schund entwickeln, füllen sich die Kassen der Konzerne. Jede Ausgabe ist frisches Blut für den heißhungrigen Vampir, der diesen Tausch als weiteren Gewinn verbucht, während der Käufer wieder um das betrogen wird, was er begehrt und was ihm die schöne Ware verspricht, ohne es zu halten. Dagegen wird die maßlose Genussgier, die unersättliche Konsumsucht nicht als Sünde oder Verfehlung verurteilt, sondern im Gegenteil als gesellschaftliche Pflicht und individuelle Tugend propagiert. Die konsumistische Moral wird gepredigt, wie in diesem Punkt ausgerechnet Hans Jonas, der Kritiker des orthodoxen Marxismus, den Marx der Konsumgesellschaft treffend aktualisiert, »wo ›Völlerei‹ im weitesten Sinne der Konsumsüchtigkeit nicht nur durch üppigsten, allzugänglichen Güterreichtum begünstigt wird, sondern auch als fleißiges omnivores Konsumieren des dazu erzeugten Sozialprodukts geradezu ein notwendiges und verdienstliches Mitwirken am Laufen der modernen Industriegesellschaft geworden ist, die ihren Mitgliedern

men, deren es um seiner Ungenießbarkeit willen bedarf.« Adorno/Horkheimer, Dialektik der Aufklärung, 145.

89 Adorno/Horkheimer, Dialektik der Aufklärung, 144

zugleich das Einkommen dazu verschafft. Alles ist auf diesen Erzeugungs- und Verzehrkreislauf eingestellt, unaufhörlich wird in der Reklame jeder zum Verzehren ermahnt, angestachelt, verlockt. ›Völlerei‹ als sozialökonomische Tugend, ja Pflicht – das ist wahrlich ein geschichtlich Neues im jetzigen Augenblick der westlichen Welt.«[90]

Dies stellte Jonas bereits Ende der 1970er Jahre fest, einer sozioökonomischen Epoche der fetten Jahre, die im Rückblick trotz Fresswelle und Kaufrausch noch wie die Völlerei von Asketen anmutet. Heute vergeht kein Tag ohne die mantraartig vorgetragene Klage, dass es der Wirtschaft so schlecht gehe, weil die Menschen zu wenig konsumierten. Unermüdlich mahnen die Volksökonomen, nur wenn die um einige Größenordnungen optimierte Völlerei pflichtbewusst und tugendhaft erfüllt würde, ginge es die Gesellschaft besser. »Trotz aller ›frommen‹ Redensarten sucht der Kapitalist«, schreibt schon Marx, »daher alle Mittel auf, sie zum Konsum anzuspornen, neue Reize seinen Waren zu geben, neue Bedürfnisse ihnen aufzuschwatzen etc. Es ist gerade diese Seite des Verhältnisses von Kapital und Arbeit, die ein wesentliches Zivilisationsmoment ist, und worauf die historische Berechtigung, aber auch die gegenwärtige Macht des Kapitals beruht.«[91] Die Konsumzurückhaltung in der westlichen Welt ist zwangsläufig krisenhaft und offenbart die schwindende Macht des Kapitals sowie die historische Berechtigung seines Wohlstandsmodells. Insofern rund zwei Drittel der Weltwirtschaft von Konsumkäufen abhängen – und das Kapital selbst von der absoluten Massenkaufkraft –, erscheint es verständlich, dass eine nachhaltige Bedürfnisgenügsamkeit seitens der individuellen Ausgaben (Verzicht, Kaufaskese, Boykott, Postwachstum-Mentalität, Degrowth etc.) eine systemische Bedrohung für die kapitalistische Akkumulation darstellt.[92]

Aber orthodoxe Marxisten denken anders, ebenso wie viele Nicht-Marxisten und Kritiker der Idee, dass Konsumenten systemrelevante Macht haben. Sie glauben, die ganze Idylle einer Konsumethik (die auch meinem gastrosophischen Marxismus zugrunde liegt) zu durchschauen: Die Abschaffung des Kapitalismus, so hören wir sie sagen, könne nicht einfach bedeuten, das eigene Konsumverhalten zu ändern oder an das Verantwortungsbewusstsein des Einzelnen zu appellieren. Das mag eine »schöne Idee« sein, aber nur für »gute Menschen«[93] – für den Normalverbraucher sei das nichts und löse die Probleme nicht wirklich. Großkonzerne zu boykottieren sei nur eine Scheinpraxis, denn es liege in der Natur des Kapitals, sich zu vermehren und Widerstand gewinnbringend zu verwerten. Orthodoxe

90 Jonas, Prinzip Verantwortung: Zur Grundlegung einer Zukunftsethik, 175; vgl. Fine, Towards the political economy of anorexia; Bordo, Hunger as Ideology.

91 Marx,Grundrisse der Kritik der politischen Ökonomie, 198.

92 Buchholz/Rosenthal, Toward an Ethics of Consumption. Rethinking the Nature of Growth, 226; allgemein siehe: Callenbach, Billig leben mit Stil.

93 Dillmann, Können wir als Konsumenten die Welt in Ordnung bringen?

Marxisten und Marxismuskritiker berufen sich allzu gerne darauf, dass wir Konsumenten nur kleine Rädchen im supermächtigen Getriebe des Kapitalismus seien. Das klingt dann so: Bei ökologischen Problemen mag es zwar sinnvoll sein, an die Vernunft der Konsumenten zu appellieren, aber auch hier sollte man die Wirkung nicht überschätzen, denn das Problem liege meist nicht im bösen Willen der Unternehmen, sondern im Druck des Marktes, der die produzierenden Unternehmen zwingt, immer billiger zu produzieren. Dem mit der Aufforderung zu begegnen, teurere Produkte zu kaufen, scheitere schon an der Kaufkraft der Menschen. Wir als Konsumenten seien immer Teil und Opfer des Kapitalismus, wir könnten nicht ausbrechen, dem falschen Konsum keinen richtigen Konsum entgegensetzen, zumal ja schon ein kritischer Marxist wie Adorno wusste, dass ein richtiges Leben im falschen unmöglich sei.

Ist das wahr? Der konsumistische Zwang zur Völlerei und die opferbereite Kapital-Tugend des unersättlichen Konsums sind daher auch die Hauptursache für die ebenso absurde wie fatale Diskrepanz zwischen der offenkundigen Destruktivität dieses hypertrophen Lebensstils einerseits und seinem unverminderten, ja sich global ausbreitenden Fortbestand andererseits. Weit offenkundiger als zu Marxens Zeiten zeigt der Kapitalismus der Konsumenten, dass von der »Vermannigfachung« ihrer »unmenschlichen, raffinierten, eingebildeter, krankhafter Gelüste« jener maßlose, unersättlich gefräßige Welthunger ausgeht, der durch die Ausbeutung der Erde und Arbeiter befriedigt wird.

Die kapitalistische Völlerei der neuen globalen Konsumentenklasse ist der treibende Grund für immer mehr und so viele an sich unnötige, aber angeblich superbillige Angebote, für deren profitable Produktion die Kapitalisten gerne sorgen.[94] Wie oben deutlich wurde, wusste schon Marx, dass der Weltgenuss einer Minderheit von Menschen in den westlichen Industrieländern (den ehemaligen Kolonialländern) nur auf Kosten der Ausbeutung und Verarmung der Mehrheit der Menschen überall auf der Welt zu haben ist. Die ehemals extreme Ungleichheit zwischen Arm und Reich, die Europa in der Mitte des 19. Jahrhunderts kennzeichnete, hat sich seither nicht verringert, sondern lediglich globalisiert – mit dem brutalen Unterschied, dass heute genügend Lebensmittel produziert werden, um die Massenarmut und das Elend des sogenannten Welthungers jederzeit beseitigen zu können.

Den Marxismus gastrosophisch zu durchdenken und weiterzudenken heißt, zu begreifen, dass sich Marxens Kritik der politischen Ökonomie nicht nur gegen die kapitalistische Ausbeutung der Arbeiter, sondern auch gegen die Konsumverhältnisse richtete, und zwar aus dem einfachen – aber von der marxistischen Orthodoxie kaum beachteten – Grund seiner Kritik der unethischen Ökonomie der (gastrosophisch jedenfalls) selbstentfremdeten Konsumenten: Die *Konsumisten*, wie kaufkräftige Konsumenten als systemrelevante Kleinkapitalisten, deren eigener Wohl-

94 Zur Lage der Welt.

stand nur durch die Ausbeutung der Natur und der Arbeiter in fernen Ländern oder unbekannten Produktionsstätten möglich ist, zu bezeichnen wäre, lassen sich erst als Arbeitskräfte und dann als Kaufkräfte trotz möglicher Alternativen wie Verzicht, fairer Handel bzw. faire Bezahlung, Eigenproduktion, Schenkökonomie, Konsumgenossenschaften etc. gleich noch einmal ausbeuten. Als pflichtbewusste ›Karnibalen‹ einer menschenfressenden Gesellschaft goutieren sie alles, was ihnen nur durch Billigpreise schmackhaft gemacht wird. Als tugendhafte Allesfresser schlucken sie ohne Widerwillen, was die kapitalistische Produktion ausspuckt. »Teils zeigt sich diese Entfremdung, indem die Raffinierung der Bedürfnisse und ihrer Mittel auf der einen Seite die viehische Verwilderung, vollständige rohe abstrakte Einfachheit des Bedürfnisses auf der anderen Seite produziert«.[95]

Man mag in diesen Formulierungen den rousseauistischen Tonfall bemerken, der den Rückfall der Zivilisation in die Barbarei als Rückkehr der rohen Wildheit des gesellschaftlichen Sinns für guten Geschmack in eine geschmacklose Verfeinerung geißelt. Marx ist sich dessen bewusst, und ihm ist diese zivilisationskritische Denkfigur offenbar wichtig, um zu verstehen, warum die Massen sich lieber der möglichen (kommunistischen) »Reichheit der menschlichen Bedürfnisse« entfremden oder entsagen, als sich dem kapitalistischen Selbstopfer und Bedürfnisterror zu verweigern. Deshalb sieht er im ökonomisch raffinierten, aber moralisch geschmacklosen Konsum nicht das legitime Schlaraffenland des armen Konsumenten, der sich im Genuss der ungeheuren Warenanhäufung seiner sozialen Arriviertheit erfreut. Kritisiert wird die sittliche Verrohung des kapitalistischen Konsumenten, weil sie die Kulturindustrie erst ermöglicht. »Wie die Industrie auf die Verfeinerung der Bedürfnisse, ebenso sehr spekuliert sie auf ihre Rohheit, aber auf ihre künstlich hervorgebrachte Rohheit«, macht sich Marx durch seine philosophisch-ökonomischen Analysen klar, »deren wahrer Geist daher die *Selbstbetäubung* ist, diese *scheinbare* Befriedigung des Bedürfnisses, diese Zivilisation *innerhalb* der rohen Barbarei des Bedürfnisses.« (Ebd.)

Als Beispiel für diese faktische Selbstbetäubung führt Marx die englischen Schnapsbuden an, die unter offizieller Duldung der obrigkeitlichen Ordnungskräfte dem »Sonntagsvergnügen des Volkes« (ebd., 261) dienen. Dieses sonntägliche Volksvergnügen einer staatlich verwalteten Selbstbetäubung hat sich inzwischen zum freizeitlichen, feierabendlichen Kaufrausch – gewissermaßen als bezahlbares Opium des Volkes – veralltäglicht. Die Konsumwelt und der kapitalistische Idealismus der Konsumindustrie beerben die gastrotheologische Symbolik süffiger Heilsversprechen. In den Worten des Autors eines *konsumistischen Manifests*: »Die Konsumwelt wird zum Schauplatz der Verzauberung. Ideen und Werte, die etwa die Religion nicht mehr liefert, besetzen jetzt Werbung und Marketing.« Und weiter: Die sich selbst betäubenden Konsumisten aller Länder würden proklamieren:

95 Marx, Nationalökonomie und Philosophie, 256.

»Nicht die Kirchen, sondern die Konsumtempel sind der Ort moderner Religiosität. Um das Produkt geht es dabei nicht mehr. Das Produkt ist nur die Beigabe zum spirituellen Mehrwert, der beworben wird und den wir kaufen.«[96]

Dieser Konsumentalität, wie man den Geist des kapitalistischen Konsumismus über Marx hinaus und in Anlehnung an Foucaults Begriff der Gouvernementalität nennen könnte, ist jene gastrosophische Selbstentfremdung geschuldet, die es der pflichtbewussten und tugendhaften Kaufkraft ermöglicht, die von ihren Ausbeutern und Profiteuren künstlich produzierten Bedürfnisse zu ›genießen‹. Was die entsprechenden Ernährungsverhältnisse betrifft, so gilt, was schon Marx über die armselige Kartoffelkost in Irland bemerkte, inzwischen für fast alle verwestlichten Schlaraffenländer. »Der Irländer kennt nur mehr das Bedürfnis des Kartoffelessens und zwar nur der Lumpenkartoffeln, der schlechtesten Art von Kartoffeln.«[97] Sollten wir nicht, wie der britische Marxist John Holloway meint, »aufschreien« gegen schlechte Lebensmittel und Ernährungsweisen als Ausdruck der »Ablehnung einer Welt, die wir als falsch empfinden«? Und müsste sich zugleich der Wille zu einem »besseren Leben« nicht alltagspraktisch in einer Konsumverweigerung beweisen?[98]

Diese optimistische Dialektik scheint über die massenhafte Bereitschaft, schlecht zu essen, hinwegzutäuschen: Der Triumph der gastrokapitalistischen Konsumindustrie besteht, wie die pessimistische Kritik der Marxisten Adorno und Horkheimer nahelegt, in der »zwanghaften Mimesis« der Konsumenten an die »zugleich durchschauten Konsumwaren«. Denn ist es wirklich falsch zu glauben, dass die Lebensmittelindustrie ihre Käufer mit raffiniertesten Techniken buchstäblich bevormundet und sie zu verantwortungslosen Allesfressern und letztlich (physisch durch ernährungsbedingte Volkskrankheiten) zu sich selbst opfernden Nimmersatten erzieht? Schlucken wir nicht, was uns vorgesetzt wird und stopfen wir unsere Haushalte nicht mit Billigprodukten voll, deren ökonomische, ökologische und physiologischen Schädlichkeit wir aus zahllosen Lebensmittelskandalen, täglichen Nachrichten und eigener Erfahrung längst kennen.

Der Kulturwissenschaftler Hartmut Böhme scheut sich nicht, in seiner gastrosophischen Abrechnung mit diesen unerfreulichen und aus seiner Sicht ganz und gar selbstverschuldeten Zuständen den intellektuellen Ekel vor dem schlechten Geschmack der Massen zu bekunden. »Das meiste dient nicht der Lust«, so seine derbe Kritik, »sondern der Erhaltung des riesigen Fettberges, der in den Körpern der weißen Bevölkerung gespeichert ist. Jedem Chirurgen quillt das Fett so ekelhaft entgegen wie den mageren Einheimischen an irgendeinem Dritte-Welt-Strand, auf welchem die Touristikindustrie die käsigen Fettleiber der Großbüros ausschüttet.

96 Bolz, Konsum als moderne Religion; ders., Das konsumistische Manifest.

97 Marx, Nationalökonomie und Philosophie, 25.

98 Holloway, Die Welt verändern, ohne die Macht zu übernehmen, 12 und 78.

Danach ist auch unsere Esskultur: blind für die Opfer dieses Barbarismus, eingeklemmt zwischen den Mager- und Fresssüchtigen des eigenen Landes. Irgendwo skaliert zwischen ersehnter Schlankheit und noch erträglichem Embonpoint suchen wir das Heil, das wir hemmungslos oder ernährungsbewusst, in wütender Gier oder vorsichtiger Portionierung in uns reinschaufeln. Das Essen ist längst zum Schauplatz der Katastrophen geworden.«[99]

Und tatsächlich, erstmals in der langen Leidensgeschichte der Menschheit gibt es in den Schlaraffenländern der sogenannten Ersten Welt mehr Menschen, die an Übergewicht leiden, als solche, die im Elend leben und an Unterernährung zu sterben drohen. Angesichts einer pandemischen Fettleibigkeit erfinden Lebensmittelhersteller, Ernährungswissenschaftler, Ökonomen und Politiker heute den idealen Konsumenten neu, um die Lebensmitteltechnologie gewinnbringend weiterzuentwickeln.[100] Den idealen Esser soll in Zukunft die gesellschaftlich erwünschte Tugendpflicht zur Völlerei nicht mehr dick machen, sondern funktional optimieren: Er soll lernen, sich unter anderem an industrieller Hightech-Gesundheitskost zu erfreuen, weil die Volkswirtschaft nicht durch weiter ausufernde Gesundheitskosten belastet werden dürfe. Und doch soll er seine Fresssucht beibehalten und unersättlich weiter konsumieren, um mit seiner Kaufkraft die übervollen Kassen und Konten der Kapitalisten weiter zu bereichern.

So versprechen neuartige Genussmittel den Fast Food Traum, sich zu verwöhnen, ohne dick zu werden, und sich obendrein noch etwas Gutes für die Gesundheit zu tun; die sogenannten Functional Foods und Nutriceuticals versprechen Genuss ohne schlechtes Gewissen mit eben jenen Zusatzstoffen, die ihre Hersteller in satte Umsätze verwandeln – auf einem von immer weniger überlebensfähigen Konkurrenten umkämpften, weil seinerseits gesättigten Weltmarkt, auf dem immer öfter nicht mehr die Lebensmittel-, sondern die Pharmaindustrie das Sagen hat.

Dieser gesellschaftlichen Entwicklung muss eine kritische Perspektive entgegengesetzt werden. »Aus linker, emanzipatorischer Perspektive ist der zunehmende Fast Food Konsum als ein Element der immer vollkommener werdenden Rationalisierung und Fremdbestimmung aller unserer Lebensbereiche oder anders ausgedrückt«, heißt es kämpferisch etwa in dem Agrar-Dossier vom Bundeskongress Entwicklungspolitischer Aktionsgruppen (Buko), »als Zeichen des Fortschreitens einer durch und durch kapitalistisch organisierten Form der Bedürfnisbefriedigung zu

99 Böhme, Vorwort zu Tod und Eros beim Essen, 13. Tatsächlich ist das Fettabsaugen mit Abstand die gefragteste schönheitschirurgische Operation in den USA: Zu Hunderttausenden lassen sich adipöse Amerikaner jährlich ihr Fett wegoperieren.

100 Beispielsweise ist der visionäre Vorstandschef des weltweit größten Nahrungsmittelkonzern Nestlé überzeugt, dass sich ein global agierendes Unternehmen wie das seinige »im Zeitalter des Übergewichts nicht mehr leisten kann, seine Kunden bloß mit immer mehr Essen voll zu stopfen. Seine Hightech-Nahrung muss etwas versprechen, für das Verbraucher auch künftig bezahlen wollen.« Rohwetter, Ein Konzern verführt die Welt.

kritisieren. Das Phänomen, dass Essen zur bloßen, mitunter gar lästigen Begleiterscheinung des täglichen Lebens wird, das überall und jederzeit mittels Geld verfügbar sein soll und für das mensch möglichst wenig Zeit, Energie und Kreativität ›verschwenden‹ will und kann, offenbart die Entfremdung von den Grundlagen der Existenz und steht nicht zuletzt der Entwicklung eines ökologischen Bewusstseins im Wege.«[101]

Weichenstellung zwischen ethischer und kapitalistischer Ökonomie

Aber halten wir fest: Marx folgte dem Geist der modernen Nationalökonomen (die eigentlich seine kritisierten Gegner waren), indem er die Tradition der philosophischen Lusttheorie nicht aufgriff. Denn dies hätte bedeutet, die gesellschaftliche Frage nach den richtigen und falschen Bedürfnissen bzw. Genüssen über eine alltagspraktische Ethik des Konsums zu diskutieren. Jedenfalls hatte die auf Sokrates bzw. Xenophons *Oikonomikos* zurückgehende ›klassische Ökonomik‹ in Form einer Philosophie der ethisch-ökonomischen Selbstgenügsamkeit an die Vernunft des Einzelnen appelliert, nur das Richtige zur Bedürfnisbefriedigung zu kaufen.[102]

Der moraltheoretische Begriff des ›richtigen‹ (vernünftigen, mündigen, verantwortlichen, aktiven, politisch korrekten) Konsums stellt die alltagspraktische Frage in den Mittelpunkt: Welche materiellen Güter und finanziellen Mittel braucht der Mensch überhaupt, um gut leben zu können? Unabhängig davon, welche Güter und Mittel dafür notwendig sind, kann die Antwort nur eine philosophische (und keine ökonomische) sein, insofern nur die ethischen Zwecke des menschlichen Wohllebens bestimmen können, worin wahrer Wohlstand besteht. Die sokratische Antwort beruhte auf der weisen Erkenntnis, dass es für ein gutes Leben nicht unbedingt vieler Dinge bedarf, sondern vor allem einer lebenskünstlerischen (ethischen) Ökonomie, die sich nicht zum Opfer falscher Bedürfnisse oder Begierden oder eines unglücklichen, kapitalistisch ausbeutbaren Konsumlebens macht. Insofern bleibt es, wie gesagt, bei der Feststellung, dass Marx sich von dieser klassischen philosophischen Ökonomik – trotz seiner Einsicht in die Notwendigkeit einer individuellen Konsumethik – völlig abgewandt hat, was ihn im Rückblick zu einem erstaunlich unkritischen Vertreter der ökonomistischen Moderne macht.[103]

Doch als guter Kenner des antiken Materialismus und erst recht als großer Denker (der er als Hobbyökonom nicht war) knüpfte Marx unter dem normativen

101 Schupp, Fast Food auf dem Vormarsch. Wirtschaftliche, gesellschaftliche und kulturelle Dimensionen des ›schnellen Essens‹, 16.

102 Ausführlicher zur sokratischen Philosophie und ihrer ›politischen Ökonomie‹ bin ich eingegangen in: Lemke, Ethik des Essens. Einführung in die Gastrosophie, 315–366.

103 Egner, Der Verlust der alten Ökonomik: Seine Hintergründe und Wirkungen.

Vorzeichen seines Kommunismus insgeheim doch an den moraltheoretischen Diskurs einer richtigen und falschen Lust an. Als (zu wenig wahrgenommener) Kritiker des kapitalistischen Konsumismus orientierte sich seine Philosophie letztlich doch an der vernünftigen Fülle und möglichen »Reichheit der menschlichen Bedürfnisse«.[104] Wie schon bei seiner unkonventionellen Beschäftigung mit den philosophisch-ökonomischen Grundlagen der Land- und Subsistenzwirtschaft hätte Marx auch für die philosophische Theorie einer Konsumethik an den Sokratismus und seine Weisheitslehre vom guten Einkauf fürs gute Leben anknüpfen können.

Immerhin hat er den entscheidenden Zusammenhang vor Augen. Im Gegensatz zur Macht der Kapitalisten ist und bleibt der Konsument die ökonomische Supermacht: Erst die kaufenden Massen schaffen – auch im Gegensatz zur ökonomischen Ohnmacht der arbeitenden Massen – das reale, volkswirtschaftliche oder nationalökonomische »Bedürfnis nach neuer Produktion, also den idealen, innerlich treibenden Grund der Produktion, der ihre Voraussetzung ist«, wie der bahnbrechende Wirtschaftsphilosoph konstatiert. Als völlig unbekannter Konsumismuskritiker und nicht als der allseits wahrgenommene Kapitalismuskritiker stellt er aus dieser weitreichenden Einsicht heraus das erste Gesetz jedes Wirtschaftssystems auf. Es lautet in der Formulierung aus Marxens *Grundrissen der Kritik der politischen Ökonomie*: »Die Konsumtion schafft den Trieb zur Produktion«.[105] Oder als Quintessenz für den ökonomischen Laien formuliert: Im Geldbeutel des kleinen Mannes liegt »eine viel größere Quelle des Profits«. (Ebd.)

Denn die ökonomisch folgenreichste Leistung wird letztlich weder von der proletarischen Arbeitskraft noch vom Luxusgenuss der Kapitalisten erbracht, sondern von der massenhaften Kaufkraft aller einzelnen Konsumenten. Die unerschöpfliche Quelle dieses gesellschaftlichen Reichtums füllt nicht nur die Kassen der üblichen Konsumgeschäfte. Er fließt auch ganz selbstverständlich in unzähligen anderen Kanälen des kapitalistischen Geldflusses unaufhörlich von unten nach oben. Besonders reichlich zum Beispiel durch die profitable Ausbeutung von Mietern. »Die Kellerwohnungen in London«, schreibt Marx anschaulich, »bringen ihren Vermietern mehr ein als die Paläste, d.h. sie sind in Bezug auf ihn ein größerer Reichtum, also um nationalökonomisch zu sprechen, ein größerer gesellschaftlicher Reichtum.«[106]

Die Tatsache, dass es kein Gleichgewicht zwischen Angebot und Nachfrage gibt, sondern dass Produktion und Zirkulation letztlich nur Mittel zum Zweck der Konsumtion sind, dass also die Ökonomie letztlich dem täglichen Leben dient und nicht umgekehrt, bestätigt das allgemeine Grundprinzip philosophischer Wirtschaftsethik. Es lautet als Grundgedanke einer Theorie der ethischen Ökonomie

---

104 Marx, Nationalökonomie und Philosophie, 254.

105 Marx, Grundrisse der Kritik der politischen Ökonomie, 13.

106 Marx, Nationalökonomie und Philosophie, 261.

verstanden: *Am Anfang steht der Kaufakt und nicht das Kapital* oder: *A ventre principium.* Feuerbachs Grundformel des gastrosophischen Materialismus wird von Marx in die ökonomischen Kategorien eines alltäglichen Konsumkommunismus übersetzt.

Als denkbares Grundprinzip eines gastrosophischen Marxismus ist die Konsumtion durch den Kauf ethisch guter Lebensmittel (aller Art) selbst ein ebenso produktiver wie subversiver, politischer Akt in doppelter Hinsicht. Weil erstens, wie es dann im *Kapital* heißt, »das Produkt der individuellen Konsumtion der Konsument selbst ist«, kann die ethische Nachfrage der Konsumenten ein entsprechendes ethisches Angebot der Produzenten hervorrufen.[107] *Damit bestätigt sich der Grundgedanken der philosophischen Konsumethik, wonach der individuelle und gesamtgesellschaftlich massenhafte Kauf von guten Produkten eine ethische Wirtschaftsweise des ökonomischen Gemeinwohls schafft, die die Produktionsverhältnisse eins zu eins verbessert. Wir entdecken hier Karl Marx* als *philosophischen Vordenker guter Kaufkräfte.*

In umgekehrter Richtung einer philosophischen und gastrosophischen Kritik des Konsumkapitalismus gedacht, die zugleich die marxistische Gesellschaftskritik zu Ende denkt, gilt also: Durch den eigenen Konsum kapitalistischer Produkte mache ich mich zum kapitalistischen Subjekt – *consumendo consumimur*: Mit jedem Kauf möglichst billiger Lebensmittel nehme ich meine ethische Selbstentfremdung in Kauf und zahle einen für alle unermesslichen hohen Preis. Der kapitalistische Konsum ist nur scheinbar ein Glück für mich als Käufer und Konsument, als *Kleinkapitalist*, der auf Kosten der ausgebeuteten Natur und derer, die das alles produzieren, ›genießt‹. Der brutale Effekt von Konkurrenz- und Kampfpreisen ist auf der einen Seite Markterfolg und Monopolbildung durch Kapital- und Machtzuwachs des Siegers (des ökonomisch Stärkeren) und auf der anderen Seite, um das Mindeste zu sagen, tendenzielle Lohnsenkung oder gar eigene Arbeitslosigkeit, die letztlich nicht nur die eigene Kaufkraft schmerzlich schwächt, sondern sie ins materielle Elend treibt – wenn es hart auf hart kommt. Das ist die wahre Despotie des Kapitals: Ausgebeutete Arbeiter beuten mit ihrem kleinen Geld andere Arbeiter aus, die als ausgebeutete Arbeiter andere ihresgleichen ausbeuten und so weiter bis zum äußersten Elend dieser Welt.

Entgegen allem schönen Schein führt Billigkonsum zwangsläufig – den unethischen Gesetzen des Kapitalismus folgend – zur Verarmung der Arbeitnehmer (als Klasse und Individuen) und zur Zerstörung der Umwelt, die diesen materiellen ›Wohlstand‹ ermöglicht. Wenn unsere Welt ökonomisch verbessert werden soll, ohne dem zweifelhaften Glauben an den automatischen Untergang des kapitalistischen ›Systems‹ oder, noch naiver, dem völligen Irrglauben an die moralische Bekehrung seiner großen und kleinen Profiteure anhängen zu müssen, dann jedenfalls nur durch die ethische Selbstveränderung des individuellen Konsums. Die dafür notwendige Veränderung verlangt aber nicht die moralische Selbstkasteiung

107 Marx, Das Kapital I, 198.

durch kategorische Askese; alle konsumismuskritischen Verzichtsideologien, die Entsagung und Verbot fordern, verfehlen den entscheidenden Punkt kreativen Widerstands und wirksamer Verweigerung: die richtige Wahl.

Wer den guten Konsum wählt, wählt das ethisch Gute, das seinen Preis hat. Wie das geht, können heute mehr oder weniger alle sagen, die daran interessiert sind. Anders als zu Marx' Zeiten ist die Ethik guter Kaufentscheidungen, die normativen Kriterien der Nachhaltigkeit, des fairen Handels, der Produktqualität, der Klimagerechtigkeit, des Tierwohls etc. genügen, sowohl in der Philosophie als auch in der Ökonomie weit entwickelt. Und vor allem sind sie Dauerthema in den öffentlichen Medien. Ethisch guter Konsum erweist sich längst nicht mehr als theoretisches Problem der rationalen wissenschaftlichen Begründung. – Was fehlt, ist die gesellschaftliche Alltagspraxis durch die genannte ethische Selbsttransformation des individuellen Konsums. Denn nur gute Konsumenten stellen die notwendigen Geldmittel zur Verfügung, setzen jene massenhafte Machtentfaltung bzw. Kaufkraftentwicklung des volkswirtschaftlichen Konsums in Gang und produzieren jene ominöse ›Nachfrage‹, die die ökonomischen und die damit verbundenen politischen »Verhältnisse zum Tanzen bringen« (Marx) kann, um die poetische Formulierung eines der einflussreichsten Weisheitslehrer der Menschheitsgeschichte zu zitieren.

Doch der Marxismus ist bis heute weder als Kritik des Kapitalismus noch als Ethik eines künftigen Konsumismus zu Ende gedacht oder gar gastrosophisch weiterentwickelt worden. Trotz der fundamentalen und weitsichtigen Entdeckung von Marx, dass unser aller Konsum die alles entscheidende ökonomische Kraft ist und letztlich die konsumgesellschaftliche Zirkulation die historische Legitimation wie die zivilisatorische Macht des Kapitals schafft, blieb sein Hauptinteresse auf die Analyse der Produktionsverhältnisse beschränkt.

Um die traurige Wahrheit zu sagen: Wegen dieser hobbyökonomischen Halbherzigkeit stand die kapitalistische Konsumgesellschaft nie im programmatischen Fokus des Marxismus. Die konzeptionelle Schwäche der marxistischen Gesellschaftskritik mag die Frühphase der kapitalistischen Arbeitsgesellschaft widerspiegeln; aber in der Sache ist sie nicht begründet. Der Paradigmenwechsel von einer klassisch-ethischen (ursprünglich sokratischen) Ökonomik zur modernen Nationalökonomie, von einer moraltheoretischen Kritik individueller Kaufentscheidungen (aufgrund der ethische Wahl eines möglichen Verzichts) hin zu einer wirtschaftstheoretischen Kritik kapitalistischer Warenproduktion (ohne die Macht der Konsumenten ernstzunehmen), birgt folgenreiche Konsequenzen für ein philosophisches (Miss-)Verständnis des Ökonomischen im Besonderen (in der Gleichsetzung von Wirtschaft und Gesellschaft) ebenso wie für das alltagsweltliche (Fehl-)Verhältnis von Arbeit und Konsum zur Lebenspraxis im Allgemeinen.

Indem Marx die Mechanismen der Bedürfnismanipulation, mit denen die kapitalistische Produktion ihre eigene, systemrelevante Konsumtion hervorbringt, nur beiläufig in den Blick nimmt, verfährt seine Kritik des globalen Wirtschaftsgeschehens *systemtheoretisch* – mit Blick von oben, auf die Reichen und Mächtigen, die Arbeitgeber – und vernachlässigt gerade die *handlungstheoretische* Perspektive, die ökonomische Veränderungen von unten, nämlich von den Kaufkräften – der Leute, der Allgemeinheit, des Volkes – als meistens mittellose, mitunter aber auch ungehorsame, launische und sich verweigernde, zunehmend wählerische und vermögende Konsumentenmassen sichtbar machen und verstärken kann. Aber nur letztere bietet die philosophische Darstellung der praktischen Möglichkeit einer alltäglichen Verbesserung durch das, was man als Prosumismus bezeichnen könnte: die mächtige Einflussnahme der Konsumenten auf die Produktion. Damit wird die kapitalistische Logik wieder vom Kopf auf die Füße gestellt. *Niemand muss denken, dass der Kapitalismus sich selbst abschafft oder die Arbeitermassen endlich die Weltrevolution herbeiführen: Die systemtheoretische Kritik übersieht die ebenso revolutionäre wie letztlich den Kapitalismus abschaffende Erkenntnis, dass die gesellschaftliche Konsumtion die souveräne Macht- und Transformationsquelle aller ökonomischen Produktion ist.*

Wir brauchen dem einflussreichsten Wirtschaftstheoretiker, dessen Denksystem unvollendet blieb, nicht in dieser unnötigen Verengung zu folgen, die auch im Hinblick auf die entscheidende Frage nach der alltäglichen Machbarkeit von Gesellschaftsveränderung und Weltverbesserung fatal ist, weil sie nicht zur notwendigen Ermächtigung, sondern zur allgemeinen Ohnmacht beiträgt. Ich schlage vor: Eine marxistische Gastrosophie, die mit dem Essen einen gigantischen Wirtschaftsfaktor in den Blick nimmt, denkt die bahnbrechende Einsicht in die lusttheoretischen (essenziellen) Ursprünge des menschlichen Wirtschaftslebens weiter, um – gut dialektisch mit Marx gegen Marx – die Kritik der politischen Ökonomie durch eine Kritik der ethischen Ökonomie philosophisch zu ergänzen und im Kaufakt von Lebensmitteln (aller Art) alltagsweltlich zu aktualisieren. Heute könnte die ökonomische Welt- und Supermacht der Kaufkraft in weit größerem Maße als zu Marx' Zeiten die alltägliche und massenhafte Entscheidung, was wir kaufen und was nicht, als unerschöpfliche Quelle ökonomischer Transformation nutzen. Wir sollten uns gegen die allgegenwärtige Widerrede der Kritiker und Ideologen wehren und dem kapitalistischen Konsumismus den subversiven Prosumismus entgegensetzen: *Konsumisten und Kleinkapitalisten aller Länder, vereinigt euch!*

Einige utopietheoretischen Umbauarbeiten am Sozialismus als Wärmepumpe

Aber was und warum kaufen wir eigentlich ein? Und warum nicht auch einmal die Frage stellen, was mit den produzierten Lebensmitteln dort geschieht, wo ein Großteil ihrer Verarbeitung, ihrer Veredelung und Verfeinerung für den täglichen Konsum stattfindet – *in der Küche*? Wer leistet die Küchenarbeit, damit wir überhaupt konsumieren können? Warum lohnt es sich, werttheoretisch gedacht, selbst zu kochen, statt diese Lebenstätigkeit an andere Menschen oder Maschinen zu delegieren? Wie utopisch ist die kollektive Befreiung aus der kulinarischen Selbstentfremdung?

Bevor in einem letzten Schritt – und endlich – *Marx als Philosoph der kulinarischen Praxis* entdeckt werden kann, bevor also der Rettungsweg mit Hilfe seines Grundbegriffs der Arbeit in den naheliegendsten und allgemeinsten Bereich menschlicher Existenz als ein Reich der Freiheit menschlicher Essistenz führt, bevor es endlich auch einmal in die Küche geht, wo eigentlich alles beginnt – bevor wir diese notwendige gastrosophische Renovierung des Marxschen Gedankengebäudes in Angriff nehmen, sollten wir uns zunächst über die argumentativen Betriebsabläufe und narrativen Prozesse jener komplex programmierten Wärmepumpe informieren, die mit nur zehnprozentiger Auslastung alle utopischen Energien des Marxismus transportieren müssen – als eines nicht zu Ende gedachten Utopismus beziehungsweise eines unvollendet gebliebenen Humanismus. Erst nach diesem tiefen Einblick in die geheimen, möglichen anderen Welten dieser Begriffsküche eröffnet sich die phantastische, allerdings nur *fiktive Perspektive*, den vielleicht einflussreichsten Philosophen aller Zeiten (aller kommenden Zukünfte) als potenziellen Gastrosophen auch beim Nachdenken über die alltägliche Küchenarbeit kennenzulernen.

Doch zuvor, wie gesagt, die Inspektion der Wärmepumpe dieses einflussreichen Denksystems. Vergrößert man das Bild des kleinen Wärmestroms des utopischen Marxismus, so ändert sich, mit Blick nur auf diesen Ausschnitt seines Denkens, die Sicht auf dieses »Werkzeug« (Foucault) augenblicklich. Vieles, was mit ›revolutionärer Praxis‹ und ›Kommunismus‹ oder ›Sozialismus‹ zu tun hat, erscheint in einem neuen Licht. Eine dieser Erleuchtungen: Der große Kapitalismuskritiker war eben auch (als unterbelichteter Ethiker) programmatischer Utopist. Insofern war er so wenig ein orthodoxer Marxist, wie Epikur ein vulgärer Epikureer oder Buddha nur Buddhist war. Was Marx vielleicht am grundlegendsten von all den Theoretikern und Aktivisten unterscheidet, die sich als Marxisten verstehen (und sich selbst damit missverstehen), ist seine Bereitschaft, utopische Alltagspraxis überhaupt zu denken.

Marx selbst hat sich jedenfalls intensiv mit den kommunistischen und sozialistischen Utopien seiner Zeit auseinandergesetzt. Kritisch gewürdigt wurden die Konstruktionen und Konzepte einer besseren Welt, wie sie etwa von den ersten Utopisten eines ›Sozialismus‹ Henri de Saint-Simon oder Charles Fourier – der übrigens den Begriff der ›Gastrosophie‹ als utopisches Programm erfand – entworfen und insbesondere von dem Utopiepragmatiker Robert Owen in vivo erprobt wurden. Deren emanzipatorische Entwürfe und transformatorische Agenden wurden sogar ausdrücklich gelobt. Denn: »Sie haben höchst wertvolles Material zur Aufklärung der Arbeiter geliefert. Ihre positiven Sätze über die zukünftige Gesellschaft, zum Beispiel Aufhebung des Gegensatzes von Stadt und Land, der Familie, des Privaterwerbs, der Lohnarbeit, die Verkündigung der gesellschaftlichen Harmonie, die Verwandlung des Staates in eine bloße Verwaltung der Produktion.«[108]

Auch Engels griff den utopischen Sozialismus von Fourier und Owens auf und gab deren Programme in einer längeren Passage wieder. »Bei beiden soll die Bevölkerung sich in Gruppen von sechzehnhundert bis dreitausend über das Land verteilen; jede Gruppe bewohnt im Zentrum ihres Bodenbezirks einen Riesenpalast mit gemeinsamem Haushalt. Fourier spricht zwar hier und da von Städten, diese aber bestehen selbst wieder nur aus vier bis fünf solcher näher zusammenliegenden Paläste.«[109] Insbesondere in seiner systematischen Darstellung der *Entwicklung des Sozialismus von der Utopie zur Wissenschaft* notierte Engels auch utopische Besserungen, die er fast wörtlich übernahm und die den Kern des marxistischen Sozialismus ausmachen: »Bei beiden beteiligt sich jedes Gesellschaftsglied sowohl am Ackerbau wie an der Industrie; bei Fourier spielen in dieser letzteren Handwerk und Manufaktur, bei Owen dagegen schon die große Industrie die Hauptrolle und wird von ihm bereits die Einführung der Dampfkraft und Maschinerie in die Haushaltungsarbeit verlangt. Aber auch innerhalb des Ackerbaus wie der Industrie fordern beide die möglichst große Abwechslung der Beschäftigung für jeden einzelnen, und dementsprechend die Ausbildung der Jugend für möglichst allseitige technische Tätigkeit. Bei beiden soll der Mensch sich universell entwickeln durch universelle praktische Betätigung und soll die Arbeit den ihr durch die Teilung abhanden gekommenen Reiz der Anziehung wieder erhalten, zunächst durch diese Abwechslung und die ihr entsprechende kurze Dauer der jeder einzelnen Arbeit gewidmeten ›Sitzung‹, um Fouriers Ausdruck zu gebrauchen.« (Ebd., 272) Zahlreiche ähnliche Äußerungen von Marx lassen die inhaltliche Nähe zu solchen utopischen Idealen erkennen. Er selbst weigerte sich keineswegs genauer anzugeben, was das Richtige wäre.

Erklärtermaßen legten Marx und Engels die revolutionären Ansichten, Zwecke und Ziele, für die sie sich einsetzten, »vor der ganzen Welt offen«, um »dem Märchen vom Gespenst des Kommunismus ein Manifest der kommunistischen Partei« entgegenzustellen.[110] In ihrem gemeinsam verfassten Grundsatzprogramm für die Partei der Kommunisten wurden eben nicht nur kritische Reflexionen und ausgefeilte Theorien des Falschen und Schlechten formuliert, sondern greifbare Bilder des Guten entworfen und ganz konkrete Forderungen gestellt. Dazu gehörte auch die agrarpolitische »Verbesserung der Ländereien nach einem gemeinschaftlichen Plan.« Außerdem ein Recht auf Arbeit »für alle« und Aufgabenfelder »besonders für den Ackerbau«. Mit der Forderung einer »allmählichen Beseitigung des Unterschieds von Stadt und Land« und einer »öffentlichen und unentgeltlichen Erziehung aller Kinder« nahm das *Manifest der kommunistischen Partei* viele positive Sätze der

108 Marx/Engels, Das kommunistische Manifest, 491.

109 Engels, Die Entwicklung des Sozialismus von der Utopie zur Wissenschaft, 271.

110 Marx/Engels, Das kommunistische Manifest, 461.

vormarxistischen Sozialisten auf. Es ließe sich mit der Auflistung von zahlreichen weiteren Utopoi fortsetzen. Der einzigartige historische Erfolg des Kommunistischen Manifests hängt unmittelbar damit zusammen, dass die beiden Philosophen eine *großartig klingende Geschichte erzählten* und mit ihrer *Großen Erzählung* viele Menschen begeistern konnten.

Halten wir fest: An konkreten Bestimmungen dazu, was man sich unter für alle besseren Lebensverhältnissen der kommunistischen Zukunftsgesellschaft vorzustellen hat, fehlt es bei Marx (und Engels) nicht. Vor allem gingen die utopischen Beschreibungen und Bilder einer anderen Lebensweise weit über jene abgegriffenen Leerformeln hinaus, die gewöhnlich herangezogen werden – Formulierungen wie »die Assoziation freier Individuen«, »die wahrhaft menschliche Gesellschaft«, »jeder nach seinen Fähigkeiten, jedem nach seinen Bedürfnissen«, »die freie Entwicklung eines jeden ist die Bedingung für die freie Entwicklung aller« – die zitiert werden, nur um gerade jede weitergehende programmatische Konkretisierung zu vermeiden.

Die derbe Kritik, die Marx trotz seines Lobes gegen die utopischen Theoretiker seiner Zeit vortrug, attackierte letztlich nicht deren Ernst, ihre Kritik der vorherrschenden falschen Verhältnisse durch *praktische Wegweisungen* und *zielführende Bilder* der revolutionären Veränderung und des Richtigen im Falschen zu vervollständigen. Marxens Utopismus wendete sich lediglich gegen unzureichende Forderungen und unrealistische (›unwissenschaftliche‹) Fantasterei. »Sie träumen noch immer«, so das Urteil, »die versuchsweise Verwirklichung ihrer gesellschaftlichen Utopien, Stiftung einzelner Phalanstère, Gründung von Home-Kolonien, Errichtung eines kleinen Ikariens, und zum Aufbau aller dieser spanischen Schlösser müssen sie an die Philanthropie der bürgerlichen Herzen und Geldsäcke appellieren.« (Ebd., 491) Aber ebenso unbrauchbar erwies sich der Gegenentwurf seiner Science Fiction – und nichts anderes ist die Gesellschaftsutopie von Marx.

Rückblickend ist allgemein bekannt und nicht zu widerlegen: Die marxistische Hoffnung, dass die ausgebeutete Arbeiterklasse rebellieren werde und nach der Weltrevolution – nach der Ära des bösen Kapitalismus – die Menschheit endlich das wahre Reich der Freiheit und den Kommunismus eines glücklichen Lebens für alle erreichen würde, war nichts weiter als ein weiteres Wolkenkuckucksheim, der philanthropische Wunschtraum eines bürgerlichen Herzens an der richtigen Stelle, aber ohne Geld. Das heißt indes nicht, Marx wäre ein toter Hund. Wer genauer hinschaut, findet in seinem Werk den Ansatz zu einer ganz anderen Theorie menschlicher Freiheit und das dazu passende Weltbild eines Praxismus, der die mögliche Verwirklichung eines guten Lebens jenseits des Marxismus in Aussicht stellt.

Der wahre Freiheitsbegriff oder: Vom Marxismus zum Praxismus

Etwas unvermittelt taucht im dritten Band über *Das Kapital* eine Passage auf, in der wegweisende – dampfend heiße – Sätze zu künftiger Freiheitspraxis fallen.[111] Während orthodoxe Marxisten den besagten Passus trotz seiner weitreichende Brisanz bis heute ignorieren, haben sich in jüngerer Vergangenheit einige neomarxistische Praxisphilosophen wie André Gorz und Oskar Negt oder Antonio Negri und Michael Hardt wiederholt auf die darin enthaltenen bemerkenswerten Äußerungen bezogen, um sie für eine konzeptuelle Weiterentwicklung des utopischen Humanismus zu nutzen.[112] Die viel zitierte Formel lautet: »Das Reich der Freiheit beginnt in der Tat erst da, wo das Arbeiten, das durch Not und äußere Zweckmäßigkeit bestimmt ist, aufhört; es liegt also der Natur der Sache nach jenseits der Sphäre der eigentlichen materiellen Produktion.« Und weiter: »Jenseits desselben beginnt die menschliche Kraftentwicklung, die sich als Selbstzweck gilt, das wahre Reich der Freiheit, das aber nur auf jenem Reich der Notwendigkeit als seiner Basis aufblühen kann. Die Verkürzung des Arbeitstags ist die Grundbedingung.«[113]

Da die Sätze in einem Kontext stehen, der zu keiner weiteren Erläuterung beiträgt, wie eine solche Freiheitspraxis im Alltag – als ›Freizeit‹ – aussieht, scheinen sie die utopietheoretische Unterbelichtung des kommunistischen Ideals zu belegen. Die Freizeit-Formel präsentiert außerdem ein Verständnis von Freiheit, das von all jenen Ausführungen deutlich abweicht, die den welthistorischen ›Übergang‹ in die Ära und höhere Entwicklungsstufe einer freien Gesellschaft als die endgültige und absolute Befreiung aus Notwendigkeiten (Unfreiheiten) und Übel aller Art beschreiben. Dieser geschichtsphilosophischen Version liegt die Heilsgeschichte eines evolutionären Fortschrittsglaubens zugrunde. Die in der christlich geprägten Kultur tief verwurzelte und seit Jahrhunderten wiederholte Geschichte von einer allmählich fortschreitenden Höherentwicklung der menschlichen Lebensformen sugge-

---

111 Eine eingehende Diskussion dieser wichtigen Textpassage bietet: Mehte, Ökologie und Marxismus. Es wurde behauptet, Friedrich Engels habe den Text wie einen Fremdkörper in den nach dem Tod von Marx posthum von ihm selbst fertiggestellten und herausgegebenen dritten Band des ›Kapitals‹ implantiert. Dass es sich bei der darin fragmentarisch skizzierten ›Theorie wahrer Freiheit‹ um genuin marxistisches Gedankengut handelt, wissen alle, die die *Theorien über den Mehrwert* zur Kenntnis genommen haben. Während der Vorarbeiten zum ersten Band des Kapitals entstanden und ursprünglich als ein Teil desselben gedacht, setzte sich Marx darin intensiv mit einem 1821 in London anonym erschienenen »Pamphlet« auseinander (234–253). Für das Folgende ist von Bedeutung, dass er schon damals den »schönen Grundsatz« dieser Schrift lobte: »Wahrhaft reich ist eine Nation erst [...], wenn statt 12 Stunden nur 6 gearbeitet wird. Reichtum ist verfügbare Zeit, und sonst nichts.« Marx, Theorien über den Mehrwert, 251.

112 Negt, Arbeit und menschliche Würde; Gorz, Kritik der ökonomischen Vernunft. Sinnfragen am Ende der Arbeitsgesellschaft; Negri/Hardt, Empire. Die neue Weltordnung.

113 Marx, Das Kapital III, 828.

riert mit ihrer religiösen Eschatologie eines paradiesischen Lebens in der Zukunft einen *maximalen Utopismus.* Dieses Narrativ spukt im orthodoxen Marxismus fort: Das ewige Glück im Himmel beim lieben Gott ist nun die bessere Zukunft auf einer heilen Erde. Analog zum epochalen Fortschritt im gesellschaftlichen Wandel vom dunklen Zeitalter eines religiös beherrschten ›Mittelalters‹ zur ›Neuzeit‹ der modernen Aufklärung wird der Beginn des kommunistischen Alltags als ein weiterer, nun aber letzter »Sprung der Menschheit aus dem Reich der Notwendigkeit in das Reich der Freiheit«, nämlich »in den zukünftigen Kommunismus« beschrieben, wie es bei Engels einschlägig heißt.[114]

Von dieser Orthodoxie abweichend, entwirft Marx mit der erwähnten Freizeit-Formel ein für die philosophische Ethik des guten Lebens neues und grundlegendes Freiheitsverständnis, dem zufolge das utopische Gute oder menschliche Gemeinwohl durch alltägliche Praxis bzw. Praxen – Marx nennt sie selbstbestimmte oder freie Tätigkeiten – verwirklicht werden kann. Diese Sichtweise – oder Praxologie, wie ich sie nenne – wirft ein völlig neues Licht auf den Marxismus und bietet eine theoretische Möglichkeit, die Freiheitsutopie von Marx einen entscheidenden Schritt weiter zu denken. Während der von ihm entdeckte *Materialismus* weitgehend bekannt und sogar unter Nicht-Marxisten selbstverständlich geworden ist (insofern auch sie glauben, die Ökonomie sei allesentscheidend), ist der hier beleuchtete *Praxismus* bislang noch ein philosophisches Geheimnis. Während der Materialismus zur Beschreibung des unguten Reichs der Notwendigkeit – sprich: der ökonomischen Verhältnisse der Arbeitswelt und der Produktion – dient, beschreibt die praxologische Weltsicht jenes wahre Reich der Freiheit – sprich: die freizeitlichen und alltagsweltlichen Lebensbereiche möglichen freien Selbsttätigseins des Menschen. Die gesellschaftlichen Voraussetzungen dieser alltäglichen Freiheitspraxis beschränken sich ihrem praxistischen Wesen nach auf möglichst kurze Arbeitszeiten pro Tag bzw. die lebenszeitliche Minimierung notwendiger Lohnarbeit sowie auf die freie Verfügbarkeit der notwendigen Mittel, um die entsprechenden freien Tätigkeiten leben zu können.

Die marxistische Gesellschaftstheorie und in einem bemerkenswerten Einklang mit ihr auch die bürgerliche Freizeitsoziologie haben das Verhältnis von Arbeit und Freizeit stets einseitig und deterministisch vom Produktionsprozess her bestimmt.[115] Aus einer solchen Perspektive erscheint der alltägliche Lebensbereich der Freizeit nur als eine Sphäre der sozialen Reproduktion oder Konsumtion, die komplett dem Arbeitsleben und den Interessen des Kapitals dient. ›Freie Zeit‹ wird zu einer ideologischen Kategorie, insofern sie eine individuell überfüllte und zugleich gesellschaftlich leere Freiheit verspricht. In diesem Sinne entlarvte die freizeitsoziologische Kritik der schon erwähnten Kulturtheoretiker Adorno und

114 Engels, Anti-Dühring, 264.

115 Huck (Hg.), Sozialgeschichte der Freizeit; Prahl, Soziologie der Freizeit.

Horkheimer die ökonomischen Prozesse, die eine Totalisierung der Industrie bis in den lebensweltlichen Bereich der Kultur (sprich: den Bereich der Freizeit jenseits der Lohnarbeit) forcieren. Diese Sichtweise reduziert die historische Verwandlung der frühindustriellen Arbeitsgesellschaft zu Marx' Zeiten in eine postindustrielle Freizeitgesellschaft der Gegenwart darauf, nichts weiter als der Triumph der vorherrschenden kapitalistischen Konsumgesellschaft zu sein. Diese kritizistische Theorie einer Kulturindustrie der Freizeit ist darin zutreffend, dass ohne ein tägliches Mitmachen und eine systemrelevante Reproduktion in Form eines affirmativen Konsumverhaltens das kapitalistische System in seinem Business as usual sofort existenziell bedroht wäre.

Doch gerade linke Theoretiker und Gesellschaftskritiker verspielen mit ihrer marxistischen Denkweise die historischen Fortschritte und die utopisch relevanten Erfolge im emanzipatorischen Kampf der Arbeiter um Arbeitszeitverkürzung und mehr arbeitsfreie Lebenszeit.[116] Sie machen sich ihrerseits der Ideologie verdächtig, Freizeit nicht als Ermöglichungsbedingung menschlicher Freiheit zu verstehen und insofern nichts zur theoretischen Ermutigung und Wegweisung machbarer Veränderungen im Alltagsleben beizutragen. Erst eine postmarxistische Perspektive begreift diesen Bereich als Reich zur Verwirklichung eines aus der Antike (der sokratischen und aristotelischen Praxisphilosophie) stammenden Muße-Ideals. Es sei in diesem Zusammenhang daran erinnert, dass schon Marx' Schwiegersohn Paul Lafargue in seinem Manifest für *Das Recht auf Faulheit* eine aktualisierte Version dieser zeitlosen Weisheit und Eutopie entwarf. »Ein sonderbarer Wahnsinn überwältigt die Arbeiterklassen der Länder, in denen die kapitalistische Zivilisation herrscht«, schrieb der erste programmatische Postmarxist Lafargue noch zu Lebzeiten des Wirkens des übermächtigen Vaters seiner Frau Laura Marx. »Dieser Wahnsinn ist die Arbeitsliebe, die morbide, leidenschaftliche Arbeitssucht, die bis zur Erschöpfung der Lebenskräfte des Einzelnen getrieben wird. Statt gegen diese geistige Verirrung anzukämpfen, haben die Priester, Ökonomen und Moralisten die Arbeit heiliggesprochen.«[117] Selbstbewusst reiht sich das Pamphlet eines Freigeistes, der regelmäßig mit Karl Marx in dessen Londoner Wohnung speist und philosophiert, in die volkstümliche Vorgeschichte sehnsüchtiger Evokationen eines guten Lebens im *Carpe-Diem*-Modus, froher Botschaften einer täglich möglichen Selbstbefreiung zu wahrer Freiheit und konvivialgesellschaftlichen Reichtum. Gute Tage, auch darüber werden sich die beiden Utopisten bei diesen Festmählern

116 Opaschowski, Arbeit. Freizeit. Lebenssinn? Orientierung für eine Zukunft, die längst begonnen hat. Nach wie vor wird dieser ›proletarische‹ Kampf gegen das System der Arbeit ausgetragen, allerdings gewerkschaftlich verengt und utopisch weitgehend orientierungslos, nämlich ohne die argumentative und narrative Unterstützung von wegweisenden Freiheitsdenkern – Freizeitphilosophen.

117 Lafargue, Das Recht auf Faulheit, 32.

ausgetauscht haben, waren immer schon solche der »Mußezeit, um die irdischen Freuden zu genießen, um zu lieben und zu scherzen, um vergnügt zu Ehren des lustigen Gottes des Müßiggangs zu tafeln.« (Ebd.)

Mit visionärem Blick auf die schon damals absehbare Zukunft einer technologischen Arbeitslosigkeit durch die zunehmende maschinelle Automatisierung der kapitalistischen Produktion träumte Lafargue vom Anbruch einer neuen Ära der Nichtarbeit, von der Morgenröte einer neuen Erde, einer Welt universeller Faulheitsrechte: »Wenn sich die Arbeiterklasse das sie beherrschende und ihre Natur herabwürdigende Laster gründlich aus dem Herzen reißen und sich in ihrer furchtbaren Kraft erheben sollten, nicht, um die Menschenrechte zu verlangen, die nur die Rechte der kapitalistischen Ausbeutung sind, auch nicht, um das Recht der Arbeit zu fordern, das nur das Recht auf Elend ist, sondern um ein ehernes Gesetz zu schmieden, das jedermann verbietet, mehr als drei Stunden täglich zu arbeiten, dann würde die Erde, die alte Erde, vor Wonne zittern und spüren, dass sich in ihrem Innern eine neue Welt regt…« (Ebd., 56.)

Erst die materialistischen Voraussetzungen und Gegebenheiten einer sozioökonomisch ankünftigen Freizeitgesellschaft ermöglichen, dass das, was nach der Arbeit kommt, nicht üblicher Konsum sein muss, sondern gute Freiheit. Die theoretische Grundkategorie von wissenschaftlichen Analysen der politischen Ökonomie sollte, sofern sich diese als Beiträge zu einer praktischen Ethik des guten Lebens verstehen, nicht länger ›das Kapital‹ sein, dessen Werte allzu leichtfertig überschätzt wurden – die Grundkategorie sollte ›das Zeitbudget‹ sein. Zumal Marx selbst sich den wirklichen Wohlstand arbeitsfreier Lebenszeit im Kontext seiner theoretischen Überlegungen zum Mehrwert klarmachte – mit dem super Fazit: *Weniger arbeiten ist mehr wert.* Er notierte sich dort eine Erkenntnis, deren revolutionäre Reichweite ihm letztlich verborgen blieb; eben den Sachverhalt, dass eine Gesellschaft wahrhaft reich ist, wenn nur wenige Stunden am Tag gearbeitet wird. Denn: »Reichtum ist verfügbare Zeit, und sonst nichts.«[118]

Das Revolutionäre an der *Minima Utopia* von Freiheit als Freizeit ist schlicht: Dieser utopische Minimalismus macht im Wesentlichen eine alltagsweltliche Verwirklichung menschlicher Freiheit denkbar, auch ohne die vollständige Abschaffung des Kapitalismus und aller Arten von unguten Beschränkungen (Nöten, Übel, Misslichkeiten usw.). Auch die Freiheit in einer besseren Zukunft, selbst in einer kommunistischen Gesellschaft, wird die Menschen nicht davon befreien, zu weinen, zu leiden oder trauern und sterben zu müssen. Ja, selbst die beste aller möglichen Welten wird keine Welt voll Friede, Freude und Eierkuchen sein. Genauso wenig wie die Freiheit zu einer *für alle guten Lebenspraxis* ein gutes Leben für alle ist, worin alles gut wird und welches alle immer glücklich macht.

118 Marx, Theorien über den Mehrwert, 251.

Es ist, wie es ist, war und sein wird: Auf der Erde, in der Weltreichweite der menschlichen Existenz, ist das universelle Gut Freiheit wie alles Wohlergehen durch Unfreiheiten und endloser Übel *unabänderlich begrenzt*. Obwohl die menschliche Welt so ist – obwohl das Reich der Notwendigkeit nie völlig und endgültig abgeschafft ist, auch wenn die Arbeitswelt nie völlig frei und vollständig vergesellschaftet ist, auch wenn sie sich nicht als Sphäre alltäglichen Vergnügens darstellt, auch wenn Formen und Verhältnisse kapitalistischer Lohnarbeit und Ausbeutung fortexistieren, auch wenn die gerechte Enteignung von Kapitalisten und aller Arten von ungerecht akkumuliertem Kapital noch aussteht, und auch ohne den obsessiven Zwang, jede Form von Privateigentum in Gemeineigentum umwandeln zu wollen – obwohl unsere Welt so ist, ist es uns Menschen möglich, in Freiheit und wesentliche Formen der Freiheitspraxis zu leben. Ein wirklich gutes Leben kann es nur inmitten von Ungutem geben. Um von dieser Dialektik menschlicher Freiheit zu wissen, braucht man die ebenso schwierige wie verwirrende Debatte um die marxistische Forderung nach der Abschaffung des Eigentums als notwendiger Bedingung von Freiheit oder um die anthropologische Reichweite politisch-ökonomischer Verhältnisse im Hinblick auf die utopische Bestimmung lebensweltlicher Freiheitspraxen gar nicht erst zu führen. Ich denke, es genügt festzustellen, dass sich der marxistische Utopismus zumindest an seiner heißesten Quelle aus einem alltagspraktischen Freiheitsbegriff speist.

Neben dem weltbekannten Kritiker des Kapitalismus und dessen Analysen der politischen Ökonomie ist es an der Zeit, endlich auch den kaum bekannten Theoretiker des Praxismus und dessen Ansätze zu einer philosophischen Ethik der Praxis zu entdecken. Dies gerade angesichts der historischen Tatsache, dass als Resultat der gesellschaftlichen Entwicklung seit Marx und mit Blick auf das absehbare Ende der modernen Arbeitsgesellschaft heute immer mehr Menschen mit der alltagsweltlichen Lebensfrage (anstelle der nebensächlichen Eigentumsfrage) konfrontiert sind, inwieweit sie entweder unter Bedingungen einer »glücklichen Arbeitslosigkeit«[119] oder neben einer zeitlich reduzierten und bestenfalls auskömmlichen und einigermaßen befriedigenden Lohnarbeit, die auch weiterhin – gut marxistisch – für alle zu fordern ist, die mögliche Freiheit selbstzwecklicher, für alle guter Tätigkeiten leben. Zumindest näherte sich der große Freiheitsvisionär Karl Marx dem Praxismus freien Tätigkeiten jenseits des Arbeitslebens an, obgleich er dessen enormes Potential aufgrund der konzeptuellen Schwäche eines grundbegrifflich undifferenzierten

119 Eine aktuelle Version des Rechts auf ›Faulheit und Muße‹, auf eine gesellschaftliche Entwicklung des Nichtstuns und freien Selbsttätigseinkönnens liegt mit dem, bislang allerdings kaum beachteten, *Manifest der postproletarischen Bewegung der Glücklichen Arbeitslosen* längst vor, dokumentiert in: Paoli (Hg.), Mehr Zuckerbrot, weniger Peitsche: Aufrufe, Manifeste und Faulheitspapiere der Glücklichen Arbeitslosen.

Denkens ›gesellschaftlicher Praxis‹ letztlich doch nicht zu nutzen wusste. Die Gründe für diesen programmatischen Fehler zu kennen, lohnt sich.

Die elfte These ad Feuerbach – ein Rinnsal der Erkenntnis

Eine typische Formulierung, die deutlich macht, dass Marx unter Praxis sehr allgemein – allzu allgemein – die praktische Veränderung der Welt verstand, steckt in seiner elften Feuerbach-These. Sie behauptet bekanntlich: »Die Philosophen haben die Welt nur verschieden interpretiert, es kommt aber darauf an, sie zu verändern.« Die Prägnanz dieser Formulierung hat die anderen zehn Thesen zu Feuerbach leider in den Schatten gestellt. Doch der Sinn dieser These erschließt sich erst durch die Kenntnis der vorangegangenen. Denn aus ihnen geht hervor, dass das »Weltverändern«, von dem Marx in diesem Kontext spricht, sich (1. These) auf eine solche Art von »revolutionärer Tätigkeit« bezieht, die nichts mit einer umstürzlerischen Revolution (beispielsweise den Ereignissen der Französischen oder Russischen Revolution) zu tun hat. Marx beschreibt dort die revolutionäre Tat vielmehr als »sinnlich-menschliche Tätigkeit, Praxis«. Dabei denkt er eher an eine fundamentale Umkehr oder Revolutionierung der vorherrschenden Weltanschauung, nämlich an die von seinem Kollegen Ludwig Feuerbach durchgeführte, religionskritische Aufklärung, dass kein Gott, sondern die Menschen selbst ihr Leben und ihre Welt gestalten.

Entsprechend erklärt seine achte These über Feuerbach: »Alles gesellschaftliche Leben ist wesentlich *praktisch*.« Die alltägliche Lebenspraxis ist revolutionär nicht in Form politischer Widerstandspraxis (durch Protestbewegungen oder gewaltsamen Umsturz usw.). Stattdessen beginnt das Weltverändern mit der Selbstveränderung: Die Tätigkeiten der Selbstverbesserung oder Gestaltung des eigenen Welt-Selbst ist die eigentliche weltverändernde oder eben revolutionäre Praxis. Die dritte Feuerbach-These lautet dementsprechend: »Das Zusammenfallen des Änderns der Umstände und der menschlichen Tätigkeit oder Selbstveränderung kann nur als revolutionäre Praxis gefasst und rationell verstanden werden.«

Mit diesen erklärungsbedürftigen Stichworten fängt das marxistische Verständnis des Menschseins ansatzweise eine *Anthropologie der Praxis* ein, die sich von dem traditionellen Dualismus der platonisch geprägten Ontologie des Westens unterscheidet. Während der Platonismus den Menschen in ein geistiges und körperliches Wesen entzweit, nimmt die Praxisontologie von Marx unterschwellige Überlegungen auf, die bereits in der sokratischen Ethik, in der aristotelischen Verwendung (und ersten Systematisierung) des griechischen Praxisbegriffs und darüber hinaus in der ›pragmatischen Anthropologie‹ von Kant angelegt waren. Ohne sich auf diese Vorläufer zu berufen, ist es Karl Marx gewesen, der die Erkenntnis der praktischen Lebensgestaltung des Menschen zu einer eigenständigen Anthropologie der Praxis verarbeitete. Letztlich blieb sie jedoch auf ein materialistisches Welt- und Selbstverständnis reduziert.

Diese von Marx selbst vorgezeichnete Verengung der praxischen Wesenskräfte des Menschen hat dazu geführt, dass ein großes Potential seiner Weltsicht bis jetzt ungenutzt geblieben ist. Hinzu kommt, dass gerade wegen der selbstverschuldeten Verengung des Materialismus (des marxistischen Ökonomismus) die programmatischen Vorarbeiten von Feuerbach – und zentrale Anregungen von Kant, auf die ich an dieser Stelle nur noch einmal hinweisen kann – zu einer gastrosophischen Revolutionierung des Denkens bzw. unseres Welt- und Selbstbildes nicht weiterentwickelt wurden. Letztlich verpasste – nein: vermasselte – der Gesellschaftstheoretiker Marx die *theoretische Revolution Feuerbachs,* die eine welthistorisch einzigartige Erkenntnis zur Sprache brachte: Erstens, dass ›Gesellschaft‹ größtenteils ein Produkt der Esspraxis ist – nämlich eines Essens in Gesellschaft: der *Tischgesellschaft* und ihrer konvivialen Geselligkeit. Aus dieser Tatsache ergibt sich im täglichen Leben zweitens: Dass die menschliche Essistenz oder, metaphorisch und gastrosophisch gesagt, dass von fast allen Dingen der menschlichen Existenz ›der Magen am Anfang steht‹ – *a ventre principium.*

Diese gastrosophische Revolutionierung unseres Welt- und Selbstbildes bereitete erst das epistemologische Fundament für den Materialismus, auf dem Marx dann seine fulminante Kapitalismuskritik und seine Utopie einer guten Gesellschaft errichtete – er tat dies nur *marxistisch*, also bekanntlich bloß *philosophisch-ökonomisch* und gerade nicht konsequent *gastrosophisch-praxistisch*. Hätte Marx die essistenzialistische Grundthese von Feuerbach aufgegriffen und programmatisch weiterentwickelt, würden die von ihm erarbeiteten begrifflichen Mittel dazu gereicht haben, seine berühmten Feuerbach-Thesen durch eine zwölfte These zu vervollständigen. Mit Marx gegen Marx müsste diese These ad Feuerbach heißen: *Der Marxismus interpretiert die Welt nur kapitalismuskritisch und praxisutopisch; es kommt aber darauf an, sie vor allem besser zu essen und über diesen Weg richtig zu verstehen, was es heißt, täglich für alle Gutes zu leben.*

Doch immerhin eröffnet das hier freigelegte praxologische Verständnis von humaner Freiheit als alltägliches Tätig-Sein im Reich der wahren Freiheit, einer Bereichlichkeit, die sich auf einige für alle Menschen gute Lebensbereiche möglicher freier Tätigkeiten erstreckt und beschränkt. Die philosophische Kenntnis dieser Freiheitsbereiche des täglichen Seins, wozu eben ganz essenziell die Welt des Essens gehört, ist eine nicht minder revolutionäre Entdeckung für das utopische Denken und ein Potential der vollen Entladung utopischer in eutopische Energien. Diese abenteuerliche Entdeckung umfasst die Bewahrheitung des Praxismus in der allgemeinen Tat-Sache, dass die tägliche Praxis, menschliches Wohlsein leben zu können, in nichts anderem als einem *eutopischen Tätigsein* beruht, sowie dass innerhalb des menschlichen Lebens *verschiedene Eupraxen* oder vielseitige Formen eines solchen freien Tätigseins möglich sind, die eben nicht irgendwie in einer fernen besseren Zukunft, sondern im ankünftigen Hier und Heute des für alle Guten erreichbar sind. Eine praxologische Wesensschau sieht den Menschen nicht nur und ganz allgemein als ein ›praktisches Wesen‹, das die Welt gestaltet, indem es sie sich vor allem ökonomisch aneignet. *Der Praxismus versteht den Menschen darüber hinaus* auch *als ein praxisches Wesen vielseitigen Selbsttätigseinkönnens, der selbstzwecklichen Kraftentfaltung, der alltäglichen Selbst-Gestaltung durch gute Praxen gelebten Gemeinwohls.*

Eine Art Zusammenfassung: morgens, mittags, abends, heute und morgen wieder – das tägliche Weltall

Fassen wir zusammen: Der Utopist Marx wich der ›alltagsweltlichen Lebensfrage‹ als der Allerweltsfrage, was eine »freie Tätigkeit ist, die nicht wie die Arbeit durch den Zwang eines äußeren Zwecks bestimmt ist«[120], keineswegs durch Ausflüchte in eine nebulöse Ahnung der Möglichkeit eines radikalen Andersseins oder einer ganz anderen Welt aus. Zwar schenkte er der inhaltlichen Bestimmung des erstrebten Ideals bzw. der hochprozentigen Auflösung des utopischen Bildes einer ›kommunistischen Gesellschaft‹ viel zu wenig narrativen Spielraum – eben höchstens zehn Prozent seiner umfangreichen Schriften. Aber der philosophische Einfluss dieses unscheinbaren Wärmestroms auf sein ganzes Denksystem ist mit etwas Feingefühl und Phantasie aufzuspüren. Der abseitige, aber wegweisende Gedankengang seines neuen (praxologischen) Freiheitsbegriffs zielte wie ersichtlich, letzten Endes auf die Vision eines vielgestaltigen Tätigseins des Menschen. Marx selbst spricht vage und leicht missverständlich von der »allseitigen Entwicklung des Menschen«.[121] Verstehen wir das einmal so, dass damit die alltagspraxische Selbst-Verwirklichung seines vielseitigen Wesens im guten Menschsein-Können gemeint war. Dann macht es auch Sinn zu sagen: »Der Mensch eignet sich sein allseitiges Wesen auf eine allseitige Art an, also als ein totaler Mensch.« Doch die Totalität der Praxis-Wirklichkeit (des menschlichen Tätig-Seins) ist nie gleichbedeutend mit irgendeiner Form von gesellschaftlicher Totalität, die alle Seiten unseres Lebens erfassen kann und dies möglicherweise sozialtechnologisch-totalitär auch durchsetzt. Insofern ist Marxens Rede vom totalen Menschen zur Erklärung einer vielseitigen Lebenspraxis unbrauchbar.

Die praxistische Aneignung der Welt im Gegensatz zur materialistischen (oder eben totalitaristischen) »ist die Betätigung der menschlichen Wirklichkeit. Sie ist daher ebenso vielfach, wie die menschlichen Wesensbestimmungen und Tätigkeiten vielfach sind«.[122] Wirklich revolutionäre transformatorische Praxis wirkt des-

120 Marx, Theorien über den Mehrwert III, 253.

121 Marx, Kritik des Gothaer Programms, 21.

122 Marx, Nationalökonomie und Philosophie, 240.

halb gerade der Selbstentfremdung des Menschen – der Dehumanisierung seiner möglichen Menschlichkeit – durch die Berufstätigkeit entgegen. Denn im Bereich der gesellschaftlich notwendigen Arbeit und der vereinseitigenden Arbeitsteilung in Gestalt eines Vollzeit-Berufslebens herrscht der allgemeine Zwang der kapitalistischen Arbeitsgesellschaft zum eindimensionalen Menschen – um eine treffende Formulierung des Selbstbefreiungstheoretikers Herbert Marcuse aufzugreifen.[123]

Vor diesem Hintergrund kritisierte Marx die bürgerliche Arbeitswelt mit den viel zitierten Worten: »Sowie nämlich Arbeit verteilt zu werden anfängt, hat Jeder einen bestimmten ausschließlichen Kreis der Tätigkeit, der ihm aufgedrängt wird, aus dem er nicht heraus kann; er ist Jäger, Fischer oder Hirt oder kritischer Kritiker und muss es bleiben, wenn er nicht die Mittel zum Leben verlieren will«.[124] Diesem alltäglichen Grundübel des normalen Arbeitslebens hielt der Philosoph, woran ich hier erinnern wollte, die utopische Lebensfülle eines multidimensionalen Menschseinkönnens entgegen. In der praxischen Vervielfachung von Lebenstätigkeiten jener (in den idealistischen Worten des Humanisten Marx) »menschlichen Wirklichkeit«, die die kommende konviviale Gesellschaft ausmachen könnte, vollzieht sich die wirkliche Aneignung superhumaner Lebensbereiche sowie die tägliche Betätigung der Selbstzwecke wahrer Freiheit.

Eine aufgrund ihrer Seltenheit berühmt gewordenen Passage stellt die marxistische Utopie das Alltagsleben von ›Kommunisten‹ als das von Praxisten dar. Dort steht geschrieben: »In der kommunistischen Gesellschaft, wo Jeder nicht einen ausschließlichen Kreis der Tätigkeit hat, sondern sich in jedem beliebigen Zweige ausbilden kann, [regelt] die Gesellschaft die allgemeine Produktion und [macht] mir eben dadurch möglich, heute dies, morgen jenes zu tun, morgens zu jagen, nachmittags zu fischen, abends Viehzucht zu treiben, nach dem Essen zu kritisieren, [...] wie ich gerade Lust habe« (ebd.). Hier stoßen wir endlich wieder auf das Essen. Hier, in der alltäglichen Freiheit, heute dies und morgen jenes tun zu können jenseits des Unwesens des Kapitals und seiner Unfreiheiten, hier bei der programmatischen Beschreibung des Morgens-Mittags-Abends, der Heutezeit revolutionärer Praxis, hier im Herzen eines täglich praktizierten Superhumanismus – hier bekommen wir es also mit dem täglichen Essen zu tun. Aber dieses Mal weder in rein ökonomischer Hinsicht auf die industrielle Nahrungsproduktion noch in seiner Beziehung zur arbeitsteiligen Berufstätigkeit (des Jägers, Fischers oder Hirten), sondern ausschließlich zum Zweck der freizeitlichen Selbstversorgung und vor allem mit Blick auf die kulinarische und alltagskulturelle Praxis des lustvollen Essens und Genießens in guter Gesellschaft.

---

123 Marcuse, Der eindimensionale Mensch: Studien zur Ideologie der fortgeschrittenen Industriegesellschaft.

124 Marx, Deutsche Ideologie, I Feuerbach, 33.

Zwar denkt Marx auch hier das Essen nur beiläufig und nebensächlich, weshalb es bei diesem Mahl eher auf das gemeinsame Kritisieren danach anzukommen scheint. Weder ist diese tägliche Lusterfüllung der menschlichen Essistenz als Selbstzweck aufgeführt noch explizit tischgesellschaftlich vorgestellt. Doch das Gemeinschaftliche, das im eigentlichen Sinne ›Kommunistische‹, ist gerade in der Konvivialität eines geselligen Essens, bei dem schon währenddessen lebhaft gemeinsam diskutiert wird, mitzudenken. Das tägliche Essen, mindestens die Hauptmahlzeit, ist hier die Verwirklichung der freizeitlichen Betätigung, etwas allgemein Gutes zu leben. Indem das Essen nicht bloße physische Notwendigkeit der Nahrungsaufnahme ist, sondern seine alltägliche Praxis als Selbstzweck einer erstrebenswerten lustvollen Gesellschaft gelebt wird, lässt sich daran das Ideal eines superhumanen Tätigseins beispielhaft konkretisieren. Was mich zu der Hypothese veranlasst: Hätte der marxistische Humanismus bzw. Kommunismus den gastrosophischen Kantianismus – also Kants Vernunftideal der Tischgesellschaft als das höchste Gute gelebter Humanität – aufgegriffen und philosophisch zur praxistischen Eutopie der konvivialen Gesellschaft ausgebaut und mit ihr die konsumkapitalistische Arbeitsgesellschaft als globales Modell abgelöst, wäre die geschichtliche Entwicklung der Menschheit seither mit großer Wahrscheinlichkeit anders verlaufen. Für eine solche weltgesellschaftliche Entwicklung ist es aber noch nicht zu spät – im Gegenteil.

Indem die Gastrosophie anhand der Ernährungspraxis eine allgemeine und alltägliche Freiheitspraxis darstellt, behebt sie ansatzweise den Mangel, dass Marx (wie der marxistische Utopist Ernst Bloch) keine theoretische Begründung dafür bietet, worin sich revolutionäre Alltagspraxen von täglichen Tätigkeiten, beliebigen Beschäftigungen oder »Hobbys«[125] unterscheiden. Erst die Bestimmung des allgemeinen Charakters bestimmter Praxen als für alle gute Lebenstätigkeiten kann die (etwa von Jonas) erhobene Kritik einer »Steckpferdkonzeption« entkräften und seine unplausible Begründung widerlegen, »der Grundirrtum der ganzen Konzeption, bei Marx wie bei Bloch, sei die Trennung des Reiches der Freiheit vom Reiche der Notwendigkeit.«[126] Für den Bereich der täglichen Ernährungspraxis können wir uns ohne weiteres klarmachen, dass erst eine freizeitliche und selbstzweckliche Betätigung der menschlichen Essistenz eine Form wohltätigen Menschseins und Gemeinwohllebens verwirklicht. Denn umgekehrt gilt: Für den sich nur funktionell im Fast Food Modus ernährenden Menschen oder »für den ausgehungerten Menschen«, wie Marx in einer kryptogastrosophischen Weise argumentiert, »existiert nicht die menschliche Form der Speise, sondern nur ihr abstraktes Dasein als Speise; ebenso gut könnte sie in rohester Form vorliegen, und es ist nicht zu

125 Bloch, Das Prinzip Hoffnung, 1061.

126 Jonas, Das Prinzip Verantwortung. Versuch einer Ethik für die technologische Zivilisation, 357.

sagen, wodurch sich diese Nahrungstätigkeit von der tierischen Nahrungstätigkeit unterscheide.«[127]

Obwohl er sich nicht auf Kants Humanitätsbegriff der konvivialen Tischgesellschaft beruft, tauchen bei ihm die Grundgedanken einer humanistischen Bildungstheorie des ›guten Geschmacks‹ als eines gemeinschaftlichen Sinns für das Gute – nicht nur, aber eben auch im Lebensbereich des kulinarischen Geschmacks – wieder auf: Durch die alltägliche Kultur eines Essens (dessen Produktion und Konsumtion, dessen Reflexion und Wertschätzung usw.) wird ein allgemeiner »menschlicher Sinn« (ebd.) ausgebildet und erzeugt. So wird die esskulturelle Lebenspraxis zum alltagskulturellen Ursprung des menschlichen Sinns unter anderem für eine naturgerechte Agrikultur. Was umgekehrt besagt: Vermittelt durch die landwirtschaftliche und nahrungsindustrielle Produktion mündet der »menschliche Stoffwechsel« (Marx) mit der Natur (als End- und Selbstzweck) im wahrsten Sinne des Wortes im täglichen Essen.

Diese Erkenntnis, Bloch nennt sie das »Durchdenken humaner Teleologie«, hat weitreichende und weltbewegende Konsequenzen, denen die übliche Marxismus-Rezeption zu wenig Gewicht beimaß: Nicht die politische Ökonomie ist fundamental, nicht die Produktion der Lebensmittel ist Zweck des Essens, sondern umgekehrt, die Esskultur und Tischgesellschaft sind der finale Zweck der Wirtschaft und der entscheidende Ausgangspunkt einer entsprechenden Nachfrage. Die alltägliche Mahlpraxis und die gemeinsame Geschmacksreflexion beim und nach dem Essen, kurz: die menschliche Ernährungsweise bildet das normative (En-)Telos der betreffenden Wirtschaftsprozesse. Folglich kann die Ethik des Essens, sowohl die kulinarische Produktion als auch die mahlpraxische Konsumtion, auch der weltökonomische Ursprung einer revolutionären Veränderung und Überwindung der kapitalistischen Ernährungsverhältnisse sein. Weil sich unsere Ernährungsweise auf das Wohl oder Unwohlsein aller davon betroffenen Menschen, Tieren, Pflanzen, Böden, Landschaften, Küchen, Gesellschaften usw. auswirkt, ist diese alltägliche Lebenspraxis eine utopisch relevante Freiheitspraxis. Um eine Humanisierung der Natur, eine Verbesserung der Arbeit, der Lebensqualität usw. zu erreichen, ist es unerlässlich, sich also noch einmal mit der produktiven Seite der menschlichen Ernährung zu befassen. Diesmal interessiert allerdings nicht die landwirtschaftliche Praxis, sondern die Arbeit in der Küche – als täglicher Sprung ins häusliche Reich der kulinarischen Freiheit und Selbst-Verwirklichung.

127 Marx, Nationalökonomie und Philosophie, 242.

Exkurs zur gastrosophischen Umschreibung der täglichen Küchenarbeit

Für eine konsequente Weiterentwicklung der Praxisphilosophie des Marxismus lässt sich die Küchenarbeit, die kulinarische Praxis, als Best Practice Beispiel einer utopischen Lebenskunst darstellen. Dies soll im Folgenden anhand seines Arbeitsbegriffs geschehen – durch eine zwar sinngemäße, aber freie Umschreibung einiger Passagen aus den *Ökonomisch-Philosophischen Manuskripten* (XXII-XXIV). Mit einer solchen geringfügigen *Paraphrase* des Originaltextes kann einer der einflussreichsten Philosophen der Menschheitsgeschichte als gastrosophischer Vordenker imaginiert werden.

In der Bestimmung, dass die kulinarisch Tätigen zum Produkt ihrer Arbeit als einem selbstgemachten Gegenstand sich verhalten, liegen viele Konsequenzen. Denn es ist klar: Je mehr sie sich in ihrer eigenen Küche ausarbeiten, desto mächtiger wird die selbstgemachte, gegenständliche Welt, die sie sich schaffen, um so reicher werden sie selbst, ihre innere Welt, um so mehr gehört ihnen. Die kulinarisch Tätigen legen ihr Leben in das Gericht, ihr Leben wird vergegenständlicht. Sie essen, was das Produkt ihrer Arbeit ist. Die Entäußerung der Kochenden in ihr Produkt hat die Bedeutung, dass ihre Arbeit zum Gegenstand, zu einer äußeren Existenz wird; sie existiert außer ihnen, aber nicht unabhängig, fremd von ihnen, sondern sie wird ihre Macht; das Leben, das sie dem Gegenstand gegeben haben, tritt ihnen genüsslich und gastlich entgegen. Betrachten wir nun näher die Vergegenständlichung, die Produktion von am Herd arbeitenden Menschen und in ihr die kulinarische Selbstverwirklichung, den Genuss des Gegenstandes, ihres Produktes. Die in ihrer eigenen Küche arbeiten, können nichts schaffen ohne die Natur, ohne die sinnliche Außenwelt. Sie ist der Stoff, an welchem sich ihre Arbeit verwirklicht, in welchem sie arbeiten, aus dem und mittels dessen sie produzieren. Wie aber die Natur die Lebensmittel der Küchenarbeit liefert, in dem Sinne, dass diese Arbeit nicht leben kann ohne die Gegenstände, an denen sie sich ausübt, so liefert sie andererseits auch die Lebensmittel im engeren Sinne, nämlich die Mittel der kulinarischen Essistenz des kochenden Selbst. Indem es sich also die Außenwelt, die sinnliche Natur der Lebensmittel, durch seine Arbeit aneignet, produziert es seine eigenen Lebensmittel in doppelter Hinsicht. Erstens, indem sich die sinnliche Außenwelt immer mehr vermenschlicht und ein Gegenstand seiner Arbeit, ein Lebensmittel seiner Arbeit wird. Zweitens, indem die Arbeit in der Küche immer mehr zum Lebensmittel im unmittelbaren Sinn wird, zum Mittel für den physischen Lebensunterhalt der Selbstproduzierenden.

Nach dieser doppelten Seite werden also diejenigen, die in ihrer eigenen Küche arbeiten, zu Schöpfern ihres Gegenstandes, erstens, dass sie ein Gegenstand der Arbeit sind, d.h. dass sie Arbeit erhalten, und zweitens, dass sie Subsistenzmittel erhalten. Erstens also, dass sie als Tätigseiende sind, und zweitens, dass sie als physisches Selbst existieren können. Die Tiefe dieser Selbsterfüllung besteht darin, dass sie als kulinarische Selbsttätige sich als produktive Selbste verwirklichen und als menschliche Wesen tätig sein können. Die Selbstverwirklichung der kulinarisch Tätigen in ihrem Gegenstand als Selbstgemachtes drückt sich darin aus, dass sie in dem Maße, wie sie produzieren, auch selbst konsumieren; dass sie die Werte, die sie schaffen, in deren ganzen Fülle genießen und sich ihrer würdig erweisen; dass je formenreicher ihr Produkt, desto formfreudiger sind sie selbst; dass je stilisierter ihr Gegenstand, umso raffinierter ihr kulinarischer Sinn; dass je subtiler das Produkt, umso mächtiger die Selbstproduzierenden; dass je geistreicher die Arbeit, desto gastrosophischer die in der Küche Aktiven.

Die philosophische Wissenschaft vom guten Essen macht die Selbstverwirklichung im Wesen der kulinarischen Praxis verständlich, indem sie die direkte Beziehung zwischen dem Tun und der Produktion betrachtet. Die Küchenarbeit produziert Wunderwerke für die Bekochten, sie produziert Anerkennung für die, die kochen. Sie produziert Köstlichkeiten und Erfüllung für diejenigen, die sie herstellen. Sie produziert Schönheit und Versinnlichung für die täglich am Herd Arbeitenden. Sie ersetzt Maschinen durch Handarbeit und nimmt einen Teil der Arbeitsteilung zurück in die vielseitige Eigenarbeit. Sie produziert Geist und sie produziert Geschmack, Kommunismus für den gesellschaftlichen Genuss. Sie schafft den Nährboden für den Konvivialismus der Zukunft.

Bisher wurde die kulinarische Selbstverwirklichung, die Entäußerung des kochenden Ichs, nur von einer Seite betrachtet, nämlich nur vom Verhältnis zu den Produkten der eigenen Arbeit. Aber die Erfüllung zeigt sich nicht nur im Resultat, sondern auch im Akt der Produktion, in der produzierenden Tätigkeit selbst. Wie könnten diejenigen, die sich ihr Essen selbst produzieren, das Produkt ihrer Tätigkeit als ihr eigenes begreifen, wenn sie sich nicht im Akt der Produktion selbst ihrer selbst entäußerten? Das Produkt ist ja nur das Ergebnis der Tätigkeit, der Produktion und Praxis. Wenn also das Produkt der eigenen Küchenarbeit die eigene Entäußerung ist, so muss die eigene Produktion als Praxis die tätige Selbstentäußerung, die Entäußerung der Tätigkeit, die Tätigkeit der Entäußerung sein. In der Aneignung des Gegenstandes der Küchenarbeit – im Genuss – vollzieht sich das Tätigsein.

Worin besteht nun diese Erfüllung, diese Entäußerung der kulinarischen Praxis? Zunächst darin, dass das Gekochte für die Kochenden äußerlich, aber Teil ihres Wesens ist, dass sie sich also in ihrer Arbeit nicht verneinen, sondern bejahen, dass sie sich nicht unglücklich, sondern wohl fühlen, dass sie ihren Körper nicht kasteien und ihren Geist nicht ruinieren, sondern freie körperliche und geistige Energie entwickeln. So fühlen sich die Selbstproduzierenden bei der Küchenarbeit nicht außerhalb ihrer selbst und außerhalb der Arbeit nicht bei sich. Sie sind zu Hause, wenn sie in ihrer eigenen Küche arbeiten, und wenn sie zu Hause arbeiten, stehen sie vor allem am Herd. Diese Arbeit ist freiwillig, insofern sie der Freiheit Gestalt gibt, sie ist Praxis der Freiheit, nicht Lohn- oder Zwangsarbeit. Sie ist also Bedürfnisbefriedigung und Selbstzweck, nicht nur Mittel zur Befriedigung anderer Bedürfnisse. Ihre Verwirklichung ist darin vollendet, dass die Arbeit in der häuslichen Küche, obwohl kein physischer oder sonstiger Zwang besteht, mit Lust (im Bewusstsein des produzierten Genusses) getan wird. Die Küchenarbeit, die Praxis, in der der Mensch sich kulinarisch bildet und sich seine kulinarischen Wesenskräfte aneignet, ist eine Arbeit der Selbsttätigkeit, des Selbstgenusses.

Schließlich zeigt sich die Äußerlichkeit der Arbeit für die Kochenden darin, dass sie ihre eigene ist und nicht die eines anderen, dass sie ihnen gehört, dass sie in ihr sich selbst gehört und nicht einem anderen, der sie bevormundet und zwingt, zu essen, was sie produzieren. In der Küche ist die Selbsttätigkeit der menschlichen Phantasie, des menschlichen Gehirns und des menschlichen Herzens ebenso von der Individualität unabhängig wie von ihr abhängig. So ist die Tätigkeit des Essenmachens eine humanisierende, vermenschlichende Selbsttätigkeit. Sie gehört nicht irgendjemandem, sie ist der Genuss des so tätigen Selbst. Daraus folgt, dass der Mensch als kulinarisch tätige Arbeitskraft – und erst recht als die Früchte der eigenen Arbeit genießendes Selbst – das Essen nicht mehr als tierische Funktion abtut, sondern sich darin frei fühlt und es als menschliches Vermögen zur Menschlichkeit – als Humanum – erfährt. Das Tierische wird menschlich und das Menschliche wird alltäglich. Denn menschliche Essistenz als Küchenarbeit, als produzierte Selbstverwirklichung, ist eine genuin menschliche Fähigkeit. Unter den herrschenden Ernährungsverhältnissen aber, die es von den angeblich wichtigen Tätigkeiten trennen und zu einer nichtswürdigen Nebensache machen, hat die menschliche Essistenz nur die tierische Funktion, die Arbeitskraft zu reproduzieren, und die entmenschlichende Funktion, einen unersättlichen Konsum (der Kaufkraft) zu ermöglichen.

Der einzelne Mensch repräsentiert die Menschheit nicht nur dadurch, dass er Menschlichkeit (Humanität), sowohl seine eigene als auch die der anderen Dinge oder der Mitwelt, praktisch und theoretisch zu seinem Gegenstand macht, sondern auch – und das ist nur ein anderer Ausdruck für dasselbe – dadurch, dass er sich zu sich selbst als der gegenwärtigen lebendigen Allgemeinheit verhält, dass er sich zu sich selbst als einem universalen freien Wesen verhält, das zu Menschlichkeit fähig ist.

Wir haben nun noch eine dritte Bestimmung der kulinarischen Praxis aus den beiden vorhergehenden abzuleiten. Die Menschheit besteht einmal physisch darin, dass der Mensch von der Natur lebt, die er als Teil von ihr verstoffwechselt, und je universaler er ›Mensch‹ ist, desto universaler ist der Bereich der ›Natur‹, von der er lebt. Wie Pflanzen, Tiere, Steine, Luft, Licht usw. theoretisch, teils als Gegenstände der Naturwissenschaft, teils als Gegenstände der Kunst, zum Bewusstsein des Menschen gehören, seine geistige Natur, geistige Nahrung sind, die er erst zubereiten muss, um sie zu genießen und zu verdauen, so gehören sie auch praktisch zum Leben und Wirken des Menschen. Physisch lebt der Mensch nur von diesen Naturprodukten, insbesondere in Form der Nahrung. Die Universalität des Menschen zeigt sich praktisch gerade in der panhumanen Universalität, die die ganze Natur zu seinem äußeren Körper macht, insofern sie einerseits unmittelbares Lebensmittel und andererseits Materie, Gegenstand, Werkzeug – und Eigenwert – seiner Lebenstätigkeit ist.

Indem die kulinarische Arbeit dem Menschen erstens die Natur und zweitens sich selbst, sein eigenes tätiges Selbst-Sein-Können, seine Lebenstätigkeit näherbringt, setzt sie den Menschen in Beziehung zur ›Menschheit‹; sie macht ihm die Allgemeinheit als Menschlichkeit oder Humanität zum Zweck des individuellen Lebens. Sie verkörpert erstens das Menschsein und das individuelle Leben, und zweitens macht sie letzteres in seiner Konkretion zum Zweck des ersteren, ebenfalls in seiner konkreten und gastrosophisch erfüllten Gestalt. Denn erstens erscheint dem Menschen – gerade in der Küche – die Arbeit, die alltägliche Lebenstätigkeit, das produktive Leben selbst nicht nur als Mittel zur Befriedigung eines Bedürfnisses (des Bedürfnisses nach Erhaltung der physischen Existenz), sondern auch als essistenzielles Medium zur Erfüllung anderer Bedürfnisse: Die kulinarische Vita activa ist die aktivierte Universalität der Humana. Sie ist die Lebenskunst des wahren oder super Menschseins. Im Leben und in der

Freiheit als Praxis liegt der ganze Charakter dieses superhumanen Menschseins – des Tätigseins im Gegensatz zum innerlichen Bewusstsein oder zum bloßen materialistischen (kapitalistischen, konsumistischen) Sein. Weil das freie Tätigsein das wahre Sein des Menschen ist, scheint das konvivialistisch tätige Selbst das beglückende Genusserlebnis der menschlichen Existenz zu sein...

Der Selbstgenuss des Menschen

So viel steht fest: Der Philosoph Karl Marx, der sich zeitlebens als vollzeitbeschäftigter Theoretiker und revolutionärer Weltgeist verausgabte, ist die Küchenarbeit in Theorie und Praxis fremd geblieben. Er blieb kulinarisch untätig im bemerkenswerten Unterschied zu anderen namhaften Philosophen wie Heraklit, Sokrates, Epikur und selbst Kant oder neuerdings Peter Singer.[128] An dieser kulinarischen Selbstentfremdung ist besonders bemerkenswert, dass es Marx als theoretischen Feministen nicht entgangen war, dass in dem Verhältnis des Mannes zur Küche und Haushaltsarbeit – also zum *Oikos* als dem Ursprung der politischen Ökonomie – für jeden Menschen zweierlei ersichtlich ist: Erstens der Grad der eigenen »Emanzipation« als Mann und damit zweitens gesamtgesellschaftlich »die ganze Bildungsstufe des Menschen«.[129]

Auf Marx bezogen ergibt sich das negative Vorbild eines Worst Practice Beispiels: Sein patriarchales Selbstverhältnis blieb zeitlebens unverändert; er ließ sich von seiner Frau Jenny von Westphalen bekochen, nur um den ganzen Tag an der (erfolglosen) Vollendung des eigenen philosophischen (im mehrdeutigen Sinne brotlosen) Werkes arbeiten zu können. Ausgerechnet in der täglichen Entfremdung vom eigenen kulinarischen Selbst – und das sogar nur aufgrund geschlechterungerechter Arbeitsteilung und nicht etwa durch diätische Selbstentsagung – ist Marx Feuerbachianer geblieben. Dessen gastroanthropologische Grundthese, dass der Mensch ist, was er isst, hatte ja gerade einen programmatischen Weg in die Küche aufgezeigt, ohne aber die alltägliche Lebenspraxis an diesem (dadurch) guten Ort programmatisch zu einer eigenen Philosophie – einer Gastrosophie – auszuarbeiten. Und weit mehr als die Feuerbachsche Philosophie hätte der Marxismus immerhin das theoretische Werkzeug geliefert, die Küchenarbeit als revolutionäre Praxis zu interpretieren, wie wir gerade gesehen haben.

Mit Marx lässt sich das Kochen, die Zubereitung von Speisen und die Herstellung kulinarischer Genussprodukte, kurz: die häusliche Küchenarbeit als

---

128 Lemke, Veganer werden? Peter Singer als politischer Hedonist und Gastroethiker.

129 Marx, Nationalökonomie und Philosophie, 234; vgl. Mies, Patriarchat und Kapital; Wichterich, Zwischen Küchengarten und Welthandelsabkommen. Wie lassen sich Ernährungssicherheit und Geschlechtergerechtigkeit verbinden.

Musterbeispiel unentfremdeter, kreativer Arbeit darstellen, in der sich selbstbestimmte Lebenstätigkeit verwirklicht. Für die kulinarische Praxis (einer ästhetischen Produktion) in der eigenen Küche gilt, was er über die schöpferische Tätigkeit schrieb als »Selbstverwirklichung, Vergegenständlichung des Subjekts, daher reale Freiheit, deren Aktion eben die Arbeit ist«.[130] Dem entsprechend kann ein gastrosophischer Marxismus die kulinarische Alltagspraxis als freie Selbsttätigkeit und die freizeitliche Küchenarbeit, das tägliche Essenmachen, als »lebendige Arbeit« darstellen; weshalb ich zum Schluss das Ganze noch einmal in eigenen Worten zusammenfasse:

Ein kulinarisch tätiger Mensch eignet sich durch diese Arbeit in Form von Lebensmitteln Natur an; diese Aneignung erscheint als Vergegenständlichung seiner selbst; die eigene Lebendigkeit als Veräußerlichung des tätigen Seins; die Produktion des Gegenstandes als Genuss des Gegenstandes. Der Gegenstand, hier also das Gericht, das Gekochte im engeren, das Selbstgemachte im weiteren Sinne, ist die unmittelbare Wirksamkeit des Selbst des so Tätigen, die als vergegenständlichte Individualität zum äußerlich Gemachten wird: das von mir selbst gemachte Essen.

Dieses Selbstgemachte tritt dem so tätigen Ich-Selbst nicht entfremdet als fremde Macht gegenüber. Da es keine Ware produziert, das Produkt also nicht das Ergebnis von Lohnarbeit, sondern von Eigenarbeit ist, eigne ich mir das Ergebnis meines selbstbestimmten Weltgestaltens als die menschliche Wirklichkeit meiner erlebten Selbstmächtigkeit an. Die lebendige, vergegenständlichte und angeeignete Einheit meines Tuns mit dem Getanen bringt es mit sich, dass ich den Mehrwert meiner Arbeit voll genieße. In der genussvollen Einverleibung ist die unmittelbare Aufhebung des Produkts in seiner autonomen Gestalt die sinnliche Bejahung des selbst Produzierten. Die kulinarische Wertschöpfung als Verwandlung und Verwertung von Agrarprodukten zu Lebensmitteln, zu Ess- und Genießbarem ist ein Prozess zwischen mir (als Mensch) und Natur, ein Prozess, in dem ich meinen Stoffwechsel mit der Umwelt durch mein eigenes Tun vermittle und vermenschliche. Indem ich durch diesen Stoffwechsel auf die Natur außerhalb meiner selbst einwirke und sie, vermittelt durch den landwirtschaftlichen Produktionsprozess, praktisch verändere, verändere ich zugleich meine eigene (›innere‹) Natur und die Selbstgestalt (›Wertform‹) meiner Wesenskräfte. Mein Kochen ist umso eigensinniger, umso individueller, je weniger es sich warenförmig (als in irgendeiner Form von bezahlter Arbeit) betätigt. Die in der eigenen Küche wirkende menschliche Wesenskraft, meine Kochkunst, ist weder Lohnarbeit noch notwendiges Resultat gesellschaftlicher (gegenderter) Arbeitsteilung; sie ist die alltägliche Verwirklichung von etwas allgemein Gutem: menschlicher Kochkunst als etwas super Humanes.

Wie die beste aller möglichen Gesellschaften kein arbeitsteiliges Vollzeit-Künstlersein als einseitige Berufs- und Lebenstätigkeit kennt, weil in ihr die Menschen

130 Marx,Grundrisse der Kritik der politischen Ökonomie, 505.

nicht nur künstlerisch, sondern vielseitig (auch politisch, kulinarisch, sportlich, sozial) tätig sind, so muss auch niemand Berufskoch oder Gastronomin sein, um sich täglich in der Küche betätigen zu können. Die schöpferische und naturgemäße Lebensmittelproduktion in der eigenen Küche (wie auf dem eigenen Acker) erzeugt darüber hinaus einen geschmacklichen Mehrwert, der in dem Maße wächst und nicht kapitalisierbar ist, wie sich die eigene Kochkunst in der Wertfülle des Essens vergegenständlicht.

Die kulinarisch-essthetische Güte guter Kochkunst ermöglicht den immer auch sinnlich-geistigen Genuss des angeeigneten Naturstoffes und der in sich geschmackvollen Seinsfülle des kreativen Schaffens. Darum können gastrosophisch schaffende Menschen die von ihnen geschaffenen esskulturellen Werte in ihrer ganzen Fülle selbst genießen und sich als solche Genießer der genuin menschlichen Wesenskräfte ihrer Essistenz würdig erweisen. Die volle »menschliche Wirklichkeit« (Marx) einer guten Küche bringen sie indes nur hervor, wenn sie füreinander oder für Andere mit produzieren, um sich das Geschaffene in Gesellschaft aneignen. Die Beziehung bei Tisch ist nicht die zu einem fremden und feindlichen, sondern zu einem befreundeten und gastlich (wohltätig) bewirteten Mit-Menschen. Der kulinarisch Tätige, noch einmal in den Worten von Marx, »produziert sich und den anderen Menschen« zum Selbstzweck der verwirklichten Tischgesellschaft als guter Gesellschaft der Mit-Menschlichkeit. In einer solchen allzu selbstverständlich genommenen Mit-Menschlichkeit versteckt sich der eigentliche Ursprung des ›Kommunismus‹ (lat. communis = gemeinsam) aus dem Geiste der Konvivialität. So ist die kulinarische Praxis in ihrer alltagskulturellen Wirklichkeit nichts anderes als die Verwirklichung eines sozialen oder eben konvivialen Selbsttätigseins, eine vollendete Wohltätigkeit seiner selbst als Genosse – im ursprünglichen und wahrsten Sinne des Wrtes und jenseits seiner politischen Indienstnahme durch sozialistisch-kommunistische Rhetorik. In dem feierlichen Zuspruch, miteinander *Zum Wohl!* anzustoßen, kommt diese genossenschaftliche Dimension des Tafelvergnügens als gesellschaftliche Praxis eigens zur Sprache – mit größter Selbstverständlichkeit, aber bis heute ohne gastrosophisches Selbstverständnis. So wie das zubereitete Essen das kulinarisch hergestellte und freizeitlich bewirkte Tätig-Sein darstellt, so ist die Gesellschaftlichkeit dieses ebenso wertvollen wie genussvollen Tuns die mitmenschliche Wirklichkeit des Gemeinwohls in Gestalt des gemeinsamen Mahles.

Mit anderen Worten: Gastrosophisch vergesellschaftete Menschen – vorgestellt als Praxisten in der Küche – betätigen sich kulinarisch und sind als wirkliche Genossen einer konvivialen Gesellschaft kommunistisch, ohne Kommunisten sein zu müssen; sie sind als gesellige Genießer Konvivialisten. Gutes Essen zum Feierabend als selbstgemachtes Weltprinzip: In dieser revolutionären Praxis menschlicher Freiheit eignet sich der Homo sapiens seine essistenziellen Wesenskräfte mit gastrosophischem Sinn und Verstand an – durch Weisheit und Geschmack. In der individuellen bzw. kollektiven, tischgesellschaftlichen Kultur eines solchen superhumanen Tätigseins verwirklicht sich die freie und tätige Erfüllung des ethischen Selbst sowohl unseres konvivialistischen Seinkönnens als auch unserer geselligen Fähigkeiten und Bedürfnisse. Die lustvolle und wohltuende Wirklichkeit dieser Selbsterfüllung ist das, was der Humanist Karl Marx den »Selbstgenuss des Menschen« nannte und worauf es letzten Endes ankommt. Ich denke, es ist kein Fehler zu wissen, dass dieses Ankommen für uns alle im Prinzip überall und jederzeit möglich ist. Indem wir uns dies als super Geschichte erzählen, aktiviert die Philosophie des Essens den wahren Homo sapiens in uns. Und so lautet die ausgearbeitete Lehre einer Gastrosophie der menschlichen Essistenz: Lernen wir, uns selbst zu genießen als weise Genusswesen – und darin einzigartige Lebewesen dieser Erde.

Literatur

Abe, Masao: A study of Dôgen: his philosophy and religion, 1992.

Achaya, Kongandra T.: Indian food. A historical companion, 1994.

Acosta, Alberto: Buen vivir. Vom Recht auf ein gutes Leben, 2015.

Aihara, Cornelia: Die hohe Kunst des makrobiotischen Kochens, 2002.

Alt, Franz: Agrarwende jetzt: Gesunde Lebensmittel für alle, 2001.

Anders, Günther: Gebote des Atomzeitalters, 1957.

Anders, Günther: Der Mann auf der Brücke. Tagebuch aus Hiroshima und Nagasaki, 1965.

Anders, Günther: Die atomare Drohung. Radikale Überlegungen, 1981.

Anders, Günther: Die Antiquiertheit des Menschen. Über die Seele im Zeitalter der zweiten industriellen Revolution, 2002.

Angres, Volker/Hutter, Claus-Peter/Ribbe, Lutz: Futter fürs Volk. Was die Lebensmittelindustrie uns auftischt, 2001.

Arévalo, América Solanges Bustamante: Ernährungserziehung (*shokuiku*) und nationale Identität Japans, 2013.

Arifuku, Kôgaku: Deutscher Philosophie und Zen-Buddhismus: komparative Studien, 1999.

Ashkenazi, Michael/Jacob, Jeanne: The Essence of Japanese Cuisine, An Essay on Food and Culture, 2000.

Avery, John: Progress, Poverty, and Population. Re-reading Condorcet, Godwin and Malthus, 1997.

Barthes, Roland: Mythen des Alltags, 1964.

Barthes, Roland: Das Reich der Zeichen, 1981.

Barthes, Roland: Towards a Psychosociology of Contemporary Food Consumption, In: Carole M. Counihan/Van Esterik, Penny (eds.): Food and Culture: A Reader, 1997, S. 202–208.

Barthes, Roland: Das Neutrum. Vorlesung am Collège de France 1977–1978, herausgegeben von Eric Marty, 2005.

Barthes, Roland: Brillat-Savarin lesen, In: ders., Das Rauschen der Sprache, Frankfurt/M 2006.

Bastani, Aaron: Fully Automated Luxury Communism: A Manifesto, 2020.

Baudrillard, Jean: Oblier Foucault, 1977.
Bauman, Zygmunt: Retrotopia, 2017.
Bauman, Zygmunt: Consuming Life, 2007.
Becker, Christian: Ökonomie und Natur in der Romantik: das Denken von Novalis, Wordsworth und Thoreau als Grundlegung der ökologischen Ökonomik, 2003.
Berens, Damian: Die große Transformation: Wege zu einer neuen Welt, 2012.
Bestor, Theodore C.: Tsukiji. The Fish Market at the Center of the World, 2004.
Bhikku, Mettanando: Did Buddha die of mesenteric infarction? Bangkok Post, 17-May-2000; www.lankalibrary.com/Bud/buddha_death.htm.
Bidet, Jacques: Foucault mit Marx, 2023.
Bielefeldt, Carl: Dôgen Studies in America: Thoughts on the State of the Field, 1992; http://scbs.stanford.edu/resources/bibliography/bielefeldt/Dôgen_studies.html.
Bio-Brokkoli vom Bauer Liu, Financial Times Deutschland, 26. Juli 2007.
Biswas, Ramesh Kumar: Das Tao des Essens, in: Götterspeisen, herausgegeben vom Historischen Museum der Stadt Wien, 1997.
Bloch, Ernst: Das Prinzip Hoffnung, 1985.
Bogen, Manfred/Kuck, Roland/Schröter, Jens (Hg.): Virtuelle Welten als Basistechnologie für Kunst und Kultur? Eine Bestandsaufnahme, 2022.
Böckling, Ulrich: Postheroische Helden, 2020.
Böhme, Hartmut/Böhme, Gernot: Elemente – Feuer Wasser Erde Luft, 2014.
Böhme, Gernot: Das Ding und seine Ekstasen. Ontologie und Ästhetik der Dinghaftigkeit, In: ders., Atmosphäre. Essays zur neuen Ästehtik, 1995, S. 155–176.
Böhme, Hartmut: Vorwort, In: Stefan Hardt, Tod und Eros beim Essen, 1987.
Bolz, Norbert: Das konsumistische Manifest, 2002.
Bordo, Susan: Hunger as Ideology, 1993.
Bové, José/Dufour, François: Die Welt ist keine Ware. Bauern gegen Agromultis, 2001.
Bourdieu, Pierre: Die feinen Unterschiede. Kritik der gesellschaftlichen Urteilskraft, 1982.
Bové, José/Dufour, François: Die Welt ist keine Ware. Bauern gegen Agromultis, Zürich, 2001.
Braungart, Michael/McDonough, William: Intelligente Verschwendung. The Upcyle: Auf dem Weg in eine neue Überflussgesellschaft, 2013.
Bregman, Rutger: Utopien für Realisten: Die Zeit ist reif für die 15-Studen-Woche, offene Grenzen und das bedingungslose Grundeinkommen, 2019.
Breithaupt, Fritz: Das narrative Gehirn. Was unsere Neuronen erzählen, 2023
Brunner, Karl-Michael/Schönberger, Gesa U. (Hg.): Nachhaltigkeit und Ernährung. Produktion – Handel – Konsum, 2005.
Brown, Edward Espe: The Tassajara Bread Book, 1988.

Brown, Edward Espe: Das Lächeln der Radieschen. Zen in der Kunst des Kochens, 1998.

Buchholz, Rogene/Rosenthal, Sandra: Toward an Ethics of Consumption. Rethinking the Nature of Growth, 2002.

Buddhas Reden: Buddhist Studies, Life of the Buddha; www.buddhanet.net/e-learning/buddhism/lifebuddha/2_29lbud.htm.

Burkett, Paul: Marx and Nature. A Red and Green Perspective, 1999.

Butler, Judith: Undoing Gender, 2004.

Callenbach, Ernst: Billig leben mit Stil, 1995.

Campenhausen, Elisabeth v.: Teezeremonie und Teekeramik, In: Zen und die westliche Kunst, herausgegeben von Golinski/Hiekisch-Picard, 2000, S. 27–32.

Chakkarath, Pradeep: Welt- und Menschenbilder. Eine sozialwissenschaftliche Annäherung, in: Bundeszentrale für politische Bildung, Aus Politik und Zeitgeschichte, 2015, https://www.bpb.de/shop/zeitschriften/apuz/212821/welt-und-menschenbilder/.

Cho, Kah Kyung: Heidegger und die Rückkehr in den Ursprung, 1992.

Clynes, Manfred E./Kline, Nathan S.: Der Cyborg und der Weltraum, In: Bruns, Karin/Reichert, Ramon (Hg.), Reader Neue Medien. Texte zur digitalen Kultur und Kommunikation, 2007, S. 467–475.

Cox, Rupert A.: The Zen Arts. An Anthropological Study of the Culture of Aesthetic Form in Japan, 2003.

Dath, Dietmar: Neptunation, 2019.

Davis, Mike, Wer wird die Arche bauen? Die architektonische Vorstellungskraft in einem Zeitalter katastrophaler Konvergenz, In: Lemke, Harald/Haarmann, Anke (Hg.), Kultur|Natur. Kunst und Philosophie im Kontext der Stadtentwicklung, 2009, 21–35

Der Ochs und sein Hirte: Zen-Geschichte aus dem alten China, 1958.

Der Spiegel Wochenzeitschrift (ohne Autorenangabe): Der Mensch verschwindet, 14/1993.

Derrida, Jacques: »Letter to a Japanese Friend«, In: Wood, David/Bernasconi, Robert (eds.), Derrida and Différance, 1985, S. 1–5.

Derrida, Jacques: Marx' Gespenster: Der verschuldete Staat, die Trauerarbeit und die neue Internationale, 1995.

Derrida, Jacques: Man muss wohl essen, in: ders., Auslassungspunkte, 1997.

Deutscher Ethikrat, Klimagerechtigkeit Stellungnahme, 2024.

Diamond, Jared: Kollaps. Warum Gesellschaften überleben oder untergehen, 2011.

Die konvivialistische Internationale: Das zweite konvivialistische Manifest: Für eine post-neoliberale Welt, 2020.

Dietz, Thorsten/Faix, Tobias: Transformative Ethik – Wege zum Leben: Einführung in eine Ethik zum Selberdenken, 2021.

Dillmann, Renate: Können wir als Konsumenten die Welt in Ordnung bringen?, 2023.
Dôgen: Shôbôgenzô Zuimonki. Unterweisungen zum wahren Buddhaweg, 1997.
Dôgen, Anweisungen an den Koch [Tenzo Kyōkun] = Zen Master Dôgen and Kôshô Uchiyama, From the Zen Kitchen to Enlightenment, translated by Thomas Wright, 2001.
Dôgen: Shôbôgenzô – Ausgewählte Schriften: Anders Philosophieren aus dem Zen, übersetzt, erläutert und herausgegeben von Ryôsuke Ôhashi und Rolf Elberfeld, Zweisprachige Ausgabe, 2006.
Dôgen: The eye and treasury of the true law [Dôgen Zenji's Shôbôgenzô], translated by Kôsen Nishiyama and John Stevens, Three Volumes, 1975–1983.
Dôgen: Shôbôgenzô. Die Schatzkammer des wahren Dharma – Gesamtausgabe, 2007.
Dôgen: Unentwegte Praxis [Gyôji], In: ders., The eye and treasury of the true law, Vol. III., a.a.O.
Dôgen: Das unfassbare Herz [Shin Fukatoku], In: ders., Shôbôgenzô – Ausgewählte Schriften, a.a.O.
Dôgen: Berg-und-Wasser-Sutra [Sansuikyô], In: ders., Shôbôgenzô – Ausgewählte Schriften, a.a.O.
Dôgen: Gemalte Reisknödel [Gabyo], In: ders., Shôbôgenzô – Ausgewählte Schriften, a.a.O.
Dôgen: Gespräch über das Weg-Streben [Bendôwa], In: ders., The eye and treasury of the true law, a.a.O., Vol. I.
Dôgen: Die Bettelschale [Hôu], In: ders., The eye and treasury of the true law, a.a.O., Vol. I.
Dôgen: Die 37 günstigen Bedingungen für die Erleuchtung [Sanjashichihon-bodaibumpô], In: ders., Shôbôgenzô – Ausgewählte Schriften, a.a.O.
Dôgen: Meide alles Schlechte [Shoakumakusa], In: ders., Shôbôgenzô – Ausgewählte Schriften, a.a.O.
Dôgen: Täglich leben [Kajô], In: ders., Shôbôgenzô – Ausgewählte Schriften, a.a.O.
Dôgen: Nur von Buddha zu Buddha [Yuibutsu Yobutsu], In: ders., Shôbôgenzô – Ausgewählte Schriften, a.a.O.
Dôgen, Zenji: Waschen und Reinigen, [Senjo], In: ders., Shôbôgenzô – Ausgewählte Schriften, a.a.O.
Dôgen's Pure Standards for the Zen Community, translated by Taigen Daniel Leighton and Shohaku Okumura, 1996.
Dôgen: Anweisungen zum Gebrauch des Essgeschirrs [Fushukuhanpo]; https://wwzc.org/dharma-text/fushukuhanpo-how-use-your-bowls.
Dörrie, Doris: How to cook your life? Dokumentarfilm, 2007.
Douzinas, Costas/Zizek, Slavoj (Hg.): Die Idee des Kommunismus, 2012.
Downer, Lesley: At the Japanese table, 1993.

Dripke, Andreas: Masterplan: Wie Elon Musk unsere Welt erobert: Tesla, SpaceX, Starlink, Neuralink, Hyperloop, Boring, Twitter, Künstliche Intelligenz, 2023.
Dumoulin, Heinrich: Geschichte des Zen-Buddhismus, 2 Bände, 1985.
Dumoulin, Heinrich: Zen im 20. Jahrhundert, 1993.
Egner, Erich: Der Verlust der alten Ökonomik: Seine Hintergründe und Wirkungen, 1985.
Ehmcke, Franziska: Der japanische Tee-Weg. Bewusstseinsschulung und Gesamtkunstwerk, 1991.
El Ouassil, Samira/Karig, Friedemann: Erzählende Affen: Mythen, Lügen, Utopien. Wie Geschichten unser Leben bestimmen, 2022.
Elberfeld, Rolf/Wohlfart, Günter (Hg.): Komparative Ästhetik. Künste und ästhetische Erfahrungen zwischen Asien und Europa, 2000.
Elberfeld, Rolf: Dôgen und sein Werk, In: Dôgen, Shôbôgenzô – Ausgewählte Schriften: a.a.O., S. 211–278.
Elias, Norbert: Prozess der Zivilisation, 2 Bände, 1969.
Engels, David: Was tun? Leben mit dem Niedergang Europas, 2020.
Engels, Dialektik der Natur, In: MEW, Band 20, 1 962, S. 305–570.
Engels, Friedrich: Die Entwicklung des Sozialismus von der Utopie zur Wissenschaft, In: MEW, Band 22, 1972, S. 287–311.
Engels, Friedrich: Herrn Eugen Dühring's Umwälzung der Wissenschaft, In: MEW, Band 20, 1962.
Estermann, Josef: ›Gut Leben‹ als politische Utopie. Die andine Konzeption des ›Guten Lebens‹ und dessen Umsetzung im demokratischen Sozialismus Boliviens, In: Raúl Fornet-Betancourt (Hg.): Gutes Leben als humanisiertes Leben. Vorstellungen vom guten Leben in den Kulturen und ihre Bedeutung für Politik und Gesellschaft heute, 2010, S. 261–286.
Felber, Christian: Gemeinwohl-Ökonomie. Das alternative Wirtschaftsmodell für Nachhaltigkeit, 2018.
Feldt, Hobens Barbara: Garden your City, 2004.
Fian (Hg.), Food First. Mit Menschenrechten gegen den Hunger, 1998.
Fiddes, Nick: Die Macht des Fleisches, 2000.
Fine, Ben: Towards the political economy of anorexia, 1995.
Finkelstein, Joanne: Dining Out: The Hyperreality of Appetite. In: Scapp, Ron/Seitz, Brian (eds.): Eating Culture, 1998, S. 201–215.
Foucault, Michel: Von der Freundschaft als Lebensweise, 1984.
Foucault, Michel: Das Wahrsprechen des Anderen: Zwei Vorlesungen von 1983/84, 1984.
Foucault, Michel: Vom Licht des Krieges zur Geburt der Geschichte, 1986.
Foucault, Michel: Zur Genealogie der Ethik: Ein Überblick über laufende Arbeiten, ein Interview mit Hubert L. Dreyfus und Paul Rabinow, In: Dreyfus, Hubert L./

Rabinow, Paul: Michel Foucault. Jenseits von Strukturalismus und Hermeneutik, 1994. S. 265- 292.
Foucault, Michel: Foucault und das Zen. Ein Aufenthalt in einem Zen-Tempel, in: ders., Dits et Écrits – Schriften, Dritter Band, 2003.
Foucault, Michel: Diskurs und Wahrheit. Die Problematisierung der Parrhesia, 2008.
Foucault, Michel: Der Mut zur Wahrheit, 2011.
Foucault, Michel: Die Heterotopien. Der utopische Körper: Zwei Radiovorträge, 2013.
Foulk, T. Griffith: Chanyuan qinggui and Other ›Rules of Purity‹ in Chinese Buddhism, In: Steven, Heine/Wright, Dale S. (eds.): The Zen Canon. Understanding the Classic Texts, 2004, S. 275–312.
Franzmann, Manuel (Hg.): Bedingungsloses Grundeinkommen: als Antwort auf die Krise der Arbeitsgesellschaft, 2010.
Friedman, Martina, Stoizismus to go, 2023.
Friedman, Thomas: Was zu tun ist? Eine Agenda für das 21. Jahrhundert, 2009.
Fu, Wei-Hsun: Creative Hermeneutics: Taoist Metaphysics and Heidegger, 1976.
Fujikawa, Y.: Geschichte der Medizin in Japan, 1911.
Fukuoka, Masanobu: Rückkehr zur Natur. Die Philosophie des natürlichen Anbaus, 1998.
Futerra: Why we need ›new Good Life Goals‹. Personal actions to make the SDGs a reality; https://www.wearefuterra.com/blog/why-we-need-new-good-life-go als
Geiger, Heinrich: Das Unbedingte befindet sich immer am Rande der Lächerlichkeit. Zum Thema des Lachens in der chinesischen Gegenwartskunst und zum Ernst von Traditionen, In: Elberfeld, Rolf/Wohlfart, Günter (Hg.): Komparative Ästhetik. Künste und ästhetische Erfahrungen zwischen Asien und Europa, 2000, S. 151–172.
Gelb, David: Jiro Dreams of Sushi, Dokumentarfilm, 2011.
Gemmill-Herren, Barbara/Baker, Lauren E./Daniels, Paula A. (ed.): True Cost Accounting for Food: Balancing the Scale, 2021.
Genro: Die Hundert Zen-Kôan der ›Eisernen Flöte‹, herausgegeben von Nyogen Senzaki und Ruth Strout McCandless, 1973.
Gerlach, Olaf/Kalmring, Stefan/Nowak, Andreas (Hg.): Mit Marx ins 21. Jahrhundert. Zur Aktualität der Kritik der politischen Ökonomie, 2003.
Görgen, Benjamin/Wendt, Björn et al.: Sozial-ökologische Utopien: Diesseits oder jenseits von Wachstum und Kapitalismus? 2020.
Goodman, David/Watts, Michael J. (eds.): Globalising Food: Agrarian Questions and Global Restructuring, 1997.
Gorz, André: Kritik der ökonomischen Vernunft. Sinnfragen am Ende der Arbeitsgesellschaft, 2010.

Graeber, David/Wengrow, David: Anfänge – Eine neue Geschichte der Menschheit, 2024.
Glassman, Bernhard/Rick Fields: Anweisungen für den Koch. Lebensentwurf eines Zen-Meisters, 1997.
Goodman, David/Watts, Michael J. (eds.): Globalising Food: Agrarian Questions and Global Restructuring, 1998.
Gundert, Wilhelm: Kommentar, In: Bi-Yän-Lu. Niederschrift von der Smaragdenen Felswand, übersetzt und erläutert von Wilhelm Gundert, 2005.
Gülberg, Niels J.: Eine philosophische Ästhetik des Tee-Weges – Zum Werk Hisamatsu Shin'ichis, in: Schaumann, Werner (Hg.): Ästhetik und Ästhetisierung in Japan, 1993, S. 119–132.
Haarmann, Anke/Lemke, Harald (Hg.): Die Keimzelle. Transformative Praxen einer anderen Stadtgesellschaft, 2021.
Habermas, Jürgen: Die Krise des Wohlfahrtsstaates und die Erschöpfung utopischer Energien, In: ders., Die Neue Unübersichtlichkeit, 1985.
Han, Byung-Chul: Heideggers Herz. Zum Begriff der Stimmung bei Martin Heidegger, 1999.
Han, Byung-Chul: Philosophie des Zen-Buddhismus, 2004.
Harari, Yuval: 21 Lektionen für das 21. Jahrhundert, 2023.
Haraway, Donna: Unruhig bleiben. Die Verwandtschaft der Arten im Chthuluzän, 2018.
Haraway, Donna/Latour, Bruno: Discussion of the Film »Storytelling for Earthly Survival«; https://www.youtube.com/watch?v=j-2r_vI2alg.
Harvey, Peter: An introduction to Buddhist Ethics. Foundations, Values and Issues, 2000.
Hawken, Paul: Öko-Kapitalismus, 2000.
Heidegger, Martin: Wissenschaft und Besinnung, 1953.
Heidegger, Martin: Unterwegs zur Sprache, 1959.
Heidegger, Martin: Die Frage nach der Technik, In: Ders., Die Technik und die Kehre, 1962.
Heidegger, Martin: Spiegel-Interview, In: Antwort. Martin Heidegger im Gespräch, Pfullingen 1988.
Heidegger, Martin: Gelassenheit, 1992.
Heidegger, Martin: Das Ding, In: ders., Vorträge und Aufsätze, Stuttgart 2000.
Heidegger, Martin: Unterwegs zur Sprache, 2007.
Heidegger, Martin: Bauen, Wohnen, Denken, in: ders., Denkwege, 2022.
Heine, Steven: Existential and ontological dimensions of time in Heidegger and Dôgen, 1985.
Heine, Steven: Dôgen and the Kôan Tradition, 1993.

Heine, Steven: Critical Buddhism and Dôgen's Shôbôgenzô, In: Hubbard, Jamie/ Swanson, Paul L. (eds.): Pruning the Bodhi Tree. The Storm over Critical Buddhism, 1997, S. 251–285.

Heisig, James W./Maraldo, John C. (ed.): Rude Awakenings: Zen, the Kyôto School and the Question of Nationalism, 1995.

Heller, Agnes: Von der Utopie zur Dystopie. Was können wir uns wünschen?, 2016.

Hempel, Hans-Peter: Alle Menschen sind Budda. Der Weg des Zen, 2002.

Hempel, Hans-Peter: Im Hier und Jetzt. Unterweisungen im Zen-Yoga, 2002.

Hendry, Joy: Wrapping Culture. politeness, presentation, and power in Japan and other societies, 1995.

Hernig, Marcus: Eine Himmelsreise. China in sechs Gängen, 2022.

Herrigel, Eugen: Zen in der Kunst des Bogenschießens. Der Zen-Weg, 2005.

Heubel, Fabian: Immanente Transzendenz im Spannungsfeld von europäischer Sinologie, kritischer Theorie und zeitgenössischem Konfuzianismus, In: Polylog, Zeitschrift für interkulturelles Philosophieren, Heft 26, 2011.

Heubel, Fabian: Foucault auf Chinesisch: Transkulturelle Kritik und Philosophie der Kultivierung, In: Polylog, Zeitschrift für interkulturelles Philosophieren, Heft 19, 2016.

Hisamatsu, Shin'ichi: Zen and the Fine Arts, 1971.

Hisamatsu, Shin'ichi: Zen-Künste, In: Die Philosophie der Kyôto-Schule, herausgegeben und eingeleitet von Ryôsuke Ôhashi, 1990.

Hisamatsu, Shin'ichi: Zehn Tugenden des Tee-Weges; zitiert In: Gülberg, Niels J., Eine philosophische Ästhetik des Tee-Weges – Zum Werk Hisamatsu Shin'ichis, In: Schaumann, Werner (Hg.): Ästhetik und Ästhetisierung in Japan, 1993, S. 119–132.

Hijiya-Kirscherneit, Irmela: Was nach Heimat schmeckt. Wie Japan im Kult der eigenen Küche zu sich selbst findet, Neue Zürcher Zeitung, Nr. 128, 2004.

Holloway, David: Die Welt verändern, ohne die Macht zu übernehmen, 2002.

Honneth, Axel: Die Idee des Sozialismus. Versuch einer Aktualisierung, 2015.

Horkheimer, Max: Kritische Theorie gestern und heute, 1972.

Horkheimer, Max: Kritik der instrumentellen Vernunft, 1997.

Hsiao, Paul Shih-yi: »Wir trafen uns am Holzmarktplatz«, In: Neske, Günther (Hg.): Erinnerung an Martin Heidegger, 1977, 119–129

Hubbard, Jamie/Swanson, Paul L. (ed.): Pruning the Bodhi Tree: The Storm over Critical Buddhism, 1997.

Huck, Gerhard (Hg.): Sozialgeschichte der Freizeit; Prahl, Soziologie der Freizeit, 1980.

Hughes, Kimberly: Half-farming, half-anything: Japan's rural lifestyle revolution, 2023; https://www.japantimes.co.jp/life/2023/01/21/lifestyle/han-no-han-x-farming/

Hui-neng. Das Sutra des Sechsten Patriarchen. Das Leben und die Zen-Lehre des chinesischen Meisters Hui-neng (638–713), 1989.

Iriyama, Kaoru: Kochen wie in Japan, 2020.

Irvine, William B.: Eine Anleitung zum guten Leben: Wie Sie die alte Kunst des Stoizismus für Ihr Leben nutzen, 2020.

Ishige, Naomichi: The History and Culture of Japanese Food, 2002.

Isozaki, Arata: MA: Space-Time in Japan, 1979.

Izutsu, Toshihiko: Die Entdinglichung und Wiederverdinglichung der Dinge im Zen-Buddhismus, In: Jackson, Tim: Wohlstand ohne Wachstum – das Update: Grundlagen für eine zukunftsfähige Wirtschaft, 2017.

Jamme, Christoph: ›Entwilderung der Natur‹. Zu den Begründungsformen einer Kulturgeschichte der Natur bei Schiller, Hölderlin und Novalis, 1994.

Japanische Beiträge zur Phänomenologie, herausgegeben von Yoshihiro Nitta, 1984.

Japan und Heidegger, Gedenkschrift der Stadt Meßkirch zum 100. Geburtstag Martin Heideggers, 1989.

Jonas, Hans: Das Prinzip Verantwortung. Versuch einer Ethik für die technologische Zivilisation, 1979.

Jonas, Hans: Prinzip Verantwortung. Zur Grundlegung einer Zukunftsethik, In: Krebs, Angelika (Hg.): Naturethik. Grundtexte der gegenwärtigen tier- und ökoethischen Diskussion, 1997, S. 165–181.

Jullien, François: Der Umweg über China, Ein Ortswechsel des Denkens, 2002.

Jullien, François: Dialog über die Moral. Menzius und die Philosophie der Aufklärung, 2003.

Jullien, François: Sein Leben nähren. Abseits vom Glück, 2006.

Jullien, François: Existierend leben. Eine neue Ethik, 2022.

Jungk, Robert (Hg.): Off Limits für das Gewissen. Briefwechsel zwischen Günther Anders und Claude Eatherly, 1961.

Kajitani, Shinji: Über Grundideen der Lebenspflege durch Ishimpo – Eine philosophische Untersuchung zur altjapanischen Medizin, In: Lemke, Harald/Ogawa, Tadashi (Hg.): Essen – Wissen. Erkundungen zur Esskultur, 2008.

Kempton, Beth: Wabi Sabi. Japanese Wisdom for a Perfectly Imperfect Life, 2018.

Kijima, Naomi: Bento Boxes: Japanese Meals on the Go, 2001.

Kirino, Natsuo: Die Umarmung des Todes, 2006.

Klein, Naomi, Die Entscheidung. Kapitalismus vs. Klima, 2016.

Köhn, Stephan: Gourmetcomics in Japan: Betrachtungen zum Begründer und Trendsetter ›Oishinbo‹ [Der kleine Feinschmecker], In: Japanstudien. Jahrbuch des Deutschen Instituts für Japanstudien, Band 12, 2000.

Kôichi, Tsujimura: Martin Heideggers Denken und die japanische Philosophie. Festrede zum 26. September 1969, In: Buchner, Hartmut (Hg.): Japan und Heidegger. Gedenkschrift der Stadt Meßkirch zum hundertsten Geburtstag Martin Heideggers, 1989.

Kojima, Hiroshi (Hg.): Phänomenologie der Praxis im Dialog zwischen Japan und dem Westen, 1889.

Kollmorgen, Raj/Merkel, Wolfgang/Wagner, Hans-Jürgen (Hg.): Handbuch Transformationsforschung, 2014.

Koren, Leon: Wabi-Sabi für Künstler, Architekten und Designer: Japans Philosophie der Bescheidenheit, 2007.

Kropotkin, Peter: Gegenseitige Hilfe in der Tier- und Menschenwelt, 2018.

Ku, Chung: Kleine Aufzeichnungen über Ernährung, In: Gwinner, Thomas A. P.: Essen und Trinken. Die klassische Kochbuchliteratur Chinas, 1989.

Kuki, Shûzô: Reflections on Japanese Taste. The Structure of Iki, 1997.

Kurokawa, Kisho: Rikyû Grey and the Art of Ambiguity; www.kisho.co.jp/003_Boo ks AndThesis.htm)

Kurz, Robert: Schwarzbuch Kapitalismus. Ein Abgesang auf die Marktwirtschaft, 1999.

Kushi, Mishio: Der makrobiotische Weg, 2000.

Lamotte, Etienne: Der Buddha, Seine Lehre und Seine Gemeinde, In: Der Buddhismus: Geschichte und Gegenwart, herausgegeben von Heinz Bechert und Richard Gombrich, 2002, S. 33–70.

Latour, Bruno: Das terrestrische Manifest, 2018.

Lefèbvre, Henri: Die Revolution der Städte, 2003.

Le Guin, Ursula K., Keine Zeit zu verlieren. Über Alter, Kunst, Kultur und Katzen, 2018, S. 75–79.

Le Guin, Ursula K., Am Anfang war der Beutel. Warum uns Fortschritts-Utopien an den Rand des Abgrundes führten und wie Denken in Rundungen die Grundlage für gutes Leben schafft, 2020.

Lemke, Harald: Utopisches Gärtnern. Das Manifest der Garten-Erde-Bewegung, In: Baier, Andrea/Müller, Christa/Werner, Karin (Hg.), Unterwegs in die Stadt der Zukunft, 2024, S. 125–140.

Lemke/Haarmann, Die Keimzelle. Transformative Praxen einer anderen Stadtgesellschaft. Theoretische und künstlerische Zugänge, 2021.

Lemke, Harald: Die Welt, die in aller Munde ist, oder: das ›Es mundet!‹ In: Ruhkamp, Uta (Hg.) : In aller Munde. Das Orale in Kunst und Kultur, 2020.

Lemke, Harald: Vom ›karnibalischen‹ Recht auf Fleischessen, In: ders., Szenarien der Ernährungswende. Gastrosophische Essays zur Transformation unserer Esskultur, 2018, 335–366.

Lemke, Harald: Essen als Philosophie: Kann man Weisheit mit Löffeln essen? Schweizer Rundfunk 2017; https://www.srf.ch/kultur/gesellschaft-religion/gastrosoph-harald-lemke-essen-als-philosophie-kann-man-weisheit-mit-loeffeln-essen.

Lemke, Harald: Ethik des Essens. Einführung in die Gastrosophie, aktualisierte und erweiterte Neuauflage, 2016.

Lemke, Harald: Zusätze: Ingredienzen einer kritischen Theorie des guten Essens, In: ders., Ethik des Essens. Einführung in die Gastrosophie, 2016, 543–560.

Lemke, Harald: Gastrecht und Willkommenskultur oder »Lasst uns mal was zusammen essen«, In: ders., Politik des Essens. Wovon die Welt von morgen lebt, 2012, 133–168.

Lemke, Gastropolis (I): Politisches Gärtnern oder die Keimzelle der gastropolitanen Bewegung; Gastropolis (II): Zur Gastrosophie der Stadt, In: ders., Politik des Essens. Wovon die Welt von morgen lebt, 2012, 147–200.

Lemke, Harald: Klimagerechtigkeit und Esskultur, In: Ploeger, Angelika/Hirschfelder, Gunter (Hg.), Der Essalltag als Herausforderung der Zukunft, 2010.

Lemke, Harald: Genealogie des gastrosophischen Hedonismus, In: Essen als ob nicht. Gastrosophische Modelle, herausgegeben von Daniele Dell'Agli, 2009, 17–66.

Lemke, Harald/Därmann, Iris (Hg.): Die Tischgesellschaft. Philosophische und kulturwissenschaftliche Annäherungen, 2008.

Lemke, Harald/Tadashi, Ogawa (Hg.): Essen – Wissen. Erkundungen zur Esskultur, 2008.

Lemke, Harald: Kunst des Essens. Eine Ästhetik des kulinarischen Geschmacks, 2007.

Lemke, Harald: Freundschaft. Ein philosophischer Essay, 2000.

Letzte Generation beschmiert Tesla-Cybertrack, NDR, 13. Juni 2024; https://www.ndr.de/nachrichten/hamburg/Letzte-Generation-besprueht-Tesla-Cybertruck-mit-Farbe,letztegeneration524.html

Levinas, Emanuel: Die Zeit und der Andere, 1979.

Liebig, Justus von: Die Chemie in ihrer Anwendung auf Agrikultur und Physiologie, 1995.

Lill, Felix: Im Land der aufgehenden Tonne, 2021; https://www.fluter.de/muelltrennen-japan.

Linji: Das Denken ist ein wilder Affe. Aufzeichnungen der Lehren und Unterweisungen des großen Zen-Meisters Linji Yixuan, kommentierte Übers. von Ursula Jarand, 1996.

Liscutin, Nicola/Haak, René: Zwischen Burger und Sushi – Essen und Ernährung im modernen Japan. Eine Einführung, In: Japanstudien. Jahrbuch des Deutschen Instituts für Japanstudien, Band 12, 2000.

Lütkehaus, Ludgar: Philosophieren nach Hiroshima: Über Günther Anders, 1992.

Lutzenberger, José/Gottwald, Franz-Theo: Global denken, lokal essen, In: dies., Wege aus der Ernährungskrise, 1999.

Magnet, Stefan: Transhumanismus: Krieg gegen die Menschheit, 2024.

Manifest des Konvivialismus: Für eine neue Kunst des Zusammenlebens, herausgegeben von Adloff, Frank/Leggewie, Claus, 2014.

Marcuse, Herbert: Der eindimensionale Mensch: Studien zur Ideologie der fortgeschrittenen Industriegesellschaft, 1968.
Marcuse, Herbert: Konterrevolution und Revolte, 1973.
Maresch, Rudolf/Rötzer, Florian (Hg.): Renaissance der Utopie. Zukunftsfiguren des 21. Jahrhunderts, 2004.
Marx, Karl: Deutsche Ideologie, In: MEW, Band 3, 1969.
Marx, Karl: Theorien über den Mehrwert, In: MEW, Band 26, 1969.
Marx, Karl: Grundrisse der Kritik der politischen Ökonomie, 1982.
Marx, Karl: Nationalökonomie und Philosophie, 1950.
Marx, Karl: Dritter Entwurf einer Antwort auf den Brief von V. I. Sassulitsch, MEW, Band 19.
Marx, Karl: Kritik des Gothaer Programms, In: MEW, Band 19, 1982.
Marx, Karl: Zur Kritik der Hegelschen Rechtsphilosophie. Einleitung, In: MEW, Band 1, 1976.
Marx, Karl/Engels, Friedrich: Das kommunistische Manifest, In: MEW, Band 4, 1974.
Marx, Karl: Frühschriften, 1964.
Marx, Karl: Rede über die Frage des Freihandels, in: MEW, Band 4, 1974.
Marten, Rainer: Zur Katastrophe in Japan, 2011.
Masao, Nishikawa/Masao Miyachi (Hg.): Japan zwischen den Kriegen: Eine Auswahl japanischer Forschungen zu Faschismus und Ultranationalismus, Mitteilungen der Gesellschaft für Natur- und Völkerkunde Ostasiens 108, 1990.
May, Reinhard: Ex Oriente Lux. Heideggers Werk unter ostasiatischem Einfluss, 1989.
Mehte, Wolfgang: Ökologie und Marxismus. Ein Neuansatz zur Rekonstruktion der politischen Ökonomie unter ökologischen Krisenbedingungen, 1981.
Meireis, Torsten/Wustmann, Clemens (Hg.): Bedingungsloses Grundeinkommen – Utopie, Ideologie, ethisch begründbares Ziel?, 2023.
Meyer, Thomas: Konservative Revolution – Anschwellender Bocksgesang, 2018; https://www.deutschlandfunk.de/konservative-revolution-anschwellender-revolutionsgesang-1-100.html.
Mies, Maria/Shiva, Vandana: Ökofeminismus: Beiträge zur Theorie und Praxis, 1995.
Mies, Maria: Patriarchat und Kapital, 2015.
Ming-Dao, Deng: Zen – Geheimnisse der asiatischen Küche, 2000.
Mishima, Kenichi: Über den Dô-Begriff und seine kulturhistorische Bedeutung in Japan, In: Paul, Sigrid (Hg.): Kultur: Begriff und Wort in China, 1984, S. 35–64.
Mishra, Pankaj: Unterwegs zum Buddha. Sein Leben, seine Lehre, seine Wirkung, 2005.
Mohan, R.: Art of Indian Cuisine, 2000.
Müller, Horst: Marx in Zukunft, In: Vorschein, Blätter der Ernst Bloch Assoziation, Nr. 13/14, 1993.

Mumonkan – Die torlose Schranke. Zen-Meister Mumons Kôan-Sammlung, herausgegeben von Koun Yamada, 2004.
Muschg, Adolf: Kunst ohne Kunst (Vorwort), In: Wolf, Reinhart (Hg.): Japan Kultur des Essens, 2001.
Musk, Elon: Making Humans a Multiplanetary Species, 2017; https://www.youtube.com/watch?v=H7Uyfqi_TE8.
Nagasawa, Kunihiko: Das Ich im Deutschen Idealismus und das Selbst im Zen-Buddhismus: Fichte und Dôgen, 1987.
Nakagawa, Fumon Shoju: Geleitwort, In: Dôgen, Shôbôgenzô Zuimonki. Unterweisungen zum wahren Buddhaweg, 1997.
Nam Seelmann, Hoo, Jeongkwan Snim: Eine kulinarische Biografie, 2024.
Narayan, Uma: Eating Cultures, In: Dies., Dislocating Cultures. Identities, Traditions, and Third-World Feminism, 1997.
Necharo, Haruki, Kaizen – die japanische Philosophie für ein erfülltes Leben, 2023.
Negri, Antonio/Hardt, Michel, Empire. Die neue Weltordnung, 2000.
Negt, Oskar: Arbeit und menschliche Würde, 1985.
Neidhart, Christoph: Heimat in Häppchen. Bemerkungen über die japanische Lunchbox, Neue Zürcher Zeitung, Nr. 88, 2005.
Neumann, Christoph: Darum nerven Japaner. Der ungeschminkte Wahnsinn des japanischen Alltags, 2006.
Nishida, Kitaro: Über das Gute, 1989.
Nishida, Kitaro: Selbstidentität und Kontinuität der Welt, In: Ohashi, Ryosuke (Hg.): Die Philosophie der Kyôto-Schule. Texte und Einführung, 1990.
Nishitani, Keiji: Ikebana. Über die rein japanische Kunst, Philosophisches Jahrbuch, 98. Jahrgang, 1991, S. 314–320.
Nishitani, Keiji: Was ist Religion?, 2001.
Nishijima, Gudô Wafu: Einführung, In: Meister Dôgen, Shôbôgenzô. Die Schatzkammer des wahren Dharma-Auges, 2001.
Nye, Joseph S.: Soft Power. The Means to Success in World Politics, 2004.
Ogawa, Tadashi: Grund und Grenze des Bewusstseins. Interkulturelle Phänomenologie aus japanischer Sicht, 2001.
Ogawa, Tadashi: Are there ethical universals in the West and the East?, In: Studies on New Phenomenology, 2003, S. 175–183.
Ogawa, Tadashi: Das Essen im hochtechnisierten Zeitalter. Mit besonderer Berücksichtigung Japans, In: Lemke, Harald/Ogawa, Tadashi (Hg.): Essen – Wissen. Erkundungen zur Esskultur, 2008.
Ogawa, Tadashi: Essen und Atmosphäre. Zur ästhetischen Funktion der Atmosphäre in der klassischen Kyôto-Gastronomie, In: Lemke, Harald/Därmann, Iris (Hg.): Die Tischgesellschaft. 2009, S. 201–212.
Ôhashi, Ryôsuke: Zum und aus dem japanischen ›Kunstweg‹, In: ders., Japan im interkulturellen Dialog, 1999, S. 112–128.

Ôhashi, Ryôsuke: Zen und Philosophie. Kontinuität der Diskontinuität, In: ders., Japan im interkulturellen Dialog, 1999, S. 146–165.
Ôhashi, Ryôsuke: Deutsches Auge – Japanisches Auge, In: ders., Japan im interkulturellen Dialog, 1999, S. 11–22.
Ohnuki-Tierney, Emiko: Rice as Self. Japanese Identities through Time, 1993.
Ohnuki-Tierney, Emiko: We eat each other's food to nourish our body: The Global and the Local as mutually constituent forces, In: Raymond Grew, Food in Global History 1999, S. 240–272.
Ohsawa, Georg: Zen-Makrobiotik, 1987.
Oka, Hideyuki: Gestalten mit Herz, in: Wie verpacke ich fünf Eier. Kunst des Verpackens in Japan, 1981.
Okumura, Shohaku/Warner, Jisho (eds.): Nothing is Hidden: Essays on Zen Master Dôgen's Instructions for the Cook, 2001.
Ônishi, Yoshinori: The Category of the Aesthetic – aware, In: Michele Marra (ed.), Modern Japanese Aesthetics. A Reader, 2002.
Opaschowski, Horst W.: Arbeit. Freizeit. Lebenssinn? Orientierung für eine Zukunft, die längst begonnen hat, 1983.
Ott, Christine: Identität geht durch den Magen: Mythen der Esskultur, 2017.
Padrutt, Hanspeter: Heideggers Denken und die Ökologie, In: Heidegger Studies, 1990, S. 43–66.
Paoli, Guillaume (Hg.): Mehr Zuckerbrot, weniger Peitsche: Aufrufe, Manifeste und Faulheitspapiere der Glücklichen Arbeitslosen, 2002.
Parkes, Graham (Hg.): Heidegger and Asian Thought, 1987.
Paul, Gregor: Philosophie in Japan. Von den Anfängen bis zur Heian-Zeit. Eine kritische Untersuchung, 1993.
Pauli, Gunter: Zen and the Art of Blue: Die Verbindung der eigenen Lebensqualität mit dem Blauen Planeten Erde, 2011.
Pauli, Gunter: Upcyling. Wirtschaften nach dem Vorbild der Natur für mehr Arbeitsplätze und eine saubere Umwelt, 1999.
Pavón-Cuéllar, David: Foucault's Marxism, 2022.
Pence, Gregory E. (ed.): The Ethics of Food. A Reader for the Twenty-First Century, 2001.
Phillips, Tom: Echt Jetzt? Die beknacktesten Aktionen der Menschheit, 2019.
Pilgrim, Richard B.: Intervals (Ma) in Space and Time: Foundations for a Religio-Aesthetic Paradigm in Japan, In: Wie-hsun Fun, Charles/Heine, Steven (eds.): Japan in Traditional and Postmodern Perspectives, 1995, S. 55–80.
Piketty, Thomas: Der Sozialismus der Zukunft. Interventionen, 2023.
Pirsig, Robert M.: Zen und die Kunst ein Motorrad zu warten, 2004.
Pitelka, Morgan: Japanese Tea Culture. Art, History, and Practice, 2003.
Pitelka, Morgan: Handmade culture: raku potters, patrons, and tea practitioners in Japan, 2005.

Portal Globales Lernen: Good Life Goals; https://www.globaleslernen.de/de/good-life-goals.

Pöggeler, Otto: West-östliches Gespräch, In: Ders., Neue Wege mit Heidegger, 1992, S. 387–425.

Pöggeler, Otto: Hermeneutik der technischen Welt, 2000.

Pörtner, Peter: mono – Über die paradoxe Verträglichkeit der Dinge, In: Elberfeld, Rolf/Wohlfart, Günter (Hg.): Komparative Ästhetik. Künste und ästhetische Erfahrungen zwischen Asien und Europa, 2000, S. 211–226.

Rath, Claus-Dieter: Der besorgte Esser: Zur Psychoanalyse der Esskultur, In: Essen als ob nicht. Gastrosophische Modelle, herausgegeben von Daniele Dell'Agli, 2009, S. 201–262.

Rauterberg, Hanno: Die Kunst und das gute Leben. Über die Ethik der Ästhetik, 2015.

Redecker, Eva: Praxis und Revolution: Eine Sozialtheorie radikalen Wandels, 2018.

Precht, Richard D.: Jäger, Hirten, Kritiker. Eine Utopie für die digitale Gesellschaft, 2020.

Prohl, Inken: Buddhistische Wege zum Glück, In: Prohl, Inken/Zinser, Hartmut (Hg.): Zen, Reiki, Karate. Japanische Religiosität in Europa, 2002, S. 187–210.

Rappe, Guido: Mystik und Leiberfahrung bei Dôgen aus kulturvergleichender Sicht, In: Steineck, Christian/Rappe, Guido/Arifuku, Kôgaku (Hg.): Dôgen als Philosoph, 2002, S. 165–207.

Remy, Merle: Die Macht von Geschichten – Warum brauchen wir neue Narrative für eine nachhaltige Zukunft, 2022; https://www.rifs-potsdam.de/de/blog/2022/12/die-macht-von-geschichten-warum-brauchen-wir-neue-narrative-fuer-eine-nachhaltige-zukunft.

Renge, Ven. Jinmyo osho-ajari: Braising the Mind of the Way. A Dharma Talk, 2002, In: White Wind Zen Community, Tasting Zen; https://wwzc.org/dharma-text/braising-mind-way.

Rohwetter, Marcus: Ein Konzern verführt die Welt, Die Zeit, 9/2004.

Saito, Kohei: Systemsturz. Der Sieg der Natur über den Kapitalismus, 2023.

Saito, Michael: Kaizen im Alltag, 2023.

Sardo, Stefano: Slow Food Story. Die Geschichte einer Revolution durch Genuss, Dokumentarfilm, 2013.

Sawa, Takamitsu: Japans ›Strukturreform‹ – was jetzt geändert werden muss, 2010.

Schäfer, Hilmar (Hg.): Praxistheorie. Ein soziologisches Forschungsprogramm, 2016.

Schelling, Friedrich: Erster Entwurf eines Systems der Naturphilosophie, 2002.

Schetsche, Michael/Anton, Andreas: Die Gesellschaft der Außerirdischen: Einführung in die Exosoziologie, 2019.

Scheub, Ute/Schwarzer, Stefan: Die Humusrevolution: Wie wir den Boden heilen, das Klima retten und die Ernährungswende schaffen. Mit Praxistipps zu Humusaufbau, 2017.

Schlieter, Jens: Ästhetische Handlungen: Ost und West, In: Elberfeld, Rolf/Wohlfart, Günter (Hg.): Komparative Ästhetik. Künste und ästhetische Erfahrungen zwischen Asien und Europa, 2000, S. 319–338.

Schmid, Wilhelm: Sexout. Und die Kunst, neu anzufangen, 2015.

Schmid, Wilhelm: Auf der Suche nach einer neuen Lebenskunst. Die Frage nach dem Grund und die Neubegründung der Ethik bei Foucault, 1991.

Schmied-Kowarzik, Wolfdierich: Das dialektische Verhältnis des Menschen zur Natur, 2008.

Schmidt-Salomon, Michael: Keine Macht den Doofen. Eine Streitschrift, 2012.

Schneidewind, Uwe: Die Große Transformation: Eine Einführung in die Kunst gesellschaftlichen Wandels, 2018.

Schnetker, Max Franz Johann: Transhumanistische Mythologie. Rechte Utopien einer technologischen Erlösung durch künstliche Intelligenz, 2019.

Schupp, Sabine: Fast Food auf dem Vormarsch. Wirtschaftliche, gesellschaftliche und kulturelle Dimensionen des ›schnellen Essens‹, 1998.

Schwägerl, Christian: Menschenzeit: Zerstören oder gestalten? Die entscheidende Epoche unseres Planeten, 2010.

Schwitzer, Silvana: Zen und die Kunst des Essens, 1998.

Scobel, Gert: Der fliegende Teppich. Eine Diagnose der Moderne, 2017.

Shiva, Vandana: Water Wars: Privatization, Pollution, and Profit, 2002.

Shiva, Vandana: Geraubte Ernte. Biodiversität und Ernährungspolitik, 2004.

Shiva, Vandana: Erd-Demokratie. Alternativen zur neoliberalen Globalisierung, 2006.

Shiva, Vandana: Frieden mit der Erde schließen – mit Vielfalt, auf Gegenseitigkeit und mit Gewaltlosigkeit und Fürsorge: Ein ökofeministisches Manifest, 2023; https://vandana-shiva.de/wp-content/uploads/2023/09/manifest-frieden-mit-der-erde-schliessen.pdf

Shôji, Yamada: The Myth of Zen in the Art of Archery, in: Japanese Journal of Religious Studies 28/1-2, 2001, S. 1–30.

Schou, Tschen: Chinesische Weisheiten. Vom Weg allen Geistes, 2016.

Siebeck, Wolfram: Was nützt mir die klügste Gastrosophie, wenn die Hollandaise gerinnt?, Die Zeit, Nr. 17, 1997.

Sim, Stuart: A philosophy of Pessimism, 2015.

Singer, Peter: Wie sollen wir leben. Ethik in einer egoistischen Zeit, 1996.

Singer, Peter/Mason, Jim: The Way we eat. Why our food choices matter, 2006.

Skirbekk, Gunnar/Seib, Günter (Hg.): Praxeologie der Moderne. Universalität und Kontextualität der diskursiven Vernunft, 2003.

Skidelsky, Robert/Skidelsky, Edward: Wie viel ist genug? Vom Wachstumswahn zu einer Ökonomie des guten Lebens, 2013.
Veyne, Paul: Foucault. Ein Philosoph als Samurai, 2009.
Völker, Susanne: Praxeologie und Praxistheorie: Resonanzen und Debatten in der Geschlechterforschung, 2019.
Sloterdijk, Peter: Eurotaoismus. Zur Kritik der politischen Kinetik, 1989.
Sloterdijk, Peter: Was geschah im 20. Jahrhundert? Unterwegs zu einer Kritik der extremistischen Vernunft, 2017.
Slow Food Blog: half-farmer-half-x, 2012; https://www.slowfood.com/blog-and-news/half-farmer-half-x.
Spaemann, Robert: Technische Eingriffe in die Natur als Problem einer politischen Ethik, 1984.
Spaemann, Robert: Wo war Gott in Japan?, 2011.
Spivak, Gayatri Chakravorty: Imperative zur Neuerfindung des Planeten, 1999.
Spode, Hasso: Von der Hand zur Gabel. Zur Geschichte der Esswerkzeuge, In: Schuller, Alexander/Kleber, Jutta Anna (Hg.): Verschlemmte Welt. Essen und Trinken historisch-anthropologisch, 1994, S. 20–46.
Spreen/Flessner/Hurka/Rüster (Hg.): Kritik des Transhumanismus: Über eine Ideologie der Optimierungsgesellschaft, 2018.
Steel, Carolyn: Sitopia. How we save the world with food, 2024.
Steineck, Christian/Rappe, Guido/Arifuku, Kôgaku (Hg.): Dôgen als Philosoph, 2002.
Steiner, Rudolf: Geisteswissenschaftliche Grundlagen zum Gedeihen der Landwirtschaft, 1924.
Stuckenschmidt, Dierk (Hg.): 150 Jahre Freundschaft Deutschland-Japan: Vorträge, die im Jahre 2011 in der Deutsch-Japanischen Gesellschaft Bonn gehalten wurden, 2011.
Su Dongpo: Gedicht zum Geleit des Mönches Canliao, zitiert in: Jullien: Der Umweg über China, a.a.O.
Suzuki, Daisetsu T.: Zen und die Kultur Japans, 1958.
Suzuki, Daisetsu T.: Shunyata – die Fülle in der Leere. Essays über den Geist des Zen in Kunst, Kultur und Religion des Fernen Ostens, 1991.
Suzuki, Daisetsu T.: Zen und die Kunst zu siegen, ohne zu kämpfen. Der Schwertweg, 1999.
Suzuki, Daisetsu T.: Zen und die Kultur Japans, 2000.
Suzuki, Daisetsu T.: Erinnerungen an einen Besuch bei Martin Heidegger, In: Japan und Heidegger. Gedenkschrift der Stadt Meßkirch zum 100. Geburtstag Martin Heideggers, 1989, S. 169–172.
Tanaka, Emi: Kaizen für Anfänger – Das Praxisbuch, 2022.
Tanizaki, Jun'Ichiro: Lob des Schattens. Entwurf einer japanischen Ästhetik, 2002.
Tarr, Amy: Bento Boxing, In: The Magazine for Culinary Insiders, August 2004.

The Japan Journal: What's for Dinner? Rethinking the Japanese Diet, Vol. 2, No. 10, February 2006.

The Japanese Menu, London 2003.

Tonkinson, Carole (Hg.): Wache auf und koche. Buddhismus für Küche und Leben, 1998.

Trauffer, Regula: Essen in China, 1997.

Trimondi, Victor/Trimondi, Victoria: Hitler, Buddha, Krishna. Eine unheilige Allianz vom Dritten Reich bis heute, 2002.

Tsuji, Shizuo: Japanese Cooking. A simple art, 1980.

Victor, Nuel: Neuralink Unveiled: Revolutionizing the Future of Human-Technology Interaction: How Elon Musk's Neuralink Will Revolutionize Human Potentials, 2024.

Victoria, Brian: Zen at war, 1997.

Wabi Sabi Suki: the essence of Japanese beauty, edited by Itoh Teiji, Tanaka Ikko and Sesoko Tsune, text by Itoh Teiji, 1993.

Wagner, Wieland: Japan – Abstieg in Würde. Wie ein alterndes Land um seine Zukunft ringt, 2018.

Waldenfels, Bernhard: Der Logos der praktischen Welt, In: Kojima, Hiroshi (Hg): Phänomenologie der Praxis. Im Dialog zwischen Japan und dem Westen, 1989, S. 11–30.

Watsuji, Tetsurô: Ethik als Wissenschaft vom Menschen, 2005.

Welzer, Harald: Alles könnte anders sein. Eine Gesellschaftsutopie für freie Menschen, 2020.

Werlhof, von Claudia/Bennholdt-Thomsen, Veronika/Faraclas, Nicholas (Hg.): Subsistenz und Widerstand, 2003.

Werner, Götz W./Goehler, Adrienne: 1.000 Euro für jeden: Freiheit. Gleichheit. Grundeinkommen, 2010.

Wichterich, Christa: Zwischen Küchengarten und Welthandelsabkommen. Wie lassen sich Ernährungssicherheit und Geschlechtergerechtigkeit verbinden, 2004; https://www.stage.meta-katalog.eu/Record/490terredesfemmes.

Wikipedia, Dialektischer Materialismus; https://de.wikipedia.org/wiki/Dialektischer_Materialismus#cite_note-2.

Willi, Andrin: Die Küche des Lebens, Süddeutsche Zeitung, November 2023.

Wright, Erik Olin: Reale Utopien – Wege aus dem Kapitalismus, 2017.

Wohlfart, Günter: Zen und Haiku, 2003.

Yunmen: Zen-Worte vom Wolkentor-Berg: Darlegungen und Gespräche des Zen-Meisters Yunmen Wenyan (864–949), 1994.

Zen Friends. A Guide to the Buddhist Way of Life, in: Zen Quarterly, No.2, 2006.

Zhao, Tingyang: Alles unter dem Himmel: Vergangenheit und Zukunft der Weltordnung, 2020.

Zhuangzi: Das wahre Buch vom südlichen Blütenland. Auswahl, Einleitung und Anmerkungen von Günter Wohlfart, 2003.

Ziegler, Jean: Die neuen Herrscher der Welt und ihre globalen Widersacher, 2002.

Ziegler, Jean: Ändere die Welt! Warum wir die kannibalische Weltordnung stürzen müssen, 2015.